本书的出版得到

国家重点文物保护专项补助经费资助

大云山

西汉江都王陵 1 号墓发掘报告

（一）

南 京 博 物 院
盱眙县文化广电和旅游局 编著

主 编 李则斌
副主编 陈 刚 左 骏

文物出版社

北京 · 2020

图书在版编目（CIP）数据

大云山：西汉江都王陵1号墓发掘报告／南京博物
院，盱眙县文化广电和旅游局编著．—北京：文物出版
社，2020.1

ISBN 978 - 7 - 5010 - 6407 - 6

Ⅰ．①大…　Ⅱ．①南…②盱…　Ⅲ．①汉墓—发掘报
告—盱眙县　Ⅳ．①K878.85

中国版本图书馆CIP数据核字（2019）第248730号

审图号：GS（2020）6005号

大云山——西汉江都王陵1号墓发掘报告

编　　著：南京博物院　盱眙县文化广电和旅游局

封面题签：顾　风

责任印制：陈　杰
责任编辑：蔡　敏

出版发行：文物出版社
社　　址：北京市东直门内北小街2号楼
邮　　编：100007
网　　址：http：//www.wenwu.com
邮　　箱：web@wenwu.com
经　　销：新华书店
印　　刷：天津图文方嘉印刷有限公司
开　　本：889mm×1194mm　1/16
印　　张：105
插　　页：5
版　　次：2020年1月第1版
印　　次：2020年1月第1次印刷
书　　号：ISBN 978 - 7 - 5010 - 6407 - 6
定　　价：2000.00元（全四册）

EXCAVATION REPORT ON THE KING OF JIANGDU'S TOMB M1 OF THE WESTERN HAN PERIOD AT DAYUNSHAN

(I)

by

Nanjing Museum

and

Xuyi County Bureau of Culture, Broadcast, Television and Tourism

EDITOR – IN – CHIEF: LI Zebin

DEPUTY EDITOR – IN – CHIEFS: CHEN Gang   ZUO Jun

Cultural Relics Press

Beijing · 2020

序

　　俯瞰江苏大地，东西横贯的滚滚长江将其分为南、北两部分。苏南的太湖及河道密布的水乡滋养了细腻婉约的"吴韵"；与之相反，苏北的平原及成串的高岗孕育出激情豪迈的"汉风"。"吴韵汉风"，串联起了江苏这片土地的独特品格，是江苏历史文化、地域文明的底蕴所在和真实反映。

　　回到两千多年前的汉代，这片土地是帝国东部政治、军事、经济、文化的重要区域，作为汉帝故里，有着较为富裕的物质财富和不断增长的精神生活。这片土地在当时跨徐、豫、扬等重要州郡，又陆续分封有荆、江都、吴、广陵、泗水、彭城、下邳等重要诸侯国，是汉帝国东部最重要的疆土。其自北向南纵跨黄河、淮河、长江三条大河流域，并有春秋吴国时期开凿的最早大运河邗沟和胥河，勾连南北，通衢东西，水陆交通便捷。又因其临海靠水，自然资源丰富，故煮海水为盐、种水稻为食，以至富饶。而以东阳——广陵城为中心构建起来的城镇群网，则成为帝国东部手工业的制造中心，其以精美绝伦的漆器、玉器、铜镜乃至青瓷器的设计与生产而闻名海内，是当时名副其实的繁华之地。

　　沧海桑田。历经千年，汉帝国的辉煌已成历史，气势恢宏的汉家楼阙亦成为记忆，"大风起兮云飞扬"的豪迈也仅留下片言只语。然而，幸得汉人有着"事死如事生"的执着观念，他们人虽逝去，但在陵墓中仍保存着生前的衣、食、住、行，寄望周而复始且永生的生活。也正因为此，我们才得以通过田野考古，打开了一扇可窥见两千年前世界的窗扉。

　　汉朝是中国历史上第一个被称为盛世的王朝，经济发展，文化繁荣，是汉民族开始得名并成为中华民族主体的时期。出生于今江苏徐州的开国皇帝刘邦建立西汉时，为稳定地方统治，实行的是郡国并行的政体制度，汉初许多刘姓子弟被立为诸侯王。而在今江苏地域所封诸侯国较其他地区显得尤为重要，数量也更多。自1949年以来，经江苏各地文物工作者的不懈努力，境内汉代诸侯王陵墓的调查资料颇为丰硕。与此同时，为配合基本建设、文物抢救保护等，科学发掘了为数不少的陵墓，其中包括多座国别明确、时代清晰、墓主身份可靠的大型墓葬，如西汉时期盱眙大云山江都王刘非墓、徐州龟山楚王刘注墓、高邮神居山广陵王刘胥墓等，东汉时期扬州甘泉山广陵王刘荆墓（其因出土过金质"广陵王玺"而曾轰动海内外）、泗阳三庄泗水王墓等。这些仅次于帝陵的高级王室陵墓，从营造形制到精美文物，都承载着那个时代相当于最高等级的物质文化与精神世界，为秦汉考古学、秦汉史学研究提供了极为重要的实物资料，对于在汉唐时期波及整个欧亚大陆的"汉文化圈"的研究，也同样具有极其重要的地位。

在这些汉代陵墓考古发现中，大云山江都王刘非陵墓（以下简称江都王陵）的发现与发掘是其中当之无愧的最重要收获。2009 年初，因大云山所在地采石工场的施工，山体不断受到蚕食和破坏，利欲熏心的盗墓分子也获知了盱眙县马坝镇大云山山顶有汉代大型墓葬群的信息，一时盗墓活动十分猖獗且屡禁不止。我和院里的专家、同事数次前往无路可行的大云山，踩着齐腰深的杂草和灌木，反复踏勘，拟定从考古勘探入手，了解大云山区域地下遗存的埋藏情况。初步勘探的结果证实了大云山山顶有大型墓葬的存在，这既令人高兴，又让人担心，因为几乎所有墓葬都存在着较大程度的盗掘现象。当时，采石工程陆陆续续还在进行，陵园范围及内部情况总体不明，墓地因无实际资料尚未公布为文物保护单位，盗墓行为在荒凉的山地防不胜防。而对是否马上开展考古发掘工作也存在不同意见，主要原因一是考古发掘工作量大，二是需要准备的经费多，三是有可能发掘的是一个空墓，四是一旦不是空墓则出土文物保护的任务将非常艰巨。经过多方讨论，反复斟酌，科学评估，最后一致决定，即使发掘的是几座空墓，也对汉文化的研究和保护墓地具有意义。于是，我们开始筹备考古发掘工作。

经报国家文物局批准，自 2009 年 9 月至 2012 年 12 月，南京博物院与盱眙县博物馆合作，对该陵园进行了全面勘探与抢救性发掘，我和时任盱眙县县长后任县委书记的李森担任了考古发掘工作领导小组的组长。发掘结果令人振奋，证实了大云山山顶区域存在一处大型西汉高等级陵园遗存，其中 1 号墓出土了大量精美的随葬品，轰动全国，并获评"2011 年全国十大考古新发现"。这是中国汉代考古发掘中，第一次较为完整地揭露出具有宏大规制与复杂布局的西汉诸侯王陵园。发掘中出土的各类代表西汉最高等级艺术、文化及手工业制造水平的精美文物共 1 万余件（套），极大提升了我们对西汉社会与文化高度发达的认知。

需要特别说明的是，在大云山江都王陵考古发掘之始，我院就树立起将陵园遗存全面貌揭示、整体保护的发掘理念，李则斌领队很好地实践了这一理念。整个发掘过程始终贯彻了文物保护优先的原则，抢救保存了一大批带有重要铭刻文字的漆木器、绚烂纷繁的错金银器具，以及各类织物、动植物标本等。值得一提的是，通过科学保护式发掘，在陵园中揭示出一座完整的车马殉葬坑，并选择性地局部清理了兵俑坑，从而为今后诸侯王出行仪仗复原、兵俑坑考古发掘展示，以及考古遗址博物馆和考古遗址公园的建设提供了实现的可能。

通过考古发掘及其发掘成果的体现，大云山周边采石毁山的行为完全得到遏制。今天的江都王陵，已经被公布为全国重点文物保护单位，进入了首批江苏大遗址名录，完成了江都王陵陵园的大遗址保护规划，并向建立国家考古遗址公园的目标努力。

现在，经过十年努力，洋洋洒洒 10 卷本《大云山》的稿子呈现在我的面前。这是一个浩大的工程，从考古发掘、文物修复、信息化资料采集、科学研究到发掘报告的完成，领队李则斌和他的团队付出了巨大的努力。

则斌是我考古学专业的师兄，从扬州市考古研究所到南京博物院，他始终奋战在田野考古的第一线。无论酷暑严寒、无论艰难困苦，他始终坚守着考古人的信念，实践着一辈子在田野的生活。从英俊青年到满头华发，他发掘整理了无数的遗址墓葬，每次考古都能有重大的收获。他的学术成就主要体现在对江苏汉唐考古的发掘研究上，而此次江都王陵的考古发掘和研究报告的编写，是其汉代考古研究中最杰出成就的代表。发掘报告整理和撰写团队，不仅来自我院的各个部门，还有其他高校与文博单位的相关学者，他们满怀着责任感和使命感，富有激情地忘我工作，互相帮助，通力配合，完成了这部我院有史以来最大体量的考古著作，全面、科学、系统地公布了大云山江都王陵的考古发掘资料以及发掘者的认知。真诚地向他们致敬并深表感谢。

南京博物院自20世纪30年代建院以来，秉承先贤蔡元培先生以"科学研究"辅助"公众教育"的目标宗旨，近年来更以立足科研成果转化为现实生产力，服务于文化遗产保护与社会公众教育为工作思路。江都王陵报告的编写，既是科学研究成果的具体反映，也是服务于遗址博物馆和考古遗址公园的必备条件，是提供精神文化产品的必要基础。没有考古发掘报告，所有的解读将成为虚无缥缈的空中楼阁。

有幸经历并参与了大云山江都王陵的发现、发掘与保护的全过程，并为见证呈现南博考古人辛勤和智慧的考古成果付梓而深感欣喜。

江苏省文化和旅游厅副厅长
南京博物院院长　龚　良
2019 年 12 月 6 日

目　录

表 格 目 录

插 图 目 录

（以上第一册）

（以上第二册）

彩 图 目 录

（以上第三册）

彩 版 目 录

（以上第四册）

前　言

大云山，山晨出云如烟雾故名①，今隶属于江苏省盱眙县马坝镇东阳社区云山村（彩版一；二，1）。

盱眙县位于江苏省中西部，淮安市南端；东与金湖县和安徽省天长市相邻，南、西分别与安徽省来安县和明光市交界，东北、北分别与洪泽县、泗洪县接壤（图一）。

县境位于淮河下游，在洪泽湖南岸。境内地势西南高，多丘陵；东北低，多平原；呈阶梯状倾斜，高差悬殊 220 多米。淮河流经境内，北部濒临洪泽湖，有低山、丘岗、平原、河湖圩区等多种地貌。素有"两亩耕地一亩山，一亩水面一亩滩"之称。

全县地处北亚热带与暖温带过渡区域，属季风性湿润气候。四季分明，季际、年际变异性突出，春季气温回升快，秋季降湿早，春、秋两季度突出。年平均日照总量 2222.4 小时，平均气温 14.7℃，无霜期 215 天，年平均降水量 1005.4 毫米。

该县物产资源极为丰富。生物资源方面，主要有狼、獾、狐、兔、黄鼬、草獐以及 10 目 23 科 51 种鸟类等野生动物，洪泽湖和淮河盛产龙虾、鳊、鳇、鲤、鲫、银、黄鳝等各种水生动物。中药材资源方面，主要有野生药用植物 738 个品种，药用动物 42 个品种，蜈蚣、灵芝、黄精、猫不草等珍稀名贵药材和丹参、山楂、桔梗、柴胡、白头翁等常规药材较为著名。林木资源方面，现存树种计 65 科 232 种，有漆树、毛叶欧李、迎春花、野核桃、羽叶泡花树、湖北楂、毛木来、红脉钓樟、中华石楠等。农作物方面，主要有稻麦、豆类、薯类。地下矿产资源十分丰富，境内蕴藏着凹凸棒黏土、玄武岩、石灰石、矿泉水、石油等多种矿产。徐淮、宁连两条高速公路过境穿越三分之二的乡镇，已形成四通八达的交通网，成为苏北地区重要的交通中转和枢纽。

县内历史悠久，文化灿烂。1954 年，中国科学院在盱眙县下草湾引河东岸发现了旧石器时代更新世晚期人类化石，将该地区的人类历史上溯到四五万年之前。境内新石器时代与历史时期遗址众多，极具历史底蕴。

---

① 戴邦桢、赵世荣、冯煦、朱丧生纂修：《民国宝应县志·山川志》，《江苏府县志辑》，江苏古籍出版社，1991 年。

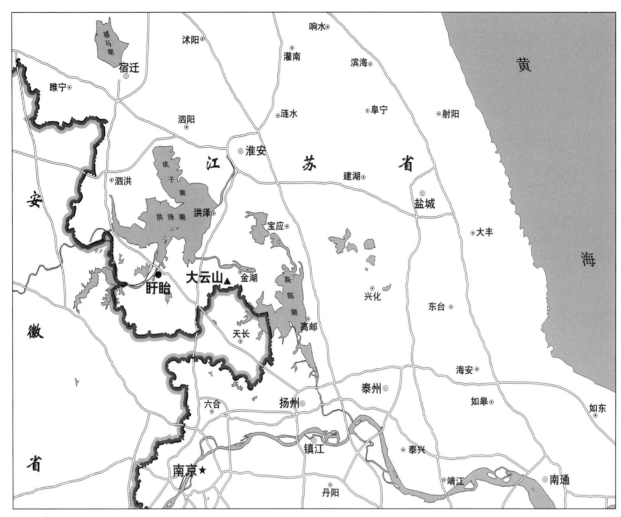

图一　盱眙县地理位置图

　　大云山位于盱眙东部平原丘陵地区。受盱眙境内地质褶皱、断裂以及岩浆活动影响，大云山发育于境内东部的马坝—铜城凹陷，地质构造主体为第三系（新生代第三纪）玄武岩及其间所夹的泥岩、砂砾岩构成的低山丘陵。与盱眙境内西南和南部的山体相连、成片分布的低山丘陵相区别的是，大云山呈孤丘状，经过长期的剥蚀作用，丘顶浑圆、坡缓，表面常见红色砂砾及玄武岩碎屑风化坡积物，地表有溶沟、溶槽和小溶洞。

　　大云山山体由于长年累月的露天采矿活动，存留许多废弃多年的矿山宕口，岩石裸露，寸草不生，山体水土流失，资源破坏严重。由于采用原始的斜坡式爆破法开采矿山，加剧了坡体岩层裂隙的发育程度，山体上到处都是采石后形成的陡壁、掌子面、深大采坑和废弃堆积物（彩版二，2）。

第一章　概述

第一节　史地沿革

据史料记载，现今大云山地区，商周时期属东夷，至西周时，成为东夷徐国属地。

春秋时期，周敬王八年（前 512 年），吴王阖闾灭徐国，大云山地区成为吴国属地。

进入战国后，周元王三年（前 473 年），越王勾践伐吴。吴灭，其地皆归越国，大云山地区转属越国。周贞定王二十四年（前 445 年），楚国大举东进，江淮以北皆为楚国领土，大云山地区为楚邑东阳属地。此后，大云山地区均为东阳属地。秦王政二十四年（前 223 年），秦灭楚。东阳改属秦地。

秦一统后，推行郡县制，设东阳县，治所在今东阳古城（今江苏盱眙东阳镇），大云山属东阳县。《史记·项羽本纪》："项梁乃以八千人渡江而西。闻陈婴已下东阳，使使欲与连和俱西。陈婴者，故东阳令史，居县中，素信谨，称为长者。东阳少年杀其令，相聚数千人，欲置长，无适用，乃请陈婴。婴谢不能，遂强立婴为长，县中从者得二万人。"张守节《正义》引《括地志》："东阳故城在楚州盱眙县东七十里，秦东阳县城也，在淮水南。"①

汉初，高祖六年（前 201 年），韩王信等奏请以故东阳郡、鄣郡、吴郡五十三县立刘贾为荆王。东阳属荆国。《汉书·高帝纪下》：高帝六年（前 201 年），"春正月丙午，韩王信等奏请以故东阳郡、鄣郡（笔者按：武帝元封二年更名为丹阳郡）、吴郡五十三县立刘贾为荆王"。颜师古注引文颖曰："东阳，今下邳也。鄣郡，今丹阳也。吴郡，本会稽也。"② 韩王信等所说"故东阳郡"的"故"当指秦时。由此可推测，汉初东阳郡当沿自秦。荆王刘贾都吴③。据《括地志》，东阳在吴西北四十里④。高帝十一年（前 196 年）秋七月，淮南王黥布反，杀荆王刘贾。

---

① （西汉）司马迁：《史记》卷七，中华书局，1959 年，298、299 页。
② （东汉）班固：《汉书》卷一下，中华书局，1962 年，60、61 页。
③ （西汉）司马迁：《史记》卷一七《汉兴以来诸侯王年表》，中华书局，1959 年，804、805 页。
④ （西汉）司马迁：《史记》卷五一《荆燕世家·荆王刘贾》："汉六年春，会诸侯于陈，废楚王信，囚之，分其地为二国。当是时也，

高祖十二年（前 195 年），立沛侯刘濞为吴王，王故荆地。东阳改属吴国，为吴国要地①。据《续汉书》志二一《郡国志三》："东阳故属临淮。有长洲泽，吴王濞太仓在此。"刘濞的太仓即设在东阳县的长洲泽。景帝三年（前 154 年），七国之乱末期，吴破，徙（汝南王非）为江都王，以东阳、鄣郡置江都国，封景帝子刘非，吴郡属汉，东阳改属江都国。武帝元狩二年（前 121 年）江都王刘建谋反自杀，国除为广陵郡，鄣郡合庐江郡东部四县更名丹阳郡，撤东阳郡，东阳改属广陵郡。元狩六年（前 117 年）武帝以广陵郡之部分置广陵国，封武帝子刘胥，"分沛、东阳置临淮郡"。一直到西汉末，东阳属临淮郡，属徐州刺史部。新莽时期，东阳县仍属临淮郡。进入东汉后，东阳县属广陵郡，上隶扬州。

公元 265 年，西晋结束三国纷争状态。东阳县属于临淮郡，上隶徐州。东晋早期尚沿袭西晋行政区划，东阳县隶属关系不变。从晋明帝太宁年间（323～326 年）开始，少数民族政权不断南下，东阳县境内百姓不断逃亡，东阳城废弃。到义熙七年（411 年）侨立山阳县，将原东阳县大云山地区划归山阳县，上隶山阳郡。

公元 420 年，宋王刘裕废东晋恭帝，即皇帝位，国号宋，史称刘宋。大云山地区为刘宋统治区域，属于山阳县，上隶山阳郡。南朝齐梁时期，大云山地区行政区划沿袭刘宋时期制度，属于山阳县，上隶山阳郡。公元 550 年，东魏丞相、齐郡王高洋废东魏静帝，自称为皇帝，国号为齐，历史上称为北齐。梁承圣元年（552 年），高洋趁南朝陷于侯景之乱的机会，配合辛术南侵，使江北之地皆归北齐，大云山地区转属北齐。北齐仍沿袭梁的地方行政区划。大云山地区属于山阳县，上隶山阳郡。陈太建五年（573 年）三月，大将吴明彻、裴忌领兵 10 万，分出秦郡（六合）、历阳（安徽和县）攻齐。到十二月，连下北齐数十城，收复江北、淮泗诸地。这时，大云山地区的北齐统治结束，又回归南朝陈的地域。陈仍沿袭北齐时期的地方行政区划，大云山地区属于山阳县，上隶山阳郡。陈太建十一年（579 年），大将吴明彻等被北周大将王轨击败，第二年，陈的江北之地全部为北周所占领，大云山地区改属北周地域。这一时期，境内行政区划发生重大变化。北周宣帝宇文赟划出山阳县的西南部设置为石鳖县。其时大云山地区改属石鳖县，上属阳平郡。

开皇三年（583 年），隋文帝对全国地方行政区划进行了重大改革，撤销郡一级，由州郡县三级制改为州县两级制。石鳖县被撤销，石鳖县所辖地域并入安宜县。大云山地区改属安宜县。隋炀帝时把全国的州都改称郡，其时，安宜县上属江都郡。

入唐后，改隋炀帝时的郡为州，武德四年（621 年），在安宜城置仓州，大云山地区属安宜县，上隶仓州。武德七年（624 年），撤销仓州，安宜县改隶东楚州（淮安）。第二年，东楚州改为楚州。大云山地区仍属安宜县，改隶楚州。肃宗宝应元年（762 年）因真如献宝，肃宗传旨：改年号为宝应元年，安宜县更名为宝应县。终唐之世，大云山地区属宝应县，上隶淮南道楚州。

五代十国时期，大云山地区先属吴、南唐，后属后周。大云山地区属宝应县，上隶楚州。

北宋初，撤销"道"一级区划，废掉节度使的实权，让所有州直属中央。至太宗时又在州以上设"路"一级区划。其时，大云山地区属宝应县，上隶楚州，为淮南路属地。南宋时期地方行政区划沿袭北宋，但在一些军事重镇设置相当于州一级区划"军"。宝庆三年（1227 年），因宝应地当抗金前线，

<hr/>

（接上页注④）高祖子幼，昆弟少，又不贤，欲王同姓以镇天下。乃诏曰：'将军刘贾有功，及择子弟可以为王者。'群臣皆曰：'立刘贾为荆王，王淮东五十二城……'"《索隐》"按：《表》云刘贾都吴。又《汉书》以东阳郡封贾。东阳即临淮，故云王淮东也。"《正义》："《括地志》云西北四十里，盖此县是也。"中华书局，1959 年，1994 页。

① 参见《汉书》卷二十七《五行志下之上》颜师古注，中华书局，1962 年，1470 页。

升宝应为宝应州，随后又改宝应州为宝应军。大云山地区属宝应县，上隶宝应军，为淮南东路属地。

入元后的地方行政区划，开始创设"行中书省"，简称"省"，下设路、府、县三级。大云山地区属宝应县，隶安宜府。至元二十年（1283 年），安宜府裁撤，改隶高邮府，河南江北行省。

明代大云山地区属宝应县，隶高邮州，上属南直隶扬州府。

清初地方行政区划基本沿袭明代制度，分全国为 15 个省。省以下的行政区划有府、州、厅、县。大云山地区属宝应县，隶高邮州；上隶江苏省扬州府。乾隆三十二年（1767 年），高邮州改为散州，不再管县，宝应县由隶属高邮州改为直接隶属扬州府，延续至清末。

民国时期，实行省、县两级行政区划。大云山地区属宝应县。至抗日战争、解放战争时期，宝应县行政归属变更频繁，但大云山地区仍属宝应管辖。

1949 年后，大云山地区仍属宝应县管辖。1960 年 5 月 21 日，江苏省人民委员会将宝应县大云山地区与东阳故城区域划归西边的盱眙县，大云山地区遂由盱眙县云山乡管辖，后撤乡并镇，现隶属盱眙县马坝镇东阳社区。

第二节 王陵位置

江都王陵位于江苏省盱眙县马坝镇东阳社区云山村大云山山顶区域。大云山主峰海拔高程 73.6 米，西距盱眙县城 30 千米，南距汉代东阳城遗址 900 米，西南与青墩山、小云山汉代贵族墓地相邻。

大云山周边汉墓群众多，基本以汉代东阳城遗址为中心呈环状分布[①]。城址东北部为大云山汉墓群，山顶区域为江都王陵园，陵园外四周山坡现存大量陪葬墓。城址北部为青墩山汉墓群，调查发现山上有大型汉墓，盱眙县博物馆曾采集到高规格汉代文物[②]。城址西北部为小云山汉墓群，南京博物院、淮安博物馆、盱眙县博物馆曾在此发掘高等级汉墓多座，出土了大量汉代精美文物[③]。城址南部及东南部为官吏与平民墓地，历年来南京博物院、淮安市博物馆、盱眙县博物馆、天长市博物馆等单位发掘了大量墓葬[④]（图二）。

大云山为盱眙县东部的死火山，山体均为火山岩。其中 1 号墓（M1）与 2 号墓（M2）位于大云山最高峰，8 号墓（M8）位于大云山次高峰。陵园平面呈正方形，边长近 500 米，以主峰为中心分布于大云山中心区域。直到 20 世纪 80 年代，从地貌上尚可见陵墙迹象，当地人称之为"茅草埂"。陵园内北部为姬妾陪葬墓区，发掘前，部分陪葬墓的封土保存尚完整。陵园外发现有大量属臣陪葬墓，部分陪葬墓的封土尚保存明显，淮安市博物馆和盱眙县博物馆在近年来的开山采石过程中抢救性发掘了部分墓葬（图三；彩版三）。

---

① 现有资料表明，东阳城遗址存在大城与小城两个部分，大城平面呈长方形，东西长约 1800 米，南北宽约 1400 米。如此，城北部的大云山、小云山、青墩山与大城北城墙已经连接在一起。调查资料现存南京博物院考古研究所。
② 青墩山汉墓资料现存盱眙县博物馆。
③ 小云山汉代墓葬公开发表资料见盱眙县博物馆：《江苏东阳小云山一号汉墓》，《文物》2004 年第 5 期。发掘者依据出土"陈君孺"印章与漆器书有"东阳庐里巨田侯外家"等文字推测墓主人极可能为堂邑侯陈婴后代。南京博物院、淮安博物馆、盱眙博物馆：《盱眙小云山六七号西汉墓发掘报告》，《东南文化》2002 年第 11 期。此外，大量小云山汉墓未发表资料尚存于盱眙县博物馆。
④ 南京博物院：《江苏盱眙东阳汉墓》，《考古》1979 年第 5 期。安徽省文物工作队：《安徽天长县汉墓的发掘》，《考古》1979 年第 4 期。天长市文物管理所、天长市博物馆：《安徽天长西汉墓发掘简报》，《文物》2006 年第 11 期。此外，大量未发表资料尚存于盱眙县博物馆与天长市博物馆。

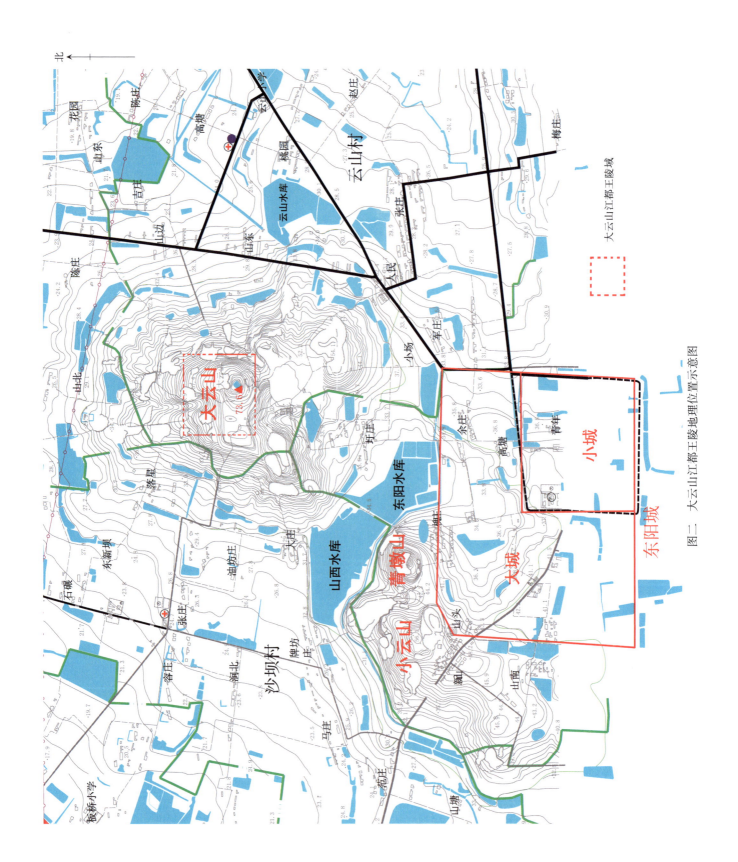

图二 大云山江都王陵地理位置示意图

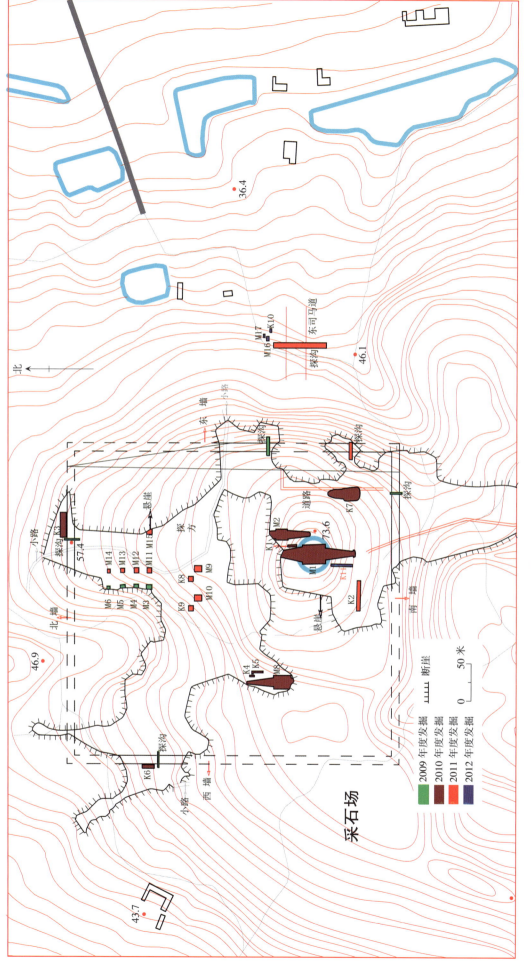

图三 大云山江都王陵发掘平面图

第二章　江都王陵的发现与发掘

第一节　江都王陵的发现

2009 年 1 月 4 日，安徽省天长市铜城镇发生一起命案，后经江苏省盱眙县警方侦破。案件表明，盱眙县大云山山顶存在严重盗墓事件。2009 年 2 月 12 日，江苏省文物局专家组邹厚本、南京博物院考古研究所李则斌及省文物局相关人员对大云山盗墓现场进行了调查踏勘，基本认定案件发生地为一处古墓葬。

2009 年 2 月 22 日至 3 月 22 日，南京博物院考古研究所组织人员对现场进行了为期一个月的考古勘探与调查。勘探表明山顶区域存在一处大型封土堆，其下发现大型墓葬两处（后被发掘证实为 1 号墓和 2 号墓）。同时，在对整个山顶区域调查后发现，山顶区域地表范围内散见大量瓦片，并采集到数量众多的云纹瓦当及刻有"东阳"铭文的板瓦。此外，封土的北、东、南三面均发现有夯土墙遗迹（后经发掘解剖证实为陵园三面陵墙），在大型封土包北侧采石断面上发现岩坑墓四座（发掘证实为陪葬墓 M3、M4、M5、M6），并采集到西汉早期风格的牛鼻耳绳纹灰陶罐。勘探调查后认为，从大型建筑基址、夯土墙、陪葬墓出土陶罐等方面看，大云山 1、2 号大型墓葬时代为西汉早期，极有可能是诸侯王级别的墓葬。

参加大云山考古勘探调查的有南京博物院考古研究所李则斌、陈刚、韩建立，盱眙博物馆张春鹏，技术工人王会锋、刘显谋、张治军。

第二节　江都王陵的发掘

由于大云山受开山采石破坏严重，不具备现场保护条件，通过江苏省文物局、南京博物院、盱眙县政府多次协商，南京博物院与盱眙县政府达成协议，由南京博物院与盱眙县文化广播新闻出版局共同组成大云山考古队，报经国家文物局批准，对大云山汉墓进行考古发掘（彩版四）。现场发掘时间从 2009 年 9 月一直持续到 2012 年 12 月。参与现场发掘的人员有：

南京博物院：考古研究所李则斌（领队）、陈刚、韩建立、盛之翰、郝明华、朱国平、费玲伢、赵焕、闫龙、周恒明、王会锋、齐军、白记；文物保护研究所余伟、周建林；信息中心陈强；保卫处朱文清、李牧、杨建忠、董强松、张正兵、周强、祁杰、嵇子正、陈涛、李辉、常征。

淮安市博物馆：胡兵、祁小东、刘光亮。

盱眙县博物馆：程浩、张春鹏、武苏明。

中国社会科学院考古研究所：李存信、王丹。

徐州市汉兵马俑博物馆：周波。

陕西省技术工人：刘显谋、刘福刚、王军来、齐红军、曾红强。

南京大学历史系考古学与博物馆学专业：2008 级硕士研究生黄潇、刘丹、黄筱雯、刘荣荣；2009 级硕士研究生刘斌、周津任、张玮；2010 级硕士研究生吴伟。

Sweet Briar College Archaeology Major 2009 级本科生：陈伊鹤。

淮阴师范学院 2009 级本科生：余子华。

2009 年 9 月至 2010 年 2 月为发掘的第一阶段，对大云山汉墓区进行了全面勘探，确认了主墓 3 座（M1、M2、M8）、陪葬墓 9 座（M3 ~ M6、M11 ~ M15）、陪葬坑 6 座（K2、K3、K6 ~ K9）、祭祀坑 4 座（K1、K4、K5、K11）和陵墙、陵园内道路等遗迹。发掘领队与各发掘单位及工作人员为：

领队：李则斌

1 号墓（M1）第一阶段发掘，时间为 2009 年 9 月至 2010 年 2 月。现场负责：李则斌；参与发掘人员：闫龙、周恒明、王会锋、周波。

2 号墓（M2）第一阶段发掘，时间为 2009 年 9 月至 2010 年 2 月。现场负责：盛之翰；参与发掘人员：刘福刚。

3 ~ 6 号墓（M3 ~ M6）发掘，时间为 2009 年 9 月至 10 月。现场负责：祁小东。

北陵墙发掘，时间为 2009 年 12 月至 2010 年 1 月。现场负责：刘光亮。

东陵墙发掘，时间为 2009 年 12 月至 2010 年 1 月。现场负责：黄潇。

南陵墙发掘，时间为 2009 年 12 月至 2010 年 1 月。现场负责：刘丹、黄筱雯。

西陵墙发掘，时间为 2009 年 12 月至 2010 年 1 月。现场负责：刘荣荣。

陵园内道路发掘，时间为 2009 年 9 月至 2010 年 2 月。现场负责：胡兵、程浩、张春鹏。

陵园布局全面勘探，时间为 2009 年 9 月至 2010 年 2 月。现场负责：刘显谋、王军来。

后勤管理与陶器修复：韩建立、周恒明。

工地摄影摄像：陈强。

现场安全保卫：朱文清。

2010 年 3 月至 2011 年 1 月为发掘的第二阶段，同时勘探发现陵园中部陪葬墓 2 座（M9、M10）、陪葬坑 2 座（K8、K9）。发掘领队与各发掘单位及工作人员为：

领队：李则斌。

1号墓（M1）第二阶段发掘，时间为2010年3月至11月。现场负责：李则斌；参与发掘人员：盛之翰、陈刚、朱国平、郝明华、闫龙、周恒明、齐军、王会锋、程浩、刘福刚、吴伟、周津任、张玮、余子华。

2号墓（M2）第二阶段发掘，时间为2010年3月至6月。现场负责：盛之翰；参与发掘人员：齐军、刘福刚。

8号墓（M8）发掘，时间为2010年3月至5月。现场负责：胡兵；参与发掘人员：赵焕、齐红军。

车马陪葬坑（K2）第一阶段发掘，时间为2010年3月至5月。现场负责：陈刚；参与发掘人员：祁小东。

车马陪葬坑（K7）第一阶段发掘，时间为2010年7月至8月。现场负责：陈刚；参与发掘人员：程浩、刘显谋、王军来。

兵器陪葬坑（K3）发掘，时间为2010年6月至7月。现场负责：程浩；参与发掘人员：郝明华、刘显谋。

兵器陪葬坑（K6）发掘，时间为2010年6月至7月。现场负责：胡兵；参与发掘人员：费玲伢、王军来。

祭祀坑（K1）发掘，时间为2010年12月。现场负责：程浩。

祭祀坑（K4、K5）发掘，时间为2010年12月。现场负责：赵焕。

发掘现场漆木器保护：周建林。

发掘现场金属器保护：余伟。

后勤管理：韩建立。

工地摄影摄像：陈强。

现场安全保卫：朱文清、李牧、杨建忠、董强松、张正兵、周强、祁杰、嵇子正、陈涛、李辉、常征。

2011年2月至2012年1月为发掘的第三阶段，发掘领队与各发掘单位及工作人员为：

领队：李则斌。

9号墓（M9）发掘，时间为2011年3月至6月。现场负责：王会锋。

10号墓（M10）发掘，时间为2011年3月至6月。现场负责：刘显谋。

陪葬坑（K8）发掘，时间为2011年3月至6月。现场负责：刘福刚。

陪葬坑（K9）发掘，时间为2011年3月至6月。现场负责：王军来。

11号墓（M11）发掘，时间为2011年7月至9月。现场负责：王会锋。

12号墓（M12）发掘，时间为2011年7月至9月。现场负责：刘斌。

13号墓（M13）发掘，时间为2011年7月至9月。现场负责：陈伊鹤。

14号墓（M14）发掘，时间为2011年7月至9月。现场负责：吴伟。

15号墓（M15）发掘，时间为2011年7月。现场负责：刘显谋。

陵园东陵墙第二次发掘，时间为2011年10月至11月。现场负责：王会锋；参与发掘人员：

武苏明。

车马陪葬坑（K2）第二阶段发掘，时间为 2011 年 10 月至 12 月。现场负责：陈刚；参与发掘人员：齐军、白记。此外，中国社会科学院考古研究所的李存信、王丹对 4 号车与 5 号车进行了整体提取工作。

车马陪葬坑（K7）第二阶段发掘，时间为 2011 年 12 月。现场负责：陈刚；参与发掘人员：齐军、白记。此外，中国社会科学院考古研究所的李存信、王丹对 1 号车进行了整体提取工作。

陵园外东司马道发掘，时间为 2011 年 12 月至 2012 年 1 月。现场负责：王会锋。

2012 年 2 月至 12 月为发掘的第四阶段，发掘领队与各发掘单位及工作人员为：

领队：李则斌

16 号墓、17 号墓、10 号陪葬坑（M16、M17、K10）发掘，时间为 2012 年 2 月至 4 月。现场负责：王会锋；参与发掘人员：曾红强。

11 号祭祀坑（K11）发掘，时间为 2012 年 4 月至 5 月。现场负责：王会锋。

第三节　江都王陵出土资料的整理

2010 年度发掘工作结束后，鉴于出土遗迹与遗物数量巨大，意义极高，在南京博物院的统一安排下，组织专门人员迅速对江都王陵的出土资料进行整理。参与整理工作的人员有：

南京博物院：

考古研究所：李则斌（领队）、陈刚、韩建立、郝明华、齐军、田长有。

文物保护研究所：余伟、徐哲、何伟俊。

保卫处：朱文清。

陕西省技术工人：王会锋、白记。

故宫博物院：吴伟

南京大学历史系考古学与博物馆学专业：

2009 级硕士研究生：刘斌。

2010 级硕士研究生：黄孟、忻瑞。

2011 级硕士研究生：赵状。

2008 级本科生：李思阳。

南京师范大学文物与博物馆专业：

2008 级本科生：韩茗、蔡董妍、盛清宇、汤丹宁、陆天舒。

复旦大学文物与博物馆学系：

2010 级本科生：韩潇。

西北民族大学文物与博物馆学专业：

2008 级本科生：沈义。

2011 年 3 月至 2012 年 1 月为资料整理的第一阶段，主要是对陵园内墓葬出土的漆器资料进行整理，同时对出土的金属器和陶器进行修复，并对漆木器进行脱水保护。

漆器资料整理，时间为 2011 年 3 月至 8 月。现场负责：陈刚；参与整理人员：齐军、白记、刘斌、吴伟、忻瑞、赵状、李思阳、韩茗、蔡董妍。

陶器修复：韩建立、王会锋。

金属器修复：余伟、徐哲。

漆木器脱水保护：何伟俊。

库房管理与器物拓片：郝明华。

2012 年 2 月至 2014 年 7 月为资料整理的第二阶段，主要是对王陵区出土资料进行全面整理，同时开始修复出土的金属器和陶器。

资料整理，时间为 2012 年 2 月至 2014 年 7 月。现场负责：陈刚；参与整理人员：齐军、田长有、白记、张蕾、王莹、吴伟、刘斌、黄孟、韩茗、蔡董妍、盛清宇、汤丹宁、陆天舒、沈义、韩潇。

陶器修复：韩建立。

金属器修复：余伟、王会锋。

库房管理与器物拓片：郝明华。

2014 年 8 月至 2016 年 12 月为资料整理的第三阶段，由大云山驻地搬到江南工作站后对王陵区出土资料进行全面整理；同时对出土金属器进行保护和矫形修复，对出土器物进行拍照。

资料整理，时间为 2014 年 8 月至 2016 年 12 月。现场负责：李则斌；参与整理人员：陈刚、左骏、邬俊、齐军、王会锋、田长有、白记、吴伟、张今、董浩晖、王霄凡、周庭熙。

金属器矫形修复：强明中。

金属器保护：余伟，李军

器物照相：王晓涛

第三章 1号墓墓葬形制

第一节 位置

1号墓位于大云山主峰顶端，在陵园的中南部，为带前后斜坡墓道的竖穴岩坑木椁墓。2号墓紧临1号墓，位于其东侧偏北的位置。两墓为同茔异穴的夫妇合葬墓（彩版五）。

第二节 墓葬结构

1号墓凿山为陵，为汉代典型的带前后斜坡墓道的竖穴岩坑木椁墓。平面呈中字形，坐北朝南，方向近180°。自上而下分别由封土、填土、墓圹（墓道及墓室）等组成，墓室内安置木质葬具与积炭垫层。虽然盗掘严重，但通过发掘清理的情况来看，1号墓的墓葬结构工程浩大、工艺考究、结构精密，是研究汉代帝王陵墓形制及丧葬制度的重要实例。

一 封土与垫层

1号墓发掘前地表留有大型丘状封土堆，由于受近年来开山采石取土的破坏，封土已比原有规模缩小很多，再加上早期大规模竖井式揭顶盗掘及墓室内的坍塌沉降，封土顶部逐渐出现凹陷，长年累月的下雨积水便在封土顶部形成一个近圆形的水塘，面积约为1000平方米，中心深度6.4米，当地人俗称"龙塘"。现存封土平面近方形，推测原有封土为覆斗形。残高约8米，东西长约200米，南北长约150米（北部被断崖破坏）（彩版六，1、2）。

根据勘探和解剖的情况来看，1号墓墓圹之上的地层堆积可主要分为三层（图四）：

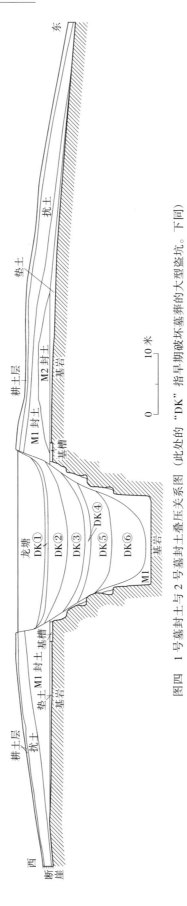

图四 1号墓封土与2号墓封土叠压关系图 （此处的 "DK" 指早期破坏墓葬的大型盗坑。下同）

一、墓葬所在位置土丘表面至下约0.5~2.5米为汉代以后至现代耕土及扰土层。在封土上的这一层耕土及扰土中，发现有若干处开口于此层的扰坑、盗洞，并发现有六朝墓残留下来的砖砌排水沟及唐代土坑墓等晚期遗迹，地层中出土包含物有汉至唐宋时期的砖瓦碎块、陶瓷片以及近现代遗物等。

二、扰土层之下即封土。从解剖面可见，封土虽被扰动，但与扰土的分界线非常清晰，按四边封土走势，基本可以推定近墓圹平面的中心为封土最高点，并向四周缓坡下降，现存最厚处的封土可达4米。封土为层层水平夯筑，单层厚度为8~25厘米，土质致密，主要为黄褐色与灰白色细泥，掺杂显见的风化红褐色火山岩石块，并留有明显的夯窝，部分直径可达8~10厘米。封土中夹伴少量汉代绳纹板瓦和筒瓦残块，局部曾发现有青膏泥、草木灰及木炭薄夹层。

发掘表明，1号墓封土实际上是以1号墓为核心，覆盖东侧毗邻的2号墓的大型封土堆。封土北距M10南壁40米，东距K7西壁约3米，南伸出K2南壁，西北与M10西壁一致。但是1号墓封土明显不是一次形成的，经过解剖发现，2号墓原有单独的封土，最后被1号墓的封土叠压。由于1号墓遭到盗掘，在墓室上方形成低洼的"龙塘"，因此这一区域的封土几乎不存，塘底的淤泥之下即是墓室内的填土。其他位置的封土亦有被扰动留下的痕迹。

三、位于封土之下、基岩之上的垫土层。垫土是在开凿墓圹之前，平整墓圹周边山体基岩表面所夯筑的。垫土层的成分、工艺、做法基本与夯土层一致，厚的部位可达1.6米，共分11层。但又有如下一些特征：

1. 垫土层的土质成分没有夯土层纯净，掺杂了大量深褐色火山石块；

2. 垫土层的范围要远远小于封土范围，1号墓的垫土层范围从开口边界开始，再向外水平延伸10余米（南墓道开口东侧）；

3. 所有遗迹均开口于垫土层；

4. 跟夯土层的情况相似，各遗迹单位的垫土层同样存在叠压关系，东侧的2号墓及1、2号墓之间陪葬坑周边的垫土层高度分别要低于1号墓约0.75~0.9米，相应遗迹的开口层位因此也低于1号墓，另外发现1号墓的垫土直接叠压于陪葬坑的垫土开口层位之上。

5. 在墓葬筑造过程中，为了找平墓葬开口，根据地表情况各区域垫土的厚度会不同，例如1号墓墓圹开口的基岩东边缘较西边缘低，而为保证墓圹开口基本水平，墓圹东侧的垫土明显要厚于西侧。

垫土层之下就是山体基岩，由于基岩表面坑洼不平，走势西高东低，推测在开凿墓圹前，由人工将周边基岩面稍加平整之后再垫土找平。

二　墓圹

1号墓的墓圹平面呈中字形，自开口至墓底有四层台面，逐级内收。墓圹开口南北总长108米（北墓道被断崖破坏），东西最宽处（墓室）26米，墓圹开口至墓底最深处（墓室）达19米。有南、北两条墓道及墓室三部分（图五、六；彩版七）。

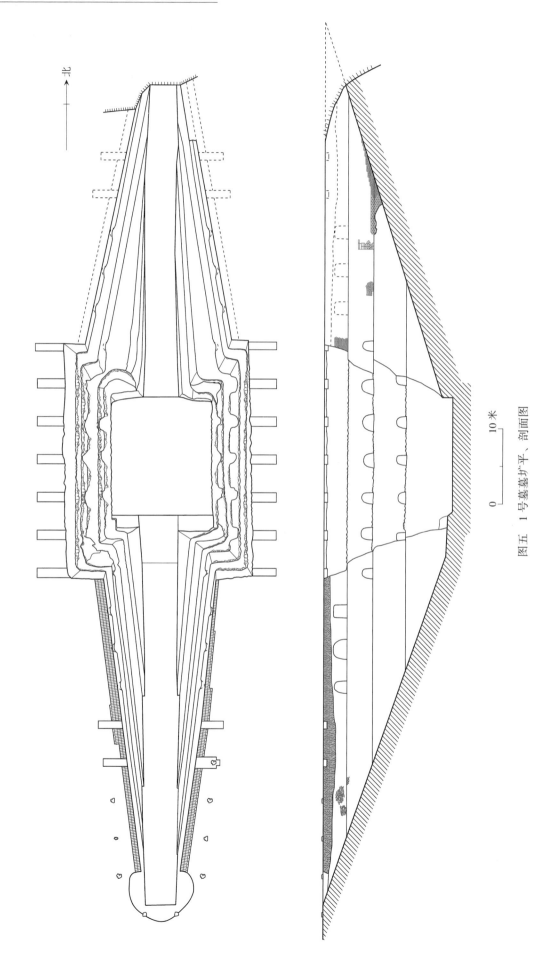

图五　1 号墓墓圹平、剖面图

北

0　　　10 米

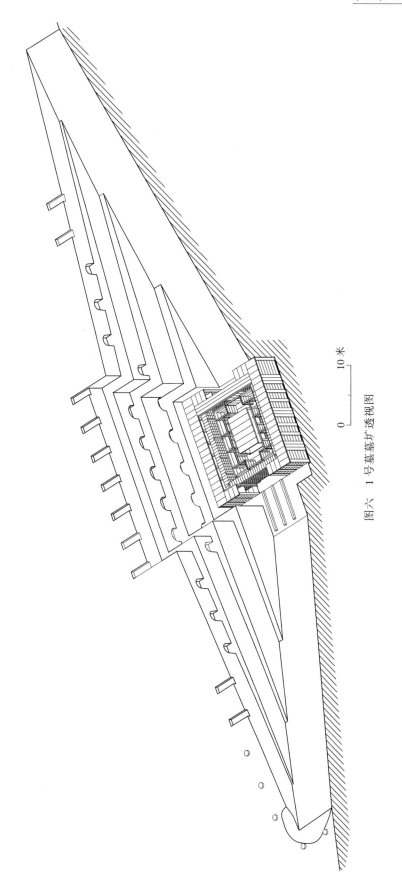

图六　1号墓墓圹透视图

0　　10 米

（一）南墓道

南墓道呈狭长形，开于墓坑南壁的中部，平面与墓室形成南北向中轴线。开口平面长 43.4 米，北端接墓室处宽 16 米，南端墓道口则呈一椭圆坑形开口，南北径 6 米，东西径 10 米，底宽 4.8 米。墓道可分为两段：第一段自墓口到墓道底平面呈斜坡式，坡度 21°，斜长 48 米，平均宽 5.5 米；第二段为墓道底平面，长 6.3 米，宽 5.8 米，南端接第一段斜坡墓道，北端高于墓室底平面 0.6 米并与之相接。墓道底平面北端至墓口总长 49.5 米（彩版八～一〇，1）。

南墓道两壁同墓室四壁相同，有四层台面接连贯通，并逐渐倾斜内收。每级台阶距坑口深度为：二层台 3.2 米，三层台 6.7 米（级降 3.5 米），四层台 11.2 米（级降 4.5 米）。每级台阶的宽度为 0.7～0.9 米。南墓道四层台面都经过下述的特殊处理，保存完好，反映了当时墓圹开凿的过程与工艺（彩版一一）。

首先，在墓道开口（首层台面）周边用厚度不等的垫土层将周围的基岩面垫高、找平。其次，在开挖坑口时，为保证墓口边缘的顺直、防止基岩崩塌，又沿着墓道边缘在基岩上垒砌数排土坯砖墙。土坯用黄褐色黏土制成，长 39 厘米，宽 20 厘米，厚 12 厘米，砖与砖之间有约 1 厘米左右的缝隙用深褐色黏土抹实。土坯砖墙的剖面呈梯形，上边界即墓道开口边界与垫土层位齐平，平面上土坯砖的砌法并不规整，有错缝和对缝平砌，也有立砌，最上一层可见 1 至 3 排，总宽 0.9～1.2 米，底部根据勘察处发现至少有 5 排。靠近墓道的内侧砖面与墓道首层台壁保持齐直，并随着台壁逐层渐渐内收，随着基岩的走势砌筑 10 至 15 层不等，总高 0.5～1 米，主要采用丁砖和顺砖混合错缝平砌，最后用黄褐色含砂黏土将土坯砖墙和外围的垫土层之间夯实。在南墓道东侧还发现一处堆放土坯砖的遗迹（彩版一〇，2；一二，1、2）。

另外，在南墓道两壁中部发现平面上有打破墓道台面、垫土、土坯砖墙的长条形基槽，东西长 3～3.5 米，南北宽 1.5 米，基槽深 0.4～0.5 米。南北向共有两排并东西对称，各排轴距约 5 米，开口在夯土层下。从墓道壁面看，槽底呈锅底状，中间夹杂有木炭痕迹，推测长条形基槽内原放置有贯通墓道两壁东西向的横木，再用含火山岩块的棕褐色填土将坑内填实。由于长条形坑内的木构件糟朽，导致填土及封土在基槽的上部形成塌陷。

在长条形基槽外端表面发现有石块或相应的方形痕迹，石块为不规整的扁形。另外在基槽南北两侧发现沿南墓道方向有等间距的石块及痕迹，大多距离墓道开口边缘 2.5～3 米，在基槽南侧共发现东西对列的四组，每组轴间距均为 4.8～5 米，最南端一组位于椭圆形墓口南侧，东西间距 4.5 米；坑北侧经清理只发现在墓道东侧有一方形遗痕，其余已无存。部分石块位置上有木炭痕迹，且在墓坑周边垫土表面发现有板瓦和筒瓦残片，特别是在南墓道东侧发现一处瓦片堆积。这说明在开凿墓圹时，曾在垫土层表面放置石块做柱础，立木柱并搭设过瓦顶罩棚。根据础石的排列痕迹，推测原墓道两侧均用间距相等的立木搭设的罩棚覆盖，以防止墓圹积水（彩版一三，1）。

在墓道开口向下的首层台壁上，上半部分是土坯砖墙垒砌的壁面，下半部分打破基岩并往下延伸约 1.5 米作为二层台面。为了保证与土坯砖壁的齐直，开凿时先用石片拌泥或者土坯砖将基岩凿出的坑洼之处填实，再用灰白色草拌泥将壁面捶打加工抹平，草拌泥的厚度不等，薄的地方约 0.5 厘米，也有岩壁较为平整、光滑的地方不抹。其下的基岩壁面与各层台面用同样的办法加工使其平整、光滑。多层台面是便于施工时出入行走的通道。墓道底部的基岩上也用类似的方法进行处理，先将道底基岩凿成台阶状，再用石块塞满，其上铺抹厚约 3～5 厘米的灰白色草拌泥，以便出入、运输（彩版一三，2）。

在南墓道的二层台开凿完成后，于二层台两侧基岩壁上各留 3 个半圆形壁龛，在下面的三层台两侧各开凿 1 个半圆形壁龛。各壁龛尺寸基本一致，宽约 1.2 米、高约 1.5 米、进深 1 米。二层台上的 3 个壁龛轴距约为 5 米，最南端的壁龛平面距南边墓口的长条形基槽约 5 米，最北端的壁龛平面又与三层台上的壁龛相距 5 米。需要注意的是，这些壁龛在平面上与开口外侧的柱础痕迹似乎也是一一对应的关系。在三层台上的壁龛处曾发现立木 1 根，紧贴墓道壁，坐于三层台面。推测在墓道开挖深度加大的同时，从墓口长条形坑到二层台壁龛再到三层台壁龛阶梯状设置有横跨墓道的过梁木，并在墓壁台面上设立柱与墓道外侧的罩棚柱网进行结构关联，通过加强墓圹内施工"架木"的办法，以提高整个罩棚结构的稳定性和安全性，亦可用来提高施工效率（彩版一四，1）。

（二）北墓道

北墓道同南墓道形制基本一致，开于墓坑北壁中间，北端墓道口经开山采石无存。开口残长 34 米，北端宽 4.2 米，与墓室相接处宽 20 米，至墓道底部总长 41.6 米，坡度 21°，斜长 45 米。北墓道没有南墓道的二段式墓道，而直接用斜坡墓道接于墓室底平面，并高于墓室底部 1.3 米，底宽 5 米（彩版一五）。

北墓道两壁亦设有四层台面，其高度与南墓道及墓室各层台面高度相齐平。受北部断崖及取土破坏的影响，墓道开口平面保存状况不如南墓道，推测南、北墓道开口处理方法基本一致。而基岩壁面与各层台面的处理方式也与南墓道相似。不同的是，北墓道修理壁面时，主要采用土坯砖补砌，在墓道底部两侧壁面的土坯砖面宽可达 1.2～1.3 米；而南墓道主要使用石片抹泥处理。土坯砖的砌筑方式同样不规整，以丁砌为主，错、顺缝均有，部分土坯砖的规格及材质与南墓道所使用的略有差异（彩版一四，2）。

北墓道在二层台、三层台上的基岩壁面，同样开凿出半圆形壁龛，设置和数量均与南墓道相一致（部分壁龛因二层台被破坏而不存）。特别是位于墓道东侧三层台上的壁龛内，有东西向的残损朽木保留下来。整体来看，北墓道的施工工艺诸如基岩面及二层台的处理，要略逊于南墓道。

（三）墓室

墓室是整个墓圹开凿的中心范围，开口呈长方形，口大底小，南、北两端中部分别接南、北墓道。墓室开口南北长 30 米、东西宽 26 米、深 19 米，墓底平面南北长 17.4（两墓道台阶之间）米、东西宽 14.6 米。分四层台面斜直内收，并与南、北墓道的四层台面高度相同且贯通（彩版一六）。

墓室位置因盗扰、塌陷形成龙塘导致四周开口层位被破坏直至基岩，因此基岩以上墓室的原有做法已无法了解，但仍在墓室西壁开口处发现南北向共 7 处包含木炭痕迹的长条形基槽，基槽东西长 3.2 米、南北宽 1.5 米，部分坐于基岩之上，部分打破凸起来的基岩面 0.4～0.5 米不等，推测长条基槽与南墓道两边的一样，应开口于墓室西壁的垫土层。基槽之间的轴距同样为 5 米左右，最南、北两端的基槽则分别位于墓室开口的西南角和西北角。槽内木炭为火烧后残痕，呈东西向铺设，在炭木周边及坑内用黄褐色黏泥填埋。

由于墓室东壁的基岩要低于西壁，上面的垫土层被破坏，没有发现对应的长条形基槽。推测墓室东壁以及北墓道东、西两壁应均有这种等距离的长条形基槽，高度、开口也应在同一平面（彩版一七）。

墓室的岩壁加工粗糙、裸露，从残留的痕迹来看，原来应用草拌泥抹平修整过。除二层台加工细致、平坦外，墓室四周的三层台和四层台与墓道的壁面有所区别（彩版一八）：

一、墓室二层台以下的三层台、四层台开凿极为粗糙，收分较大，台面基本呈斜坡状，且坑洼不平。这与墓道对应位置修整平坦、垂直并微微内收的壁面差异比较大。

二、墓室的二层台台面上不设壁龛，三层台、四层台台面上的壁龛与墓道上的又有所区别：主要以竖穴开挖，开口朝上，壁面开凿较浅，龛内地面平整且高度一致，并与墓室西壁开口中间的 5 条长条形坑垂直对应。三层台与四层台上的壁龛处理一致，且竖直方向上也一一对应。由于收分的关系，四层台的最两侧壁龛位于墓室角部，即在转角处凿出一平整方形台面作为壁龛。

因此，墓室内的三层台和四层台已经无法像墓道那样可以供人行走出入了。在墓室东壁的壁龛内发现有残存的朽木及木炭痕，结合壁龛的施工工艺，推测墓室两壁三、四层台面的壁龛更多是为了设置立柱之用，通过缩减跨度，与横梁及墓口的长条形坑组成类似一榀榀屋架，以共同承担墓顶罩棚的结构受力。

由此可见，三、四层台台面及岩壁的处理实际上是出于省事省力的需求。而墓室内四层台以下到墓底的壁面，以及墓室地面处理较之上方要更加规整、平坦、光滑。其中在距墓室南边 7.9 米处的西壁上有一块洼的壁面曾用石片塞严填平，然后再用草拌泥对壁面进行平整处理。除此之外，在墓室底部的南壁与南墓道底交接处，凿成两侧略突出于墓底及墓道底平面的三角形抹角台面，似为简化施工的做法（彩版一九，1）。

三　填土

填土是在墓室营造完毕，安设棺椁之后首先回填在墓圹里的土层。填土分为墓道和墓室两部分，在回填时应是统一夯筑的，但是由于各部分的盗扰情况不一，所以各部分的填土层次有很大差异。

（一）墓道

南墓道是整个墓圹范围内较少受到盗扰的部分，仅在南墓道北端东侧发现一处径 1.2 米的小型盗坑，得以基本保留了墓圹原有的填土做法工艺信息。通过解剖面来看，南墓道的填土主要分为三层。第一层：从墓道开口至三层台，为红褐色黏土；第二层：从三层台至四层台，为白膏泥；第三层：四层台至底，为青膏泥。每一层填土均平行夯筑，东西向两侧高、中部略微凹陷。每层厚 10～15 厘米，下部质密硬实。夯层表面为圆形馒头状夯窝，直径 6～6.5 厘米，面平，部分夯窝有重叠痕。夯窝明显（彩版一九，2）。

填土较纯净，包含物较少。在墓道口发现垫土底部有板瓦、筒瓦的残片，墓道底部与墓室连接处发现 3 根南北向枕木，另外在填土中还发现方形残陶砖 1 块。比较重要的发现是在第一层夯土底部、距墓道东壁 12 厘米处，出土铁夯锤 1 件。夯锤头部圆形，内中空，径 7 厘米、长 8 厘米

（彩版二〇，1）。

北墓道同南墓道基本一样，上部为红褐色黏土夯层，下部为青膏泥夯层，夯层有明显的圆形夯窝，直径6~7厘米，夯层近平，由北向南略微走低，每层厚10~15厘米。填土中包含物较少，在墓道壁面和填土之间发现几件铁凿。铁凿方形，头部呈尖状。除此之外，在北墓道的填土下、灰白色草拌泥修整过的坡道地面上，还残存有零散的板瓦残片（彩版二〇，2）。

北墓道有盗洞两处，其中一处盗洞由地表竖穴下挖10余米后，向墓室方向横向掏进15米左右至墓室北侧乱木处。发掘时，盗洞坍塌进水，洞内填以松软的黄褐色黏土。盗洞中有铺设用于支撑的松木板、铁锹、编织袋、手电筒、塑料管、手套等现代盗墓工具。因盗洞的缘故，北墓道南端与墓室北端交接处的青膏泥填土有明显坍塌的迹象（彩版二〇，3）。

（二）墓室

发掘表明，墓室受到过大揭顶的破坏性盗掘，墓室上部的封土被破坏无存，盗洞和填土的塌陷形成了墓室顶部凹陷的"龙塘"。因此，龙塘的底部实际是整个盗洞的开口层位，发掘前墓室主体的填土层位即是盗洞的回填土层位，可大致分为如下六层（图四）：

第1层：龙塘底部的表层，为一层较厚的深褐色扰土层，质松软。龙塘表层比墓室开口略高，此层底部与开口层位基本一致。

第2层：深灰色淤泥层，自墓室开口往下深约3.5米。质松软，为积水自然冲积淤实盗坑形成，整体呈外高中低的锅底状。

第3层：青灰色淤泥层，自墓室开口往下深约6.5米。质松软，为积水自然冲积淤实盗洞所形成，整体呈外高中低的锅底状。内包含有唐宋以来的陶瓷器、砖瓦、金属器等，还有1号墓中的器物残片。

第4层：黑灰色腐朽物层，自墓室开口往下深约7.5米。夹有木炭、植物茎叶等腐朽物。

第5层：灰白色淤泥层，自墓室开口往下深11米。范围较盗洞上层有所缩小，同样呈锅底状。在墓室北部的淤泥层中，发现大量椁板残木，部分表面饰漆皮，部分有砍凿的痕迹；另发现有数件盗墓工具木舂。在墓室东北部的灰白色淤泥层下，发现大面积的木炭，厚10~20厘米，在面上清理出三股拧成的草绳一节。

第6层：灰白色淤泥夹杂青灰色填土层，深至椁室顶部。质黏，含水量大，为上层淤泥和坍塌的填土冲积形成。该层墓室北部可见大量乱木遗物，有方木、圆木、木炭、朽木以及砍砸留下的木屑痕迹，并出土部分墓室内文物，分布凌乱。

整个墓室盗洞的范围约占墓室总面积的四分之三。由墓室内的盗洞及出土情况来看，盗墓者揭取墓室顶部之后，进入椁室，将椁室南部破坏，木构件多堆放于北部，再经长时间自然冲积，盗坑上部的封土、扰土坍塌后，将盗洞填实。在盗洞内发现的木舂可能为盗墓取土的工具（彩版二一，1）。

从第4层往下，由于锅底状盗洞范围不断缩小，墓壁向内30厘米、南边向内3~6米的范围内可见原有夯筑的青、白膏泥填土层，土层中有红褐、灰白、深褐多种土质混合，并夹杂少量火山岩石块。解剖发现，在夯筑过程中，曾通过洒白色火山灰来防止黏土附着于夯杵工具上。在墓壁边的夯土层中，发现有与夯土材质相同的土坯砖，推测为墓道北端补砌的土坯坍塌所致。夯土多为平行夯筑，受盗扰的作用，四周青、白膏泥填土有明显的坍塌下陷迹象。同样，在墓道基岩壁面和填土之间，发现数件铁凿。在墓室北部坍塌的填土下，有较薄的木炭层。墓室南部同样有青、白膏泥填土与积炭交错叠压的情况，应为盗扰、塌陷所致。在墓室葬具下，亦发现有木炭填满了椁室底部与墓底基岩面的空间。墓底基岩面开凿比较平整，在木炭层之下、基岩面之上还发现有约 2 厘米的夹杂火山岩粒的垫土找平层（彩版二一，2；二二，1、2；二三；二四，1）。

综合分析墓室内填土及叠压打破关系，推测在墓圹开凿完毕后，先在墓室底基岩面用垫土找平，其上铺设一层木炭，再安放棺椁等木质葬具，在上面及周边铺设一层木炭封护（积炭），其上再用青、白膏泥层层往上夯筑，墓室内原有的夯土层次应与墓道内一致（彩版二四，2）。

第三节　木质葬具

在 1 号墓的墓室底部，安放着规模宏大的木质葬具。葬具的总体形制属于汉代最高等级墓葬形制——"黄肠题凑"式木椁墓。南北长 15 米，东西宽 13.9 米，推测原高约 5.1 米（彩版二五）。

一　发现现状

1 号墓的木质葬具保存情况并不理想。由于该墓早期及近现代遭到多次大规模的盗掘破坏，棺椁葬具整体坍塌损毁。在发掘过程中，随着对墓圹清理深度的不断增加，在盗洞内陆续发现汉末至近现代的各类遗物，包括圆木构件、木臿、电筒、探杆、铁锹、绳子等不同时代的盗墓工具及少量随葬品。自墓圹开口层往下 6.5 米处的灰白色盗洞淤泥层中，陆续出土凌乱的椁木残件，部分还带有榫卯构造；至墓口 10.2 米深的盗洞淤泥层中又发现多块留有砍斫痕迹的棺木残件，部分残件饰有黑底红色漆皮。这些无疑均为木质葬具的一部分，应是被盗扰后扔弃在盗洞填土中。

自墓室四层台面往下，至接近墓室顶部的位置，越来越多的木构件显露出来，堆叠在原有棺椁葬具的位置之上。从清理的情况来看，散落的木构件多数主要集中于墓室四周，以北部堆的最高最明显，并形成多层叠压。在上层木构件揭取完毕后发现下面夹杂一层木炭，木炭下亦有坍塌扰动的木构件（彩版二六）。

在清理、揭露到墓室棺椁层位时，几乎墓室中所有部位的木结构都有坍塌毁坏现象，以墓室中部破坏最为严重，仅有几块椁室侧板、门板及立柱处于原位，有的呈竖立状态，其余或缺失不存或塌陷于墓室底部。保存情况较好的是贴近墓室四壁的外回廊，这也是人为扰动较少的区域，主要以自然坍塌及糟朽为主，因此这里也是保存遗物最多的区域，特别是靠近墓壁的立柱及壁板结构，仍有部分保存相对完好，可以大体看出原有形制及回廊高度（图七、八）。

根据叠压层位及出土遗物推测，当时盗墓者大肆开挖墓内填土，并一直取土至椁室顶部，为进入棺椁内部又砍斫、破坏棺椁葬具，并将破坏后的葬具抛出，堆积在墓室内四周。但由于盗墓者集中于墓室中部盗掘，因此虽中部棺椁区域破坏严重，但周边回廊（黄肠题凑以外）区域幸免于难。在墓室北部堆起的乱木中，出现了木构件叠压中有大面积积炭层的情形。这应该是西汉高

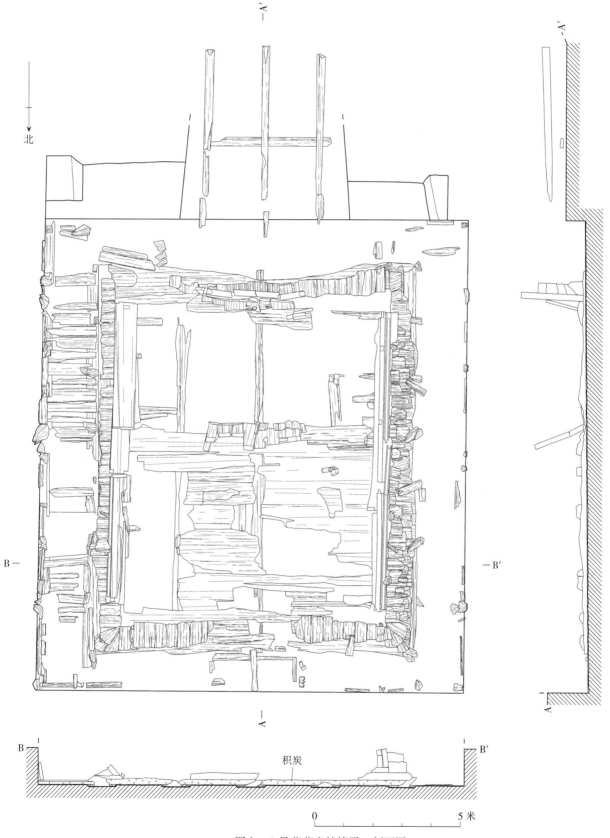

图七 1号墓墓室棺椁平、剖面图

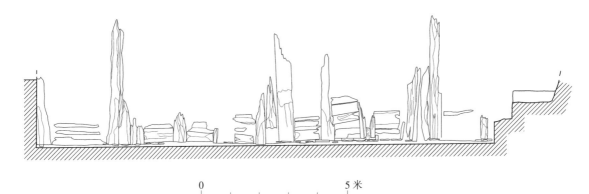

图八　1 号墓墓室东侧棺椁现状正视图

等级墓葬椁室外围常常覆盖有积炭层的缘故。

根据盗洞及墓室填土中出土的零散木构件及相关遗物的提取和整理情况，可将这些构件的使用性质分为如下几类：

一是经过扰动、属于棺椁葬具的组成构件。主要以规则形状的方木、板木为主，部分上面有榫卯构造和红、黑两色漆面，有的构件及表面有砍斫过的痕迹，亦有很多木构件严重残断、糟朽，无法恢复原有形制。

二是历年来用于盗墓的工具构件。根据功能不同又可以分为：

1. 木锛。长 10～15 厘米，共发现 5 根。锛头一面平整，凌乱地分布于坍塌土和淤泥内。其中两根一头用竹皮捆扎成十字状结构，竹皮树根拧成绳状系在交错处用于固定，另外有用榫卯交接的（详见后文器物描述），在墓室南壁下也曾清理出直径约 1.5 厘米的竹节，可能与捆扎这种木锛有关（彩版二七，1）。

2. 圆木构件。多数以较细长的圆木为主，径约 13 厘米。有的呈竖立状，有的带榫卯透眼，有的一端为尖状，还有的两根圆木相交并用榫卯十字套接。也有用竹皮拧成绳子将圆木与短木桩固定相交，其中木桩长约 20 厘米，圆木一端呈尖状，中部有方形卯眼不穿。最为完整的是靠东壁下发现的两处十字榫卯套接的圆木，交接处又用木桩及绳子捆系。这些圆木构件亦多发现于盗洞及墓室附近，推测是盗墓时搭设的临时架木（彩版二七，2）。

此外，在清理中发现有东西向用残板木固定的圆木，判断其为盗扰时因墓室北部堆有大量棺椁乱木，为防止乱木跌入盗洞内，于乱木堆的一边用圆木和木桩东西向固定以进行围挡（彩版二八，1）。

3. 竹簸箕。为凹槽状，系毛竹皮经纬编织而成。残存长 24 厘米，一端宽约 30 厘米，竹皮宽0.4～0.5 厘米，其间隔 3～5 厘米用竖向 2 至 3 道竹皮拉筋与横向经纬编成。除此之外还曾发现竹编筐 1 个，呈簸箕状，反扣于泥土中，边缘撑木棍编织。这些物品可能为早期盗墓时的运输工具（彩版二八，2）。

4. 竹绳。用竹皮拧成的绳子，双股径约 2 厘米，用于绑定木橛和架木，多发现于盗洞之中。另外亦发现有径约 3 厘米的粗麻绳（彩版二九，1）。

5. 木臿。早期传统的取土工具。木臿的一面有黑色漆皮，可能为盗扰时将棺木破坏后改做挖掘工具使用（彩版二九，2）。

三是墓葬搭设顶棚进行施工时遗留的木构件，甚至还有施工营建工具如木尺和铜尺（详见后文器物描述）。发掘发现，在四层台墓室南北两端的东西墓壁壁龛内，曾发现有横木残段；在墓室内相应的位置，同样发现横木残段，推测当时建造时有东西向圆木搭于两端四层台的壁龛内，此应为建墓时运送石料的架木或为墓上建筑梁架之用，其余不存。另外，在墓室周边曾清理出间距不等的数根圆木朽痕，紧贴墓壁，直径 40～50 厘米，推测与上述墓葬建筑结构有关。

二　棺椁构造

结合发掘清理的情况和汉代诸侯王墓的埋藏规律来看，1 号墓的木质葬具可以从功能上区分为正藏椁及外藏椁两大部分，其中正藏椁是主体建筑，其复原尺寸与生人日常室内活动空间基本一致，做工规整，密封严实，是墓葬中瘗埋棺木及主要随葬品的地方。其木质结构自外向内包含题凑、外椁、中椁及内椁四层，内椁中又辟出前室和后室，后室或称为棺室，里面安装墓主人的棺木。每一层结构都形成"回"字形闭合的空间格局，这种空间格局不仅是平面的，在剖切面上看同样是"回"字结构。其间都配置有或宽或窄的回廊或厢房空间（图九～一二；彩版三〇，1）。

（一）基础构造

1．墓道枋木①

墓道枋木位于南墓道底平面经过处理的草拌泥基面之上，北墓道未发现枋木。共有 4 根，其中南北向 3 根，南端紧接斜坡南墓道，北端正对椁室南大门，枋木长 560～600 厘米、宽 25～28 厘米、厚 24～29 厘米，间距约为 1.6 米，三根枋木下侧横置东西向横木 1 根，长 538 厘米、宽 34 厘米、厚 16 厘米（彩版三〇，2）。

2．垫木（枕木）

垫木，或称为枕木、地楞、地龙，是墓圹平整完毕后安设棺椁前的首要木作基础设施。先在处理好的墓底基岩面及垫土找平层上开凿南北纵向的垫木浅槽 5 条（枕木沟），槽宽 95～98 厘米、深 6 厘米（打破基岩面），间距 1.6～1.7 米，安放垫木 5 根。垫木均长 127 厘米、宽 52 厘米、厚 44 厘米，间距约 2～2.1 米，其上承载着 1 号墓正藏椁（包括黄肠题凑木）在内的全部荷重，外藏椁回廊内则无垫木承托底板。垫木与墓底之间的空隙由木炭填充。

虽然垫木槽朽塌陷严重，但从现状来看，垫木铺设时应是经过操平的，且每条垫木应该是整料。垫木是高等级汉代木椁墓的重要结构要素，由于墓葬规模宏大，使用垫木有利于椁室底板铺设，保持平整和结构稳定，并可将棺椁荷重均匀地传递给地基。

---

① 墓道枋木的功能形制目前并不明确，除大云山汉墓外，高邮天山 1 号汉墓中也有类似发现（其称为"枕木"）。墓道枋木的高度与椁室内底板的高度基本一致。黄晓芬在《汉墓的考古学研究》一书中认为：墓道底部通向玄门（墓门）之间地面用枋木铺垫，显示埋藏设施与外界达成全面开通。文章认为这段用枋木铺垫的平坦面应有侧壁、顶部结构，构成隧道式空间，代表着羡道的完成和确立。天山 1 号墓的"枕木"上有未安装立柱管脚榫的卯口，似为"未了工程"，有学者推测其与天山 1 号墓外藏椁结构一致。但是大云山 1 号墓的墓道枋木槽朽严重，无法辨认榫卯，周围也没有多余的与其相关的木构件，因此无法确定是否有用于建造封闭空间的迹象。但可以肯定的是，墓道枋木是联通椁室及墓道的重要设施。

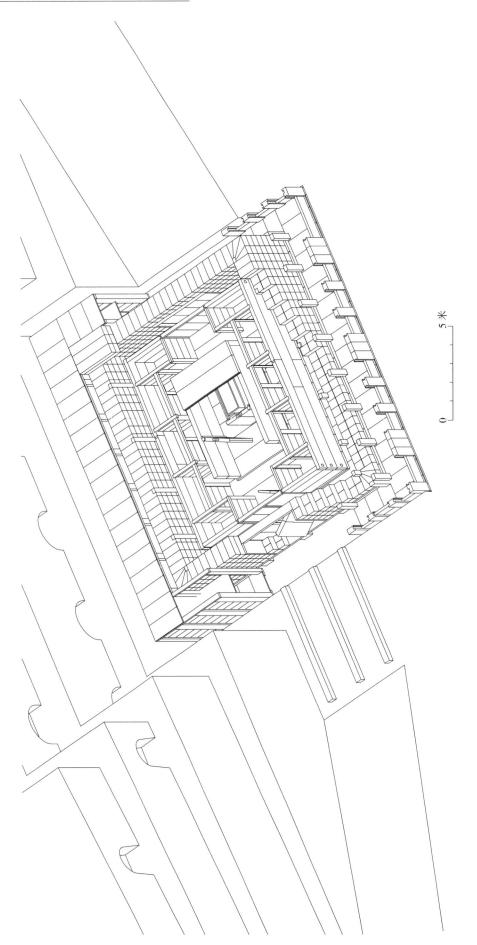

图九 1 号墓墓室结构透视图

北

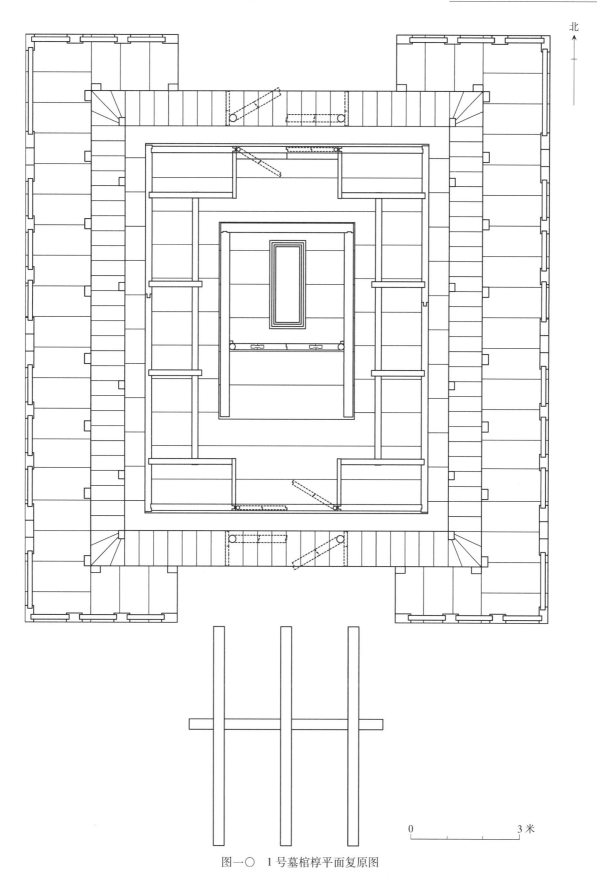

0 3米

图一〇 1号墓棺椁平面复原图

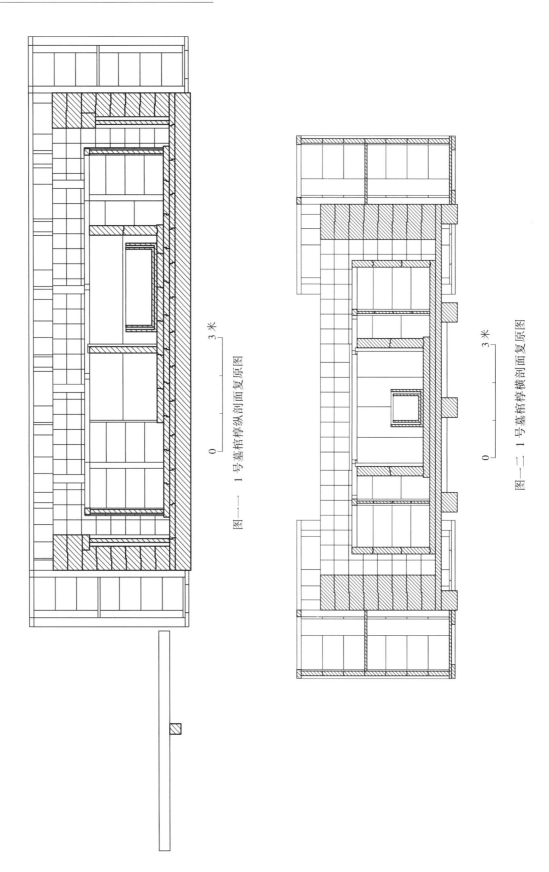

图一一　1 号墓棺椁纵剖面复原图

图一二　1 号墓棺椁横剖面复原图

（二）"黄肠题凑"① 及相关结构

1. 底板

在墓室中部的5条垫木之上，南北向铺设底板14块，底板铺设范围与垫木所在范围保持一致，南北长12.7米、东西宽10.8米，面积约为137平方米。每块底板尺寸基本一致，东西长1080厘米、南北宽90厘米、厚16厘米，之间用高低缝（裁口缝）拼接，缝宽约3厘米，根据裁口缝的方向可以看出，底板是由南向北铺设的（图一三；彩版三一）。

2. 题凑墙

在底板之上，沿着底板外边缘构筑一圈"黄肠题凑"的壁体——题凑墙，又称为纍木，平面呈"口"字形，是用长93～94厘米、截面方约40厘米的短木枋为单元层层垒筑，由于短木枋的端头朝外，故题凑墙壁厚等同于短木枋的长度。虽然题凑木糟朽坍塌严重，但目前能发现各边垒筑的短木枋至少有四层。另外，不同于大多数已发现的"黄肠题凑"墓例，大云山1号墓中的题凑短木枋各面并不全是平整的，而是在上下层的短木枋之间做成裁口缝的形式逐层扣合，缝宽约2厘米。而四隅转角处的题凑木做法与上不同，它是以内直角为圆心，在外直角构成的正方形范围内，按照角等分方法均匀划分成四小块三角形题凑木，其平面呈辐射状，类似于古代建筑中翼角椽的处理方法。各层之间因糟朽严重未发现榫卯构造，但是推测其应与四边的题凑木一致，系用裁口缝拼装严实。

题凑墙的内、外壁面上均有枋木柱紧紧相靠。但已发现的外围枋木柱独立于题凑之外，是外藏椁（回廊）的内壁墙柱。而内壁的枋木柱则嵌入题凑壁体，柱外皮与壁面齐平，并与题凑融为整体，称为框架。柱至少高260厘米，截面长20厘米、宽16厘米，间距1.5～2.7米不等。主要在东、西内壁各段及四隅转角处设置。但由于残损严重，无法看清其余结构，柱与底板、题凑枋木之间的交接关系亦不明朗（彩版三二，1、2）。

3. 南、北大门

从外侧看，题凑墙体为一圈封闭结构，并没有设置任何出入口。但是在正对南、北墓道题凑

---

① "黄肠题凑"是1号墓葬具中最具特征的构造，目前带有这种结构的汉墓在全国仅发现十余座。与其他汉代"黄肠题凑"墓相比，大云山1号墓有两处不同：一是1号墓实际使用的是楠木材的短木枋题凑（天山汉墓的"黄肠题凑"也是楠木材质），而其他大多为柏木题凑，与文献相对应。二是1号墓题凑墙的垒筑方式与目前发现的大多数"黄肠题凑"墓均不同，其工艺更加复杂、制作更加精密，是除了天山汉墓之外，第二例在题凑木单元之间使用榫卯工艺拼合的，而其余地区发现的"黄肠题凑"墓中的题凑木均是层层垒叠成墙体，各题凑木之间没有榫卯关联（山东定陶县灵圣湖汉墓所用的大量题凑木因用材较小，由三个薄枋木榫卯拼合成一件，再层层独立垒叠）。同时题凑墙四隅转角构造的处理方式也比较特别。在目前已发现的"黄肠题凑"木椁墓中，对题凑墙转角处理共有三种形式：第一种是东西向与南北向题凑墙体分别层层叠垒，最后交汇直碰，其间不用榫卯，如北京大葆台汉墓；第二种是两侧题凑墙交汇时采用南北纵向和东西横向分层叠垒，其间不用榫卯，有的有立柱框架维护，如北京老山汉墓；第三种是以内直角为圆心，在外直角构成的正方形范围内，按照角等分方法均匀划分成多块三角形题凑木拼合而成，平面呈辐射状，类似于古代建筑中翼角椽的处理方法，如天山汉墓。大云山1号墓便是属于第三种处理方式，这些特殊处理方式无疑使大云山1号墓的题凑墙更加坚固，承载力也更强。

需要注意的是，虽然因糟朽损毁更多的题凑墙细节工艺信息目前还不得而知，但在仔细对比过天山汉墓中的"黄肠题凑"之后发现，两墓题凑墙的构造特点非常一致，我们可以推测，完整的大云山1号墓的"黄肠题凑"应非常接近天山汉墓的工艺做法，题凑墙实际的榫卯构造可能比目前发现的更加丰富，但大云山1号墓要早于天山汉墓，因此这种密切的关联可以看作是江淮地区发达的木作技术在墓葬建筑中的反映，大云山1号墓和天山汉墓中的"黄肠题凑"可以视为一种区域类型的延续发展。

另外，我们也发现，无论是大云山1号墓还是天山汉墓的"黄肠题凑"，其构造都不仅仅是一圈题凑墙这么简单，而是有完整的配套结构，如安设题凑墙的底板、稳固墙体所用的立柱（或许还有类似天山汉墓的压边枋）、壁体内的南北大门等设施，这些共同构成了一具以"黄肠题凑"为核心的椁室空间。

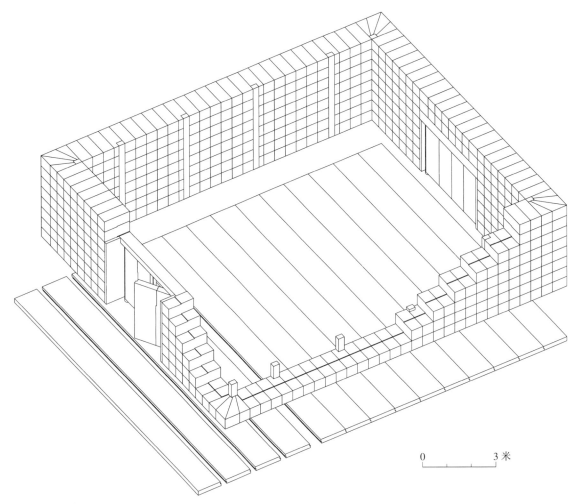

0   3 米

图一三　1 号墓黄肠题凑结构透视复原图

墙内侧，安设有南、北大门，其正处于墓圹及墓室的南北向中轴线上。墓室清理完毕后，除发现南大门门扉实物外，北大门及与门扉相关的门柱、门楣、门枢等构件均已无存于原位。但是通过复原可知，南、北大门结构整体应嵌入题凑墙内，门板内面应与题凑内壁面齐平，相应大门外的题凑木稍短，应是在墓室葬具安放完毕之后再将大门处的题凑木封闭。

从南大门来看，大门门扉共两扇，推测为外开，高 218 厘米、每扇宽 160 ~ 163 厘米、总宽 323 厘米、厚 20 厘米。门为拼板门，各用两块板木拼成。其中两块板木的一侧立边上下凸起为圆形门轴，轴高 10 厘米、径 20 厘米，立边亦随门轴样式做成圆倒角；两块板木在拼接处的立边则做前后方向上的裁口缝，缝宽 2 厘米。板木的拼缝并不是直缝，而是在门高三分之二处又做直角转折宽 3 厘米的错缝，实为在垂直方向上做的又一道裁口缝。除此之外，两块板木相拼的立边采用双暗栓对接，根据遗存的半卯槽深及实物可知，暗栓用料长度大约为 48 厘米，截面为 18.6 厘米，上下共计 3 排 6 根，每排间距 65 ~ 68 厘米不等。两扇门的中缝同样使用裁口缝封闭，缝宽 4 厘米。在中缝两侧板木的相同位置上各遗留一组 3 个呈倒“品”字形的透孔，根据出土时文物的相对位置推测，原大门上应安有一对铺首衔环（图一四；彩版三三，1、2）。

北大门发现于盗洞中，形制与南门基本一致，为两扇对开，每扇各用板木裁口拼缝而成。尺寸稍有差距，门高 200 厘米，仅存一扇的一块板木宽 91 厘米、厚 22 厘米，门轴高 7.5 厘米。同样

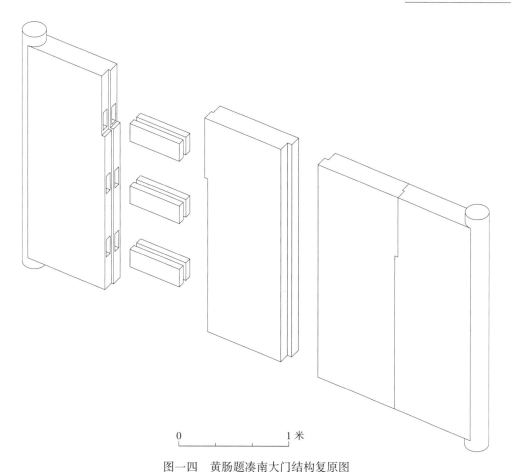

0   1 米

图一四　黄肠题凑南大门结构复原图

使用双暗栓，上下共计 3 排 6 根，栓用料长 28 厘米、截面尺寸为 14.6 厘米。北大门与南大门的最大区别在于，北大门在拼缝处仅使用前后方面的裁口缝，并没有在接缝处作竖直方向的直角转折处理（图一五，彩版三三，3）。

（三）外椁、中椁、内椁、重棺

1. 外椁

在"黄肠题凑"构筑的椁室空间内，安放着外椁、中椁、内椁和重棺。外椁位于正中，平面呈长方形，东西宽 8.4 米、南北长 9.8 米、残高 1.7 米，面积 82.3 平方米。外椁与"黄肠题凑"所在的椁室空间并不共用底板，而是在中部单独设置了一层外椁的底板，南北向铺设共 11 块，每块底板的尺寸基本一致，东西长 84 厘米、南北宽 88 厘米、厚 16 厘米，每块底板之间同样作裁口缝拼接，缝宽约 3 厘米，根据裁口缝的方向可以看出，底板同样是由南向北铺设的（图一六；彩版三四，1）。

在外椁底板的东西两侧分别安装外椁壁板，各边南北总长约 97 厘米，与外椁底板南北长度基本一致。虽然坍塌散落但保存基本完整，通过复原发现，东、西外椁壁板是由三层椁板扣叠而成，每一层均由南北两块椁板拼装，下两层椁板分别高 76～79 厘米，上面一层高 57～59 厘米，总高约 217 厘米，均厚 18 厘米。在榫卯工艺上，这些外椁壁板有相似之处也有各自的特点：

（1）下两层各椁板上面及底面均作企口缝，缝宽 8～10 厘米不等，深约 1 厘米，并贯通于南

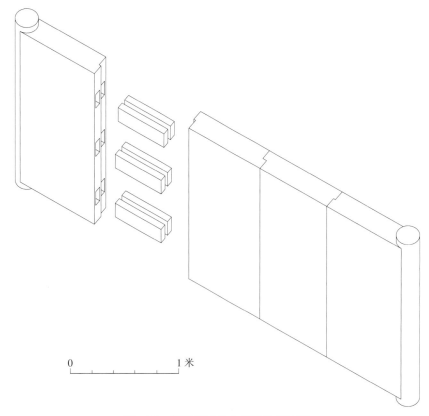

图一五　黄肠题凑北大门结构复原图

北相接的两块椁板，这样每一层椁板在上面形成长条形的闭口槽，底面形成长条形的中心榫。装配时使得上层椁板的中心榫落入下层椁板的闭口槽以楔合，现场也发现底板上的相应位置亦有闭口槽以固定最下层椁板；而最上层椁板只在底面设置有中心榫，以与下面的椁板拼合为企口缝，上面平整。但在内壁的上边缘作开口卯，宽 14 ~ 16 厘米，残深约 8 厘米，高 5 ~ 7 厘米，每块椁板上各开两卯，各卯之间以及南北椁板上相近的卯槽距离均为 220 ~ 230 厘米。

（2）每一层南北椁板的对接亦采用企口缝形式，缝宽 6 ~ 7 厘米，深约 10 厘米。但这三层的企口缝并不对齐一致，且出榫的方向也不尽相同。如构成外椁西壁的 6 块椁板，北侧的 3 块自上而下分别长 3810 厘米、5490 厘米、3120 厘米，中间一块作开口槽，其余两块作割肩榫（中榫）；南侧的 3 块自上而下分别长 5760 厘米、4270 厘米、6640 厘米，榫卯与北侧对应互补。虽然拼合的总长度一致，但拼缝处上下并不对齐，东壁亦同（从发现的情况来看，东壁各块椁板的宽度与西侧的亦不一致）。推测这种做法是故意而为之，错缝拼接有利于保持整体壁面的稳固，同时也可以充分利用木料。

表一　　　　　　　　　　　　　1 号墓外椁东、西壁板各块椁板的规格　　　　　　　　　　　单位：厘米

东北上	东北中	东北下	西北上	西北中	西北下
残缺	5570	4140	3810	5490	3120
东南上	东南中	东南下	西南上	西南中	西南下
残缺	4160	5560	5760	4270	6640

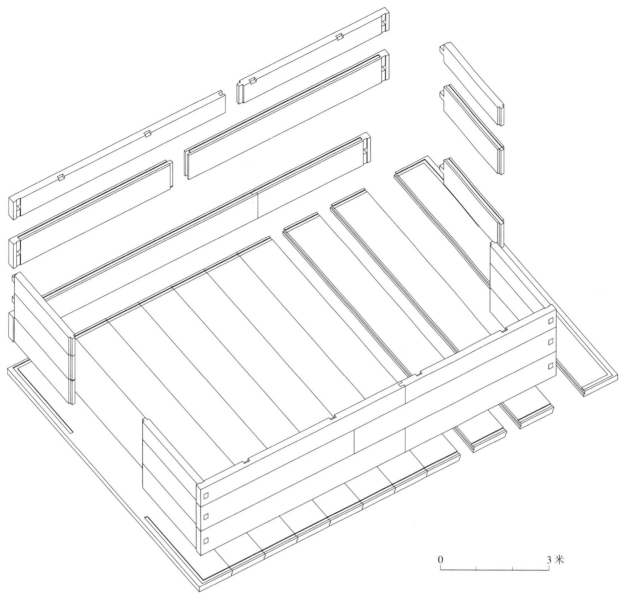

0   3 米

图一六 外椁结构透视复原图

（3）在每块椁板的南北端头，距侧边缘约 9 厘米的内壁侧面开凿上下贯通的开口槽，槽深 2 厘米左右，宽 10～12 厘米，在槽的中部穿一全卯，卯眼宽等同于槽宽，高约 15 厘米。所留开口槽与全卯则是为外椁南北两侧的壁板结合构成围合空间。通过榫卯构造可知，南北两侧的壁板对应的是带边榫的壁板，其中边榫对应东、西壁槽内全卯的位置留有端头榫，榫长与卯口的深度应一致，且上、下面的结构应与东西侧椁板相似。在清点盗扰木构件时，发现有两块椁板尺寸、榫卯均符合外椁南北壁板构造，长约 230 厘米，宽、厚均约 17 厘米，一端带边榫长 3 厘米，边榫上端头榫长 15 厘米，宽约 6 厘米，高 12 厘米，另一端及底面作中榫，底面榫高 1 厘米，上面平整，推测为南北三层椁板最上层的一块（彩版三四，2）。

外椁除了四围的壁板外，在对应题凑墙南大门的位置设有外椁南门（北部破坏严重，未发现外椁门的痕迹，推测应与南门一致）。南门的形制与题凑墙北大门最为接近，为带双扇门扉的拼板门，复原高约200厘米，总宽约280厘米，厚10厘米，门轴高5厘米、径10厘米。每扇门扉用两块板木拼接而成，宽度基本相等。拼缝处用裁口，缝宽2厘米。两扇门之间同样用裁口缝闭合，缝宽2厘米。根据糟朽痕迹，推测其与题凑墙大门一样，系用暗栓连接牢固。此外在外椁门附近发现横木残件，截面尺寸为16厘米×10厘米，可能为外椁门的附属构件。同样，在靠中缝的两边板木上发现各有一组3个透眼组成倒"品"字形，同样应是铺首衔环的安装部位（图一七、一八；彩版三五，1）。

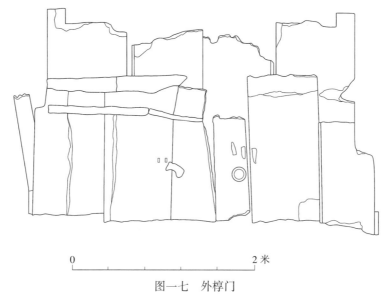

0　　　　　　　　　　2米

图一七　外椁门

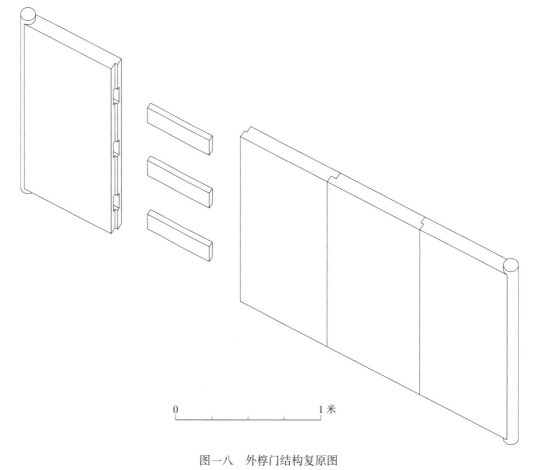

0　　　　　　　1米

图一八　外椁门结构复原图

2. 中椁

由于墓室中心位置受到严重盗扰，中椁结构几近全无，没有发现底板及可复原的侧壁板。目前仅在外椁和内椁东、西两侧空间发现疑似南北向两排枋木柱残存竖立。立柱距东、西外椁板内壁约115厘米、内椁外壁61厘米。立柱有两种类型：一种是截面方形的，尺寸为20厘米×11厘米，另外一种是截面呈"L"形的方柱，残高11~12厘米，主体截面尺寸为21厘米×17厘米，一侧伸出类似于边椁的结构，突起3~4.5厘米，宽4~5厘米，柱身侧面开有1至2个半卯，高8~9厘米，宽3厘米左右，深约7厘米。两种下端均有管脚榫（中心榫），与外椁底板连接，尺寸因糟朽不详（图一九；彩版三五，2）。

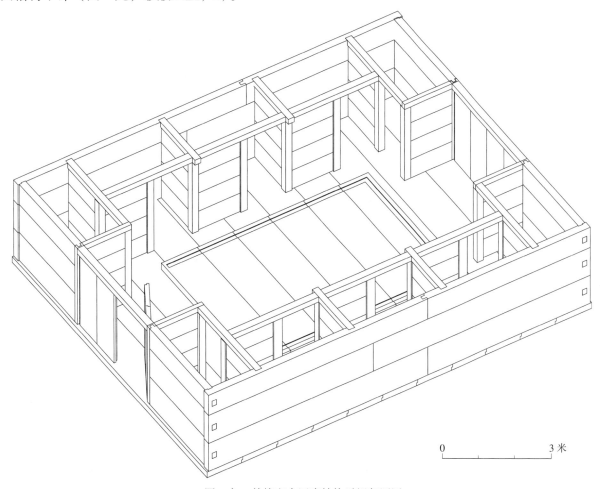

图一九 外椁室内回廊结构透视复原图

虽然无法还原出中椁的具体形制，但通过现场的遗迹现象及内、外椁的相关构造有如下几点认识与推测：

（1）在先前的复原中，我们根据以往的认识和经验将中椁复原成独立的椁室空间，但是目前梳理所有已发现的木构件，最大的问题是并未发现确定是中椁的椁板构件，没有门构件，也没有独立的底板，中椁实际上不是独立的椁室空间结构，而是依附于外椁室内。

（2）根据中椁仅存的几根立柱来看，似乎有些并不是专业用于安设壁板的，如"L"形枋木柱，这种形制的枋木柱在1号墓中发现不少，其凸起的一侧无法与现有发现的榫卯结构相关联，但常见于墓室门柱结构，如门枨。

（3）从外椁和内椁的相关结构来看，中椁与内椁所形成的回廊空间明显比与外椁形成的回廊要小很多。外椁东西两壁最上层椁板边缘所留开口卯，东西各有 4 个，间距基本相等，应该为安设过梁之用，但根据卯口尺寸和结构受力来看，不太可能是横跨外椁东西壁的通梁。但如果把外椁和中椁柱所形成的东西回廊空间以这四个卯口东西横向划分，正好可以把东西回廊各划分成规则的五等分，每侧中间三间房间南北长 220 厘米、东西宽 110 厘米，南北两间与这三间垂直成"L"形，尺寸一致，其中一侧与外椁门柱齐平。

（4）因此我们认为，中椁实际上不能称为真正意义上的一具椁室，所发现的立柱应是支撑外椁壁板挑出的短横梁，两者将外椁室内回廊空间划分成尺寸一致的房间并构成房间的骨架，其中"L"柱又承担着门枨的作用，因此每间应单独开门，并从与内椁形成的回廊进出。

（5）但是中椁的消失并不意味着 1 号墓不存在三重椁室的空间，实际上，"黄肠题凑"所形成的空间本身就是一重重要的椁室，但大云山 1 号墓中的中椁复原仍然值得进一步探讨与研究。

3. 内椁

在外椁与中椁形成回廊房间的中心位置上，安置有内椁。内椁同样是一具独立的椁室，拥有单独设置的底板。但受盗扰破坏，原位置仅存两块底板，其余不存。结合盗洞内清理出的内椁构件推测，内椁板共有 6 块，南北向铺设，复原长度为南北总长约 5.6 米，内椁总面积不少于 20.7 平方米。每块底板东西长约 370 厘米，宽 93～94 厘米，厚 15～16 厘米，相互之间用裁口缝拼合，缝宽 2～3 厘米。底板的东西两端朝上开凿有南北向的开口槽，距边 10～11 厘米、宽 11 厘米、深 1.5～2 厘米，以承内椁侧壁板。其中最北端及南端的底板略有不同，最北端的底板上开有"凹"形开口槽，两端槽口与南侧底板两侧槽口相接，而最南端的底板两侧开口槽在距南边缘 6.5 厘米处闭口，形成了整体底板上的倒"凹"形闭口槽。可见内椁是三面安装了封闭的壁板，而南侧开敞，并没有发现内椁有南门的痕迹（图二○）。

虽然内椁壁板在原位置已不存，但是通过遗留下来的残损构件可知，内椁三面的侧壁板底部均作割肩榫，安装于底板上的"U"形槽内，榫高 1.5 厘米、宽 11 厘米，每侧壁板均为两层板木构造，板木之间拼缝为裁口缝，缝高 2 厘米，东、西两侧的内椁壁板北端同样作相同的割肩榫，与北侧椁板内壁两侧的开口槽连接。

内椁板内侧壁面均涂以红漆，包括底板和盖板。在内椁中部位置，竖立一实拼大门，双扇对开，遍体红漆，高 183 厘米、总宽 316 厘米、厚 17 厘米，上下均有轴，高 5 厘米、径 17 厘米，每扇门分别由两块板木裁口拼缝而成，分别宽 78 厘米和 80 厘米，缝宽 1 厘米。门扇中缝同样使用了裁口缝，缝宽 2 厘米。与题凑墙大门及外椁大门不同的是，红漆大门没有暗栓作门扇的骨架，而是在两块板木的上边和下底的裁口缝交接处开凿卯口，卯口深 7.5 厘米，嵌入类似燕尾榫的嵌榫，榫长 35 厘米、厚 7.5 厘米，榫两头稍大成方形，东西长 10.5 厘米、南北宽 8 厘米，中间细长，长 14 厘米、宽 6 厘米。每扇门通过嵌榫将两块板木牢固地拉结在一起，在靠中缝的两块板木上发现各有一组 3 个透眼组成倒"品"字形，应是铺首衔环的安装部位。根据红漆大门的门轴及内椁板上轴洞的痕迹，可以确定内椁有单独的盖板，红漆大门应上下安装门轴与内椁底板和盖板相接。推测盖板的形制应与底板基本一致，以裁口拼缝而成（图二一、二二；彩版三六，1、2）。

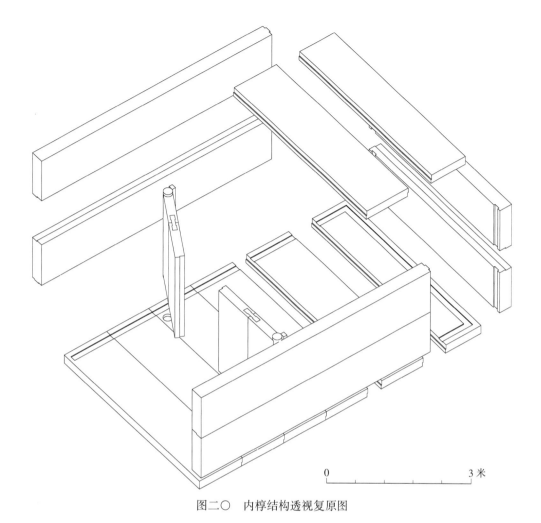

0　　　　　　　　　　　3 米

图二○　内椁结构透视复原图

另外，在红漆大门一侧，发现竖立红漆枋木柱 1 根，两头均残，截面尺寸为 9 厘米×7 厘米，可能为红漆大门的门枢。红漆大门将内椁分隔为南、北两个空间，南部为前室，有可能前室是开敞空间；北部为棺室，是安放墓主人重棺的地方。

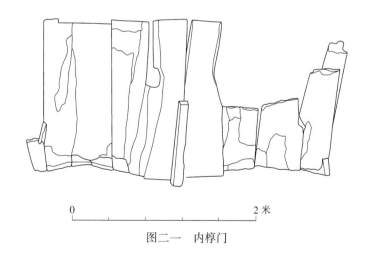

0　　　　　　　　　　　2 米

图二一　内椁门

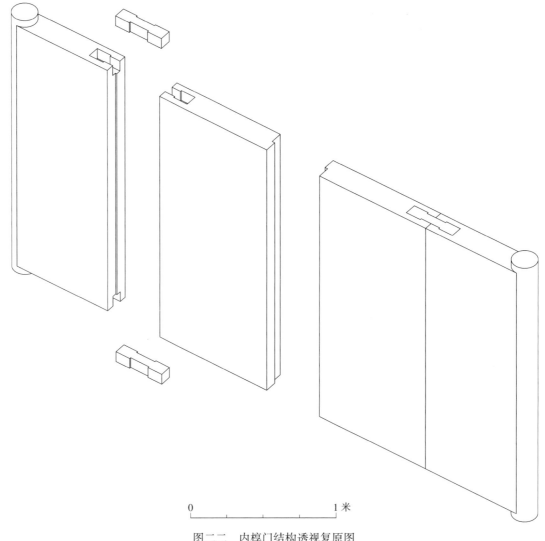

0   1 米

图二二   内椁门结构透视复原图

4. 重棺

因墓内盗扰严重，特别是墓室中心位置被破坏殆尽，除在棺室位置发现少量金缕玉衣片之外，仅存 5 块残损已不成形的棺板，且均位于盗洞填土范围内。

棺板残片共有两类。第一类共 4 块，厚 3～4 厘米，一面为黑色底漆上绘有细密的红色纹饰，另一面留有镶嵌玉璧的凹槽。这一类是属于内棺——玉棺的残片，其工艺形制基本同于 2 号墓的玉棺；第二类仅 1 块，为较大的棺板，表面绘有彩色云气纹。推测为外棺残片。另外发现的亚腰形铜构件可能也属于内棺（彩图一；彩版三七；彩版三八，1、2）。

结合汉代诸侯王丧葬制度分析，1 号墓应至少使用了两重棺木作为敛具，同时使用了"黄肠题凑"、金缕玉衣、玉器等高等级葬制，这说明墓主的身份非常尊贵。

（四）外藏椁（回廊）

外藏椁相对于正藏椁而言，是围绕在题凑墙外的回廊形椁室，主要用于放置车马、兵器、乐器、庖厨等陪葬用的明器。外藏椁以墓葬中轴线为对称，从南北墓门两侧分为东、西外回廊，平面均呈"凹"形，尺寸、结构也基本一致。发掘时东、西外回廊已经全部坍塌，木椁基本朽烂，但我们仍可以通过残存遗迹复原其基本结构（图二三；彩版三九，1）。

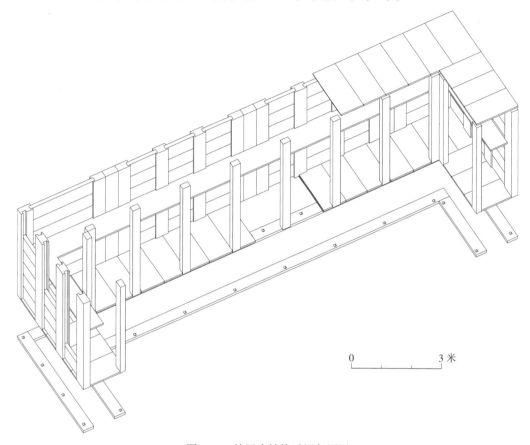

0　　　　　　　　　　　3米

图二三　外回廊结构透视复原图

以东回廊为例，椁室东侧的回廊宽180厘米，南北两端稍窄，宽150厘米。根据现场残留的朽木立柱，回廊总高至少420厘米。另外在清理解剖回廊时发现，回廊中的文物可以按照叠压次序及类别分为两层，中间夹杂一层板灰痕迹，推测板灰痕迹为中间搁板的痕迹，因此回廊可以分为上、下两层。根据下层出土文物的高度推测回廊下层复原高度为220厘米，但搁板的具体形制无法复原。

由于东、西外回廊并不坐落于正藏椁所在的垫木之上，故在回廊的范围内，靠内、外两边各铺设一条地栿，用料宽37.5厘米、厚10厘米，但因糟朽严重无法得知地栿各段具体的搭接情况。其作用当与正藏椁的垫木一样，是外回廊建筑基底的构件，主要用来承装回廊两侧内、外壁柱的管脚榫。内、外壁柱分别安装在内外圈的地栿之上后，将底板横铺在地栿之间，因此底板的长度与回廊宽基本相同，约为80厘米不等，厚6厘米左右。底板间拼合的立缝为裁口缝，缝宽2厘米。底板铺设到内外壁柱间时，则相应地切割掉柱位的木板以契合（彩版三九，2）。

内、外壁柱是外回廊的壁体骨架。内圈贴题凑墙的壁柱每边共有10根，间距基本相等，均为178厘米，截面成方形，尺寸为27厘米×18厘米，未发现有安装内圈壁柱间的壁板；外圈贴墓圹的壁柱每边有15根，间距130厘米。与内壁柱不同的是，外圈壁柱几乎均带榫卯构造，壁柱长43.5厘米、宽24厘米，在两端的宽边中间竖立开有宽12.5厘米、深7.5厘米的卯槽，两两壁柱的卯槽内嵌装壁板，是外回廊建筑的围护设施。每间至少7块，长106厘米、高约58厘米，厚同槽，上下壁板间似乎只用直缝；在转角的壁柱上，则沿着两个方向开卯槽，以安装两个方向上的壁板；另外每边都有三根外围壁柱是使用了三块枋木柱拼合，三块枋木柱与其他位置壁柱的尺寸基本一致，两边各开卯槽亦嵌装两侧壁板，但无法看出三根枋木柱是如何拼合在一起的。另外，东、西外回廊的南北两端应开设有门以供出入，但是没有发现确切是外回廊门的构造痕迹（彩版四〇，1）。

在清理西侧回廊坍塌土时，曾发现一排东西朽木板的残迹及板灰痕，据此推测原东、西回廊最上层应有盖板。除正藏椁内的内椁有盖板外，其余应由搭设在题凑墙上东西向椁盖板封护，并基本与回廊齐平，而后再在顶部铺席。席子曾发现于盗洞西南角内，呈西南高东北低分布，一边平齐于坍塌土中，为竹编席纹，南北残长 95 厘米、东西宽 80 厘米，由宽 2.6～3 厘米的"人"字形经纬编织而成（彩版四〇，2）。

三 其他构件及榫卯工艺

在盗洞中发现了大量被盗扰的棺椁木构件，除少部分能恢复到原位外，其余多数因残损严重，无法确定其具体使用部位。主要有圆木、椁柱及梁栿、门板、椁板、漆绘构件五大类，我们测绘记录了其中保存较好的一部分构件（不包括前文已经归位并叙述的木构件），以有助于更好地了解和认识 1 号墓木质葬具的结构和制作工艺。

（一）圆木

主要是指仅以粗略加工的圆木料制作的构件。用材较少，通常在 20 厘米以下，一般都会开凿榫卯，大多数不是楠木材质。目前对于此类圆木构件有两种推论：一是认为它们是墓室施工或搭建盗墓设施的临时架木工具的构件；二是认为它们是墓室顶部压边枋木的构件，如中椁室上使用的。圆木构件具体可以分为如下几种类型（图二四）：

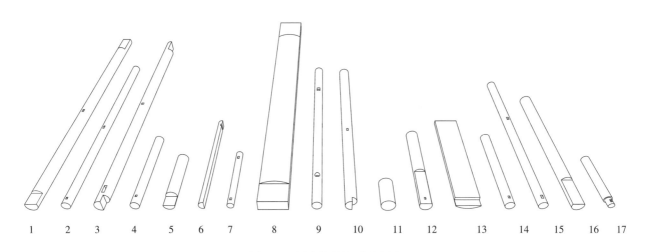

图二四　圆木构件类型示意图

1、3、5、8、10、12、13、15、16. 端头作边榫（单肩榫）　　2、4、7、9、14. 开全卯/半卯　　6、11、17. 其他

1. 端头作边榫（单肩榫）

编号 1：长 385.5、径 16 厘米。保存完整，两端略收成径 13、14 厘米，并在两端同向单面切割

成边榫，榫头分别长 33、18 厘米，肩深为 3.5、5 厘米。中部有一长 5、宽 2.5、深 4 厘米的半卯。

编号 3：长 372、径 16 厘米。保存完整，两端同向单面切割成边榫，榫头分别长 24.5、11 厘米，肩深为 6、7 厘米。在榫侧距一端 15.5 厘米处凿半卯，长 11、宽 3.5、深 6 厘米。中部另开一半卯，方 3.5、深 3.5 厘米。

编号 5：残长 82、径 150 厘米。一端完整，并切割成边榫，榫长 15、肩深 8 厘米。

编号 8：长 440 厘米。截面呈半圆形，平面宽 40、半圆径高 20 厘米。在两端从半圆处各切割一边榫，榫头分别长 51、29.5 厘米，肩深分别为 5、6 厘米。

编号 10：残长 284.5、径 15 厘米。一端残；另一端作边榫，榫长 7、肩深 6.5 厘米。

编号 12：残长 129.5、径 16 厘米。一端残；另一端作边榫，榫长 54、肩深 4.5 厘米。在榫头中凿一全卯，卯口长 3、宽 2 厘米。

编号 13：残长 156 厘米。截面呈半圆形，面宽 32、半圆高 10 厘米。一端残；另一端开边榫，榫长 9.5、肩深 4.5 厘米。

编号 15：残长 250、径 12 厘米。两端均残，在相距 145.5 厘米处各开一半卯和全卯，半卯长 5、宽 3、深 5.5 厘米，全卯尺寸同半卯。

编号 16：残长 210、径 16 厘米。一端残；另一端作边榫，榫头长 40、肩深 5 厘米。

2. 开全卯/半卯

编号 2：长 297、径 11.5 厘米。保存完整，距一端 6 厘米处开凿一长 3、宽 2 厘米的全卯，同方向在中部开凿一长 5.5、深 2 厘米的半卯。

编号 4：残长 120、径 120 厘米。一端完整，距端头 9.5 厘米的地方凿一全卯，长 3、宽 2.5 厘米。

编号 7：残长 910、径 9 厘米。一端残，距另一端 5.5 厘米处中间开一全卯透眼，长 3.5、宽 2.5 厘米。距此卯眼 6 厘米处又凿一半卯，卯眼长 4、宽 2.5、深 4 厘米。

编号 9：残长 250、径 13 厘米。一端残，距另一端 43 厘米处中穿一圆卯，径 7、深 5.5 厘米。

编号 14：残长 124.5、径 12.5 厘米。一端残；距另一端 7 厘米处凿一全卯，卯口长 3.5、宽 2.5 厘米。

3. 其他

编号 6：残长 155 厘米。截面呈半圆形，平面宽 11、半圆高 7 厘米。一端完整，距端头 7.5 厘米处的平面横凿有一开口槽，槽宽 3.5 厘米。

编号 11：残长 37.5、径 18.5 厘米。

编号 17：残长 81、主体径 11 厘米。一端做圆形的中心榫，榫头径 8 厘米。在榫头的侧面凿一半卯，长 3.5、宽 2、深 1.5 厘米。

（二）枋木（樘柱、梁栿）

在 1 号墓盗洞中发现很多枋木类构件，这些构件均带榫卯，是构成棺椁结构的框架单元。通过榫卯可以看出，这些枋木构件有不同的功能和用途，带中心榫和边榫的多数为立柱类构件，带有卯眼的可能是横向构件，如梁枋、地栿类构件，以承接立柱上的榫卯，亦有可能是立柱与侧向关联构件所留。整理这些构件可分为如下三大类（图二五）：

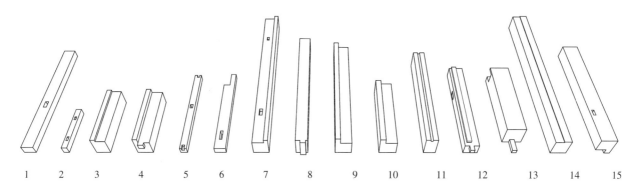

图二五　枋木构件类型示意图
1、2、5、6. 带卯枋木　3、4、7、9、10、14、15. "L" 形枋木　8、11～13. 带榫及榫槽枋木

1. "L" 形枋木

编号 3：残长 68.5 厘米。截面呈 "L" 形，宽 22、厚 15.5 厘米。两端均残，其中一棱被凿去宽 10.5、深 2.5 厘米贯通的方槽。

编号 4：柱身残长 69 厘米。截面呈 "L" 形，宽 23、厚 17 厘米。一棱被凿成宽 11.5、深 5.5 厘米的贯通方槽。一端残；另一端带有一中心榫（其中一边与槽内边齐平，又可视为半榫），榫头长 3 厘米，截面呈正方形，边长 6 厘米。

编号 7：残长 192.5 厘米。截面呈 "L" 形，宽 22、厚 17 厘米。一棱被凿成宽 12.5、深 4.5 厘米的贯穿方槽。两端均残。在中间相距 185 厘米的两端各有一对应的半卯，卯眼分别长 8.5、5 厘米，宽 2.5、3.5 厘米，深均为 4 厘米。

编号 9：残长 141.5 厘米。截面呈 "L" 形，宽 24.5、厚 17.5 厘米。两头均残。一棱被凿成宽 12、深 7.5 厘米的方槽。

编号 10：残长 82.5 厘米。截面呈 "L" 形，宽 23、厚 18.5 厘米。两头均残。一棱被凿成宽 12.5、深 6 厘米的方槽。

编号 14：残长 195.5 厘米。截面呈 "L" 形，宽 20、厚 17 厘米。两头均残。一棱被凿成宽 10、深 9 厘米的方槽。

编号 15：残长 138、宽 17.5、厚 16 厘米。截面疑似成 "L" 形。在柱身上开一半卯，长 6、宽 2.5、深 7 厘米。

2. 带卯枋木

编号 1：残长 143、宽 13、厚 8 厘米。两端均残。宽面中间有一全卯，长 8、宽 3.5 厘米。

编号 2：残长 52、宽 8、厚 5.5 厘米。两端均残。窄面中间两端各有一全卯和半卯眼，全卯长 5、宽 2 厘米，半卯与全卯长、宽基本一致，深 3 厘米，两卯相聚 23 厘米。

编号 5：残长 104.5、宽 7.5、厚 7 厘米。保存完整。一端中凿开口卯，长 4.5、宽 3、深 3 厘米；另一端中有开口槽，长 3、宽 2.5 厘米。中部又做全卯，卯眼长 5、宽 3 厘米。

编号 6：残长 106、宽 13、厚 7 厘米。一端略残，基本完整；在距另一端 12 厘米处凿一卯眼，卯眼长 11、宽 35 厘米。

3. 带榫及榫槽枋木

编号 8：残长 151.5、宽 22、厚 13 厘米。一端残；另一端有割肩榫，榫宽 6 厘米。

编号 11：残长 127、宽 22.5、厚 13 厘米。一边中部凿开口槽，槽宽 2.5、深 2 厘米，槽底呈弧形。

编号 12：残长 116.5、宽 15.5、厚 12 厘米。一边有割肩榫，榫头长 2.5、宽 5 厘米，两肩深度不等，一肩为 2.5 厘米，另一肩为 8 厘米。

编号 13：长 88.5（不包括出榫长度）、宽 23.5、厚 20 厘米。保存基本完整。一端出半榫，榫长 14 厘米，截面尺寸为 5 厘米×4.5 厘米；另一端有开口槽，槽宽 12.5、深 8 厘米。

（三）椁板

在盗洞中发现的所有木构件中，最多的一类是椁板构件。椁板构件均带有榫卯结构，这些构件构成棺椁的底板、壁板和顶板，其结构也不尽相同。根据整理的构件的使用位置可分为如下几种类型（图二六）：

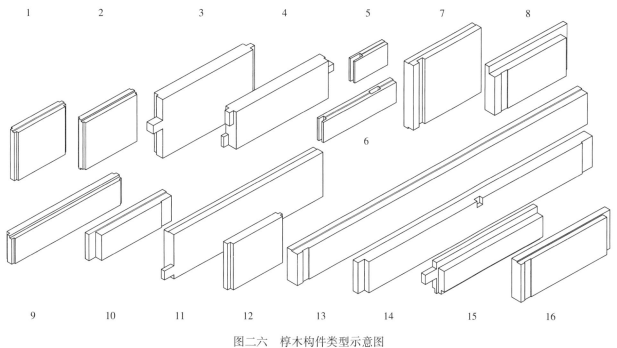

图二六　椁木构件类型示意图
1、2、12. 柱—壁结构侧板　3～11、13～16. 壁—壁结构侧板

一是使用在柱—壁结构安装的椁室侧壁板。这种壁板一般安装在柱与柱之间，通常在柱的一侧做榫槽（开口槽），构件两侧做割肩榫，上下带裁口缝或企口缝的高低榫或割肩榫。组装时，先立柱，再将壁板自上而下落入两柱相对的槽内，以形成壁面，主要尺寸如下：

编号 1：总长 87.5、宽 69、厚 12.5 厘米。一边做裁口缝，相对的一边做平缝，另外相对的两边做割肩榫，榫高 4、宽 8 厘米。

编号 2：残长 87、宽 70、厚 13 厘米。一边做裁口缝，另外相对的两边做割肩榫，榫宽 7、高 3 厘米。

编号 12：总长 92、宽 65、厚 11 厘米。一边做割肩榫，榫长 3.5、宽 4.5 厘米；另一相对边做裁口缝，缝高 5 厘米。

二是使用在壁—壁结构安装的侧壁板。这种类型的壁板直接通过榫卯相互咬合拼装，而不通过柱结构连接。1 号墓题凑内的椁室结构基本属于此种组装类型：首先底板、顶板用多块板木拼合而成，相互之间一般用裁口缝交接，并在两端凿有开口槽或闭口槽以安装底板和顶板之间的竖立壁板。壁板同样是由用一块块带裁口缝或企口缝的板木构件上下叠装而成，再在内侧的一端做开口槽，以安装垂直方向的竖立壁板，有的在连接榫卯的开口槽内又做卯眼或端头出榫相互嵌套，以加强结构连接。

编号 3：总长 175.4、宽 87.5、厚 17.6 厘米。一端出割肩榫，榫长 7.5、宽 7 厘米；另一端做裁口缝，缝高 3 厘米，并在缝的中部接一端头榫，榫头长 15.9、宽 12、厚 7 厘米。

编号 4：总长 178.5、宽 52.5 厘米。一边做裁口缝，缝高 2.5 厘米，并在缝上近一侧接端头榫，榫长 14.5、宽 9.5、厚 10 厘米；另一边残损，有端头榫和割肩榫的痕迹。

编号 5：总长 56、宽 32、厚 10 厘米。相对的两边做裁口缝，缝高 1 厘米；另外一侧边做开口槽，槽深 16、宽 5 厘米。

编号 6：长 123、宽 31、厚 11 厘米。一端做开口槽，宽 5、深 8 厘米；另一端距边 23 厘米处做一全卯，卯口长 16、宽 4.5 厘米。另有相对的两边分别做裁口缝，缝高约 1.5 厘米。

编号 7：残长 117、宽 91、厚 16.5 厘米。一端残；另一端距侧边 10 厘米处做一开口槽，槽宽 10、深 1.5 厘米。另外相对的两边分别做裁口缝，缝高 1 厘米。

编号 8：长 132、宽 64、厚 17 厘米。一端距侧边 11 厘米处做开口槽，槽宽 11、深 1 厘米；另外有两边做边榫，榫长 10、11 厘米，厚 7 厘米。

编号 9：总长 186.5、宽 38.5、厚 14.5 厘米。两端做割肩榫，榫长 4、宽 7.5、9 厘米；另一边做裁口缝，缝高 3 厘米。

编号 10：总长 131、宽 37、厚 17 厘米。两端出边榫，一端榫长 18、厚 15.5 厘米；另一端榫长 11.5、厚 6.5 厘米。另有一边做裁口缝，缝高 1.5 厘米。

编号 11：总长 267.5、宽 62.5、厚 17 厘米。一端偏上部位做端头榫，榫长 16、宽 12.5、厚 5.5 厘米；相对一端做割肩榫，榫残。另有一边做裁口缝，缝高 1 厘米。

编号 13：总长 494、宽 45.5、厚 17.5 厘米。一端残；另一端距端头 9.5 厘米处凿一开口槽，槽宽 10 厘米。还有一边做裁口缝，缝高 1.5 厘米。

编号 14：总长 394.5、宽 43.5、厚 16.5 厘米。两端做边榫，一端榫长 19、厚 14.5 厘米；另一端榫长 11、厚 8.5 厘米。在另一边的中部做开口卯，卯口长 10、宽 9、深 5.5 厘米。

编号 15：总长 191.5、宽 43.5、厚 17 厘米。一端残；另一端做裁口缝，缝高 3 厘米，在缝上靠一边做端头榫，榫长 19、宽 13、厚 7 厘米。另相对的两边一边做割肩榫，榫宽 8、高 5.5 厘米；另一边做裁口缝，缝高 9 厘米。

编号 16：总长 158、宽 54.5、厚 16 厘米。一端做边榫，榫长 12 厘米；另外一侧距端头 6.5 厘米处凿一开口槽，槽宽 11、深 1 厘米。还有一边做裁口缝，缝高 1.5 厘米。

（四）门板

共发现两块，尺寸基本一致（图二七）。

编号 1：残长 141、宽 44.5、厚 8.5 厘米。上下端均残，一侧做裁口缝，缝宽 2 厘米；另一侧随门轴做成半圆形。

编号 2：残长 81、宽 41、厚 7 厘米。一端残，一侧做裁口缝，缝宽 2 厘米；另一侧随门轴做成半圆形。

推测这些门板或为外回廊或内回廊的门板，应为双扇对开，门中缝为裁口，带门轴。

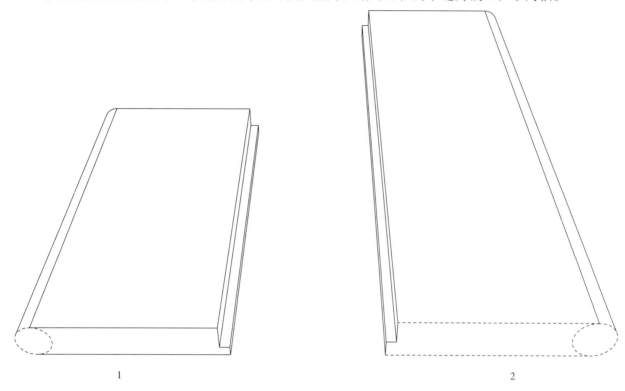

1   2

图二七　门板构件类型示意图

（五）漆绘构件

在发现的椁板中，有一类为带漆面的板木构件，除了可复原的之外（本节不再复述），剩余构件无法确定其具体所属位置。该类构件的主要特点是：多数漆绘构件的榫卯构造与尺寸和椁板的构造及尺寸比较接近，均有至少一面饰有黑底红漆皮或黑色漆皮，并在一端或两端凿有开口槽或闭口槽，构件长边一端或两端则凿有高低榫或割肩榫，分别用于上、下及两边的拼接。由于1号墓的内椁及内棺均饰漆，因此这些构件不仅可能归属于棺木，也有可能属于内椁（图二八）。

编号1：长371、宽90、厚22厘米。较为完整。一面饰红漆皮，在饰红漆的一面距两端各7厘米的地方有凿开口槽的痕迹，宽10.5、深2厘米；另一侧做高低榫（裁口缝），缝高1.5厘米。

编号2：残长232、残宽64、厚22厘米。长边和短边均有一端残，一面饰黑地红漆皮，在饰漆皮的一面距长边6厘米处凿一闭口槽，槽一端距短边6.5厘米，槽宽10厘米。

编号3：残长181、宽45、厚22厘米。一端残，在饰红漆的一面距一端8厘米的地方凿一开口槽，槽宽15、深1厘米。上、下边中有一边做割肩榫，榫宽8厘米。

编号4：残长207、宽38、厚22厘米。长边和短边均有一端残，在饰红漆的一面距一端10厘米处凿一开口槽，槽宽11、深2厘米。上、下边中有一边做裁口缝，缝高1厘米；另一边榫卯残。

编号5：残长79、宽92、厚22厘米。一端残，在饰红漆的一面距一端11厘米处凿一开口槽，上、下边均作裁口缝，裁口缝高1厘米左右。

编号 6：残长 62.5、残宽 77、厚 23.5 厘米。长边和短边均有一端残，在饰红漆的一面距一端 11 厘米处凿一开口槽，槽宽 9.5 厘米，上、下边中有一边做裁口缝，另一边残。

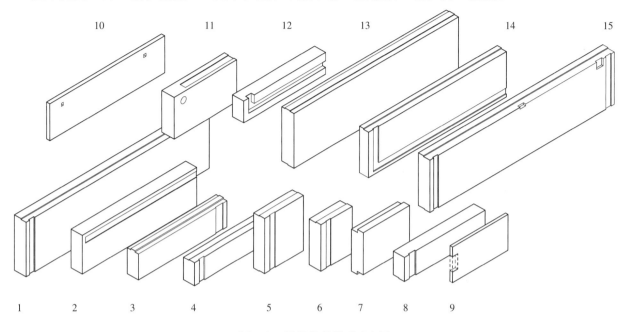

图二八　漆绘构件类型示意图

编号 7：残长 93.5、宽 74.5、厚 23.5 厘米。一面饰黑漆。上、下两边均作裁口缝。

编号 8：残长 161.5、宽 40、厚 22 厘米。一面饰黑底红漆。在距一端 10 厘米处凿一开口槽，槽宽 13、深 2 厘米，上、下边中有一边做裁口缝，缝高 1 厘米。

编号 9：残长 111.5、宽 58.5、厚 5 厘米。一端残；另一端残成"凹"字形，一面饰褐色漆。

编号 10：残长 232.5、宽 61、厚 6.5 厘米。面饰红漆。在距长边 10.5 厘米处的两端各开一全卯，长 5 厘米，宽 4.5 厘米左右，两卯相距 162 厘米。

编号 11：残长 128.5、宽 69、厚 24.5 厘米。面饰红漆。在一侧靠两边相交处凿一圆形半卯，另一端作闭口槽，宽 11、深 1 厘米，距边 28.5 厘米。

编号 12：残长 166.5、残宽 36、厚 22 厘米。在一面距两边 11 厘米处作"L"形开口槽，槽宽 11、深约 2 厘米，因残两端长未知。槽内侧表面饰红漆，外侧表面饰黑漆。

编号 13：残长 330 厘米，宽 90.5、厚 24 厘米。两端残，面饰黑底红漆。一边作割肩榫，榫头宽 10、高 1 厘米，另一边作裁口缝。

编号 14：残长 277、宽 75、厚 18 厘米。一端残，面饰红漆。在分别距两边各 10、5 厘米处做一开口槽，槽宽 11、深 1.5 厘米，其中一长边作裁口缝，缝高 1.5 厘米。

编号 15：长 371、宽 88、厚 22.5 厘米。面饰红漆。在两端距边 6～7 厘米处做开口槽，槽宽 9.5、11 厘米，深约 2 厘米；另两边作裁口缝，缝高约 1.5 厘米。在开口槽一侧的壁面上，两槽之间的边缘又做开口卯，一个距端头 22.5 厘米，另一距端头 17.8 厘米，卯分别宽 13、11.5 厘米，深 12、3 厘米左右。

另外，还有一些特殊形制的构件如木楔板，长 27.5、宽 21.5 厘米，一端厚 9 厘米，另一端两侧向中间削成尖状。

第四节　祭祀坑

一　K1

位于陵园内东南区域，在1号墓北墓道东侧，与1号墓北墓道东西并列，间距2米。

南北向竖穴岩坑，方向0°。开口于1号墓封土下，打破1号墓垫土及基岩。开口平面呈长方形，南窄北宽，直壁，底凹凸不平。坑口南北长12.5、东西南宽2.06、北宽2.42、坑深0.4～0.7米。坑内填红褐色夯土，土质硬，夯层明显。坑内底部除有零星骨渣外无出土物（图二九）。

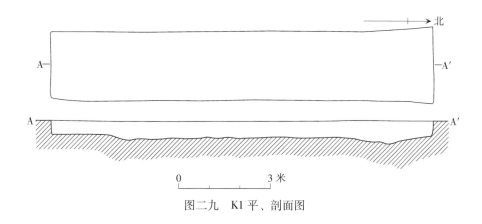

图二九　K1平、剖面图

二　K11

位于陵园内东南区域，在1号墓南墓道西侧，与1号墓南墓道东西并列，间距5米。

南北向竖穴岩坑，方向10°。开口于1号墓封土下，打破1号墓垫土及基岩。开口平面呈长方形，北窄南宽，斜壁，底南高北低呈斜坡状。北边压于水泥路面下。现清理坑口南北残长18.3、东西南宽2.84、北宽2.36米，坑底南北残长18、东西南宽2.52、北宽2.04米，坑深0.66～0.8米。坑内填红褐色夯土11层，土质硬，夯层明显，每层厚0.06～0.13米不等。坑内底部除见有零星骨渣外无出土物（图三〇；彩版四一，1、2）。

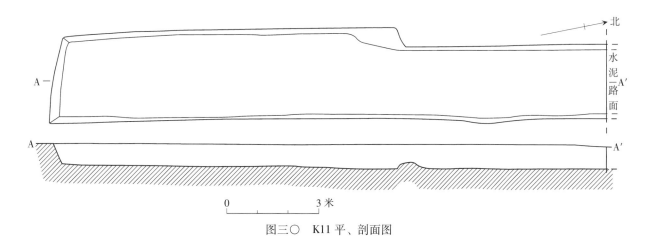

图三〇　K11平、剖面图

第四章　表土、封土和盗坑出土遗物

　　尽管遭遇盗扰，但 1 号墓仍出土各类遗物 9510 件（组），包括铜器、铁器、金器、银器、玉器、石器、玛瑙器、水晶器、琉璃器、漆器、木器、骨角器、陶器、泥器等。遗物分别出土于表土、封土、盗坑上层、盗坑下层及外回廊上下层。大部分遗物出土于盗坑下层及外回廊上下层（附表一 ~ 四）。

　　表土内出土遗物 3 件。均为瓷豆，年代为隋。

　　墓室整体受到过大揭顶的疯狂盗掘，上部封土被破坏无存，盗坑和填土的塌陷形成了墓室顶部凹陷的"龙塘"。由于锅底状盗坑范围不断缩小，整个墓室盗坑的范围约占墓室总面积的四分之三。由墓室内的盗坑及出土遗物的情况推测，盗墓者是在揭取墓室顶部之后，进入椁室，将椁室南部破坏，将木构件堆放于北部，并将墓室题凑以内的前室、中回廊、内回廊、内椁、外棺、内棺等部分破坏殆尽。前室与内椁被盗严重，内外两重棺均遭砍砸，玉棺与金缕玉衣残损严重。墓室主体的填土层位即是盗坑的填土层位，大致分为 6 层。其中①至④层出土遗物较少，遗物主要出土于③层，归为盗坑上层；⑤、⑥层归为盗坑下层，出土遗物较多，且遗物主要出土于⑥层，大部分为扰动后的随葬品。

　　盗坑上层出土遗物 34 件。系盗坑形成后历代所遗留，有东汉、隋、唐、宋等时期遗物。

　　盗坑下层内出土各类遗物 1902 件（组），包括铜器、铁器、金器、银器、玉器、石器、玛瑙器、漆器、木器、骨角器、陶器、泥器等（图三一）。

　　封土中共出土遗物 4 件。年代均为汉。

　　清理表明，由于锅底状盗坑的形成，外回廊结构保存相对完整，回廊内的随葬品大多未受盗扰影响。回廊分为上、下两层，上层共放置明器车马 20 余辆，车厢内大多放置铁剑、铁刀、铁戟、弩机、箭镞等兵器及明器编钟、编磬等。明器漆车马已朽尽，仅存车马器构件及明器兵器等遗物 4572 件（组），包括铜器、铁器、银器、漆器等。

北

0　　　　　　　3米

图三一　1号墓盗坑出土遗物平面图

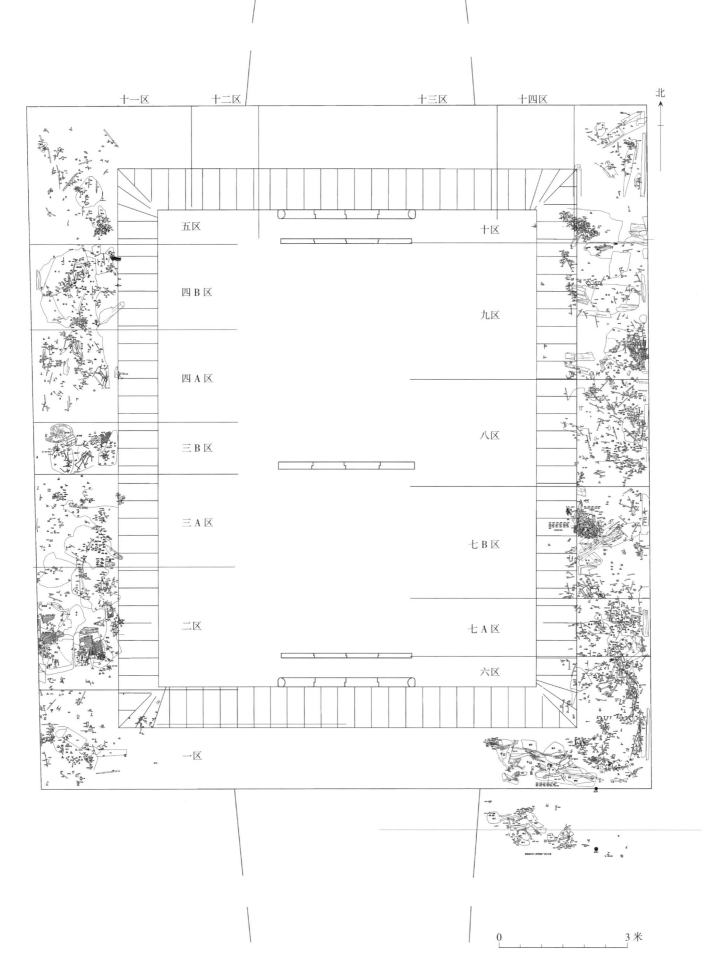

十一区　　十二区　　　　　十三区　　十四区

五区　　　　　　　　　　　　十区

四B区

四A区　　　　　　　　　　　九区

三B区

三A区　　　　　　　　　　　八区

二区　　　　　　　　　　　七B区

　　　　　　　　　　　　　七A区

一区　　　　　　　　　　　六区

0　　　　　　　　　　3 米

图三二　1号墓回廊上层出土遗物平面图

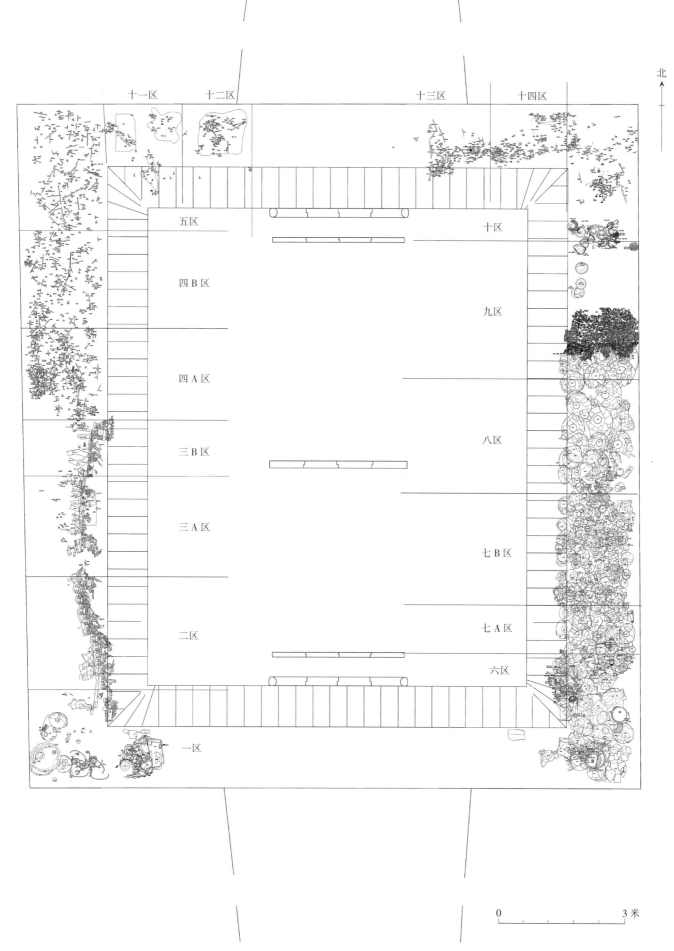

北

十一区　　十二区　　　　十三区　　十四区

五区　　　　　　　　　　　　　　十区

四 B 区　　　　　　　　　　　　　九区

四 A 区

三 B 区　　　　　　　　　　　　　八区

三 A 区　　　　　　　　　　　　　七 B 区

二区　　　　　　　　　　　　　　七 A 区

　　　　　　　　　　　　　　　　六区

一区

0　　　　　　　　　　3 米

图三三　1 号墓回廊下层出土遗物平面图

依据明器车马摆放位置将外回廊分为 17 个区，其中西回廊分为 7 个区，由西回廊南部向北依次编为一（Ⅰ）、二（Ⅱ）、三（Ⅲ）A、三（Ⅲ）B、四（Ⅳ）A、四（Ⅳ）B、五（Ⅴ）区；东回廊分为 6 个区，由东回廊南部向北依次编为六（Ⅵ）、七（Ⅶ）A、七（Ⅶ）B、八（Ⅷ）、九（Ⅸ）、十（Ⅹ）区；北回廊分为 4 个区，由西向东编号，北门西侧依次编为十一（Ⅺ）、十二（Ⅻ）区，北门东侧依次编为十三（ⅩⅢ）、十四（ⅩⅣ）区，南回廊南门西侧编入一（Ⅰ）区，南门东侧编入六（Ⅵ）区（图三二）。

回廊下层共出土器物 2995 件（组），包括铜器、铁器、银器、石器、琉璃器、漆器、陶器等。随葬品按功能分区放置，Ⅰ区为洗浴用品区，Ⅱ、Ⅲ区为乐器区，Ⅳ、Ⅴ区及北回廊Ⅺ、Ⅻ、ⅩⅢ、ⅩⅣ区为车马明器区，Ⅵ、Ⅶ、Ⅷ区皆为庖厨区（Ⅷ区放置炊具，Ⅵ、Ⅶ区用陶器、铜器、漆器放置各类食物），Ⅸ区为钱库区（图三三）。

各部分出土遗物情况详见以下各节。

第一节　表土出土遗物

共出土遗物 3 件。均为瓷豆，年代隋。

M1BT:1，圆唇，敞口，浅盘，矮喇叭形圈足底座，底座边缘上翻。胎质较粗，黄白色，豆盘内外皆施青釉。口径 12、底径 7.6、高 6.6 厘米（图三四，1；彩版四二，1）。

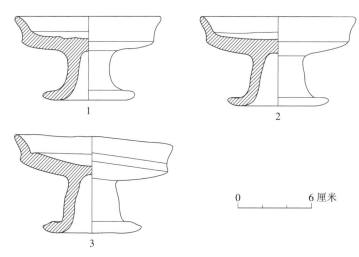

0 _____ 6 厘米

图三四　表土出土瓷豆
1. M1BT:1　2. M1BT:2　3. M1BT:3

M1BT:2，圆唇，敞口，浅盘，矮喇叭形圈足底座，底座边缘上翻。胎质较粗，黄白色，豆盘内外皆施青釉。口径 12.5、底径 8.2、高 7.1 厘米（图三四，2；彩版四二，2）。

M1BT:3，圆唇，敞口，浅盘，矮喇叭形圈足底座，底座边缘上翻。胎质较粗，黄白色，豆盘内外皆施青釉，釉层大部分已脱落。口径 13、底径 8、高 7.8 厘米（图三四，3）。

第二节　封土出土遗物

共出土遗物4件。年代均为汉。

（一）云纹瓦当

2件。

M1FT∶1，泥质灰陶胎。宽沿，圆心内四分各饰一组卷云纹，瓦背素面。直径18.4厘米（图三五，1；彩版四二，3）。

M1FT∶2，泥质灰陶胎。宽沿，圆心内四分各饰一组卷云纹，瓦背饰绳纹。直径20.4厘米（图三五，2；彩版四二，4）。

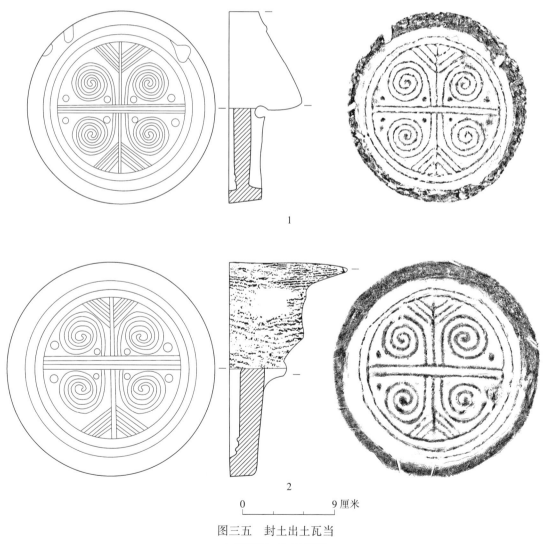

1

2

0　　　　　　　　9厘米

图三五　封土出土瓦当
1. M1FT∶1　2. M1FT∶2

（二）铁器

2 件。

1. 畚

1 件。M1FT：3，平面呈"凹"字形。器身近方形，下端弧刃，上端平口，内部中空。长14.2、宽12.2、厚 3 厘米（图三六，1；彩版四三，1）。

2. 斧

1 件。M1FT：4，锈蚀严重，宽扁弧刃，长方形銎，侧面呈三角形。长14.7、刃宽9.2、厚3.8厘米（图三六，2；彩版四三，2）。

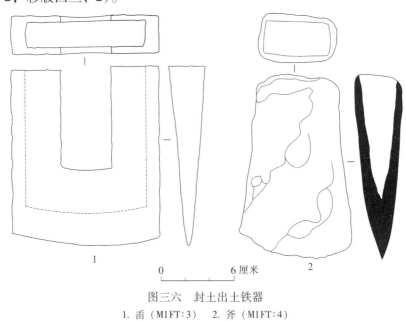

图三六　封土出土铁器
1. 畚（M1FT：3）　2. 斧（M1FT：4）

第三节　盗坑出土遗物

盗坑上层出土遗物

34 件。其中瓷器 21 件，石器 2 件，陶器 3 件，铁器 6 件，铜钱 2 件。

一　瓷器

21 件。

1. 钵

1 件。M1DK③：31，圆唇，敛口，弧腹斜收，平底微内凹。胎呈青灰色，口沿内外施青釉，内外底均留有 5 处垫烧痕迹。口径15.8、底径8、高5.5厘米（图三七，1；彩版四三，3）。

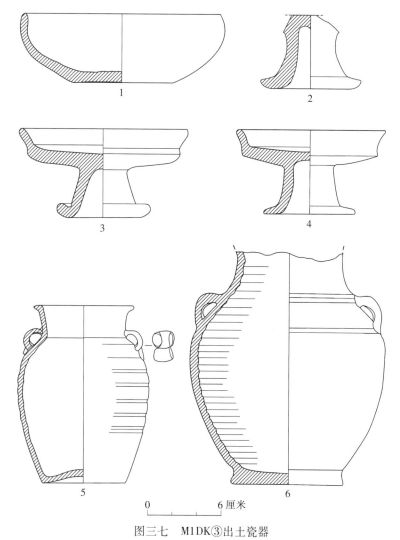

图三七　M1DK③出土瓷器

1. 钵（M1DK③：31）　2～4. 豆（M1DK③：13、M1DK③：30、M1DK③：33）　5、6. 罐（M1DK③：32、M1DK③：1）

2. 豆

3 件。形制基本相同。

M1DK③：13，仅存矮喇叭形圈足底座。胎质较粗，呈黄白色，豆盘内施白釉。底径6.8、残高5.8 厘米（图三七，2）。

M1DK③：30，圆唇，敞口，浅盘，矮喇叭形圈足底座，底座边缘上翻。胎质较粗，呈黄白色，豆盘内外皆施青釉。口径13.4、底径6、高7 厘米（图三七，3；彩版四三，4）。

M1DK③：33，圆唇，敞口，浅盘，矮喇叭形圈足底座。胎质较粗，呈黄白色，豆盘内外皆施青釉。口径12、底径7.4、高6.7 厘米（图三七，4；彩版四三，5）。

3. 罐

2 件。

M1DK③：1，口沿与颈部残缺，溜肩，鼓腹弧收，平底。肩部两侧各饰一双系耳。胎呈红色，器表通施黑褐色釉。底径8.8、残高18.4 厘米（图三七，6；彩版四三，6）。

M1DK③：32，圆唇，沿面微外卷，短直颈，溜肩，弧腹，平底内凹。肩部两侧各饰一系耳。

胎呈灰褐色，口沿内侧与外壁上半部皆施青黄釉。口径7.6、底径6.8、高14厘米（图三七，5；彩版四四，1）。

4. 碗

12件。

M1DK③：2，圆唇，敞口，弧腹，矮圈足。胎呈青灰色，碗内及碗外壁上腹部皆施青釉。口径8.8、底径3.6、高5.3厘米（图三八，1）。

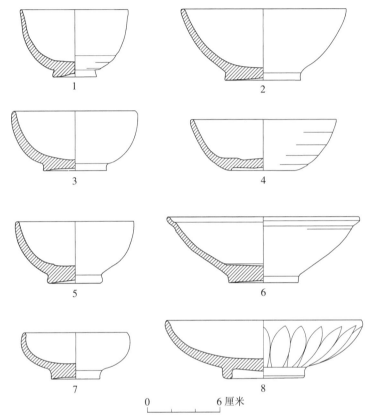

图三八　M1DK③出土瓷碗

1. M1DK③：2　2. M1DK③：16　3. M1DK③：3　4. M1DK③：26　5. M1DK③：7　6. M1DK③：4　7. M1DK③：19　8. M1DK③：5

M1DK③：3，圆唇，敞口，弧腹，矮圈足。胎呈青灰色，碗内及碗外壁上腹部皆施青釉。口径10、底径5.3、高4.7厘米（图三八，3；彩版四四，2）。

M1DK③：4，圆唇，敞口，斜腹，平底内凹。胎呈青灰色，器表除外底外通施青釉。口径15.6、底径5.6、高5.2厘米（图三八，6；彩版四四，3）。

M1DK③：5，圆唇，敞口，斜弧腹，矮圈足。腹外壁刻划一周莲花纹。胎呈青灰色，器表除内外底外通施青釉。口径16、底径6.4、高4.6厘米（图三八，8；彩版四四，4）。

M1DK③：7，圆唇，敞口，弧腹，矮圈足。胎呈青灰色，碗内及碗外壁上腹部皆施青釉。口径9.6、底径4.2、高4.9厘米（图三八，5；彩版四四，5）。

M1DK③：16，圆唇，敞口，斜腹，平底内凹。胎呈青灰色，器表通施青釉。口径13.4、底径6.2、高5.6厘米（图三八，2；彩版四四，6）。

M1DK③：19，圆唇，敞口，弧腹，矮圈足。胎呈青灰色，碗内及碗外壁上腹部皆施青釉。口径 8.6、底径 4、高 3.7 厘米（图三八，7；彩版四五，1）。

M1DK③:26，圆唇，敞口，斜弧腹，平底内凹。胎呈青灰色，器表除内外底外通施青釉。口径 11.8、底径 5.4、高 4 厘米（图三八，4；彩版四五，2）。

M1DK③:21，圆唇，敞口，口沿厚重，斜腹，矮圈足。胎呈白黄色，碗内及碗外壁上腹部皆施白釉。碗内腹壁中部施两周釉下褐彩纹圈带，碗心施釉下褐点纹。口径 17.4、底径 6.3、高 7.8 厘米（图三九，1；彩版四五，3）。

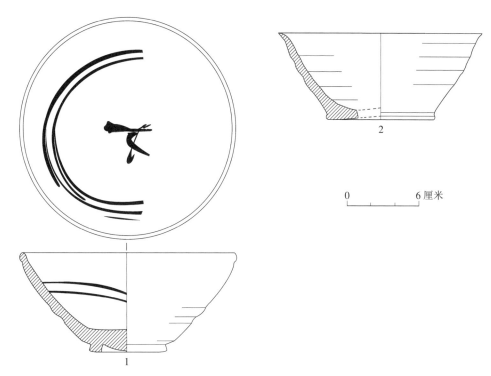

图三九　M1DK③出土瓷碗
1. M1DK③:21　2. M1DK③:28

M1DK③:28，尖圆唇，敞口，斜腹，大平底内凹。胎呈青灰色，器表除外壁下腹部外通施青釉。复原口径 16.8、底径 8.8、高 6.9 厘米（图三九，2）。

M1DK③:27，形制、胎质、釉色、纹饰与 M1DK③:21 基本相同，唯尺寸有差异。口径 17.6、底径 7.2、高 7.1 厘米（图四〇，1；彩版四五，4）。

M1DK③:34，圆唇，敞口，弧腹，平底内凹。胎呈青灰色，碗内及碗外壁上腹部皆施青釉。外壁近口沿处饰一道弦纹。口径 15.4、底径 6.8、高 6.3 厘米（图四〇，2；彩版四五，5）。

5. 盅

1 件。M1DK③:6，圆唇，直口微敛，弧腹，平底内凹。胎呈青灰色，器表除外底外通施青釉。口径 6.5、底径 2.5、高 4.3 厘米（图四一，1；彩版四五，6）。

6. 盏

2 件。

M1DK③:15，圆唇，敞口，口沿厚重略外翻，斜弧腹，矮圈足。胎呈香灰色，器表除内外底外通施青釉，外底正中保留明显的刮旋痕迹。口径 9.4、底径 4.8、高 2.7 厘米（图四一，2；彩

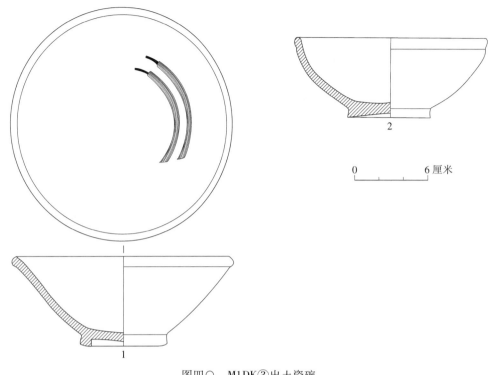

图四〇　M1DK③出土瓷碗
1. M1DK③：27 2. M1DK③：34

版四六，1）。

M1DK③：25，圆唇，侈口，弧腹，矮圈足。胎呈香灰色，器表除内外底外通施青釉，外底正中保留明显的刮旋痕迹。口径 11.6、底径 6、高 3.1 厘米（图四一，3；彩版四六，2）。

二　石器

2 件。

1. 造像

1 件。M1DK③：8，青灰色砂石质。左手平托，右手贴身下垂，身材比例适中，头部残损。残高 24.4、宽 9.8 厘米（图四一，4；彩版四六，3）。

2. 砚

1 件。M1DK③：22，青色细砂石质，使用痕迹明显。平面呈长方形，前半部分残损。残长 19.2、宽 16、高 5.8 厘米（图四一，5；彩版四六，4）。

三　陶器

3 件。

1. 构件

2 件。M1DK③：9，灰陶质。为建筑构件中的龙身残段。中部出脊，两侧饰鳞纹，内部中空。

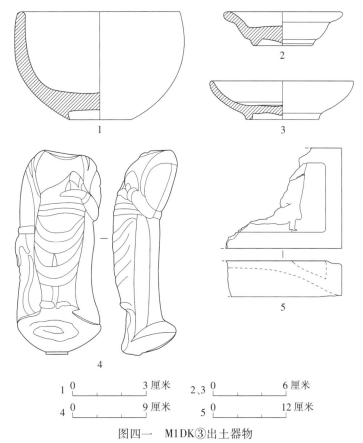

图四一　M1DK③出土器物

1. 瓷盅（M1DK③:6）　2、3. 瓷盏（M1DK③:15、M1DK③:25）　4. 石造像（M1DK③:8）　5. 石砚（M1DK③:22）

残长 20、宽 10、残高 14.6 厘米（图四二，2；彩版四七，1）。

M1DK③:18，灰陶质。为建筑构件中的龙首残段。龙首双目圆睁，鼻孔外凸，耳部竖立，面目凶狞。残长 14.6、残宽 14.5、高 16.2 厘米（图四二，1；彩版四七，2）。

2. 造像

1 件。M1DK③:12，灰陶质。作站立菩萨状。面容饱满，神态安详，双手合并。内部中空，下半身残损。残高 19.4、宽 9.6 厘米（图四三，1；彩版四七，3、4）。

四　铁器

6 件。

1. 铲

1 件。M1DK③:10，铲身平面呈梯形，銎部上翘。长 12.5、铲身宽 4、高 2.3 厘米（图四四，1；彩版四八，1）。

2. 镰

1 件。M1DK③:23，平面呈弯月形，弧背，两端皆锈蚀残损。残长 29.6、宽 4.8、厚 0.5 厘米（图四四，2；彩版四八，2）。

3. 镞

4 件。形制不同。

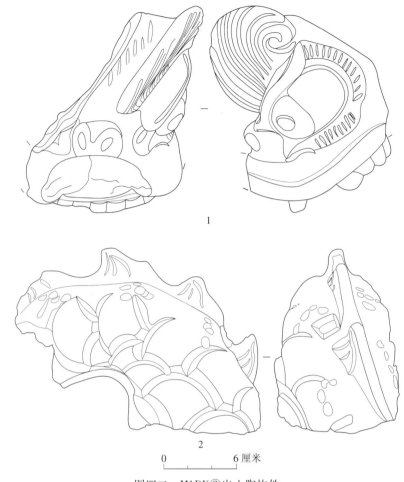

图四二　M1DK③出土陶构件
1. M1DK③:18　2. M1DK③:9

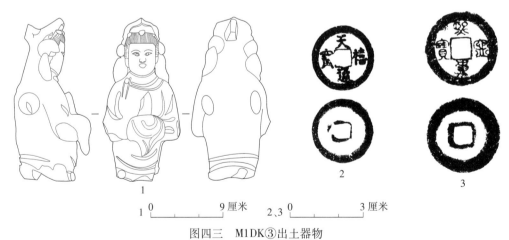

图四三　M1DK③出土器物
1. 陶造像（M1DK③:12）　2、3. 铜钱拓本（M1DK③:20、M1DK③:29）

M1DK③:11，镞身平面呈柳叶形，前锋尖锐。关部内收，铤部截面呈圆形。通长 15.8、铤长 7.1、镞身宽 1.4、厚 0.3 厘米（图四四，3；彩版四八，3）。

M1DK③:14，镞身平面呈长条扁凿形，前锋平口锐利。铤部截面呈圆形。通长 13.6、铤长 6、

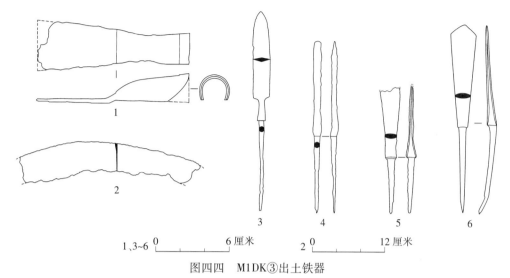

图四四　M1DK③出土铁器

1. 铲（M1DK③：10）　2. 镰（M1DK③：23）　3～6. 镞（M1DK③：11、M1DK③：14、M1DK③：17、M1DK③：24）

镞身宽 0.7、厚 0.4 厘米（图四四，4；彩版四八，4）。

M1DK③：17，形制与 M1DK③：24 基本相同，锋部残损。残长 9.8、铤长 4.2、镞身残宽 1.6、厚 0.8 厘米（图四四，5；彩版四八，5）。

M1DK③：24，镞身平面近等腰长条梯形，前锋内收尖锐。铤部截面呈圆形。通长 14.9、铤长 6.7、镞身宽 2、厚 0.8 厘米（图四四，6；彩版四八，6）。

五　铜钱

2 枚。

M1DK③：20，圆形，方穿，正反面皆宽廓，钱文由上到右至左书楷体"天禧通宝"。钱径 2.5、穿径 0.7 厘米（图四三，2；彩版四八，7）。

M1DK③：29，圆形，方穿，正反面皆宽廓，钱文由上到下、从右到左书篆体"熙宁重宝"。钱径 3、穿径 0.85 厘米（图四三，3；彩版四八，8）。

盗坑下层出土遗物

1902 件（组）。包括铜器、铁器、金器、银器、玉器、石器、玛瑙器、漆器、木器、骨角器、陶器、泥器等。盗坑底部内回廊主要出土明器兵器；墓室中部主要出土玉衣、玉棺等玉器残片；两件玉带板出土于前室中部；前室东南部的玉鱼与 3 件漆奁、100 余件铜刷同出，其西侧的裂瓣纹银盒、铜象、铜犀牛、玉圭、龙纹铜矛、铜罐、铜锤、铜匜、铜钫、铜鼎、铜臼杯、铜杵及 100 余件铜带钩成堆相互叠压出土。从发掘情况来看，前室东南部出土器物应是因早期前室的自然坍塌而幸运地未被扰动（彩版四九～五四）。

整理时将 1 号墓内所有器物分型，因器物是以出土分区进行介绍的，为便于叙述，将器物分型列表如下（表二～七）。

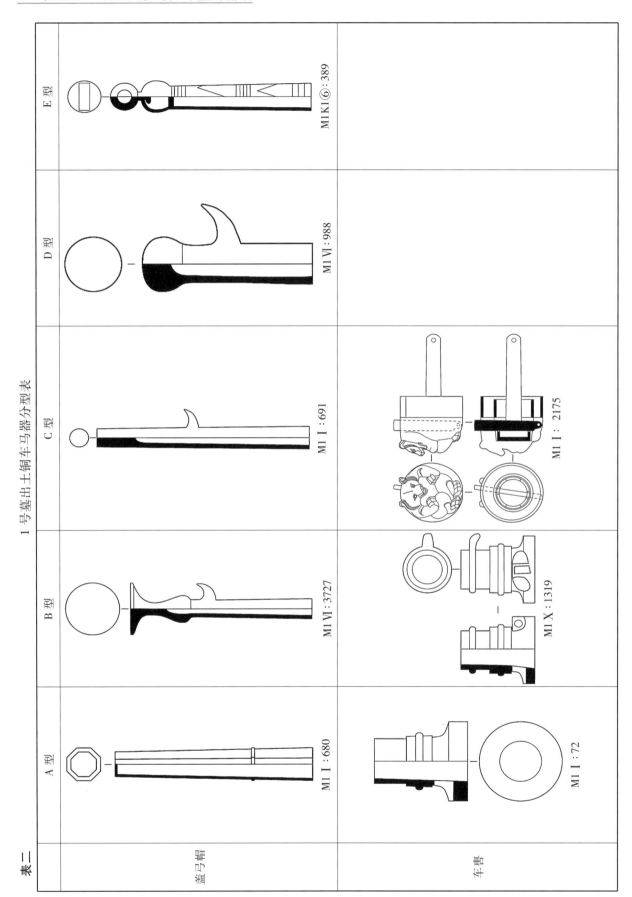

表二 1号墓出土铜车马器分型表

续表二

	A 型	B 型	C 型	D 型	E 型
辕首	M1 VI：5198	M1 VI：1979			
衡	M1 I：1556	M1 I：75			
帽饰	M1 V：364	M1 VI：3626	M1 VI：5229		

续表二

	A 型	B 型	C 型	D 型	E 型
铜钩	M1Ⅰ:1679	M1Ⅰ:1505	M1ⅣB:926	M1ⅧB:2049	
带扣	M1Ⅱ:464	M1Ⅹ:1920-74	M1Ⅵ:1761	M1Ⅱ:3924	
泡饰	M1Ⅱ:150	M1Ⅰ:2162	M1Ⅰ:2166	M1ⅧB:1952	M1Ⅹ:1920-85

续表二

	A 型	B 型	C 型	D 型	E 型
当卢	 M1ⅦA：4463	 M1ⅦB：4442			
节约	 M1Ⅰ：681	 M1Ⅱ：123	 M1Ⅵ：1003		

表三　1 号墓出土铜兵器分型表

	A 型	B 型	C 型	D 型	E 型
戈	M1K1⑥:579	M1K1⑥:622			
矛	M1K1⑥:623	M1 VI:5082	M1 VI:5085		

续表三

A 型	B 型	C 型	D 型	E 型
镦				

M1Ⅵ:5111

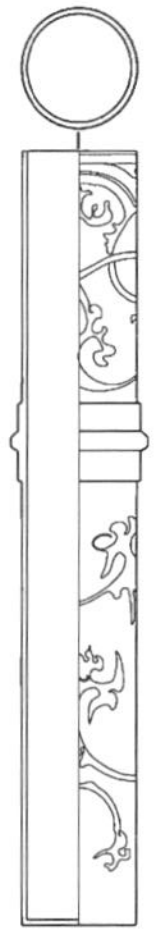

M1Ⅵ:5120

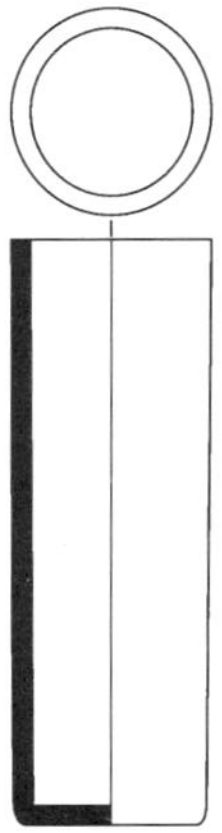

M1Ⅵ:5220

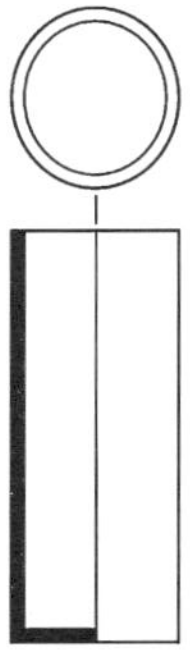

M1Ⅰ:420

M1Ⅵ:5138

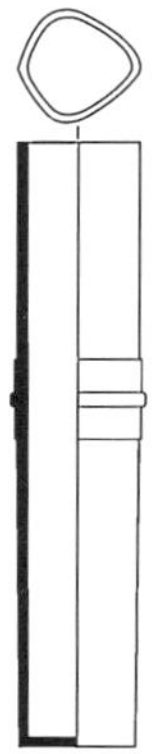

M1Ⅵ:967

M1Ⅰ:80

M1Ⅵ:5113

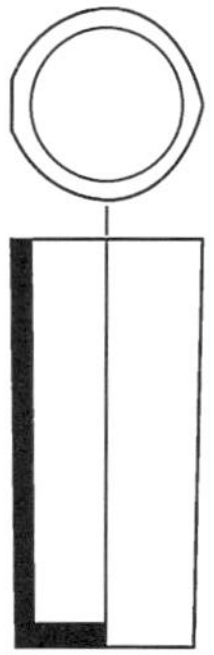

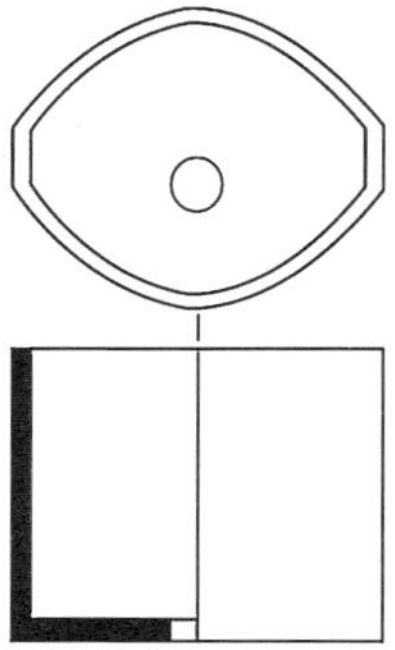

M1K16⑥:548

F 型

G 型

H 型

I 型

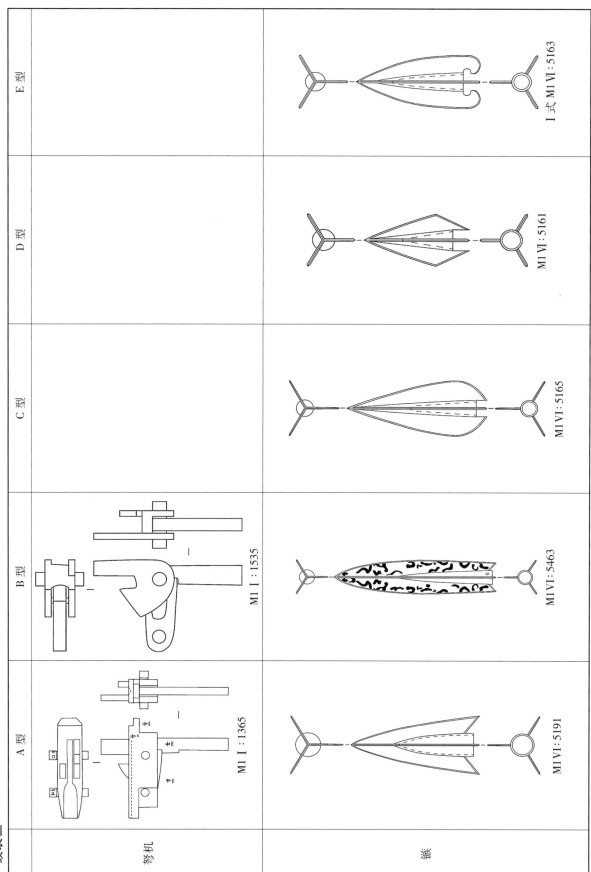

续表三

镞

F 型	G 型	H 型	I 型	J 型
M1Ⅵ：5166	M1Ⅵ：5188	M1Ⅵ：5189	M1Ⅵ：5304	M1Ⅵ：5145
K 型	L 型	M 型	N 型	O 型
M1Ⅵ：5115	M1Ⅵ：5123	M1Ⅵ：5164	M1Ⅵ：5470	M1Ⅵ：5105

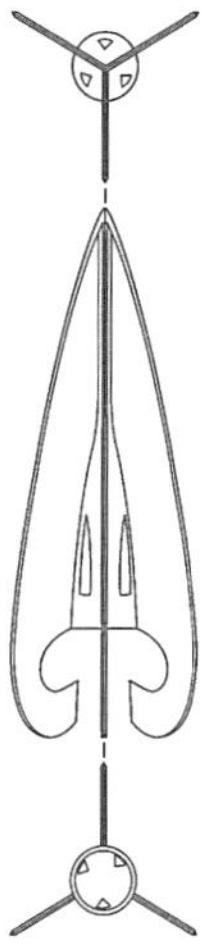

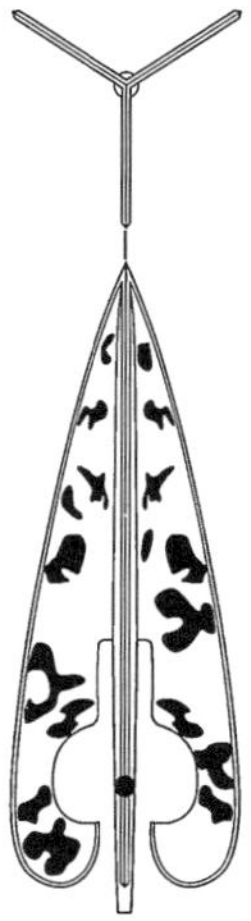

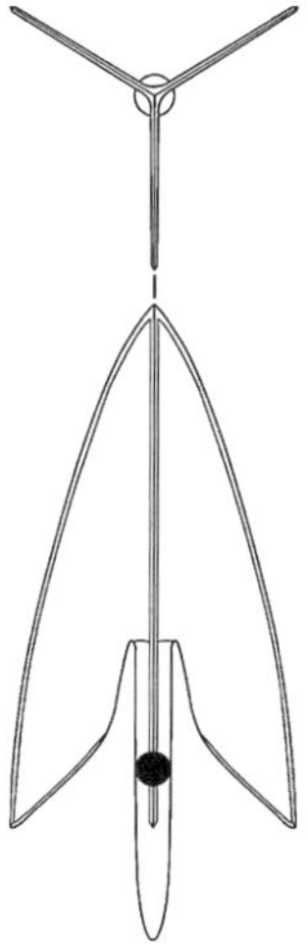

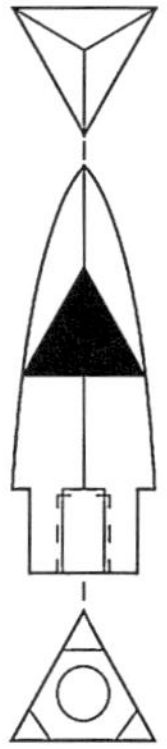

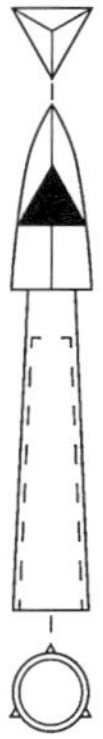

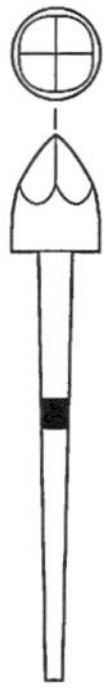

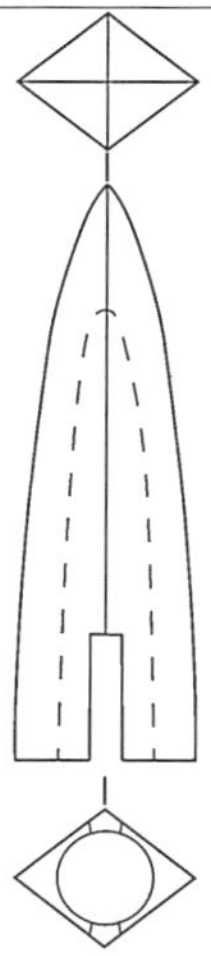

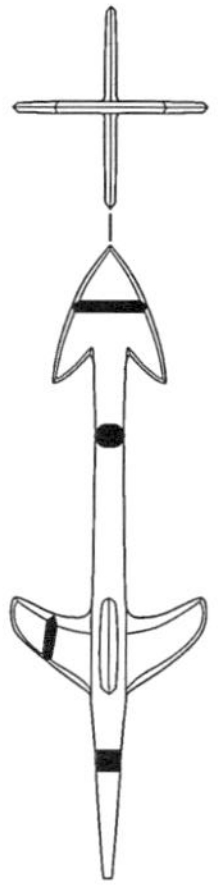

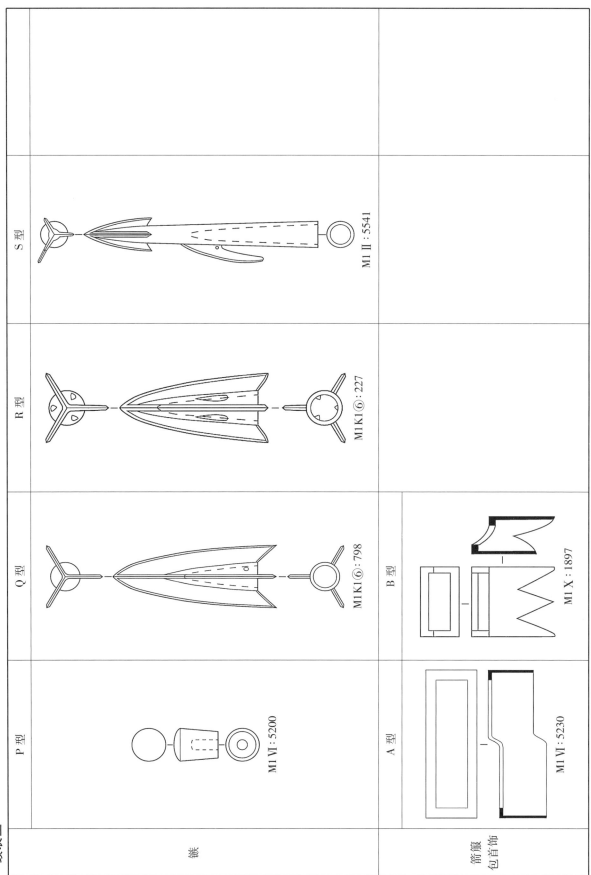

续表三

	P 型	Q 型	R 型	S 型
镞	M1 Ⅵ：5200	M1K1⑥：798	M1K1⑥：227	M1 Ⅱ：5541

	A 型	B 型
箭箙 包首饰	M1 Ⅵ：5230	M1 Ⅹ：1897

续表三

承弓器	A 型	B 型	C 型	D 型	E 型
	M1VI : 5180	M1VI : 3616			

表四　1号墓出土铜乐器分型表

	A 型	B 型	C 型
铃铎	M1ⅣA：3361	M1ⅣA：3364	
枘	M1ⅢA：4066	M1ⅢB：4063	M1ⅢB：4062

表五　1号墓出土铜生活用器分型表

	A型	B型	C型	D型	E型
鼎	M1K1⑥:665	M1ⅦB:4348	M1ⅦB:4342	M1Ⅷ:4226	M1Ⅷ:4225
锺	M1K1⑥:662	M1Ⅵ:3868	M1Ⅵ:3863	M1ⅦB:4186	
钫	M1K1⑥:656	M1Ⅵ:3865	M1ⅧB:4339		

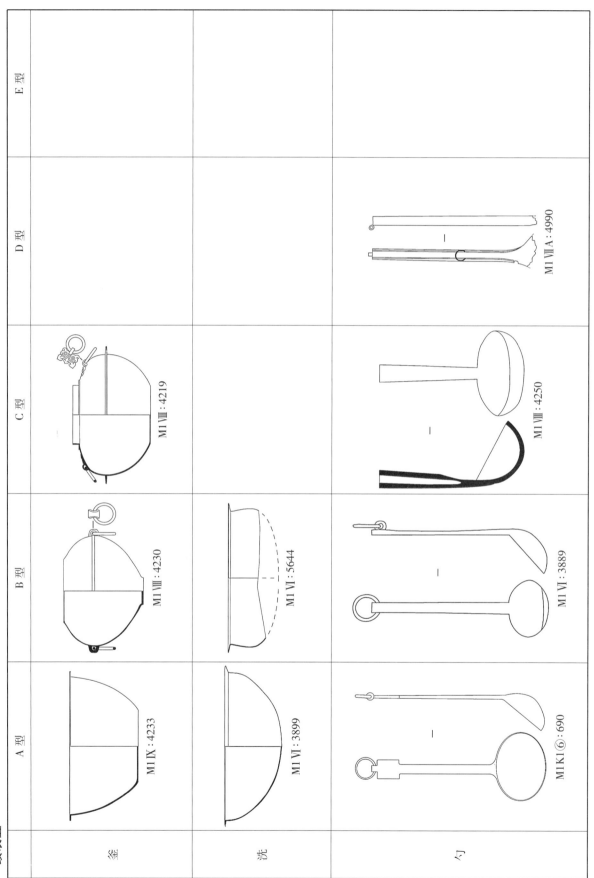

续表五

续表五

	A 型	B 型	C 型	D 型	E 型
刷	M1K1⑥:2174	M1K1⑥:2223	M1K1⑥:1398		
刷柄	M1K1⑥:1399	M1K1⑥:2274			
削	M1Ⅵ:3792	M1Ⅵ:3791			

续表五

	A 型	B 型	C 型	D 型	E 型
灯	M1 I :3657 F 型 M1 I :3605	M1 I :3656	M1 I :3648	M1 I :3609	M1 I :3707
带钩	M1 IV A:755	M1K1⑥:1293	M1 VI :1119		

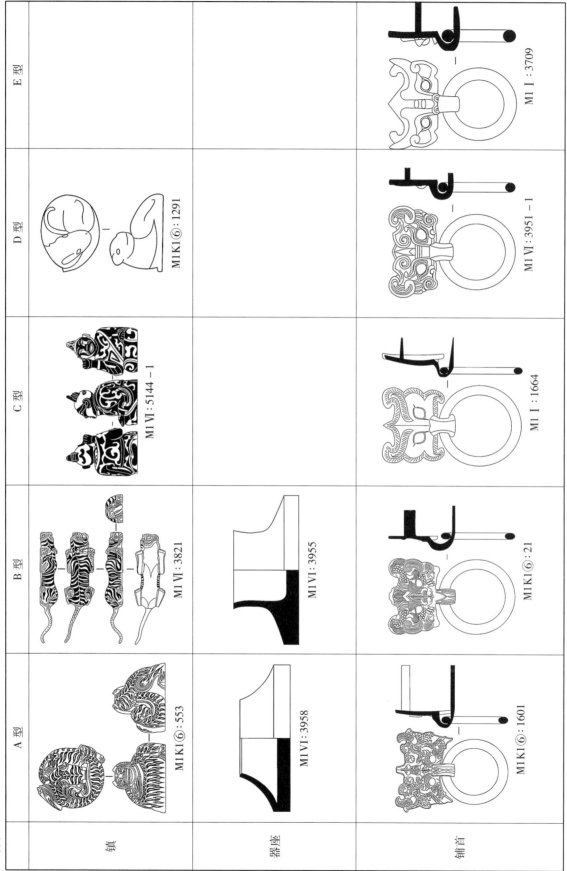

续表五

续表五

	F 型	G 型	H 型	I 型	J 型
铺首	M1 VI：5182	M1K1⑥：170	M1K1⑥：589	M1K1⑥：506	M1K1⑥：375
环	A 型 M1 I：1502	B 型 M1 I：76	C 型 M1 X：3406	D 型 M1 VIIB：1971－10	
算珠形饰	M1 VI：5168	M1K1⑥：135	M1 VI：1999		

表六　1号墓出土漆器分型表

	A 型	B 型	C 型	D 型	E 型
耳杯	M1 Ⅶ A：5018	M1 Ⅵ：3853	M1 Ⅵ：4714	M1 Ⅵ：4890	M1 Ⅵ：4645
盘	M1 Ⅸ：3569 (F 型：M1 Ⅵ：4736)	M1 Ⅵ：3844 (G 型：M1 Ⅵ：3954)	M1 Ⅵ：4723 (H 型：M1 Ⅸ：4742)	M1 Ⅵ：4729 (I 型：M1 Ⅸ：5849)	M1 Ⅵ：4728 (J 型：M1 Ⅵ：5640)

续表六

	E 型	D 型	C 型	B 型	A 型
径		M1Ⅵ:3934	M1K1⑥:1404	M1Ⅵ:4738	M1Ⅵ:3894
厄			M1Ⅵ:3908	M1Ⅵ:3912-2	M1ⅦA:4965

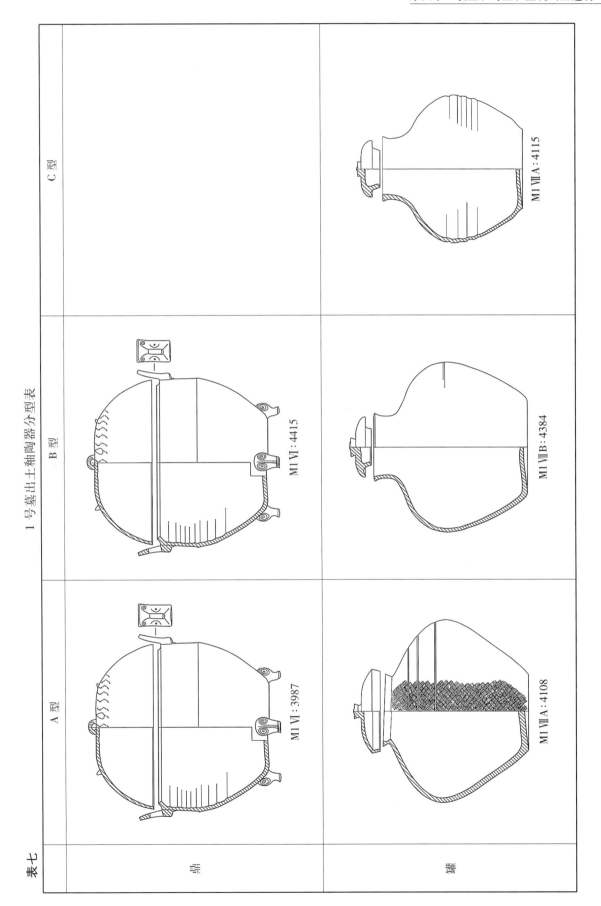

表七　1号墓出土釉陶器分型表

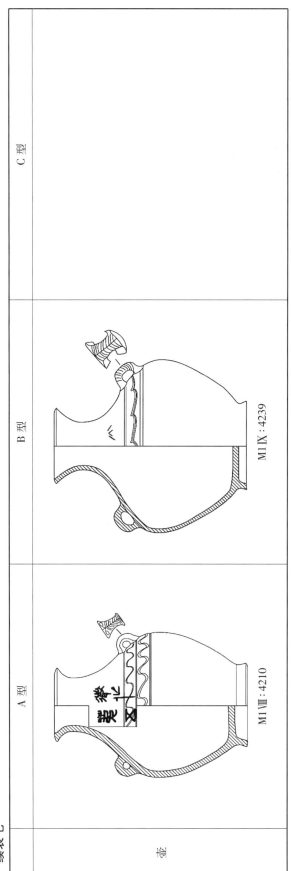

续表七

壶

A 型

M1Ⅷ：4210

B 型

M1Ⅸ：4239

C 型

一　铜器

1081 件（组）。包括车马器、兵器、乐器、日常生活用器等。

（一）车马器

56 件。

1. 盖弓帽

3 件。依形制差异，分二型。

C 型　1 件。

M1DK⑥：236，圆柱形。近帽首处有一钩。素面。口径 0.62、长 5.68 厘米（图四五，4）。

E 型　2 件。

M1DK⑥：389，圆柱形。帽首圆形，顶部有一环纽。器表饰弦纹与折线纹，通体错金银。口径 0.8、长 5.7 厘米（图四五，1；彩版五五，1）。

M1DK⑥：397，形制、尺寸、纹饰同 M1DK⑥：389（彩版五五，2）。

2. 带扣

2 件。依形制差异，分二型。清理时，带扣内革带均已朽尽。

B 型　1 件。

M1DK⑥：345，长方形。一边中部有一弯钩。长 1.6、宽 1.33 厘米（图四五，10；彩版五五，3）。

C 型　1 件。

M1DK⑥：27，方形。两边各有一长方形穿孔，中部横穿上设一活动的扣针，扣针已残。长 3.07、宽 3.1 厘米（图四五，11；彩版五五，4）。

3. 泡饰

32 件。依形制差异，分三型。

A 型　23 件。半圆形。正面素面。背面中空，近底部有一横穿。大多鎏金。

M1DK⑥：19，器形大。底径 4.3、高 1.6 厘米（图四五，2）。

M1DK⑥：175，器形较大。底径 3.8、高 1.6 厘米（图四五，5；彩版五五，5）。

M1DK⑥：729、M1DK⑥：732、M1DK⑥：734、M1DK⑥：836、M1DK⑥：860、M1DK⑥：884 ~ M1DK⑥：886、M1DK⑥：1607 共 9 件，形制、尺寸与 M1DK⑥：19、M1DK⑥：175 基本相同。

M1DK⑥：132，器形中等。底径 2.5、高 1.15 厘米（图四五，6）。

M1DK⑥：360，形制、尺寸与 M1DK⑥：132 相同（彩版五五，6）。

M1DK⑥：450，器形较小。底径 1.5、高 0.7 厘米（图四五，9；彩版五五，7）。

M1DK⑥：451、M1DK⑥：452、M1DK⑥：455、M1DK⑥：456、M1DK⑥：556 ~ M1DK⑥：558、M1DK⑥：565、M1DK⑥：577 共 9 件。形制、尺寸与 M1DK⑥：450 相同。

B 型　7 件。半圆形。正面素面。背面中空，顶心有一圆柱形插钉。

M1DK⑥：174，底径 2.23、高 0.72 厘米（图四五，8）。

M1DK⑥：439、M1DK⑥：592、M1DK⑥：596、M1DK⑥：601 ~ M1DK⑥：603 共 6 件。形制、尺

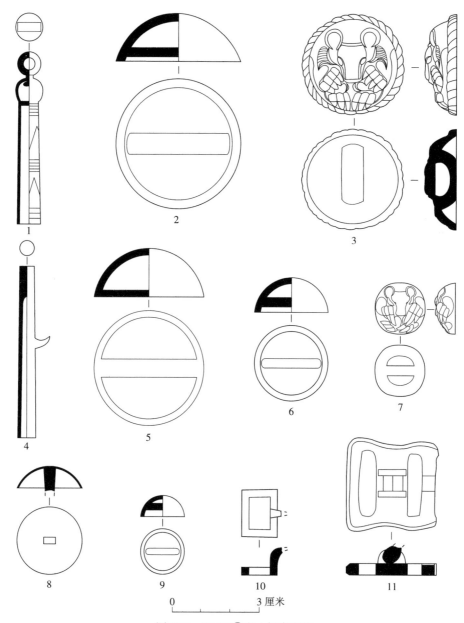

图四五　M1DK⑥出土铜车马器

1. E型盖弓帽（M1DK⑥:389）　2、5、6、9. A型泡饰（M1DK⑥:19、M1DK⑥:175、M1DK⑥:132、M1DK⑥:450）　3、7. C型泡饰（M1DK⑥:566、M1DK⑥:731）　4. C型盖弓帽（M1DK⑥:236）　8. B型泡饰（M1DK⑥:174）　10. B型带扣（M1DK⑥:345）　11. C型带扣（M1DK⑥:27）

寸与M1DK⑥:174相同。

　　C型　2件。半圆形。正面饰一熊，四足相抱，形态可掬。背面中空。通体鎏金。

　　M1DK⑥:566，底径3.5、高1厘米（图四五，3；彩版五五，8）。

　　M1DK⑥:731，形制、纹饰与M1DK⑥:566基本相同，尺寸略小。底径1.7、高0.7厘米（图四五，7；彩版五五，9）。

　　4. 马衔镳

　　7组。每组器物由马衔1件及马镳2件组成，均为明器。清理时，明器漆木马已朽尽，马衔镳散落、残损严重。

M1DK⑥:324，圆弧形衔，衔端各有一圆环，环内各穿一马镳。镳中部凸起，内有2个长方形穿孔。衔长9.6、环径1.6、镳长12.6厘米（图四六，1）。

M1DK⑥:312、M1DK⑥:314 与 M1DK⑥:336、M1DK⑥:311 与 M1DK⑥:339、M1DK⑥:342 与 M1DK⑥:347、M1DK⑥:351、M1DK⑥:1587 共6组，形制、尺寸与 M1DK⑥:324 基本相同。

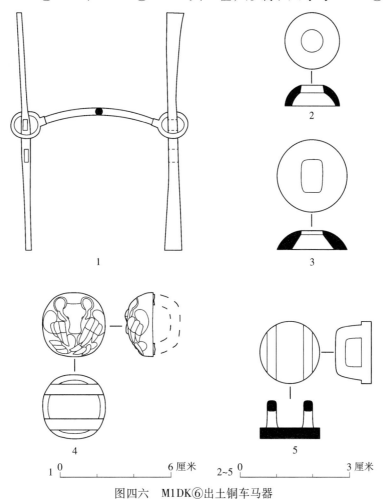

图四六　M1DK⑥出土铜车马器

1. 马衔镳（M1DK⑥:324）　　2、3. A 型节约（M1DK⑥:310、M1DK⑥:337）
4. C 型节约（M1DK⑥:730）　5. B 型节约（M1DK⑥:239）

5. 节约

12件。依形制差异，分三型。

A 型　5件。圆帽形。顶心有一圆形或长方形孔，内部中空。

M1DK⑥:310，顶心有一圆孔。底径1.5、孔径0.6、高0.55厘米（图四六，2）。

M1DK⑥:349、M1DK⑥:350 共2件，形制、尺寸与 M1DK⑥:310 基本相同。

M1DK⑥:337，顶心有一长方形孔。底径1.92、孔长0.88、孔宽0.6、高0.5厘米（图四六，3）。

M1DK⑥:348，形制、尺寸与 M1DK⑥:337 基本相同（彩版五五，10）。

B 型　4件。正面呈圆形。背面有两长方形穿。

M1DK⑥:239，直径1.65、高1厘米（图四六，5）。

M1DK⑥：245、M1DK⑥：303、M1DK⑥：316 共 3 件，形制、尺寸与 M1DK⑥：239 基本相同。

C 型　3 件。半圆球形。正面饰一熊，四足抱膝。背面有两长方形穿。

M1DK⑥：730，直径 1.7、残高 0.8 厘米（图四六，4）。

M1DK⑥：790、M1DK⑥：852 共 2 件，形制、尺寸、纹饰与 M1DK⑥：730 基本相同。

（二）兵器

693 件。

1. 戈

3 件。依形制差异，分二型。

A 型　2 件。

M1DK⑥：579，尖锋，弧援，直内，长胡三穿，内上穿籥。籥顶饰一鸠鸟，鸠首回顾，双足蹲踞，双翅上扬，尾部上翘，截面近似圆形。戈身以暗花纹技法饰不规则纹。通体鎏金。通长 20.1、连籥宽 11.5、籥长 7.4、銮径 1.8 厘米（图四七；彩版五六）。

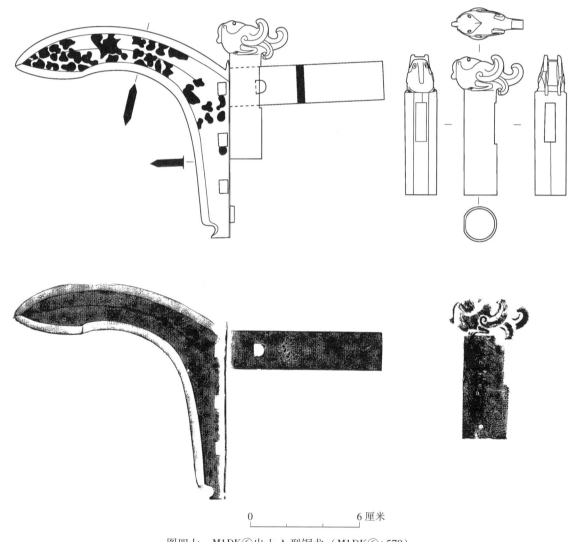

0　　　　　　　6 厘米

图四七　M1DK⑥出土 A 型铜戈（M1DK⑥：579）

M1DK⑥:582，形制、尺寸、纹饰同 M1DK⑥:579（彩版五七，1）。

B型　1件。

M1DK⑥:622，尖锋，直援，直内，长胡三穿，籣身缺失。内身中部有一长方形穿孔。通体鎏金。长19.7、宽11.4厘米（图四八，3；彩版五七，2）。

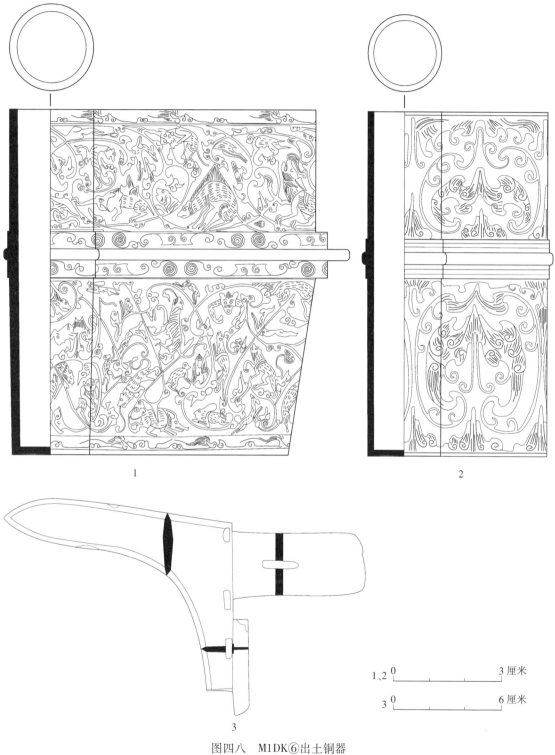

图四八　M1DK⑥出土铜器
1、2. A型镦（M1DK⑥:157、M1DK⑥:69）　3. B型戈（M1DK⑥:622）

2. 矛

5件。均为A型。

M1DK⑥:623,前锋弧尖,矛身起脊,截面呈菱形。骹呈椭圆筒形,骹口凹成弧形。一侧铸有耳,用以系缨。矛体与骹面均饰龙纹。长22.6、宽3.35、骹径2.68厘米(图四九;彩版五八)。

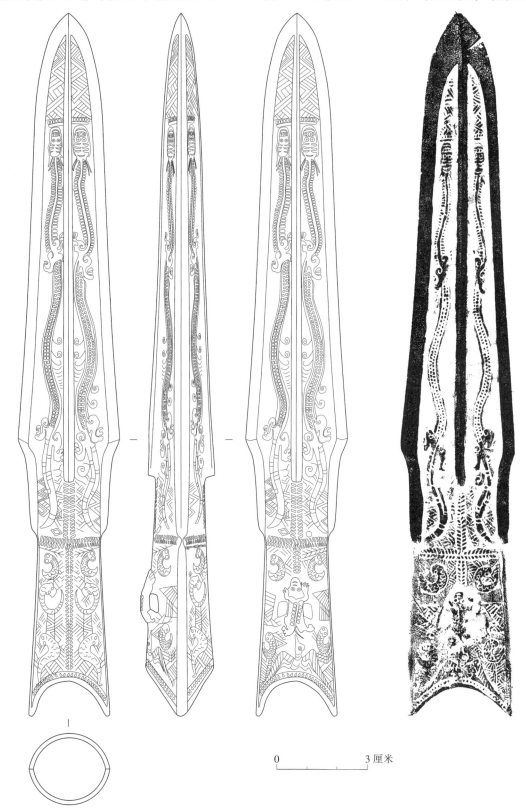

0   3厘米

图四九   M1DK⑥出土A型铜矛(M1DK⑥:623)

M1DK⑥：624～M1DK⑥：627 共 4 件，形制、尺寸、纹饰同 M1DK⑥：623（彩版五九～六二）。

3. 镦

144 件。依形制差异，分六型。

A 型　2 件。器口平面呈圆形，器表以错金银技法装饰纹样。

M1DK⑥：69，清理时，镦内木柲保存较好。器身中部饰一周箍纹，上、下两部均以错金工艺饰云气纹。口径 2、高 9.1 厘米（图四八，2；彩图二，彩版六三，1）。

M1DK⑥：157，清理时，镦内木柲保存较好。器身中部饰一周箍纹，上、下两部均填嵌金箔饰云气纹，其间以错银工艺饰动物纹。箍面以错银技法饰云气纹与涡纹组合。口径 2.3、底径 2、高 9.1 厘米（图四八，1；彩版六三，2）。

C 型　3 件。器口平面呈圆形，素面，器表通体鎏金。

M1DK⑥：922，口径 4、高 7.5 厘米（图五〇，1；彩版六三，3）。

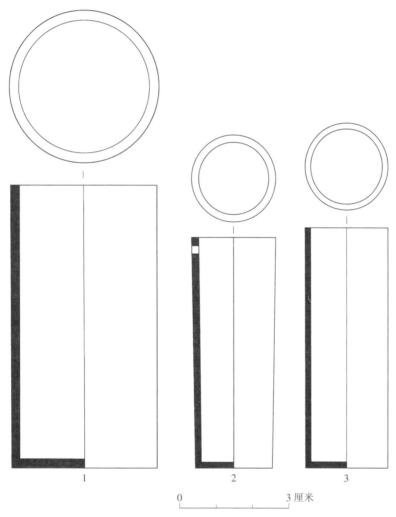

图五〇　M1DK⑥出土 C 型铜镦
1. M1DK⑥：922　2. M1DK⑥：438　3. M1DK⑥：470

M1DK⑥：438，口径 2.3、高 6.1 厘米（图五〇，2；彩版六三，4）。

M1DK⑥：470，口径 2.3、高 6.35 厘米（图五〇，3）。

D 型   129 件。器口平面呈圆形，器形较小。器表大多鎏金。均为明器。

M1DK⑥：1741，口径 1.3、高 2.8 厘米（图五一，2；彩版六三，5）。

M1DK⑥：320、M1DK⑥：405、M1DK⑥：411、M1DK⑥：413～M1DK⑥：415、M1DK⑥：588、M1DK⑥：591、M1DK⑥：630、M1DK⑥：826、M1DK⑥：891、M1DK⑥：894、M1DK⑥：897、M1DK⑥：898、M1DK⑥：908、M1DK⑥：910、M1DK⑥：915～M1DK⑥：917、M1DK⑥：924、M1DK⑥：925、M1DK⑥：935、M1DK⑥：940、M1DK⑥：941、M1DK⑥：957、M1DK⑥：958、M1DK⑥：965、M1DK⑥：978、M1DK⑥：979、M1DK⑥：986、M1DK⑥：993、M1DK⑥：994、M1DK⑥：1003～M1DK⑥：1005、M1DK⑥：1011、M1DK⑥：1027、M1DK⑥：1033、M1DK⑥：1042、M1DK⑥：1045、M1DK⑥：1054、M1DK⑥：1055、M1DK⑥：1057、M1DK⑥：1064、M1DK⑥：1066、M1DK⑥：1076、M1DK⑥：1080、M1DK⑥：1085、M1DK⑥：1102、M1DK⑥：1117、M1DK⑥：1123、M1DK⑥：1124、M1DK⑥：1126、M1DK⑥：1129、M1DK⑥：1138、M1DK⑥：1147、M1DK⑥：1150、M1DK⑥：1155、M1DK⑥：1163、M1DK⑥：1168、M1DK⑥：1173、M1DK⑥：1181、M1DK⑥：1185、M1DK⑥：1188、M1DK⑥：1189、M1DK⑥：1209、M1DK⑥：1219、M1DK⑥：1220、M1DK⑥：1223、M1DK⑥：1246、M1DK⑥：1250、M1DK⑥：1266、M1DK⑥：1267、M1DK⑥：1273、M1DK⑥：1276～M1DK⑥：1278、M1DK⑥：1280、M1DK⑥：1438－2、M1DK⑥：1473、M1DK⑥：1478、M1DK⑥：1488、M1DK⑥：1503、M1DK⑥：1505、M1DK⑥：1508、M1DK⑥：1509、M1DK⑥：1514～M1DK⑥：1516、M1DK⑥：1531、M1DK⑥：1535、M1DK⑥：1539、M1DK⑥：1540、M1DK⑥：1545、M1DK⑥：1546、M1DK⑥：1548、M1DK⑥：1549、M1DK⑥：1556、M1DK⑥：1570、M1DK⑥：1572、M1DK⑥：1573、M1DK⑥：1578、M1DK⑥：1579、M1DK⑥：1581、M1DK⑥：1582、M1DK⑥：1585、M1DK⑥：1595、M1DK⑥：1599、M1DK⑥：1614～M1DK⑥：1616、M1DK⑥：1632、M1DK⑥：1633、M1DK⑥：1635、M1DK⑥：1641、M1DK⑥：1665、M1DK⑥：1666、M1DK⑥：1670、M1DK⑥：1705、M1DK⑥：1710、M1DK⑥：1742～M1DK⑥：1744、M1DK⑥：1754、M1DK⑥：1756、M1DK⑥：1763～M1DK⑥：1765 共 128 件，形制、尺寸与 M1DK⑥：1741 基本相同。

F 型   3 件。器口平面呈桃形。

M1DK⑥：366，器表通体鎏金，中部饰一周箍状纹，上部残缺。口径 2.5、残高 7.3 厘米（图五一，1）。

M1DK⑥：367，器表通体鎏金。素面。口径 2.6、高 5.5 厘米（图五一，4；彩版六四，1）。

M1DK⑥：606，器表通体鎏金。中部饰一周箍状纹。口径 2.8、高 13.1 厘米（图五一，5；彩版六四，2）。

G 型   5 件。器口平面近桃形，器形较小。器表鎏金。均为明器。

M1DK⑥：321，口径 1.4、高 3 厘米（图五一，3；彩版六四，3）。

M1DK⑥：346、M1DK⑥：1431、M1DK⑥：1594、M1DK⑥：1598 共 4 件，形制、尺寸与 M1DK⑥：321 基本相同。

I 型   2 件。平面近椭圆形，器形较矮，器表素面。

M1DK⑥：547，口径 2.62、高 1.4 厘米（图五一，6；彩版六四，4）。

M1DK⑥：548，口径 2.65、高 2 厘米（图五一，7；彩版六四，5）。

4. 弩机

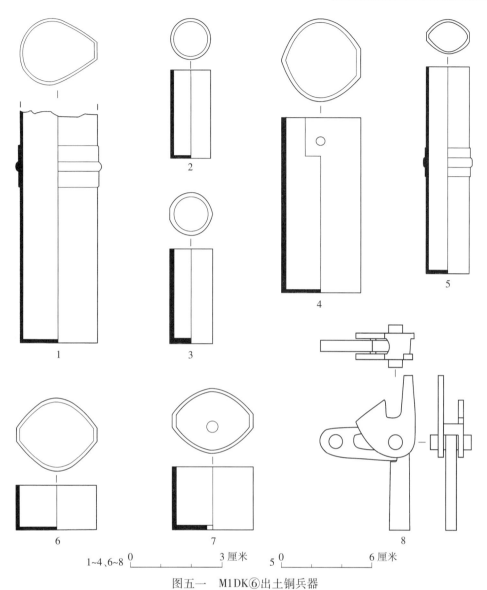

图五一 M1DK⑥出土铜兵器

1、4、5. F 型镞（M1DK⑥：366、M1DK⑥：367、M1DK⑥：606） 2. D 型镞（M1DK⑥：1741）

3. G 型镞（M1DK⑥：321） 6、7. I 型镞（M1DK⑥：547、M1DK⑥：548） 8. B 型弩机（M1DK

⑥：827）

70 件。由郭、望山、钩心、悬刀、键等构件组合而成。

B 型 70 件。器形较小，当为明器。

M1DK⑥：827，郭长 1.95、郭宽 0.85、望山高 1.5 厘米（图五一，8）。

M1DK⑥：377、M1DK⑥：418、M1DK⑥：419、M1DK⑥：428、M1DK⑥：641、M1DK⑥：889、
M1DK⑥：890、M1DK⑥：893、M1DK⑥：901、M1DK⑥：907、M1DK⑥：959、M1DK⑥：963、
M1DK⑥：966、M1DK⑥：967、M1DK⑥：972、M1DK⑥：973、M1DK⑥：984、M1DK⑥：988、
M1DK⑥：998、M1DK⑥：1017、M1DK⑥：1020、M1DK⑥：1021、M1DK⑥：1047、M1DK⑥：1075、
M1DK⑥：1081、M1DK⑥：1096、M1DK⑥：1127、M1DK⑥：1172、M1DK⑥：1176、M1DK⑥：1196、
M1DK⑥：1221、M1DK⑥：1225、M1DK⑥：1226、M1DK⑥：1281、M1DK⑥：1492、M1DK⑥：1517、
M1DK⑥：1544、M1DK⑥：1547、M1DK⑥：1553、M1DK⑥：1584、M1DK⑥：1604、M1DK⑥：1626 ~ 1628、

M1DK⑥:1636～M1DK⑥:1638、M1DK⑥:1642～M1DK⑥:1646、M1DK⑥:1649～M1DK⑥:1653、M1DK⑥:1659～M1DK⑥:1664、M1DK⑥:1674、M1DK⑥:1686、M1DK⑥:1695、M1DK⑥:1697、M1DK⑥:1700、M1DK⑥:1708 共 69 件，尺寸与 M1DK⑥:827 基本相同（彩版六四，6～8）。

5. 镞

470 件。依形制差异，分六型。

D 型　7 件。镞身三翼式，翼外边转折为尖，前锋尖锐。尾部圆銎以插箭杆。

M1DK⑥:34，通长 3.1 厘米（图五二，1；彩版六五，1）。

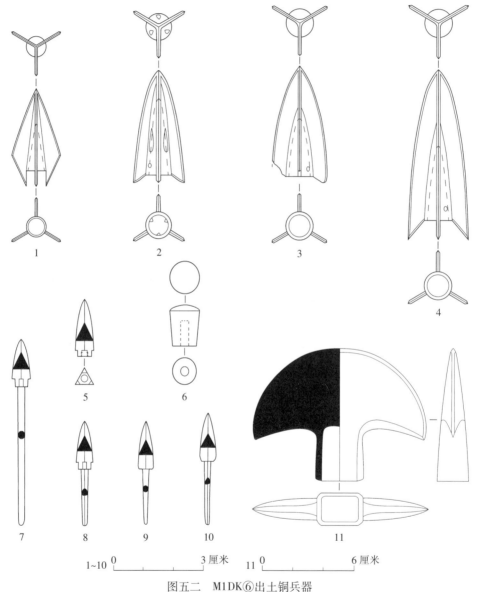

图五二　M1DK⑥出土铜兵器

1. D 型镞（M1DK⑥:34）　2. R 型镞（M1DK⑥:227）　3、4. Q 型镞（M1DK⑥:226、M1DK⑥:798）
5、7、8. I 型（M1DK⑥:899、M1DK⑥:1019、M1DK⑥:960）　6. P 型镞（M1DK⑥:888）　9、10. O 型镞（M1DK⑥:1859、M1DK⑥:1901）　11. 钺（M1DK⑥:928）

M1DK⑥:799、M1DK⑥:800、M1DK⑥:802、M1DK⑥:803、M1DK⑥:805、M1DK⑥:808 共6 件，尺寸与 M1DK⑥:34 相同。

Ⅰ型　303件。镞身三棱形，向前聚合成锋，前锋尖锐。关断面呈六边形，底端圆銎以接铁铤。尺寸较小，当为明器。

M1DK⑥：899，通长 1.8 厘米（图五二，5）。

M1DK⑥：1019，通长 5.9、铤长 4.4 厘米（图五二，7）。

M1DK⑥：960，通长 3.3、铤长 1.8 厘米（图五二，8）。

M1DK⑥：825、M1DK⑥：828、M1DK⑥：902、M1DK⑥：927、M1DK⑥：937、M1DK⑥：969、M1DK⑥：980、M1DK⑥：987、M1DK⑥：996、M1DK⑥：1018、M1DK⑥：1041、M1DK⑥：1048、M1DK⑥：1105、M1DK⑥：1135、M1DK⑥：1152、M1DK⑥：1179、M1DK⑥：1195、M1DK⑥：1231、M1DK⑥：1494、M1DK⑥：1512、M1DK⑥：1550、M1DK⑥：1630、M1DK⑥：1631、M1DK⑥：1647、M1DK⑥：1656、M1DK⑥：1671、M1DK⑥：1672、M1DK⑥：1687、M1DK⑥：1689、M1DK⑥：1701、M1DK⑥：1703、M1DK⑥：1707、M1DK⑥：1766、M1DK⑥：1790 ~ 1811、M1DK⑥：1818 ~ M1DK⑥：1828、M1DK⑥：1835、M1DK⑥：1836、M1DK⑥：1842 ~ M1DK⑥：1844、M1DK⑥：1846 ~ M1DK⑥：1856、M1DK⑥：1861 ~ M1DK⑥：1869、M1DK⑥：1874 ~ M1DK⑥：1879、M1DK⑥：1887 ~ M1DK⑥：1900、M1DK⑥：1902 ~ M1DK⑥：1912、M1DK⑥：1916 ~ M1DK⑥：1943、M1DK⑥：1949、M1DK⑥：1953、M1DK⑥：1957、M1DK⑥：1958、M1DK⑥：1963 ~ M1DK⑥：1980、M1DK⑥：1985 ~ M1DK⑥：2000、M1DK⑥：2004 ~ M1DK⑥：2013、M1DK⑥：2015 ~ M1DK⑥：2024、M1DK⑥：2026 ~ M1DK⑥：2038、M1DK⑥：2047、M1DK⑥：2053 ~ M1DK⑥：2059、M1DK⑥：2065 ~ M1DK⑥：2076、M1DK⑥：2078 ~ M1DK⑥：2082、M1DK⑥：2088 ~ M1DK⑥：2093、M1DK⑥：2101 ~ M1DK⑥：2104、M1DK⑥：2110 ~ M1DK⑥：2114、M1DK⑥：2119、M1DK⑥：2123 ~ M1DK⑥：2126、M1DK⑥：2130 ~ M1DK⑥：2134、M1DK⑥：2140 ~ M1DK⑥：2142、M1DK⑥：2144 ~ M1DK⑥：2149、M1DK⑥：2155 ~ M1DK⑥：2165、M1DK⑥：2168 ~ M1DK⑥：2173 共 300 件，尺寸与 M1DK⑥：960、M1DK⑥：1019、M1DK⑥：899 基本相同（彩版六五，2 ~ 4）。

O 型　130件。镞身三棱形，向前聚合成锋，前锋尖锐。尾部接细长的圆柱形铤。尺寸较小，当为明器。

M1DK⑥：1901，通长 3.55、铤长 2 厘米（图五二，10；彩版六五，5）。

M1DK⑥：1859，通长 3.25、铤长 1.75 厘米（图五二，9）。

M1DK⑥：962、M1DK⑥：970、M1DK⑥：985、M1DK⑥：999、M1DK⑥：1082、M1DK⑥：1089、M1DK⑥：1605、M1DK⑥：1640、M1DK⑥：1657、M1DK⑥：1658、M1DK⑥：1673、M1DK⑥：1704、M1DK⑥：1709、M1DK⑥：1812 ~ M1DK⑥：1817、M1DK⑥：1829 ~ M1DK⑥：1834、M1DK⑥：1837 ~ M1DK⑥：1841、M1DK⑥：1845、M1DK⑥：1857、M1DK⑥：1858、M1DK⑥：1860、M1DK⑥：1870 ~ M1DK⑥：1873、M1DK⑥：1880 ~ M1DK⑥：1886、M1DK⑥：1913 ~ M1DK⑥：1915、M1DK⑥：1944 ~ M1DK⑥：1948、M1DK⑥：1954 ~ M1DK⑥：1956、M1DK⑥：1959 ~ M1DK⑥：1962、M1DK⑥：1981 ~ M1DK⑥：1984、M1DK⑥：2001 ~ M1DK⑥：2003、M1DK⑥：2014、M1DK⑥：2025、M1DK⑥：2039 ~ M1DK⑥：2046、M1DK⑥：2048 ~ M1DK⑥：2052、M1DK⑥：2060 ~ M1DK⑥：2064、M1DK⑥：2077、M1DK⑥：2083 ~ M1DK⑥：2087、M1DK⑥：2094 ~ M1DK⑥：2100、M1DK⑥：2105 ~ M1DK⑥：2109、M1DK⑥：2115 ~ M1DK⑥：2118、M1DK⑥：2120 ~ M1DK⑥：2122、M1DK⑥：2127 ~ M1DK⑥：2129、M1DK⑥：2135 ~ M1DK⑥：2139、M1DK⑥：2143、M1DK⑥：2150 ~ M1DK⑥：2154、M1DK⑥：2166、

M1DK⑥：2167 共 128 件，形制、尺寸与 M1DK⑥：1901、M1DK⑥：1859 基本相同。

P 型　1 件。

M1DK⑥：888，镞身圆柱形，圆弧形台面，未见镞锋。尾部圆銎以接铁铤。通长 1.3 厘米（图五二，6；彩版六五，6）。

Q 型　27 件。镞身三翼形，前锋尖锐，后端呈倒刺形。尾部圆銎以插箭杆。

M1DK⑥：798，通长 5.4 厘米（图五二，4；彩版六五，7）。

M1DK⑥：42、M1DK⑥：801、M1DK⑥：804、M1DK⑥：809～M1DK⑥：820、M1DK⑥：822～M1DK⑥：824 共 18 件，尺寸与 M1DK⑥：798 基本相同（彩版六六，1）。

M1DK⑥：226，形制同 M1DK⑥：810，唯尺寸略小。通长 3.7 厘米（图五二，3）。

M1DK⑥：35、M1DK⑥：133、M1DK⑥：225、M1DK⑥：229、M1DK⑥：232、M1DK⑥：252、M1DK⑥：797 共 7 件，尺寸与 M1DK⑥：226 基本相同（彩版六六，1）。

R 型　2 件。镞身三翼式，前锋尖锐，镞身每两翼间有一三角形镂孔。尾部圆銎以插箭杆。

M1DK⑥：227，通长 3.55 厘米（图五二，2；彩版六六，2）。

M1DK⑥：228，尺寸与 M1DK⑥：227 相同。

6. 钺

1 件。M1DK⑥：928，平面呈弯月形，弧刃，背面有一长方形銎。长 11.3、宽 8.4、銎径长 2.9、銎径宽 2 厘米（图五二，11；彩版六六，3）。

（三）乐器

4 件。

1. 纽钟

1 件。M1DK⑥：576，清理时，器物残损为多块碎片，散落于四处。腔体厚实，合瓦形腔体。平舞，正面与反面皆以涡纹与三角纹为底纹，饰凤鸟纹若干组。正面中部饰长方形扁纽，纽面饰三角纹。36 个螺旋小枚，铣棱弧曲，铣角内敛，于口上弧。以阳线框隔枚、篆、钲各部。枚带通以水浪纹为底纹。篆面皆以凤鸟纹、涡纹为底纹，上饰云气纹，纹样内鎏金。钲亦以凤鸟纹、涡纹为底纹，上饰鎏金变体鸮纹。鼓面以三角纹为底纹，上饰倒立状鎏金变体鸮纹。通高 27.6、纽高 6.8、纽上宽 3.3、纽下宽 4.3、舞修 14.1、舞广 11.1、中长 17.3、铣高 20.8、鼓间 17 厘米（图五三～五六；彩版六七、六八）。

2. 錞于

3 件。

M1DK⑥：629，腔体呈椭圆形，上大下小，顶部置圆盘，盘底平凹，盘边外侈。盘中心立一双头虎纽，虎头上昂，张口瞠目，背部拱起。肩胸膨凸，束腰直口。通高 11.78、纽高 2.55、纽长 5.65、盘径 9、肩径 9、底径 8.15 厘米（图五七，1；彩版六九，1）。

M1DK⑥：919，腔体呈椭圆形，上大下小，顶部置圆盘，盘底平凹，盘边外侈。盘中心立一双头虎纽，虎头上昂，张口瞠目，背部拱起。肩胸膨凸，束腰直口。通高 11.78、纽高 2.5、纽长 5.65、盘径 9、肩径 9、底径 8.15 厘米（图五七，2；彩版六九，2）。

M1DK⑥：395，出土于盗坑底椁室西北及东北部椁底板上，出土时残碎严重且分布范围较大。

0　　　　　　3厘米

图五三　M1DK⑥出土铜纽钟（M1DK⑥:576）

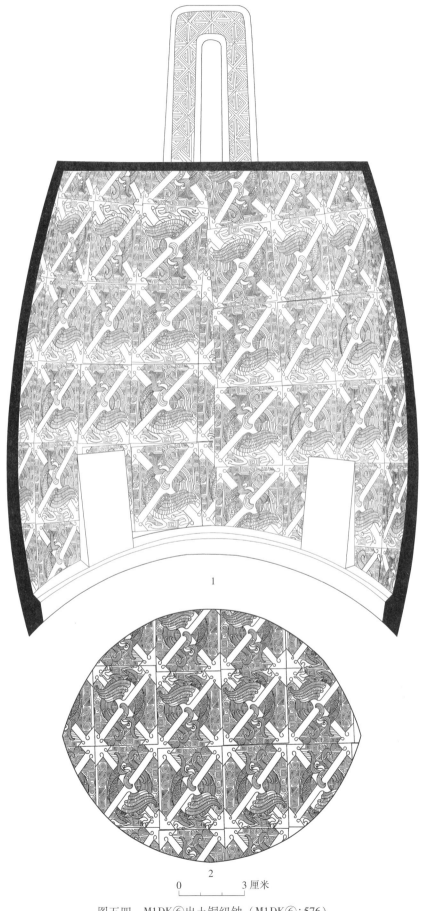

1

2

0　　　　　3厘米

图五四　M1DK⑥出土铜纽钟（M1DK⑥：576）

1. 剖视　2. 内底

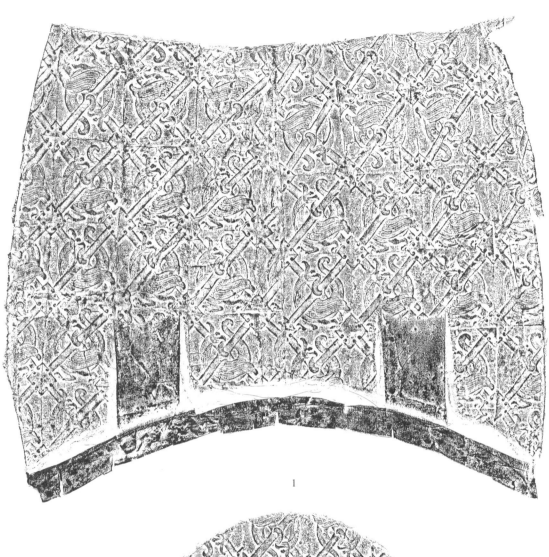

1

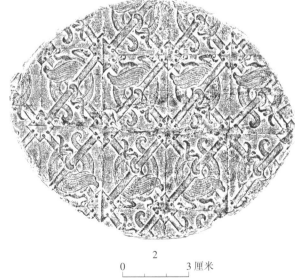

2

0　　　　　3厘米

图五五　M1DK⑥出土铜纽钟（M1DK⑥:576）内拓本
1. 内壁　2. 内底

1

2

0   3厘米

图五六　M1DK⑥出土铜纽钟（M1DK⑥：576）拓本

1. 顶部　2. 外壁

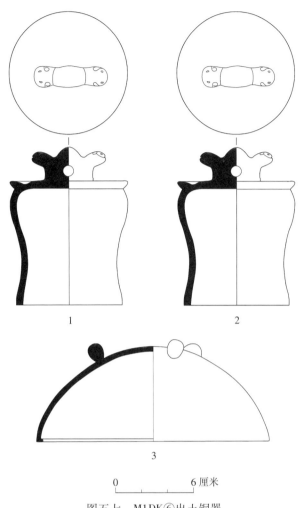

图五七 M1DK⑥出土铜器

1、2. 錞于（M1DK⑥：629、M1DK⑥：919） 3. 鼎盖（M1DK⑥：1393）

提取后修复前对残片统计共计 206 片，其中口部 10 片、腹部 132 片、肩部 43 片、顶部 21 片。修复后整体呈椭圆筒形，上为圆盘，中空，鼓肩，腹部内收，底部稍外撇，底为平口。两侧有两道明显的脊线。顶部盘内中央铸有一半圆纽，纽为对称双头龙形，龙头及前双爪趴于盘上，龙身隆起为纽。四周围有对称的四条侧面对龙，龙曲身 "S" 形，昂首吐信，扬鬃卷尾，龙爪前举后踞，身饰重环纹。肩部两道宽弦纹组成纹饰带，饰勾连龙纹。由 18 组印模纹组成。隧部双面饰长方形饰带，中间饰双圈表示壁，四周为交连四蛇环绕。口部亦以双宽弦纹组成纹饰带，饰连续勾连蛇纹，由 26 组印模纹组成。

鸟虫书铭文位于筒体边缘脊线之两侧，共计 64 字，释文如下：

之亥鼓疆万用莫北亡丌余孙北万川相

亥余鼓用相万北祖丌之疆孙莫川祖不

相亡之丌鼓用祖不川疆孙余莫万北不

孙余亥疆万北用北丌鼓亡之祖不莫川

通高 67.5、纽高 4.05、纽长 8.95、纽宽 4.4、盘径 28.3、肩径 40.45、底径 28.8～30.6、壁厚 1 厘米（图五八～六四；彩版七〇～七三）。

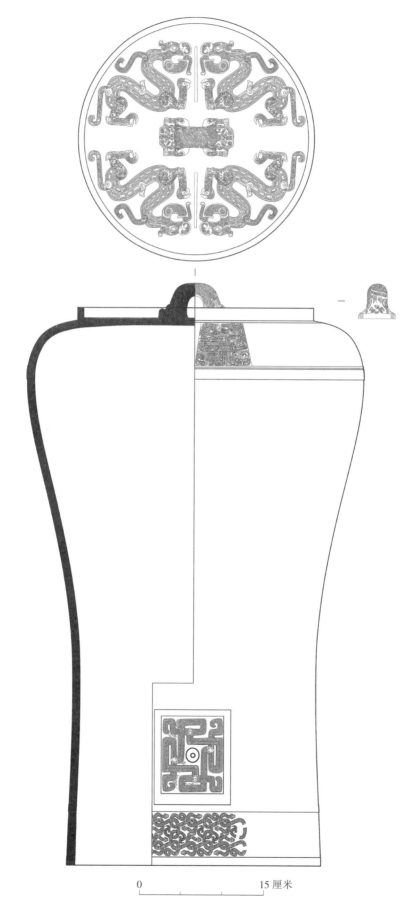

0   15 厘米

图五八　M1DK⑥出土铜錞于（M1DK⑥：395）

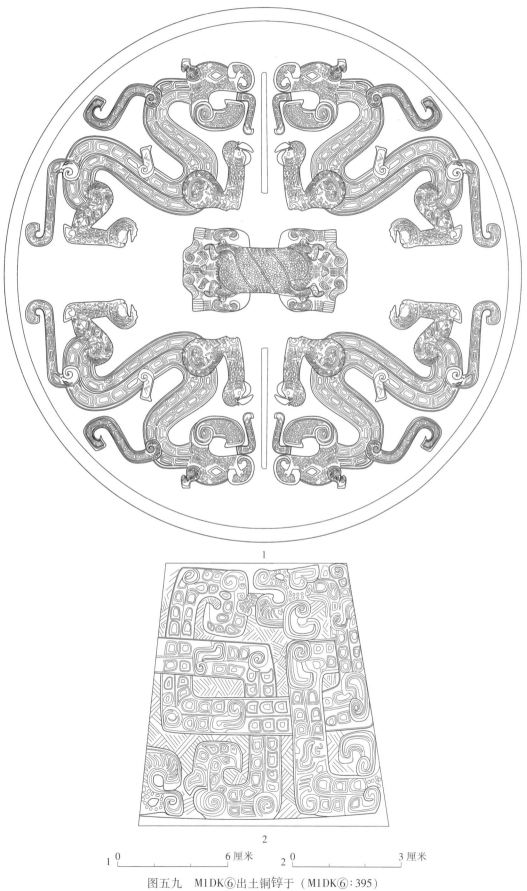

1

2

1 0 6厘米 2 0 3厘米

图五九 M1DK⑥出土铜錞于（M1DK⑥：395）

1. 俯视 2. 肩部纹饰

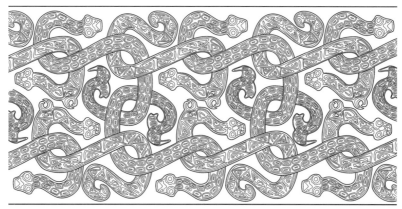

图六〇　M1DK⑥出土铜錞于（M1DK⑥：395）口部纹饰

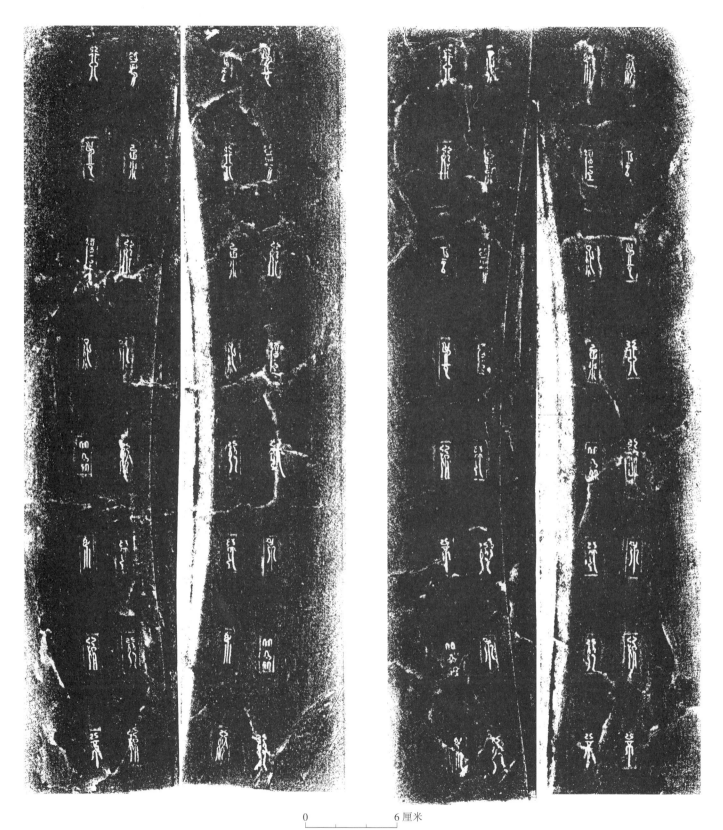

0   6厘米

图六一　M1DK⑥出土铜錞于（M1DK⑥：395）铭文拓本

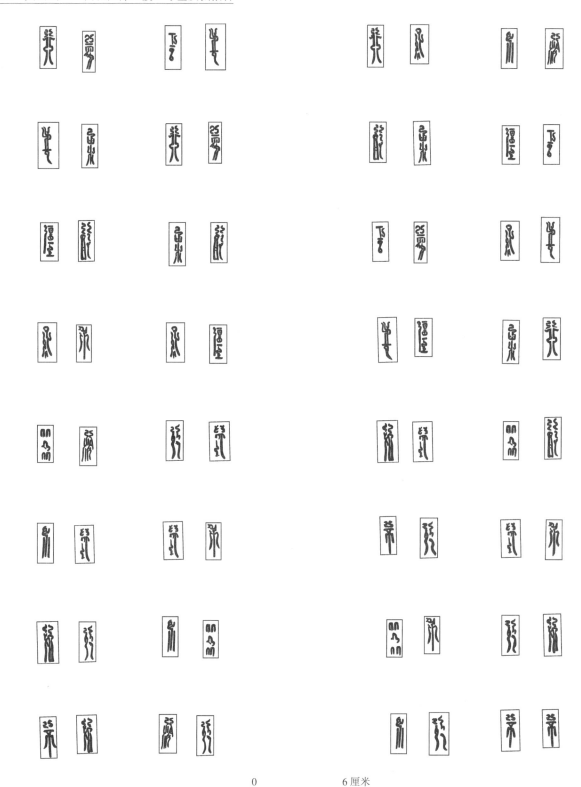

0   6 厘米

图六二　M1DK⑥出土铜錞于（M1DK⑥∶395）铭文摹本

1

2

0   3厘米

图六三　M1DK⑥出土铜錞于（M1DK⑥：395）拓本

1. 口部纹饰　2. 肩部纹饰

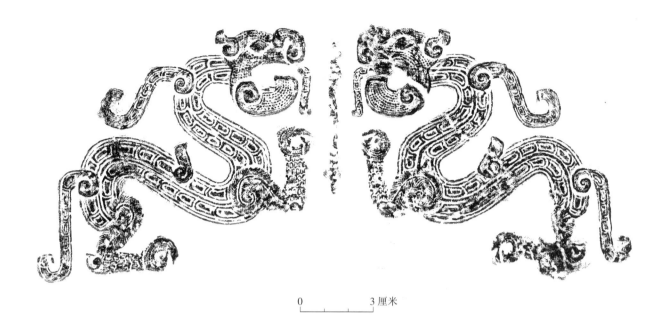

0   3厘米

图六四 M1DK⑥出土铜錞于（M1DK⑥：395）顶部纹饰拓本

（四）日常生活用器（彩版七四，1）

328件。

1. 鼎盖

1件。M1DK⑥：1393，穹庐形盖，上饰对称三扁圆形纽。盖径18、高7.1厘米（图五七，3；彩版七四，2）。

2. 鼎

5件。均为A型。附长方形耳，圜底，三蹄形足。带盖，盖母口。盖顶有一穿，内饰一环。鼎子口，深腹。

M1DK⑥：665，腹中部饰一圈凸面圈带纹。通体鎏金。盖口径6.9、鼎口径6.05、连耳高5.5、耳高1.8、耳宽0.8、通高6.8厘米（图六五，1；彩版七五，1）。

M1DK⑥：666～M1DK⑥：668、M1DK⑥：1287共4件，形制、尺寸、纹饰与M1DK⑥：665相同（彩版七五，2）。

3. 锺

5件。均为A型。鼓腹，近肩处附两对称铺首衔环，圈足。器形较小，侈口。

M1DK⑥：662，肩部与腹部各饰一凹面圈带纹。器表通体鎏金。口径3.8、圈足径4.6、高9.5厘米（图六五，3；彩版七六，1）。

M1DK⑥：663、M1DK⑥：664、M1DK⑥：1288、M1DK⑥：1289共4件，形制、尺寸、纹饰与M1DK⑥：662相同（彩版七六，2）。

4. 钫

5件。均为A型。鼓腹，圈足，直口，短颈。

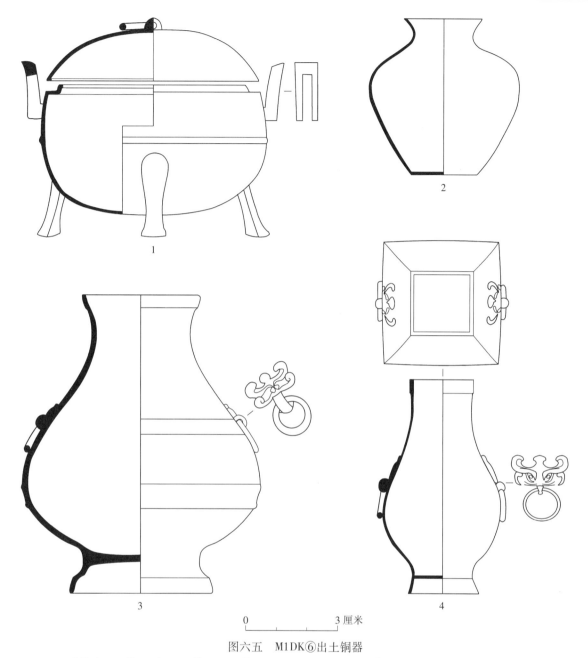

图六五　M1DK⑥出土铜器

1. A 型鼎（M1DK⑥：665）　2. 罐（M1DK⑥：669）　3. A 型锺（M1DK⑥：662）　4. A 型钫（M1DK⑥：656）

　　M1DK⑥：656，腹壁两侧饰一对铺首衔环。通体鎏金。口径 2.1、圈足径 2.35、高 6.8 厘米（图六五，4；彩版七六，3）。

　　M1DK⑥：657～M1DK⑥：660 共 4 件，形制、尺寸与 M1DK⑥：656 相同（彩版七七，1）。

　　5. 罐

　　5 件。

　　M1DK⑥：669，侈口，束颈，溜肩，鼓腹，平底。通体鎏金。口径 2.55、底径 2.15、高 4.95 厘米（图六五，2；彩版七七，2）。

　　M1DK⑥：670、M1DK⑥：671、M1DK⑥：699、M1DK⑥：700 共 4 件，形制、尺寸与M1DK⑥：

669 相同。

6. 匜

5 件。一侧有一长凹槽形流。内外壁通体鎏金。

M1DK⑥：677，平面近椭圆形，腹壁弧收，椭圆形平底。长 7、宽 6.1、高 2.8、流宽 1.8 厘米（图六六，1；彩版七七，3）。

M1DK⑥：688、M1DK⑥：689、M1DK⑥：695、M1DK⑥：696 共 4 件，形制、尺寸与 M1DK⑥：677 相同（彩版七八，1）。

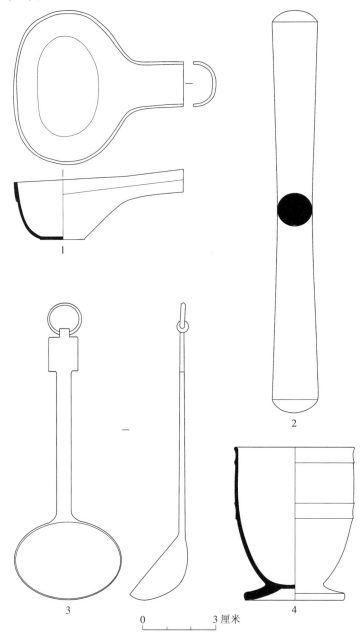

0   3 厘米

图六六　M1DK⑥出土铜器

1. 匜（M1DK⑥：677）　2. 杵（M1DK⑥：672）　3. A 型勺（M1DK⑥：690）　4. 卮杯（M1DK⑥：618）

7. 勺

5 件。均为 A 型。长条形柄，近柄端处较宽，柄端有一衔环。

M1DK⑥:690，小勺。椭圆形勺首，圜底。内外通体鎏金。通长 11.8、柄宽 1.2 厘米（图六六，3；彩版七八，2）。

M1DK⑥:691 ~ M1DK⑥:694 共 4 件，形制、尺寸与 M1DK⑥:690 相同（彩版七八，3）。

8. 杵

5 件。形制相同。细长条形，中部束腰，两端圆鼓。

M1DK⑥:672，长 16、直径 1.4 ~ 1.85 厘米（图六六，2；彩版七九，1）。

M1DK⑥:673 ~ M1DK⑥:676 共 4 件，尺寸、形制与 M1DK⑥:672 相同（彩版七九，2）。

9. 臼杯

5 件。形制相同。直口，深弧腹，喇叭形底座。

M1DK⑥:618，口沿下饰一道凸弦纹，腹中部饰一周凹面圈带纹。通体鎏金。口径 4.9、底径 4、高 6.1 厘米（图六六，4；彩版七九，3）。

M1DK⑥:619、M1DK⑥:647 ~ M1DK⑥:649 共 4 件，尺寸、纹饰与 M1DK⑥:618 相同（彩版七九，4）。

10. 镜

4 件。镜面微弧凸，圆形。

M1DK⑥:1402 - 8，草叶纹规矩镜。兽形纽，纽座方形。座外饰凹面方格纹与细弦纹各一周，其外以博局纹分饰四区。方格四角各饰一双叠状草叶纹，其间各分饰龙纹，两两相对。外饰细弦纹与十六内向连弧纹各一周。面径 21、纽高 0.7、缘宽 2、缘厚 0.55、肉厚 0.28 厘米（图六七，1；彩版八〇）。

M1DK⑥:1404 - 8，草叶纹镜。半圆纽，柿蒂纹纽座。座外饰变形柿蒂纹和两周凹面方格纹，方格纹间铸有一周铭文。四边中心外侧各饰一枚乳丁纹，两侧各饰一双叠状草叶纹，花瓣纹间饰其中。外饰一周十六内向连弧纹。铭文内容为"見日之光，天下大陽，長樂未央，所言必當。"宽素缘，缘边上卷。面径 20.8、纽高 0.9、缘宽 2.1、缘厚 0.68、肉厚 0.28 厘米（图六七，2；彩版八一）。

M1DK⑥:1406，草叶纹规矩镜。兽形纽，纽座方形。座外饰凹面方格纹与细弦纹各一周，其外以博局纹分饰四区。方格四角各饰一双叠状草叶纹，其间各分饰龙纹，两两相对。外饰细弦纹与二十内向连弧纹各一周。面径 16、纽高 0.8、缘宽 1.3、缘厚 0.52、肉厚 0.3 厘米（图六八；彩版八二）。

M1DK⑥:1414 - 1，草叶纹镜。半圆纽，柿蒂纹纽座。座外饰变形柿蒂纹和两周凹面方格纹，方格纹间铸有一周铭文。四边中心外侧各饰一枚乳丁纹，两侧各饰一三叠状草叶纹，花瓣纹间饰其中。外饰一周十六内向连弧纹。铭文内容为"見日之光，天下大陽，服者聖王，千秋萬歲，長毋相忘。"宽素缘，缘边上卷。面径 21.4、纽高 0.8、缘宽 2.3、缘厚 0.8、肉厚 0.32 厘米（图六九；彩版八三）。

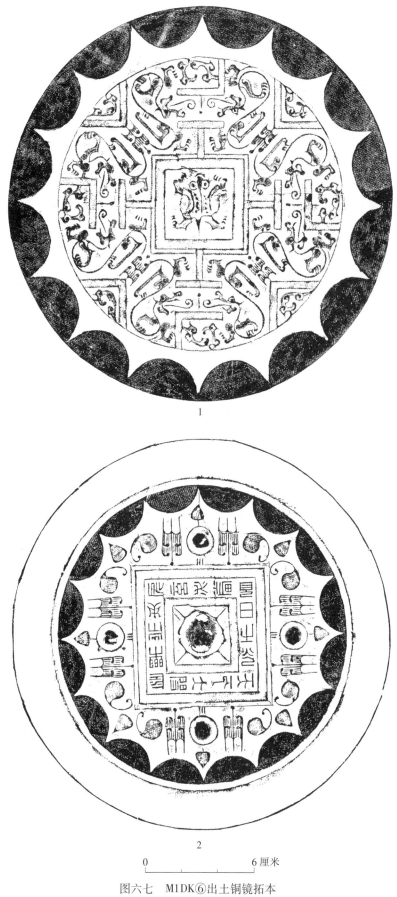

1

2

0 _____ 6厘米

图六七　M1DK⑥出土铜镜拓本
1. M1DK⑥:1402－8　2. M1DK⑥:1404－8

0   6厘米

图六八　M1DK⑥出土铜镜（M1DK⑥：1406）

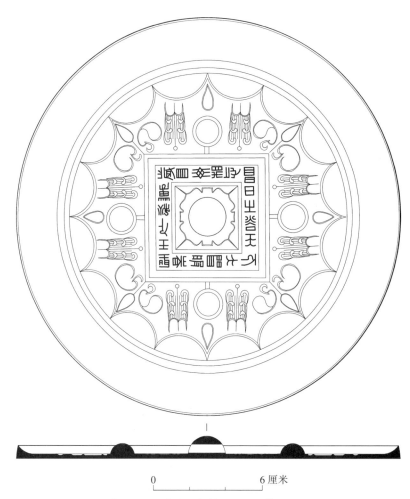

图六九 M1DK⑥出土铜镜（M1DK⑥:1414–1）

11. 刷

114 件。依形制差异，分三型。

A 型 52 件。"一"字形。柄端为龙首形，龙嘴伸长上翘。另一端有圆形銎，銎内刷毛已朽。

M1DK⑥:2174，通体鎏银。长 6.92、銎径 0.57 厘米（图七〇，3；彩版八四，1）。

M1DK⑥:1394、M1DK⑥:2175～M1DK⑥:2222 共 49 件，与 M1DK⑥:2174 共出于一处，尺寸、纹饰与 M1DK⑥:2174 相同（彩版八四，2）。

M1DK⑥:1402–9、M1DK⑥:1402–10 共 2 件，器表未作鎏银处理，尺寸同 M1DK⑥:2174。

B 型 50 件。烟斗形铜刷。柄端为龙首形，龙嘴伸长上翘，另一端上翘为圆形銎，銎内刷毛已朽。

M1DK⑥:2223，通体鎏银。长 11、銎径 0.9 厘米（图七〇，6；彩版八四，3、4）。

M1DK⑥:1397、M1DK⑥:2224～M1DK⑥:2271 共 49 件，与 M1DK⑥:2223 共出一处，尺寸、纹饰与 M1DK⑥:2223 相同（彩版八五，1）。

C 型 12 件。"山"字形铜刷。柄端为镂空装饰，另一端有一椭圆形銎，銎内刷毛已朽。

M1DK⑥:1398，通体鎏银。长 3.9、宽 2.8、銎长 1.9、銎宽 0.5 厘米（图七〇，2；彩版八五，2、3）。

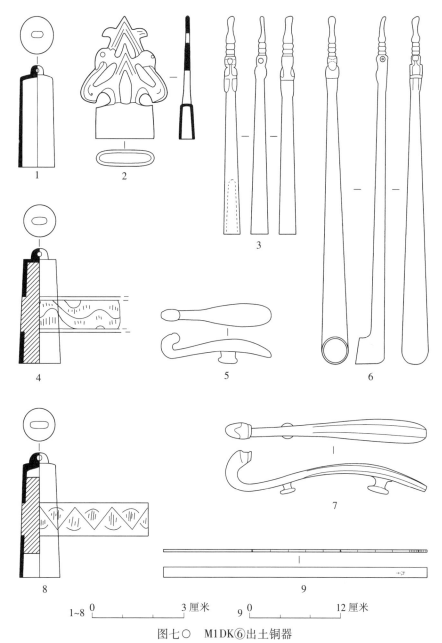

图七〇 M1DK⑥出土铜器

1. A 型刷柄（M1DK⑥：1399） 2. C 型刷（M1DK⑥：1398） 3. A 型刷（M1DK⑥：2174）
4、8. B 型刷柄（M1DK⑥：2275、M1DK⑥：2274） 5. A 型带钩（M1DK⑥：333） 6. B 型
刷（M1DK⑥：2223） 7. B 型带钩（M1DK⑥：1293） 9. 尺（M1DK⑥：560）

M1DK⑥：2278 ~ M1DK⑥：2288 共 11 件，与M1DK⑥：1398 共出于一处，尺寸、纹样同 M1DK⑥：1398（彩版八五，3）。

12. 刷柄

7 件。圆柱形，顶部有一环纽。依形制差异，分二型。

A 型 3 件。素面。

M1DK⑥：1399，銎部中空。通体鎏银。长 3.25、銎径 1.18 厘米（图七〇，1；彩版八六，1）。

M1DK⑥：2272、M1DK⑥：2273 共 2 件，尺寸与 M1DK⑥：1399 相同（彩版八六，2、3）。

B 型　4 件。柄中部由圆管状骨饰相连，骨饰通刻云气纹。

M1DK⑥：2274，长 3.97、銎径 1.3 厘米（图七〇，8；彩版八六，4）。

M1DK⑥：2275，纹饰与 M1DK⑥：2274 基本相同，唯尺寸略小。长 3.66、銎径 1.35 厘米（图七〇，4；彩版八六，5）。

M1DK⑥：2276、M1DK⑥：2277 共 2 件，尺寸、纹饰与 M1DK⑥：2274、M1DK⑥：2275 相同（彩版八六，6）。

13. 尺

1 件。M1DK⑥：560，扁长条形。正面一端刻有铭文"九十"，侧面刻有一排刻度。从右侧起一尺范围内每一寸皆刻有标示，且每五寸处刻有"X"形记号。右起第一寸范围内每一分亦皆刻有标示，且五分处刻有"X"形记号。长 34.75、宽 1.25、厚 0.3 厘米（图七〇，9；彩版八六，7）。

14. 带钩

104 件。依形制差异，分二型。

A 型　4 件。器形较小。琵琶形钩身，下有一圆纽。圆形钩首。

M1DK⑥：333，长 3.5、宽 0.7、高 0.95 厘米（图七〇，5；彩版八七，1）。

M1DK⑥：305、M1DK⑥：571、M1DK⑥：575 共 3 件，形制、尺寸与 M1DK⑥：333 相同（彩版八七，2、3）。

B 型　100 件。瘦长琵琶形钩身，上饰瓜棱纹，下有两圆纽。龙首形钩首。

M1DK⑥：1293，长 6.65、宽 0.75、高 1.38 厘米（图七〇，7；彩版八七，4）。

M1DK⑥：1294 ~ M1DK⑥：1392 共 99 件，尺寸与 M1DK⑥：1293 相同（彩版八七，5）。

15. 镇

2 件。

A 型　1 件。

M1DK⑥：553，一组四件，现仅存一件。虎形，虎头平昂，虎身盘卧，底近圆形，器表通体以错金银工艺饰虎斑纹。底径 7.2、高 5.3 厘米（图七一，2；彩图三；彩版八八，1）。

D 型　1 件。M1DK⑥：1291，卧兽状，回首。器形较小，当为明器。底长 2.3、宽 1.7、高 1.5 厘米（图七一，1；彩版八八，2）。

16. 犀牛

1 件。M1DK⑥：620，清理时，该器与铜驯犀俑、铜象、玉圭共出。整铸。口部微张，双耳竖起，四足站立。通体鎏金。长 19.8、宽 8.4、高 9.8 厘米（图七二；彩版八九、九〇）。

17. 驯犀俑

1 件。M1DK⑥：686，清理时，该器与铜象、铜犀牛、玉圭共出。整铸。俑发部作髡首形，双目圆瞪，八字胡须，双手交叉置于胸前。膝盖以下外露，赤足。高 4.7、宽 3.26 厘米（图七三，1；彩版九一）。

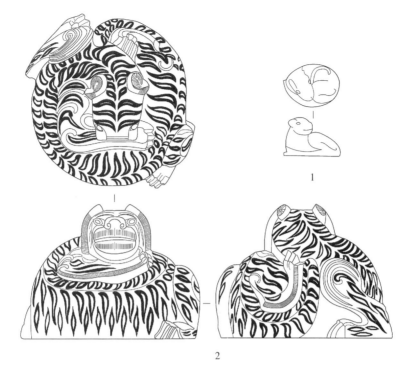

0　　　　　3 厘米

图七一　M1DK⑥出土铜镇
1. D 型（M1DK⑥：1291）　　2. A 型（M1DK⑥：553）

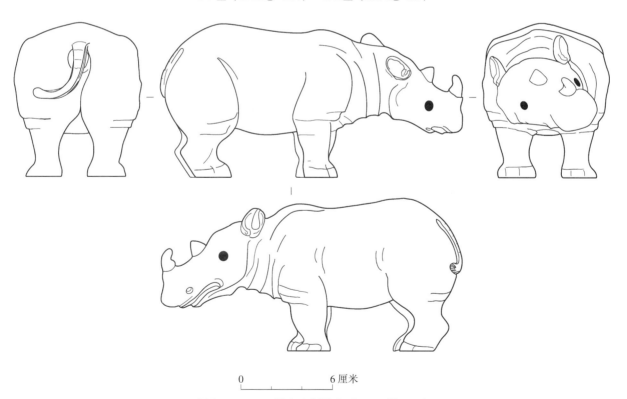

0　　　　　6 厘米

图七二　M1DK⑥出土铜犀牛（M1DK⑥：620）

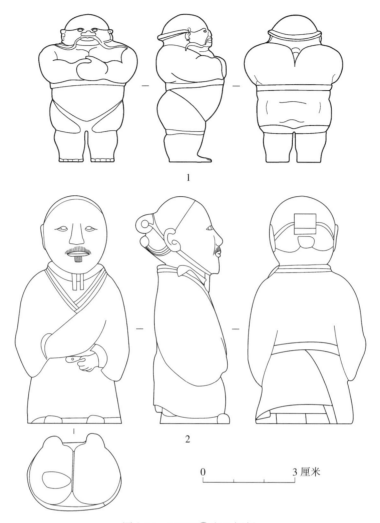

图七三　M1DK⑥出土铜俑
1. 驯犀俑（M1DK⑥：686）　　2. 驯象俑（M1DK⑥：687）

18. 象

1 件。M1DK⑥：621，清理时，该器与铜驯象俑、铜犀牛、玉圭共出。整铸。皮肤褶皱纹清晰。象鼻下垂弯卷，口微张，双耳竖起，四足站立，尾巴略左垂。器表除象牙鎏银外，余通体鎏金。长 30.5、宽 14.55、高 20 厘米（图七四；彩版九二；彩版九三；彩版九四，1）。

19. 驯象俑

1 件。M1DK⑥：687，清理时，该器与铜象、铜犀牛、玉圭共出。整铸。俑头部起髻，上着冠，面态祥和，腰部束带，右手插入袍内，左手扶带，履尖外露。高 7.2、宽 3.8 厘米（图七三，2；彩版九四，2）。

20. 铺首

19 件。依造型差异，分六型。

A 型　6 件。

M1DK⑥：1601，兽面衔环状。双目突出，双耳上扬内撇，额似山尖形，面颊通饰浮点纹，兽鼻下卷，曲鼻衔环。背面有两竖长方形销钉。长 18.5、宽 12.9、销钉长 9.92、环径 14.2 厘米

（图七五；彩版九五）。

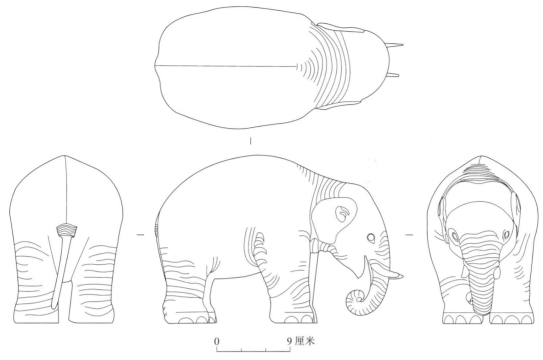

图七四　M1DK⑥出土铜象（M1DK⑥:621）

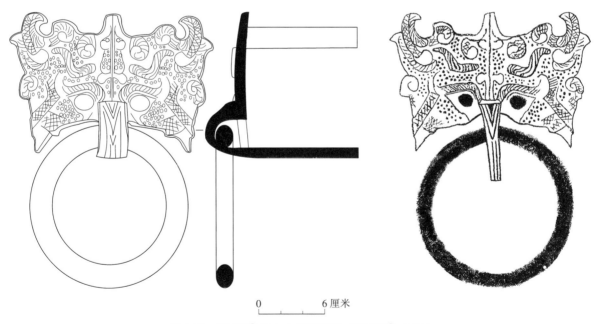

图七五　M1DK⑥出土 A 型铜铺首（M1DK⑥:1601）

　　M1DK⑥:208、M1DK⑥:607、M1DK⑥:933、M1DK⑥:1600、M1DK⑥:1602 共 5 件，形制、尺寸与 M1DK⑥:1601 相同（彩版九六，1~4；九七，1）。

　　B 型　8 件。

　　M1DK⑥:21，兽面衔环状。双目突出，双耳上扬内撇，额呈山顶状，面颊通饰浮点纹，兽鼻下卷，曲鼻衔环，鼻旁饰两兽爪纹。背面正中有一竖长方形销钉。长7.6、宽6.6、销钉长2.9、环径7.3厘米（图七六；彩版九七，2）。

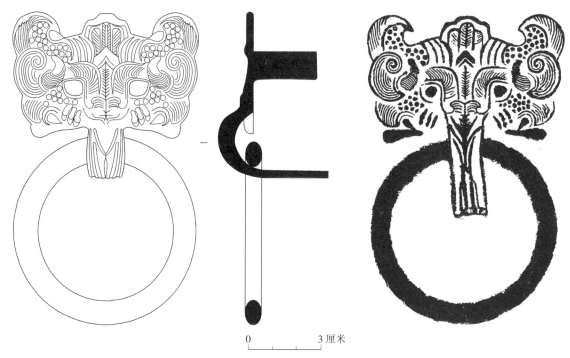

图七六　M1DK⑥出土B型铜铺首（M1DK⑥：21）

M1DK⑥：138、M1DK⑥：169、M1DK⑥：353、M1DK⑥：483、M1DK⑥：590、M1DK⑥：929、M1DK⑥：934共7件，形制、尺寸与M1DK⑥：21相同（彩版九七，3、4；九八，1~4；九九，1、2）。

G型　1件。

M1DK⑥：170，兽面衔环状。整体扁平，双目突出，双耳上扬内撇，额似山尖形，兽鼻下卷，曲鼻衔环。背面下部有一横长形销钉。通体鎏金。长6.3、宽4.1、销钉长1.2、环径4.9厘米（图七七，1；彩版九九，3）。

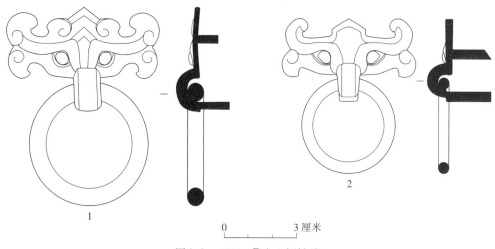

图七七　M1DK⑥出土铜铺首
1. G型（M1DK⑥：170）　2. H型（M1DK⑥：589）

H 型　1 件。

M1DK⑥:589，兽面衔环状。整体扁平，双目突出，双耳上扬内撇，额似山尖形，兽鼻下卷，曲鼻衔环。背面下部饰一横长形销钉。通体鎏金。长 5.4、宽 3.2、销钉长 1.6、环径 3.8 厘米（图七七，2；彩版九九，4）。

I 型　2 件。

M1DK⑥:506，兽面衔环状，缺失一环。兽面整体扁平，双目突出，双耳上扬内撇，额似山尖形，兽鼻下卷，曲鼻衔环。背面下部饰一横长形销钉。通体鎏金。长 7.4、宽 5.6、销钉长 1.8 厘米（图七八，1；彩版一○○，1）。

M1DK⑥:939，形制、尺寸与 M1DK⑥:506 相同。

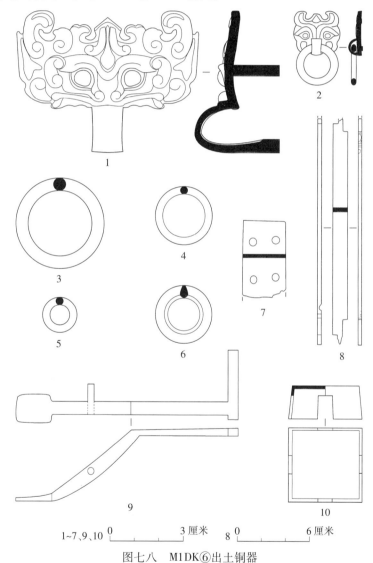

图七八　M1DK⑥出土铜器

1. I 型铺首（M1DK⑥:506）　2. J 型铺首（M1DK⑥:375）　3～5. A 型环（M1DK⑥:76、M1DK⑥:464、M1DK⑥:376）　6. B 型环（M1DK⑥:325）　7～10. 构件（M1DK⑥:604、M1DK⑥:1290、M1DK⑥:1286、M1DK⑥:1405）

J 型　1 件。

M1DK⑥:375,兽面衔环状。双目突出,双耳上扬内撇,额似山尖形,兽鼻下卷成穿以衔环。通体鎏金。长1.9、宽1.7、环径1.7厘米(图七八,2;彩版一〇〇,2)。

21. 环

8件。依形制差异,分二型。

A型   7件。环身截面呈圆形。

M1DK⑥:76,外径3.6、厚0.5厘米(图七八,3)。

M1DK⑥:598、M1DK⑥:807共2件,形制、尺寸与M1DK⑥:76相同(彩版一〇〇,3)。

M1DK⑥:464,外径2.3、厚0.3厘米(图七八,4;彩版一〇〇,4)。

M1DK⑥:376,外径1.4、厚0.3厘米(图七八,5;彩版一〇〇,5)。

M1DK⑥:539、M1DK⑥:599共2件,形制、尺寸与M1DK⑥:464、M1DK⑥:376基本相同。

B型   1件。

M1DK⑥:325,环身截面近扁圆形。外径2.3、厚0.35厘米(图七八,6;彩版一〇〇,6)。

22. 构件

4件。形制不同。

M1DK⑥:1405,顶面呈方形,底部较大,截面为梯形。正面边长2.78、底面边长3.05、高1.3厘米(图七八,10;彩版一〇一,1)。

M1DK⑥:604,长方形,器身扁平,上有4个圆形穿孔。残长3.05、宽1.78、厚0.15厘米(图七八,7;彩版一〇一,2)。

M1DK⑥:1286,平面呈曲尺形。构造略为复杂,中部下折。长9.05、宽2.78厘米(图七八,9;彩版一〇一,3)。

M1DK⑥:1290,长条形插件,器身扁平,两端各有一插芯。残长18、宽1.2、厚0.3厘米(图七八,8;彩版一〇一,4)。

23. 亚腰形构件

2件。形制相同。

M1DK⑥:140,亚腰形。长16.1、两端最大宽5.8、中部最小宽2.7、厚2.2厘米(图七九,1;彩版一〇一,5)。

M1DK⑥:433,亚腰形。长16.1、两端最大宽6.35、中部最小宽3.2、厚2.2厘米(图七九,2;彩版一〇一,6)。

24. 锥形器

3件。形制相同。

M1DK⑥:471,长圆柱形。一端残损,一端内收为尖状。残长7.1、直径1.1厘米(图七九,6;彩版一〇二,1)。

M1DK⑥:851,长圆柱形。两端均残损。残长5.75、直径1.1厘米(图七九,7;彩版一〇二,2)。

M1DK⑥:475-1,圆柱形。一端较大,另一端残。残长22.25、直径0.5厘米(彩版一〇二,3)。

25. 龙首形饰

3件。形制不同。

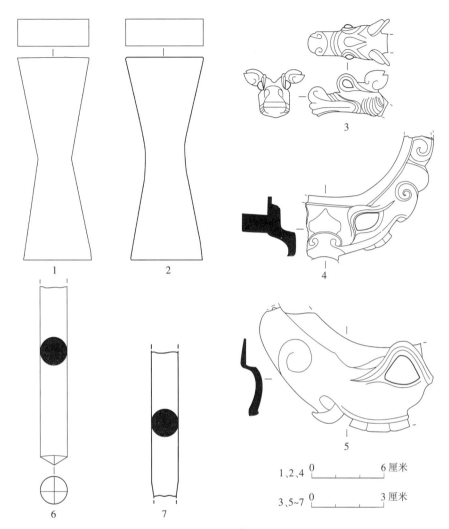

图七九　M1DK⑥出土铜器

1、2. 亚腰形构件（M1DK⑥：140、M1DK⑥：433）　3～5. 龙首形饰（M1DK⑥：778、
M1DK⑥：861、M1DK⑥：853）　6、7. 锥形器（M1DK⑥：471、M1DK⑥：851）

M1DK⑥：778，颈部以下残缺。龙耳竖立，双目圆瞠，鼻尖上扬。通体鎏金。残长 3.4、宽 1.9、高 1.85 厘米（图七九，3；彩版一○二，4）。

M1DK⑥：853，残缺大部。器身扁圆，复原后整体近"U"形，脸侧末端飞扬，圆目大而外凸，张口獠牙，面露凶容。通体鎏金。残长 7.2、残宽 5 厘米（图七九，5；彩版一○二，5）。

M1DK⑥：861，残缺大部。器身扁圆，复原后整体近"U"形，脸侧末端飞扬，双目外凸，鼻孔上扬，张口獠牙。背面有一长方体插销。通体鎏金。残长 10.6、残宽 4.95 厘米（图七九，4；彩版一○二，6）。

26. 饰件

3 件。形制不同。

M1DK⑥：96，整体近似四棱锥形，车马饰件。顶部有一孔。通体鎏金。长 2.45、高 1.7 厘米（图八○，1；彩版一○三，1）。

图八〇　M1DK⑥出土铜器

1、2. 饰件（M1DK⑥:96、M1DK⑥:480）　3～5. 扣饰（M1DK⑥:388－3、M1DK⑥:388－1、
M1DK⑥:388 复原）

M1DK⑥：480，半圆形。内部中空，顶部略有残损。通体鎏金。长 2.6、残宽 2.1、厚 0.7 厘米（图八〇，2；彩版一〇三，2）。

M1DK⑥：2289，形制、尺寸与 M1DK⑥：480 相同（彩版一〇三，3）。

27. 扣饰

4 件（组）。形制不同。

M1DK⑥：388，由 6 件构成，M1DK⑥：388-1 ～ M1DK⑥：388-4 共 4 件，当为案类漆器案面四角的扣件。M1DK⑥：388-5、M1DK⑥：388-6 当为 M1DK⑥：388-1、M1DK⑥：388-2 上的插饰（图八〇，5；图八一，1；彩版一〇三，4、5）。

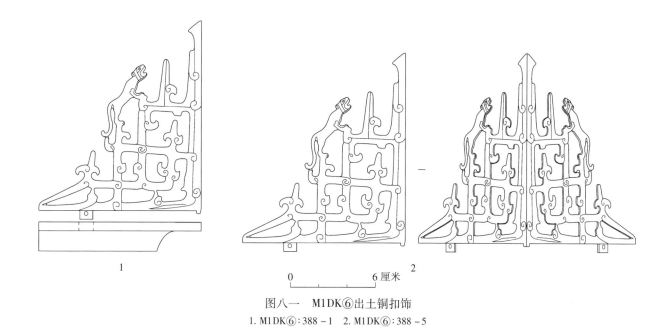

图八一　M1DK⑥出土铜扣饰
1. M1DK⑥：388-1　2. M1DK⑥：388-5

M1DK⑥：388-1，平面呈曲尺形。饰刻云气纹与龙纹，龙纹内部饰戳点纹。通体鎏金。长 11.5、宽 11.5、高 2 厘米（图八〇，4；八一，1）。

M1DK⑥：388-2，形制、尺寸、纹饰与 M1DK⑥：388-1 相同。

M1DK⑥：388-3，平面呈曲尺形。饰刻云气纹。通体鎏金。长 11.6、宽 11.6、高 2 厘米（图八〇，3）。

M1DK⑥：388-4，形制、尺寸、纹饰与 M1DK⑥：388-3 相同。

M1DK⑥：388-5，平面呈曲尺形。饰镂空云气纹，中部饰一虎作上攀状。通体鎏金。长 11.6、宽 11.6、高 13.7 厘米（图八一，2）。

M1DK⑥：388-6，形制、尺寸、纹饰与 M1DK⑥：388-5 相同。

M1DK⑥：467，一组 4 件，M1DK⑥：467-1 ～ M1DK⑥：467-4 共 4 件，当为案类漆器四足的扣件（彩版一〇四，1）。

M1DK⑥：467-1，平面呈曲尺形。侧面正视近似直角梯形，一边呈锯齿状。通体鎏金。长 15、宽 5.5、高 6.6 厘米（图八二，1、2；彩版一〇四，2）。

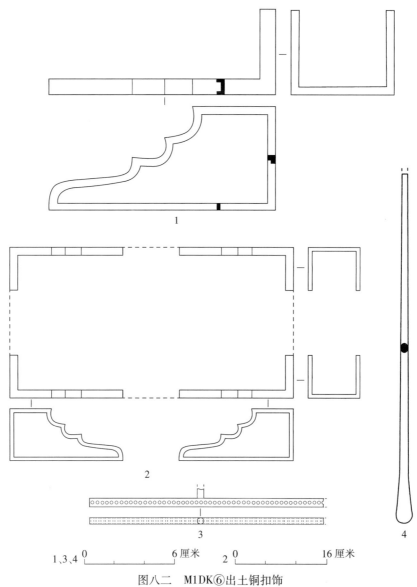

图八二　M1DK⑥出土铜扣饰

1、2. M1DK⑥:467-1、M1DK⑥:467 复原　3. M1DK⑥:457　4. M1DK⑥:475-1

M1DK⑥:467-2 ~ M1DK⑥:467-4 共 3 件，形制、尺寸与 M1DK⑥:467-1 相同。

M1DK⑥:457，细长条形。侧面中部通饰圆孔。残长 15、宽 0.4、残高 1.1 厘米（图八二，3；彩版一〇四，3）。

M1DK⑥:2290，当为案类漆器四足的扣件，仅存一件。张口瞠目，六足蹲踞。通体鎏金。长 13.8、宽 13.8、高 9.7 厘米（图八三；彩版一〇五）。

28. 厄持

1 件。M1DK⑥:474，圆环扁叶状把手。通体鎏银。长 4.9、孔径 2 厘米（图八四，1；彩版一〇四，4）。

29. 算珠形饰

4 件。均为 B 型。

图八三　M1DK⑥出土铜扣饰（M1DK⑥：2290）

　　M1DK⑥：135，圆形。中空。上下铸有菱形几何纹，腹部饰两道弦纹。外径2.5、高1.32厘米（图八四，2；彩版一〇四，5）。

　　M1DK⑥：139、M1DK⑥：234、M1DK⑥：235共3件，形制、尺寸、纹饰与M1DK⑥：135相同。

二　铁器

611件（组）。包括兵器、工具、日常生活用器等。

（一）兵器

575件。

1. 矛

2件。依形制差异，分二型。

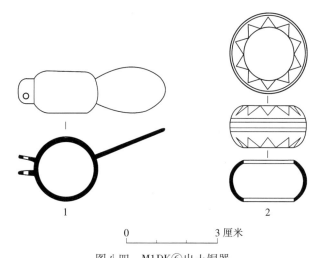

图八四　M1DK⑥出土铜器

1. 厄持（M1DK⑥:474）　　2. 算珠形饰（M1DK⑥:135）

A 型　1 件。

M1DK⑥:585，前锋残损，矛身较短，锋部截面近菱形。骹呈圆筒形，骹口凹成弧形。一侧铸耳，用以系缨。耳面饰兽面纹。整器锈蚀严重。残长 9.52、叶宽 1.7、銎径 1.2 ～ 1.6 厘米（图八五，1；彩版一〇六，1）。

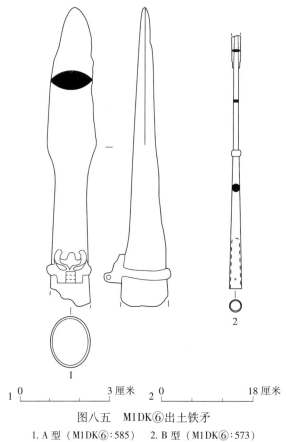

图八五　M1DK⑥出土铁矛

1. A 型（M1DK⑥:585）　　2. B 型（M1DK⑥:573）

B 型　1 件。

M1DK⑥:573，前锋残损，矛身细长，锋部截面近扁圆形。骹呈细长筒形，骹口凹成弧形。残长 48.3、叶宽 1.8、銎径 2.4 厘米（图八五，2；彩版一〇六，2）。

2. 戟

114 件。依形制差异，分二型。

A 型　1 件。

M1DK⑥:20，残损严重，尚可复原。援与内结合处有截面呈杏叶形的铜柲帽。刺胡残长 6.98、柲帽长 9.53、銎径 2.2～2.55 厘米（图八六，1）。

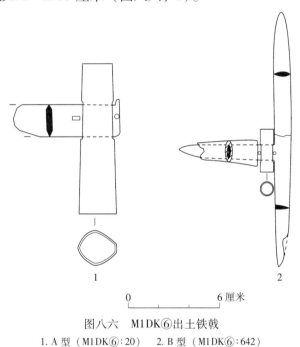

图八六　M1DK⑥出土铁戟
1. A 型（M1DK⑥:20）　2. B 型（M1DK⑥:642）

B 型　113 件。皆为明器。

M1DK⑥:642，"卜"字形铁戟，援与内结合处有截面呈圆形的铜柲帽。通长 16.5、枝长 6.1、柲帽长 2.6 厘米（图八六，2）。

M1DK⑥:26、M1DK⑥:95、M1DK⑥:249、M1DK⑥:284、M1DK⑥:287～M1DK⑥:290、M1DK⑥:298、M1DK⑥:300、M1DK⑥:322、M1DK⑥:323、M1DK⑥:370、M1DK⑥:398～M1DK⑥:404、M1DK⑥:409、M1DK⑥:429、M1DK⑥:437、M1DK⑥:440、M1DK⑥:552、M1DK⑥:610、M1DK⑥:611、M1DK⑥:633、M1DK⑥:635～M1DK⑥:637、M1DK⑥:640、M1DK⑥:643、M1DK⑥:645、M1DK⑥:900、M1DK⑥:903～M1DK⑥:906、M1DK⑥:914、M1DK⑥:981、M1DK⑥:983、M1DK⑥:997、M1DK⑥:1002、M1DK⑥:1023、M1DK⑥:1052、M1DK⑥:1058、M1DK⑥:1059、M1DK⑥:1078、M1DK⑥:1090、M1DK⑥:1091、M1DK⑥:1119、M1DK⑥:1128、M1DK⑥:1132、M1DK⑥:1133、M1DK⑥:1136、M1DK⑥:1140、M1DK⑥:1144、M1DK⑥:1146、M1DK⑥:1202、M1DK⑥:1214、M1DK⑥:1215、M1DK⑥:1238、M1DK⑥:1239、M1DK⑥:1247、M1DK⑥:1251、M1DK⑥:1260、M1DK⑥:1262、M1DK⑥:1264、M1DK⑥:1269、M1DK⑥:1274、M1DK⑥:1275、M1DK⑥:1279、M1DK⑥:1284、M1DK⑥:1438－1、M1DK⑥:1443、M1DK⑥:1452、

M1DK⑥：1462、M1DK⑥：1463、M1DK⑥：1466、M1DK⑥：1483、M1DK⑥：1484、M1DK⑥：1489、
M1DK⑥：1613、M1DK⑥：1617、M1DK⑥：1629、M1DK⑥：1634、M1DK⑥：1639、M1DK⑥：1648、
M1DK⑥：1654、M1DK⑥：1655、M1DK⑥：1667、M1DK⑥：1668、M1DK⑥：1677、M1DK⑥：1688、
M1DK⑥：1690、M1DK⑥：1691、M1DK⑥：1693、M1DK⑥：1694、M1DK⑥：1696、M1DK⑥：1699、
M1DK⑥：1702、M1DK⑥：1735～1738、M1DK⑥：1745、M1DK⑥：1747、M1DK⑥：1748、M1DK⑥：1751、
M1DK⑥：1752、M1DK⑥：1757 共 112 件，尺寸与 M1DK⑥：642 相同。

3. 铍

5 件。均锈蚀严重，难以复原。

M1DK⑥：858，前锋弧锐，身细长，断面呈扁圆形，未见格，柄端呈细长条形。残长 46.2、身
宽 2.8 厘米（图八七，1；彩版一〇六，3）。

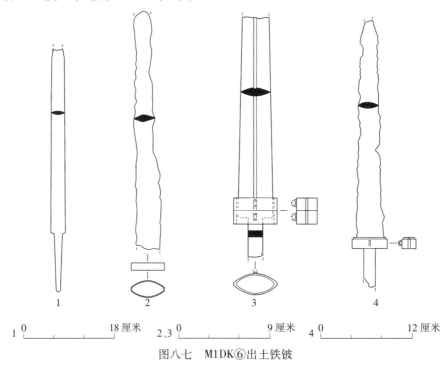

图八七　M1DK⑥出土铁铍
1. M1DK⑥：858　2. M1DK⑥：605　3. M1DK⑥：478　4. M1DK⑥：479

M1DK⑥：369，形制、尺寸与 M1DK⑥：858 基本相同。

M1DK⑥：605，前锋弧锐，身细长，断面呈扁圆形，未见格，柄端呈细长条形。残长 22.68、
身宽 2.4 厘米（图八七，2）。

M1DK⑥：478，身细长收尖，中部有一凹槽，格呈长方形，柄端呈细长条形。残长 22.9、身
宽 3.3、格长 4.2、格宽 2.4 厘米（图八七，3；彩版一〇六，4）。

M1DK⑥：479，身细长收尖，格平面呈椭圆形，一侧有一小圆孔形悬纽，柄端呈细长条形。残
长 33.8、身宽 3.6、格长 4.6、格宽 1.4 厘米（图八七，4；彩版一〇六，5）。

4. 刀

5 件。依形制差异，分二型。

A 型　2 件。刀身弧背，断面呈三角形。柄部截面呈长方形，中间开有长条形镂孔。通体锈
蚀。皆为实用器。

M1DK⑥:1418，柄与刀身相接处有一铁格，环首缺失。残长 61、刃宽 2.8、格宽 6.5 厘米（图八八，1；彩版一〇七，1）。

M1DK⑥:1420，环首。残长 68.9、刃宽 2.6 厘米（图八八，2；彩版一〇七，2）。

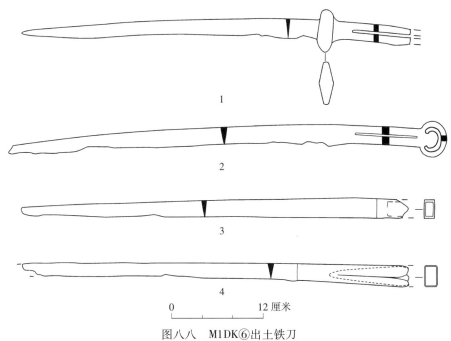

图八八　M1DK⑥出土铁刀

1、2. A 型（M1DK⑥:1418、M1DK⑥:1420）　　3、4. B 型（M1DK⑥:1417、M1DK⑥:1421）

B 型　3 件。刀身均平直略弧，断面呈三角形，柄部作长方形銎状。通体锈蚀。全部为实用器。

M1DK⑥:1417，残长 60.8、刃宽 3、銎长 2.88、銎径 1.7 厘米（图八八，3；彩版一〇七，3）。

M1DK⑥:1421，残长 60.68、刃宽 2.8、銎长 3.2、銎径 2 厘米（图八八，4；彩版一〇七，4）。

M1DK⑥:1419，形制、尺寸与 M1DK⑥:1421 相同。

5. 剑

449 件。依形制差异，分三型。

A 型　1 件。

M1DK⑥:254，仅存铜格。铜格两面均饰变形鸟纹。剑格残长 1.68、宽 0.96、厚 1.24 厘米（图八九，3）。

B 型　408 件。皆为明器。

M1DK⑥:1268，剑身较长，断面呈菱形，格为铜质，茎首端有一小孔。剑身漆鞘保存较好，鞘身顶部平直，前半段截面为椭圆形，剑璏以下部分截面呈菱形。剑身长 30.75、最宽处 1.38、通长 38.8、格宽 2.5 厘米，剑鞘长 31、最宽处 1.56 厘米（图八九，1）。

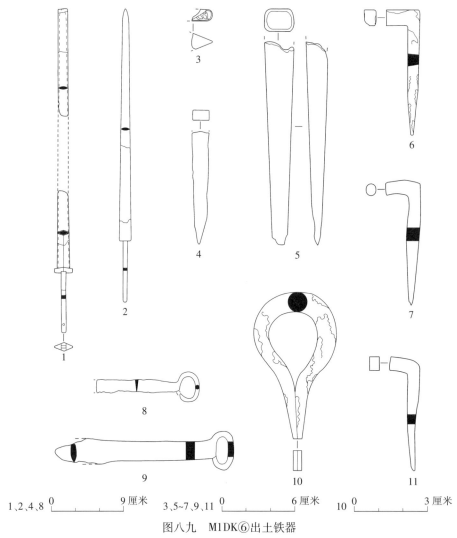

图八九　M1DK⑥出土铁器

1. B 型剑（M1DK⑥：1268）　2. C 型剑（M1DK⑥：330 - 1）　3. A 型剑（M1DK⑥：254）　4、5. 凿
（M1DK⑥：1481、M1DK⑥：1425）　6、7、11. B 型钉（M1DK⑥：383、M1DK⑥：1603、M1DK⑥：930）
8. A 型削（M1DK⑥：1292）　9. D 型削（M1DK⑥：460）　10. 环首器（M1DK⑥：427）

M1DK⑥：88、M1DK⑥：221、M1DK⑥：242～M1DK⑥：244、M1DK⑥：247、M1DK⑥：286、
M1DK⑥：299、M1DK⑥：317、M1DK⑥：318、M1DK⑥：331、M1DK⑥：332、M1DK⑥：338、
M1DK⑥：340、M1DK⑥：341、M1DK⑥：410、M1DK⑥：412、M1DK⑥：416、M1DK⑥：417、M1DK⑥：
420～M1DK⑥：423、M1DK⑥：459、M1DK⑥：551、M1DK⑥：562、M1DK⑥：572、M1DK⑥：574、
M1DK⑥：578、M1DK⑥：581、M1DK⑥：583、M1DK⑥：609、M1DK⑥：631、M1DK⑥：632、M1DK
⑥：638、M1DK⑥：639、M1DK⑥：644、M1DK⑥：646、M1DK⑥：896、M1DK⑥：909、M1DK⑥：
911～M1DK⑥：913、M1DK⑥：923、M1DK⑥：926、M1DK⑥：942～M1DK⑥：956、M1DK⑥：961、
M1DK⑥：964、M1DK⑥：968、M1DK⑥：971、M1DK⑥：974～M1DK⑥：977、M1DK⑥：982、M1DK
⑥：989～M1DK⑥：992、M1DK⑥：995、M1DK⑥：1000、M1DK⑥：1001、M1DK⑥：1006～M1DK⑥：
1010、M1DK⑥：1012～M1DK⑥：1016、M1DK⑥：1022、M1DK⑥：1024～M1DK⑥：1026、M1DK
⑥：1028～M1DK⑥：1032、M1DK⑥：1034 ～M1DK⑥：1040、M1DK⑥：1043、M1DK⑥：1044、

M1DK⑥：1046、M1DK⑥：1049～M1DK⑥：1051、M1DK⑥：1053、M1DK⑥：1056、M1DK⑥：1060～

M1DK⑥：1063、M1DK⑥：1065、M1DK⑥：1067～M1DK⑥：1074、M1DK⑥：1077、M1DK⑥：1079、

M1DK⑥：1083、M1DK⑥：1084、M1DK⑥：1086～M1DK⑥：1088、M1DK⑥：1092～M1DK⑥：1095、

M1DK⑥：1097～M1DK⑥：1101、M1DK⑥：1103、M1DK⑥：1104、M1DK⑥：1106～M1DK⑥：1116、

M1DK⑥：1118、M1DK⑥：1120～M1DK⑥：1122、M1DK⑥：1125、M1DK⑥：1130、M1DK⑥：1131、

M1DK⑥：1134、M1DK⑥：1137、M1DK⑥：1139、M1DK⑥：1141～M1DK⑥：1143、M1DK⑥：1145、

M1DK⑥：1148、M1DK⑥：1149、M1DK⑥：1151、M1DK⑥：1153、M1DK⑥：1154、M1DK⑥：1156～

M1DK⑥：1162、M1DK⑥：1164～M1DK⑥：1167、M1DK⑥：1169～M1DK⑥：1171、M1DK⑥：1174、

M1DK⑥：1175、M1DK⑥：1177、M1DK⑥：1178、M1DK⑥：1180、M1DK⑥：1182～M1DK⑥：1184、

M1DK⑥：1186、M1DK⑥：1187、M1DK⑥：1190～M1DK⑥：1194、M1DK⑥：1197～M1DK⑥：1201、

M1DK⑥：1203～M1DK⑥：1208、M1DK⑥：1210～M1DK⑥：1213、M1DK⑥：1216～M1DK⑥：1218、

M1DK⑥：1222、M1DK⑥：1224、M1DK⑥：1227～M1DK⑥：1230、M1DK⑥：1232～M1DK⑥：1237、

M1DK⑥：1240～M1DK⑥：1245、M1DK⑥：1248、M1DK⑥：1249、M1DK⑥：1252、M1DK⑥：1259、

M1DK⑥：1261、M1DK⑥：1263、M1DK⑥：1265、M1DK⑥：1270～M1DK⑥：1272、M1DK⑥：1282、

M1DK⑥：1283、M1DK⑥：1433～M1DK⑥：1437、M1DK⑥：1439～M1DK⑥：1442、M1DK⑥：1444～

M1DK⑥：1451、M1DK⑥：1453～M1DK⑥：1461、M1DK⑥：1464、M1DK⑥：1465、M1DK⑥：1467～

M1DK⑥：1472、M1DK⑥：1474～M1DK⑥：1477、M1DK⑥：1479、M1DK⑥：1480、M1DK⑥：1482、

M1DK⑥：1485～M1DK⑥：1487、M1DK⑥：1490、M1DK⑥：1491、M1DK⑥：1493、M1DK⑥：1495～

M1DK⑥：1502、M1DK⑥：1504、M1DK⑥：1506、M1DK⑥：1507、M1DK⑥：1510、M1DK⑥：1511、

M1DK⑥：1513、M1DK⑥：1518～M1DK⑥：1530、M1DK⑥：1532～M1DK⑥：1534、M1DK⑥：1536～

M1DK⑥：1538、M1DK⑥：1541～M1DK⑥：1543、M1DK⑥：1551、M1DK⑥：1552、M1DK⑥：1554、

M1DK⑥：1555、M1DK⑥：1557～M1DK⑥：1569、M1DK⑥：1571、M1DK⑥：1574～M1DK⑥：1577、

M1DK⑥：1580、M1DK⑥：1583、M1DK⑥：1588～M1DK⑥：1593、M1DK⑥：1596、M1DK⑥：1597、

M1DK⑥：1608～M1DK⑥：1612、M1DK⑥：1618～M1DK⑥：1625、M1DK⑥：1669、M1DK⑥：1675、

M1DK⑥：1676、M1DK⑥：1678～M1DK⑥：1685、M1DK⑥：1692、M1DK⑥：1698、M1DK⑥：1706、

M1DK⑥：1711、M1DK⑥：1739、M1DK⑥：1740、M1DK⑥：1750、M1DK⑥：1753、M1DK⑥：1755、

M1DK⑥：1758～M1DK⑥：1762 共 407 件，尺寸与 M1DK⑥：1268 相同。

C 型　40 件。皆为明器。无格，茎首截面呈长方形。

M1DK⑥：330－1，剑身较长，断面呈椭圆形，剑身漆鞘朽尽。通长 35、宽 1.5 厘米（图八九，2；彩版一〇八，1）。

M1DK⑥：330－2～M1DK⑥：40 共 39 件，尺寸与 M1DK⑥：330－1 相同（彩版一〇八，2）。

（二）工具

23 件。有凿、钉、斧、锤、臿。

1. 凿

2 件。

M1DK⑥：1481，器身较小，细长条形扁凿状。顶部有一长方形銎。残长 13.4、残宽 2、厚

1.15 厘米（图八九，4；彩版一〇八，3）。

M1DK⑥：1425，器身较小，细长条形扁凿状。顶部有一长方形銎。残长16.2、残宽2.35、厚1.78 厘米（图八九，5；彩版一〇八，4）。

2. 钉

14 件。均为 B 型。

M1DK⑥：383，器身细长，下端内收为四棱锥形，上端钉帽向一侧弯折。长10 厘米（图八九，6；彩版一〇八，5）。

M1DK⑥：1603，器身细长，下端内收为四棱锥形，上端钉帽向一侧弯折。长9.92 厘米（图八九，7）。

M1DK⑥：930，器身细长，下端内收为四棱锥形，上端钉帽向一侧弯折。长9 厘米（图八九，11）。

M1DK⑥：173、M1DK⑥：371 ~ M1DK⑥：373、M1DK⑥：382、M1DK⑥：393、M1DK⑥：396、M1DK⑥：441、M1DK⑥：469、M1DK⑥：859、M1DK⑥：1749 共 11 件，形制、尺寸与 M1DK⑥：383、M1DK⑥：930、M1DK⑥：1603 相同（彩版一〇八，6）。

3. 斧

1 件。M1DK⑥：1413，弧刃，侧身内收，长方形銎。长6.6、宽5.3、厚1.8 厘米（图九〇，1；彩版一〇九，1）。

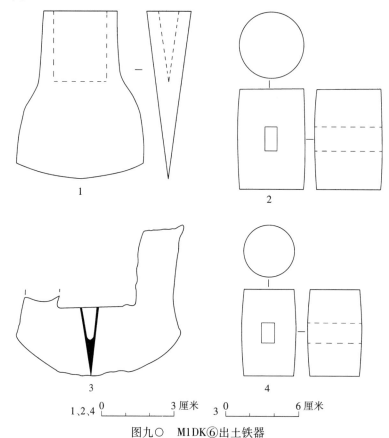

图九〇　M1DK⑥出土铁器

1. 斧（M1DK⑥：1413）　　2、4. 锤（M1DK⑥：1422、M1DK⑥：1423）　　3. 臿（M1DK⑥：608）

4. 锤

3 件。

M1DK⑥：1422，圆鼓形。中部有一长方形穿銎。直径 2.75、高 4 厘米（图九〇，2；彩版一〇九，2）。

M1DK⑥：1423，圆鼓形。中部有一长方形穿銎。直径 2.2、高 3.4 厘米（图九〇，4；彩版一〇九，3）。

M1DK⑥：1412，形制、尺寸与 M1DK⑥：1423 基本相同（彩版一〇九，4）。

5. 臿

3 件。

M1DK⑥：608，平面呈"凹"字形，一侧残，下端弧刃，上端平口，内部中空。长 12、宽 13.6、厚 1.6 厘米（图九〇，3；彩版一〇九，5）。

M1DK⑥：93、M1DK⑥：220 共 2 件，形制、尺寸与 M1DK⑥：608 基本相同（彩版一〇九，6、7）。

（三）日常生活用器

13 件。有削、环首器。

1. 削

12 件。依形制差异，分二型。

A 型　11 件。通体错金。

M1DK⑥：1292，环首，削身平直略弧，断面呈三角形。因通体锈蚀严重，绝大部分错金丝已掉落，所余少量金丝纹饰不明。残长 12.8、刃宽 1.4、环首径 3.57 厘米（图八九，8；彩版一一〇，1）。

M1DK⑥：1780 ~ M1DK⑥：1789 共 10 件，形制、尺寸、装饰工艺与 M1DK⑥：1292 相同。

D 型　1 件。

M1DK⑥：460，素面宽环首，柄部呈长方形，截面呈长方形，削身残缺。残长 14.8、环首径 3.2 厘米（图八九，9；彩版一一〇，2）。

2. 环首器

1 件。M1DK⑥：427，由一长条形圆柱体弯曲而成。环首近桃形，截面为圆形，大部残缺。残长 5.8、环首宽 3.4 厘米（图八九，10；彩版一一〇，3）。

三　金器

29 件（组）。包括构件、饰件等。

1. 饰件

1 组　22 件。M1DK⑥：327，出土于前室盗坑内，清理时所有金饰件皆附着于棕色漆缠上，漆缠内有朱红色朽烂丝织物，清理时漆缠的原始位置已遭扰动，金饰件原来的组合位置不明。22 件饰件，依形制差异分为三型（彩版一一〇，4）。

A 型　4 件。皆为泡饰。

M1DK⑥：327 - 1，半圆球形，正面边缘饰两周绞丝金线，顶面饰绞丝金线与素面金线各一周，泡面饰对称分布的金珠纹三组，间饰三组桃形绞丝金线与素面金线组合。泡面内部顶心焊接一圆穿。器底径 1.3、高 0.5 厘米（图九一，1；彩版一一一，1）。

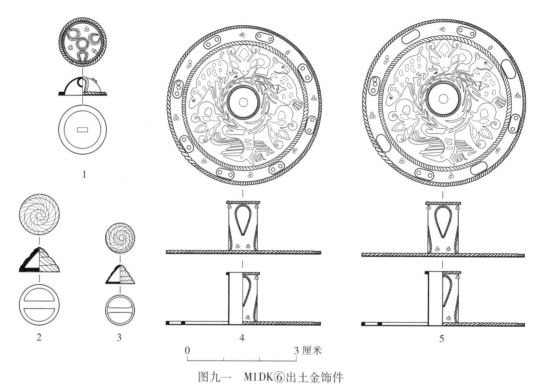

图九一　M1DK⑥出土金饰件

1 ~ 3. A 型（M1DK⑥：327 - 1、M1DK⑥：327 - 21、M1DK⑥：327 - 20）　4、5. B 型（M1DK⑥：327 - 3、M1DK⑥：327 - 14）

M1DK⑥：327 - 20，圆锥形，器表呈螺丝纹状，顶心收尖，背面是如同节约的横穿。底径 0.8、高 0.5 厘米（图九一，3；彩版一一一，2）。

M1DK⑥：327 - 21、M1DK⑥：327 - 22 共 2 件，尺寸相同，形制、纹饰同 M1DK⑥：327 - 20，唯尺寸较大。底径 1.1、高 0.65 厘米（图九一，2；彩版一一一，3、4）。

B 型　2 件。圆形。中心有一圆柱形銮。

M1DK⑥：327 - 3，器呈圆形，边缘饰两道绞丝金线，内夹饰三颗金炸珠组合与椭圆素圈的镶嵌底座（镶嵌物遗失），部分椭圆内饰穿孔；内圈饰以三组羊角纹间隔的动物纹（四脚兽蹄类、张翅的鸟、四脚兽类），纹样皆锤揲制成；中心焊接一圆柱形銮，銮顶面与底面各饰一周绞丝金线，外壁饰金珠纹与桃形绞丝纹组合。底径 4.26、銮高 1.4、銮径 0.9 厘米（图九一，4；彩版一一一，5）。

M1DK⑥：327 - 14，形制、尺寸与 M1DK⑥：327 - 3 相同，唯细部纹饰略有差异。底径 4.44、銮高 1.45、銮径 0.95 厘米（图九一，5；彩版一一一，6）。

C 型　16 件。器平面呈桃形，底部近平，顶部收尖。边缘饰两道绞丝金线、三颗金炸珠组合与椭圆素圈的镶嵌底座（镶嵌物遗失），部分椭圆内饰穿孔。正面中心以锤揲工艺饰羊角纹一组。

M1DK⑥：327 - 9，长 4.4、宽 4.06 厘米（图九二，1；彩版一一二，1）。

M1DK⑥:327－4、M1DK⑥:327－5、M1DK⑥:327－8、M1DK⑥:327－10 共 4 件，形制、尺寸、纹样与 M1DK⑥:327－9 相同。M1DK⑥:327－7、M1DK⑥:327－19 共 2 件，纹饰相同，形制、尺寸与 M1DK⑥:327－9 相同，唯穿孔位置略有差异（图九二，3、4；彩版一一二，2、3；彩版一一三，1~3；彩版一一四，1）。

M1DK⑥:327－2、M1DK⑥:327－11 ~ M1DK⑥:327－13 共 4 件，纹饰相同，形制、尺寸与 M1DK⑥:327－9 相同，唯穿孔位置略有差异（图九二，2；彩版一一四，2、3；彩版一一五，1、2）。

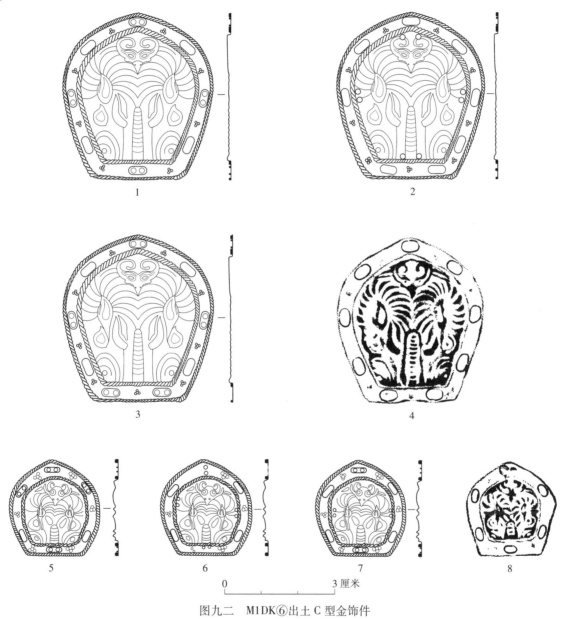

图九二　M1DK⑥出土 C 型金饰件

1~3、5~7. 金饰件（M1DK⑥:327－9、M1DK⑥:327－2、M1DK⑥:327－7、M1DK⑥:327－6、M1DK⑥:327－15、M1DK⑥:327－17）　4、8. 拓本（M1DK⑥:327－7、M1DK⑥:327－17）

M1DK⑥：327－6，器平面呈桃形，底部近平，顶部收尖。边缘饰两道绞丝金线、三颗金炸珠组合与椭圆素圈的镶嵌底座（镶嵌物遗失），部分椭圆内有穿孔。正面中心以锤揲工艺饰羊角纹一组。长2.55、宽2.5厘米（图九二，5；彩版一一五，3）。

M1DK⑥：327－15、M1DK⑥：327－16共2件，纹饰相同，形制、尺寸与M1DK⑥：327－6相同，唯穿孔位置略有差异（图九二，6；彩版一一六，1、2）。

M1DK⑥：327－17、M1DK⑥：327－18共2件，形制、尺寸亦与M1DK⑥：327－6相同，唯穿孔位置互有不同（图九二，7、8；彩版一一六，3、4）。

2. 箔饰

1组7件。出土于墓室盗坑内。

M1DK⑥：1－3－1，长条形。两端残损，器表两面均打磨抛光。残长3.22、宽0.8、厚0.02厘米（图九三，1；彩版一一七，1－2）。

M1DK⑥：1－3－2，长条形。两端残损，器表两面均打磨抛光。残长2.73、宽0.75、厚0.02厘米（图九三，2；彩版一一七，1－5）。

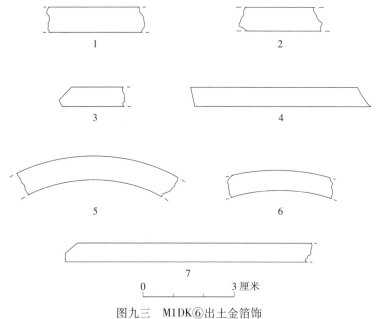

图九三　M1DK⑥出土金箔饰

1. M1DK⑥：1－3－1　2. M1DK⑥：1－3－2　3. M1DK⑥：1－3－3　4. M1DK⑥：1－3－4
5. M1DK⑥：1－3－5　6. M1DK⑥：1－3－6　7. M1DK⑥：1－3－7

M1DK⑥：1－3－3，长条形。一端完整，一端残损，器表两面均打磨抛光。残长2.16、宽0.6、厚0.02厘米（图九三，3）。

M1DK⑥：1－3－4，长条形，器表两面均打磨抛光。长5.3、宽0.61、厚0.02厘米（图九三，4；彩版一一七，1－1）。

M1DK⑥：1－3－5，圆弧形。两端残损，器表两面均打磨抛光。残长5.3、宽0.74、厚0.02厘米（图九三，5；彩版一一七，1－4）。

M1DK⑥：1－3－6，长条形。两端残损，器表两面均打磨抛光。残长3.45、宽0.64、厚0.02厘米（图九三，6）。

M1DK⑥:1-3-7,圆弧形。一端完整,一端残损,器表两面均打磨抛光。残长8、宽0.6、厚0.02厘米(图九三,7;彩版一一七,1-3)。

四　银器

14件(组)。包括车马器、兵器、日常生活用器等。

(一)车马器

3件。

合页。即铰链,纯银质,制作规整。两片等宽的银片铆合,银片上有卯孔;中穿轴,原理与现代铰链基本相同,原可能利用侧边的凹槽扣镶在漆木质上。形制相同。

M1DK⑥:23,长6、宽1.85、厚1.1厘米(图九四,1;彩版一一七,2)。

M1DK⑥:381,长5.7、宽1.5、厚1.28厘米(图九四,2)。

M1DK⑥:612,尺寸与M1DK⑥:381同(彩版一一七,3)。

(二)兵器

4件。

镦。依形制差异,分二型。

A型　2件。圆柱形。

M1DK⑥:161,整铸,中部饰一周箍状纹,余刻饰三角纹与云气纹组合。底径2.15、高8.1厘米(图九五,1;彩版一一八,1)。

M1DK⑥:586,中部饰箍状纹一周,余刻饰三角纹与云气纹组合。底径2.15、高8.2厘米(图九五,2)。

B型　2件。圆柱形,銎平面为桃形,中部饰一周箍状纹。

M1DK⑥:580,整铸,器表通刻云气纹。底径2.4、銎径2.7、高8.1厘米(图九四,3;彩版一一八,3、4)。

M1DK⑥:584,形制、尺寸与M1DK⑥:580相同(图九四,4;彩版一一六,2)。

(三)日常生活用器

7件(组)。

1. 盒

1件。M1DK⑥:661,出土于前室盗坑内,清理时,该器与鎏金大象、玉圭等器物共出,出土时已被挤压变形。可能是铸胎,而在成型与花纹装饰中采用了打磨与部分捶揲工艺。器盖略呈扁球形,顶面中心饰一道凹弦纹、并焊接了三个环状纽,已残;器盖弧面饰交错状裂瓣纹,下缘内收,刻饰麦穗纹,鎏金。器身子母口,口沿下亦饰麦穗纹,鎏金;腹部纹饰方形同器盖。平底内凹,底部中央有疤瘤状物。下接装喇叭状鎏金铜质矮圈足,素面。口径13.2、腹径14.8、圈足径6.8、通高12.1厘米(图九六,1;彩版一一九)。

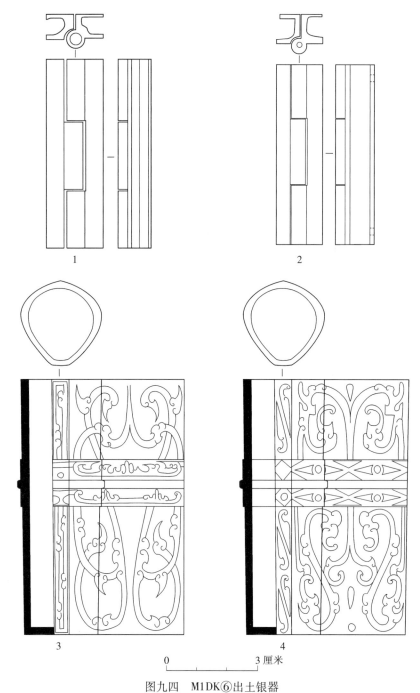

图九四　M1DK⑥出土银器

1、2. 合页（M1DK⑥:23、M1DK⑥:381）　3、4. B 型镦（M1DK⑥:580、M1DK⑥:584）

2. 扣饰

3 件。均出土于前室盗坑内，清理时纻胎已朽，仅存扣饰。捶揲成型，原为漆器的配件，形制不同。

M1DK⑥:473，圆形。当为奁、樽之类漆器的扣边。直径 8.3、高 0.7 厘米（图九六，2）。

M1DK⑥:482，圆形。当为奁、樽之类漆器的子口口沿包边。直径 6.6、高 0.9 厘米（图九六，3）。

M1DK⑥:597，圆形。下饰三兽蹄足，素面。当为奁、樽之类漆器的扣边。直径 8、高 1.75 厘

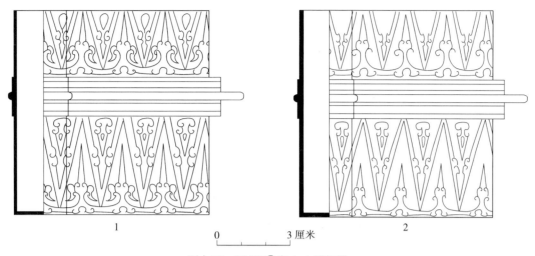

图九五　M1DK⑥出土 A 型银镦
1. M1DK⑥:161　2. M1DK⑥:586

米（图九六，4）。

3. 漏斗形器

1 件。出土于前室盗坑内。

M1DK⑥:379，漏斗状。入水口呈半圆球形，细长管形流。长 4.2、宽 3.4 厘米（图九七，1）。

4. 泡饰

1 件。出土于前室盗坑内。

M1DK⑥:233，模铸。正面饰一半浮雕团熊，四足相抱，形态可掬，背面中空。底径 1.4、高 0.6 厘米（图九七，2；彩版一一七，4）。

5. 箔饰

1 组 6 件。均出土于墓室盗坑内。

M1DK⑥:1-4-1，长条形。两端残损，器表两面均打磨抛光。残长 3.95、宽 2.21、厚 0.02 厘米（图九七，4；彩版一一七，5）。

M1DK⑥:1-4-2，长条形。两端残损，器表两面均打磨抛光。残长 3.42、宽 1.61、厚 0.02 厘米（图九七，6；彩版一一七，5）。

M1DK⑥:1-4-3，长条形。两端残损，器表两面均打磨抛光。残长 6.73、宽 2.28、厚 0.02 厘米（图九七，3；彩版一一七，5）。

M1DK⑥:1-4-4，长条形。两端残损，器表两面均打磨抛光。残长 11、宽 2.6、厚 0.02 厘米（图九七，8；彩版一一七，5）。

M1DK⑥:1-4-5，圆弧形。一端呈三角形，一端残损，器表两面均打磨抛光。残长 6.09、宽 1.12、厚 0.02 厘米（图九七，7；彩版一一七，5）。

M1DK⑥:1-4-6，长条形。两端残损，器表两面均打磨抛光。残长 8.37、宽 2.66、厚 0.02 厘米（图九七，5；彩版一一七，5）。

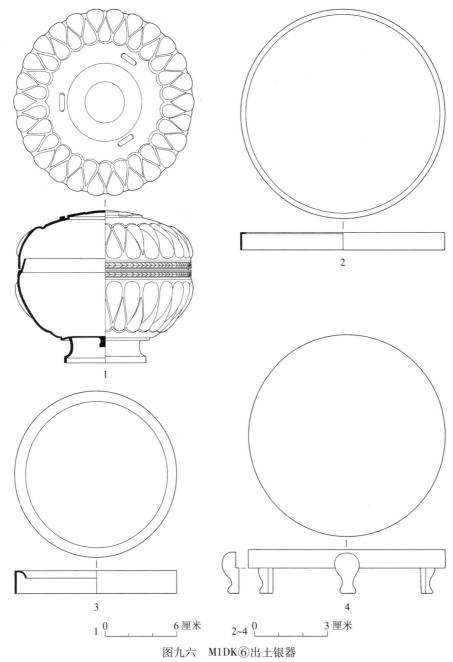

图九六 M1DK⑥出土银器

1. 盒（M1DK⑥:661） 2~4. 扣饰（M1DK⑥:473、M1DK⑥:482、M1DK⑥:597）

五 玉器

89件（套）。主要出土于前室与内椁盗坑内。器类包括镶玉漆棺、金缕玉衣和圭、璧、佩饰、环、璜等。

1. 镶玉漆棺

1件。M1DK⑥:1，散乱出土于原内椁范围的盗坑内，因早期盗扰严重，玉棺整体形制及尺寸不明，残存构件由玉棺片饰、玉棺璧饰和漆棺残片三部分组成，现简述如下。

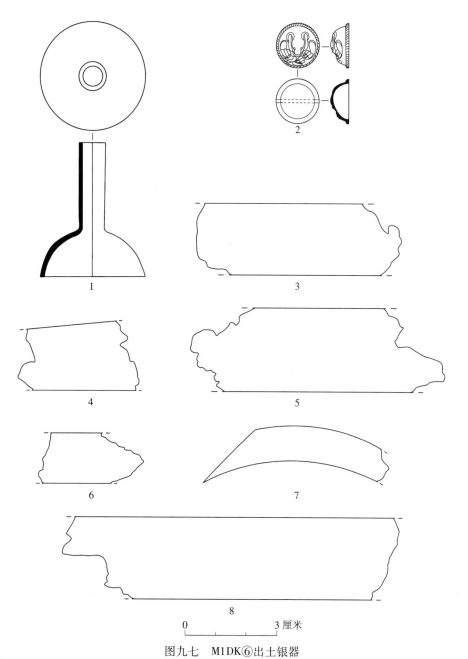

图九七　M1DK⑥出土银器

1. 漏斗形器（M1DK⑥:379）　　2. 泡饰（M1DK⑥:233）　　3~8. 箔饰（M1DK⑥:1-4-3、M1DK⑥:1-4-1、M1DK⑥:1-4-6、M1DK⑥:1-4-2、M1DK⑥:1-4-5、M1DK⑥:1-4-4）

（1）玉棺片饰

M1DK⑥:1-1，39块。多为青玉，个别为青白玉。平面呈锐角三角形、钝角三角形、内弧边三角形、不规则形等。表面均为素面，打磨抛光；反面则均未进行抛光处理，多数保留有加工时的切割痕。

M1DK⑥:1-1-1，内弧边三角形。厚薄均匀。正面三处边缘均打磨成斜面。长 10.4、宽 3.75、厚 0.3 厘米（图九八，1）。

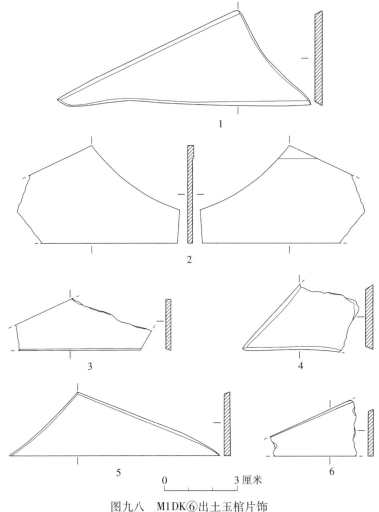

图九八　M1DK⑥出土玉棺片饰
1. M1DK⑥:1-1-1　2. M1DK⑥:1-1-2　3. M1DK⑥:1-1-3　4. M1DK⑥:1-1-5
5. M1DK⑥:1-1-4　6. M1DK⑥:1-1-6

　　M1DK⑥:1-1-2，不规则形。背面一侧片切割的断裂台面。长 6.6、宽 3.9、厚 0.2~0.25 厘米（图九八，2；彩版一二〇，1）。

　　M1DK⑥:1-1-3，钝角三角形。厚薄均匀。正面三处边缘有一处打磨成斜面。复原长 11、宽 3.1、厚 0.2 厘米，现残长 5.6、残宽 2 厘米（图九八，3）。

　　M1DK⑥:1-1-4，钝角三角形。一侧厚一侧薄。正面三处边缘有两处打磨成斜面。长 8.7、宽 2.5、厚 0.23~0.28 厘米（图九八，5）。

　　M1DK⑥:1-1-5，残损严重，形制不明。厚薄均匀。正面残存两处边缘均打磨成斜面。残长 4.6、残宽 2.6、厚 0.3 厘米（图九八，4）。

　　M1DK⑥:1-1-6，钝角三角形。厚薄均匀。复原形制与尺寸同 M1DK⑥:1-1-3，正面残存两处边缘有一处打磨成斜面。残长 3.4、残宽 2.2、厚 0.2 厘米（图九八，6）。

　　M1DK⑥:1-1-7，残损严重，形制不明。正面残存两处边缘均打磨成斜面，背面一侧加工成阶差台面。残长 5.6、残宽 3、厚 0.25~0.3 厘米（图九九，1）。

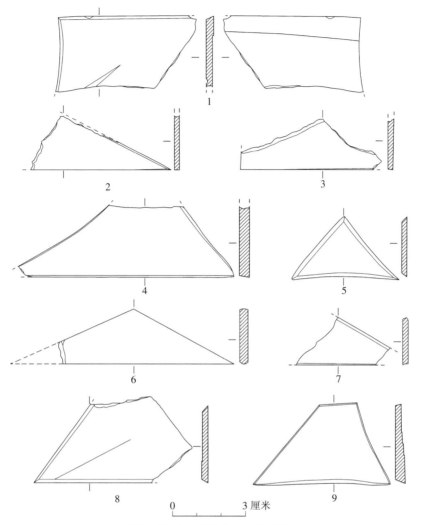

图九九　M1DK⑥出土玉棺片饰

1. M1DK⑥：1 – 1 – 7　2. M1DK⑥：1 – 1 – 13　3. M1DK⑥：1 – 1 – 10　4. M1DK⑥：1 – 1 – 9　5. M1DK⑥：1 – 1 – 14
6. M1DK⑥：1 – 1 – 11　7. M1DK⑥：1 – 1 – 12　8. M1DK⑥：1 – 1 – 15　9. M1DK⑥：1 – 1 – 8

M1DK⑥：1 – 1 – 8，不规则形。一侧厚一侧薄。正面四处边缘均打磨成斜面，背面一侧加工成阶差台面。长5.7、宽3.3、厚0.23~0.48厘米（图九九，9）。

M1DK⑥：1 – 1 – 9，残损严重，形制不明。一侧厚一侧薄。正面残存三处边缘均打磨成斜面。残长8.8、残宽2.8、厚0.38~0.4厘米（图九九，4；彩版一二〇，2）。

M1DK⑥：1 – 1 – 10，残损严重，形制不明。一侧厚一侧薄。残长5.9、残宽2、厚0.2~0.25厘米（图九九，3）。

M1DK⑥：1 – 1 – 11，钝角三角形。厚薄均匀。复原长9.1、宽2.2、厚0.32厘米（图九九，6；彩版一二〇，3）。

M1DK⑥：1 – 1 – 12，钝角三角形。厚薄均匀。正面残存两处边缘均打磨成斜面，其中一侧斜面打磨未至背面。复原形制与尺寸同M1DK⑥：1 – 1 – 11，残长3.95、残宽1.9、厚0.23厘米（图九九，7）。

M1DK⑥：1 – 1 – 13，钝角三角形。一侧厚一侧薄。正面残存两处边缘有一处打磨成斜面。残长5.7、残宽2.1、厚0.2厘米（图九九，2）。

M1DK⑥：1－1－14，内弧边三角形。厚薄均匀。正面三处边缘均打磨成斜面。长4.5、宽2.4、厚0.2厘米（图九九，5）。

M1DK⑥：1－1－15，残损严重，形制不明。一侧厚一侧薄。正面残存两处边缘均打磨成斜面。器表正面抛光，但仍留存有片切割的断裂台面，残长6.6、残宽3.4、厚0.24～0.28厘米（图九九，8）。

M1DK⑥：1－1－16，残损严重，形制不明。厚薄均匀。正面残存两处边缘有一处打磨成斜面。残长3.4、残宽1.85、厚0.22厘米（图一〇〇，1）。

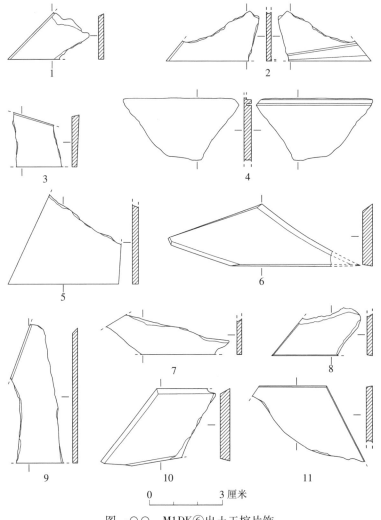

图一〇〇　M1DK⑥出土玉棺片饰

1. M1DK⑥：1－1－16　2. M1DK⑥：1－1－17　3. M1DK⑥：1－1－23　4. M1DK⑥：1－1－22　5. M1DK⑥：1－1－26
6. M1DK⑥：1－1－24　7. M1DK⑥：1－1－18　8. M1DK⑥：1－1－20　9. M1DK⑥：1－1－19　10. M1DK⑥：1－1－25
11. M1DK⑥：1－1－21

M1DK⑥：1－1－17，残损严重，形制不明。厚薄均匀。正面残存两处边缘有一处打磨成斜面，背面一侧保留有片切割的凹槽。残长3.7、残宽2、厚0.19厘米（图一〇〇，2）。

M1DK⑥：1－1－18，残损严重，形制不明。厚薄均匀。残长5、残宽1.6、厚0.2厘米（图一

○○，7）。

M1DK⑥：1－1－19，残损严重，形制不明。厚薄均匀。正面残存两处边缘有一处打磨成斜面。残长5.5、残宽1.9、厚0.21厘米（图一○○，9）。

M1DK⑥：1－1－20，残损严重，形制不明。厚薄均匀。正面残存两处边缘均打磨成斜面。残长3.6、残宽1.9、厚0.22厘米（图一○○，8）。

M1DK⑥：1－1－21，残损严重，形制不明。一侧厚一侧薄。正面残存三处边缘有两处打磨成斜面，其中一处斜面打磨未至背面。残长3.4、残宽3.2、厚0.25~0.27厘米（图一○○，11）。

M1DK⑥：1－1－22，残损严重，形制不明。厚薄均匀。背面一侧留有片切割的断裂台面。残长4.76、残宽2.45、厚0.3厘米（图一○○，4）。

M1DK⑥：1－1－23，残损严重，形制不明。一侧厚一侧薄。正面残存两处边缘一处打磨成斜面。残长1.85、残宽2.15、厚0.2~0.3厘米（图一○○，3）。

M1DK⑥：1－1－24，不规则形。厚薄均匀。正面残存五处边缘皆打磨成斜面。背面一侧保留着片切割的断裂台面，且明显是敲击断裂。复原长7.87、宽2.47、厚0.4厘米（图一○○，6）。

M1DK⑥：1－1－25，残损严重，形制不明。厚薄均匀。正面残存三处边缘皆打磨成斜面。残长3.3、残宽2.85、厚0.4厘米（图一○○，10）。

M1DK⑥：1－1－26，残损严重，形制不明。厚薄均匀。残长3.56、宽4.56、厚0.25厘米（图一○○，5；彩版一二○，4）。

M1DK⑥：1－1－27，内弧边三角形。一侧厚一侧薄。正面三处边缘皆打磨成斜面。长3.95、宽2.5、厚0.22~0.4厘米（图一○一，6）。

M1DK⑥：1－1－28，残损严重，形制不明。厚薄均匀。长6.7、残宽3.4、厚0.15厘米（图一○一，3）。

M1DK⑥：1－1－29，残损严重，形制不明。厚薄均匀。残长2.3、残宽1.6、厚0.2厘米（图一○一，9）。

M1DK⑥：1－1－30，残损严重，形制不明。厚薄均匀。残长5、宽4.7、厚0.2厘米（图一○一，4）。

M1DK⑥：1－1－31，残损严重，形制不明。厚薄均匀。正面残存三处边缘皆打磨成斜面。残长7.4、残宽3.6、厚0.2厘米（图一○一，5）。

M1DK⑥：1－1－32，残损严重，形制不明。正面残存两处边缘皆打磨成斜面。残长2.8、残宽1.8、厚0.3厘米（图一○一，8）。

M1DK⑥：1－1－33，残损严重，形制不明。厚薄均匀。残长4.35、残宽1.45、厚0.3厘米（图一○一，12）。

M1DK⑥：1－1－34，残损严重，形制不明。厚薄均匀。残长3.7、残宽2.8、厚0.31厘米（图一○一，11）。

M1DK⑥：1－1－35，残损严重，形制不明。厚薄均匀。残长4.6、残宽2.8、厚0.2厘米（图一○一，7）。

M1DK⑥：1－1－36，锐角三角形。厚薄均匀。长3.8、宽1.75、厚0.2厘米（图一○一，1）。

M1DK⑥：1－1－37，残损严重，形制不明。厚薄均匀。残长7.3、残宽2、厚0.25厘米（图

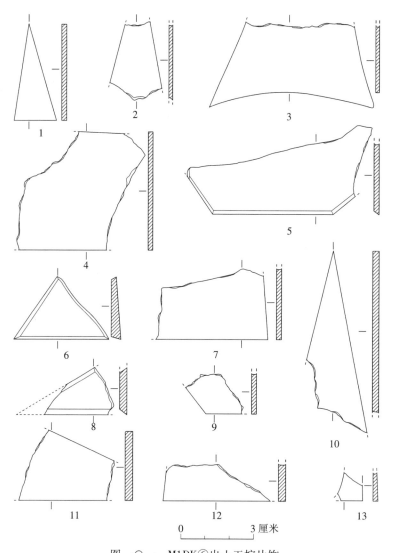

图一〇一　M1DK⑥出土玉棺片饰

1. M1DK⑥:1-1-36　2. M1DK⑥:1-1-38　3. M1DK⑥:1-1-28　4. M1DK⑥:1-1-30　5. M1DK⑥:1-1-31
6. M1DK⑥:1-1-27　7. M1DK⑥:1-1-35　8. M1DK⑥:1-1-32　9. M1DK⑥:1-1-29　10. M1DK⑥:1-1-37
11. M1DK⑥:1-1-34　12. M1DK⑥:1-1-33　13. M1DK⑥:1-1-39

一〇一，10）。

M1DK⑥:1-1-38，残损严重，形制不明。厚薄均匀。残长3、残宽2.1、厚0.15厘米（图一〇一，2）。

M1DK⑥:1-1-39，残损严重，形制不明。厚薄均匀。残长1.1、残宽1、厚0.15~0.2厘米（图一〇一，13）。

（2）玉棺璧饰

14件。均为青黄玉。残损严重。所有璧饰皆正面刻纹饰，背面皆素，未抛光打磨。璧饰甚薄，推测大多是通过剖解完整两面纹饰的玉璧所得，背面切割痕迹保留明显。

M1DK⑥:1-2-1，正面外侧边缘阴刻一道细弦纹，中部饰涡纹。背面一侧保留着片切割的台面。复原外径23.2、厚0.3厘米（图一〇二，1、2）。

M1DK⑥:1-2-2，青绿玉，有黑斑。正面中部刻斜线绞丝纹圈带一周，将纹饰分为内外两

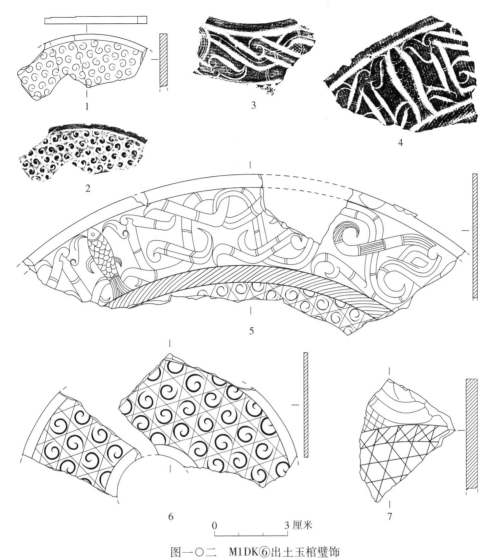

图一〇二　M1DK⑥出土玉棺壁饰

1、5~7. 壁饰（M1DK⑥：1-2-1~M1DK⑥：1-2-4）　2~4. 拓本（M1DK⑥：1-2-1、M1DK⑥：
1-2-2反面、M1DK⑥：1-2-2正面）

圈。外圈饰螭龙纹、凤纹与鱼纹，内圈饰蒲格谷涡纹。外圈边缘饰一道细弦纹。外径33.7、厚
0.18厘米（图一〇二，3~5；彩版一二〇，5）。

M1DK⑥：1-2-3，正面内外两侧边缘各阴刻一道细弦纹，中间饰蒲格涡纹。外径11.7、厚
0.17厘米（图一〇二，6）。

M1DK⑥：1-2-4，残损严重，内外两侧轮廓皆已不存。正面中部刻斜线纹绞丝纹圈带一周，
将纹饰分为内外两圈。外圈饰龙纹，内圈饰蒲格涡纹。厚0.45厘米（图一〇二，7）。

M1DK⑥：1-2-5，正面内侧边缘阴刻一道细弦纹，中部饰蒲格涡纹。内径8、厚0.21~0.29
厘米（图一〇三，1；彩版一二一，1）。

M1DK⑥：1-2-6，青玉，泛白灰色。器表阴刻两道细弦纹，中间饰涡纹。背面切割痕迹明
显，并粘连有漆灰。外径17.2、厚0.39厘米（图一〇三，2；彩版一二一，2）。

M1DK⑥：1-2-7，青玉，泛白灰色。正面外侧阴刻一道细弦纹，中部饰蒲纹。外径20.8、

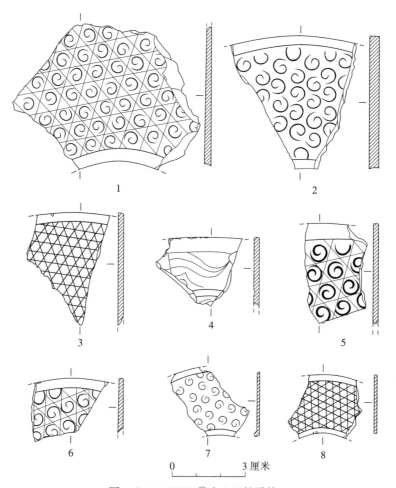

图一〇三　M1DK⑥出土玉棺璧饰

1. M1DK⑥:1-2-5　2. M1DK⑥:1-2-6　3. M1DK⑥:1-2-7　4. M1DK⑥:1-2-9　5. M1DK⑥:1-2-8
6. M1DK⑥:1-2-10　7. M1DK⑥:1-2-11　8. M1DK⑥:1-2-14

厚0.22厘米（图一〇三，3）。

M1DK⑥:1-2-8，正面外侧阴刻一道细弦纹，中部饰蒲格涡纹。厚0.22厘米（图一〇三，5）。

M1DK⑥:1-2-9，仅存外侧轮廓附近残块。正面外侧边缘阴刻一道细弦纹，其内饰龙纹。器厚0.23厘米（图一〇三，4）。

M1DK⑥:1-2-10，正面外侧阴刻一道细弦纹，中部饰蒲格涡纹。外径13.4、厚0.18~0.21厘米（图一〇三，6）。

M1DK⑥:1-2-11，黄白玉，正面内外两侧边缘起棱，中间饰谷纹。厚0.1~0.21厘米（图一〇三，7）。

M1DK⑥:1-2-12，正面内侧阴刻一道细弦纹，中部饰蒲纹。厚0.34厘米（图一〇四，2；彩版一二一，3）。

M1DK⑥:1-2-13，正面中部刻一周斜线绞丝纹圈带，将纹饰分为内外两圈。外圈饰龙纹，内圈饰蒲纹。外圈边缘饰一道细弦纹。厚0.2~0.3厘米（图一〇四，1；彩版一二一，4）。

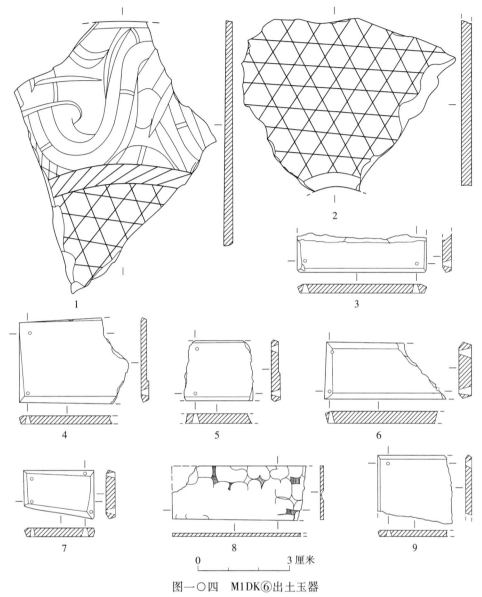

图一〇四 M1DK⑥出土玉器

1、2. 玉棺璧饰（M1DK⑥: 1 - 2 - 13、M1DK⑥: 1 - 2 - 12） 3 ~ 9. 玉衣片（M1DK⑥: 2 - 6、M1DK⑥: 2 - 1 ~ M1DK⑥: 2 - 5、M1DK⑥: 2 - 8）

M1DK⑥: 1 - 2 - 14，正面内外两侧边缘各阴刻一道细弦纹，中间饰蒲纹。外径8、内径3.4、厚0.13厘米（图一〇三，8；彩版一二一，5）。

（3）漆棺残片

5件。

M1DK⑥: 434 - 1，木胎。残损严重，无法复原。一面残留黑漆皮，针刻云气及神兽纹；另一面镶嵌一玉片残块，周围保留有镶嵌玉璧的痕迹。残长43、残宽14.7、厚2.4厘米（彩图四，1；彩版一二二，1）。

M1DK⑥: 434 - 2，木胎。残损严重，无法复原。一面残留黑漆皮，针刻云气及神兽纹。另一面镶嵌一三角形玉片，周围保留有镶嵌玉璧的痕迹。残长25.7、残宽12.6、厚2.4厘米（彩图四，2；彩版一二二，2）。

M1DK⑥:829－1，木胎。残损严重，无法复原。一面残留黑漆皮；另一面镶嵌一玉片残块，周围保留有镶嵌玉璧的痕迹。残长 55.5、残宽 24.6、厚 2.8 厘米（彩图五；彩版一二一，6）。

M1DK⑥:829－2，木胎。残损严重，无法复原。一面残留黑漆皮，另一面残留朱漆皮。残长 54.8、残宽 27.5、厚 4.6 厘米（彩图六）。

M1DK⑥:829－3，木胎。残损严重，无法复原。一侧作一贯通器体的卯眼，卯眼内残留木质榫头。一面残留黑漆皮。残长 75.8、残宽 45.9、厚 8.9 厘米（彩图七）。

2. 金缕玉衣

1 套。M1DK⑥:2，受盗墓影响，玉衣盗扰严重，玉衣片绝大部分残失，仅在盗坑内发现少量残片，形制尚能复原的玉片有 120 片，其余玉片大多残损严重，几成碎屑。

（1）玉衣片

120 片。残存玉衣片表明，各玉衣片的形制、质料以及因埋藏环境改变造成的后期受沁状况差异度较大。分述如下。

M1DK⑥:2－1，近长方形。一侧厚一侧薄。残存两角各有一孔，均系从背后单面管钻制成。正面残存的三处边缘均被打磨抛光成斜面，背面一侧保留着片切割的断裂台面。残长 3.6、残宽 2.7、厚 0.19～0.25 厘米，正面孔径 0.12、背面孔径 0.27 厘米（图一○四，4；彩版一二三，1）。

M1DK⑥:2－2，长方形。一侧厚一侧薄。残存两角各有一孔，均系背后单面管钻制成。正面残存的三处边缘均被打磨抛光成斜面，背面一侧保留着片切割的断裂台面。残长 2.25、宽 1.9、厚 0.23～0.32 厘米，正面孔径 0.1、背面孔径 0.28 厘米（图一○四，5）。

M1DK⑥:2－3，近长方形。厚薄均匀。残存两角各有一孔，均系背后单面管钻制成。正面残存的三处边缘均被打磨抛光成斜面。残长 4、宽 1.8、厚 0.4 厘米，正面孔径 0.1、背面孔径 0.3 厘米（图一○四，6；彩版一二三，2）。

M1DK⑥:2－4，直角梯形。一侧厚一侧薄。四角各有一孔，均系背后单面管钻制成。正面四处边缘均被打磨抛光成斜面。长 2.3、上宽 1.12、下宽 1.55、厚 0.28～0.3 厘米，正面孔径 0.1、背面孔径 0.22 厘米（图一○四，7）。

M1DK⑥:2－5，长方形。厚薄均匀。残存一角未见穿孔。正面残存勾连的简化龙纹，纹饰打磨几近消失，背面饰一条凹槽（穿孔）。残长 4.2、宽 1.7、厚 0.1 厘米（图一○四，8；彩版一二三，3、4）。

M1DK⑥:2－6，长方形。厚薄均匀。残存两角各有一孔，均系背后单面管钻制成。正面残存的三处边缘均被打磨抛光成斜面。长 4.29、残宽 1.26、厚 0.3 厘米，正面孔径 0.1、背面孔径 0.26 厘米（图一○四，3）。

M1DK⑥:2－7，近长方形。厚薄均匀。残存两角各有一孔，均系背后单面管钻制成。正面残存的三处边缘均被打磨抛光成斜面。残长 3.3、残宽 1.85、厚 0.22 厘米，正面孔径 0.08、背面孔径 0.25 厘米（图一○五，1）。

M1DK⑥:2－8，残损严重，形制不明。厚薄均匀。残存一角有一孔，系背后单面管钻制成。正面残存的两处边缘均被打磨抛光成斜面。残长 2.4、残宽 2、厚 0.2 厘米，正面孔径 0.1、背面孔径 0.2 厘米（图一○四，9）。

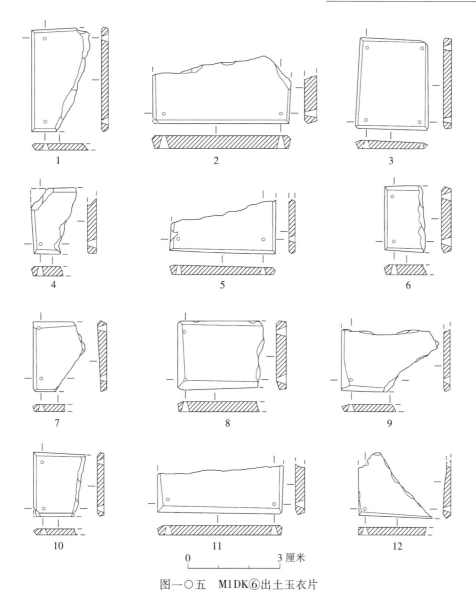

图一〇五　M1DK⑥出土玉衣片

1. M1DK⑥:2 - 7　2. M1DK⑥:2 - 19　3. M1DK⑥:2 - 18　4. M1DK⑥:2 - 11　5. M1DK⑥:2 - 12　6. M1DK⑥:2 - 13　7. M1DK⑥:2 - 15　8. M1DK⑥:2 - 16　9. M1DK⑥:2 - 14　10. M1DK⑥:2 - 10　11. M1DK⑥:2 - 17　12. M1DK⑥:2 - 9

　　M1DK⑥:2 - 9，近长方形。一侧厚一侧薄。残存两角各有一孔，均系背后单面管钻制成。正面残存的三处边缘有两处被打磨抛光成斜面。残长2.4、残宽2、厚0.15～0.25厘米，正面孔径0.1、背面孔径0.24厘米（图一〇五，12）。

　　M1DK⑥:2 - 10，近长方形。厚薄均匀。残存两角各有一孔，均系背后单面管钻制成。正面残存的三处边缘均被打磨抛光成斜面。长2、残宽1.6、厚0.2厘米，正面孔径0.1、背面孔径0.25厘米（图一〇五，10）。

　　M1DK⑥:2 - 11，近长方形。厚薄均匀。残存一角有一孔，系背后单面管钻制成。正面残存的三处边缘均被打磨抛光成斜面。残长2.1、残宽1.5、厚0.3厘米，正面孔径0.1、背面孔径0.3厘米（图一〇五，4）。

　　M1DK⑥:2 - 12，近长方形。一侧厚一侧薄。残存两角各有一孔，均系背后单面管钻制成。正面残存的三处边缘均被打磨抛光成斜面。长 3.4、残宽 1.7、厚 0.22 ~ 0.3 厘米，正面孔径 0.1、背面孔径 0.22 厘米（图一〇五，5）。

M1DK⑥:2 – 13，近长方形。厚薄均匀。残存两角各有一孔，均系背后单面管钻制成。正面残存的三处边缘均被打磨抛光成斜面。残长 2.1、残宽 1.3、厚 0.31 厘米，正面孔径 0.1、背面孔径 0.25 厘米（图一〇五，6）。

M1DK⑥:2 – 14，残损严重，形制不明。厚薄均匀。残存一角有一孔，系背后单面管钻制成。正面残存的两处边缘均被打磨抛光成斜面。残长 3.2、残宽 1.9、厚 0.24 厘米，正面孔径 0.1、背面孔径 0.25 厘米（图一〇五，9）。

M1DK⑥:2 – 15，近长方形。一侧厚一侧薄。残存两角各有一孔，均系背后单面管钻制成。正面残存的三处边缘均被打磨抛光成斜面。长 2.2、残宽 1.7、厚 0.18 ~ 0.3 厘米，正面孔径 0.1、背面孔径 0.25 厘米（图一〇五，7）。

M1DK⑥:2 – 16，近长方形。厚薄均匀。残存两角各有一孔，均系背后单面管钻制成。正面残存的三处边缘均被打磨抛光成斜面。残长 2.8、宽 2.2、厚 0.32 厘米，正面孔径 0.1、背面孔径 0.33 厘米（图一〇五，8；彩版一二三，5）。

M1DK⑥:2 – 17，近似长方形。厚薄均匀。残存两角各有一孔，均系背后单面管钻制成。正面残存的三处边缘均被打磨抛光成斜面。残长 4.1、残宽 1.5、厚 0.3 厘米，正面孔径 0.1、背面孔径 0.28 厘米（图一〇五，11）。

M1DK⑥:2 – 18，直角梯形。一侧厚一侧薄。四角各有一孔，均系背后单面管钻制成。正面四处边缘均被打磨抛光成斜面。长 2.9、上宽 2.2、下宽 2.4、厚 0.2 ~ 0.28 厘米，正面孔径 0.1、背面孔径 0.25 厘米（图一〇五，3；彩版一二三，6）。

M1DK⑥:2 – 19，近长方形。厚薄均匀。残存两角各有一孔，均系背后单面管钻制成。正面残存的三处边缘均被打磨抛光成斜面。残长 4.5、残宽 2.2、厚 0.4 厘米，正面孔径 0.1、背面孔径 0.35 厘米（图一〇五，2）。

M1DK⑥:2 – 20，近长方形。一侧厚一层薄。残存一角有一孔，系背后单面管钻制成。正面残存的三处边缘均被打磨抛光成斜面。残长 2.65、残宽 2.25、厚 0.2 ~ 0.25 厘米，正面孔径 0.1、背面孔径 0.22 厘米（图一〇六，1）。

M1DK⑥:2 – 21，近长方形。一侧厚一层薄。残存两角各有一孔，均系背后单面管钻制成。正面残存的三处边缘有两处被打磨抛光成斜面。残长 1.7、残宽 1.6、厚 0.17 ~ 0.25 厘米，正面孔径 0.08、背面孔径 0.25 厘米（图一〇六，6）。

M1DK⑥:2 – 22，近长方形。厚薄均匀。残存两角各有一孔，均系背后单面管钻制成。正面残存的两处边缘有两处被打磨抛光成斜面。残长 4.1、残宽 1.7、厚 0.22 厘米，正面孔径 0.1、背面孔径 0.25 厘米（图一〇六，5）。

M1DK⑥:2 – 23，近长方形。一侧厚一侧薄。残存两角各有一孔，均系背后单面管钻制成。正面残存的三处边缘有两处被打磨抛光成斜面，背面一侧打磨为阶差台面。残长 3.1、残宽 2.2、厚 0.17 ~ 0.26 厘米，正面孔径 0.1、背面孔径 0.25 厘米（图一〇六，2）。

M1DK⑥:2 – 24，残损严重，形制不明。厚薄均匀。残存一角有一孔，系背后单面管钻制成。正面残存的两处边缘均被打磨抛光成斜面。残长 3、残宽 1.85、厚 0.2 厘米，正面孔径 0.1、背面

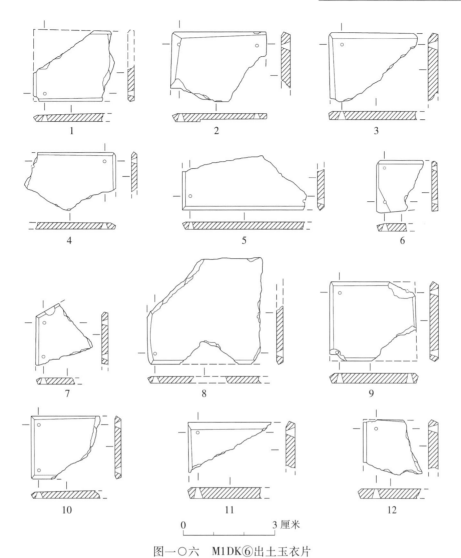

图一○六　M1DK⑥出土玉衣片

1. M1DK⑥:2－20　2. M1DK⑥:2－23　3. M1DK⑥:2－25　4. M1DK⑥:2－24　5. M1DK⑥:2－22
6. M1DK⑥:2－21　7. M1DK⑥:2－31　8. M1DK⑥:2－26　9. M1DK⑥:2－27　10. M1DK⑥:2－28
11. M1DK⑥:2－29　12. M1DK⑥:2－30

孔径0.25厘米（图一○六，4）。

　　M1DK⑥:2－25，残损严重，形制不明。一侧厚一侧薄。残存一角有一孔，系背后单面管钻制成。正面残存的两处边缘均被打磨抛光成斜面。残长3、残宽2.2、厚0.26～0.32厘米，正面孔径0.1、背面孔径0.3厘米（图一○六，3）。

　　M1DK⑥:2－26，残损严重，形制不明。厚薄均匀。残存一角有一孔，系背后单面管钻制成。正面残存的两处边缘均被打磨抛光成斜面。残长3.7、残宽3.4、厚0.22厘米，正面孔径0.1、背面孔径0.26厘米（图一○六，8）。

　　M1DK⑥:2－27，直角梯形。厚薄均匀。残存三角各有一孔，均系背后单面管钻制成。正面四处边缘均被打磨抛光成斜面。长2.5、上宽2.8、下宽2.9、厚0.3厘米，正面孔径0.1、背面孔径0.25厘米（图一○六，9）。

　　M1DK⑥:2－28，近长方形。一侧厚一侧薄。残存两角各有一孔，均系背后单面管钻制成。正面残存的三处边缘均被打磨抛光成斜面。残长 2.3、残宽 2、厚 0.2～0.23 厘米，正面孔径 0.1、背面孔径 0.25 厘米（图一〇六，10）。

M1DK⑥：2－29，残损严重，形制不明。厚薄均匀。残存一角有一孔，系背后单面管钻制成。正面残存的两处边缘均被打磨抛光成斜面。残长 2.7、残宽 1.6、厚 0.34 厘米，正面孔径 0.1、背面孔径 0.31 厘米（图一〇六，11）。

M1DK⑥：2－30，残损严重，形制不明。厚薄均匀。残存一角有一孔，系背后单面管钻制成。正面残存的两处边缘均被打磨抛光成斜面。残长 2、残宽 1.7、厚 0.31 厘米，正面孔径 0.1、背面孔径 0.28 厘米（图一〇六，12）。

M1DK⑥：2－31，残损严重，形制不明。厚薄均匀。残存两角各有一孔，均系背后单面管钻制成。正面残存的两处边缘均被打磨抛光成斜面。残长 2、残宽 1.8、厚 0.22 厘米，正面孔径 0.1、背面孔径 0.23 厘米（图一〇六，7）。

M1DK⑥：2－32，残损严重，形制不明。厚薄均匀。残存一角有一孔，系背后单面管钻制成。正面残存的两处边缘均被打磨抛光成斜面。残长 1.5、残宽 1.25、厚 0.25 厘米，正面孔径 0.1、背面孔径 0.27 厘米（图一〇七，1）。

M1DK⑥：2－33，残损严重，形制不明。一侧厚一侧薄。残存一角有一孔，系背后单面管钻制成。正面残存的两处边缘均被打磨抛光成斜面。残长 2.75、残宽 2.2、厚 0.15～2 厘米，正面孔径 0.1、背面孔径 0.27 厘米（图一〇七，9）。

M1DK⑥：2－34，残损严重，形制不明。厚薄均匀。残存一角有一孔，系背后单面管钻制成。正面残存的两处边缘均被打磨抛光成斜面。残长 1.9、残宽 1.4、厚 0.22 厘米，正面孔径 0.1、背面孔径 0.28 厘米（图一〇七，4；彩版一二四，1）。

M1DK⑥：2－35，残损严重，形制不明。厚薄均匀。残存一角有一孔，系背后单面管钻制成。正面残存的两处边缘均被打磨抛光成斜面。残长 1.6、残宽 0.95、厚 0.22 厘米，正面孔径 0.1、背面孔径 0.26 厘米（图一〇七，2；彩版一二四，1）。

M1DK⑥：2－36，残损严重，形制不明。厚薄均匀。残存一角有一孔，系背后单面管钻制成。正面残存的两处边缘均被打磨抛光成斜面。残长 1.5、残宽 1、厚 0.16 厘米，正面孔径 0.1、背面孔径 0.26 厘米（图一〇七，3；彩版一二四，1）。

M1DK⑥：2－37，残损严重，形制不明。厚薄均匀。残存一角有一孔，系背后单面管钻制成。正面残存的两处边缘均被打磨抛光成斜面。残长 1、残宽 0.85、厚 0.14 厘米，正面孔径 0.08、背面孔径 0.2 厘米（图一〇七，11；彩版一二四，1）。

M1DK⑥：2－38，近长方形。厚薄均匀。残存两角各有一孔，均系背后单面管钻制成。正面残存的三处边缘均被打磨抛光成斜面。残长 2.35、宽 2.4、厚 0.22 厘米，正面孔径 0.1、背面孔径 0.28 厘米（图一〇七，15）。

M1DK⑥：2－39，近长方形。一侧厚一侧薄。残存两角各有一孔，均系背后单面管钻制成。正面残存的三处边缘有两处被打磨抛光成斜面。残长 2.8、残宽 1.9、厚 0.22～0.26 厘米，正面孔径 0.1、背面孔径 0.27 厘米（图一〇七，5）。

M1DK⑥：2－40，残损严重，形制不明。一侧厚一侧薄。残存一角有一孔，系背后单面管钻制成。正面残存的两处边缘均被打磨抛光成斜面，背面一侧打磨形成阶差台面。残长 2.15、残宽

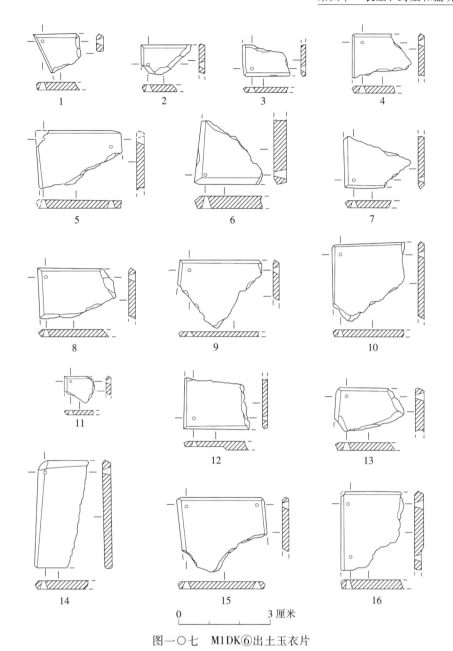

图一○七 M1DK⑥出土玉衣片

1. M1DK⑥:2－32 2. M1DK⑥:2－35 3. M1DK⑥:2－36 4. M1DK⑥:2－34 5. M1DK⑥:2－39 6. M1DK⑥:2
－41 7. M1DK⑥:2－46 8. M1DK⑥:2－44 9. M1DK⑥:2－33 10. M1DK⑥:2－43 11. M1DK⑥:2－37
12. M1DK⑥:2－40 13. M1DK⑥:2－42 14. M1DK⑥:2－45 15. M1DK⑥:2－38 16. M1DK⑥:2－47

1.65、厚0.17～0.28厘米，正面孔径0.1、背面孔径0.2厘米（图一○七，12）。

M1DK⑥:2－41，残损严重，形制不明。厚薄均匀。残存一角有一孔，系背后单面管钻制成。正面残存的两处边缘均被打磨抛光成斜面。残长2.2、残宽2、厚0.41厘米，正面孔径0.1、背面孔径0.32厘米（图一○七，6）。

M1DK⑥:2－42，残损严重，形制不明。厚薄均匀。残存一角有一孔，系背后单面管钻制成。正面残存的两处边缘均被打磨抛光成斜面。残长2.3、残宽1.4、厚0.27厘米，正面孔径0.1、背面孔径0.28厘米（图一○七，13）。

M1DK⑥:2－43，残损严重，形制不明。厚薄均匀。残存一角有一孔，系背后单面管钻制成。

正面残存的两处边缘均被打磨抛光成斜面。残长2.5、残宽2.4、厚0.22厘米，正面孔径0.1、背面孔径0.2厘米（图一〇七，10）。

M1DK⑥:2-44，残损严重，形制不明。厚薄均匀。残存一角有一孔，系背后单面管钻制成。正面残存的两处边缘均被打磨抛光成斜面。残长2.5、残宽1.6、厚0.23厘米，正面孔径0.1、背面孔径0.23厘米（图一〇七，8）。

M1DK⑥:2-45，近长方形。厚薄均匀。残存一角有一孔，系背后单面管钻制成。正面残存的三处边缘有两处被打磨抛光成斜面。长3.4、残宽1.6、厚0.26厘米，正面孔径0.1、背面孔径0.26厘米（图一〇七，14）。

M1DK⑥:2-46，残损严重，形制不明。一侧厚一侧薄。残存一角有一孔，系背后单面管钻制成。正面残存的两处边缘均被打磨抛光成斜面。残长2.2、残宽1.7、厚0.2~0.23厘米，正面孔径0.1、背面孔径0.24厘米（图一〇七，7）。

M1DK⑥:2-47，残损严重，形制不明。一侧厚一侧薄。残存两角各有一孔，均系背后单面管钻制成。正面残存的两处边缘均被打磨抛光成斜面。残长2.5、残宽2、厚0.22~0.3厘米，正面孔径0.1、背面孔径0.3厘米（图一〇七，16）。

M1DK⑥:2-48，残损严重，形制不明。一侧厚一侧薄。残存一角有一孔，系背后单面管钻制成。正面残存的两处边缘均被打磨抛光成斜面。残长2.5、残宽2、厚0.22~0.3厘米，正面孔径0.1、背面孔径0.3厘米（图一〇八，1）。

M1DK⑥:2-49，残损严重，形制不明。厚薄均匀。残存一角有一孔，系背后单面管钻制成。正面残存的两处边缘均被打磨抛光成斜面。残长2.5、残宽2.3、厚0.31厘米，正面孔径0.1、背面孔径0.28厘米（图一〇八，2）。

M1DK⑥:2-50，残损严重，形制不明。厚薄均匀。残存两角各有一孔，均系背后单面管钻制成。正面残存的两处边缘均被打磨抛光成斜面。残长2.7、残宽2.3、厚0.28厘米，正面孔径0.1、背面孔径0.23~0.3厘米（图一〇八，3）。

M1DK⑥:2-51，长方形。一侧厚一侧薄。四角各有一孔，均系背后单面管钻制成。正面四处边缘有三处被打磨抛光成斜面。长2.2、宽1.8、厚0.2~0.25厘米，正面孔径0.1、背面孔径0.22厘米（图一〇八，4）。

M1DK⑥:2-52，近长方形。厚薄均匀。残存两角各有一孔，均系背后单面管钻制成。正面残存的三处边缘均被打磨抛光成斜面。残长2.4、残宽1.9、厚0.3厘米，正面孔径0.1、背面孔径0.25厘米（图一〇八，5）。

M1DK⑥:2-53，近长方形。一侧厚一侧薄。残存一角有一孔，系背后单面管钻制成。正面残存的三处边缘均被打磨抛光成斜面。残长2.65、残宽1.8、厚0.13~0.18厘米，正面孔径0.1、背面孔径0.18厘米（图一〇八，6）。

M1DK⑥:2-54，近长方形。一侧厚一侧薄。残存一角有一孔，系背后单面管钻制成。正面残存的三处边缘均被打磨抛光成斜面。残长3.35、残宽2.5、厚0.22~0.32厘米，正面孔径0.1、背面孔径0.25厘米（图一〇八，8）

M1DK⑥:2-55，残损严重，形制不明。一侧厚一侧薄。残存三角各有一孔，均系背后单面管钻制成。正面残存的两处边缘均被打磨抛光成斜面。残长2.6、残宽2.3、厚0.18~0.3厘米，正

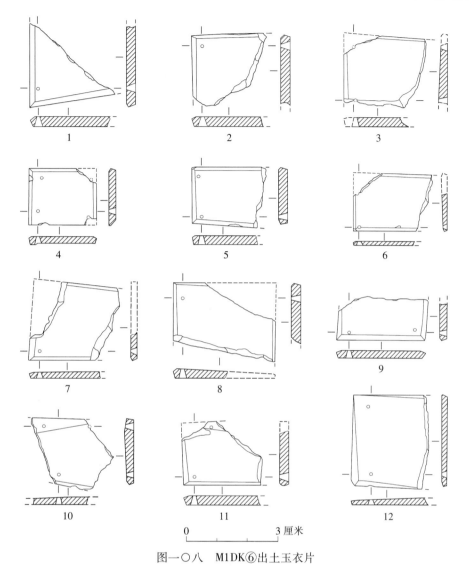

图一〇八　M1DK⑥出土玉衣片

1. M1DK⑥:2－48　2. M1DK⑥:2－49　3. M1DK⑥:2－50　4. M1DK⑥:2－51　5. M1DK⑥:2－52　6. M1DK⑥:
2－53　7. M1DK⑥:2－57　8. M1DK⑥:2－54　9. M1DK⑥:2－59　10. M1DK⑥:2－55　11. M1DK⑥:2－58
12. M1DK⑥:2－56

面孔径0.1、背面孔径0.25厘米（图一〇八，10）。

　　M1DK⑥:2－56，近长方形。一侧厚一侧薄。残存两角各有一孔，均系背后单面管钻制成。正面残存的三处边缘均被打磨抛光成斜面。残长2.6、宽3、厚0.15～0.24厘米，正面孔径0.1、背面孔径0.22厘米（图一〇八，12；彩版一二四，2）。

　　M1DK⑥:2－57，残损严重，形制不明。厚薄均匀。残存一角有一孔，系背后单面管钻制成。正面残存的三处边缘均被打磨抛光成斜面。残长2.85、残宽2.5、厚0.21厘米，正面孔径0.1、背面孔径0.22厘米（图一〇八，7）。

　　M1DK⑥:2－58，残损严重，形制不明。厚薄均匀。残存两角各有一孔，均系背后单面管钻制成。正面残存的三处边缘均被打磨抛光成斜面。残长2.6、残宽2、厚0.3厘米，正面孔径0.1、背面孔径0.29厘米（图一〇八，11）。

　　M1DK⑥:2－59，近长方形。厚薄均匀。残存两角各有一孔，均系背后单面管钻制成。正面残存的三处边缘均被打磨抛光成斜面。长 3、残宽 1.4、厚 0.24 厘米，正面孔径 0.1、背面孔径 0.25 厘米（图一〇八，9）。

　　M1DK⑥：2－60，残损严重，形制不明。厚薄均匀。残存两角各有一孔，均系背后单面管钻制成。正面残存的两处边缘均被打磨抛光成斜面。残长 2.7、残宽 1.55、厚 0.3 厘米，正面孔径 0.1、背面孔径 0.24 厘米（图一〇九，1）。

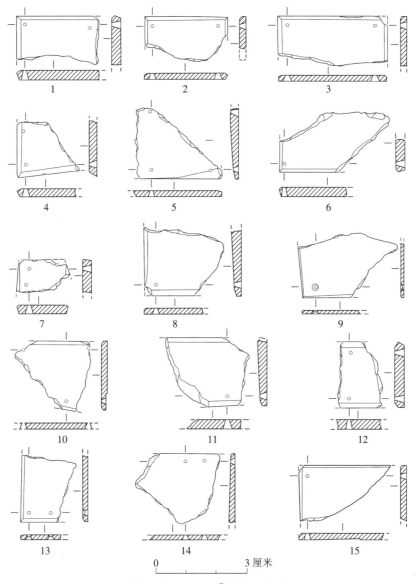

图一〇九　M1DK⑥出土玉衣片

1. M1DK⑥：2－60　2. M1DK⑥：2－61　3. M1DK⑥：2－62　4. M1DK⑥：2－64　5. M1DK⑥：2－65　6. M1DK⑥：2－67　7. M1DK⑥：2－63　8. M1DK⑥：2－68　9. M1DK⑥：2－66　10. M1DK⑥：2－70　11. M1DK⑥：2－69　12. M1DK⑥：2－71　13. M1DK⑥：2－72　14. M1DK⑥：2－73　15. M1DK⑥：2－74

　　M1DK⑥：2－61，近长方形。厚薄均匀。残存两角各有一孔，均系背后单面管钻制成。一孔内残存有金丝。正面残存的三处边缘均被打磨抛光成斜面。长 2.7、残宽 1.45、厚 0.2 厘米，正面孔径 0.1、背面孔径 0.22 厘米（图一〇九，2）。

M1DK⑥：2－62，近长方形。一侧厚一侧薄。残存两角各有一孔，均系背后单面管钻制成。正面残存的三处边缘均被打磨抛光成斜面。长3.6、残宽1.6、厚0.18～0.21厘米，正面孔径0.1、背面孔径0.26厘米（图一〇九，3）。

M1DK⑥：2－63，近长方形。厚薄均匀。残存三角各有一孔，均系背后单面管钻制成。正面残存的三处边缘有两处被打磨抛光成斜面。长1.7、残宽1.05、厚0.29厘米，正面孔径0.1、背面孔径0.25厘米（图一〇九，7）。

M1DK⑥：2－64，残损严重，形制不明。厚薄均匀。残存两角各有一孔，均系背后单面管钻制成。正面残存的两处边缘被打磨抛光成斜面。残长2、残宽1.8、厚0.25厘米，正面孔径0.1、背面孔径0.25厘米（图一〇九，4）。

M1DK⑥：2－65，残损严重，形制不明。一侧厚一侧薄。残存三角各有一孔，均系背后单面管钻制成。正面残存的一处边缘被打磨抛光成斜面。残长2.8、残宽2.25、厚0.12～0.25厘米，正面孔径0.1、背面孔径0.23厘米（图一〇九，5）。

M1DK⑥：2－66，残损严重，形制不明。一侧厚一侧薄。残存一角有一孔，系双面管钻而成，孔内残存有金丝。正面残存的两处边缘被打磨抛光成斜面。残长3.3、残宽2、厚0.1～0.13厘米，孔径0.1～0.21厘米（图一〇九，9）。

M1DK⑥：2－67，残损严重，形制不明。厚薄均匀。残存一角有一孔，系背后单面管钻制成。正面残存的两处边缘被打磨抛光成斜面。残长3.6、残宽1.9、厚0.3厘米，正面孔径0.1、背面孔径0.24厘米（图一〇九，6）。

M1DK⑥：2－68，残损严重，形制不明。一侧厚一侧薄。残存一角有一孔，系背后单面管钻制成，孔内残存有金丝。正面残存的两处边缘被打磨抛光成斜面。残长2.6、残宽2.1、厚0.2～0.3厘米，正面孔径0.1、背面孔径0.22厘米（图一〇九，8）。

M1DK⑥：2－69，近长方形。一侧厚一侧薄。残存一角有一孔，系背后单面管钻制成。正面残存的两处边缘被打磨抛光成斜面。残长2.6、宽2.2、厚0.2～0.3厘米，正面孔径0.1、背面孔径0.28厘米（图一〇九，11）。

M1DK⑥：2－70，近长方形。一侧厚一侧薄。残存三角各有一孔，均系背后单面管钻制成。正面残存的两处边缘被打磨抛光成斜面，背面一侧加工成阶差台面。残长2.5、宽2.2、厚0.15～0.2厘米，正面孔径0.1、背面孔径0.21厘米（图一〇九，10）。

M1DK⑥：2－71，残损严重，形制不明。厚薄均匀。残存两角各有一孔，均系背后单面管钻制成。正面残存的两处边缘被打磨抛光成斜面。残长1.5、宽2.1、厚0.3厘米，正面孔径0.1、背面孔径0.25厘米（图一〇九，12）。

M1DK⑥：2－72，残损严重，形制不明。厚薄均匀。残存两角各有一孔，均系双面管钻制成。正面残存的两处边缘被打磨抛光成斜面。残长2.1、残宽1.8、厚0.17厘米，孔径0.1～0.21厘米（图一〇九，13；彩版一二四，3）。

M1DK⑥：2－73，残损严重，形制不明。一侧厚一侧薄。残存一边有两孔，均系背后单面管钻制成。残长2.7、残宽2.2、厚0.14～0.2厘米，正面孔径0.1、背面孔径0.21厘米（图一〇九，14；彩版一二四，3）。

M1DK⑥：2－74，残损严重，形制不明。一侧厚一侧薄。残存一角有一孔，系背后单面管钻制成。正面残存的两处边缘被打磨抛光成斜面。残长 3、残宽 1.8、厚 0.18～0.21 厘米，正面孔径 0.1、背面孔径 0.21 厘米（图一○九，15）。

M1DK⑥：2–75，残损严重，形制不明。厚薄均匀。残存两角有两孔，均系背后单面管钻制成。正面残存的一处边缘被打磨抛光成斜面。残长 2、残宽 1.45、厚 0.2 厘米，正面孔径 0.1、背面孔径 0.25 厘米（图一一○，1）。

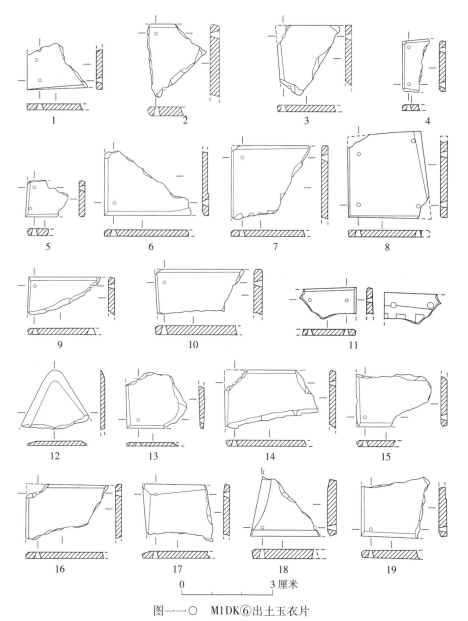

图一一○　M1DK⑥出土玉衣片

1. M1DK⑥：2–75　2. M1DK⑥：2–76　3. M1DK⑥：2–77　4. M1DK⑥：2–79　5. M1DK⑥：2–78　6. M1DK⑥：2–80　7. M1DK⑥：2–81　8. M1DK⑥：2–88　9. M1DK⑥：2–85　10. M1DK⑥：2–83　11. M1DK⑥：2–82　12. M1DK⑥：2–89　13. M1DK⑥：2–84　14. M1DK⑥：2–86　15. M1DK⑥：2–87　16. M1DK⑥：2–90　17. M1DK⑥：2–91　18. M1DK⑥：2–92　19. M1DK⑥：2–93

M1DK⑥：2–76，残损严重，形制不明。厚薄均匀。残两角有两孔，均系背后单面管钻制成。正面残存的一处边缘被打磨抛光成斜面。残长 2.3、残宽 1.9、厚 0.3 厘米，正面孔径 0.1、背面孔径 0.25 厘米（图一一〇，2）。

M1DK⑥:2-77，残损严重，形制不明。厚薄均匀。残存三角各有一孔，均系背后单面管钻制成。正面残存的一处边缘被打磨抛光成斜面。残长 2.2、残宽 2.1、厚 0.2 厘米，正面孔径 0.1、背面孔径 0.23 厘米（图一一〇，3）。

M1DK⑥:2-78，近长方形。一侧厚一侧薄。残存两角各有一孔，均系背后单面管钻制成。正面残存的三处边缘被打磨抛光成斜面。残长 1.4、宽 1.2、厚 0.2~0.23 厘米，正面孔径 0.1、背面孔径 0.2 厘米（图一一〇，5）。

M1DK⑥:2-79，近长方形。厚薄均匀。残存两角各有一孔，均系背后单面管钻制成。正面残存的三处边缘被打磨抛光成斜面。长 1.7、残宽 0.87、厚 0.2 厘米，正面孔径 0.1、背面孔径 0.2 厘米（图一一〇，4）。

M1DK⑥:2-80，残损严重，形制不明。一侧厚一侧薄。残存一角有一孔，系背后单面管钻制成。正面残存的两处边缘被打磨抛光成斜面，背面一侧加工成阶差台面。残长 2.9、残宽 2、厚 0.17~0.22 厘米，正面孔径 0.1、背面孔径 0.24 厘米（图一一〇，6）。

M1DK⑥:2-81，残损严重，形制不明。厚薄均匀。残存一角有一孔，系背后单面管钻制成。正面残存的两处边缘均被打磨抛光成斜面。残长 2.6、残宽 2.3、厚 0.22 厘米，正面孔径 0.1、背面孔径 0.25 厘米（图一一〇，7）。

M1DK⑥:2-82，残损严重，形制不明。一侧厚一侧薄。残存两角各有一孔，均系背后单面管钻制成。背面尚存有少量纹饰。正面残存的两处边缘均被打磨抛光成斜面。残长 1.8、残宽 1、厚 0.17~0.22 厘米，正面孔径 0.1、背面孔径 0.2 厘米（图一一〇，11）。

M1DK⑥:2-83，残损严重，形制不明。厚薄均匀。残存一角有一孔，系背后单面管钻制成。正面残存的两处边缘均被打磨抛光成斜面。残长 2.9、残宽 1.4、厚 0.28 厘米，正面孔径 0.1、背面孔径 0.22 厘米（图一一〇，10）。

M1DK⑥:2-84，残损严重，形制不明。一侧厚一侧薄。残存一角有一孔，系背后单面管钻制成。正面残存的两处边缘均被打磨抛光成斜面，背面一侧加工成阶差台面。残长 2、残宽 1.8、厚 0.12~0.19 厘米，正面孔径 0.1、背面孔径 0.2 厘米（图一一〇，13）。

M1DK⑥:2-85，残损严重，形制不明。厚薄均匀。残存两角各有一孔，均系背后单面管钻制成。正面残存的两处边缘均被打磨抛光成斜面。残长 2.4、残宽 1.2、厚 0.2 厘米，正面孔径 0.1、背面孔径 0.2 厘米（图一一〇，9）。

M1DK⑥:2-86，残损严重，形制不明。厚薄均匀。残存两角各有一孔，均系背后单面管钻制成。正面残存的两处边缘均被打磨抛光成斜面。残长 3、残宽 1.9、厚 0.21 厘米，正面孔径 0.1、背面孔径 0.2 厘米（图一一〇，14）。

M1DK⑥:2-87，残损严重，形制不明。厚薄均匀。残存一角有一孔，系背后单面管钻制成。正面残存的两处边缘均被打磨抛光成斜面。残长 2.4、残宽 1.6、厚 0.21 厘米，正面孔径 0.1、背面孔径 0.22 厘米（图一一〇，15）。

M1DK⑥:2-88，近正方形。厚薄均匀。四角各有一孔，均系背后单面管钻制成。正面四处边缘有三处被打磨抛光成斜面。长 2.7、宽 2.65、厚 0.22 厘米，正面孔径 0.1、背面孔径 0.22 厘米（图一一〇，8；彩版一二四，4）。

M1DK⑥:2-89，残损严重，形制不明。厚薄均匀。正面残存的两处边缘均被打磨抛光成斜面。残长 2.28、残宽 1.9、厚 0.14 厘米（图一一〇，12）。

M1DK⑥:2-90，残损严重，形制不明。厚薄均匀。残存一角有一孔，系背后单面管钻制成。正面残存的两处边缘均被打磨抛光成斜面。残长 2.7、残宽 1.7、厚 0.2 厘米，正面孔径 0.1、背面孔径 0.21 厘米（图一一〇，16）。

M1DK⑥:2-91，残损严重，形制不明。厚薄均匀。残存一角有一孔，系背后单面管钻制成。正面残存的两处边缘均被打磨抛光成斜面。残长 2.1、残宽 1.7、厚 0.2 厘米，正面孔径 0.1、背面孔径 0.21 厘米（图一一〇，17）。

M1DK⑥:2-92，残损严重，形制不明。厚薄均匀。残存两角各有一孔，均系背后单面管钻制成。正面残存的两处边缘均被打磨抛光成斜面。残长 2.3、残宽 1.9、厚 0.3 厘米，正面孔径 0.1、背面孔径 0.21 厘米（图一一〇，18）。

M1DK⑥:2-93，残损严重，形制不明。一侧厚一侧薄。残存一角有一孔，系背后单面管钻制成。正面残存的两处边缘均被打磨抛光成斜面，背面一侧加工成阶差台面。残长 2.2、残宽 1.9、厚 0.2~0.28 厘米，正面孔径 0.1、背面孔径 0.2 厘米（图一一〇，19）。

M1DK⑥:2-94，残损严重，形制不明。厚薄均匀。残存一角有一孔，系背后单面管钻制成。正面残存的两处边缘均被打磨抛光成斜面。残长 2.4、残宽 2、厚 0.2 厘米，正面孔径 0.1、背面孔径 0.19 厘米（图一一一，1）。

M1DK⑥:2-95，残损严重，形制不明。厚薄均匀。残存一角有一孔，系背后单面管钻制成。正面残存的两处边缘均被打磨抛光成斜面。残长 2.2、残宽 1.6、厚 0.2 厘米，正面孔径 0.1、背面孔径 0.22 厘米（图一一一，2）。

M1DK⑥:2-96，残损严重，形制不明。厚薄均匀。残存一角有一孔，系背后单面管钻制成。正面残存的两处边缘均被打磨抛光成斜面。残长 2、残宽 1.9、厚 0.2 厘米，正面孔径 0.1、背面孔径 0.23 厘米（图一一一，3）。

M1DK⑥:2-97，残损严重，形制不明。厚薄均匀。残存一角有一孔，系背后单面管钻制成。正面残存的两处边缘均被打磨抛光成斜面。残长 2.6、残宽 1.8、厚 0.2 厘米，正面孔径 0.1、背面孔径 0.21 厘米（图一一一，4）。

M1DK⑥:2-98，残损严重，形制不明。厚薄均匀。残存一角有一孔，系背后单面管钻制成。正面残存的两处边缘均被打磨抛光成斜面。残长 2.2、残宽 1.75、厚 0.2 厘米，正面孔径 0.1、背面孔径 0.19 厘米（图一一一，5）。

M1DK⑥:2-99，残损严重，形制不明。一侧厚一侧薄。残存两角各有一孔，均系背后单面管钻制成。正面残存的两处边缘均被打磨抛光成斜面。残长 2.6、残宽 1.95、厚 0.2~0.29 厘米，正面孔径 0.1、背面孔径 0.22 厘米（图一一一，6）。

M1DK⑥:2-100，残损严重，形制不明。厚薄均匀。残存一角有一孔，系背后单面管钻制成。正面残存的两处边缘均被打磨抛光成斜面。残长 2.5、残宽 1.45、厚 0.31 厘米，正面孔径 0.1、背面孔径 0.27 厘米（图一一一，7）。

M1DK⑥:2-101，残损严重，形制不明。一侧厚一侧薄。残存一角有一孔，系背后单面管钻制成。正面残存的两处边缘均被打磨抛光成斜面，背面一侧加工成阶差台面。残长 1.9、残宽

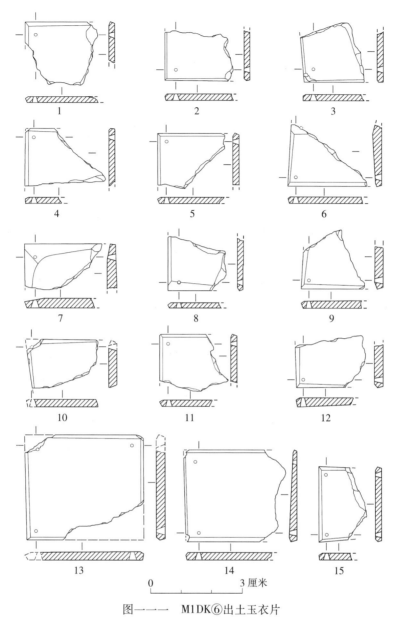

图一一一　M1DK⑥出土玉衣片

1. M1DK⑥:2-94　2. M1DK⑥:2-95　3. M1DK⑥:2-96　4. M1DK⑥:2-97　5. M1DK⑥:2-98
6. M1DK⑥:2-99　7. M1DK⑥:2-100　8. M1DK⑥:2-101　9. M1DK⑥:2-102　10. M1DK⑥:2-103
11. M1DK⑥:2-104　12. M1DK⑥:2-105　13. M1DK⑥:2-106　14. M1DK⑥:2-107　15. M1DK⑥:2-
108

1.7、厚 0.18~0.2 厘米，正面孔径 0.1、背面孔径 0.2 厘米（图一一一，8）。

　　M1DK⑥:2-102，残损严重，形制不明。厚薄均匀。残存一角有一孔，系背后单面管钻制成。正面残存的两处边缘均被打磨抛光成斜面。残长 2、残宽 1.88、厚 0.28 厘米，正面孔径 0.1、背面孔径 0.21 厘米（图一一一，9）。

　　M1DK⑥:2-103，残损严重，形制不明。厚薄均匀。残存一角有一孔，系背后单面管钻制成。正面残存的两处边缘均被打磨抛光成斜面。残长 2.3、残宽 1.5、厚 0.26 厘米，正面孔径 0.1、背面孔径 0.22 厘米（图一一一，10）。

　　M1DK⑥:2-104，残损严重，形制不明。厚薄均匀。残存一角有一孔，系背后单面管钻制成。

正面残存的两处边缘均被打磨抛光成斜面。残长 2.2、残宽 1.8、厚 0.2 厘米，正面孔径 0.1、背面孔径 0.2 厘米（图一一一，11）。

M1DK⑥:2-105，残损严重，形制不明。一侧厚一侧薄。残存一角有一孔，系背后单面管钻制成。正面残存的两处边缘均被打磨抛光成斜面。残长 2.3、残宽 1.6、厚 0.22~0.3 厘米，正面孔径 0.1、背面孔径 0.2 厘米（图一一一，12）。

M1DK⑥:2-106，长方形。厚薄均匀。残存三角各有一孔，均系背后单面管钻制成。正面四处边缘均被打磨抛光成斜面。长 3.85、宽 3.3、厚 0.27 厘米，正面孔径 0.1、背面孔径 0.25 厘米（图一一一，13；彩版一二四，5）。

M1DK⑥:2-107，近长方形。一侧厚一侧薄。残存两角各有一孔，均系背后单面管钻制成。正面残存的三处边缘均被打磨抛光成斜面。残长 3.35、宽 2.9、厚 0.13~0.25 厘米，正面孔径 0.1、背面孔径 0.24 厘米（图一一一，14；彩版一二四，6）。

M1DK⑥:2-108，近长方形。厚薄均匀。残存两角各有一孔，均系背后单面管钻制成。正面残存的三处边缘均被打磨抛光成斜面。长 2.4、残宽 1.6、厚 0.2 厘米，正面孔径 0.1、背面孔径 0.2 厘米（图一一一，15；彩版一二四，7）。

M1DK⑥:2-109，近长方形。厚薄均匀。残存一角有一孔，系背后单面管钻制成。正面残存的三处边缘均被打磨抛光成斜面。残长 3.2、宽 3.3、厚 0.23 厘米，正面孔径 0.1、背面孔径 0.22 厘米（图一一二，1）。

M1DK⑥:2-110，近长方形。厚薄均匀。残存一角有一孔，系背后单面管钻制成。正面残存的三处边缘均被打磨抛光成斜面。长 4.1、残宽 1.8、厚 0.3 厘米，正面孔径 0.1、背面孔径 0.23 厘米（图一一二，5）。

M1DK⑥:2-111，近长方形。一侧厚一侧薄。残存两角各有一孔，均系背后单面管钻制成。正面残存的三处边缘被打磨抛光成斜面。长 3.5、残宽 2.5、厚 0.22 厘米，正面孔径 0.1、背面孔径 0.2~0.28 厘米（图一一二，3）。

M1DK⑥:2-112，近长方形。一侧厚一侧薄。残存两角各有一孔，均系背后单面管钻制成。正面残存的三处边缘被打磨抛光成斜面。长 3.5、残宽 2.5、厚 0.22 厘米，正面孔径 0.1、背面孔径 0.2~0.28 厘米（图一一二，10）。

M1DK⑥:2-113，残损严重，形制不明。厚薄均匀。残存一角有一孔，均系背后单面管钻制成。正面残存的两处边缘被打磨抛光成斜面。残长 2.1、残宽 1.7、厚 0.2 厘米，正面孔径 0.12、背面孔径 0.21 厘米（图一一二，6；彩版一二四，8）。

M1DK⑥:2-114，残损严重，形制不明。厚薄均匀。残存两角各有一孔，均系背后单面管钻制成。正面残存的两处边缘被打磨抛光成斜面。残长 2、残宽 2、厚 0.25 厘米，正面孔径 0.12、背面孔径 0.22 厘米（图一一二，7；彩版一二四，8）。

M1DK⑥:2-115，残损严重，形制不明。厚薄均匀。残存一角有一孔，均系背后单面管钻制成。正面残存的两处边缘被打磨抛光成斜面。残长 2、残宽 1.6、厚 0.21 厘米，正面孔径 0.12、背面孔径 0.22 厘米（图一一二，9；彩版一二四，8）。

M1DK⑥:2-116，近长方形。厚薄均匀。残存两角各有一孔，均系背后单面管钻制成。正面残存的三处边缘被打磨抛光成斜面。长 2.3、残宽 1.3、厚 0.25 厘米，正面孔径 0.1、背面孔径

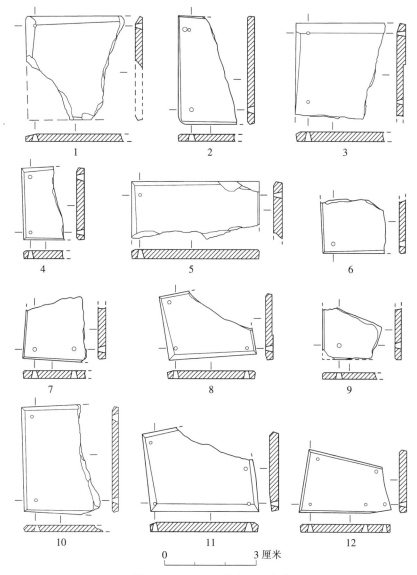

图一一二　M1DK⑥出土玉衣片

1. M1DK⑥:2-109　2. M1DK⑥:2-119　3. M1DK⑥:2-111　4. M1DK⑥:2-116　5. M1DK⑥:2-110
6. M1DK⑥:2-113　7. M1DK⑥:2-114　8. M1DK⑥:2-117　9. M1DK⑥:2-115　10. M1DK⑥:2-
112　11. M1DK⑥:2-118　12. M1DK⑥:2-120

0.22 厘米（图一一二，4；彩版一二五，1）。

　　M1DK⑥:2-117，近长方形。一侧厚一侧薄。残存三角各有一孔，均系背后单面管钻制成。正面四处边缘均被打磨抛光成斜面，背面一侧加工成阶差台面。长2.8、宽2.1、厚0.22~0.25厘米，正面孔径0.1、背面孔径0.2厘米（图一一二，8；彩版一二五，1）。

　　M1DK⑥:2-118，近长方形。厚薄均匀。残存四角各有一孔，均系背后单面管钻制成。正面四处边缘均被打磨抛光成斜面。长3.5、残宽2.7、厚0.3厘米，正面孔径0.1、背面孔径0.27厘米（图一一二，11；彩版一二五，2）。

　　M1DK⑥:2-119，近长方形。厚薄均匀。残存两角各有一孔，均系背后单面管钻制成。正面残存的三处边缘均被打磨抛光成斜面。长3.4、残宽1.8、厚0.22厘米，正面孔径0.1、背面孔径

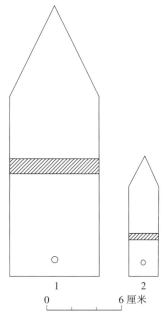

图一一三 M1DK⑥出土玉圭
1. M1DK⑥:613 2. M1DK⑥:617

0.24 厘米 （图一一二，2）。

M1DK⑥:2 - 120，近长方形。厚薄均匀。四角各有一孔，其中一处边缘亦有一孔，均系背后单面管钻制成。正面残存的三处边缘被打磨抛光成斜面。长3、宽2、厚0.25厘米，正面孔径0.1、背面孔径0.22厘米（图一一二，12；彩版一二五，3）。

（2）金丝

发掘过程中，部分出土玉片的四角穿孔内尚留有金丝。每四件玉衣片四角相连，以金丝两两穿孔后扭结于一处。断面近圆形。直径0.05厘米（彩版一二五，4）。

3. 圭

5件。出土于前室东南部内椁盗坑内。

M1DK⑥:613，深青玉，质润光洁，通体抛光。形体硕大厚实，尖首，底部有一圆穿。长20.85、宽7.2、厚1.7、穿径0.7厘米（图一一三，1；彩版一二六，1）。

M1DK⑥:614 ～ M1DK⑥:616 共3件，与M1DK⑥:613共出，玉质、形制、尺寸完全同M1DK⑥:613（彩版一二六，2~4）。

M1DK⑥:617，深青玉，质润光洁。器形较小，尖首，底部有一圆穿。长9.4、宽2.3、厚0.5、穿径0.35厘米（图一一三，2；彩版一二六，5）。

4. 璧

25件。残损严重。

M1DK⑥:64，青玉。正面内外两侧边缘各阴刻一道细弦纹，中间饰涡纹。外径12、内径4.4、厚0.33厘米（图一一四，1、2）。

M1DK⑥:78，青碧色，几处沁蚀为灰白色沁斑。正面内外两侧边缘各阴刻一道细弦纹，中间饰蒲格涡纹。外径14、内径3.8、厚0.42厘米（图一一四，3、4；彩版一二七，1）。

M1DK⑥:92，青玉。正面内外两侧边缘各阴刻一道细弦纹，中间饰蒲格涡纹。外径17.3、内径4.2、厚0.48厘

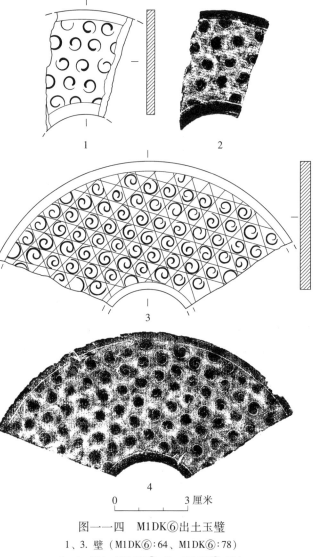

图一一四 M1DK⑥出土玉璧
1、3. 璧（M1DK⑥:64、M1DK⑥:78）
2、4. 拓本（M1DK⑥:64、M1DK⑥:78）

米（图一一五，1）。

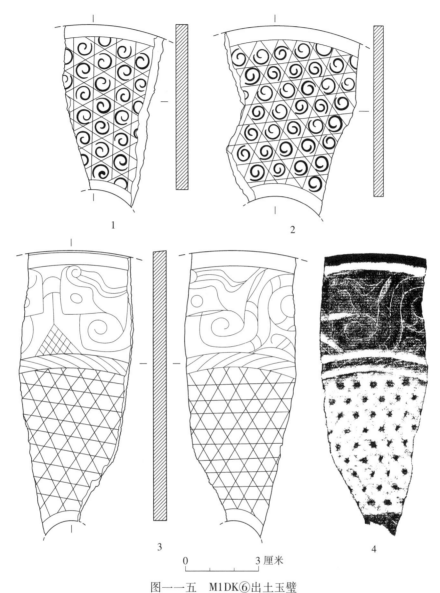

图一一五　M1DK⑥出土玉璧

1~3. 璧（M1DK⑥：92、M1DK⑥：164、M1DK⑥：156）　4. 拓本（M1DK⑥：156）

　　M1DK⑥：156，青玉，玉质软润。正反两面刻纹基本相同。正面中部刻斜线纹圈带绞丝纹一周，将纹饰分为内外两圈。外圈饰双身双首龙纹，内圈饰蒲纹。内外圈边缘各饰一道细弦纹。外径 25、内径 2.5、厚 0.53 厘米（图一一五，3、4；彩版一二七，2）。

　　M1DK⑥：164，青玉。正面内外两侧边缘各阴刻一道细弦纹，中间饰蒲格涡纹。外径 17.4、内径 4.9、厚 0.4 厘米（图一一五，2）。

　　M1DK⑥：512，灰青白玉，正反两面皆素工。外径 16.5、厚 0.69 厘米（图一一六，1）。

　　M1DK⑥：514，青玉。正反两面刻纹基本相同。正面中部刻斜线纹圈带绞丝纹一周，将纹饰分为内外两圈。外圈饰圈饰双身双首的龙纹，内圈饰蒲格纹。外圈边缘饰一道细弦纹。外径 30、厚 0.32 厘米（图一一六，3；彩版一二七，3）。

M1DK⑥:535，青玉。正面内外两侧边缘各阴刻一道细弦纹，中间饰蒲格涡纹。外径16.8、内径4.5、厚0.64厘米（图一一六，2、4；彩版一二七，4）。

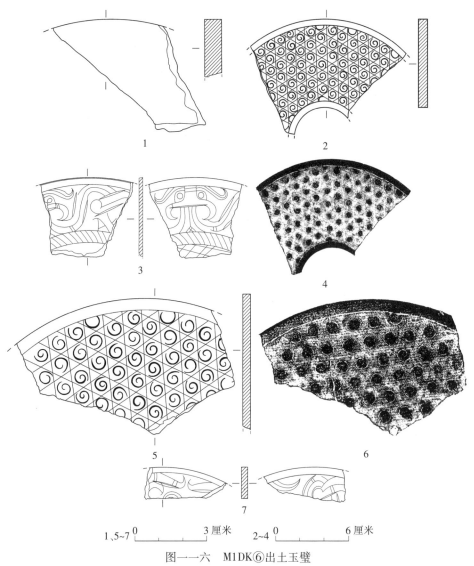

图一一六　M1DK⑥出土玉璧

1～3、5、7. 璧（M1DK⑥:512、M1DK⑥:535、M1DK⑥:514、M1DK⑥:703、M1DK⑥:702）

4、6. 拓本（M1DK⑥:535、M1DK⑥:703）

M1DK⑥:702，青玉。正反两面刻纹基本相同。外圈饰凤鸟纹，边缘饰一道细弦纹。外径23.4、厚0.53厘米（图一一六，7）。

M1DK⑥:703，青玉。正面内外两侧边缘各阴刻一道细弦纹，中间饰蒲格涡纹。外径17.7、厚0.32厘米（图一一六，5、6）。

M1DK⑥:726、M1DK⑥:754、M1DK⑥:1778可缀合。其中M1DK⑥:726，青玉，器表阴刻两道细弦纹，中间饰蒲格涡纹。外径16.4、厚0.42厘米（图一一七，1、2）。

M1DK⑥:727、M1DK⑥:879可缀合。M1DK⑥:727，青玉。器表阴刻两道细弦纹，中间饰蒲格涡纹。外径17.6、内径4.6、厚0.45厘米（图一一七，3、4；彩版一二八，1）。

M1DK⑥:728，白玉。正反两面皆饰谷纹，内外两侧边缘起棱。外径18.3、内径8.7、厚0.52

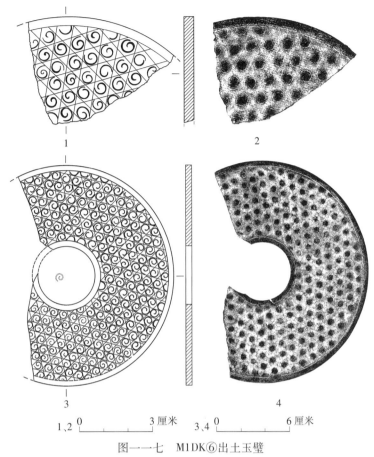

图一一七　M1DK⑥出土玉璧

1、3. 璧（M1DK⑥：726、M1DK⑥：727）　　2、4. 拓本（M1DK⑥：726、M1DK⑥：727）

厘米（图一一八；彩版一二八，2）。

M1DK⑥：747，白玉，玉质有红褐糖色，玉质软润。两面皆饰谷纹，外边缘起棱。外径15.9、厚0.63厘米（图一一九，1、2；彩版一二八，3）。

M1DK⑥：754，青玉。器表阴刻两道细弦纹，中间饰蒲格涡纹。外径17.5、内径4.9、厚0.53厘米（图一一九，3、4）。

M1DK⑥：756，青玉。正反两面刻纹基本相同。正面中部刻斜线纹圈带绞丝纹一周，将纹饰分为内外两圈。外圈饰双身双首龙纹，内圈饰蒲纹。外圈边缘饰一道细弦纹。外径26、厚0.53厘米（图一一九，5）。

M1DK⑥：763，青玉。正反两面刻纹基本相同。正面中部刻斜线纹圈带绞丝纹一周，将纹饰分为内外两圈。外圈饰双身双首龙纹，内圈饰蒲纹。外圈边缘饰一道细弦纹。外径22、厚0.45厘米（图一二〇，1、2；彩版一二九，1）。

M1DK⑥：767，青玉，玉质软润。正反两面刻纹基本相同。正面中部刻斜线纹圈带绞丝纹一周，将纹饰分为内外两圈。外圈饰双身双首龙纹，内圈饰蒲纹。外圈边缘饰一道细弦纹。外径21、厚0.32厘米（图一一九，6）。

M1DK⑥：830，青玉。正面内外两侧边缘各阴刻一道细弦纹，中间饰蒲格涡纹。外径13.8、内径3.7、厚0.42厘米（图一二〇，3、4）。

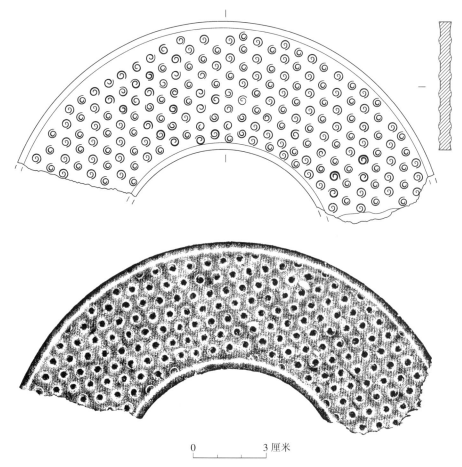

0　　　　3厘米

图一一八　M1DK⑥出土玉璧（M1DK⑥：728）

M1DK⑥：831，青玉。正面内外两侧边缘各阴刻一道细弦纹，中间饰蒲格涡纹。外径 10.8、内径 2.9、厚 0.32 厘米（图一二〇，6、7）。

M1DK⑥：839，青玉。正面外侧边缘阴刻一道细弦纹，中间饰蒲格涡纹。外径 16.9、厚 0.4 厘米（图一二〇，5、8）。

M1DK⑥：874，青玉。仅存小块。正反两面刻纹基本相同。正面中部刻斜线纹圈带绞丝纹一周，将纹饰分为内外两圈。外圈饰似双身双首龙纹，内圈饰蒲纹。厚 0.47 厘米（图一二一，2、3）。

M1DK⑥：877，青玉。正面内外两侧边缘各阴刻一道细弦纹，中间饰蒲格涡纹。外径 12.4、厚 0.31 厘米（图一二一，4、5）。

M1DK⑥：879，青玉。器表外边缘阴刻一道细弦纹，中间饰蒲格涡纹。外径 17.4、厚 0.4 厘米（图一二一，1）。

M1DK⑥：1778，青玉。器表阴刻两道细弦纹，中间饰蒲格涡纹。外径 17.7、内径 5.18、厚 0.78 厘米（图一二一，6、7；彩版一二九，2）。

5. 璜

6 件。

M1DK⑥：15，黄白玉，部分区域受沁有白斑，部分呈黑色，抛光莹亮。内外缘与两侧皆有减缘形成的扉棱，边缘均起扉棱，两面通饰谷纹，外侧边缘正中饰一宽孔。外弧径 28.2、内弧径

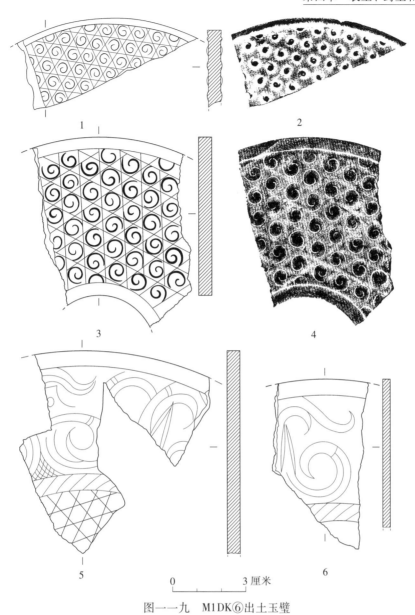

图一一九 M1DK⑥出土玉璧

1、3、5、6. 璧（M1DK⑥：747、M1DK⑥：754、M1DK⑥：756、M1DK⑥：767） 2、4. 拓本
（M1DK⑥：747、M1DK⑥：754）

16.2、背宽4.4~6.1、厚0.45~0.52厘米（图一二二，1、2；彩版一二九，3）。

M1DK⑥：153，青玉，残损严重，部分区域受沁成白色。正面内外两侧边缘各阴刻一道细弦纹，中间饰涡纹。制作略显粗糙，纹饰线条打磨不甚规整。外弧残径12.7、内弧残径3.2、背宽4.3、厚0.46~0.49厘米（图一二二，3、4；彩版一三〇，1）。

M1DK⑥：435，黄白玉，器表有白色薄雾状沁斑。内外缘与两侧皆有减缘形成的扉棱，边缘均起扉棱。据近弧形顶部用于悬挂的穿孔可知，残留部分仅占原器约三分之二，在完好的一端缘侧刻有编号铭文。两面沿边起栏，栏内所琢纹样一致：即采取平面铲地的浅浮雕工艺，以穿孔及能够正视的兽面纹为中心，轴对称式地表现出多层同身双首交绕的侧视龙、凤，璜下角端另饰有半身兔纹；地纹选取绞丝、羽地、网格等几何纹样对各类动物适当做填充装饰。一侧边缘刻有铭文，内容为"二千七十四"。整件玉璜全部采用浅浮雕技法刻饰纹饰，构图饱满，密而不塞，工艺精

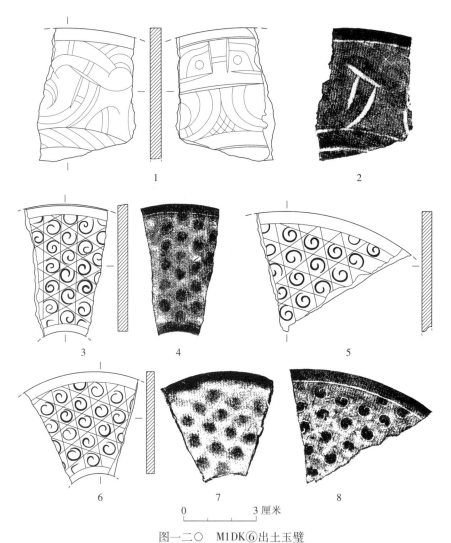

图一二〇　M1DK⑥出土玉璧

1、3、5、6. 璧（M1DK⑥：763、M1DK⑥：830、M1DK⑥：839、M1DK⑥：831）　　2、4、7、8. 拓本
（M1DK⑥：763、M1DK⑥：830、M1DK⑥：831、M1DK⑥：839）

湛。外弧残径15.6、内弧残径10、背宽2.7~3.4、厚0.45~0.51厘米（图一二三，1、2；彩版
一三〇，2）。

M1DK⑥：526，白玉，质润光洁。惜残损严重。整器双面皆素工，单面抛光。外弧残径4.9、
内弧残径4.7、背宽2.7~2.85、厚0.6厘米（图一二三，3；彩版一三〇，3）。

M1DK⑥：832，青玉。残损严重，边缘均起斜棱，两面通饰谷纹。外弧残径7.5、内弧残径
5.7、背宽5、厚0.32~0.52厘米（图一二四，1、2；彩版一三一，1）。

M1DK⑥：1770，青玉，残损严重，部分区域受沁为白色。内外缘皆有减缘形成的牙槽，边缘
均起斜棱，正反两面皆饰谷纹。外弧残径6、内弧残径6.6、背宽4.6、厚0.5~0.6厘米（图一二
四，3、4；彩版一三一，2）。

6. 环

6件。

M1DK⑥：57，白玉。环体扁平，器残损严重，仅存一段。器两面皆素工，圆润光亮。外径

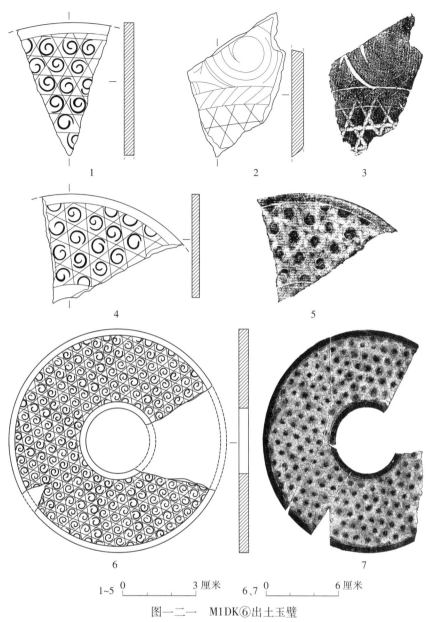

图一二一 M1DK⑥出土玉璧

1、2、4、6. 璧（M1DK⑥：879、M1DK⑥：874、M1DK⑥：877、M1DK⑥：1778） 3、5、7. 拓本
（M1DK⑥：874、M1DK⑥：877、M1DK⑥：1778）

11.8、内径7.4、厚0.3厘米（图一二五，1；彩版一三一，3）。

M1DK⑥：71，青玉。环体扁平，截面近似椭圆形。器残损严重，仅存一部。两面皆素工。外径6.88、内径4.62、厚0.45厘米（图一二五，2；彩版一三一，4）。

M1DK⑥：94，青玉。环体扁平，由多组台面组成，截面近似椭圆形。器残损仅存一半。两面皆素工。外径5.96、内径4.36、厚0.55厘米（图一二五，3；彩版一三一，5）。

M1DK⑥：200，青玉。环体扁平，截面近似椭圆形。器残损严重，仅存一段。环面由多组台面组成，正面中部阴刻细弦纹两道，其内饰"S"形云纹相交纹，背面素工。外径9.25、内径6.85、厚0.4厘米（图一二五，5、7；彩版一三二，1）。

M1DK⑥：296，青玉。环体扁平，由多组台面组成，截面近似椭圆形。器残损严重，仅存一

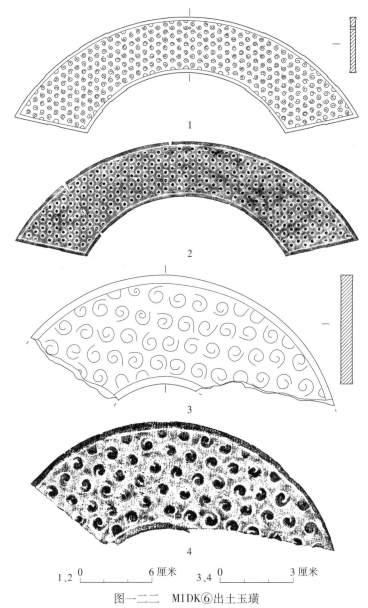

图一二二　M1DK⑥出土玉璜

1、3. 璜（M1DK⑥:15、M1DK⑥:153）　2、4. 拓本（M1DK⑥:15、M1DK⑥:153）

部。两面皆素工。外径 8.5、内径 5.75、厚 0.4 厘米（图一二五，4；彩版一三二，2）。

M1DK⑥:701，青玉。环体扁平，由多组台面组成，截面近似椭圆形。器残损严重，仅存一段，带有扉牙。两面皆素工。厚 0.54 厘米（图一二五，6；彩版一三二，3）。

7. 佩饰

12 件。均残损严重，形制不同。

M1DK⑥:63，青玉，色浅绿。两面纹饰各有不同，一面（正面）浅浮雕兽面纹，另一面（背面）线刻简化兽面纹。正面兽面纹下有一个方形榫孔。残长 13、残宽 4.6、厚 0.41 厘米（图一二六；彩版一三三，1）。

M1DK⑥:91，韘形佩。白玉，质润光洁。残损，整器略呈椭圆形，一面略鼓，中间有圆孔，左右两侧透雕双龙纹，余以单线阴刻云气纹。龙首瞋目上扬，长吻若啸，龙首后阴刻鬣毛。另一

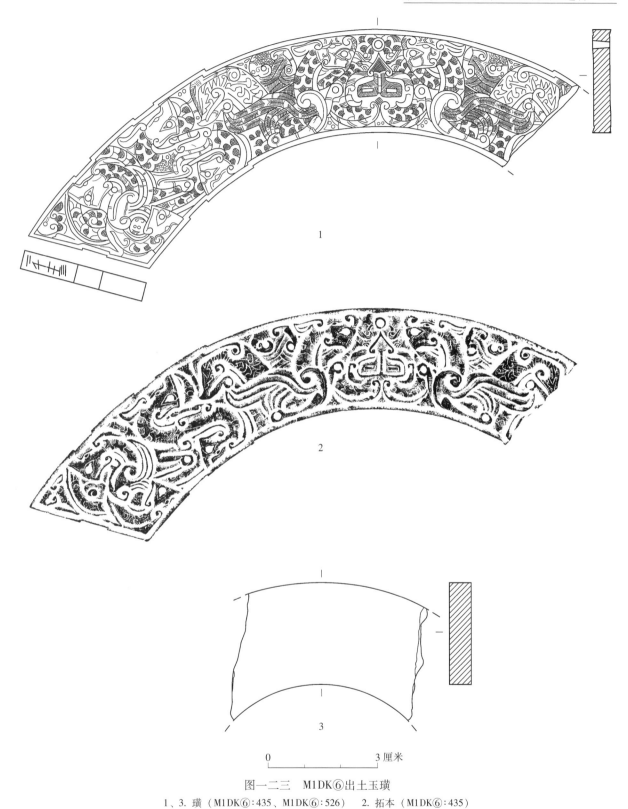

图一二三　M1DK⑥出土玉璜

1、3. 璜（M1DK⑥：435、M1DK⑥：526）　2. 拓本（M1DK⑥：435）

侧残甚，仅从下部存留的部分推测，可能为一只侧立的凤鸟。整器抛光细腻，器表通体呈均匀的玻璃状光面。残长8.8、残宽6.3、厚0.56~0.71厘米（图一二七；彩版一三三，2）。

M1DK⑥：116，色灰白，残损严重，原器形可能为珩。镂空，残留饰谷纹的横纵梁架及龙首部

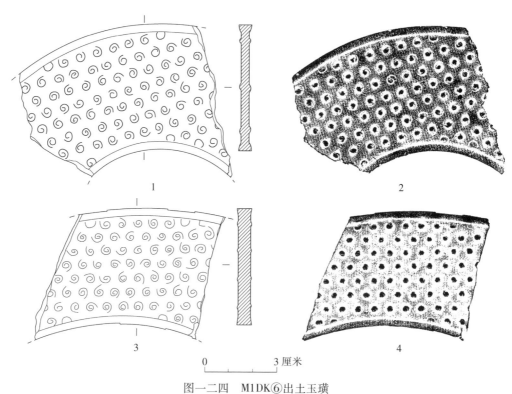

0   3厘米

图一二四　M1DK⑥出土玉璜

1、3. 璜（M1DK⑥：832、M1DK⑥：1770）　2、4. 拓本（M1DK⑥：832、M1DK⑥：1770）

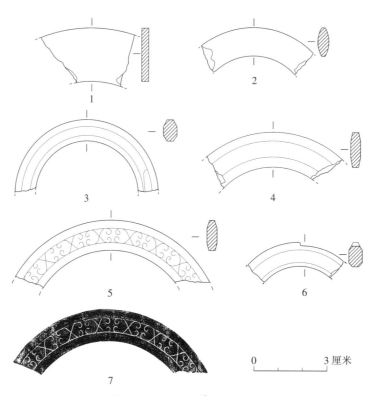

0   3厘米

图一二五　M1DK⑥出土玉环

1~6. 环（M1DK⑥：57、M1DK⑥：71、M1DK⑥：94、M1DK⑥：296、M1DK
⑥：200、M1DK⑥：701）　7. 拓本（M1DK⑥：200）

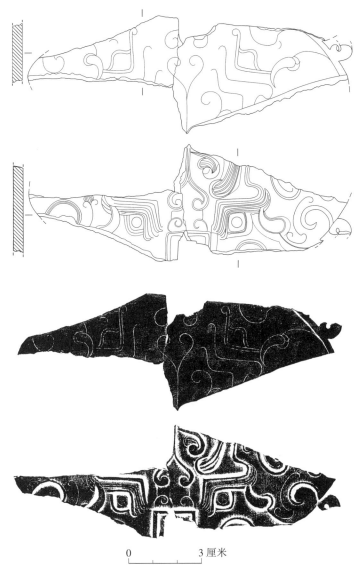

0　　　　3厘米

图一二六　M1DK⑥出土玉佩饰（M1DK⑥：63）

分，背面素工。残长 4.3、残宽 2.3、厚 0.25 厘米（图一二八，1、2；彩版一三二，4）。

M1DK⑥：167，白玉。残损严重，仅存一部。器两面纹饰相同，皆以浅浮雕和单线阴刻技法饰云气纹。推测为觿形佩的角端。残长 3.2、残宽 3.1、厚 0.4 厘米（图一二八，3、4；彩版一三四，1）。

M1DK⑥：207、M1DK⑥：431，从玉质、厚度来看应为同一虎形玉饰残片。

M1DK⑥：207，白玉，质润光洁。残损严重。器两面纹饰相同，中部饰卧蚕纹，两侧饰蒲纹。从形态上分析应是虎的前肢。残长 9、残宽 4.7、厚 0.4 厘米（图一二八，5、7；彩版一三四，2）。

M1DK⑥：431，白玉，质润。惜残损严重。器两面纹饰相同，为头部及尾部。皆以透雕、浅浮雕、单线阴刻等技法表现。器侧面刻铭“甲三”。大块残长 11.5、残宽 7.1、厚 0.4～0.5 厘米，小块残长 7.9、残宽 5.9、厚 0.38 厘米（图一二九、一三〇；彩版一三四，3～5）。

M1DK⑥：362，青玉。残损严重，仅存两小块，原器形可能为珩。残存的龙身上饰谷纹，背面素工。大块残长 3.6、残宽 3.1、厚 0.08～0.3 厘米，小块残长 2.9、残宽 1.5、厚 0.24 厘米（图一二八，6、8；彩版一三五，1）。

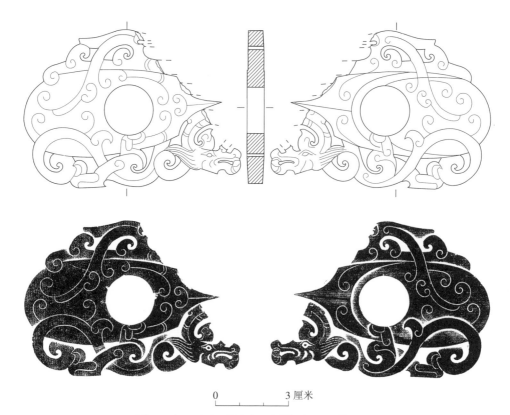

图一二七　M1DK⑥出土玉佩饰（M1DK⑥：91）

M1DK⑥：706，青玉。残损严重。正面以浅浮雕技法饰凤纹，背面素工。复原残长7.4、残宽3.7、厚0.15厘米（图一三一，1、3；彩版一三五，2）。

M1DK⑥：752，青玉。残损严重，原器可能为珩。正面饰谷纹，背面素工。残长3.6、残宽2.8、厚0.15厘米（图一三一，2、4；彩版一三五，3）。

M1DK⑥：755，青玉。应为龙形佩尾部的一部分。残损严重。正反两面皆饰谷纹。残长4.6、残宽2.2、厚0.4厘米（图一三一，5、7；彩版一三五，4）。

M1DK⑥：862，青玉。残损严重。正面饰斜线纹，背面素工。残长4.6、残宽1.35、厚0.27~0.39厘米（图一三一，6、8；彩版一三五，5）。

M1DK⑥：866，灰白玉，质润。龙形。残损严重，仅存两块。正反两面皆以透雕及单线阴刻技法饰卧蚕纹与云气纹。大块残长8.2、残宽3.8、厚0.46厘米，小块残长4.8、残宽4.3、厚0.46厘米（图一三二；彩版一三六，1）。

8. 鱼

1件。M1DK⑥：1408，白玉，器表大部受沁呈鸡骨白色，部分风化。整器为圆雕造型，厚重写实。以玉料先修磨成大形，再以细致的阴刻线条按真实的比例刻画出头部、身部和尾部。头部有眼、嘴，身部布满鱼鳞，并有背鳍、胸鳍与臀鳍；亚腰形收尾，尾端分叉，其上刻满等距的线条表示尾鳍。长15.4、宽5.1、厚0.5~1.68厘米（图一三三，1；彩版一三六，2）。

9. 塞

4件。

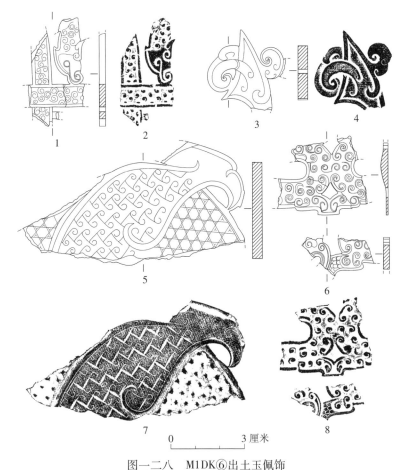

图一二八　M1DK⑥出土玉佩饰

1、3、5、6. 佩饰（M1DK⑥:116、M1DK⑥:167、M1DK⑥:207、M1DK⑥:362）　2、4、7、8. 拓本
（M1DK⑥:116、M1DK⑥:167、M1DK⑥:207、M1DK⑥:362）

M1DK⑥:863，白玉。圆锥状台形。顶径0.67、底径0.87、高1.8厘米（图一三三，2；彩版一三六，3）。

M1DK⑥:865，白玉。圆锥状台形。顶径0.7、底径0.9、高2.1厘米（图一三三，3；彩版一三六，3）。

M1DK⑥:869，白玉。圆锥状台形。顶径0.7、底径0.92、高1.92厘米（图一三三，4；彩版一三六，3）。

M1DK⑥:870，白玉。圆锥状台形，顶部残缺。底径0.93、残高1.4厘米（图一三三，5；彩版一三六，3）。

10. 剑首

1件。M1DK⑥:868，白玉。残甚。圆形，正面中部隆起，浅浮雕饰内卷的涡纹云气，中心有一穿孔；外圈饰阔叶柿蒂，间线刻云气。边缘斜上收。底面管钻圆形榫口，内圆面上浅砣刻"中"、"二"、"千"及"十"。直径4.4、厚0.9厘米（图一三三，6；彩版一三七，1）。

11. 剑珌

1件。M1DK⑥:796，白玉，质润光洁。器剖面近似菱形，正面光素，背面有一长方形凹槽，两侧各有一圆孔，孔与凹槽侧面相通。可能是削刀之类的小兵器用珌，亦有可能是剑首。长2.4、

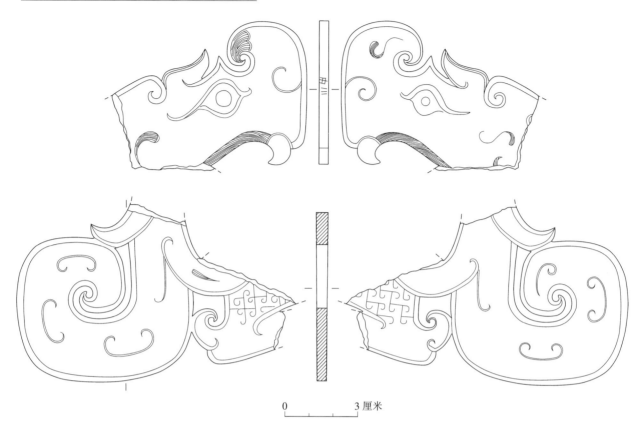

0 |___|___| 3 厘米

图一二九　M1DK⑥出土玉佩饰（M1DK⑥：431）

0 |___|___| 3 厘米

图一三〇　M1DK⑥出土玉佩饰（M1DK⑥：431）拓本

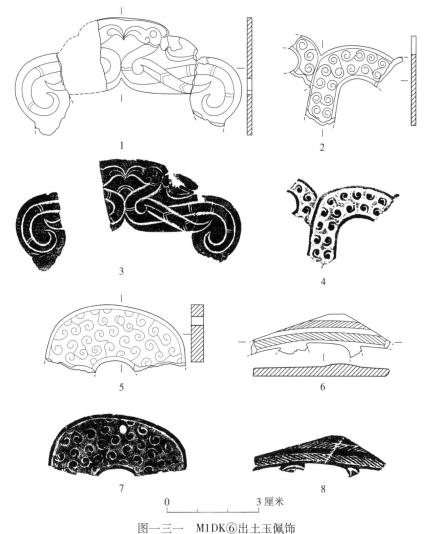

图一三一　M1DK⑥出土玉佩饰

1、2、5、6. 佩（M1DK⑥：706、M1DK⑥：752、M1DK⑥：755、M1DK⑥：862）　　3、4、7、8. 拓本
（M1DK⑥：706、M1DK⑥：752、M1DK⑥：755、M1DK⑥：862）

宽1.5、厚1厘米（图一三三，7；彩版一三七，2）。

12. 戈

2件。

M1DK⑥：477，青黄玉质，抛光莹亮。发现时鎏金铜龠仍套于援、内之间，戈体有断裂，现已拼合修复。直长援，头后端略显收束，长胡下稍有残损。援、胡沿边有模拟开刃的斜刹，援、胡和刃部交接处，两面均装饰正反勾接的几何形云纹。援、胡间填饰扁平的谷纹，援后部饰竖直等距的3个方形穿孔。内作长方形，正中略偏向援处有一方形穿孔，两面除留有栏边外皆填饰谷纹。援、内之间由上向下套有鎏金铜龠一枚，龠顶部装饰一只小鸟，或为"鸠"。鸟首戴冠回首，张喙若鸣，合翅夹尾，团爪即蹬。下铸连扁圆銎，銎开方槽，直接套在戈上部。残高11、宽18.8厘米（图一三四、一三五；彩版一三七，3）。

M1DK⑥：628，墨绿色，质地较细腻，质内含有白点、片状细小肌理。器表受沁，从受沁肌理来看，先是受黄色沁，进而由黄转红直至褐色。器表随各面的转角起伏打磨抛光，显得绚丽而莹

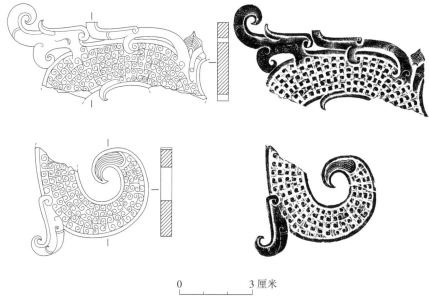

0   3厘米

图一三二　M1DK⑥出土玉佩饰（M1DK⑥：866）

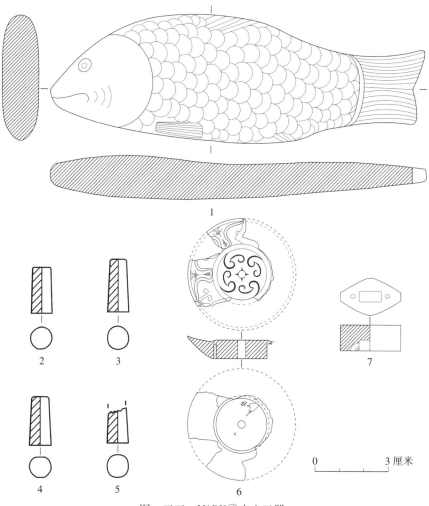

0   3厘米

图一三三　M1DK⑥出土玉器
1. 鱼（M1DK⑥：1408）　　2~5. 塞（M1DK⑥：863、M1DK⑥：865、M1DK⑥：869、M1DK⑥：870）
6. 剑首（M1DK⑥：868）　　7. 剑珌（M1DK⑥：796）

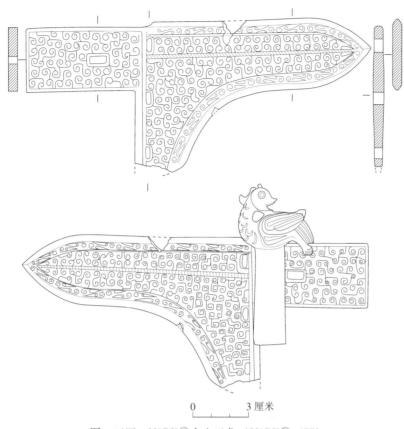

图一三四　M1DK⑥出土玉戈（M1DK⑥：477）

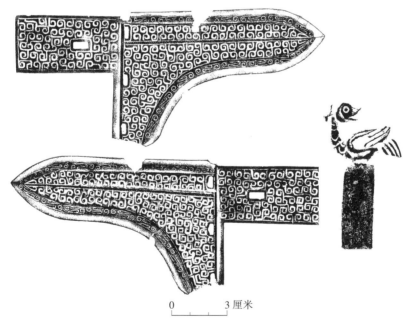

图一三五　M1DK⑥出土玉戈（M1DK⑥：477）拓本

亮。器之援、内一体，从援到内均开有刃。援首尖锐，锋部与援刃因角度不同，相交处表现出交角。自锋至援面，两面均起有凸出状条形血槽，延伸近中部处则戛然而止。从血槽止处至穿的器面略显内凹，推测此当为原先绑缚固定木柲之处。后端饰有一对穿状孔，可视为穿。长 23、宽

图一三六　M1DK⑥出土玉器

1. 戈（M1DK⑥:628）　2、5、7. 耳杯（M1DK⑥:358、M1DK⑥:48、M1DK⑥:118）　3、4、6. 碗（M1DK⑥:50、M1DK⑥:733、M1DK⑥:44）

4.15、厚 0.8、孔径 1.1 厘米（图一三六，1；彩版一三八，1）。

13. 耳杯

3 件。残损严重。

M1DK⑥:48，黄白玉。仅余杯耳一侧残部，余皆不存。耳正面单线阴刻云气纹，内侧边缘起棱，外侧边缘阴刻一道细弦纹。残长 4.5、宽 1.08 厘米（图一三六，5；彩版一三八，2）。

M1DK⑥:118，黄白玉。仅余口沿及器底各一部，余皆不存。尖唇，侈口。内腹素面，外腹单线阴刻云气纹。口沿残高 2.5、底残长 2.25、残高 1.55 厘米（图一三六，7；彩版一三八，3）。

M1DK⑥:358，灰青色，仅余器底一部分。内外底皆单线阴刻云气纹。残高 1.3、底残长 4.2、宽 3.5 厘米（图一三六，2）。

14. 碗

3 件。残损严重。

M1DK⑥:44，黄白玉。侈口，尖唇，弧腹，圈足。管钻掏膛，痕迹不明显。碗内素面，外壁口沿下饰一道凸弦纹，其下饰乳丁纹。外腹中部饰两道凸弦纹，下部单线阴刻云气纹，近底处饰一道细弦纹。外底饰一道细弦纹，内饰柿蒂纹。口径 11、底径 5、高 5.65 厘米（图一三六，6；彩版一三八，4）。

M1DK⑥：50，黄白玉。残损严重，仅存两块，其中一片发现在盗坑口上部，另一片发现于椁室盗坑内。因后期保存环境差异，两块残片受沁差异较大。器口沿残缺，弧腹，圈足。碗内素面，外壁上腹部饰乳丁纹，其下饰两道凸弦纹。下腹部单线阴刻云气纹，近底处饰一道细弦纹。外底饰细弦纹一道，内饰云气纹。底径 4.6、残高 3.6 厘米（图一三六，3；彩版一三九，1）。

M1DK⑥：733，青玉。残损严重，仅存一块口沿残片。器几处受沁变为黑色。外壁口沿下饰两道弦纹，内饰卧蚕纹。残高 1.3 厘米（图一三六，4；彩版一三八，5）。

15. 卮

3 件。残损严重。

M1DK⑥：40，黄白玉，质润光洁。仅存器底与口沿残片各一块。内壁上，管钻掏膛的同心圆痕迹较明显，内膛器底有打磨的同心圆痕迹。器圆唇，直口，平底，整体呈筒状。外壁口沿下与近底处各有一道凹槽，余通饰勾连云纹。外底中部饰两道弦纹将纹饰分为内外两圈，外圈饰对称云气纹，内圈纹饰不明。复原口径 9.9、底径 9.8、高 11.5 厘米（图一三七，2；彩版一三九，2）。

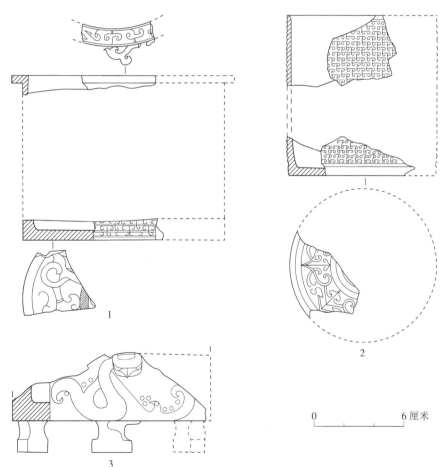

图一三七　M1DK⑥出土玉卮
1. M1DK⑥：263　2. M1DK⑥：40　3. M1DK⑥：41

M1DK⑥：41，黄白玉，质润光洁。仅存器底一块。器外壁素工，近底处以圆雕技法高浮雕饰尖嘴螭虎三足，虎身减地的管钻痕迹犹存。底径 12.9、残高 6.3 厘米（图一三七，3；彩版一三九，3）。

M1DK⑥：263，白玉。仅存器底与口沿残片各一块。器平沿外折，沿面饰卧蚕纹，有出廓的透雕镂空云气；近底处通饰涡纹。外底中部以斜线纹圈带将纹饰分为内、外两圈，外圈饰龙纹，内圈纹饰不明。复原口径 14.5、底径 13.2、残高 1.3 厘米（图一三七，1；彩版一三九，4）

16. 贝带

2 套。清理时，M1DK⑥：354 与 M1DK⑥：355 两套贝带部分叠压、散乱出土于前室盗坑底部椁底板上。

M1DK⑥：354，带丝质衬底已朽，仅残留玉带板 2 件、玛瑙贝形饰 44 件（彩版一四〇，1）。

M1DK⑥：354 - 1，长方形带头四边雕镂，以轴对称左右上下分布着俯视、侧视视角的爬龙。上框两龙对视，下框两龙背对，侧框则是下龙咬住上龙的尾部。透雕龙纹玉片镶嵌在方框正中，长方形片状，白玉质，部分受沁呈红褐、黄色；一面镂空出一条云龙；阴刻线条简洁流畅，表面抛光莹亮。长 9、宽 5.3、厚 1.2 厘米（图一三八，2；图一三九，1；彩版一四〇，2）。

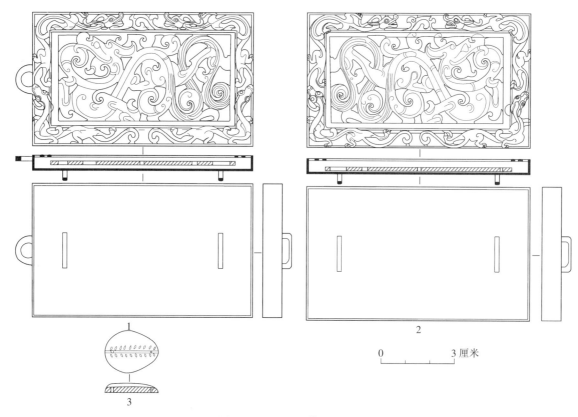

图一三八　M1DK⑥出土贝带

1、2. 玉带板（M1DK⑥：354 - 2、M1DK⑥：354 - 1）　3. 玛瑙贝形饰（M1DK⑥：354 - 3）

M1DK⑥：354 - 2，纹饰、尺寸与 M1DK⑥：354 - 1 相同，唯框架一侧多饰一个半圆形扣纽。长 9.78、宽 5.3、厚 1.2 厘米（图一三八，1；图一三九，2；彩版一四一，1）。

M1DK⑥：354 - 3，玛瑙贝形饰。系用纯净的红玛瑙制作，刻槽两端也有细小的钻孔，部分留有细小的金丝穿缀。长 2.2、宽 1.7、厚 0.4 厘米（图一三八，3；彩版一四一，3）。

M1DK⑥：354 - 4 ~ M1DK⑥：354 - 46 共 43 件，形制、尺寸、纹饰与 M1DK⑥：354 - 3 基本相同。

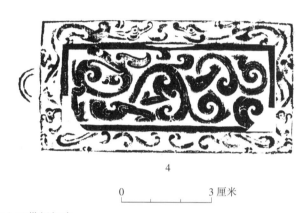

0 　　　　　　　3厘米

图一三九　M1DK⑥出土玉带板拓本
1. M1DK⑥:354-1　2. M1DK⑥:354-2　3. M1DK⑥:355-1　4. M1DK⑥:355-2

M1DK⑥:355，清理时，M1DK⑥:355与M1DK⑥:354两套玉贝带混合于一处，前者贝带丝质衬底已朽，仅残留玉带板2件、玉扣舌1件、玉贝形饰57件（彩版一四二，1）。

M1DK⑥:355-1，长方形带头四边为雕镂通体鎏金的外框，图案以轴对称左右、上下分布着侧视视角的龙与凤；上框两龙对视，下框两凤相背，侧框则是下凤咬住上龙的尾部。发现时，位于镂空部分的框内有正面贴金箔的固定木条；边框背面正中突出2个用于绑扣的方形扣头。透雕龙纹玉片镶嵌在方框正中，长方形片状，白玉质，部分受沁呈红褐、黄色；一面镂空出一条云龙；阴刻线条简洁流畅，表面抛光莹亮。其另一面光素，保留平行的锯状切割痕。长8.6、宽4.3、厚0.9厘米（图一四〇，1；图一三九，3；彩版一四一，2）。

M1DK⑥:355-2，纹饰、尺寸与M1DK⑥:355-1相同，唯框架一侧多饰一个半圆形扣纽。长9.3、宽4.25、厚0.92厘米（图一四〇，2；图一三九，4；彩版一四二，2）。

M1DK⑥:355-3，玉扣舌，针状，由同类白玉琢成，表面受沁出白色斑点。扁圆棒形，中部略显出束腰，前端尖耸，后端圆钝，近尾部钻有横向穿孔。长4.2、宽0.5、厚0.27厘米（图一四〇，3；彩版一四一，4）。

M1DK⑥:355-4，贝形饰。白玉琢制，器表受沁出白色斑点，正面抛光莹亮，背面未细致打磨。一端宽，另一端窄，凸鼓的一面中间刻有一道凹槽，沿凹槽对称琢"八"字阴刻线，显然是仿做于真实贝壳腹部的卷沟与细齿。刻槽两端有细小的钻孔，以细金丝穿缀在丝织衬托上。长1.75、宽1.3、厚0.23厘米（图一四〇，4；彩版一四一，5）。

M1DK⑥:355-5～M1DK⑥:355-60共56件，形制、尺寸、纹饰与M1DK⑥:355-4基本相同（彩版一四二，1）。

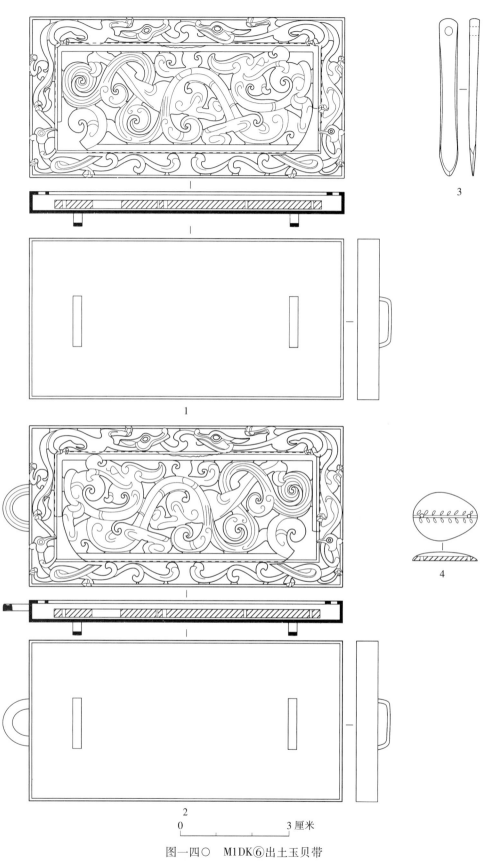

图一四〇 M1DK⑥出土玉贝带

1、2. 带板（M1DK⑥:355-1、M1DK⑥:355-2）   3. 扣舌（M1DK⑥:355-3）   4. 贝形饰（M1DK⑥:355-4）

17. 牌饰

1件。M1DK⑥:1586，白玉。器平面近似长方形，正面中部隆起，单线阴刻神兽纹，下部饰一凹槽，背面素工。长6.1、宽4.1、厚0.1~0.45厘米（图一四一，1；彩版一四三，1）。

18. 残器

12件。皆残损严重，器形难以辨认。

M1DK⑥:29，白玉，质润。仅存残片。器外壁饰勾连云纹。略带有弧度，内壁光洁，应为直壁形态的玉杯类容器。残长3.85、宽2.9、厚0.4厘米（图一四一，2）。

M1DK⑥:43，黄白玉。仅存残片。器外壁饰兽面纹。从残存形态分析，可能是厄的鋬手（持）。残长2.1、宽2.6、厚0.5~1.12厘米（图一四一，3；彩版一四三，2）。

M1DK⑥:61，灰白玉。仅存残片。器外壁饰涡纹。略带有弧度，内壁光洁，应为直壁形态的杯类容器。残长2.6、残宽3.2、厚0.5厘米（图一四一，4）。

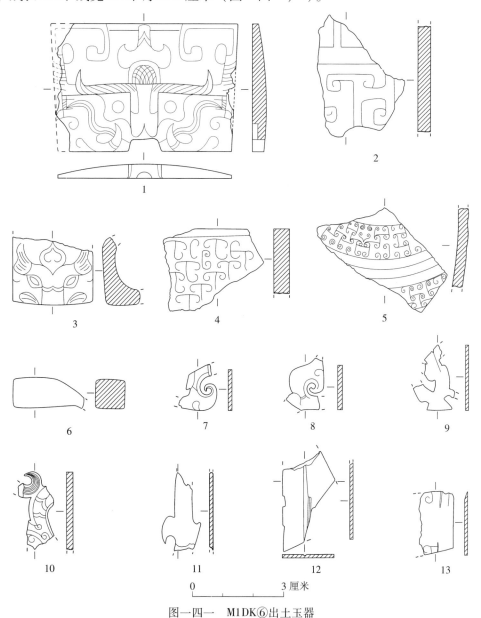

图一四一 M1DK⑥出土玉器

1. 牌饰（M1DK⑥:1586） 2~13. 残器（M1DK⑥:29、M1DK⑥:43、M1DK⑥:61、M1DK⑥:279、M1DK⑥:871、M1DK⑥:1771~M1DK⑥:1777）

M1DK⑥:279，黄白玉。仅存残片。器呈弧状，极可能为器盖的一部分。外壁中部饰四道凸弦纹，两侧均饰勾连云纹。残长 4.35、残宽 2.26、厚 0.32 厘米（图一四一，5）。

M1DK⑥:871，白玉，质润。仅存残件。残长 2.3、残宽 0.97、厚 0.95 厘米（图一四一，6；彩版一四三，3）。

M1DK⑥:1771 ~ M1DK⑥:1777 共 7 件，器形较小，皆仅存残片，推测均为小型饰件残部。

M1DK⑥:1771，青玉。残长 1.4、残宽 1.2、厚 0.13 厘米（图一四一，7）。

M1DK⑥:1772，青玉。残长 1.6、残宽 1.2、厚 0.16 厘米（图一四一，8）。

M1DK⑥:1773，青玉。残长 2.1、残宽 1.35、厚 0.1 厘米（图一四一，9）。

M1DK⑥:1774，青玉。残长 2.4、残宽 0.9、厚 0.2 厘米（图一四一，10）。

M1DK⑥:1775，青玉。残长 2.5、残宽 1.3、厚 0.11 厘米（图一四一，11）。

M1DK⑥:1776，青玉。残长 3.2、残宽 1.7、厚 0.12 厘米（图一四一，12）。

M1DK⑥:1777，青玉。残长 1.95、残宽 1.1、厚 0.1 厘米（图一四一，13）。

六　石器

3 件。有研、残器等。

1. 研

2 件。

M1DK⑥:678，灰白色石质。一套 2 件。研身与研子具存。研身圆柄形，直径 13.15、高 3 厘米。砚子圆柱形，顶部近圆锥形。直径 3、高 2.8 厘米（图一四二，2；彩版一四三，4）。

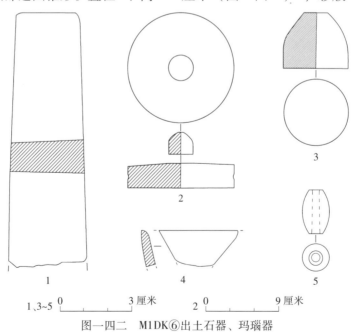

图一四二　M1DK⑥出土石器、玛瑙器

1. 石器（M1DK⑥:445）　　2、3. 石砚、砚子（M1DK⑥:678、M1DK⑥:1395）

4. 玛瑙杯（M1DK⑥:285）　　5. 玛瑙串饰（M1DK⑥:864）

M1DK⑥:1395，灰白色石质。仅存研子。矮圆柱形，平顶，上半部近似圆锥形。直径 2.6、高 2.2 厘米（图一四二，3；彩版一四三，5）。

2. 残器

1 件。M1DK⑥：445，青石质。长条形，一端残损。残长 10.2、残宽 3.3、厚 1.3 厘米（图一四二，1；彩版一四三，6）。

七　玛瑙器

2 件。有杯、串饰。

1. 杯

1 件。M1DK⑥：285，褐色与黑色相间的缟玛瑙，仅存口沿一部。内外壁皆素工。壁厚 0.4、残高 1.4 厘米（图一四二，4；彩版一四三，7）。

2. 串饰

1 件。M1DK⑥：864，红色。橄榄形，两端呈台面，中间一孔贯穿器身。长 1.75、宽 1.1、孔径 0.35 厘米（图一四二，5；彩版一四三，8）。

八　漆器

15 件（套）。

1. 耳杯

3 件。均为 A 型。

M1DK⑥：595，夹纻胎。平底，仅存器底。底内外皆髹深褐色漆，内底朱绘变体龙纹。长 5、宽 2.1 厘米（彩图八，1）。

M1DK⑥：1768，夹纻胎。平底，仅存器底。底内外皆髹深褐色漆，内底外圈饰两道弦纹，夹饰针刻篦纹与朱漆点纹，中心朱绘神兽纹。长 6、宽 2.8 厘米（彩图八，2）。

M1DK⑥：1769，形制、尺寸、纹饰与 M1DK⑥：1768 相同，亦仅存底部。

2. 奁

3 件（套）。均出土于前室盗坑内。与其同出土的有铜象、铜犀牛、玉鱼及明器铜钫、铜罐等。

C 型　3 件。夹纻胎。圆形大奁，内装小奁。

M1DK⑥：1404，未见界格。盖顶正面通髹黑漆，以两圈银扣和两道出筋分隔出三圈纹饰。顶心贴饰柿蒂纹银扣，边饰四组针刻云气纹，由内至外第一圈饰三道弦纹，第二、三道弦纹间夹饰针刻波折纹与几何纹组合；第二圈饰四组针刻神兽云气纹；第三圈饰两道弦纹夹针刻波折纹与几何纹组合。盖顶反面中心髹黑漆，余髹朱漆。中心饰一组针刻柿蒂纹，由内至外针刻四道弦纹，第二、三道弦纹间夹饰针刻波折纹与几何纹组合。盖身外壁髹黑漆，以三圈银扣分隔出两圈纹饰。上圈饰五道针刻弦纹，由上至下第一、二道弦纹间夹饰针刻波折纹与几何纹组合，第三、四道弦纹间夹饰针刻神兽云气纹。下圈亦为针刻纹饰，题材相同。内壁近口沿处髹黑漆，饰四道针刻弦纹，由上至下第二、三道弦纹间夹饰针刻波折纹与几何纹组合。器身外壁髹黑漆，以三圈银扣分隔出两圈纹饰，均饰针刻纹，题材与盖身外壁同。内壁近口沿处髹黑漆，饰针刻纹饰，题材与盖身内壁近口沿处相同，余皆髹朱漆。器身内底通髹朱漆，素面。外底髹黑漆，中心饰三组针刻云气纹，外圈饰两道弦纹夹针刻波折纹与几何纹组合。盖高10.4、盖口径24.6、奁高9.1、奁口径24、通高11.6厘米（彩图九～一二）。

大奁内装七子小奁，均为夹纻胎。盖与器身外壁均髹黑漆，内壁髹朱漆，盖顶银环均缺佚。纹饰均以针刻手法绘制（彩图一三）。

M1DK⑥：1404-1，椭圆形奁。盖顶中心贴饰柿蒂纹银扣，边饰几何纹；外圈饰两道弦纹夹饰波折纹与几何纹组合。盖身外壁饰两道银扣并分隔出一圈纹饰，饰四道弦纹，由上至下第二、三道弦纹间夹饰波折纹与几何纹组合。器身外壁亦饰两道银扣并分隔出一圈纹饰，饰四道弦纹，由上至下第一、二道与三、四道弦纹间夹饰波折纹，第二、三道弦纹间夹饰几何纹。盖高3.2、盖长6.4、盖宽3.5、奁高2.6、奁长6.1、奁宽3.3、通高3.7厘米（彩图一四，1）。

M1DK⑥：1404-2，圆形奁。盖顶中心贴饰柿蒂纹银扣，边饰神兽云气纹，外圈饰四道弦纹，由内至外第二、三道弦纹间夹饰波折纹与几何纹组合。盖身外壁饰两道银扣并分隔出一圈纹饰，饰六道弦纹，由上至下第一、二道与五、六道弦纹间夹饰波折纹与几何纹组合，第三、四道弦纹间夹饰几何纹。器身外壁亦饰两道银扣并分隔出一圈纹饰，题材与盖身外壁同。盖高5.2、盖口径9.2、奁高4.1、奁口径8.8、通高5.5厘米（彩图一五；彩版一四四，1）。

M1DK⑥：1404-3，椭圆形奁。形制、纹饰与M1DK⑥：1404-1同，唯尺寸略大。盖高3.9、盖长7.9、盖宽4.3、奁高3.2、奁长7.5、奁宽4、通高4.5厘米（彩图一六；彩版一四四，2）。

M1DK⑥：1404-4，长方形奁。盖作盝顶式。顶面中心贴饰柿蒂纹银扣，边饰几何纹，四面坡上饰三道弦纹，由内至外第二、三道弦纹间夹饰波折纹与几何纹组合。盖身外壁饰两道银扣并分隔出一圈纹饰，饰四道弦纹，由上至下第一、二道与第三、四道弦纹间夹饰波折纹，第二、三道弦纹间夹饰几何纹。器身外壁亦饰两道银扣并分隔出一圈纹饰，题材与盖身外壁同。盖高2.7、盖长7.2、盖宽3.7、奁高2.6、奁长6.9、奁宽3.4、通高3.2厘米（彩图一七）。

M1DK⑥：1404-5，圆形奁。盖顶中心贴饰柿蒂纹银扣，外圈饰三道弦纹，由内至外第二、三道弦纹间夹饰波折纹与几何纹组合。盖身外壁与器身外壁均饰两道银扣并分隔出一圈纹饰，题材与M1DK⑥：1404-1盖身外壁纹饰相同。盖高3.5、盖口径5.5、奁高3.1、奁口径5.2、通高4厘米（彩图一四，2）。

M1DK⑥：1404-6，长方形奁。盖作盝顶式。顶面中心贴饰柿蒂纹银扣，边饰神兽云气纹，四面坡上饰三道弦纹，由内至外第二、三道弦纹间夹饰波折纹与几何纹组合。盖身与器身外壁均饰两道银扣并分隔出一圈纹饰，题材与M1DK⑥：1404-1器身外壁纹饰相同。盖高2.7、盖长17、盖宽3.7、奁高2.5、奁长16.7、奁宽3.4、通高3.1厘米（彩图一八）。

M1DK⑥：1404-7，马蹄形奁。盖顶为平顶，周边呈坡状。顶面中心贴饰三叶形银扣，坡面上部饰几何纹，下部饰三道弦纹，由内至外第二、三道弦纹间夹饰波折纹与几何纹组合。盖身外壁与器身外壁均饰两道银扣并分隔出一圈纹饰，题材与M1DK⑥：1404-2器身外壁纹饰相同。盖高4.2、盖长8.9、盖宽6.3、奁高3.6、奁长8.5、奁宽3.6、通高4.9厘米（彩图一九；彩版一四四，3）。

M1DK⑥：1402，未见界格。盖顶正面通髹黑漆，以一圈银扣和两道出筋分隔出三圈纹饰。顶心贴饰柿蒂纹银扣，边饰四组镂空透雕嵌金箔角质饰片，纹饰主题为动物云气纹。由内至外三圈纹饰均以镂空透雕嵌金箔角质饰片为装饰主体，除第二圈纹饰尚可复原外，余皆缺佚，无法复原。第二圈纹饰由多段嵌金箔角质饰片填嵌组成，角质饰片上用镂空透雕技法刻出纹饰，并填入金箔，有人物、动物、云气等纹饰。盖顶反面中心髹黑漆，余髹朱漆。中心饰两组针刻云气纹，由内至外针刻六道弦纹，第三、四道弦纹间夹饰朱漆点纹。器盖除盖顶外，盖身残损严重，无法复原。盖身正面髹黑漆，器壁残缺，但底部保存较好。从残存迹象看，器壁外侧嵌有大量绿松石，似组成图案，但纹式不明，推测器壁亦填嵌镂空透雕嵌金箔角质饰片，部分镂空处则填嵌绿松石。内底外圈饰一圈银扣，中心髹黑漆，余髹朱漆。中心饰两组针刻云气纹，由内至外针刻七道弦纹，第三、四道弦纹间夹饰朱漆点纹。盖口径 25、奁口径 24.1 厘米（彩图二〇～二二）。

大奁内装七子小奁，均为夹纻胎，盖与器身外壁均髹黑漆，盖顶银环均缺佚。除银扣外，小奁主体纹饰均以填嵌镂空透雕嵌金箔角质饰片为装饰手法（彩图二三）。

M1DK⑥：1402－1，长方形奁。盖作盝顶式。顶面中心贴饰柿蒂纹银扣，两边贴嵌镂空透雕嵌金箔云气纹角质饰片。四面坡上嵌梯形角质饰片，均为素面。盖顶反面中心髹黑漆，针刻云气纹，余髹朱漆。盖身外壁饰两道银扣并分隔出一圈云气纹，装饰技法为填嵌长条形镂空透雕嵌金箔角质饰片。内壁近口沿处髹黑漆，针刻三道弦纹，由上至下第一、二道弦纹间夹饰梳齿纹，余髹朱漆。器身外壁饰两道银扣并分隔出一圈纹饰，均填嵌素面角质饰片。内壁近口沿处髹黑漆，针刻三道弦纹，由上至下第二、三道弦纹间夹饰梳齿纹，余髹朱漆。内底中心髹黑漆，针刻云气纹，余髹朱漆。外底通髹黑漆。盖高 3.2、盖长 17.6、盖宽 3.7、奁高 2.9、奁长 17、奁宽 3.1、通高 3.8 厘米（彩图二四）。

M1DK⑥：1402－2，椭圆形奁。盖顶中心贴饰柿蒂纹银扣，四周贴嵌镂空透雕嵌金箔角质饰片，因残损严重，纹饰无法复原。盖顶反面中心髹黑漆，针刻云气纹，余髹朱漆。盖身外壁饰两道银扣并分隔出一圈云气纹，装饰技法为填嵌长条形镂空透雕嵌金箔角质饰片。盖身内壁近口沿处髹黑漆，针刻三道弦纹，由上至下第一、二道弦纹间夹饰梳齿纹，余髹朱漆。器身内外壁装饰技法及纹饰与 M1DK⑥：1402－1 器身相同，内底中心髹黑漆，针刻云气纹，余髹朱漆。盖高 3.6、盖长 7.1、盖宽 4、奁高 2.7、奁长 6.6、奁宽 3.5、通高 3.9 厘米（彩图二五，1）。

M1DK⑥：1402－3，长方形奁。盖作盝顶式。顶面中心贴饰柿蒂纹银扣，四周贴嵌镂空透雕嵌金箔云气纹角质饰片。四面坡上嵌梯形角质饰片，但未采用透雕技法，均为素面。盖顶反面中心髹黑漆，针刻云气纹，余髹朱漆。盖身内外壁与器身内外壁装饰技法及纹样与 M1DK⑥：1402－1 相同。器身内底髹黑漆，针刻云气纹，余髹朱漆。盖高 3.4、盖长 6.7、盖宽 3.7、奁高 2.7、奁长 6.1、奁宽 3.1、通高 3.6 厘米（彩图二五，2）。

M1DK⑥：1402－4，正方形奁。盖作盝顶式。顶面中心纹饰残损，无法复原。四面坡上嵌梯形角质饰片，但未采用透雕技法，均为素面。盖顶反面中心髹黑漆，针刻云气纹，余髹朱漆。盖身内外壁和器身内外壁装饰技法及纹样与 M1DK⑥：1402－1 相同。器身内底髹黑漆，针刻云气纹，余髹朱漆。盖高 3.2、盖长 4.5、奁高 2.6、奁长 4、通高 3.5 厘米（彩图二六，1）。

M1DK⑥：1402－5，圆形奁。盖顶中心贴饰柿蒂纹银扣，四周贴饰镂空透雕嵌金箔云气纹角质饰片。盖顶反面中心髹黑漆，针刻云气纹，余髹朱漆。盖身内外壁和器身内外壁装饰技法及纹饰与 M1DK⑥：1402－1 器身相同，内底中心髹黑漆，针刻云气纹，余髹朱漆。盖高 3.4、盖口径 5.4、奁高 3.1、奁口径 4.8、通高 4 厘米（彩图二六，2）。

M1DK⑥：1402－6，马蹄形奁。盖顶中心贴饰三叶形银扣，四周贴嵌镂空透雕嵌金箔角质饰片，纹饰不明。四面坡上嵌梯形角质饰片，但未采用透雕技法，均为素面。盖顶反面中心髹黑漆，针刻云气纹，余髹朱漆。盖身外壁饰两道银扣并分隔出一圈云气纹，装饰技法为填嵌长条形镂空透雕嵌金箔角质饰片。盖身内壁和器身内外壁装饰技法及纹饰与 M1DK⑥：1402－1 相同。内底中心髹黑漆，针刻云气纹，余髹朱漆。盖高 4、盖长 8.7、盖宽 6.3、奁高 4、奁长 8.1、奁宽 5.7、通高 5 厘米（彩图二七）。

M1DK⑥：1402－7，圆形奁。盖顶中心贴饰柿蒂纹银扣，四周贴饰镂空透雕嵌金箔云气纹角质饰片。盖顶反面中心髹黑漆，针刻云气纹，余髹朱漆。盖身外壁饰两道银扣并分隔出一圈动物纹，装饰技法为填嵌长条形镂空透雕嵌金箔角质饰片。盖身内壁和器身内外壁装饰技法及纹饰与 M1DK⑥：1402－1 相同。内底中心髹黑漆，针刻云气纹，余髹朱漆。盖高 5、盖口径 9.3、奁高 4.3、奁口径 8.5、通高 5.7 厘米（彩图二八）。

M1DK⑥：1410，未见界格。盖顶正面通髹黑漆，以两圈银扣分隔出一圈纹饰。顶心贴饰柿蒂纹银扣，边饰四组镂空透雕嵌金箔角质饰片，纹饰主题为云气纹。外圈填有镂空透雕嵌金箔角质饰片，唯残损严重，纹饰不明，但依稀可辨有动物、云气等题材。盖顶反面中心髹黑漆，余髹朱漆。中心饰两组针刻云气纹，由内至外针刻八道弦纹，第四、五道弦纹间夹饰针刻梳齿纹。盖身外壁饰三道银扣并分隔出两圈纹饰，装饰技法为填嵌长条形镂空透雕嵌金箔角质饰片，但残损严重，具体纹饰无法复原。内壁近口沿处髹黑漆，针刻三道弦纹，由上至下第一、二道弦纹间夹饰针刻云气纹，余髹朱漆。器身外壁亦饰三道银扣并分隔出两圈纹饰，填嵌素面角质饰片。内壁近口沿处髹黑漆，针刻三道弦纹，由上至下第二、三道弦纹间夹饰针刻云气纹。器身内底中心髹黑漆，余髹朱漆。中心饰针刻纹饰，纹样与盖顶内侧相同。盖高 9.5、盖口径 19.7、奁高 7.8、奁口径 18.8、通高 10.5 厘米（彩图二九～三二）。

大奁内装八子小奁，均为夹纻胎，盖与器身外壁均髹黑漆，盖顶银环缺佚。除银扣外，小奁主体纹饰均以填嵌镂空透雕嵌金箔角质饰片为装饰手法（彩图三三）。

M1DK⑥：1410－1，长方形奁。盖作盝顶式。顶面中心柿蒂纹银扣缺佚，两边贴嵌镂空透雕嵌金箔云气纹角质饰片，一侧残损，纹饰无法复原。四面坡上嵌梯形角质饰片，但未采用透雕技法，均为素面。盖顶反面中心髹黑漆，针刻云气纹，余髹朱漆。盖身外壁饰两道银扣并分隔出一圈云气纹，装饰技法为填嵌长条形镂空透雕嵌金箔角质饰片。内壁近口沿处髹黑漆，针刻三道弦纹，由上至下第一、二道弦纹间夹饰朱漆点纹，余髹朱漆。器身外壁饰两道银扣并分隔出一圈纹饰，均填嵌素面角质饰片。内壁近口沿处髹黑漆，针刻三道弦纹，由上至下第二、三道弦纹间夹饰朱漆点纹，余髹朱漆。内底中心髹黑漆，针刻云气纹，余髹朱漆。外底通髹黑漆。盖高 2.6、盖长 14.2、盖宽 2.8、奁高 2.7、奁长 13.8、奁宽 2.4、通高 3.4 厘米（彩图三四）。

M1DK⑥：1410－2，椭圆形奁。盖顶中心贴饰柿蒂纹银扣，四周贴嵌镂空透雕嵌金箔云气纹角质饰片。盖顶反面中心髹黑漆，针刻云气纹，残损严重，无法复原，余髹朱漆。盖身内外壁和器身内外壁装饰技法及纹样与 M1DK⑥：1410－1 相同。内底中心髹黑漆，针刻云气纹，余髹朱漆。外底通髹黑漆。盖高 3、盖长 5.5、盖宽 3、奁高 2.5、奁长 5、奁宽 2.7、通高 3.4 厘米（彩图三五，1）。

M1DK⑥：1410－3，长方形奁。盖作盝顶式。顶面中心饰柿蒂纹银扣，两边贴嵌镂空透雕嵌金箔云气纹角质饰片。盖身外壁和器身外壁装饰技法及纹样与 M1DK⑥：1410－1 相同。内壁近口沿处髹黑漆，针刻四道弦纹，由上至下第二、三道弦纹间夹饰朱漆点纹，余髹朱漆。器身内壁近口沿处髹黑漆，针刻四道弦纹，由上至下第二、三道弦纹间夹饰朱漆点纹，余髹朱漆。内底中心髹黑漆，针刻云气纹，余髹朱漆。外底通髹黑漆。盖高 2.9、盖长 6.1、盖宽 2.9、奁高 2.2、奁长 5.7、奁宽 2.5、通高 3 厘米（彩图三六）。

M1DK⑥：1410 - 4，正方形奁。盖作盝顶式。顶面中心饰柿蒂纹银扣，四面坡上填嵌梯形镂空透雕嵌金箔云气纹角质饰片。盖顶反面中心髹黑漆，针刻云气纹，余髹朱漆。盖身内外壁和器身内外壁装饰技法及纹样与 M1DK⑥：1410 - 1 相同。内底中心髹黑漆，针刻云气纹，余髹朱漆。盖高 2.7、盖长 2.9、奁高 2.4、奁长 2.5、通高 3 厘米（彩图三五，2）。

M1DK⑥：1410 - 5，圆形奁。盖顶中心贴饰柿蒂纹银扣，四周贴嵌镂空透雕嵌金箔云气纹角质饰片。盖顶反面中心髹黑漆，针刻云气纹，余髹朱漆。盖身内外壁和器身内外壁装饰技法及纹样与 M1DK⑥：1410 - 1 相同。内底中心髹黑漆，针刻云气纹，余髹朱漆。盖高 2.9、盖口径 4、奁高 2.8、奁口径 3.6、通高 3.6 厘米（彩图三七，1）。

M1DK⑥：1410 - 6，马蹄形奁。盖顶外壁中心残损严重，纹饰未能复原。盖顶反面中心髹黑漆，针刻云气纹，余髹朱漆。盖身内外壁和器身内外壁装饰技法及纹样与 M1DK⑥：1410 - 1 相同。内底中心髹黑漆，针刻云气纹，余髹朱漆。盖高 3.1、盖长 5.2、盖宽 3.7、奁高 2.4、奁长 4.6、奁宽 3.1、通高 3.3 厘米（彩图三七，2）。

M1DK⑥：1410 - 7，马蹄形奁。盖顶中心贴饰三叶形银扣，四周贴嵌镂空透雕嵌金箔云气纹角质饰片。四面坡上嵌梯形素面角质饰片。盖顶反面中心髹黑漆，针刻云气纹，残损严重，未能复原，余髹朱漆。盖身外壁饰两道银扣并分隔出一圈动物云气纹，装饰技法为填嵌长条形镂空透雕嵌金箔角质饰片。盖身内壁和器身内外壁装饰技法及纹饰与 M1DK⑥：1402 - 1 相同。内底中心髹黑漆，针刻云气纹，残损严重，未能复原，余髹朱漆。盖高 3.8、盖长 7.7、盖宽 5.7、奁高 3.6、奁长 7.2、奁最宽 5.2、通高 4.5 厘米（彩图三八）。

M1DK⑥：1410 - 8，圆形奁。盖顶中心贴饰柿蒂纹银扣，四周贴嵌镂空透雕嵌金箔云气纹角质饰片。盖顶反面中心髹黑漆，针刻云气纹，余髹朱漆。盖身内外壁和器身内外壁装饰技法及纹样与 M1DK⑥：1410 - 1 相同，唯盖身外壁具体纹样未能完整复原。内底中心髹黑漆，针刻云气纹，余髹朱漆。外底通髹黑漆。盖高 4.3、盖口径 7.4、奁高 4、奁口径 7、通高 5.1 厘米（彩图三九）。

3. 卮

1 件。M1DK⑥：356，夹纻胎。盖顶正面通髹黑漆，以三道出筋分隔出三圈纹饰。顶心贴饰柿蒂纹银扣，中部饰银扣圆拉环，扣外朱绘两组简化龙纹。由内至外第一圈饰两道弦纹，其内夹饰朱绘勾连纹与涡纹组合；第二圈亦饰两道弦纹，其内夹饰两组朱绘龙纹；第三圈饰变形勾连纹。盖身侧面折角处与口沿处各饰一道银扣，其内朱绘勾连纹与曲折纹组合。盖内通髹朱漆。盖高 2、盖口径 11.4 厘米（彩图四〇；彩版一四五）。

4. 笥

3 件。M1DK⑥：330、M1DK⑥：475、M1DK⑥：476，夹纻胎。皆残损严重，尺寸、纹饰不明。

5. 算筹

2 组。形制相同。

M1DK⑥：476 - 1，一组共 50 根算筹。漆木质，外髹黑漆。长条圆柱形。大多残损严重，长度不明。所存长度最长者长 9.5、宽 0.3 厘米（图一四三，5）。

M1DK⑥：475‑2，一组共60根算筹。残损严重，无法复原。残长9.5、宽0.3厘米（图一四三，4）。

6. 篦

3件。形制相同。马蹄形。皆出土于M1DK⑥：1404漆奁内。

M1DK⑥：1404‑11，呈淡黄色。截面为楔形，两面微折，背厚，齿尖薄，两侧有护齿，共56齿。长7.3、宽4.2、厚1厘米（图一四三，1）。

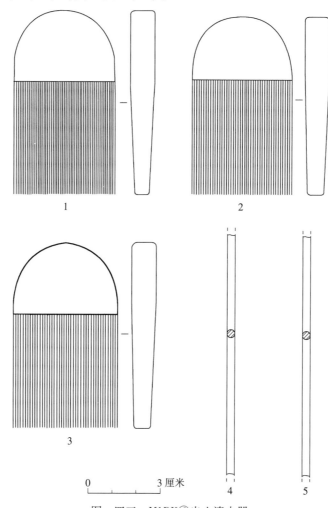

图一四三　M1DK⑥出土漆木器

1~3. 木篦（M1DK⑥：1404‑11、M1DK⑥：1404‑9、M1DK⑥：1404‑10）
4、5. 算筹（M1DK⑥：475‑2、M1DK⑥：476‑1）

M1DK⑥：1404‑9，呈淡黄色。截面为楔形状，一面平直，另一面微折，背厚，齿尖薄，两侧有护齿，共45齿。长7、宽4、厚1厘米（图一四三，2）。

M1DK⑥：1404‑10，呈淡黄色。截面为楔形状，一面平直，另一面微折，背厚，齿尖薄，两侧有护齿，共44齿。长7.4、宽4.3、厚1厘米（图一四三，3）。

九　木器

共32件。包括臿、车轮、绞轮等。

1. 臿

22 件。

M1DK⑥：3，臿柄和臿面用一块木料制成。柄残，横断面呈椭圆形，柄左右两侧与臿面形成一脚踏，斜肩。臿面加工成竖长方形，正面平直，背部外凸，尖端成刃。残长 50.2、柄残长 20.6 厘米，臿面长 29.6、臿面宽 18、厚 4.1 厘米（图一四四，4；彩版一四六，1）。

M1DK⑥：4，臿柄和臿面用一块木料制成。柄横断面呈圆形，上端较细，下端稍粗，柄左右两侧与臿面呈直角形成一脚踏。臿面加工成竖长方形，正面内凹，背部外凸，尖端成刃，刃部及右侧臿面残缺。残长 113.5、柄长 81.3、直径 3.2 厘米，臿面残长 32.2、臿面宽 10.2、左肩宽 5、右肩宽 2、厚 2.9 厘米（图一四四，1；彩版一四六，2）。

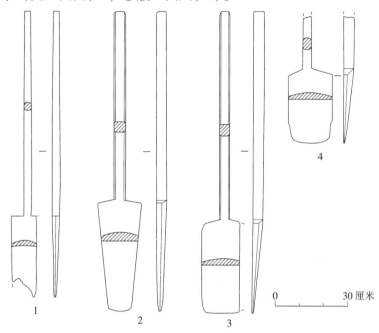

图一四四　M1DK⑥出土木臿

1. M1DK⑥：4　2. M1DK⑥：5　3. M1DK⑥：6　4. M1DK⑥：3

M1DK⑥：5，臿柄和臿面用一块木料制成。柄横断面呈圆角长方形，柄左右两侧与臿面呈直角形成一脚踏，肩呈弧形。臿面加工成梯形，正面平直，背部外凸，尖端成刃。通长 119.2、柄长 74.8、柄宽 4.8、厚 4.1 厘米，臿面长 44.4、臿面宽 9.3～17.8、肩宽 6.5、厚 4 厘米（图一四四，2；彩版一四六，3）。

M1DK⑥：6，臿柄和臿面用一块木料制成。柄横断面呈圆角方形，柄左右两侧与臿面呈直角形成一脚踏，肩呈弧形。臿面加工成竖长方形，正面平直，背部外凸，尖端成刃，左边残缺。通长 119.9、柄长 82.7、柄宽 4.6、厚 4 厘米，臿面长 37.2、臿面宽 15.5、左肩宽 6.7、右肩宽 4、厚 4.1 厘米（图一四四，3；彩版一四六，4）。

M1DK⑥：8，臿柄和臿面用一块木料制成。柄横断面呈圆角长方形，柄左右两侧与臿面呈直角形成一脚踏。臿面加工成竖长方形，正面平直，背部外凸，尖端成刃，刃部残缺。通长 126.2、柄长 89.3、柄宽 3.9、厚 3.5 厘米，臿面长 36.9、臿面宽 12.8、左肩宽 4.5、右肩宽 4.8、厚 4.1 厘米（图一四五，1）。

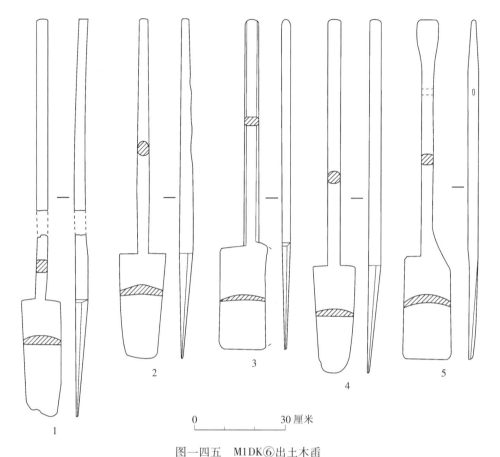

图一四五　M1DK⑥出土木臿

1. M1DK⑥:8　2. M1DK⑥:9　3. M1DK⑥:10　4. M1DK⑥:11　5. M1DK⑥:12

M1DK⑥:9，臿柄和臿面用一块木料制成。柄横断面呈椭圆形，上端较细，下端稍粗，柄左右两侧与臿面呈直角形成一脚踏。臿面加工成梯形，正面内凹，背部外凸，尖端成刃。通长 108、柄长 74.7、长径 4.5、短径 3.8 厘米，臿面长 33.5、臿面宽 10.2～15.5、两肩宽 6、厚 4.2 厘米（图一四五，2；彩版一四六，5）。

M1DK⑥:10，臿柄和臿面用一块木料制成。柄横断面呈圆角长方形，柄左右两侧与臿面呈直角形成一脚踏，左肩低于右肩。臿面加工成竖长方形，正面内凹，背部外凸，尖端成刃，右边残缺。通长 105、柄长 72.1、柄宽 4.7、厚 2.7 厘米，臿面长 32.9、臿面宽 15.2、左肩宽 7.1、右肩宽 2.7、厚 2.7 厘米（图一四五，3；彩版一四六，6）。

M1DK⑥:11，臿柄和臿面用一块木料制成。柄横断面呈圆形，上端较细，下端稍粗，柄左右两侧与臿面呈直角形成一脚踏。臿面加工成梯形，正面平直，背部外凸，尖端成刃。通长 112.4、柄长 78.3、直径 4 厘米，臿面长 34.1、臿面宽 8.3～13.7、肩宽 4.7、厚 4.1 厘米（图一四五，4；彩版一四七，1）。

M1DK⑥:12，臿柄和臿面用一块木料制成。柄横断面呈圆角长方形，上端有一宽平状握手，柄上部三分之一处有一高 1.9、宽 0.7 厘米的长方形卯眼穿通木柄，柄右边与臿面斜连，左边与臿面呈直角形成一脚踏。臿面加工成竖长方形，正面内凹，背部外凸，尖端成刃。通长 107.8、柄长 75.3、柄宽 3.5～7、厚 2～3.5 厘米，臿面长 32.5、臿面宽 15.5、左肩宽 5、厚 2.8 厘米（图一四五，5；彩版一四七，2）。

　　M1DK⑥:13，锸柄和锸面用一块木料制成。柄横断面呈圆角长方形，柄左右两侧与锸面呈直角形成一脚踏，弧肩。锸面加工成竖长方形，背面有砍削加工痕，正面内凹，背部略平，尖端成刃。通长110.3、柄长70.2、柄宽4.5、厚3.2厘米，锸面长30.1、锸面宽20.1、左肩宽4.4、右肩宽6.2、厚3.5厘米（图一四六，1；彩版一四七，3）。

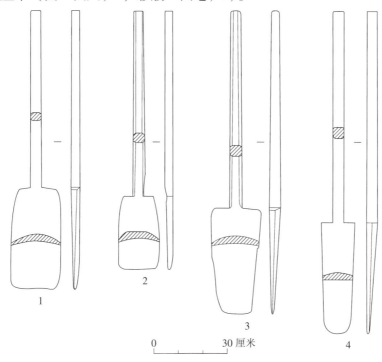

0　　　　　30 厘米

图一四六　M1DK⑥出土木锸
1. M1DK⑥:13　2. M1DK⑥:14　3. M1DK⑥:213　4. M1DK⑥:214

　　M1DK⑥:14，锸柄和锸面用一块木料制成。背面残存有原器上的黑漆皮。柄横断面呈圆角长方形，柄左右两侧与锸面呈直角形成一脚踏。锸面加工成竖长方形，背面有砍削加工痕，正面内凹，背部略平，尖端成刃。通长102.7、柄长73.5、柄宽4.6、厚3.8厘米，锸面长29.2、锸面宽16.4、肩宽3.7、厚2.4厘米（图一四六，2；彩版一四七，4）。

　　M1DK⑥:213，锸柄和锸面用一块木料制成。一面残存有原器上的漆皮。柄横断面呈圆角长方形，上端较细，下端稍粗，柄左右两侧与锸面呈直角形成一脚踏，肩呈弧形。锸面加工成梯形，正面内凹，背部外凸，尖端成刃。通长120.4、柄长78.6、柄宽4.8、厚4.2厘米，锸面长41.8、锸面宽11.9～20.3、左肩宽6.4、右肩宽6.9、厚4.6厘米（图一四六，3；彩版一四七，5）。

　　M1DK⑥:214，锸柄和锸面用一块木料制成。柄横断面呈圆角方形，柄左右两侧与锸面呈直角形成一脚踏。锸面加工成梯形，正面平直，背部外凸，尖端成刃。通长127.9、柄长83.8、柄宽4.4～4.6、锸面长44.1、锸面宽10.7～13.7、左肩宽4.7、右肩宽4.5、厚4.4厘米（图一四六，4；彩版一四七，6）。

　　M1DK⑥:215，锸柄和锸面用一块木料制成。柄横断面呈圆形，柄左右两侧与锸面呈直角形成一脚踏。锸面加工成梯形，正面平直，背部外凸，尖端成刃。通长110.6、柄长69.1、直径4.5、锸面长41.5、锸面宽9～12、两肩宽4.2、厚4.6厘米（图一四七，1）。

　　M1DK⑥:216，锸柄和锸面用一块木料制成。一面残存有原器上的黑漆皮。柄横断面呈圆角长

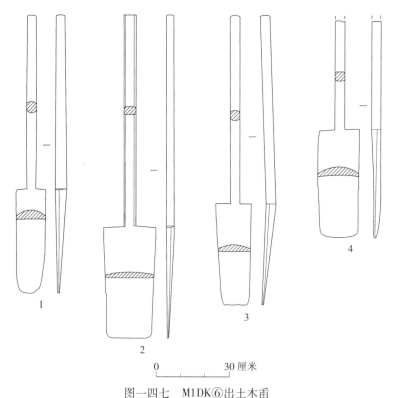

图一四七　M1DK⑥出土木臿
1. M1DK⑥:215　2. M1DK⑥:216　3. M1DK⑥:218　4. M1DK⑥:219

方形，柄左右两侧与臿面呈直角形成一脚踏。臿面加工成梯形，正面平直，背部外凸，尖端成刃。通长 128.5、柄长 83.9、柄宽 5、厚 3.1 厘米，臿面长 44.6、臿面宽 18.5～21.8、肩宽 8.2、厚 3.1 厘米（图一四七，2；彩版一四八，1）。

M1DK⑥:218，臿柄和臿面用一块木料制成。柄横断面呈圆形，柄左右两侧与臿面呈直角形成一脚踏。臿面加工成梯形，正面平直，背部外凸，尖端成刃。通长 115.2、柄长 74.9、直径 3.9、臿面长 40.3、臿面宽 9.8～14.4、左肩宽 5.8、右肩宽 4.6、厚 3.9 厘米（图一四七，3；彩版一四八，2）。

M1DK⑥:219，臿柄和臿面用一块木料制成。柄横断面呈圆角方形，柄左右两侧与臿面呈直角形成一脚踏。臿面加工成竖长方形，正面内凹，背部外凸，尖端成刃。残长 86.3、柄残长 43.1、柄宽 3.6～3.9、臿面长 43.2、臿面宽 16.2、两肩宽 6、厚 3.6 厘米（图一四七，4）。

M1DK⑥:224，臿柄和臿面用一块木料制成。柄横断面呈圆形，柄左右两侧与臿面呈直角形成一脚踏。臿面加工成竖长方形，正面内凹，背部外凸，尖端成刃。通长 116.3、柄长 78.7、直径 3.9、臿面长 37.6、臿面宽 19.1、左肩宽 6.8、右肩宽 6.1、厚 3.9 厘米（图一四八，1；彩版一四八，3）。

M1DK⑥:281，臿柄和臿面用一块木料制成。柄横断面呈圆形，柄左右两侧与臿面呈直角形成一脚踏。臿面加工成梯形，正面平直，背部外凸，尖端成刃。通长 123、柄长 82.2、直径 4.7、臿面长 40.8、臿面宽 10.4～17.3、左肩宽 5.4、右肩宽 7.7、厚 4.6 厘米（图一四八，2；彩版一四八，4）。

M1DK⑥:282，臿残，柄横断面呈圆形。柄长 82.2、直径 4.7 厘米（图一四八，3）。

M1DK⑥:283，臿柄和臿面用一块木料制成。柄横断面呈圆形，上端较细，下端稍粗，柄左右两侧与臿面呈直角形成一脚踏。臿面加工成竖长方形，正面平直，背部外凸，尖端成刃，左边残

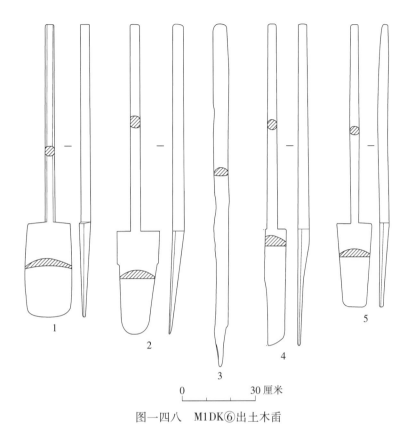

图一四八　M1DK⑥出土木臿

1. M1DK⑥:224　2. M1DK⑥:281　3. M1DK⑥:282　4. M1DK⑥:283　5. M1DK⑥:384

缺。通长127.7、柄长81.5、直径3.9、臿面长46.2、臿面残宽8.7、右肩宽3.5、厚4.6厘米（图一四八，4；彩版一四八，5）。

M1DK⑥:384，臿柄和臿面用一块木料制成。柄横断面呈椭圆形，上端较细，下端稍粗，柄左右两侧与臿面呈直角形成一脚踏。臿面加工成梯形，正面平直，背部外凸，尖端成刃。通长112.3、柄长78.8、长径3.9、短径3.3、臿面长33.5、臿面宽9~14.6、左肩宽5.8、右肩宽5.3、厚3.8厘米（图一四八，5；彩版一四八，6）。

2. 车轮

1件。M1DK⑥:248，出土于盗坑底层，与砍砸后的椁板碎片共出。平面呈圆形，无辐，通体实心。中部两侧以长方形木板固轴。轮径70、厚18厘米（图一四九，1；彩版一四九，1）。

3. 构件

1件。M1DK⑥:385，长方形，一面弧状。顶端有一近梯形榫头，中部有一长方形卯眼。长44、宽7.6、厚8.4厘米（图一四九，2）。

4. 绞轮

2件。形制相同。

M1DK⑥:936，圆柱形。中部有一圆孔以插把手，其内有铁片将绞轮与把手固定，把手截面呈方形。残损大半，尚可复原。直径13.95、长12.5厘米，把手长8.5、宽2.9厘米（图一四九，3）。

M1DK⑥:789，扁圆柱形。中部有一圆孔以插把手，把手缺失。残损，尚可复原。直径17.1、长6.6、孔径6厘米（图一四九，6）。

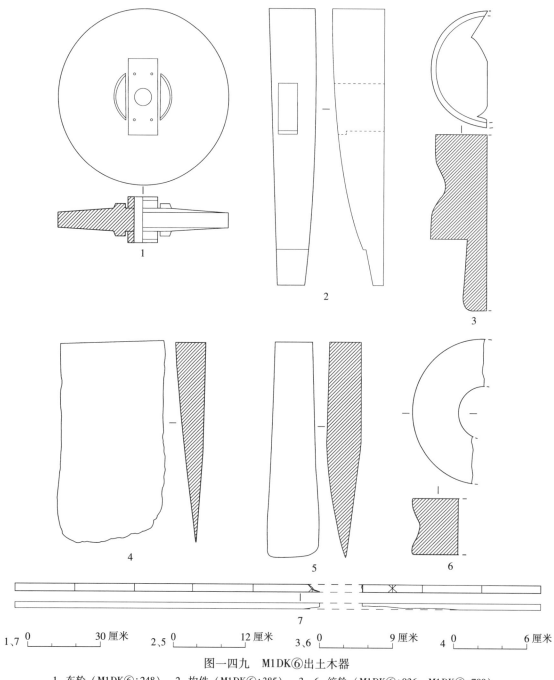

图一四九　M1DK⑥出土木器

1. 车轮（M1DK⑥:248）　2. 构件（M1DK⑥:385）　3、6. 绞轮（M1DK⑥:936、M1DK⑥:789）
4、5 楔（M1DK⑥:426、M1DK⑥:1714）　7. 尺（M1DK⑥:212）

5. 楔

2 件。形制不同。

M1DK⑥:426，长方形。顶端平滑，截面呈三角形。长 16、宽 8.6、最厚 2.46 厘米（图一四九，4）。

M1DK⑥:1714，长方形。器身瘦长，顶面平滑。长 34、宽 8.4、最厚 5.6 厘米（图一四九，5）。

6. 尺

1 件。M1DK⑥:212，扁长条形。侧面刻有一排刻度。右侧刻有"X"形记号。残长 216、宽

3、厚 2.4 厘米（图一四九，7；彩版一四九，2）。

7. 锤

1 件。M1DK⑥：217，圆柱形。上部较细，下部稍粗。长 23.3、柄长 10.3、径 6.8 厘米（图一五〇，1）。

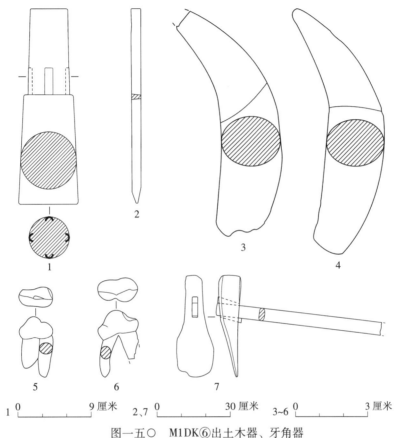

图一五〇　M1DK⑥出土木器、牙角器

1. 木锤（M1DK⑥：217）　2. 木橛（M1DK⑥：223）　3 ~ 6. 牙角饰（M1DK⑥：681、M1DK⑥：650、M1DK⑥：683、M1DK⑥：680）　7. 木锛（M1DK⑥：222）

8. 锛

1 件。M1DK⑥：222，由木柄、锛头两部分组成。柄残，横断面呈圆角长方形，一端与锛头长方形卯眼相接。锛头侧面向下变薄成刃。柄长 68.1、宽 5.1、厚 2.4 厘米，锛长 40、宽 15、厚 9 厘米（图一五〇，7；彩版一四九，3）

9. 橛

1 件。M1DK⑥：223，四棱锥状。长 77.2、宽 3.7、厚 2 厘米（图一五〇，2）。

一〇　骨器

13 件。

牙角饰。形制大体相同，集中出土于前室盗坑南部。

M1DK⑥：681，弯月形。一端微残。白色牙釉质层基本脱离。长 8.9 厘米（图一五〇，3）。

M1DK⑥：650，弯月形。白色牙釉质层基本脱离。长 9.8 厘米（图一五〇，4）。

M1DK⑥：651、M1DK⑥：653、M1DK⑥：685 共 3 件，形制与 M1DK⑥：681、M1DK⑥：650 基本相同。

M1DK⑥：683，器形较小，唯牙根部保存尚好。长 2.4 厘米（图一五〇，5）。

M1DK⑥：680，器形较小，唯牙根部保存尚好。长 2.65 厘米（图一五〇，6）。

M1DK⑥：652、M1DK⑥：654、M1DK⑥：655、M1DK⑥：679、M1DK⑥：682、M1DK⑥：684 共 6 件，形制、尺寸与 M1DK⑥：683、M1DK⑥：680 基本相同。

一一　陶器

4 件。分为灰陶器与釉陶器两类。

（一）灰陶器

2 件。均为钵。形制基本相同。

M1DK⑥：7，圆唇，侈口，斜折腹，平底。口径 15、底径 7.8、高 6.1 厘米（图一五一，2；

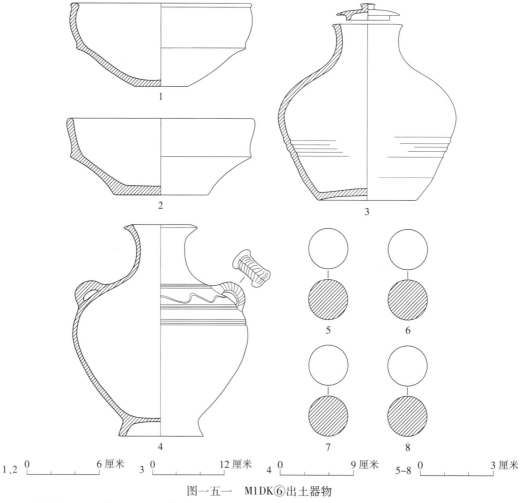

图一五一　M1DK⑥出土器物

1、2. 灰陶钵（M1DK⑥：17、M1DK⑥：7）　3. B 型釉陶罐（M1DK⑥：328）　4. B 型釉陶壶（M1DK⑥：454）

5~8. 泥弹丸（M1DK⑥：1400、M1DK⑥：460-1 ~ M1DK⑥：460-3）

彩版一四九，4）。

M1DK⑥：17，圆唇，侈口，外沿内凹，弧折腹，平底。口径 14.8、底径 4.35、高 6.6 厘米（图一五一，1；彩版一四九，5）。

（二）釉陶器

2 件。包括罐、壶。

1. 罐

1 件。B 型。

M1DK⑥：328，尖圆唇，直口微敛，直颈，溜肩，鼓腹弧收，平底内凹。器身通体素面，腹部以上皆施青釉。盖口径 10.3、高 2.7 厘米，口径 11.6、底径 16.8、高 28.8 厘米（图一五一，3；彩版一五〇，1）。

2. 壶

1 件。B 型。尖圆唇，溜肩，肩部两侧各附一叶脉纹耳，圈足。腹部以上施青釉。

M1DK⑥：454，尖圆唇微侈，束颈，斜鼓腹，圈足外撇。肩部饰凹弦纹与水波纹。口径 9.5、圈足径 10.5、高 25.2 厘米（图一五一，4；彩版一五〇，2）。

一二　泥器

4 件。弹丸。

M1DK⑥：1400，圆形。器形较小。直径 1.6 厘米（图一五一，5）。

M1DK⑥：406 - 1 ~ M1DK⑥：406 - 3 共 3 件，形制、尺寸与 M1DK⑥：1400 基本相同（图一五一，6~8）。

第五章　外回廊上层出土遗物

第一节　未分区出土遗物

共 18 件。均为铁器。其中铁舀及铁夯锤出土于南墓道底部靠近墓室处，15 件铁凿均出土于墓室东北部的墓壁岩石缝隙中。

1. 舀

1 件。M1∶5092，器平面呈"凹"字形，器身瘦长，下端弧刃，上端平口，内部中空。长 10.3、宽 7.8、厚 1.4 厘米（图一五二，3；彩版一五一，1）。

2. 夯锤

2 件。

M1∶5093，圆筒杯形，一侧有一孔，平沿，直壁，平底。口径 7.2、底径 7、高 6.7 厘米（图一五二，2；彩版一五一，2）。

M1∶5187，形制、尺寸与 M1∶5093 相同（彩版一五一，3）。

3. 凿

15 件。

M1∶5079，长条形，器身较长，中部隆起，截面近长方形，顶部呈方形。长 21.3、宽 2.7、厚 2.4、最大径 4 厘米（图一五二，1）。

M1∶5089，长条形，器身较长，中部隆起，截面近长方形，顶部略呈方形。长 22.3、宽 3、厚 2.5、最大径 4 厘米（图一五二，7；彩版一五一，4）。

M1∶5090，长条形，器身较长，中部隆起，截面近长方形，顶部呈方形。长 23、宽 2.7、厚 2.4、最大径 4 厘米（图一五二，6）。

M1∶5099，长条形，器身较长，中部隆起，截面近长方形，顶部呈方形。长 21.6、宽 3.8、厚 3.4、最大径 5.5 厘米（图一五二，8；彩版一五一，5）。

M1∶5101，长条形，顶部有帽，器身较长，截面近长方形，顶部略呈方形。长 21.7、宽 4.7、

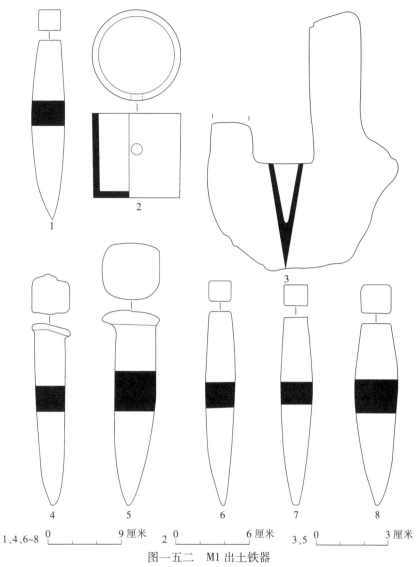

图一五二　M1 出土铁器

1、4～8. 凿（M1：5079、M1：5101、M1：5119、M1：5090、M1：5089、M1：5099）　2. 夯锤（M1：5093）　3. 甭（M1：5092）

厚 4.5 厘米（图一五二，4；彩版一五一，6）。

　　M1：5119，长条形，顶部有帽，截面近方形，顶部略呈圆角方形。长 7.8、宽 2.3、厚 2.2 厘米（图一五二，5；彩版一五二，1）。

　　M1：5080，长条形，中部隆起，截面近长方形，顶部呈长方形。长 11.4、宽 1.2、厚 0.8、最大径 1.9 厘米（图一五三，1；彩版一五二，2）。

　　M1：5091，长条形，器身较长，中部隆起，截面近长方形，顶部略呈方形。长 21.5、宽 2.15、厚 1.8、最大径 3.7 厘米（图一五三，2）。

　　M1：5094，长条形，器身较长，中部隆起，截面近长方形，顶部呈长方形。长 23.5、宽 2.4、厚 1.8、最大径 3.6 厘米（图一五三，3；彩版一五二，3）。

　　M1：5096，长条形，器身较长，中部隆起，截面近方形，顶部呈长方形。长 21、宽 2.6、厚 1.85、最大径 3.5 厘米（图一五三，4；彩版一五二，4）。

　　M1：5097，长条形，器身较长，中部隆起，截面近长方形，顶部呈方形。长 22.8、宽 2.3、厚

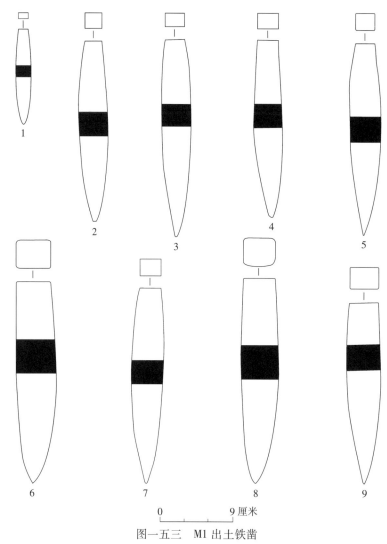

图一五三　M1 出土铁凿

1. M1：5080　2. M1：5091　3. M1：5094　4. M1：5096　5. M1：5097　6. M1：5100

7. M1：5098　8. M1：5103　9. M1：5118

2、最大径 3.7 厘米（图一五三，5）。

　　M1：5100，长条形，器身较长，截面近长方形，顶部呈长方形。长 24、宽 4.3、厚 3.4、最大径 5 厘米（图一五三，6；彩版一五二，5）。

　　M1：5098，长条形，器身较长，中部隆起，截面近长方形，顶部呈长方形。长 23.2、宽 2.7、厚 2、最大径 4 厘米（图一五三，7）。

　　M1：5103，长条形，器身较长，截面近方形，顶部呈长方形。长 24.5、宽 3.9、厚 3.4、最大径 4.7 厘米（图一五三，8）。

　　M1：5118，长条形，器身较长，中部隆起，截面近长方形，顶部呈长方形。长 21.5、宽 3.5、厚 2.6、最大径 4.2 厘米（图一五三，9；彩版一五二，6）。

第二节　一（Ⅰ）区上层出土遗物

墓室西回廊南端一区上层主要放置明器车马，明器漆车马已朽尽，仅存车马器构件及明器兵器等遗物164件（组），包括铜器、铁器、银器、漆器等（图一五四；彩版一五三，1、2）。

一　铜器

137件（组）。包括车马器、兵器、日常生活用器等。

（一）车马器

91件。

1. 盖弓帽

7件。依形制差异，分二型。

A型　5件。八棱柱形，中部偏下有一周凸棱。清理时大多呈伞状向心分布。

M1Ⅰ：680，通体鎏银。口径0.8、长4.72厘米（图一五五，2）。

M1Ⅰ：676、M1Ⅰ：678、M1Ⅰ：679、M1Ⅰ：690共4件，形制、尺寸与M1Ⅰ：680基本相同。

C型　2件。圆柱形，近帽首处有一钩。清理时大多呈伞状向心分布。

M1Ⅰ：691，素面。口径0.65、长5.72厘米（图一五五，3）。

M1Ⅰ：685，形制、尺寸与M1Ⅰ：691基本相同。

2. 车軎

7件。依形制差异，分二型。

A型　5件。圆筒形，内侧与毂相接处较粗。軎中部饰一道箍状纹，近内侧有一贯辖孔。

M1Ⅰ：72，外径2.4、内径1.4、长2.7厘米（图一五五，4）。

M1Ⅰ：82、M1Ⅰ：1557、M1Ⅰ：3719、M1Ⅰ：3743共4件，尺寸基本同M1Ⅰ：72（彩版一五四，1）。

C型　2件。扁圆熊形，双腿蹲坐，双手置于膝盖处，形态可掬。顶部有一长方形孔以穿辖，后部为圆形銎以贯轴饰。

M1Ⅰ：2175－1，通体鎏金。内径5.4、长11、辖孔长5.4、宽1厘米（图一五五，1；彩版一五四，2、3）。

M1Ⅰ：1667，尺寸、纹样与M1Ⅰ：2175－1相同（彩版一五四，4）。

3. 釭

2件。形制基本相同。短圆管形。

M1Ⅰ：2175－2，外径5.3、长1.9、壁厚0.3厘米（图一五五，7；彩版一五四，5）。

M1Ⅰ：2159，尺寸与M1Ⅰ：2175－2相同。

4. 铜

2件。形制基本相同。短圆管形。

M1Ⅰ：2175－3，长1.9、外径3.4、壁厚0.3厘米（图一五五，6；彩版一五四，6）。

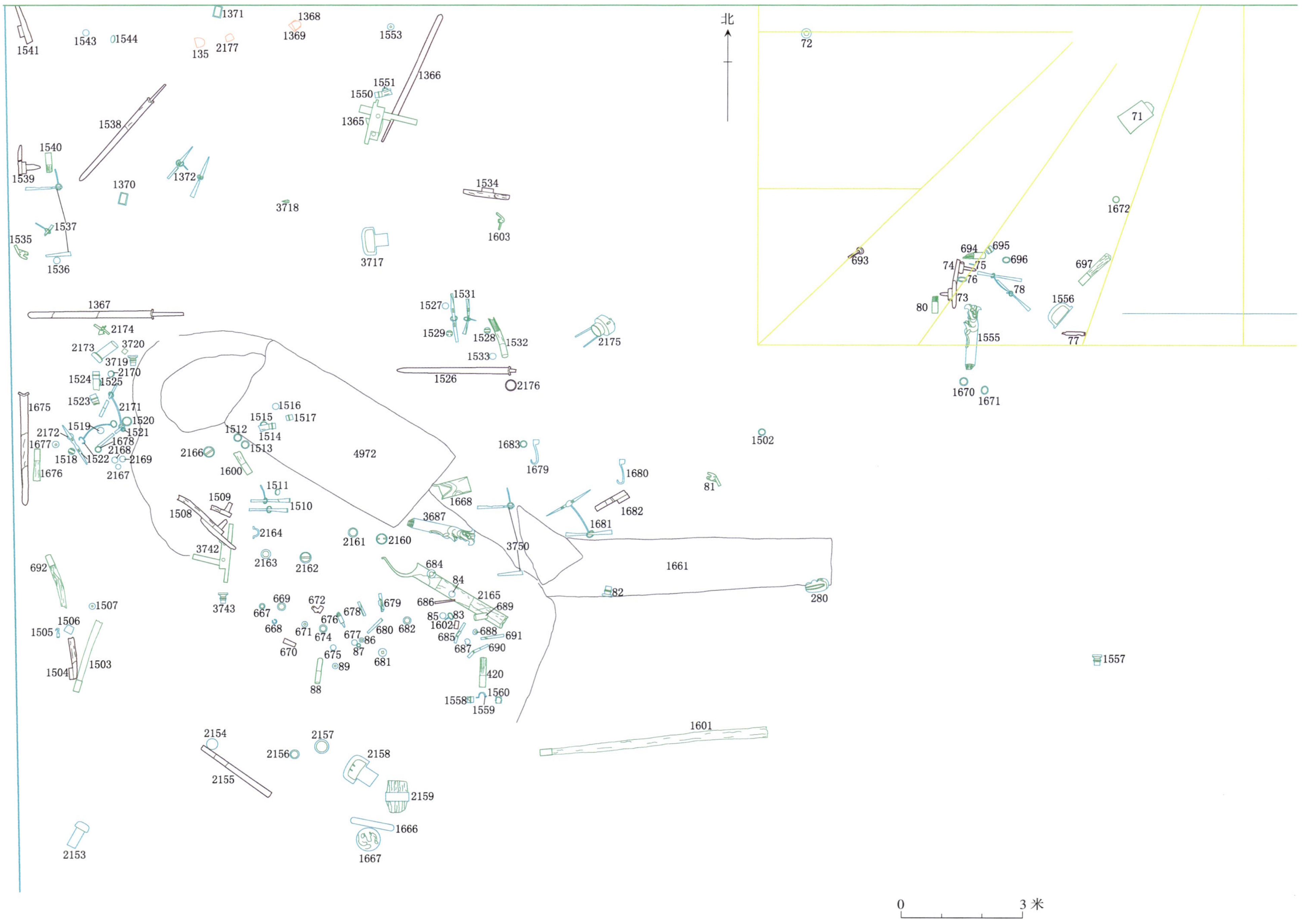

图一五四　一区上层出土遗物平面图（数字为器物编号）

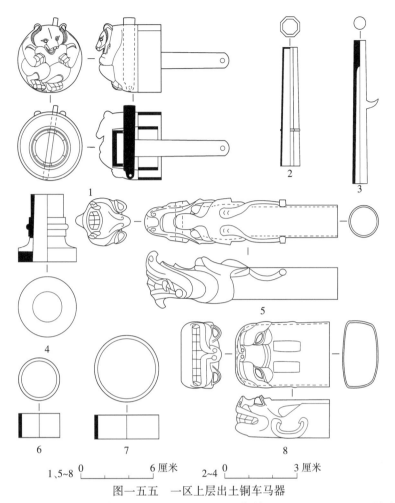

图一五五　一区上层出土铜车马器

1. C 型车軎（M1Ⅰ:2175－1）　2. A 型盖弓帽（M1Ⅰ:680）　3. C 型盖弓帽（M1Ⅰ:691）　4. A 型车軎（M1Ⅰ:72）
5. B 型辕首（M1Ⅰ:1555）　6. 铜（M1Ⅰ:2175－3）　7. 釭（M1Ⅰ:2175－2）　8. A 型辕首（M1Ⅰ:280）

M1Ⅰ:2157 尺寸与 M1Ⅰ:2175－3 相同。

5. 辕首

3 件。依形制差异，分二型。

A 型　1 件。

M1Ⅰ:280，呈长方形龙首状，双目外凸，鼻尖高耸，双牙并列，近长方形銎，顶面饰两组长方形穿孔。通体鎏金。长 7.8、宽 5.3、高 3.3 厘米，銎长 5.3、宽 3 厘米（图一五五，8；彩版一五五，1）。

B 型　2 件。呈圆柱形龙首状，双目外凸，鼻尖高耸，圆形銎，龙首牙根部饰一圆形穿孔。

M1Ⅰ:1555，通体鎏金。长 16、宽 3.5、高 4.5、銎径 2.5 厘米（图一五五，5；彩版一五五，2）。

M1Ⅰ:3687，尺寸、纹饰与 M1Ⅰ:1555 相同（彩版一五五，3）。

6. 轙

7 件。依形制差异，分二型。

A 型　1 件。平面为拱形。

M1Ⅰ:1556，通体鎏金。截面近圆形，两脚外折平直。脚距长 7.3、高 3.7 厘米（图一五六，1；彩版一五六，1）。

图一五六　一区上层出土铜车马器

1. A 型軎（M1Ⅰ:1556）　2. A 型钩（M1Ⅰ:1679）　3. B 型軎（M1Ⅰ:75）　4. B 型钩（M1Ⅰ:1505）　5. D 型带
扣（M1Ⅰ:1371）　6. B 型带扣（M1Ⅰ:1370）　7. A 型帽饰（M1Ⅰ:2153）　8. 兽首构件（M1Ⅰ:1506）　9. 衡
末（M1Ⅰ:695）　10. 伏兔（M1Ⅰ:2158）

B 型　6 件。平面为半圆形。

M1Ⅰ:75，截面近菱形，两脚外折平直。脚距长 2.9、高 1.7 厘米（图一五六，3；彩版一五六，2）。

M1Ⅰ:1515、M1Ⅰ:1525、M1Ⅰ:1551、M1Ⅰ:1560、M1Ⅰ:2164 共 5 件，尺寸与 M1Ⅰ:75 基本相同。

7. 帽饰

2 件。形制相同。

A 型　2 件。长圆筒形。

M1Ⅰ:2153，通体鎏金，顶端饰盘龙纹。帽径 3.5、长 6.8、鎏径 2.3 厘米（图一五六，7；彩版一五六，3、4）。

M1Ⅰ:2173，尺寸与 M1Ⅰ:2153 相同（彩版一五六，3、4）。

8. 兽首构件

1 件。M1 I : 1506，前端为兽首，张口大眼，双目外凸，后端饰一椭圆形銎。长 1.7、宽 1.9、高 1.2 厘米（图一五六，8；彩版一五六，5）。

9. 伏兔

2 件。形制相同。

M1 I : 2158，器身扁平，前端呈龙首状，双目外凸，鼻孔上翘，双耳竖直，后端为长方形扁垫片。通体鎏金。长 8、宽 7.2、高 1.3 厘米（图一五六，10；彩版一五六，6）。

M1 I : 3717，尺寸与 M1 I : 2158 相同。

10. 衡末

8 件。形制相同。圆筒形，一端封闭。

M1 I : 695，中部饰一周箍状纹。长 1.7、銎径 1.5 厘米（图一五六，9）。

M1 I : 1514、M1 I : 1517、M1 I : 1523、M1 I : 1524、M1 I : 1550、M1 I : 1558、M1 I : 1559 共 7 件，尺寸与 M1 I : 695 基本相同。

11. 钩

3 件。依形制差异，分二型。

A 型　2 件。呈 "S" 形，一端上翘为龙形钩首，一端饰一龙首张口状銎。

M1 I : 1679，通体鎏金。长 5、銎径 1.2 厘米（图一五六，2；彩版一五六，7）。

M1 I : 1680，纹饰、尺寸与 M1 I : 1679 相同（彩版一五七，1）。

B 型　1 件。

M1 I : 1505，器形较小。一端上翘呈钩状，另一端为圆形銎。素面。长 2.2、銎径 0.7 厘米（图一五六，4；彩版一五七，2）。

12. 带扣

2 件。依形制差异，分四型。清理时，带扣内的革带均已朽尽，器物间相互位置大多不明。

B 型　1 件。

M1 I : 1370，长方形，残存一角。残长 0.9、残宽 0.85 厘米（图一五六，6）。

D 型　1 件。

M1I : 1371，长方形，未见插条。通体鎏金。长 2.9、宽 1.9 厘米（图一五六，5；彩版一五七，3）。

13. 泡饰

2 件。依形制差异，分二型。

B 型　1 件。

M1 I : 2162，半圆形，正面素面，背面中空。顶心有一圆柱形插钉。底径 2.2、高 0.7 厘米（图一五七，1；彩版一五七，4）。

C 型　1 件。

M1 I : 2166，半圆形。正面饰一熊，四足相抱，形态可掬，通体鎏金。背面中空。底径 2.6、高 0.9 厘米（图一五七，2）。

14. 马衔镳

10 组。每组器物由马衔 1 件及马镳 2 件组成，均为明器，清理时，明器漆木马已朽尽，马衔

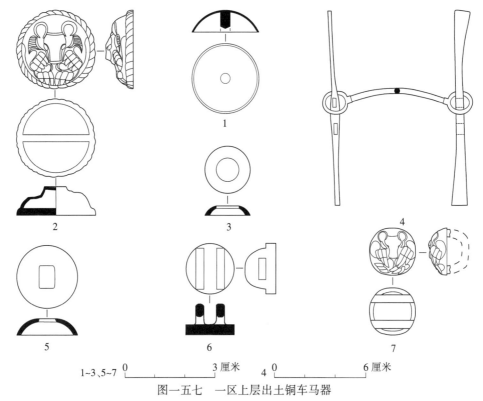

图一五七   一区上层出土铜车马器

1. B 型泡饰（M1Ⅰ:2162）   2. C 型泡饰（M1Ⅰ:2166）   3、5. A 型节约（M1Ⅰ:86、M1Ⅰ:681）   4. 马衔镳（M1Ⅰ:78）

6. B 型节约（M1Ⅰ:84）   7. C 型节约（M1Ⅰ:2154）

镳散落、残损严重。

M1Ⅰ:78，圆弧形衔，衔端各有一圆环，环内各穿一马镳。镳中部凸起，内有两长方形穿孔。衔长 9.8、环径 1.4、镳长 12.3 厘米（图一五七，4；彩版一五七，5）。

M1Ⅰ:83、M1Ⅰ:1372、M1Ⅰ:1510、M1Ⅰ:1522、M1Ⅰ:1531、M1Ⅰ:1537、M1Ⅰ:1681、M1Ⅰ:2171、M1Ⅰ:3750 共 9 组，形制、尺寸与 M1Ⅰ:78 基本相同。

15. 节约

33 件。依形制差异，分三型。

A 型   12 件。圆帽形，顶心有一圆形或长方形孔，内部中空。该型器物均匀分布于回廊上层，清理时，器物间的整体关系大多因隔板坍塌而无法确定。

M1Ⅰ:86，顶心有一圆孔。底径 1.5、孔径 0.76、高 0.3 厘米（图一五七，3）。

M1Ⅰ:89、M1Ⅰ:667、M1Ⅰ:671、M1Ⅰ:684、M1Ⅰ:688、M1Ⅰ:1507、M1Ⅰ:1516、M1Ⅰ:1543、M1Ⅰ:1553、M1Ⅰ:1677 共 10 件，形制、尺寸与 M1Ⅰ:86 基本相同。

M1Ⅰ:681，顶心饰长方形孔。底径 2、孔长 0.7、孔宽 0.5、高 0.5 厘米（图一五七，5）。

B 型   19 件。正面呈圆形，背面有两长方形穿。

M1Ⅰ:84，直径 1.5、高 0.8 厘米（图一五七，6；彩版一五七，6）。

M1Ⅰ:85、M1Ⅰ:675、M1Ⅰ:677、M1Ⅰ:687、M1Ⅰ:1511、M1Ⅰ:1518、M1Ⅰ:1519、M1Ⅰ:1527 ~ M1Ⅰ:1529、M1Ⅰ:1533、M1Ⅰ:1536、M1Ⅰ:1544、M1Ⅰ:2167 ~ M1Ⅰ:2170、M1Ⅰ:2172 共 18 件，形制、尺寸与 M1Ⅰ:84 基本相同。

C 型   2 件。正面半圆球形饰一熊，四足抱膝，背面有两长方形穿。

M1Ⅰ:2154，直径1.5、高1.3厘米（图一五七，7）。

M1Ⅰ:2160，形制、尺寸、纹饰与M1Ⅰ:2154基本相同。

（二）兵器

24件。

1. 镦

15件。依形制差异，分三型。

C型　1件。清理时原始位置已遭扰动。

M1Ⅰ:71，器口平面呈圆形。器表通体鎏金。未见纹饰。口径4、高7.5厘米（图一五八，1）。

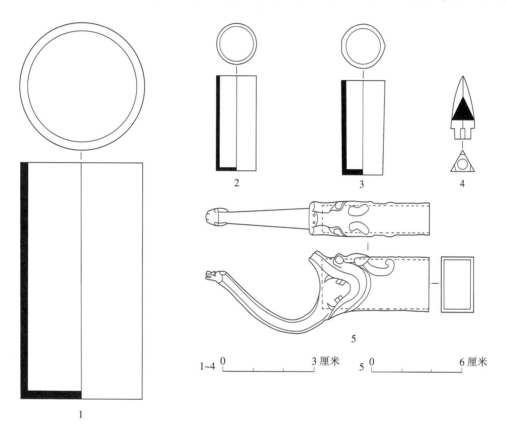

图一五八　一区上层出土铜兵器

1. C型镦（M1Ⅰ:71）　2. D型镦（M1Ⅰ:420）　3. G型镦（M1Ⅰ:80）　4. Ⅰ型镞（M1Ⅰ:3718）　5. A型承弓器（M1Ⅰ:1668）

D型　6件。器口平面呈圆形，器形较小。器表大多鎏金，均为明器。

M1Ⅰ:420，口径1.3、高3厘米（图一五八，2）。

M1Ⅰ:692、M1Ⅰ:1503、M1Ⅰ:1600、M1Ⅰ:1601、M1Ⅰ:1676共5件，形制、尺寸与M1Ⅱ:420基本相同（彩版一五七，7、8）。

G型　8件。器口平面近桃形，器形较小。器表大多鎏金。均为明器。

M1Ⅰ:80，器表素面。口径1.4、高3厘米（图一五八，3）。

M1Ⅰ:88、M1Ⅰ:689、M1Ⅰ:694、M1Ⅰ:697、M1Ⅰ:1532、M1Ⅰ:1540、M1Ⅰ:1672共7件，形制、尺寸与M1Ⅰ:80基本相同（彩版一五七，9）。

2. 弩机

6件。由郭、望山、钩心、悬刀、键等构件组合而成。依形制差异，分二型。

A型　2件。通体鎏金，制作工整。

M1Ⅰ:1365，刻铭"廿二"。郭长 11.9、郭宽 2.8、望山高 3.2 厘米（图一五九，1；彩版一五八，1）。

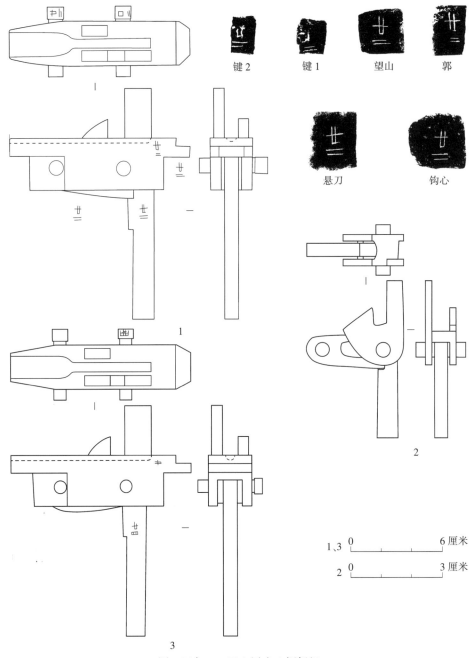

图一五九　一区上层出土铜弩机
1、3.A型（M1Ⅰ:1365、M1Ⅰ:3742）　2.B型（M1Ⅰ:1535）

M1Ⅰ:3742 与 M1Ⅰ:1365 基本相同。铭文不同，刻铭"廿四"。郭长 11.9、郭宽 2.8、望山高 3.2 厘米（图一五九，3；彩版一五八，2）。

B 型　4 件。器形较小，当为明器。

M1 Ⅰ：1535，郭长 3.2、郭宽 1、望山高 1.6 厘米（图一五九，2）。

M1 Ⅰ：81、M1 Ⅰ：1603、M1 Ⅰ：2174 共 3 件，尺寸与 M1 Ⅰ：1535 基本相同。

3. 镞

1 件。Ⅰ 型。

M1 Ⅰ：3718，镞身三棱形，向前聚合成锋，前锋尖锐。关断面呈六边形，底端圆銎以接铁铤。长 2 厘米。当为明器（图一五八，4）。

4. 承弓器

2 件。均为 A 型。器身前部为龙首含口，末端饰以小龙首形向前平伸，后部为长方形銎。

M1Ⅰ：1668，通体鎏金。通长 14.7、銎长 3.5、銎宽 2.1 厘米（图一五八，5；彩版一五九，1）。

M1 Ⅰ：2165 纹饰、尺寸与 M1 Ⅰ：1668 相同（彩版一五九，2）。

（三）日常生活用器

22 件。

1. 衔环

3 件。形制基本相同。

M1 Ⅰ：693，环径 2、衔残长 3 厘米（图一六〇，1；彩版一六〇，1）。

M1 Ⅰ：1670、M1 Ⅰ：1671 共 2 件，尺寸与 M1 Ⅰ：693 基本相同。

2. 环

18 件。按形制差异，分二型。

A 型　15 件。环身截面呈圆形。

M1 Ⅰ：1666，器形较大。外径 8.5、厚 0.8 厘米（图一六〇，4；彩版一六〇，2）。

M1 Ⅰ：1502，外径 1.9、厚 0.3 厘米（图一六〇，2）。

M1 Ⅰ：87、M1 Ⅰ：668、M1 Ⅰ：669、M1 Ⅰ：674、M1 Ⅰ：682、M1 Ⅰ：696、M1 Ⅰ：1513、M1 Ⅰ：1520、M1 Ⅰ：1521、M1 Ⅰ：1678、M1 Ⅰ：1683、M1 Ⅰ：2156、M1 Ⅰ：2161 共 13 件，形制、尺寸与 M1 Ⅰ：1502 基本相同。

B 型　3 件。环身截面近扁圆形。

M1 Ⅰ：76，外环径 2.4、环身厚 0.25 厘米（图一六〇，3）。

M1 Ⅰ：1512、M1 Ⅰ：2163 共 2 件，形制、尺寸与 M1 Ⅰ：76 相同。

3. 构件

1 件。M1 Ⅰ：3720，正面呈方形，背面残损。边长 1.4、残高 0.6 厘米（图一六〇，5）。

二　铁器

21 件。有车马器、兵器。

（一）车马器

1 件。钉。

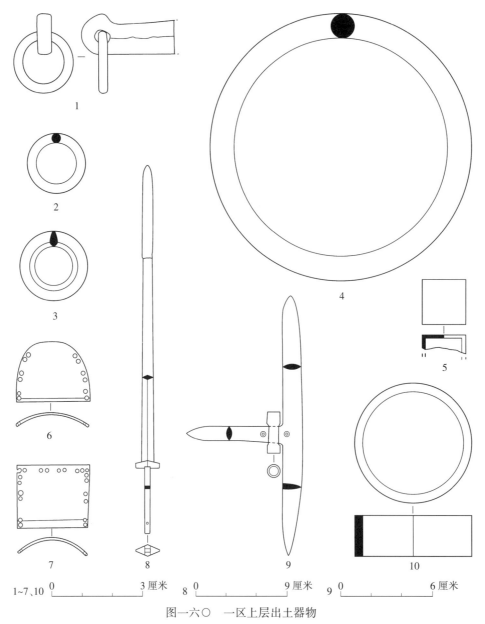

图一六〇　一区上层出土器物

1. 铜衔环（M1Ⅰ:693）　2、4. A 型铜环（M1Ⅰ:1502、M1Ⅰ:1666）　3. B 型铜环（M1Ⅰ:76）　5. 铜构件（M1Ⅰ:3720）
6、7. 银饰件（M1Ⅰ:1368、M1Ⅰ:1369）　8. B 型铁剑（M1Ⅰ:1366）　9. 铁戟（M1Ⅰ:1541）　10. 铁釭（M1Ⅰ:2176）

M1Ⅰ:2176，短圆管形。尺寸较大，当为实用器。外径 3.8、长 1.3、壁厚 0.28 厘米（图一六〇，10）。

（二）兵器

20 件。

1. 戟

12 件。均为 B 型。皆为明器。"卜"字形铁戟，援与内结合处有截面呈圆形的铜秘帽。

M1Ⅰ:1541，通长 16.5、枝长 6.3、秘帽长 2.6 厘米（图一六〇，9）。

M1Ⅰ:73、M1Ⅰ:74、M1Ⅰ:670、M1Ⅰ:672、M1Ⅰ:1504、M1Ⅰ:1508、M1Ⅰ:1509、M1Ⅰ:1534、

M1Ⅰ:1539、M1Ⅰ:1602、M1Ⅰ:1682 共 11 件，尺寸与 M1Ⅰ:1541 相同。

2. 剑

8 件。均为 B 型。皆为明器。

M1Ⅰ:1366，剑身较长，断面呈菱形，格为铜质，茎首端有一小孔。剑身漆鞘保存较好，鞘身顶部平直，前半段截面为椭圆形，剑璏以下部分截面呈菱形。剑身长 28.4、剑最宽处 1.3、通长 35.3、格宽 2.5 厘米（图一六〇，8）。

M1Ⅰ:77、M1Ⅰ:686、M1Ⅰ:1367、M1Ⅰ:1526、M1Ⅰ:1538、M1Ⅰ:1675、M1Ⅰ:2155 共 7 件，尺寸与 M1Ⅰ:1366 相同。

三　银器

4 件。饰件。

M1Ⅰ:1368，平面呈半圆形，中部为弧面，两侧各饰圆形穿孔 6 个。长 2.4、宽 1.9 厘米（图一六〇，6；彩版一六〇，3）。

M1Ⅰ:2177，形制、尺寸与 M1Ⅰ:1368 相同。

M1Ⅰ:1369，平面呈长方形，中部为弧面，边缘饰圆形穿孔。长 2.4、宽 2 厘米（图一六〇，7；彩版一六〇，4）。

M1Ⅰ:135，形制、尺寸与 M1Ⅰ:1369 相同。

四　漆器

2 件。筒。

M1Ⅰ:1662，夹纻胎。长方形。器表通髹黑漆，两侧各饰朱绘云气纹及简化云雷纹。残损严重，尺寸不明（彩图四一，1）。

M1Ⅰ:4972，夹纻胎。长方形。器表通髹黑漆，内以朱漆绘云气纹。残损严重，尺寸不明（彩图四一，2）。

第三节　二（Ⅱ）区上层出土遗物

墓室西回廊南部二区上层主要放置明器车马，明器漆车马已朽尽，仅存车马器构件及车厢内放置的明器兵器等遗物 606 件（组），包括铜器、铁器、泥器等，275 件铁镞均三四十件成捆出土于二区中部偏南，铜弩机成堆出土于二区西南部铁镞旁，泥弹丸出土于二区东北部，数十件为一组聚堆放置，盖弓帽相互叠压，成堆出土于二区东南部（图一六一；彩版一六一，1、2）。

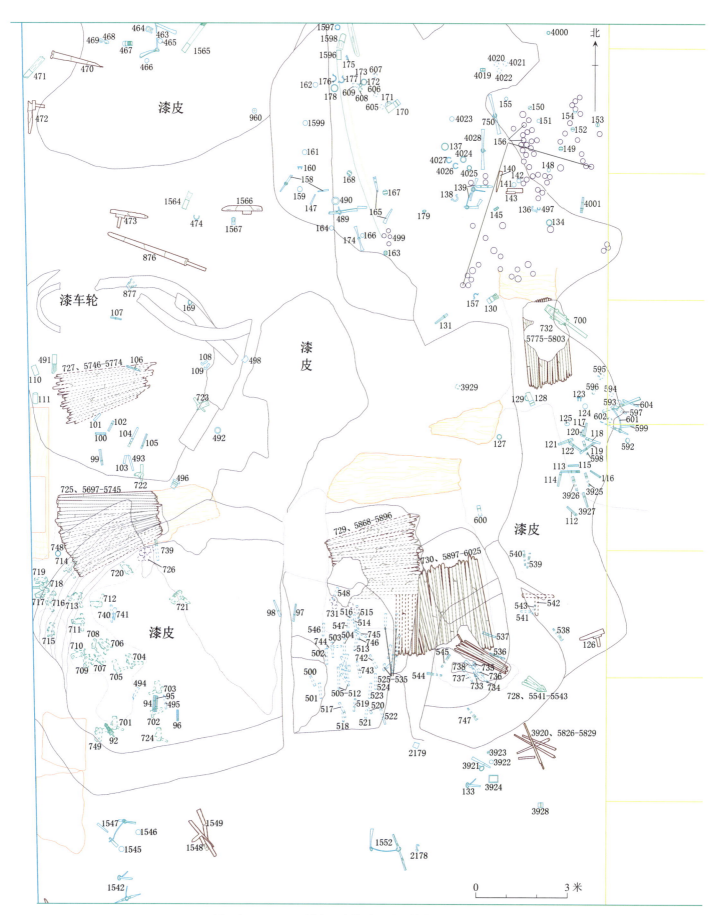

图一六一　二区上层出土遗物平面图（数字为器物编号）

一　铜器

243 件（组）。包括车马器、兵器、日常生活用器等。

（一）车马器

183 件。

1. 盖弓帽

101 件。依帽身整体形制差异，分二型。

A 型　100 件。八棱柱形，中部有一周凸棱。清理时大多呈伞状向心分布。

M1Ⅱ：95，通体鎏银。口径 0.8、长 4.75 厘米（图一六二，1）。

M1Ⅱ：94、M1Ⅱ：96～M1Ⅱ：107、M1Ⅱ：112～M1Ⅱ：122、M1Ⅱ：131、M1Ⅱ：493、M1Ⅱ：495、M1Ⅱ：500～M1Ⅱ：541、M1Ⅱ：543～M1Ⅱ：548、M1Ⅱ：597～M1Ⅱ：600、M1Ⅱ：604、M1Ⅱ：733～M1Ⅱ：747、M1Ⅱ：3925～M1Ⅱ：3927、M1Ⅱ：4001 共 99 件，形制、尺寸与 M1Ⅰ：95 基本相同（彩版一六二，1、2）。

C 型　1 件。

M1Ⅱ：494，圆柱形，近帽首处有一钩。清理时大多呈伞状分布。素面。口径 0.62、残长 3.5 厘米（图一六二，2）。

2. 车軎

2 件。A 型。圆筒形，内侧与毂相接处较粗，軎中部饰一道箍状纹，近内侧有一贯辖孔。

M1Ⅱ：496，外径 2.4、内径 1.35、长 2.6 厘米（图一六二，5）。

M1Ⅱ：877，尺寸与 M1Ⅱ：496 基本相同（彩版一六二，3）。

3. 辖

7 件。B 型。平面为半圆形。

M1Ⅱ：129，辖身截面近菱形，两脚外折平直。脚距长 2.4、器高 1.6 厘米（图一六二，4；彩版一六二，4）。

M1Ⅱ：136、M1Ⅱ：138、M1Ⅱ：157、M1Ⅱ：171、M1Ⅱ：176、M1Ⅱ：177 共 6 件，尺寸与 M1Ⅱ：129 基本相同（彩版一六二，5）。

4. 兽首构件

2 件。形制相同。

M1Ⅱ：498，前端为兽首，张口大眼，双目外凸，后端饰一椭圆形銎。长 1.7、宽 1.9、高 1.2 厘米（图一六二，8；彩版一六二，6）。

M1Ⅱ：2179，尺寸和纹饰与 M1Ⅱ：498 相同。

5. 衡末

6 件。形制相同，圆筒形，一端封闭。

M1Ⅱ：128，器身中部饰一周箍状纹。长 1.5、銎径 1.3 厘米（图一六二，9；彩版一六二，7）。

M1Ⅱ：130、M1Ⅱ：170、M1Ⅱ：172、M1Ⅱ：467、M1Ⅱ：3928 共 5 件，尺寸与 M1Ⅱ：128 基本

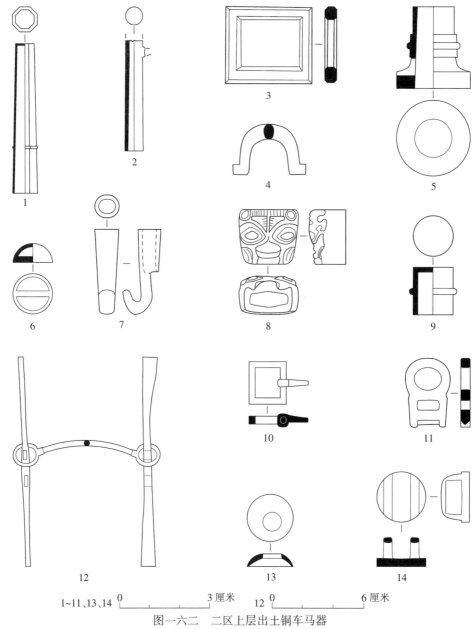

1~11、13、14　0 ————————— 3 厘米　　12　0 ————————— 6 厘米

图一六二　二区上层出土铜车马器

1. A 型盖弓帽（M1Ⅱ:95）　2. C 型盖弓帽（M1Ⅱ:494）　3. D 型带扣（M1Ⅱ:3924）　4. 辖（M1Ⅱ:129）
5. A 型车軎（M1Ⅱ:496）　6. A 型泡饰（M1Ⅱ:150）　7. B 型钩（M1Ⅱ:108）　8. 兽首构件（M1Ⅱ:498）
9. 衡末（M1Ⅱ:128）　10. B 型带扣（M1Ⅱ:145）　11. A 型带扣（M1Ⅱ:464）　12. 马衔镳（M1Ⅱ:139）
13. A 型节约（M1Ⅱ:468）　14. B 型节约（M1Ⅱ:123）

相同。

6. 钩

3 件。B 型。器形较小，一端上翘呈钩状，另一端为圆形銎。

M1Ⅱ:108，素面。长 2.7、銎径 0.8 厘米（图一六二，7；彩版一六二，8）。

M1Ⅱ:109、M1Ⅱ:2178 共 2 件，尺寸与 M1Ⅱ:108 基本相同。

7. 带扣

5 件。依形制差异，分三型。清理时，带扣内革带均已朽尽，器物间相互位置大多不明。

A 型　2 件。器身扁平，由长方形与圆形两个穿孔组成。

M1Ⅱ：464，长 2.2、宽 1.5 厘米（图一六二，11）。

M1Ⅱ：1567，形制、尺寸与 M1Ⅱ：464 基本相同。

B 型　2 件。长方形，一边中部穿饰一长条形插条。

M1Ⅱ：145，长 1.9、宽 1.3 厘米（图一六二，10；彩版一六二，9）。

M1Ⅱ：4019，形制、尺寸与 M1Ⅱ：145 基本相同。

D 型　1 件。

M1Ⅱ：3924，长方形，未见插条。通体鎏金。长 2.8、宽 2.4 厘米（图一六二，3；彩版一六三，1）。

8. 泡饰

6 件。A 型。半圆形。背面中空，近底部饰一横穿。正面素面，大多鎏金。

M1Ⅱ：150，底径 1.28、高 0.6 厘米（图一六二，6）。

M1Ⅱ：151～M1Ⅱ：154、M1Ⅱ：3923 共 5 件，形制、尺寸与 M1Ⅱ：150 相同。

9. 马衔镳

11 组。每组器物由马衔 1 件及马镳 2 件组成，均为明器。清理时，明器漆木马已朽尽，马衔镳散落、残损严重。

M1Ⅱ：139，圆弧形衔，衔端各有一圆环，环内各穿一马镳。镳中部凸起，内有两长方形穿孔。衔长 9.7、环径 1.6、镳长 13.3 厘米（图一六二，12）。

M1Ⅱ：147 与 M1Ⅱ：158、M1Ⅱ：165、M1Ⅱ：463、M1Ⅱ：174 与 M1Ⅱ：489、M1Ⅱ：601、M1Ⅱ：1542、M1Ⅱ：1547、M1Ⅱ：1552、M1Ⅱ：133 与 M1Ⅱ：3921、M1Ⅱ：750 与 M1Ⅱ：4028 共 10 组，形制、尺寸与 M1Ⅱ：139 基本相同（彩版一六三，2）。

10. 节约

40 件。依形制差异，分二型。

A 型　3 件。圆帽形，顶心有一圆形孔，内部中空。器物均匀分布于整个回廊上层，清理时，器物间的整体关系大多因隔板坍塌而无法确定。

M1Ⅱ：468，底径 1.52、孔径 0.6、高 0.4 厘米（图一六二，13）。

M1Ⅱ：469、M1Ⅱ：960 共 2 件，形制、尺寸与 M1Ⅱ：468 基本相同。

B 型　37 件。正面呈圆形，背面有两长方形穿。

M1Ⅱ：123，直径 1.6、高 0.9 厘米（图一六二，14）。

M1Ⅱ：124、M1Ⅱ：125、M1Ⅱ：141、M1Ⅱ：142、M1Ⅱ：148、M1Ⅱ：149、M1Ⅱ：155、M1Ⅱ：159～M1Ⅱ：164、M1Ⅱ：166～M1Ⅱ：168、M1Ⅱ：175、M1Ⅱ：465、M1Ⅱ：466、M1Ⅱ：592～M1Ⅱ：596、M1Ⅱ：605～M1Ⅱ：608、M1Ⅱ：1545、M1Ⅱ：1546、M1Ⅱ：1599、M1Ⅱ：3922、M1Ⅱ：4020～M1Ⅱ：4023 共 36 件，形制、尺寸与 M1Ⅱ：123 基本相同。

（二）兵器

39 件。

1. 镦

8 件。依形制与纹饰差异，分二型。

D 型　7 件。器口平面呈圆形，器形较小，器表大多鎏金，均为明器。

M1Ⅱ:1564，口径 1.3、高 3 厘米（图一六三，2；彩版一六三，3）。

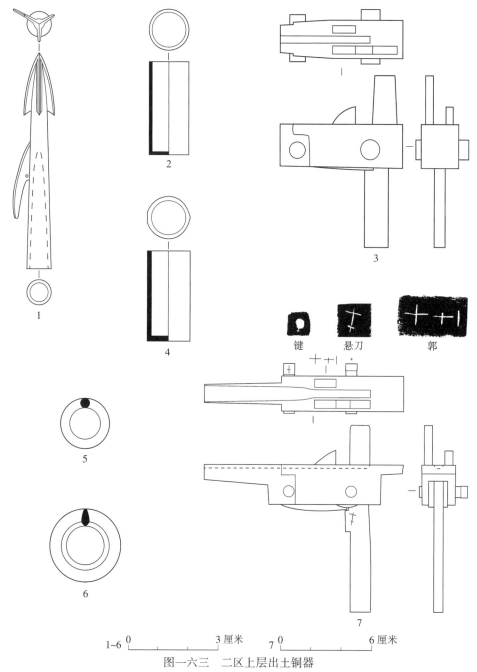

图一六三　二区上层出土铜器

1. S 型镞（M1Ⅱ:5541）　2. D 型镦（M1Ⅱ:1564）　3. B 型弩机（M1Ⅱ:92）　4. G 型镦（M1Ⅱ:471）
5. A 型环（M1Ⅱ:127）　6. B 型环（M1Ⅱ:178）　7. A 型弩机（M1Ⅱ:700）

M1Ⅱ:110、M1Ⅱ:111、M1Ⅱ:491、M1Ⅱ:1565、M1Ⅱ:1596、M1Ⅱ:1598 共 6 件，形制、尺寸与 M1Ⅱ:1564 基本相同（彩版一六三，4~6）。

G 型　1 件。器口平面近桃形，器形较小，器表大多鎏金，均为明器。

M1Ⅱ:471，器表素面。口径1.4、高2.9厘米（图一六三，4）。

2. 弩机

27件。依形制差异，分二型。

A型　1件。

M1Ⅱ:700，通体鎏金，制作工整。刻铭"七十一"。郭长13、郭宽2.2、望山高2.5厘米（图一六三，7；彩版一六四，1）。

B型　26件。器形较小，当为明器。

M1Ⅱ:92，郭长4、郭宽1.2、望山高1.55厘米（图一六三，3；彩版一六四，2）。

M1Ⅱ:701~M1Ⅱ:724、M1Ⅱ:749共25件，尺寸与M1Ⅱ:92基本相同（彩版一六四，3~5；一六五，1~5）。

3. 镞

4件。S型。镞身三翼式，前锋尖锐，后端呈倒刺形，尾部圆銎以插箭杆。圆銎中部饰一倒钩形翼刺，上饰一穿孔。

M1Ⅱ:5541，长6.85厘米（图一六三，1）。

M1Ⅱ:728、M1Ⅱ:5542、M1Ⅱ:5543共3件，尺寸与M1Ⅱ:5541相同（彩版一六五，6）。

（三）日常生活用器

21件。

环。依形制差异，分两型。

A型　19件。环身截面呈圆形。

M1Ⅱ:127，器形较小。外径1.6、厚0.3厘米（图一六三，5）。

M1Ⅱ:134、M1Ⅱ:137、M1Ⅱ:169、M1Ⅱ:173、M1Ⅱ:179、M1Ⅱ:474、M1Ⅱ:492、M1Ⅱ:497、M1Ⅱ:602、M1Ⅱ:609、M1Ⅱ:748、M1Ⅱ:1597、M1Ⅱ:3929、M1Ⅱ:4000、M1Ⅱ:4024~M1Ⅱ:4027共18件，形制、尺寸与M1Ⅱ:127基本相同。

B型　2件。环身截面近扁圆形。

M1Ⅱ:178，外径2.4、厚0.25厘米（图一六三，6）。

M1Ⅱ:490，形制、尺寸与M1Ⅱ:178相同。

二　铁器

286件（组）。均为兵器。

1. 戟

9件。B型。皆为明器。"卜"字形铁戟，援与内结合处饰铜质柲帽，截面呈圆形。

M1Ⅱ:542，残长8.25、枝长6.1、柲帽长3厘米（图一六四，1）。

M1Ⅱ:126、M1Ⅱ:140、M1Ⅱ:143、M1Ⅱ:472、M1Ⅱ:473、M1Ⅱ:1548、M1Ⅱ:1549、M1Ⅱ:1566共8件，尺寸与M1Ⅱ:542相同。

2. 剑

2件。B型。皆为明器。

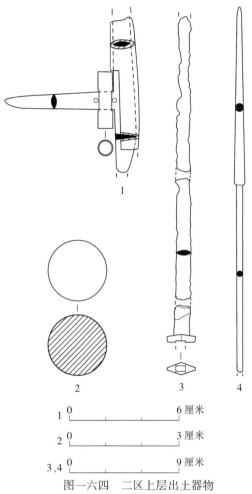

图一六四　二区上层出土器物
1. B 型铁戟 （M1Ⅱ：542）　　2. 泥弹丸（M1Ⅱ：156 - 1）
3. B 型铁剑 （M1Ⅱ：876）　　4. C 型铁镞（M1Ⅱ：5697）

M1Ⅱ：876，剑身较长，断面呈菱形，格为铜质，茎首端有一小孔。剑身漆鞘保存较好，鞘身顶部平直，前半段截面为椭圆形，剑璏以下部分截面呈菱形。剑身残长 25.29、最宽 1.2、厚 0.35、通长 25.75、剑格长 2.3 厘米（图一六四，3）。

M1Ⅱ：470，尺寸与 M1Ⅱ：876 相同。

3. 镞

275 件。C 型。镞身细长圆锥形，前锋尖锐，铤部细长，末端聚尖。

M1Ⅱ：5697，残长 29、镞长 14.1、径 0.8 厘米（图一六四，4）。

M1Ⅱ：725、M1Ⅱ：727、M1Ⅱ：729、M1Ⅱ：730、M1Ⅱ：732、M1Ⅱ：3920、M1Ⅱ：5698 ~ M1Ⅱ：5803、M1Ⅱ：5826 ~ M1Ⅱ：5829、M1Ⅱ：5868 ~ M1Ⅱ：6025 共 274 件，形制、尺寸与 M1Ⅱ：5697 相同（彩版一六六，1 ~ 4）。

三　泥器

77 件。

弹丸。清理时，大部分泥弹丸为数十件聚堆放置，周边大多伴出弩机、箭镞等器物。

M1Ⅱ:156－1，圆形，器形较小。直径1.6厘米（图一六四，2；彩版一六六，5）。

M1Ⅱ:156－2～M1Ⅱ:156－30、M1Ⅱ:499－1～M1Ⅱ:499－4、M1Ⅱ:726－1～M1Ⅱ:726－5、M1Ⅱ:731－1～M1Ⅱ:731－38共76件，形制、尺寸与M1Ⅱ:156－1基本相同。

第四节　三（Ⅲ）A区上层出土遗物

西回廊中部偏南三A区上层主要放置明器车马，明器漆车马已朽尽，仅存车马器构件及明器兵器等遗物221件（组），包括铜器、铁器、泥器等。在三A区北部出土一套伞柄，伞柄周围有呈伞状分布的盖弓帽同出（图一六五；彩版一六七）。

一　铜器

167件（组）。包括车马器、兵器、日常生活用器等。

（一）车马器

118件。

1. 盖弓帽

50件。依形制差异，分二型。

A型　26件。八棱柱形，中部有一周凸棱。清理时大多呈伞状向心分布。

M1ⅢA:953，通体鎏银。长4.7、口径0.8厘米（图一六六，5）。

M1ⅢA:482、M1ⅢA:1395～M1ⅢA:1401、M1ⅢA:1404、M1ⅢA:1419、M1ⅢA:1423、M1ⅢA:3930、M1ⅢA:3940、M1ⅢA:3941、M1ⅢA:3944、M1ⅢA:3947、M1ⅢA:4002、M1ⅢA:4004～M1ⅢA:4006、M1ⅢA:4032、M1ⅢA:4040、M1ⅢA:4095、M1ⅢA:4097、M1ⅢA:4098共25件，形制、尺寸与M1ⅢA:953基本相同（彩版一六八，1～3）。

C型　24件。圆柱形，近帽首处饰一钩。清理时大多呈伞状向心分布。

M1ⅢA:450，素面。长5.6、口径0.6厘米（图一六六，6；彩版一六八，4）。

M1ⅢA:445～M1ⅢA:449、M1ⅢA:451～M1ⅢA:455、M1ⅢA:475～M1ⅢA:481、M1ⅢA:485、M1ⅢA:954、M1ⅢA:1420、M1ⅢA:1569、M1ⅢA:3690、M1ⅢA:4096共23件，形制、尺寸与M1ⅢA:450基本相同。

2. 伞柄箍饰

1套。M1ⅢA:457，由上下两组圆筒形箍饰组成，之间由漆木伞柄连接，每组箍饰又由上下两节铜箍饰套接而成。两组箍饰均由上下两节铜箍采用卡口插销方式组合而成，其上各饰三周箍状纹，中间连接漆木已朽，长度不明。均长14.3、管径2.3厘米（图一六六，1）。

3. 车軎

4件。A型。形制相同。

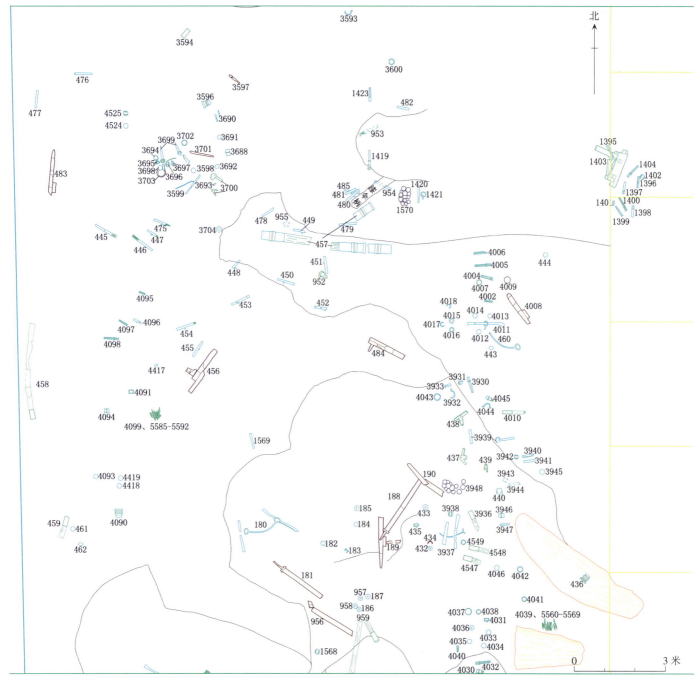

图一六五　三 A 区上层出土遗物平面图（数字为器物编号）

　　M1ⅢA：436，圆筒形，内侧与毂相接处较粗，害中部饰一道箍状纹，近内侧有一贯辖孔。外径 2.5、内径 1.5、长 2.3 厘米（图一六六，2）。

　　M1ⅢA：3596、M1ⅢA：3704、M1ⅢA：4090 共 3 件，尺寸基本与 M1ⅢA：436 相同。

　　4. 辖

　　3 件。B 型。平面为半圆形。

　　M1ⅢA：4044，辖身截面近菱形，两脚外折平直。脚距长 2.9、器高 1.7 厘米（图一六六，4）。

　　M1ⅢA：3593、M1ⅢA：3932 共 2 件，尺寸与 M1ⅢA：4044 基本相同。

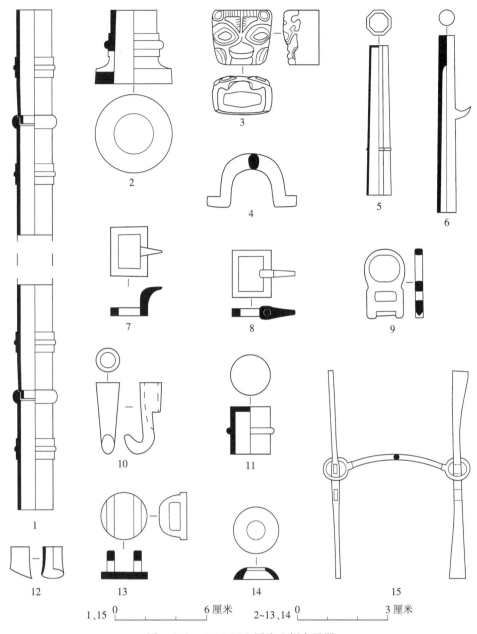

1、15 ⊢——————⊣ 6厘米　　2~13、14 ⊢——————⊣ 3厘米

图一六六　三A区上层出土铜车马器

1. 伞柄箍饰（M1ⅢA∶457）　2. A型车䡇（M1ⅢA∶436）　3. 兽首构件（M1ⅢA∶440）　4. B型輨（M1ⅢA∶4044）
5. A型盖弓帽（M1ⅢA∶953）　6. C型盖弓帽（M1ⅢA∶450）　7、8. B型带扣（M1ⅢA∶4091、M1ⅢA∶435）
9. A型带扣（M1ⅢA∶3931）　10. B型钩（M1ⅢA∶3933）　11. 衡末（M1ⅢA∶3688）　12. 马蹄形管饰（M1ⅢA∶4417）
13. B型节约（M1ⅢA∶183）　14. A型节约（M1ⅢA∶185）　15. 马衔镳（M1ⅢA∶180）

5. 兽首构件

1件。M1ⅢA∶440，前端为兽首，张口大眼，双目外凸，后端饰一椭圆形銮。长1.7、宽1.9、高1.2厘米（图一六六，3；彩版一六八，5）。

6. 马蹄形管饰

1件。M1ⅢA∶4417，圆筒形，中空，顶端平口，底端斜口。长1、顶端管径0.6厘米（图一六六，12；彩版一六八，6）。

7. 衡末

5 件。形制相同，圆筒形，一端封闭。

M1ⅢA：3688，器身中部饰一周箍状纹。长 1.5、銎径 1.3 厘米（图一六六，11）。

M1ⅢA：3946、M1ⅢA：4030、M1ⅢA：4045、M1ⅢA：4094 共 4 件，尺寸与 M1ⅢA：3688 基本相同。

8. 钩

1 件。B 型。

M1ⅢA：3933，器形较小，一端上翘呈钩状，另一端为圆形銎。素面。长 2.3、銎径 0.8 厘米（图一六六，10）。

9. 带扣

4 件。清理时，带扣内革带均已朽尽，器物间相互位置大多不明。依形制差异，分两型。

A 型　1 件。

M1ⅢA：3931，器身扁平，由长方形与圆形两个穿孔组成。长 2.2、宽 1.3 厘米（图一六六，9）。

B 型　3 件。

M1ⅢA：4091，长方形，一边中部有一弯钩。长 1.7、宽 1.6 厘米（图一六六，7；彩版一六八，7）。

M1ⅢA：4031，形制、尺寸与 M1ⅢA：4091 基本相同。

M1ⅢA：435，整体呈长方形，一边中部穿饰一长条形插条。长 2、宽 1.5 厘米（图一六六，8）。

10. 马衔镳

6 组。每组器物由马衔 1 件及马镳 2 件组成，均为明器。清理时，明器漆木马已朽尽，马衔镳散落、残损严重。

M1ⅢA：180，圆弧形衔，衔端各有一圆环，环内各穿一马镳。镳中部凸起，内有两长方形穿孔。衔长 9.7、环径 1.6、镳长 13.2 厘米（图一六六，15）。

M1ⅢA：3599、M1ⅢA：3699、M1ⅢA：3937、M1ⅢA：3939、M1ⅢA：460 与 M1ⅢA：4011 共 5 组，形制、尺寸与 M1ⅢA：180 基本相同。

11. 节约

42 件。依形制差异，分二型。

A 型　11 件。圆帽形，顶心饰圆形，内部中空。清理时，器物间的整体关系大多因隔板坍塌而无法确定。

M1ⅢA：185，顶心饰圆孔。底径 1.5、孔径 0.6、高 0.5 厘米（图一六六，14）。

M1ⅢA：186、M1ⅢA：187、M1ⅢA：432、M1ⅢA：433、M1ⅢA：957、M1ⅢA：958、M1ⅢA：1568、M1ⅢA：3691、M1ⅢA：4015、M1ⅢA：4036 共 10 件，形制、尺寸与 M1ⅢA：185 基本相同。

B 型　31 件。正面呈圆形，背面有两长方形穿。

M1ⅢA：183，直径 1.5、高 0.9 厘米（图一六六，13）。

M1ⅢA：182、M1ⅢA：184、M1ⅢA：443、M1ⅢA：444、M1ⅢA：461、M1ⅢA：462、M1ⅢA：1402、M1ⅢA：3598、M1ⅢA：3692～M1ⅢA：3698、M1ⅢA：3938、M1ⅢA：3942、M1ⅢA：3945、M1ⅢA：4012～M1ⅢA：4014、M1ⅢA：4033～M1ⅢA：4035、M1ⅢA：4046、M1ⅢA：4093、M1ⅢA：4418、M1Ⅲ

A：4419、M1ⅢA：4524、M1ⅢA：4525 共 30 件，形制、尺寸与 M1ⅢA：183 基本相同。

（二）兵器

34 件。

1. 镦

8 件。依形制与纹饰差异，分二型。

D 型　4 件。器口平面呈圆形，器形较小，器表大多鎏金，均为明器。

M1ⅢA：3936，口径 1.3、高 3 厘米（图一六七，1）。

M1ⅢA：4010、M1ⅢA：4547、M1ⅢA：4548 共 3 件，形制、尺寸与 M1ⅢA：3936 基本相同（彩版一六八，8）。

G 型　4 件。器口平面近桃形，器形较小，器表大多鎏金，均为明器。

M1ⅢA：458，器表素面。口径 1.4、高 3 厘米（图一六七，2）。

M1ⅢA：459、M1ⅢA：959、M1ⅢA：3594 共 3 件，形制、尺寸与 M1ⅢA：458 基本相同。

2. 弩机

6 件。依形制差异，分二型。由郭、望山、钩心、悬刀、键等构件组合而成，

A 型　1 件。

M1ⅢA：1403，通体鎏金，制作工整。刻铭"十三"。郭长 11.9、郭宽 2.8、望山高 3.2 厘米（图一六七，3；彩版一六九，1）。

B 型　5 件。器形较小，当为明器。

M1ⅢA：3700，郭长 3.2、郭宽 0.9、望山高 1 厘米（图一六七，4）。

M1ⅢA：437 ～ M1ⅢA：439、M1ⅢA：952 共 4 件，尺寸与 M1ⅢA：3700 基本相同。

3. 镞

20 件。依形制差异，分二型。

I 型Ⅱ式　13 件。镞身三棱形，向前聚合成锋，前锋尖锐。关断面呈六边形，底端圆銎以接铁铤。尺寸较小，当为明器。

M1ⅢA：4099，通长 2.8、铤长 1.4 厘米（图一六七，5）。

M1ⅢA：5563 ～ M1ⅢA：5566、M1ⅢA：5585 ～ M1ⅢA：5592 共 12 件，尺寸与 M1ⅢA：4099 基本相同。

O 型Ⅱ式　7 件。镞身三棱形，向前聚合成锋，前锋尖锐。尾部接细长圆柱形铜铤。尺寸较小，当为明器。

M1ⅢA：4039，通长 2.6、铤长 1.1 厘米（图一六七，6；彩版一六九，2）。

M1ⅢA：5560 ～ M1ⅢA：5562、M1ⅢA：5567 ～ M1ⅢA：5569 共 6 件，尺寸与 M1ⅢA：4039 基本相同。

（三）日常生活用器

15 件。

1. 衔环

1 件。M1ⅢA：1421，穿孔形衔。环径 1.4、衔长 1.4（图一六七，7；彩版一六九，3）。

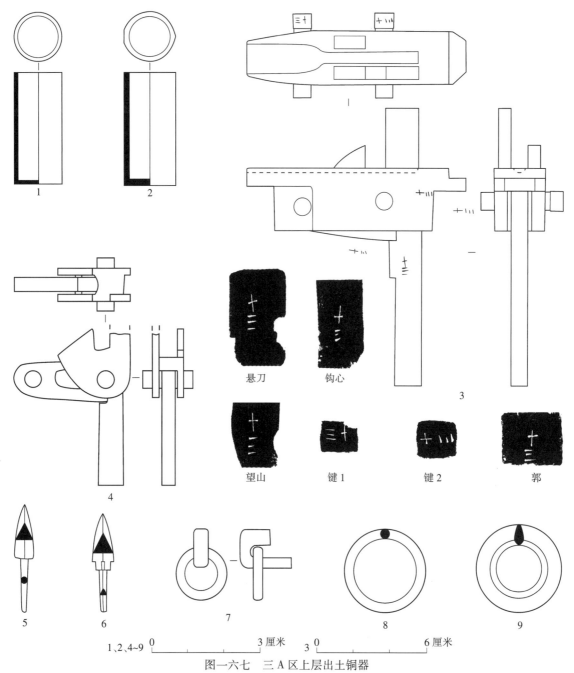

悬刀　　　钩心

望山　　　键 1　　　键 2　　　郭

1、2、4~9 0 ⊢——————⊣ 3厘米　3 0 ⊢——————⊣ 6厘米

图一六七　三 A 区上层出土铜器

1. D 型镦（M1ⅢA：3936）　2. G 型镦（M1ⅢA：458）　3. A 型弩机（M1ⅢA：1403）　4. B 型弩机（M1ⅢA：
3700）　5. I 型Ⅱ式镞（M1ⅢA：4099）　6. O 型Ⅱ式镞（M1ⅢA：4039）　7. 衔环（M1ⅢA：1421）　8. A 型环
（M1ⅢA：955）　9. B 型环（M1ⅢA：3600）

2. 环

14 件。依形制差异，分二型。

A 型　12 件。环身截面呈圆形。

M1ⅢA：955，外径 2.2、厚 0.3 厘米（图一六七，8）。

M1ⅢA：3702、M1ⅢA：3943、M1ⅢA：4007、M1ⅢA：4016 ~ M1ⅢA：4018、M1ⅢA：4037、M1ⅢA：4038、
M1ⅢA：4041、M1ⅢA：4042、M1ⅢA：4549 共 11 件，形制、尺寸与 M1ⅢA：955 基本相同。

B 型　2 件。环身截面近扁圆形。

M1ⅢA：3600，外径 2.4、厚 0.26 厘米（图一六七，9）。

M1ⅢA：4043，形制、尺寸与 M1ⅢA：3600 相同。

二　铁器

13 件（组）。包括车马器、兵器等。

（一）车马器

2 件。

釭。形制相同。

M1ⅢA：434，短圆管形。外径 2.8、长 0.7、壁厚 0.2 厘米（图一六八，3）。

M1ⅢA：3703，尺寸与 M1ⅢA：434 相同（彩版一六九，4）。

（二）兵器

11 件。

1. 戟

5 件。B 型。皆为明器。"卜"字形铁戟，援与内结合处饰铜质秘帽，截面呈圆形。

M1ⅢA：189，残通长 15、枝残长 3、秘帽长 3 厘米（图一六八，1）。

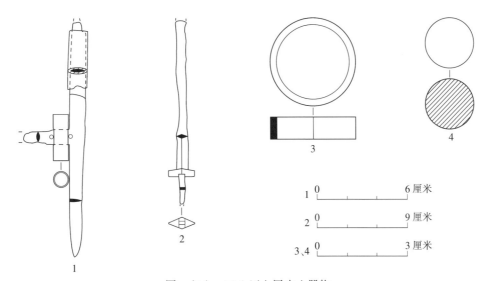

图一六八　三 A 区上层出土器物

1. B 型铁戟（M1ⅢA：189）　2. B 型铁剑（M1ⅢA：181）　3. 铁釭（M1ⅢA：434）　4. 泥弹丸（M1ⅢA：4009）

M1ⅢA：456、M1ⅢA：483、M1ⅢA：484、M1ⅢA：4008 共 4 件，尺寸与 M1ⅢA：189 相同。

2. 剑

6 件。B 型。皆为明器。

M1ⅢA：181，剑身较长，断面呈菱形，格为铜质，茎首端有一小孔。剑身漆鞘保存较好，鞘身顶部平直，前半段截面为椭圆形，剑璏以下部分截面呈菱形。剑身残长 14.1、最宽处 1.1、通长 17.6、格宽 2.6 厘米（图一六八，2）。

M1ⅢA：188、M1ⅢA：190、M1ⅢA：956、M1ⅢA：3597、M1ⅢA：3701 共 5 件，尺寸与 M1ⅢA：181 相同。

三　泥器

41 件。弹丸。

清理时，大部分泥弹丸为数十件聚堆放置，周边大多伴出弩机、箭镞等器物。

M1ⅢA：4009，圆形，器形较小。直径 1.6 厘米（图一六八，4）。

M1ⅢA：1570 - 1 ~ M1ⅢA：1570 - 20、M1ⅢA：3948 - 1 ~ M1ⅢA：3948 - 20 共 40 件，形制、尺寸与 M1ⅢA：4009 基本相同。

第五节　三（Ⅲ）B 区上层出土遗物

西回廊中部三 B 区上层主要放置明器车马，明器漆车马已朽尽，仅存车马器构件及明器兵器等文物 128 件（组），包括铜器、铁器、泥器等。在三 B 区南部出土一套伞柄，伞柄周围有呈伞状分布的盖弓帽及漆木盖弓同出，漆木盖弓已朽仅存漆皮。在其西北部出土有漆车轮及车舆漆皮朽痕（图一六九；彩版一七〇）。

一　铜器

77 件（组）。包括车马器、兵器、日常生活用器等。

（一）车马器

57 件。

1. 盖弓帽

31 件。依形制差异，分二型。

A 型　15 件。八棱柱形，中部有一周凸棱。清理时大多呈伞状向心分布。

M1ⅢB：191，通体鎏银。口径 0.8、长 4.75 厘米（图一七〇，2）。

M1ⅢB：192、M1ⅢB：193、M1ⅢB：196、M1ⅢB：198 ~ M1ⅢB：204、M1ⅢB：427、M1ⅢB：428、M1ⅢB：486、M1ⅢB：487 共 14 件，形制、尺寸与 M1ⅢB：191 基本相同。

C 型　16 件。圆柱形，近帽首处饰一钩。清理时大多呈伞状向心分布。

M1ⅢB：197，素面。口径 0.62、长 5.5 厘米（图一七〇，3）。

M1ⅢB：194、M1ⅢB：195、M1ⅢB：205、M1ⅢB：210 ~ M1ⅢB：221 共 15 件，形制、尺寸与 M1ⅢB：197 基本相同（彩版一七一，1、2）。

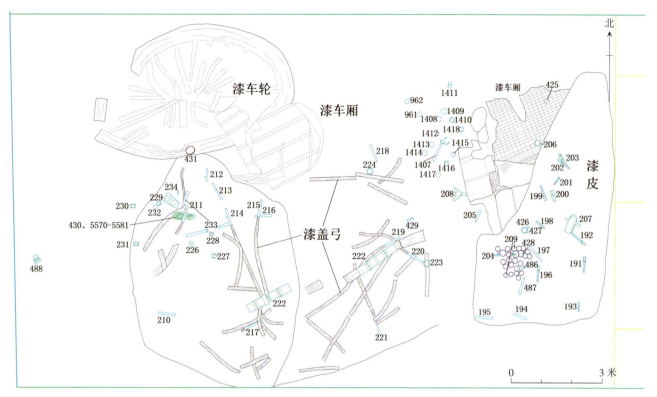

图一六九　三B区上层出土遗物平面图（数字为器物编号）

2. 伞柄箍饰

1套。M1ⅢB：222，两组箍饰由上下两节铜箍采用卡口插销方式组合而成，其上各饰三周箍状纹，中间连接漆木已朽，长度不明。均长17.9、管径2.3厘米（图一七○，1；彩版一七一，3）。

3. 车軎

1件。A型。

M1ⅢB：488，圆筒形，内侧与毂相接处较粗，軎中部饰一道箍状纹，近内侧有一贯辖孔。外径2.5、内径1.5、残长2.4厘米（图一七○，6）。

4. 马蹄形管饰

2件。形制相同。

M1ⅢB：234，中空圆筒形，顶端平口，底端斜口。长1、顶端管径0.6厘米（图一七○，7；彩版一七一，4）。

M1ⅢB：1412，尺寸与M1ⅢB：234相同（彩版一七一，5）。

5. 衡末

1件。M1ⅢB：1411，圆筒形，一端封闭。器身中部饰一周箍状纹。长1.5、銎径1.4厘米（图一七○，9）。

6. 钩

1件。B型。

M1ⅢB：429，器形较小，一端上翘呈钩状，另一端为圆形銎。素面。长2.3、銎径0.8厘米

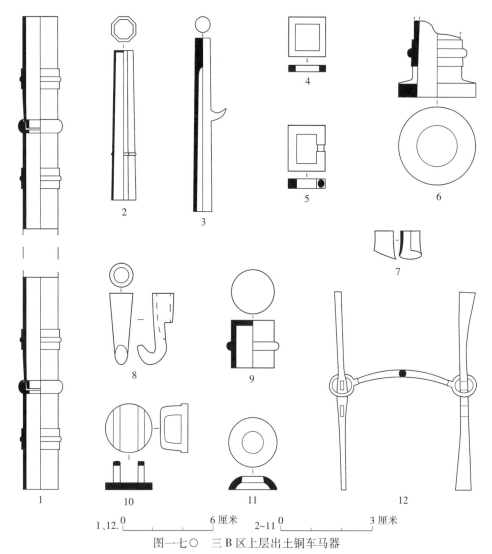

1、12. 0   6 厘米   2~11 0   3 厘米

图一七〇 三 B 区上层出土铜车马器

1. 伞柄箍饰（M1ⅢB：222） 2. A 型盖弓帽（M1ⅢB：191） 3. C 型盖弓帽（M1ⅢB：197） 4、5. B 型带扣（M1ⅢB：230、M1ⅢB：231） 6. A 型车軎（M1ⅢB：488） 7. 马蹄形管饰（M1ⅢB：234） 8. B 型钩（M1ⅢB：429） 9. 衡末（M1ⅢB：1411） 10. B 型节约（M1ⅢB：227） 11. A 型节约（M1ⅢB：226） 12. 马衔镳（M1ⅢB：233）

（图一七〇，8；彩版一七一，6）。

7. 带扣

2 件。清理时，带扣内革带均已朽尽，器物间相互位置大多不明。

B 型 2 件。长方形。

M1ⅢB：230，长 1.21、宽 1.25 厘米（图一七〇，4）。

M1ⅢB：231，形制同 M1ⅢB：230。长 1.21、宽 1.45 厘米（图一七〇，5）。

8. 马衔镳

2 组。每组器物由马衔 1 件及马镳 2 件组成，均为明器。清理时，明器漆木马已朽尽，马衔镳散落、残损严重。

M1ⅢB：233，圆弧形衔，衔端各有一圆环，环内各穿一马镳。镳中部凸起，内有两长方形穿孔。衔长 9.6、环径 1.6、镳长 12.7 厘米（图一七〇，12）。

M1ⅢB：1407，形制、尺寸与 M1ⅢB：233 基本相同。

9. 节约

16 件。依形制差异，分二型。清理时，器物间的整体关系大多因隔板坍塌而无法确定。

A 型　1 件。

M1ⅢB：226，圆帽形，顶心饰圆形，内部中空。底径 1.6、孔径 0.7、高 0.4 厘米（图一七〇，11）。

B 型　15 件。正面呈圆形，背面有两长方形穿。

M1ⅢB：227，直径 1.6、高 0.9 厘米（图一七〇，10）。

M1ⅢB：228、M1ⅢB：229、M1ⅢB：232、M1ⅢB：961、M1ⅢB：962、M1ⅢB：1408～M1ⅢB：1410、M1ⅢB：1413～M1ⅢB：1418 共 14 件，形制、尺寸与 M1ⅢB：227 基本相同（彩版一七一，7）。

（二）兵器

15 件。

1. 弩机

2 件。B 型。

M1ⅢB：207，器形较小，当为明器。郭长 2、郭宽 0.9、望山高 1.6 厘米（图一七一，1）。

M1ⅢB：208，形制、尺寸与 M1ⅢB：207 基本相同。

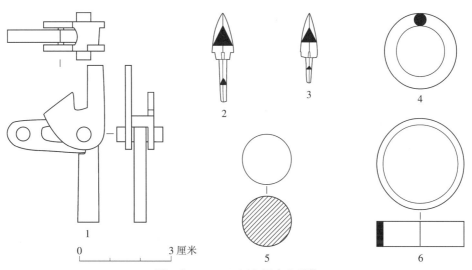

图一七一　三 B 区上层出土器物

1. B 型铜弩机（M1ⅢB：207）　2. Ⅰ型Ⅱ式铜镞（M1ⅢB：5572）　3. O 型Ⅱ式铜镞（M1ⅢB：430）
4. A 型铜环（M1ⅢB：206）　5. 泥弹丸（M1ⅢB：209-1）　6. 铁釭（M1ⅢB：431）

2. 镞

13 件。依形制差异，分二型。

Ⅰ型Ⅱ式　7 件。镞身三棱形，向前聚合成锋，前锋尖锐。关断面呈六边形，底端圆鋬以接铁铤。尺寸较小，当为明器。

M1ⅢB：5572，通长 2.9、铤长 1.4 厘米（图一七一，2）。

M1ⅢB：5573 ~ M1ⅢB：5578 共 6 件，形制、尺寸与 M1ⅢB：5572 基本相同。

O 型Ⅱ式　6 件。镞身三棱形，向前聚合成锋，前锋尖锐。尾部接细长圆柱形铜铤。尺寸较小，当为明器。

M1ⅢB：430，通长 2.3、铤长 0.8 厘米（图一七一，3）。

M1ⅢB：5570、M1ⅢB：5571、M1ⅢB：5579 ~ M1ⅢB：5581 共 5 件，形制、尺寸与 M1ⅢB：430 基本相同。

（三）日常生活用器

5 件。

环。A 型。环身截面呈圆形。

M1ⅢB：206，器形较小。外径 2.4、厚 0.4 厘米（图一七一，4）。

M1ⅢB：223、M1ⅢB：224、M1ⅢB：425、M1ⅢB：426 共 4 件，形制、尺寸与 M1ⅢB：206 基本相同（彩版一七一，8、9）。

二　铁器

1 件（组）。釭。

M1ⅢB：431，短圆管形。外径 2.9、长 0.8、壁厚 0.2 厘米（图一七一，6）。

三　泥器

50 件。

弹丸。清理时，大部分泥弹丸为数十件聚堆放置，周边大多伴出弩机、箭镞等器物。

M1ⅢB：209 - 1，圆形，器形较小。直径 1.6 厘米（图一七一，5；彩版一七一，10）。

M1ⅢB：209 - 2 ~ M1ⅢB：209 - 50 共 49 件，形制、尺寸与 M1ⅢB：4009 - 1 基本相同。

第六节　四（Ⅳ）A 区上层出土遗物

西回廊中部偏北四 A 区上层主要放置明器车马，明器漆车马已朽尽，仅存车马器构件及明器兵器等各类遗物 140 件（组），包括铜器、铁器、玉器等。在四 A 区中部出土一套伞柄，伞柄周围有呈伞状分布的盖弓帽同出，部分盖弓帽上残存有漆木盖弓，在其北部有车舆漆皮朽痕（图一七二；彩版一七二）。

一　铜器

102 件（组）。包括车马器、兵器、日常生活用器等。

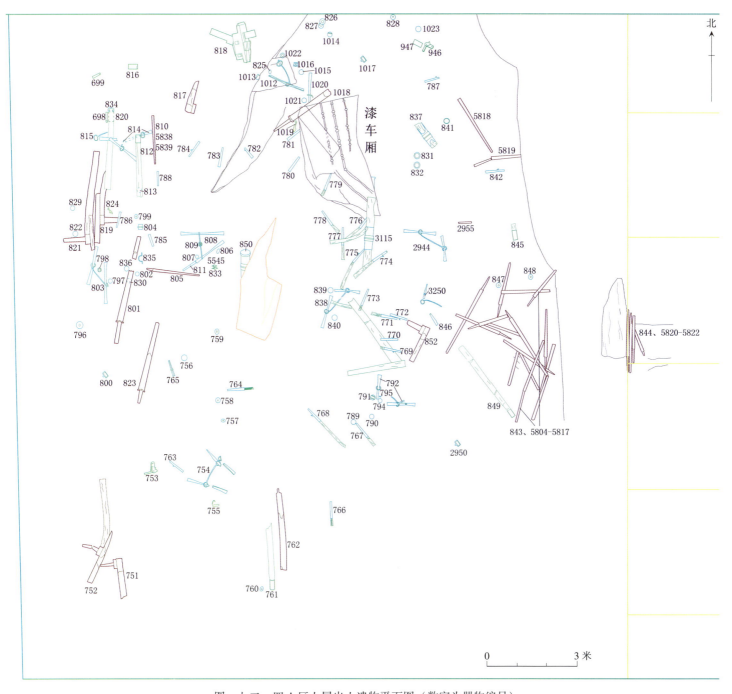

图一七二　四 A 区上层出土遗物平面图（数字为器物编号）

（一）车马器

84 件。

1. 盖弓帽

28 件。依形制差异，分二型。

A 型　3 件。八棱柱形，中部有一周凸棱。清理时大多呈伞状向心分布。

M1ⅣA∶765，通体鎏银。口径 0.8、长 4.7 厘米（图一七三，1）。

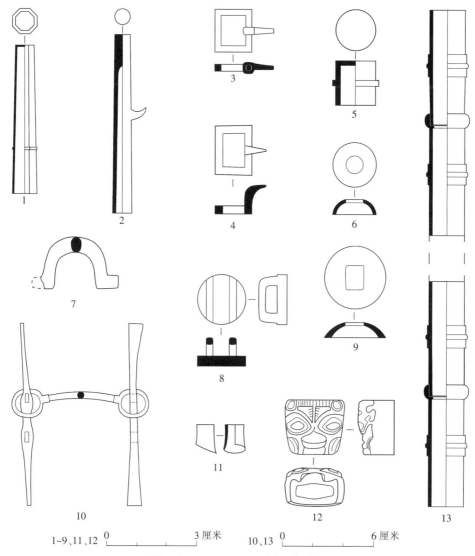

图一七三 四 A 区上层出土铜车马器

1. A 型盖弓帽（M1ⅣA：765） 2. C 型盖弓帽（M1ⅣA：763） 3、4. B 型带扣（M1ⅣA：800、M1ⅣA：1016） 5. 衡末（M1ⅣA：804）
6、9. A 型节约（M1ⅣA：757、M1ⅣA：796） 7. B 型辖（M1ⅣA：835） 8. B 型节约（M1ⅣA：756） 10. 马衔镳（M1ⅣA：754）
11. 马蹄形管饰（M1ⅣA：795） 12. 兽首构件（M1ⅣA：834） 13. 伞柄箍饰（M1ⅣA：837）

M1ⅣA：785、M1ⅣA：786 共 2 件，形制、尺寸与 M1ⅣA：765 基本相同。

C 型 25 件。圆柱形，近帽首处有一钩。清理时大多呈伞状向心分布。

M1ⅣA：763，素面。口径 0.6、长 5.7 厘米（图一七三，2）。

M1ⅣA：764、M1ⅣA：766～M1ⅣA：784、M1ⅣA：787、M1ⅣA：788、M1ⅣA：811、M1ⅣA：842 共 24 件，形制、尺寸与 M1ⅣA：763 基本相同。

2. 伞柄箍饰

1 套。M1ⅣA：837（与 M1ⅣA：850、M1ⅣA：3115 为一套），两组箍饰由两节铜箍采用卡口插销方式组合而成，其上各饰三周箍状纹，中间连接漆木已朽，长度不明。均长 14.4、管径 2.3 厘米（图一七三，13）。

3. 轙

1件。B型。

M1ⅣA：835，平面为半圆形，轙身截面近菱形，两脚外折平直。脚距长2.8、器高1.6厘米（图一七三，7）。

4. 兽首构件

1件。M1ⅣA：834，前端为兽首，张口大眼，双目外凸，后端饰一椭圆形銎。器长1.75、宽1.95、高1.2厘米（图一七三，12）。

5. 马蹄形管饰

1件。M1ⅣA：795，中空圆筒形，顶端平口，底端斜口。长0.9、顶端管径0.6厘米（图一七三，11）。

6. 衡末

1件。M1ⅣA：804，器做圆筒形，一端封闭，器身中部饰一周箍状纹。器长1.4、銎径1.3厘米（图一七三，5；彩版一七三，1）。

7. 带扣

4件。B型。清理时，带扣内革带均已朽尽，器物间相互位置大多不明。

M1ⅣA：1016，长方形，一边中部饰一弯钩。长1.7、宽1.6厘米（图一七三，4）。

M1ⅣA：800，长方形，一边中部穿饰一长条形插条。长1.9、宽1.4厘米（图一七三，3）。

M1ⅣA：1017、M1ⅣA：2950共2件，形制、尺寸与M1ⅣA：800相同。

8. 马衔镳

11组。每组器物由马衔1件及马镳2件组成，均为明器。清理时，明器漆木马已朽尽，马衔镳散落、残损严重。

M1ⅣA：754，圆弧形衔，衔端各有一圆环，环内各穿一马镳。镳中部凸起，内有两长方形穿孔。衔长9、环径2、镳长11.6厘米（图一七三，10）。

M1ⅣA：792、M1ⅣA：803、M1ⅣA：808、M1ⅣA：814、M1ⅣA：815、M1ⅣA：838、M1ⅣA：1012、M1ⅣA：1020、M1ⅣA：2944、M1ⅣA：846与M1ⅣA：3250共10组，形制、尺寸与M1ⅣA：754基本相同（彩版一七三，2）。

9. 节约

36件。依形制差异，分二型。

A型　13件。圆帽形，顶心有圆形或长方形孔，内部中空。清理时，器物间的整体关系大多因隔板坍塌而无法确定。

M1ⅣA：757，顶心有圆孔。底径1.4、孔径0.6、高0.5厘米（图一七三，6）。

M1ⅣA：758～M1ⅣA：760、M1ⅣA：799、M1ⅣA：813、M1ⅣA：826～M1ⅣA：828、M1ⅣA：830、M1ⅣA：1022共10件，形制、尺寸与M1ⅣA：757基本相同。

M1ⅣA：796，顶心饰长方形孔。底径2、孔长0.8、孔宽0.6、高0.5厘米（图一七三，9；彩版一七三，3）。

M1ⅣA：829，形制、尺寸与M1ⅣA：796基本相同。

B型　23件。正面呈圆形，背面有两长方形穿。

M1ⅣA：756，直径1.6、高0.9厘米（图一七三，8）。

M1ⅣA：789～M1ⅣA：791、M1ⅣA：794、M1ⅣA：797、M1ⅣA：798、M1ⅣA：802、M1ⅣA：806、M1ⅣA：807、M1ⅣA：809、M1ⅣA：822、M1ⅣA：825、M1ⅣA：836、M1ⅣA：839、M1ⅣA：840、M1ⅣA：847、M1ⅣA：848、M1ⅣA：1013～M1ⅣA：1015、M1ⅣA：1021、M1ⅣA：1023共22件，形制、尺寸与M1ⅣA：756基本相同。

（二）兵器

12件。

1. 镦

7件。依形制与纹饰差异，分二型。

D型　2件。器口平面呈圆形，器形较小，器表大多鎏金。均为明器。

M1ⅣA：761，口径1.25、高3厘米（图一七四，3）。

M1ⅣA：812，形制、尺寸与M1ⅣA：761基本相同。

G型　5件。器口平面近桃形，器形较小，器表大多鎏金。均为明器。

M1ⅣA：816，器表素面。口径1.4、高2.9厘米（图一七四，4）。

M1ⅣA：820、M1ⅣA：845、M1ⅣA：849、M1ⅣA：947共4件，形制、尺寸与M1ⅣA：816基本相同。

2. 弩机

3件。依形制差异，分二型。

A型　1件。

M1ⅣA：818，通体鎏金，制作工整。刻铭"△"。郭长13.1、郭宽3.3、望山高3.9厘米（图一七四，1；彩版一七三，4）。

B型　2件。

M1ⅣA：753，器形较小，当为明器。郭长2、郭宽1、望山残高0.6厘米（图一七四，5）。

M1ⅣA：946，形制、尺寸与M1ⅣA：753基本相同。

3. 镞

2件。O型Ⅱ式。镞身三棱形，向前聚合成锋，前锋尖锐。尾部接细长圆柱形铜铤。尺寸较小，当为明器。

M1ⅣA：833，通长2.5、铤长0.9厘米（图一七四，2）。

M1ⅣA：5545，形制、尺寸与M1ⅣA：833基本相同。

（三）日常生活用器

6件。

1. 带钩

3件。A型。器形较小，琵琶形钩身，下饰一圆纽。圆形钩首。

M1ⅣA：755，长3.6、宽0.75、高0.8厘米（图一七五，1）。

M1ⅣA：824、M1ⅣA：1019共2件，形制、尺寸与M1ⅣA：755相同（彩版一七四，1、2）。

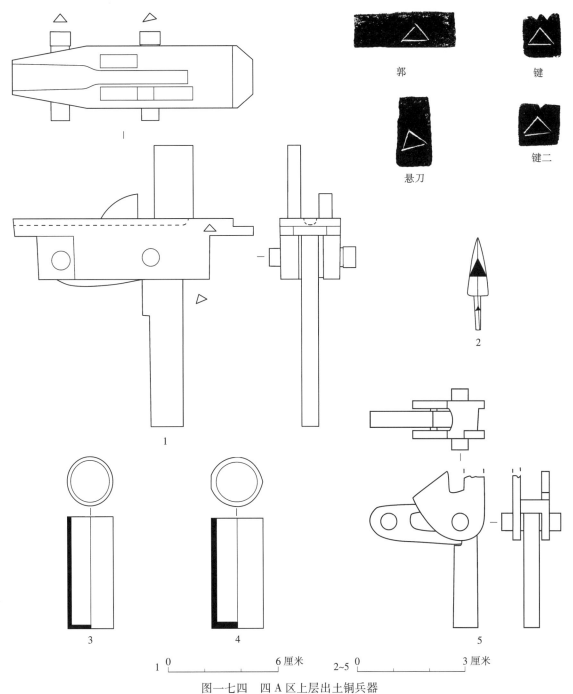

郭　　　键

悬刀　　　键二

图一七四　四A区上层出土铜兵器
1. A型弩机（M1ⅣA：818）　2. O型Ⅱ式镞（M1ⅣA：833）　3. D型镞
（M1ⅣA：761）　4. G型镞（M1ⅣA：816）　5. B型弩机（M1ⅣA：753）

2. 环

3件。依形制差异，分二型。

A型　1件。

M1ⅣA：841，器形较小，环身截面呈圆形。外径2.2、厚0.26厘米（图一七五，2）。

B型　2件。环身截面近扁圆形。

M1ⅣA：832，外径2.2、厚0.3厘米（图一七五，6）。

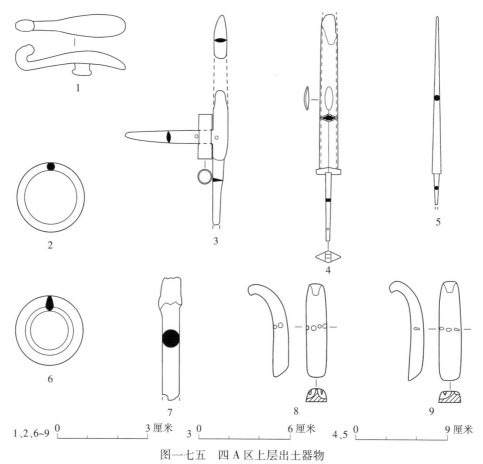

图一七五　四 A 区上层出土器物

1. A 型铜带钩（M1ⅣA：755）　　2. A 型铜环（M1ⅣA：841）　　3. B 型铁戟（M1ⅣA：751）　　4. B 型铁剑（M1ⅣA：1018）
5. C 型铁镞（M1ⅣA：5805）　　6. B 型铜环（M1ⅣA：832）　　7. A 型铁钉（M1ⅣA：2955）　　8、9. 玉钩饰（M1ⅣA：698、M1ⅣA：699）

M1ⅣA：831，形制、尺寸与 M1ⅣA：832 相同。

二　铁器

36 件（组）。包括兵器、工具等。

（一）兵器

35 件。

1. 戟

6 件。B 型。皆为明器。"卜"字形铁戟，援与内结合处饰铜质柲帽，截面呈圆形。

M1ⅣA：751，残长 13.5、枝长 5.8、柲帽长 2.8 厘米（图一七五，3）。

M1ⅣA：752、M1ⅣA：817、M1ⅣA：819、M1ⅣA：821、M1ⅣA：852 共 5 件，尺寸同 M1ⅣA：751。

2. 剑

4 件。B 型。皆为明器。

M1ⅣA：1018，剑身较长，断面呈菱形，格为铜质，茎首端有一小孔。剑身漆鞘保存较好，鞘身顶部平直，前半段截面为椭圆形，剑璏以下部分截面呈菱形。剑身残长 14.7、最宽处 1.8、通残长 21.7、格宽 2.4 厘米（图一七五，4）。

M1ⅣA：762、M1ⅣA：801、M1ⅣA：823 共 3 件，尺寸与 M1ⅣA：1018 相同。

3. 镞

25 件。C 型。镞身为细长圆锥形，前锋尖锐，铤部细长，末端聚尖。

M1ⅣA：5805，残长 18、铤残长 3 厘米（图一七五，5）。

M1ⅣA：805、M1ⅣA：810、M1ⅣA：843、M1ⅣA：844、M1ⅣA：5804、M1ⅣA：5806～M1ⅣA：5822、M1ⅣA：5838、M1ⅣA：5839 共 24 件，形制、尺寸与 M1ⅣA：5805 相同。

（二）工具

1 件。

钉。A 型。

M1ⅣA：2955，器身细长，下端内收为尖状，上端为长方形钉帽。残长 3.9 厘米（图一七五，7）。

三 玉器

2 件。钩饰。

M1ⅣA：698，白玉，略有黄色沁斑。钩形。钩面中部钻有三孔，其中两孔互通，一孔未穿透。器长 3、宽 0.7 厘米（图一七五，8；彩版一七四，3）。

M1ⅣA：699，白玉。形制同 M1ⅣA：698。钩面中部钻有四孔，其中左右两孔两两互通。器长 3.2、宽 0.7 厘米（图一七五，9；彩版一七四，3）。

第七节 四（Ⅳ）B 区上层出土遗物

西回廊北部四 B 区上层主要放置明器车马，明器漆车马已朽尽，仅存车马器构件及明器兵器等各类文物 244 件（组），包括铜器、铁器等。在四 B 区中部出土一套伞柄，伞柄周围有呈伞状分布的盖弓帽同出，部分盖弓帽上残存有漆木盖弓，在其东北部有车轮朽痕，还有成捆的铁镞（图一七六）。

一 铜器

181 件（组）。包括车马器、兵器、日常生活用器等。

（一）车马器

140 件。

1. 盖弓帽

50 件。依形制差异，分二型。

A 型 29 件。八棱柱形，中部饰一周凸棱。清理时大多呈伞状向心分布。

M1ⅣB：236，通体鎏银。口径 0.8、长 4.8 厘米（图一七七，1）。

M1ⅣB：235、M1ⅣB：237～M1ⅣB：241、M1ⅣB：262～M1ⅣB：265、M1ⅣB：274、M1ⅣB：424、M1

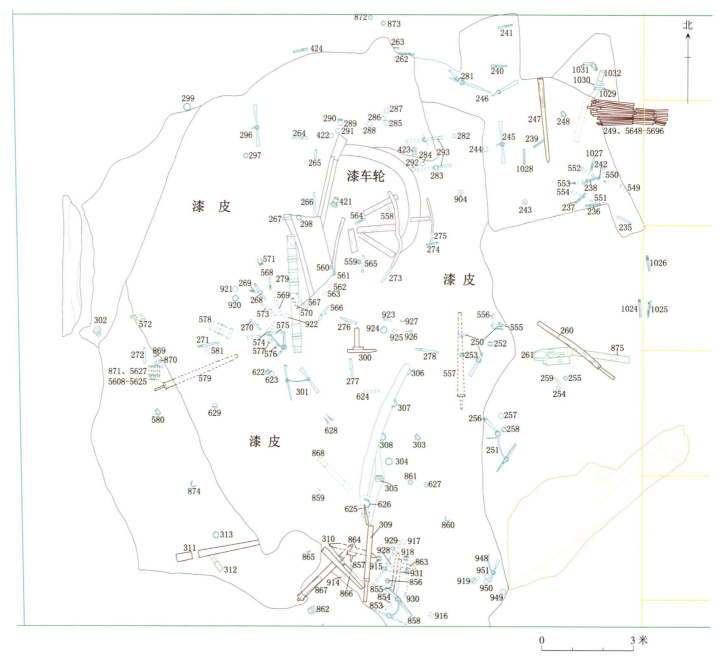

图一七六　四 B 区上层出土遗物平面图（数字为器物编号）

ⅣB：549 ~ M1ⅣB：554、M1ⅣB：556、M1ⅣB：564、M1ⅣB：869、M1ⅣB：1024 ~ M1ⅣB：1030 共 28 件，形制、尺寸与 M1ⅣB：236 基本相同（彩版一七四，4）。

C 型　21 件。圆柱形，近帽首处饰一钩。清理时大多呈伞状向心分布。

M1ⅣB：266，素面。口径 0.65、长 5.72 厘米（图一七七，2）。

M1ⅣB：267 ~ M1ⅣB：273、M1ⅣB：275 ~ M1ⅣB：278、M1ⅣB：555、M1ⅣB：565 ~ M1ⅣB：569、M1ⅣB：573、M1ⅣB：574、M1ⅣB：624 共 20 件，形制、尺寸与 M1ⅣB：266 基本相同。

2. 伞柄箍饰

1 套。M1ⅣB：279（与 M1ⅣB：578 为一套）。两组箍饰由两节铜箍采用圆筒套接而成，其上

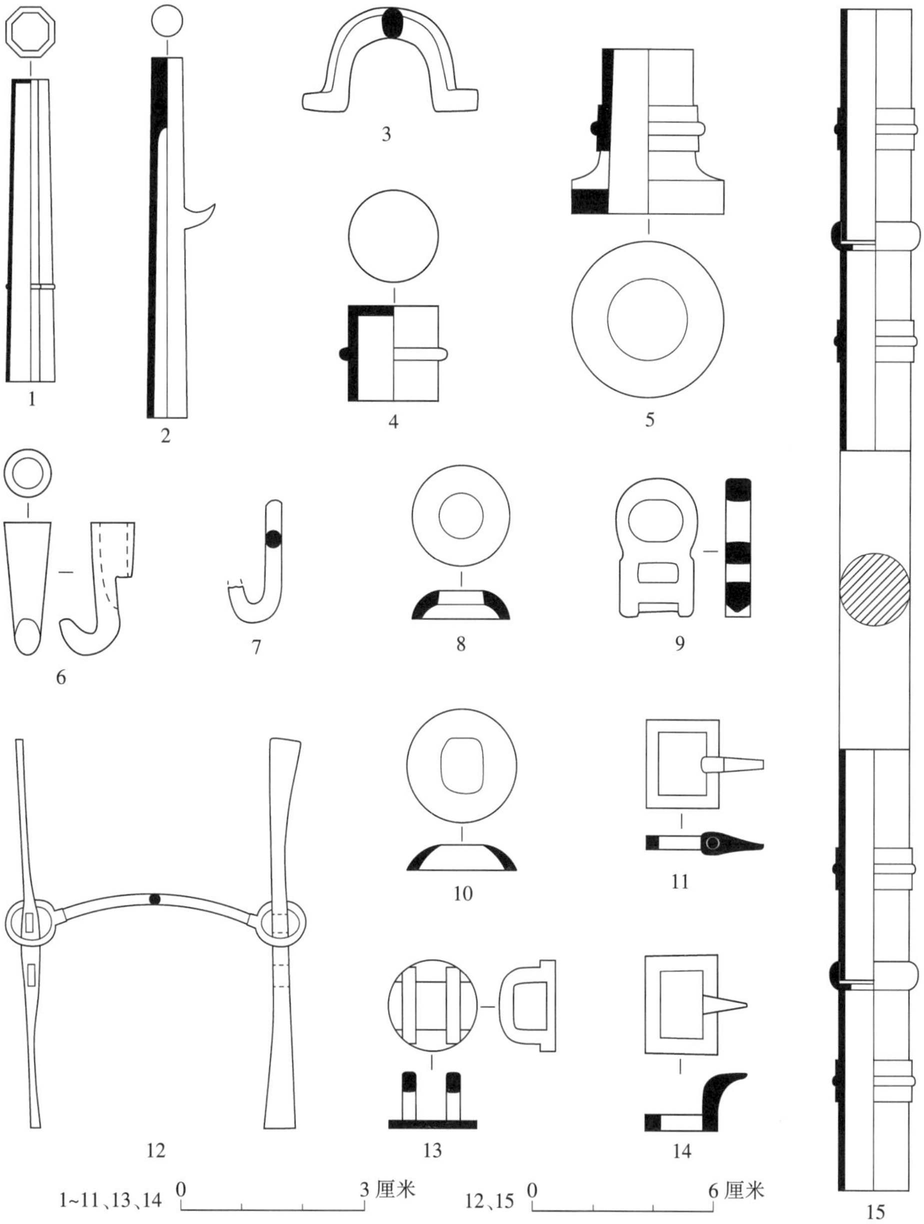

图一七七　四 B 区上层出土铜车马器

1. A 型盖弓帽（M1ⅣB：236）　　2. C 型盖弓帽（M1ⅣB：266）　　3. B 型軜（M1ⅣB：306）　　4. 衡末（M1ⅣB：305）　　5. A 型车軎（M1ⅣB：302）
6. B 型钩（M1ⅣB：923）　　7. C 型钩（M1ⅣB：926）　　8、10. A 型节约（M1ⅣB：242、M1ⅣB：855）　　9. A 型带扣（M1ⅣB：423）　　11、14. B 型
带扣（M1ⅣB：580、M1ⅣB：303）　　12. 马衔镳（M1ⅣB：245）　　13. B 型节约（M1ⅣB：244）　　15. 伞柄箍饰（M1ⅣB：279）

各饰三周箍状纹。均长 14、管径 2.3 厘米。漆木保存尚好，圆柱形，长 9.5 厘米（图一七七，15；
彩版一七四，5）。

3. 车軎

3 件。A 型。圆筒形，内侧与毂相接处较粗，軎中部饰一道箍状纹，近内侧有一贯辖孔。

M1ⅣB：302，外径 2.5、内径 1.5、长 2.6 厘米（图一七七，5）。

M1ⅣB：421、M1ⅣB：628 共 2 件，形制、尺寸与 M1ⅣB：302 基本相同。

4. 辖

4 件。依形制差异，分二型。

B 形　4 件。平面为半圆形。

M1ⅣB：306，截面近菱形，两脚外折平直。脚距长 2.8、高 1.7 厘米（图一七七，3）。

M1ⅣB：307、M1ⅣB：308、M1ⅣB：626 共 3 件，尺寸与 M1ⅣB：306 基本相同。

5. 衡末

5 件。形制相同。

M1ⅣB：305，圆筒形，一端封闭，器身中部饰一周箍状纹。长 1.5、銎径 1.5 厘米（图一七七，4；彩版一七五，1）。

M1ⅣB：571、M1ⅣB：625、M1ⅣB：919、M1ⅣB：920 共 4 件，形制、尺寸与 M1ⅣB：305 基本相同（彩版一七五，2）。

6. 钩

5 件。依形制与纹饰差异，分二型。

B 型　4 件。器形较小，一端上翘呈钩状，另一端为圆形銎。

M1ⅣB：923，素面。长 2.1、銎径 0.8 厘米（图一七七，6）。

M1ⅣB：865、M1ⅣB：870、M1ⅣB：927 共 3 件，形制、尺寸与 M1ⅣB：923 基本相同。

C 型　1 件。

M1ⅣB：926，整体呈 "J" 形。素面。长 2 厘米（图一七七，7）。

7. 带扣

6 件。依形制差异，分两型。清理时，带扣内革带均已朽尽，器物间相互位置大多不明。

A 型　3 件。器身扁平，由长方形与圆形两个穿孔组成。

M1ⅣB：423，长 2.2、宽 1.35 厘米（图一七七，9）。

M1ⅣB：622、M1ⅣB：862 共 2 件，形制、尺寸与 M1ⅣB：423 基本相同（彩版一七五，3）。

B 型　3 件。

M1ⅣB：303，长方形，一边中部饰一弯钩。长 1.7、宽 1.6 厘米（图一七七，14；彩版一七五，4）。

M1ⅣB：248，形制、尺寸与 M1ⅣB：303 相同。

M1ⅣB：580，长方形，一边中部穿饰一长条形插条。长 1.9、宽 1.4 厘米（图一七七，11）。

8. 马衔镳

11 组。每组器物由马衔 1 件及马镳 2 件组成。均为明器。清理时，明器漆木马已朽尽，马衔镳散落、残损严重。

M1ⅣB：245，圆弧形衔，衔端各有一圆环，环内各穿一马镳。镳中部凸起，内有两长方形穿孔。衔长 9.8、环径 1.6、镳长 12.3 厘米（图一七七，12）。

M1ⅣB：246、M1ⅣB：250、M1ⅣB：251、M1ⅣB：293、M1ⅣB：296、M1ⅣB：301、M1ⅣB：575、M1ⅣB：858、M1ⅣB：931、M1ⅣB：948 共 10 组，形制、尺寸与 M1ⅣB：245 基本相同。

9. 节约

55 件。依形制差异，分三型。

A 型　17 件。圆帽形，顶心有圆形或长方形孔，内部中空。器物均匀分布于回廊上层，清理时，器物间的整体关系大多因隔板坍塌而无法确定。

M1ⅣB：242，顶心有圆孔。底径 1.6、孔径 0.7、高 0.45 厘米（图一七七，8）。

M1ⅣB：243、M1ⅣB：254、M1ⅣB：255、M1ⅣB：298、M1ⅣB：313、M1ⅣB：558、M1ⅣB：561～M1ⅣB：563、M1ⅣB：581、M1ⅣB：856、M1ⅣB：904、M1ⅣB：914、M1ⅣB：917 共 14 件，形制、尺寸与 M1ⅣB：242 基本相同。

M1ⅣB：855，顶心饰长方形孔。底径 1.8、孔长 0.9、孔宽 0.7、高 0.4 厘米（图一七七，10）。

M1ⅣB：560，形制、尺寸与 M1ⅣB：855 基本相同。

B 型　38 件。正面呈圆形，背面饰两长方形穿。

M1ⅣB：244，面径 1.45、高 0.9 厘米（图一七七，13；彩版一七五，5）。

M1ⅣB：252、M1ⅣB：253、M1ⅣB：256～M1ⅣB：258、M1ⅣB：281～M1ⅣB：291、M1ⅣB：299、M1ⅣB：310、M1ⅣB：422、M1ⅣB：559、M1ⅣB：576、M1ⅣB：577、M1ⅣB：623、M1ⅣB：629、M1ⅣB：853、M1ⅣB：854、M1ⅣB：857、M1ⅣB：915、M1ⅣB：916、M1ⅣB：918、M1ⅣB：921、M1ⅣB：922、M1ⅣB：928、M1ⅣB：929、M1ⅣB：949～M1ⅣB：951 共 37 件，形制、尺寸与 M1ⅣB：244 基本相同（彩版一七五，6～9）。

（二）兵器

27 件。

1. 镦

4 件。G 型。器口平面近桃形，器形较小，器表大多鎏金。均为明器。

M1ⅣB：1032，器表素面。口径 1.4、高 2.9 厘米（图一七八，2）。

M1ⅣB：312、M1ⅣB：868、M1ⅣB：875 共 3 件，形制、尺寸与 M1ⅣB：1032 基本相同。

2. 弩机

3 件。依形制差异，分二型。

A 型　1 件。

M1ⅥB：261，通体鎏金，制作工整。郭长 11.8、郭宽 2.9、望山高 3.2 厘米（图一七八，5；彩版一七六，1）。

B 型　2 件。

M1ⅣB：1031，器形较小，当为明器。郭长 2、郭宽 1、望山高 1.6 厘米（图一七八，1）。

M1ⅣB：572，形制、尺寸与 M1ⅣB：1031 基本相同。

3. 镞

20 件。依形制差异，分二型。

Ⅰ 型 Ⅱ 式　12 件。镞身三棱形，向前聚合成锋，前锋尖锐。关断面呈六边形，底端圆銎以接铁铤。尺寸较小，当为明器。

M1ⅣB：871，通长 2.4、铤长 1 厘米（图一七八，3）。

M1ⅣB：5609～M1ⅣB：5619 共 11 件，尺寸与 M1K1⑥：1019 基本相同。

O 型 Ⅱ 式　8 件。镞身三棱形，向前聚合成锋，前锋尖锐。尾部接细长圆柱形铜铤。尺寸较小，当为明器。

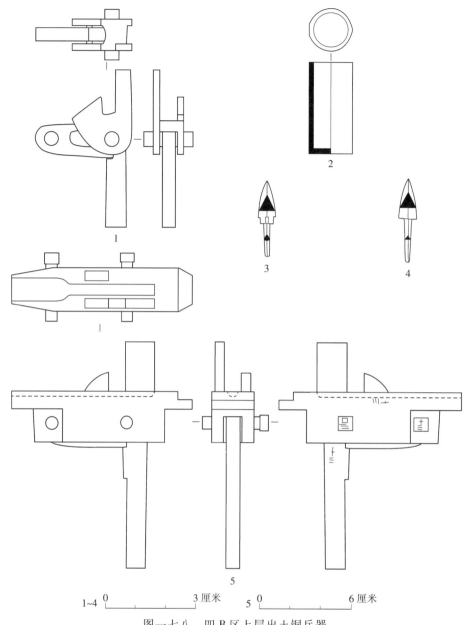

图一七八　四 B 区上层出土铜兵器

1. B 型弩机（M1ⅣB：1031）　2. G 型镦（M1ⅣB：1032）　3. I 型Ⅱ式镞（M1ⅣB：871）

4. O 型Ⅱ式镞（M1ⅣB：5620）　5. A 型弩机（M1ⅥB：261）

　　M1ⅣB：5620，长 2.7、铤长 1.4 厘米（图一七八，4）。

　　M1ⅣB：5608、M1ⅣB：5621～M1ⅣB：5625、M1ⅣB：5627 共 7 件，形制、尺寸与 M1ⅣB：5620 基本相同。

（三）日常生活用器

14 件。

1. 带钩

2 件。A 型。器形较小，琵琶形钩身，圆形钩首，下饰一圆纽。

M1ⅣB∶259，残长3、宽0.55、高1厘米（图一七九，1）。

M1ⅣB∶930，形制、尺寸与M1ⅣB∶259基本相同。

2. 环

12件。依形制差异，分二型。

A型 10件。环身截面呈圆形。

M1ⅣB∶292，外径2.2、厚0.3厘米（图一七九，2）。

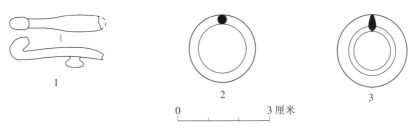

0　　　　　　　3厘米

图一七九　四B区上层出土铜器

1. A型带钩（M1ⅣB∶259）　2. A型环（M1ⅣB∶292）　3. B型环（M1ⅣB∶304）

M1ⅣB∶297、M1ⅣB∶859～M1ⅣB∶861、M1ⅣB∶872～M1ⅣB∶874、M1ⅣB∶924、M1ⅣB∶925共9件，形制、尺寸与M1ⅣB∶292基本相同。

B型 2件。环身截面近似扁圆形。

M1ⅣB∶304，外环径2.3、环身厚0.3厘米（图一七九，3）。

M1ⅣB∶627，形制、尺寸与M1ⅣB∶304相同。

二　铁器

63件。

（一）车马器

1件。铜。

M1ⅣB∶628−1，短圆管形。器长0.7、外径1.7、壁厚0.3厘米（图一八〇，3）。

（二）兵器

62件。

1. 戟

5件。B型。皆为明器。

M1ⅣB∶300，"卜"字形铁戟，援与内结合处饰铜质柲帽，截面呈圆形。残长11、枝长6.9、柲帽长2.9厘米（图一八〇，4；彩版一七六，2）。

M1ⅣB∶570、M1ⅣB∶863、M1ⅣB∶864、M1ⅣB∶866共4件，形制、尺寸与M1ⅣB∶300相同（彩版一七六，3）。

2. 剑

7件。B型。皆为明器。

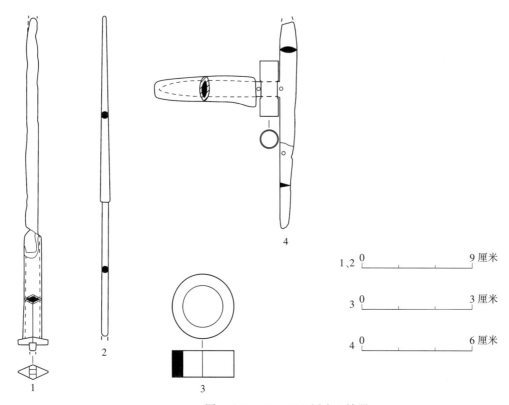

图一八〇　四 B 区上层出土铁器

1. B 型剑（M1ⅣB:247）　2. C 型镞（M1ⅣB:249）　3. 铜（M1ⅣB:628 - 1）　4. B 型戟（M1ⅣB:300）

　　M1ⅣB:247，剑身较长，断面呈菱形，格为铜质，茎首端有一小孔。剑身漆鞘保存较好，鞘身顶部平直，前半段截面为椭圆形，剑璏以下部分截面呈菱形。剑身残长 25.5、最宽处 1.2、通长 26.5、格宽 2.5 厘米，剑鞘残长 8.2、最宽处 1.6 厘米（图一八〇，1）。

　　M1ⅣB:260、M1ⅣB:309、M1ⅣB:311、M1ⅣB:557、M1ⅣB:579、M1ⅣB:867 共 6 件，形制、尺寸与 M1ⅣB:247 相同。

　　3. 镞

　　50 件。C 型。镞身细长圆锥形，前锋尖锐，铤部细长，末端聚尖。

　　M1ⅣB:249，残长 25.5、铤残长 10.5 厘米（图一八〇，2）。

　　M1ⅣB:5648 ~ M1ⅣB:5696 共 49 件，形制、尺寸与 M1ⅣB:249 相同（彩版一七六，4）。

第八节　五（Ⅴ）区上层出土遗物

　　西回廊北部五区上层主要放置明器车马，明器漆车马已朽尽，仅存车马器构件及明器兵器等各类遗物 185 件（组），包括铜器、铁器、泥器等。在五区中部及东南部各出土一套伞柄，伞柄周围有呈伞状分布的盖弓帽同出，部分盖弓帽上残存漆木盖弓（图一八一）。

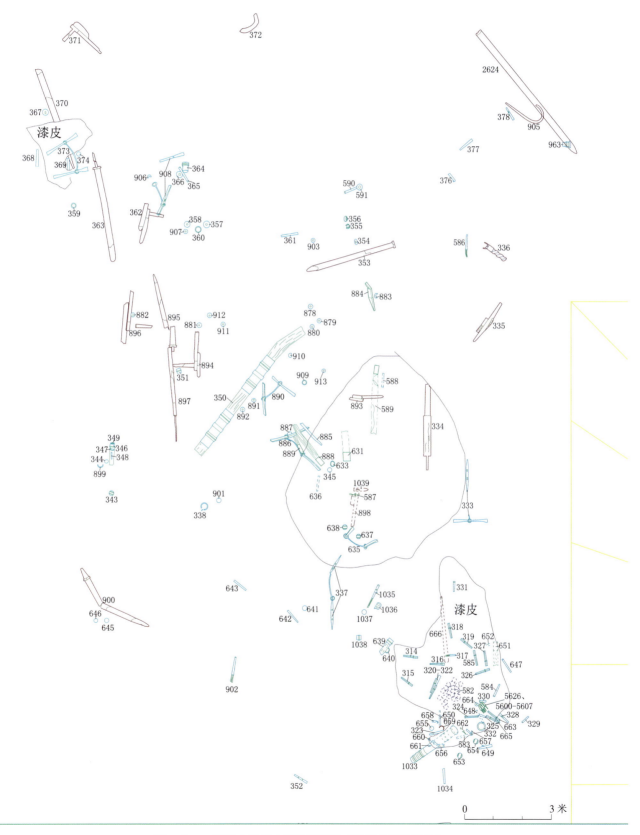

北

漆皮

漆皮

0   3 米

图一八一　五区上层出土遗物平面图（数字为器物编号）

一 铜器

133件（组），包括车马器、兵器、日常生活用器等。

（一）车马器

111件。

1. 盖弓帽

45件。依形制差异，分二型。

A型 15件。八棱柱形，中部饰一周凸棱。清理时大多数器物呈伞状向心分布。

M1Ⅴ：314，通体鎏银。口径0.8、长4.8厘米（图一八二，2）。

M1Ⅴ：315～M1Ⅴ：322、M1Ⅴ：324、M1Ⅴ：326、M1Ⅴ：327、M1Ⅴ：331、M1Ⅴ：352、M1Ⅴ：584 共14件，形制、尺寸与M1Ⅴ：314基本相同（彩版一七七，1）。

C型 30件。圆柱形，近帽首处饰一钩。清理时大多呈伞状向心分布。

M1Ⅴ：328，素面。口径0.62、长5.72厘米（图一八二，3）。

M1Ⅴ：323、M1Ⅴ：325、M1Ⅴ：329、M1Ⅴ：330、M1Ⅴ：361、M1Ⅴ：365、M1Ⅴ：368、M1Ⅴ：369、M1Ⅴ：376～M1Ⅴ：378、M1Ⅴ：583、M1Ⅴ：585、M1Ⅴ：586、M1Ⅴ：588、M1Ⅴ：590、M1Ⅴ：636、M1Ⅴ：642、M1Ⅴ：643、M1Ⅴ：647～M1Ⅴ：650、M1Ⅴ：663、M1Ⅴ：665、M1Ⅴ：885、M1Ⅴ：902、M1Ⅴ：1034、M1Ⅴ：1035 共29件，形制、尺寸与M1Ⅴ：328基本相同。

2. 伞柄箍饰

2套。形制相同。

M1Ⅴ：350，两组箍饰由两节铜箍采用圆筒套接方式组合而成，其上各饰三周箍状纹，均长13.5、管径2.3厘米。连接漆木已朽，长度不明（图一八二，15；彩版一七七，2）。

M1Ⅴ：1033，尺寸与箍饰套接方式同M1Ⅴ：350（彩版一七七，3）。

3. 车䡴

2件。A型。圆筒形，内侧与毂相接处较粗，䡴中部饰一道箍状纹，近内侧有一贯辖孔。

M1Ⅴ：332，外径2.4、内径1.4、长2.6厘米（图一八二，1；彩版一七七，4）。

M1Ⅴ：963，尺寸基本与M1Ⅴ：332相同。

4. 辖

2件。依形制差异，分二型。

B型 2件。形制相同。平面为半圆形。

M1Ⅴ：640，辖身截面近菱形，两脚外折平直。脚距长2.5、器高1.4厘米（图一八二，12）。

M1Ⅴ：348，形制、尺寸与M1Ⅴ：640基本相同。

5. 帽饰

1件。A型。

M1Ⅴ：364，长圆筒形，顶端饰四道凸弦纹。帽径2.2、长2.9、銎径1.6厘米（图一八二，7）。

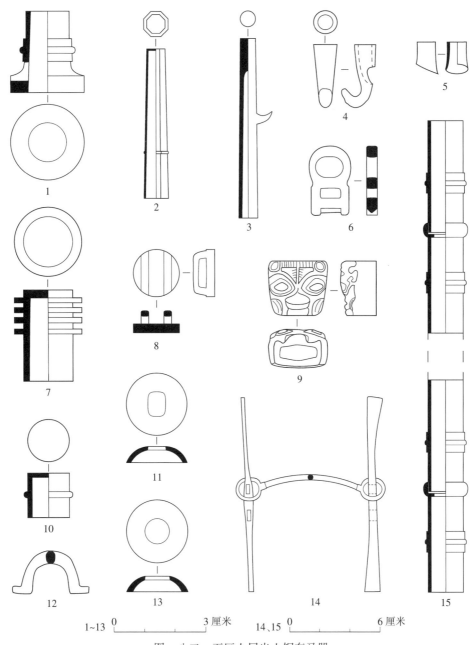

图一八二　五区上层出土铜车马器

1. A 型车軎（M1Ⅴ：332）　2. A 型盖弓帽（M1Ⅴ：314）　3. C 型盖弓帽（M1Ⅴ：328）　4. B 型钩（M1Ⅴ：657）
5. 马蹄形管饰（M1Ⅴ：661）　6. A 型带扣（M1Ⅴ：1036）　7. A 型帽饰（M1Ⅴ：364）　8. B 型节约（M1Ⅴ：343）
9. 兽首构件（M1Ⅴ：656）　10. 衡末（M1Ⅴ：346）　11、13. A 型节约（M1Ⅴ：354 、M1Ⅴ：357）　12. B 型辖
（M1Ⅴ：640）　14. 马衔镳（M1Ⅴ：333）　15. 伞柄箍饰（M1Ⅴ：350）

6. 兽首构件

1 件。M1Ⅴ：656，前端为兽首，张口大眼，双目外凸，后端饰一椭圆形銮。长 1.75、宽 1.9、
高 1.2 厘米（图一八二，9）。

7. 马蹄形管饰

1 件。M1Ⅴ：661，中空圆筒形，顶端平口，底端斜口。长 1、顶端管径 0.6 厘米（图一八二，
5；彩版一七七，5）。

8. 衡末

4 件。形制相同。

M1Ⅴ：346，圆筒形，一端封闭，器身中部饰一周箍状纹。长 1.43、銎径 1.36 厘米（图一八二，10）。

M1Ⅴ：351、M1Ⅴ：639、M1Ⅴ：1038 共 3 件，尺寸与 M1Ⅴ：346 基本相同。

9. 钩

2 件。B 型。一端上翘呈钩状，另一端为圆形銎。

M1Ⅴ：657，器形较小。素面。长 2、銎径 0.78 厘米（图一八二，4）。

M1Ⅴ：658，形制、尺寸与 M1Ⅴ：657 基本相同。

10. 带扣

1 件。A 型。清理时，带扣内革带已朽尽，器物间相互位置大多不明。

M1Ⅴ：1036，器身扁平，由长方形与圆形两个穿孔组成。长 2.2、宽 1.38 厘米（图一八二，6）。

11. 马衔镳

8 组。每组器物由马衔 1 件及马镳 2 件组成，均为明器。清理时，明器漆木马已朽尽，马衔镳散落、残损严重。

M1Ⅴ：333，圆弧形衔，衔端各有一圆环，环内各穿一马镳。镳中部凸起，内有两长方形穿孔。衔长 9.8、环径 1.6、镳长 12.4 厘米（图一八二，14）。

M1Ⅴ：337、M1Ⅴ：373、M1Ⅴ：635、M1Ⅴ：660、M1Ⅴ：886、M1Ⅴ：890、M1Ⅴ：908 共 7 组，形制、尺寸与 M1Ⅴ：333 基本相同。

12. 节约

42 件。依形制差异，分二型。该型器物均匀分布于回廊上层，清理时，器物间的整体关系大多因隔板坍塌而无法确定。

A 型   26 件。圆帽形，顶心有一圆孔，内部中空。

M1Ⅴ：357，底径 2、孔径 0.8、高 0.5 厘米（图一八二，13）。

M1Ⅴ：359、M1Ⅴ：591、M1Ⅴ：652、M1Ⅴ：664、M1Ⅴ：878～M1Ⅴ：882、M1Ⅴ：891、M1Ⅴ：892、M1Ⅴ：901、M1Ⅴ：903、M1Ⅴ：906、M1Ⅴ：907、M1Ⅴ：909、M1Ⅴ：911、M1Ⅴ：913 共 18 件，形制、尺寸与 M1Ⅴ：357 基本相同（彩版一七七，6）。

M1Ⅴ：354，顶心饰长方形孔。底径 2、孔长 0.8、孔宽 0.6、高 0.5 厘米（图一八二，11）。

M1Ⅴ：356、M1Ⅴ：358、M1Ⅴ：366、M1Ⅴ：367、M1Ⅴ：883、M1Ⅴ：912 共 6 件，形制、尺寸与 M1Ⅴ：354 基本相同。

B 型   16 件。正面呈圆形，背面有两长方形穿。

M1Ⅴ：343，直径 1.5、高 0.7 厘米（图一八二，8）。

M1Ⅴ：344、M1Ⅴ：345、M1Ⅴ：355、M1Ⅴ：374、M1Ⅴ：637、M1Ⅴ：638、M1Ⅴ：641、M1Ⅴ：645、M1Ⅴ：646、M1Ⅴ：653～M1Ⅴ：655、M1Ⅴ：887、M1Ⅴ：910、M1Ⅴ：1037 共 15 件，形制、尺寸与 M1Ⅴ：343 基本相同。

（二）兵器

15 件。

1. 镦

4 件。G 型。器口平面近桃形，器形较小，器表大多鎏金。均为明器。

M1Ⅴ：589，器表素面。径 1.3、高 3 厘米（图一八三，2）。

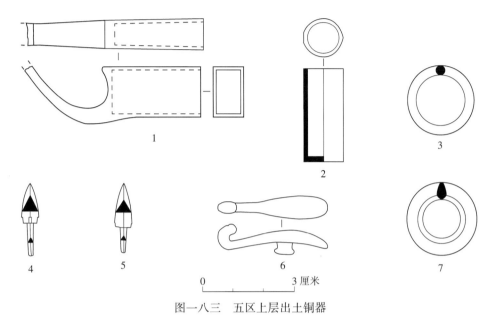

图一八三 五区上层出土铜器

1. B 型承弓器（M1Ⅴ：884） 2. G 型镦（M1Ⅴ：589） 3. A 型环（M1Ⅴ：338） 4. Ⅰ型Ⅱ式镞
（M1Ⅴ：5600） 5. O 型Ⅱ式镞（M1Ⅴ：662） 6. A 型带钩（M1Ⅴ：587） 7. B 型环（M1Ⅴ：349）

M1Ⅴ：631、M1Ⅴ：651、M1Ⅴ：888 共 3 件，形制、尺寸与 M1Ⅴ：589 基本相同。

2. 镞

10 件。依形制差异，分二型。

Ⅰ型Ⅱ式 5 件。镞身三棱形，向前聚合成锋，前锋尖锐。关断面呈六边形，底端圆铤以接铁铤。尺寸较小，当为明器。

M1Ⅴ：5600，通长 2.3、铤长 1 厘米（图一八三，4）。

M1Ⅴ：5601 ~ M1Ⅴ：5604 共 4 件，形制、尺寸与 M1Ⅴ：5600 基本相同。

O 型Ⅱ式 5 件。镞身三棱形，向前聚合成锋，前锋尖锐。尾部接细长圆柱形铜铤。尺寸较小，当为明器。

M1Ⅴ：662，通长 2.2、铤长 0.8 厘米（图一八三，5）。

M1Ⅴ：5605 ~ M1Ⅴ：5607、M1Ⅴ：5626 共 4 件，尺寸与 M1Ⅴ：662 基本相同。

3. 承弓器

1 件。B 型。

M1Ⅴ：884，器身前部下端向斜上方弯曲，末端向前平伸，后部为长方形銎。通体鎏金。残长 5.7、銎长 1.6、銎宽 1 厘米（图一八三，1）。

（三）日常生活用器

7 件。

1. 带钩

1件。A型。

M1Ⅴ∶587，器形较小，琵琶形钩身，圆形钩首，下饰一圆纽。长3.6、宽0.75、高1厘米（图一八三，6；彩版一七八，1）。

2. 环

6件。依形制差异，分二型。

A型　5件。环身截面呈圆形。

M1Ⅴ∶338，器形较小。外径2.2、厚0.3厘米（图一八三，3）。

M1Ⅴ∶347、M1Ⅴ∶360、M1Ⅴ∶633、M1Ⅴ∶899共4件，形制、尺寸与M1Ⅴ∶338基本相同。

B型　1件。

M1Ⅴ∶349，环身截面近扁圆形。器外径2.3、厚0.3厘米（图一八三，7）。

二　铁器

22件。

（一）车马器

2件。

1. 釭

1件。M1Ⅴ∶659，短圆管形。外径2.9、长0.8、壁厚0.2厘米（图一八四，1）。

2. 辖

1件。M1Ⅴ∶372，整体呈拱形，脚部残缺，断面为长方形。两脚距长6.7、宽3、厚0.8厘米（图一八四，2；彩版一七八，2）。

（二）兵器

18件。

1. 戟

9件。B型。皆为明器。"卜"字形铁戟，援与内结合处饰铜质柲帽，截面呈圆形。

M1Ⅴ∶335，通长16、枝残长1.32、柲帽长2.94厘米（图一八四，6）。

M1Ⅴ∶362、M1Ⅴ∶371、M1Ⅴ∶889、M1Ⅴ∶893、M1Ⅴ∶894、M1Ⅴ∶896～M1Ⅴ∶898共8件，形制、尺寸与M1Ⅴ∶335相同。

2. 剑

9件。依形制差异，分三型。

B型　9件。皆为明器。

M1Ⅴ∶334，剑身较长，断面呈菱形，格为铜质，茎首端有一小孔。剑身漆鞘已朽。剑身长25.6、最宽处1.2、残通长30.8、格宽2.2厘米（图一八四，7）。

M1Ⅴ∶353、M1Ⅴ∶363、M1Ⅴ∶370、M1Ⅴ∶666、M1Ⅴ∶895、M1Ⅴ∶900、M1Ⅴ∶1039、M1Ⅴ∶2624

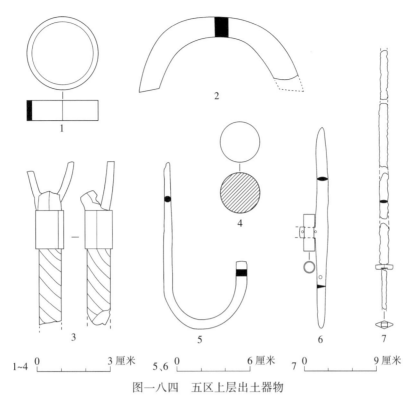

1~4　0 ⸻ 3厘米　　5、6　0 ⸻ 6厘米　　7　0 ⸻ 9厘米

图一八四　五区上层出土器物

1. 铁钉（M1Ⅴ:659）　2. 铁轙（M1Ⅴ:372）　3. 铁三叉形器（M1Ⅴ:336）　4. 泥弹丸（M1Ⅴ:582-1）
5. 铁钩形器（M1Ⅴ:905）　6. B型铁戟（M1Ⅴ:335）　7. B型铁剑（M1Ⅴ:334）

共8件，形制、尺寸与M1Ⅴ:334相同。

（三）日常生活用器

2件。

1. 钩形器

1件。M1Ⅴ:905，整体呈钩形，一端内收为尖状，内收处截面为圆形，其余器身截面皆为长方形。器长13.3、宽6.8厘米（图一八四，5；彩版一七八，3）。

2. 三叉形器

1件。M1Ⅴ:336，器身主体饰绞丝纹，一端残损，一端饰三叉。残长6.5、叉长1.9、叉残宽1.9厘米（图一八四，3；彩版一七八，4）。

三　泥器

30件。

弹丸。清理时，大部分泥弹丸为数十件聚堆放置，周边大多伴出弩机、箭镞等器物。

M1Ⅴ:582-1，圆形，器形较小。直径1.6厘米（图一八四，4）。

M1Ⅴ:582-2～M1Ⅴ:582-30共29件，形制、尺寸与M1Ⅴ:582-1基本相同。

第九节 六（Ⅵ）区上层出土遗物

东回廊南端六区上层主要放置明器车马，明器漆车马已朽尽，仅存车马器构件及车厢内兵器等各类文物 1358 件（组），包括铜器、铁器、金器、银器、玉器、石器、玛瑙器、水晶器、漆器、泥器等。六区东北角出土 3 件错金银铜虎镇，六区中部及东南部出土一套嵌宝石银伞柄，极为精致，但由于坍塌，15 件嵌宝石银盖弓帽呈伞状散落于周围。在其北部，铁削与 9 件玉带钩同出，部分玉带钩钩挂于铁削环首上。六区西南部出土大量实用兵器，包括暗花纹铜矛、鸡鸣戟、铁甲、错金银铜镦、铜镞等 16 种，共计 334 件。4 件铜镇（M1Ⅵ：5144 - 1 ~ M1Ⅵ：5144 - 4）与其共出。马络主要出土于六区东南角及北部。"诚信"铜印（M1Ⅵ：941）出土于该区东北部（图一八五、一八六；彩版一七九 ~ 一八一）。

一 铜器

1207 件（组）。包括车马器、兵器、日常生活用器等。

（一）车马器

716 件。

1. 盖弓帽

58 件。依形制差异，分四型。

B 型 38 件。圆柱形，帽首呈喇叭状，中部饰一钩。清理时大多呈伞状向心分布。

M1Ⅵ：3727，通体鎏金。口径 0.6、长 5.5 厘米（图一八七，1）。

M1Ⅵ：981 ~ M1Ⅵ：983、M1Ⅵ：1829、M1Ⅵ：1832、M1Ⅵ：1855、M1Ⅵ：1981 ~ M1Ⅵ：1988、M1Ⅵ：1994、M1Ⅵ：1995、M1Ⅵ：2012、M1Ⅵ：2015、M1Ⅵ：3725、M1Ⅵ：3726、M1Ⅵ：3762 ~ M1Ⅵ：3768、M1Ⅵ：3776 ~ M1Ⅵ：3783、M1Ⅵ：3963、M1Ⅵ：3964 共 37 件，形制、尺寸与 M1Ⅵ：3727 基本相同（彩版一八二，1）。

C 型 1 件。

M1Ⅵ：3774，圆柱形，近帽首处饰一钩。素面，口径 0.7、残长 3.6 厘米（图一八七，4）。

D 型 16 件。圆柱形，帽首圆形，近帽首处饰一钩，器表通体鎏金。清理时大多呈伞状分布。

M1Ⅵ：988，长 3.65、口径 0.9 厘米（图一八七，3；彩版一八二，2）。

M1Ⅵ：986、M1Ⅵ：987、M1Ⅵ：997 ~ M1Ⅵ：1000、M1Ⅵ：1005、M1Ⅵ：1323、M1Ⅵ：1807、M1Ⅵ：1827、M1Ⅵ：1872、M1Ⅵ：3617、M1Ⅵ：3724、M1Ⅵ：5135、M1Ⅵ：5183 共 15 件，形制、尺寸与 M1Ⅵ：988 相同（彩版一八二，3 ~ 8）。

E 型 3 件。圆柱形，帽首圆形，顶部饰一环纽。器表饰弦纹与折线纹，通体鎏金银。

M1Ⅵ：51，残长 5.1、口径 0.8 厘米（图一八七，2）。

M1Ⅵ：50、M1Ⅵ：5195 共 2 件，形制、尺寸、纹饰与 M1Ⅵ：51 相同（彩版一八二，9）。

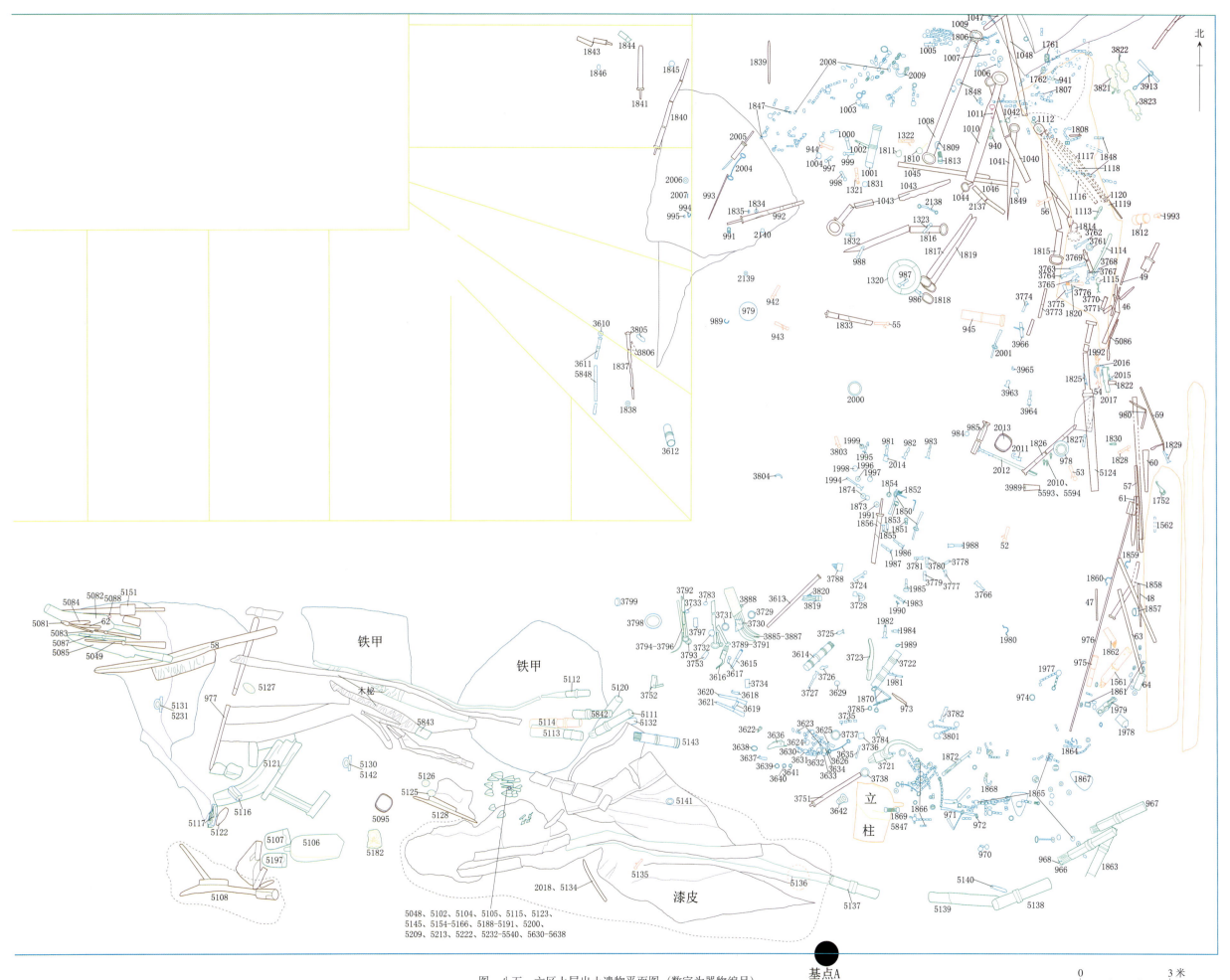

图一八五　六区上层出土遗物平面图（数字为器物编号）

基点A

0　　　3 米

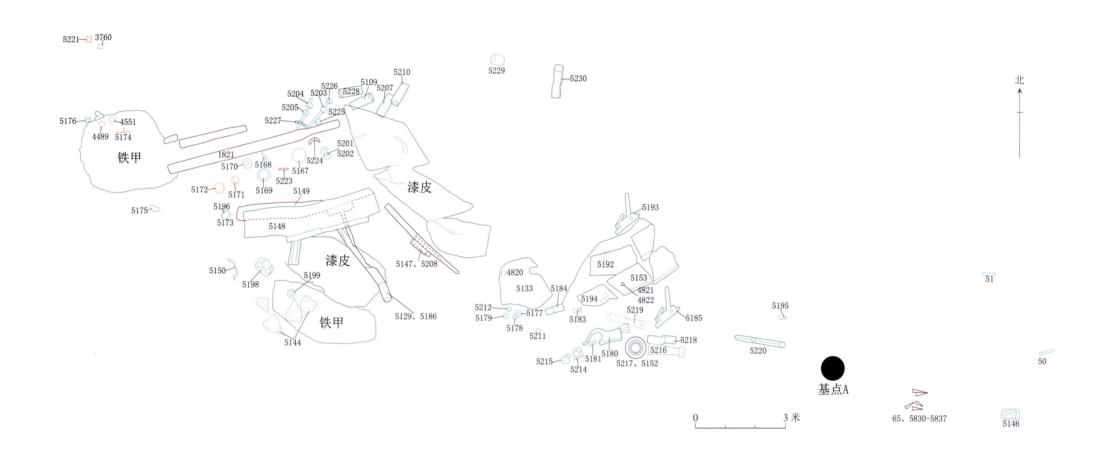

图一八六　六区上层出土遗物平面图（数字为器物编号）

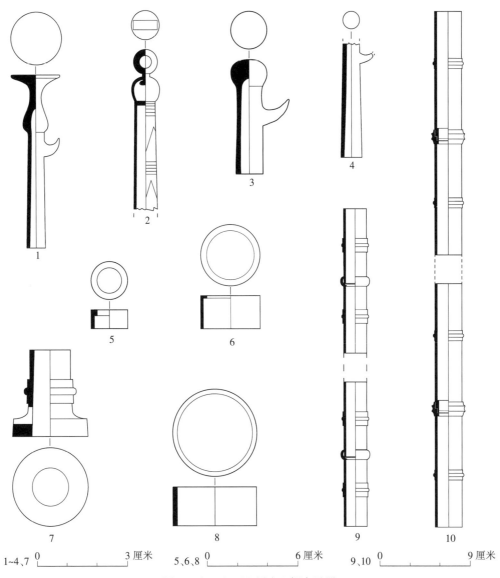

图一八七 六区上层出土铜车马器

1. B 型盖弓帽（M1Ⅵ：3727） 2. E 型盖弓帽（M1Ⅵ：51） 3. D 型盖弓帽（M1Ⅵ：988） 4. C 型盖弓帽（M1Ⅵ：3774） 5、6. 铜
（M1Ⅵ：1857、M1Ⅵ：5152） 7. A 型车䡔（M1Ⅵ：3642） 8. 釭（M1Ⅵ：5217） 9、10. 伞柄铜箍饰（M1Ⅵ：3614、M1Ⅵ：1001）

2. 伞柄箍饰

2 套。形制相同。

M1Ⅵ：3614（与 M1Ⅵ：3722 为一套），两组箍饰均由上下两节铜箍采用圆筒套接方式组合而成，其上各饰三周箍状纹。均长 13.8、管径 2.3 厘米（图一八七，9；彩版一八三，1）。

M1Ⅵ：1001（与 M1Ⅵ：3612、M1Ⅵ：5143、M1Ⅵ：5219 为一套），两组箍饰由两节铜箍采用卡口插销方式组合而成，其上各饰三周箍状纹。连接漆木已朽。均长 23.2、管径 2.6 厘米（图一八七，10；彩版一八三，2）。

3. 车䡔

6 件。依形制差异，分二型。

A 型 3 件。圆筒形，内侧与毂相接处较粗，䡔中部饰一道箍状纹，近内侧有一辖孔。

M1Ⅵ：3642，外径 2.5、内径 1.35、长 2.75 厘米（图一八七，7）。

M1Ⅵ：3731、M1Ⅵ：3761 共 2 件，形制、尺寸与 M1Ⅵ：3642 基本相同。

C 型　3 件。形制基本相同，唯车軎正面纹样不同。

M1Ⅵ：5116，扁圆熊形，双腿蹲坐，左手置膝，右手置股，口部微闭。顶部留一长方形孔以穿辖，后部为圆形銎以贯轴饰。通体鎏金。内径 5.4、长 2.6、辖孔长 0.9、宽 0.6 厘米（图一八八，2；彩版一八三，3 右）。

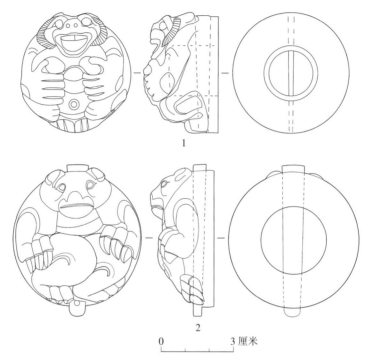

图一八八　六区上层出土 C 型铜车軎
1. M1Ⅵ：979　2. M1Ⅵ：5116

M1Ⅵ：978，尺寸、纹样与 M1Ⅵ：5116 相同（彩版一八三，3 左）。

M1Ⅵ：979，通体鎏金。扁圆熊形，双腿蹲坐，双手捧胸，口部张开，形态可掬。顶部留一长方形孔以穿辖，后部为圆形銎以贯轴饰。内径 4.8、长 3、辖孔长 0.6、宽 0.3 厘米（图一八八，1；彩版一八三，4）。

4. 釭

1 件。M1Ⅵ：5217，短圆管形。外径 5.5、长 2.5、壁厚 0.3 厘米（图一八七，8）。

5. 锏

5 件。形制基本相同。

M1Ⅵ：5152，短圆管形，长 2.1、外径 3.9、壁厚 0.2 厘米（图一八七，6）。

M1Ⅵ：1857，长 1.2、外径 2.4、壁厚 0.2 厘米（图一八七，5；彩版一八四，1）。

M1Ⅵ：3729、M1Ⅵ：3738、M1Ⅵ：3799 共 3 件，形制、尺寸同 M1Ⅵ：1857（彩版一八四，2、3）。

6. 辕首

4 件。依形制差异，分二型。

A 型 2 件。通体鎏金。整体呈扁长龙形，双目外凸，鼻尖高耸，双牙并列，近长方形銎，顶面饰两组长方形穿孔。纹饰基本相同，尺寸有差异。

M1Ⅵ:5146，长6.6、宽5.9、高4、銎长5.5、銎宽3厘米（图一八九，1；彩版一八四，4）。

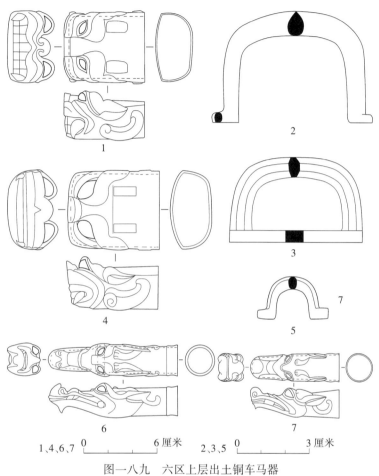

图一八九 六区上层出土铜车马器

1、4. A 型辕首（M1Ⅵ:5146、M1Ⅵ:5198） 2、3. A 型軎（M1Ⅵ:5150、M1Ⅵ:5140）
5. B 型軎（M1Ⅵ:1859） 6、7. B 型辕首（M1Ⅵ:5117、M1Ⅵ:1979）

M1Ⅵ:5198，长7.5、宽6.4、高4.3、銎长6.2、銎宽3.4厘米（图一八九，4；彩版一八四，5）。

B 型 2 件。形制相同。通体鎏金。整体呈圆柱龙首形，双目外凸，鼻尖高耸，圆形銎，龙首牙根部饰一圆形穿孔。

M1Ⅵ:1979、M1Ⅵ:5117 共2件，纹饰基本相同，尺寸有差异。

M1Ⅵ:1979，长7.3、宽2.3、高2.3、銎径2.3厘米（图一八九，7；彩版一八五，1）。

M1Ⅵ:5117，长10.5、宽2.6、高2.8、銎径2.4厘米（图一八九，6；彩版一八五，2）。

7. 軎

6 件。依形制差异，分二型。

A 型 2 件。平面为拱形。

M1Ⅵ:5140，軎身截面为椭圆形，两脚竖直。通体鎏金。脚距长5.5、器高3.4厘米（图一八九，3；彩版一八五，3）。

M1Ⅵ：5150，辕身截面为桃形，两脚外折平直。通体鎏金。脚距长 6.6、器高 4.4 厘米（图一八九，2；彩版一八五，4）。

B 型　4 件。平面为半圆形。

M1Ⅵ：1859，辕身截面近椭圆形，两脚外折平直。脚距长 2.9、器高 1.7 厘米（图一八九，5）。

M1Ⅵ：1860、M1Ⅵ：1980、M1Ⅵ：3820 共 3 件，尺寸与 M1Ⅵ：1859 基本相同。

8. 帽饰

3 件。依形制差异，分二型。

B 型　2 件。扁圆筒形，一端封闭。

M1Ⅵ：3626，长 1.9、鎏径 2.3 厘米（图一九〇，1；彩版一八六，1）。

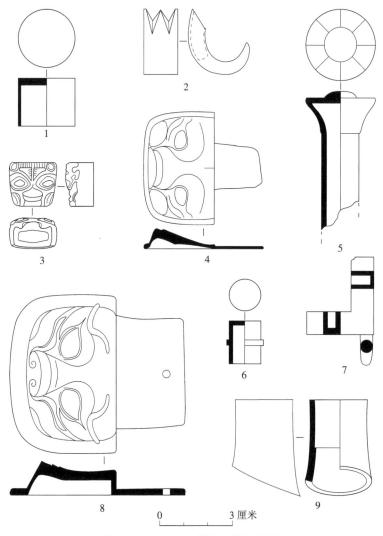

图一九〇　六区上层出土铜车马器

1. B 型帽饰（M1Ⅵ：3626）　2. 轭足饰（M1Ⅵ：1806）　3. 兽首构件（M1Ⅵ：2014）　4、8. 伏兔（M1Ⅵ：1825、M1Ⅵ：5132）
5. C 型帽饰（M1Ⅵ：5229）　6. 衡末（M1Ⅵ：3819）　7. 门轴饰（M1Ⅵ：3775）　9. 马蹄形管饰（M1Ⅵ：3730）

M1Ⅵ：3788，形制、尺寸与 M1Ⅵ：3626 相同（彩版一八六，2）。

C 型　1 件。

M1Ⅵ：5229，长圆筒形，顶端隆起，銎部残缺。帽径 2.8、残长 5.5、銎径 1.5 厘米（图一九〇，5；彩版一八六，3）。

9. 兽首构件

2 件。

M1Ⅵ：2014，前端为兽首，张口大眼，双目外凸，后端饰一椭圆形銎。长 1.7、宽 1.9、高 1.2 厘米（图一九〇，3）。

M1Ⅵ：3736，尺寸、纹饰与 M1Ⅵ：2014 相同。

10. 门轴饰

1 件。M1Ⅵ：3775，器身整体呈"L"形，向内留有"U"形凹槽，底部留一圆柱状销钉。长 2.7、宽 0.9、高 4.3 厘米（图一九〇，7；彩版一八六，4）。

11. 马蹄形管饰

2 件。形制相同。

M1Ⅵ：3730，中空圆筒形，顶端平口，底端斜口。长 3.8、顶端管径 2.4 厘米（图一九〇，9；彩版一八六，5）。

M1Ⅵ：1978，尺寸与 M1Ⅵ：3730 相同（彩版一八六，6）。

12. 伏兔

2 件。形制相同。

M1Ⅵ：1825，器身扁平，前端做龙首状，双目外凸，鼻孔上翘，双耳竖直，后端为长方形扁垫片。通体鎏金。长 4.9、宽 4.5、高 0.8 厘米（图一九〇，4；彩版一八七，1）。

M1Ⅵ：5132，长 7.2、宽 6.3、高 1.3 厘米（图一九〇，8；彩版一八七，2）。

13. 衡末

2 件。形制相同。

M1Ⅵ：3819，圆筒形，一端封闭，器身中部饰一周箍状纹。长 1.7、銎径 1.3 厘米（图一九〇，6）。

M1Ⅵ：1813，尺寸与 M1Ⅵ：3819 基本相同。

14. 轭足饰

5 件。形制相同。清理时，漆木轭身大多朽毁，仅存轭足饰。

M1Ⅵ：1806，弯钩形，内部中空，銎部饰弯曲纹。长 2.6、宽 1.4 厘米（图一九〇，2；彩版一八七，3）。

M1Ⅵ：1809、M1Ⅵ：1868、M1Ⅵ：2009、M1Ⅵ：3784 共 4 件，形制、尺寸与 M1Ⅵ：1806 相同。

15. 钩

11 件。依形制与纹饰差异，分三型。

A 型　4 件。整体呈"S"形，一端上翘为龙形钩首，一端饰一龙首张口状銎。通体鎏金。

M1Ⅵ：2011，长 3.5、銎径 1 厘米（图一九一，1；彩版一八七，4）。

M1Ⅵ：3728，形制、尺寸与 M1Ⅵ：2011 相同。

M1Ⅵ：5181，长 3.8、銎径 1.07 厘米（图一九一，2；彩版一八七，5）。

M1Ⅵ：5194，形制、尺寸与 M1Ⅵ：5181 相同（彩版一八七，6）。

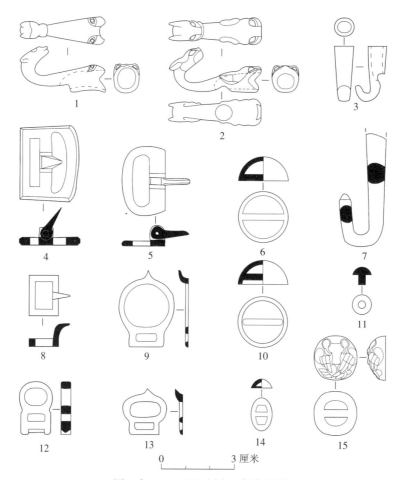

图一九一 六区上层出土铜车马器

1、2. A 型钩（M1Ⅵ：2011、M1Ⅵ：5181） 3. B 型钩（M1Ⅵ：3618） 4. C 型带扣（M1Ⅵ：1761） 5、8. B 型带扣（M1Ⅵ：1762、M1Ⅵ：2008 – 39） 6、10. A 型泡饰（M1Ⅵ：5211、M1Ⅵ：4820） 7. C 型钩（M1Ⅵ：5196） 9、12、13. A 型带扣（M1Ⅵ：5215、M1Ⅵ：972、M1Ⅵ：5214） 11. B 型泡饰（M1Ⅵ：1006） 14. D 型泡饰（M1Ⅵ：1848 – 29） 15. C 型泡饰（M1Ⅵ：1866 – 6）

B 型　4 件。器形较小，一端上翘呈钩状，另一端为圆形銎。素面。

M1Ⅵ：3618，长 2.2、銎径 0.8 厘米（图一九一，3）。

M1Ⅵ：3619、M1Ⅵ：3625、M1Ⅵ：3637 共 3 件，尺寸与 M1Ⅵ：3618 基本相同。

C 型　3 件。整体呈"J"形。素面。

M1Ⅵ：5196，残长 4.5 厘米（图一九一，7；彩版一八八，1）。

M1Ⅵ：5142、M1Ⅵ：5231 共 2 件，尺寸与 M1Ⅵ：5196 基本相同（彩版一八八，2、3）。

16. 带扣

10 件。依形制差异，分三型。清理时，带扣内革带均已朽尽，器物间相互位置大多不明。

A 型　5 件。

M1Ⅵ：972，器身扁平，由长方形与圆形两个穿孔组成。长 2、宽 1.35 厘米（图一九一，12；彩版一八八，4）。

M1Ⅵ：991、M1Ⅵ：1851 共 2 件，形制、尺寸与 M1Ⅵ：972 基本相同。

M1Ⅵ：5214、M1Ⅵ：5215，形制与 M1Ⅵ：972 大体相似，唯圆形穿孔顶端饰一弯钩。

M1Ⅵ：5214，长 1.8、宽 1.8 厘米（图一九一，13；彩版一八八，5）。

M1Ⅵ：5215，长 3、宽 2.3 厘米（图一九一，9；彩版一八八，6）。

B 型　4 件。

M1Ⅵ：2008－39，长方形，一边中部饰一弯钩。长 1.7、宽 1.6 厘米（图一九一，8）。

M1Ⅵ：1861－14、M1Ⅵ：2008－121 共 2 件，形制、尺寸与 M1Ⅵ：2008－39 相同。

M1Ⅵ：1762，器形略大，平面近似椭圆形，一边中部穿饰一长条形插条。长 2.8、宽 2.7 厘米（图一九一，5；彩版一八九，1）。

C 型　1 件。

M1Ⅵ：1761，近长方形，两边各有一长方形穿孔，中部横穿上设一活动的扣针，长 3、宽 2.4 厘米（图一九一，4；彩版一八九，2）。

17. 泡饰

89 件。依形制与纹饰差异，分四型。

A 型　2 件。半圆形。正面素面，大多鎏金。背面中空，近底部有一横穿。

M1Ⅵ：4820，底径 2、高 1 厘米（图一九一，10）。

M1Ⅵ：5211，形制、尺寸与 M1Ⅵ：4820 相同，唯底部横穿位置不同。底径 2、高 1 厘米（图一九一，6）。

B 型　2 件。

M1Ⅵ：1006，半圆形。底径 0.8、高 0.7 厘米（图一九一，11；彩版一八九，3）。

M1Ⅵ：1007，形制、尺寸与 M1Ⅵ：1006 相同。

C 型　1 件。

M1Ⅵ：1866－6，半圆形，正面饰一熊，四足相抱，形态可掬，通体鎏金，背面中空。底径 1.75、高 0.75 厘米（图一九一，15）。

D 型　84 件。平面近椭圆形。正面素面，背面中空，底部有一横穿。

M1Ⅵ：1848－29，底长轴 1.3、底短轴 0.85、高 0.35 厘米（图一九一，14）。

M1Ⅵ：1848－30～M1Ⅵ：1848－32、M1Ⅵ：1861－1～M1Ⅵ：1861－6、M1Ⅵ：1861－8、M1Ⅵ：1861－13、M1Ⅵ：1861－15、M1Ⅵ：1861－16、M1Ⅵ：1865－45、M1Ⅵ：1865－64、M1Ⅵ：1865－65、M1Ⅵ：1865－68、M1Ⅵ：1865－81、M1Ⅵ：1977－9、M1Ⅵ：2008－5～M1Ⅵ：2008－8、M1Ⅵ：2008－23～M1Ⅵ：2008－28、M1Ⅵ：2008－62～M1Ⅵ：2008－94、M1Ⅵ：2008－112～2008－120、M1Ⅵ：2008－144、M1Ⅵ：2008－155、M1Ⅵ：2008－157、M1Ⅵ：2008－158、M1Ⅵ：2008－170、M1Ⅵ：2008－171、M1Ⅵ：3623－65～M1Ⅵ：3623－70 共 83 件，形制、尺寸与Ⅵ：1848－29 相同。

18. 马衔镳

12 组。每组器物由马衔 1 件及马镳 2 件组成，均为明器。清理时，明器漆木马已朽尽，马衔镳散落、残损严重。

M1Ⅵ：971，圆弧形衔，衔端各有一圆环，环内各穿一马镳。镳中部凸起，内有两长方形穿孔。衔长 9.7、环径 1.6、镳长 13.3 厘米（图一九二，4）。

M1Ⅵ：1850、M1Ⅵ：1865－40、M1Ⅵ：1866－5、M1Ⅵ：1866－32、M1Ⅵ：1870、M1Ⅵ：2004、M1Ⅵ：2008－33、M1Ⅵ：2138、M1Ⅵ：3635、M1Ⅵ：3913、M1Ⅵ：2001 与 3966 共 11 组，形制、尺寸与 M1Ⅵ：971 基本相同。

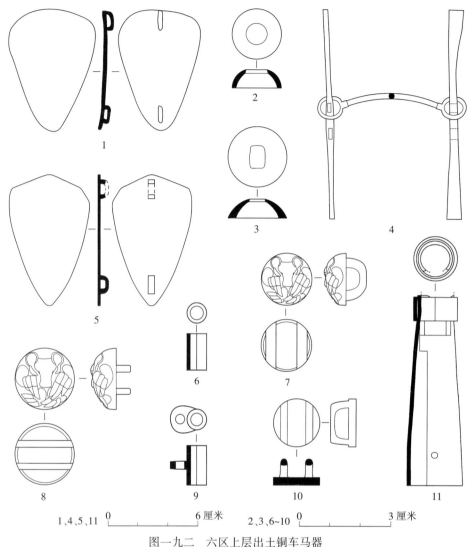

图一九二　六区上层出土铜车马器

1、5. B 型当卢（M1Ⅵ：1867、M1Ⅵ：1865 – 48）　　2、3. A 型节约（M1Ⅵ：968、M1Ⅵ：2006）　　4. 马衔镳（M1Ⅵ：971）

6、9. 管饰（M1Ⅵ：5176、M1Ⅵ：1864 – 6）　　7、8. C 型节约（M1Ⅵ：3630、M1Ⅵ：1003）　　10. B 型节约（M1Ⅵ：984）

11. 构件（M1Ⅵ：5216）

19. 当卢

2 件。B 型。叶形，器身宽扁，上端圆弧状，下端圆角形。背面有两处长方形纽鼻。

M1Ⅵ：1867，长 7.8、宽 5.5、厚 0.75 厘米（图一九二，1；彩版一八九，4）。

M1Ⅵ：1865 – 48，形制与 M1Ⅵ：1867 相同，长 8.3、宽 5.2、厚 0.7 厘米（图一九二，5）。

20. 节约

80 件。依形制差异，分三型。

A 型　22 件。圆帽形，顶心饰圆形或长方形孔，内部中空。清理时，器物间的整体关系大多因隔板坍塌而无法确定。

M1Ⅵ：968，顶心有一圆孔。底径 1.6、孔径 0.65、高 0.58 厘米（图一九二，2）。

M1Ⅵ：995、M1Ⅵ：1834、M1Ⅵ：1835、M1Ⅵ：1838、M1Ⅵ：1865 – 39、M1Ⅵ：1865 – 41、M1Ⅵ：1865 – 44、M1Ⅵ：1865 – 46、M1Ⅵ：1866 – 33、M1Ⅵ：1866 – 44、M1Ⅵ：1866 – 71、M1Ⅵ：1873、M1Ⅵ：1991、

M1Ⅵ：1996、M1Ⅵ：2008 - 61、M1Ⅵ：2008 - 156、M1Ⅵ：2139、M1Ⅵ：3965 共 18 件，形制、尺寸与 M1 Ⅵ：968 基本相同。

M1Ⅵ：2006，顶心饰长方形孔。底径 1.9、孔长 0.75、孔宽 0.5、高 0.6 厘米（图一九二，3）。

M1Ⅵ：2007、M1Ⅵ：3610 共 2 件，形制、尺寸与 M1Ⅵ：2006 基本相同。

B 型 12 件。正面呈圆形，背面有两长方形穿。

M1Ⅵ：984，直径 1.5、高 0.8 厘米（图一九二，10）。

M1Ⅵ：1845、M1Ⅵ：1846、M1Ⅵ：1852 ~ M1Ⅵ：1854、M1Ⅵ：1861 - 9、M1Ⅵ：1874、M1Ⅵ：1997、M1Ⅵ：1998、M1Ⅵ：3629、M1Ⅵ：3732 共 11 件，形制、尺寸与 M1Ⅵ：984 基本相同。

C 型 46 件。正面半圆球形饰一熊，四足抱膝，背面有两长方形穿。

M1Ⅵ：1003，直径 1.9、高 1.3 厘米（图一九二，8；彩版一八九，5）。

M1Ⅵ：3630，直径 1.65、高 1.4 厘米（图一九二，7）。

M1Ⅵ：970、M1Ⅵ：1004、M1Ⅵ：1831、M1Ⅵ：1847 - 13、M1Ⅵ：1847 - 14、M1Ⅵ：1848 - 1、M1Ⅵ：1848 - 3、M1Ⅵ：1848 - 33、M1Ⅵ：1849、M1Ⅵ：1865 - 3、M1Ⅵ：1865 - 21、M1Ⅵ：1865 - 30、M1Ⅵ：1865 - 31、M1Ⅵ：1865 - 36、M1Ⅵ：1865 - 37、M1Ⅵ：1865 - 42、M1Ⅵ：1865 - 43、M1Ⅵ：1865 - 47、M1Ⅵ：1865 - 61、M1Ⅵ：1865 - 72、M1Ⅵ：1866 - 22、M1Ⅵ：1866 - 43、M1Ⅵ：1866 - 54、M1Ⅵ：1866 - 63、M1Ⅵ：1866 - 82、M1Ⅵ：1977 - 1、M1Ⅵ：2008 - 48、M1Ⅵ：2008 - 102、M1Ⅵ：2008 - 111、M1Ⅵ：2008 - 143、M1Ⅵ：2008 - 153、M1Ⅵ：2008 - 169、M1Ⅵ：2008 - 221 ~ M1Ⅵ：223、M1Ⅵ：2140、M1Ⅵ：3624、M1Ⅵ：3631 ~ M1Ⅵ：3634、M1Ⅵ：3801 - 1、M1Ⅵ：3801 - 11、M1Ⅵ：3801 - 17 共 44 件，形制、尺寸、纹饰与 M1Ⅵ：1003、M1Ⅵ：3630 基本相同（彩版一八九，6 ~ 8）。

21. 管饰

412 件。器表大多鎏金。部分器物残损严重，几呈碎屑。

M1Ⅵ：5176，长圆管形，内部中空，器表鎏金。管径 0.65、长 1.2 厘米（图一九二，6）。

M1Ⅵ：1864 - 6，"T" 形铜管，内部中部。器表鎏金。管径 0.65、长 1.25 厘米（图一九二，9）。

M1Ⅵ：1847 - 1 ~ M1Ⅵ：1847 - 12、M1Ⅵ：1848 - 2、M1Ⅵ：1848 - 4 ~ M1Ⅵ：1848 - 28、M1Ⅵ：1861 - 11、M1Ⅵ：1861 - 12、M1Ⅵ：1864 - 3 ~ M1Ⅵ：1864 - 5、M1Ⅵ：1864 - 7 ~ M1Ⅵ：1864 - 17、M1Ⅵ：1865 - 1、M1Ⅵ：1865 - 2、M1Ⅵ：1865 - 4 ~ M1Ⅵ：1865 - 20、M1Ⅵ：1865 - 22 ~ M1Ⅵ：1865 - 26、M1Ⅵ：1865 - 28、M1Ⅵ：1865 - 29、M1Ⅵ：1865 - 32 ~ M1Ⅵ：1865 - 34、M1Ⅵ：1865 - 49 ~ M1Ⅵ：1865 - 60、M1Ⅵ：1865 - 66、M1Ⅵ：1865 - 67、M1Ⅵ：1865 - 69 ~ M1Ⅵ：1865 - 71、M1Ⅵ：1865 - 73 ~ M1Ⅵ：1865 - 80、M1Ⅵ：1866 - 1 ~ M1Ⅵ：1866 - 4、M1Ⅵ：1866 - 7 ~ M1Ⅵ：1866 - 17、M1Ⅵ：1866 - 19 ~ M1Ⅵ：1866 - 21、M1Ⅵ：1866 - 23 ~ M1Ⅵ：1866 - 29、M1Ⅵ：1866 - 31、M1Ⅵ：1866 - 34 ~ M1Ⅵ：1866 - 42、M1Ⅵ：1866 - 45 ~ M1Ⅵ：1866 - 47、M1Ⅵ：1866 - 50 ~ M1Ⅵ：1866 - 53、M1Ⅵ：1866 - 55 ~ M1Ⅵ：1866 - 62、M1Ⅵ：1866 - 64 ~ M1Ⅵ：1866 - 70、M1Ⅵ：1866 - 72 ~ M1Ⅵ：1866 - 81、M1Ⅵ：1866 - 83 ~ M1Ⅵ：1866 - 87、M1Ⅵ：1977 - 2 ~ M1Ⅵ：1977 - 4、M1Ⅵ：1977 - 6 ~ M1Ⅵ：1977 - 8、M1Ⅵ：1977 - 10 ~ M1Ⅵ：1977 - 12、M1Ⅵ：2008 - 1 ~ M1Ⅵ：2008 - 4、M1Ⅵ：2008 - 9 ~ M1Ⅵ：2008 - 22、M1Ⅵ：2008 - 29 ~ M1Ⅵ：2008 - 35 ~ M1Ⅵ：2008 - 38、M1Ⅵ：2008 - 40 ~ M1Ⅵ：2008 - 47、M1Ⅵ：2008 - 49 ~ M1Ⅵ：2008 - 59、M1Ⅵ：2008 - 98 ~ M1Ⅵ：2008 - 101、M1Ⅵ：2008 - 103 ~ M1Ⅵ：2008 - 110、

M1Ⅵ：2008－124～M1Ⅵ：2008－142、M1Ⅵ：2008－145～M1Ⅵ：2008－152、M1Ⅵ：2008－154、M1Ⅵ：2008－159～M1Ⅵ：2008－168、M1Ⅵ：2008－172～M1Ⅵ：2008－179、M1Ⅵ：2008－182～M1Ⅵ：2008－220、M1Ⅵ：3623－1～M1Ⅵ：3623－64、M1Ⅵ：3735－1～M1Ⅵ：3735－4、M1Ⅵ：3801－2～M1Ⅵ：3801－10、M1Ⅵ：3801－12～M1Ⅵ：3801－16共410件，形制、尺寸与M1Ⅵ：5176基本相同。

22. 构件

1件。M1Ⅵ：5216，残长12、銎径3.6厘米（图一九二，11）。

（二）兵器

378件。

1. 矛

3件。与铁矛、铜戟等兵器成堆出土于六区西南部。前锋尖锐，起脊，截面呈菱形。依形制差异，分三型。

A型 1件。

M1Ⅵ：5087，骹呈椭圆筒形，骹口内凹。一侧铸有耳，用以系缨。矛体饰简化龙纹，骹体饰涡纹与三角纹。长22.8、宽3.8、骹径2.8厘米（图一九三；彩版一九〇，1、2）。

B型 1件。

M1Ⅵ：5082，骹呈圆柱形，圆形骹口。矛体下端饰四组血槽，两面血槽对穿。通体鎏金。长40、宽7.7、骹径3厘米（图一九四；彩版一九〇，3）。

C型 1件。

M1Ⅵ：5085，矛体中部内收，下部起刺。骹呈椭圆筒形，骹口内凹。一侧铸有耳，用以系缨。器表以暗花纹技法绘饰云气纹。长44.7、宽4.3、骹径3厘米（图一九五；彩版一九一）。

2. 戟

2件。

M1Ⅵ：5121，戟援上昂，弧刃，中部起脊，下刃三度弧曲，形成三个锋尖。胡部三穿。内平面呈刀形，上刃平直，下刃中部弧曲，形成一个锋尖。内身近缘交接处饰一长条形穿孔，上饰一圆柱状柲帽。帽身平面近似桃形。器表通鎏金银，绘饰云气纹。长50.8、宽38.6、柲帽长12.6、銎径2.5厘米（图一九六；彩版一九二，1）。

M1Ⅵ：5148，尺寸、纹饰与M1Ⅵ：5121相同（彩版一九二，2）。

3. 镦

17件。依形制与纹饰差异，分八型。

A型 2件。器口平面呈圆形，器表以错金银技法装饰纹样。

M1Ⅵ：5111，清理时，镦内木柲保存较好。器身中部饰一周箍纹，上下两部均以错金工艺饰云气纹。箍纹通体填嵌银饰，内以错金工艺绘饰动物纹与云气纹组合。口径3、高16.4厘米（图一九七；彩图四二；彩版一九三）。

M1Ⅵ：5112，清理时，镦内木柲保存较好。器身中部饰一周箍纹，上部以错金工艺饰云气纹，其间以错银工艺嵌饰动物纹，下部通体错金银，饰云气纹。箍纹通体饰云气纹。口径2.8、高16.4

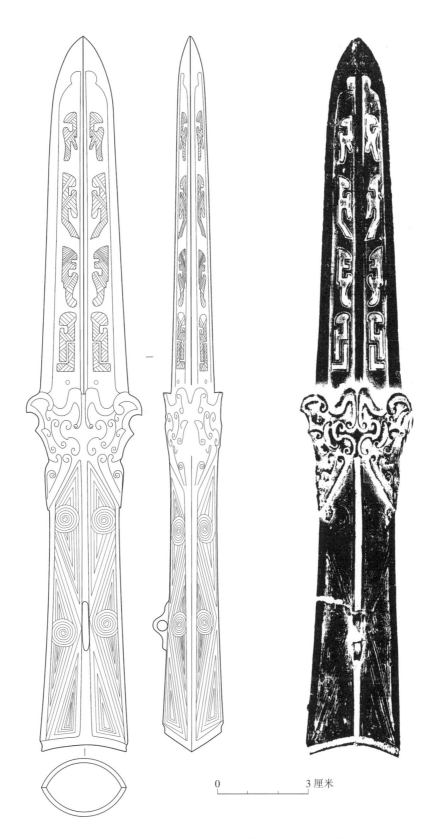

0   3 厘米

图一九三　六区上层出土 A 型铜矛（M1 Ⅵ∶5087）

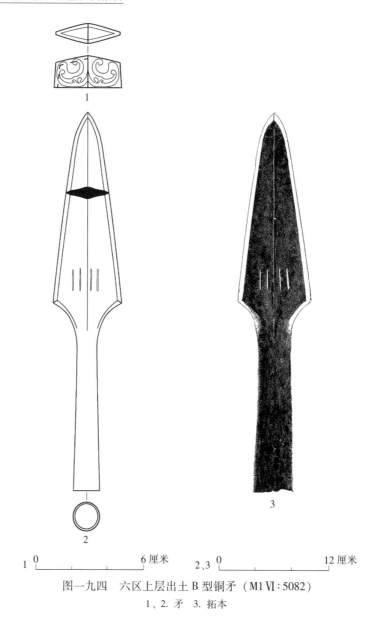

图一九四　六区上层出土 B 型铜矛（M1Ⅵ：5082）

1、2. 矛　3. 拓本

厘米（图一九八；彩图四三；彩版一九四）。

B 型　1 件。

M1Ⅵ：5120，器口平面呈圆形，器表以鎏金银技法装饰纹样。清理时，镦内束竹状木柲保存较好。器口圆形，中部饰一周箍状纹。器表通体以鎏金银技法绘饰云气纹。口径 3.2、高 20.4 厘米（图一九九，3；彩版一九五，1）。

C 型　1 件。

M1Ⅵ：5220，器口平面呈圆形。器表通体鎏金。未见纹饰。清理时原始位置已遭扰动。口径 2.1、高 6 厘米（图一九九，1；彩版一九五，2）。

D 型　2 件。器口平面呈圆形，器形较小，器表大多鎏金。均为明器。

M1Ⅵ：3733，口径 1、高 1.1 厘米（图一九九，2；彩版一九五，3）。

M1Ⅵ：3888，形制、尺寸与 M1Ⅵ：3733 基本相同。

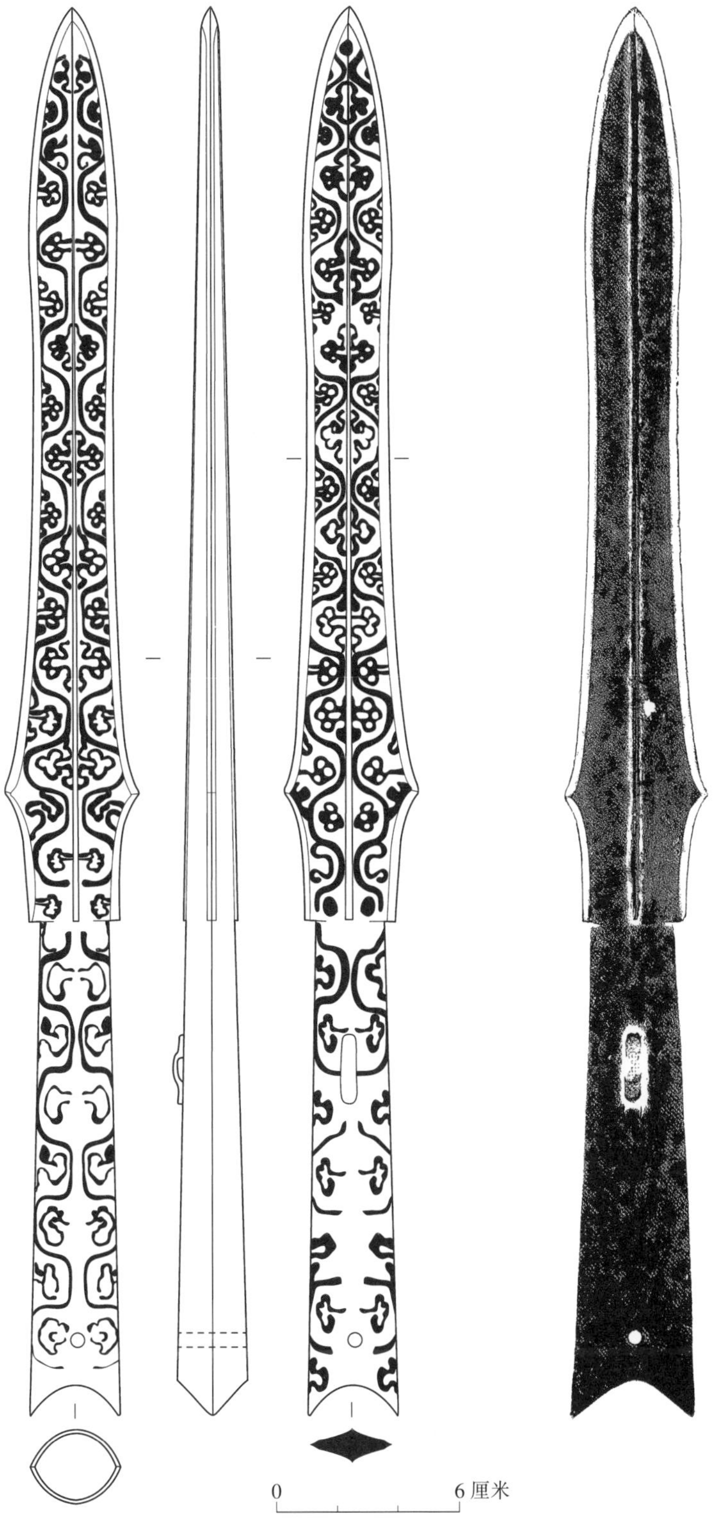

图一九五　六区上层出土 C 型铜矛（M1Ⅵ：5085）

E 型　2 件。器口平面呈桃形，器表以鎏金银技法装饰纹样。

M1Ⅵ：5138，清理时，镦内束竹状木柲保存较好。中部饰一周箍状纹，器表通体以鎏金银技法绘饰云气纹。口径 3.4、高 23 厘米（图二〇〇，1；彩图四四，1；彩版一九六，1）。

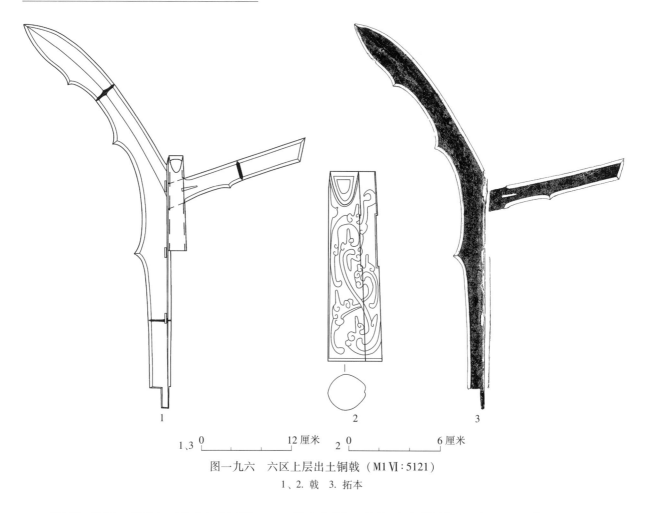

图一九六　六区上层出土铜戟（M1Ⅵ:5121）

1、2. 戟　3. 拓本

　　M1Ⅵ:5139，形制、尺寸与 M1Ⅵ:5138 基本相同，纹饰略有差别。口径 3.4、高 23 厘米（图二〇〇，2；彩图四四，2；彩版一九六，2）。

　　F 型　7 件。器口平面呈桃形。

　　M1Ⅵ:967，器表素面，中部饰一周箍状纹。口径 3.5、高 17.8 厘米（图一九九，5；彩版一九七，1）。

　　M1Ⅵ:966、M1Ⅵ:1863、M1Ⅵ:5137、M1Ⅵ:5842、M1Ⅵ:5843 共 5 件，形制、尺寸、纹饰与 M1Ⅵ:967 基本相同（彩版一九七，2~4；一九八，1、2）。

　　M1Ⅵ:64，器口平面较为特殊，两侧各饰一凹槽。器表素面。口径 2.2、高 6 厘米（图一九九，4；彩版一九八，3）。

　　G 型　1 件。器口平面近桃形，器形较小，器表大多鎏金，均为明器。

　　M1Ⅵ:1844，器表素面。口径 1.35、高 3 厘米（图一九九，6）。

　　H 型　1 件。

　　M1Ⅵ:5113，圆柱形，通体实心状，器身中部饰一周箍状纹，顶端饰一长四角锥形插芯，插芯上刻有铭文"八"。通高 18、柄身高 6.6、直径 2.4 厘米（图一九九，7；彩版一九八，4）。

　　4. 弩机

　　5 件。依形制差异，分二型。

0   3厘米

图一九七 六区上层出土 A 型铜镞（M1Ⅵ：5111）

A 型 3 件。

M1Ⅵ：2017，制作工整。刻铭"五"。郭长 12.8、郭宽 2.2、望山高 2.6 厘米（图二〇一，1、2；彩版一九八，5）。

图一九八　六区上层出土 A 型铜镦（M1Ⅵ：5112）

　　M1Ⅵ：5185、M1Ⅵ：5193 共 2 件，尺寸与 M1Ⅵ：2017 基本相同，其中 M1Ⅵ：5185 刻铭"二"。郭长 9.2、郭宽 2.3、望山高 2.5 厘米（图二〇一，3；彩版一九九，1、2）。

　　B 型　2 件。

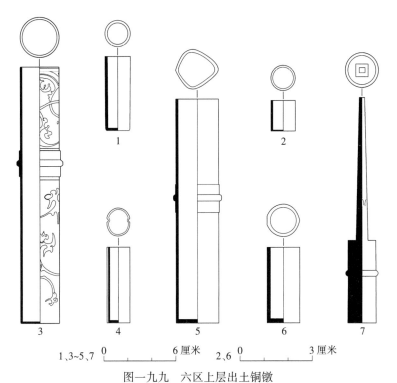

图一九九　六区上层出土铜镦

1. C 型（M1Ⅵ：5220）　2. D 型（M1Ⅵ：3733）　3. B 型（M1Ⅵ：5120）　4、5. F 型
（M1Ⅵ：64、M1Ⅵ：967）　6. G 型（M1Ⅵ：1844）　7. H 型（M1Ⅵ：5113）

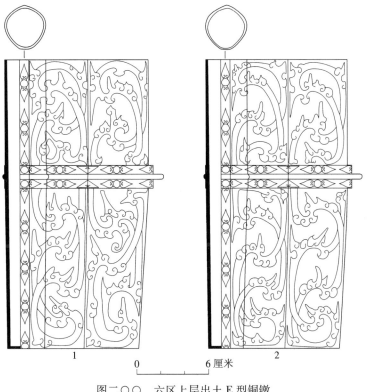

图二〇〇　六区上层出土 E 型铜镦

1. M1Ⅵ：5138　2. M1Ⅵ：5139

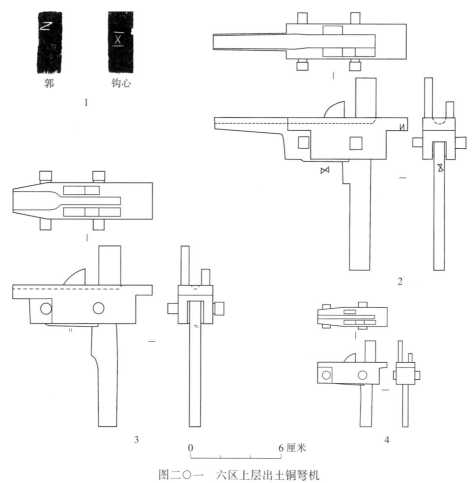

图二〇一　六区上层出土铜弩机
1、2. A 型（M1Ⅵ：2017）　3. A 型（M1Ⅵ：5185）　4. B 型（M1Ⅵ：3752）

　　M1Ⅵ：3752，器形较小。由郭、望山、钩心、悬刀、键等构件组合而成，当为明器。郭长 4.6、郭宽 1.2、望山高 1.4 厘米（图二〇一，4）。

　　M1Ⅵ：3636，形制、尺寸与 M1Ⅵ：3752 基本相同。

　　5. 镞

　　334 件。成堆出土于六区西南部，与其同出的有 M1Ⅵ：5153 箭箙和 M1Ⅵ：5185、M1Ⅵ：5193 弩机等，相互叠压。依形制差异，分十六型。

　　A 型　11 件。镞身三翼式，前锋尖锐，后端呈倒刺形。关断面呈圆形，圆銎以接铁铤，铤大部残损。

　　M1Ⅵ：5191，长 7 厘米（图二〇二，1；彩版二〇〇，1）。

　　M1Ⅵ：5458、M1Ⅵ：5459、M1Ⅵ：5478～M1Ⅵ：5484 共 9 件，形制、尺寸与 M1Ⅵ：5191 相同（彩版二〇〇，2～4）。

　　M1Ⅵ：5540，形制与 M1Ⅵ：5191 同，唯尺寸略大，通长 8 厘米（图二〇二，2；彩版二〇〇，5）。

　　B 型　23 件。镞身三翼式，翼面通饰暗花纹，前锋尖锐，后端呈倒刺形。关断面呈圆形，圆銎以插箭杆。

　　M1Ⅵ：5467，长 8.7 厘米（图二〇二，4；彩版二〇〇，6）。

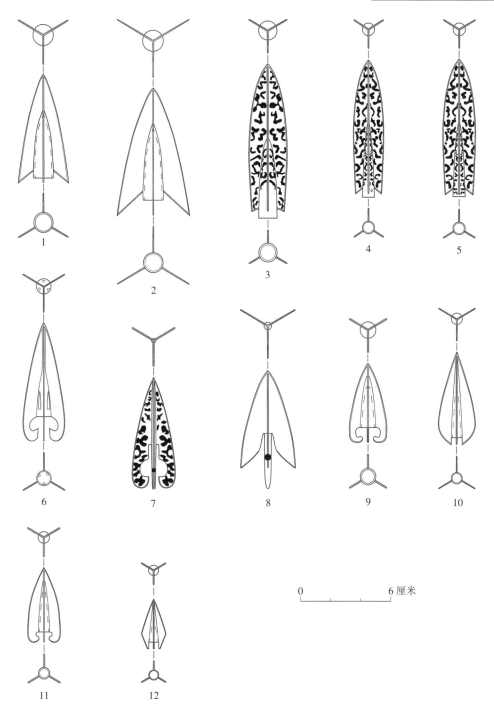

图二〇二　六区上层出土铜镞

1、2. A 型（M1Ⅵ：5191、M1Ⅵ：5540）　　3~5. B 型（M1Ⅵ：5487、M1Ⅵ：5467、M1Ⅵ：5469）　　6. F 型（M1Ⅵ：5166）　　7. G 型（M1Ⅵ：5446）　　8. H 型（M1Ⅵ：5189）　　9、11. E 型（M1Ⅵ：5497、M1Ⅵ：5163）　　10. C 型（M1Ⅵ：5165）　　12. D 型（M1Ⅵ：5161）

　　M1Ⅵ：5469，形制同 M1Ⅵ：5467，唯尺寸较大，长 8.8 厘米（图二〇二，5；彩版二〇〇，7）。

　　M1Ⅵ：5222、M1Ⅵ：5460~M1Ⅵ：5466、M1Ⅵ：5468、M1Ⅵ：5485 共 10 件，形制、尺寸与 M1Ⅵ：5467、M1Ⅵ：5469 相同（彩版二〇〇，8、9；二〇一，1、2）。

　　M1Ⅵ：5487，形制同 M1Ⅵ：5467，唯尺寸较大，长 9.8 厘米（图二〇二，3；彩版二〇一，3）。

　　M1Ⅵ：5486、M1Ⅵ：5488~M1Ⅵ：5496 共 10 件，形制、尺寸与 M1Ⅵ：5487 基本相同（彩版二

○一，4、5）。

C 型　71 件。镞身三翼式，前锋尖锐，尾部圆銎以插箭杆。

M1Ⅵ：5165，长 6 厘米（图二○二，10；彩版二○一，6）。

M1Ⅵ：5365～M1Ⅵ：5433、M1Ⅵ：5048 共 70 件，形制、尺寸同 M1Ⅵ：5165（彩版二○一，7、8）。

D 型　36 件。镞身三翼式，翼外边转折为尖，前锋尖锐。尾部圆銎以插箭杆。

M1Ⅵ：5161，长 3.2 厘米（图二○二，12；彩版二○一，9）。

M1Ⅵ：5156、M1Ⅵ：5323～M1Ⅵ：5356 共 35 件，形制、尺寸同 M1Ⅵ：5161（彩版二○二，1）。

E 型　19 件。镞身三翼式，前锋尖锐。尾部圆銎以插箭杆。

M1Ⅵ：5163，长 4.8 厘米（图二○二，11；彩版二○二，2）。

M1Ⅵ：5357～M1Ⅵ：5364 共 8 件，形制、尺寸与 M1Ⅵ：5163 基本相同。

M1Ⅵ：5497，形制同 M1Ⅵ：5163，唯尺寸较大，长 5 厘米（图二○二，9）。

M1Ⅵ：5498～M1Ⅵ：5506 共 9 件，形制、尺寸同 M1Ⅵ：5497（彩版二○二，3～5）。

F 型　12 件。镞身三翼式，前锋尖锐，镞身每两翼间有一三角形镂空，尾部圆銎以插箭杆。

M1Ⅵ：5166，长 7.5 厘米（图二○二，6；彩版二○二，6）。

M1Ⅵ：5434～M1Ⅵ：5444 共 11 件，形制、尺寸同 M1Ⅵ：5166（彩版二○二，7）。

G 型　11 件。镞身三翼式，翼尾弯曲呈钩状，翼面通饰暗花纹，前锋尖锐，细圆柱形铜铤。

M1Ⅵ：5446，通长 7.1、铤长 2.9 厘米（图二○二，7；彩版二○三，1）。

M1Ⅵ：5188、M1Ⅵ：5445、M1Ⅵ：5447～M1Ⅵ：5453、M1Ⅵ：5477 共 10 件，形制、尺寸与 M1Ⅵ：5446 相同（彩版二○三，2、3）。

H 型　5 件。镞身三翼式，前锋尖锐，后端呈倒刺形，细圆柱形铜铤。

M1Ⅵ：5189，通长 7.5、铤长 3.5 厘米（图二○二，8；彩版二○三，4）。

M1Ⅵ：5454～M1Ⅵ：5457 共 4 件，形制、尺寸与 M1Ⅵ：5189 相同（彩版二○三，5、6）。

I 型　61 件。镞身三棱形，向前聚合成锋，前锋尖锐。关断面呈六边形，底端圆銎以接铁铤。

M1Ⅵ：5304，长 3 厘米（图二○三，1；彩版二○三，7）。

M1Ⅵ：5159、M1Ⅵ：5160、M1Ⅵ：5213、M1Ⅵ：5303、M1Ⅵ：5305～M1Ⅵ：5322、M1Ⅵ：5507～M1Ⅵ：5539 共 55 件，形制、尺寸与 M1Ⅵ：5304 相同（彩版二○三，8；二○四，1、2）。

M1Ⅵ：1830，形制同 M1Ⅵ：5304，尺寸较小，当为明器。器长 2 厘米（图二○三，2）。

M1Ⅵ：2010、M1Ⅵ：3622、M1Ⅵ：5593、M1Ⅵ：5594 共 4 件，形制、尺寸与 M1Ⅵ：1830 基本相同。

J 型　11 件。镞身三棱形，向前聚合成锋，前锋尖锐。尾部饰长圆柱形圆銎以插箭杆。

M1Ⅵ：5145，长 5.1 厘米（图二○三，3）。

M1Ⅵ：5255～M1Ⅵ：5264 共 10 件，形制、尺寸与 M1Ⅵ：5145 相同（彩版二○四，3～6）。

K 型　10 件。镞身近似圆锥形，顶端以四边聚锋，前锋尖锐。尾部饰细长条形铜铤，截面呈菱形。

M1Ⅵ：5115，通长 4、铤长 3.1 厘米（图二○三，7；彩版二○五，1）。

M1Ⅵ：5158、M1Ⅵ：5238～M1Ⅵ：5245 共 9 件，形制、尺寸同 M1Ⅵ：5115（彩版二○四，7）。

L 型　10 件。镞身三棱形，向前聚合成锋，前锋尖锐。尾部内收为圆柱形，底端圆銎以接铁铤。

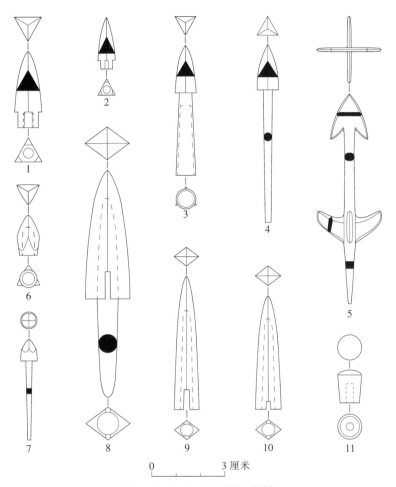

图二〇三　六区上层出土铜镞

1、2. I 型（M1Ⅵ：5304、M1Ⅵ：1830）　3. J 型（M1Ⅵ：5145）　4. O 型（M1Ⅵ：5105）　5. N 型（M1Ⅵ：5470）　6. L 型（M1Ⅵ：5123）　7. K 型（M1Ⅵ：5115）　8～10. M 型（M1Ⅵ：5157、M1Ⅵ：5155、M1Ⅵ：5154）　11. P 型（M1Ⅵ：5200）

M1Ⅵ：5123，长 1.6 厘米（图二〇三，6；彩版二〇五，2）。

M1Ⅵ：5246～M1Ⅵ：5254 共 9 件，形制、尺寸与 M1Ⅵ：5123 相同（彩版二〇五，3、4）。

M 型　43 件。镞身四棱形，向前聚合成锋，前锋尖锐。尾部内收，中饰圆銎以接铁铤。

M1Ⅵ：5157，通长 9、铤长 3.9 厘米（图二〇三，8；彩版二〇五，5）。

M1Ⅵ：5164、M1Ⅵ：5296～M1Ⅵ：5302 共 8 件，形制、尺寸同 M1Ⅵ：5157（彩版二〇五，6、7）。

M1Ⅵ：5155，形制同 M1Ⅵ：5157，唯尺寸略小。长 5.3 厘米（图二〇三，9；彩版二〇五，8）。

M1Ⅵ：5190、M1Ⅵ：5287～M1Ⅵ：5295 共 10 件，形制、尺寸与 M1Ⅵ：5155 相同（彩版二〇五，9；二〇六，1）。

M1Ⅵ：5154，形制同 M1Ⅵ：5157，唯尺寸较小。长 4.5 厘米（图二〇三，10；彩版二〇六，2）。

M1Ⅵ：5265～M1Ⅵ：5286 共 22 件，形制、尺寸与 M1Ⅵ：5154 相同（彩版二〇六，3、4）。

N 型　8 件。镞身六锋，两锋突前，十字形四锋位于尾部，后皆长条形铜铤，截面呈方形。

M1Ⅵ：5470，通长 8.3、铤长 2.4 厘米（图二〇三，5；彩版二〇六，5）。

M1Ⅵ：5162、M1Ⅵ：5471～M1Ⅵ：5476 共 7 件，形制、尺寸同 M1Ⅵ：5470（彩版二〇六，6、7）。

O 型　1 件。

M1Ⅵ：5105，镞身三棱形，向前聚合成锋，前锋尖锐。尾部接细长圆柱形铜铤。通长 7、铤长 5.2 厘米（图二〇三，4；彩版二〇六，8）。

P 型 2 件。镞身圆柱形，圆弧形台面，未见镞锋，尾部圆銎以接铁铤。

M1Ⅵ：5200，长 1.3 厘米（图二〇三，11；彩版二〇六，9）。

M1Ⅵ：5209，形制、尺寸与 M1Ⅵ：5200 相同（彩版二〇六，9）。

6. 箭箙包首饰

2 件。A 型。长方形，中部下折为台阶状。通体鎏金。

M1Ⅵ：5230，长 9.3、宽 3.1、高 3.5 厘米（图二〇四，2；彩版二〇七，1）。

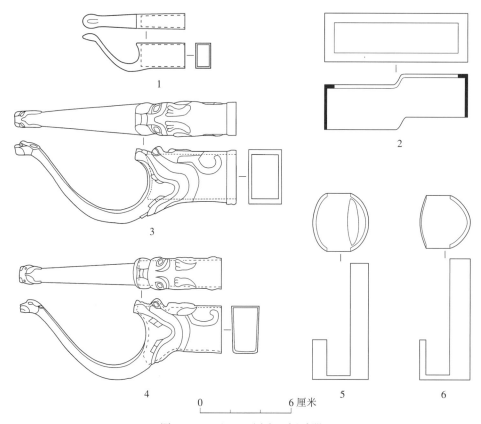

图二〇四 六区上层出土铜兵器

　1. B 型承弓器（M1Ⅵ：3616）　　2. 箭箙包首饰（M1Ⅵ：5230）　　3、4. A 型承弓器（M1Ⅵ：5180、M1Ⅵ：3721）
　5、6. 盾饰（M1Ⅵ：5107、M1Ⅵ：5109）

M1Ⅵ：5218，形制、尺寸与 M1Ⅵ：5230 相同（彩版二〇七，2）。

7. 承弓器

8 件。依形制与纹饰差异，分二型。

A 型 4 件。器身前部为龙首含口，末端饰以小龙首形向前平伸，后部为长方形銎。通体鎏金。

M1Ⅵ：5180，长 14.6、銎长 3.5、銎宽 2.1 厘米（图二〇四，3；彩版二〇七，3）。

M1Ⅵ：5184，纹饰、尺寸与 M1Ⅵ：5180 相同（彩版二〇七，4）。

M1Ⅵ：3721，纹饰同 M1Ⅵ：5180，唯尺寸略小。长 13.4、銎长 3、銎宽 1.7 厘米（图二〇四，4；彩版二〇八，1）。

M1Ⅵ:3723，纹饰、尺寸与 M1Ⅵ:3721 相同（彩版二〇八，2）。

B 型　4 件。器身前部下端向斜上方弯曲，末端向前平伸，后部为长方形銎。通体鎏金。

M1Ⅵ:3616，长 6.7、銎长 1.6、銎宽 1 厘米（图二〇四，1）。

M1Ⅵ:3615、M1Ⅵ:3620、M1Ⅵ:3621 共 3 件，形制、大小同 M1Ⅵ:3616（彩版二〇八，3）。

8. 盾饰

7 件。形制基本相同。成堆出土于六区西南部，周围同出的有铁甲及铜镦、戟、矛等兵器，相互叠压。

M1Ⅵ:5109，通体鎏金。两侧包边呈圆弧形，高度不同，中心为銎。高 7.7、底径长 3.3、宽 3.4 厘米（图二〇四，6；彩版二〇九，1）。

M1Ⅵ:5207、M1Ⅵ:5210、M1Ⅵ:5228 共 3 件，形制、尺寸同 M1Ⅵ:5109（彩版二〇九，2、3）。

M1Ⅵ:5107，形制与 M1Ⅵ:5109 基本相同，唯底端饰一弯月形穿孔。器高 7.3、底径长 3.6、宽 3.7 厘米（图二〇四，5；彩版二〇九，4）。

M1Ⅵ:5175、M1Ⅵ:5197 共 2 件，形制、尺寸与 M1Ⅵ:5107 相同。

（三）日常生活用器

113 件。

1. 匕

6 件。形制相同。八棱形细长柄，扁圆状柳叶形匕叶，叶端上翘明显。

M1Ⅵ:3794，长 21.6、叶宽 1.3、柄径 0.6 厘米（图二〇五，2；彩版二〇九，5）。

M1Ⅵ:3795、M1Ⅵ:3796、M1Ⅵ:3885 ~ M1Ⅵ:3887 共 5 件，尺寸与 M1Ⅵ:3794 基本相同（彩版二〇九，5）。

2. 箕形器

1 件。M1Ⅵ:5106，器身呈"风"字形箕状，口部尖角形，后部饰一方形銎。长 22.5、宽 12、高 4.9、銎径 1.8 厘米（图二〇五，1；彩版二一〇，1）。

3. 削

5 件。依环首形制差异，分二型。

A 型　3 件。素面环首，长方形柄，刀身平直，断面呈三角形。

M1Ⅵ:3792，长 18.7、刃宽 1.3、环首径 2.9 厘米（图二〇五，4；彩版二一〇，2）。

M1Ⅵ:3793，形制、尺寸与 M1Ⅵ:3792 相同（彩版二一〇，3）。

M1Ⅵ:3790，形制同 M1Ⅵ:3792，唯尺寸较小，残长 10.5、环首径 2.3 厘米（图二〇五，5；彩版二一一，1）。

B 型　2 件。绞丝纹环首，长方形柄，刀身平直，断面呈三角形。

M1Ⅵ:3791，长 18.6、刃宽 1.2、环首径 2.9 厘米（图二〇五，3；彩版二一一，2）。

M1Ⅵ:3789，形制、尺寸同 M1Ⅵ:3791（彩版二一一，3）。

4. 带钩

1 件。C 型。

M1Ⅵ:1119，象首形，象鼻状弯钩，下饰一圆纽。长 3.7、宽 3.3、高 1.7 厘米（图二〇五，

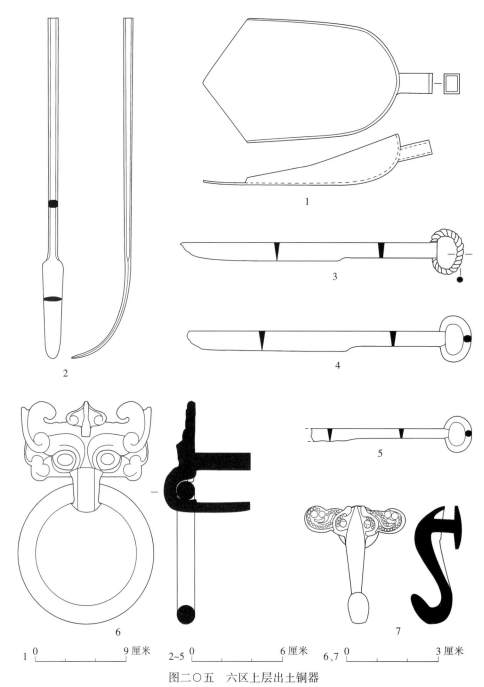

图二〇五 六区上层出土铜器

1. 箕形器（M1Ⅵ：5106） 2. 匕（M1Ⅵ：3794） 3. B 型削（M1Ⅵ：3791） 4、5. A 型削（M1Ⅵ：3792、M1Ⅵ：3790）
6. F 型铺首（M1Ⅵ：5182） 7. C 型带钩（M1Ⅵ：1119）

7；彩版二一一，4）。

5. 镇

7 件。依形制差异，分二型。

B 型 3 件。成堆出土于六区东北部，塌落于墓室立柱与侧板上，1 组 4 件，现存 3 件。

M1Ⅵ：3821，虎形，呈匍匐捕食状，形态极为逼真，惟妙惟肖。器表通体以错金银工艺饰虎斑纹。长 11.6、宽 3、高 1.8 厘米（图二〇六，1；彩图四五，1；彩版二一二）。

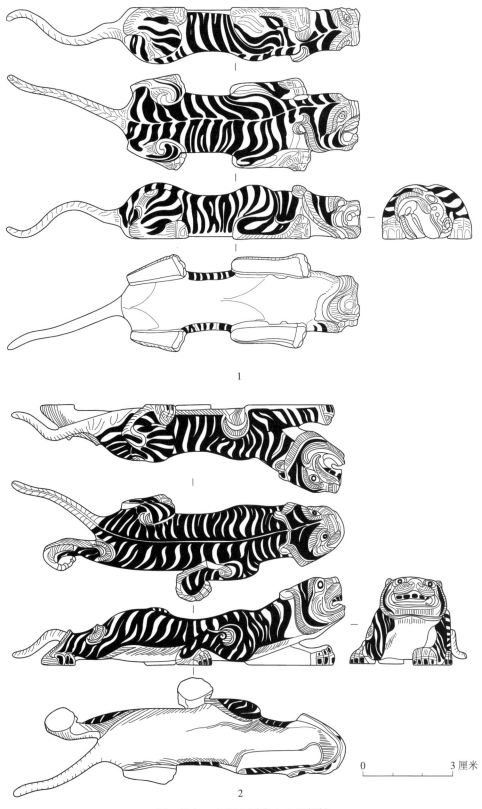

1

2

图二〇六　六区上层出土 B 型铜镇
1. M1 Ⅵ：3821　2. M1 Ⅵ：3822

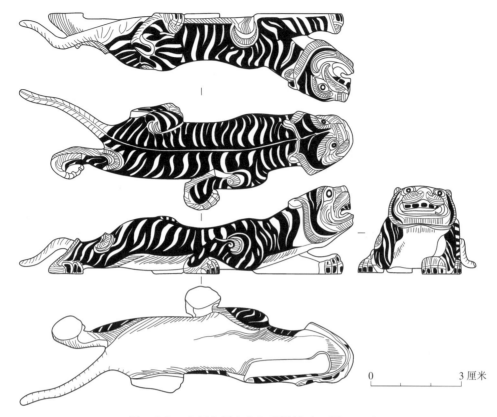

图二〇七　六区上层出土 B 型铜镇（M1Ⅵ：3823）

M1Ⅵ：3822、M1Ⅵ：3823，形制、尺寸相同，长 11、宽 3.4、高 2.8 厘米（图二〇六，2；图二〇七；彩图四五，2；彩图四六；彩版二一三；彩版二一四，1）。

C 型　4 件。出土于六区西南部，清理时，其与各类兵器共出。1 组 4 件，两两相对。

M1Ⅵ：5144-1、M1Ⅵ：5144-2，伎乐俑形，面态可掬，右手附耳，左手垂足，两腿盘踞，器表以鎏金技法进行装饰。底长 4.8、宽 5.1、高 7.8 厘米（图二〇八，1；图二〇九，1；彩图四七，1；彩图四八，1；彩版二一四，2、3）。

M1Ⅵ：5144-3、M1Ⅵ：5144-4，形态与 M1Ⅵ：5144-1 相近，唯表情略有不同，右手垂地。尺寸亦与 M1Ⅵ：5144-1 相同。底长 5.7、宽 5.5、高 7.8 厘米（图二〇八，2；图二〇九，2；彩图四七，2；彩图四八，2；彩版二一五，1、2）。

6. 铺首

2 件。F 型。

M1Ⅵ：5182，兽面衔环状。兽面双目突出，双耳上扬内撇，额似山尖形，兽鼻下卷衔环。背面下部饰一横长形销钉。长 4.3、宽 3.5、销钉长 1.8、环径 4.5 厘米（图二〇五，6；彩版二一六，1）。

M1Ⅵ：5192，尺寸与 M1Ⅵ：5182 相同（彩版二一六，2）。

7. 衔环

2 件。

M1Ⅵ：1990，钩形衔。环径 1.4、衔长 1.4 厘米（图二一〇，6）

M1Ⅵ：3641，衔残仅存铜环，形制、尺寸与 M1Ⅵ：1990 相同。

1

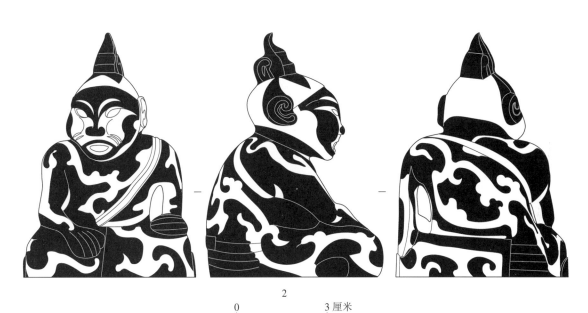

2

0 ————— 3 厘米

图二〇八　六区上层出土 C 型铜镇
1. M1 Ⅵ：5144 – 1　2. M1 Ⅵ：5144 – 3

8. 环

62 件。按形制差异，分三型。

A 型　58 件。环身截面呈圆形。

M1 Ⅵ：1562，器形中等，通体鎏金。外径 4.8、厚 0.6 厘米（图二一〇，1；彩版二一六，3）。

M1 Ⅵ：2000、M1 Ⅵ：2016、M1 Ⅵ：3798、M1 Ⅵ：5169 共 4 件，形制、尺寸与 M1 Ⅵ：1562 相同（彩版二一六，4、5）。

M1 Ⅵ：5131，器形中等偏小。环身截面呈圆形。外径 3.6、厚 0.6 厘米（图二一〇，2；彩版二一六，6）。

M1 Ⅵ：5130、M1 Ⅵ：5173、M1 Ⅵ：5199 共 3 件，形制、尺寸与 M1 Ⅵ：5131 相同。

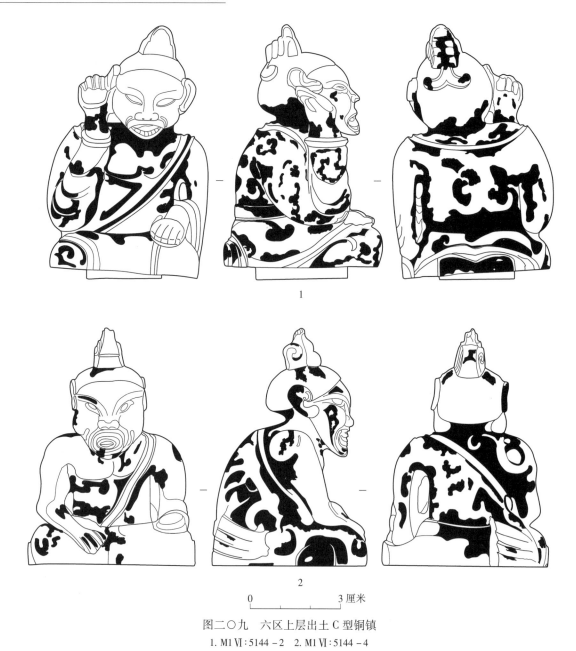

1

2

0　　　　　　3厘米

图二〇九　六区上层出土C型铜镇

1. M1Ⅵ∶5144－2　2. M1Ⅵ∶5144－4

M1Ⅵ∶974，器形较小，环身截面呈圆形。外径1.4、厚0.3厘米（图二一〇，3）。

M1Ⅵ∶989、M1Ⅵ∶1848－34、M1Ⅵ∶1848－35、M1Ⅵ∶1861－7、M1Ⅵ∶1861－10、M1Ⅵ∶1864－1、M1Ⅵ∶1864－18、M1Ⅵ∶1865－27、M1Ⅵ∶1865－35、M1Ⅵ∶1865－62、M1Ⅵ∶1865－63、M1Ⅵ∶1866－18、M1Ⅵ∶1866－30、M1Ⅵ∶1866－48、M1Ⅵ∶1977－5、M1Ⅵ∶1989、M1Ⅵ∶2008－30～M1Ⅵ∶2008－32、M1Ⅵ∶2008－34、M1Ⅵ∶2008－60、M1Ⅵ∶2008－97、M1Ⅵ∶2008－122、M1Ⅵ∶2008－123、M1Ⅵ∶2008－180、M1Ⅵ∶2008－181、M1Ⅵ∶3638～M1Ⅵ∶3640、M1Ⅵ∶3737、M1Ⅵ∶3785、M1Ⅵ∶3804、M1Ⅵ∶5141、M1Ⅵ∶5153－1～M1Ⅵ∶5153－11、M1Ⅵ∶5177～M1Ⅵ∶5179、M1Ⅵ∶5212共48件，形制、尺寸与M1Ⅵ∶974基本相同。

B型　3件。

M11Ⅵ∶1866－49，环身截面近扁圆形。外环径2.3、厚0.27厘米（图二一〇，4）。

图二一〇　六区上层出土铜器

1～3. A 型环（M1Ⅵ：1562、M1Ⅵ：5131、M1Ⅵ：974）　4. B 型环（M1Ⅵ：1866－49）　5. D 型环（M1Ⅵ：994）　6. 衔环（M1Ⅵ：1990）　7、12. B 型算珠形饰（M1Ⅵ：5201、M1Ⅵ：5125）　8. A 型算珠形饰（M1Ⅵ：5168）　9、10. C 型算珠形饰（M1Ⅵ：1865－38、M1Ⅵ：1999）　11. 链饰（M1Ⅵ：5227）

M1Ⅵ：2008－95、M1Ⅵ：2008－96 共 2 件，形制、尺寸与 M11Ⅵ：1866－49 相同。

D 型　1 件。

M1Ⅵ：994，平面呈椭圆形，环身截面呈圆形。外环长径 1.8、短径 1.35、厚 0.2 厘米（图二一〇，5）。

9. 算珠形饰

19 件。依形制差异，分三型。

A 型　3 件。

M1Ⅵ：5168，扁圆饼形，中部饰一圆孔。通体鎏金，刻饰云气纹。孔径 1.6、外环径 4.2、高 1 厘米（图二一〇，8；彩版二一七，1）。

M1Ⅵ：5127、M1Ⅵ：5170 共 2 件，形制、尺寸、纹饰与 M1Ⅵ：5168 相同（彩版二一七，2、3）。

B 型　9 件。

M1Ⅵ：5201，算珠形，内部中空。通体鎏金，中部饰鎏银环带纹两周，两端近圆孔处饰鎏银三角纹圈带各一周。孔径 1.6、外环径 2.5、高 1.3 厘米（图二一〇，7；彩版二一七，4）。

M1Ⅵ:5202～M1Ⅵ:5205、M1Ⅵ:5225、M1Ⅵ:5226 共 6 件，形制、尺寸、纹饰与 M1Ⅵ:5201 相同（彩版二一七，5～7）。

M1Ⅵ:5125，素面。形制同 M1Ⅵ:5201。孔径 1.6、外环径 2.5、高 1.2 厘米（图二一〇，12）。

M1Ⅵ:5126，形制尺寸与 M1Ⅵ:5125 相同。

C 型　7 件。

M1Ⅵ:1999，算珠形，内部中空。器表素面，尺寸较小。孔径 0.8、外环径 1.2、高 0.7 厘米（图二一〇，10；彩版二一七，8）。

M1Ⅵ:1864 - 2、M1Ⅵ:1869、M1Ⅵ:3611、M1Ⅵ:5847、M1Ⅵ:5848 共 5 件，形制、尺寸与 M1Ⅵ:1999 相同（彩版二一七，8）。

M1Ⅵ:1865 - 38 略有不同，上饰长方形孔，孔长 1.5、宽 0.7、外环径 2.4、高 1.85 厘米（图二一〇，9）。

10. 链饰

1 件。M1Ⅵ:5227，清理时链饰残损严重，仅存链环 5 个。残长 2.7、链环径 0.7 厘米（图二一〇，11；彩版二一七，9）。

11. 构件

1 件。M1Ⅵ:3734，半圆形管状，两端中空。长 1.8、宽 1.1、高 3.1 厘米（图二一一，1；彩版二一八，1）。

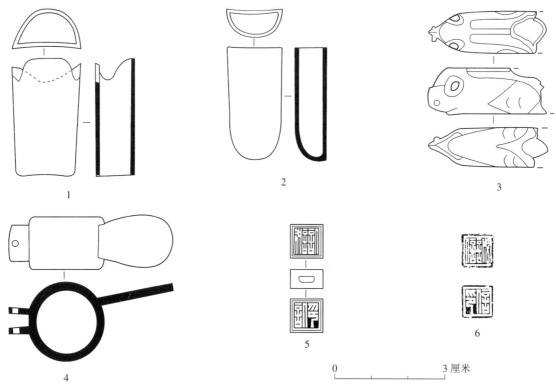

图二一一　六区上层出土铜器

1. 构件（M1Ⅵ:3734）　　2、3. 饰件（M1Ⅵ:3797、M1Ⅵ:3805）　　4. 厄持（M1Ⅵ:1810）　　5、6. 印章（M1Ⅵ:941）

12. 饰件

3 件。

M1Ⅵ：3797，扁圆管状，内部中空，一端封闭，另一端截面呈半圆形。长 1.5、宽 0.8、高 3 厘米（图二一一，2；彩版二一八，2）。

M1Ⅵ：3753，形制、尺寸与 M1Ⅵ：3797 相同。

M1Ⅵ：3805，圆柱形，一端残损，另一端呈兽首形。残长 3.2、宽 1.2、厚 1 厘米（图二一一，3；彩版二一八，3）。

13. 卮持

2 件。

M1Ⅵ：1810，圆环扁叶状把手。通体鎏银。长 4.5、孔径 2 厘米（图二一一，4；彩版二一八，4）。

M1Ⅵ：1811，尺寸与 M1Ⅵ：1810 基本相同。

14. 印章

1 件。M1Ⅵ：941，双面穿带印，方形，侧面有一穿孔，正面印文"誠信"，背面印文"信印"，阴文篆书，字体规整。印面边长 0.9、高 0.5 厘米（图二一一，5、6；彩版二一八，5）。

二　铁器

98 件（组）。包括车马器、兵器、日常生活用器等。

（一）车马器

1 件。釭。

M1Ⅵ：2013，短圆管形，尺寸较大，当为实用器。外径 5.4、长 1.7、壁厚 0.35 厘米（图二一二，1）。

（二）兵器

75 件。

1. 矛

7 件。成堆出土于六区西南部，周围同出的有铁甲及铜镦、戟、矛等兵器，相互叠压。依形制差异，分二型。

A 型　4 件。皆为实用器。

M1Ⅵ：62，前锋残损，矛身较长，锋部截面近菱形，骹呈圆筒形，整器锈蚀严重。通长 54、叶宽 3、骹径 2.8 厘米（图二一二，5；彩版二一八，6）。

M1Ⅵ：5081，前锋残损，矛身较短，锋部截面近菱形，骹呈圆筒形，骹口凹成弧形。一侧铸耳，耳面饰人面纹，用以系缨，整器锈蚀严重。通长 11.3、叶宽 1.7、骹径 1.6 厘米（图二一二，2；彩版二一九，1）。

M1Ⅵ：5049，前锋残损，矛身较短，锋部截面呈扁圆形，骹呈圆筒形，整器锈蚀严重。残长 14.8、叶宽 2.2、骹径 2.1 厘米（图二一二，8）。

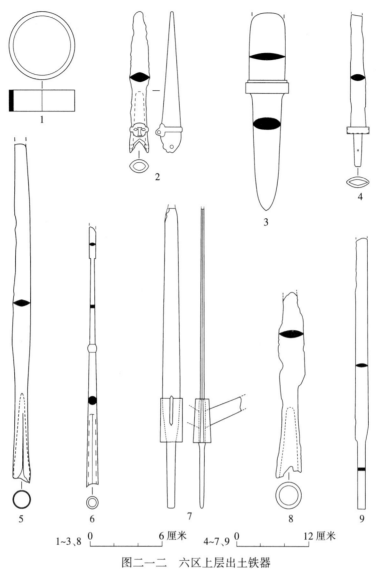

图二一二　六区上层出土铁器

1. 釭（M1Ⅵ：2013）　2、5、8. A 型矛（M1Ⅵ：5081、M1Ⅵ：62、M1Ⅵ：5049）　3、4、9. 铍（M1Ⅵ：58、M1Ⅵ：1821、M1Ⅵ：46）
6. B 型矛（M1Ⅵ：5083）　7. 铩（M1Ⅵ：5151）

　　M1Ⅵ：5122，形制、尺寸与 M1Ⅵ：5049 基本相同（彩版二一九，2）。

　　B 型　3 件。皆为实用器。

　　M1Ⅵ：5083，前锋残损，矛身细长，锋部截面近扁圆形，骹呈细长圆筒形，骹口凹成弧形。残长 31、叶宽 1、銎径 2 厘米（图二一二，6；彩版二一九，3）。

　　M1Ⅵ：976、M1Ⅵ：5084 共 2 件，形制、尺寸与 M1Ⅵ：5083 基本相同（彩版二一九，4）。

　　2. 戟

　　5 件。A 型。皆为实用器。

　　M1Ⅵ：5108，残损严重，尚可复原，援与内结合处饰铜质秘帽，截面呈杏叶形。刺胡残长 31.2、枝残长 18.2、秘帽长 9.4 厘米（图二一三，5）。

　　M1Ⅵ：5128、M1Ⅵ：5147、M1Ⅵ：5149、M1Ⅵ：5208 共 4 件，残损严重，形制、尺寸与 M1Ⅵ：5108 基本相同（彩版二二〇，1）。

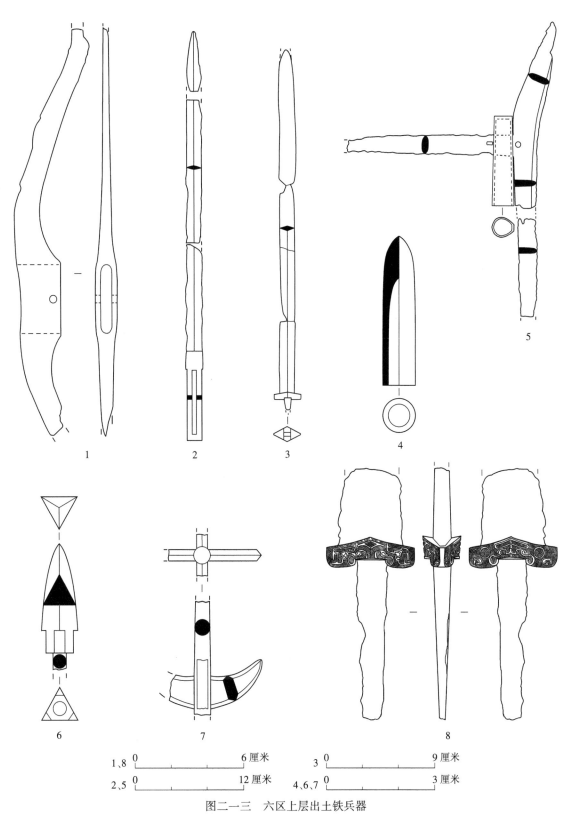

图二一三　六区上层出土铁兵器

1. 钩镶（M1Ⅵ：2018）　2. 兵器（M1Ⅵ：5124）　3. B 型剑（M1Ⅵ：1045）　4. B 型镞（M1Ⅵ：65）　5. A 型戟
（M1Ⅵ：5108）　6. D 型镞（M1Ⅵ：5104）　7. A 型镞（M1Ⅵ：5102）　8. A 型剑（M1Ⅵ：5086）

3. 铍

7 件。均锈蚀严重，难以完整复原。

M1Ⅵ：46，前锋弧锐，铍身细长，断面呈扁圆形，未见格，柄端呈细长条形。残长 42.1、铍身宽 2.2 厘米（图二一二，9；彩版二二○，2）。

M1Ⅵ：47 ~ M1Ⅵ：49、M1Ⅵ：977 共 4 件，形制、尺寸与 M1Ⅵ：46 基本相同（彩版二二○，3）。

M1Ⅵ：58，残损严重，铍身大部残缺，断面近扁圆形，椭圆形铜格，柄部内收呈尖状。残长 15.7、铍身宽 3 厘米（图二一二，3）。

M1Ⅵ：1821，铍身细长收尖，格平面呈椭圆形，柄端呈细长条形。残长 24.1、铍身宽 2.5、格长 3.6、格宽 1 厘米（图二一二，4）。

4. 铩

1 件。M1Ⅵ：5151，锋扁长，尖部残损，镡为铜质，两侧均斜向上伸出长方形斜刃。通长 47.8、宽 3.6 厘米（图二一二，7；彩版二二○，4）。

5. 剑

33 件。依形制差异，分二型。

A 型　1 件。

M1Ⅵ：5086，剑身大部残损，仅余铜格与剑柄，铜格两面均饰变形鸟纹。残长 13.3、剑身宽 3.5、格宽 4.8 厘米（图二一三，8；彩版二二一，1）。

B 型　32 件。皆为明器。

M1Ⅵ：1045，剑身较长，断面呈菱形，格为铜质，茎首端有一小孔。剑身漆鞘保存较好，鞘身顶部平直，前半段截面为椭圆形，剑璲以下部分截面呈菱形。剑身长 27.2、最宽处 1.3、通长 28.6、格宽 2.2 厘米（图二一三，3）。

M1Ⅵ：57、M1Ⅵ：59 ~ M1Ⅵ：61、M1Ⅵ：63、M1Ⅵ：973、M1Ⅵ：985、M1Ⅵ：992、M1Ⅵ：993、M1Ⅵ：1046、M1Ⅵ：1808、M1Ⅵ：1822、M1Ⅵ：1826、M1Ⅵ：1833、M1Ⅵ：1837、M1Ⅵ：1839 ~ M1Ⅵ：1841、M1Ⅵ：1843、M1Ⅵ：1856、M1Ⅵ：1858、M1Ⅵ：2005、M1Ⅵ：2137、M1Ⅵ：3613、M1Ⅵ：3751、M1Ⅵ：3769 ~ M1Ⅵ：3771、M1Ⅵ：3773、M1Ⅵ：3806、M1Ⅵ：3989 共 31 件，尺寸与 M1Ⅵ：1045 相同。

6. 钩镶

2 件。

M1Ⅵ：2018，弓形，上下两钩皆残损，中部把手处饰一长圆形穿銎，銎侧面饰一小圆形穿孔。器表饰错金工艺，因通体锈蚀严重，绝大部分错金丝均已掉落，所余少量金丝纹饰不明。残长 21.6、钩身宽 1.2、銎长 3.6、銎宽 0.6 厘米（图二一三，1；彩版二二一，2）。

M1Ⅵ：5134，形制、尺寸与 M1Ⅵ：2018 基本相同（彩版二二一，2）。

7. 镞

17 件。依形制差异，分三型。

A 型　5 件。镞身四锋，外弧刃，圆柱形铤。

M1Ⅵ：5102，残长 3 厘米（图二一三，7；彩版二二一，3）。

M1Ⅵ：5232 ~ M1Ⅵ：5235 共 4 件，尺寸与 M1Ⅵ：5102 相同。

B 型　9 件。镞身圆柱形，前锋尖锐，铤部不明显。

M1Ⅵ：65，长4、径0.9厘米（图二一三，4）。

M1Ⅵ：5830～M1Ⅵ：5837共8件，形制、尺寸与M1Ⅵ：65相同。

D型 3件。镞身三棱形，向前聚合成锋，前锋尖锐。关断面呈六边形，底端圆銎以接铁铤。

M1Ⅵ：5104，残长3.3厘米（图二一三，6）。

M1Ⅵ：5236、M1Ⅵ：5237共2件，尺寸与M1Ⅵ：5104相同。

8. 兵器

3件。通体皆为铁质，锈蚀严重。

M1Ⅵ：5124，器身较长，断面呈菱形，柄身呈长方形，中部饰长条形镂孔。通长43.4、宽1.9厘米（图二一三，2）。

M1Ⅵ：5129、M1Ⅵ：5186共2件，形制、尺寸与M1Ⅵ：5124相同。

（三）日常生活用器

22件。

1. 削

19件。出土于六区北部，与10件玉带钩同出，部分玉带钩钩挂于铁削环首上。依形制与纹样差异，分三型。

A型 8件。通体错金。

M1Ⅵ：1009，环首，削身平直略弧，断面呈三角形。因通体锈蚀严重，绝大部分错金丝已掉落，所余少量金丝纹饰不明。残长23、刃宽1.5、环首径4.1厘米（图二一四，1）。

M1Ⅵ：1044、M1Ⅵ：1047、M1Ⅵ：1818共3件，形制、尺寸、装饰工艺与M1Ⅵ：1009相同。

M1Ⅵ：1043，环首，削身平直略弧，柄部长方形，器身残缺，断面呈三角形。因通体锈蚀严重，绝大部分错金丝已掉落。出土时，鞘首部银扣尚留存于削之上。残长36.6、刃宽2.4、环首径5.1厘米（图二一四，2；彩版二二一，4）。

M1Ⅵ：1048，环首，削身弧背，器身残缺，断面呈三角形。因通体锈蚀严重，绝大部分错金丝已掉落。残长32.4、刃宽2.3、环首径4.5厘米（图二一四，3；彩版二二二，1）。

M1Ⅵ：1118，环首，柄部呈长方形，削身平直略弧，断面呈三角形。出土时漆鞘基本保存，但已与器身锈蚀在一起。通长31.8、刃宽2.1、环首径4.5厘米（图二一四，4；彩版二二二，2）。

M1Ⅵ：1815，环首，削身平直略弧，柄部长方形，器身残缺，断面呈三角形。因通体锈蚀严重，绝大部分错金丝已掉落。残长41.2、刃宽2.7、环首径5.4厘米（图二一四，5；彩版二二二，3）。

B型 6件。环首通体饰包金工艺，柄身、刃部皆素面。出土时部分器物环首包金饰保存完好，光亮如新。

M1Ⅵ：1010，环首，削身弧背，器身基本完整，断面呈三角形。通长46、刃宽2.5、环首径5.5厘米（图二一四，6；彩版二二二，4）。

M1Ⅵ：1041，环首，削身弧背，器身基本完整，断面呈三角形。通长37.5、刃宽2.4、环首径5.1厘米（图二一四，7；彩版二二三，1）。

M1Ⅵ：1117，环首，削身弧背，器身基本完整，断面呈三角形。残长34、刃宽2、环首径4.4

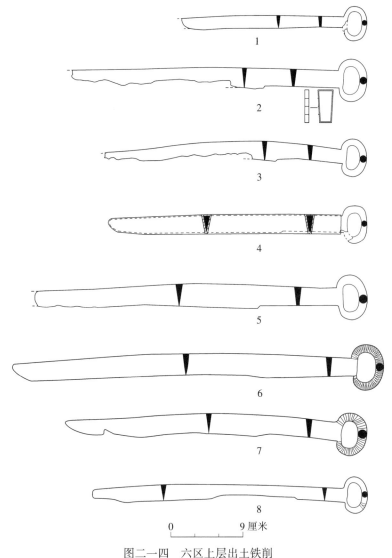

图二一四 六区上层出土铁削

1~5. A 型（M1Ⅵ:1009、M1Ⅵ:1043、M1Ⅵ:1048、M1Ⅵ:1118、M1Ⅵ:1815）

6~8. B 型（M1Ⅵ:1010、M1Ⅵ:1041、M1Ⅵ:1117）

厘米（图二一四，8；彩版二二三，2）。

M1Ⅵ:1120，环首，削身平直略弧，器身基本完整，断面呈三角形。通长 29.4、刃宽 1.5、环首径 4.5 厘米（图二一五，3；彩版二二三，3）。

M1Ⅵ:1814，环首，削身平直，器身残缺，断面呈三角形。残长 24.9、刃宽 1.5、环首径 5.2 厘米（图二一五，4）。

M1Ⅵ:1816，环首，削身弧背，器身大体完整，断面呈三角形。通长 39.9、刃宽 2、环首径 4.9 厘米（图二一五，5）。

C 型 5 件。环首通体饰包银工艺，柄身、刃部皆素面。出土时部分器物环首包银饰保存较好。

M1Ⅵ:1008，环首，削身弧背，器身基本完整，断面呈三角形。通长 45.6、刃宽 2、环首径 5 厘米（图二一五，6；彩版二二三，4）。

M1Ⅵ:1040，环首，削身平直略弧，器身残损，断面呈三角形。复原长 37.6、刃宽 2.1、环首

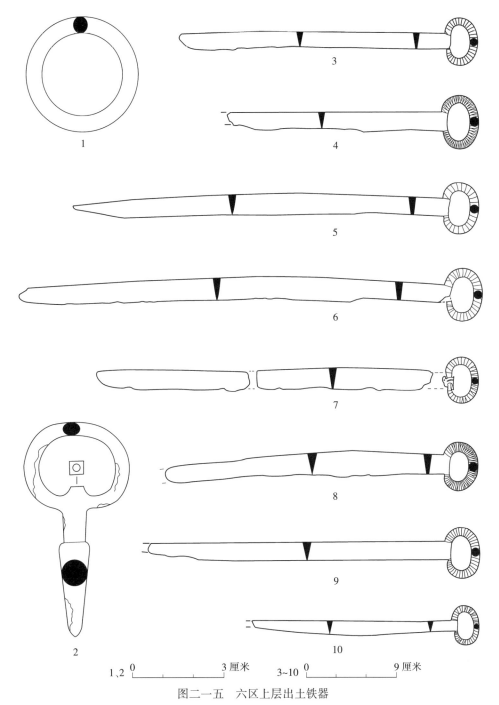

图二一五　六区上层出土铁器

1. 环（M1Ⅵ：5095）　　2. 环首器（M1Ⅵ：980）　　3～5. B 型削（M1Ⅵ：1120、M1Ⅵ：1814、M1Ⅵ：1816）
6～10. C 型削（M1Ⅵ：1008、M1Ⅵ：1040、M1Ⅵ：1116、M1Ⅵ：1817、M1Ⅵ：1819）

径4.3厘米（图二一五，7；彩版二二四，1）。

　　M1Ⅵ：1116，环首，削身弧背，器身残损，断面呈三角形。残长30.9、刃宽2.1、环首径4.8
厘米（图二一五，8；彩版二二四，2）。

　　M1Ⅵ：1817，环首，削身平直，器身残损，断面呈三角形。残长32.8、刃宽1.7、环首径4.8
厘米（图二一五，9）。

　　M1Ⅵ：1819，环首，削身平直，器身残损，断面呈三角形。残长22.6、刃宽1.3、环首径3.8

厘米（图二一五，10）。

2. 环

2 件。形制相同。

M1Ⅵ：5095，器表通体锈蚀。外环径 3.7、环厚 0.5 厘米（图二一五，1）。

M1Ⅵ：5224，形制、尺寸与 M1Ⅵ：5095 相同（彩版二二四，3）。

3. 环首器

1 件。M1Ⅵ：980，环首近似圆环形，截面为圆形，器身较短，一端内收为尖首。长 6.8、环首宽 3.5 厘米（图二一五，2；彩版二二四，4）

三 金器

9 件（组）。包括构件、饰件等。

1. 兽首构件

1 件。M1Ⅵ：5221，前端为兽首，张口大眼，后端为一长方形銮，平面呈长方形，出土时銮内尚有朽木痕迹。长 2、宽 2.2、高 1.9 厘米，銮长 1、宽 1.7 厘米（图二一六，1；彩版二二四，6）。

2. 构件

3 件。出土于六区东南角，出土时构件已与原器物塌落分离。

M1Ⅵ：3760，正视呈五边形，中有镂空。器表打磨抛光，一侧刻有铭文"二"。长 1.3、宽 1、高 1.3 厘米（图二一六，4；彩版二二四，5）。

M1Ⅵ：4489，形制同 M1Ⅵ：3760，器表打磨抛光。长 1.3、宽 1、高 1.25 厘米（图二一六，5；彩版二二四，5）。

M1Ⅵ：4551，形制同 M1Ⅵ：3760，边缘打磨抛光为斜面，一侧刻有铭文"一"。长 1.2、宽 1.4、高 1.4 厘米（图二一六，3；彩版二二四，5）。

3. 圈饰

3 件。集中出土于墓室南回廊东部上层，从形制上判断应是漆杯口部的金扣饰。

M1Ⅵ：5167，金片捶揲，呈母口形态。内箍素面，外箍刻饰一周云气纹。器径 4.5、高 0.95 厘米（图二一六，7；彩版二二五，1）。

M1Ⅵ：5171，形制、纹饰同 M1Ⅵ：5167，器径 5.9、高 1 厘米（图二一六，9；彩版二二五，2）。

M1Ⅵ：5172，形制、纹饰同 M1Ⅵ：5167，器径 5.25、高 1.1 厘米（图二一六，8；彩版二二五，3）。

4. 扣饰

1 件。M1Ⅵ：5174，漆器金属提手。出土于墓室南回廊东侧上层，出土时扣饰与原器物已分离。器为盖纽饰，柿蒂纹纽座，圆形拉环。长 4.8、柿蒂纹宽 1.4、环径 0.85 厘米（图二一六，2；彩版二二五，4）。

5. 箔饰

1 件。M1Ⅵ：5136，长条形，两端残损，器表两面均打磨抛光。残长 14.7、宽 0.9、厚 0.01 厘米（图二一六，6；彩版二二五，5）。

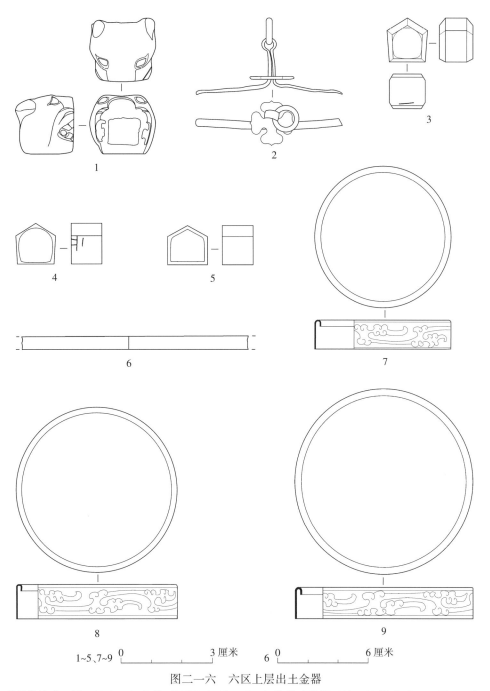

图二一六　六区上层出土金器

1. 兽首构件（M1Ⅵ∶5221）　2. 扣饰（M1Ⅵ∶5174）　3～5. 构件（M1Ⅵ∶4551、M1Ⅵ∶3760、M1Ⅵ∶4489）
6. 箔饰（M1Ⅵ∶5136）　7～9. 圈饰（M1Ⅵ∶5167、M1Ⅵ∶5172、M1Ⅵ∶5171）

四　银器

19 件（组）。包括车马器、兵器等。

（一）车马器

16 件（套）。

1. 伞柄箍饰

1 套。出土于六区中部，另，与之配伍的 15 件嵌宝石银盖弓帽呈伞状散落于周围。伞柄银箍饰由上下两组银箍饰组成。上组银箍饰由上下两节套接组成，上节编号 M1 VI：1812，下节编号 M1 VI：1561。下组银箍饰由单节银箍饰组成，编号 M1 VI：945。

M1 VI：1812，银质，器表通体凿刻云气纹，纹间镶嵌圆形、三角形及水滴形宝石，器中部饰一周箍状纹。高 14.8、銎径 2.7 厘米（图二一七，1；彩版二二六，1、2）。

图二一七　六区上层出土银车马器
1~3. 伞柄箍饰（M1 VI：1812、M1 VI：1561、M1 VI：945）　4. 盖弓帽（M1 VI：53）

M1 VI：1561，银质，器表装饰与 M1 VI：1812 基本相同，其上口部与 M1 VI：1812 下口部采用

"横转卡口插销"方式套接。高 14.5、銎径 3.2 厘米（图二一七，2；彩版二二六，1、2）。

M1Ⅵ：945，器表装饰与 M1Ⅵ：1812 基本相同。高 8、銎径 2.25 厘米（图二一七，3；彩版二二六，3）。

2. 盖弓帽

15 件。形制相同。

M1Ⅵ：53，帽身圆柱形，顶端为球形，近顶处饰一弯钩。器表通体刻饰折线纹，半圆形玛瑙质与绿松石质珠饰满嵌器身。长 4.95、銎径 0.9 厘米（图二一七，4）。

M1Ⅵ：52、M1Ⅵ：54～M1Ⅵ：56、M1Ⅵ：942～M1Ⅵ：944、M1Ⅵ：1321、M1Ⅵ：1322、M1Ⅵ：1820、M1Ⅵ：1828、M1Ⅵ：1992、M1Ⅵ：1993、M1Ⅵ：3803 共 14 件，形制、尺寸、纹饰与 M1Ⅵ：53 相同（彩版二二七，1、3）。

（二）兵器

3 件。

镦。出土于六区西南部，同出有铜镦，位于铁矛、铜矛等兵器东部。依形制差异，分二型。

A 型　2 件。圆柱形。

M1Ⅵ：5114，中部饰一周箍状纹，余刻饰三角纹与云气纹组合。底径 2.15、高 8.2 厘米（图二一八，1；彩版二二七，2）。

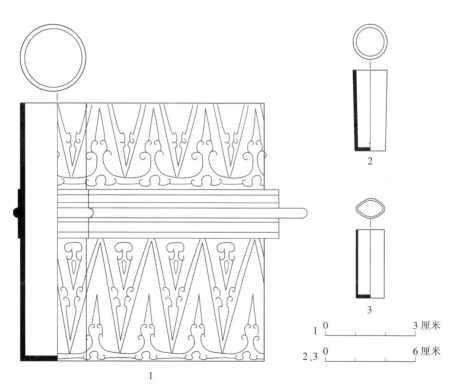

图二一八　六区上层出土银镦
1、2.A 型（M1Ⅵ：5114、M1Ⅵ：1862）　3.B 型（M1Ⅵ：975）

M1Ⅵ：1862，通体素面。底径 2、高 5.2 厘米（图二一八，2；彩版二二七，4）。

B 型　1 件。

M1Ⅵ:975，圆柱形，銎平面为桃形。器表素面。底径 1.9、高 4.3 厘米（图二一八，3；彩版二二七，5）。

五 玉器

9 件（套）。有环、带钩等。

1. 环

1 件。出土于墓室东回廊上层南部，与一组错金削刀同出于镶嵌宝石的银车舆内的漆奁中。

M1Ⅵ:1320，黄白玉，满身有红褐色沁斑。环体扁平。两面纹饰相同，内外侧边缘各饰细弦纹一道，中间满饰变形勾连云纹。环体近外侧边缘处饰对称分布状三穿孔。整器纹饰布局工整，雕琢精致。外径 11、内径 7.25、厚 0.3 厘米（图二一九；彩版二二八，1）。

2. 带钩

8 件。与另一件水晶带钩同出土于墓室东回廊上层南部，与一组错金削刀同出于镶嵌宝石的银车具车舆内的漆奁中。

M1Ⅵ:940，黄白玉质，大部受沁后呈红褐色，钩头部分略显鸡骨白状态，器面打磨出玻璃状光泽。近琵琶形钩体，将钩头向下放置观察：简化兽首形钩首，仅以写意手法琢出短吻与双角；细颈方扁，侧边抹角，与钩颈的顶面均打凹处理。整个钩面是一个以浅浮雕技法琢成的咧嘴、扁方鼻、大眼正视、双角耸尖后立的牛首形兽面形象，以纤细的阴刻线表示毛发，牛首上的耳朵被装饰在钩后背面。钩背近钩首下与钩面下腹各凸出一个圆形钩纽，以纽柱连接钩腹部。钩体背面圆纽较大，钩首背面圆纽较小。长 7.3、宽 2.2、大纽径 1.1、小纽径 0.85 厘米（图二二〇，1、2；彩版二二八，2）。

M1Ⅵ:1002，玉质偏黄白，大部受沁后呈黄褐、灰色不透明状态。异型组合钩体，分为金质钩首与玉质钩身两部分，钩颈与钩身处利用金丝卯连。将钩头向下放置观察：简化兽首形钩首，玉钩细颈方扁，侧边抹角，与顶面均内陷打凹处理；钩面以浅浮雕技法，琢做出一头瞠目拱鼻、卷角立耳的兽首形。兽首细节层次立体、生动。钩背腹凸出一圆形钩纽，以纽柱连接钩腹部。长 5.3、宽 3、纽径 1 厘米（图二二〇，4、6；彩版二二九，1）。

M1Ⅵ:1042，原玉质已受沁不易辨明，受沁呈不透明状的黄白色，器表打磨出几近玻璃状光泽。琵琶形钩体，将钩头向下放置观察：钩首部分残失，钩颈部分细方扁；钩面正中以浮雕技法琢做成面部平整、方鼻、瞠目立眉、胡须上卷、獠牙咧嘴的兽面；立眉、胡须以纤细的阴刻线表示。其后有相套合的两扁环，构成的扁圆形钩身，两环之间镂空；外环无边栏，环面填饰正反翻腾的几何勾云纹，内环面设有边栏，填饰编织席纹。钩背腹凸出一圆形钩纽，纽面宽肥扁圆，以纽柱连接钩腹部。残长 5.2、宽 2.3、纽径 1.3 厘米（图二二〇，7、8；彩版二二九，2）。

M1Ⅵ:1112，玉质偏黄白，大部受沁后玉质内呈灰色不透明状态。近琵琶形钩体，将钩头向下放置观察：简化兽首形钩首，仅以写意手法琢出短吻与双角；细颈方扁，侧边抹角，与钩颈的顶面均打凹处理。整个钩面是一个以浅浮雕技法琢做成的方鼻、大眼正视、双角耸尖后立的牛首形兽面形象，以纤细的阴刻线表示毛发，牛首上的耳朵被装饰在钩后背面。长 5.1、宽 1.8、纽径

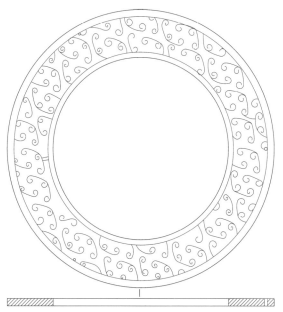

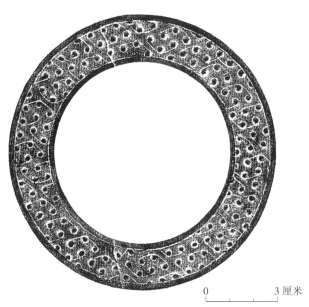

图二一九　六区上层出土玉环（M1Ⅵ：1320）

1 厘米（图二二〇，5；彩版二二九，3）。

　　M1Ⅵ：1113，白玉质，大部受沁后呈黄褐色及少量红色沁斑，表面抛光莹亮。钩体呈琵琶形，将钩首向上竖立观察：弯曲的钩首前端作简化的兽首形，其后弧曲连接钩颈；细颈方扁，侧边抹角，与钩颈的顶面均打凹处理。钩面正视，是一位拘手作揖的男性形象，束发向上，两额侧留出鬓发，额头饱满；柳叶细眉，丹凤眼，方鼻，小嘴，嘴角微微上扬；唇下有几缕髯须，两后侧边有耳；耸肩，袖口上卷，双手交合做作揖状。其钩颈，正是其高耸的发冠。钩背腹凸出一个圆形钩纽，以纽柱连接钩腹部。长 5.3、宽 2.6、纽径 1.2 厘米（图二二一，1、2；彩版二三〇，1）。

　　M1Ⅵ：1114，黄白玉，部分受黄褐色沁蚀，器表有白斑。长条形钩身，钩首为龙首形。龙首双目外凸，双须外扬，刀工犀利，雕琢细致，力度感极强。钩身正面原有勾连云雷纹纹样，但被

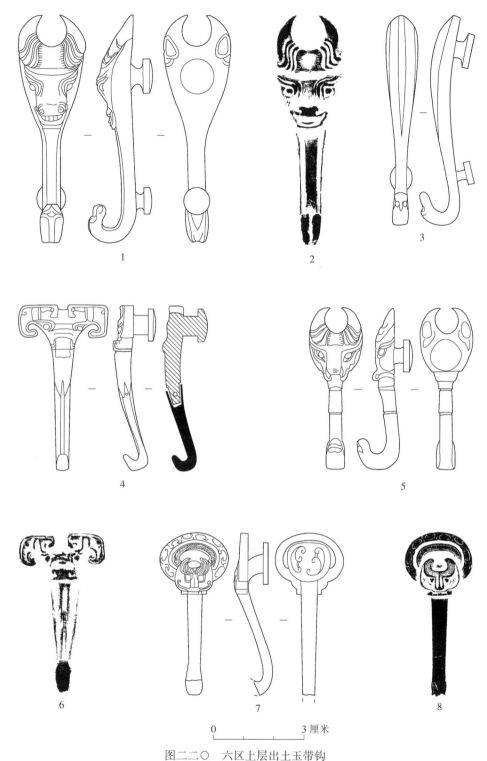

图二二〇　六区上层出土玉带钩

1、2.（M1Ⅵ:940）　3.（M1Ⅵ:1115）　4、6.（M1Ⅵ:1002）　5.（M1Ⅵ:1112）　7、8.（M1Ⅵ:1042）

刻意磨去。钩背面凸起近似椭圆纽。长 14.8、宽 1.2、纽径 1.8 厘米（图二二一，5；彩版二三〇，2、3）。

M1Ⅵ:1115，原玉质已受沁不易辨明，受沁后呈不透明状的灰黄色，器表打磨出几近玻璃状光泽。琵琶形钩体，钩身饰瓜棱纹，钩首上扬，饰简化龙首纹。钩身与钩首背面各饰一圆纽，钩

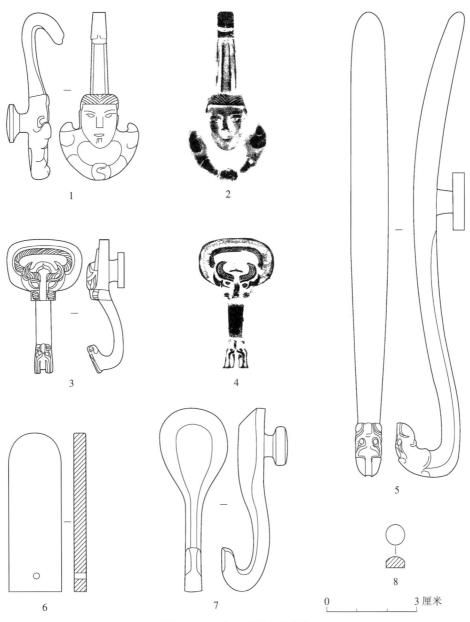

图二二一　六区上层出土器物

1、2. 玉带钩（M1Ⅵ：1113）　3、4. 玉带钩（M1Ⅵ：1752）　5. 玉带钩（M1Ⅵ：1114）
6. 石牌饰（M1Ⅵ：5223）　7. 水晶带钩（M1Ⅵ：1011）　8. 玛瑙珠饰（M1Ⅵ：5088）

身背面圆纽较大，钩首背面圆纽较小。长 6.6、宽 1.1 厘米，大纽径 1.1、小纽径 0.7 厘米（图二二〇，3；彩版二三〇，4）。

　　M1Ⅵ：1752，玉质黄白，大部受沁后呈灰白或鸡骨白状，表面打磨出玻璃状光泽。琵琶形钩体，将钩头向下放置观察：浮雕龙首形钩首，瞠目长吻，矜立耳，玉钩后细颈方扁，较短。钩面正中是一个以浮雕技法琢成的方鼻、瞠目立眉、尖喙顶额的兽面形象；立眉、胡须处以纤细的阴刻线表示；其后有相套合的两扁环，构成圆形钩身，两环之间镂空；内外环均未有边栏线，外环面光素，内环面以阴刻线填饰绞丝纹。钩背腹凸出一个圆形钩纽，纽面宽肥扁圆，以纽柱连接钩腹部。长 4.3、宽 2.5、纽径 1.1 厘米（图二二一，3、4；彩版二三一，1）。

六 石器

1 件。牌饰。出土于墓室南回廊东侧上层。

M1Ⅵ：5223，青石质。弧首，一端穿孔。长 5、宽 1.7、厚 0.4、孔径 0.2 厘米（图二二一，6；彩版二三一，2）。

七 玛瑙器

1 件。珠饰。出土于墓室南回廊东侧。

M1Ⅵ：5088，红色，平面圆形，剖面呈半面透镜状。从形态上看应是器物的镶嵌饰品。面径 0.65、厚 0.38 厘米（图二二一，8；彩版二三一，3）。

八 水晶器

1 件。带钩。

M1Ⅵ：1011，水晶质，料质纯净，抛光莹亮。琵琶形钩体。平置观察：钩首前端窄尖，其后渐宽弧曲连接钩颈，细颈的尾部上弧并向两侧渐宽；钩面近圆，顶面中碾琢出流线型凹面，腹侧四周坡状斜杀；钩背腹凸出一个圆形钩纽，以纽柱连接钩腹部。整器干净流畅，从任何角度观察线条之间起伏变化自如，面与面衔接转角犀利。长 5.8、宽 2.2、纽径 1.2 厘米（图二二一，7；彩版二三一，4）。

九 漆器

2 件。包括车马器、兵器。

（一）车马器

1 件。车伞盖。

回廊上层最初放置随葬品时，北、东、南、西四面回廊当具有明器马车放置，惜漆木质马车基本朽尽，伞盖基本不存，仅发现一处伞盖遗迹。

M1Ⅵ：5133，伞盖顶面髹黄漆，惜整体损毁严重，形制、尺寸具不明。

（二）兵器

1 件。箭箙。

出土于六区西南部，与其同出的有成堆的铜镞及 M1Ⅵ：5185、M1Ⅵ：5193 弩机等，相互叠压。

M1Ⅵ：5153，夹纻胎。长方形盒状，器表通髹黑漆。清理时内置多枚实用箭，大多仅余铜质箭镞。箭箙器身残损严重，无法复原。

一〇　泥器

11 件。封泥。

M1Ⅵ：4821，长方形，清理时与箭箙内铜箭镞共出。正面印文"陳觸"。长 2.6、宽 2.3、厚 0.85 厘米（图二二二，4、5；彩版二三一，5）。

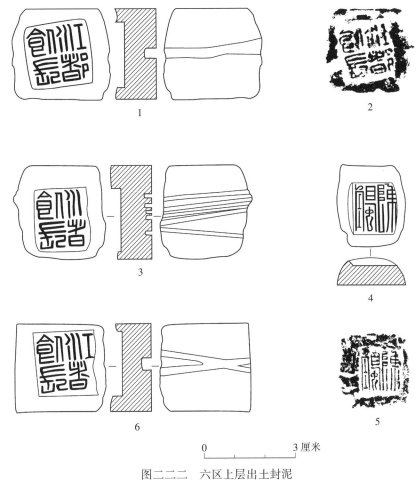

图二二二　六区上层出土封泥

1、2.（M1Ⅵ：5630）　　3.（M1Ⅵ：5631）　　4、5.（M1Ⅵ：4821）　　6.（M1Ⅵ：5632）

M1Ⅵ：5630，长方形。正面印文"江都飤（食）长"，背面穿绑的绳索痕迹保留明显。长 3.2、宽 2.9、厚 1.3 厘米（图二二二，1、2；彩版二三一，6）。

M1Ⅵ：5631，方形。正面印文"江都飤（食）长"，背面穿绑的绳索痕迹保留明显。长 3、宽 3、厚 1.35 厘米（图二二二，3；彩版二三二，1）。

M1Ⅵ：5632，长方形。正面印文"江都飤（食）长"，背面穿绑的绳索痕迹保留明显。长 3、宽 2.8、厚 1.35 厘米（图二二二，6；彩版二三二，2）。

M1Ⅵ：5633，方形。正面印文"江都飤（食）长"，背面穿绑的绳索痕迹保留明显。残长 2.2、残宽 2.2、厚 1 厘米（图二二三，1；彩版二三二，3）。

M1Ⅵ：5634，长方形。正面印文"江都飤（食）长"，背面穿绑的绳索痕迹保留明显。长 3、

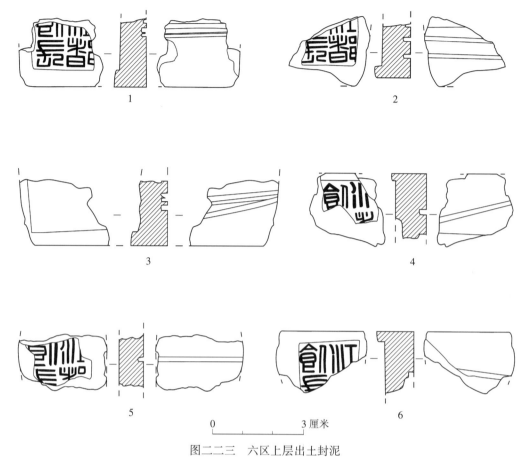

图二二三　六区上层出土封泥

1. M1Ⅵ：5633　2. M1Ⅵ：5635　3. M1Ⅵ：5637　4. M1Ⅵ：5636　5. M1Ⅵ：5638　6. M1Ⅵ：5634

残宽2、厚1.2厘米（图二二三，6；彩版二三二，4）。

M1Ⅵ：5635，长方形。正面印文"江都飤（食）长"，背面穿绑的绳索痕迹保留明显。残长2.65、残宽2.2、厚1.2厘米（图二二三，2；彩版二三三，1）。

M1Ⅵ：5636，长方形。正面印文"江都飤（食）长"，背面穿绑的绳索痕迹保留明显。残长2.5、残宽2.3、厚1.2厘米（图二二三，4；彩版二三三，2）。

M1Ⅵ：5637，方形。正面印文不明，背面穿绑的绳索痕迹保留明显。残长2.9、残宽2.1、厚1.2厘米（图二二三，3；彩版二三三，3）。

M1Ⅵ：5638，长方形。正面印文"江都飤（食）长"，背面穿绑的绳索痕迹保留明显。长2.9、残宽1.8、厚0.83厘米（图二二三，5；彩版二三三，4）。

M1Ⅵ：4822，残损严重，印文不明。

第十节　七（Ⅶ）A 区上层出土遗物

东回廊南部七A区上层主要放置明器车马，明器漆车马已朽尽，仅存车马器构件及车厢内兵器等各类遗物179件（组），包括铜器、铁器、银器、玉器、漆器、角器等。在七A区东南部出土2件铜祖，器表制作十分逼真，极具写实性（图二二四；彩版二三四；彩版二三五，1、2；彩版二三六，1、2）。

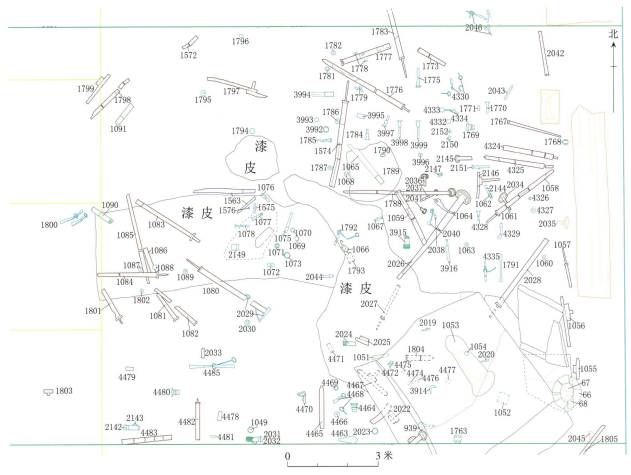

图二二四　七 A 区上层出土遗物平面图（数字为器物编号）

一　铜器

123 件（组）。包括车马器、兵器、日常生活用器等。

（一）车马器

97 件（组）。

1. 盖弓帽

20 件。依形制差异，分二型。

B 型　19 件。圆柱形，帽首呈喇叭状，中部饰一钩。清理时大多呈伞状分布。

M1ⅦA：2151，通体鎏金。长5.9、口径0.62厘米（图二二五，1；彩版二三七，1）。

M1ⅦA：1067、M1ⅦA：1075～M1ⅦA：1078、M1ⅦA：1770、M1ⅦA：1775、M1ⅦA：1784、M1ⅦA：
1785、M1ⅦA：2043、M1ⅦA：2044、M1ⅦA：2144、M1ⅦA：2150、M1ⅦA：3997～M1ⅦA：3999、
M1ⅦA：4328、M1ⅦA：4329 共18件，形制、尺寸与 M1ⅦA：2151 基本相同。

C 型　1 件。

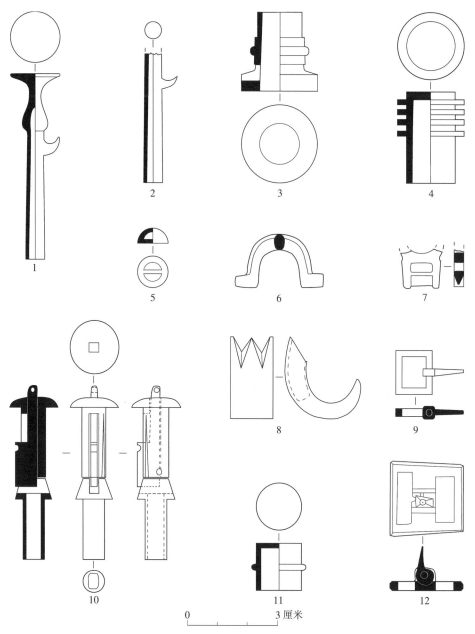

图二二五 七 A 区上层出土铜车马器

1. B 型盖弓帽（M1ⅦA：2151） 2. C 型盖弓帽（M1ⅦA：1575） 3. A 型车軎（M1ⅦA：4464） 4. A 型帽饰（M1ⅦA：3915）
5. A 型泡饰（M1ⅦA：1576） 6. B 型辖（M1ⅦA：2032） 7. A 型带扣（M1ⅦA：2147） 8. 轭足饰（M1ⅦA：3914） 9. B 型
带扣（M1ⅦA：4472） 10. 插销（M1ⅦA：1051） 11. 衡末（M1ⅦA：2023） 12. C 型带扣（M1ⅦA：1763）

M1ⅦA：1575，素面。圆柱形，近帽首处饰一钩。清理时大多呈伞状分布。残长 4.12、口径
0.62 厘米（图二二五，2）。

2. 车軎

3 件。A 型。圆筒形，内侧与毂相接处较粗，軎中部饰一道箍状纹，近内侧有一贯辖孔。

M1ⅦA：4464，外径 2.5、内径 1.31、长 2.5 厘米（图二二五，3）。

M1ⅦA：1769、M1ⅦA：4480 共 2 件，尺寸与 M1ⅦA：4464 基本相同。

3. 辖

2 件。依形制差异，分二型。

B 型　2 件。平面为半圆形。

M1 ⅦA：2032，辖身截面近菱形，两脚外折平直。脚距长 2.9、高 1.7 厘米（图二二五，6；彩版二三七，2）。

M1 ⅦA：2143，尺寸与 M1 ⅦA：2032 基本相同。

4. 帽饰

1 件。A 型。

M1 ⅦA：3915，长圆筒形，顶端饰四道凸弦纹。帽径 1.6、长 2.9、銎径 2.2 厘米（图二二五，4）。

5. 插销

1 件。M1 ⅦA：1051，由两个插帽与一个插芯构成。保存完好。长 5.52 厘米（图二二五，10；彩版二三七，3）。

6. 衡末

3 件。形制相同。

M1 ⅦA：2023，一端封闭，器身饰一周箍状纹。长 1.52、銎径 1.5 厘米（图二二五，11）。

M1 ⅦA：2031、M1 ⅦA：2142 共 2 件，尺寸与 M1 ⅦA：2023 基本相同。

7. 轫足饰

1 件。M1 ⅦA：3914，弯钩形，内部中空，銎部饰弯曲纹。长 2.55、宽 1.4 厘米（图二二五，8；彩版二三七，4）。

8. 带扣

3 件。清理时，带扣内革带均已朽尽，器物间相互位置大多不明。依形制差异，分三型。

A 型　1 件。

M1 ⅦA：2147，器身扁平，由长方形与圆形两个穿孔组成。残长 1.2、宽 1.36 厘米（图二二五，7）。

B 型　1 件。

M1 ⅦA：4472，长方形，一边中部穿饰一长条形扣针。长 1.4、宽 1.2 厘米（图二二五，9；彩版二三七，5）。

C 型　1 件。

M1 ⅦA：1763，大致呈长方形，两边各饰一长方形穿孔，中部隔梁穿饰一扣针。长 2.4、宽 2.1~2.35 厘米（图二二五，12；彩版二三七，6）。

9. 泡饰

1 件。A 型。

M1 ⅦA：1576，半圆形。正面素面，背面中空。近底部有一横穿。器形小。底径 1、高 0.48 厘米（图二二五，5；彩版二三七，7）。

10. 马衔镳

9 组。每组器物由马衔 1 件及马镳 2 件组成，均为明器。清理时，明器漆木马已朽尽，马衔镳散落、残损严重。

　　M1ⅦA：1792，圆弧形衔，衔端各有一圆环，环内各穿一马镳。镳中部凸起，内有两长方形穿孔。衔长9.2、环径1.8、镳长12.2厘米（图二二六，11）。

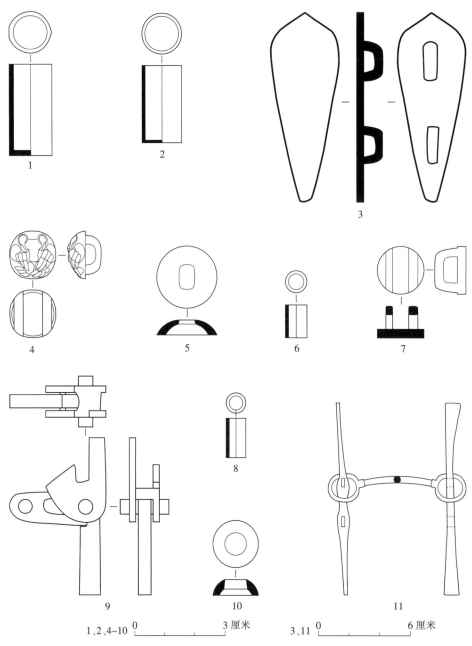

1、2、4~10　0 [　　　　　　　　　] 3厘米　　3、11　0 [　　　　　　　　　] 6厘米

图二二六　七A区上层出土铜器

1.G型镦（M1ⅦA：1065）　2.D型镦（M1ⅦA：3995）　3.A型当卢（M1ⅦA：4463）　4.C型节约（M1ⅦA：1796）
5、10.A型节约（M1ⅦA：1782、M1ⅦA：1060）　6、8.管饰（M1ⅦA：1778－1、M1ⅦA：4334－3）　7.B型节约（M1ⅦA：1054）　9.B型弩机（M1ⅦA：4470）　11.马衔镳（M1ⅦA：1792）

　　M1ⅦA：1791 与 M1ⅦA：4335、M1ⅦA：1800、M1ⅦA：2029、M1ⅦA：2038、M1ⅦA：2046－1、M1ⅦA：4330、M1ⅦA：4468、M1ⅦA：4485 共8组，形制、尺寸与 M1ⅦA：1792 基本相同。

　　11. 当卢

　　1件。A型。

M1ⅦA：4463，叶形，上端圆弧状，下端尖角形。背面有两处桥形纽鼻。长6、宽2.2、厚0.8厘米（图二二六，3；彩版二三七，8）。

12. 节约

35件。依形制差异，分三型。

A型　18件。圆帽形，顶心有一圆形或长方形孔，内部中空。清理时，器物间的整体关系大多因隔板坍塌而无法确定。

M1ⅦA：1060，顶心有圆孔。底径1.5、孔径0.7、高0.5厘米（图二二六，10）。

M1ⅦA：1061～M1ⅦA：1063、M1ⅦA：1068、M1ⅦA：1072、M1ⅦA：1089、M1ⅦA：1786、M1ⅦA：1802、M1ⅦA：2030、M1ⅦA：3996、M1ⅦA：4327、M1ⅦA：4466、M1ⅦA：4474、M1ⅦA：4475、M1ⅦA：4477共15件，形制、尺寸与M1ⅦA：1060基本相同（彩版二三七，9）。

M1ⅦA：1782，顶心饰长方形孔。底径2、孔长0.8、孔宽0.52、高0.5厘米（图二二六，5）。

M1ⅦA：1795，形制、尺寸与M1ⅦA：1782基本相同。

B型　11件。正面呈圆形，背面有两长方形穿。

M1ⅦA：1054，直径1.52、高1.02厘米（图二二六，7）。

M1ⅦA：1069～M1ⅦA：1071、M1ⅦA：1087、M1ⅦA：1088、M1ⅦA：1768、M1ⅦA：1787、M1ⅦA：2040、M1ⅦA：3993、M1ⅦA：4476共10件，形制、尺寸与M1ⅦA：1054基本相同（彩版二三七，10）。

C型　6件。

M1ⅦA：1796，正面半圆球形饰一熊，背面有两长方形穿。直径1.52、高1.1厘米（图二二六，4）。

M1ⅦA：1781、M1ⅦA：1794、M1ⅦA：2046－2、M1ⅦA：4332、M1ⅦA：4333共5件，形制、尺寸、纹饰与M1ⅦA：1796基本相同。

13. 管饰

17件。形制相同。器表大多鎏金。部分器物残损严重，几呈碎屑。

M1ⅦA：1778－1，长圆管形，内部中空。器表鎏金。管径0.7、长1.04厘米（图二二六，6）。

M1ⅦA：4334－3，长圆管形，内部中空。器表鎏金。管径0.7、长1.26厘米（图二二六，8）。

M1ⅦA：1778－2、M1ⅦA：1778－3、M1ⅦA：1779－1～M1ⅦA：1779－3、M1ⅦA：2046－3～M1ⅦA：2046－8、M1ⅦA：2152、M1ⅦA：4334－1、M1ⅦA：4334－2、M1ⅦA：4334－4共15件，形制、尺寸与M1ⅦA：1778－1、M1ⅦA：4334－3基本相同。

（二）兵器

12件。

1. 镦

11件。依形制与纹饰差异，分二型。

D型　2件。器口平面呈圆形，器形较小，器表大多鎏金，均为明器。

M1ⅦA：3995，口径1.3、高2.45厘米（图二二六，2）。

M1ⅦA：4479，形制、尺寸与M1ⅦA：3995基本相同。

G型　9件。器口平面近桃形，器形较小，器表大多鎏金，均为明器。

M1ⅦA：1065，器表素面。口径 1.4、高 2.9 厘米（图二二六，1；彩版二三八，1）。

M1ⅦA：1066、M1ⅦA：1090、M1ⅦA：1091、M1ⅦA：2024、M1ⅦA：2149、M1ⅦA：3994、M1ⅦA：4471、M1ⅦA：4478 共 8 件，形制、尺寸与 M1ⅦA：1065 基本相同（彩版二三八，2）。

2. 弩机

1 件。B 型。

M1ⅦA：4470，器形较小，当为明器。郭长 2、郭宽 1、望山高 1.6 厘米（图二二六，9）。

（三）日常生活用器

14 件。

1. 带钩

4 件。A 型。

M1ⅦA：2019，器形较小。琵琶形钩身，圆形钩首，下饰一圆纽。残长 2.87、宽 0.75、高 0.8 厘米（图二二七，2）。

M1ⅦA：1771、M1ⅦA：2020、M1ⅦA：4481 共 3 件，形制、尺寸与 M1ⅦA：2019 相同。

2. 祖

2 件。

M1ⅦA：66，竖立状，内部中空。头冠、茎体均制作逼真，底部为桃形底座，边饰三个穿孔，便于绑缚在其他基体上。高 19.9、器身径 5.5、底长 10.5、底宽 9.9 厘米（图二二七，3；彩版二三八，4）。

M1ⅦA：1053，竖立状，内部中空。头冠、茎体均制作逼真，底部为桃形底座，边饰三个穿孔，便于绑缚在其他基体上。高 19.9、器身径 5.5、底长 10.5、底宽 9.9 厘米（图二二七，5；彩版二三八，5）。

3. 环

6 件。A 型。环身截面呈圆形。

M1ⅦA：1073，外径 2.2、厚 0.3 厘米（图二二七，4）。

M1ⅦA：1049、M1ⅦA：1790、M1ⅦA：3992、M1ⅦA：4326、M1ⅦA：4469 共 5 件，形制、尺寸与 M1ⅦA：1073 基本相同（彩版二三八，3）。

4. 构件

2 件。形制不同。

M1ⅦA：1052，正面呈方形，整体近似方桌，四棱中部各升出一戟刺。边长 3.12、高 1.55 厘米（图二二七，6；彩版二三八，6）。

M1ⅦA：3916，长方形。一端饰扁长方体插销，末端穿饰一孔。长 5.38、宽 0.6、高 0.7 厘米（图二二七，1；彩版二三八，7）。

二 铁器

47 件（组）。包括兵器、日常生活用器等。

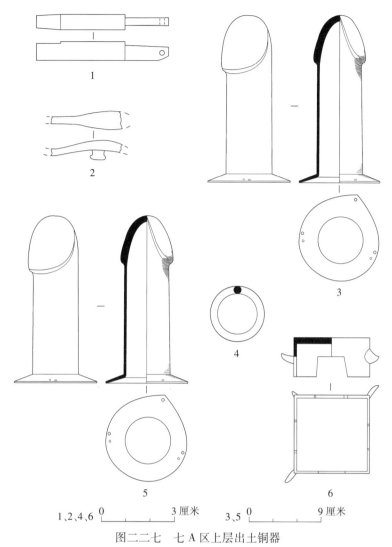

图二二七　七 A 区上层出土铜器
1、6. 构件（M1ⅦA：3916、M1ⅦA：1052）　2. A 型带钩（M1ⅦA：2019）
3、5. 祖（M1ⅦA：66、M1ⅦA：1053）　4. A 型环（M1ⅦA：1073）

（一）兵器

40 件。有戟、剑。

1. 戟

10 件。B 型。皆为明器。"卜"字形铁戟，援与内结合处饰铜质秘帽，截面呈圆形。

M1ⅦA：1055，残长 7.14、枝残长 0.96、秘帽长 2.8 厘米（图二二八，1）。

M1ⅦA：1056、M1ⅦA：1793、M1ⅦA：1797、M1ⅦA：1799、M1ⅦA：1803、M1ⅦA：2022、M1ⅦA：2025、M1ⅦA：2146、M1ⅦA：4467 共 9 件，形制、尺寸与 M1ⅦA：1055 相同。

2. 剑

30 件。B 型。皆为明器。

M1ⅦA：1058，剑身较长，断面呈菱形，格为铜质，茎首端有一小孔。剑身漆鞘保存较好，鞘身顶部平直，前半段截面为椭圆形，剑璏以下部分截面呈菱形。剑身残长 25.65、最宽处 1.2、通长 27.75、格宽 2.64 厘米（图二二八，5）。

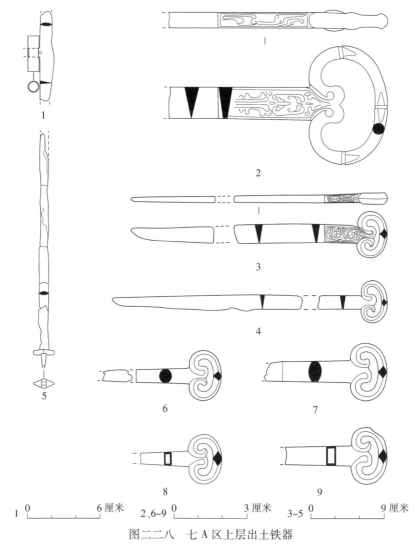

图二二八　七 A 区上层出土铁器

1. B 型戟（M1ⅦA：1055）　2. G 型削（M1ⅦA：2034）　3、4、6 ~ 9. F 型削（M1ⅦA：2026、M1ⅦA：
1788、M1ⅦA：2036、M1ⅦA：2145、M1ⅦA：2037、M1ⅦA：2041）　5. B 型剑（M1ⅦA：1058）

　　M1ⅦA：1057、M1ⅦA：1059、M1ⅦA：1080 ~ M1ⅦA：1086、M1ⅦA：1572、M1ⅦA：1574、M1
ⅦA：1767、M1ⅦA：1773、M1ⅦA：1776、M1ⅦA：1777、M1ⅦA：1783、M1ⅦA：1798、M1ⅦA：
1801、M1ⅦA：1804、M1ⅦA：1805、M1ⅦA：2027、M1ⅦA：2028、M1ⅦA：2033、M1ⅦA：2042、
M1ⅦA：4324、M1ⅦA：4325、M1ⅦA：4465、M1ⅦA：4482、M1ⅦA：4483 共 29 件，形制、尺寸与
M1ⅦA：1058 相同。

　　（二）日常生活用器

　　7 件。

　　削。依形制与纹样差异，分二型。

　　F 型　6 件。

　　M1ⅦA：2026，鎏金素面环首，柄部长方形通饰鎏金，双面及顶部刻饰云气纹。削身平直略弧，
断面呈等腰三角形。复原长 31.15、刃宽 2.25、环首径 5.64 厘米（图二二八，3；彩版二三九，1）。

M1ⅦA：1788，素面环首，柄部长方形，削身平直，断面呈等腰三角形。复原长33.6、刃残宽1.74、环首径5.1厘米（图二二八，4）。

M1ⅦA：2145，素面环首，柄部长方形，铁质刃部残缺。残长5.1、环首径2.18厘米（图二二八，7；彩版二四〇，2）。

M1ⅦA：2036，素面环首，柄部长方形，铁质刃部残缺。残长4.92、环首径1.9厘米（图二二八，6；彩版二四〇，2）。

M1ⅦA：2041，素面环首，柄部长方形，铁质刃部残缺。残长4.92、环首径1.9厘米（图二二八，9；彩版二四〇，2）。

M1ⅦA：2037，素面环首，柄部长方形，铁质刃部残缺。残长4.92、环首径1.9厘米（图二二八，8；彩版二三九，2）。

G型　1件。

M1ⅦA：2034，鎏金环首，上饰三段竹节纹，柄部长方形通饰鎏金，双面及顶部刻饰云气纹，削身平直，大部残缺，断面呈等腰三角形。残长8.9、刃宽1.3、环首径4.7厘米（图二二八，2；彩版二三九，3）。

三　银器

4件。

漏斗形器。形制不同。

M1ⅦA：67，漏斗状，入水口呈半圆球形，细长管形流。长4、宽3.4厘米（图二二九，2；彩版二四〇，1）。

M1ⅦA：2035，形制、尺寸与M1ⅦA：67相同。

M1ⅦA：2045，漏斗状，入水口一侧较长，细长管形流。残长9.2、宽3.6厘米（图二二九，3）。

M1ⅦA：68，形制、尺寸与M1ⅦA：2045相同（彩版二四〇，2）。

四　玉器

1件。带钩。出土于墓室东回廊上层南部。与一组错金削刀同出于镶嵌宝石的银车舆内的漆奁中。

M1ⅦA：939，玉质黄白，大部受沁后呈黄褐、灰乃至鸡骨白的不透明状态，表面打磨出玻璃状光泽。琵琶形钩体，将钩头向下放置观察：浮雕龙首形钩首，瞠目长吻，矜耳，玉钩后细颈方扁。钩面正中是一个以浅浮雕技法琢成的面部平整、方鼻、瞠目立眉、胡须上卷、獠牙咧嘴的兽面，立眉、胡须以纤细的阴刻线表示。其后有两扁环套合构成的圆形钩身，两环之间镂空，内外环均有边栏，外环面填饰交叉缜密的席纹，内环面仅填一条阴刻线。钩背腹凸出一个圆形钩纽，纽面宽肥扁圆，底部对饰卷云，以纽柱连接钩腹部。长5.1、宽2.4、纽径1.2厘米（图二二九，4；彩版二四〇，3）。

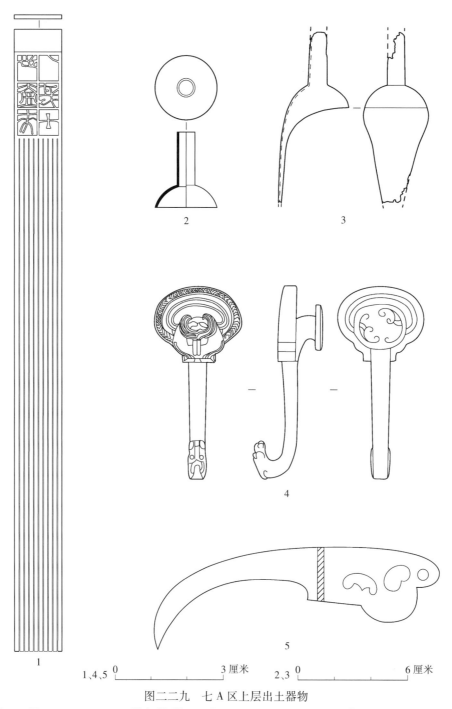

图二二九 七 A 区上层出土器物

1. 角筈（M1ⅦA：1563－1） 2、3. 漏斗形银器（M1ⅦA：67、M1ⅦA：2045） 4. 玉带钩（M1ⅦA：939） 5. 角觿
（M1ⅦA：1064）

五 漆器

1 件。为日常生活用器。

M1ⅦA：1789，夹纻胎，表面髹黑漆。惜整体损毁严重，形制、尺寸具不明。

六　角器

3 件。

1. 筓

2 件。

M1ⅦA：1563 - 1，似玳瑁质，出土时残缺。长条形，如同长梳，握手较短，握手处透雕"□弋（哉）田□壶来"铭文。10 齿。长 16.5、宽 1.3、厚 0.1 厘米（图二二九，1；彩版二四一，1）。

M1ⅦA：1563 - 2，长条形，似玳瑁质，出土时残缺。仅存握手，握手处透雕"久不相见兮长相思"铭文。残长 6、宽 1.3、厚 0.1 厘米（彩版二四一，2）。

2. 觿

1 件。M1ⅦA：1064，角质。器身尾部内收呈尖，首部镂空。长 7.8、宽 2.7、厚 0.1 厘米（图二二九，5；彩版二四一，3）。

第十一节　七（Ⅶ）B 区上层出土遗物

东回廊中部偏南七 B 区上层主要放置明器车马，明器漆车马已朽尽，仅存车马器构件和车厢内兵器及明器铜编钟、陶编磬等各类遗物 388 件（组），包括铜器、铁器、漆器、陶器等。在七 B 区中部偏西出土 3 套明器编钟及 1 套明器编磬（图二三〇；彩版二四二）。

一　铜器

288 件（组）。包括车马器、兵器、乐器、日常生活用器等。

（一）车马器

262 件。

1. 盖弓帽

17 件。依形制差异，分二型。

B 型　5 件。圆柱形，帽首呈喇叭状，中部饰一钩。清理时大多呈伞状分布。

M1ⅦB：1108，通体鎏金。残长 4.4、口径 0.6 厘米（图二三一，5）。

M1ⅦB：1953 ~ M1ⅦB：1955、M1ⅦB：2058 共 4 件，形制、尺寸与 M1ⅦB：1108 基本相同。

C 型

12 件。圆柱形，近帽首处有一钩。清理时大多呈伞状分布。

M1ⅦB：4438，素面。长 5.7、口径 1 厘米（图二三一，6）。

M1ⅦB：3670 ~ M1ⅦB：3672、M1ⅦB：3674、M1ⅦB：3682、M1ⅦB：3683、M1ⅦB：4439、M1

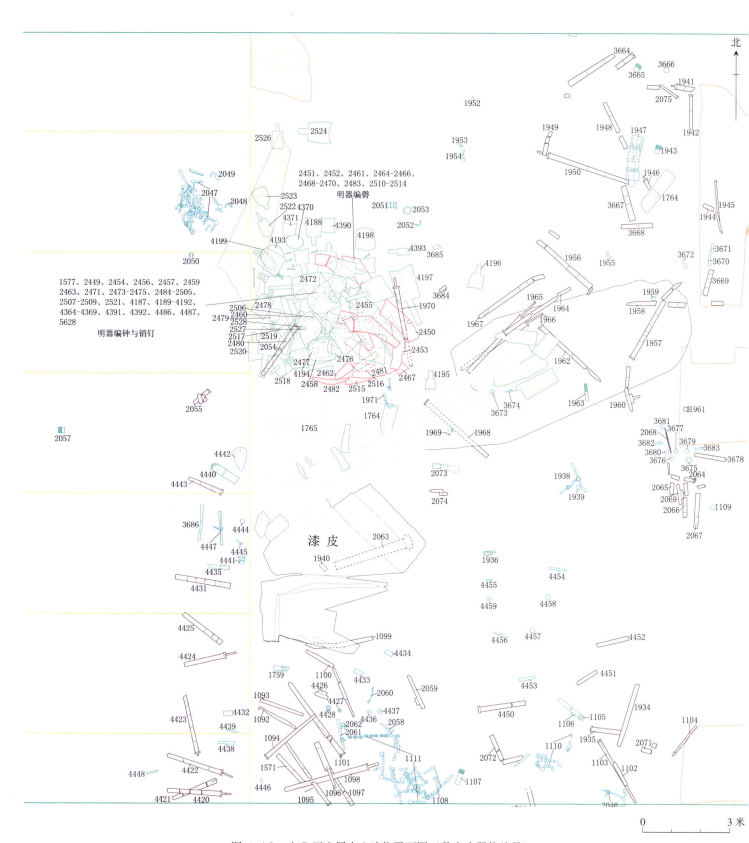

图二三〇　七B区上层出土遗物平面图（数字为器物编号）

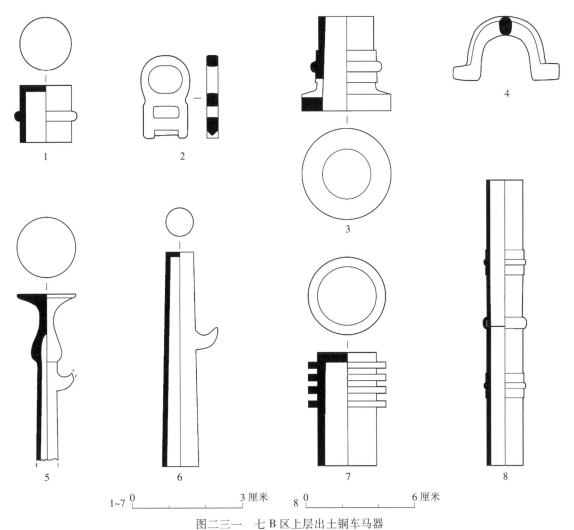

图二三一　七 B 区上层出土铜车马器

1. 衡末（M1ⅦB：1105）　2. A 型带扣（M1ⅦB：2062）　3. A 型车軎（M1ⅦB：1969）　4. B 型軝（M1ⅦB：1106）　5. B 型
盖弓帽（M1ⅦB：1108）　6. C 型盖弓帽（M1ⅦB：4438）　7. A 型帽饰（M1ⅦB：1107）　8. 伞柄箍饰（M1ⅦB：1947）

ⅦB：4445、M1ⅦB：4453 ~ M1ⅦB：4455 共 11 件，形制、尺寸与 M1ⅦB：4438 基本相同。

2. 伞柄箍饰

1 套。

M1ⅦB：1947，由两节圆筒形箍饰套接而成，其上各饰三周箍状纹。长 15.2、管径 2 厘米（图
二三一，8）。

3. 车軎

3 件。A 型。

M1ⅦB：1969，圆筒形，内侧与毂相接处较粗，中部饰一道箍状纹，近内侧有一贯辖孔。外径
2.4、内径 1.5、长 2.5 厘米（图二三一，3）。

M1ⅦB：3675、M1ⅦB：4441 共 2 件，尺寸与 M1ⅦB：1969 基本相同（彩版二四三，1）。

4. 軝

2 件。B 型。形制相同。平面皆为半圆形。

M1ⅦB：1106，两脚外折平直。脚距长 2.9、高 1.7 厘米（图二三一，4；彩版二四三，2）。

M1ⅧB：2052，尺寸与 M1ⅧB：1106 基本相同。

5. 帽饰

4件。A型。

M1ⅧB：1107，长圆筒形，顶端饰四道凸弦纹。帽径2.1、长3、銎径1.6厘米（图二三一，7）。

M1ⅧB：1943、M1ⅧB：2057、M1ⅧB：3665 共3件，形制、尺寸与 M1ⅧB：1107 基本相同（彩版二四三，3）。

6. 衡末

2件。形制相同。

M1ⅧB：1105，圆筒形，一端封闭，器身中部饰一周箍状纹。长1.5、銎径1.4厘米（图二三一，1）。

M1ⅧB：2051，尺寸与 M1ⅧB：1105 基本相同。

7. 钩

2件。D型。

M1ⅧB：2049，一侧弯钩状，一端残缺。素面。残长3.6厘米（图二三二，5；彩版二四三，4）。

M1ⅧB：2048，尺寸与 M1ⅧB：2049 基本相同。

8. 带扣

2件。A型。清理时，带扣内革带均已朽尽，器物间相互位置大多不明。

M1ⅧB：2062，器身扁平，由长方形与圆形两个穿孔组成。长2.2、宽1.3厘米（图二三一，2）。

M1ⅧB：4428，形制、尺寸与 M1ⅧB：2062 基本相同。

9. 泡饰

11件。D型。平面近椭圆形。正面素面，背面中空，底部有一横穿。

M1ⅧB：1952，底长轴1.4、底短轴0.7、高0.4厘米（图二三二，8；彩版二四三，5）。

M1ⅧB：1111-66～M1ⅧB：1111-68、M1ⅧB：1111-70～M1ⅧB：1111-72、M1ⅧB：1111-74～M1ⅧB：1111-77 共10件，形制、尺寸与 M1ⅧB：1952 相同。

10. 马络

9组。每组器物由马衔1件及马镳2件组成，均为明器。清理时，明器漆木马已朽尽，马衔镳散落、残损严重。

M1ⅧB：1938，圆弧形衔，衔端各有一圆环，环内各穿一马镳。镳中部凸起，内有两长方形穿孔。衔长9.6、环径1.6、镳长12.6厘米（图二三二，7）。

M1ⅧB：1110-27、M1ⅧB：1111-1、M1ⅧB：1111-14、M1ⅧB：2047-73、M1ⅧB：2047-74、M1ⅧB：2060、M1ⅧB：2061、M1ⅧB：3686 与 M1ⅧB：4447 共8组，形制、尺寸与 M1ⅧB：1938 基本相同（彩版二四四）。

11. 当卢

1件。B型。

M1ⅧB：4442，叶形，器身宽扁，上端圆弧状，下端圆角形，背面有两处长方形纽鼻。长7.8、宽5.5、厚0.7厘米（图二三二，9；彩版二四三，6）。

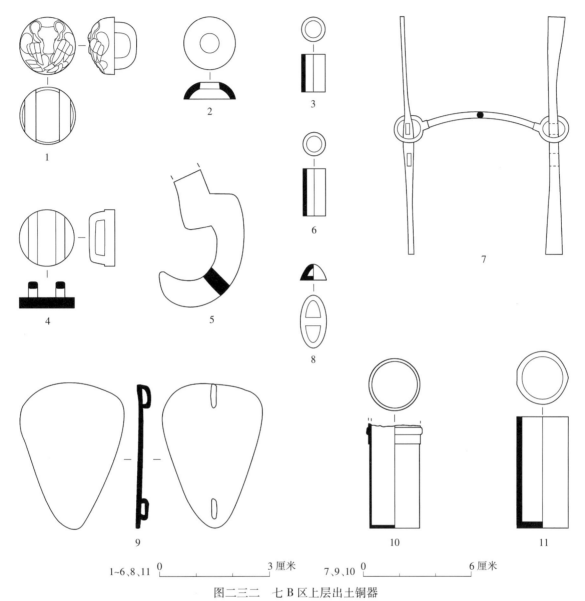

图二三二　七B区上层出土铜器

1. C 型节约（M1ⅦB：1959）　2. A 型节约（M1ⅦB：3673）　3、6. 管饰（M1ⅦB：1110－1、M1ⅦB：1111－19）　4. B 型节约
（M1ⅦB：3679）　5. D 型钩（M1ⅦB：2049）　7. 马衔镳（M1ⅦB：1938）　8. D 型泡饰（M1ⅦB：1952）　9. B 型当卢（M1ⅦB：4442）
10. C 型镳（M1ⅦB：4440）　11. G 型镳（M1ⅦB：1759）

12. 节约

36 件。依形制差异，分三型。

A 型　9 件。圆帽形，顶心饰圆形孔，内部中空。清理时，器物间的整体关系大多因隔板坍塌而无法确定。

M1ⅦB：3673，顶心饰圆孔。底径 1.4、孔径 0.5、高 0.5 厘米（图二三二，2）。

M1ⅦB：3676、M1ⅦB：3677、M1ⅦB：3680、M1ⅦB：3681、M1ⅦB：4436、M1ⅦB：4437、M1ⅦB：4458、M1ⅦB：4459 共 8 件，形制、尺寸与 M1ⅦB：3673 基本相同。

B 型　3 件。正面呈圆形，背面有两长方形穿。

M1ⅦB：3679，直径 1.5、高 0.7 厘米（图二三二，4）。

M1ⅦB：1939、M1ⅦB：2050 共 2 件，形制、尺寸与 M1ⅦB：3679 基本相同。

C 型　24 件。正面半圆球形饰一熊，四足抱膝，背面有两长方形穿。

M1ⅦB：1959，直径 1.5、高 1.3 厘米（图二三二，1）。

M1ⅦB：1110 - 3、M1ⅦB：1110 - 19、M1ⅦB：1110 - 24、M1ⅦB：1111 - 4、M1ⅦB：1111 - 9、M1ⅦB：1111 - 16、M1ⅦB：1111 - 31、M1ⅦB：1111 - 58、M1ⅦB：1111 - 63、M1ⅦB：1111 - 69、M1ⅦB：3666、M1ⅦB：4444、M1ⅦB：4457、M1ⅦB：2047 - 1、M1ⅦB：2047 - 8、M1ⅦB：2047 - 9、M1ⅦB：2047 - 23、M1ⅦB：2047 - 35、M1ⅦB：2047 - 51、M1ⅦB：2047 - 66、M1ⅦB：2047 - 81、M1ⅦB：2047 - 82、M1ⅦB：2047 - 86 共 23 件，形制、尺寸、纹饰与 M1ⅦB：1959 基本相同。

13. 管饰

172 件。形制相同，器表大多鎏金，部分器物残损严重，几呈碎屑。

M1ⅦB：1110 - 1，长圆管形，内部中空，器表鎏金。管径 0.7、长 1 厘米（图二三二，3）。

M1ⅦB：1110 - 2、M1ⅦB：1110 - 4、M1ⅦB：1110 - 6 ~ M1ⅦB：1110 - 18、M1ⅦB：1110 - 20、M1ⅦB：1110 - 21、M1ⅦB：1110 - 25、M1ⅦB：1110 - 26、M1ⅦB：1111 - 2、M1ⅦB：1111 - 3、M1ⅦB：1111 - 5 ~ M1ⅦB：1111 - 8、M1ⅦB：1111 - 10 ~ M1ⅦB：1111 - 13、M1ⅦB：1111 - 18、M1ⅦB：1111 - 20、M1ⅦB：1111 - 23 ~ M1ⅦB：1111 - 25、M1ⅦB：1111 - 27 ~ M1ⅦB：1111 - 30、M1ⅦB：1111 - 32 ~ M1ⅦB：1111 - 35、M1ⅦB：1111 - 37、M1ⅦB：1111 - 38、M1ⅦB：1111 - 43、M1ⅦB：1111 - 46 ~ M1ⅦB：1111 - 49、M1ⅦB：1111 - 52 ~ M1ⅦB：1111 - 57、M1ⅦB：1111 - 59、M1ⅦB：1111 - 60、M1ⅦB：1111 - 62，M1ⅦB：1111 - 64、M1ⅦB：1111 - 65、M1ⅦB：1111 - 73、M1ⅦB：1111 - 78 ~ M1ⅦB：1111 - 81、M1ⅦB：1971 - 1 ~ M1ⅦB：1971 - 9、M1ⅦB：2047 - 2 ~ M1ⅦB：2047 - 7、M1ⅦB：2047 - 11 ~ M1ⅦB：2047 - 22、M1ⅦB：2047 - 24 ~ M1ⅦB：2047 - 29、M1ⅦB：2047 - 31 ~ M1ⅦB：2047 - 34、M1ⅦB：2047 - 36 ~ M1ⅦB：2047 - 50、M1ⅦB：2047 - 52 ~ M1ⅦB：2047 - 65、M1ⅦB：2047 - 67 ~ M1ⅦB：2047 - 72、M1ⅦB：2047 - 75 ~ M1ⅦB：2047 - 80、M1ⅦB：2047 - 83 ~ M1ⅦB：2047 - 85、M1ⅦB：2047 - 87 ~ M1ⅦB：2047 - 92、M1ⅦB：4446 共 153 件，形制、尺寸与 M1ⅦB：1110 - 1 基本相同。

M1ⅦB：1111 - 19，长圆管形，尺寸较长，内部中空，器表鎏金。管径 0.6、长 1.2 厘米（图二三二，6）。

M1ⅦB：1110 - 22、M1ⅦB：1110 - 23，M1ⅦB：1111 - 17、M1ⅦB：1111 - 21、M1ⅦB：1111 - 22、M1ⅦB：1111 - 26、M1ⅦB：1111 - 36、M1ⅦB：1111 - 39 ~ M1ⅦB：111 - 42、M1ⅦB：1111 - 44、M1ⅦB：1111 - 45、M1ⅦB：1111 - 50、M1ⅦB：1111 - 51、M1ⅦB：1111 - 61、M1ⅦB：1111 - 83 共 17 件，形制、尺寸与 M1ⅦB：1111 - 19 基本相同。

（二）兵器

12 件。

1. 镦

11 件。依形制与纹饰差异，分二型。

C 型　1 件。

M1ⅦB：4440，器口平面呈圆形。器表通体鎏金。中部饰一周箍状纹。口径2.8、残高5.5厘米（图二三二，10）。

G型　10件。器口平面近桃形，器形较小。器表大多鎏金。均为明器。

M1ⅦB：1759，器表素面。径1.4、高3厘米（图二三二，11）。

M1ⅦB：1109、M1ⅦB：1936、M1ⅦB：1940、M1ⅦB：2073、M1ⅦB：3685、M1ⅦB：4432～M1ⅦB：4435共9件，形制、尺寸与M1ⅦB：1759基本相同（彩版二四三，7）。

2. 弩机

1件。B型。

M1ⅦB：4448，器形较小，仅存悬刀、键构件，当为明器。悬刀长4.3、宽0.6、厚0.3厘米。

（三）乐器

5件（套）。

1. 明器编钟

3套。形制、尺寸、纹饰基本相同。

第一套明器编钟，由纽钟14件、甬钟5件、销钉8件构成（表八；图二三三，1～8；彩版二四五）。

纽钟，14件。瓦形腔体，大小相次。平舞，上饰长方形扁纽。36个螺旋小枚，铣棱弧曲，铣角内敛，于口上弧。以阳线框隔枚、篆、钲各部，皆素面。形制、数据见表八（图二三四～二三八；彩版二四六）。

甬钟，5件。瓦形腔体，大小相次。甬较长，中上部饰一周箍状纹，斡呈兽形钩状，置于舞面边缘处。平舞，两铣略外弧，铣角内敛，于口上弧。36个螺旋小枚，以阳线框隔枚、篆、钲各部，皆素面。形制、数据见表八（图二三三，9；图二三九；图二四〇；彩版二四七）。

第二套明器编钟，由纽钟13件（整套为14件，另一件出土在八区）（图二四一～二四五；图二四六，1；彩版二四八；彩版二四九）、甬钟5件（图二四七～二四九，1；彩版二四八；彩版二五〇，1）、销钉11件（图二四九，2～7）构成，形制、数据见表九。

第三套明器编钟，由纽钟14件（图二五〇～二五五，1～3；彩版二五一、二五二）、甬钟5件（图二五六～二五八，1；彩版二五三）、销钉8件（图二五八，2～9；彩版二五四，1、2）构成，形制、数据见表一〇。

2. 钲

2件。形制相同。

M1ⅦB：2455，与明器编钟、编磬等共出。清理时，钲因上下层隔板坍塌，与编钟混合在一起。腔体呈合瓦形，平舞，舞上置一长甬，甬身呈圆柱形。腔体与甬皆素面。通高14.4、甬长5.8、甬上径1.8、甬下径1.8、甬厚1.8、舞修6.9、舞广3.9、中长8、铣长8.6、鼓间4、铣间8.4、唇厚0.4厘米（图二四六，2；彩版二五五，1）。

M1ⅦB：2472，形制、尺寸与M1ⅦB：2455相同（彩版二五五，2）。

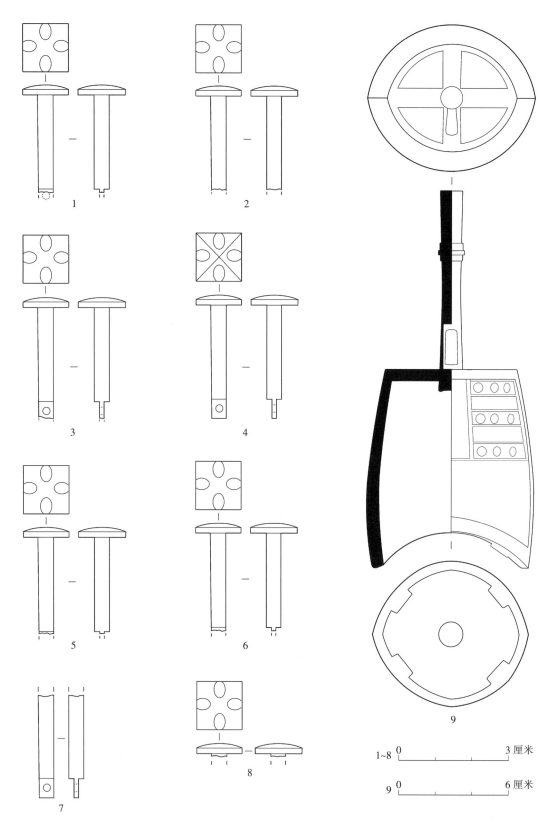

图二三三　七 B 区上层出土铜器

1~8. 销钉（M1ⅦB：4367、M1ⅦB：4368、M1ⅦB：4369、M1ⅦB：2527、M1ⅦB：2528、M1ⅦB：4366、M1ⅦB：2502、M1ⅦB：2495）

9. 甬钟（M1ⅦB：2463）

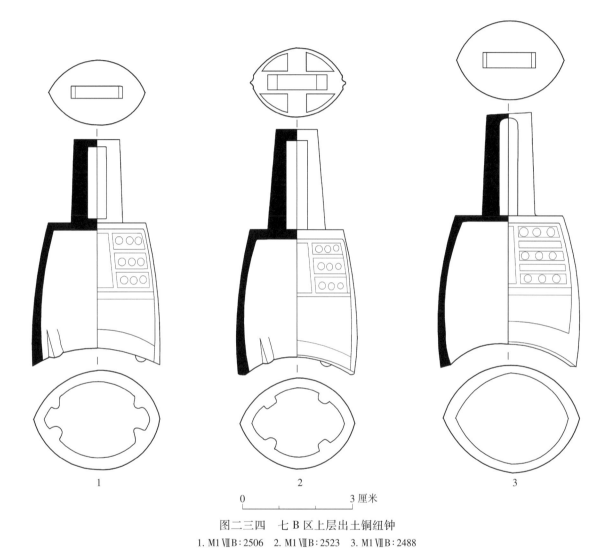

0　　　　　　　　3厘米

图二三四　七 B 区上层出土铜纽钟
1. M1 ⅦB：2506　2. M1 ⅦB：2523　3. M1 ⅦB：2488

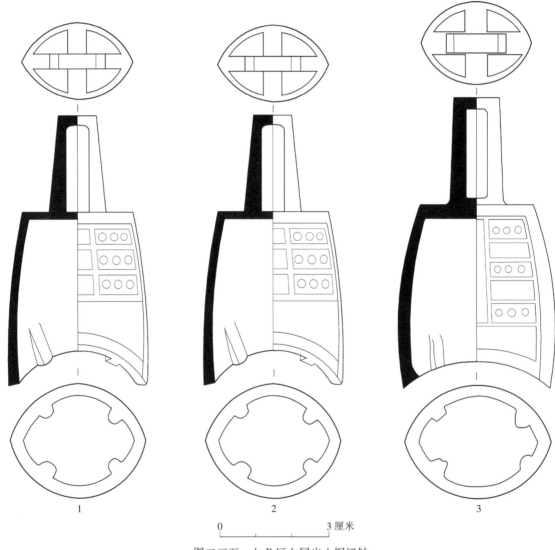

0   3 厘米

图二三五　七 B 区上层出土铜纽钟
1. M1 ⅦB：2489　2. M1 ⅦB：2521　3. M1 ⅦB：2486

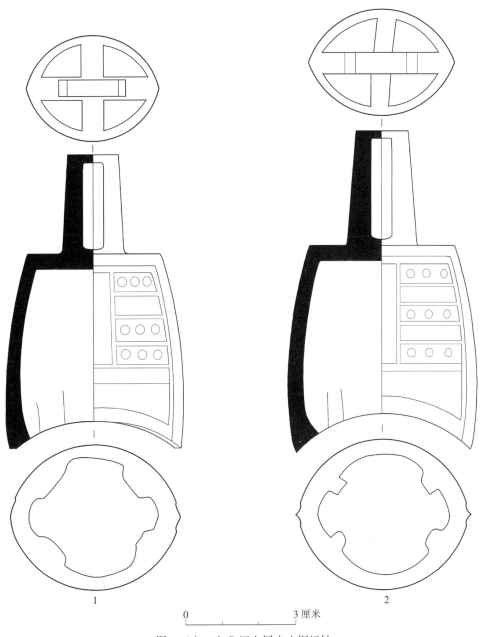

图二三六　七 B 区上层出土铜纽钟
1. M1ⅦB：2487　2. M1ⅦB：2508

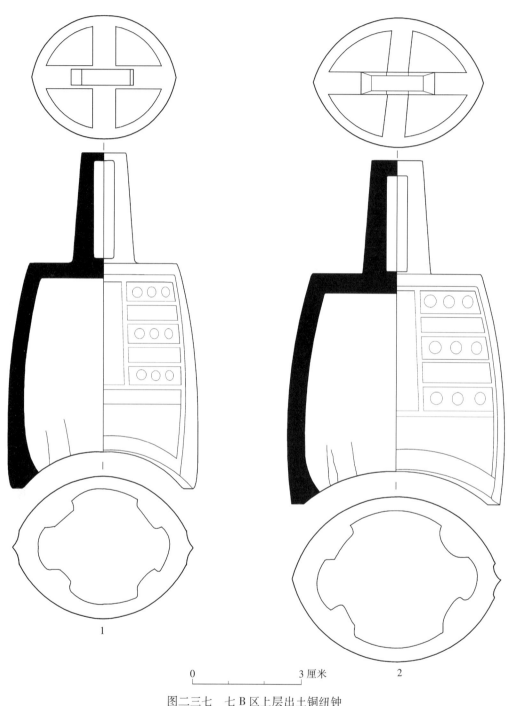

图二三七　七 B 区上层出土铜纽钟
1. M1ⅦB：4390　2. M1ⅦB：2526

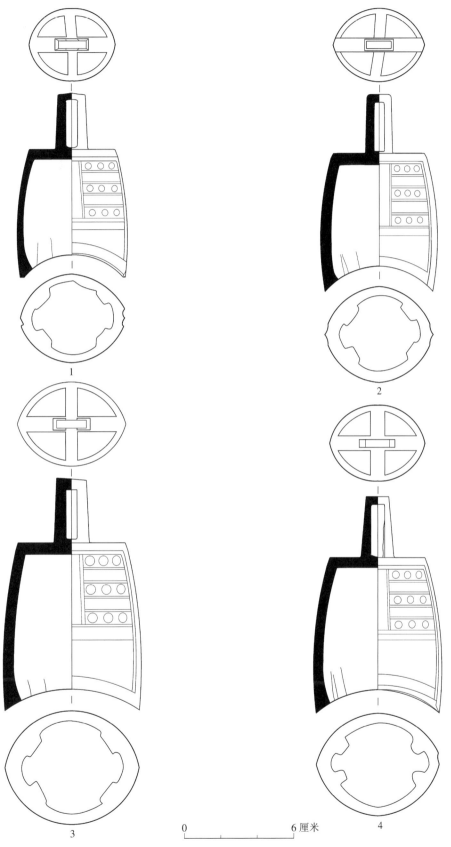

图二三八　七 B 区上层出土铜纽钟

1. M1ⅦB：4188　2. M1ⅦB：2478　3. M1ⅦB：2477　4. M1ⅦB：4199

表八 1号墓回廊上层七B区出土第一套明器编钟形制数据表

单位：厘米　千克

编号	器名	通高	纽高	纽上宽	纽下宽	舞广	舞修	中长	铣长	鼓间	铣间	唇厚	中鼓间	中铣间	重量
M1ⅧB:2497	甬钟	18.22	8.2	0.92	1.2	4.96	7.06	8.54	10	6.12	7.72	0.45~1.00	6.5	8.55	0.598
M1ⅧB:2459	甬钟	19.4	9.48	1.14	1.24	5.14	6.88	8.66	9.92	6.72	7.88	0.48~1.28	6.8	8.42	0.795
M1ⅧB:2460	甬钟	18.3	8.3	1.28	1.14	4.86	6.2	8.58	9.96	6.38	7.92	0.41~1.02	6.48	8.54	0.685
M1ⅧB:2518	甬钟	18.64	8.08	0.88	1.18	5.34	6.62	8.94	10.62	7.2	7.68	0.52~1.15	7.29	8.45	0.857
M1ⅧB:2463	甬钟	20	9.46	1.22	1.24	5.68	7.04	8.68	10.52	7.7	8.48	0.40~0.95	7.74	8.96	0.752
M1ⅧB:2506	纽钟	6	2.2	1.24	1.41	1.7	2.64	3.3	3.8	2.6	3.47	0.30~0.60	2.6	3.44	0.067
M1ⅧB:2523	纽钟	6.49	2.64	1.12	1.57	1.84	2.59	3.38	3.84	2.4	3.12	0.28~0.57	2.58	3.27	0.07
M1ⅧB:2488	纽钟	6.77	2.73	1.22	1.44	2.1	2.96	3.4	4	2.86	3.76	0.19~0.34	2.94	3.85	0.073
M1ⅧB:2489	纽钟	7.14	2.56	1	1.56	2.02	3.03	3.68	4.59	3.04	3.72	0.30~0.69	3.05	3.8	0.095
M1ⅧB:2521	纽钟	7.17	2.77	1.04	1.57	2.04	3.05	3.7	4.61	3.04	3.73	0.20~0.43	3.04	4.18	0.111
M1ⅧB:2486	纽钟	7.71	2.83	1.25	1.63	2.19	3.01	4.16	4.89	3.01	3.99	0.30~0.80	3.2	4.1	0.108
M1ⅧB:2487	纽钟	7.79	2.62	1.37	1.83	2.83	3.62	4.43	5.16	3.87	4.65	0.35~0.65	3.8	4.7	0.155
M1ⅧB:2508	纽钟	8.55	3.05	1.45	1.99	2.81	4.01	4.46	5.49	4	4.83	0.40~0.90	3.95	5.05	0.167
M1ⅧB:4390	纽钟	8.87	2.93	1.2	1.78	3.28	3.96	4.99	5.96	3.77	4.97	0.40~0.80	3.9	5.04	0.181
M1ⅧB:2526	纽钟	9.11	3	1.38	1.87	3.44	4.62	5.21	6.1	4.37	5.68	0.36~0.79	4.5	5.68	0.232
M1ⅧB:4188	纽钟	9.8	3	1.5	1.81	3.84	4.7	5.58	6.8	4.7	5.69	0.42~0.96	4.72	5.66	0.295
M1ⅧB:2478	纽钟	10.46	3.2	1.38	1.58	3.92	5.06	5.96	7.32	5.1	6	0.48~1.00	5.02	6.18	0.348
M1ⅧB:4199	纽钟	11.44	3.2	1.32	1.9	4.04	5.28	7	8.24	5.44	6.8	0.48~1.40	5.55	7.05	0.435
M1ⅧB:2477	纽钟	12.32	3.42	1.66	1.94	4.45	5.9	7.74	8.9	6.02	7.3	0.62~1.22	6.05	7.55	0.565

续表八

编号	器名	长	直径	帽径	备注
M1ⅦB：4367	销钉	2.86	0.41	1.23	残
M1ⅦB：4368	销钉	2.76	0.42	1.24	残
M1ⅦB：4369	销钉	3.2	0.42	1.26	残
M1ⅦB：2527	销钉	3.28	0.41	1.25	完整
M1ⅦB：2528	销钉	2.84	0.43	1.3	残
M1ⅦB：4366	销钉	2.87	0.42	1.26	残
M1Ⅷ：2502	销钉	2.72	0.41		帽残
M1ⅦB：2495	销钉	0.32	0.43	1.24	残

表九　1号墓回廊上层七B区出土第二套明器编钟形制数据表

单位：厘米　千克

编号	器名	通高	纽高	纽上宽	纽下宽	舞广	舞修	中长	铣长	鼓间	铣间	唇厚	中鼓间	中铣间	重量
M1ⅦB：2519	甬钟	17.84	8.44	1.98	1.88	4.88	6.72	7.94	9.36	6.6	8.42	0.47~1.18	6.34	8.59	0.734
M1ⅦB：2476	甬钟	18.08	8.02	2.14	1.94	4.68	7.46	8.76	10.06	6.72	8.82	0.54~1.05	6.76	9.11	0.86
M1ⅦB：2480	甬钟	18.34	8.02	2.16	2.04	4.68	7.52	8.42	10.32	6.32	9.9	0.30~0.78	6.4	9.76	0.671
M1ⅦB：2456	甬钟	19.92	8.46	2.24	2.28	4.96	7.04	10.24	11.46	7.04	9.34	0.59~0.80	6.95	9.7	0.859
M1ⅦB：4197	甬钟	20	8.3	2.1	2.22	4.9	7.12	9.96	11.74	6.14	10.12	0.32~0.62	6.12	9.6	0.817
M1ⅦB：2484	纽钟	6.26	2.84	1.19	1.16	1.75	2.51	3.06	3.42	2.37	3.33	0.25~0.44	2.52	3.4	0.06
M1ⅦB：2498	纽钟	6.86	2.96	1.02	1.21	1.85	2.79	3.65	3.9	2.72	3.64	0.30~0.49	2.86	3.6	0.075
M1ⅦB：2485	纽钟	7.75	3.01	1.22	1.21	2.1	2.92	4.2	4.77	3.02	4.13	0.22~0.38	3.1	4.25	0.103
M1ⅦB：2479	纽钟	7.62	2.79	1.34	1.46	2.12	3.11	4.31	4.86	3	4.1	0.15~0.32	3.03	4.25	0.101
M1ⅦB：4393	纽钟	8.2	3	1.33	1.71	2.47	3.45	4.65	5.18	3.37	4.57	0.4~0.65	3.49	4.75	0.128
M1Ⅷ：2525	纽钟	8.75	3.15	0.91	1.32	2.98	4.01	4.69	5.62	3.91	5.16	0.34~0.79	3.9	5.2	0.198
M1ⅦB：2490	纽钟	9.09	3.33	1.42	1.76	2.66	3.86	5.06	5.75	3.49	4.68	0.37~0.75	3.72	4.88	0.166

续表九

编号	器名	通高	纽高	纽上宽	纽下宽	舞广	舞修	中长	铣长	鼓间	铣间	唇厚	中鼓间	中铣间	重量
M1ⅦB:2473	纽钟	9.18	3.1	1.19	1.75	2.84	4.46	5.31	6.07	3.65	5.66	0.39~0.72	3.65	5.64	0.181
M1ⅦB:4196	纽钟	9.76	2.9	1.39	1.56	3.64	4.64	6.06	6.85	4	5.87	0.5~1.12	4.32	6	0.288
M1ⅦB:4370	纽钟	10.69	3.35	1.42	1.76	3.52	4.88	6.47	7.3	4.68	6.48	0.4~0.94	5	6.55	0.37
M1ⅦB:2474	纽钟	10.94	3.36	1.52	1.96	3.64	5.02	6.78	7.6	4.72	6.42	0.32~0.62	4.91	6.6	0.273
M1ⅦB:4193	纽钟	11.04	3.34	1.42	1.86	3.92	5.24	6.26	7.68	4.88	6.64	0.46~1.15	4.93	6.75	0.304
M1ⅦB:2524	纽钟	11.7	3.46	1.42	1.96	4.86	6.3	7.04	8.24	5.14	7.28	0.46~0.99	5.6	7.53	0.447
M1ⅦB:2471	纽钟	12.58	3.42	1.6	2.1	4.64	6.08	7.68	9.16	6.14	7.5	0.55~1.12	6.15	7.61	0.42

编号	器名	长	径	帽径	备注
M1ⅦB:2503	销钉	3.11	0.51	0.82	残
M1ⅦB:2504	销钉	3.4	0.52	0.82	完整
M1ⅦB:2505	销钉	3.15	0.51	0.82	残
M1ⅦB:4187	销钉	2.77	0.5		残
M1ⅦB:5628	销钉	3.04	0.5		残
M1ⅦB:2500	销钉	1.81	0.5	0.82	残
M1ⅦB:2501	销钉	1.52	0.51	0.82	残
M1ⅦB:2491	销钉	3.4	0.52	0.82	完整
M1ⅦB:2493	销钉	3.4	0.52	0.82	完整
M1ⅦB:2494	销钉	3.4	0.52	0.82	完整
M1ⅦB:2499	销钉	3.4	0.52	0.82	完整

表一〇　1号墓回廊上层七B区出土第三套明器编钟形制数据表

单位：厘米　千克

编号	器名	通高	纽高	纽上宽	纽下宽	舞修	舞广	中长	铣长	鼓间	铣间	唇厚	中鼓间	中铣间
M1ⅦB:2458	甬钟	17.34	8.02	1.58	1.94	6.66	4.98	8.26	9.48	6.22	8.46	0.3~0.55	6.25	8.58
M1ⅦB:2449	甬钟	18.38	8.46	1.3	1.52	7.26	4.72	8.56	9.96	6.56	8.74	0.5~0.85	6.72	9.15

续表一〇

编号	器名	通高	纽高	纽上宽	纽下宽	舞修	舞广	中长	铣长	鼓间	铣间	唇厚	中鼓间	中铣间
M1ⅦB:4194	甬钟	18.8	8.12	1.3	1.66	7.28	4.72	8.58	10.64	6.58	8.9	0.25~0.7	6.75	9.05
M1ⅦB:2475	甬钟	19.12	8.02	1.58	1.52	6.9	5.08	9.24	11.08	6.88	9.1	0.65~1.05	6.8	9.55
M1ⅦB:2457	甬钟	19.16	8.02	1.5	1.58	6.78	5.06	9.16	11.1	6.42	9.22	0.35~0.80	6.6	9.65
M1ⅦB:4195	纽钟	6.76	3.01	0.99	1.44	2.82	1.94	3.35	3.74	2.61	3.47	0.15~0.25	2.6	3.55
M1ⅦB:2509	纽钟	6.96	3.04	0.96	1.23	2.6	1.79	3.59	3.92	2.77	3.44	0.2~0.3	2.75	3.55
M1ⅦB:2517	纽钟	7.05	3.01	1.29	1.58	2.79	2.04	3.45	4.06	2.94	3.88	0.25~0.38	2.9	3.85
M1ⅦB:4391	纽钟	7.33	2.63	1.03	1.31	3.2	2.17	4.14	4.73	2.94	4.23	0.2~0.48	3.1	4.2
M1ⅦB:4364	纽钟	8.19	3.01	1.41	1.72	3.41	2.44	4.42	5.18	3.32	4.38	0.22~0.4	3.45	4.65
M1ⅦB:4189	纽钟	8.86	3.2	1.42	1.75	3.84	2.82	4.89	5.66	3.47	4.51	0.45~0.7	3.7	4.7
M1ⅦB:4486	纽钟	8.61	3.01	1.52	1.82	3.84	2.68	4.85	5.6	3.3	5.05	0.25~0.45	3.6	4.95
M1ⅦB:4371	纽钟	9.07	3.08	1.43	1.73	4.05	3.04	5.1	5.99	3.83	4.98	0.35~0.6	3.9	5.15
M1ⅦB:2522	纽钟	9.03	3.02	1.45	1.7	4.55	3.05	5.13	6.02	3.51	5.1	0.25~0.45	3.9	5.15
M1ⅦB:2507	纽钟	9.05	2.94	1.42	1.74	4.42	2.84	5.37	6.13	3.53	5.68	0.15~0.4	3.7	5.6
M1ⅦB:2520	纽钟	9.58	2.81	1.32	1.73	4.9	3.57	6.04	6.77	4	6.06	0.25~0.5	4.35	6
M1ⅦB:2454	纽钟	10.66	3.26	1.44	1.8	4.9	3.66	6.64	7.34	4.66	6.46	0.2~0.5	5.03	6.55
M1ⅦB:4198	纽钟	10.74	3.26	1.44	1.8	4.98	3.64	6.6	7.5	4.72	6.74	0.25~0.45	4.8	6.82
M1ⅦB:4192	纽钟	11.6	3.32	1.42	1.8	6.48	4.6	7.04	8.28	5.04	7.22	0.2~0.45	5.55	7.58

编号	器名	长	径	帽径	备注
M1ⅦB:1577	销钉	5.33	0.35	0.81	完整
M1ⅦB:2492	销钉	3.16	0.36	0.81	残
M1ⅦB:2496	销钉	5.33	0.36	0.81	完整
M1ⅦB:4190	销钉	4.06	0.41	0.83	残
M1ⅦB:4191	销钉	5.33	0.36	0.8	完整
M1ⅦB:4365	销钉	5.36	0.34	0.81	完整
M1ⅦB:4392	销钉	5.35	0.34	0.81	完整
M1ⅦB:4487	销钉	5.35	0.36	0.8	完整

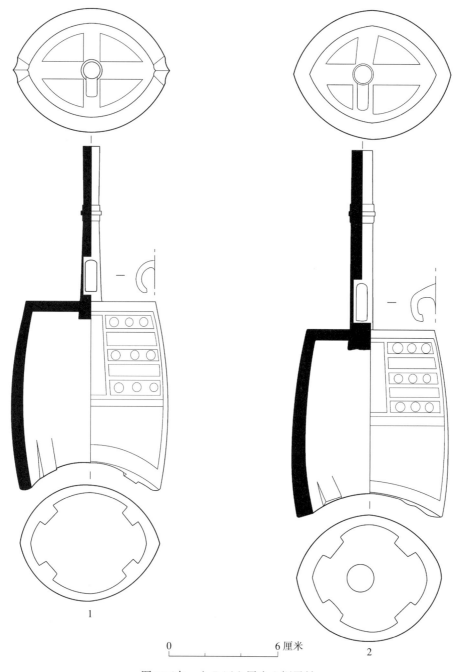

0   6厘米

图二三九 七 B 区上层出土铜甬钟
1. M1 ⅦB：2497   2. M1 ⅦB：2459

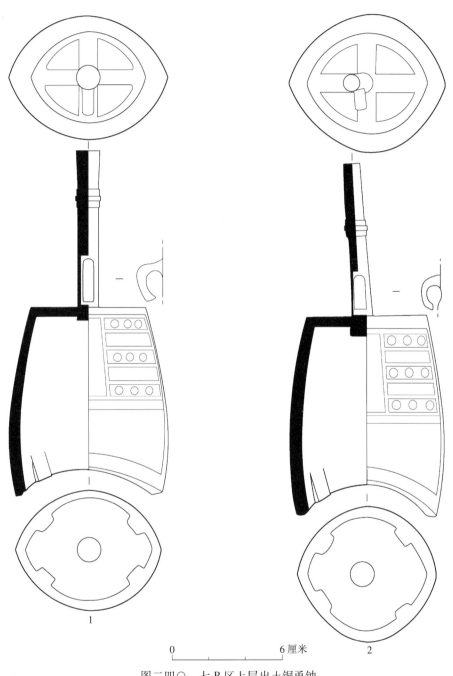

0   6 厘米

图二四〇 七 B 区上层出土铜甬钟

1. M1ⅦB：2460   2. M1ⅦB：2518

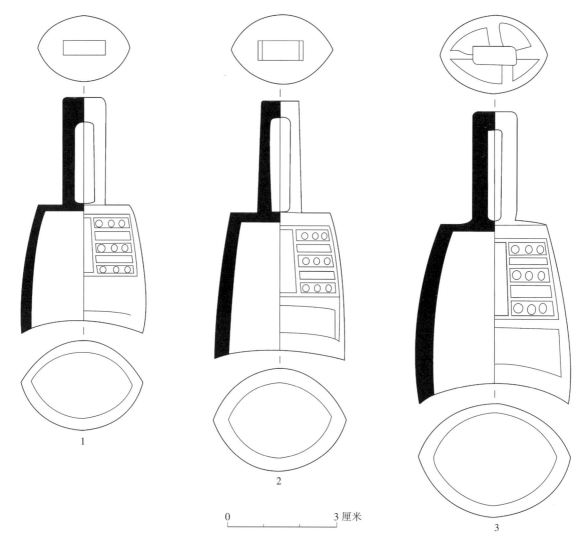

图二四一　七 B 区上层出土铜纽钟

1. M1 ⅦB：2484　　2. M1 ⅦB：2498　　3. M1 ⅦB：2485

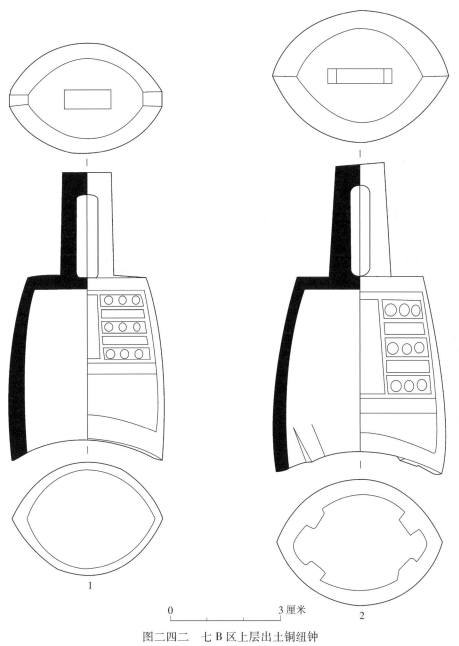

图二四二 七 B 区上层出土铜纽钟

1. M1ⅦB∶2479 2. M1ⅦB∶4393

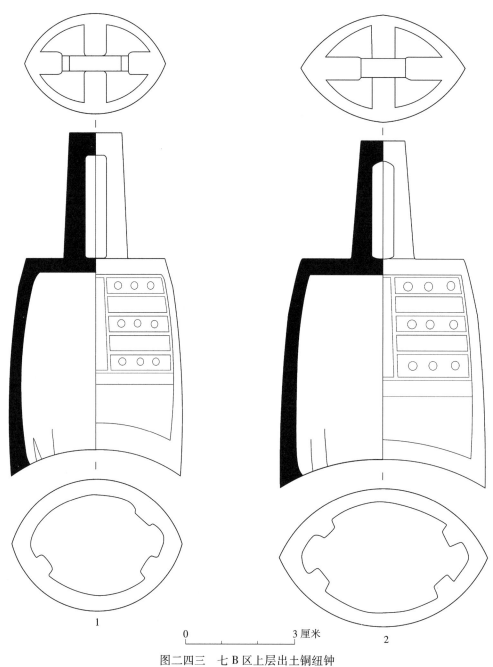

图二四三 七 B 区上层出土铜纽钟
1. M1ⅦB：2490 2. M1ⅦB：2473

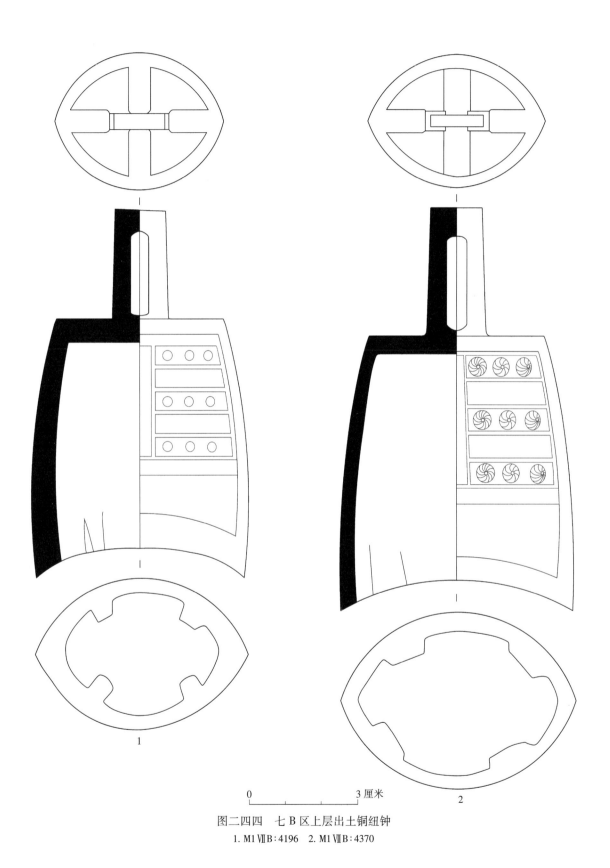

0　　　　　　　3厘米

图二四四　七 B 区上层出土铜纽钟
1. M1 ⅦB：4196　2. M1 ⅦB：4370

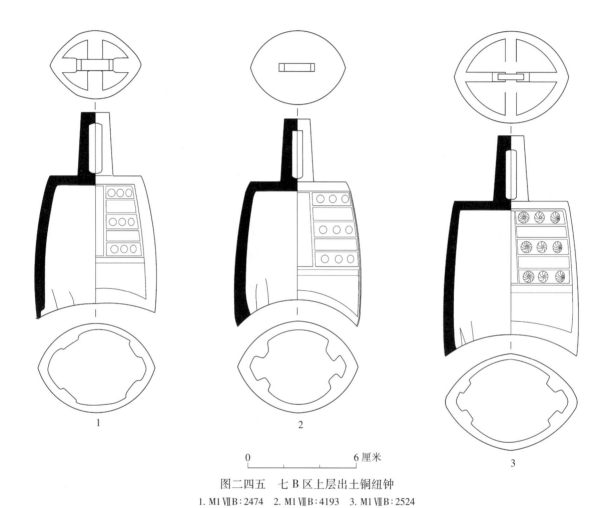

0   6 厘米

图二四五　七 B 区上层出土铜纽钟
1. M1 ⅦB：2474　2. M1 ⅦB：4193　3. M1 ⅦB：2524

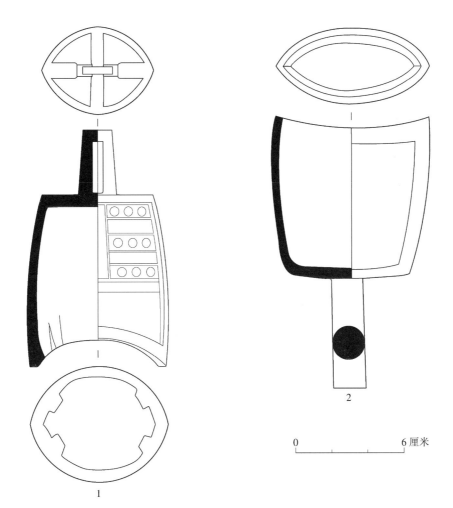

图二四六　七 B 区上层出土铜器

1. 纽钟（M1ⅦB∶2471）　　2. 钲（M1ⅦB∶2455）

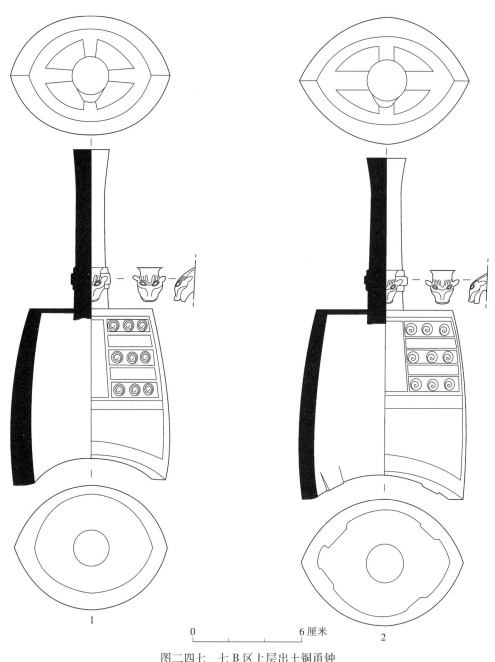

0   6厘米

图二四七　七 B 区上层出土铜甬钟
1. M1ⅦB：2519　2. M1ⅦB：2476

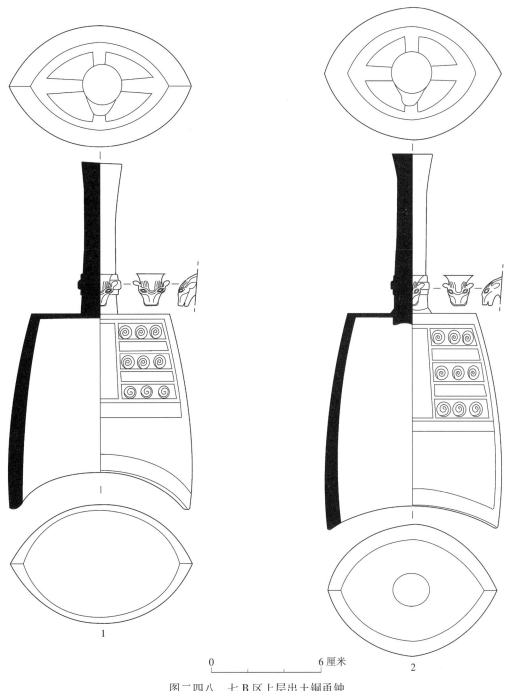

0   6 厘米

图二四八　七 B 区上层出土铜甬钟
1. M1ⅦB：2480　2. M1ⅦB：2456

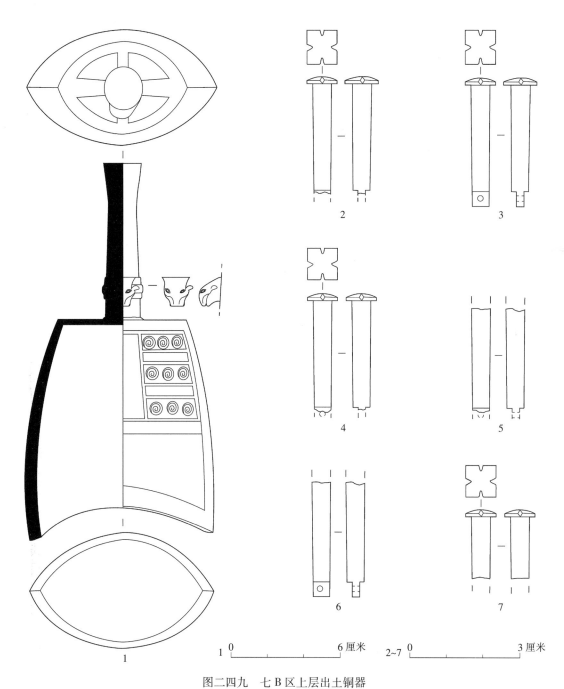

图二四九 七 B 区上层出土铜器
1. 甬钟（ M1ⅦB：4197） 2～7. 销钉（ M1ⅦB：2503、M1ⅦB：2504、M1ⅦB：2505、M1ⅦB：4187、M1ⅦB：5628、M1ⅦB：2500）

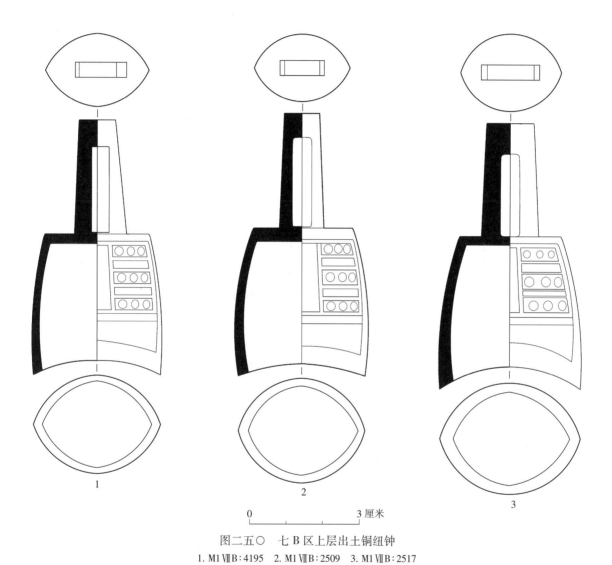

0　　　　　　　3 厘米

图二五〇　七 B 区上层出土铜纽钟

1. M1 ⅦB：4195　　2. M1 ⅦB：2509　　3. M1 ⅦB：2517

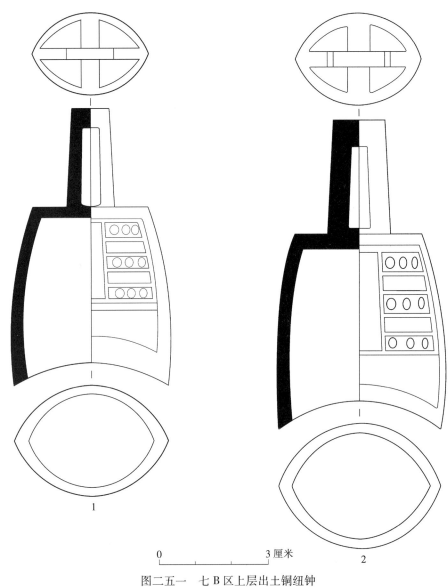

0   3 厘米

图二五一　七 B 区上层出土铜纽钟
1. M1ⅦB：4391　2. M1ⅦB：4364

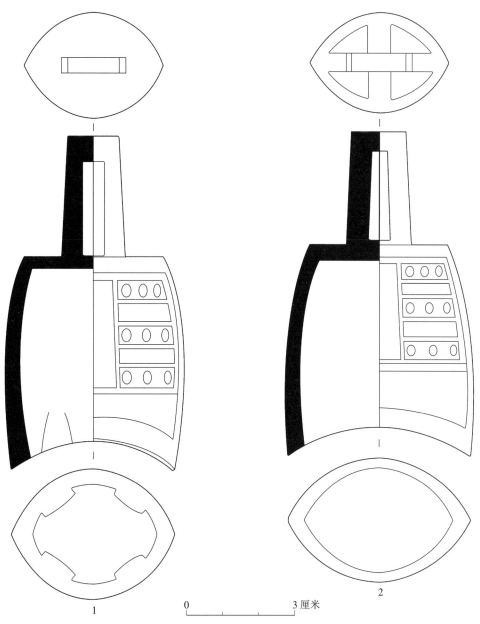

图二五二　七 B 区上层出土铜纽钟

1. M1ⅦB：4189　2. M1ⅦB：4486

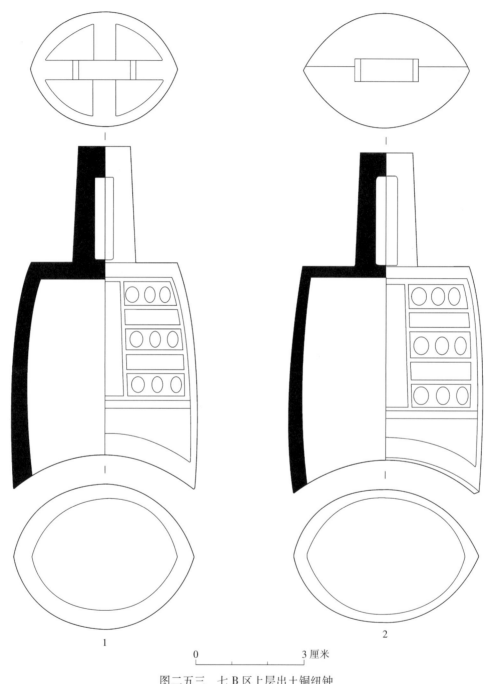

0   3厘米

图二五三 七 B 区上层出土铜纽钟
1. M1ⅦB：4371   2. M1ⅦB：2522

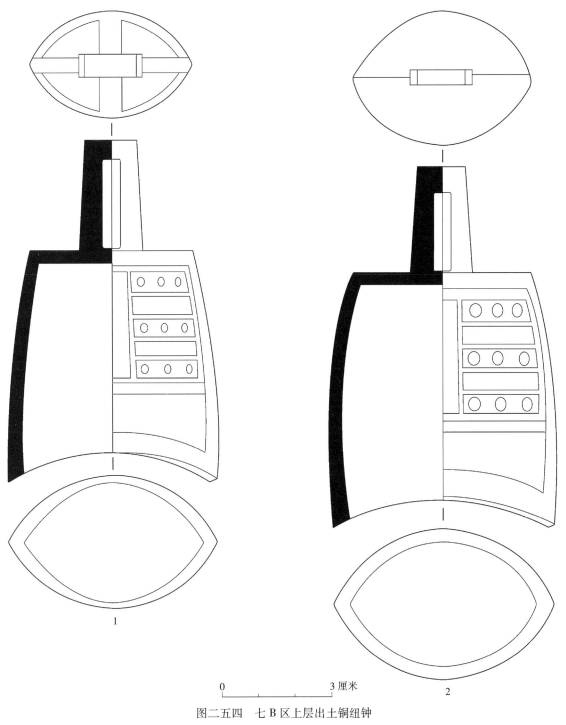

0   3 厘米

图二五四　七 B 区上层出土铜纽钟
1. M1 ⅦB：2507　2. M1 ⅦB：2520

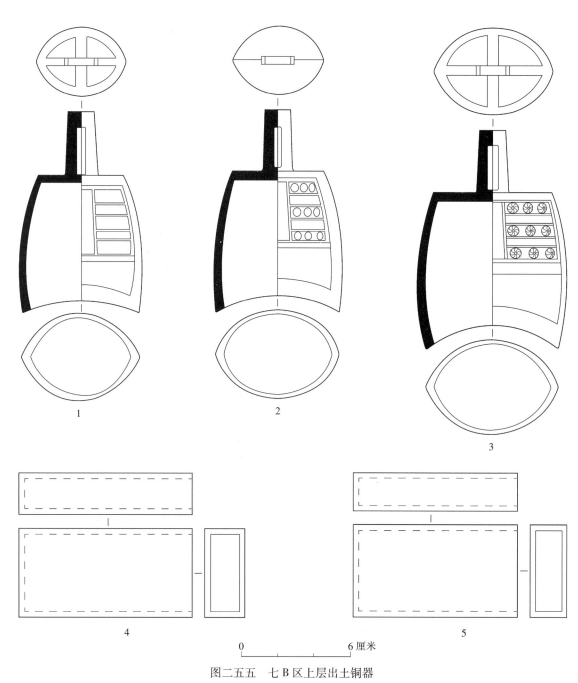

图二五五　七 B 区上层出土铜器

1～3. 纽钟（M1ⅦB：2454、M1ⅦB：4198、M1ⅦB：4192）　4、5. 明器乐器架包首（M1ⅦB：1764－1、M1ⅦB：1764－7）

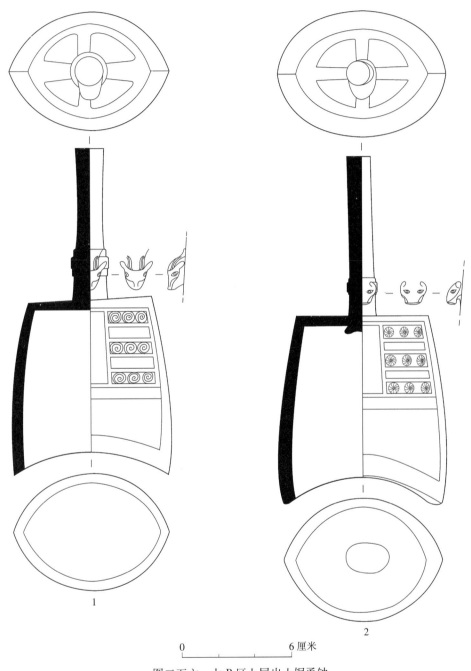

0   6厘米

图二五六 七B区上层出土铜甬钟
1. M1ⅦB∶2458 2. M1ⅦB∶2449

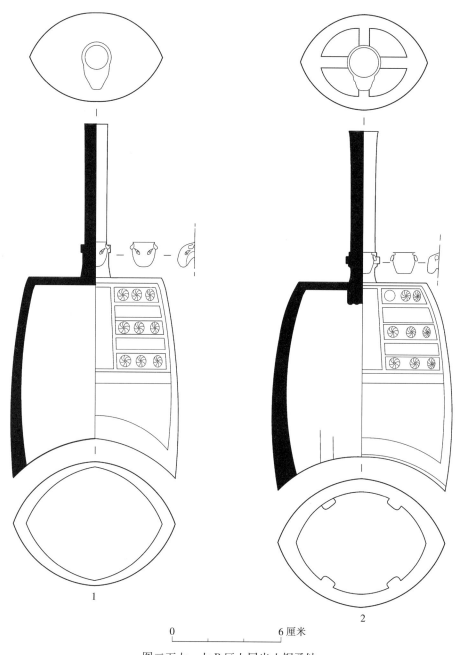

图二五七　七 B 区上层出土铜甬钟
1. M1ⅦB：4194　2. M1ⅦB：2475

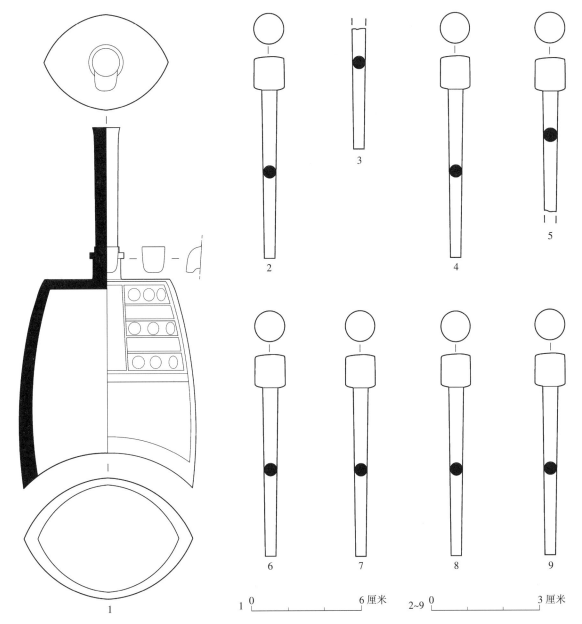

图二五八 七B区上层出土铜器

1. 甬钟（M1ⅦB：2457） 2~9. 销钉（M1ⅦB：1577、M1ⅦB：2492、M1ⅦB：2496、M1ⅦB：4190、M1ⅦB：4191、M1ⅦB：4365、M1ⅦB：4392、M1ⅦB：4487）

（四）日常生活用器

9件。

1. 带钩

1件。A型。

M1ⅦB：4456，器形较小。琵琶形钩身，圆形钩首，下饰一圆纽。残长3.2、宽0.7、高0.8厘米（图二五九，2）。

2. 环

8件。依形制差异，分二型。

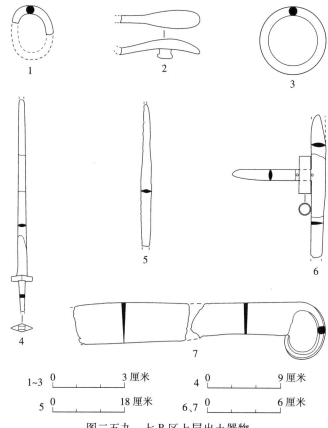

图二五九　七 B 区上层出土器物

1. D 型铜环（M1ⅦB：1971 - 10）　2. A 型铜带钩（M1ⅦB：4456）　3. A 型铜环（M1ⅦB：2053）　4. B 型铁剑（M1ⅦB：1957）
5. 铁铍（M1ⅦB：1094）　6. B 型铁戟（M1ⅦB：1960）　7. E 型铁削（M1ⅦB：2063）

A 型　7 件。圆环状。

M1ⅦB：2053，外径 2.7、厚 0.35 厘米（图二五九，3）。

M1ⅦB：1110 - 5、M1ⅦB：1111 - 15、M1ⅦB：1111 - 82、M1ⅦB：2047 - 10、M1ⅦB：2047 - 30、M1ⅦB：4427 共 6 件，形制、尺寸与 M1ⅦB：2053 基本相同。

D 型　1 件。平面呈椭圆形，环身截面呈圆形。

M1ⅦB：1971 - 10，外环长径 2.2、短径 1.7、厚 0.3 厘米（图二五九，1）。

二　铁器

69 件（组）。包括兵器、日常生活用器。

（一）兵器

68 件。

1. 戟

7 件。B 型。皆为明器。"卜"字形铁戟，援与内结合处饰铜质柲帽，截面呈圆形。

M1ⅦB：1960，残长 11.5、枝长 6.4、柲帽长 3 厘米（图二五九，6）。

M1ⅧB：1963、M1ⅧB：2059、M1ⅧB：2069、M1ⅧB：2074、M1ⅧB：3684、M1ⅧB：4426 共 6 件，尺寸与 M1ⅧB：1960 相同。

2. 铍

1 件。锈蚀严重，难以完整复原。

M1ⅧB：1094，前锋弧锐，铍身细长，断面呈扁圆形，未见格，柄端呈细长条形。残长 33.8、铍身宽 2.6 厘米（图二五九，5；彩版二五四，4）。

3. 剑

60 件。B 型。皆为明器。

M1ⅧB：1957，剑身较长，断面呈菱形，格为铜质，茎首端有一小孔。剑身漆鞘已朽。通残长 25.4、身残长 21、最宽 1.3、格宽 2.6 厘米（图二五九，4）。

M1ⅧB：1092、M1ⅧB：1093、M1ⅧB：1095～M1ⅧB：1104、M1ⅧB：1571、M1ⅧB：1934、M1ⅧB：1935、M1ⅧB：1941、M1ⅧB：1942、M1ⅧB：1944～M1ⅧB：1946、M1ⅧB：1948～M1ⅧB：1950、M1ⅧB：1956、M1ⅧB：1958、M1ⅧB：1961、M1ⅧB：1962、M1ⅧB：1964～M1ⅧB：1968、M1ⅧB：1970、M1ⅧB：2054、M1ⅧB：2055、M1ⅧB：2064～M1ⅧB：2068、M1ⅧB：2071、M1ⅧB：2072、M1ⅧB：2075、M1ⅧB：3664、M1ⅧB：3667～M1ⅧB：3669、M1ⅧB：3678、M1ⅧB：4420～M1ⅧB：4425、M1ⅧB：4431、M1ⅧB：4443、M1ⅧB：4450～M1ⅧB：4452 共 59 件，尺寸与 M1ⅧB：1957 相同。

（二）日常生活用器

1 件。

削。E 型。

M1ⅧB：2063，素面环首，柄部长方形，削身平直略弧，断面呈等腰三角形。残长 20.6、环首径 4.5 厘米（图二五九，7；彩版二五四，5）。

三　漆器

8 件。均为明器乐器架。

M1ⅧB：1764-1，平面呈长方形，木胎，器表髹黑漆，通体朱绘云气纹。两端各套饰一长方形鎏金铜包首。通长 127.8、宽 4.6、厚 2.3 厘米，包首长 9.4、宽 4.6、厚 2.2 厘米（图二五五，4、5；彩图四九）。

M1ⅧB：1764-2～M1ⅧB：1764-8 共 7 件，纹饰、尺寸与 M1ⅧB：1764-1 相同（彩版二五四，3）。考虑到 8 件明器乐器架与 3 套明器编钟及 1 套明器编磬在同一区域共出，推测每二件乐器架与一套明器乐器为一组合。

四　陶器

23 件。编磬。

灰陶器。皆为明器，当为一套。出土时明器编钟、明器漆木编钟编磬架共出，部分陶编磬残损严重，尺寸未能复原。编磬皆呈曲尺形，一面光素，另一面略显粗糙，股边短而宽，鼓边长而窄。顶部有一圆孔以悬挂，股鼓相接处上部呈角状，下边呈弧线形。详细尺寸见表一一（图二六〇~二六三；彩版二五六~二五九）。

表一一　　　　　　　　　　1号墓回廊上层七B区出土陶编磬形制数据表　　　　　　　　　单位：厘米

编号	股上边	鼓上边	倨句	股博	鼓博	股博厚	鼓博厚	底长	悬孔径	现状
M1ⅧB:2450	11	残长6.8	143	5.7		1.2	0.9	14.2	1.3	残
M1ⅧB:2451	10.8	11.4	134	5.2	3	1	0.8	17.4	1.2	完整
M1ⅧB:2452	8.1	9.8	138	4.4	2.4	1.2	0.7	14.5	1.2	完整
M1ⅧB:2453				残长4.4		1.2		20.7		残
M1ⅧB:2461	残长0.6	5.4	141		2.6		1	残长4.2		残
M1ⅧB:2462	残长8.2			1.9		0.9		残长7.2		残
M1ⅧB:2464	10	13.2	150	6	5.7	1.5	1.1	16.8	1.2	完整
M1ⅧB:2465	9.3	10.8	149	5.5	4	1.1	0.8	15.4	1.2	完整
M1ⅧB:2466	残长6.4	残长9.9	145				1.2		1.2	残
M1ⅧB:2467	7.1	残长7.8	142	4.3		0.8	0.7	8.3	1.2	残
M1ⅧB:2468	5.6	残长6.7	143	4.6	3.6	1	0.8	7.3	1.1	残
M1ⅧB:2469	7	残长7.4	146	4.4		1.2	1	残长10.1	1.2	残
M1ⅧB:2470	5.1	6	144	3.6	3.4	0.8	1.1	7	1.2	完整
M1ⅧB:2481		7.2			3.6		1	残长13		残
M1ⅧB:2482								残长13.3		
M1ⅧB:2483		残长8.9			2.4		1	残长7.7	1.3	残
M1ⅧB:2510	5.3	7.4	145	3.5	2.6	1	0.9	9.5	1.2	完整
M1ⅧB:2511	残长6.3	残长5.6	140			0.8		残长8	1.2	残
M1ⅧB:2512	13	11.9	150	5.6	5.7	1.5	1.4	19	1.3	完整
M1ⅧB:2513	残长8.3			4.2		0.7		残长8.2		残
M1ⅧB:2514	残长1.6	残长3.4	139			0.6		残长3.3	1.1	残
M1ⅧB:2515	10.3	12.4	152	5.9	5.6	1	0.9	16.9	1.3	完整
M1ⅧB:2516	3.5	残长5.4	132	2.6		0.7		残长7	1.2	残

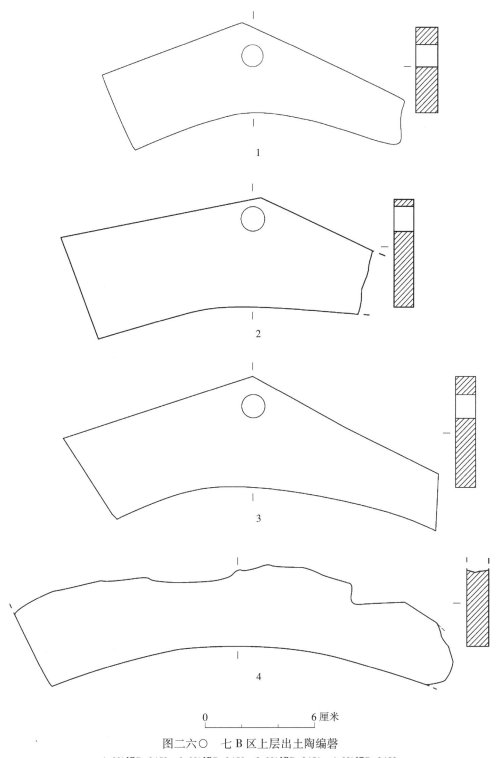

图二六〇　七 B 区上层出土陶编磬
1. M1ⅦB：2452　2. M1ⅦB：2450　3. M1ⅦB：2451　4. M1ⅦB：2453

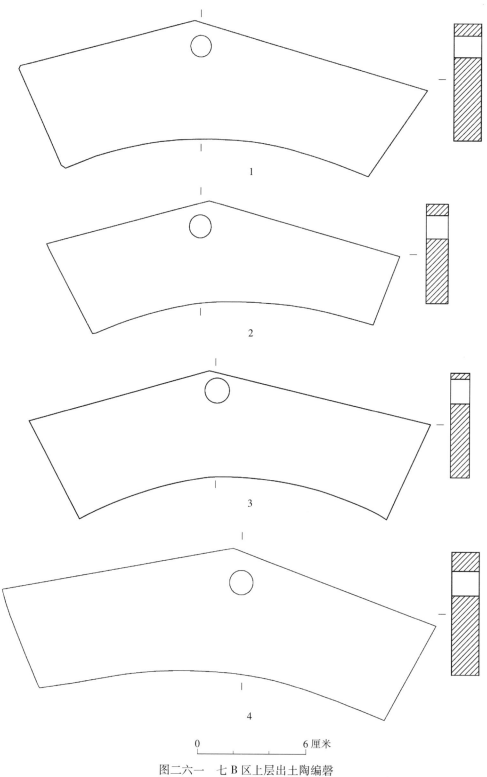

0   6 厘米

图二六一　七 B 区上层出土陶编磬

1. M1ⅦB：2464　　2. M1ⅦB：2465　　3. M1ⅦB：2515　　4. M1ⅦB：2512

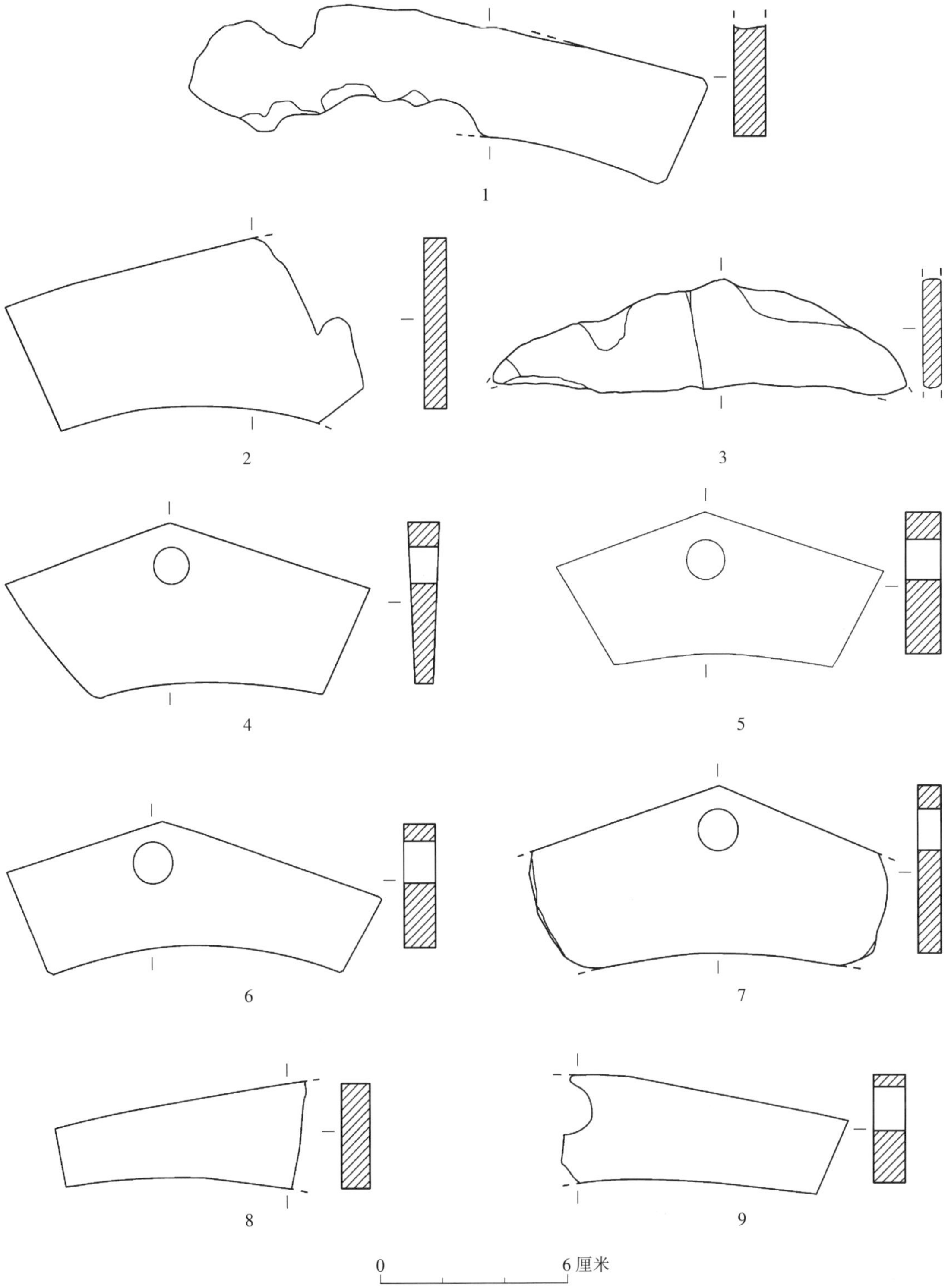

图二六二　七 B 区上层出土陶编磬

1. M1ⅦB：2481　2. M1ⅦB：2513　3. M1ⅦB：2482　4. M1ⅦB：2468　5. M1ⅦB：2470　6. M1ⅦB：2510
7. M1ⅦB：2511　8. M1ⅦB：2462　9. M1ⅦB：2483

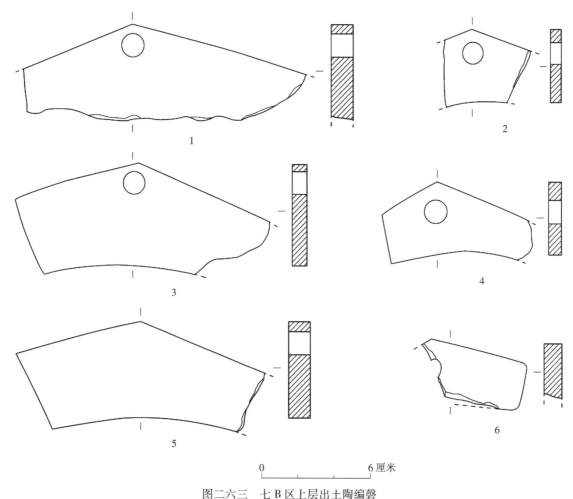

图二六三　七 B 区上层出土陶编磬

1. M1 ⅦB：2466　2. M1 ⅦB：2514　3. M1 ⅦB：2467　4. M1 ⅦB：2516　5. M1 ⅦB：2469　6. M1 ⅦB：2461

第十二节　八（Ⅷ）区上层出土遗物

　　东回廊中部八区上层主要放置明器车马，明器漆车马已朽尽，仅存车马器构件及明器兵器等各类遗物 271 件（组），包括铜器、铁器、泥器等。八区南部、中部及北部各出土一套伞柄，伞柄周围有呈伞状分布的盖弓帽同出（图二六四；彩版二六○）。

一　铜器

212 件（组）。包括车马器、兵器、乐器、日常生活用器等。

（一）车马器

165 件。

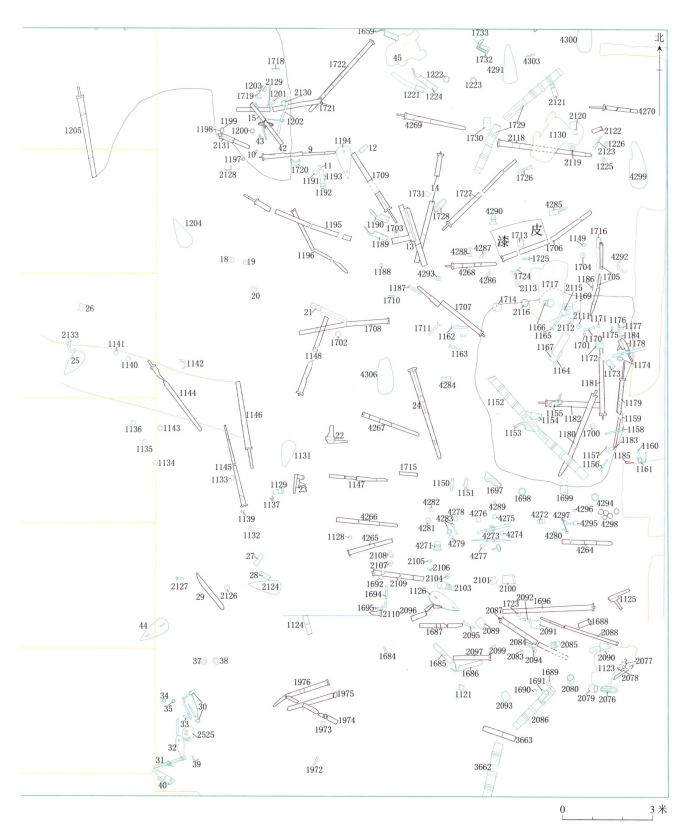

图二六四 八区上层出土遗物平面图（数字为器物编号）

1. 盖弓帽

28 件。B 型。圆柱形，帽首呈喇叭状，中部饰一钩。清理时大多呈伞状分布。

M1Ⅷ：1165，通体鎏金。长 5.4、口径 0.6 厘米（图二六五，1）。

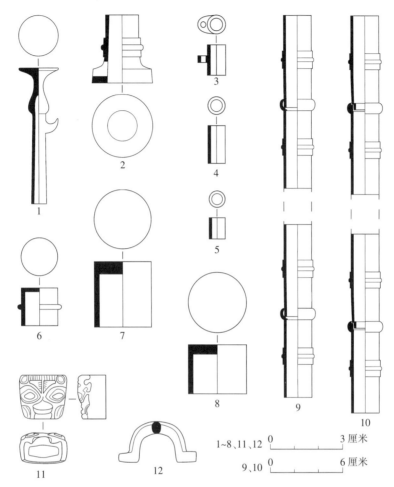

图二六五　八区上层出土铜车马器

1. B 型盖弓帽（M1Ⅷ：1165）　2. A 型车軎（M1Ⅷ：1166）　3~5. 管饰（M1Ⅷ：2099、M1Ⅷ：4289－1、M1Ⅷ：4289－5）
6. 衡末（M1Ⅷ：1129）　7、8. B 型帽饰（M1Ⅷ：2089、M1Ⅷ：1167）　9、10. 伞柄箍饰（M1Ⅷ：1152、M1Ⅷ：1729）　11. 兽
首构件（M1Ⅷ：1121）　12. B 型辖（M1Ⅷ：39）

M1Ⅷ：1156 ~ M1Ⅷ：1159、M1Ⅷ：1162 ~ M1Ⅷ：1164、M1Ⅷ：1170、M1Ⅷ：1187、M1Ⅷ：1684、M1Ⅷ：1694、M1Ⅷ：1695、M1Ⅷ：1711、M1Ⅷ：1724 ~ M1Ⅷ：1726、M1Ⅷ：1972、M1Ⅷ：2092、M1Ⅷ：2094、M1Ⅷ：2095、M1Ⅷ：2123、M1Ⅷ：2127、M1Ⅷ：2129、M1Ⅷ：4276、M1Ⅷ：4286 ~ M1Ⅷ：4288 共 27 件，形制、尺寸与 M1Ⅷ：1165 基本相同。

2. 伞柄箍饰

3 套。形制相同。

M1Ⅷ：1152，两组箍饰均由两节铜箍采用圆筒套接方式组合而成，其上各饰三周箍状纹，由一段漆木套接相连。均长 13.8、管径 2.3 厘米（图二六五，9；彩版二六一，1）。

M1Ⅷ：1729，两组箍饰均由两节铜箍采用卡口插销方式组合而成，其上各饰三周箍状纹，中间连接漆木已朽，长度不明。均长 14.2、管径 2.3 厘米（图二六五，10）。

M1Ⅷ：2086（与 M1Ⅷ：3662 为一套），尺寸和箍饰套接方式与 M1Ⅷ：1729 相同。

3. 车軎

4 件。A 型。圆筒形，内侧与毂相接处较粗，中部饰一道箍状纹，近内侧有一贯辖孔。

M1Ⅷ：1166，外径 2.4、内径 1.4、长 2.7 厘米（图二六五，2）。

M1Ⅷ：2085、M1Ⅷ：4271、M1Ⅷ：4290 共 3 件，尺寸与 M1Ⅷ：1166 基本相同。

4. 轙

5 件。B 型。形制相同。平面为半圆形。

M1Ⅷ：39，轙身截面近菱形，两脚外折平直。脚距长 3.2、高 1.6 厘米（图二六五，12）。

M1Ⅷ：40、M1Ⅷ：1137、M1Ⅷ：1193、M1Ⅷ：2128 共 4 件，尺寸与 M1Ⅷ：39 基本相同。

5. 帽饰

6 件。B 型。

M1Ⅷ：1167，扁圆筒形，一端封闭。长 1.95、銎径 2.4 厘米（图二六五，8）。

M1Ⅷ：1714、M1Ⅷ：1733、M1Ⅷ：2101 共 3 件，尺寸与 M1Ⅷ：1167 相同（彩版二六一，2、3）。

M1Ⅷ：2089，长圆筒形，一端封闭。长 2.6、銎径 2.37 厘米（图二六五，7）。

M1Ⅷ：2091，尺寸与 M1Ⅷ：2089 相同（彩版二六一，4）。

6. 铜

10 件。形制基本相同。

M1Ⅷ：2093，圆管中空，一端器壁略厚。长 2.7、管径 2.4 厘米（图二六六，6）。

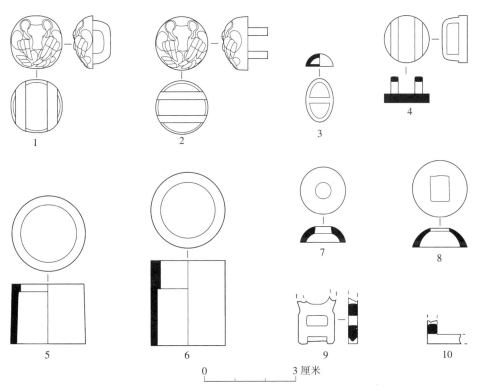

图二六六 八区上层出土铜车马器

1、2. C 型节约（M1Ⅷ：1723、M1Ⅷ：4295） 3. D 型泡饰（M1Ⅷ：4296） 4. B 型节约（M1Ⅷ：1128） 5、6. 铜铜（M1Ⅷ：1172、M1Ⅷ：2093） 7、8. A 型节约（M1Ⅷ：10、M1Ⅷ：11） 9. A 型带扣（M1Ⅷ：1139） 10. B 型带扣（M1Ⅷ：2108）

M1Ⅷ：1699、M1Ⅷ：1713、M1Ⅷ：2079、M1Ⅷ：2080、M1Ⅷ：2103、M1Ⅷ：2116 共 6 件，尺寸与 M1Ⅷ：2093 基本相同（彩版二六一，5～7）。

M1Ⅷ：1172，圆管中空，一端器壁略厚。长 1.9、管径 2.4 厘米（图二六六，5）。

M1Ⅷ：1698、M1Ⅷ：2120 共 2 件，尺寸与 M1Ⅷ：1172 基本相同。

7. 兽首构件

2 件。形制相同。

M1Ⅷ：1121，前端为兽首，张口大眼，双目外凸，后端饰一椭圆形銎。器长 1.7、宽 1.9、高 1.2 厘米（图二六五，11；彩版二六一，8）。

M1Ⅷ：1731，尺寸、纹饰与 M1Ⅷ：1121 相同。

8. 马蹄形管饰

5 件。形制相同。

M1Ⅷ：1169，中空圆筒形，顶端平口，底端斜口。长 4.3、顶端管径 2.4 厘米（图二六七，3）。

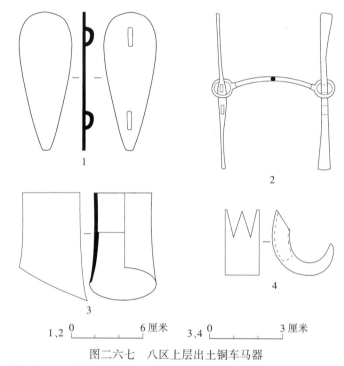

图二六七　八区上层出土铜车马器

1. A 型当卢（M1Ⅷ：25）　2. 马衔镳（M1Ⅷ：30）　3. 马蹄形管饰（M1Ⅷ：1169）　4. 轭足饰（M1Ⅷ：26）

M1Ⅷ：1730、M1Ⅷ：2090、M1Ⅷ：2100、M1Ⅷ：2115 共 4 件，尺寸同 M1Ⅷ：1169（彩版二六二，1）。

9. 衡末

6 件。形制相同。

M1Ⅷ：1129，圆筒形，一端封闭，器身中部饰一周箍状纹。长 1.5、銎径 1.5 厘米（图二六五，6）。

M1Ⅷ：1143、M1Ⅷ：1192、M1Ⅷ：1203、M1Ⅷ：4272、M1Ⅷ：4293 共 5 件，尺寸与 M1Ⅷ：1129 基本相同。

10. 轭足饰

9 件。形制相同。清理时，漆木质地轭身大多朽毁，仅存轭足饰。

M1Ⅷ：26，弯钩形，内部中空，銎部饰弯曲纹。长 2.6、宽 1.4 厘米（图二六七，4）。

M1Ⅷ：27、M1Ⅷ：28、M1Ⅷ：33、M1Ⅷ：1142、M1Ⅷ：1719、M1Ⅷ：1720、M1Ⅷ：2133、M1Ⅷ：4292 共 8 件，形制、尺寸与 M1Ⅷ：26 相同。

11．带扣

2 件。清理时，带扣内革带均已朽尽，器物间位置大多不明。依形制差异，分二型。

A 型　1 件。

M1Ⅷ：1139，器身扁平，由长方形与圆形两个穿孔组成。残长 1.5、宽 1.3 厘米（图二六六，9）。

B 型　1 件。

M1Ⅷ：2108，整体呈长方形，一边中部穿饰一长条形扣针。残长 1.1、残宽 0.8 厘米（图二六六，10）。

12．泡饰

1 件。D 型。

M1Ⅷ：4296，平面近椭圆形，正面素面，背面中空，底部有一横穿。底长轴 1.4、底短轴 0.9、高 0.4 厘米（图二六六，3）。

13．马衔镳

7 组。每组由马衔 1 件及马镳 2 件组成，均为明器。清理时，明器漆木马已朽尽，马衔镳散落、残损严重。

M1Ⅷ：30，圆弧形衔，衔端各有一圆环，环内各穿一马镳。镳中部凸起，内有两长方形穿孔。衔长 10、环径 1.6、镳长 12.4 厘米（图二六七，2）。

M1Ⅷ：31、M1Ⅷ：1161、M1Ⅷ：1174、M1Ⅷ：1202、M1Ⅷ：4273、M1Ⅷ：4283 共 6 组，形制、尺寸与 M1Ⅷ：30 基本相同。

14．当卢

12 件。A 型。叶形，上端圆弧状，下端尖角形。背面有两处桥形纽鼻。

M1Ⅷ：25，长 11、宽 4.4、厚 0.9 厘米（图二六七，1；彩版二六二，2）。

M1Ⅷ：32、M1Ⅷ：44、M1Ⅷ：1126、M1Ⅷ：1131、M1Ⅷ：1194、M1Ⅷ：1204、M1Ⅷ：2124、M1Ⅷ：4291、M1Ⅷ：4299、M1Ⅷ：4300、M1Ⅷ：4306 共 11 件，形制同 M1Ⅷ：25（彩版二六二，3、4）。

15．节约

56 件。依形制差异，分三型。

A 型　23 件。圆帽形，顶心饰圆形，内部中空。清理时，器物间的整体关系大多因隔板坍塌而无法确定。

M1Ⅷ：10，顶心有圆孔。底径 1.5、孔径 0.5、高 0.5 厘米（图二六六，7）。

M1Ⅷ：20、M1Ⅷ：1175 ~ M1Ⅷ：1177、M1Ⅷ：1184、M1Ⅷ：1225、M1Ⅷ：1226、M1Ⅷ：1701、M1Ⅷ：1704、M1Ⅷ：2111 ~ M1Ⅷ：2113、M1Ⅷ：2119、M1Ⅷ：4281、M1Ⅷ：4282 共 15 件，形制、尺寸与 M1Ⅷ：10 基本相同。

M1Ⅷ：11，顶心有长方形孔。底径 1.8、孔长 0.85、孔宽 0.6、高 0.6 厘米（图二六六，8）。

M1Ⅷ：43、M1Ⅷ：1689、M1Ⅷ：2104 ~ M1Ⅷ：2107 共 6 件，形制、尺寸与 M1Ⅷ：11 基本相同（彩版二六二，5、6）。

B 型　26 件。正面呈圆形，背面有两长方形穿。

M1 Ⅷ：1128，直径 1.5、高 0.85 厘米（图二六六，4）。

M1 Ⅷ：18、M1 Ⅷ：19、M1 Ⅷ：1132～M1 Ⅷ：1136、M1 Ⅷ：1140、M1 Ⅷ：1141、M1 Ⅷ：1171、M1 Ⅷ：1188、M1 Ⅷ：1191、M1 Ⅷ：1200、M1 Ⅷ：1201、M1 Ⅷ：1690、M1 Ⅷ：1692、M1 Ⅷ：1702、M1 Ⅷ：1703、M1 Ⅷ：2126、M1 Ⅷ：4274、M1 Ⅷ：4275、M1 Ⅷ：4277～M1 Ⅷ：4280 共 25 件，形制、尺寸与 M1 Ⅷ：1128 基本相同。

C 型　7 件。正面半圆球形饰一熊，四足抱膝，背面有两长方形穿。

M1 Ⅷ：1723，直径 1.7、高 1.2 厘米（图二六六，1）。

M1 Ⅷ：1160、M1 Ⅷ：1183、M1 Ⅷ：1700、M1 Ⅷ：1973、M1 Ⅷ：2084 共 5 件，形制、尺寸、纹饰与 M1 Ⅷ：1723 基本相同。

M1 Ⅷ：4295，正面半圆球饰一熊，四足抱膝，背面横饰两长方形穿。面径 1.7、高 1.5 厘米（图二六六，2）。

16. 管饰

9 件。形制相同。器表大多鎏金，部分器物残损严重，几呈碎屑。

M1 Ⅷ：4289 - 1，长圆管形，内部中空。器表鎏金。管径 0.7、长 1.5 厘米（图二六五，4）。

M1 Ⅷ：4297 - 1～M1 Ⅷ：4297 - 3 共 3 件，形制、尺寸与 M1 Ⅷ：4289 - 1 基本相同。

M1 Ⅷ：4289 - 5，长圆管形，内部中部，器表鎏金。管径 0.7、长 0.9 厘米（图二六五，5）。

M1 Ⅷ：4297 - 4、M1 Ⅷ：4297 - 6 共 2 件，形制、尺寸与 M1 Ⅷ：4289 - 5 基本相同。

M1 Ⅷ：2099，"T" 形铜管，内部中空。器表鎏金。管径 0.75、长 1.2 厘米（图二六五，3）。

M1 Ⅷ：4289 - 2，形制、尺寸同 M1 Ⅷ：2099。

（二）兵器

28 件。

1. 镦

11 件。依形制与纹饰差异，分二型。

D 型　4 件。器口平面呈圆形，器形较小，器表大多鎏金。均为明器。

M1 Ⅷ：12，口径 1.3、高 2.8 厘米（图二六八，3）。

M1 Ⅷ：1149、M1 Ⅷ：1173、M1 Ⅷ：4294 共 3 件，形制、尺寸与 M1 Ⅷ：12 基本相同。

G 型　7 件。器口平面近桃形，器形较小，器表大多鎏金。均为明器。

M1 Ⅷ：1124，器表素面。口径 1.4、高 3 厘米（图二六八，4）。

M1 Ⅷ：21、M1 Ⅷ：1221、M1 Ⅷ：1716、M1 Ⅷ：2121、M1 Ⅷ：4284、M1 Ⅷ：4285 共 6 件，形制、尺寸与 Ⅷ：1124 基本相同。

2. 弩机

6 件。B 型。

M1 Ⅷ：2076，器形较小，当为明器。郭长 4.5、郭宽 1.2、望山高 1.5 厘米（图二六八，2；彩版二六三，1）。

M1 Ⅷ：1155、M1 Ⅷ：1691、M1 Ⅷ：1697、M1 Ⅷ：1728、M1 Ⅷ：1732 共 5 件，尺寸与 M1 Ⅷ：2076 基本相同（彩版二六三，2、3）。

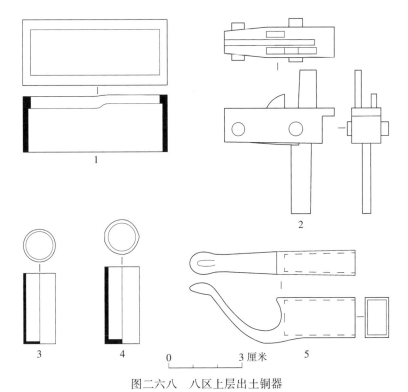

图二六八　八区上层出土铜器

1. A 型箭箙包首饰（M1 Ⅷ：1186）　2. B 型弩机（M1 Ⅷ：2076）　3. D 型镦（M1 Ⅷ：12）

4. G 型镦（M1 Ⅷ：1124）　5. B 型承弓器（M1 Ⅷ：1153）

3. 箭箙包首饰

1 件。A 型。

M1 Ⅷ：1186，长方形，中部下折为台阶状，尺寸略小。通体鎏金。长 5.9、宽 2.6、高 2.3 厘米（图二六八，1；彩版二六三，4）。

4. 承弓器

10 件。B 型。器身前部下端向斜上方弯曲，末端向前平伸，后部为长方形銎。通体鎏金。

M1 Ⅷ：1153，通长 6.75、銎长 1.6、銎宽 1 厘米（图二六八，5；彩版二六三，5）。

M1 Ⅷ：1150、M1 Ⅷ：1151、M1 Ⅷ：1154、M1 Ⅷ：1189、M1 Ⅷ：1190、M1 Ⅷ：1224、M1 Ⅷ：1659、M1 Ⅷ：1685、M1 Ⅷ：1686 共 9 件，形制、尺寸与 M1 Ⅷ：1153 相同。

（三）乐器

1 件。明器纽钟。

M1 Ⅷ：2525，纽钟（该件与Ⅶ B 区第二套明器编钟为一套），合瓦形腔体。平舞，上饰长方形扁钮。36 个螺旋小枚，铣棱弧曲，铣角内敛，于口上弧。以阳线框隔枚、篆、钲各部。素面。形制、数据见表九（图二六九，1）。

（四）日常生活用器

18 件。

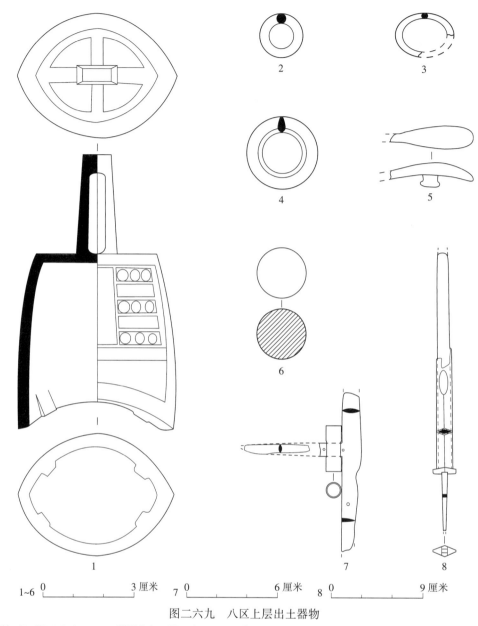

图二六九　八区上层出土器物

1. 铜钮钟（M1Ⅷ：2525）　2. A 型铜环（M1Ⅷ：34）　3. D 型铜环（M1Ⅷ：1198）　4. B 型铜环（M1Ⅷ：37）　5. A 型铜带
钩（M1Ⅷ：4303）　6. 泥弹丸（M1Ⅷ：4298）　7. B 型铁戟（M1Ⅷ：13）　8. B 型铁剑（M1Ⅷ：1696）

1. 带钩

4 件。A 型。

M1Ⅷ：4303，器形较小。琵琶形钩身，圆形钩首，下饰一圆纽。残长 2.7、宽 0.7、高 0.8 厘米（图二六九，5）。

M1Ⅷ：1710、M1Ⅷ：1718、M1Ⅷ：2083 共 3 件，形制、尺寸与 M1Ⅷ：4303 相同。

2. 虎帐座

4 件。形制相同。清理时原始位置大多因隔板坍塌而略有改变。

M1Ⅷ：45，虎形，昂首，双目外凸，口部微张，四足蹲踞，长尾绕身。背部正中饰一长方形銎。长 20.4、宽 11、高 12.7 厘米，銎径长 3、宽 2.7 厘米（图二七〇；彩版二六四，1）。

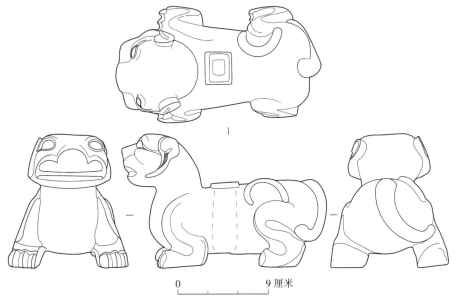

0　　　　　9厘米

图二七〇　八区上层出土铜虎帐座（M1Ⅷ：45）

　　M1Ⅷ：1123、M1Ⅷ：1130、M1Ⅷ：1717 共 3 件，形制、尺寸与 M1Ⅷ：45 相同（彩版二六四，2）。

　　3. 环

　　10 件。依形制差异，分三型。

　　A 型　5 件。环身截面呈圆形。

　　M1Ⅷ：34，外径 1.4、厚 0.3 厘米（图二六九，2；彩版二六三，6）。

　　M1Ⅷ：35、M1Ⅷ：1197、M1Ⅷ：1222、M1Ⅷ：1223 共 4 件，形制、尺寸与 M1Ⅷ：34 基本相同。

　　B 型　3 件。

　　M1Ⅷ：37，环身截面近扁圆形。外径 2.3、厚 0.3 厘米（图二六九，4；彩版二六三，7）。

　　M1Ⅷ：38、2130 共 2 件，形制、尺寸与 M1Ⅷ：37 相同。

　　D 型　2 件。

　　M1Ⅷ：1198，平面呈椭圆形，环身截面呈圆形。外径 1.9、宽 1.4、厚 0.3 厘米（图二六九，3）。

　　M1Ⅷ：1199，形制、尺寸与 M1Ⅷ：1198 相同。

二　铁器

　　58 件（组）。均为兵器。

　　1. 戟

　　7 件。B 型。皆为明器。"卜"字形铁戟，援与内结合处为铜质秘帽，截面呈圆形。

　　M1Ⅷ：13，残长 10、枝残长 6.3、秘帽长 2.9 厘米（图二六九，7）

　　M1Ⅷ：22、M1Ⅷ：23、M1Ⅷ：1125、M1Ⅷ：1178、M1Ⅷ：1715、M1Ⅷ：2077 共 6 件，形制、尺寸与 M1Ⅷ：13 相同。

2. 剑

51 件。B 型。皆为明器。剑身较长，断面呈菱形，格为铜质，茎首端有一小孔。

M1Ⅷ∶1696，剑身漆鞘仅存后段，剑珌以下部分截面呈菱形。剑身残长 20.6、最宽处 1.2、通长 26.6、格宽 2.3 厘米，剑鞘残长 11.5、最宽处 1.65 厘米（图二六九，8）。

M1Ⅷ∶9、M1Ⅷ∶14、M1Ⅷ∶15、M1Ⅷ∶24、M1Ⅷ∶29、M1Ⅷ∶42、M1Ⅷ∶1144～M1Ⅷ∶1148、M1Ⅷ∶1179～M1Ⅷ∶1182、M1Ⅷ∶1185、M1Ⅷ∶1195、M1Ⅷ∶1196、M1Ⅷ∶1205、M1Ⅷ∶1687、M1Ⅷ∶1688、M1Ⅷ∶1705～M1Ⅷ∶1709、M1Ⅷ∶1721、M1Ⅷ∶1722、M1Ⅷ∶1727、M1Ⅷ∶1974～M1Ⅷ∶1976、M1Ⅷ∶2078、M1Ⅷ∶2087、M1Ⅷ∶2088、M1Ⅷ∶2096、M1Ⅷ∶2097、M1Ⅷ∶2109、M1Ⅷ∶2110、M1Ⅷ∶2118、M1Ⅷ∶2122、M1Ⅷ∶2131、M1Ⅷ∶3663、M1Ⅷ∶4264～M1Ⅷ∶4270 共 50 件，形制、尺寸与 M1Ⅷ∶1696 相同。

三　泥器

1 件。弹丸。

M1Ⅷ∶4298，圆形，器形较小。直径 1.6 厘米（图二六九，6）。

第十三节　九（Ⅸ）区上层出土遗物

东回廊北部九区上层主要放置明器车马，明器漆车马已朽尽，仅存车马器构件及明器兵器、明器乐器架包首等各类遗物 291 件（组），包括铜器、铁器、泥器等。九区出土两套伞柄，伞柄周围有呈伞状分布的盖弓帽同出。九区南部出土 8 件铜虎帐座（图二七一；彩版二六五）。

一　铜器

219 件（组）。包括车马器、兵器、日常生活用器等。

（一）车马器

180 件。

1. 盖弓帽

51 件。依形制差异，分二型。

B 型　26 件。帽身为圆柱形，帽首呈喇叭状，中部饰一钩。清理时大多呈伞状分布。

M1Ⅸ∶1457，通体鎏金。长 5.5、口径 0.6 厘米（图二七二，4；彩版二六六，1）

M1Ⅸ∶1458～M1Ⅸ∶1460、M1Ⅸ∶1486、M1Ⅸ∶1487、M1Ⅸ∶1489～M1Ⅸ∶1491、M1Ⅸ∶1494、M1Ⅸ∶1499、M1Ⅸ∶1500、M1Ⅸ∶1579、M1Ⅸ∶1580、M1Ⅸ∶1629、M1Ⅸ∶1644、M1Ⅸ∶1651、M1Ⅸ∶1653～M1Ⅸ∶1657、M1Ⅸ∶1739、M1Ⅸ∶1742、M1Ⅸ∶2134、M1Ⅸ∶2135 共 25 件，形制、尺寸与 M1Ⅸ∶1457 基本相同（彩版二六六，2）。

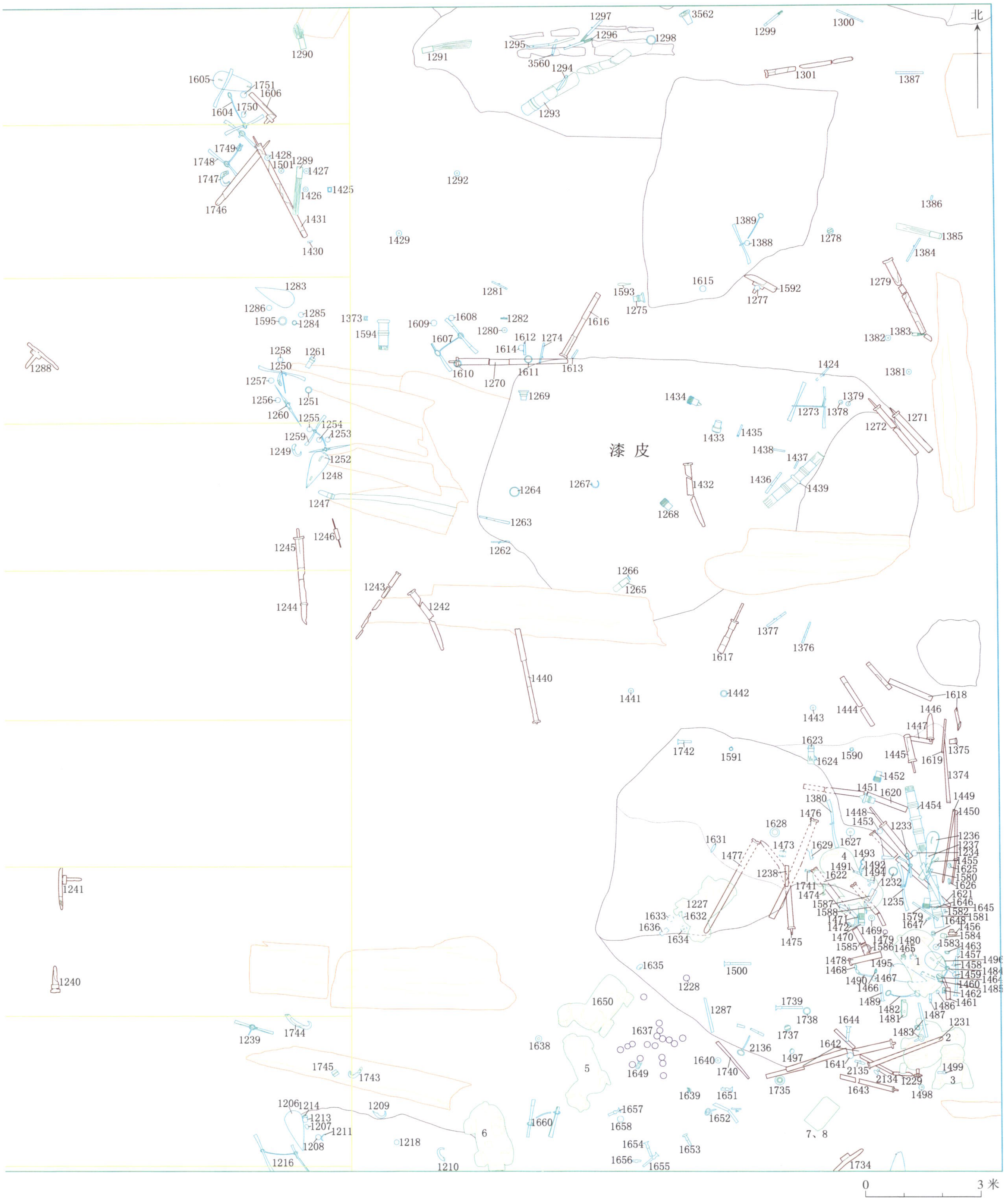

图二七一 九区上层出土遗物平面图（数字为器物编号）

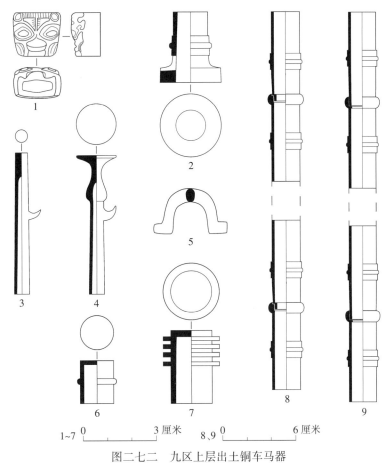

图二七二　九区上层出土铜车马器

1. 兽首饰件（M1Ⅸ：1480）　2. A 型车軎（M1Ⅸ：1269）　3. C 型盖弓帽（M1Ⅸ：1263）　4. B 型盖弓帽（M1Ⅸ：1457）
5. B 型轙（M1Ⅸ：1471）　6. 衡末（M1Ⅸ：1247）　7. A 型帽饰（M1Ⅸ：1268）　8、9. 伞柄箍饰（M1Ⅸ：1293、M1Ⅸ：1454）

C 型　25 件。圆柱形，近帽首处饰一钩。清理时大多呈伞状分布。

M1Ⅸ：1263，素面。长 5.6、口径 0.6 厘米（图二七二，3）。

M1Ⅸ：1262、M1Ⅸ：1266、M1Ⅸ：1274、M1Ⅸ：1281、M1Ⅸ：1282、M1Ⅸ：1294～M1Ⅸ：1297、M1Ⅸ：1299、M1Ⅸ：1300、M1Ⅸ：1376、M1Ⅸ：1377、M1Ⅸ：1384、M1Ⅸ：1387、M1Ⅸ：1424、M1Ⅸ：1435～M1Ⅸ：1438、M1Ⅸ：1485、M1Ⅸ：1612、M1Ⅸ：1613、M1Ⅸ：3560 共 24 件，形制、尺寸与 M1Ⅸ：1263 基本相同。

2. 伞柄箍饰

2 套。形制相同。两套伞柄箍饰组合形制、尺寸基本相同，唯上下两节伞柄套接方式有异。

M1Ⅸ：1454（与 M1Ⅸ：1581 为一套），由两节圆筒形箍饰采用圆筒套接而成，其上各饰三周箍状纹，由一段漆木套接相连。漆木已朽，长度不明。均长 14、管径 2.3 厘米（图二七二，9；彩版二六六，4）。

M1Ⅸ：1293（与 M1Ⅸ：1439、M1Ⅸ：1594 为一套），由两节圆筒形箍饰采用卡口插销方式组合而成，其上各饰三周箍状纹，由一段漆木套接相连，漆木已朽，长度不明。均长 13.5、管径 2.3 厘米（图二七二，8；彩版二六六，5）。

3. 车軎

5 件。A 型。圆筒形，内侧与毂相接处较粗，中部饰一道箍状纹，近内侧有一贯辖孔。

M1Ⅸ：1269，长 2.8 厘米（图二七二，2）。

M1Ⅸ：1275、M1Ⅸ：1451、M1Ⅸ：1735、M1Ⅸ：3562 共 4 件，尺寸基本同 M1Ⅸ：1269。

4. 軜

2 件。B 型。形制相同。平面皆为半圆形。

M1Ⅸ：1471，軜身截面近菱形，两脚外折平直。脚距长 3、高 1.8 厘米（图二七二，5）。

M1Ⅸ：1624，尺寸与 M1Ⅸ：1471 基本相同。

5. 帽饰

6 件。A 型。

M1Ⅸ：1268，长圆筒形，顶端饰四道凸弦纹。帽径 1.7、长 2.9、銎径 1.7 厘米（图二七二，7；彩版二六六，3）。

M1Ⅸ：1433、M1Ⅸ：1434、M1Ⅸ：1452、M1Ⅸ：1595、M1Ⅸ：1645 共 5 件，形制、尺寸与 M1Ⅸ：1268 基本相同（彩版二六七，1、2）。

6. 兽首构件

1 件。M1Ⅸ：1480，前端为兽首，张口大眼，双目外凸，后端饰一椭圆形銎。长 1.7、宽 1.9、高 1.2 厘米（图二七二，1；彩版二六七，3）。

7. 衡末

6 件。形制相同。

M1Ⅸ：1247，圆筒形，一端封闭，器身中部饰一周箍状纹。长 1.7、銎径 1.4 厘米（图二七二，6；彩版二六七，4）。

M1Ⅸ：1261、M1Ⅸ：1470、M1Ⅸ：1473、M1Ⅸ：1623、M1Ⅸ：1745 共 5 件，尺寸与 M1Ⅸ：1247 基本相同。

8. 轭足饰

9 件。形制相同。清理时，漆木质地轭身大多朽毁，仅存轭足饰。

M1Ⅸ：1209，弯钩形，内部中空，銎部饰弯曲纹。长 2.6、宽 1.4 厘米（图二七三，1；彩版二六七，5）。

M1Ⅸ：1210、M1Ⅸ：1249、M1Ⅸ：1250、M1Ⅸ：1472、M1Ⅸ：1636、M1Ⅸ：1743、M1Ⅸ：1744、M1Ⅸ：1747 共 8 件，形制、尺寸与 M1Ⅸ：1209 相同。

9. 钩

2 件。B 型。

M1Ⅸ：1647，器形较小。一端上翘呈钩状，另一端为圆形銎。素面。长 2.4、銎径 0.78 厘米（图二七三，2；彩版二六七，6）。

M1Ⅸ：1646，形制、尺寸与 M1Ⅸ：1647 基本相同。

10. 带扣

6 件。清理时，带扣内革带均已朽尽，器物间相互位置大多不明。按形制差异，分二型。

A 型　4 件。

M1Ⅸ：1462，器身扁平，由长方形与圆形两个穿孔组成。长 2.3、宽 1.35 厘米（图二七三，4）。

M1Ⅸ：1373、M1Ⅸ：1649、M1Ⅸ：1749 共 3 件，形制、尺寸与 M1Ⅸ：1462 基本相同。

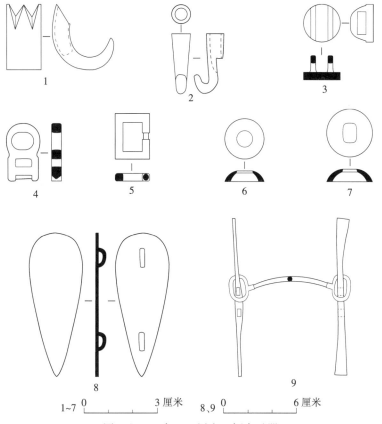

图二七三　九区上层出土铜车马器

1. 軛足饰（M1Ⅸ：1209）　2. B 型钩（M1Ⅸ：1647）　3. B 型节约（M1Ⅸ：1208）　4. A 型带扣（M1Ⅸ：1462）　5. B 型带扣（M1Ⅸ：1425）　6、7. A 型节约（M1Ⅸ：1280、M1Ⅸ：1501）　8. A 型当卢（M1Ⅸ：1248）　9. 马衔镳（M1Ⅸ：1216）

　　B 型　2 件。

　　M1Ⅸ：1425，长方形，一边中部穿饰一长条形扣针，扣针无存。长 1.8、宽 1.4 厘米（图二七三，5）。

　　M1Ⅸ：1741，形制、尺寸与 M1Ⅸ：1425 相同。

　　11. 马衔镳

　　17 组。每组器物由马衔 1 件及马镳 2 件组成，均为明器。清理时，明器漆木马已朽尽，马衔镳散落、残损严重。

　　M1Ⅸ：1216，圆弧形衔，衔端各有一圆环，环内各穿一马镳。镳中部凸起，内有两长方形穿孔。衔长 10、环长径 2.15、环短径 1.55、镳长 12.5 厘米（图二七三，9）。

　　M1Ⅸ：1235、M1Ⅸ：1239、M1Ⅸ：1259、M1Ⅸ：1260、M1Ⅸ：1273、M1Ⅸ：1287 与 M1Ⅸ：2136、M1Ⅸ：1389、M1Ⅸ：1482 ~ M1Ⅸ：1484、M1Ⅸ：1604、M1Ⅸ：1607、M1Ⅸ：1652、M1Ⅸ：1660、M1Ⅸ：1748、M1Ⅸ：1493 与 M1Ⅸ：1380 共 16 组，形制、尺寸与 M1Ⅸ：1216 基本相同。

　　12. 当卢

　　7 件。A 型。

　　M1Ⅸ：1248，叶形，上端圆弧状，下端尖角形。背面有两处桥形纽鼻。长 11.5、宽 4.3、厚 0.9 厘米（图二七三，8；彩版二六八，1）。

M1Ⅸ：1206、M1Ⅸ：1236、M1Ⅸ：1283、M1Ⅸ：1495、M1Ⅸ：1496、M1Ⅸ：1605 共 6 件，形制、尺寸与 M1Ⅸ：1248 相同。

13. 节约

66 件。依形制差异，分二型。

A 型　27 件。圆帽形，顶心有一圆形或长方形孔，内部中空。该型器物均匀分布于整个回廊上层，清理时，器物间的整体关系大多因隔板坍塌而无法确定。

M1Ⅸ：1280，顶心有一圆孔。底径 1.6、孔径 0.65、高 0.43 厘米（图二七三，6）。

M1Ⅸ：1292、M1Ⅸ：1378、M1Ⅸ：1379、M1Ⅸ：1381、M1Ⅸ：1382、M1Ⅸ：1386、M1Ⅸ：1427、M1Ⅸ：1428、M1Ⅸ：1441、M1Ⅸ：1443、M1Ⅸ：1468、M1Ⅸ：1469、M1Ⅸ：1498、M1Ⅸ：1583、M1Ⅸ：1614、M1Ⅸ：1625、M1Ⅸ：1626、M1Ⅸ：1640 共 18 件，形制、尺寸与 M1Ⅸ：1280 基本相同（彩版二六七，7）。

M1Ⅸ：1501，顶心有一长方形孔。底径 1.9、孔长 0.8、孔宽 0.6、高 0.5 厘米（图二七三，7）。

M1Ⅸ：1426、M1Ⅸ：1429、M1Ⅸ：1430、M1Ⅸ：1627、M1Ⅸ：1634、M1Ⅸ：1635、M1Ⅸ：1638 共 7 件，形制、尺寸与 M1Ⅸ：1501 基本相同（彩版二六七，8）。

B 型　39 件。正面呈圆形，背面有两长方形穿。

M1Ⅸ：1208，直径 1.5、高 0.95 厘米（图二七三，3）。

M1Ⅸ：1207、M1Ⅸ：1213、M1Ⅸ：1214、M1Ⅸ：1218、M1Ⅸ：1234、M1Ⅸ：1237、M1Ⅸ：1253 ~ M1Ⅸ：1258、M1Ⅸ：1277、M1Ⅸ：1278、M1Ⅸ：1285、M1Ⅸ：1286、M1Ⅸ：1388、M1Ⅸ：1453、M1Ⅸ：1463 ~ M1Ⅸ：1467、M1Ⅸ：1492、M1Ⅸ：1497、M1Ⅸ：1582、M1Ⅸ：1608、M1Ⅸ：1609、M1Ⅸ：1615、M1Ⅸ：1632、M1Ⅸ：1633、M1Ⅸ：1639、M1Ⅸ：1641、M1Ⅸ：1648、M1Ⅸ：1658、M1Ⅸ：1737、M1Ⅸ：1750、M1Ⅸ：1751 共 38 件，形制、尺寸与 M1Ⅸ：1208 基本相同。

（二）兵器

10 件。

1. 镦

7 件。依形制与纹饰差异，分二型。

D 型　2 件。器口平面呈圆形，器形较小，器表鎏金。均为明器。

M1Ⅸ：1265，口径 1.3、高 2.5 厘米（图二七四，2）。

M1Ⅸ：1383，形制、尺寸与 M1Ⅸ：1265 基本相同。

G 型　5 件。器口平面近桃形，器形较小，器表大多鎏金。均为明器。

M1Ⅸ：1289，器表素面。口径 1.4、高 2.9 厘米（图二七四，3）。

M1Ⅸ：1290、M1Ⅸ：1291、M1Ⅸ：1385、M1Ⅸ：1584 共 4 件，形制、尺寸与 M1Ⅸ：1289 基本相同（彩版二六七，9）。

2. 弩机

1 件。B 型。

M1Ⅸ：1481，器形较小，推测为明器。郭长 4.7、郭宽 1.3、望山残高 0.4 厘米（图二七四，1）。

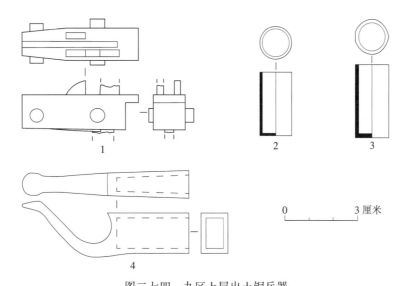

图二七四　九区上层出土铜兵器

1. B 型弩机（M1Ⅸ：1481）　　2. D 型镦（M1Ⅸ：1265）　　3. G 型镦（M1Ⅸ：1289）
4. B 型承弓器（M1Ⅸ：1455）

3. 承弓器

2 件。B 型。器身前部下端向斜上方弯曲，末端向前平伸，后部为长方形銎。通体鎏金。

M1Ⅸ：1455，通长 6.7、銎长 1.6、銎宽 1.1 厘米（图二七四，4；彩版二六八，2）。

M1Ⅸ：1587，形制、尺寸与 M1Ⅸ：1455 相同（彩版二六八，3）。

（三）日常生活用器

29 件。

1. 带钩

3 件。A 型。

M1Ⅸ：1593，器形较小。琵琶形钩身，圆形钩首，下饰一圆纽。长 3.6、宽 0.7、高 0.8 厘米（图二七五，4）。

M1Ⅸ：1474、M1Ⅸ：1631 共 2 件，形制、尺寸与 M1Ⅸ：1593 相同。

2. 虎帐座

8 件。形制相同。清理时原始位置大多因隔板坍塌而略有改变。

M1Ⅸ：1，虎形，昂首，双目外凸，口部微张，四足蹲踞，长尾绕身。背部正中饰一长方形銎。长 20.4、宽 12、高 12.8 厘米，銎径长 3、宽 2.6 厘米（图二七五，1；彩版二六九，1）。

M1Ⅸ：2～M1Ⅸ：6、M1Ⅸ：1227、M1Ⅸ：1650 共 7 件，形制、尺寸同 M1Ⅸ：1（彩版二六九，2、3）。

3. 明器乐器架包首

2 件。M1Ⅸ：7、M1Ⅸ：8。

4. 环

16 件。依形制差异，分二型。

A 型　15 件。环身截面呈圆形。

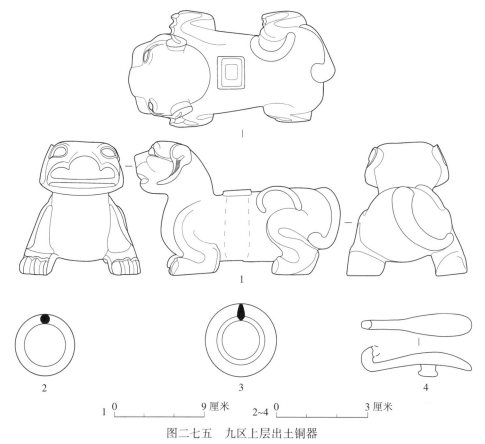

图二七五　九区上层出土铜器

1. 虎帐座（M1Ⅸ：1）　2. A 型环（M1Ⅸ：1232）　3. B 型环（M1Ⅸ：1628）　4. A 型带钩（M1Ⅸ：1593）

M1Ⅸ：1232，外径 2、厚 0.3 厘米（图二七五，2）。

M1Ⅸ：1211、M1Ⅸ：1233、M1Ⅸ：1251、M1Ⅸ：1252、M1Ⅸ：1264、M1Ⅸ：1267、M1Ⅸ：1284、M1Ⅸ：1298、M1Ⅸ：1442、M1Ⅸ：1590、M1Ⅸ：1591、M1Ⅸ：1610、M1Ⅸ：1611、M1Ⅸ：1738 共 14 件，形制、尺寸与 M1Ⅸ：1232 基本相同。

B 型　1 件。

M1Ⅸ：1628，环身截面近扁圆形。外径 2.3、厚 0.3 厘米（图二七五，3；彩版二六八，4）。

二　铁器

51 件（组）。包括车马器、兵器等。

（一）车马器

1 件。釭。

M1Ⅸ：1586，短圆管形。外径 3、长 0.8、壁厚 0.2 厘米（图二七六，3）。

（二）兵器

50 件。

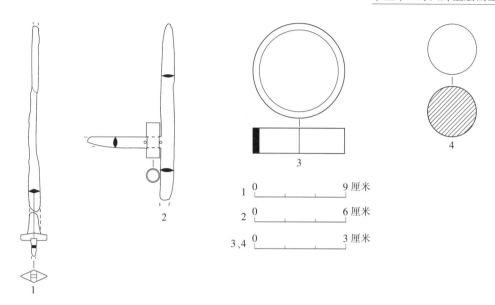

图二七六 九区上层出土器物

1. B 型铁剑（M1Ⅸ:1231） 2. B 型铁戟（M1Ⅸ:1241） 3. 铁釘（M1Ⅸ:1586） 4. 泥弹丸（M1Ⅸ:1228）

1. 戟

9 件。B 型。皆为明器。"卜"字形铁戟，援与内结合处饰铜质秘帽，截面呈圆形。

M1Ⅸ:1241，长 11.3、枝残长 4.8、秘帽长 2.2 厘米（图二七六，2）。

M1Ⅸ:1240、M1Ⅸ:1246、M1Ⅸ:1288、M1Ⅸ:1456、M1Ⅸ:1461、M1Ⅸ:1592、M1Ⅸ:1606、M1Ⅸ:1734 共 8 件，形制、尺寸与 M1Ⅸ:1241 相同。

2. 剑

41 件。B 型。皆为明器。

M1Ⅸ:1231，剑身较长，断面呈菱形，格为铜质，茎首端有一小孔。剑身漆鞘已朽。剑身残长 19.7、宽 1.2 厘米，通体残长 21.9、格宽 2.6 厘米（图二七六，1）。

M1Ⅸ:1229、M1Ⅸ:1238、M1Ⅸ:1242 ~ M1Ⅸ:1245、M1Ⅸ:1270 ~ M1Ⅸ:1272、M1Ⅸ:1279、M1Ⅸ:1301、M1Ⅸ:1374、M1Ⅸ:1375、M1Ⅸ:1431、M1Ⅸ:1432、M1Ⅸ:1440、M1Ⅸ:1444 ~ M1Ⅸ:1450、M1Ⅸ:1475 ~ M1Ⅸ:1478、M1Ⅸ:1585、M1Ⅸ:1588、M1Ⅸ:1616 ~ M1Ⅸ:1622、M1Ⅸ:1642、M1Ⅸ:1643、M1Ⅸ:1740、M1Ⅸ:1746 共 40 件，尺寸与 M1Ⅸ:1231 相同（彩版二六八，5）。

三 泥器

21 件。弹丸。

清理时，大部分泥弹丸为数十件聚堆放置，周边大多伴出弩机、箭镞等器物。

M1Ⅸ:1228，圆形，器形较小。直径 1.6 厘米（图二七六，4）。

M1Ⅸ:1479－1、M1Ⅸ:1479－2、M1Ⅸ:1637－1 ~ M1Ⅸ:1637－18 共 20 件，形制、尺寸与 M1Ⅸ:1228 基本相同。

第十四节　十（X）区上层出土遗物

东回廊北端十区上层主要放置明器车马，明器漆车马已朽尽，仅存车马器构件及明器兵器等各类遗物 383 件（组），包括铜器、铁器等。十区北部出土一套伞柄，伞柄周围有呈伞状分布的盖弓帽同出（图二七七；彩版二七〇）。

一　铜器

364 件（组）。包括车马器、兵器、日常生活用器等。

（一）车马器

327 件。

1. 盖弓帽

18 件。C 型。圆柱形，近帽首处有一钩。清理时大多呈伞状分布。

M1 X：1351，素面。口径 0.6、长 5.8 厘米（图二七八，10）。

M1 X：1336、M1 X：1340、M1 X：1345、M1 X：1349、M1 X：1350、M1 X：1354、M1 X：1356～M1 X：1360、M1 X：3405、M1 X：3407、M1 X：3411、M1 X：3412、M1 X：3415、M1 X：3416 共 17 件，形制、尺寸与 M1 X：1351 基本相同。

2. 伞柄箍饰

1 套。M1 X：1348（与 M1 X：1392 为一套），由两节圆筒形箍饰采用卡口插销方式组合而成，其上各饰三周箍状纹，由一段漆木套接相连。漆木已朽，长度不明。均长 13.8、管径 2.3 厘米（图二七八，11）。

3. 车軎

5 件。依形制差异，分二型。

A 型　3 件。圆筒形，内侧与毂相接处较粗。中部与近外侧各饰一道箍状纹，近内侧有一贯辖孔。

M1 X：1337，外径 2.4、内径 1.4、长 2.6 厘米（图二七八，9）。

M1 X：1363、M1 X：1394 共 2 件，尺寸与 M1 X：1337 基本相同（彩版二七一，1）。

B 型　2 件。圆筒形，内侧与毂相接处较粗，中部与近外侧处各饰一道箍状纹，近内侧有一贯辖孔，近外侧处饰一钩首。

M1 X：1319，外径 2.3、内径 1.3、长 2.4 厘米（图二七八，4；彩版二七一，2）。

M1 X：1892，外径 2.3、内径 1.3、长 2.4 厘米（图二七八，7；彩版二七一，3）。

4. 辖

1 件。B 型。

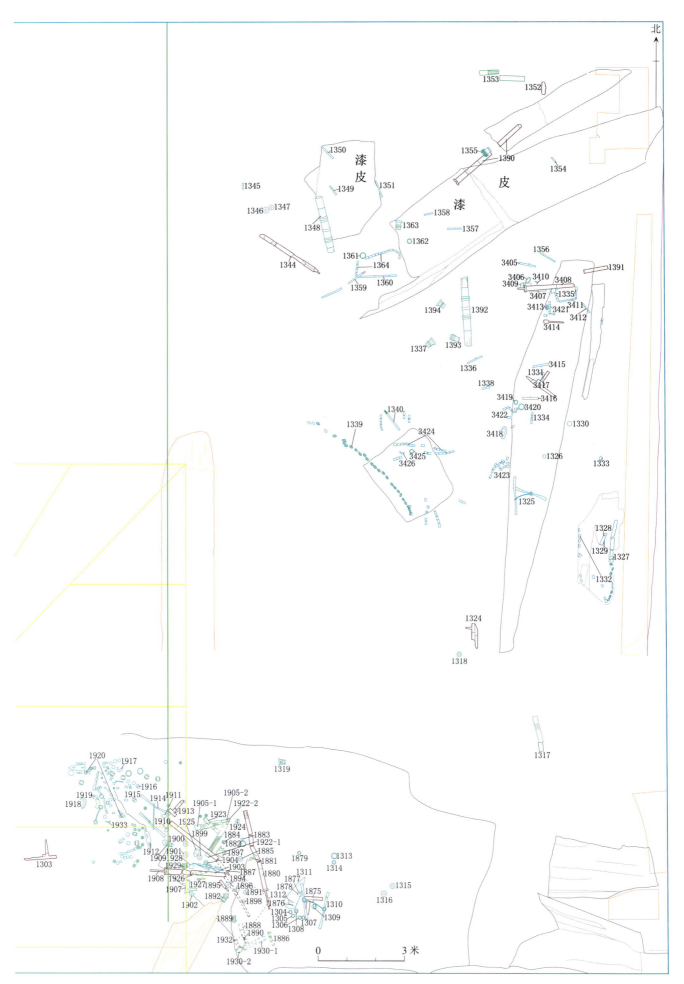

图二七七　十区上层出土遗物平面图（数字为器物编号）

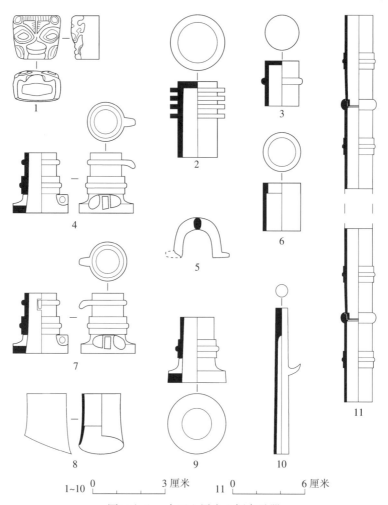

图二七八　十区上层出土铜车马器

1. 兽首构件（M1Ⅹ：1929）　2. A 型帽饰（M1Ⅹ：1355）　3. 衡末（M1Ⅹ：1327）　4、7. B 型车軎（M1Ⅹ：1319、M1Ⅹ：1892）
5. B 型辕（M1Ⅹ：1329）　6. 铜锏（M1Ⅹ：1888）　8. 马蹄形管饰（M1Ⅹ：1925）　9. A 型车軎（M1Ⅹ：1337）　10. C 型盖弓
帽（M1Ⅹ：1351）　11. 伞柄箍饰（M1Ⅹ：1348）

M1Ⅹ：1329，平面为半圆形，辕身截面近似菱形，两脚外折平直。脚距复原长 2.6、高 1.6 厘米（图二七八，5）。

5. 帽饰

2 件。A 型。

M1Ⅹ：1355，长圆筒形，顶端饰四道凸弦纹。帽径 1.6、长 3、銎径 1.6 厘米（图二七八，2；彩版二七一，4）。

M1Ⅹ：1393，形制、尺寸与 M1Ⅹ：1355 基本相同。

6. 锏

3 件。

M1Ⅹ：1888，圆管中空状，一端器壁略厚。长 1.9、管径 1.5 厘米（图二七八，6）

M1Ⅹ：1905 - 1、M1Ⅹ：1922 - 1 共 2 件，尺寸与 M1Ⅹ：1888 基本相同（彩版二七一，5）。

7. 兽首构件

1 件。M1Ⅹ：1929，前端为兽首，张口大眼，双目外凸，后端饰一椭圆形銎。长 1.7、宽 1.9、高 1.2 厘米（图二七八，1）。

8. 马蹄形管饰

2 件。形制相同。

M1Ⅹ：1925，中空圆筒形，顶端平口，底端斜口。长 2.4、顶端管径 1.6 厘米（图二七八，8；彩版二七一，6）。

M1Ⅹ：1930－1，形制、尺寸与 M1Ⅹ：1925 相同（彩版二七一，7）。

9. 衡末

7 件。形制相同。

M1Ⅹ：1327，圆筒形，一端封闭，器身中部饰一周箍状纹。长 1.8、銎径 1.4 厘米（图二七八，3）。

M1Ⅹ：1328、M1Ⅹ：1884、M1Ⅹ：1909、M1Ⅹ：1915、M1Ⅹ：1916、M1Ⅹ：3409 共 6 件，尺寸与 M1Ⅹ：1327 基本相同。

10. 轭足饰

6 件。形制相同。清理时，漆木质地轭身大多朽毁，仅存轭足饰。

M1Ⅹ：1917，弯钩形，内部中空，銎部饰弯曲纹。长 2.6、宽 1.4 厘米（图二七九，5；彩版二七一，8）。

M1Ⅹ：1918、M1Ⅹ：1919、M1Ⅹ：1933、M1Ⅹ：3417、M1Ⅹ：3418 共 5 件，形制、尺寸与 M1Ⅹ：1917 相同（彩版二七一，9）。

11. 带扣

2 件。B 型。清理时，带扣内革带均已朽尽，器物间相互位置大多不明。

M1Ⅹ：1920－74，长方形，一边中部饰一弯钩。长 1.65、宽 1.55 厘米（图二七九，3）。

M1Ⅹ：1339－35，长方形，一边中部穿饰一长条形插条。长 2、宽 1.5 厘米（图二七九，4）。

12. 泡饰

83 件。依形制与纹饰差异，分三型。

A 型　1 件。

M1Ⅹ：1883，半圆形，背面中空，近底部饰一横穿。正面素面，鎏金。器形较小。底径 1、高 0.5 厘米（图二七九，12；彩版二七二，1）。

D 型　45 件。

M1Ⅹ：1332－1，平面近椭圆形，背面中空，底部有一横穿。正面素面。底长轴 1.4、底短轴 0.9、高 0.4 厘米（图二七九，7）。

M1Ⅹ：1332－2～M1Ⅹ：1332－20、M1Ⅹ：1339－10～M1Ⅹ：1339－34 共 44 件，形制、尺寸与 M1Ⅹ：1332－1 相同。

E 型　37 件。

M1Ⅹ：1920－1，圆锥形。表面饰螺旋纹，底部有一横穿。底径 1、高 0.8 厘米（图二七九，8）。

M1Ⅹ：1920－2、M1Ⅹ：1920－3、M1Ⅹ：1920－10～M1Ⅹ：1920－12、M1Ⅹ：1920－26～M1Ⅹ：1920－29、M1Ⅹ：1920－43、M1Ⅹ：1920－50、M1Ⅹ：1920－54～M1Ⅹ：1920－56、M1Ⅹ：1920－65、M1Ⅹ：1920－66、M1Ⅹ：1920－72、M1Ⅹ：1920－76～M1Ⅹ：1920－88、M1Ⅹ：1920－97～M1Ⅹ：1920－102 共 36 件，形制、尺寸、纹饰与 M1Ⅹ：1920－1 相同。

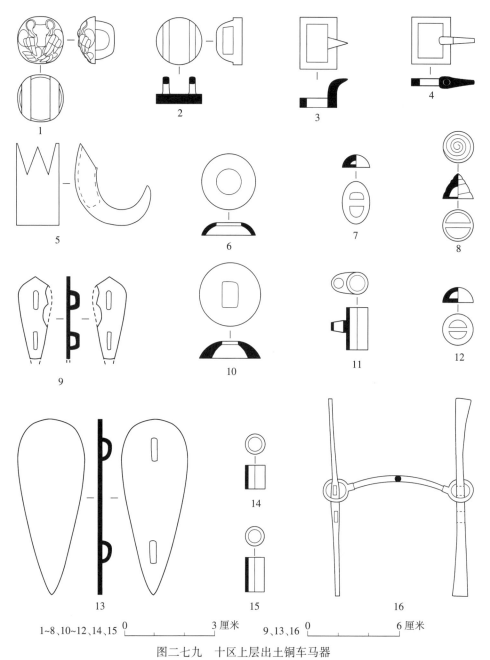

图二七九　十区上层出土铜车马器

1. C 型节约（M1Ⅹ：1330）　2. B 型节约（M1Ⅹ：1308）　3、4. B 型带扣（M1Ⅹ：1920－74、M1Ⅹ：1339－35）　5. 轭足饰（M1
Ⅹ：1917）　6、10. A 型节约（M1Ⅹ：1315、M1Ⅹ：1346）　7. D 型泡饰（M1Ⅹ：1332－1）　8. E 型泡饰（M1Ⅹ：1920－1）　9、13. A 型
当卢（M1Ⅹ：1912、M1Ⅹ：1311）　11、14、15. 管饰（M1Ⅹ：1920－92、M1Ⅹ：1334－2、M1Ⅹ：1335－4）　12. A 型泡饰（M1
Ⅹ：1883）　16. 马衔镳（M1Ⅹ：1310）

13. 马衔镳

7 组。每组器物由马衔 1 件及马镳 2 件组成，均为明器。清理时，明器漆木马已朽尽，马衔镳
散落、残损严重。

M1Ⅹ：1310，圆弧形衔，衔端各有一圆环，环内各穿一马镳。镳中部凸起，内有两长方形穿
孔。衔长 9.8、环径 1.6、镳长 12.6 厘米（图二七九，16）。

M1Ⅹ：1325、M1Ⅹ：1903、M1Ⅹ：1914、M1Ⅹ：1920－20、M1Ⅹ：1920－51、M1Ⅹ：1920－52

共 6 组，形制、尺寸与 M1Ⅹ：1310 基本相同。

14. 当卢

3 件。A 型。

M1Ⅹ：1311，叶形，上端圆弧状，下端尖角形。背面有两处桥形纽鼻。长 11.2、宽 4.4、厚 0.92 厘米（图二七九，13）。

M1Ⅹ：1920－49，形制、尺寸与 M1Ⅹ：1311 相同。

M1Ⅹ：1912，形制同 M1Ⅹ：1311，唯尺寸较小。残长 5.2、宽 2.2、厚 0.85 厘米（图二七九，9；彩版二七二，2）。

15. 节约

38 件。依形制差异，分三型。

A 型 15 件。圆帽形，顶心有一圆形孔，内部中空。器物均匀分布于回廊上层，清理时，器物间的整体关系大多因隔板坍塌而无法确定。

M1Ⅹ：1315，顶心有一圆孔。底径 1.8、孔径 0.8、高 0.4 厘米（图二七九，6）。

M1Ⅹ：1318、M1Ⅹ：1877、M1Ⅹ：1878、M1Ⅹ：1885、M1Ⅹ：1891、M1Ⅹ：1894、M1Ⅹ：1898～M1Ⅹ：1902 共 11 件，形制、尺寸与 M1Ⅹ：1315 基本相同。

M1Ⅹ：1346，顶心有一长方形孔。底径 2、孔长 0.8、孔宽 0.5、高 0.5 厘米（图二七九，10）。

M1Ⅹ：1316、M1Ⅹ：1347 共 2 件，形制、尺寸与 M1Ⅹ：1346 基本相同。

B 型 11 件。正面呈圆形，背面有两长方形穿。

M1Ⅹ：1308，直径 1.5、高 0.9 厘米（图二七九，2）。

M1Ⅹ：1309、M1Ⅹ：1312、M1Ⅹ：1326、M1Ⅹ：1333、M1Ⅹ：1876、M1Ⅹ：1904、M1Ⅹ：1910、M1Ⅹ：1911、M1Ⅹ：1920－75、M1Ⅹ：1928 共 10 件，形制、尺寸与 M1Ⅹ：1308 基本相同。

C 型 12 件。正面半圆球形饰一熊，四足抱膝，背面有两长方形穿。

M1Ⅹ：1330，直径 1.5、高 1.2 厘米（图二七九，1）。

M1Ⅹ：1335－3、M1Ⅹ：1335－10、M1Ⅹ：1920－5、M1Ⅹ：1920－6、M1Ⅹ：1920－9、M1Ⅹ：1920－21、M1Ⅹ：1920－31、M1Ⅹ：1920－47、M1Ⅹ：1920－48、M1Ⅹ：1920－73、M1Ⅹ：3413 共 11 件，形制、尺寸、纹饰与 M1Ⅹ：1330 基本相同。

16. 管饰

148 件。形制相同，器表大多鎏金，部分器物残损严重，几呈碎屑。

M1Ⅹ：1335－4，长圆管形，内部中部，器表鎏金。管径 0.6、长 1.1 厘米（图二七九，15）。

M1Ⅹ：1334－1、M1Ⅹ：1334－3、M1Ⅹ：1334－4、M1Ⅹ：1335－1、M1Ⅹ：1335－2、M1Ⅹ：1335－6～M1Ⅹ：1335－9、M1Ⅹ：1335－11、M1Ⅹ：1338－1、M1Ⅹ：1338－2、M1Ⅹ：1339－1～M1Ⅹ：1339－4、M1Ⅹ：1339－6、M1Ⅹ：1339－8、M1Ⅹ：1339－9、M1Ⅹ：1339－36～M1Ⅹ：1339－42、M1Ⅹ：1364－1～M1Ⅹ：1364－3、M1Ⅹ：1364－6、M1Ⅹ：1364－7、M1Ⅹ：1364－10、M1Ⅹ：1364－12、M1Ⅹ：1364－14、M1Ⅹ：1364－15、M1Ⅹ：1920－13～M1Ⅹ：1920－19、M1Ⅹ：1920－22～M1Ⅹ：1920－25、M1Ⅹ：1920－32～M1Ⅹ：1920－41、M1Ⅹ：1920－44、M1Ⅹ：1920－45、M1Ⅹ：1920－53、M1Ⅹ：1920－57～M1Ⅹ：1920－64、M1Ⅹ：1920－67～M1Ⅹ：1920－71、M1Ⅹ：1920－89～M1Ⅹ：1920－91、M1Ⅹ：1920－93～M1Ⅹ：1920－96、M1Ⅹ：3421－1～M1Ⅹ：3421－6、M1Ⅹ：3422－1～M1Ⅹ：3422－8、M1Ⅹ：3423－1～M1

X：3423 – 14、M1X：3424 – 1 ~ M1X：3424 – 27 共 134 件，形制、尺寸与 M1X：1335 – 4 基本相同。

M1X：1334 – 2，长圆管形，器形较小，内部中部，器表鎏金。管径 0.7、长 0.8 厘米（图二七九，14）。

M1X：1335 – 5、M1X：1335 – 12、M1X：1339 – 5、M1X：1339 – 7、M1X：1339 – 37、M1X：1364 – 4、M1X：1364 – 5、M1X：1364 – 8、M1X：1364 – 9、M1X：1364 – 11、M1X：1364 – 13 共 11 件，形制、尺寸与 M1X：1334 – 2 基本相同。

M1X：1920 – 92，"T"形铜管，内部中空，器表鎏金。管径 0.72、长 1.36 厘米（图二七九，11）。

（二）兵器

12 件。

1. 镦

9 件。依形制与纹饰差异，分二型。

D 型 6 件。器口平面呈圆形，器形较小，器表大多鎏金。均为明器。

M1X：1886，口径 0.9、高 2.1 厘米（图二八〇，7）。

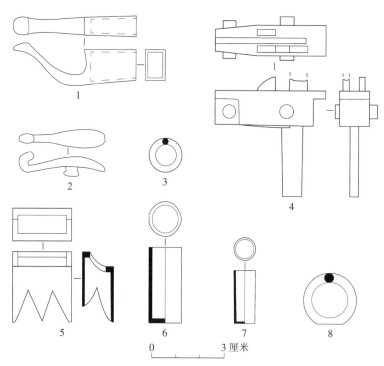

图二八〇 十区上层出土铜器

1. B 型承弓器（M1X：1926） 2. A 型带钩（M1X：1881） 3. A 型环（M1X：1304） 4. B 型弩机（M1X：1907） 5. B 型箭箙包首饰（M1X：1897） 6. G 型镦（M1X：1317） 7. D 型镦（M1X：1886） 8. C 型环（M1X：3406）

M1X：1889、M1X：1905 – 2、M1X：1922 – 2、M1X：1924、M1X：1930 – 2 共 5 件，形制、尺寸与 M1X：1886 基本相同（彩版二七二，3 ~ 5）。

G 型 3 件。器口平面近桃形，器形较小，器表大多鎏金。均为明器。

M1X：1317，器表素面。径 1.35、高 3 厘米（图二八〇，6）。

M1Ⅹ：1923、M1Ⅹ：1353 共 2 件，形制、尺寸与 M1Ⅹ：1317 基本相同。

2. 弩机

1 件。B 型。

M1Ⅹ：1907，器形较小，当为明器。郭长 4.5、郭宽 1.2、望山残高 0.47 厘米（图二八〇，4；彩版二七二，6）。

3. 箭箙包首饰

1 件。B 型。

M1Ⅹ：1897，上端为长方形，中部下折为台阶状，下端呈三尖齿状。通体鎏金。长 2.4、宽 1.3、高 2.8 厘米（图二八〇，5；彩版二七二，7）。

4. 承弓器

1 件。B 型。

M1Ⅹ：1926，器身前部下端向斜上方弯曲，末端向前平伸，后部为长方形銎，通体鎏金。通长 5.1、銎长 1.2、銎宽 0.8 厘米（图二八〇，1；彩版二七三，1）。

（三）日常生活用器

25 件。

1. 带钩

2 件。A 型。

M1Ⅹ：1881，琵琶形钩身，圆形钩首，下饰一圆纽。长 3.6、宽 0.7、高 0.8 厘米（图二八〇，2；彩版二七三，2）。

M1Ⅹ：1927，形制、尺寸与 M1Ⅹ：1881 相同（彩版二七三，3）。

2. 环

23 件。依形制差异，分二型。

A 型 21 件。环身截面呈圆形。

M1Ⅹ：1304，外径 1.35、厚 0.25 厘米（图二八〇，3）。

M1Ⅹ：1305～M1Ⅹ：1307、M1Ⅹ：1313、M1Ⅹ：1314、M1Ⅹ：1361、M1Ⅹ：1362、M1Ⅹ：1879、M1Ⅹ：1882、M1Ⅹ：1920－4、M1Ⅹ：1920－7、M1Ⅹ：1920－8、M1Ⅹ：1920－30、M1Ⅹ：1920－42、M1Ⅹ：1920－46、M1Ⅹ：1920－103、M1Ⅹ：3410、M1Ⅹ：3419、M1Ⅹ：3425、M1Ⅹ：3426 共 20 件，形制、尺寸与 M1Ⅹ：1304 基本相同。

C 型 2 件。

M1Ⅹ：3406，近圆形，一端近平，环身截面呈圆形。外径 2.36、厚 0.35 厘米（图二八〇，8；彩版二七三，4）。

M1Ⅹ：3420，形制、尺寸与 M1Ⅹ：3406 相同（彩版二七三，5）。

二 铁器

19 件（组）。包括车马器、兵器、工具等。

（一）车马器

3 件。

1. 釭

1 件。M1Ⅹ：1932，短圆管形。外径 3、长 0.8、壁厚 0.2 厘米（图二八一，6）。

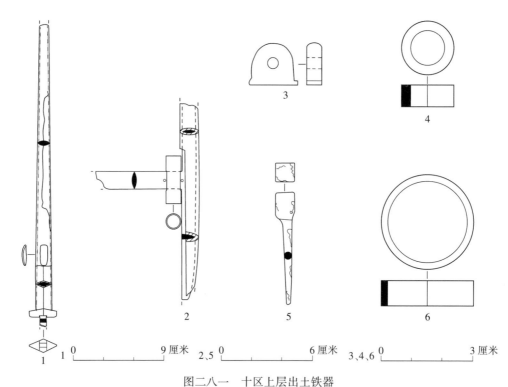

图二八一　十区上层出土铁器

1. B 型剑（M1Ⅹ：1887）　2. B 型戟（M1Ⅹ：1896）　3. 辖（M1Ⅹ：1890）　4. 铜（M1Ⅹ：1892 - 1）
5. A 型钉（M1Ⅹ：3414）　6. 釭（M1Ⅹ：1932）

2. 铜

1 件。M1Ⅹ：1892 - 1，短圆管形。长 0.7、外径 1.7、壁厚 0.3 厘米（图二八一，4）。

3. 辖

1 件。M1Ⅹ：1890，整体呈半圆形，中部圆孔。长 1.6、宽 1.3、厚 0.5 厘米（图二八一，3；
彩版二七三，6）。

（二）兵器

15 件。

1. 戟

7 件。B 型。"卜"字形铁戟，援与内结合处饰铜质秘帽，截面呈圆形。皆为明器。

M1Ⅹ：1896，残长 12.5、枝残长 5.7、秘帽长 3 厘米（图二八一，2）。

M1Ⅹ：1303、M1Ⅹ：1324、M1Ⅹ：1331、M1Ⅹ：1352、M1Ⅹ：1875、M1Ⅹ：1913 共 6 件，形制、
尺寸与 M1Ⅹ：1896 相同。

2. 剑

8 件。B 型。皆为明器。

M1X：1887，剑身较长，断面呈菱形，格为铜质，茎首端有一小孔。剑身漆鞘残，鞘身顶部平直，前半段截面为椭圆形，剑璏以下部分截面呈菱形。剑身残长 27.4、最宽处 1.4 厘米，通体残长 28.8、格宽 2.7 厘米，剑鞘残长 27.4、最宽处 1.62 厘米（图二八一，1）。

M1X：1344、M1X：1390、M1X：1391、M1X：1880、M1X：1895、M1X：1908、M1X：3408 共 7 件，尺寸与 M1X：1887 相同。

（三）工具

1 件。

钉。A 型。

M1X：3414，器身细长，下端内收为尖状，上端为长方形钉帽。长 7.2 厘米（图二八一，5；彩版二七三，7）。

大云山

西汉江都王陵1号墓发掘报告

（二）

南 京 博 物 院
盱眙县文化广电和旅游局　编著

主　编　李则斌
副主编　陈　刚　左　骏

文物出版社

北京·2020

EXCAVATION REPORT ON THE KING OF JIANGDU'S TOMB M1 OF THE WESTERN HAN PERIOD AT DAYUNSHAN

(II)

by

Nanjing Museum

and

Xuyi County Bureau of Culture, Broadcast, Television and Tourism

EDITOR – IN – CHIEF: LI Zebin

DEPUTY EDITOR – IN – CHIEFS: CHEN Gang   ZUO Jun

Cultural Relics Press

Beijing · 2020

第六章 外回廊下层出土遗物

第一节 一（Ⅰ）区下层出土遗物

墓室西回廊南端一区下层随葬各类遗物54件，包括铜器、铁器、银器、石器、琉璃器、漆器、陶器等，主要为沐浴用品。一区西南部，出土带有"江都宦者"铭文的银沐盘，清理时与漆沐盘（M1Ⅰ:3744）、铜沐盘（M1Ⅰ:3745～M1Ⅰ:3747）呈叠状倒扣共出，其东部为两件五枝灯。一区东南部，铜鼎、铁炉与两件铜虎、搓石及14件铜灯等共出，因塌落它们彼此相互叠压，铜鼎上摆放铜釭灯（M1Ⅰ:3605）及4件搓石（图二八二；彩版二七四～二七六）。

一 铜器

34件。均为日常生活用器，包括鼎、盆、沐盘、缶、灯、虎、器盖、铺首、环和扣饰。

1. 鼎

1件。与两件铜虎、石搓及16件铜灯共出。鼎上摆放铜釭灯（M1Ⅰ:3605）及4件搓石。

D型 1件。

M1Ⅰ:3607，器形较大。附长方形耳，弧腹，圜底，三蹄形足。腹中部饰一周凸棱。器身口沿与腹部均刻有铭文。口沿沿面刻有铭文"容二"。腹部刻有铭文三处，分别为"容石""二石一斗五升，共一钧十六斤六两，第三""容一石一斗二升，重一钧十五斤五两。第五百卅五"。口径33.6、连耳高36.6、耳高12、耳宽7厘米（图二八三；彩版二七七；彩版二七八，1）。

2. 盆

1件。M1Ⅰ:3748，宽平沿，弧腹，平底。残损严重，无法复原（彩版二七八，2）。

3. 沐盘

3件。形制相同，与银沐盘（M1Ⅰ:1766）、漆沐盘（M1Ⅰ:3744）相叠倒扣共出。

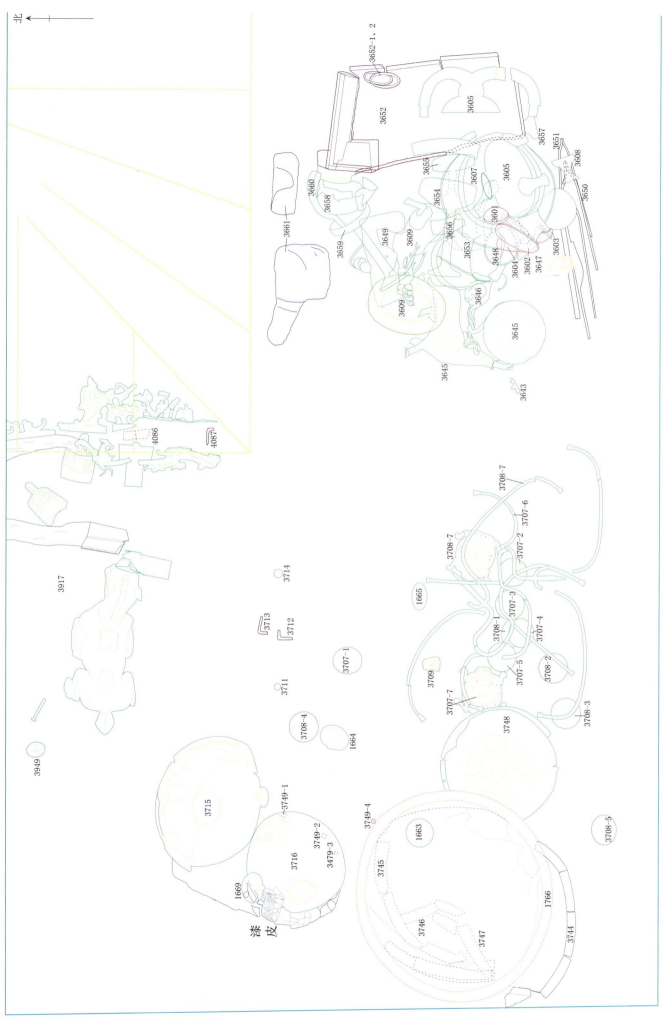

图二八二 一区下层出土遗物平面图（数字为器物编号）

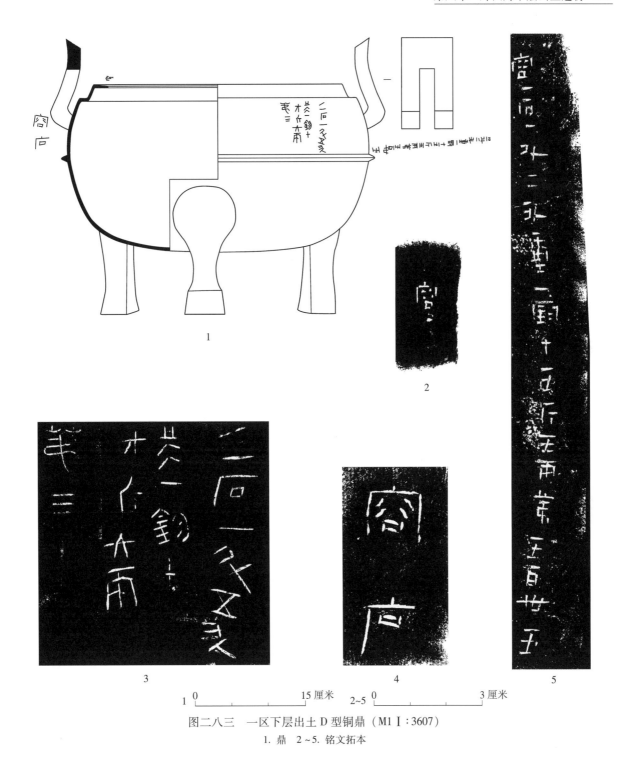

图二八三 一区下层出土 D 型铜鼎（M1Ⅰ：3607）

1. 鼎 2~5. 铭文拓本

M1Ⅰ：3745，宽平沿，敞口，斜直腹，圜底。通体素面。口沿正面刻有铭文"江都宦者。容一石七斗，重廿斤八两"。口径 67.7、高 15.4 厘米（图二八四，1、5；彩版二七九）。

M1Ⅰ：3746，宽平沿。残损严重，无法复原。口沿正面刻有铭文"江〔都宦者。容〕……一斗，重七……"

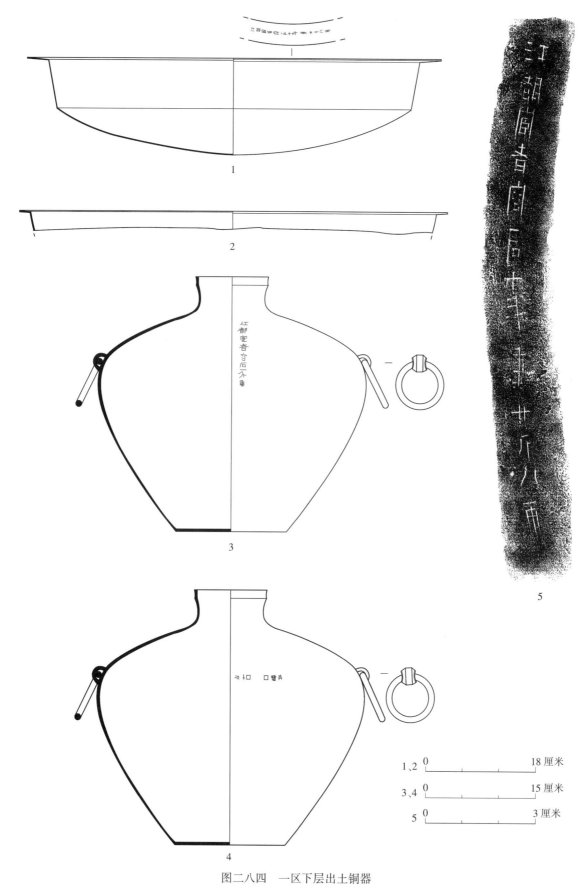

图二八四　一区下层出土铜器

1、2. 沐盘（M1Ⅰ:3745、M1Ⅰ:3747）　　3、4. 缶（M1Ⅰ:3715、M1Ⅰ:3716）　　5. 沐盘（M1Ⅰ:3745）铭文拓本

M1Ⅰ：3747，宽平沿，敞口，斜直腹，底残。通体素面。口径 70.1、残高 3.4 厘米（图二八四，2）。

4. 缶

2 件。形制、尺寸相同。直口，短束颈，溜肩，鼓腹斜收，上腹两侧各有一衔环，平底。

M1Ⅰ：3715，清理时与铜五枝灯塌落于一处。肩部刻有铭文"江都宦者容□石一升重"。口径 10、底径 15.3、高 33.8 厘米（图二八四，3；彩版二八〇，1）。

M1Ⅰ：3716，肩部刻有铭文"江都〔宦者〕〔重〕十斤"（图二八四，4；彩版二八〇，2）。

5. 灯

16 件。与铜虎、石搓等共出，因塌落而相互叠压。依形制差异，分六型。

A 型　6 件。豆形灯。圆盘，直壁，喇叭状底座。柄中部饰一道箍状纹。盘壁外侧刻有铭文。

M1Ⅰ：3657，长筒形柄。铭文为"江都宦者。容三升半升，重十斤"。口径 18.4、盘深 3、底径 15.2、通高 30.12 厘米（图二八五，1；图二八六，1；彩版二八一）。

M1Ⅰ：3659，形制、尺寸、纹饰与 M1Ⅰ：3657 相同。铭文为"江都宦者。容三升半升，重六斤八两"（图二八五，2；彩版二八二）。

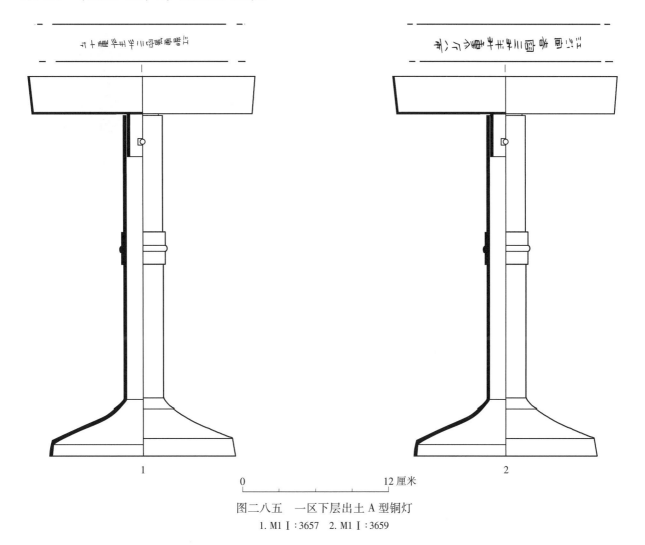

图二八五　一区下层出土 A 型铜灯
1. M1Ⅰ：3657　2. M1Ⅰ：3659

图二八六　一区下层出土铜灯铭文拓本

1、2、5~7. A 型（M1Ⅰ:3657、M1Ⅰ:3655、M1Ⅰ:3660、M1Ⅰ:3654、M1Ⅰ:3608）　3. B 型（M1Ⅰ:3656）　4. C 型（M1Ⅰ:3648）

　　M1Ⅰ:3654，竹节纹柄。铭文为"江都宦者。容二升，重三斤四两"。口径 14.4、盘深 3.2、底径 10、通高 14.4 厘米（图二八七，1；图二八六，6；彩版二八三）。

　　M1Ⅰ:3655，形制、尺寸、纹饰与 M1Ⅰ:3654 相同。铭文为"江都宦者。容二升，重二斤十二两"（图二八七，2；图二八六，2；彩版二八四，1）。

　　M1Ⅰ:3608，竹节纹柄。铭文为"江都宦者。容半升，重一斤四两"。口径 7.6、盘深 1.6、底径 6.8、通高 8.2 厘米（图二八七，4；图二八六，7；彩版二八四，2）。

　　M1Ⅰ:3660，形制、尺寸、纹饰与 M1Ⅰ:3608 相同。铭文为"江都宦者。容半升，重一斤四两"（图二八七，3；图二八六，5；彩版二八四，3）。

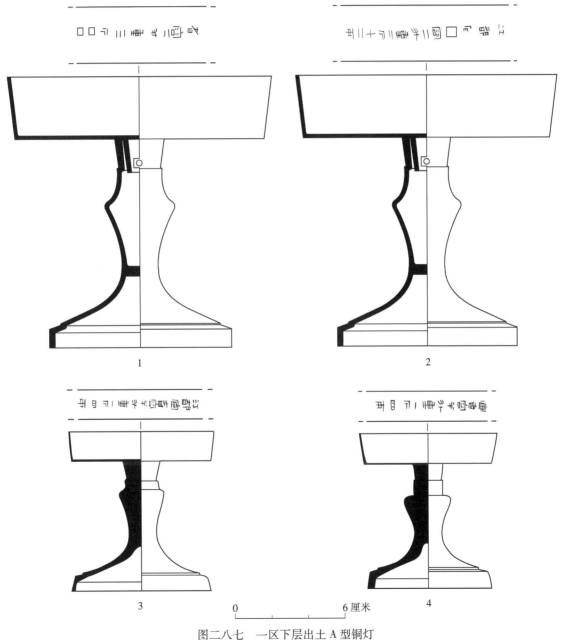

0　　　　　　6厘米

图二八七　一区下层出土 A 型铜灯
1. M1Ⅰ:3654　2. M1Ⅰ:3655　3. M1Ⅰ:3660　4. M1Ⅰ:3608

B 型　2 件。行灯。浅盘，直壁，盘内中部有一圆锥状烛钎，盘下有三蹄形足，口沿外有龙形柄。盘壁外侧刻有铭文。

M1Ⅰ:3653，铭文为"江都宦者。容二升，重三斤二两"。灯盘口径 13.4、盘深 2.2、通长 26.8、通高 10.4 厘米（图二八八，1；彩版二八五）。

M1Ⅰ:3656，形制、尺寸、纹饰与 M1Ⅰ:3653 相同。铭文为"江都宦者。重三斤，容一升半升。六年，陳陵造"（图二八八，2；图二八六，3；彩版二八六，1）。

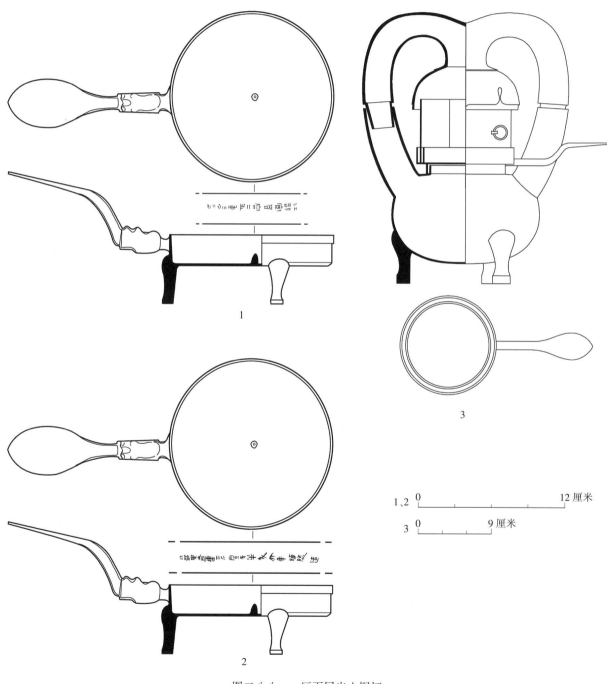

图二八八　一区下层出土铜灯

1、2. B 型（M1Ⅰ:3653、M1Ⅰ:3656）　3. F 型（M1Ⅰ:3658）

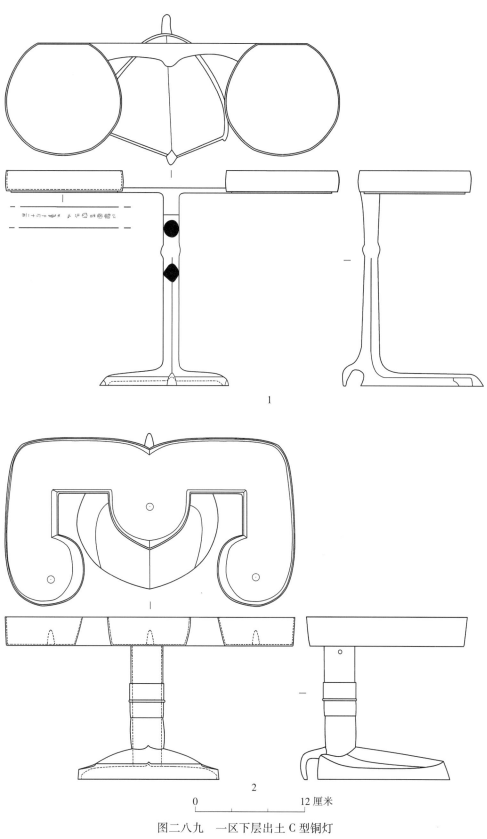

图二八九 一区下层出土 C 型铜灯
1. M1Ⅰ:3648 2. M1Ⅰ:3649

C 型　2件。雁足灯。直壁，雁足状底座，足上有三趾。

M1Ⅰ:3648，两近圆形浅灯盘，竹节纹细长柄。盘壁外侧刻有铭文"江都宦者。容口升半升，重十斤十二两"。灯盘口径12.8、盘深2.2、通高22.8厘米（图二八六，4；图二八九，1；彩版二八六，2）。

M1Ⅰ:3649，"M"形灯盘，盘内置三只圆锥状烛钎。柄中部饰箍状纹。灯盘长31.2、盘深3.2、通高17.2厘米（图二八九，2；彩版二八七，1）。

D 型　2件。鹿灯。由灯盘、支架、鹿座三部分组成。

M1Ⅰ:3609，通体鎏金。鹿昂首，口中衔支架，上承盘。灯盘为环状凹槽，其内置三只圆锥状烛钎。支架为灵芝造型，呈横"S"状，上饰柿蒂纹花瓣和花苞。鹿座呈向后蹲踞状，鹿尾贴地。鹿角单独铸造，可自由拆卸。灯盘口径22.2、盘深2.1、通高45厘米（图二九○、二九一；彩版二八七，2；彩版二八八、二八九）。

M1Ⅰ:3645，形制、尺寸、纹饰与M1Ⅰ:3609相同（彩版二九○～二九二）。

E 型　2件。五枝灯。

M1Ⅰ:3707，由灯盘、灯枝、灯座三部分组成。圆形灯盘，圜底。灯枝共五枝，上饰竹节纹，每枝顶头套一灯盘。灯座为蟾蜍形，蜍身扁平，四足蹲踞，头部有两角，背面正中有一銎。灯盘口径9.7、盘深2.65、通高60厘米（图二九二、二九三；彩版二九三）。

M1Ⅰ:3708，形制、尺寸、纹饰与M1Ⅰ:3707基本相同（图二九四、二九五；彩版二九四）。

F 型　2件。釭灯。由灯盘（碟）、灯罩、灯盖、釭四部分组成。

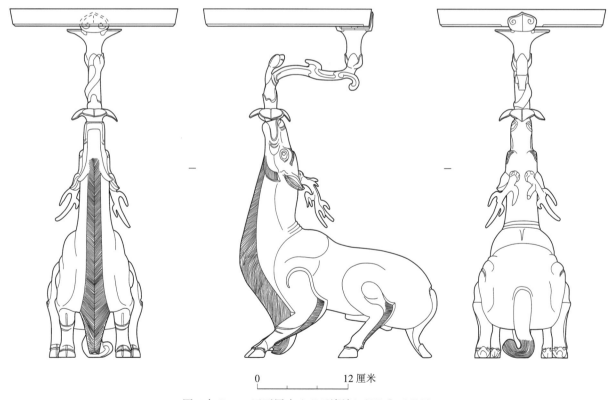

0　　　　　　　12厘米

图二九○　一区下层出土 D 型铜灯（M1Ⅰ:3609）

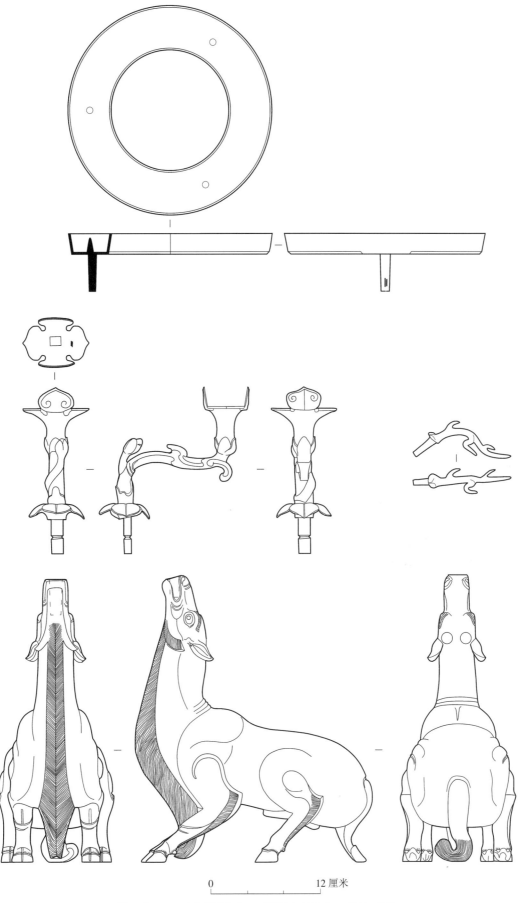

0   12 厘米

图二九一 一区下层出土 D 型铜灯（M1 I：3609）单体

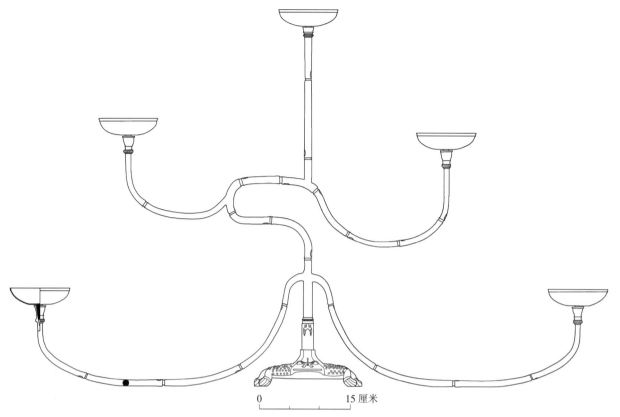

图二九二　一区下层出土 E 型铜灯（M1Ⅰ：3707）

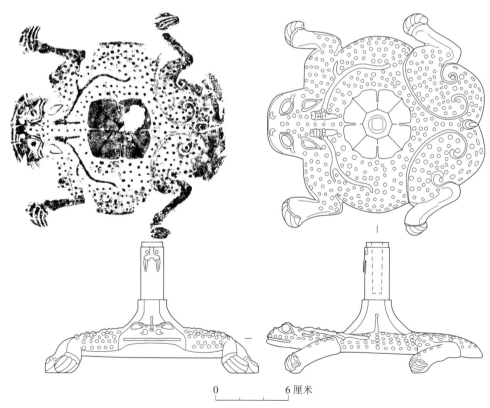

图二九三　一区下层出土 E 型铜灯（M1Ⅰ：3707）底座

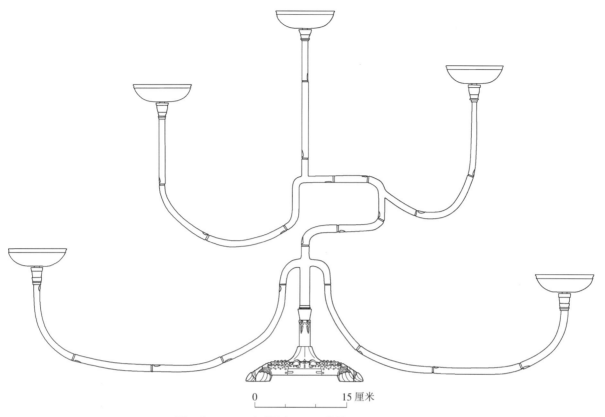

0　　　　　　　15 厘米

图二九四　一区下层出土 E 型铜灯（M1Ⅰ:3708）

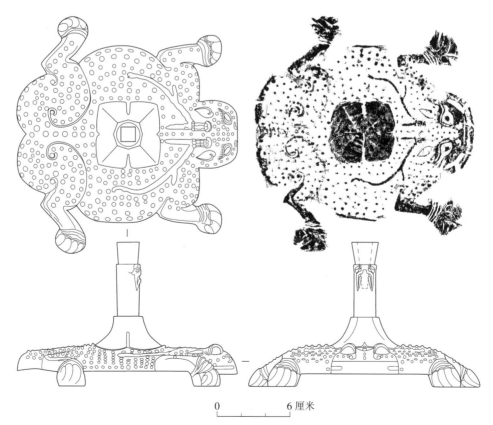

0　　　　　6 厘米

图二九五　一区下层出土 E 型铜灯（M1Ⅰ:3708）底座

　　M1Ⅰ：3605，釭形如鼎，直领，圆腹，圜底，三兽蹄形足。釭肩部两侧各伸出一向上弯曲状烟管，与灯盖顶部伸出的两根向下的烟管相连。灯盘下有圈足，与釭口沿相接。灯罩由两片大小相同的弧形铜板组成，可自由开合。釭肩部刻有铭文"江都宦者。并重一钧三斤，容三斗三升"。灯盘口径 14.8、盘深 2.4、通高 50.8 厘米（图二九六、二九七；彩版二九五；彩版二九六，1）。

　　M1Ⅰ：3658，形制与 M1Ⅰ：3605 基本相同。灯盘口径 10.2、盘深 1.8、通高 32.9 厘米（图二八八，3；彩版二九六，2）。

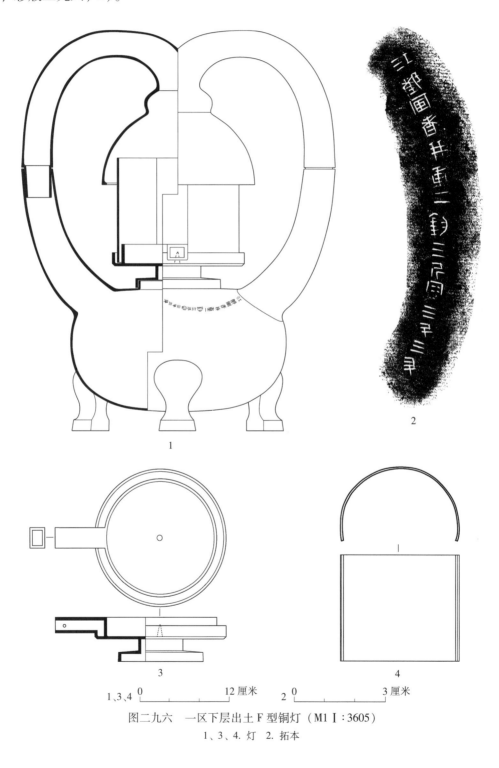

图二九六　一区下层出土 F 型铜灯（M1Ⅰ：3605）

1、3、4. 灯　2. 拓本

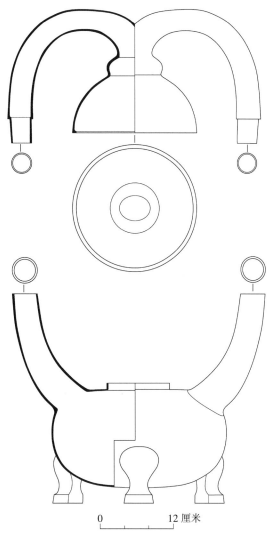

图二九七　一区下层出土 F 型铜灯（M1Ⅰ：3605）

6. 虎

2 件。形制相同，与各类铜灯共出。虎昂头张口，前足撑地，后足蹲踞，长尾及地。

M1Ⅰ：3646，模铸。器表通体以鎏金银技法饰虎斑纹。长 45.3、宽 10、高 21.5 厘米（图二九八；彩图五〇；彩版二九七，1、2；彩版二九八）。

M1Ⅰ：3647，形态、纹饰、尺寸与 M1Ⅰ：3646 基本相同，唯两侧面须稀疏有别（图二九九；彩版二九七，1；彩版二九九）。

7. 器盖

1 件。M1Ⅰ：3949，扁圆弧形，顶心有一纽，略残。口径 5.9、残高 0.5 厘米（图三〇〇，5；彩版三〇〇，1）。

8. 铺首

3 件。依形制差异，分二型。

C 型　2 件。

M1Ⅰ：1664，兽面衔环状。兽面双目突出，双耳上扬内撇，额似山尖形，面颊素面，兽鼻下卷，

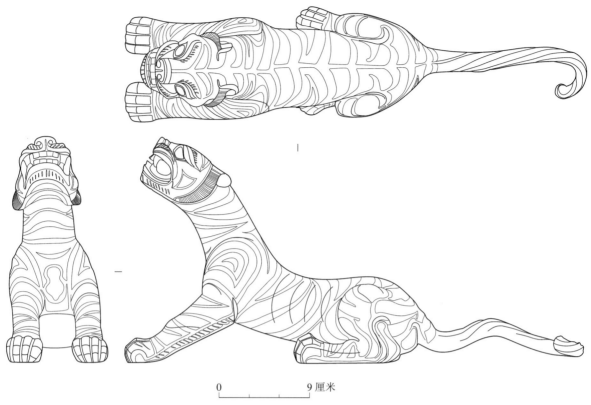

0　　　　　9 厘米

图二九八　一区下层出土铜虎（M1Ⅰ∶3646）

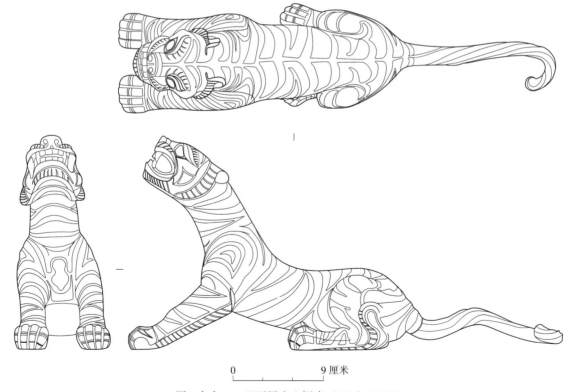

0　　　　　9 厘米

图二九九　一区下层出土铜虎（M1Ⅰ∶3647）

1、2. C 型铺首（M1Ⅰ:1664）　3. E 型铺首（M1Ⅰ:3709）　4. 扣饰（M1Ⅰ:3643）　5. 器盖
（M1Ⅰ:3949）　6、7. A 型环（M1Ⅰ:3711、M1Ⅰ:1663）

图三〇〇　一区下层出土铜器

曲鼻衔环。背面正中有一扁长方形销钉。长 8、宽 7.5、销钉长 2.4、环径 8.5 厘米（图三〇〇，
1、2；彩版三〇〇，2）。

M1Ⅰ:1669，尺寸与 M1Ⅰ:1664 相同（彩版三〇〇，3）。

E 型　1件。

M1Ⅰ:3709，兽面衔环状。兽面双目突出，双耳上扬外撇，额似山尖形，兽鼻下卷，曲鼻衔环。背面有一横长方形销钉。长 4.5、宽 3.4、销钉长 1.5、环径 3.6 厘米（图三〇〇，3；彩版三〇〇，4）。

9. 环

4 件。A 型。环身截面呈圆形。

M1Ⅰ:1663，器形较大。外径 8.4、厚 1 厘米（图三〇〇，7；彩版三〇〇，5）。

M1Ⅰ:1665，形制、尺寸与 M1Ⅰ:1663 相同。

M1Ⅰ:3711，器形较小。外径 1.9、厚 0.35 厘米（图三〇〇，6）。

M1Ⅰ:3714，形制、尺寸与 M1Ⅰ:3711 基本相同。

10. 扣饰

1 件。M1Ⅰ:3643，呈俑形，俑圆目外瞠，长发及腿，双手弯曲做捧物状。应为漆木器之扣件插饰。高 6、宽 1.9 厘米（图三〇〇，4；彩版三〇一，1）。

二　铁器

8 件。包括工具、日常生活用器等。

（一）工具

3 件。

钉。B 型。

M1Ⅰ:3712，器身细长，下端内收为四棱锥形，上端钉帽向一侧弯折。长 4.6 厘米（图三〇一，1）。

M1Ⅰ:3713，器身细长，下端内收为四棱锥形，上端钉帽向一侧弯折。长 5.75 厘米（图三〇一，2）。

M1Ⅰ:4087，形制、尺寸与 M1Ⅰ:3712 相同。

（二）日常生活用器

5 件。包括炉、钩和钳。

1. 炉

1 件。M1Ⅰ:3652，平面呈长方形。敞口，口沿外折，直壁，平底，底附四马蹄形足，两短壁外各有一衔环。炉身长 64、炉身宽 34.2、底长 60.4、底宽 30.7、通高 26.4 厘米（图三〇一，5）。

2. 钩

2 件。

M1Ⅰ:3652-1，长条形，断面呈圆形，一端弯曲上翘呈钩状，另一端与一圆环相接。钩长 45、环外径 12.6、环内径 9.78 厘米（图三〇一，4；彩版三〇一，2）。

M1Ⅰ:3652-2，形制、尺寸与 M1Ⅰ:3652-1 相同（彩版三〇一，2）。

3. 钳

2 件。

M1Ⅰ:3650，两股式，由一根铁条等分弯曲而成。长 61.4、宽 5.9、厚 2.4 厘米（图三〇一，

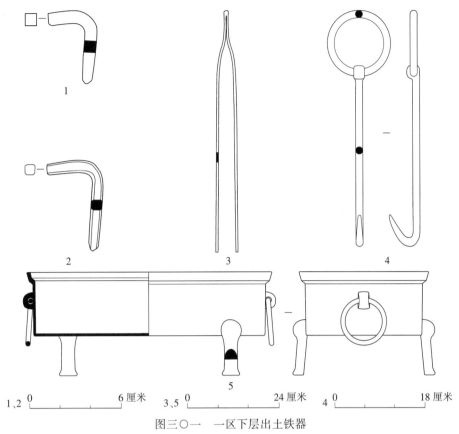

图三〇一　一区下层出土铁器

1、2. B 型钉（M1Ⅰ:3712、M1Ⅰ:3713）　3. 钳（M1Ⅰ:3650）　4. 钩（M1Ⅰ:3652-1）　5. 炉（M1Ⅰ:3652）

3；彩版三〇一，3）。

M1Ⅰ:3651，形制、尺寸与 M1Ⅰ:3650 相同（彩版三〇一，3）。

三　银器

1 件。沐盘。出土于一区西南部，清理时其与漆沐盘（M1Ⅰ:3744）、铜沐盘（M1Ⅰ:3745 ~ M1Ⅰ:3747）呈叠状倒扣共出。

M1Ⅰ:1766，宽平沿，敞口，斜直腹，圜底。通体素面。口沿下刻有铭文"江都宦者。沐盤（盘），容一石八斗，重廿八斤。十七年，受邸"。口径69.3、高15.6厘米（图三〇二；彩版三〇二）。

四　石器

3 件。搓。形制不同。由火山石磨制而成。器表为蜂窝状小孔。

M1Ⅰ:3601，清理时其与 M1Ⅰ:3602 ~ M1Ⅰ:3604 共 4 件相邻共出。圆形，器身较扁。直径8.2、高3.5厘米（图三〇三，1；彩版三〇三，1）。

M1Ⅰ:3602，长条形，器身略厚。长18.3、宽6.3、高3.9厘米（图三〇三，2；彩版三〇三，2）。

M1Ⅰ:3603，形制与 M1Ⅰ:3601 相同，唯尺寸略小。直径7.4、高2.6厘米（图三〇三，3；彩版三〇三，3）。

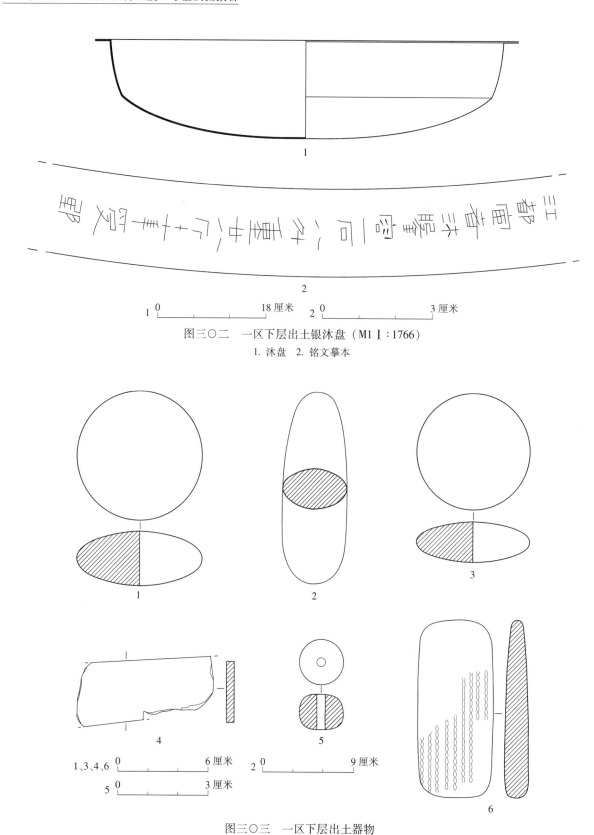

图三〇二　一区下层出土银沐盘（M1Ⅰ:1766）

1. 沐盘　2. 铭文摹本

图三〇三　一区下层出土器物

1~3. 石搓（M1Ⅰ:3601~M1Ⅰ:3603）　4. 琉璃编磬（M1Ⅰ:4086）　5. A型琉璃珠（M1Ⅰ:3749-1）

6. 灰陶搓（M1Ⅰ:3604）

五　琉璃器

5件。包括编磬、珠。

1. 编磬

1件。M1Ⅰ:4086，风化残损严重，具体形制及尺寸难以复原。残长8.98、宽4.02、厚0.5厘米（图三〇三，4）。

2. 珠

4件。A型。大部分已风化成白色不透明状，圆珠形。

M1Ⅰ:3749-1，近圆形，中有一孔。直径1.45、高1.12、孔径0.28厘米（图三〇三，5）。

M1Ⅰ:3749-2～M1Ⅰ:3749-4共3件，形制、尺寸与M1Ⅰ:3749-1基本相同。

六　漆器

1件。沐盘。出土于一区西南部，清理时其与银沐盘（M1Ⅰ:1766）、铜沐盘（M1Ⅰ:3745～M1Ⅰ:3747）呈叠状倒扣共出。

M1Ⅰ:3744，夹纻胎。敞口，斜沿，弧折腹，平底。沿面与内沿髹黑漆，沿面针刻四道弦纹，由外至内第一、二道弦纹间夹饰梳齿纹与套菱纹组合，第二、三道弦纹间夹饰朱绘云气纹，第三、四道弦纹间夹饰半弧纹与朱漆点纹组合。盘内上腹部髹黑漆，内针刻七道弦纹。由上至下第一、二道弦纹间夹饰梳齿纹与朱漆点纹组合，第三、四道与第五、六道弦纹间均夹饰朱绘云气纹，第四、五道与第六、七道弦纹间均夹饰梳齿纹与波线纹及套菱纹组合。盘内下腹部通髹朱漆，素面。内底髹黑漆，中心朱绘三组对称变形龙纹，外饰八道弦纹。由内至外第三、四道与第七、八道弦纹间均夹饰梳齿纹与朱漆点纹组合，第四、五道与第五、六道弦纹间均夹饰朱绘云气纹。盘外通髹黑漆，上腹朱绘云气纹为主题画面，下腹素面。口沿沿面朱漆隶书铭文"……九月中□官监臣□、工多造。容二石。食宦者"。口径69、底径24.1、高16.2厘米（彩图五一；彩版三〇三，4）。

七　陶器

1件。搓。灰陶器，与石搓共出。

M1Ⅰ:3604，长条形，器表绳纹因长时间使用基本消失。长11.3、宽4.9、厚1.5厘米（图三〇三，6；彩版三〇三，5）。

八　其他

1件。蜡。

M1 I：3661，现场清理时呈膏状，提取后固化，呈块状，色泽淡黄，上有红褐色杂质（彩版三〇三，6）。

第二节 二（II）区下层出土遗物

墓室西回廊南部二区下层随葬各类遗物 14 件（套），包括铜器、琉璃器等。主要为编钟。根据清理后的编钟架底座推测，编钟原为南北向面东随葬于二区东部，因墓室坍塌，编钟架上部向东塌落于题凑上。在编钟架中部出土有成堆的琉璃珠（图三〇四；彩版三〇四）。

一 铜器

1 套。乐器编钟。

M1 II：3917，由悬钟与梁架两部分构成（彩图五二；彩版三〇五）。

悬钟部分，计纽钟 14 枚、甬钟 5 枚。纽钟是先于上梁底面开卯孔，再将纽部榫入卯孔内，以插销榫住悬挂；甬钟应是利用甬柱上的纽（斡），穿绳后直接挂于下梁架上。

梁架主体是由漆绘的横梁和立柱、跪卧骆驼形青铜底座、鎏银涂金铜托架、鎏金镂空云龙铜插饰、刻纹银璧饰等部件构成。木质漆绘横梁和立柱的表面髹黑漆，底绘朱漆飘逸云气的单元纹样；漆梁的两端包镶鎏金铜包首。两侧立柱下端各插入一青铜底座，底座呈前肢跪地、后肢匍匐的骆驼形态，前驼峰凸出方形卯銎，卯銎中立柱以榫卯与两梁相接；立柱顶端卯入被巧妙设计成半开花蕾状的鎏银涂金流云纹托架，托架由暗榫承接于上梁。

上梁顶部是整套编钟的视觉亮点。它以横向梁架的云山为中心，大致呈轴对称状。以 7 段榫卯结构的片状鎏金镂空云龙插饰做主体，向中心聚集；两端再套榫，突出头颈高昂、引首长啸的龙形首，龙身以活动匙扣嵌入刻云纹银璧各一；龙身与流云连成一体，卷动中露出前后的利爪；两龙首之间，用斜方云角和弧线卷曲的云纹相叠，以静中取动的设计展示出蛟龙在天际云间翻腾的盛状。鎏金镂空云龙铜插饰的中心，是翻腾的云气与龙尾相叠所形成的云山，其中心也镶嵌一枚银璧。与前两枚不同的是，这枚银璧除刻画有云气外，云气之间还装饰有姿态各异的神兽。另外，在中心云山和两侧龙首的顶部，保留有用来插入翎羽、彩帛一类装饰品的方形卯孔（图三〇五；彩图五三~五五）。

整套编钟长 366.8、通高 218 厘米。鎏金镂空云龙插饰上宽 366.8、下宽 321.7、高 64.2 厘米。上层横梁长 321.7、宽 11.5、厚 6.4 厘米；下层横梁长 343.8、宽 11.5、厚 6.35 厘米。上层立柱高 40.2、下层立柱高 70 厘米。

纽钟 14 件，M1 II：3917-1 ~ M1 II：3917-14。大小相次。腔体厚实，合瓦形腔体。

M1 II：3917-1，平舞，舞面饰席纹，上有长方形扁纽。36 个螺旋小枚，铣棱弧曲，铣角内敛，于口上弧。以阳线框隔枚、篆、钲各部，钲、篆皆素面，鼓与枚间均饰席纹。形制、数据见表一二（图三〇六~三一一；彩版三〇六、三〇七）。

北

3917

3917

3919

4085

4086

4087

3917

3917

图三○四 二区下层出土遗物平面图（数字为器物编号）

0　　　　　3 米

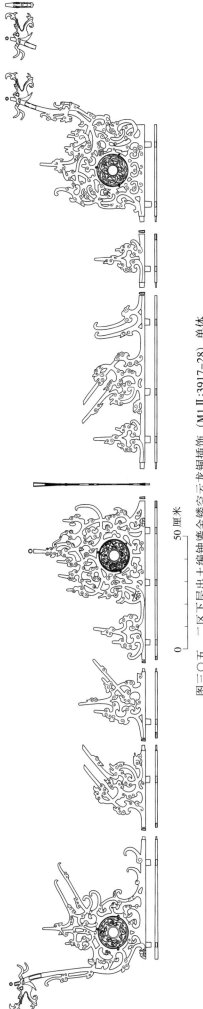

图三〇五　二区下层出土编钟鎏金镂空云龙铜甬饰（M1Ⅱ:3917-28）单体

0　　　　　　　50 厘米

表一二　1号墓西回廊下层出土铜编钟形制数据表

单位：厘米　千克

编号	通高	纽高	纽上宽	纽下宽	舞广	舞修	中长	铣高	鼓间	铣间	唇厚	中鼓间	中铣间	销钉长	销钉径	重量	销钉刻符
M1Ⅱ:3917-1	17	5.45		3.28	7.42	9.54	9.7	11.56	8.7	10.19	1.7	9.7	11.2	7.8	0.8	1.423	X丨丨丨
M1Ⅱ:3917-2	17.41	5.14		3.24	8.03	10.52	10.1	12.27	9.2	11.34	1.5~1.7	10.5	12.5	7.74	0.7~0.79	1.269	XX
M1Ⅱ:3917-3	20	5.82		3.23	8.62	11.07	11.7	14.18	10.5	12.29	1.6	1.6	13.9	8	0.8	2.28	—
M1Ⅱ:3917-4	21.22	5.84		3.18	8.93	11.79	12.9	15.39	11.3	12.96	1.7	12.2	14.6	7.8	0.81~0.9	1.976	X丨丨丨
M1Ⅱ:3917-5	22.24	6		3.57	8.94	11.72	13	18.5	11.2	13.27	1.7~1.9	12.8	15.1	残长5.88	0.8~0.9	2.666	X
M1Ⅱ:3917-6	22.7	6.03		3.17	9.17	12.08	13.7	16.67	11.9	14.36	1.2	13.3	15.7	7.65	0.75~0.81	2.112	X丨丨
M1Ⅱ:3917-7	25.15	6.4		3.62	10.36	14.02	15.1	18.54	12.8	16.2	1.5~1.6	14.5	17.7	7.95	0.8	3.241	丨丨丨丨
M1Ⅱ:3917-8	27.36	6.67		4.24	10.15	14.06	16.3	20.8	13.8	16.91	1.5~1.7	15.7	18.9	7.9	0.72	3.367	丨丨
M1Ⅱ:3917-9	29.28	6.99		4.06	11.8	14.9	17	22.15	14.4	16.48	1.5	16.7	19.2	7.77	0.8	3.959	+丨丨丨丨
M1Ⅱ:3917-10	30.56	7.14		4.06	12.23	15.59	18.3	23.43	14.8	18.43	1.5~1.6	17.1	21.1	7	0.76~0.92	5.083	+丨丨丨
M1Ⅱ:3917-11	34.5	7.76	4.97	4.45	14.1	17.8	20	26.68	16.6	20.3	1.8~1.9	19	23.1	7.8	0.88	5.735	+丨
M1Ⅱ:3917-12	35.2	7.02	4.61	4.49	15.23	19.07	22	28.14	18.6	22.57	1.6~1.7	20.9	24.8	7.78	0.88	7.027	X丨
M1Ⅱ:3917-13	36.87	8.79	4.78	4.61	15.28	19	21.9	28.08	18.9	22.48	1.5	21.3	24.6	8.16	0.68~0.92	7.303	X丨丨丨丨
M1Ⅱ:3917-14	38.31	8.88	4.73	4.87	15.7	19.9	22.9	29.43	19.1	22.67	1.3~1.5	22.2	26.1	7.88	0.88	8.668	+丨丨
M1Ⅱ:3917-15	57.98	24.75	4.97	5.59	16.71	21.29		33.21		27.38						11.42	
M1Ⅱ:3917-16	57.22	25.28	4.61	5.15	15.82	20.25		31.94		27						12.48	
M1Ⅱ:3917-17	55.15	24.34	4.78	4.89	16.07	20.59		30.89		25.74						12.55	
M1Ⅱ:3917-18	62.51	25.39	4.73	5.72	17.97	23.1		37.15		27.37						13.62	
M1Ⅱ:3917-19	62.21	25.49	4.9	5.77	18.77	24.8		36.53		29.34						16.55	

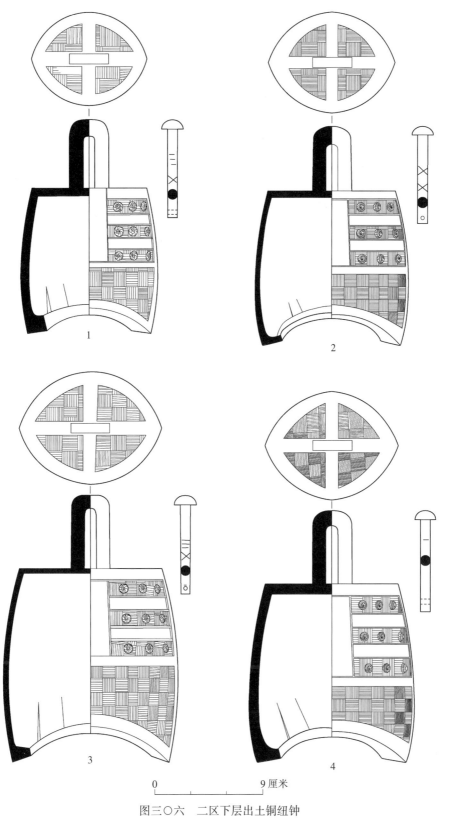

图三〇六　二区下层出土铜纽钟

1. M1Ⅱ:3917-1　2. M1Ⅱ:3917-2　3. M1Ⅱ:3917-4　4. M1Ⅱ:3917-3

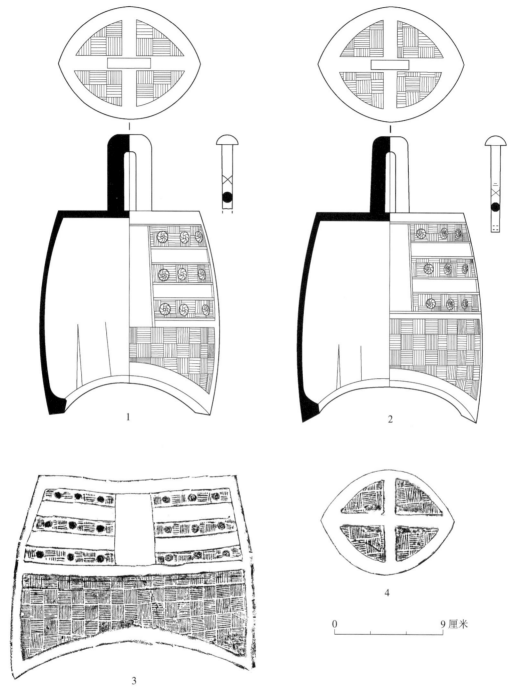

图三〇七　二区下层出土铜纽钟
1、2. 纽钟（M1Ⅱ：3917－5、M1Ⅱ：3917－6）　3、4. 拓本（M1Ⅱ：3917－4）

甬钟 5 件，M1Ⅱ：3917－15～M1Ⅱ：3917－19。大小相次。腔体厚实，合瓦形腔体。甬较长，中上部饰一周箍状纹，余通饰席纹。翰呈兽形钩状，置于舞面边缘处。平舞，两铣略外弧，铣角内敛，于口上弧。36 个螺旋小枚，以阳线框隔枚、篆、钲各部，钲、篆皆素面，鼓与枚间均饰席纹。形制、数据见表一二（图三一二～三一四，1；彩版三〇八、三〇九）。

托架 M1Ⅱ：3917－26、M1：3917－27，分为两部分，下半部有方形卯銎，用以榫入漆木的立

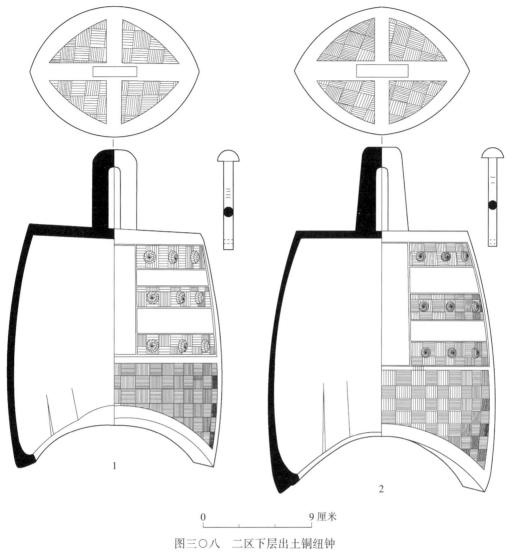

图三〇八　二区下层出土铜纽钟
1. M1Ⅱ：3917-7　2. M1Ⅱ：3917-8

柱上端；托架上端被设计成方形、带褶皱的花蕾状，侧面呈"U"形，内有凸起的暗榫，以承接横向架于其上的编钟上梁。托架裸露于外的周面均作鎏银处理。方形卯銎四周面、方形花蕾两面上除鎏银外，所填饰的云纹上还有涂金装饰。金与银两种金属所产生的强烈的光泽反差，不仅将构件衬托得高贵华美，更能使周面填饰的云纹在光线的照射下凸现出来，形成独特的艺术效果。通高17.6、"U"形托上宽12.4、下宽10.5、厚8厘米，前高8.5、后高6厘米，下边銎长6.2、宽5.5、高9厘米（图三一五，1；彩图五三；彩版三一〇，1~3）。

　　璧形饰3件，M1Ⅱ：3917-29~M1Ⅱ：3917-31。银质。模铸成型，进而打磨平整，部分尚留有铸造的砂眼。表面经抛光处理。两面皆刻饰云气纹或神兽纹。形制与尺寸基本相同，分别镶嵌于龙形插饰中部及两侧的云气中。

　　M1Ⅱ：3917-29，中部银璧。沿圆璧外周、穿孔沿边刻有边栏线，栏内两面都饰以类似编钟梁上鎏金镂空云龙插饰的云气为地纹，依据出土时镶嵌的方位可以辨别出正、反面。正面表现的是翻腾流云场景，其间饰有方形突出的云角与神态各异、取自现实的兽形动物。它们或匍匐、或

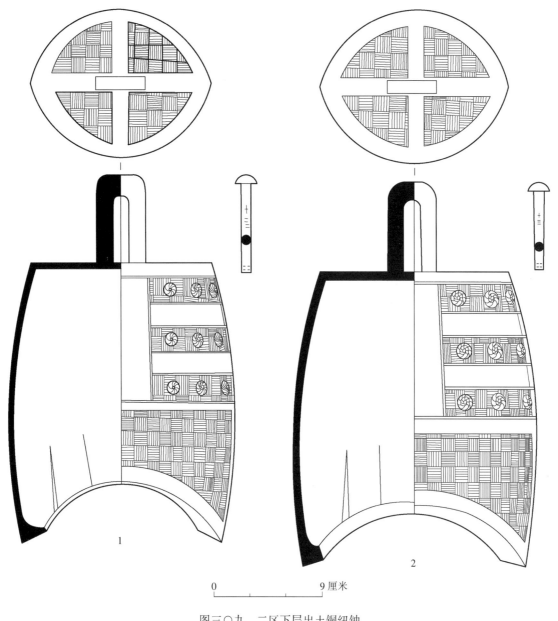

0   9厘米

图三〇九　二区下层出土铜纽钟
1. M1Ⅱ: 3917 – 9　2. M1Ⅱ: 3917 – 10

攀爬、或嬉戏、或奔走，有类似奔走的虎、蹲坐的狼，亦有四蹄悬空的奔鹿，另有一只张牙舞爪的尖喙鸟首人身形象。鸟首人身像衣服右衽，另两只匍兽颈部还保留表示为人工豢养的项圈。反面饰有一只与流云纹合体的云龙形象，龙首近银璧外周栏线，引首向上，龙爪、尾部简化于流云纹之中。外径 14.1、内径 4.76、厚 0.35 厘米（图三一六；彩版三一一）。

　　M1Ⅱ: 3917 – 30，左端银璧。圆形。璧外周、穿孔沿边刻有边栏线，栏内两面都饰以云气纹，从出土时镶嵌的方位看，其正面表现的是翻腾流云，一束流云时而幻化为单束、时而又分化为两束，云气间呈现出多样的云角形态；反面所刻画的与正面云纹的样式一致，仅在曲折反转的角度上稍有差别。外径 14.1、内径 4.64、厚 0.36 厘米（图三一七；彩版三一二）。

　　M1Ⅱ: 3917 – 31，右端银璧。圆形。银璧双面刻饰流云纹，未设边栏线，通体打磨光洁。该

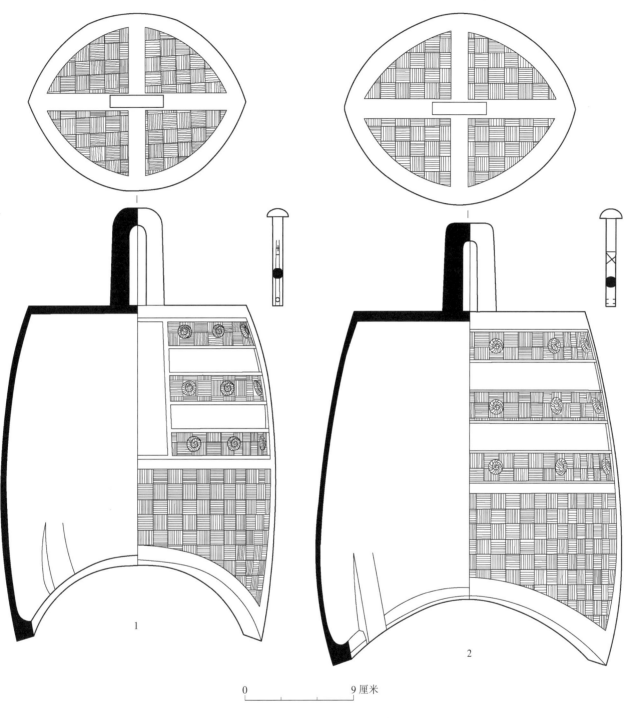

图三一〇　二区下层出土铜纽钟
1. M1 Ⅱ∶3917 - 11　2. M1 Ⅱ∶3917 - 12

器所刻流云纹较宽肥，与中部银璧纹样比对，应是出于不同工匠之手。依据出土时镶嵌的方位可以辨别出正、反面。正面所呈现的为轴对称图案：以两束流云纹于平面上环环相套叠，同层面的云纹相接处，表现出貌似因碰撞而腾空的壮观云山，尤其是近外圆周两片相对的云山，中部各保留一个正圆形，或有意表示日月腾升。靠近穿孔的山形云脚，其两侧延伸，构成视觉上内弧的边栏。反面刻纹大体将圆面一分为二个轴对称图形，主要是两束奔腾的流云头尾相接形成的组合纹

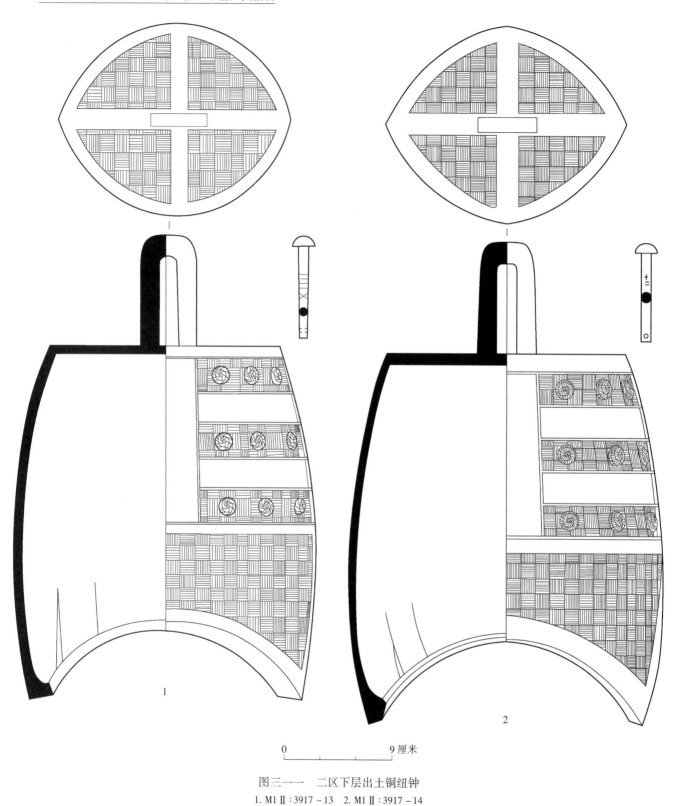

0　　　　　　　9厘米

图三一一　二区下层出土铜纽钟
1. M1Ⅱ:3917-13　2. M1Ⅱ:3917-14

样，而在表现流云的卷动中形成了各具形态的云脚，如尖弧形、长凸形，或是叠加着多层云头；在临近穿孔的内圈，对饰着云气结束或发端形态的山形云脚，亦构成了内弧边栏。外径 14.1、内径 4.52、厚 0.4 厘米（图三一八；彩版三一三）。

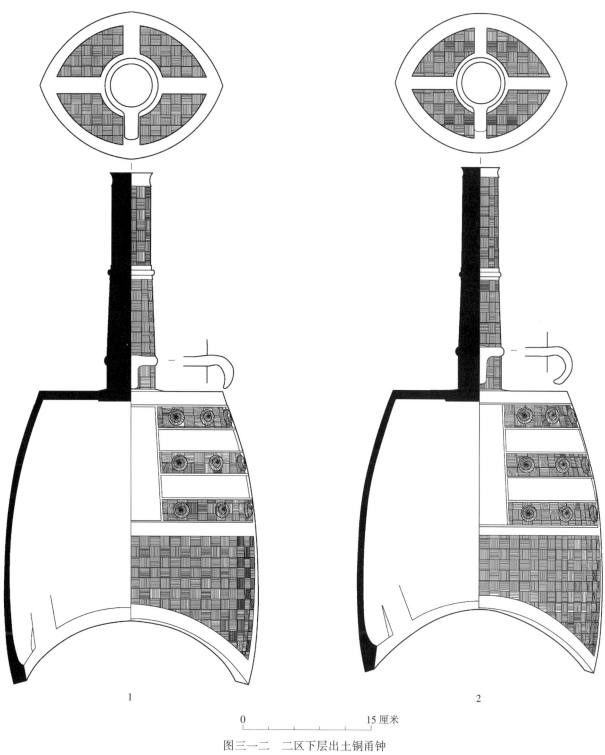

0 ————————— 15 厘米

图三一二　二区下层出土铜甬钟
1. M1Ⅱ:3917－15　2. M1Ⅱ:3917－16

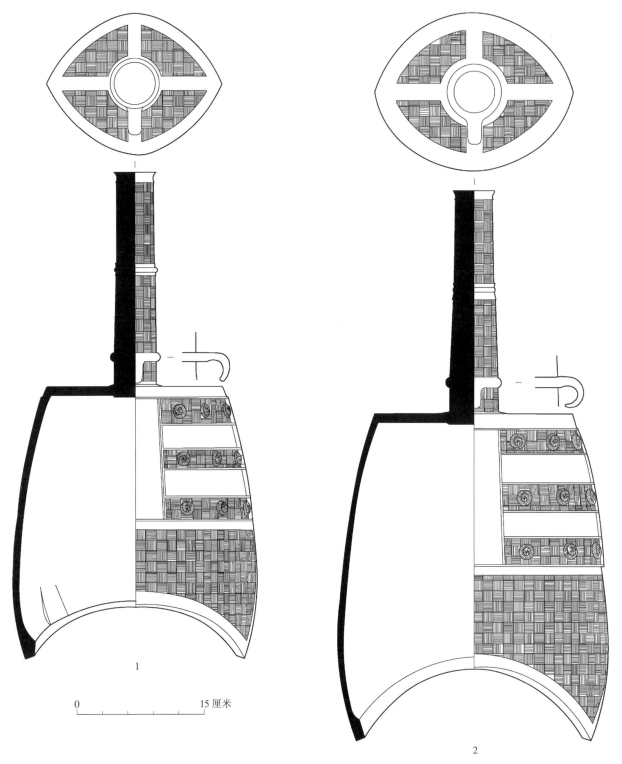

0   15 厘米

图三一三 二区下层出土铜甬钟
1. M1Ⅱ:3917-17   2. M1Ⅱ:3917-18

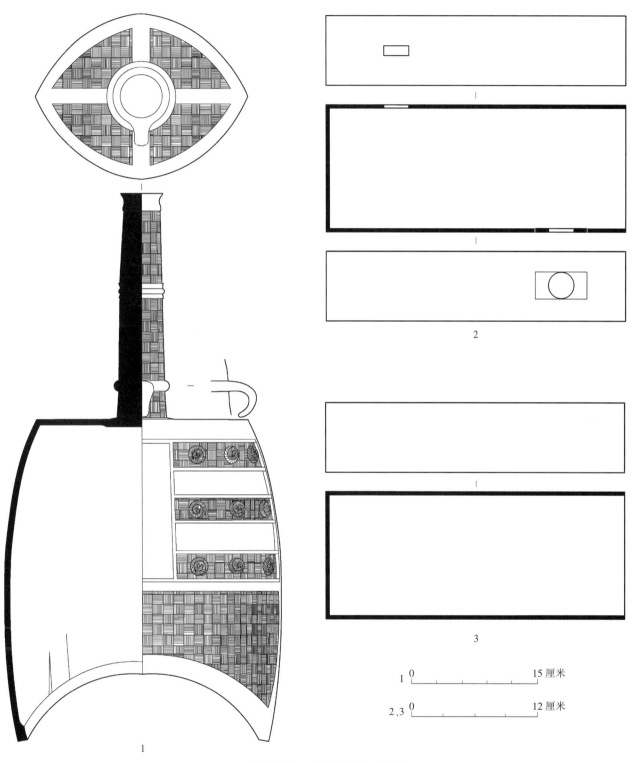

图三一四　二区下层出土铜器

1. 甬钟（M1Ⅱ：3917－19）　　2、3. 鎏金包首（M1Ⅱ：3917－22、M1Ⅱ：3917－24）

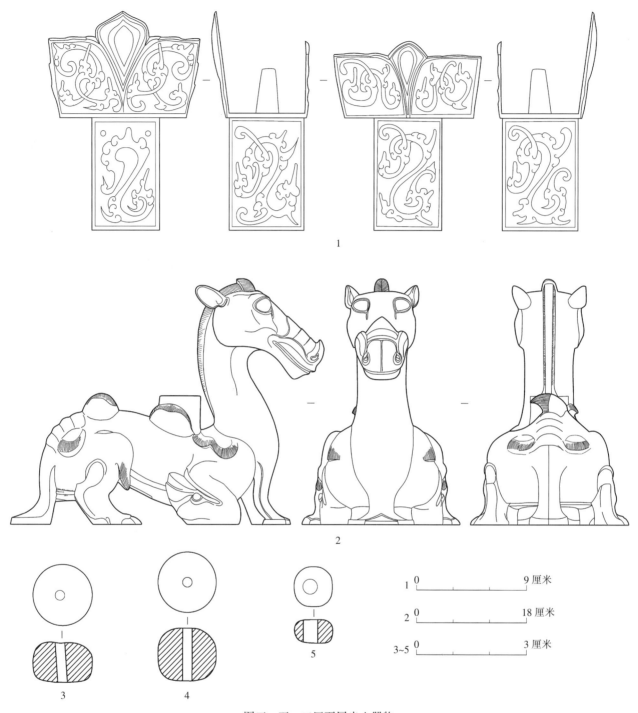

图三一五 二区下层出土器物
1. 铜托架（M1Ⅱ:3917－26） 2. 铜底座（M1Ⅱ:3917－20） 3～5. A 型琉璃珠 （M1Ⅱ:3919－1、M1Ⅱ:3919－2、M1Ⅱ:4085－9）

　　鎏金铜包首 4 件，M1Ⅱ:3917－22 ～ M1Ⅱ:3917－25。上下木质漆绘横梁的两端各套饰长方形鎏金铜包首一件。四件包首大小一致，形制略有不同，上层两件包首上下各有一长方形孔及圆孔，以插托架及鎏金镂空云龙插饰。包首长 28、宽 11.6、厚 0.96 厘米（图三一四，2、3）。

　　底座 2 件，M1Ⅱ:3917－20、M1Ⅱ:3917－21。形制、尺寸相同。左右合范铸成。整体呈前肢跪地、后肢匍匐的大型蹄足类动物形象。它具有较长并上卷的吻部，大眼，广耳，头顶及颈后有

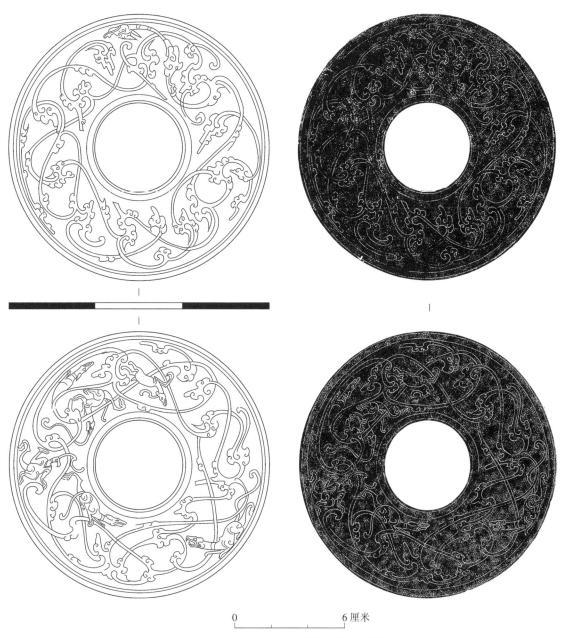

0   6厘米

图三一六 二区下层出土银璧（M1Ⅱ：3917－29）

鬣毛；胸部坠地的长毛被巧妙地设计成座具前端的一个支点；短尾，四肢的掌面颇大。脊背上有
两个凸起的峰状物，前峰上有凸出的方形卯銎，卯銎上下贯通，用以插立悬挂编钟的立柱。因立
柱古名为"虡"，故可称之为"虡座"。长51.6、宽25.85、高39.12厘米（图三一五，2；彩版三
一四；彩版三一五，1）。

二 琉璃器

13件。

珠。均为A型。已风化成白色不透明状。

0   6厘米

图三一七　二区下层出土银璧（M1Ⅱ：3917－30）

M1Ⅱ：3919－1，近圆形，中有一孔。直径1.6、高1.07、孔径0.26厘米（图三一五，3；彩版三一五，2）。

M1Ⅱ：3919－3、M1Ⅱ：4085－1～M1Ⅱ：4085－8、M1Ⅱ：4085－10共10件，尺寸与M1Ⅱ：3919－1基本相同。

M1Ⅱ：3919－2，直径1.6、高1.4、孔径0.25厘米（图三一五，4）。

M1Ⅱ：4085－9，器形较小。直径1.05、高0.63、孔径0.4厘米（图三一五，5）。

0   6厘米

图三一八　二区下层出土银璧（M1Ⅱ：3917－31）

第三节　三（Ⅲ）A区下层出土遗物

　　西回廊中部偏南三A区下层随葬各类遗物93件（套），主要为乐器，有编磬、瑟枘等。包括铜器、铁器、金器、玉器、琉璃器、漆器等。根据清理后的编磬架底座推测，编磬原为南北向面东随葬于三A区和三B区东部。因墓室坍塌，编磬架上部向东塌落于题凑上。在编磬架周围出土成堆的琉璃珠，南部西侧出土了玉瑟柱，中部出土了铜瑟枘及玉瑟枘（图三一九；彩版三一六，1、2）。

一 铜器

4 件（套）。

1. 编磬

1 套。M1ⅢA：3918，由铜质编磬架与琉璃编磬两部分组成。因木结构腐朽垮塌，发现时已倾倒，磬大多破损散落在梁架下方的地面上。未见敲击所用的漆木磬槌。全套编磬位于其南部（彩图五六～五八；彩版三一七，1～6；彩版三一八，1～6；彩版三一九，1～6；彩版三二〇，1、2）。

编磬 20 件。琉璃质。磬体形制相同，大小厚薄各异。

悬挂编磬的是一座单层梁架，主体由漆绘木质横梁、错银有翼神兽形铜底座、蔓藤铜立柱、鎏银铜托架，以及鎏金镂空云龙纹铜插饰、刻纹银璧饰等部件构成。木质横梁的表面髹黑漆，底绘朱色云气纹，漆梁的两端包镶鎏金铜包首，包首下接铜立柱。铜立柱表面鎏银，上有凸起的缠枝茎蔓，其顶部是方形、半开花蕾状的鎏银铜托架，托架内有承接上梁的暗榫。立柱与底座铸连为一体。底座为铜质，形态是一头呈蹲匐状的双角有翼神兽。神兽以下拖至地的胸前鬣毛为前支点，前肢匐地，后肢踞蹲，脊背正中连接立柱；通体饰繁缛的错银纹饰，以卷云纹为主，并以错银表示眼睛、毛发及利爪。上梁顶部所立的鎏金镂空云龙纹铜插饰与编钟上梁的装饰相似，仅大小、形态略有差异。均以横向梁架的云山为中心呈轴对称，以九段榫卯组合在一起；龙身前部和中心云山各嵌入一枚银璧；在中心云山和两侧龙首顶部，依然保留着插饰所用的方形卯孔；在上述三处附近，也发现了蓝色琉璃和风化后呈灰白色的砗磲质缀珠。这套琉璃编磬上镶嵌的银璧与插在鎏金架上的彩帛翎羽，构成了完整而华丽的“璧翣”组合①。整套编磬长 304.5、通高 173.75 厘米。龙纹插饰上宽 304.5、下宽 273.3、高 66 厘米。横梁长 273.3、宽 11.5、厚 6 厘米（图三二〇；彩图五六）。

鎏金铜包首，2 件。M1ⅢA：3918 - 23、M1ⅢA：3918 - 24，上下木质漆绘横梁的两端各套饰长方形鎏金铜包首一件。两件包首大小一致，形制相同。包首上下各有一长方形孔及圆孔，以插托架及鎏金镂空云龙插饰。包首长 30.6、宽 11.6、厚 6 厘米（图三二一，3；彩版三二〇，3、4）。

圆璧形饰 3 件。银质。形制与尺寸基本相同，分别镶嵌于龙形插饰中部。模铸成型，进而打磨平整，部分尚留有铸造的砂眼，表面经抛光处理。两面皆刻饰云气纹，分别镶嵌于龙形插饰中部及两侧的云气中。

---

① 从整套编磬的尺寸来看，最大的一枚对角长度已接近 100、厚度达 5 厘米。由人工烧熔并铸造体量如此庞大的琉璃器，无疑代表了西汉早期琉璃烧制的最高水准。更何况乐器与容器，抑或小型装饰品有着截然不同的意义。我们知道，乐器更需要展现其功能性。也就是说，在工匠铸造这批琉璃磬的过程中，不仅需要对琉璃配料作统一的把控；铸造完成后，还需要乐师们凭借他们敏锐的听觉与丰富的经验，对磬胚进行精密的修正与调音。在西周以降所形成的礼乐制度中，编磬与编钟是整个乐队组合中最核心的两组乐器。悬磬通常为单层梁架，演奏的乐人常常跪坐在梁下，持磬锤敲击。若说铜编钟给听众们带来的是“金声”，那么琉璃编磬便是“玉振”了。“金声玉振”源出《孟子·万章下》，是孟子对孔子语言的赞美，认为其如同庙堂里由钟、磬演奏出的乐曲一般沁人心脾。从先秦到西汉，琉璃出现伊始，便成为玉料替代品的不二选择。《盐铁论·力耕》所载“璧玉、珊瑚、瑠璃（即琉璃）咸为国之宝”，更加体现了它的稀有与珍贵。我们观察到，大云山出土的磬料均呈现出半透明的淡黄略偏青色。若将西汉前期高级墓葬中玉器的色泽做一简要统计，便可知琉璃磬所极力呈现出的色泽与这些玉器基本一致。因此，这组编磬应是西汉前期琉璃仿玉的典型例证之一。“金声玉振”的乐律理念，反映出当时崇周礼、尊儒学的社会风潮。并且古人奏乐，以击钟（金）为始，振磬（玉）为终，就如《淮南子·说山训》中所言：“近之则钟音充，远之则磬音章。”钟与磬、金与玉、远与近的协调互动，构成了一首完美而和谐的乐章。

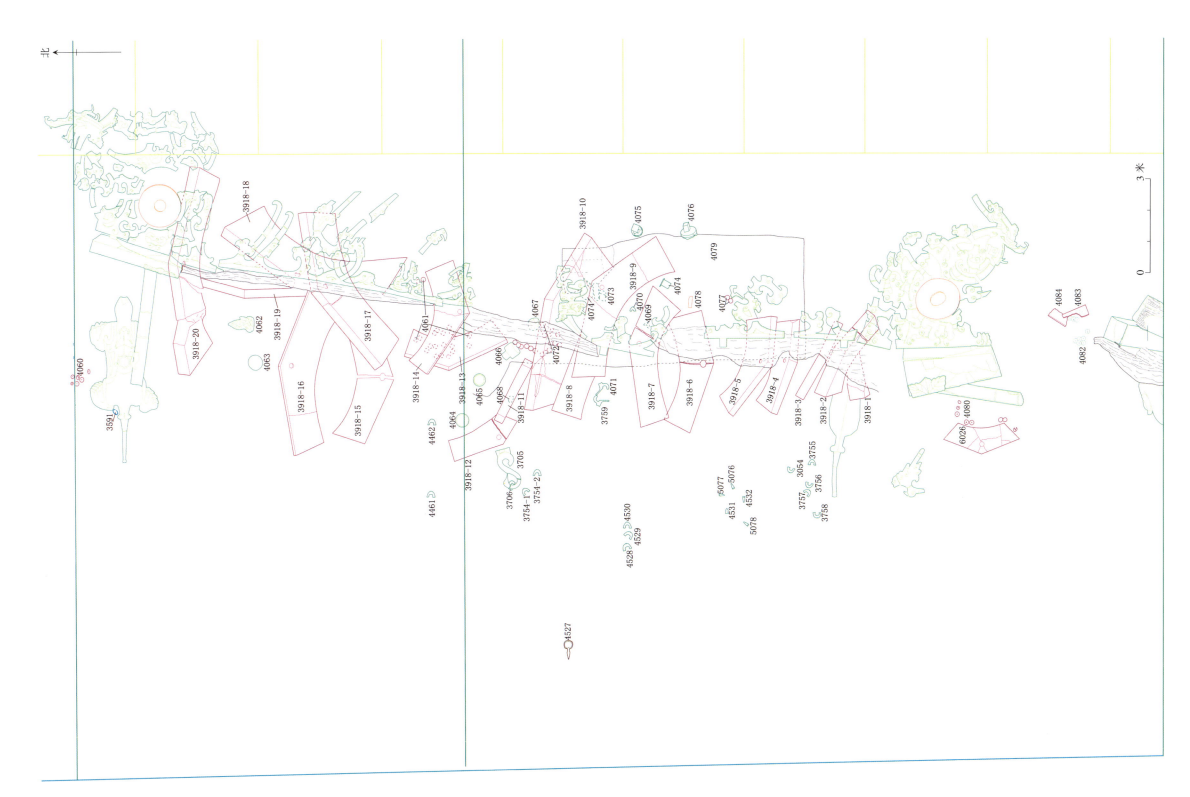

北

3918-18
3918-20
4062
3918-19
3591
4060
4063
4064
4461
4462
3918-16
3918-15
3918-17
3918-14
3918-13
3918-12
3706
3705
3754-1
3754-2
4065
4068
4066
4067
4061
4072
3918-11
3918-8
3759
4071
3918-10
4074
4073
4075
4076
4079
4078
4077
4070
4069
3918-9
4527
4528
4529
4530
3918-7
3918-6
3918-5
5077
5076
4531
4532
5078
3918-4
3757
3054
3755
3756
3758
3918-3
3918-2
3918-1
6026
4080
4082
4084
4083

图三一九　三A区下层出土遗物平面图（数字为器物编号）

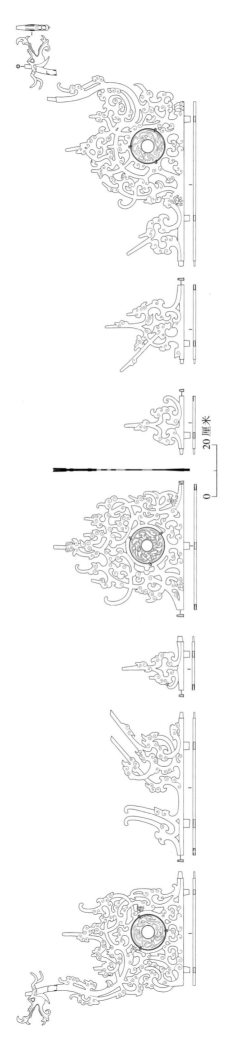

图三二〇　三A区下层出土编磬鎏金镂空云龙纹铜插饰（M1ⅢA∶3918-25）单体

20 厘米

0

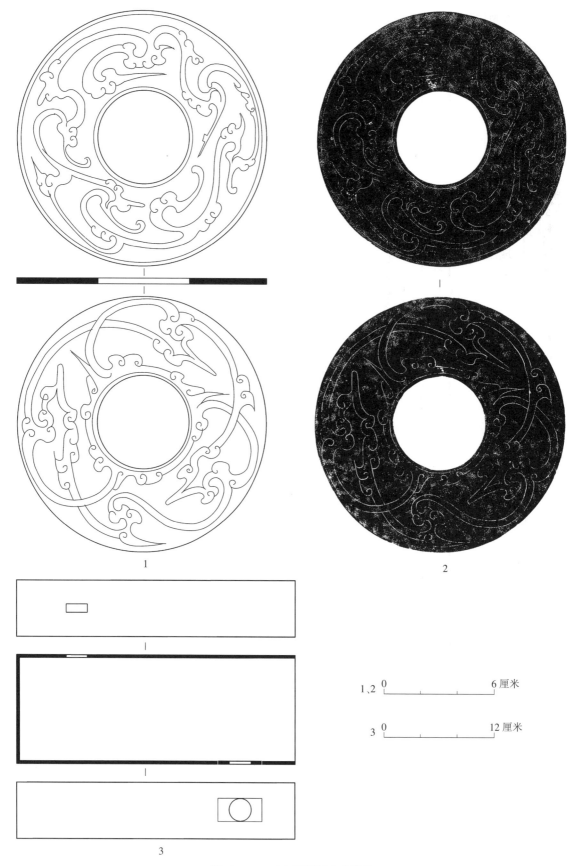

1、2. 银璧（M1ⅢA：3918－26）　　3. 铜包首（M1ⅢA：3918－23）

图三二一　三 A 区下层出土器物

右侧银璧。M1ⅢA：3918－26，沿璧外周、穿孔沿边刻有边栏线，栏内两面都饰以相类似的云气纹，依据出土时镶嵌的方位可以辨别出正、反面。正面所呈现的非对称形图案：以一束头尾相接的云纹为主体，勾连与转交，呈现出一幅貌似动态的翻滚流云。反面外沿未刻边栏，内穿饰边栏。三束流云满饰璧面，其发端于环绕内穿的三个较大云角。流云于璧面穿插迭合，时而近于外缘，时而贴于内穿，形成不同曲折的云角纹样。如尖弧形、长凸形，或是叠加着多层云头；在靠近璧穿的内圈，对饰着云气结束或发端形态的山形云脚，构成了内弧的边栏。外径13.68、内径4.98、厚0.32厘米（图三二一，1、2；彩版三二一）。

中部银璧。M1ⅢA：3918－27，圆璧形，银璧模铸成型，进而打磨平整，表面抛光。部分璧身表面尚留有铸造过程产生的砂眼。银璧外周、穿孔沿边均刻有边栏线，栏内两面都饰以云气纹。依据出土时镶嵌的方位，其正面表现的是翻腾流云：一束流云时而幻化为单束、时而又分化为两束；云气间呈现出多样的云角形态，灵动而瑰丽。反面纹饰与正面云纹样式一致，在曲折反转的角度上稍有差别。外径13.98、内径4.48、厚0.34厘米（图三二二；彩版三二二）。

0 ⎯⎯⎯⎯ 6厘米

图三二二　三A区下层出土银璧（M1ⅢA：3918－27）

左端银璧。M1ⅢA：3918 - 28，圆璧形。一面沿璧外周、穿孔沿边刻有边栏线。两面都饰以类似云气纹的纹样。依据出土时镶嵌的方位推测，其正面刻栏表现的是翻腾流云，一束流云时而幻化为较粗壮的单束，时而又分化为纤细的两束；云气间呈现出多样的云角形态。反面刻画的云气以中央"好"孔沿边为云海发端，等距吐出绕璧面首尾相接的三段云气。外径 13.48、内径 4.98、厚 0.32 厘米（图三二三；彩版三二三）。

0   6厘米

图三二三　三 A 区下层出土银璧（M1ⅢA：3918 - 28）

底座 2 件。M1ⅢA：3918 - 21、M1ⅢA：3918 - 22，铜质。形制、尺寸相同。与支撑编磬的梁架立柱铸连为一体。形态为呈蹲踞状的双角有翼神兽。器表以错银装饰出各类纹样。神兽昂首平视，嘴微张，翕喉，双立耳，头部顶端两角对称、卷曲后扬，以下拖至地的鬣毛作为器座的前支点，前肢匍地，后肢踞蹲，脊背正中连接立柱，立柱上有凸起的缠枝茎蔓，柱体表面有鎏银的流云纹与草叶纹等组合，其顶部是方形花蕾状托架。通体装饰繁缛的错银纹饰，卷云纹由神兽颈下部开始至尾部贯穿全身，并以相对单一的几何形线条表示眼睛与毛发。长 54.5、宽 22、高 30.75、连立柱通高 103.4 厘米（图三二四；彩图五八；彩版三二四~三二六）。

2. 瑟枘

3 件。A 型。形制相同。

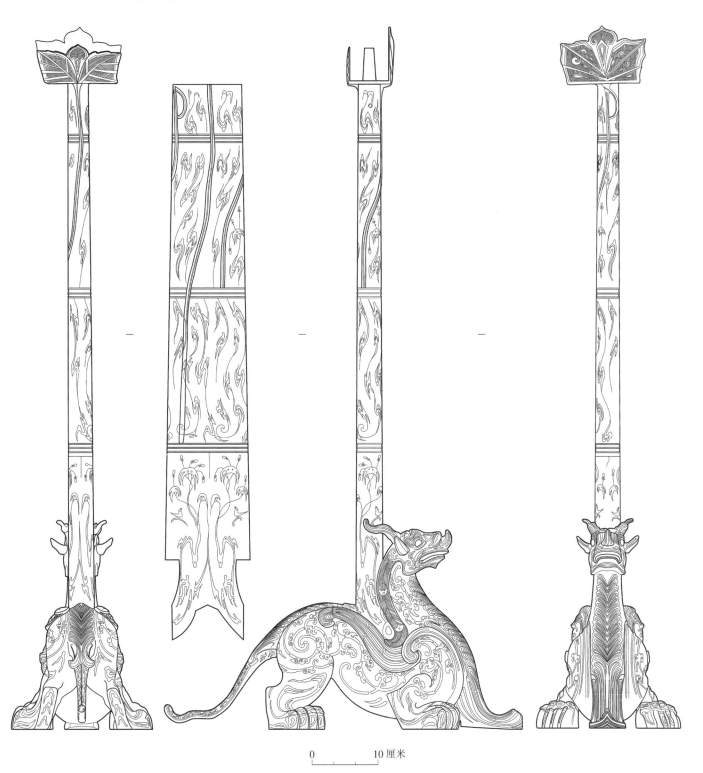

0　　　10 厘米

图三二四　三 A 区下层出土编磬铜底座（M1ⅢA：3918－21）

　　M1ⅢA：4066，圆形。器表饰四组对称镂空卷云纹，近底处饰一周麦穗纹，顶部正中饰一组盘龙纹，底部有一八角形鋬。通体鎏金。直径 5.3、高 5.9 厘米（图三二五，1；彩版三二七，1）。

　　M1ⅢA：4065、M1ⅢA：4067 共 2 件，纹饰、尺寸与 M1ⅢA：4066 相同。

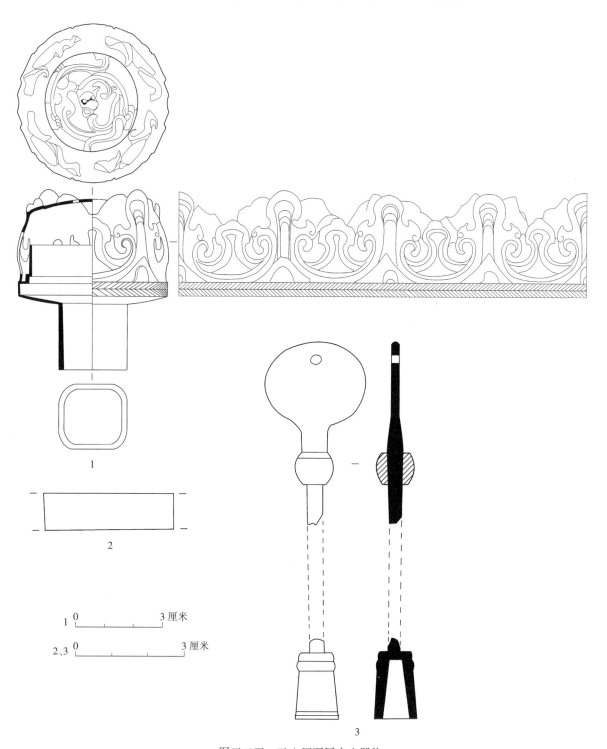

1　0━━━━━━3 厘米

2、3　0━━━━━━3 厘米

图三二五　三 A 区下层出土器物

1. A 型铜瑟枘（M1ⅢA：4066）　2. 金箔饰（M1ⅢA：4078）　3. 铁轴钥（M1ⅢA：4527）

二　铁器

1件。辖钥。

M1ⅢA：4527，长条形，中部残损。前端有一长方形銎，柄端呈扇形。素面。复原长10.2、柄宽2.8、銎径0.7厘米（图三二五，3）。

三　金器

1件。箔饰。

M1ⅢA：4078，长条形，两端已残。器表两面均打磨抛光。残长3.7、宽1、厚0.01厘米（图三二五，2；彩版三二七，2）。

四　玉器

25件。包括琴轸、瑟枘、瑟柱。

1. 琴轸

4件。形制相同。青玉。四棱锥形，顶部内收成方形台面，近底处内收，底面为近八边形。底中部与侧面近底处各开一孔，两孔贯通。

M1ⅢA：4532，底径0.9、高1.9厘米（图三二六，1；彩版三二七，3）。

M1ⅢA：5076～M1ⅢA：5078共3件，形制、尺寸与M1ⅢA：4532相同（彩版三二七，3）。

M1ⅢA：5077，底径0.9、高1.9厘米（图三二六，2）。

M1ⅢA：5078，底径0.9、高1.9厘米（图三二六，3）。

2. 瑟枘

4件。

M1ⅢA：4073，形制、尺寸基本相同。玉质受沁呈灰白色及红褐色，零星尚未受沁处表现为近似淡绿色的不透明玉质，为非透闪石系玉料。制作时，先由玉料管钻出圆形的扁柱体，上径略大于下径；再于上部正中镂空雕琢出一只盘身匍匐的螭虎，瞋目张口，将身体蜷曲成"S"形，四肢显示出攀爬的力度，除四肢外的下身均镂雕；整个螭虎伏于四叶柿蒂纹中，平铺的柿蒂纹四角略显上翘蜷曲，富有动感并便于持握于手中旋转；下承枘台，侧面以线刻带状卷云纹填饰。瑟枘下部正中管钻一同心圆环卯孔，孔内套榫铁管，铁管接插在铜质柿蒂形托方柱内。顶部螭虎正中饰一上下贯通的圆孔，中有棒状物，其外包饰金箔。枘直径5.2、銎径1.9、连座通高5.8厘米（图三二七，1；彩版三二七，4）。

M1ⅢA：4074，形制、尺寸、纹饰与M1ⅢA：4073基本相同（图三二八，1；彩版三二七，4）。

M1ⅢA：4075，枘直径5.2、銎径1.9、连座通高5.85厘米（图三二七，2；彩版三二七，4）。

M1ⅢA：4076，形制、尺寸与M1ⅢA：4073基本相同，唯枘身顶心盘龙造型略有差异（图三二

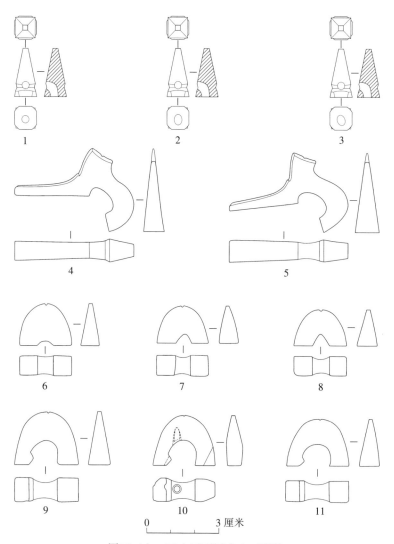

图三二六 三A区下层出土玉瑟枘

1～3. 琴珍（M1ⅢA：4532、M1ⅢA：5077、M1ⅢA：5078） 4、5. A型瑟柱（M1ⅢA：3759、M1ⅢA：4071） 6～11. B型瑟柱
（M1ⅢA：4068、M1ⅢA：4069、M1ⅢA：4070、M1ⅢA：4528～M1ⅢA：4530）

八，2；彩版三二七，4）。

3. 瑟柱

17件。青玉。依形制差异，分二型。

A型 2件。玉色为白玉淡黄略偏青。弯钩式弦柱，尖薄的柱顶上刻有弦槽，底宽且厚实；有
两足，其一直长，另一钩弯。底部不在一个平面上，构成了近似直角的夹角。

M1ⅢA：4071，器表光润。长4.9、高3.2厘米（图三二六，5；彩版三二八，1）。

M1ⅢA：3759，长4.9、高3.3厘米（图三二六，4；彩版三二八，1）。

B型 15件。玉色为白玉淡黄略偏青，其中部分因受沁表面有白色或红色沁斑。整体类似桥
拱形，上窄而薄，下宽而厚；柱顶中央刻有横向的承弦槽。

M1ⅢA：4069，长2.1、高1.5厘米（图三二六，7）。

M1ⅢA：4068、M1ⅢA：4070共2件，下部桥孔皆较小。

M1ⅢA：4068，长2.1、高1.67厘米（图三二六，6）。

M1ⅢA：4070，长2.2、高1.4厘米（图三二六，8）。

M1ⅢA：4528，下部桥孔较大。长2.6、高2.1厘米（图三二六，9）。

M1ⅢA：4529，桥面下钻有一孔，未贯通。长2.6、高2厘米（图三二六，10）。

M1ⅢA：4530，长2.6、高1.85厘米（图三二六，11；彩版三二八，2）。

M1ⅢA：4531，残损严重。高1.5厘米（图三二九，3）。

M1ⅢA：3706，底面一侧钻有一孔并贯通。长2.7、高1.9厘米（图三二九，2）。

M1ⅢA：3754-1，长2.3、高1.8厘米（图三二九，1；彩版三二八，2、3）。

M1ⅢA：3754-2，长2.6、高2厘米（图三二九，4）。

M1ⅢA：3755，长2.4、高1.8厘米（图三二九，5）。

M1ⅢA：3756，长2.6、高1.9厘米（图三二九，6；彩版三二八，2、4）。

M1ⅢA：3757，底面一侧钻有一孔并贯通。长2.6、高1.8厘米（图三二九，7）。

M1ⅢA：3758，长2.5、高1.8厘米（图三二九，8；彩版三二八，2）。

M1ⅢA：3054，长3、高2.3厘米（图三二九，9）。

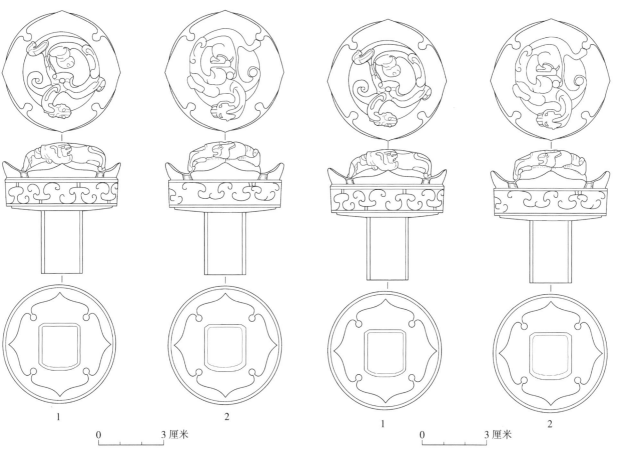

图三二七　三A区下层出土玉瑟枘　　　　　　　　图三二八　三A区下层出土玉瑟枘
1. M1ⅢA：4073　2. M1ⅢA：4075　　　　　　　1. M1ⅢA：4074　2. M1ⅢA：4076

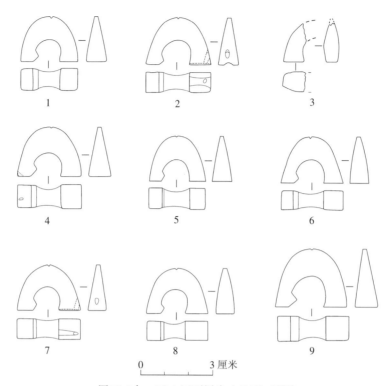

图三二九　三 A 区下层出土 B 型玉瑟柱

1. M1ⅢA：3754-1　2. M1ⅢA：3706　3. M1ⅢA：4531　4. M1ⅢA：3754-2　5. M1ⅢA：3755
6. M1ⅢA：3756　7. M1ⅢA：3757　8. M1ⅢA：3758　9. M1ⅢA：3054

五　琉璃器

61 件。包括编磬、珠。

1. 编磬

23 件。

M1ⅢA：3918，20 件。琉璃质，表面因受常年侵蚀呈不透明的灰白色，断面的未风化处呈现出半透明的淡黄略偏青色，内部有少量细小的白色铸造气泡，贝壳状断口。磬体形制相同，大小厚薄各异，依据形体的大小略有区别。倨句明确，鼓股分明，底边弧拱，表面光素无纹饰，未见墨书或者刻铭。形制、数据见表一三（图三三〇～三三四）。

M1ⅢA：6026，器表灰白色，内壁琉璃质为半透明色。倨句明确，鼓股分明，底边弧拱，表面光素无纹饰（图三三五，1）。

M1ⅢA：4083、M1ⅢA：4084 共 2 件，风化残损严重，具体形制及尺寸难以复原。

M1ⅢA：4083，残长 6.9、宽 3.7、厚 0.5 厘米，复原孔径 1.2 厘米（图三三五，2）。

M1ⅢA：4084，残长 9.4、残宽 4.2、厚 0.4 厘米，复原孔径 1.3 厘米（图三三五，3）。

2. 珠

38 件。依色泽差异，分二型。

A 型　31 件。风化成白色不透明状，圆珠形。

表一三 1号墓西回廊下层出土琉璃编磬形制数据表

单位：厘米

编号	名称	数量	现状	股上边	鼓上边	股博	鼓博	底边	悬孔径	股博厚	鼓博厚	
M1ⅢA:3918-1	磬	1件	残	32.85	39.93	16.65	13.68	51.45	1.85	3.45	3.50	1
M1ⅢA:3918-2	磬	1件	残	9.21	11.80	6.95	5.60	14.19	1.68	3.52	3.32	
M1ⅢA:3918-3	磬	1件	残	10.39	16.92	8.44	7.36	18.96	1.80	4.25	4.40	17
M1ⅢA:3918-4	磬	1件	残	12.35	16.24	8.19	6.62	19.85	1.85	3.20	3.05	16
M1ⅢA:3918-5	磬	1件	残	14.22	18.44	9.72	7.83	22.20	1.87	3.36	3.13	15
M1ⅢA:3918-6	磬	1件	残	16.10	20.91	9.76	8.37	26.33	1.95	3.35	3.45	13
M1ⅢA:3918-7	磬	1件	残	18.47	24.21	10.95	8.96	30.67	1.75	3.80	3.75	11
M1ⅢA:3918-8	磬	1件	残	20.57	27.36	11.40	9.57	34.74	1.70	3.95	3.90	9
M1ⅢA:3918-9	磬	1件	残	24.85	32.17	13.29	11.07	41.29	1.70	4.00	4.43	6
M1ⅢA:3918-10	磬	1件	残	23.22	29.48	12.65	10.61	38.02	1.53	3.84	3.84	7
M1ⅢA:3918-11	磬	1件	残	28.44	35.82	13.32	12.73	46.08	1.52	3.95	3.90	3
M1ⅢA:3918-12	磬	1件	残	10.09	13.65	7.14	6.39	16.11	1.55	3.30	3.15	19
M1ⅢA:3918-13	磬	1件	残	10.40	15.27	8.29	7.35	17.97	1.52	3.10	2.85	18
M1ⅢA:3918-14	磬	1件	残	16.08	20.15	9.36	7.70	25.95	1.60	4.60	4.45	14
M1ⅢA:3918-15	磬	1件	残	18.24	23.02	10.55	9.40	28.81	1.69	3.52~3.9	3.5~3.91	12
M1ⅢA:3918-16	磬	1件	残	19.16	25.95	11.82	10.03	32.33	1.6~1.8	4.60	4.50	10
M1ⅢA:3918-17	磬	1件	残	22.69	28.66	13.58	10.46	36.41	1.90	3.90	3.9~4.0	8
M1ⅢA:3918-18	磬	1件	残	25.53	32.19	14.52	11.64	41.61	1.80	3.8~4.05	3.45~3.75	5
M1ⅢA:3918-19	磬	1件	残	28.35	34.77	15.48	12.81	44.85	1.70	4.28	4.28	4
M1ⅢA:3918-20	磬	1件	残	31.14	36.75	15.90	13.11	48.45	1.78	3.80	3.52	2
M1ⅢA:6026	磬	1件	残	13.02	12.92	6.86	6.75	15.38	1.60	1.03	1.06	20
M1ⅣA:6027	磬	1件	残	12.97	12.35	6.55	5.71	15.80	1.37	0.9	0.90	

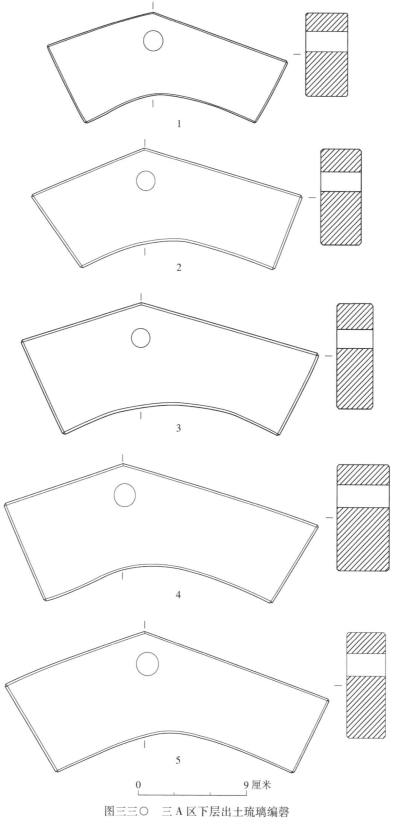

图三三〇　三A区下层出土琉璃编磬

1. M1ⅢA：3918－2　2. M1ⅢA：3918－12　3. M1ⅢA：3918－13　4. M1ⅢA：3918－3
5. M1ⅢA：3918－4

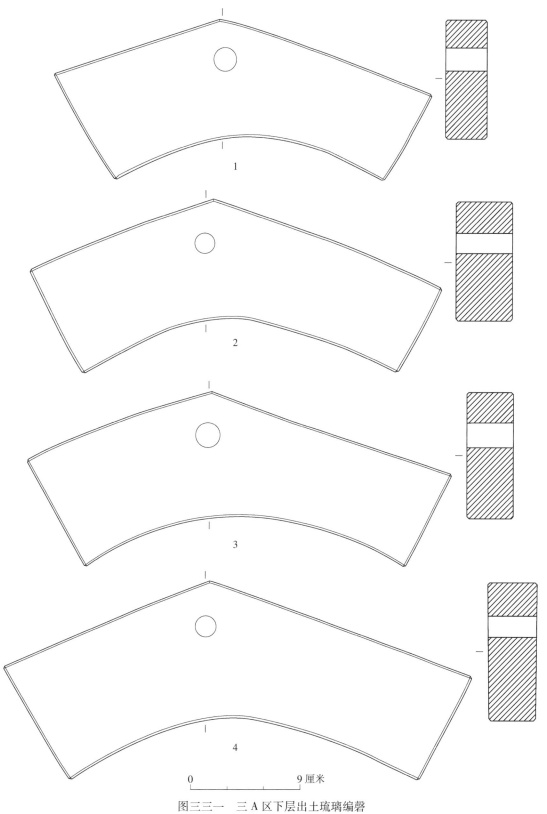

图三三一　三 A 区下层出土琉璃编磬

1. M1ⅢA：3918－5　2. M1ⅢA：3918－14　3. M1ⅢA：3918－6　4. M1ⅢA：3918－15

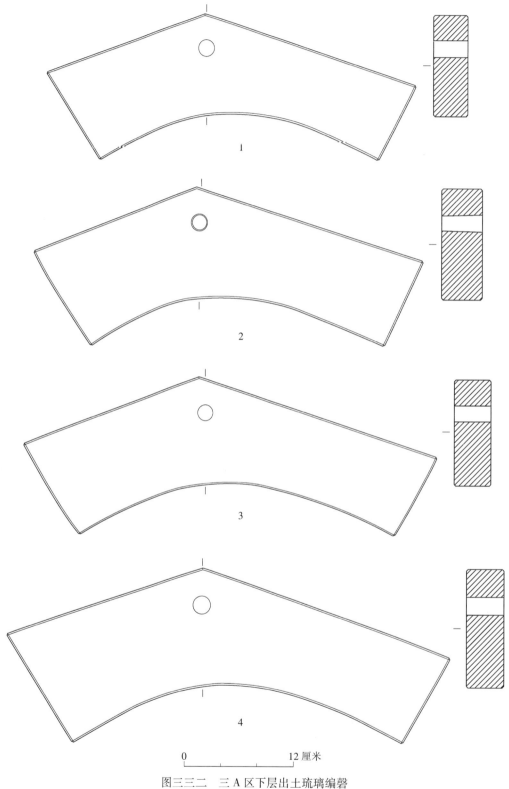

图三三二　三 A 区下层出土琉璃编磬

1. M1ⅢA：3918 － 7　2. M1ⅢA：3918 － 16　3. M1ⅢA：3918 － 8　4. M1ⅢA：3918 － 17

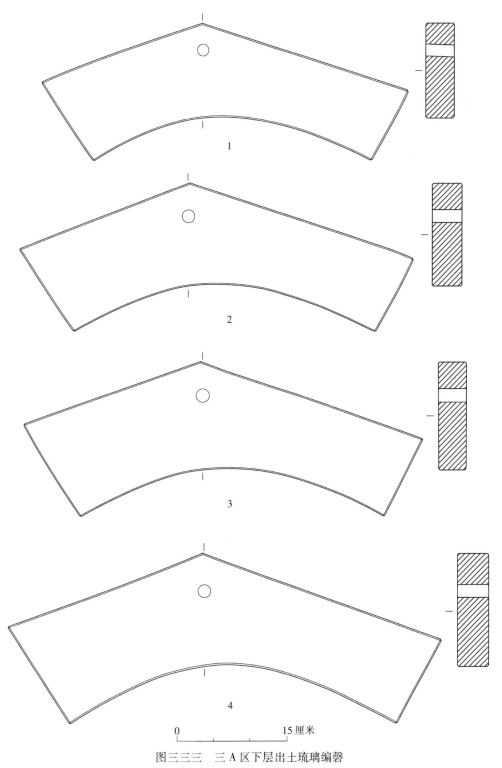

0   15 厘米

图三三三 三 A 区下层出土琉璃编磬

1. M1ⅢA：3918－10 2. M1ⅢA：3918－9 3. M1ⅢA：3918－18 4. M1ⅢA：3918－19

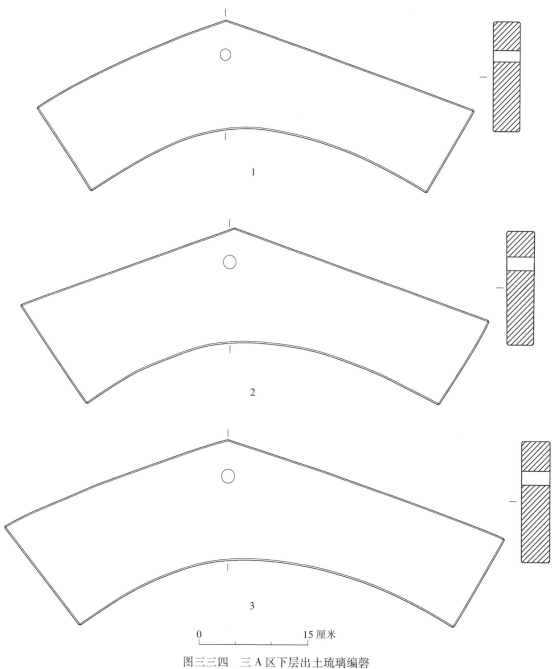

图三三四　三 A 区下层出土琉璃编磬
1. M1ⅢA：3918－11　2. M1ⅢA：3918－20　3. M1ⅢA：3918－1

　　M1ⅢA：4072－2，近圆形，中有一孔。直径 1.5、高 1.1、孔径 0.4 厘米（图三三五，4）。

　　M1ⅢA：4072－12，近圆形，中有一孔。直径 1.5、高 1.4、孔径 0.3 厘米（图三三五，5）。

　　M1ⅢA：4072－18，近圆形，中有一孔。直径 1.6、高 1.2、孔径 0.3 厘米（图三三五，6）。

　　M1ⅢA：4072－1、M1ⅢA：4072－3 ～ M1ⅢA：4072－6、M1ⅢA：4072－8 ～ M1ⅢA：4072－10、M1ⅢA：4072－14、M1ⅢA：4077－1、M1ⅢA：4077－2、M1ⅢA：4080－1 ～ M1ⅢA：4080－6、M1ⅢA：4080－8、M1ⅢA：4082－1 ～ M1ⅢA：4082－10 共 28 件，尺寸与 M1ⅢA：4072－2、M1ⅢA：4072－12、M1ⅢA：4072－18 基本相同。

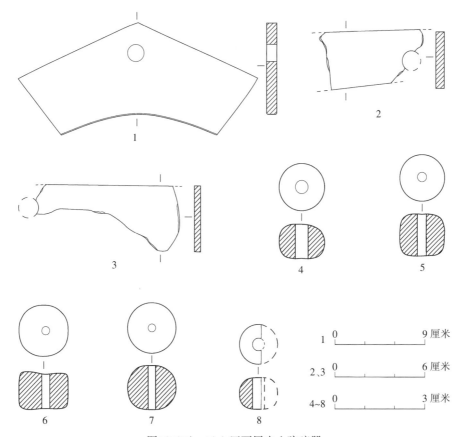

图三三五　三 A 区下层出土琉璃器

1～3. 编磬（M1ⅢA：6026、M1ⅢA：4083、M1ⅢA：4084）　4～6. A 型琉璃珠（M1ⅢA：4072 - 2、M1ⅢA：4072 - 12、
M1ⅢA：4072 - 18）　7、8. B 型琉璃珠（M1ⅢA：4072 - 7、M1ⅢA：4080 - 7）

B 型　7 件。蓝色圆珠。

M1ⅢA：4072 - 7，近圆形，中有一孔。直径 1.6、高 1.4、孔径 0.2 厘米（图三三五，7；彩版三二八，5）。

M1ⅢA：4080 - 7，器形较小，近圆形，中有一孔。直径 1.2、高 1、孔径 0.4 厘米（图三三五，8）。

M1ⅢA：4072 - 11、M1ⅢA：4072 - 13、M1ⅢA：4072 - 15 ～ M1ⅢA：4072 - 17 共 5 件，尺寸与 M1ⅢA：4072 - 7 基本相同。

六　漆器

1 件。M1ⅢA：4079，夹纻胎，正面髹黑漆。残损严重，形制不明。

第四节　三（Ⅲ）B 区下层出土遗物

西回廊中部三 B 区下层随葬各类遗物 36 件，包括铜器、玉器、琉璃器等。主要为乐器，有编磬、瑟柄等。根据清理后的编磬架底座推测，编磬原为南北向面东随葬于三 A 区、三 B 区东部。因墓室坍塌，编磬架上部向东塌落于题凑上。在编磬架周围有成堆散乱出土的琉璃珠（彩版三二九，1）。

一 铜器

5 件。包括乐器、日常生活用器。

（一）乐器

4 件。

1. 瑟柄

3 件。通体鎏金。依形制差异，分三型。

A 型 1 件。

M1ⅢB：4064，圆形器身。器表饰四组对称的镂空卷云纹，近底处饰一周麦穗纹，顶部正中饰一组盘龙纹，底部有一八角形銎。直径 4.5、高 5.5 厘米（图三三六，2；彩版三二九，2）。

B 型 1 件。

M1ⅢB：4063，半圆形器身。器表饰两组对称盘龙纹，近底处饰一周麦穗纹，底部有一方形銎，銎外侧面保留有明显的捆扎痕迹。直径 4.6、高 3.8 厘米（图三三七，1；彩版三二九，3）。

C 型 1 件。

M1ⅢB：4062，尖峰状圆山形。器表通饰盘龙云气纹，顶端一侧饰人物抚瑟图，近底处饰一周斜线纹。直径 5.1、高 7.8 厘米（图三三六，1；彩版三三〇，1）。

2. 饰件

1 件。M1ⅢB：3705，器呈"凫"形，双面以金银间错羽纹，底内有朽木。宽 6.3、高 12、厚 1 厘米（图三三八；彩图五九；彩版三三〇，2）。

（二）日常生活用器

1 件。环。A 型。

M1ⅢB：3591，环身截面呈圆形。器形较小。外径 2.2、厚 0.3 厘米（图三三七，6）。

二 玉器

2 件。瑟柱。B 型。玉色为白玉淡黄略偏青，其中部分因受沁表面有白色或红色沁斑。整体类似桥拱形，上窄而薄，下宽而厚，柱顶中央刻有横向承弦槽，下部桥孔较大。

M1ⅢB：4461，长 2.9、高 2 厘米（图三三七，7；彩版三二九，4）。

M1ⅢB：4462，形制、尺寸与 M1ⅢB：4461 相同（彩版三二九，5）。

三 琉璃器

29 件。珠。依色泽差异，分二型。

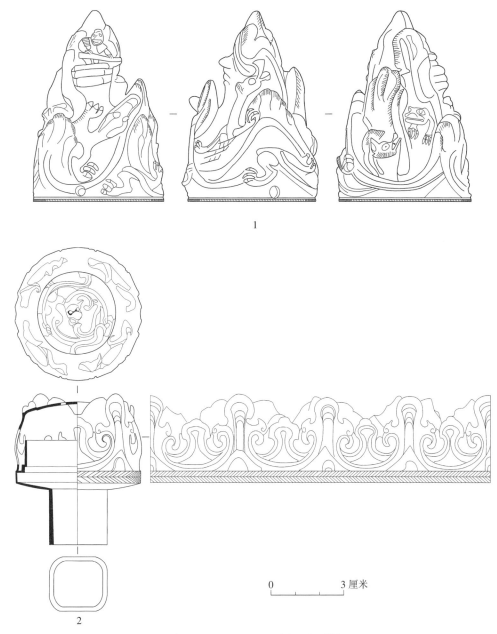

图三三六　三B区下层出土铜瑟枘

1. C型（M1ⅢB：4062）　2. A型（M1ⅢB：4064）

A型　17件。风化成白色不透明状，扁圆形。

M1ⅢB：4061-16，近圆形，中有一孔。直径1.58、高1.4、孔径0.3厘米（图三三七，2；彩版三二九，6）。

M1ⅢB：4060-4，直径1.05、高0.62、孔径0.58厘米（图三三七，3）。

M1ⅢB：4060-2，直径1.3、高1.2、孔径0.4厘米（图三三七，4）。

M1ⅢB：4060-1、M1ⅢB：4060-2、M1ⅢB：4060-6、M1ⅢB：4060-7、M1ⅢB：4061-1、M1ⅢB：4061-3、M1ⅢB：4061-5、M1ⅢB：4061-6、M1ⅢB：4061-9、M1ⅢB：4061-10、M1ⅢB：4061-12~M1ⅢB：4061-14、M1ⅢB：4061-19共14件，形制、尺寸与M1ⅢB：4061-16、M1

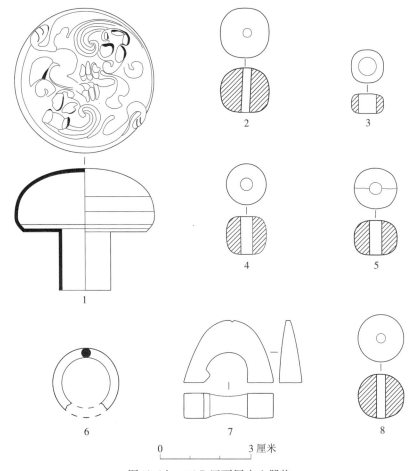

图三三七 三 B 区下层出土器物

1. B 型铜瑟柄（M1ⅢB:4063） 2～4. A 型琉璃珠（M1ⅢB:4061-16、M1ⅢB:4060-4、M1ⅢB:4060-2）
5、8. B 型琉璃珠（M1ⅢB:4060-5、M1ⅢB:4060-8） 6. A 型铜环（M1ⅢB:3591） 7. B 型玉瑟柱
（M1ⅢB:4461）

ⅢB:4060-4、M1ⅢB:4061-2 相同。

B 型 12 件。蓝色圆珠。

M1ⅢB:4060-5，近圆形，中有一孔。直径 1.4、高 1.1、孔径 0.4 厘米（图三三七，5）。

M1ⅢB:4060-8，直径 1.5、高 1.4、孔径 0.3 厘米（图三三七，8）。

M1ⅢB:4060-3、M1ⅢB:4061-4、M1ⅢB:4061-7、M1ⅢB:4061-8、M1ⅢB:4061-11、M1ⅢB:4061-15、M1ⅢB:4061-17、M1ⅢB:4061-18、M1ⅢB:4061-20、M1ⅢB:4061-21 共 10 件，尺寸与 M1ⅢB:4060-5、M1ⅢB:4060-8 基本相同。

第五节 四（Ⅳ）A 区下层出土遗物

西回廊中部偏北四 A 区下层主要随葬明器车马，明器漆车马已朽尽，仅存车马器构件及明器兵器等遗物 403 件（套、组），包括铜器、铁器、琉璃器、陶器、泥器等。四 A 区南部出土一套伞柄，周围有呈伞状向心分布的盖弓帽同出。伞柄东南部出土四件叠摞在一起的灰陶钵，陶钵内置 5

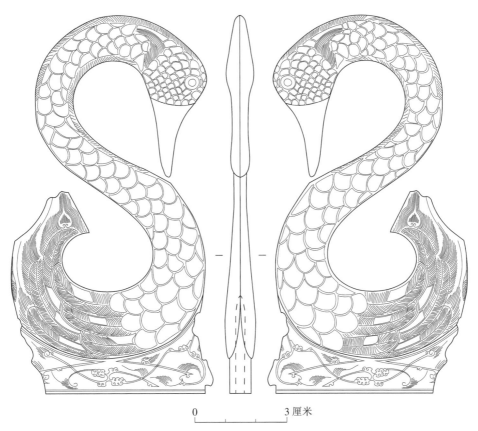

0　　　3 厘米

图三三八　三 B 区下层出土铜饰件（M1 Ⅲ B：3705）

件铜铃（图三三九；彩版三三一，1、2）。

一　铜器

296 件（套、组）。包括车马器、兵器、乐器、日常生活用器。

（一）车马器

253 件。包括盖弓帽、伞柄箍饰、车軎、辖、兽首构件、衡末、钩、带扣、马衔镳和节约。

1. 盖弓帽

50 件。依形制差异，分二型。

A 型　31 件。八棱柱形，中部有一周凸棱。清理时大多呈伞状向心分布。

M1 ⅣA：3071，通体鎏银。口径 0.8、长 4.8 厘米（图三四〇，2）。

M1 ⅣA：3122、M1 ⅣA：3130、M1 ⅣA：3131、M1 ⅣA：3137、M1 ⅣA：3138、M1 ⅣA：3147、M1 ⅣA：3151、M1 ⅣA：3195 ~ M1 ⅣA：3210、M1 ⅣA：3212 ~ M1 ⅣA：3214、M1 ⅣA：3315、M1 ⅣA：3319、M1 ⅣA：3337、M1 ⅣA：3358 共 30 件，形制、尺寸与 M1 ⅣA：3071 基本相同。

C 型　19 件。圆柱形，近帽首处有一钩。清理时大多呈伞状向心分布。

M1 ⅣA：3215，素面。口径 0.65、长 5.72 厘米（图三四〇，1；彩版三三二，1）。

M1 ⅣA：2982、M1 ⅣA：2983、M1 ⅣA：3022、M1 ⅣA：3118、M1 ⅣA：3211、M1 ⅣA：3216 ~ M1

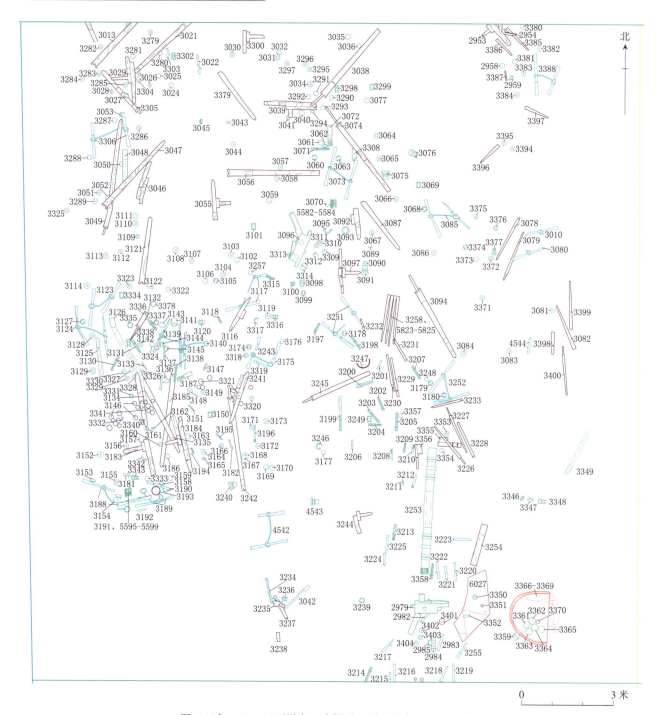

图三三九　四 A 区下层出土遗物平面图（数字为器物编号）

ⅣA：3225、M1ⅣA：3255、M1ⅣA：3352、M1ⅣA：4544 共 18 件，形制、尺寸与 M1ⅣA：3215 基本相同。

2. 伞柄箍饰

1 套。M1ⅣA：3253，由上下两组圆筒形铜箍饰组成，之间由漆木伞柄连接，每组箍饰又由上下两节铜箍饰采用圆筒套接的方式套接而成，其上各饰三周箍状纹。均长 13.5、直径 2.3 厘米（图三四○，9；彩版三三二，3）。

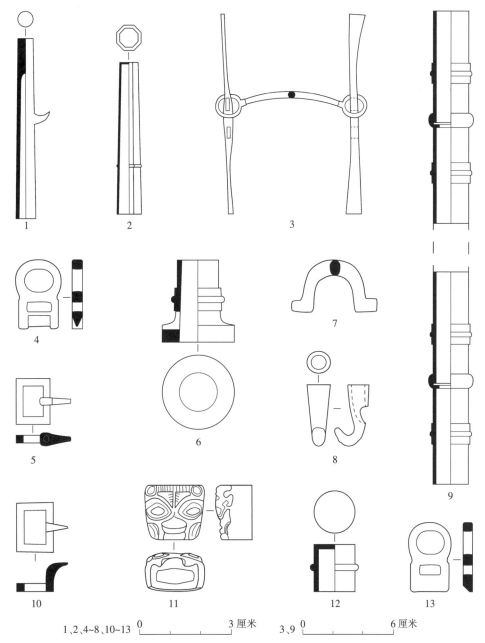

图三四〇　四 A 区下层出土铜车马器

1. C 型盖弓帽（M1ⅣA：3215）　2. A 型盖弓帽（M1ⅣA：3071）　3. 马衔镳（M1ⅣA：3073）　4、13. A 型带扣（M1ⅣA：3098、M1ⅣA：3298）　5、10. B 型带扣（M1ⅣA：3334、M1ⅣA：3249）　6. A 型车軎（M1ⅣA：3075）　7. B 型辖（M1ⅣA：2985）　8. B 型钩（M1ⅣA：3342）　9. 伞柄箍饰（M1ⅣA：3253）　11. 兽首构件（M1ⅣA：3194）　12. 衡末（M1ⅣA：2984）

1、2、4~8、10~13 `0 ——— 3厘米`　3、9 `0 ——— 6厘米`

3. 车軎

4 件。A 型。圆筒形。内侧与毂相接处较粗。軎中部饰一道箍状纹，近内侧有一贯辖孔。

M1ⅣA：3075，外径 2.4、内径 1.4、长 2.6 厘米（图三四〇，6）。

M1ⅣA：3091、M1ⅣA：3240、M1ⅣA：4543 共 3 件，尺寸与 M1ⅣA：3075 基本相同。

4. 辖

3 件。B 型。平面为半圆形。

M1ⅣA：2985，截面近菱形，两脚外折平直。脚距长 2.8、高 1.7 厘米（图三四〇，7）。

M1ⅣA：3095、M1ⅣA：3317 共 2 件，尺寸与 M1ⅣA：2985 基本相同。

5. 兽首构件

1 件。M1ⅣA：3194，前端为兽首，张口大眼，双目外凸，后端有一椭圆形銎。长 1.7、宽 1.9、高 1.2 厘米（图三四〇，11；彩版三三二，2）。

6. 衡末

4 件。形制相同。圆筒形，一端封闭。

M1ⅣA：2984，中部饰一周箍状纹。长 1.5、銎径 1.35 厘米（图三四〇，12）。

M1ⅣA：3076、M1ⅣA：3314、M1ⅣA：3359 共 3 件，尺寸与 M1ⅣA：2984 基本相同。

7. 钩

2 件。B 型。器形较小。一端上翘呈钩状，另一端有圆形銎。素面。

M1ⅣA：3342，长 1.95、銎径 0.5 厘米（图三四〇，8；彩版三三二，4）。

M1ⅣA：3181，尺寸与 M1ⅣA：3342 基本相同（彩版三三二，5）。

8. 带扣

17 件。清理时，带扣内革带均已朽尽，器物间相互位置大多不明。依形制差异，分二型。

A 型　11 件。器身扁平，由长方形与圆形两个穿孔组成。

M1ⅣA：3098，长 2.2、宽 1.3 厘米（图三四〇，4）。

M1ⅣA：3298，长 2.2、宽 1.3 厘米（图三四〇，13）。

M1ⅣA：2959、M1ⅣA：3120、M1ⅣA：3236、M1ⅣA：3302、M1ⅣA：3316、M1ⅣA：3338、M1ⅣA：3343、M1ⅣA：3348、M1ⅣA：3377 共 9 件，形制、尺寸与 M1ⅣA：3098、M1ⅣA：3298 基本相同（彩版三三二，6）。

B 型　6 件。长方形。

M1ⅣA：3249，一边中部有一弯钩。长 1.7、宽 1.55 厘米（图三四〇，10）。

M1ⅣA：3101，形制、尺寸与 M1ⅣA：3249 相同。

M1ⅣA：3334，一边中部穿饰一长条形活动扣针。长 1.8、宽 1.45 厘米（图三四〇，5；彩版三三二，7）。

M1ⅣA：3069、M1ⅣA：3150、M1ⅣA：3299 共 3 件，形制、尺寸与 M1ⅣA：3334 相同。

9. 马衔镳

18 组。每组器物由马衔 1 件及马镳 2 件组成，均为明器。清理时，明器漆木马已朽尽，马衔镳散落、残损严重。

M1ⅣA：3073，圆弧形衔，衔端各有一圆环，环内各穿一马镳。镳中部凸起，内有两长方形穿孔。衔长 9.9、环径 1.7、镳长 13 厘米（图三四〇，3）。

M1ⅣA：3010 与 M1ⅣA：3080、M1ⅣA：3042 与 M1ⅣA：3234、M1ⅣA：3085、M1ⅣA：3117、M1ⅣA：3123、M1ⅣA：3124、M1ⅣA：3139、M1ⅣA：3140、M1ⅣA：3188 ~ M1ⅣA：3190、M1ⅣA：3251、M1ⅣA：3252、M1ⅣA：3306、M1ⅣA：3388、M1ⅣA：4542 共 17 组，形制、尺寸与 M1ⅣA：3073 基本相同。

10. 节约

153 件。依形制差异，分二型。

A型　92件。圆帽形，顶心有圆形或长方形孔，内部中空。均匀分布于回廊下层。清理时，器物间的位置关系大多因隔板坍塌而无法确定。

M1ⅣA：3024，顶心有一圆孔。底径1.5、孔径0.7、高0.5厘米（图三四一，8）。

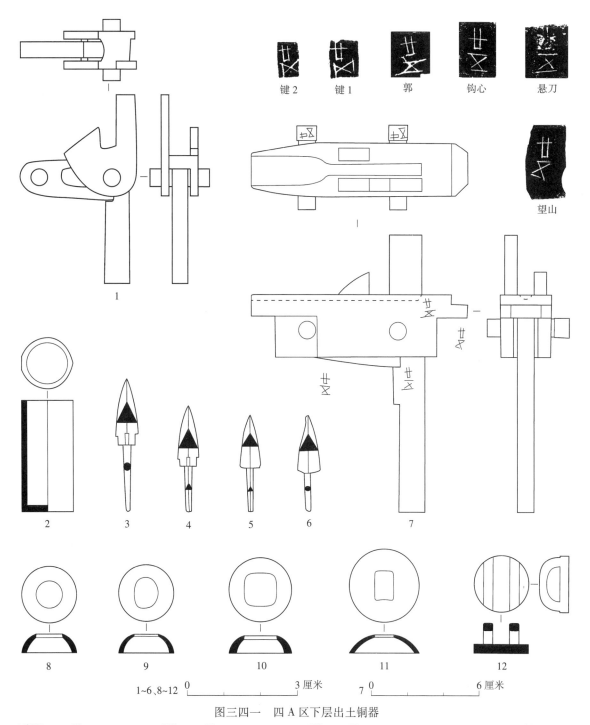

图三四一　四A区下层出土铜器

1. B型弩机（M1ⅣA：3136）　2. G型镞（M1ⅣA：3048）　3、4. I型镞（M1ⅣA：5582、M1ⅣA：3191）　5、6. O型镞（M1ⅣA：3070、M1ⅣA：5583）　7. A型弩机（M1ⅣA：3096）　8～11. A型节约（M1ⅣA：3024、M1ⅣA：3050、M1ⅣA：3103、M1ⅣA：3051）　12. B型节约（M1ⅣA：2958）

M1ⅣA：3050，顶心有一椭圆形孔。底径 1.5、孔长 0.8、孔宽 0.64、高 0.5 厘米（图三四一，9）。

M1ⅣA：3025、M1ⅣA：3026、M1ⅣA：3030、M1ⅣA：3031、M1ⅣA：3034、M1ⅣA：3043、M1ⅣA：3044、M1ⅣA：3053、M1ⅣA：3057、M1ⅣA：3058、M1ⅣA：3064～M1ⅣA：3067、M1ⅣA：3081、M1ⅣA：3083、M1ⅣA：3084、M1ⅣA：3086、M1ⅣA：3089、M1ⅣA：3090、M1ⅣA：3104、M1ⅣA：3107、M1ⅣA：3111～M1ⅣA：3113、M1ⅣA：3142、M1ⅣA：3154～M1ⅣA：3156、M1ⅣA：3160～M1ⅣA：3162、M1ⅣA：3164～M1ⅣA：3166、M1ⅣA：3171、M1ⅣA：3257、M1ⅣA：3279、M1ⅣA：3281～M1ⅣA：3286、M1ⅣA：3294～M1ⅣA：3297、M1ⅣA：3309～M1ⅣA：3311、M1ⅣA：3313、M1ⅣA：3323、M1ⅣA：3325、M1ⅣA：3326、M1ⅣA：3328、M1ⅣA：3331、M1ⅣA：3332、M1ⅣA：3353、M1ⅣA：3371、M1ⅣA：3372、M1ⅣA：3375、M1ⅣA：3382～M1ⅣA：3384、M1ⅣA：3394、M1ⅣA：3395、M1ⅣA：3402～M1ⅣA：3404 共 70 件，形制、尺寸与 M1ⅣA：3024、3050 基本相同。

M1ⅣA：3103，顶心有一方形孔。底径 1.7、孔径 0.85、高 0.45 厘米（图三四一，10）。

M1ⅣA：3051，顶心有一长方形孔。底径 1.95、孔长 0.75、孔宽 0.5、高 0.5 厘米（图三四一，11）。

M1ⅣA：3052、M1ⅣA：3108、M1ⅣA：3110、M1ⅣA：3114、M1ⅣA：3119、M1ⅣA：3128、M1ⅣA：3129、M1ⅣA：3148、M1ⅣA：3149、M1ⅣA：3152、M1ⅣA：3157、M1ⅣA：3168、M1ⅣA：3172、M1ⅣA：3173、M1ⅣA：3289、M1ⅣA：3320、M1ⅣA：3329、M1ⅣA：3330 共 18 件，形制、尺寸与 M1ⅣA：3051、M1ⅣA：3103 基本相同。

B 型　61 件。正面呈圆形，背面有两长方形穿。

M1ⅣA：2958，直径 1.5、高 0.8 厘米（图三四一，12；彩版三三二，8）。

M1ⅣA：3027、M1ⅣA：3028、M1ⅣA：3032、M1ⅣA：3035、M1ⅣA：3036、M1ⅣA：3040、M1ⅣA：3045、M1ⅣA：3059～M1ⅣA：3063、M1ⅣA：3068、M1ⅣA：3077、M1ⅣA：3099、M1ⅣA：3100、M1ⅣA：3102、M1ⅣA：3105、M1ⅣA：3106、M1ⅣA：3109、M1ⅣA：3127、M1ⅣA：3143～M1ⅣA：3145、M1ⅣA：3153、M1ⅣA：3158、M1ⅣA：3159、M1ⅣA：3163、M1ⅣA：3167、M1ⅣA：3169、M1ⅣA：3170、M1ⅣA：3174～M1ⅣA：3180、M1ⅣA：3186、M1ⅣA：3235、M1ⅣA：3280、M1ⅣA：3287、M1ⅣA：3288、M1ⅣA：3290～M1ⅣA：3293、M1ⅣA：3312、M1ⅣA：3322、M1ⅣA：3324、M1ⅣA：3327、M1ⅣA：3333、M1ⅣA：3346、M1ⅣA：3347、M1ⅣA：3354、M1ⅣA：3357、M1ⅣA：3373、M1ⅣA：3374、M1ⅣA：3380、M1ⅣA：3381 共 60 件，形制、尺寸与 M1ⅣA：2958 基本相同。

（二）兵器

22 件。包括镦、弩机和镞。

1. 镦

8 件。G 型。器口平面近桃形，器表大多鎏金。器形较小，均为明器。

M1ⅣA：3048，器表素面。直径 1.4、高 2.95 厘米（图三四一，2）。

M1ⅣA：3072、M1ⅣA：3125、M1ⅣA：3126、M1ⅣA：3141、M1ⅣA：3187、M1ⅣA：3308、M1ⅣA：3349 共 7 件，形制、尺寸与 M1ⅣA：3048 基本相同。

2. 弩机

3 件。由郭、望山、钩心、悬刀、键等构件组合而成。依形制差异，分二型。

A 型 2 件。通体鎏金，制作工整。

M1ⅣA:3096，刻铭"廿五"。郭长 11.85、郭宽 2.8、望山高 3.2 厘米（图三四一，7；彩版三三三，1）。

M1ⅣA:2979，尺寸与 M1ⅣA:3096 基本相同。刻铭"五"（彩版三三三，2）。

B 型 1 件。

M1ⅣA:3136，器形较小，当为明器。郭长 3.2、郭宽 1、望山高 1.08 厘米（图三四一，1）。

3. 镞

11 件。依形制差异，分二型。

I 型 4 件。镞身三棱形，向前聚合成锋，前锋尖锐。关断面呈六边形，底端圆銎以接铁铤。尺寸较小，当为明器。

M1ⅣA:3191，铤断面呈三棱形。通长 2.8、铤长 1.2 厘米（图三四一，4）。

M1ⅣA:5582，铤断面呈圆形。通长 3.5、铤长 1.7 厘米（图三四一，3）。

M1ⅣA:5598、M1ⅣA:5599 共 2 件，尺寸与 M1ⅣA:3191、M1ⅣA:5582 基本相同。

O 型 7 件。镞身三棱形，向前聚合成锋，前锋尖锐，尾部接细长铜铤。尺寸较小，当为明器。

M1ⅣA:3070，铤断面呈三棱形。通长 2.55、铤长 1.15 厘米（图三四一，5）。

M1ⅣA:5583，铤断面呈圆形。通长 2.5、铤长 1 厘米（图三四一，6）。

M1ⅣA:3133、M1ⅣA:5584、M1ⅣA:5595~M1ⅣA:5597 共 5 件，尺寸与 M1ⅣA:3070、M1ⅣA:5583 基本相同。

（三）乐器

5 件。铃铛。近圆形，上下两端各开一小孔，内置一圆粒形响舌。依器表镂孔差异，分二型。

A 型 3 件。

M1ⅣA:3361，器表有四组对称长条形镂孔。保存完整，摇动时尚可发出清脆响声。长径 2.9、短径 2.85 厘米（图三四二，1；彩版三三四，1）。

M1ⅣA:3362、M1ⅣA:3363 共 2 件，尺寸与 M1ⅣA:3361 相同（彩版三三四，1）。

B 型 2 件。

M1ⅣA:3364，器表有七组均匀分布的长条形镂孔。保存完整，摇动时尚可发出清脆响声。长径 2.9、短径 2.85 厘米（图三四二，2；彩版三三四，2）。

M1ⅣA:3365，尺寸与 M1ⅣA:3364 相同（彩版三三四，2）。

（四）日常生活用器

16 件。包括带钩、衔环和环。

1. 带钩

6 件。A 型。器形较小。琵琶形钩身，下有一圆纽。圆形钩首。

M1ⅣA:3192，长 3.15、宽 0.5、高 0.6 厘米（图三四二，3）。

M1ⅣA:3304，长 3.3、宽 0.65、高 0.65 厘米（图三四二，4；彩版三三四，3）。

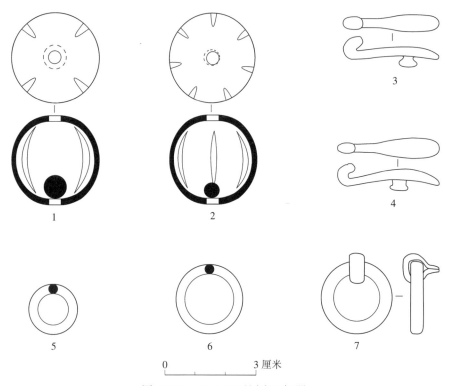

图三四二　四 A 区下层出土铜器

1. A 型铃铛（M1ⅣA：3361）　2. B 型铃铛（M1ⅣA：3364）　3、4. A 型带钩（M1ⅣA：3192、M1ⅣA：3304）
5、6. A 型环（M1ⅣA：3041、M1ⅣA：3335）　7. 衔环（M1ⅣA：3093）

M1ⅣA：3132、M1ⅣA：3182、M1ⅣA：3303、M1ⅣA：3341 共 4 件，尺寸与 M1ⅣA：3192、M1ⅣA：3304 相同（彩版三三四，4）。

2. 衔环

1 件。M1ⅣA：3093，环穿过衔上的穿孔与衔相连。环径 2.3、衔长 1.15 厘米（图三四二，7；彩版三三四，5）。

3. 环

9 件。A 型。环身截面呈圆形。

M1ⅣA：3041，器形较小。外径 1.6、厚 0.3 厘米（图三四二，5）。

M1ⅣA：3239、M1ⅣA：3248、M1ⅣA：3318、M1ⅣA：3350、M1ⅣA：3376 共 5 件，形制、尺寸与 M1ⅣA：3041 基本相同。

M1ⅣA：3335，外径 2.2、厚 0.3 厘米（图三四二，6）。

M1ⅣA：3246、M1ⅣA：3378 共 2 件，形制、尺寸与 M1ⅣA：3335 基本相同。

二　铁器

63 件。包括车马器、兵器、工具、日常生活用器。

（一）车马器

2 件。釭。形制相同。

M1ⅣA：3193，短圆管形。外径2.9、长0.8、壁厚0.2厘米（图三四三，1；彩版三三四，6）。

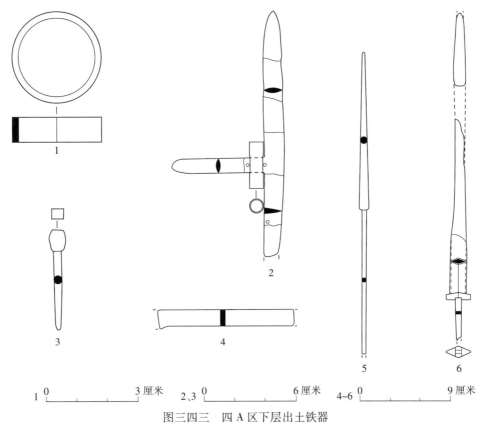

| 1 | 0 | | | 3 厘米 | 2、3 | 0 | | 6 厘米 | 4~6 | 0 | | 9 厘米 |

图三四三 四 A 区下层出土铁器

1. 釭（M1ⅣA：3193） 2. B 型戟（M1ⅣA：3097） 3. A 型钉（M1ⅣA：3232） 4. G 型削（M1ⅣA：3379）
5. C 型镞（M1ⅣA：3258） 6. B 型剑（M1ⅣA：3013）

M1ⅣA：3247，形制、尺寸与 M1ⅣA：3193 相同。

（二）兵器

59 件。包括戟、剑和镞。

1. 戟

20 件。B 型。皆为明器。

M1ⅣA：3097，"卜"字形铁戟，援与内结合处有截面呈圆形的铜柲帽。残长 15.6、枝长 7.25、柲帽长 2.95 厘米（图三四三，2）。

M1ⅣA：2953、M1ⅣA：2954、M1ⅣA：3029、M1ⅣA：3039、M1ⅣA：3046、M1ⅣA：3055、M1ⅣA：3092、M1ⅣA：3116、M1ⅣA：3134、M1ⅣA：3183、M1ⅣA：3184、M1ⅣA：3237、M1ⅣA：3238、M1ⅣA：3241、M1ⅣA：3244、M1ⅣA：3300、M1ⅣA：3355、M1ⅣA：3356、M1ⅣA：3387 共 19 件，尺寸与 M1ⅣA：3097 基本相同。

2. 剑

18 件。B 型。形制相同，皆为明器。

M1ⅣA：3013，剑身较长，断面呈菱形，格为铜质，茎首端有一小孔。剑身漆鞘保存较好，鞘身顶部平直，前半段截面为椭圆形，剑璏以下部分截面呈菱形。剑身残长 26.7、最宽处 1.45、通长31.2、格宽2.35 厘米。剑鞘残长29.2、最宽处1.65 厘米（图三四三，6）。

M1ⅣA:3021、M1ⅣA:3038、M1ⅣA:3047、M1ⅣA:3049、M1ⅣA:3056、M1ⅣA:3074、M1ⅣA:3087、M1ⅣA:3094、M1ⅣA:3121、M1ⅣA:3135、M1ⅣA:3185、M1ⅣA:3242、M1ⅣA:3245、M1ⅣA:3254、M1ⅣA:3305、M1ⅣA:3336、M1ⅣA:3340 共17 件，尺寸与M1ⅣA:3013 基本相同。

3. 镞

21 件。C 型。

M1ⅣA:3258，镞身细长，呈圆锥形，前锋尖锐，铤部细长，末端聚尖。通长28.8、铤长13.75 厘米（图三四三，5）。

M1ⅣA:3078、M1ⅣA:3079、M1ⅣA:3082、M1ⅣA:3226～M1ⅣA:3231、M1ⅣA:3233、M1ⅣA:3385、M1ⅣA:3386、M1ⅣA:3396～M1ⅣA:3400、M1ⅣA:5823～M1ⅣA:5825 共20 件，形制、尺寸与M1ⅣA:3258 相同。

（三）工具

1 件。钉。A 型。

M1ⅣA:3232，器身细长，下端内收为尖状，上端为长方形钉帽。长6.35 厘米（图三四三，3）。

（四）日常生活用器

1 件。削。G 型。

M1ⅣA:3379，环首及刃部残缺，柄断面呈长方形。残长13.3、宽1.5 厘米（图三四三，4）。

三　琉璃器

4 件。包括编磬、珠。

1. 编磬

1 件。M1ⅣA:6027，琉璃质，表面因受常年侵蚀呈不透明的灰白色，断面的未风化处呈现出半透明的淡黄略偏青色质地，内部有少量细小的白色铸造气泡。倨句明确，鼓股分明，底边弧拱。素面。股上边12.3、鼓上边13.2、股博6.65、鼓博5.7、底边15.85、悬孔径1.32、股博厚1、鼓博厚0.85 厘米（图三四四，1；彩版三三四，7 ）。

2. 珠

3 件。A 型。风化成白色不透明状，扁圆形。

M1ⅣA:3351，近圆形，中有一孔。直径1、高0.8、孔径0.48 厘米（图三四四，3）。

M1ⅣA:3370，近圆形，中有一孔。直径1.25、高1.1、孔径0.3 厘米（图三四四，4）。

M1ⅣA:3401，近圆形，中有一孔。直径2.1、高1.7、孔径0.42 厘米（图三四四，6）。

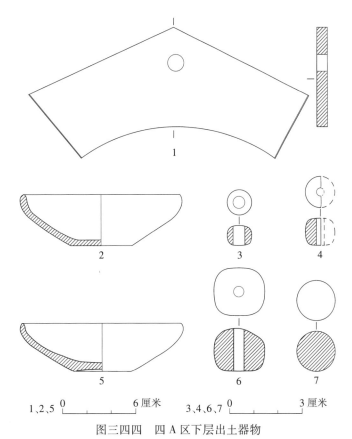

1、2、5　0　　　　　6厘米　　　3、4、6、7　0　　　　3厘米

图三四四　四 A 区下层出土器物

1. 琉璃编磬（M1ⅣA：6027）　2、5. 灰陶钵（M1ⅣA：3366、M1ⅣA：3368）　3、4、6. A
型琉璃珠（M1ⅣA：3351、M1ⅣA：3370、M1ⅣA：3401）　7. 泥弹丸（M1ⅣA：3146－1）

四　陶器

4 件。钵。灰陶器。形制基本相同。

M1ⅣA：3366，圆唇，敛口，斜直腹，平底。口径 12.8、底径 5、高 4 厘米（图三四四，2）。

M1ⅣA：3368，圆唇，敛口，斜直腹，平底内凹。口径 12.9、底径 4.75、高 3.85 厘米（图三
四四，5；彩版三三五，1）。

M1ⅣA：3367、M1ⅣA：3369 共 2 件，形制、尺寸同 M1ⅣA：3368（彩版三三五，2、3）。

五　泥器

36 件。弹丸。清理时，大部分泥弹丸为数十件聚堆放置，周边大多伴出弩机、箭镞等器物。

M1ⅣA：3146－1，器形较小。圆形。直径 1.6 厘米（图三四四，7）。

M1ⅣA：3146－2～M1ⅣA：3146－24、M1ⅣA：3321－1～M1ⅣA：3321－12 共 35 件，形制、尺
寸与 M1ⅣA：3146－1 相同。

第六节　四（Ⅳ）B 区下层出土遗物

西回廊北部四 B 区下层主要随葬明器车马。明器漆车马已朽尽，仅存车马器构件及明器兵器等遗物 221 件（套、组），包括铜器、铁器等（图三四五）。

一　铜器

182 件（套、组）。包括车马器、兵器、日常生活用器等。

（一）车马器

152 件。包括盖弓帽、伞柄箍饰、衡末、带扣、马衔镳和节约。

1. 盖弓帽

1 件。C 型。

M1ⅣB：2815，圆柱形，近帽首处有一钩。素面。口径 0.62、残长 4.6 厘米（图三四六，7）。

2. 伞柄箍饰

1 套。M1ⅣB：2816，与 M1Ⅺ：417 为一套。两组箍饰由上下两节铜箍采用圆筒套接的方式组合而成，其上各饰三周箍状纹。均长 14.4、管径 2.3 厘米。中间连接用漆木已朽，长度不明（图三四六，10）。

3. 衡末

1 件。M1ⅣB：4058，圆筒形，一端封闭。中部饰一周箍状纹。长 1.7、銎径 1.5 厘米（图三四六，8）。

4. 带扣

11 件。清理时，带扣内革带均已朽尽，器物间相互位置大多不明。

A 型。器身扁平，由长方形与圆形两个穿孔组成。

M1ⅣB：2830，长 2.2、宽 1.45 厘米（图三四六，4）。

M1ⅣB：2868、M1ⅣB：2923、M1ⅣB：2934、M1ⅣB：2940、M1ⅣB：2942、M1ⅣB：2960、M1ⅣB：3020、M1ⅣB：3263、M1ⅣB：3393、M1ⅣB：4057 共 10 件，形制、尺寸与 M1ⅣB：2830 基本相同。

5. 马衔镳

15 组。每组器物由马衔 1 件及马镳 2 件组成，均为明器。清理时，明器漆木马已朽尽，马衔镳散落、残损严重。

M1ⅣB：2832，圆弧形衔，衔端各有一圆环，环内各穿一马镳。镳中部凸起，内有两长方形穿孔。衔长 9.78、环径 1.6、镳长 12.4 厘米（图三四六，11）。

M1ⅣB：2843、M1ⅣB：2844、M1ⅣB：2874、M1ⅣB：2877、M1ⅣB：2884 与 M1ⅣB：4055、M1ⅣB：2903、M1ⅣB：2904、M1ⅣB：2908、M1ⅣB：2921、M1ⅣB：2924、M1ⅣB：3016、M1ⅣB：3033、M1ⅣB：3301、M1ⅣB：3392 共 14 组，形制、尺寸与 M1ⅣB：2832 基本相同。

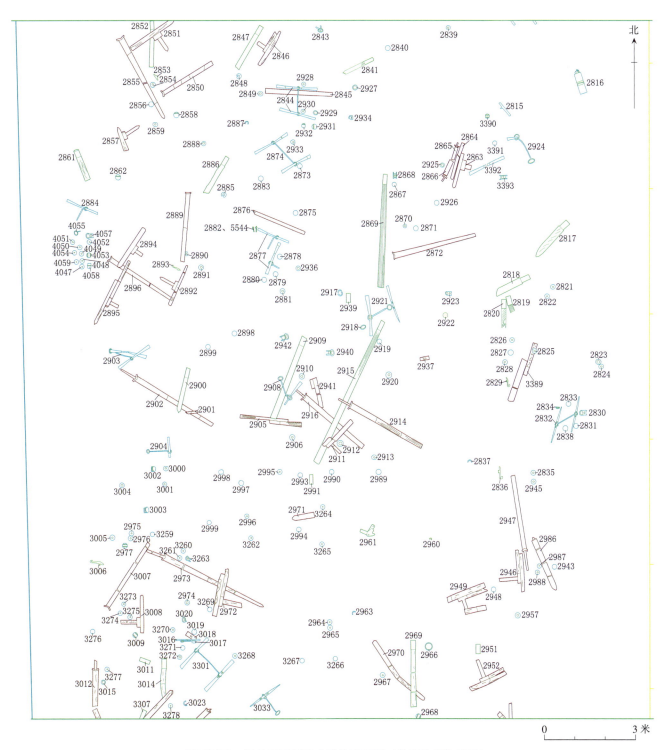

图三四五　四 B 区下层出土遗物平面图（数字为器物编号）

6. 节约

123 件。依形制差异，分二型。

A 型　76 件。圆帽形，顶心有圆形或长方形孔，内部中空。均匀分布于回廊下层。清理时，器物间的位置关系大多因隔板坍塌而无法确定。

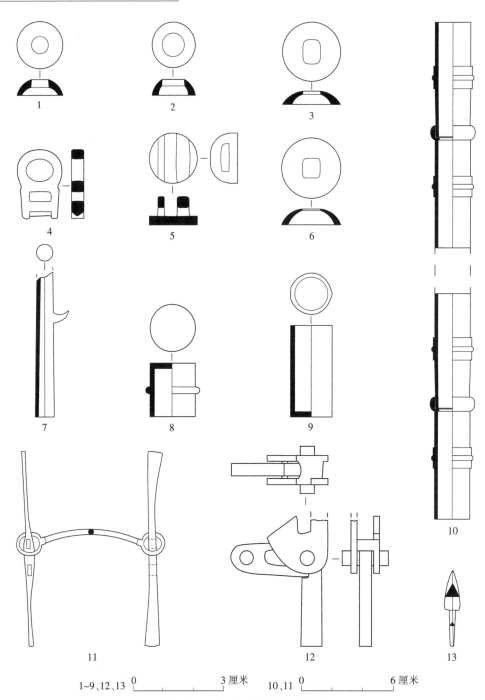

1~9、12、13 ⊢——————⊣ 3 厘米   10、11 ⊢——————⊣ 6 厘米

图三四六   四 B 区下层出土铜器

1~3、6. A 型节约（M1ⅣB：2821、M1ⅣB：2837、M1ⅣB：4049、M1ⅣB：4048）   4. A 型带扣（M1ⅣB：2830）   5. B 型
节约（M1ⅣB：2827）   7. C 型盖弓帽（M1ⅣB：2815）   8. 衡末（M1ⅣB：4058）   9. G 型镦（M1ⅣB：2817）   10.
伞柄箍饰（M1ⅣB：2816）   11. 马衔镳（M1ⅣB：2832）   12. B 型弩机（M1ⅣB：2961）   13. O 型镞（M1ⅣB：2882）

M1ⅣB：2821，顶心有一圆孔。底径 1.52、孔径 0.55、高 0.5 厘米（图三四六，1）。

M1ⅣB：2837，顶心有一圆孔。底径 1.45、孔径 0.73、高 0.5 厘米（图三四六，2）。

M1ⅣB：2822 ~ M1ⅣB：2826、M1ⅣB：2828、M1ⅣB：2835、M1ⅣB：2839、M1ⅣB：2848、
M1ⅣB：2849、M1ⅣB：2854、M1ⅣB：2859、M1ⅣB：2870、M1ⅣB：2875、M1ⅣB：2881、M1Ⅳ
B：2885、M1ⅣB：2887、M1ⅣB：2888、M1ⅣB：2890、M1ⅣB：2891、M1ⅣB：2906、M1ⅣB：2910、M1Ⅳ

B：2912、M1ⅣB：2913、M1ⅣB：2917、M1ⅣB：2918、M1ⅣB：2920、M1ⅣB：2922、M1ⅣB：2925、M1Ⅳ
B：2927～M1ⅣB：2930、M1ⅣB：2933、M1ⅣB：2936、M1ⅣB：2945、M1ⅣB：2957、M1ⅣB：2964、M1Ⅳ
B：2965、M1ⅣB：2967、M1ⅣB：2974～M1ⅣB：2976、M1ⅣB：2987、M1ⅣB：2988、M1ⅣB：2995、M1Ⅳ
B：2996、M1ⅣB：3000、M1ⅣB：3001、M1ⅣB：3004、M1ⅣB：3005、M1ⅣB：3015、M1ⅣB：3023、M1Ⅳ
B：3260～M1ⅣB：3262、M1ⅣB：3264、M1ⅣB：3265、M1ⅣB：3268、M1ⅣB：3270、M1ⅣB：3273、M1Ⅳ
B：3275、M1ⅣB：3277、M1ⅣB：3278、M1ⅣB：4054、M1ⅣB：4059 共 66 件，形制、尺寸与 M1
ⅣB：2821、M1ⅣB：2837 基本相同。

M1ⅣB：4049，顶心有一长方形孔。底径 1.9、孔长 0.78、孔宽 0.58、高 0.43 厘米（图三四
六，3）。

M1ⅣB：4048，顶心有一方形孔。底径 1.9、孔径 0.6、高 0.5 厘米（图三四六，6）。

M1ⅣB：3272、M1ⅣB：3274、M1ⅣB：4047、M1ⅣB：4050～M1ⅣB：4052 共 6 件，形制、尺寸
与 M1ⅣB：4049、M1ⅣB：4048 基本相同。

B 型　47 件。正面呈圆形，背面有两长方形穿。

M1ⅣB：2827，直径 1.62、高 0.9 厘米（图三四六，5）。

M1ⅣB：2831、M1ⅣB：2833、M1ⅣB：2834、M1ⅣB：2838、M1ⅣB：2840、M1ⅣB：2856、
M1ⅣB：2858、M1ⅣB：2862、M1ⅣB：2867、M1ⅣB：2871、M1ⅣB：2873、M1ⅣB：2878～M1Ⅳ
B：2880、M1ⅣB：2883、M1ⅣB：2898、M1ⅣB：2899、M1ⅣB：2919、M1ⅣB：2926、M1ⅣB：2931、M1Ⅳ
B：2932、M1ⅣB：2943、M1ⅣB：2948、M1ⅣB：2968、M1ⅣB：2977、M1ⅣB：2989、M1ⅣB：2990、M1Ⅳ
B：2993、M1ⅣB：2994、M1ⅣB：2997～M1ⅣB：2999、M1ⅣB：3002、M1ⅣB：3003、M1ⅣB：3009、M1Ⅳ
B：3017、M1ⅣB：3019、M1ⅣB：3259、M1ⅣB：3266、M1ⅣB：3267、M1ⅣB：3269、M1ⅣB：3271、M1Ⅳ
B：3276、M1ⅣB：3390、M1ⅣB：3391、M1ⅣB：4053 共 46 件，形制、尺寸与 M1ⅣB：2827 基本相同
（彩版三三六，1）。

（二）兵器

23 件。包括镦、弩机和镞。

1. 镦

20 件。G 型。器口平面近桃形，器表大多鎏金。器形较小，均为明器。

M1ⅣB：2817，器表素面。口径 1.35、高 2.9 厘米（图三四六，9）。

M1ⅣB：2818～M1ⅣB：2820、M1ⅣB：2841、M1ⅣB：2847、M1ⅣB：2852、M1ⅣB：2861、
M1ⅣB：2869、M1ⅣB：2886、M1ⅣB：2900、M1ⅣB：2909、M1ⅣB：2915、M1ⅣB：2939、M1Ⅳ
B：2951、M1ⅣB：2969、M1ⅣB：2991、M1ⅣB：3011、M1ⅣB：3014、M1ⅣB：3307 共 19 件，形
制、尺寸与 M1ⅣB：2817 基本相同（彩版三三六，2）。

2. 弩机

1 件。B 型。由郭、望山、钩心、悬刀、键等构件组合而成。

M1ⅣB：2961，器形较小，当为明器。郭长 3.2、郭宽 0.95、望山高 1.1 厘米（图三四六，12）。

3. 镞

2 件。O 型。镞身三棱形，向前聚合成锋，前锋尖锐，尾部接细长铜铤。尺寸较小，当为

明器。

M1ⅣB：2882，铤断面呈圆形。通长 2.4、铤长 1.15 厘米（图三四六，13）。

M1ⅣB：5544，尺寸与 M1ⅣB：2882 基本相同。

（三）日常生活用器

7 件。包括带钩、环。

1. 带钩

5 件。A 型。器形较小。琵琶形钩身，下有一圆纽。圆形钩首。

M1ⅣB：2829，长 3.6、宽 0.75、高 0.8 厘米（图三四七，1；彩版三三六，3）。

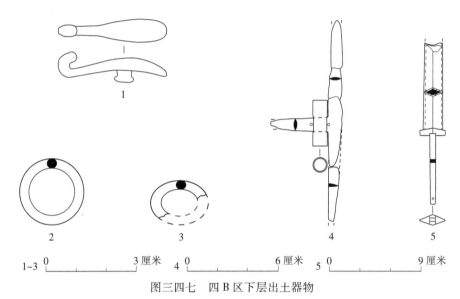

图三四七   四 B 区下层出土器物

1. A 型铜带钩（M1ⅣB：2829）   2. A 型铜环（M1ⅣB：2966）   3. D 型铜环（M1ⅣB：2963）
4. B 型铁戟（M1ⅣB：2846）   5. B 型铁剑（M1ⅣB：2902）

M1ⅣB：2836、M1ⅣB：2853、M1ⅣB：2893、M1ⅣB：3006 共 4 件，形制、尺寸与 M1ⅣB：2829 相同。

2. 环

2 件。依形制差异，分二型。

A 型   1 件。

M1ⅣB：2966，环身截面呈圆形。器形较小。外径 2.1、厚 0.32 厘米（图三四七，2）。

D 型   1 件。

M1ⅣB：2963，平面呈椭圆形，环身截面呈圆形。外径 1.9、厚 0.3 厘米（图三四七，3）。

二   铁器

39 件。均为兵器，包括戟、剑。

1. 戟

19 件。B 型。皆为明器。

M1ⅣB：2846，"卜"字形铁戟，援与内结合处有截面呈圆形的铜秘帽。残长 12.7、枝残长 4.6、秘帽长 2.9 厘米（图三四七，4）。

M1ⅣB：2851、M1ⅣB：2857、M1ⅣB：2863、M1ⅣB：2892、M1ⅣB：2894、M1ⅣB：2895、M1ⅣB：2901、M1ⅣB：2905、M1ⅣB：2911、M1ⅣB：2937、M1ⅣB：2941、M1ⅣB：2946、M1ⅣB：2949、M1ⅣB：2952、M1ⅣB：2972、M1ⅣB：3008、M1ⅣB：3018、M1ⅣB：3389 共 18 件，尺寸与 M1ⅣB：2846 相同（彩版三三六，4、5）。

2. 剑

20 件。B 型。形制相同，皆为明器。

M1ⅣB：2902，剑身较长，断面呈菱形，格为铜质，茎首端有一小孔。剑身残存漆鞘，鞘身顶部前半段残损，剑璏以下截面呈菱形。剑身残长 7.95、最宽处 1.6、通长 15.5、格宽 2.4 厘米，剑鞘残长 15.35、最宽处 1.95 厘米（图三四七，5）。

M1ⅣB：2845、M1ⅣB：2850、M1ⅣB：2855、M1ⅣB：2864 ～ M1ⅣB：2866、M1ⅣB：2872、M1ⅣB：2876、M1ⅣB：2889、M1ⅣB：2896、M1ⅣB：2914、M1ⅣB：2916、M1ⅣB：2947、M1ⅣB：2970、M1ⅣB：2971、M1ⅣB：2973、M1ⅣB：2986、M1ⅣB：3007、M1ⅣB：3012 共 19 件，尺寸与 M1ⅣB：2902 相同。

第七节　五（Ⅴ）区下层出土遗物

西回廊北部五区下层主要随葬明器车马，明器漆车马已朽尽，仅存车马器构件及明器兵器等遗物 220 件（组），包括铜器、铁器等（图三四八；彩版三三七）。

一　铜器

176 件（组）。包括车马器、兵器、日常生活用器。

（一）车马器

131 件。包括盖弓帽、车軎、帽饰、带扣、马衔镳和节约。

1. 盖弓帽

8 件。依形制差异，分二型。

A 型　1 件。

M1Ⅴ：2712，八棱柱形，中部有一周凸棱。通体鎏银。口径 0.8、长 4.8 厘米（图三四九，2）。

C 型　7 件。圆柱形，近帽首处有一钩。清理时大多呈伞状向心分布。

M1Ⅴ：2653，素面。口径 0.65、长 5.72 厘米（图三四九，1）。

M1Ⅴ：2656、M1Ⅴ：2720、M1Ⅴ：2727、M1Ⅴ：2789、M1Ⅴ：2792、M1Ⅴ：4554 共 6 件，形制、尺寸与 M1Ⅴ：2653 基本相同。

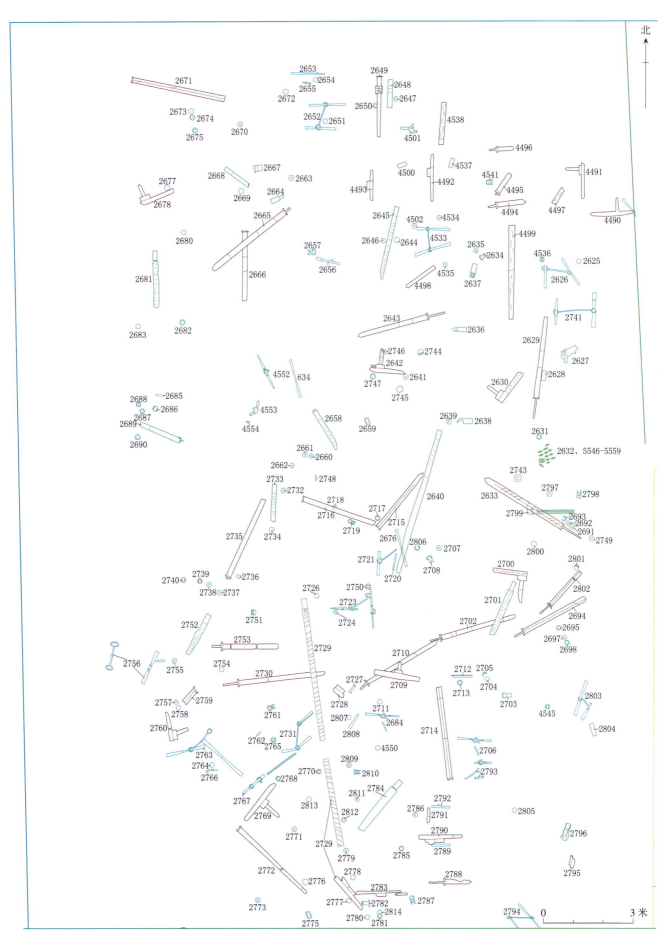

北

图三四八　五区下层出土遗物平面图（数字为器物编号）

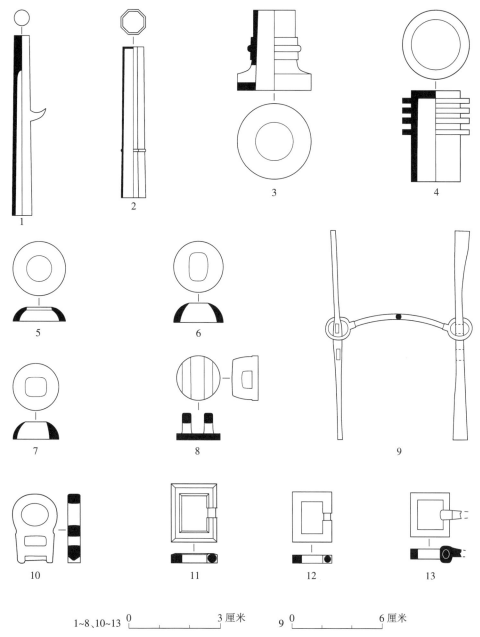

图三四九 五区下层出土铜车马器

1. C 型盖弓帽（M1Ⅴ:2653） 2. A 型盖弓帽（M1Ⅴ:2712） 3. A 型车軎（M1Ⅴ:2667） 4. A 型帽饰（M1Ⅴ:2703） 5～7. A 型节约（M1Ⅴ:2631、M1Ⅴ:4502、M1Ⅴ:4535） 8. B 型节约（M1Ⅴ:2625） 9. 马衔镳（M1Ⅴ:2626） 10. A 型带扣（M1Ⅴ: 2634） 11～13. B 型带扣（M1Ⅴ:2775、M1Ⅴ:2659、M1Ⅴ:4541）

2. 车軎

2 件。A 型。圆筒形，内侧与毂相接处较粗。軎中部饰一道箍状纹，近内侧有一贯辖孔。

M1Ⅴ:2667，外径 2.4、内径 1.4、长 2.55 厘米（图三四九，3；彩版三三八，1）。

M1Ⅴ:2782，形制、尺寸基本同 M1Ⅴ:2667。

3. 帽饰

1 件。A 型。

M1Ⅴ:2703，长圆筒形。顶端饰四道凸弦纹。帽径 2.18、长 2.91（图三四九，4；彩版三三八，2）。

4. 带扣

11 件。依形制差异，分二型。清理时，带扣内革带均已朽尽，器物间相互位置大多不明。

A 型 8 件。器身扁平，由长方形与圆形两个穿孔组成。

M1Ⅴ：2634，长 2.2、宽 1.45 厘米（图三四九，10）。

M1Ⅴ：2657、M1Ⅴ：2708、M1Ⅴ：2719、M1Ⅴ：2761、M1Ⅴ：2787、M1Ⅴ：2798、M1Ⅴ：2810 共 7 件，形制、尺寸与 M1Ⅴ：2634 基本相同。

B 型

3 件。长方形，一边中部穿饰一长条形活动扣针。

M1Ⅴ：2775，长 1.85、宽 1.5 厘米（图三四九，11）。

M1Ⅴ：2659，长 1.57、宽 1.3 厘米（图三四九，12）。

M1Ⅴ：4541，长 1.4、宽 1.3 厘米（图三四九，13）。

5. 马衔镳

16 组。每组器物由马衔 1 件及马镳 2 件组成。均为明器。清理时，明器漆木马已朽尽，马衔镳散落、残损严重。

M1Ⅴ：2626，圆弧形衔，衔端各有一圆环，环内各穿一马镳。镳中部凸起，内有两长方形穿孔。衔长 9.7、环径 1.58、镳长 13.28 厘米（图三四九，9）。

M1Ⅴ：634 与 M1Ⅴ：4552、M1Ⅴ：2652、M1Ⅴ：2676 与 M1Ⅴ：2721、M1Ⅴ：2684 与 M1Ⅴ：2808、M1Ⅴ：2706、M1Ⅴ：2723、M1Ⅴ：2731、M1Ⅴ：2741、M1Ⅴ：2756、M1Ⅴ：2763、M1Ⅴ：2767、M1Ⅴ：2793、M1Ⅴ：2794、M1Ⅴ：2803、M1Ⅴ：4533 共 15 组，形制、尺寸与 M1Ⅴ：2626 基本相同。

6. 节约

93 件。依形制差异，分二型。

A 型 54 件。圆帽形，顶心有圆形或长方形孔，内部中空。均匀分布于回廊下层。清理时，器物间的位置关系大多因隔板坍塌而无法确定。

M1Ⅴ：2631，顶心有一圆孔。底径 1.73、孔径 0.83、高 0.46 厘米（图三四九，5）。

M1Ⅴ：2635、M1Ⅴ：2639、M1Ⅴ：2641、M1Ⅴ：2646、M1Ⅴ：2647、M1Ⅴ：2650、M1Ⅴ：2660~2663、M1Ⅴ：2670、M1Ⅴ：2674、M1Ⅴ：2675、M1Ⅴ：2680、M1Ⅴ：2682、M1Ⅴ：2687、M1Ⅴ：2688、M1Ⅴ：2690~2693、M1Ⅴ：2695、M1Ⅴ：2698、M1Ⅴ：2705、M1Ⅴ：2707、M1Ⅴ：2711、M1Ⅴ：2713、M1Ⅴ：2717、M1Ⅴ：2718、M1Ⅴ：2724、M1Ⅴ：2732、M1Ⅴ：2737、M1Ⅴ：2738、M1Ⅴ：2744、M1Ⅴ：2745、M1Ⅴ：2747、M1Ⅴ：2749、M1Ⅴ：2754、M1Ⅴ：2755、M1Ⅴ：2757、M1Ⅴ：2771、M1Ⅴ：2773、M1Ⅴ：2779、M1Ⅴ：2781、M1Ⅴ：2786、M1Ⅴ：2797、M1Ⅴ：2806、M1Ⅴ：2809、M1Ⅴ：2811、M1Ⅴ：2812 共 50 件，形制、尺寸与 M1Ⅴ：2631 基本相同（彩版三三八，3）。

M1Ⅴ：4502，顶心有一长方形孔。底径 1.63、孔长 0.9、孔宽 0.6、高 0.6 厘米（图三四九，6）。

M1Ⅴ：4534，形制、尺寸与 M1Ⅴ：4502 基本相同。

M1Ⅴ：4535，顶心有一方形孔。底径 1.5、孔径 0.7、高 0.55 厘米（图三四九，7）。

B 型 39 件。正面呈圆形，背面有两长方形穿。

M1Ⅴ：2625，直径1.43、高0.85厘米（图三四九，8）。

M1Ⅴ：2644、M1Ⅴ：2651、M1Ⅴ：2654、M1Ⅴ：2669、M1Ⅴ：2672、M1Ⅴ：2673、M1Ⅴ：2677、M1Ⅴ：2683、M1Ⅴ：2686、M1Ⅴ：2697、M1Ⅴ：2704、M1Ⅴ：2726、M1Ⅴ：2734、M1Ⅴ：2736、M1Ⅴ：2739、M1Ⅴ：2740、M1Ⅴ：2743、M1Ⅴ：2746、M1Ⅴ：2750、M1Ⅴ：2751、M1Ⅴ：2758、M1Ⅴ：2764、M1Ⅴ：2765、M1Ⅴ：2768、M1Ⅴ：2770、M1Ⅴ：2776～M1Ⅴ：2778、M1Ⅴ：2780、M1Ⅴ：2800、M1Ⅴ：2801、M1Ⅴ：2805、M1Ⅴ：2807、M1Ⅴ：2813、M1Ⅴ：2814、M1Ⅴ：4536、M1Ⅴ：4545、M1Ⅴ：4550共38件，形制、尺寸与M1Ⅴ：2625基本相同。

（二）兵器

39件。包括镦、弩机、镞和承弓器。

1. 镦

19件。依形制差异，分二型。

D型　2件。器口平面呈圆形，器表大多鎏金。器形较小，均为明器。

M1Ⅴ：2701，口长1.3、高2.6厘米（图三五〇，1）。

M1Ⅴ：4500，形制、尺寸与M1Ⅴ：2701基本相同。

G型

17件。器口平面近桃形，器表大多鎏金。器形较小，均为明器。

M1Ⅴ：2628，器表素面。口径1.4、高3厘米（图三五〇，4）。

M1Ⅴ：2636、M1Ⅴ：2637、M1Ⅴ：2640、M1Ⅴ：2645、M1Ⅴ：2648、M1Ⅴ：2658、M1Ⅴ：2664、M1Ⅴ：2668、M1Ⅴ：2681、M1Ⅴ：2689、M1Ⅴ：2733、M1Ⅴ：2752、M1Ⅴ：2784、M1Ⅴ：2799、M1Ⅴ：2804、M1Ⅴ：4537共16件，形制、尺寸与M1Ⅴ：2628基本相同（彩版三三八，4）。

2. 弩机

4件。由郭、望山、钩心、悬刀、键等构件组合而成，制作工整。依形制差异，分二型。

A型　1件。

M1Ⅴ：2796，通体鎏金，制作工整。刻铭"卅三"。郭长11.9、郭宽2.8、望山高3.2厘米（图三五〇，7；彩版三三八，5）。

B型　3件。器形较小，当为明器。

M1Ⅴ：2627，郭长3.17、郭宽0.93、望山高1.07厘米（图三五〇，8）。

M1Ⅴ：4501、4553共2件，尺寸与M1Ⅴ：2627基本相同。

3. 镞

15件。依形制差异，分二型。

I型　6件。镞身三棱形，向前聚合成锋，前锋尖锐，关断面呈六边形，底端圆銎以接铁铤。尺寸较小，当为明器。

M1Ⅴ：5547，铤断面呈三棱形。通长2.52、铤长1.1厘米（图三五〇，2）。

M1Ⅴ：5548～M1Ⅴ：5552共5件，形制、尺寸与M1Ⅴ：5547基本相同。

O型　9件。镞身三棱形，向前聚合成锋，前锋尖锐，尾部接细长铜铤。尺寸较小，当为明器。

M1Ⅴ：2632，铤断面呈三棱形。通长2.2、铤长0.65厘米（图三五〇，3；彩版三三八，6）。

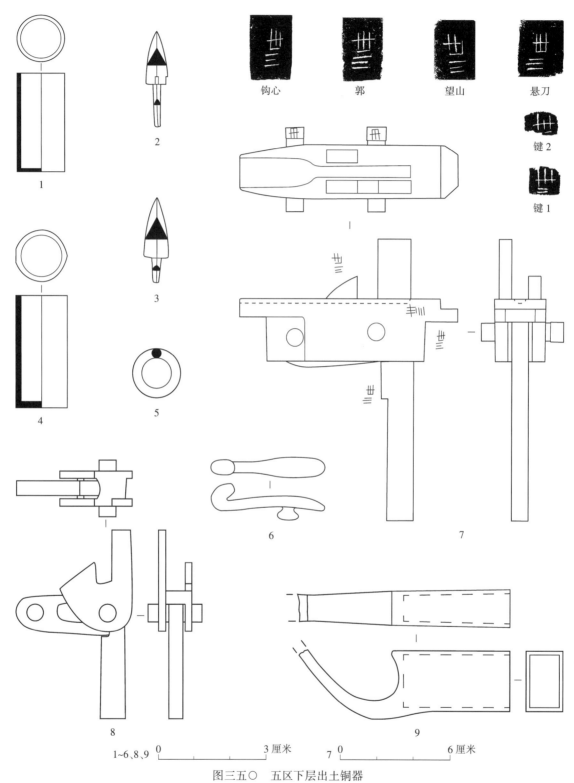

钩心　郭　望山　悬刀

键 2

键 1

图三五〇　五区下层出土铜器

1. D 型镦（M1Ⅴ：2701）　2. I 型镞（M1Ⅴ：5547）　3. O 型镞（M1Ⅴ：2632）　4. G 型镦（M1Ⅴ：2628）　5. A 型
环（M1Ⅴ：2785）　6. A 型带钩（M1Ⅴ：2655）　7. A 型弩机（M1Ⅴ：2796）　8. B 型弩机（M1Ⅴ：2627）　9. B 型
承弓器（M1Ⅴ：2638）

M1Ⅴ：5546、M1Ⅴ：5553～M1Ⅴ：5559 共 8 件，尺寸与 M1Ⅴ：2632 基本相同（彩版三三八，7）。

4. 承弓器

1 件。B 型。

M1Ⅴ：2638，器身前部下端向斜上方弯曲，末端向前平伸，后部为长方形銎。通体鎏金。残长 5.7、銎长 1.6、銎宽 1 厘米（图三五〇，9）。

（三）日常生活用器

6 件。包括带钩、环。

1. 带钩

5 件。A 型。器形较小。琵琶形钩身，下有一圆纽。圆形钩首。

M1Ⅴ：2655，长 3.12、宽 0.54、高 0.63 厘米（图三五〇，6；彩版三三八，8）。

M1Ⅴ：2685、M1Ⅴ：2748、M1Ⅴ：2762、M1Ⅴ：2766 共 4 件，形制、尺寸同 M1Ⅴ：2655。

2. 环

1 件。A 型。

M1Ⅴ：2785，环身截面呈圆形。器形较小。外径 1.3、厚 0.25 厘米（图三五〇，5）。

二　铁器

44 件。均为兵器，包括戟、剑。

1. 戟

16 件。B 型。皆为明器。

M1Ⅴ：2642，"卜"字形铁戟，援与内结合处有截面呈圆形的铜柲帽。残长 12.15、枝长 7、柲帽长 2.9 厘米（图三五一，2）。

M1Ⅴ：2630、M1Ⅴ：2678、M1Ⅴ：2700、M1Ⅴ：2709、M1Ⅴ：2728、M1Ⅴ：2729、M1Ⅴ：2760、M1Ⅴ：2769、M1Ⅴ：2783、M1Ⅴ：2790、M1Ⅴ：2795、M1Ⅴ：4490～M1Ⅴ：4493 共 15 件，形制、尺寸与 M1Ⅴ：2642 相同。

2. 剑

28 件。B 型。形制相同，皆为明器。

M1Ⅴ：2633，剑身较长，断面呈菱形，格为铜质，茎首端有一小孔。残存漆鞘，剑身顶部平直，前半段截面为椭圆形，剑璏以下部分截面呈菱形。剑身残长 29.2、最宽处 1.6、通长 33.8、格宽 2.4 厘米，剑鞘残长 17、最宽处 1.95 厘米（图三五一，1）。

M1Ⅴ：2629、M1Ⅴ：2643、M1Ⅴ：2649、M1Ⅴ：2665、M1Ⅴ：2666、M1Ⅴ：2671、M1Ⅴ：2694、M1Ⅴ：2702、M1Ⅴ：2710、M1Ⅴ：2714～M1Ⅴ：2716、M1Ⅴ：2730、M1Ⅴ：2735、M1Ⅴ：2753、M1Ⅴ：2759、M1Ⅴ：2772、M1Ⅴ：2788、M1Ⅴ：2791、M1Ⅴ：2802、M1Ⅴ：4494～M1Ⅴ：4499、M1Ⅴ：4538 共 27 件，形制、尺寸与 M1Ⅴ：2633 相同。

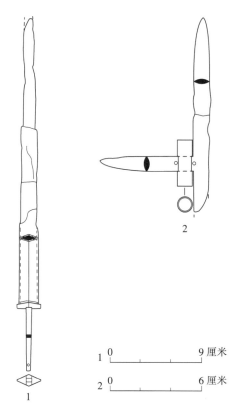

图三五一　五区下层出土铁兵器
1. B 型剑（M1 V：2633）　2. B 型戟（M1 V：2642）

第八节　六（Ⅵ）区下层出土遗物

墓室东回廊南端六区下层随葬各类遗物 381 件（套），包括铜器、银器、石器、漆器、陶器、泥器等。六区下层随葬釉陶鼎 24 件，因墓室坍塌，陶鼎均破碎，且相互叠压，清理时在陶鼎内发现动物骨骼及谷类植物等。"江都食长"封泥均出土于该区南部。陶鼎上南部出土嵌宝石漆案（M1 Ⅵ：4414），案上摆放 25 件漆杯（漆杯木质部分已朽，仅存杯底铜座）、4 件漆盘（M1 Ⅵ：4413、M1 Ⅵ：5639 ~ M1 Ⅵ：5641）和 2 件汲酒器（M1 Ⅵ：3967、M1 Ⅵ：3968）。陶鼎西部出土 2 件染炉（M1 Ⅵ：3740、M1 Ⅵ：3741）。陶鼎北部随葬一漆笥（M1 Ⅵ：3951，仅残存两件铜铺首），漆笥内放置 2 件裂瓣纹银盘（M1 Ⅵ：3980、M1 Ⅵ：3981）及成摞的漆耳杯、漆盘。六区西北部陶鼎上出土 2 件漆樽（M1 Ⅵ：3845、M1 Ⅵ：3902），在其西部出土金银平托漆盘（M1 Ⅵ：4723 ~ M1 Ⅵ：4725）。其中漆樽（M1 Ⅵ：3902）内出土"廿七年"明器耳杯 89 件、玳瑁胎耳杯 4 件（M1 Ⅵ：4713 ~ M1 Ⅵ：4716）及漆盘等。漆樽（M1 Ⅵ：3845）内出土嵌宝石漆耳杯（M1 Ⅵ：3850 ~ M1 Ⅵ：3854）、铜洗、漆盘等。在 2 件漆樽南部出有明器铜钫、铜锺、铜瓢及玉耳杯等。在六区东北部陶鼎上，出土 2 件"十一袭"漆卮（M1 Ⅵ：3910、M1 Ⅵ：3912）、1 件十一子漆奁（M1 Ⅵ：3934）及成摞的漆耳杯及漆卮。漆卮已朽，仅存铜卮持（图三五二；彩版三三九 ~ 三四五）。

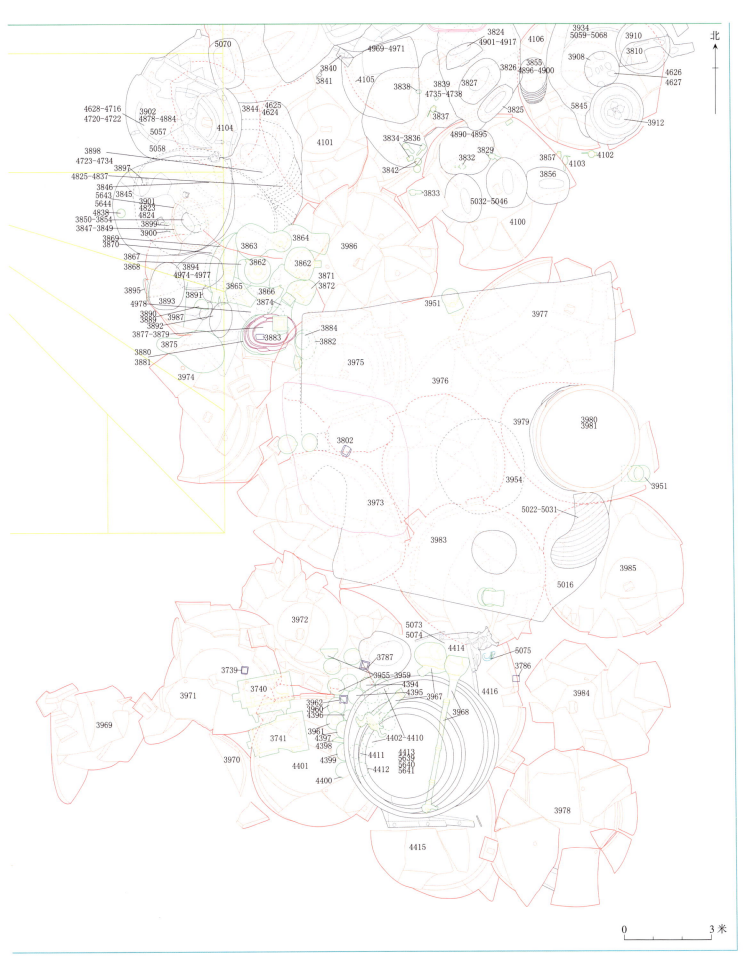

图三五二　六区下层出土遗物平面图（数字为器物编号）

一 铜器

76 件。包括车马器、日常生活用器。

（一）车马器

1 件。轭足饰。应为从上层塌落至下层。

M1 Ⅵ：5075，弯钩形，内部中空，銎部饰弯曲纹。长 2.6、宽 1.4 厘米（图三五三，4）。

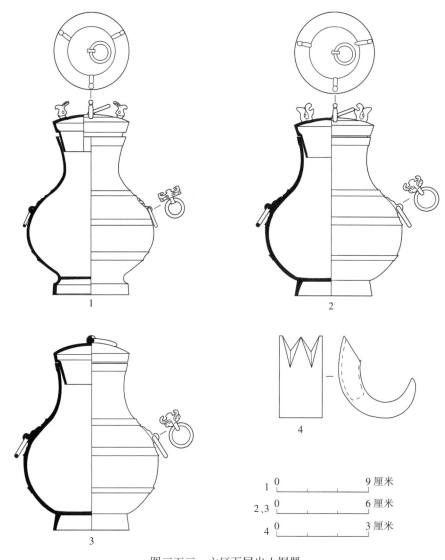

图三五三　六区下层出土铜器
1. C 型锺（M1 Ⅵ：3863）　　2、3. B 型锺（M1 Ⅵ：3884、M1 Ⅵ：3868）　　4. 轭足饰（M1 Ⅵ：5075）

（二）日常生活用器

75 件。包括鼎、锺、钫、匜、洗、盆、瓢、勺、耳杯、染炉、鸠首柱形器、卮、器座、铺首、环、构件、扣饰和卮持。

1. 鼎

1件。B型。附长方形耳，圜底，三蹄形足。

M1Ⅵ：3862，带盖，盖母口，盖顶饰三凤鸟形立纽。鼎子口，弧腹，腹中部饰一周凸棱。盖与器身外壁通体鎏金，外壁通饰蟠虺纹，纹样复杂。盖口径9.6、鼎口径7.7、连耳高7.6、耳高2.8、耳宽1.9、通高10.6厘米（图三五四；彩版三四六，1）。

图三五四　六区下层出土 B 型铜鼎（M1Ⅵ：3862）

2. 锺

4件。鼓腹，近肩处附两对称铺首衔环，圈足。依形制差异，分二型。

B 型　2件。盖子口，顶端中心有一穿，内饰一环。直口微侈。

M1Ⅵ：3868，口沿下、肩部、腹部饰四组凸面圈带纹。器表通体鎏金。盖口径5、锺口径4.8、圈足径5、锺高10.7、通高12.3厘米（图三五三，3；彩版三四六，2）。

M1Ⅵ：3884，器身形制、纹饰与 M1Ⅵ：3868 同，唯器盖顶部纹饰有差异。盖顶有三简化凤鸟纹立纽,中心有一穿,内饰一环。锺口径 4.8、圈足径 5、锺高 10、盖口径 5.2、通高 12 厘米(图三五三,2;彩版三四六,3)。

C 型 2 件。盖顶有三简化凤鸟纹立纽,中心有一穿,内饰一环。直口微侈。

M1Ⅵ:3863,口沿下饰一周凸面圈带纹,肩部、腹部饰三组凹面圈带纹。器表通体鎏金。盖口径 5.4、锺口径 6.9、圈足径 7.5、锺高 15、通高 18.1 厘米(图三五三,1;彩版三四六,4)。

M1Ⅵ:3864,形制、尺寸、纹饰与 M1Ⅵ:3863 相同。

3. 钫

3 件。B 型。鼓腹,圈足。覆斗形盖,下有子口,盖顶有四简化凤鸟纹纽。钫母口,束颈,溜肩。

M1Ⅵ:3865,腹壁两侧有一对铺首衔环。通体鎏金。盖口径 4、钫口径 4、圈足径 4.5、钫高 11.8、通高 14.6 厘米(图三五五,1;彩版三四七,1)。

M1Ⅵ:3866,形制、尺寸、纹饰与 M1Ⅵ:3865 相同(彩版三四七,2)。

M1Ⅵ:3874,形制与 M1Ⅵ:3865 基本相同,唯器表通饰蟠虺纹。盖口径 5.3、钫口径 4.9、圈足径 6.2、钫高 12.4、通高 16.9 厘米(图三五六、三五七;彩版三四七,3)。

4. 匜

2 件。形制相同。一侧有长凹槽形流。内外壁通体鎏金。

M1Ⅵ:3871,平面近长方形,上腹近直,下腹弧收,长方形平底。一侧有铺首衔环。长 12.3、宽 10.4、高 5.8、流宽 2.6 厘米(图三五五,6;彩版三四七,4)。

M1Ⅵ:3872,尺寸、纹饰、形制同 M1Ⅵ:3871。

5. 洗

4 件。依形制差异,分二型。

A 型 2 件。斜弧腹,圜底。

M1Ⅵ:3899,平沿微卷。口径 14.5、高 5.1 厘米(图三五五,4;彩版三四八,1)。

M1Ⅵ:3900,形制、尺寸与 M1Ⅵ:3899 相同(彩版三四八,2)。

B 型 2 件。斜折沿,束颈,鼓腹,圜底。

M1Ⅵ:3846,腹中部以下残缺。颈部外侧刻有铭文,内容为"御府"。口径 23、残高 5.8 厘米(图三五五,2)。

M1Ⅵ:5644,腹中部以下残缺,沿下残损。口径 23、残高 5.9 厘米(图三五五,3)。

6. 盆

2 件。

M1Ⅵ:3869、M1Ⅵ:3870,宽平沿,弧腹,平底。皆残损严重,无法复原。

7. 瓢

1 件。M1Ⅵ:3875,平面呈葫芦形,圜底,正面与背面均刻有铭文。正面一处铭文位于把手内中部,内容为"三升"。背面铭文四处:第一处刻于瓢身背面正中,内容为"十二";第二处刻于把手侧部,内容为"容三升半升,重一斤十三两。第七下 =(下下)□";第三处刻于把手中部,内容为"今食,容三升半升,一斤十二两";第四处刻于把手侧部,内容为"重一斤十三两六朱"。长 23.7、宽 13.7、高 6 厘米(图三五八;彩版三四八,3、4)。

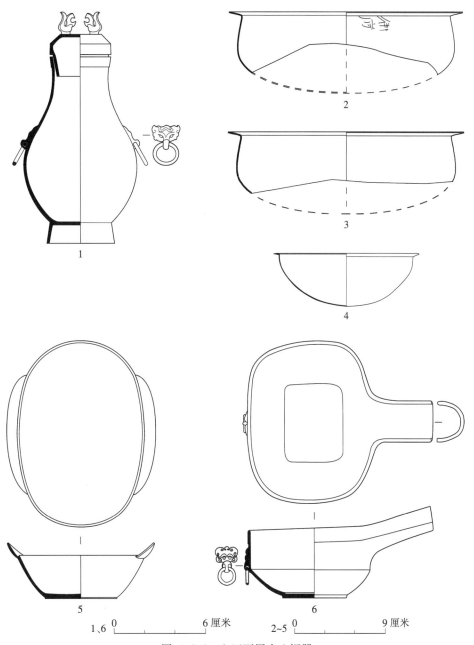

图三五五　六区下层出土铜器

1. B 型钫（M1Ⅵ：3865）　　2、3. B 型洗（M1Ⅵ：3846、M1Ⅵ：5644）　　4. A 型洗（M1Ⅵ：3899）

5. 耳杯（M1Ⅵ：3880）　　6. 匜（M1Ⅵ：3871）

8. 勺

2 件。B 型。扁长条形柄，柄端有一衔环。

M1Ⅵ：3889，椭圆形勺首，圜底。通长 12.8、柄宽 0.7 厘米（图三五九，1；彩版三四八，5）。

M1Ⅵ：3890，形制、尺寸与 M1Ⅵ：3889 相同（彩版三四九，1）。

9. 耳杯

2 件。形制相同。椭圆形口，耳缘上翘，弧腹，平底。

M1Ⅵ：3880，通体素面。口长 17.8、连耳宽 14.7、底长 11、底宽 7.2、通高 5.4 厘米（图三五五，5；彩版三四九，2）。

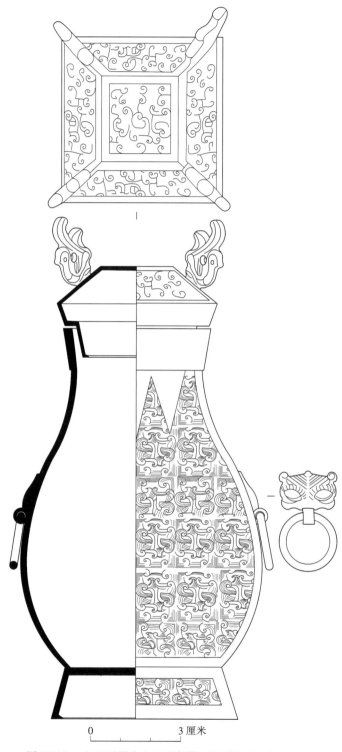

0   3 厘米

图三五六　六区下层出土 B 型铜钫（M1Ⅵ：3874）

0　　　　　　　　3厘米

图三五七　六区下层出土 B 型铜钫（M1Ⅵ：3874）拓本

M1Ⅵ：3881，形制、尺寸与 M1Ⅵ：3880 相同。

清理表明，耳杯（M1Ⅵ：3880）与染炉（M1Ⅵ：3740）共出；耳杯（M1Ⅵ：3881）与染炉（M1Ⅵ：3741）共出。各为一组完整的染器组合。

10. 染炉

2 件。形制相同。平面呈长方形，平折沿，直壁，平底，附四蹄足。沿面饰四支架，以托铜耳杯。壁身一侧饰长条形柄身，柄端有一方形銎。

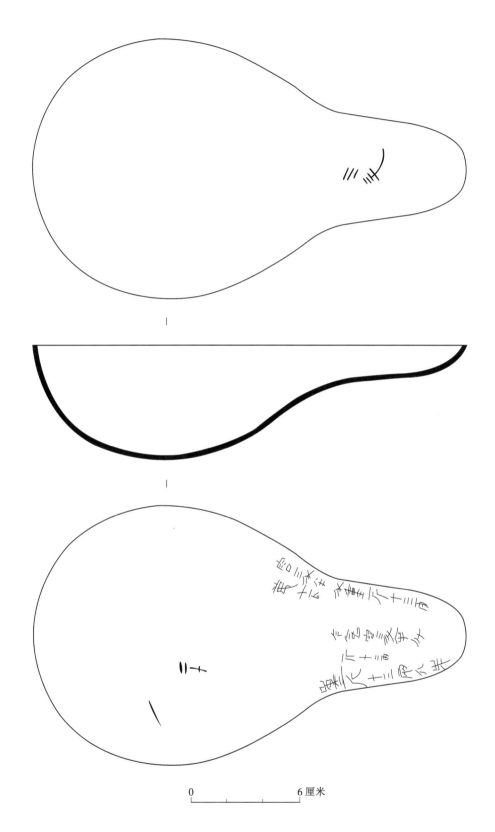

图三五八　六区下层出土铜瓢（M1 VI：3875）

M1Ⅵ：3740，炉身长16.5、宽10.8、銎径2.3、通高8.7厘米（图三五九，2；彩版三四九，3）。

M1Ⅵ：3741，形制、尺寸与M1Ⅵ：3740相同。清理表明，两件染炉分别与铜耳杯（M1Ⅵ：3880、M1Ⅵ：3881）组合成一套（彩版三四九，4）。

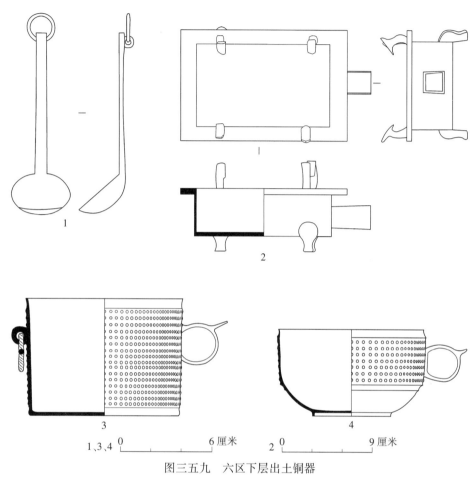

图三五九　六区下层出土铜器

1. B型勺（M1Ⅵ：3889）　2. 染炉（M1Ⅵ：3740）　3、4. 卮（M1Ⅵ：3867、M1Ⅵ：3882）

11. 鸠首柱形器

2件。顶端饰一鸠，中部为细长条圆柱形，由上至下饰三道箍状纹。通体鎏金。

M1Ⅵ：3967，与M1Ⅵ：3968共出。鸠首回顾，双翅合拢，尾部下翘。器中部上下两端各有一圆形穿孔。底部呈壶形，折肩，弧腹，平底，底部中心有一圆孔。通高56.8、底径5.1厘米（图三六〇，1；彩版三五〇，1）。

M1Ⅵ：3968，与M1Ⅵ：3967共出。鸠嘴外扬，双翅合拢，尾部上翘。鸠身上以金银间错羽纹，第一、二道箍状纹皆以错金银技法饰云气纹，下端第三道箍状纹通体鎏金，素面。底部呈罐形，宽肩，折腹处饰一周箍状纹，斜弧腹，矮圈足。底部中心与顶端中心各有一穿孔，上下贯通。通高36.2、底径6.5厘米（图三六〇，2；彩图六〇；彩版三五〇，2；彩版三五一）。

12. 卮

2件。形制不同。

M1Ⅵ：3867，直口，圆筒形。外壁口沿下与近底处各饰一凹弦纹，其间通饰谷纹。外壁上部

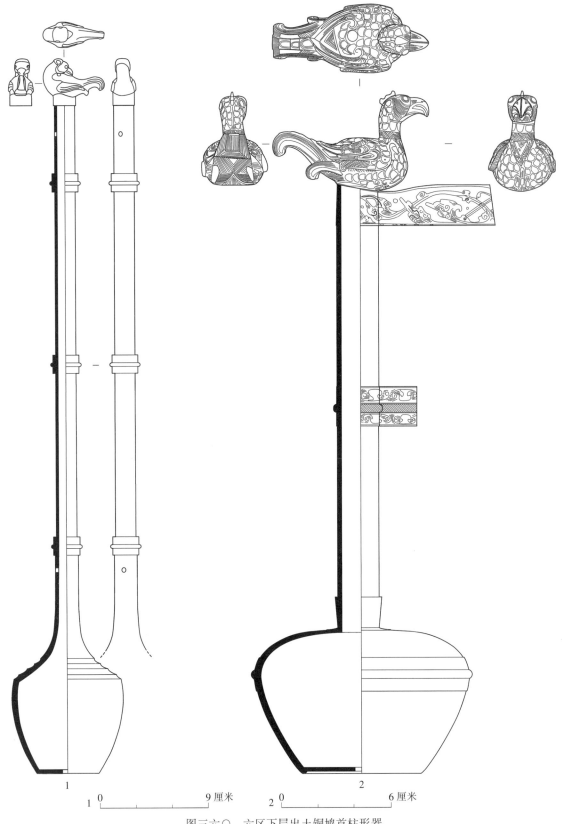

图三六〇　六区下层出土铜鸠首柱形器

1. M1Ⅵ:3967　2. M1Ⅵ:3968

有一穿孔，内穿一环，环饰绞丝纹。穿孔另一侧有一卮持。内外通体鎏金，装饰华丽。口径 10.3、底径 9.7、高 7.4、卮持长 2.9、环外径 2.5 厘米（图三五九，3；彩版三五二，1）。

M1Ⅵ：3882，侈口，上腹竖直，下腹弧收，矮圈足。外壁口沿下饰一道凸弦纹，腹中部饰两道凸弦纹，上下两处凸弦纹间满饰谷纹。外腹上部一侧有一卮持。内外通体鎏金，装饰华丽。口径 9.6、圈足径 5.2、高 5.6、卮持长 2.8 厘米（图三五九，4；彩版三五二，2）。

13. 器座

25 件。依形制差异，分二型。

A 型　24 件。

M1Ⅵ：3956，喇叭形底座。上有圆孔，内部中空，下为圆形平底。通体鎏金。口径 2.6、底径 5.6、高 1.8 厘米（图三六一，1；彩版三五三，1）。

M1Ⅵ：3957，口径 2.7、底径 5.1、高 1.6 厘米（图三六一，2；彩版三五三，2）。

M1Ⅵ：3958，口径 3.2、底径 6.1、高 2 厘米（图三六一，3；彩版三五三，3）。

M1Ⅵ：3959 ~ M1Ⅵ：3961、M1Ⅵ：4394 ~ M1Ⅵ：4400、M1Ⅵ：4402 ~ M1Ⅵ：4412 共 21 件，形制、尺寸与 M1Ⅵ：3956 ~ M1Ⅵ：3958 基本相同（彩版三五三，4 ~ 8；三五四，1）。

B 型　1 件。

M1Ⅵ：3955，上口以下器壁略内收近直，下为圆形平底。通体鎏金。口径 3.2、底径 6.2、高 2.6 米（图三六一，4；彩版三五四，2）。

14. 铺首

8 件。D 型。

M1Ⅵ：3951 - 1，兽面衔环状。兽面双目突出，双耳微上扬内撇，额似山尖形，兽鼻下卷，曲鼻衔环。背面上部有一横长形销钉。长 7、宽 4.8、销钉长 0.9、环径 5.7 厘米（图三六二；彩版三五四，3）。

M1Ⅵ：3951 - 7，形制与 M1Ⅵ：3951 - 1 相同。长 7、宽 4.9、销钉长 0.9、环径 5.8 厘米（图三六一，5；彩版三五四，4）。

M1Ⅵ：3951 - 2 ~ M1Ⅵ：3951 - 6、M1Ⅵ：3951 - 8 共 6 件，形制、尺寸与 M1Ⅵ：3951 - 1 相同。

15. 环

2 件。A 型。环身截面呈圆形。

M1Ⅵ：4838，器形中等。器表通体鎏金。外径 4.4、厚 0.6 厘米（图三六三，3）。

M1Ⅵ：3842，器形较小。外径 2.3、厚 0.25 厘米（图三六三，2）。

16. 构件

1 件。M1Ⅵ：3895，平面近似弧边三角形，一边为外弧背，一边为内弧背，另一边呈三角锯齿状。器身中间有两穿孔。长 7.8、宽 1.9 厘米（图三六三，6；彩版三五四，5）。

17. 扣饰

1 件。M1Ⅵ：3897，平面呈圆环形，下有三足，均做半身龟状。龟头外凸，前足伏地。应为樽、奁之类漆器底部的扣件。直径 10、高 3.2 厘米（图三六三，1；彩版三五四，6）。

18. 卮持

11 件。形制基本相同。圆环扁叶状把手。通体鎏银。

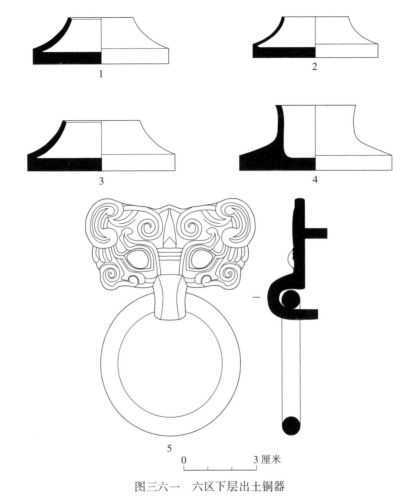

图三六一　六区下层出土铜器

1～3. A 型器座（M1 Ⅵ：3956～M1 Ⅵ：3958）　4. B 型器座（M1 Ⅵ：3955）　5. D 型铺首（M1 Ⅵ：3951－7）

图三六二　六区下层出土 D 型铜铺首（M1 Ⅵ：3951－1）

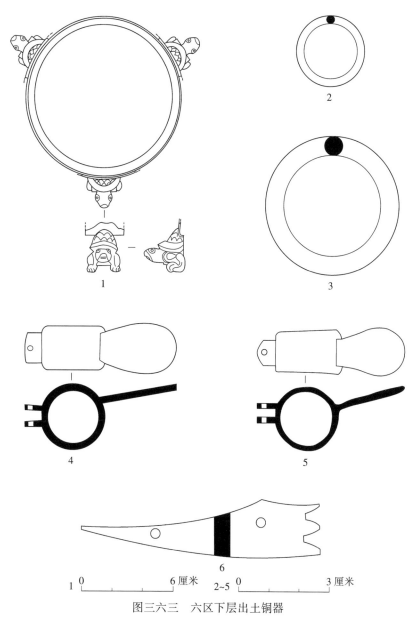

图三六三　六区下层出土铜器

1. 扣饰（M1Ⅵ：3897）　　2、3. A 型环（M1Ⅵ：3842、M1Ⅵ：4838）　　4、5. 厄持（M1Ⅵ：3829、M1Ⅵ：3835）　　6. 构件（M1Ⅵ：3895）

M1Ⅵ：3829，长 4.9、孔径 2.1 厘米（图三六三，4；彩版三五五，1）。

M1Ⅵ：3835，长 4.9、孔径 2 厘米（图三六二，5；彩版三五五，2）。

M1Ⅵ：3832～M1Ⅵ：3834、M1Ⅵ：3836～M1Ⅵ：3838、M1Ⅵ：3857、M1Ⅵ：4102、M1Ⅵ：4103 共 9 件，尺寸与 M1Ⅵ：3829、M1Ⅵ：3835 基本相同（彩版三五五，3～6）。

二　银器

6 件。均为日常生活用器，有洗、盘。

1. 洗

4 件。形制基本相同。斜折沿，束颈，鼓腹，圜底。

M1Ⅵ：3847，口沿背面饰一道铭文，内容为"食官。容五升，重十五两十五朱"。上腹部刻有一处铭文，内容为"廿"。口径 18、高 6.7 厘米（图三六四，1；彩版三五六）。

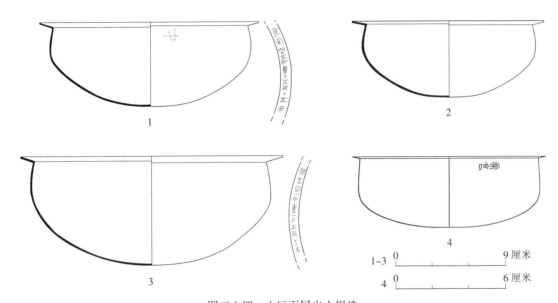

图三六四　六区下层出土银洗
1. M1Ⅵ：3847　2. M1Ⅵ：3849　3. M1Ⅵ：3848　4. M1Ⅵ：5643

M1Ⅵ：3848，口沿背面有两道铭文，第一处内容为"常食。容一斗。重一斤五两十二朱"；第二处内容为"甲□"。口径 21.6、高 8.7 厘米（图三六四，3；彩版三五七，1）。

M1Ⅵ：3849，形制同 M1Ⅵ：3847，尺寸有异。口径 15.7、高 6.1 厘米（图三六四，2；彩版三五七，2）。

M1Ⅵ：5643，形制同 M1Ⅵ：3847，尺寸有异。上腹部刻有铭文，内容为"常食"。口径 10.5、高 3.8 厘米（图三六四，4；彩版三五七，3）。

2. 盘

2 件。形制相同。出土于六区西部，清理时两件呈套合状共出。

M1Ⅵ：3980，宽平沿，弧腹，平底微凹。腹部饰交错状裂瓣纹，外凸内凹，内底饰凹弦纹。外底中心与边缘均刻有铭文。中心铭文共三处，第一处内容为"卅一年，左工名曰牛。十一。五斤十四两十三朱"；第二处内容为"五斤十五两，一斗九升"。外底边缘刻有一处铭文，内容为"北私。今五斤十四两三朱"。口径 38、底径 21.6、高 6.4 厘米（图三六五，1、2；彩版三五八）。

M1Ⅵ：3981，形制、尺寸与 M1Ⅵ：3980 相同。内底素面，外底与口沿下均刻有铭文。外底有铭文两处，均位于外底边缘。第一处内容为"北私。今六斤十两"。第二处内容为"北私。今五斤十四两十二朱"。口沿下有铭文一处，内容为"五斤十五两□朱，名田□"（图三六六，1~3；彩版三五九）。

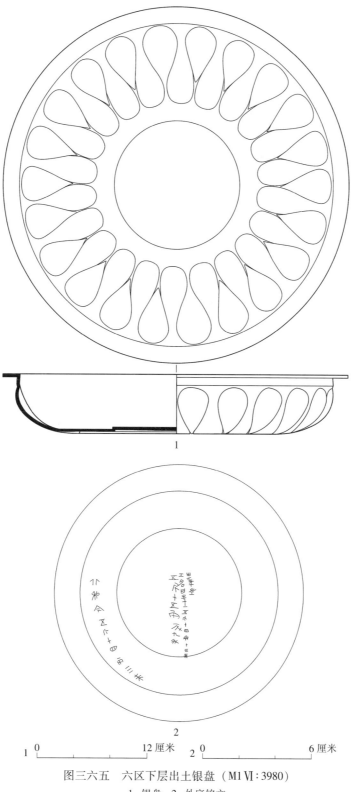

图三六五　六区下层出土银盘（M1Ⅵ：3980）

1. 银盘　2. 外底铭文

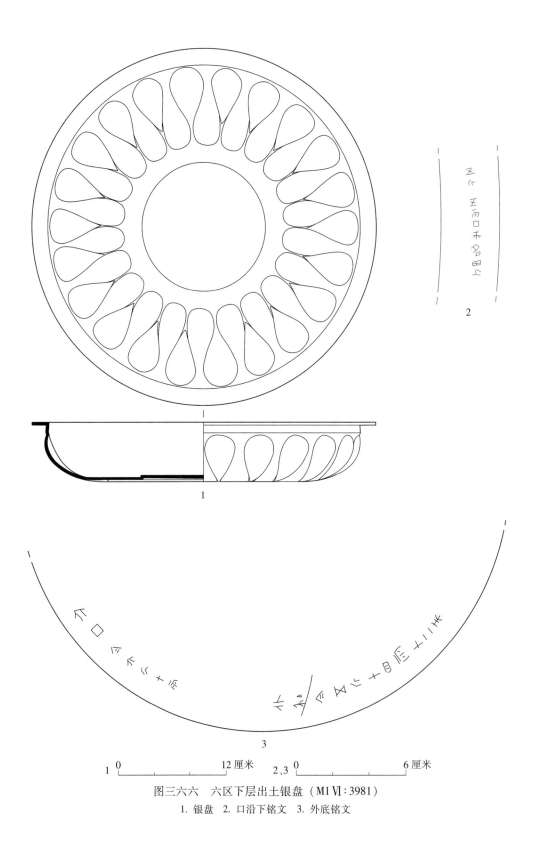

1. 银盘　2. 口沿下铭文　3. 外底铭文

图三六六　六区下层出土银盘（M1Ⅵ:3981）

三　石器

3 件。耳杯。

形制相同。黄灰色半透明方解石质，器内除深褐色、白色斑纹状流云肌理外，近乎不见颗粒状分布；边沿部分受沁风化后略有残缺。杯身简洁、规整，俯视呈椭圆形，桥形耳在其两侧，耳缘略显上翘，耳面沿边琢一周边栏，栏内饰云气纹；弧腹较深，下收至假圈足底；杯内部底面下凹，琢饰云气纹。

M1Ⅵ：3879，口长 17、连耳宽 12.2、底长 10.2、底宽 5.2、通高 5.2 厘米（图三六七，1；彩版三六〇）。

M1Ⅵ：3878，形制、尺寸、纹饰与 M1Ⅵ：3879 相同。

M1Ⅵ：3877，耳及内底纹饰脱落，尺寸较小。口长 11、连耳宽 9、底长 7.1、底宽 4、通高 4.4 厘米（图三六七，2）。

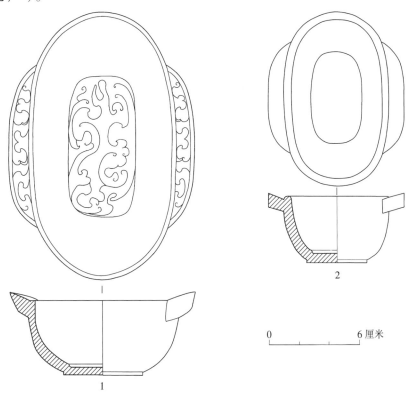

图三六七　六区下层出土石耳杯
1. M1Ⅵ：3879　2. M1Ⅵ：3877

四　漆器

266 件（套）。均为日常生活用器。

1. 耳杯

169 件。椭圆形口，耳缘上翘，弧腹，平底。依形制差异，分五型。

A 型　7 件。

M1Ⅵ：4627，夹纻胎。外壁髹深褐色漆，耳边缘饰两道朱绘弦纹，耳正面饰针刻云气纹，外口边饰两道弦纹夹朱漆点纹。内口边饰三道弦纹夹朱漆点纹。内腹壁髹朱漆，内底髹深褐色漆并饰针刻云气纹。口长 14.3、连耳宽 12.1、底长 8.8、底宽 4.3、通高 3.2 厘米（彩图六一）。

M1Ⅵ：4626，形制、尺寸及纹饰与 M1Ⅵ：4627 相同，在一侧耳背有朱漆隶书铭文"常食"（彩图六二，2）。

M1Ⅵ：4969，形制、纹饰与 M1Ⅵ：4627 相同，唯尺寸略小。口长 11.7、连耳宽 9.8、底长 7.6、底宽 4.1、通高 2.7 厘米（彩图六二，1）。

M1Ⅵ：4970、M1Ⅵ：4971 共 2 件，形制、尺寸及纹饰与 M1Ⅵ：4969 相同。

M1Ⅵ：4916，木胎。外壁髹深褐色漆，耳边缘饰一道朱绘弦纹，耳正面绘几何纹。外口边饰一道弦纹，外腹壁饰朱绘四对凤纹间云气纹。内口边饰三道弦纹，夹针刻篦纹与点纹组合。内腹壁髹朱漆。内底髹深褐色漆并饰云气纹。口长 14.8、连耳宽 12、底长 8、底宽 4.5、通高 3.1 厘米（彩图六三）。

M1Ⅵ：4917，形制、尺寸及纹饰与 M1Ⅵ：4916 相同。

B 型　15 件。夹纻胎，外壁髹深褐色漆，内壁髹朱漆，内底髹深褐色漆。

M1Ⅵ：3853，银扣耳，扣耳正面饰浅刻云气纹，并对称嵌入二颗玛瑙与三颗玉石。外口边饰两道弦纹夹波浪纹与云气纹，外腹部饰四对变形凤纹间以云气纹。内口边饰一道弦纹与朱漆涡纹和云气纹。内底饰二组神兽云气纹，外圈饰银边。口长 13.6、连耳宽 11.7、底长 8.2、底宽 4.1、通高 3.1 厘米（彩图六四；彩版三六一，1）。

M1Ⅵ：3850～M1Ⅵ：3852、M1Ⅵ：3854～M1Ⅵ：3856 共 6 件，形制、尺寸及纹饰与 M1Ⅵ：3853 相同（彩版三六一，2；三六二，1）。

M1Ⅵ：4711，银扣耳。外壁髹深褐色漆。外口边饰两道弦纹夹朱漆点纹，外腹部饰四对凤纹间云气纹。内口边饰一道弦纹与朱漆波浪纹和云气纹。内底饰二组神兽云气纹。口长 10、连耳宽 8.6、底长 5、底宽 3、通高 2.35 厘米（彩图六五；彩版三六二，2）。

M1Ⅵ：4709、M1Ⅵ：4710、M1Ⅵ：4712 共 3 件，形制、尺寸及纹饰与 M1Ⅵ：4711 相同。

M1Ⅵ：5059，银扣耳。外口边饰三道弦纹，外腹部饰凤纹与双鹿纹。内口边饰四道弦纹夹针刻波浪纹与几何纹。内底饰神兽纹与鹿纹各一组。口长 13.1、连耳宽 10.8、底长 7.8、底宽 4、通高 3 厘米（彩图六六；彩版三六三，1）。

M1Ⅵ：5060～M1Ⅵ：5062 共 3 件，形制、尺寸及纹饰与 M1Ⅵ：5059 相同。

C 型　4 件。玳瑁胎，银扣耳。器内素面，肉眼可见玳瑁的云状风化斑纹，强光线下透光。

M1Ⅵ：4714，口长 10.5、连耳宽 7.6、底长 5.6、底宽 2.6、通高 2.3 厘米（彩图六七，1；彩版三六三，2）。

M1Ⅵ：4713，形制、尺寸及纹饰与 M1Ⅵ：4714 相同。

M1Ⅵ：4715，口长 10.2、连耳宽 8.9、底长 5、底宽 2.6、通高 2 厘米（彩图六七，2；彩版三六三，3）。

M1Ⅵ：4716，形制、尺寸及纹饰与 M1Ⅵ：4715 相同。

D 型　54 件。

M1Ⅵ：4890，夹纻胎。外壁髹深褐色漆，耳边缘饰朱漆点纹，耳正面绘几何纹。外口边饰三道弦纹，分别夹朱漆点纹与几何纹。内腹壁髹朱漆。口长 18.7、连耳宽 15、底长 11.4、底宽 5.3、通高 3.5 厘米（彩图六八）。

M1Ⅵ：4891～M1Ⅵ：4895 共 5 件，形制、尺寸及纹饰与 M1Ⅵ：4890 相同。

M1Ⅵ：4896，夹纻胎。外壁髹深褐色漆，耳正面绘涡纹与几何纹。外口边饰两道弦纹夹朱漆点纹与几何纹。内腹壁髹朱漆。口长 17.6、连耳宽 14、底长 10、底宽 5、通高 3.5 厘米（彩图六九）。

M1Ⅵ：4897～M1Ⅵ：4900 共 4 件，形制、尺寸及纹饰与 M1Ⅵ：4896 相同。

M1Ⅵ：4915，夹纻胎。外壁髹深褐色漆，耳正面绘涡纹与几何纹。外口边饰两道弦纹夹朱漆点纹与几何纹。内腹壁髹朱漆。口长 11.3、连耳宽 9.5、底长 6.4、底宽 3.4、通高 2.5 厘米（彩图七〇；彩版三六四）。

M1Ⅵ：3824、M1Ⅵ：3825、M1Ⅵ：3827、M1Ⅵ：4901～M1Ⅵ：4914、M1Ⅵ：5032～M1Ⅵ：5046 共 32 件，形制、尺寸及纹饰与 M1Ⅵ：4915 相同。

M1Ⅵ：5022，夹纻胎。外壁髹深褐色漆。耳正面与背面均绘涡纹与几何纹。外口边饰两道弦纹夹涡纹与几何纹。内口边饰一道褐漆弦纹。内腹壁髹朱漆。底中心以一褐漆圈纹为中心分成四个纹饰区域，每个区域内绘褐漆变体龙纹间以云气纹。口长 18.3、连耳宽 14.6、底长 10、底宽 4.9、通高 4.5 厘米（彩图七一）。

M1Ⅵ：5023～M1Ⅵ：5031 共 9 件，形制、尺寸及纹饰与 M1Ⅵ：5022 相同。

E 型 89 件。器形较小，皆为明器。均出土于漆樽（M1Ⅵ：3902）内。

M1Ⅵ：4653，夹纻胎。外壁髹深褐色漆。耳正面与背面均绘涡纹与几何纹。外口边饰两道弦纹夹涡纹与几何纹。内口边饰一道褐漆弦纹。内腹壁髹朱漆。外底针刻铭文"绪杯。容一蕭。廿七年二月，南工官监延年、大奴固造"。口长 6、连耳宽 5、底长 3.3、底宽 2、通高 1.8 厘米（彩图七二，2）。

M1Ⅵ：4628～M1Ⅵ：4652、M1Ⅵ：4654～M1Ⅵ：4708、M1Ⅵ：4878～M1Ⅵ：4884、M1Ⅵ：5057 共 88 件，形制、尺寸、纹饰与 M1Ⅵ：4653 相同。唯每件耳杯外底铭文略有差异（彩图七二，1、3；彩图七三，1～9；彩图七四，1～9；彩图七五，1～9；彩图七六，1～9；彩图七七，1～9；彩图七八，1～9；彩图七九，1～9；彩版三六五，1～4；彩版三六六，1～4；彩版三六七，1～4；彩版三六八，1～4；彩版三六九，1～4；彩版三七〇，1～4；彩版三七一，1～4；彩版三七二，1～4；彩版三七三，1～4；彩版三七四，1～4；彩版三七五，1～4；彩版三七六，1～4）。

E 型 89 件耳杯的铭文内容分为五类。

第一类以 M1Ⅵ：4653 为代表，内容为"绪杯。容一蕭。廿七年二月，南工官监延年、大奴固造"（彩图七二，2）。

第二类以 M1Ⅵ：4628 为代表，内容为"绪杯。容一蕭。廿七年二月，南工官监延年、大奴德造"。口长 6、连耳宽 5、底长 3.2、底宽 2、通高 1.8 厘米（彩图七二，1；彩版三六五，1）。

第三类以 M1Ⅵ：4630 为代表，内容为"绪杯。容一蕭。廿七年二月，南工官监延年、大奴元造"。口长 6、连耳宽 5、底长 3.5、底宽 2、通高 1.8 厘米（彩图七二，3）。

第四类仅见两件，M1Ⅵ：4656、M1Ⅵ：4879，内容为"绪杯。容一蕭。廿七年二月，南工官监延年、大奴造"。口长 6、连耳宽 5、底长 3.3、底宽 2.1、通高 1.8 厘米（彩版三六五，2）。

第五类仅见 1 件，M1Ⅵ：5057，内容为"绪杯。容一籥。廿七年二月，南工官监延年、工縣诸造"。口长 6、连耳宽 5、底长 3.5、底宽 2、通高 1.8 厘米（彩图七九，9；彩版三六五，4）。

2. 盘

52 件。依形制差异，分七型。

B 型　21 件。

M1Ⅵ：3844，木胎。敞口，斜沿，斜弧腹，平底。沿面与外沿髹黑漆，沿面朱绘一道弦纹与朱漆点纹。盘外髹黑漆。内沿髹黑漆，饰三道朱漆弦纹及四组对称变形鸟纹（IB 纹）。盘内髹朱漆。内底髹黑漆，外圈饰三道朱漆弦纹及四组变形鸟纹（BB 纹），内圈饰两组朱漆云气纹。口径 28、底径 15.2、高 4 厘米（彩图八〇）。

M1Ⅵ：4624、M1Ⅵ：4625 共 2 件，形制、尺寸及纹饰与 M1Ⅵ：3844 相同（彩版三七七，1）。

M1Ⅵ：4823，夹纻胎。敞口，斜沿，折弧腹，平底。沿面与外沿髹黑漆，沿面饰两道朱绘弦纹夹一道水波纹。盘外通体髹黑漆，上腹部饰朱漆大小涡纹组合及几何纹。内沿髹黑漆，饰朱漆大小涡纹组合及几何纹。盘内髹朱漆。内底髹黑漆，外圈绘四道朱漆弦纹，夹饰四组对称针刻箟纹与朱漆点划纹，内圈饰三组朱漆云气纹。口径 27.6、底径 12、高 4.3 厘米（彩图八一；彩版三七七，2）。

M1Ⅵ：4720 ~ M1Ⅵ：4722 共 3 件，形制、尺寸及纹饰与 M1Ⅵ：4823 相同。

M1Ⅵ：4824，形制、尺寸与 M1Ⅵ：4823 相同，唯内底所绘三组朱漆云气纹与前者有异（彩图八二）。

M1Ⅵ：4825，夹纻胎。敞口，斜沿，折弧腹，平底。形制、尺寸与 M1Ⅵ：4823 相同，唯内底所绘三组朱漆云气纹与前者有异。口径 27.6、底径 12、高 4.3 厘米（彩图八三）。

M1Ⅵ：4826 ~ M1Ⅵ：4831 共 6 件，形制、尺寸及纹饰与 M1Ⅵ：4825 相同。

M1Ⅵ：4832，夹纻胎。敞口，斜沿，折弧腹，平底。形制、尺寸与 M1Ⅵ：4823 相同，唯内底所绘三组朱漆云气纹与前者有异。口径 27.6、底径 12、高 4.3 厘米（彩图八四）。

M1Ⅵ：4833 ~ M1Ⅵ：4837 共 5 件，形制、尺寸及纹饰与 M1Ⅵ：4832 相同。

C 型　5 件。夹纻胎。敞口，斜沿，折弧腹，平底。

M1Ⅵ：4723，沿面髹黑漆，饰朱漆涡纹与几何纹，几何勾连纹采用金银平脱技法以金银丝间隔装饰，沿面内侧转折处嵌以银丝。外沿饰银扣。盘外通体髹黑漆，腹部饰朱漆云气纹。内沿髹黑漆，饰以朱绘云气纹。内腹上部髹朱漆，中部髹黑漆并以平脱技法嵌以两道金丝，夹饰朱漆涡纹与几何纹，几何勾连纹亦采用金银平脱技法以金银丝间隔装饰。内腹下部髹朱漆，绘两道褐色弦纹夹饰三组神兽纹间云气纹。内底髹黑漆，饰三组神兽纹与云气纹组合。外底针刻隶书铭文"廿四年三月，南工官监臣……"口径 19.9、底径 14.6、高 2.2 厘米（彩图八五、八六；彩版三七七，3、4）。

M1Ⅵ：4724，形制、尺寸、纹饰及装饰技法与 M1Ⅵ：4723 相同。外底针刻隶书铭文"廿四年三月，南工官监臣延年、工臣縣诸造"。口径 19.9、底径 14.6、高 2.2 厘米（彩图八七、八八；彩版三七八，1、2）。

M1Ⅵ：4725，形制、尺寸、装饰技法与 M1Ⅵ：4723 相同。唯内底三组神兽纹和云气纹组合与前者略有差异。口径 19.9、底径 14.6、高 2.2 厘米（彩图八九、九〇；彩版三七八，3）。

M1Ⅵ:3898、M1Ⅵ:4726 共 2 件，形制、尺寸及纹饰与 M1Ⅵ:4725 相同。

D 型 6 件。夹纻胎。敞口，斜沿，折弧腹，平底。

M1Ⅵ:4729，沿面银扣，扣面嵌一圈宝石并饰浅刻几何纹。外沿银扣素面。盘外通体髹黑漆，上腹饰两道朱绘弦纹夹饰云气纹，下腹近底处饰一道朱漆弦纹。内沿髹黑漆，饰以朱绘云气纹。内腹髹朱漆。内底以两道素面银扣分为内、外两区，外区髹黑漆，饰三组朱绘神兽纹与云气纹组合，内区通体髹朱漆，素面。口径 21.2、底径 15、高 3.2 厘米（彩图九一）。

M1Ⅵ:4730、M1Ⅵ:4731 共 2 件，形制、尺寸及纹饰与 M1Ⅵ:4729 相同。

M1Ⅵ:4732，形制、尺寸与 M1Ⅵ:4729 相同，唯内底外区朱绘纹饰与前者略有区别（彩图九二；彩版三七八，4）。

M1Ⅵ:4733，形制、尺寸与 M1Ⅵ:4729 相同，唯内底外区朱绘纹饰与前者略有区别。口径 21.2、底径 15、高 3.2 厘米（彩图九三）。

M1Ⅵ:4734，形制、尺寸及纹饰与 M1Ⅵ:4733 相同。

E 型 8 件。夹纻胎。敞口，斜沿，折弧腹，平底。

M1Ⅵ:4728，沿面与外沿银扣素面。盘外通体髹黑漆。上腹针刻四道弦纹，由上至下第一、二道与二、三道弦纹间夹饰波折纹与几何纹，并有朱漆隶书铭文"常食"；下腹饰云气纹，近底处针刻两道弦纹夹饰波折纹与几何纹。内沿髹黑漆，纹饰与外腹上部同。内腹髹朱漆。内底髹黑漆，纹饰分为内、外两区，外区饰四道针刻弦纹，中间夹饰波折纹与几何纹，内区饰针刻柿蒂纹。口径 20.4、底径 7.6、高 4.67 厘米（彩图九四）。

M1Ⅵ:4727，形制、尺寸及纹饰与 M1Ⅵ:4728 相同，唯外腹部未见朱漆"常食"铭文。

M1Ⅵ:5063，沿面与外沿银扣素面。盘外通体髹黑漆，上腹饰针刻与朱绘弦纹各两道，中间夹饰针刻云气纹。内沿髹黑漆，针刻两道弦纹。内腹上部髹黑漆，饰针刻与朱绘弦纹各两道，中间针刻鹿、孔雀、豪猪三类动物纹样并间饰云气纹；下部髹朱漆。内底髹黑漆，纹饰分为内、外两区，外区饰五道弦纹，由外至内第一、二道弦纹间针刻梳齿纹，内区针刻神兽纹与鹿纹组合并间以云气纹。口径 22、底径 10.7、高 3.6 厘米（彩图九五）。

M1Ⅵ:5064，形制、尺寸及纹饰与 M1Ⅵ:5063 相同。

M1Ⅵ:5065，形制、尺寸与纹饰基本同 M1Ⅵ:5063，唯内腹上部纹饰内容有异，针刻神兽纹间饰云气纹。口径 22、底径 10.7、高 3.6 厘米（彩图九六；彩版三七九，1）。

M1Ⅵ:5066，残损严重，尚可复原。形制、纹饰基本同 M1Ⅵ:5063，唯尺寸、内腹上部纹饰内容有异，针刻鹿纹间饰以云气纹。口径 29、底径 11.4、高 4.7 厘米（彩图九七）。

M1Ⅵ:5067，形制、尺寸及纹饰与 M1Ⅵ:5066 相同。

M1Ⅵ:5068，形制与 M1Ⅵ:5063 同。沿面与外沿银扣素面。盘内外髹黑漆，内底髹朱漆，皆素面。口径 29、底径 11.4、高 4.7 厘米（彩图九八）。

F 型 3 件。夹纻胎。敞口，斜沿，折腹，平底。

M1Ⅵ:4735，内外通体髹黑漆，内底通髹朱漆，皆素面。口径 23、底径 10、高 4.2 厘米（彩图九九，1）。

M1Ⅵ:4736，形制、尺寸与 M1Ⅵ:4738 相同，但饰针刻纹饰。器内外通髹黑漆，沿面针刻两道弦纹。盘外髹两道弦纹夹饰针刻云气纹。内上腹针刻两道弦纹，下腹绘两道弦纹夹饰针刻神兽云气纹。内底纹饰分为内、外两区，外区绘两道朱漆弦纹夹饰两道针刻弦纹，内区饰针刻云气纹。口径 23、底径 10、高 4.2 厘米（彩图九九，2）。

M1Ⅵ：4737，形制、尺寸及纹饰与 M1Ⅵ：4736 相同。

G 型　5 件。木胎。敞口，斜沿，弧腹，大平底。

M1Ⅵ：3954，通体髹黑漆。沿面饰四道朱漆弦纹，夹饰朱漆点纹与针刻菱形填线纹组合。外沿针刻两道弦纹夹饰针刻波折纹与朱漆点划纹组合。外腹饰针刻云气纹。内腹髹两道朱漆弦纹。内底纹饰分为外、中、内三区，均以针刻弦纹夹饰朱漆点纹与针刻菱形填线纹组合为分区界限。整个内底纹饰主题为三组神兽纹与云气纹组合，分饰于外、中、内三区。口径 30.4、底径 26.1、高 1.8 厘米（彩图一〇〇；彩版三七九，2）。

M1Ⅵ：4974~M1Ⅵ：4977 共 4 件，形制、尺寸及纹饰与 M1Ⅵ：3954 相同。

J 型　4 件。夹纻胎。敞口，平沿，弧腹，平底。

M1Ⅵ：4413，沿面与外沿银扣素面，口沿背面朱漆隶书铭文"食官、常食"。盘外通体髹黑漆，素面。内沿髹黑漆，朱绘两道弦纹夹饰套菱纹。内腹壁通髹朱漆，素面。内底中心髹黑漆，内饰针刻云气纹，其外饰两周朱漆圈带夹饰一周黑漆圈带。口径 48.7、底径 41.4、高 3.6 厘米（彩图一〇一；彩版三七九，3）。

M1Ⅵ：5639，形制、尺寸及纹饰与漆盘 M1Ⅵ：4413 相同，朱漆隶书铭文"常食"亦书于口沿背面。口径 48.7、底径 41.4、高 3.6 厘米（彩图一〇二；彩版三八〇，1、2）。

M1Ⅵ：5640，沿面与外沿银扣素面。盘外通体髹黑漆，朱绘两道弦纹夹饰云气纹。内沿髹黑漆，朱绘三道弦纹，由上至下第一、二道弦纹间夹饰勾连纹。内腹壁下部髹朱漆，素面。内底纹饰分为内、外两圈。内圈髹黑漆，内朱绘三组对称变体龙纹，外绘五道弦纹，由内至外第三、四道弦纹间夹饰勾连纹与涡纹组合；外圈饰两周朱漆圈带夹一周黑漆圈带。黑漆圈带内饰四道弦纹，由内至外第二、三道弦纹间夹饰朱绘神兽云气纹。外底边缘针刻隶书铭文，内容为"緒员（圆）平口（盘），径尺六寸。廿七年三月，南工官监延年、大奴固造"。口径 37、底径 33.2、高 2.6 厘米（彩图一〇三；彩版三八〇，3、4）。

M1Ⅵ：5641，沿面与外沿银扣素面。盘外通体髹黑漆，朱绘两道弦纹夹饰勾连纹。内腹髹黑漆，纹饰与外腹相同。内底纹饰分为内、外两圈。内圈髹黑漆，素面；外圈饰朱漆圈带与黑漆圈带各一周。因器物残损严重，黑漆圈带内纹饰不明。外底中心针刻隶书铭文"中常食"。口径 31.2、底径 28、高 2.2 厘米（彩图一〇四；彩版三七九，4）。

3. 奁

3 件。依形制差异，分三型。

A 型　1 件。

M1Ⅵ：3894，夹纻胎。盖顶正面通髹黑漆，以两圈银扣和两道出筋分隔出三圈纹饰。顶心贴饰柿蒂纹银扣，边针刻四组云气纹，由内至外第一圈针刻云气纹，第二、三圈纹饰不明。盖顶反面髹黑漆，中心饰三组朱绘云气纹，由内至外针刻四道弦纹，第一、二道与第三、四道弦纹间分别夹饰针刻云气纹与弧形填线纹。盖身正面髹黑漆，以三圈银扣分隔出两圈纹饰，均饰针刻云气纹。反面近口沿处髹黑漆，针刻三道弦纹，并朱漆隶书铭文"常食"。反面近顶处通髹朱漆。器身外壁髹黑漆，以三圈银扣分隔出两圈纹饰，均素面。内壁近口沿处髹黑漆，余皆髹朱漆。器身内底通髹黑漆，针刻纹饰与器盖反面中心纹饰相同，中心饰三组朱绘云气纹，由内至外针刻四道弦纹，第一、二道与第三、四道弦纹间分别夹饰针刻云气纹和弧形填线纹。器身外底髹黑漆，近银扣处有隶书铭文"常食"。盖高6、盖口径14.5、奁高5.8、奁口径14、通高6.5厘米（彩图一〇五～一〇八）。

B型　1件。

M1Ⅵ：4738，夹纻胎。仅存子口奁盖。盖顶正面通髹黑漆。顶心贴饰柿蒂纹银扣，边饰针刻云气纹。由内至外饰五道弦纹，第三、四道弦纹间夹饰针刻菱形填线纹与朱漆点纹组合。盖内通髹朱漆。盖高1.8、口径22.8厘米（彩图一〇九）。

D型　1套14件。

M1Ⅵ：3934，圆形大奁，内装十一子小奁，未见界格。夹纻胎。盖顶残缺，无法复原，盖身尚保存完好。盖身外壁髹黑漆，上下两端共针刻十五道弦纹，中间针刻神兽动物云气纹，内容包括野猪、孔雀、麋鹿等，形象生动活泼。内壁近口沿处髹黑漆，针刻五道弦纹，由上至下第二、三道弦纹间夹饰针刻云气纹，余髹朱漆。器身外壁口沿饰一道银扣，上下两端共针刻十二道弦纹，中间针刻神兽动物云气纹，内容与器盖外壁相同。内壁近口沿处髹黑漆，针刻五道弦纹，由上至下第四、五道弦纹间夹饰针刻云气纹，余髹朱漆。器身内底通髹黑漆，针刻云气纹。盖口径40.6、奁高8.3、奁口径40厘米（彩图一一〇、一一一）。

大奁内装十一子小奁，均为夹纻胎，盖与器身外壁均髹黑漆。除银扣外，小奁主体纹饰均以针刻为主要装饰手法（彩图一一二）。

M1Ⅵ：3934-1，圆形奁。盖顶中心贴饰柿蒂纹银扣，上施一环。四周针刻神兽动物云气纹。外圈针刻六道弦纹，由内至外第二、三道弦纹间夹饰梳齿纹，第四、五道弦纹间夹饰波折纹与菱形填线纹组合。盖身外壁针刻八道弦纹，由上至下第四、五道弦纹间夹饰动物云气纹。器盖内壁通髹朱漆。器身外壁通髹黑漆，近底处针刻五道弦纹，内壁通髹朱漆。盖高7.7、盖口径16、奁高7.8、奁口径15.2、通高8.4厘米（彩图一一三、一一四）。

M1Ⅵ：3934-2，圆形奁。盖子口，器身母口。盖顶中心贴饰柿蒂纹银扣，上施一环。四周针刻动物云气纹。外圈针刻五道弦纹，由内至外第三、四道弦纹间夹饰梳齿纹。盖身外壁通髹黑漆，素面；盖内壁通髹朱漆。器身外壁通髹黑漆，近口沿处针刻五道弦纹，近底处针刻七道弦纹；内壁通髹朱漆。盖高1.5、盖口径8.3、奁高7.8、奁口径8.3、通高9.2厘米（彩图一一五）。

奁盒内套有一大一小两个卮杯，均无盖。

卮（M1Ⅵ：3934-2-1），器身外壁髹黑漆，外壁中部与底部各饰两圈银扣，上部饰双银环，卮体上部饰五道弦纹，由上至下第四、五道弦纹间夹饰针刻动物云气纹。下部饰三道弦纹，由上至下第一、二道弦纹间亦夹饰针刻动物云气纹。内壁通髹朱漆。高5.6、口径6.2厘米（彩图一一六，1）。

卮（M1Ⅵ：3934-2-2），纹饰及装饰技法与M1Ⅵ：3934-2-1相同，唯尺寸略大。高6.2、口径7.2厘米（彩图一一六，2）。

M1Ⅵ：3934-3，弧边三角形奁。盖子口，器身母口。盖顶中心贴饰柿蒂纹银扣，上施一环。四周朱绘云气纹。盖身外壁通髹黑漆，素面；盖内壁通髹朱漆。器身外壁通髹黑漆，近口沿处与近底处各针刻四道弦纹，中间针刻神兽动物云气纹；内壁通髹朱漆。盖高1.2、盖面直边长7.3、奁高7.6、奁最大边径7.3、通高8.5厘米（彩图一一七，1～3）。

M1Ⅵ：3934－4，弧边长条梯形奁。盖子口，器身母口。盖顶中心贴饰柿蒂纹银扣，上施一环，两边均饰神兽云气纹。盖身外壁通髹黑漆，素面；内壁通髹朱漆。器身外壁通髹黑漆，近底处针刻三道弦纹；内壁通髹朱漆。盖高1.2、盖面短边长17.2、盖面长边长19.4、盖宽3、奁高4.4、通高5.3厘米（彩图一一八，1、2）。

M1Ⅵ：3934－5，梯形奁。盖子口，器身母口。盖顶中心贴饰柿蒂纹银扣，上施一环，两边均饰云气纹。盖身外壁通髹黑漆，素面；内壁通髹朱漆。器身外壁通髹黑漆，近底处针刻三道弦纹；内壁通髹朱漆。盖高0.9、盖面短边长3.8、盖面长边长6.1、盖宽3、奁高4.4、通高5.2厘米（彩图一一九，1、2）。

M1Ⅵ：3934－6，弧边长条梯形奁。出土时放置于M1Ⅵ：3934－4与M1Ⅵ：3934－5正下方。盖子口，器身母口。盖顶与盖身外壁通髹黑漆，素面；内壁通髹朱漆。器身外壁通髹黑漆，内壁通髹朱漆。盖高1.1、盖面短边长21、盖面长边长25.5、盖宽3、奁高2.5、通高3厘米（彩图一一八，3、4）。

M1Ⅵ：3934－7，弧边三角形奁。盖子口，器身母口。盖顶中心贴饰柿蒂纹银扣，上施一环，周边饰神兽云气纹。外圈饰七道弦纹，由内至外第二、三道弦纹间夹饰针刻梳齿纹，第五、六道弦纹间夹饰菱形填线纹。盖身外壁通髹黑漆，素面；内壁通髹朱漆。器身外壁通髹黑漆，近口沿处针刻三道弦纹，近底处针刻四道弦纹，中间针刻神兽云气纹；内壁通髹朱漆。盖高2.5、盖面直边长21、奁高7、通高8.6厘米（彩图一二〇，1、2）。

M1Ⅵ：3934－8，弧边三角形奁。盖顶中心贴饰柿蒂纹银扣，上施一环，周边饰神兽云气纹；外圈饰七道弦纹，由内至外第二、三道弦纹间夹饰针刻梳齿纹，第五、六道弦纹间夹饰菱形填线纹与波折纹组合。盖身外壁通髹黑漆，近口沿处饰两道弦纹，近底处饰五道弦纹，中间饰神兽动物云气纹；内壁通髹朱漆。器身外壁通髹黑漆，近底处针刻四道弦纹；内壁通髹朱漆。盖高6.3、盖面直边长15、奁高7.3、通高7.9厘米（彩图一二一、一二二）。

M1Ⅵ：3934－9，弧边梯形奁。残存盖顶，外壁通髹黑漆，饰动物纹，外圈饰四道弦纹。经复原，盖面短边长10.3、长边长14.5、宽7厘米（彩图一一九，5）。

奁盒内装有两个小圆奁，均仅存盖。均为夹纻胎。子口。

奁盖（M1Ⅵ：3934－9－1），器外通髹黑漆，盖面中心针刻野猪纹，外饰一道弦纹；器内通髹朱漆。高1、口径2厘米（彩图一一九，3）。

奁盖（M1Ⅵ：3934－9－2），器外通髹黑漆，盖面针刻五道弦纹；器内通髹朱漆。高1.2、口径4厘米（彩图一一九，4）。

M1Ⅵ：3934－10，弧边梯形奁。仅残存盖顶。器外通髹黑漆，饰神兽动物纹，外圈饰四道弦纹。经复原，盖面短边径10.3、长边径14.5、宽7厘米（彩图一二三，1）。

奁盒内亦装有两个小圆奁，均仅存盖。夹纻胎。子口。

奁盖（M1Ⅵ：3934－10－1），器外通髹黑漆，盖面中心针刻野猪纹，外饰一道弦纹；器内通髹朱漆。高1、口径2厘米（彩图一二三，2）。

奁盖（M1Ⅵ：3934－10－2），器外通髹黑漆，盖面针刻五道弦纹；器内通髹朱漆。高1.2、口径 4 厘米（彩图一二三，3）。

M1Ⅵ：3934 - 11，弧边三角形奁。盖顶中心贴饰柿蒂纹银扣，上施一环，周边饰动物云气纹。外圈饰七道弦纹，由内至外第二、三道弦纹间夹饰针刻梳齿纹，第五、六道弦纹间夹饰菱形填线纹与波折纹组合。盖身外壁通髹黑漆，近口沿处饰两道弦纹，近底处饰五道弦纹，中间饰神兽动物云气纹；内壁通髹朱漆。器身外壁通髹黑漆，近底处针刻四道弦纹；内壁通髹朱漆。盖高 6、盖面直边长 15、奁高 7.3、通高 8 厘米（彩图一二四、一二五）。

4. 卮

24 件。依形制差异，分为二型。

B 型　2 套共 22 件。

M1Ⅵ：3910，1 套共 11 件。11 件卮由小至大逐次套装，所有卮外底皆针刻铭文。除具体尺寸有异外，各卮主体纹饰及底部铭文基本相同。

M1Ⅵ：3910 - 1，此套卮内器形最大者，其余 10 件卮均装于其内。夹纻胎。盖顶正面通髹黑漆，以三道出筋分隔出三圈纹饰。顶心贴饰柿蒂纹银扣，扣外朱绘四组云气纹。由内至外第一圈纹饰与第三圈纹饰相同，皆针刻九道弦纹，由内至外第四、五道弦纹间夹饰箅纹与三角填线纹组合。第二圈纹饰为朱绘云气纹。盖身侧面亦髹黑漆，饰三道弦纹，由上至下第一、二道弦纹间夹饰箅纹与三角填线纹组合。近口沿处饰一道银扣。盖内通髹朱漆。器身外壁髹黑漆，近口沿处和近底处及器身中部皆饰一圈银扣。上、下腹纹饰相同，均朱绘云气纹，内饰戳点纹。器身内壁及内底通髹朱漆，外壁上半部一侧饰圆环形铜卮持。通体鎏银。盖高 4.7、盖口径 17.5、卮口径 17、通高 18.8 厘米（彩图一二六、一二七；彩版三八一，1）。

M1Ⅵ：3910 - 2，器身中部有一双环形卮持，外底针刻铭文"十一襲卮。廿二年，南工官监臣延年、啬夫臣不識、工臣縣諸造"。盖高 4.2、盖口径 16.4、卮口径 15.9、通高 17.5 厘米（彩图一二八～一三〇；彩版三八一，2～4）。

M1Ⅵ：3910 - 3，器身中部有一双环形卮持，外底针刻铭文"十一襲卮。廿二年，南工官监臣延年、啬夫臣不識、工臣縣諸造"。盖高 3.9、盖口径 15.2、卮口径 14.7、通高 16.3 厘米（彩图一三一～一三三；彩版三八二，1、2）。

M1Ⅵ：3910 - 4，器身中部有一双环形卮持，外底针刻铭文"十一襲卮。廿二年，南工官监臣延年、啬夫臣不識、工臣縣諸造"。盖高 3.6、盖口径 14.1、卮口径 13.6、通高 14.9 厘米（彩图一三四～一三六；彩版三八二，3～5）。

M1Ⅵ：3910 - 5 ~ M1Ⅵ：3910 - 11 共 7 件，残损严重，尺寸不明。

M1Ⅵ：3912，1 套共 11 件。11 件卮由小至大逐次套装，所有卮外底皆针刻铭文。除具体尺寸与底部铭文内容有异外，各卮主体纹饰及底部铭文书写方式基本相同。

M1Ⅵ：3912 - 1，此套卮内器形最大者，其余 10 件卮均装于其内。形制、纹饰与 M1Ⅵ：3910 - 1 基本相同。外壁上半部一侧饰圆环形铜卮持，通体鎏银。外底针刻铭文，内容为"十一襲卮。廿三年，南工官监臣延年、啬夫不識、工臣縣諸造，容斗八升"。盖高 4.3、盖口径 17.6、卮口径 17、通高 19.7 厘米（彩图一三七～一三九；彩版三八三，1、2）。

M1Ⅵ：3912 - 2，器身中部有一双环形卮持，外底针刻铭文"十一襲卮。廿三年，南工官监臣延年、啬夫臣勝、工臣縣諸造，容斗四升半升"。盖高 4.1、盖口径 16.3、卮口径 15.8、通高 17.7

厘米（彩图一四〇～一四二；彩版三八三，3、4）。

M1Ⅵ：3912-3，器身中部有一双环形扈持。外底针刻铭文"十一襲卮。廿三年，南工官监臣延年、啬夫臣勝、工臣縣諸造，容斗一升"。盖高3.8、盖径15.2、卮口径14.7、通高16.6厘米（彩图一四三～一四五；彩版三八四，1～3）。

M1Ⅵ：3912-4，器身中部有一双环形扈持。外底针刻铭文"十一襲卮。廿三年，南工官监臣延年、啬夫臣勝、工臣縣諸造，容八升半升"。盖高3.5、盖口径14.1、卮口径13.6、通高15.2厘米（彩图一四六～一四八；彩版三八四，4；彩版三八五，1、2）。

M1Ⅵ：3912-5，器身中部有一双环形扈持，外底针刻铭文"十一襲卮。廿三年，南工官监臣延年、啬夫臣勝、工臣縣諸造，容七升"。盖高3.3、盖口径13、卮口径12.5、通高14厘米（彩图一四九～一五一；彩版三八五，3～5）。

M1Ⅵ：3912-6，器身中部有一双环形扈持，外底针刻铭文"十一襲卮。廿三年，南工官监臣延年、啬夫臣勝、工臣縣諸造，容五升一籥"。盖高3、盖口径12、卮口径11.4、通高12.8厘米（彩图一五二、一五三；彩版三八六，1～3）。

M1Ⅵ：3912-7，器身中部有一双环形扈持，外底针刻铭文"十一襲卮。廿三年，南工官监臣延年、啬夫臣勝、工臣縣諸造，容四升二籥"。盖高2.8、盖口径10.8、卮口径10.3、通高11.3厘米（彩图一五四、一五五；彩版三八六，4、5）。

M1Ⅵ：3912-8，器身中部有一双环形扈持，外底针刻铭文"十一襲卮。廿三年，南工官监臣延年、啬夫臣勝、工臣縣諸造，容二升半升"。盖高2.7、盖口径9.6、卮口径9.1、通高10.1厘米（彩图一五六、一五七；彩版三八七，1）。

M1Ⅵ：3912-9，器身中部有一双环形扈持，外底针刻铭文"十一襲卮。廿三年，南工官监臣延年、啬夫臣勝、工臣縣諸造，容一升半籥"。盖高2.6、盖径8.4、卮口径7.9、通高9厘米（彩图一五八、一五九；彩版三八七，2）。

M1Ⅵ：3912-10，器身中部有一双环形扈持，外底针刻铭文"十一襲卮。廿三年，南工官监臣延年、啬夫臣勝、工臣縣諸造，容一升一籥"。盖高2.5、盖口径7.3、卮口径6.8、通高7.7厘米（彩图一六〇，1、2；彩图一六一，1；彩版三八七，3、4）。

M1Ⅵ：3912-11，器身中部有一双环形扈持，外底针刻铭文"十一襲卮。廿三年，南工官监臣延年、啬夫臣勝、工臣縣諸造，容六籥"。盖高2.3、盖口径6.3、卮口径5.8、通高6.4厘米（彩图一六〇，3、4；彩图一六一，2；彩版三八八，1）。

C型 2件。

M1Ⅵ：3826，仅存底部残片。外底髹黑漆，朱漆隶书铭文"……卮。第……食"（彩图一六二，1；彩版三八八，2）。

M1Ⅵ：3908，夹纻胎。盖顶正面通髹黑漆，以三道出筋分隔出三圈纹饰。顶心贴饰柿蒂纹银扣，扣外朱绘四组云气纹。由内至外第一圈纹饰带饰四道弦纹，其内夹饰针刻几何纹及戳点纹；第二圈纹饰带饰两道弦纹，其内夹饰针刻云气纹及戳点纹；第三圈纹饰带饰四道弦纹，其内夹饰朱绘勾连纹与涡纹组合。盖身侧面亦髹黑漆，饰三道弦纹。由上至下第二、三道弦纹间朱绘勾连纹与涡纹组合，近口沿处饰一圈银扣。盖内通髹朱漆。器身外壁髹黑漆，内壁髹朱漆。近口沿处饰一圈银扣。银扣下饰三道弦纹。由上至下第一、二道弦纹间针刻篦纹及朱点纹组合，弦纹下朱绘云气纹，内饰戳点纹。上腹以下残。外底髹黑漆。底部残片上针刻铭文"廿二年四……监臣延……造，容……"盖高2.6、盖口径14.4、巵口径14.2、残高4.9厘米（彩图一六二，2、3；一六三）。

5. 樽

2件。

M1Ⅵ：3902，夹纻胎。器形较大。盖顶正面通髹黑漆，以两圈鎏金银扣和两道出筋分隔出三圈纹饰。顶心贴饰圆形银扣，四边朱绘神兽云气纹，其外填嵌四组镂空白描神兽纹银饰片。两圈鎏金铜扣均刻饰云气纹。由内至外第一圈与第三圈均朱绘云雷几何纹，第二圈朱绘云气纹，间隔内填嵌动物神兽纹银饰片。盖内髹朱漆。器身外壁髹黑漆，口沿与底部均饰云气纹鎏金银扣。壁面饰五圈纹饰，由上至下第一圈与第五圈纹饰填嵌三角形镂空神兽动物纹银饰片，其主体形象均在银饰片表层白描而成，间隙处朱绘神兽动物纹，形象与前者相似；第二圈与第四圈均朱绘云雷几何纹；第三圈纹饰通体填嵌镂空银扣饰，扣器表层白描动物神兽纹。器身中部对称分布有两件铜鎏金铺首衔环。器底附三铜鎏金熊形足，熊双手前伸，形态可爱。盖高3.8、盖口径30.6、樽高19、樽口径30.6、通高22厘米（彩图一六四、一六五；彩版三八八，3、4）。

M1Ⅵ：3845，夹纻胎。残损严重，尺寸与纹饰不明。

6. 盂

2件。均为木胎。

M1Ⅵ：3901，直口，深弧腹，矮圈足。沿面平直，髹黑漆，饰两道朱漆弦纹夹饰朱漆点纹与几何纹。器外通髹黑漆。外口沿下饰七道弦纹，由上至下第二、三道与第五、六道弦纹间夹饰朱漆几何纹与云气纹；内口沿髹黑漆，饰三道弦纹夹饰朱漆云气纹。内腹通髹朱漆。口径10.5、圈足径6.6、高4.3厘米（彩图一六六，1；彩版三八八，5）。

M1Ⅵ：5845，口沿部分残缺。形制、纹饰与M1Ⅵ：3901基本相同，唯尺寸略大。圈足径7.8、残高4.5厘米（彩图一六六，2；彩版三八八，6）。

7. 匜

1件。M1Ⅵ：5070，木胎。匜身平面呈圆角方形，流口沿上翘，弧腹，平底。流与匜身内口沿髹黑漆，饰两道朱绘弦纹夹饰朱漆点纹与几何纹。流内与匜身内腹通髹朱漆，中腹部绘四组褐漆柿蒂纹。内底髹黑漆，朱绘卷云纹。器外髹黑漆，口沿下饰两道朱绘弦纹夹饰朱漆点纹与几何纹。通长39、身宽31.8、底长15、底宽11.1、高13.9厘米（彩图一六七）。

8. 案

3件。夹纻胎。长方形。

M1Ⅵ：4414，正面通髹黑漆，中心朱绘神兽云气纹，外饰两周勾连云纹。边框饰四组纹饰。两组纹饰较宽，表面撒嵌绿松石；另两组纹饰表面以长条形角质满嵌，素面。四组纹饰间隔排列。四周饰以鎏金铜扣边。表面通体刻饰云气纹并镶嵌16枚玛瑙珠。案足为龙形，张口瞠目，六足蹲踞，身形飘逸。通体鎏金。通长66、宽43、高9.9厘米（彩图一六八；彩版三八九、三九〇）。

M1Ⅵ：5073、M1Ⅵ：5074共2件。器表通髹黑漆。残损严重，尺寸与纹饰不明。

9. 筍

2 件。均为夹纻胎。长方形。器表通髹黑漆。

M1Ⅵ:3839，中心饰针刻云气神兽纹，外饰四道弦纹，由内至外第二、三道弦纹间夹饰三角填线纹。残损严重，尺寸不明（彩图一六九，1）。

M1Ⅵ:4978，素面。中心以朱漆隶书铭文"飯盤（盘）"。残长 18.9、宽 20.4 厘米（彩图一六九，2；彩版三九一，1）。

10. 器盖

5 件。

M1Ⅵ:3840，木胎。子口。外壁通髹黑漆，盖面中心饰针刻云气纹，外饰两道弦纹。高 3.2、口径 4.9 厘米（彩图一七〇，1；彩版三九一，2、3）。

M1Ⅵ:3841，形制、纹饰、尺寸与 M1Ⅵ:3840 相同。高 3.2、口径 4.9 厘米（彩图一七〇，2；彩版三九一，4）。

M1Ⅵ:3891，木胎。子口。盖面弧形，顶心饰一柿蒂纹穿环银扣。外壁通髹黑漆，器内通髹朱漆。高 2.4、口径 7.6 厘米（彩图一七〇，3；彩版三九一，5）。

M1Ⅵ:3892，高 2.3、口径 7.2 厘米（彩图一七〇，4；彩版三九一，6）。

M1Ⅵ:3893，高 2.1、口径 6.8 厘米（彩图一七〇，5）。

11. 残器

3 件。

M1Ⅵ:3810，木胎。器形不明，整体做把手状。器表通髹黑漆，素面。长 28.5、宽 10.6、高 9 厘米（彩图一七一，1；彩版三九一，7）。

M1Ⅵ:5016，夹纻胎。残损严重，形制不明（彩图一七一，2）。

M1Ⅵ:5058，夹纻胎。残损严重，形制不明。表面髹黑漆。所余残片正面针刻铭文"幸故"（彩图一七一，3；彩版三九二，1）。

五　陶器

24 件。均为釉陶鼎。依形制差异，分二型。

A 型　8 件。分为两类。

一类以 M1Ⅵ:3974 为代表。

M1Ⅵ:3974，钵形器盖，盖上立三组三棱状纽，盖面正中饰一组桥形纽。盖母口，鼎子口。尖唇侈口，肩部较直，下腹弧鼓，中部起一周凸棱，平底，三蹄形足。口沿下饰一对长方形附耳，耳饰凸起卷云纹，足外侧亦饰卷云纹。鼎口径 36.8、盖口径 40.4、通高 44.6 厘米（图三六八，1）。

M1Ⅵ:3970、M1Ⅵ:3978、M1Ⅵ:3984 共 3 件，形制、尺寸、纹饰与 M1Ⅵ:3974 相同（彩版三九二，2~4；三九三，1）。

M1Ⅵ:4100，形制与 M1Ⅵ:3974 相同，唯尺寸略小，且耳面未见纹饰。鼎口径 35.5、盖口径 38、通高 43 厘米（图三六八，2；彩版三九三，2）。

另一类以 M1Ⅵ:3986 为代表。

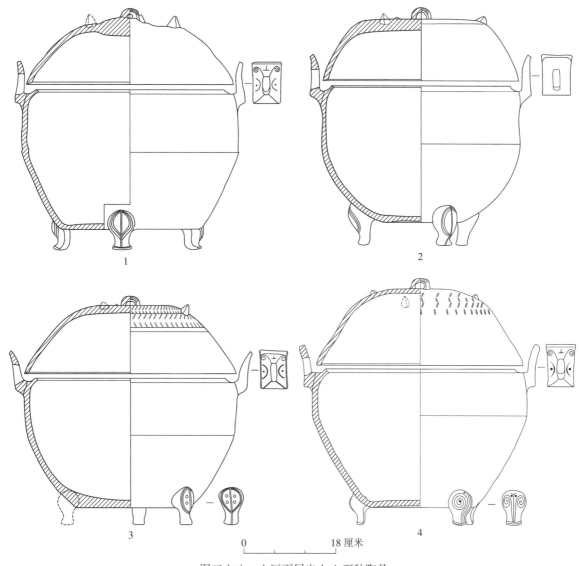

图三六八　六区下层出土 A 型釉陶鼎

1、2. 第一类（M1Ⅵ：3974、M1Ⅵ：4100）　3、4. 第二类（M1Ⅵ：3986、M1Ⅵ：4105）

　　M1Ⅵ：3986、M1Ⅵ：3987，形制与 M1Ⅵ：3974 基本相同，唯器盖表面加饰四组戳点纹，尺寸略有不同（图三六八，3；彩版三九三，3、4；彩版三九四，1）。

　　M1Ⅵ：4105，形制与 M1Ⅵ：3974 相同，唯器盖表面加饰四组戳点纹，尺寸略有不同。鼎口径 37.5、盖口径 40.8、通高 45.7 厘米（图三六八，4；彩版三九四，2）。

　　B 型　16 件。分为五类。

　　第一类，3 件。以 M1Ⅵ：3971 为代表。

　　M1Ⅵ：3971，钵形器盖，盖上立三组三棱状纽，盖面正中饰一组桥形纽。盖母口，鼎子口。尖唇侈口，肩部斜直，下腹弧鼓，中部起一周凸棱，平底，三蹄形足。口沿下饰一对长方形附耳，耳饰凸起卷云纹，足外侧亦饰卷云纹。鼎口径 34.5、盖口径 37、通高 39 厘米（图三六九，1）。

　　M1Ⅵ：4415，形制、尺寸、纹饰与 M1Ⅵ：3971 相同（彩版三九四，3、4）。

　　M1Ⅵ：4401，形制、纹饰与 M1Ⅵ：3971 相同，唯尺寸略有不同。鼎口径 34.2、盖口径 36.6、

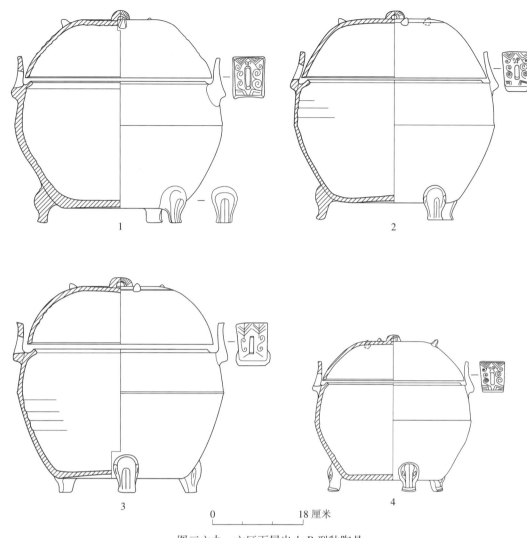

图三六九　六区下层出土 B 型釉陶鼎

1、3. 第一类（M1Ⅵ∶3971、M1Ⅵ∶4401）　　2、4. 第二类（M1Ⅵ∶4101、M1Ⅵ∶3979）

通高 39.4 厘米（图三六九，3；彩版三九五，1）。

第二类，共 2 件，M1Ⅵ∶3979、M1Ⅵ∶4101，形制、纹饰与 M1Ⅵ∶3971 基本相同，唯尺寸略小。

M1Ⅵ∶3979，鼎口径 26.4、盖口径 27.8、通高 29.2 厘米（图三六九，4；彩版三九五，2）。

M1Ⅵ∶4101，鼎口径 33.8、盖口径 36、通高 38.8 厘米（图三六九，2；彩版三九五，3）。

第三类，3 件。以 M1Ⅵ∶3969 为代表。

M1Ⅵ∶3969、M1Ⅵ∶3973、M1Ⅵ∶3976 共 3 件，形制与 M1Ⅵ∶3971 相同，纹饰、尺寸有差异（彩版三九五，4）。

M1Ⅵ∶3969，鼎口径 33.6、盖口径 37、通高 40 厘米（图三七〇，1；彩版三九六，1）。

M1Ⅵ∶3976，鼎口径 34.1、盖口径 36.2、通高 40.1 厘米（图三七〇，2；彩版三九六，2）。

第四类，3 件。以 M1Ⅵ∶4104 为代表。

M1Ⅵ∶3983、M1Ⅵ∶4104、M1Ⅵ∶4416 共 3 件，形制、尺寸与 M1Ⅵ∶3971 相同，纹饰略有差异（彩版三九六，3、4）。

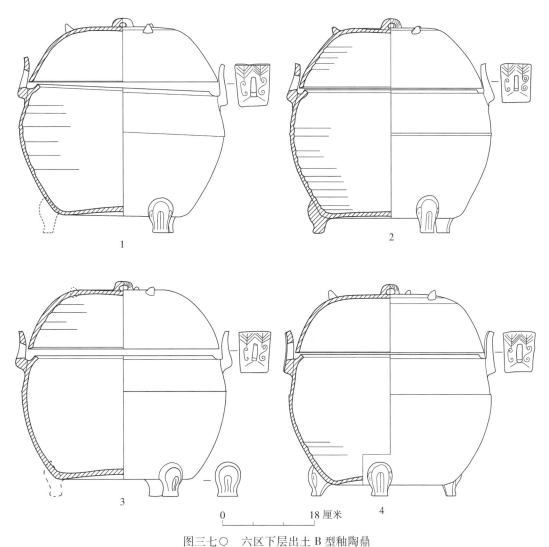

图三七〇　六区下层出土 B 型釉陶鼎

1、2. 第三类（M1Ⅵ：3969、M1Ⅵ：3976）　3. 第四类（M1Ⅵ：4104）　4. 第五类（M1Ⅵ：3985）

M1Ⅵ：4104，鼎口径34.8、盖口径37.2、通高39厘米（图三七〇，3；彩版三九七，1）。

第五类，5 件。以 M1Ⅵ：3985 为代表。

M1Ⅵ：3985，鼎口径35.2、盖口径37.2、通高39.1厘米（图三七〇，4；彩版三九七，2）。

M1Ⅵ：3972、M1Ⅵ：3975、M1Ⅵ：3977、M1Ⅵ：4106 共 4 件，形制与 M1Ⅵ：3985 相同，尺寸与纹饰略有差异（彩版三九七，3、4；三九八，1~3）。

六　泥器

6 件。封泥。

M1Ⅵ：3739，平面呈长方形。正面印文为"江都飤（食）长"，背面封印痕迹保留明显。长3、宽2.9、厚1.4厘米（图三七一，1、2；彩版三九九，1）。

M1Ⅵ：3787，平面呈长方形。正面印文为"江都飤（食）长"，背面绑缚的绳索痕迹保留明显。长3.2、宽2.9、厚1.3厘米（图三七一，3、4；彩版三九九，2）。

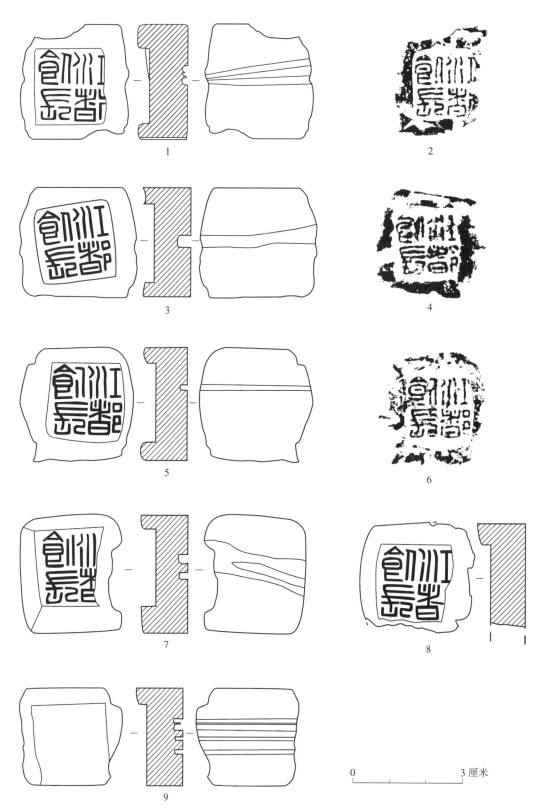

图三七一　六区下层出土封泥

1、3、5、7~9. 封泥（M1 Ⅵ：3739、M1 Ⅵ：3787、M1 Ⅵ：3802、M1 Ⅵ：3962、M1 Ⅵ：3883、M1 Ⅵ：3786）

2、4、6. 拓本（M1 Ⅵ：3739、M1 Ⅵ：3787、M1 Ⅵ：3802）

M1Ⅵ：3802，平面呈长方形。正面印文为"江都飤（食）长"，背面绑缚的绳索痕迹保留明显。长3、宽3、厚1.2厘米（图三七一，5、6；彩版三九九，3）。

M1Ⅵ：3962，平面呈长方形。正面印文为"江都飤（食）长"，背面绑缚的绳索痕迹保留明显。长2.8、宽3.1、厚1.3厘米（图三七一，7；彩版三九九，4）。

M1Ⅵ：3883，平面呈长方形。正面印文为"江都飤（食）长"，背面绑缚的绳索痕迹保留明显。长3.1、宽2.9、厚1.3厘米（图三七一，8；彩版三九九，5）。

M1Ⅵ：3786，平面呈长方形。正面无印文，背面绑缚的绳索痕迹保留明显。长2.8、宽2.6、厚1.3厘米（图三七一，9；彩版三九九，6）。

第九节　七（Ⅶ）A区下层出土遗物

东回廊南部七A区下层随葬各类遗物64件。包括铜器、铁器、银器、漆器、陶器等。七A区下层由南向北依次随葬釉陶鼎7件，釉陶罐10件。因墓室坍塌，陶鼎、陶罐均破碎并相互叠压，清理时在陶罐内发现了蚌壳、果核等。在南部的陶器上有5件银匜（M1ⅦA：3812～M1ⅦA：3816）、漆匜，以及成摞的漆耳杯和漆卮共出。漆卮已朽，仅存铜卮持（图三七二；彩版四〇〇～四〇二）。

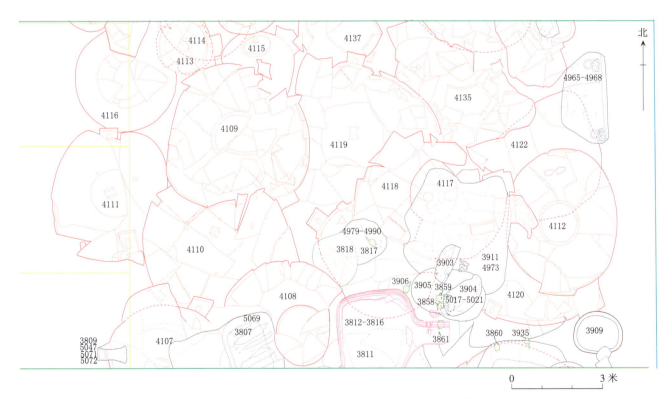

图三七二　七A区下层出土遗物平面图（数字为器物编号）

一 铜器

9件。均为日常生活用器，包括勺、卮持。

1. 勺

3件。依形制差异，分二型。

C型 1件。

M1ⅦA：4989，细长圆条形柄，柄端有圆銎。大勺，勺首残缺。残长8.4、柄宽1.5厘米（图三七三，1）。

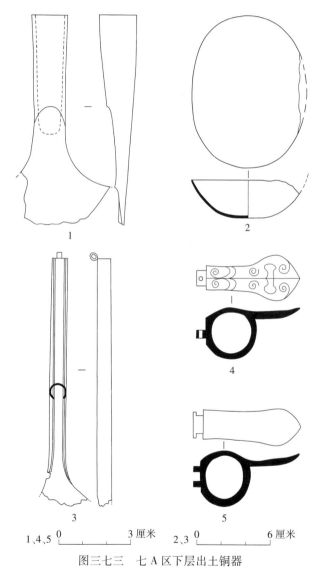

图三七三 七A区下层出土铜器

1. C型勺（M1ⅦA：4989） 2、3. D型勺（M1ⅦA：3818、M1ⅦA：4990） 4、5. 卮持（M1ⅦA：3858、M1ⅦA：3860）

D型 2件。柄身朝上呈半圆形，背面为凹槽状，柄端有一穿孔。

M1ⅦA：4990，大勺，勺首残缺。残长21、柄宽1.45厘米（图三七三，3）。

M1ⅦA：3818，大勺，残损严重，仅存椭圆形勺首。长径12.15、短径9.2厘米（图三七三，2）。

2. 厄持

6 件。

M1ⅦA：3860，圆环扁叶状把手。通体鎏银。长 4.4、孔径 2 厘米（图三七三，5；彩版四〇三，1）。

M1ⅦA：3906，器身略宽扁。长 4.8、孔径 2 厘米（图三七四，2；彩版四〇三，2）。

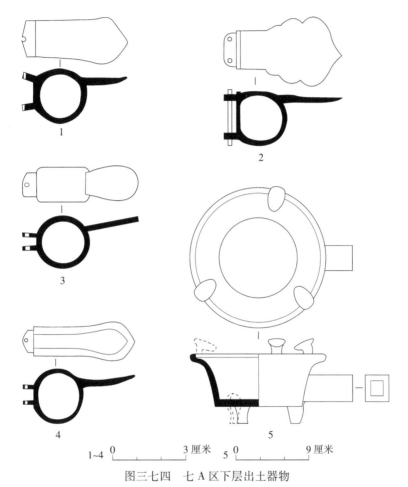

1~4 0   3 厘米   5 0   9 厘米

图三七四 七 A 区下层出土器物

1~4. 铜厄持（M1ⅦA：3859、M1ⅦA：3906、M1ⅦA：3935、M1ⅦA：3861） 5. 铁炉（M1ⅦA：3909）

M1ⅦA：3861，正面饰两道弦纹。通体鎏银。长 4.5、孔径 2 厘米（图三七四，4；彩版四〇三，3）。

M1ⅦA：3858，正面饰卷云纹。长 4.2、孔径 2 厘米（图三七三，4；彩版四〇三，4、5）。

M1ⅦA：3859、M1ⅦA：3935 共 2 件，形制、尺寸与 M1ⅦA：3860 基本相同（图三七四，1、3；彩版四〇三，6、7）。

二 铁器

1 件。炉。

M1ⅦA：3909，敞口，圆唇，斜腹，平底，附三蹄形足。沿面有三支架，壁身一侧有长条形柄，柄端有方形銴。口径 16.7、底径 10.65、銴径 3、高 10.1 厘米（图三七四，5；彩版四〇三，8）。

三 银器

5 件。

匜。平面近椭圆形，弧腹，长方形平底。

M1ⅦA：3812，前部饰一弧面凹槽状流，流口稍宽。长 35.8、宽 29.4、高 12.8、流口宽 5.8 厘米（图三七五，1；彩版四〇四，1）。

M1ⅦA：3813、M1ⅦA：3814 共 2 件，形制、尺寸同 M1ⅦA：3812（彩版四〇四，2；四〇五，1）。

M1ⅦA：3815，形制与 M1ⅦA：3812 基本相同，唯流呈折面凹槽状。长 35.2、宽 27.6、高 13.1、流口宽 6 厘米（图三七五，2；彩版四〇五，2）。

M1ⅦA：3816，形制、尺寸同 M1ⅦA：3815。

四 漆器

32 件。均为日常生活用器，包括耳杯、奁、卮、樽、盂、匜和残器。

1. 耳杯

12 件。椭圆形口，耳缘上翘，弧腹，平底。依形制差异，分二型。

A 型　10 件。

M1ⅦA：5018，夹纻胎。外壁髹深褐色漆，耳边缘饰两道朱绘弦纹，耳正面针刻云气纹，一侧耳背面朱漆隶书"常食"。外口边饰两道弦纹夹朱漆点纹。内口边饰三道弦纹夹朱漆点纹。内腹壁髹朱漆，内底髹深褐色漆并针刻云气纹。口长 14.3、连耳宽 12.1、底长 8.8、底宽 4.3、通高 3.2 厘米（彩图一七二）。

M1ⅦA：5019，形制、尺寸及纹饰与 M1ⅦA：5018 相同，一侧耳背有朱漆隶书铭文"常食"。口长 14.3、连耳宽 12.1、底长 8.8、底宽 4.3、通高 3.2 厘米（彩图一七三）。

M1ⅦA：4979，夹纻胎。形制、纹饰与 M1ⅦA：5018 相同，唯尺寸略小。口长 11.7、连耳宽 9.8、底长 7.6、底宽 4.1、通高 2.7 厘米（彩图一七四，1）。

M1ⅦA：4980，形制、尺寸及纹饰与 M1Ⅵ：4979 相同。

M1ⅦA：5020，夹纻胎。外壁髹深褐色漆，耳边缘饰两道朱绘弦纹，耳正面绘涡纹与几何纹。外口边饰两道弦纹夹朱漆点纹，外腹壁饰四对凤纹间云气纹。内口边饰一道弦纹与几何纹。内腹壁髹朱漆，饰以水草纹。内底髹深褐色漆并饰云气纹。外底针刻隶书"常食"。口长 13.6、连耳宽 11.7、底长 8.2、底宽 4、通高 3.1 厘米（彩图一七五）。

M1ⅦA：5021，形制、尺寸及纹饰与 M1ⅦA：5020 相同，唯外底不见铭文。口长 13.6、连耳宽 11.7、底长 8.2、底宽 4、通高 3.1 厘米（彩图一七六）。

M1ⅦA：4986、M1ⅦA：4987 共 2 件，夹纻胎。残存杯底。形制及纹饰与 M1ⅦA：5020 相同，外底均针刻隶书"常食"。底长 7.6、宽 3.6 厘米（彩图一七四，2、3；彩版四〇六，1、2）。

M1ⅦA：4981，夹纻胎。平底，仅存器底。底内外皆髹深褐色漆，内底朱绘云气纹。底长 7.6、

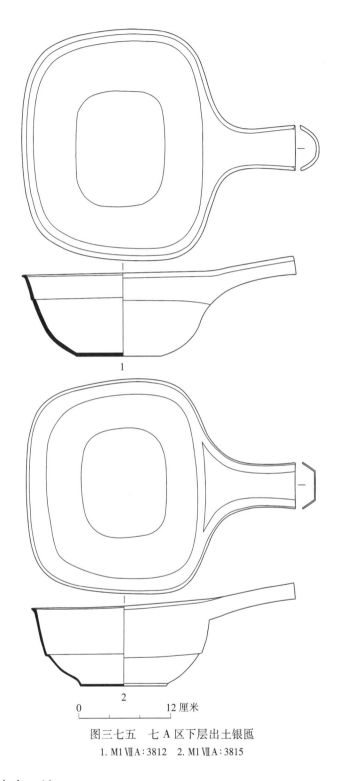

0 2 12厘米

图三七五 七A区下层出土银匜
1. M1ⅦA:3812 2. M1ⅦA:3815

宽3.8厘米（彩图一七七，1）。

M1ⅦA：4982，夹纻胎。耳缘上翘，仅存耳部。耳正面与反面均髹深褐色漆，正面朱绘涡纹与几何纹，反面朱漆隶书"江都食官器府。弟□"。耳长7.4、耳宽1.2厘米（彩图一七七，2；彩版四〇六，3）。

B型　2件。夹纻胎。外壁髹深褐色漆，内壁髹朱漆，内底髹深褐色漆。

M1ⅦA：5017，银扣耳。外口边饰两道弦纹夹朱漆点纹，外腹部饰四对凤纹间云气纹。内口边饰一道弦纹与朱漆波浪纹和云气纹，内底饰二组神兽云气纹。口长 13.6、连耳宽 11.7、底长 8.2、底宽 4、通高 3.1 厘米（彩图一七八）。

M1ⅦA：3904，形制、尺寸及纹饰与 M1ⅦA：5017 相同。

2. 奁

1 件。M1ⅦA：3903，夹纻胎。仅存奁盖。盖顶正面通髹黑漆，以两圈银扣和两道出筋分隔出四圈纹饰。顶心贴饰柿蒂纹银扣，边针刻四组神兽云气纹，由内至外第一、二圈饰针刻菱形填线纹，第三圈饰针刻虎、鹿、孔雀、野猪等动物纹间云气纹，第四圈饰针刻菱形几何纹。盖身外壁髹黑漆，饰七道弦纹，由上至下第三、四道弦纹间夹饰针刻云气纹。盖顶内侧通髹黑漆。盖高 7.7、口径 38.2 厘米（彩图一七九）。

3. 卮

5 件。依形制差异，分二型。

A 型　3 件。

M1ⅦA：4965，夹纻胎。盖顶正面通髹黑漆，以三道出筋分隔出三圈纹饰。顶心贴饰柿蒂纹银扣，扣外素面。由内至外第一圈纹饰与第三圈纹饰相同，皆针刻六道弦纹。由内至外第一、二道弦纹间及第五、六道弦纹间均夹饰梳齿纹，第三、四道弦纹间夹饰篦纹与三角填线纹组合。第二圈纹饰为素面。盖身侧面亦髹黑漆，饰六道弦纹。由上至下第一、二道弦纹间及第五、六道弦纹间均夹饰篦纹与朱漆点纹组合。盖内通髹朱漆。器身外壁髹黑漆，近口沿处和近底处纹饰皆与盖身外侧纹饰相同，外壁中部朱绘云气纹，内饰戳点纹。器身内壁及内底通髹朱漆。外壁上半部一侧饰圆环形卮持，惜已残缺。盖口径 10.5、盖高 2.3、卮口径 10、通高 7.8 厘米（彩图一八〇）。

M1ⅦA：4983，形制、尺寸、纹饰与 M1ⅦA：4965 相同。

M1ⅦA：4984，夹纻胎。盖顶正面通髹黑漆，以三道出筋分隔出三圈纹饰。顶心贴饰柿蒂纹银扣，扣外素面，一侧有朱漆隶书铭文"常食"。由内至外第一圈纹饰与第三圈纹饰相同，皆针刻四道弦纹。由内至外第二、三道弦纹间夹饰篦纹与套菱纹组合。第二圈纹饰为素面。盖身侧面亦髹黑漆，饰六道弦纹。由上至下第一、二道弦纹间及第五、六道弦纹间均夹饰篦纹与朱漆点纹组合，第三、四道弦纹间夹饰朱漆点纹与横向"S"形纹组合。盖内通髹朱漆。器身外壁髹黑漆，近口沿处和近底处纹饰皆与盖身外侧纹饰相同；外壁中部朱绘云气纹，内饰戳点纹。器身内壁及内底通髹朱漆。外壁上半部一侧饰圆环形卮持。盖口径 10.5、盖高 2.3、卮口径 10、通高 9.9 厘米（彩图一八一；彩版四〇六，4）。

C 型　2 件。

M1ⅦA：4973，夹纻胎。仅存器底。外底髹黑漆，朱漆隶书铭文"容三升。廿一年，南工官造"。底径 10.7 厘米（彩图一八二；彩版四〇七，1）。

M1ⅦA：4985，夹纻胎，外壁髹黑漆。残损严重，无法复原。

4. 樽

2 件。形制不同。

M1ⅦA：3911，夹纻胎。盖顶正面通髹黑漆，以三道出筋分隔出三圈纹饰。顶心贴饰柿蒂纹银扣。由内至外第一圈针刻六道弦纹，由内至外第一、二道与五、六道弦纹间夹饰梳齿纹，第三、四道弦纹间夹饰篦纹与菱形填线纹组合。第二圈为素面。第三圈纹饰与第一圈纹饰相同。盖身外壁髹黑漆，饰六道弦纹，由上至下第一、二道与五、六道弦纹间夹饰篦纹与朱漆点纹组合。盖内通髹朱漆。器身外壁髹黑漆，近口沿处针刻六道弦纹，纹饰与盖身外壁相同。内壁通髹朱漆。近底处施一圈银扣，下有铜鎏银三足。三足为人形，均单膝跪地，双手于肩部托起樽身。从人物发饰与装扮看，似均非传统中原人物形象。盖口径10.5、盖高2.2、樽口径10、樽高12、通高12.7厘米（彩图一八三；彩版四〇七，2）。

M1ⅦA：3905，夹纻胎，外壁髹黑漆。残损严重，尺寸与纹饰不明。

5. 盂

3 件。

M1ⅦA：4967，木胎。口沿部分残缺。弧腹，矮圈足。外壁髹黑漆，口沿下针刻一圈神兽纹。外圈足髹黑漆；中部绘一道朱漆弦纹。内腹通髹朱漆。内底中心髹黑漆，朱绘两组神兽纹。圈足径6.8、残高3.5厘米（彩图一八四，1；彩版四〇七，3）。

M1ⅦA：4966、4968 共2件，皆残损严重，未能复原。

M1ⅦA：4966，残存腹片尚留有朱漆隶书铭文"常食"（彩图一八四，2）。

6. 匜

7 件。平面呈圆角方形，流上翘，平底。

M1ⅦA：5069，木胎。弧腹。通体髹黑漆。流与匜身内口沿髹黑漆，饰两道朱绘弦纹，并夹饰朱漆点纹与几何纹。流内与匜身内腹通髹朱漆，中腹绘四组褐漆柿蒂纹。内底髹黑漆，朱绘卷云纹。器外髹黑漆，口沿下饰朱绘两道弦纹，夹饰朱漆点纹与几何纹。通长39、身宽31.9、底长15、底宽11.2、高13.8厘米（彩图一八五）。

M1ⅦA：3807、M1ⅦA：5071、M1ⅦA：5072 共3件，形制、尺寸及纹饰与 M1ⅦA：5069 相同。

M1ⅦA：3811，木胎。形制、尺寸与 M1ⅦA：5069 相同，唯内底朱漆卷云纹纹饰有差异（彩图一八六）。

M1ⅦA：3809，夹纻胎。弧折腹。通体髹黑漆。流与匜身内口沿髹黑漆，针刻六道弦纹，由上至下第一、二道与第五、六道弦纹间夹饰朱漆点纹与篦纹组合，第三、四道弦纹间夹针刻云气纹。匜身内腹通髹朱漆；内底髹黑漆；外圈针刻三道弦纹，由外至内第一、二道弦纹间夹饰朱漆点纹与篦纹组合，内圈针刻云气纹。器外髹黑漆，外腹上部针刻六道弦纹，由上至下第一、二道与第五、六道弦纹间夹饰朱漆点纹与篦纹组合，第三、四道弦纹间夹饰针刻云气纹。外腹上部与流对称处有一件铜鎏银铺首。通长38.8、身宽31.4、底长15.4、底宽12、高13.8厘米（彩图一八七）。

M1ⅦA：5047，夹纻胎。形制、尺寸与 M1ⅦA：3809 相同，唯内底素面，一侧朱漆隶书铭文"酒"。通长38.8、身宽31.4、底长15.4、底宽12、高13.8厘米（彩图一八八）。

7. 残器

2 件。均为夹纻胎。残损严重，形制不明。

M1ⅦA：3817，所余残片正反两面皆留有铭文。正面髹黑漆，针刻隶书铭文"……丙戌，南工……年、工臣果成……升……"背面髹朱漆，褐漆隶书铭文"常食"（彩图一八九，1；彩版四〇七，4）。

M1ⅦA：4988，表面髹黑漆，所余残片正面朱漆铭文"常食"（彩图一八九，2；彩版四〇八，1）。

五 陶器

17 件。釉陶器，包括鼎、罐。

1. 鼎

7 件。依形制差异，分二型。

A 型　3 件。

M1ⅦA：4110，钵形盖，盖上立三组三棱状纽，盖面正中饰一组桥形纽。盖母口，鼎子口。尖唇，侈口，肩部较直，下腹弧鼓，中部起一周凸棱，平底，三蹄形足。口沿下一对长方形附耳饰凸起卷云纹，足外侧亦饰卷云纹。鼎口径 37.2、盖口径 41.6、通高 44.6 厘米（图三七六，1；彩版四〇八，2）。

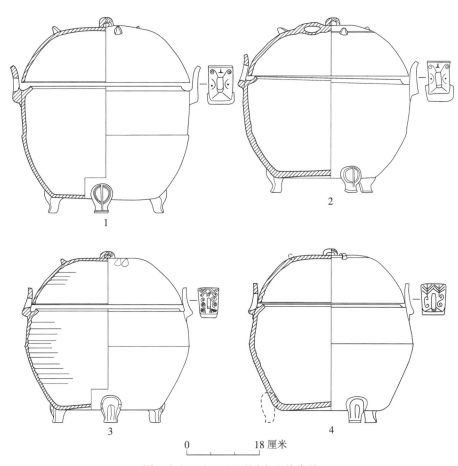

图三七六　七 A 区下层出土釉陶鼎

1、2. A 型第一类（M1ⅦA：4110、M1ⅦA：4119）　3. B 型第二类（M1ⅦA：4118）　4. B 型第三类（M1ⅦA：4107）

M1ⅦA：4119，形制与 M1ⅦA：4110 基本相同，尺寸略有差异。鼎口径 35.5、盖口径 39.2、通高 40.8 厘米（图三七六，2；彩版四〇八，3）。

M1ⅦA：4122，形制、尺寸、纹饰与 M1ⅦA：4110 相同（彩版四〇八，4）。

B 型　4 件。分为三类。

第二类，M1ⅦA：4118。钵形盖，盖上立三组三棱状纽，盖面正中饰一组桥形纽。盖母口，鼎子口。尖唇，侈口，肩部斜直，下腹弧鼓，中部起一周凸棱，平底，三蹄形足。口沿下一对长方形附耳饰凸起卷云纹，足外侧亦饰卷云纹。鼎口径 35.5、盖口径 37.3、通高 39.2 厘米（图三七六，3；彩版四〇九，1）。

第三类，2 件。以 M1ⅦA：4107 为代表。

M1ⅦA：4107，形制与 M1ⅦA：4118 相同，纹饰与尺寸有差异。鼎口径 33.6、盖口径 36、通高 41 厘米（图三七六，4；彩版四〇九，2）。

M1ⅦA：4111，形制与 M1ⅦA：4118 相同，纹饰与尺寸有差异。鼎口径 33.2、盖口径 36、通高 38.4 厘米（图三七七，1；彩版四〇九，3）。

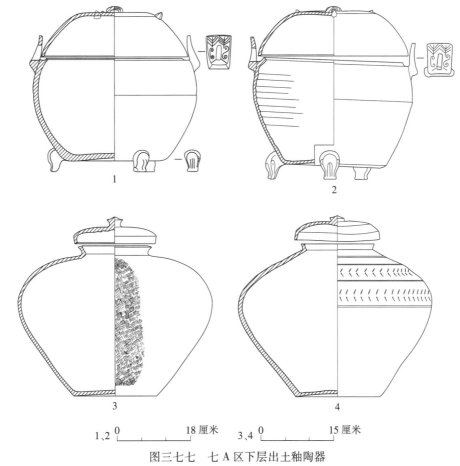

图三七七　七 A 区下层出土釉陶器

1. B 型第三类鼎（M1ⅦA：4111）　2. B 型第五类鼎（M1ⅦA：4120）　3、4. A 型罐（M1ⅦA：4114、M1ⅦA：4109）

第五类，M1ⅦA：4120。形制与 M1ⅦA：4118 相同，纹饰与尺寸略有差异。鼎口径 34.3、盖口径 37.2、通高 40.1 厘米（图三七六，2；彩版四〇九，4）。

2. 罐

10 件。有盖，顶部有蘑菇状捉手。盖表和罐腹部以上施青釉。依形制差异，分二型。

A 型　9 件。器形较大。钵形盖。罐为尖圆唇，敛口，短束颈，鼓肩，斜腹，平底内凹。

M1ⅦA：4114，颈部以下通体拍印席纹。罐口径 15、罐底径 17、罐高 30、盖口径 16.5、盖高 5.3 厘米（图三七七，3；彩版四一〇，1）。

M1ⅦA：4112、M1ⅦA：4113、M1ⅦA：4117、M1ⅦA：4135 共 4 件，形制、尺寸、纹饰与 M1Ⅶ A：4114 相同（彩版四一○，2、3）。

M1ⅦA：4108，形制与 M1ⅦA：4114 相同，尺寸与纹饰略有差异。罐口径 15.2、罐底径 16.15、罐高 30.5、盖口径 17、盖高 5.5 厘米（图三七八，1；彩版四一○，4）。

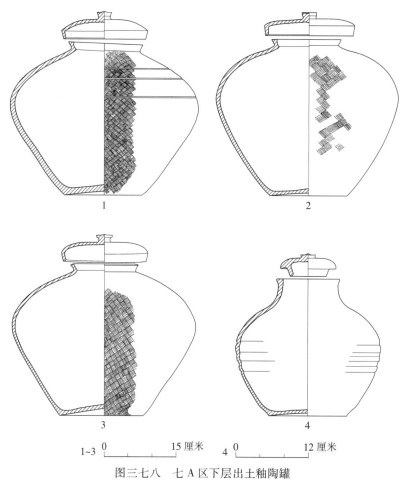

图三七八　七 A 区下层出土釉陶罐
1~3．A 型（M1ⅦA：4108、M1ⅦA：4116、M1ⅦA：4137）　4．C 型（M1ⅦA：4115）

M1ⅦA：4109，形制与 M1ⅦA：4114 相同，尺寸与纹饰略有差异。罐口径 15、罐底径 17.2、罐高 30.3、盖口径 17.5、盖高 5.1 厘米（图三七七，4；彩版四一一，1）。

M1ⅦA：4116，形制与 M1ⅦA：4114 相同，尺寸与纹饰略有差异。罐口径 14、罐底径 15.5、罐高 31、盖口径 17.8、盖高 4.6 厘米（图三七八，2；彩版四一一，2）。

M1ⅦA：4137，形制与 M1ⅦA：4114 相同，尺寸与纹饰略有差异。罐口径 14、罐底径 17.2、罐高 30.1、盖口径 17.2、盖高 5.6 厘米（图三七八，3；彩版四一一，3）。

C 型　1 件。

M1ⅦA：4115，器形较小。盖子口，罐母口。罐为圆唇，直口微敛，直颈，溜肩，鼓腹斜收，平底内凹。通体素面。罐口径 10、罐底径 12.7、罐高 21.6、盖口径 6、盖高 3.7 厘米（图三七八，4；彩版四一一，4）。

第十节　七（Ⅶ）B区下层出土遗物

东回廊中部偏南七B区下层随葬各类遗物136件，包括铜器、漆器、陶器等。七B区下层由南向北依次随葬釉陶器、铜器。因墓室坍塌，陶器大部分破碎并相互叠压。北部铜器上出有漆盘、漆耳杯及错金银铜扣漆器，漆器木质部分已朽，仅存铜扣饰（图三七九；彩版四一二、四一三）。

一　铜器

44件。均为日常生活用器，包括鼎、壶、锺、钫、罐、鋻、盉、盆、衔环和扣饰。

1.鼎

16件。附长方形耳，圜底，三蹄形足。依形制与尺寸差异，共分五型，本区只有B型和C型。

B型　10件。

M1ⅦB：4348，带盖。盖母口，顶面饰三扁圆形立纽。鼎子口，深腹，腹中部饰一圈凸面圈带纹。盖口径10.4、鼎口径8.5、连耳高9、耳高2.6、耳宽1.4、通高10.6厘米（图三八〇，2；彩版四一四，1）。

M1ⅦB：4351～M1ⅦB：4355、M1ⅦB：4357、M1ⅦB：4362、M1ⅦB：4383共8件，形制、尺寸、纹饰与M1ⅦB：4348相同（彩版四一四，2~4；四一五，1~3）。

M1ⅦB：4356，带盖。盖母口，顶面饰三圆环形立纽。鼎子口，弧腹，腹中部饰一周凸棱。盖与器身外壁通体鎏金，刻饰云气纹。盖口径11.6、鼎口径9.5、连耳高9.4、耳高3.3、耳宽2.4、通高11厘米（图三八〇，1；彩版四一五，4）。

C型　6件。

M1ⅦB：4185，无盖。鼎子口，附长方形耳，深腹，圜底，三蹄形足，腹中部饰一圈凸面圈带纹。鼎口径17.3、连耳高16、耳高5.2、耳宽3.5厘米（图三八〇，3；彩版四一六，1）。

M1ⅦB：4346，无盖。鼎子口，附长方形耳，深腹，圜底，三蹄形足，腹中部饰一圈凸面圈带纹。鼎口径18.4、连耳高19.4、耳高7.5、耳宽3.7厘米（图三八〇，5；彩版四一六，2）。

M1ⅦB：4350，无盖。鼎子口，附长方形耳，深腹，圜底，三蹄形足，腹中部饰一圈凸面圈带纹。鼎口径16、连耳高15.1、耳高5.8、耳宽3.2厘米（图三八〇，4；彩版四一六，3）。

M1ⅦB：4363，无盖。鼎子口，附长方形耳，深腹，圜底，三蹄形足，腹中部饰一圈凸面圈带纹。鼎口径19.8、连耳高20、耳高7.1、耳宽4.2厘米（图三八一，3；彩版四一六，4）。

M1ⅦB：4342，带盖。盖母口，顶面饰三圆环形立纽。鼎子口，附长方形耳，深腹，圜底，三蹄形足，腹中部饰一圈凸面圈带纹。盖口径32.7、鼎口径28.4、连耳高26.1、耳高8、耳宽5.1、通高30.6厘米（图三八一，1；彩版四一七，1）。

M1ⅦB：4359，带盖。盖母口，顶面饰三圆环形立纽。鼎子口，附长方形耳，深腹，圜底，三蹄形足，腹中部饰一圈凸面圈带纹。盖口径22.3、鼎口径19.7、连耳高17.8、耳高5.4、耳宽3.6、通高21.3厘米（图三八〇，6；彩版四一七，2）。

图三七九　七 B 区下层出土遗物平面图（数字为器物编号）

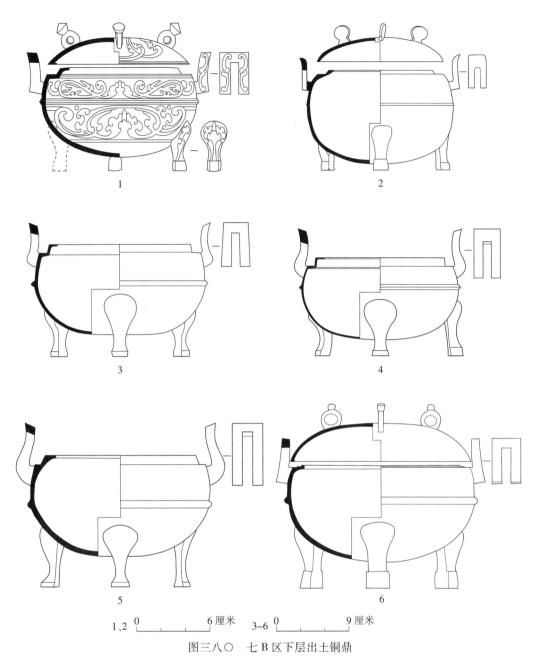

图三八〇　七 B 区下层出土铜鼎

1、2. B 型（M1ⅦB：4356、M1ⅦB：4348）　3～6. C 型（M1ⅦB：4185、M1ⅦB：4350、M1ⅦB：4346、M1ⅦB：4359）

2. 壶

3 件。

M1ⅦB：4321，腹以上残，鼓腹弧收，圈足。圈足径 9.6、残高 6.8 厘米（图三八一，4）

M1ⅦB：4318、M1ⅦB：4320 共 2 件，残损严重。

3. 锺

13 件。D 型。器形较大。侈口，圈足较高。鼓腹，近肩处附两对称铺首衔环。

M1ⅦB：4186，口沿下饰一周凸面圈带纹，肩部、腹部饰三组凹面圈带纹。盖口径 18、锺口径 17.6、圈足径 20.2、锺高 43.6、通高 50 厘米（图三八二，1；彩版四一七，3）。

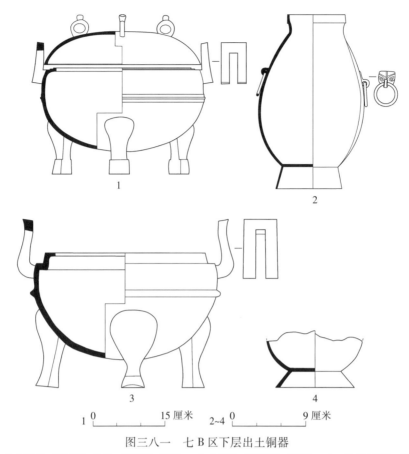

图三八一　七 B 区下层出土铜器
1、3. C 型鼎（M1ⅦB：4342、M1ⅦB：4363）　2. C 型钫（M1ⅦB：4339）　4. 壶（M1ⅦB：4321）

M1ⅦB：4323，盖口径 18.5、锺口径 20、圈足径 18.4、锺高 43.6、通高 48.7 厘米（图三八二，2；彩版四一七，4）。

M1ⅦB：4341，盖口径 20.3、锺口径 19.7、圈足径 25.2、锺高 46.2、通高 52.2 厘米（图三八二，4；彩版四一八，1）。

M1ⅦB：4319、M1ⅦB：4322、M1ⅦB：4337、M1ⅦB：4344、M1ⅦB：4389 共 5 件，形制、尺寸、纹饰与 M1ⅦB：4186、M1ⅦB：4323、M1ⅦB：4341 基本相同。

M1ⅦB：4309，口沿下饰一周凸面圈带纹，肩部、腹部饰三组凹面圈带纹，内底有台。盖口径 18.2、锺口径 18.6、圈足径 20.2、锺高 46.1、通高 51.2 厘米（图三八二，3；彩版四一八，2）。

M1ⅦB：4336、M1ⅦB：4343、M1ⅦB：4345、M1ⅦB：4388 共 4 件，形制、尺寸、纹饰与 M1ⅦB：4309 基本相同。

4. 钫

2 件。C 型。器形较大。直口，短颈，鼓腹，圈足。

M1ⅦB：4339，腹壁两侧有一对铺首衔环。口径 7、圈足径 8、高 20.7 厘米（图三八一，2；彩版四一八，3）。

M1ⅦB：4360，形制、尺寸、纹饰与 M1ⅦB：4339 相同。

5. 罐

2 件。

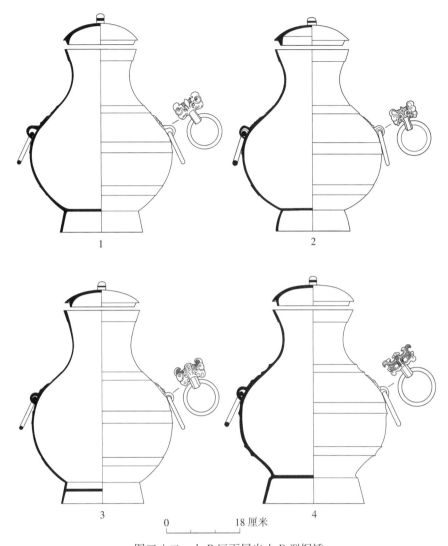

0　　　　　18 厘米

图三八二　七 B 区下层出土 D 型铜锺
1. M1ⅦB：4186　2. M1ⅦB：4323　3. M1ⅦB：4309　4. M1ⅦB：4341

　　M1ⅦB：4313，侈口，平沿，束颈，溜肩，鼓腹，平底。口径 13.1、底径 10.5、高 26.4 厘米（图三八三，1；彩版四一八，4）。

　　M1ⅦB：4310，形制、尺寸、纹饰与 M1ⅦB：4313 相同，腹部残。

　　6. 鍪

　　1 件。M1ⅦB：4315，颈部以上残。束颈，鼓腹，圜底。残高 9.6 厘米（图三八三，2）。

　　7. 盉

　　2 件。形制相同。

　　M1ⅦB：4311，平沿，短颈，鼓腹，圜底，下附三蹄形足。盉嘴为龙首形，龙目外凸。长条形柄，一端有长方形銎。口径 5.8、柄长 2.4、銎长 1.2、銎宽 0.85、通高 7.5 厘米（图三八三，4；彩版四一九，1）。

　　M1ⅦB：4312，尺寸、形制与 M1ⅦB：4311 相同。

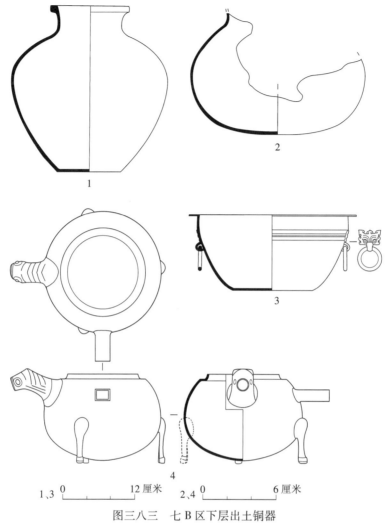

图三八三　七 B 区下层出土铜器
1. 罐（M1ⅦB：4313）　2. 鋬（M1ⅦB：4315）　3. 盆（M1ⅦB：4349）　4. 盉（M1ⅦB：4311）

8. 盆

1 件。M1ⅦB：4349，宽平沿，弧腹，平底。上腹饰一周箍状纹，纹饰下方两侧各附一铺首衔环。口径 27.3、底径 13、高 12 厘米（图三八三，3；彩版四一九，2）。

9. 衔环

1 件。M1ⅦB：4460，铜质钩形衔。环径 1.7、衔长 1.1 厘米（图三八四，2）。

10. 扣饰

3 件。形制不同。

M1ⅦB：4308，平面呈圆环形，器表通体鎏金。应为漆器之扣饰。外径 12、内径 9.2、高 1.1 厘米（图三八四，1；彩版四一九，3）。

M1ⅦB：4314，形制、尺寸与 M1ⅦB：4308 相同（彩版四一九，4）。

M1ⅦB：4316，平面呈圆形。沿面内侧均以错金银技法饰云气纹，沿面外侧通体鎏金。下端有三长条形立足。外壁刻有铭文"今食"。应为漆樽之类大型漆器之口沿扣件。外径 28、内径 21.6、高 6.7 厘米（图三八四，3；彩版四一九，5；彩版四二〇，1）。

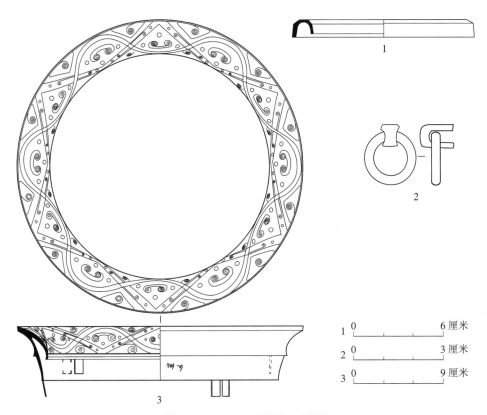

图三八四　七 B 区下层出土铜器

1、3. 扣饰（M1ⅦB：4308、M1ⅦB：4316）　2. 衔环（M1ⅦB：4460）

二　漆器

16 件。均为日常生活用器，包括耳杯、盘。

1. 耳杯

12 件。椭圆形口，耳缘上翘，弧腹，平底。依形制差异，分二型。

C 型　10 件。

M1ⅦB：4182，木胎。器内外皆髹黑漆。口长 12.6、连耳宽 9.6、底长 8.2、底宽 4、通高 3.4 厘米（彩图一九〇，1）。

M1ⅦB：4608 ~ M1ⅦB：4616 共 9 件，形制、尺寸及纹饰与 M1ⅦB：4182 相同。

D 型　2 件。

M1ⅦB：4338，木胎。耳面及器外通髹黑漆，内腹壁髹朱漆。耳边缘饰一道朱绘弦纹与朱漆点纹，外口边饰两道弦纹夹几何纹。口长 12.6、连耳宽 9.6、底长 8.2、宽 4、通高 3.4 厘米（彩图一九〇，2）。

M1ⅦB：5053，形制、尺寸及纹饰与 M1ⅦB：4338 相同。

2. 盘

4 件。B 型。

M1ⅦB：4183，木胎。敞口，平沿，斜弧腹，平底。沿面与外沿髹黑漆，沿面饰朱绘弦纹与水波纹各一道。盘外通体髹黑漆，外腹部饰四组朱漆对称变形鸟纹（BB 纹）与一道弦纹。内沿髹黑漆，饰四组朱漆对称变形鸟纹（BB 纹）及三道弦纹。盘内髹朱漆。内底髹黑漆，外圈饰四道朱漆弦纹及四组变形鸟纹（BB 纹），内圈饰三组朱漆云气纹。口径 20.6、底径 11.6、高 3.2 厘米（彩图一九一）。

M1ⅦB：5054～M1ⅦB：5056 共 3 件，形制、尺寸及纹饰与 M1ⅦB：4183 相同。

三　陶器

76 件。分为灰陶器与釉陶器两类。

（一）灰陶器

3 件。瓮。

M1ⅦB：4174，圆唇，侈口，短束颈，鼓肩，弧腹，平底。通体素面。口径 16.9、底径 15.5、高 33.3 厘米（图三八五，2；彩版四二〇，2）。

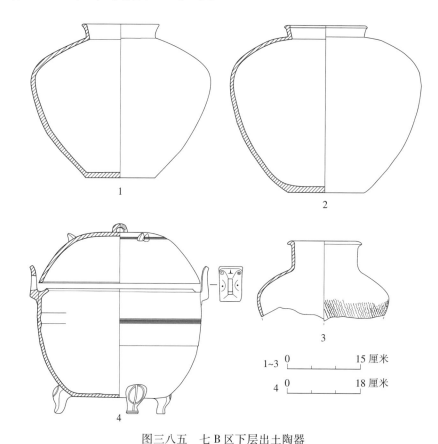

图三八五　七 B 区下层出土陶器
1～3. 灰陶瓮（M1ⅦB：5642、M1ⅦB：4174、M1ⅦB：4143）　4. A 型釉陶鼎（M1ⅦB：4144）

M1ⅦB：5642，圆唇，侈口，短束颈，鼓肩，弧腹，平底。通体素面。口径 16.1、底径 14.5、高 30.6 厘米（图三八五，1；彩版四二〇，3）。

M1ⅦB：4143，圆唇，侈口，束颈，溜肩，弧腹，下腹残。上腹饰绳纹。口径15.2、残高15.9厘米（图三八五，3）。

（二）釉陶器

73件。包括鼎、罐。

1. 鼎

1件。A型。

M1ⅦB：4144，钵形盖，盖上立三组三棱状纽，盖面正中饰一组桥形纽。盖母口，鼎子口。尖唇，侈口，肩部较直，下腹弧鼓，中部起一周凸棱，平底，三蹄形足。口沿下一对长方形附耳饰凸起的卷云纹，足外侧亦饰卷云纹。盖口径40、鼎口径36.4、通高43.3厘米（图三八五，4；彩版四二〇，4）。

2. 罐

72件。有盖，顶部有蘑菇状捉手。盖表和罐腹部以上施青釉。依形制差异，分三型。

A型　4件。器形较大。钵形盖。罐为尖圆唇，敛口，短束颈，鼓肩，斜腹，平底内凹。

M1ⅦB：4131，颈部以下通体拍印席纹。盖口径19、盖高4.2、罐口径18、罐底径14.5、罐高31.8厘米（图三八六，1；彩版四二一，1）。

M1ⅦB：4138，颈部以下通体拍印席纹。盖口径16、盖高4.7、罐口径13.9、罐底径16.9、罐高30.3厘米（图三八六，3；彩版四二一，2）。

M1ⅦB：4169，颈部以下通体拍印席纹。盖口径18.9、盖高5.8、罐口径13.5、罐底径20.5、罐高29厘米（图三八六，2；彩版四二一，3）。

M1ⅦB：4170，颈部以下通体拍印席纹。盖口径15、盖高4、罐口径13.5、罐底径18.5、罐高29.6厘米（图三八五，4；彩版四二一，4）。

B型　33件。盖子口，罐母口。罐为尖圆唇，直口微敛，直颈，溜肩，鼓腹弧收，平底内凹。

M1ⅦB：4126，通体素面。盖口径7.7、盖高3.8、罐口径11.8、罐底径16.8、罐高25.5厘米（图三八七，1；彩版四二二，1）。

M1ⅦB：4155，盖口径7.7、盖高3.6、罐口径11.6、罐底径17.2、罐高25.7厘米（图三八七，2；彩版四二二，2）。

M1ⅦB：4127、M1ⅦB：4132、M1ⅦB：4133、M1ⅦB：4136、M1ⅦB：4140、M1ⅦB：4142、M1ⅦB：4145～M1ⅦB：4147、M1ⅦB：4152、M1ⅦB：4160、M1ⅦB：4161、M1ⅦB：4163、M1ⅦB：4165～M1ⅦB：4168、M1ⅦB：4176、M1ⅦB：4177、M1ⅦB：4179～M1ⅦB：4181、M1ⅦB：4347、M1ⅦB：4372、M1ⅦB：4374、M1ⅦB：4376、M1ⅦB：4379、M1ⅦB：4384～4387共31件，形制、尺寸、纹饰与M1ⅦB：4126、M1ⅦB：4155相同（彩版四二二，3、4；四二三，1～4；四二四，1～4；四二五，1～4；四二六，1～4；四二七，1～4；四二八，1～4；四二九，1～4；四三〇，1）。

C型　35件。器形较小。盖子母口。罐为圆唇，直口微敛，直颈，溜肩，鼓腹斜收，平底内凹。

M1ⅦB：4153，通体素面。盖口径5.9、盖高3.2、罐口径9.8、罐底径14、罐高21.7厘米（图三八七，4；彩版四三〇，2）。

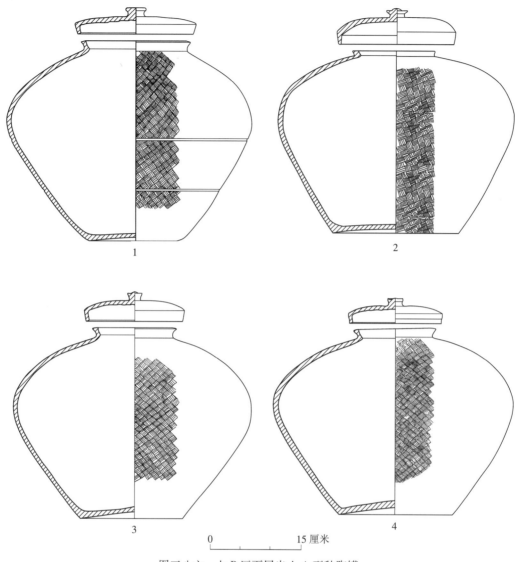

图三八六　七 B 区下层出土 A 型釉陶罐

1. M1ⅦB:4131　2. M1ⅦB:4169　3. M1ⅦB:4138　4. M1ⅦB:4170

　　M1ⅦB:4381，通体素面。盖口径 5、盖高 2.7、罐口径 9.6、罐底径 11.8、罐高 21.8 厘米（图三八七，3；彩版四三〇，3）。

　　M1ⅦB:4123 ~ M1ⅦB:4125、M1ⅦB:4128 ~ M1ⅦB:4130、M1ⅦB:4134、M1ⅦB:4139、M1ⅦB:4141、M1ⅦB:4148 ~ M1ⅦB:4151、M1ⅦB:4154、M1ⅦB:4156 ~ M1ⅦB:4159、M1ⅦB:4162、M1ⅦB:4164、M1ⅦB:4171 ~ M1ⅦB:4173、M1ⅦB:4175、M1ⅦB:4178、M1ⅦB:4340、M1ⅦB:4361、M1ⅦB:4373、M1ⅦB:4375、M1ⅦB:4377、M1ⅦB:4378、M1ⅦB:4380、M1ⅦB:4382 共 33 件，形制、尺寸、纹饰与 M1ⅦB:4153、M1ⅦB:4381 相同（彩版四三〇，4；四三一，1 ~ 4；四三二，1 ~ 4；四三三，1 ~ 4；四三四，1 ~ 4；四三五，1 ~ 4）。

图三八七 七 B 区下层出土釉陶罐
1、2. B 型（M1ⅦB：4126、M1ⅦB：4155） 3、4. C 型（M1ⅦB：4381、M1ⅦB：4153）

第十一节 八（Ⅷ）区下层出土遗物

东回廊中部八区下层随葬各类遗物 61 件（组），包括铜器、铁器、漆器、陶器等。八区下层由南向北依次随葬釉铜器及釉陶瓮等。因墓室坍塌，陶瓮破碎并相互叠压。该区南部出土铜器以炊器为主，两件铜鋗（M1Ⅷ：4227、M1Ⅷ：4229）东西向随葬于该区西南部。西边铜鋗内摆放铜濡鼎（M1Ⅷ：4225），鼎上倒扣有铜釜甑组合（M1Ⅷ：4228、M1Ⅷ：4221），东边铜鋗（M1Ⅷ：4229）内有铜鼎及铜釜甑组合（M1Ⅷ：4230、M1Ⅷ：4242），在濡鼎南部随葬铁炉（M1Ⅷ：4222、M1Ⅷ：4223）。在八区东南部随葬铜鋞（M1Ⅷ：4302）及铜釜甑组合（M1Ⅷ：4219、M1Ⅷ：4220）。南部铜器上出有漆盘、漆耳杯及错金银铜扣漆器，漆器木质部分已朽，仅存铜扣饰（图三八八；彩版四三六，1、2；彩版四三七，1）。

一 铜器

40 件（组）。均为日常生活用器，包括鼎、鋗、壶、锺、鋞、釜、甑、鉴、洗、勺、盒和扣饰。

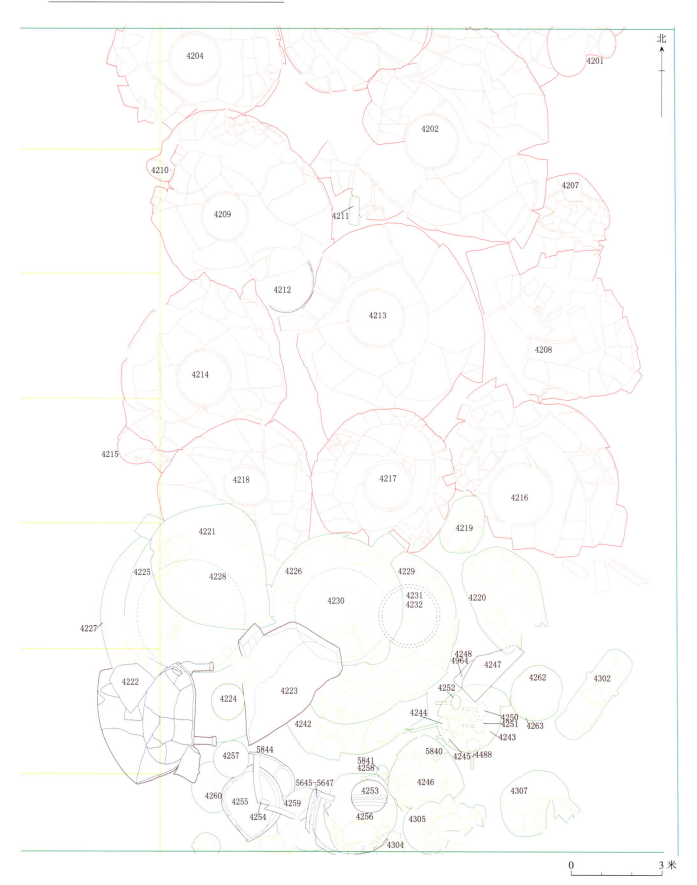

图三八八　八区下层出土遗物平面图（数字为器物编号）

1. 鼎

2 件。附长方形耳，圜底，三蹄形足。

D 型　1 件。

M1Ⅷ：4226，器形较大。带盖，盖母口，顶面饰三凤鸟形立纽。鼎子口，弧腹，腹中部饰一周凸棱。盖口径 41.8、鼎口径 38、连耳高 40.2、耳高 15.2、耳宽 7.7、通高 38.8 厘米（图三八九；彩版四三七，2）。

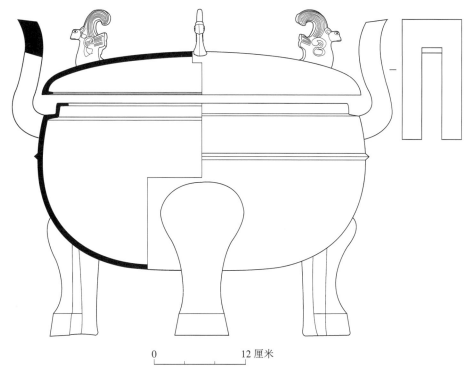

0　　　　　12 厘米

图三八九　八区下层出土 D 型铜鼎（M1Ⅷ：4226）

E 型　1 件。

M1Ⅷ：4225，器形较大。带盖，盖母口，顶面饰三凤鸟形立纽。腹中部饰一周凸棱。器身内部以四块隔板与一件圆筒将整个鼎内分为五块独立区域。盖口径 46.8、鼎口径 40、连耳高 43.6、耳高 16.2、耳宽 8.2、通高 44.5 厘米（图三九〇；彩版四三八）。

2. 鋗

2 件。敞口，外折沿，腹微鼓，矮圈足。

M1Ⅷ：4229，方唇，束颈。颈部饰有四圈纹饰，自上至下分别为变形龙纹、涡纹、蟠虺纹，以及锯齿纹夹饰卷云纹，锯齿纹与卷云纹下间隔饰有兽面纹。腹部饰一对对称的衔环。口沿沿面上刻有铭文"重二钧廿三斤，容三石六斗。名（？）十八"。口径 61、圈足径 35、高 34.4 厘米（图三九一，1～3；图三九二，1～3；彩版四三九）。

M1Ⅷ：4227，腹部饰一对对称的衔环。口径 58.5、圈足径 34.2、高 33.5 厘米（图三九二，4；彩版四四〇，1）。

3. 壶

4 件。形制相同。

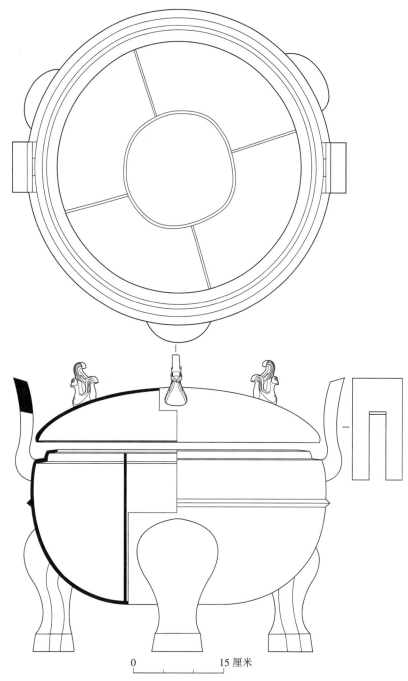

图三九〇 八区下层出土 E 型铜鼎（M1Ⅷ：4225）

M1Ⅷ：4256，侈口，束颈，溜肩，鼓腹弧收，圈足。肩部饰两对称分布的铺首衔环，腹部与肩部饰三组凹面圈带纹。口径 12.6、圈足径 12.2、高 27.6 厘米（图三九三，1；彩版四四〇，2）。

M1Ⅷ：4224、M1Ⅷ：4246、M1Ⅷ：4257 共 3 件，形制、纹饰同 M1Ⅷ：4256，尺寸略有不同。

M1Ⅷ：4257，口径 12.2、圈足径 12、高 28 厘米（图三九三，2；彩版四四〇，3）。

M1Ⅷ：4224，口径 11.7、圈足径 12.4、高 26.6 厘米（图三九三，3；彩版四四〇，4）。

M1Ⅷ：4246，口径 11.9、圈足径 12.8、高 27 厘米（图三九三，4）。

图三九一　八区下层出土铜銷（M1Ⅷ:4229）拓本

1、2. 衔环　3. 腹部

4. 锺

5件。D型。近肩处附两对称铺首衔环，圈足。器形较大。侈口，圈足较高。

M1Ⅷ:4243，口沿下饰一周凸面圈带纹，肩部、腹部饰三组凹面圈带纹。盖口径15.6、锺口

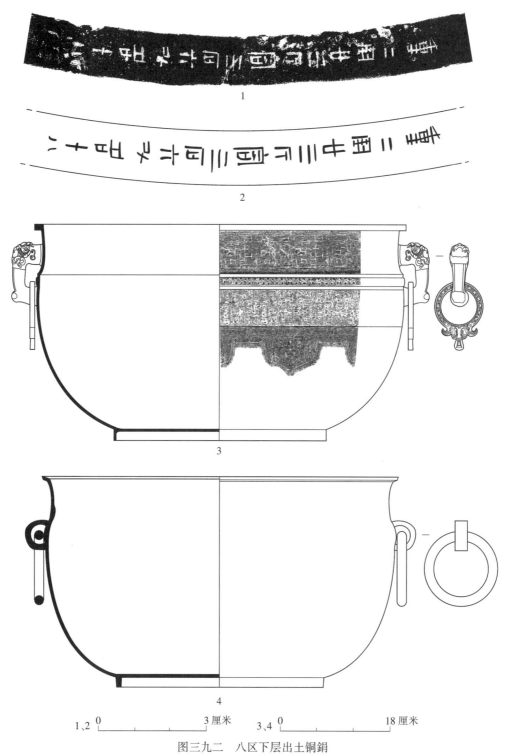

图三九二　八区下层出土铜銿

1. 铭文拓本（M1Ⅷ:4229）　2. 铭文摹本（M1Ⅷ:4229）　3、4. 铜銿（M1Ⅷ:4229、M1Ⅷ:4227）

径 18、圈足径 19.6、锺高 42.2、通高 48.2 厘米（图三九四，1）。

　　M1Ⅷ:4260、M1Ⅷ:4305、M1Ⅷ:4307 共 3 件，形制、尺寸、纹饰与 M1Ⅷ:4243 基本相同。

　　M1Ⅷ:4259，口沿下饰一周凸面圈带纹，肩部、腹部饰三组凹面圈带纹，内底有台。盖口径
16.1、锺口径 18.5、圈足径 20.4、锺高 46、通高 51.6 厘米（图三九四，2）。

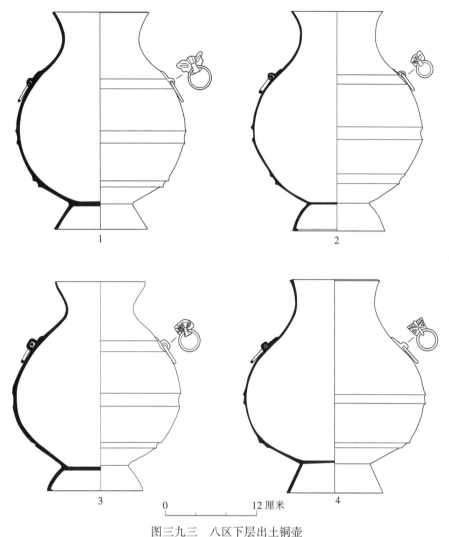

图三九三 八区下层出土铜壶
1. M1Ⅷ:4256 2. M1Ⅷ:4257 3. M1Ⅷ:4224 4. M1Ⅷ:4246

5. 鋞

1件。M1Ⅷ:4302，整体呈长圆筒形，子母口。附盖，平顶，中心饰柿蒂纹，顶中饰一圆环形纽。平底。口沿下、腹中部及近底处皆饰一周宽带箍状纹。口沿下的箍状纹下端两侧各饰一组半环形纽，纽上套链环。提梁作弓形，两端为龙首状，龙口所衔链环与腹侧半环纽上的铜链环相套接。盖口径10、鋞口径9.4、鋞高113.6、通高120厘米（图三九五；彩版四四一）。

6. 釜

3件。依形制差异，分二型。

B型 2件。敛口，尖圆唇，鼓腹弧收，小平底。

M1Ⅷ:4228，腹中部饰一凸面圈带纹，两侧各附一铺首衔环。口径23.2、底径10、高29.6厘米。该器与铜甑M1Ⅷ:4221为一组器物（图三九四，4；彩版四四二，1）。

M1Ⅷ:4230，形制、纹饰与M1Ⅷ:4228相同。口径23.2、底径10、高28.3厘米。该器与铜甑M1Ⅷ:4242为一组器物（图三九六，3；彩版四四二，2、3）。

C型 1件。

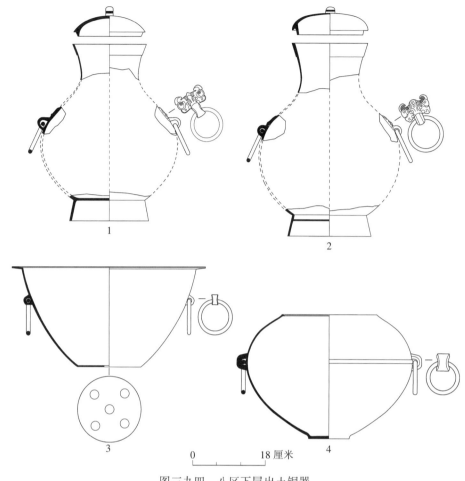

图三九四　八区下层出土铜器
1、2. D型锺（M1Ⅷ：4243、M1Ⅷ：4259）　3. 甗（M1Ⅷ：4221）　4. B型釜（M1Ⅷ：4228）

M1Ⅷ：4219，直口，鼓肩，弧腹，平底。肩部两侧各附一铺首衔环，腹中部有一圈平錾。口径12.1、底径11.6、高15.5厘米。该器与铜甗M1Ⅷ：4220为一组器物（图三九七，2；彩版四四八，4；彩版四四三，1）。

7. 甗

3件。形制不同。宽平沿外折，弧腹，平底。腹上部两侧各有一铺首衔环。

M1Ⅷ：4220，腹上部饰一周箍状纹，甗底的箅孔呈四组长条形向心状，矮圈足。口径26.2、圈足径13.2、高14.4厘米。该器与铜釜M1Ⅷ：4219为一组器物（图三九七，1；彩版四四二，4）。

M1Ⅷ：4221，甗底的箅孔为五个圆孔。口径47.9、底径15.7、高23.9厘米。该器与铜釜M1Ⅷ：4228为一组器物（图三九四，3；彩版四四三，2）。

M1Ⅷ：4242，甗底的箅孔为五个圆孔。口径49.5、底径16、高23.2厘米。该器与铜釜M1Ⅷ：4230为一组器物（图三九六，2；彩版四四三，3）。

8. 鋬

1件。M1Ⅷ：4304，侈口，束颈，鼓腹，圜底。肩部两侧各附一耳，一耳素面，另一耳饰叶脉纹。口径10、高11.6厘米（图三九八，1；彩版四四三，4）。

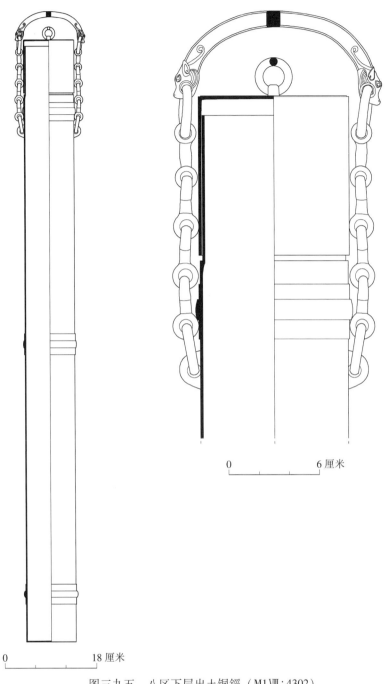

图三九五　八区下层出土铜鋞（M1Ⅷ：4302）

9. 洗

2 件。A 型。斜弧腹，圈底。

M1Ⅷ：4262，平沿。口径 14.1、高 6 厘米（图三九六，1；彩版四四四，1）。

M1Ⅷ：4263，形制、尺寸与 M1Ⅷ：4262 相同（彩版四四四，2）。

10. 勺

9 件。依形制差异，分二型。

B 型　7 件。扁长条形柄，柄端有一衔环。

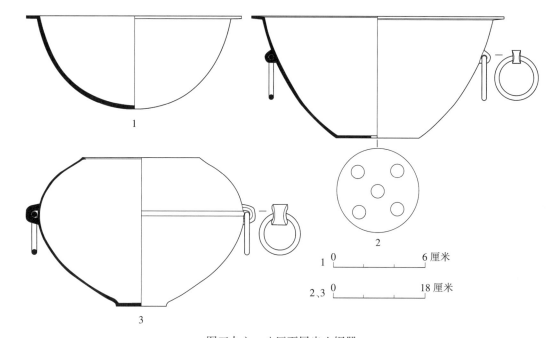

图三九六　八区下层出土铜器

1. A 型洗（M1Ⅷ∶4262）　2. 甑（M1Ⅷ∶4242）　3. 釜（M1Ⅷ∶4230）

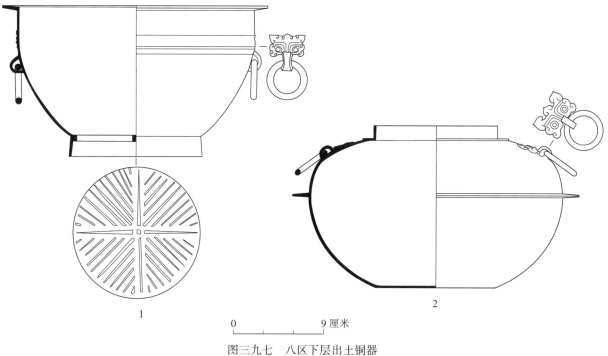

图三九七　八区下层出土铜器

1. 甑（M1Ⅷ∶4220）　2. C 型釜（M1Ⅷ∶4219）

　　M1Ⅷ∶4244，小勺。椭圆形勺首，圜底。通长 12.8、柄宽 0.7 厘米（图三九八，2；彩版四四四，3）。

　　M1Ⅷ∶4245、M1Ⅷ∶4251、M1Ⅷ∶4252、M1Ⅷ∶4258、M1Ⅷ∶5840、M1Ⅷ∶5841 共 6 件，形制、尺寸与 M1Ⅷ∶4244 相同（彩版四四四，4、5；四四五，1）。

　　C 型　2 件。细长圆条形柄，柄端有圆錾。

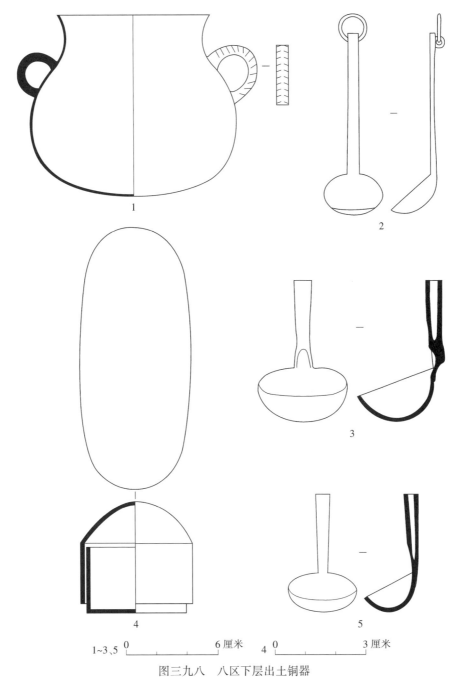

图三九八 八区下层出土铜器

1. 鍪（M1Ⅷ：4304） 2. B 型勺（M1Ⅷ：4244） 3、5. C 型勺（M1Ⅷ：4488、M1Ⅷ：4250） 4. 盒（M1Ⅷ：4211）

M1Ⅷ：4488，小勺。椭圆形勺首，圜底。内外通体鎏金。通长 9、柄宽 1.1 厘米（图三九八，3；彩版四四五，2）。

M1Ⅷ：4250，小勺。椭圆形勺首，圜底。内外通体鎏金。通长 7.5、柄宽 0.95 厘米（图三九八，5；彩版四四五，3）。

11. 盒

1 件。M1Ⅷ：4211，盖身顶面隆起。盒平面呈椭圆形，直口，平底。通体素面。盖口径 8.3、盖宽 3.6、盒长 7.8、盒宽 3.2、盒高 2.1、通高 3.4 厘米（图三九八，4；彩版四四五，4）。

12. 扣饰

7 件（组）。形制不同。

M1Ⅷ：5645，由 2 件组成。

M1Ⅷ：5645－1，平面呈圆环形，外表通体以错金银技法饰云气纹。应为漆器器盖口沿之扣件。外径 20.2、内径 18.8、高 1.6 厘米（图三九九，1；彩版四四五，5）。

M1Ⅷ：5645－2，子母口。平面呈圆形，器表通体以错金银技法饰云气纹。应为漆器器身口沿之扣件。外径 21.4、内径 20.2、高 3.5 厘米（图三九九，2；彩版四四五，5）。

M1Ⅷ：5647，亦由 2 件（－1、－2）组成。形制、尺寸与 M1Ⅷ：5645 基本相同。外底刻有铭文"王"，纹饰不同（图三九九，5、6；彩版四四六，1、2）。

M1Ⅷ：5646，由 2 件组成。

M1Ⅷ：5646－1，平面呈圆环形，器表通体鎏金。应为漆器器盖口沿之扣件。外径 20.2、内径 18.8、高 1.6 厘米（图三九九，3；彩版四四五，6）。

M1Ⅷ：5646－2，子母口。平面呈圆形，器表通体鎏金。应为漆器器身口沿之扣件。外径 22.2、内径 19.8、高 3.1 厘米（图三九九，4；彩版四四五，6）。

M1Ⅷ：5844，平面呈圆环形，器表通体以错金银技法饰云气纹与涡纹组合。应为漆器之扣饰。外径 12.2、内径 10、高 1.2 厘米（图三九九，7）。

M1Ⅷ：4255，形制、纹饰与 M1Ⅷ：5844 相同，外径 11.6、内径 9.4、高 1.2 厘米（图三九九，10；彩版四四六，3）。

M1Ⅷ：4253，外径 10.6、内径 8.6、高 1.1 厘米（图三九九，8；彩版四四六，4）。

M1Ⅷ：4254，外径 11.6、内径 8.8、高 1 厘米（图三九九，9；彩版四四六，5）。

二　铁器

2 件。炉。

M1Ⅷ：4222，平面呈圆形，敞口，斜壁，平底。腹部有二对称的衔环，下附三马蹄形足。炉壁镂对称长方形孔 4 个，炉底镂对称"L"形孔 4 个。口径 39.2、底径 30.2、高 21 厘米（图四〇〇；彩版四四七，1）。

M1Ⅷ：4223，残损严重，形制不明。

三　漆器

6 件。均为日常生活用器，包括耳杯、盘、奁和盛。

1. 耳杯

1 件。D 型。椭圆形口，耳缘上翘，弧腹，平底。

M1Ⅷ：4248，木胎。耳面及器外通髹黑漆，内腹壁髹朱漆。口长 12.6、连耳宽 9.6、底长 8.2、底宽 4、通高 3.4 厘米（彩图一九二）。

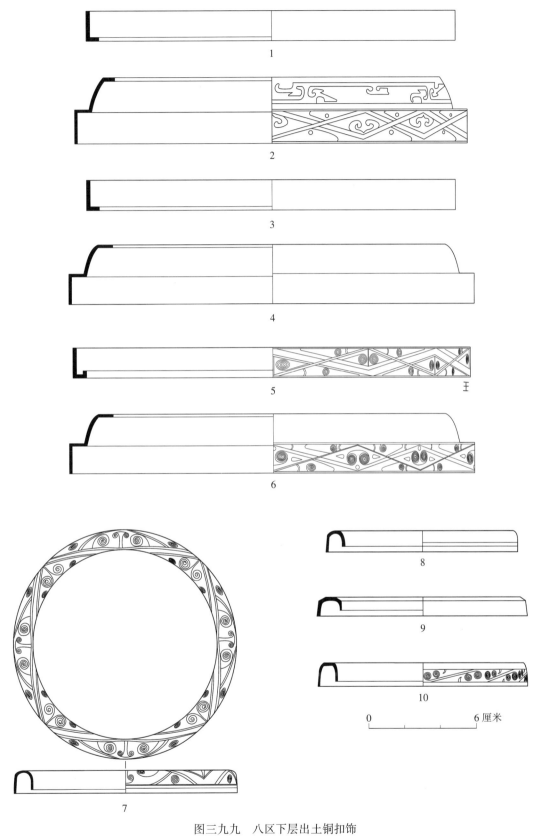

图三九九　八区下层出土铜扣饰

1～4.（M1Ⅷ：5645－1、M1Ⅷ：5645－2、M1Ⅷ：5646－1、M1Ⅷ：5646－2）　5、6.（M1Ⅷ：5647－1、M1Ⅷ：5647－2）

7～10.（M1Ⅷ：5844、M1Ⅷ：4253、M1Ⅷ：4254、M1Ⅷ：4255）

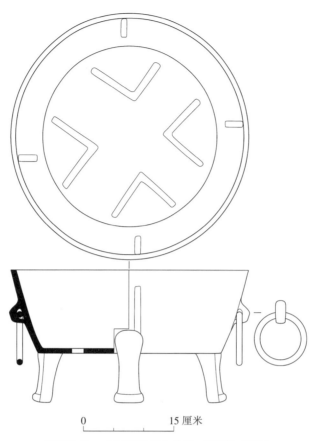

0　　　　　　　15 厘米

图四〇〇　八区下层出土铁炉（M1Ⅷ：4222）

2. 盘

3 件。B 型。

M1Ⅷ：4231，木胎。敞口，平沿，斜弧腹，平底。沿面与外沿髹黑漆，沿面饰朱绘弦纹与水波纹各一道。盘外通体髹黑漆，外腹部饰四组朱漆对称变形鸟纹（BB 纹）与一道弦纹。内沿髹黑漆，饰四组朱漆对称变形鸟纹（BB 纹）及三道弦纹。盘内髹朱漆。内底髹黑漆，外圈饰四道朱漆弦纹及四组变形鸟纹（BB 纹），内圈饰三组朱漆云气纹。口径 20.6、底径 11.6、高 3.2 厘米（彩图一九三，1）。

M1Ⅷ：4232、M1Ⅷ：4964 共 2 件，形制、尺寸及纹饰与 M1Ⅷ：4231 相同。

3. 奁

1 件。M1Ⅷ：4212，夹纻胎。盖顶正面通髹黑漆，以两圈银扣和两道出筋分隔出三圈纹饰。顶心贴饰柿蒂纹银扣，边针刻动物云气纹，由内至外第一圈针刻波折纹与菱形填线纹组合，第二圈饰四组针刻鹿纹与云气纹组合，第三圈饰针刻两道弦纹夹饰梳齿纹。盖身外壁髹黑漆，以两圈银扣分隔出一圈纹饰，饰四道弦纹，由上至下第二、三道弦纹间夹饰动物云气纹。盖身内侧通髹朱漆。器身外壁髹黑漆，以三圈银扣分隔出两圈纹饰，均素面。内壁近口沿处髹黑漆，饰两道针刻弦纹夹饰云气纹，余皆髹朱漆。器身内底除中心髹黑漆外，余皆髹朱漆。中心朱绘三组云气纹，由内至外针刻四道弦纹，第一、二道弦纹间夹饰针刻云气纹，第三、四道弦纹间夹饰针刻弧形填线纹与朱漆点纹组合。盖口径 14.4、盖高 3.4、奁口径 14.2、奁高 6.6、通高 9.7 厘米（彩图一九四、一九五）。

4. 盛

1 件。M1Ⅷ：4247，厚木胎。缺盖。子母口，深弧腹，矮圈足，口沿与圈足处均施银扣。器外通髹黑漆，上腹部饰两道朱漆弦纹夹饰点纹与几何纹。器内通饰朱漆。口径 19.2、圈足径 11.1、高 11.8 厘米（彩图一九三，2）。

四　陶器

13 件。釉陶器，包括罐、壶、瓮。

1. 罐

2 件。有盖，顶部有蘑菇状捉手。盖表和罐腹部以上施青釉。依形制差异，分二型。

A 型　1 件。

M1Ⅷ：4217，器形较大。钵形盖。罐为尖圆唇，敛口，短束颈，鼓肩，斜腹，平底内凹。颈部以下通体拍印席纹。盖口径 18.4、盖高 5.4、罐口径 17.2、罐底径 18、罐高 31.8 厘米（图四〇一，1；彩版四四七，2）。

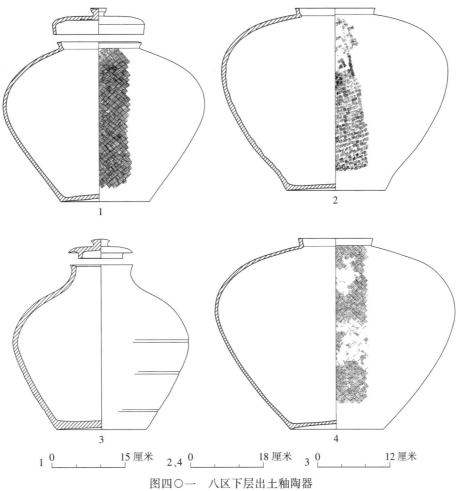

图四〇一　八区下层出土釉陶器
1. A 型罐（M1Ⅷ：4217）　2、4. 瓮（M1Ⅷ：4213、M1Ⅷ：4202）　3. B 型罐（M1Ⅷ：4207）

B 型　1 件。

M1Ⅷ：4207，盖子母口。罐为尖圆唇，直口微敛，直颈，溜肩，鼓腹弧收，平底内凹。通体素面。盖口径 7.3、盖高 3 厘米、罐口径 10.2、罐底径 14.5、罐高 26.3（图四〇一，3；彩版四四七，3）。

2. 壶

3 件。尖圆唇，溜肩，肩部两侧各附一叶脉纹耳，圈足。腹部以上施青釉。依形制差异，分二型。

A 型　1 件

M1Ⅷ：4210。口微敛，长束颈，鼓腹，下腹斜收。肩部饰凹弦纹与水波纹。颈部以下刻铭"微化苐五"。口径 9.4、圈足径 10.6、高 23.8 厘米（图四〇二，2、4；彩版四四八，1）。

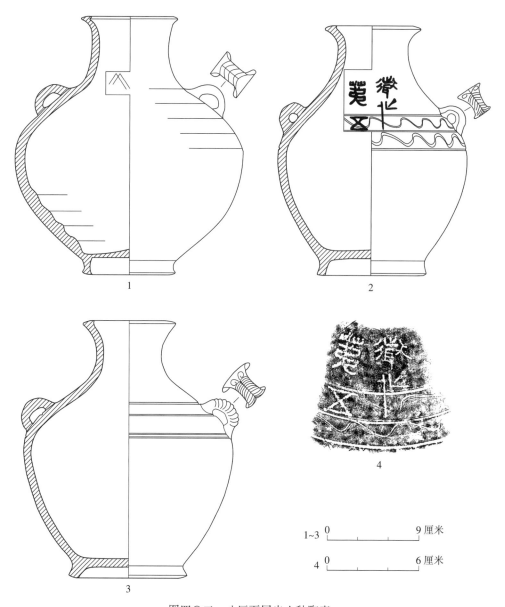

图四〇二　八区下层出土釉陶壶

1、3. B 型（M1Ⅷ：4215、M1Ⅷ：4201）　2. A 型（M1Ⅷ：4210）　4. 铭纹拓本（M1Ⅷ：4210）

B 型 2 件

M1Ⅷ：4201。口微侈，束颈，斜鼓腹，圈足外撇。肩部饰凹弦纹与水波纹。口径 9.2、圈足径 11.7、高 24.5 厘米（图四〇二，3；彩版四四八，2）。

M1Ⅷ：4215，形制、纹饰与 M1Ⅷ：4201 基本相同，唯尺寸不同，颈部有刻划。口径 9.6、圈足径 9.2、高 24.7 厘米（图四〇二，1；彩版四四八，3）。

3. 瓮

8 件。形制基本相同。

M1Ⅷ：4213，尖圆唇，侈口，短颈，宽肩，斜腹，平底内凹。颈部以下通体拍印席纹，腹部以上施青釉。口径 19.7、底径 24.3、高 43.4 厘米（图四〇一，2；彩版四四八，4）。

M1Ⅷ：4204、M1Ⅷ：4208、M1Ⅷ：4209、M1Ⅷ：4214、M1Ⅷ：4216、M1Ⅷ：4218 共 6 件，形制、尺寸、纹饰与 M1Ⅷ：4213 基本相同（彩版四四九，1～4；四五〇，1、2）。

M1Ⅷ：4202，形制、纹饰与 M1Ⅷ：4213 基本相同，唯尺寸略有不同。口径 18.6、底径 23.3、高 45.6 厘米（图四〇一，4；彩版四五〇，3）。

第十二节 九（Ⅸ）区下层出土遗物

东回廊北部九区下层随葬各类遗物 134 件（组），包括铜器、漆器、陶器等。九区下层由南向北依次随葬陶器、铜钱及漆器等。因墓室坍塌，陶器破碎并相互叠压。该区南部出土陶器主要为釉陶壶及釉陶瓮。铜钱位于九区中部，清理时皆呈长串形堆砌状。北部随葬成摞的漆耳杯及漆盘（图四〇三；彩版四五一、四五二）。

一 铜器

8 件（组）。皆为日常生活用器。

1. 釜

6 件。A 型。敞口，折沿，斜弧腹，平底。

M1Ⅸ：4261，口沿沿面有铭文，大部分残缺，可辨识内容为"……石二斗，重廿斤"。口径 50.2、底径 23.2、高 20.8 厘米（图四〇四，1～3；彩版四五三）。

M1Ⅸ：4234、M1Ⅸ：4240、M1Ⅸ：4241、M1Ⅸ：5629 共 4 件，形制与 M1Ⅸ：4261 相同，尺寸略有差别，其中 M1Ⅸ：5629 与 M1Ⅸ：4240 两件沿面铭文内容与 M1Ⅸ：4261 有异。

M1Ⅸ：4234，未见铭文。口径 50.2、底径 23.2、高 20.8 厘米（图四〇四，10）。

M1Ⅸ：4240，铭文为"江都宦者。盂，容石二斗，重廿四斤"。口径 48.3、底径 23.4、高 21.4 厘米（图四〇四，6、7；彩版四五四）。

M1Ⅸ：4241，未见铭文。口径 48.5、残高 6.9 厘米（图四〇四，8；彩版四五五，1）。

M1Ⅸ：5629，铭文为"江都宦者。盂，容石二斗，重廿三斤"。口径 48.4、底径 23.2、高 21.6 厘米（图四〇四，4、5；彩版四五五，2）。

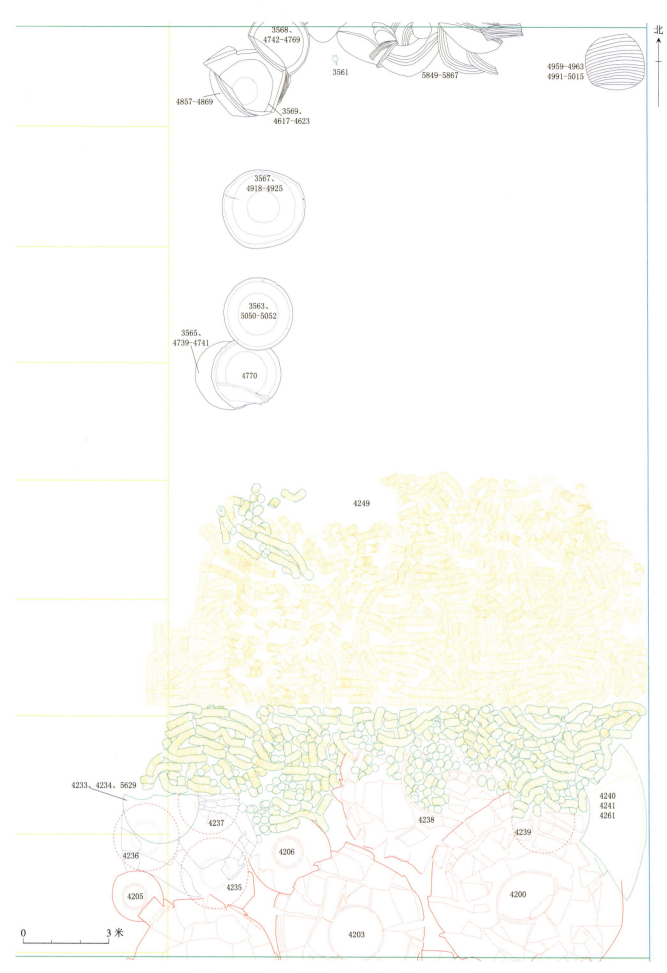

图四〇三　九区下层出土遗物平面图（数字为器物编号）

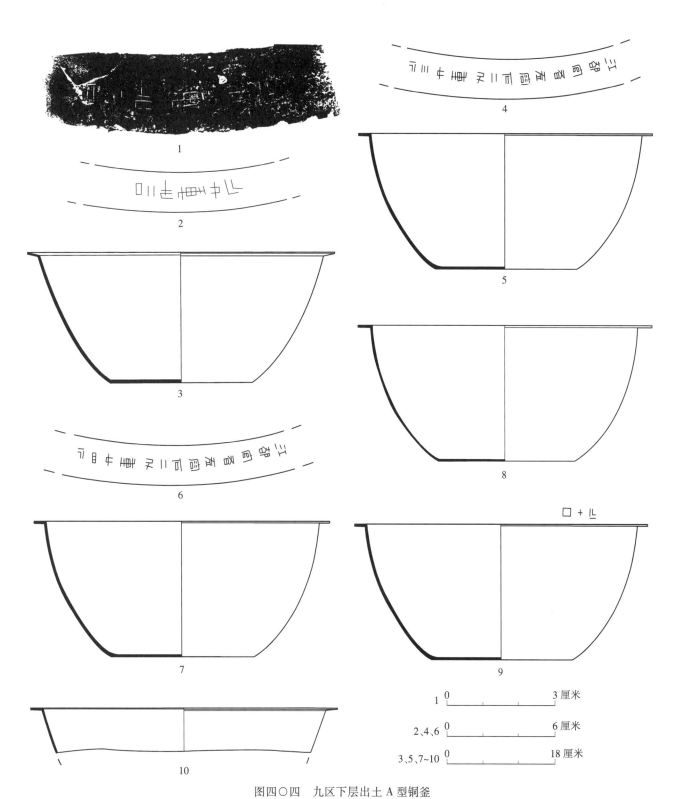

图四〇四　九区下层出土 A 型铜釜

1. 拓本（M1Ⅸ：4261）　2、4、6. 铭文摹本（M1Ⅸ：4261、M1Ⅸ：5629、M1Ⅸ：4240）　3、5、7~10. 铜釜（M1Ⅸ：4261、M1Ⅸ：5629、M1Ⅸ：4240、M1Ⅸ：4241、M1Ⅸ：4233、M1Ⅸ：4234）

M1Ⅸ：4233，敞口，折沿，斜弧腹，平底。口沿沿面有铭文，大部分残缺，可辨识内容为"……十斤"。口径48.3、底径23.3、高21.5厘米（图四〇四，9；彩版四五六，1）。

2. 厄持

1件。M1Ⅸ：3561，圆环扁叶状把手，通体鎏银。长3.6、孔径2.1厘米（图四〇五，7；彩版四五六，2）。

3. 钱

1组。M1Ⅸ：4249，皆为半两钱，总重约1吨。清理时皆呈长串形状堆砌。大约50万枚，单枚平均直径2.5、穿边长0.8厘米（图四〇五，1~6；彩版四五六，3、4）。

二 漆器

117件。均为日常生活用器，包括耳杯、盘。

1. 耳杯

43件。椭圆形口，耳缘上翘，弧腹，平底。依形制差异，分三型。

A型 13件。

M1Ⅸ：4857，夹纻胎。外壁髹深褐色漆，耳边缘与外口边饰两道弦纹夹朱漆点纹。内口边饰三道弦纹夹篦纹。内腹壁髹朱漆。内底髹深褐色漆，外圈饰弦纹夹篦纹与点纹组合，内饰四组针刻神兽纹。口长13、连耳宽11、底长7.7、底宽4、通高3厘米（彩图一九六）。

M1Ⅸ：4858~M1Ⅸ：4869共12件，形制、尺寸、纹饰与M1Ⅸ：4857相同。

C型 5件。

M1Ⅸ：4959，夹纻胎。器内外皆髹深褐色漆，耳边缘与外口边饰两道弦纹夹朱漆点纹。内口边饰六道弦纹，第一、二道弦纹夹篦纹，第五、六道弦纹夹篦纹与点纹组合。内腹壁饰四组针刻云气纹。内底髹深褐色漆，外圈饰弦纹夹篦纹与点纹组合，内饰四组针刻神兽纹。口长18.4、连耳宽14、底长9.8、底宽4.9、通高4.5厘米（彩图一九七）。

M1Ⅸ：4960~M1Ⅸ：4963共4件，形制、尺寸及纹饰与M1Ⅸ：4959相同。

D型 25件。

M1Ⅸ：4991，夹纻胎。外壁髹深褐色漆。耳正面与背面均绘涡纹与几何纹。外口边饰两道弦纹夹涡纹与几何纹。内口边饰一道褐漆弦纹。内腹壁髹朱漆。内底中心以一褐漆圈纹为中心分成四个纹饰区域，每个区域内绘褐漆变体龙纹间以云气纹。口长18.3、连耳宽14.6、底长10、底宽4.9、通高4.5厘米（彩图一九八）。

M1Ⅸ：4992~M1Ⅸ：5015共24件，形制、尺寸及纹饰与M1Ⅸ：4991相同。

2. 盘

74件。依形制差异，分三型。

A型 29件。夹纻胎，敞口，斜沿，弧折腹，平底。

M1Ⅸ：3569，沿面与外沿髹黑漆，沿面针刻六道弦纹，由外至内第一、二道与五、六道之间夹饰梳齿纹，三、四道之间夹饰朱漆点纹。外沿针刻两道弦纹夹饰朱漆点纹。盘外髹黑漆，上腹部针刻三组变形龙纹间云气纹，下腹部饰针刻弦纹夹篦纹与朱漆点纹组合。内沿髹黑漆，饰针刻云气纹。

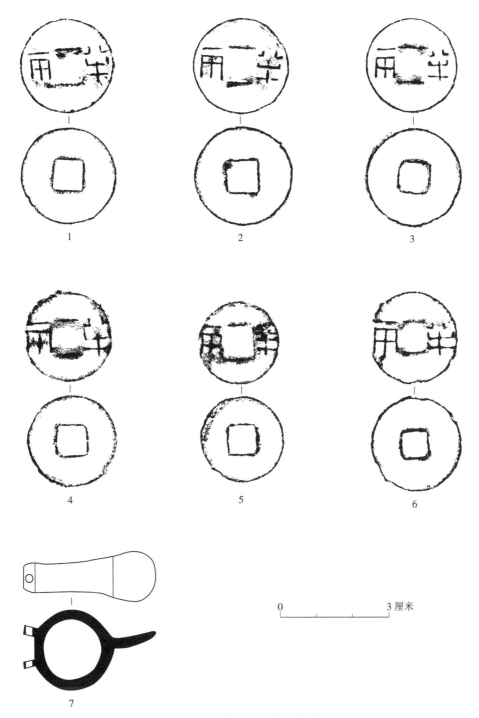

图四〇五　九区下层出土铜器
1~6. 钱（M1Ⅸ：4249）　7. 厄持（M1Ⅸ：3561）

盘内髹朱漆。内底髹黑漆，外圈针刻五道弦纹，由外至内夹饰箆纹与朱漆点纹组合及梳齿纹，中心针刻三组神兽纹间云气纹。口径 27、底径 11.2、高 5.8 厘米（彩图一九九；彩版四五七）。

M1Ⅸ：3567、M1Ⅸ：4617~M1Ⅸ：4623、M1Ⅸ：4756~M1Ⅸ：4767、M1Ⅸ：4918~M1Ⅸ：4925 共 28 件，形制、尺寸及纹饰与 M1Ⅸ：3569 相同（彩版四五八）。

H 型　26 件。夹纻胎。敞口，斜沿，弧折腹，平底。

M1Ⅸ:4742，沿面与外沿髹黑漆，沿面针刻六道弦纹，由外至内第一、二道与五、六道之间夹饰梳齿纹，三、四道之间夹饰朱漆点纹。外沿针刻两道弦纹夹饰朱漆点纹。盘外髹黑漆。内沿髹黑漆，饰针刻云气纹。盘内髹朱漆。内底髹黑漆，外圈饰针刻云气纹，中圈针刻五道弦纹，由外至内第一、二道弦纹间夹饰篦纹与朱漆点纹组合，第三、四道弦纹间夹饰针刻梳齿纹，内圈针刻三组神兽云气纹。口径 23.2、底径 17、高 2.8 厘米（彩图二〇〇；彩版四五九）。

M1Ⅸ:3563、M1Ⅸ:3565、M1Ⅸ:3568、M1Ⅸ:4739 ~ M1Ⅸ:4741、M1Ⅸ:4743 ~ M1Ⅸ:4755、M1Ⅸ:4768 ~ M1Ⅸ:4770、M1Ⅸ:5050 ~ M1Ⅸ:5052 共 25 件，形制、尺寸及纹饰与 M1Ⅸ:4742 相同。

Ⅰ型　19 件。夹纻胎。敞口，斜沿，弧折腹，平底。

M1Ⅸ:5849，通体髹黑漆。沿面针刻六道弦纹，由内至外第一、二道及第五、六道弦纹间夹饰梳齿纹，第三、四道弦纹间夹饰朱漆点纹。外沿饰一道朱漆点纹。盘外上腹部针刻六道弦纹，由上至下第一、二道弦纹间夹饰篦纹与菱形纹组合，第三、四道弦纹间夹饰针刻神兽云气纹，第五、六道弦纹间夹饰篦纹与朱漆点纹组合。外壁一侧朱漆隶书铭文"常食"。盘内上腹部针刻三组云气纹，下腹部针刻六组神兽纹，皆对称分布。内底外圈针刻五道弦纹，由内至外第二、三道弦纹间夹饰梳齿纹，第四、五道弦纹间夹饰篦纹与朱漆点纹组合。内圈针刻三组神兽纹，中心饰一组神兽纹，体型略大。口径 21.6、底径 9.6、高 4 厘米（彩图二〇一；彩版四六〇）。

M1Ⅸ:5850 ~ M1Ⅸ:5867 共 18 件，形制、尺寸、纹饰与 M1Ⅸ:5849 相同。外腹壁均朱漆隶书铭文"常食"。

三　陶器

9 件。均为釉陶器。包括罐、壶、瓮。

1. 罐

2 件。有盖，顶部有蘑菇状捉手。盖表和罐腹部以上施青釉。依形制差异，分二型。

B 型　1 件。

M1Ⅸ:4206，盖子口，罐母口。罐为尖圆唇，直口微敛，直颈，溜肩，鼓腹弧收，平底内凹。通体素面。盖口径 7.2、盖高 3.6、罐口径 11.7、罐底径 16.2、罐高 27.6 厘米（图四〇六，4；彩版四六一，1）。

C 型　1 件。

M1Ⅸ:4235，盖子口，罐母口。罐为圆唇，直口微敛，直颈，溜肩，鼓腹斜收，平底内凹。通体素面。盖口径 5.2、盖高 3.2、罐口径 10.3、底径 12.5、罐高 21.4 厘米（图四〇六，2；彩版四六一，2）。

2. 壶

4 件。尖圆唇，溜肩，肩部两侧各附一叶脉纹耳，圈足。腹部以上施青釉。依形制差异，分二型。

A 型　1 件。

M1Ⅸ:4237，口微侈，长束颈，鼓腹，下腹斜收。素面。口径 9.7、圈足径 9.4、高 25.2 厘米

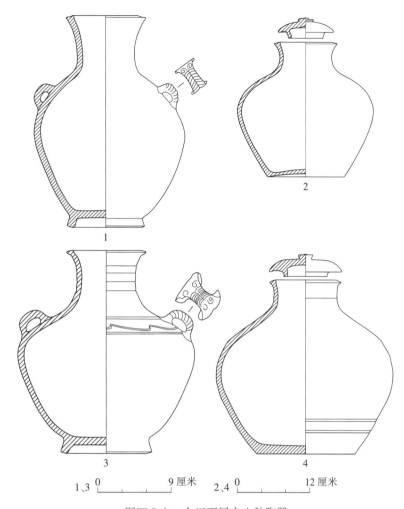

图四〇六　九区下层出土釉陶器

1. A 型壶（M1Ⅸ：4237）　　2. C 型罐（M1Ⅸ：4235）　　3. B 型壶（M1Ⅸ：4205）　　4. B 型罐（M1Ⅸ：4206）

（图四〇六，1；彩版四六一，3）。

B 型　3 件。

M1Ⅸ：4239，口微侈，溜肩，斜鼓腹，圈足外撇。颈下有一处刻划，肩部饰凹弦纹与水波纹。口径 9.6、圈足径 11.2、高 23.6 厘米（图四〇七，1；彩版四六一，4）。

M1Ⅸ：4236，形制、纹饰与 M1Ⅸ：4239 基本相同，唯尺寸略有不同。口径 9.6、圈足径 11.6、高 24.6 厘米（图四〇七，3；彩版四六二，1）。

M1Ⅸ：4205，形制、纹饰与 M1Ⅸ：4239 基本相同，唯尺寸略有不同。口径 9.7、圈足径 11.2、高 24.2 厘米（图四〇六，3；彩版四六二，2）。

3. 瓮

3 件。形制基本相同。

M1Ⅸ：4200，尖圆唇，侈口，短颈，宽肩，斜腹，平底内凹。颈部以下通体拍印席纹，腹部以上施青釉。口径 18.6、底径 21、高 45.8 厘米（图四〇七，2；彩版四六二，3）。

M1Ⅸ：4238，尺寸、纹饰与 M1Ⅸ：4200 基本相同（彩版四六二，4）。

M1Ⅸ：4203，口径 19.6、底径 20.3、高 40 厘米（图四〇七，4；彩版四六三，1）。

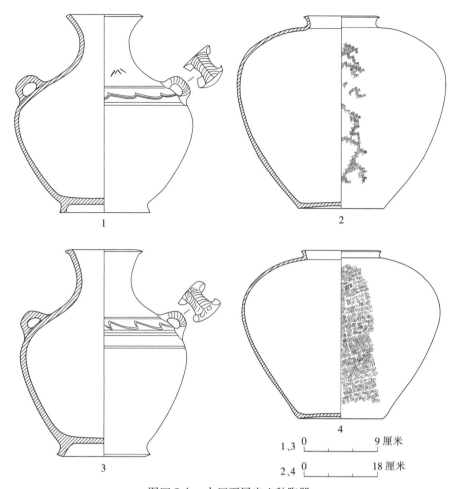

图四○七 九区下层出土釉陶器

1、3. B 型壶（M1Ⅸ：4239、M1Ⅸ：4236） 2、4 瓮（M1Ⅸ：4200、M1Ⅸ：4203）

第十三节 十（Ⅹ）区下层出土遗物

东回廊北端十区下层随葬各类遗物 506 件（组），包括铜器、铁器、漆器。十区下层由南向北依次随葬漆器及明器车马。北部漆车马已朽尽，仅存车马器构件及明器兵器。南部出土成摞的漆耳杯及漆盘（图四○八）。

一 铜器

318 件（组）。包括车马器、兵器、日常生活用器等。

（一）车马器

281 件。

1. 盖弓帽

14 件。C 型。圆柱形，近帽首处有一钩。清理时大多呈伞状分布。

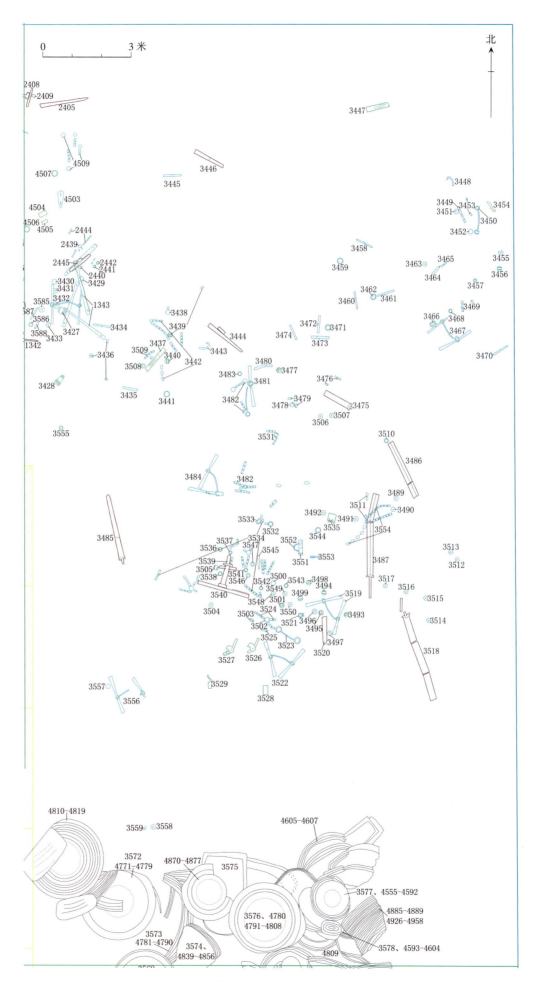

图四〇八　十区下层出土遗物平面图（数字为器物编号）

M1Ⅹ：3472，素面。长 5.82、口径 0.62 厘米（图四〇九，5）。

M1Ⅹ：3434、M1Ⅹ：3435、M1Ⅹ：3445、M1Ⅹ：3449、M1Ⅹ：3458、M1Ⅹ：3460、M1Ⅹ：3461、M1Ⅹ：3464、M1Ⅹ：3470、M1Ⅹ：3473、M1Ⅹ：3474、M1Ⅹ：3480、M1Ⅹ：3587 共 13 件，形制、尺寸与 M1Ⅹ：3472 基本相同。

2. 车軎

1 件。A 型。

M1Ⅹ：3427，圆筒形，内侧与毂相接处较粗。軎中部饰一道箍状纹，近内侧有一贯辖孔。外径 2.4、内径 1.5、长 2.55 厘米（图四〇九，8）。

3. 辖

1 件。B 型。

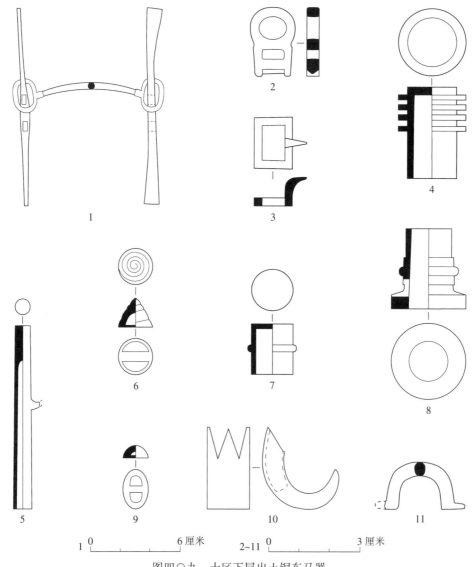

图四〇九　十区下层出土铜车马器

1. 马衔镳（M1Ⅹ：3467）　2. A 型带扣（M1Ⅹ：3466）　3. B 型带扣（M1Ⅹ：3533）　4. A 型帽饰（M1Ⅹ：3428）　5. C 型盖弓帽（M1Ⅹ：3472）　6. E 型泡饰（M1Ⅹ：4509－3）　7. 衡末（M1Ⅹ：3551）　8. A 型车軎（M1Ⅹ：3427）　9. D 型泡饰（M1Ⅹ：3442－1）　10. 轭足饰（M1Ⅹ：3443）　11. B 型辖（M1Ⅹ：3552）

M1X：3552，平面为半圆形，截面近菱形，两脚外折平直。脚距长2.9、高1.5厘米（图四〇九，11）。

4. 帽饰

1件。A型。

M1X：3428，长圆筒形，顶端饰四道凸弦纹。帽径2.2、长2.92、銎径1.6厘米（图四〇九，4）。

5. 衡末

1件。M1X：3551，圆筒形，一端封闭。中部饰一周箍状纹。长1.6、銎径1.35厘米（图四〇九，7）。

6. 轭足饰

2件。形制相同。清理时，漆木质地轭身多已朽毁。

M1X：3443，弯钩形，内部中空，銎部饰弯曲纹。长2.6、宽1.4厘米（图四〇九，10）。

M1X：3448，形制、尺寸与M1X：3443相同。

7. 带扣

3件。清理时，带扣内革带均已朽尽，器物间相互位置大多不明。依形制差异，分二型。

A型　2件。器身扁平，由长方形与圆形两个穿孔组成。

M1X：3466，长2.2、宽1.4厘米（图四〇九，2）。

M1X：3521，形制、尺寸与M1X：3466基本相同。

B型　1件。

M1X：3533，长方形，一边中部有一弯钩。长1.7、宽1.6厘米（图四〇九，3；彩版四六三，2）。

8. 泡饰

14件。依形制与纹饰差异，分二型。

D型　12件。平面近椭圆形。正面素面。背面中空，底部有一横穿。

M1X：3442-1，底长轴1.24、底短轴0.85、高0.4厘米（图四〇九，9）。

M1X：3442-2、M1X：3442-3、M1X：3511-2、M1X：3511-3、M1X：3534-1、M1X：3534-2、M1X：3554-1～M1X：3554-5共11件，形制、尺寸与M1X：3442-1相同。

E型　2件。圆锥形。表面饰螺旋纹，底部有一横穿。

M1X：4509-3，底径1.15、高0.92厘米（图四〇九，6）。

M1X：4509-4，形制、尺寸、纹饰与M1X：4509-3相同。

9. 马衔镳

8组。每组器物由马衔1件及马镳2件组成，均为明器。清理时，明器漆木马已朽尽，马衔镳散落、残损严重。

M1X：3467，圆弧形衔，衔端各有一圆环，环内各穿一马镳。镳中部凸起，内有二长方形穿孔。衔长10、环径2、镳长12.45厘米（图四〇九，1；彩版四六三，4）。

M1X：3450、M1X：3481、M1X：3484、M1X：3519、M1X：3522、M1X：3523、M1X：3556共7组，形制、尺寸与M1X：3467基本相同。

10. 当卢

1件。A型。

M1 X：4503，叶形。上端圆弧，下端尖角形。背面有两桥形纽鼻。长5.8、宽2.2、厚0.8厘米（图四一〇，1；彩版四六三，3）。

11. 节约

59件。依形制差异，分三型。

A型 29件。圆帽形。顶心有圆形或长方形孔，内部中空。该型器物均匀分布于下层，清理时，器物间的整体关系大多因隔板坍塌而无法确定。

M1 X：3431，顶心有一圆孔。底径1.7、孔径0.85、高0.45厘米（图四一〇，3）。

M1 X：3433、M1 X：3451、M1 X：3455、M1 X：3463、M1 X：3489～M1 X：3492、M1 X：3496、M1 X：3497、M1 X：3504、M1 X：3506、M1 X：3507、M1 X：3512～M1 X：3517、M1 X：3546～M1 X：3550、M1 X：3558、M1 X：3586 共26件，形制、尺寸与M1 X：3431基本相同。

M1 X：3432，顶心有一长方形孔。底径1.9、孔长0.8、孔宽0.6、高0.5厘米（图四一〇，4）。

M1 X：3585，形制、尺寸与M1 X：3432基本相同。

B型 10件。正面呈圆形，背面饰两长方形穿。

M1 X：3429，直径1.4、高0.9厘米（图四一〇，2）。

M1 X：3452、M1 X：3456、M1 X：3493～M1 X：3495、M1 X：3498、M1 X：3501、M1 X：3503、M1 X：3557 共9件，形制、尺寸与M1 X：3429基本相同。

C型 20件。正面半圆球形饰一熊，四足抱膝，背面有两长方形穿。

M1 X：2439，直径1.5、高1.3厘米（图四一〇，6）。

M1 X：3430、M1 X：3438～M1 X：3440、M1 X：3477、M1 X：3478、M1 X：3482－1、M1 X：3482－5、M1 X：3482－16、M1 X：3499、M1 X：3500、M1 X：3502、M1 X：3505、M1 X：3531－4、M1 X：3534－18、M1 X：3534－33、M1 X：3554－6、M1 X：4509－1、M1 X：4509－2 共19件，形制、尺寸、纹饰与M1 X：2439基本相同。

12. 管饰

176件。形制相同，器表大多鎏金，部分器物残损严重，几呈碎屑。

M1 X：3554－17，长圆管形，内部中部。器表鎏金。管径0.65、长1.25厘米（图四一〇，8）。

M1 X：3534－57，长圆管形，内部中部。器表鎏金。管径0.7、长0.75厘米（图四一〇，7）。

M1 X：2444－1～M1 X：2444－14、M1 X：3436－1～M1 X：3436－4、M1 X：3442－4～M1 X：3442－24、M1 X：3453、M1 X：3465、M1 X：3469－1～M1 X：3469－3、M1 X：3476－1～M1 X：3476－3、M1 X：3479－1、M1 X：3479－2、M1 X：3482－2～M1 X：3482－4、M1 X：3482－6～M1 X：3482－15、M1 X：3482－17～M1 X：3482－25、M1 X：3509－1～M1 X：3509－5、M1 X：3511－1、M1 X：3524－1～M1 X：3524－9、M1 X：3531－1～M1 X：3531－3、M1 X：3531－5、M1 X：3531－6、M1 X：3534－3～M1 X：3534－17、M1 X：3534－19～M1 X：3534－32、M1 X：3534－34～M1 X：3534－37、M1 X：3534－39～M1 X：3534－56、M1 X：3534－58、M1 X：59、M1 X：3554－7～M1 X：3554－16、M1 X：3554－18～M1 X：3554－23、M1 X：3559－1、M1 X：3559－2、M1 X：4509－5～M1 X：4509－13、M1 X：3588－1、M1 X：3588－2 共173件，形制、尺寸与M1 X：3554－17、M1 X：3534－57基本相同。

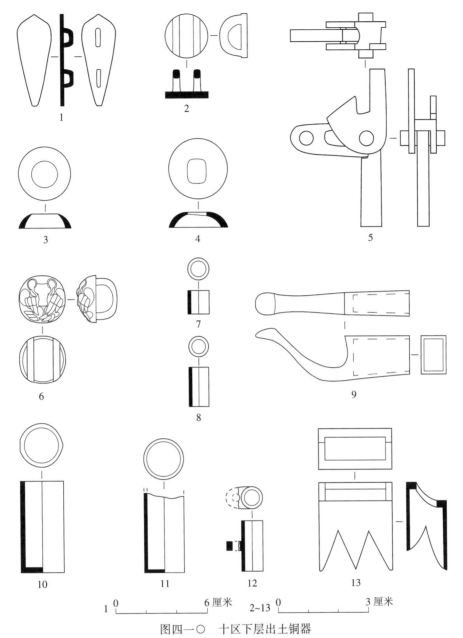

图四一〇　十区下层出土铜器

1. A 型当卢（M1Ⅹ：4503）　2. B 型节约（M1Ⅹ：3429）　3、4. A 型节约（M1Ⅹ：3431、M1Ⅹ：3432）　5. B 型弩机（M1Ⅹ：3527）
6. C 型节约（M1Ⅹ：2439）　7、8、12. 管饰（M1Ⅹ：3534 - 57、M1Ⅹ：3554 - 17、M1Ⅹ：3534 - 38）　9. B 型承弓器（M1Ⅹ：3529）
10. G 型镦（M1Ⅹ：3437）　11. D 型镦（M1Ⅹ：4504）　13. B 型箭箙包首饰（M1Ⅹ：3535）

M1Ⅹ：3534 - 38，"T"形铜管，内部中部。器表鎏金。管径0.7、长1.6厘米（图四一〇，12）。

（二）兵器

10 件。

1. 镦

6 件。依形制与纹饰差异，分二型。

D 型　1 件。

M1 X∶4504，器口平面呈圆形，器表鎏金。器形较小，为明器。口径 1.3、残高 2.5 厘米（图四一〇，11）。

G 型 5 件。器口平面近桃形，器表大多鎏金。器形较小，均为明器。

M1 X∶3437，器表素面。口径 1.4、高 2.9 厘米（图四一〇，10）。

M1 X∶2409、M1 X∶3447、M1 X∶3528、M1 X∶4505 共 4 件，形制、尺寸与 M1 X∶3437 基本相同。

2. 弩机

2 件。B 型。由郭、望山、钩心、悬刀、键等构件组合而成。器形较小，当为明器。

M1 X∶3527，郭长 3.17、郭宽 0.9、望山高 1.05 厘米（图四一〇，5）。

M1 X∶3526，形制、尺寸与 M1 X∶3527 基本相同。

3. 箭箙包首饰

1 件。B 型。

M1 X∶3535，上端为长方形，中部下折为台阶状，下端呈三尖齿状。通体鎏金。长 2.4、宽 1.3、高 2.8 厘米（图四一〇，13；彩版四六三，5）。

4. 承弓器

1 件。B 型。

M1 X∶3529，器身前部下端向斜上方弯曲，末端向前平伸，后部为长方形銎。通体鎏金。通长 5.1、銎长 1.2、銎宽 0.8 厘米（图四一〇，9；彩版四六四，1）。

（三）日常生活用器

27 件。

1. 带钩

2 件。A 型。器形较小。琵琶形钩身，圆形钩首，下有一圆纽。

M1 X∶3454，长 3.5、宽 0.7、高 0.8 厘米（图四一一，8）。

M1 X∶3545，形制、尺寸与 M1 X∶3454 相同。

2. 环

23 件。依形制差异，分二型。

A 型 22 件。环身截面呈圆形。

M1 X∶2440，外环径 2.2、厚 0.35 厘米（图四一一，5）。

M1 X∶3459，外环径 1.2、厚 0.25 厘米（图四一一，6）。

M1 X∶2441、M1 X∶2442、M1 X∶3441、M1 X∶3457、M1 X∶3462、M1 X∶3468、M1 X∶3471、M1 X∶3483、M1 X∶3508、M1 X∶3510、M1 X∶3532、M1 X∶3536 ~ M1 X∶3538、M1 X∶3541 ~ M1 X∶3544、M1 X∶3555、M1 X∶4506 共 20 件，形制、尺寸与 M1 X∶2440、M1 X∶3459 基本相同。

B 型 1 件。

M1 X∶4507，环身截面近扁圆形。外径 2.1、厚 0.25 厘米（图四一一，9）。

3. 构件

2 件。

M1 X∶3553，长条形插销状，帽为圆形，下部外分为四角棱柱。帽径 0.7、通长 3 厘米（图四

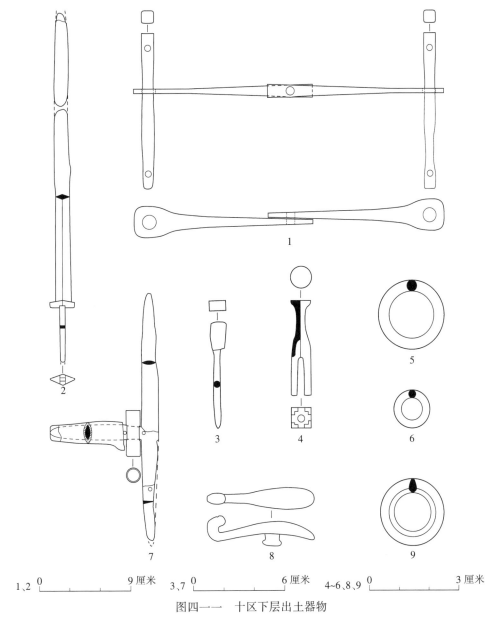

1、2 0 _____ 9厘米　3、7 0 _____ 6厘米　4~6、8、9 0 _____ 3厘米

图四一一　十区下层出土器物

1. 铁马衔镳（M1X：1343） 2. B型铁剑（M1X：3485） 3. A型铁钉（M1X：1342） 4. 铜构件（M1X：3553） 5、6. A型铜
环（M1X：2440、M1X：3459） 7. B型铁戟（M1X：2445） 8. A型铜带钩（M1X：3454） 9. B型铜环（M1X：4507）

一一，4；彩版四六四，2）。

　　M1X：3525，形制、尺寸与 M1X：3553 基本相同。

二　铁器

15 件（组）。包括车马器、兵器、工具等。

（一）车马器

1 组。马衔镳。

M1 X：1343，由马衔 1 件及马镳 2 件组成，均为实用器。马衔镳中部残损，两边各有一扁凿形穿孔，衔端各有一圆环，环内各穿一马镳。镳为圆柱形，两端各有一圆形穿孔。环径 1.38、镳长 14.8、宽 1.2、长 30.5 厘米（图四一一，1；彩版四六四，3）。

（二）兵器

13 件。

1. 戟

5 件。B 型。皆为明器。

M1 X：2445，"卜"字形铁戟，援与内结合处有截面呈圆形的铜柲帽。通长 16、枝长 7、柲帽长 2.9 厘米（图四一一，7）。

M1 X：2408、M1 X：3444、M1 X：3539、M1 X：3540 共 4 件，尺寸与 M1 X：2445 相同。

2. 剑

8 件。B 型。形制相同，皆为明器。

M1 X：3485，剑身较长，断面呈菱形，格为铜质，茎残。剑身残长 27.2、最宽处 1.5、通长 33.3、格宽 2.34 厘米（图四一一，2）。

M1 X：2405、M1 X：3446、M1 X：3475、M1 X：3486、M1 X：3487、M1 X：3518、M1 X：3520 共 7 件，尺寸与 M1 X：3485 相同。

（三）工具

1 件。钉。A 型。

M1 X：1342，器身细长，下端内收为尖状，上端为长方形钉帽。长 7.2 厘米（图四一一，3）。

三 漆器

173 件。均为日常生活用器。

1. 耳杯

103 件。椭圆形口，耳缘上翘，弧腹，平底。依形制差异，分二型。

A 型 54 件。

M1 X：4598，夹纻胎。外壁髹深褐色漆，耳边缘与外口边饰两道弦纹夹朱漆点纹。内口边饰三道弦纹夹箟纹。内腹壁髹朱漆。内底髹深褐色漆，外圈饰弦纹夹箟纹与点纹组合，内饰四组针刻神兽纹。口长 17.1、连耳宽 14、底长 9.2、底宽 4.9、通高 4.9 厘米（彩图二○二；彩版四六五）。

M1 X：4588 ～ M1 X：4592、M1 X：4599 ～ M1 X：4607、M1 X：4798 ～ M1 X：4809、M1 X：4885 ～ M1 X：4889、M1 X：4839 ～ M1 X：4850 共 43 件，形制、尺寸及纹饰与 M1 X：4598 相同。

M1 X：3574，夹纻胎。外壁髹深褐色漆，耳边缘与外口边饰两道弦纹夹朱漆点纹。内口边饰三道弦纹夹箟纹。内腹壁髹朱漆，内底髹深褐色漆，外圈饰弦纹夹箟纹与点纹组合，内饰四组针刻神兽纹。口长 13、连耳宽 11、底长 7.7、底宽 4、通高 3 厘米（彩图二○三）。

M1 X：4851 ～ M1 X：4854、M1 X：4870 ～ M1 X：4874 共 9 件，形制、尺寸、纹饰与 M1 X：3574

相同（彩版四六六）。

C 型 49 件。

M1Ⅹ：4572，夹纻胎。器内外髹深褐色漆，耳边缘与外口边饰两道弦纹夹朱漆点纹。内口边饰六道弦纹，第一、二道弦纹夹篦纹，第五、六道弦纹夹篦纹与点纹组合。内腹壁饰四组针刻云气纹。内底髹深褐色漆，外圈饰弦纹夹篦纹与点纹组合，内饰四组针刻神兽纹。口长 18.4、连耳宽 14、底长 9.8、底宽 4.9、通高 4.5 厘米（彩图二〇四）。

M1Ⅹ：4573～M1Ⅹ：4587、M1Ⅹ：4926～M1Ⅹ：4939 共 29 件，形制、尺寸及纹饰与 M1Ⅹ：4572 同。

M1Ⅹ：4940，夹纻胎。器内外髹深褐色漆，耳边缘与外口边饰两道弦纹夹朱漆点纹。内口边饰六道弦纹，第一、二道弦纹夹篦纹，第五、六道弦纹夹篦纹与点纹组合。内腹壁饰四组针刻云气纹。内底髹深褐色漆，外圈饰弦纹夹篦纹与点纹组合，内饰二组针刻神兽纹。口长 12.6、连耳宽 10.8、底长 7.7、底宽 3.8、通高 2.9 厘米（彩图二〇五；彩版四六七）。

M1Ⅹ：4941～4958 共 18 件，形制、尺寸及纹饰与 M1Ⅹ：4940 相同。

2. 盘

61 件。依形制差异，分二型。

A 型 50 件。夹纻胎。敞口，斜沿，弧折腹，平底。

M1Ⅹ：4771，沿面与外沿髹黑漆，沿面针刻六道弦纹，由外至内第一、二道与五、六道弦纹之间夹饰梳齿纹，三、四道弦纹间夹饰朱漆点纹。外沿针刻两道弦纹夹饰朱漆点纹。盘外髹黑漆，上腹部针刻三组变形龙纹间云气纹，下腹部针刻弦纹夹篦纹与朱漆点纹组合。内沿髹黑漆，针刻云气纹。盘内髹朱漆。内底髹黑漆，外圈针刻五道弦纹，由外至内夹饰篦纹与朱漆点纹组合及梳齿纹，中心针刻三组神兽纹间云气纹。口径 27、底径 11.3、高 5.8 厘米（彩图二〇六）。

M1Ⅹ：3572、M1Ⅹ：3573、M1Ⅹ：3576、M1Ⅹ：4772～M1Ⅹ：4779、M1Ⅹ：4781～M1Ⅹ：4788 共 19 件，形制、尺寸及纹饰与 M1Ⅹ：4771 相同。

M1Ⅹ：3577，沿面与外沿髹黑漆，沿面针刻六道弦纹，由外至内第一、二道与五、六道弦纹间夹饰梳齿纹，三、四道弦纹间夹饰朱漆点纹。外沿针刻两道弦纹夹饰朱漆点纹。盘外髹黑漆。内沿髹黑漆，针刻六道弦纹。盘内髹朱漆。内底髹黑漆，外圈针刻三道弦纹夹饰篦纹与朱漆点纹组合，中心针刻三组神兽纹。口径 15.5、底径 6.3、高 2.9 厘米（彩图二〇七；彩版四六八）。

M1Ⅸ：4555～M1Ⅸ：4571、M1Ⅸ：4593～M1Ⅸ：4597、M1Ⅸ：4791～M1Ⅸ：4797 共 29 件，形制、尺寸及纹饰与 M1Ⅹ：3577 相同。

H 型 11 件。夹纻胎。敞口，斜沿，弧折腹，平底。

M1Ⅹ：4780，沿面与外沿髹黑漆，沿面针刻六道弦纹，由外至内第一、二道与五、六道弦纹间夹饰梳齿纹，第三、四道弦纹间夹饰朱漆点纹。外沿针刻两道弦纹夹饰朱漆点纹。盘外髹黑漆。内沿髹黑漆，针刻云气纹。盘内髹朱漆。内底髹黑漆，外圈针刻云气纹，中圈针刻五道弦纹，由外至内第一、二道弦纹间夹饰篦纹与朱漆点纹组合，第三、四道弦纹间夹饰针刻梳齿纹，内圈针刻三组神兽云气纹。口径 23.2、底径 17、高 2.8 厘米（彩图二〇八）。

M1Ⅹ：4810～M1Ⅹ：4819 共 10 件，形制、尺寸及纹饰与 M1Ⅹ：4780 相同。

3. 卮

9 件。A 型。

M1 X：4855，夹纻胎。盖顶正面通髹黑漆，以三道出筋分隔出三圈纹饰。顶心贴饰柿蒂纹银扣，扣外素面。由内至外第一圈纹饰与第三圈纹饰相同，皆针刻六道弦纹。由内至外第一、二道弦纹间及第五、六道弦纹间均夹饰梳齿纹，第三、四道弦纹间夹饰箟纹与三角填线纹组合。第二圈纹饰为素面。盖身侧面亦髹黑漆，饰六道弦纹。由上至下第一、二道弦纹间及第五、六道弦纹间均夹饰箟纹与朱漆点纹组合。盖内通髹朱漆。器身外壁髹黑漆，近口沿处和近底处纹饰皆与盖身外侧纹饰相同。外壁中部朱绘云气纹，内饰戳点纹。器身内壁及内底通髹朱漆。外壁上半部一侧有圆环形卮持，已残。盖口径 10.5、盖高 2.3、卮口径 10、通高 6.8 厘米（彩图二〇九）。

M1 X：4856，形制、尺寸、纹饰与 M1 X：4855 相同。

M1 X：3578，夹纻胎。盖顶正面通髹黑漆，以三道出筋分隔出三圈纹饰。顶心贴饰柿蒂纹银扣，扣外素面，由内至外第一圈纹饰与第三圈纹饰相同，皆针刻四道弦纹。由内至外第二、三道弦纹间夹饰箟纹与套菱纹组合。第二圈纹饰为素面。盖身侧面亦髹黑漆，饰六道弦纹，由上至下第一、二道弦纹间及第五、六道弦纹间均夹饰箟纹与朱漆点纹组合，第三、四道弦纹间夹饰朱漆点纹与横向"S"形纹组合。盖内通髹朱漆。器身外壁髹黑漆，近口沿处和近底处纹饰皆与盖身外侧纹饰相同；外壁中部朱绘云气纹，内饰戳点纹。器身内壁及内底通髹朱漆。外壁上半部一侧有圆环形卮持。盖口径 10.5、盖高 2.3、卮口径 10、通高 9.9 厘米（彩图二一〇）。

M1 X：3575、M1 X：4789、M1 X：4790 共 3 件，形制、尺寸、纹饰与 M1 X：3578 相同。

M1 X：4875，夹纻胎。形制、尺寸、主体纹饰与 M1 X：3578 相同，唯口沿及近底处纹饰略有差异。盖口径 10.5、盖高 2.3、卮口径 10、通高 9.9 厘米（彩图二一一）。

M1 X：4876、M1 X：4877 共 2 件，形制、尺寸、纹饰与 M1 X：4875 相同。

第十四节　十一（XI）区下层出土遗物

北回廊西端十一区下层主要随葬明器车马，明器漆车马已朽尽，仅存车马器构件及明器兵器等遗物 81 件（组），包括铜器、铁器、漆器（图四一二）。

一　铜器

77 件（组）。包括车马器、兵器、日常生活用器。

（一）车马器

61 件。

1. 盖弓帽

5 件。C 型。圆柱形，近帽首处有一钩。清理时大多数呈伞状分布。

M1 XI：405，素面。口径 0.58、残长 4.62 厘米（图四一三，2）。

M1 XI：403、M1 XI：404、M1 XI：406、M1 XI：407 共 4 件，形制、尺寸与 M1 XI：405 基本相同。

2. 车軎

2 件。A 型。形制相同。圆筒形，内侧与毂相接处较粗。軎中部饰一道箍状纹，近内侧有一贯辖孔。

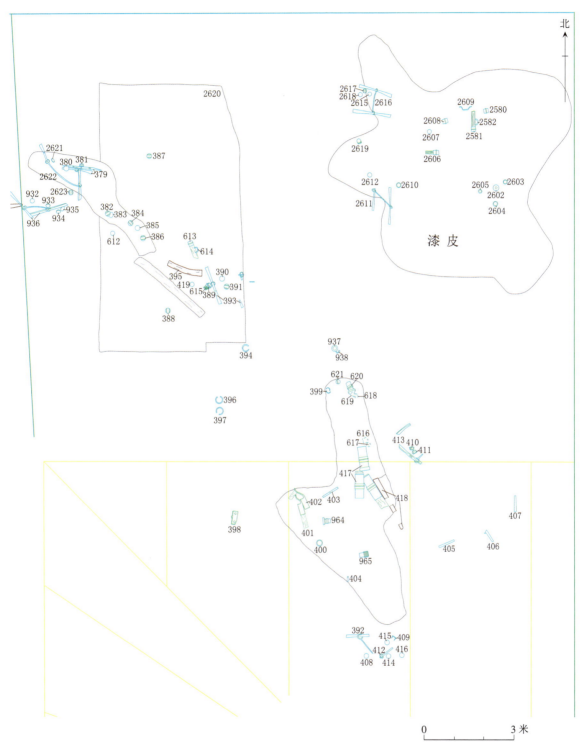

图四一二 十一区下层出土遗物平面图（数字为器物编号）

M1 XI：964，外径 2.4、内径 1.4、长 2.5 厘米（图四一三，6）。

M1 XI：620，形制、尺寸与 M1 XI：964 基本相同。

3. 辖

3 件。B 型。平面为半圆形。

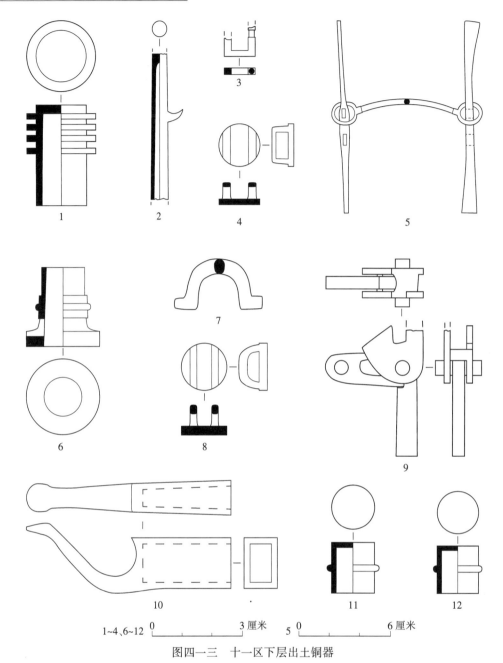

图四一三 十一区下层出土铜器

1. A 型帽饰（M1 XI：965） 2. C 型盖弓帽（M1 XI：405） 3. B 型带扣（M1 XI：938） 4、8. B 型节约（M1 XI：380、M1 XI：2612）
5. 马衔镳（M1 XI：379） 6. A 型车軎（M1 XI：964） 7. B 型辖（M1 XI：2609） 9. B 型弩机（M1 XI：398） 10. B 型承弓器（M1
XI：401） 11、12. 衡末（M1 XI：613、M1 XI：2581）

M1 XI：2609，截面近菱形，两脚外折平直。脚距长 2.9、高 1.6 厘米（图四一三，7）。

M1 XI：614、M1 XI：2582 共 2 件，尺寸与 M1 XI：2609 基本相同。

4. 帽饰

1 件。A 型。

M1 XI：965，长圆筒形。顶端饰四道凸弦纹。帽径 2.25、长 3.2、銎径 1.65 厘米（图四一三，1）。

5. 衡末

6 件。形制相同。圆筒形，一端封闭。

M1ⅩⅠ：613，中部饰一周箍状纹。长 1.6、銎径 1.4 厘米（图四一三，11）。

M1ⅩⅠ：2581，中部饰一周箍状纹。长 1.5、銎径 1.35 厘米（图四一三，12；彩版四六九，1）。

M1ⅩⅠ：615、M1ⅩⅠ：2580、M1ⅩⅠ：2606、M1ⅩⅠ：2607 共 4 件，尺寸与 M1ⅩⅠ：613、M1ⅩⅠ：2581 基本相同。

6. 带扣

1 件。B 型。清理时，带扣内革带均已朽尽，器物间相互位置大多不明。

M1ⅩⅠ：938，长方形，半边已残，一边中部穿饰一长条形活动扣针。残长 0.98、宽 1 厘米（图四一三，3）。

7. 马衔镳

8 组。每组器物由马衔 1 件及马镳 2 件组成，均为明器。清理时，明器漆木马已朽尽，马衔镳散落、残损严重。

M1ⅩⅠ：379，圆弧形衔，衔端各有一圆环，环内各穿一马镳。镳中部凸起，内有两长方形穿孔。衔长 9.78、环径 1.6、镳长 12.2 厘米（图四一三，5）。

M1ⅩⅠ：392 与 M1ⅩⅠ：412、M1ⅩⅠ：393、M1ⅩⅠ：413、M1ⅩⅠ：936、M1ⅩⅠ：2611、M1ⅩⅠ：2616、M1ⅩⅠ：2622 共 7 组，形制、尺寸与 M1ⅩⅠ：379 基本相同。

8. 节约

35 件。B 型。正面呈圆形，背面有两长方形穿。

M1ⅩⅠ：380，直径 1.35、高 0.7 厘米（图四一三，4）。

M1ⅩⅠ：2612，直径 1.5、高 0.95 厘米（图四一三，8；彩版四六九，2）。

M1ⅩⅠ：381～M1ⅩⅠ：391、M1ⅩⅠ：408～M1ⅩⅠ：411、M1ⅩⅠ：414～M1ⅩⅠ：416、M1ⅩⅠ：419、M1ⅩⅠ：612、M1ⅩⅠ：621、M1ⅩⅠ：932～M1ⅩⅠ：935、M1ⅩⅠ：2608、M1ⅩⅠ：2610、M1ⅩⅠ：2615、M1ⅩⅠ：2617～M1ⅩⅠ：2619、M1ⅩⅠ：2621、M1ⅩⅠ：2623 共 33 件，形制、尺寸与 M1ⅩⅠ：380、M1ⅩⅠ：2612 基本相同。

（二）兵器

3 件。

1. 弩机

1 件。B 型。由郭、望山、钩心、悬刀、键等构件组合而成。

M1ⅩⅠ：398，器形较小，当为明器。郭长 3.16、郭宽 0.94、望山高 1.08 厘米（图四一三，9）。

2. 承弓器

2 件。B 型。

M1ⅩⅠ：401，器身前部下端向斜上方弯曲，末端向前平伸，后部为长方形銎。通体鎏金。通长 6.7、銎长 1.6、銎宽 1.1 厘米（图四一三，10；彩版四六九，4）。

M1ⅩⅠ：402，形制、尺寸与 M1ⅩⅠ：401 相同。

（三）日常生活用器

13 件。环。依形制差异，分二型。

A 型 10 件。环身截面呈圆形。

M1ⅩⅠ：617，器形较小。外径 2.2、厚 0.32 厘米（图四一四，2）。

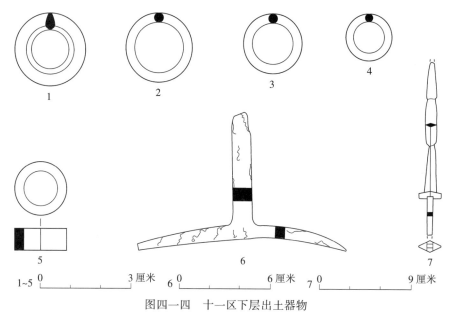

图四一四   十一区下层出土器物

1. B 型铜环（M1XI：394）   2～4. A 型铜环（M1XI：617、M1XI：399、M1XI：616）   5. 铁铜（M1XI：619）

6. "T" 形铁器（M1XI：395）   7. B 型铁剑（M1XI：418）

M1XI：399，器形较小。外径 1.9、厚 0.3 厘米（图四一四，3）。

M1XI：616，器形较小。外径 1.5、厚 0.25 厘米（图四一四，4）。

M1XI：396、M1XI：397、M1XI：400、M1XI：618、M1XI：2603～M1XI：2605 共 7 件，形制、尺寸与 M1XI：617、M1XI：399、M1XI：616 基本相同。

B 型   3 件。环身截面近扁圆形。

M1XI：394，外径 2.32、厚 0.38 厘米（图四一四，1）。

M1XI：937、M1XI：2602 共 2 件，形制、尺寸与 M1XI：394 相同。

二　铁器

3 件（组）。包括车马器、兵器、日常生活用器。

（一）车马器

1 件。铜。

M1XI：619，短圆管形。长 0.7、外径 1.7、壁厚 0.3 厘米（图四一四，5；彩版四六九，3）。

（二）兵器

1 件。剑。B 型。

M1XI：418，明器。剑身较长，断面呈菱形，格为铜质，茎首端残。剑身残长 12.4、最宽处 1.25、通长 16.5、格宽 2.15 厘米（图四一四，7）。

（三）日常生活用器

1 件。"T" 形器。

M1Ⅺ:395，平面大致呈 T 形。长 13.6、宽 8 厘米（图四一四，6；彩版四六九，5）。

三 漆器

1 件。笥。

M1Ⅺ:2620，夹纻胎。长方形。器表通髹黑漆。内饰朱绘云气纹，边栏残损。残长 56.3、残宽 32 厘米（彩图二一二）。

第十五节 十二（Ⅻ）区下层出土遗物

北回廊西部十二区下层主要随葬明器车马，明器漆车马已朽尽，仅存车马器构件及明器兵器等遗物 69 件（组），包括铜器、铁器。在十二区中部出土一套伞柄，伞柄周围有呈伞状分布的盖弓帽同出（图四一五）。

一 铜器

58 件（组）。包括车马器、兵器、日常生活用器。

（一）车马器

47 件。

1. 盖弓帽

20 件。C 型。圆柱形，近帽首处有一钩。清理时大多数呈伞状分布。

M1Ⅻ:2540，素面。长 5.62、口径 0.6 厘米（图四一六，1；彩版四六九，6）。

M1Ⅻ:2532~M1Ⅻ:2536、M1Ⅻ:2548、M1Ⅻ:2551~M1Ⅻ:2553、M1Ⅻ:2559、M1Ⅻ:2560、M1Ⅻ:2567~M1Ⅻ:2572、M1Ⅻ:2591、M1Ⅻ:2600 共 19 件，形制、尺寸与 M1Ⅻ:2540 基本相同。

2. 伞柄箍饰

1 套。M1Ⅻ:2550，漆木柄已朽，长度不明。两组箍饰由上下两节铜箍采用圆筒套接的方式组合而成，其上各饰三周箍状纹。均长 14.2 厘米、管径 2.3 厘米（图四一六，10）。

3. 车軎

3 件。A 型。圆筒形，内侧与毂相接处较粗。軎中部饰一道箍状纹，近内侧有一贯辖孔。

M1Ⅻ:2573，外径 2.4、内径 1.35、长 2.5 厘米（图四一六，3）。

M1Ⅻ:2577、M1Ⅻ:2595 共 2 件，尺寸与 M1Ⅻ:2573 基本相同。

4. 兽首构件

1 件。M1Ⅻ:2554，前端为兽首，张口大眼，双目外凸，后端有一椭圆形銎。长 1.7、宽 1.9、高 1.25 厘米（图四一六，8）。

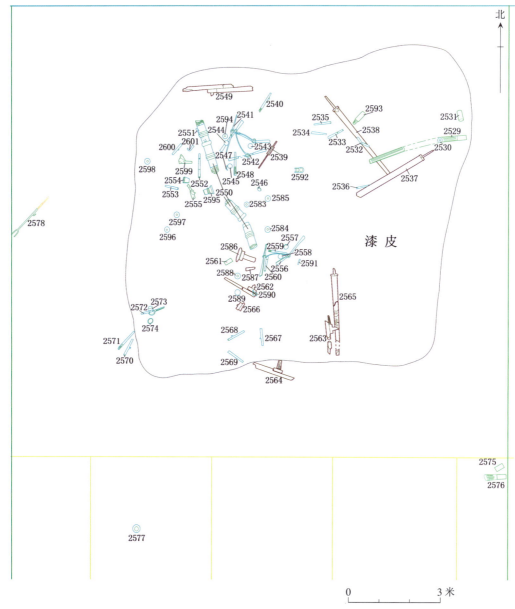

图四一五　十二区下层出土遗物平面图（数字为器物编号）

5. 钩

1 件。B 型。

M1XⅡ：2601，器形较小。一端上翘呈钩状，另一端有圆形銎。素面。长 2、銎径 0.7 厘米（图四一六，7）。

6. 带扣

2 件。A 型。清理时，带扣内革带均已朽尽，器物间相互位置大多不明。器身扁平，由长方形与圆形两个穿孔组成。

M1XⅡ：2592，长 2.35、宽 1.45 厘米（图四一六，9；彩版四六九，7）。

M1XⅡ：2590，形制、尺寸与 M1XⅡ：2592 基本相同。

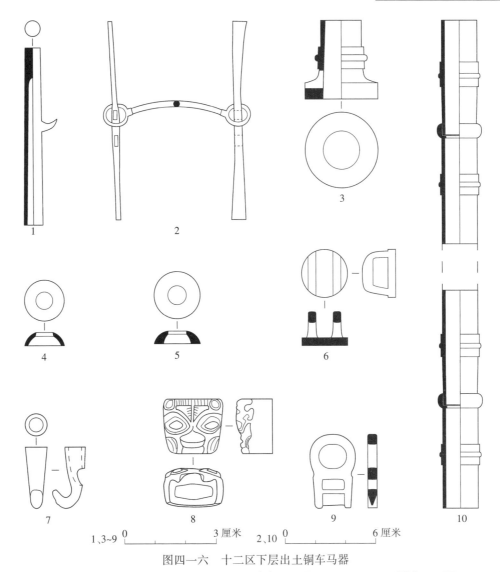

1、3~9　0　　　　　　　3厘米　　2、10　0　　　　　　6厘米

图四一六　十二区下层出土铜车马器

1. C 型盖弓帽（M1ⅩⅡ：2540）　2. 马衔镳（M1ⅩⅡ：2541）　3. A 型车軎（M1ⅩⅡ：2573）　4、5. A 型节约（M1ⅩⅡ：2530、M1ⅩⅡ：2598）　6. B 型节约（M1ⅩⅡ：2543）　7. B 型钩（M1ⅩⅡ：2601）　8. 兽首构件（M1ⅩⅡ：2554）　9. A 型带扣（M1ⅩⅡ：2592）　10. 伞柄箍饰（M1ⅩⅡ：2550）

　　7. 马衔镳

　　3 组。每组器物由马衔 1 件及马镳 2 件组成，均为明器。清理时，明器漆木马已朽尽，马衔镳散落、残损严重。

　　M1ⅩⅡ：2541，圆弧形衔，衔端各有一圆环，环内各穿一马镳。镳中部凸起，内有两长方形穿孔。衔长 9.56、环径 1.5、镳长 12.6 厘米（图四一六，2）。

　　M1ⅩⅡ：2542、M1ⅩⅡ：2556 共 2 组，形制、尺寸与 M1ⅩⅡ：2541 基本相同。

　　8. 节约

　　16 件。依形制差异，分二型。

　　A 型　9 件。圆帽形，顶心有圆形或长方形孔，内部中空。清理时，器物间的整体关系大多因隔板坍塌而无法确定。

　　M1ⅩⅡ：2530，顶心有一圆孔。底径 1.32、孔径 0.55、高 0.4 厘米（图四一六，4）。

M1Ⅻ：2598，顶心有一圆孔。底径 1.5、孔径 0.6、高 0.38 厘米（图四一六，5）。

M1Ⅻ：2583 ~ M1Ⅻ：2585、M1Ⅻ：2588、M1Ⅻ：2594、M1Ⅻ：2596、M1Ⅻ：2597 共 7 件，形制、尺寸与 M1Ⅻ：2530、M1Ⅻ：2598 基本相同。

B 型　7 件。正面呈圆形，背面有两长方形穿。

M1Ⅻ：2543，直径 1.52、高 1.1 厘米（图四一六，6）。

M1Ⅻ：2544 ~ M1Ⅻ：2546、M1Ⅻ：2557、M1Ⅻ：2558、M1Ⅻ：2589 共 6 件，形制、尺寸与 M1Ⅻ：2543 基本相同。

（二）兵器

8 件。

1. 镦

6 件。G 型。器口平面近桃形，器表大多鎏金。器形较小，均为明器。

M1Ⅻ：2529，器表素面。口径 1.4、高 3 厘米（图四一七，1）。

M1Ⅻ：2531、M1Ⅻ：2561、M1Ⅻ：2575、M1Ⅻ：2576、M1Ⅻ：2593 共 5 件，形制、尺寸与 M1Ⅻ：2529 基本相同。

2. 弩机

2 件。B 型。由郭、望山、钩心、悬刀、键等构件组合而成。器形较小，当为明器。

M1Ⅻ：2599，郭长 3.17、郭宽 0.98、望山高 1.07 厘米（图四一七，2）。

M1Ⅻ：2555，形制、尺寸与 M1Ⅻ：2599 基本相同。

（三）日常生活用器

3 件。

1. 环

2 件。A 型。环身截面呈圆形。

M1Ⅻ：2574，器形较小。外径 2.18、厚 0.27 厘米（图四一七，6）。

M1Ⅻ：2547，形制、尺寸与 M1Ⅻ：2574 基本相同。

2. 构件

1 件。M1Ⅻ：2578，细长圆柱形，顶端呈叉状，中部有一钩，底端有一圆锥状插芯。通长 16.2 厘米（图四一七，3；彩版四七〇，1）。

二　铁器

11 件（组）。均为兵器。

1. 戟

8 件。B 型。皆为明器。

M1Ⅻ：2564，"卜"字形铁戟，援与内结合处有截面呈圆形的铜柲帽。残长 12、枝残长 5.46、柲帽长 2.85 厘米（图四一七，5）。

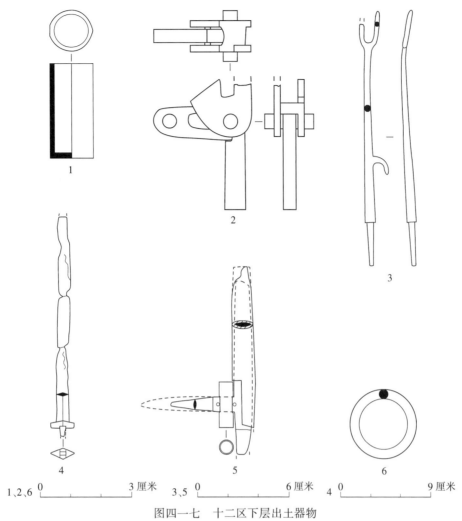

图四一七 十二区下层出土器物

1. G 型铜镦（M1XII：2529） 2. B 型铜弩机（M1XII：2599） 3. 铜构件（M1XII：2578）

4. B 型铁剑（M1XII：2565） 5. B 型铁戟（M1XII：2564） 6. A 型铜环（M1XII：2574）

M1XII：2539、M1XII：2549、M1XII：2562、M1XII：2563、M1XII：2566、M1XII：2586、M1XII：2587 共 7 件，形制、尺寸与 M1XII：2564 相同。

2. 剑

3 件。B 型。形制相同，皆为明器。

M1XII：2565，剑身较长，断面呈菱形，格为铜质，茎首残。剑身残长 19.65、最宽处 1.17、通长 20.75、格宽 2.28 厘米（图四一七，4）。

M1XII：2537、M1XII：2538 共 2 件，形制、尺寸与 M1XII：2565 相同。

第十六节 十三（XIII）区下层出土遗物

北回廊东部十三区下层主要随葬明器车马，明器漆车马已朽尽，仅存车马器构件及明器兵器等遗物 301 件（组），包括铜器、铁器等（图四一八）。

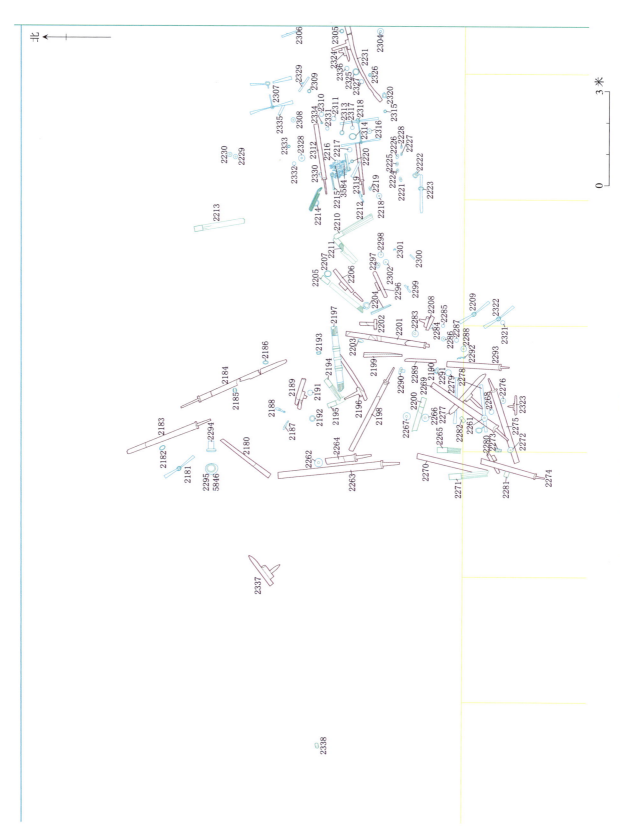

图四一八　十三区下层出土遗物平面图（数字为器物编号）

一　铜器

273 件（组）。包括车马器、兵器、日常生活用器等。

（一）车马器

239 件。

1. 盖弓帽

5 件。C 型。圆柱形，近帽首处有一钩。清理时大多数呈伞状分布。

M1ⅩⅢ：2306，素面。口径 0.7、长 5.72 厘米（图四一九，1）。

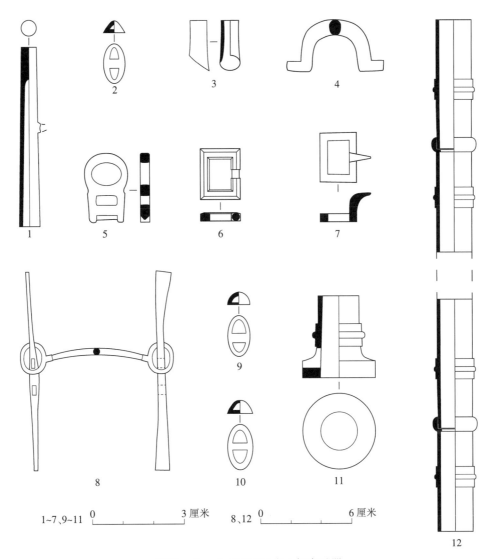

1~7、9~11　0　　　　3 厘米　　　8、12　0　　　　6 厘米

图四一九　十三区下层出土铜车马器

1. C 型盖弓帽（M1ⅩⅢ：2306）　　2、9、10. D 型泡饰（M1ⅩⅢ：2219、M1ⅩⅢ：2228、M1ⅩⅢ：2227）　3. 马蹄形管饰（M1ⅩⅢ：3584 − 153）　4. B 型軎（M1ⅩⅢ：2214）　5. A 型带扣（M1ⅩⅢ：2222）　6、7. B 型带扣（M1ⅩⅢ：2193、M1ⅩⅢ：2320）　8. 马衔镳（M1ⅩⅢ：2215）　11. A 型车軎（M1ⅩⅢ：2290）　12. 伞柄箍饰（M1ⅩⅢ：2197）

M1ⅩⅢ：2299、M1ⅩⅢ：2300、M1ⅩⅢ：2329、M1ⅩⅢ：2335 共 4 件，形制、尺寸与 M1ⅩⅣ：2306 基本相同。

2. 伞柄箍饰

1 套。M1ⅩⅢ：2197，与 M1ⅩⅣ：2248 为一套。漆木柄已朽，长度不明。两组箍饰由上下两节铜箍采用圆筒套接方式组合而成，其上各饰三周箍状纹。均长 14.75、管径 2.3 厘米（图四一九，12）。

3. 车軎

2 件。A 型。圆筒形，内侧与毂相接处较粗。軎中部饰一道箍状纹，近内侧有一贯辖孔。

M1ⅩⅢ：2290，外径 2.4、内径 1.35、长 2.6 厘米（图四一九，11）。

M1ⅩⅢ：2348，形制、尺寸与 M1ⅩⅢ：2290 基本相同。

4. 辖

2 件。B 型。平面为半圆形。

M1ⅩⅢ：2214，截面近菱形，两脚外折平直。脚距长 3.2、高 1.65 厘米（图四一九，4）。

M1ⅩⅢ：2301，形制、尺寸与 M1ⅩⅢ：2214 基本相同。

5. 马蹄形管饰

1 件。M1ⅩⅢ：3584－153，中空圆筒形，顶端平口，底端斜口。长 1.6、顶端管径 0.55 厘米（图四一九，3）。

6. 带扣

4 件。清理时，带扣内革带已朽尽，器物间相互位置大多不明。依形制差异，分二型。

A 型 2 件。器身扁平，由长方形与圆形两个穿孔组成。

M1ⅩⅢ：2222，长 2.2、宽 1.4 厘米（图四一九，5）。

M1ⅩⅢ：2273，形制、尺寸与 M1ⅩⅢ：2222 基本相同。

B 型 2 件。长方形。

M1ⅩⅢ：2320，一边中部有一弯钩。长 1.7、宽 1.6 厘米（图四一九，7；彩版四六九，8）。

M1ⅩⅢ：2193，一边中部穿饰一长条形活动扣针。长 1.6、宽 1.3 厘米（图四一九，6）。

7. 泡饰

23 件。D 型。平面近椭圆形。正面素面。背面中空，底部有一横穿。

M1ⅩⅢ：2219，底长轴 1.25、底短轴 0.7、高 0.38 厘米（图四一九，2）。

M1ⅩⅢ：2227，底长轴 1.4、底短轴 0.8、高 0.43 厘米（图四一九，10；彩版四七〇，2）。

M1ⅩⅢ：2228，底长轴 1.3、底短轴 0.7、高 0.4 厘米（图四一九，9）。

M1ⅩⅢ：2224～M1ⅩⅢ：2226、M1ⅩⅢ：3584－156～M1ⅩⅢ：3584－172 共 20 件，形制、尺寸与 M1ⅩⅢ：2219、M1ⅩⅢ：2227、M1ⅩⅢ：2228 基本相同。

8. 马衔镳

8 组。每组器物由马衔 1 件及马镳 2 件组成，均为明器。清理时，明器漆木马已朽尽，马衔镳散落、残损严重。

M1ⅩⅢ：2215，圆弧形衔，衔端各有一圆环，环内各穿一马镳。镳中部凸起，内有两长方形穿孔。衔长 10、环径 2、镳长 12.68 厘米（图四一九，8；彩版四七〇，3）。

M1ⅩⅢ：2181、M1ⅩⅢ：2204、M1ⅩⅢ：2209 与 M1ⅩⅢ：2322、M1ⅩⅢ：2223、M1ⅩⅢ：2278、M1ⅩⅢ：2307、M1ⅩⅢ：2318 共 7 件，形制、尺寸与 M1ⅩⅢ：2215 基本相同（彩版四七〇，4）。

9. 节约

39 件。依形制差异，分三型。

A 型　24 件。圆帽形，顶心有圆形或长方形孔，内部中空。清理时，器物间的整体关系大多因隔板坍塌而无法确定。

M1ⅩⅢ：2229，顶心有一圆孔。底径 1.9、孔径 0.72、高 0.5 厘米（图四二〇，1）。

M1ⅩⅢ：2230、M1ⅩⅢ：2262、M1ⅩⅢ：2266、M1ⅩⅢ：2267、M1ⅩⅢ：2272、M1ⅩⅢ：2276、M1ⅩⅢ：2283、M1ⅩⅢ：2285～M1ⅩⅢ：2288、M1ⅩⅢ：2304、M1ⅩⅢ：2308、M1ⅩⅢ：2316、M1ⅩⅢ：2328、M1ⅩⅢ：2330、M1ⅩⅢ：2332 共 17 件，形制、尺寸与 M1ⅩⅢ：2229 基本相同。

M1ⅩⅢ：2261，顶心有一方形孔。底径 1.8、孔径 0.8、高 0.45 厘米（图四二〇，2）。

M1ⅩⅢ：2302，顶心有一长方形孔。底径 2、孔长 0.8、孔宽 0.5、高 0.5 厘米（图四二〇，3）。

M1ⅩⅢ：2203、M1ⅩⅢ：2221、M1ⅩⅢ：2297、M1ⅩⅢ：2298 共 4 件，形制、尺寸与 M1ⅩⅢ：2302、M1ⅩⅢ：2261 基本相同。

B 型　6 件。正面呈圆形，背面有两长方形穿。

M1ⅩⅢ：2185，直径 1.4、高 0.9 厘米（图四二〇，4）。

M1ⅩⅢ：2191、M1ⅩⅢ：2268、M1ⅩⅢ：2279、M1ⅩⅢ：2284、M1ⅩⅢ：2321 共 5 件，形制、尺寸与 M1ⅩⅢ：2185 基本相同。

C 型　9 件。正面半圆球形饰一熊，四足抱膝，背面有两长方形穿。

M1ⅩⅢ：2217，直径 1.62、高 1.38 厘米（图四二〇，6；彩版四七〇，5）。

M1ⅩⅢ：2336，形制、尺寸、纹饰与 M1ⅩⅢ：2217 基本相同（彩版四七一，1）。

M1ⅩⅢ：2216，直径 1.5、高 1.18 厘米（图四二〇，8）。

M1ⅩⅢ：2218、M1ⅩⅢ：2310、M1ⅩⅢ：2311、M1ⅩⅢ：2317、M1ⅩⅢ：2327、M1ⅩⅢ：2331 共 6 件，形制、尺寸、纹饰与 M1ⅩⅢ：2216 基本相同。

10. 管饰

154 件。形制相同，器表大多鎏金，部分器物残损严重，几呈碎屑。

M1ⅩⅢ：3584－1，长圆管形，内部中空。器表鎏金。管径 0.6、长 1.05 厘米（图四二〇，7）。

M1ⅩⅢ：3584－15，长圆管形，内部中空。器表鎏金。管径 0.65、长 0.75 厘米（图四二〇，10）。

M1ⅩⅢ：3584－2～M1ⅩⅢ：3584－14、M1ⅩⅢ：3584－17～M1ⅩⅢ：3584－19、M1ⅩⅢ：3584－21～M1ⅩⅢ：3584－152、M1ⅩⅢ：3584－154、M1ⅩⅢ：3584－155 共 150 件，形制、尺寸与 M1ⅩⅢ：3584－1、M1ⅩⅢ：3584－15 基本相同。

M1ⅩⅢ：3584－16，"T"形铜管，内部中空。器表鎏金。管径 0.8、长 1 厘米（图四二〇，16）。

M1ⅩⅢ：3584－20，形制、尺寸与 M1ⅩⅢ：3584－16 相同。

（二）兵器

12 件。

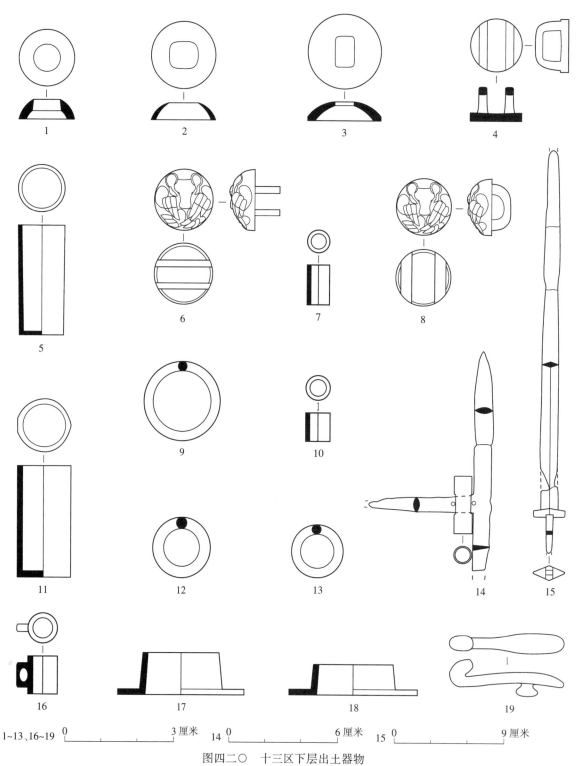

1~13、16~19 0 _____ 3厘米 14 0 _____ 6厘米 15 0 _____ 9厘米

图四二〇 十三区下层出土器物

1~3. A型铜节约（M1XⅢ:2229、M1XⅢ:2261、M1XⅢ:2302） 4. B型铜节约（M1XⅢ:2185） 5. D型铜镦（M1XⅢ:2265） 6、8. C型铜节约（M1XⅢ:2217、M1XⅢ:2216） 7、10、16. 铜管饰（M1XⅢ:3584-1、M1XⅢ:3584-15、M1XⅢ:3584-16） 9、12、13. A型铜环（M1XⅢ:2182、M1XⅢ:2207、M1XⅢ:2305） 11. G型铜镦（M1XⅢ:2194） 14. B型铜戟（M1XⅢ:2231） 15. B型铁剑（M1XⅢ:2180） 17、18. 铜构件（M1XⅢ:2291、M1XⅢ:2190） 19. A型铜带钩（M1XⅢ:2187）

镦。依形制与纹饰差异，分二型。

D 型　3 件。器口平面呈圆形，器表大多鎏金。器形较小，均为明器。

M1ⅩⅢ：2265，口径 1.3、高 2.9 厘米（图四二〇，5）。

M1ⅩⅢ：2282、M1ⅩⅢ：2338 共 2 件，形制、尺寸与 M1ⅩⅢ：2265 基本相同。

G 型　9 件。器口平面近桃形，器表大多鎏金。器形较小，均为明器。

M1ⅩⅢ：2194，器表素面。口径 1.45、高 2.95 厘米（图四二〇，11；彩版四七一，2）。

M1ⅩⅢ：2195、M1ⅩⅢ：2200、M1ⅩⅢ：2205、M1ⅩⅢ：2210、M1ⅩⅢ：2211、M1ⅩⅢ：2213、M1ⅩⅢ：2271、M1ⅩⅢ：2281 共 8 件，形制、尺寸与 M1ⅩⅢ：2194 基本相同。

（三）日常生活用器

22 件。

1. 带钩

4 件。A 型。器形较小。琵琶形钩身，圆形钩首，下有一圆纽。

M1ⅩⅢ：2187，长 3.12、宽 0.53、高 0.65 厘米（图四二〇，19；彩版四七一，3）。

M1ⅩⅢ：2188、M1ⅩⅢ：2212、M1ⅩⅢ：2292 共 3 件，形制、尺寸与 M1ⅩⅢ：2187 相同。

2. 环

14 件。A 型。器形较小。环身截面呈圆形。

M1ⅩⅢ：2182，外径 2.1、厚 0.25 厘米（图四二〇，9）。

M1ⅩⅢ：2207，外径 1.6、厚 0.3 厘米（图四二〇，12）。

M1ⅩⅢ：2305，外径 1.4、厚 0.25 厘米（图四二〇，13）。

M1ⅩⅢ：2186、M1ⅩⅢ：2192、M1ⅩⅢ：2220、M1ⅩⅢ：2309、M1ⅩⅢ：2313～M1ⅩⅢ：2315、M1ⅩⅢ：2325、M1ⅩⅢ：2326、M1ⅩⅢ：2333、M1ⅩⅢ：2334 共 11 件，形制、尺寸与 M1ⅩⅢ：2182、M1ⅩⅢ：2207、M1ⅩⅢ：2305 基本相同。

3. 构件

4 件。

M1ⅩⅢ：2291，整体与车軎相同，推测亦为车构件之一部分。内外皆为圆形，内部中空。口径 2.1、底径 3.5、高 1.1 厘米（图四二〇，17；彩版四七一，4）。

M1ⅩⅢ：2295，形制、尺寸与 M1ⅩⅢ：2291 相同（彩版四七一，5）。

M1ⅩⅢ：2190，器形略小。口径 2.1、底径 3.5、高 0.8 厘米（图四二〇，18；彩版四七一，6）。

M1ⅩⅢ：5846，形制、尺寸与 M1ⅩⅢ：2190 相同（彩版四七一，7）。

二　铁器

28 件（组）。均为兵器。

1. 戟

12 件。B 型。皆为明器。

M1ⅩⅢ：2231，"卜"字形铁戟，援与内结合处有截面呈圆形的铜秘帽。残长 11.6、枝残长 6.6、秘帽长 3 厘米（图四二〇，14）。

M1ⅩⅢ：2189、M1ⅩⅢ：2196、M1ⅩⅢ：2202、M1ⅩⅢ：2206、M1ⅩⅢ：2208、M1ⅩⅢ：2277、M1ⅩⅢ：2280、M1ⅩⅢ：2296、M1ⅩⅢ：2323、M1ⅩⅢ：2324、M1ⅩⅢ：2337 共 11 件，形制、尺寸与 M1ⅩⅢ：2231 相同。

2. 剑

16 件。B 型。形制相同，皆为明器。

M1ⅩⅢ：2180，剑身较长，断面呈菱形，格为铜质，茎首端残。剑身残长 28.45、最宽处 1.29、通长 32、格宽 2.58 厘米（图四二〇，15）。

M1ⅩⅢ：2183、M1ⅩⅢ：2184、M1ⅩⅢ：2198、M1ⅩⅢ：2199、M1ⅩⅢ：2201、M1ⅩⅢ：2263、M1ⅩⅢ：2264、M1ⅩⅢ：2269、M1ⅩⅢ：2270、M1ⅩⅢ：2274、M1ⅩⅢ：2275、M1ⅩⅢ：2289、M1ⅩⅢ：2293、M1ⅩⅢ：2312、M1ⅩⅢ：2319 共 15 件，形制、尺寸与 M1ⅩⅢ：2180 相同（彩版四七二，1）。

第十七节　十四（ⅩⅣ）区下层出土遗物

北回廊东部十四区下层主要随葬明器车马，明器漆车马已朽尽，仅存车马器构件及明器兵器等遗物 221 件（组），包括铜器、铁器等（图四二一）。

一　铜器

197 件（组）。包括车马器、兵器、日常生活用器。

（一）车马器

180 件。

1. 盖弓帽

22 件。C 型。圆柱形，近帽首处有一钩。清理时大多数呈伞状分布。

M1ⅩⅣ：2340，素面。口径 0.62、长 5.6 厘米（图四二二，3；彩版四七二，2）。

M1ⅩⅣ：2238 ~ M1ⅩⅣ：2246、M1ⅩⅣ：2341 ~ M1ⅩⅣ：2343、M1ⅩⅣ：2350、M1ⅩⅣ：2356、M1ⅩⅣ：2357、M1ⅩⅣ：2365 ~ M1ⅩⅣ：2368、M1ⅩⅣ：4520、M1ⅩⅣ：4521 共 21 件，形制、尺寸与 M1ⅩⅣ：2340 基本相同。

2. 车軎

1 件。A 型。

M1ⅩⅣ：2348，圆筒形，内侧与毂相接处较粗。軎中部饰一道箍状纹，近内侧有一贯辖孔。外径 2.5、内径 1.5、长 2.6 厘米（图四二二，1）。

3. 辖

2 件。B 型。平面为半圆形。

图四二一　十四区下层出土遗物平面图（数字为器物编号）

M1ⅩⅣ：2448，截面近菱形，两脚外折平直。脚距长 2.6、高 1.68 厘米（图四二二，10；彩版四七二，3）。

M1ⅩⅣ：2435，形制、尺寸与 M1ⅩⅣ：2448 基本相同。

4. 帽饰

2 件。A 型。长圆筒形。

M1ⅩⅣ：2303，顶端饰四道凸弦纹。长 2.9、帽径 2.2、銎径 1.6 厘米（图四二二，4）。

M1ⅩⅣ：2364，形制、尺寸与 M1ⅩⅣ：2303 基本相同。

5. 衡末

2 件。形制相同。圆筒形，一端封闭。

M1ⅩⅣ：2434，中部饰一周箍状纹。长 1.6、銎径 1.4 厘米（图四二二，11；彩版四七二，4）。

M1ⅩⅣ：2437，形制、尺寸与 M1ⅩⅣ：2434 基本相同。

6. 軏足饰

2 件。形制相同。清理时，漆木质地軏身大多已朽毁。

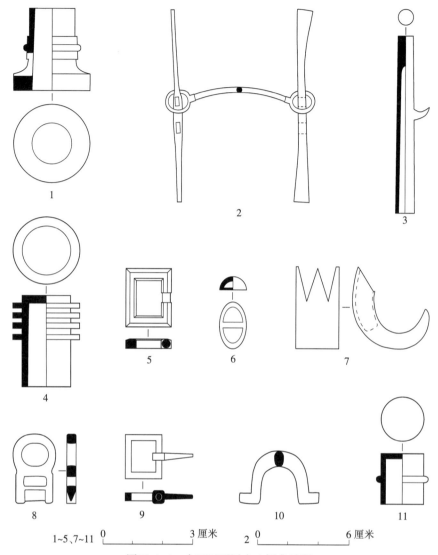

图四二二　十四区下层出土铜车马器

1. A 型车事（M1ⅩⅣ:2348）　2. 马衔镳（M1ⅩⅣ:2249）　3. C 型盖弓帽（M1ⅩⅣ:2340）　4. A 型帽饰（M1ⅩⅣ:2303）
5、9. B 型带扣（M1ⅩⅣ:2237、M1ⅩⅣ:2349）　6. D 型泡饰（M1ⅩⅣ:2433）　7. 轭足饰（M1ⅩⅣ:2424）　8. A 型带扣（M1Ⅹ
Ⅳ:2390）　10. B 型辖（M1ⅩⅣ:2448）　11. 衡末（M1ⅩⅣ:2434）

　　M1ⅩⅣ:2424，弯钩形，内部中空，銎部饰弯曲纹。长 2.5、宽 1.38 厘米（图四二二，7）。

　　M1ⅩⅣ:2255，形制、尺寸与 M1ⅩⅣ:2424 相同。

　　7. 带扣

　　4 件。清理时，带扣内革带均已朽尽，器物间相互位置大多不明。依形制差异，分二型。

　　A 型　2 件。器身扁平，由长方形与圆形两个穿孔组成。

　　M1ⅩⅣ:2390，长 2.2、宽 1.4 厘米（图四二二，8）。

　　M1ⅩⅣ:2429，形制、尺寸与 M1ⅩⅣ:2390 基本相同。

　　B 型　2 件。长方形。

　　M1ⅩⅣ:2349，一边中部穿饰一长条形活动扣针。长 2.24、宽 1.38 厘米（图四二二，9）。

　　M1ⅩⅣ:2237，一边中部穿饰一长条形活动扣针。长 1.85、宽 1.5 厘米（图四二二，5）。

8. 泡饰

2件。D型。平面近椭圆形。背面中空，底部有一横穿。正面素面。

M1M1ⅩⅣ：2433，底长轴1.47、底短轴0.88、高0.43厘米（图四二二，6）。

M1ⅩⅣ：2427，形制、尺寸与M1ⅩⅣ：2433相同。

9. 马衔镳

9组。每组器物由马衔1件及马镳2件组成，均为明器。清理时，明器漆木马已朽尽，马衔镳散落、残损严重。

M1ⅩⅣ：2249，圆弧形衔，衔端各有一圆环，环内各穿一马镳。镳中部凸起，内有两长方形穿孔。衔长9.86、环径1.6、镳长12.2厘米（图四二二，2）。

M1ⅩⅣ：2254与M1ⅩⅣ：2369、M1ⅩⅣ：2363、M1ⅩⅣ：2387～M1ⅩⅣ：2389、M1ⅩⅣ：2411、M1ⅩⅣ：2413、M1ⅩⅣ：4513共8件，形制、尺寸与M1ⅩⅣ：2249基本相同。

10. 节约

45件。依形制差异，分三型。

A型 21件。圆帽形，顶心有圆形或长方形孔，内部中空。清理时，器物间的整体关系大多因隔板坍塌而无法确定。

M1ⅩⅣ：2258，顶心有一圆孔。底径1.6、孔径0.7、高0.42厘米（图四二三，2）。

M1ⅩⅣ：2432，顶心有一圆孔。底径1.7、孔径0.7、高0.6厘米（图四二三，1）。

M1ⅩⅣ：2344、M1ⅩⅣ：2345、M1ⅩⅣ：2359、M1ⅩⅣ：2360、M1ⅩⅣ：2379、M1ⅩⅣ：2414、M1ⅩⅣ：2416、M1ⅩⅣ：2438、M1ⅩⅣ：2446、M1ⅩⅣ：4514～M1ⅩⅣ：4516共12件，形制、尺寸与M1ⅩⅣ：2258、M1ⅩⅣ：2432基本相同。

M1ⅩⅣ：2346，顶心有一长方形孔。底径1.9、孔长0.7、孔宽0.5、高0.5厘米（图四二三，5）。

M1ⅩⅣ：2352，形制、尺寸与M1ⅩⅣ：2346基本相同。

M1ⅩⅣ：2372，顶心有一长方形孔。底径1.9、孔长0.6、孔宽0.5、高0.48厘米（图四二三，6）。

M1ⅩⅣ：2376，顶心有一方形孔。底径1.9、孔径0.65、高0.42厘米（图四二三，9；彩版四七二，5）。

M1ⅩⅣ：4517，顶心有一椭圆形孔。底径1.6、孔长0.7、孔宽0.58、高0.62厘米（图四二三，10）。

M1ⅩⅣ：2373、2378共2件，形制、尺寸与M1ⅩⅣ：4517基本相同。

B型 15件。正面呈圆形，背面有两长方形穿。

M1ⅩⅣ：2250，直径1.45、高0.85厘米（图四二三，3；彩版四七二，6）。

M1ⅩⅣ：2421，直径1.4、高0.8厘米（图四二三，7）。

M1ⅩⅣ：2251、M1ⅩⅣ：2351、M1ⅩⅣ：2353、M1ⅩⅣ：2358、M1ⅩⅣ：2371、M1ⅩⅣ：2374、M1ⅩⅣ：2375、M1ⅩⅣ：2377、M1ⅩⅣ：2381、M1ⅩⅣ：2423、M1ⅩⅣ：2430、M1ⅩⅣ：4518、M1ⅩⅣ：4519共13件，形制、尺寸与M1ⅩⅣ：2250、M1ⅩⅣ：2421基本相同。

C型 9件。正面半圆球形饰一熊，四足抱膝，背面有两长方形穿。

M1ⅩⅣ：2380，直径1.52、高1.3厘米（图四二三，11；彩版四七二，7）。

M1ⅩⅣ：2382、M1ⅩⅣ：2415、M1ⅩⅣ：2417～M1ⅩⅣ：2420、M1ⅩⅣ：2422、M1ⅩⅣ：2431共8件，形制、尺寸、纹饰与M1ⅩⅣ：2380基本相同。

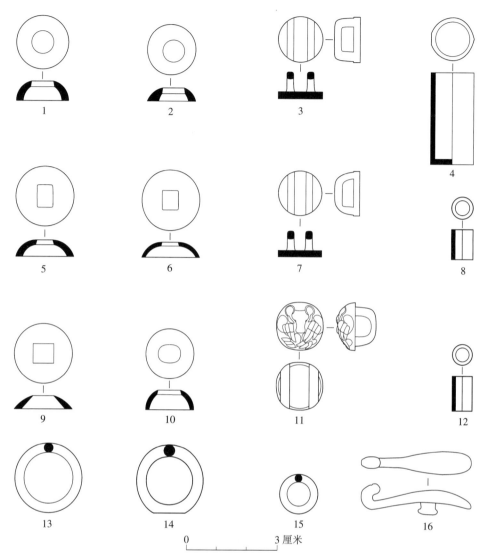

图四二三   十四区下层出土铜器

1、2、5、6、9、10. A 型节约（M1ⅩⅣ：2432、M1ⅩⅣ：2258、M1ⅩⅣ：2346、M1ⅩⅣ：2372、M1ⅩⅣ：2376、M1ⅩⅣ：4517 ）   3、7. B 型节约（M1ⅩⅣ：2250、M1ⅩⅣ：2421 ）   4. G 型镦（M1ⅩⅣ：2247 ）   8、12. 管饰（M1ⅩⅣ：2396、M1ⅩⅣ：3589 - 1 ）   11. C 型节约（M1ⅩⅣ：2380 ）   13、15. A 型环（M1ⅩⅣ：2370、M1ⅩⅣ：2425 ）   14. C 型环（M1ⅩⅣ：2361 ）   16. A 型带钩（M1ⅩⅣ：2362 ）

11. 管饰

89 件。形制相同。器表大多鎏金，部分器物残损严重，几呈碎屑。

M1ⅩⅣ：2396，长圆管形，内部中空。器表鎏金。管径 0.68、长 0.95 厘米（图四二三，8）。

M1ⅩⅣ：3589 - 1，长圆管形，内部中空。器表鎏金。管径 0.65、长 1.12 厘米（图四二三，12）。

M1ⅩⅣ：2397 ~ M1ⅩⅣ：2403、M1ⅩⅣ：2404 - 1 ~ M1ⅩⅣ：2404 - 57、M1ⅩⅣ：2443 - 1 ~ M1ⅩⅣ：2443 - 21、M1ⅩⅣ：3589 - 2、M1ⅩⅣ：3589 - 3 共 87 件，形制、尺寸与 M1ⅩⅣ：2396、M1ⅩⅣ：3589 - 1 基本相同。

（二）兵器

4 件。

镦。G 型。器口平面近桃形，器表大多鎏金。器形较小，均为明器。

M1ⅩⅣ：2247，器表素面。口径 1.4、高 2.9 厘米（图四二三，4；彩版四七三，1）。

M1ⅩⅣ：2391、M1ⅩⅣ：2410、M1ⅩⅣ：4522 共 3 件，形制、尺寸与 M1ⅩⅣ：2247 基本相同。

（三）日常生活用器

13 件。

1. 带钩

2 件。A 型。器形较小。琵琶形钩身，圆形钩首，下有一圆纽。

M1ⅩⅣ：2362，长 3.57、宽 0.74、高 0.78 厘米（图四二三，16）。

M1ⅩⅣ：2426，形制、尺寸与 M1ⅩⅣ：2362 相同。

2. 环

11 件。依形制差异，分二型。

A 型　9 件。环身截面呈圆形。

M1ⅩⅣ：2370，器形较小。外径 2.2、厚 0.3 厘米（图四二三，13）。

M1ⅩⅣ：2425，器形较小。外径 1.25、厚 0.25 厘米（图四二三，15）。

M1ⅩⅣ：2347、M1ⅩⅣ：2383、M1ⅩⅣ：2385、M1ⅩⅣ：2386、M1ⅩⅣ：2436、M1ⅩⅣ：3590、M1ⅩⅣ：4523 共 7 件，形制、尺寸与 M1ⅩⅣ：2370、M1ⅩⅣ：2425 基本相同。

C 型　2 件。

M1ⅩⅣ：2361，近圆形，一端近平，环身截面呈圆形。外径 2.2、厚 0.35 厘米（图四二三，14；彩版四七三，2）。

M1ⅩⅣ：2384，形制、尺寸与 M1ⅩⅣ：2361 相同。

二　铁器

共 24 件（组）。包括车马器、兵器、工具。

（一）车马器

2 件。

1. 釭

1 件。M1ⅩⅣ：2252，短圆管形。外径 2.8、长 0.8、壁厚 0.2 厘米（图四二四，4）。

2. 马衔镳

1 件。M1ⅩⅣ：2354，由马衔 1 件及马镳 2 件组成，为实用器。马衔镳中部残损，两边各有一穿孔，为扁凿形，衔端各有一圆环，环内各穿一马镳。镳为圆柱形，两端各有一圆形穿孔。衔残长 30.6、环径 1.32、镳长 14.7、宽 1.2 厘米（图四二四，5；彩版四七三，3）。

（二）兵器

19 件。

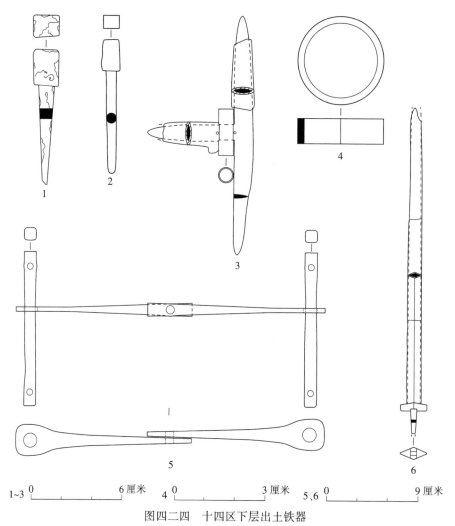

图四二四   十四区下层出土铁器

1、2. A 型钉（M1ⅩⅣ：2428、M1ⅩⅣ：2393）   3. B 型戟（M1ⅩⅣ：2253）   4. 釭（M1ⅩⅣ：2252）

5. 马衔镳（M1ⅩⅣ：2354）   6. B 型剑（M1ⅩⅣ：2256）

1. 戟

9 件。B 型。皆为明器。

M1ⅩⅣ：2253，"卜"字形铁戟，援与内结合处有截面呈圆形的铜柲帽。通长 15、枝长 6.95、柲帽长 3 厘米（图四二四，3）。

M1ⅩⅣ：2232、M1ⅩⅣ：2233、M1ⅩⅣ：2259、M1ⅩⅣ：2260、M1ⅩⅣ：2339、M1ⅩⅣ：2355、M1ⅩⅣ：2447、M1ⅩⅣ：4510 共 8 件，形制、尺寸与 M1ⅩⅣ：2253 相同。

2. 剑

10 件。B 型。形制相同，皆为明器。

M1ⅩⅣ：2256，剑身较长，断面呈菱形，格为铜质，茎首端残。剑身漆鞘保存较好，鞘身顶部平直，前半段截面为椭圆形，剑璏以下部分截面呈菱形。剑身残长 28、最宽处 1.2、通长 31、格宽 2.55 厘米（图四二四，6）。

M1ⅩⅣ：2234～M1ⅩⅣ：2236、M1ⅩⅣ：2257、M1ⅩⅣ：2394、M1ⅩⅣ：2406、M1ⅩⅣ：2407、M1ⅩⅣ：4511、M1ⅩⅣ：4512 共 9 件，形制、尺寸与 M1ⅩⅣ：2256 相同。

（三）工具

3 件。

钉。A 型。

M1ⅩⅣ：2428，器身细长，下端内收为尖状，上端为长方形钉帽。长 8.5 厘米（图四二四，1；彩版四七三，4）。

M1ⅩⅣ：2393，器身细长，下端内收为圆尖状，上端为长方形钉帽。长 8.4 厘米（图四二四，2）。

M1ⅩⅣ：2392，形制、尺寸与 M1ⅩⅣ：2393 相同。

第七章　1号墓墓葬结构

第一节　对1号墓墓圹结构的初步认识

从1号墓的墓圹结构来看，两条斜坡墓道及多层台的大型墓圹配置是典型的西汉诸侯王级别的葬制特征，仅次于天子的"四出羡道"。通过对1号墓墓圹形制及开凿工艺的分析与研究，我们初步获取了如下几点认识：

一、整个墓圹的结构是有规划与设计的。前面说到，1号墓墓道和墓室开口的长条形基槽及础石、包括墓壁上的壁龛平面所在的东西向轴线的间距均在5米左右，如果以5米为基数，恰好可以把南墓道南北向均分为9等分（43.4米），墓室南北向分为6等分（30米）、东西向分为5等分（26米）、高度分为4等分（19米），墓口及墓道底宽为1等分（5米），墓室底部东西向宽为3等分（14.6米），南北向长为4等分（19米，以壁面间距为准）。同样把5米的基数代入2号墓的数据中，2号墓南墓道长为6等分（30米），墓室南北长为3等分（15米）、东西宽为3等分（14.4米）、深度为3等分（15米），墓口宽度为1等分（5.7米）。

以上可以说明，墓圹尺寸的规律并不是偶然的，而是预先严密规划设计出来的。1号墓的原有建筑罩棚如果以建筑角度视之，其柱网、开间的等距规律分布是可以理解的。但是筑墓匠人不会为了迁就罩棚的尺寸设计来开凿墓圹，因为无论是墓圹的开凿还是罩棚的搭设，都是受到汉代地面建筑特征的影响，这种特征即是汉代建筑尺度的模数化，是在开凿过程中不自觉代入而产生的结果。当然，这种模数尺寸的推测还需要与整个陵园的尺度相互印证才更加可靠。

二、通过对墓圹细节信息的勘察发掘，基本摸清了罩棚的结构特征，为今后的复原提供了翔实的基础资料。推测墓道及墓室的罩棚形式为人字坡瓦顶，极有可能为早期较为流行的"大叉手"木结构。另外由于墓室的跨度较大，墓底（四层台）东西向最少也要15、16米宽，因此四层台以上的壁龛及墓口最上层的长条形坑不可能直接放置横跨东、西墓壁的过梁，单纯使用横梁也无法解决大跨度受压以致挠度变形的问题。综合三、四层台面上的基础痕迹，和在室内填土中发现的圆木，推测墓室部分底部使用横梁贯穿，上部随着墓圹开口增大则用横置短梁，并通过三、四层台面设置的立柱，两侧逐渐向墓室中部出挑，通过缩减过梁跨度，增加罩棚和"架木"的稳定性，并形成类似"抬梁式"椽架结构。

三、通过对封土、垫土、施工工艺及盗扰信息的全面提取与记录，较为完整地还原了江都王陵陵墓的筑造工艺。由于基岩所属的玄武岩性脆，单纯用人工开凿墓圹难以剥离出较为平整的壁面，也无法对较明显的凹凸进行打磨修面，于是筑墓工人先在基岩初步开凿未经修整的墓圹，再视不同部位的基岩表面分别利用夹岩粒的泥土、土坯砖、石片（经过人工加工）来进行整平，最后用灰白色草拌泥抹于墓室四壁等重要部位。在开凿过程中，工人是有选择性地对不同部位的壁面进行处理。例如墓室部分的三层台、四层台由于仅用作罩棚的结构支撑台面，不用作施工通道，故壁面和台面基本不做修整处理，制作较为粗糙，但是节约了时间和人力，可以看成是一种较为实用的做法。

第二节　对1号墓木质葬具的初步认识

从目前已发现的各地汉代诸侯王木椁墓例来看，分封诸侯使用"黄肠题凑"葬制应是比较普遍的情况，而大云山1号墓所使用的"黄肠题凑"木质葬具是其中规模较大的一例，各项葬制如中字形前后双墓道、玉衣（玉棺）、梓宫、便房、外藏椁一应俱全，制度完备，是西汉诸侯王级别"黄肠题凑"葬制的重大发现。同时，大云山1号墓也是目前已发现的最早完整使用"黄肠题凑"葬制的诸侯王墓例，可见在西汉早期，汉代丧葬制度中的"汉制"因素就已经在江淮地区推行并得到贯彻实施。

关于汉代"黄肠题凑"葬制，最明确的文献见于《汉书·霍光传》："光薨……赐金钱、缯絮，绣被百领。衣五十箧，璧珠玑玉衣，梓宫、便房、黄肠题凑各一具，枞木外藏椁十五具。"又如《汉仪注》载："天子陵中明中高丈二尺四寸，周二丈，内梓宫，次楩椁，柏黄肠题凑。"从种种文献中可知，"黄肠题凑"葬制在西汉属于天子葬制，由"东园"掌管，除帝后使用外，还可由皇帝"赐予"分封诸侯夫妇和重臣使用。其配置不仅仅包括"黄肠题凑"，还包括玉衣（玉棺）、梓宫、便房、外藏椁等一整套葬具。从已发现的"黄肠题凑"墓来看，除天子外，一般会视地域、等级和亲疏情况准许使用除"黄肠题凑"外的一部分或简化的葬具。

大云山1号墓中各葬具的布局位置和文献中记载的黄肠题凑、梓宫、便房、外藏椁的性质功能同样是一一对应、清晰明了的。以"黄肠题凑"为界限，外回廊是外藏椁，里面有不同的功能分区，象征地面不同建筑空间内的生活。"黄肠题凑"以内是正藏椁，包括三重椁室、重棺及之间的回廊。具体情况简述如下：

一　"黄肠题凑"

首先说明的是，大云山1号墓中的"黄肠题凑"实际上是楠木材的"题凑"。关于"题凑"制度，汉代以前的文献虽有记载，但并无约定。如《吕氏春秋·孟冬纪》载："题凑之室，棺椁数袭，积石积炭，以环其外。"高诱注："题凑，复垒。"河北平山县战国中山王墓中出土了带有

"题凑长三尺"铭文的铜板《兆域图》。这说明"题凑"之制始于先秦时期，属于高等级葬制。目前有观点认为河南辉县固围村 2 号战国墓及陕西宝鸡凤翔秦公 1 号大墓均是早期"题凑"葬制的雏形。而到了汉代"题凑"葬制得到强化和发展，在前引《汉书·霍光传》中题凑的材质、做法得到了明确："以柏木黄心，致累棺外，故曰黄肠。木头皆向内，故曰题凑。"即以柏木为材，因其色淡黄故称"黄肠"，以层层方木垒叠成木椁四周高大的框壁结构，因方木端头皆向内，故称"题凑"。因此"黄肠题凑"应是先秦"题凑"葬制发展到汉代的成熟形态。当然汉代亦有用其他木材的"黄肠题凑"，如《史记·滑稽列传》记载："臣请以雕玉为棺，文梓为椁，楩枫豫章为题凑。"但学界一般统称为"黄肠题凑"式木椁墓。在目前发现的西汉时期诸侯王"黄肠题凑"木椁墓中，多数仍使用的是柏木材质的"黄肠题凑"，与文献中的相关记载相符。而与大云山 1 号墓类似、使用楠木材料"黄肠题凑"葬具的还有毗邻大云山、时代稍晚的江苏高邮天山汉墓，且天山汉墓的整个题凑墙还被涂刷黄浆来达到"黄肠"的效果。虽然大云山 1 号墓中的"黄肠题凑"糟朽严重、保存较差，无法看出是否采用同样的涂装方式，但汉代的"黄肠题凑"葬制是有严格的材料及尺度使用标准是毫无疑问的。推测大云山汉墓与天山汉墓使用楠木材"黄肠题凑"的原因可能与当时当地的木材来源或材料加工因素有关。

二 梓宫

梓宫最早见于《史记·高祖本纪》陈留风俗传："沛公起兵野战，丧皇妣于黄乡，天下平定，使使者以梓宫招幽魂，于是丹蛇在水自洒，跃入梓宫，其浴处有遗发，谥曰昭灵夫人。"[1] 是先秦重棺之制的"汉制"称谓，前引《汉书·霍光传》服虔注"梓宫"曰："棺也。"颜注更为清晰："以梓木为之，亲身之棺也。为天子制，故亦称梓宫。"《风俗通义》也载："梓宫者，礼，天子敛以梓器。"可见梓宫同"黄肠题凑"一样，同样限定于天子使用，亦可赏赐。与梓宫相近的还有梓棺见于文献中，《汉旧仪》记："东园秘器作梓棺，素木长丈三尺，崇广四尺。"《后汉书·蔡茂传》也载："赐东园梓棺。"对于梓宫和梓棺是否有着严格的区别，单先进认为有便房的带"黄肠题凑"的王侯墓，其中的套棺可称梓宫，只有便房的王的宗族或侯墓则颇难辨识，至于井椁里的套棺就只能称作梓棺；而刘增德及鲁琪则认为梓宫与梓棺在称谓上没有严格的界限；还有人认为梓宫仅限梓木材的棺木。虽然单先进没有提出充分的依据，但是本文认为，梓宫使用的场景应是有严格限定的，正如同"黄肠题凑"一样，除天子外应依据是否"赐予"而定，从目前发现的情况来看，伴随"黄肠题凑"葬制而出的重棺称为"梓宫"应该问题不大。一般来说梓宫的数量越多，等级越高，但并不绝对，更多的意义在于"名分"。长沙马王堆 1 号墓中使用了梓木材质的四重漆棺，超过了很多诸侯王墓葬使用的规格，但若无特殊原因应只能称为梓棺。

三 便房

便房也是汉代文献才出现的词语，同属高等级"汉制"木质葬具中的重要组成部分。关于便

---

① （西汉）司马迁：《史记》卷八《高祖本记》，中华书局，1952 年，342 页。

房在"黄肠题凑"木椁墓中的位置,学界争议较大,至今尚无定论,因文献记载并不明确且有相互矛盾之处,此处摘录重要的几条解读如下:

一是据前引《汉书·霍光传》汉宣帝赐霍光"便房一具"可见便房是实体葬具。另外,梓宫、便房、"黄肠题凑"由内到外的记叙方式说明便房应位于梓宫与"黄肠题凑"之间。

二是魏人如淳引《汉仪注》云:"天子陵中明中高丈二尺四寸,周二丈,内梓宫,次楩椁、柏'黄肠题凑'。"叙述顺序与前一条文献一致,同样是由内而外,这里的楩椁对应指的应该是便房。

三是《后汉书·礼仪》:"羡道开通,皇帝谒便房。太常导至羡道,去杖,中常侍受,至柩前,谒,伏哭止如仪……诸郊庙祭服皆下便房。"羡道即是墓道,从墓道进入便房至柩前,说明便房应是墓室主体部位,并置棺柩于其中,同时便房还要有一定的空间。

四是东汉人服虔解释便房为"藏中便坐",而唐人颜师古认为:"便房,小曲室也。如氏以为楩木名,非也。"服虔和颜师古对便房位置的指向不同,并且颜师古还试图纠正如淳的观点,但他们的解读似乎都无法同时满足前三条文献中的指向。

如果要同时满足上述主要四类文献的观点,且不与各条文献相矛盾的观点只可能是便房即是"黄肠题凑"内的全部椁室空间,包括可以"便坐"的空间、"仿效生人居住和宴飨之所"及祭奠的核心空间——前室、安放梓宫的棺室空间(后室),以及围绕"黄肠题凑"内藏椁所在的各个"曲室"。从已发现的情况来看,便房如同"黄肠题凑"一样,有却不一定全是楩木材质制作的,但如淳所指便房在墓葬中的次序位置应是无误的;便房不应是单指前室,因根据已有"黄肠题凑"墓实物,各墓前室一般是开敞空间,或跟棺室(后室)合用一椁室空间,不适宜用"具"为单位来描述,然也不应单指内椁,否则排除在便房与"黄肠题凑"间的其他椁木如何称谓?虽然肯定的是先秦棺椁制度在西汉仍沿用,但"汉制"赋予了棺椁全新的内涵:在汉代文献中我们也几乎看不到先秦棺椁制度的描述,却而代之的全是"汉制"称谓:重棺称为梓宫,重椁便可称为便房,一切都赋予了葬具居室化的含义,并相互紧密联系。从形制来看,被称为便房的椁室空间对外及内部设有很多门(窗)扇,包括内藏椁,这是便房称为"房"并区别于外藏椁(箱)的必要特征。因此,大云山1号墓中的外椁、中椁和内椁所组成的椁室空间应该就是文献中所称的便房。

可以说,便房其实才是"汉制"葬俗中最为核心的内容,他深刻反映了汉代人革新的丧葬观念和葬具葬仪,对后世墓葬制度的影响也非常深远。此外,仍有很多问题需要我们思考并解决,一是除了"黄肠题凑"本身外,玉衣、梓宫、便房、外藏椁是否为所有已发现"黄肠题凑"墓例必备要素?二是如何看待不同地域、不同时期"黄肠题凑"墓例中的异同,是否有区域类型之分及流变?等等。这些问题都需要作进一步讨论和研究。

大云山1号墓"黄肠题凑"葬制的重要发现补充了江淮地区"黄肠题凑"墓的研究材料,在建筑史上有非常重要的地位,反映出汉代江淮地区高超的木作技术史。

大云山1号墓与毗邻稍晚的天山汉墓(广陵王汉墓)中出土的"黄肠题凑"木质葬具是一脉相承,并自成体系的。当然,这跟同属地域的江都国与广陵国因袭不无关系。两者在木作结构及榫卯技术上较其他地域"黄肠题凑"木椁墓更为复杂和精密,水平高超。其中最为突出的就是在两墓"黄肠题凑"榫卯的制作、装配工艺上,令人拍手叫绝。已发现的其余地区"黄肠题凑"墓中的题凑木均是层层垒叠成墙体，各题凑木之间多数没有关联（山东定陶县灵圣湖汉墓所用的大量题凑木因用材较小，由三个薄枋木榫卯拼合成一件，再层层独立垒叠），而大云山 1 号墓及天山汉墓的两座"黄肠题凑"墓中的题凑墙，均是由多面带榫卯的题凑木上下左右嵌合，极为牢固，使得题凑墙整体强度大为增加，不易损毁。但这同时对木作工艺提出了非常高的要求，比如大云山 1 号墓、天山汉墓与其他同类型"黄肠题凑"墓对于题凑墙四个转角的处理方法截然不同。目前主要有三种形式：第一种是东西向与南北向题凑墙体分别层层叠垒，最后交汇直碰，其间不用榫卯，如北京大葆台汉墓；第二种是两侧题凑墙交汇时采用南北纵向和东西横向分层叠垒，其间不用榫卯，但是有的有立柱框架维护，如北京老山汉墓；第三种是两侧题凑墙交汇时，以内角为圆心，将转角处的题凑划分成多个三角形构件小块拼装，整体如同辐射状的中国传统建筑的转角铺作（角科）或翼角椽，转角题凑各面相碰处同样作榫卯处理，如天山汉墓，这也是目前发现最为复杂的题凑墙做法，大云山 1 号墓的做法便属于第三种，而且时代更早。这两座墓皆是汉代长江下游地区高水平木作技术优良传统的重要体现。

总而言之，大云山 1 号墓为汉代帝王陵寝制度及建筑工艺的研究提供了珍贵的历史资料。其所代表的西汉时期"黄肠题凑"木椁墓葬俗在中国墓葬史上无疑起着承上启下的作用：棺椁整体设置仍受"周制"葬俗的影响，但执行并不严格，不再追求棺椁重数，同时以"黄肠题凑"葬制为代表的"汉制"葬俗取而代之并开始成为主导，其最重要的特征就是注重墓葬空间的居室化表现，"黄肠题凑"木椁墓便是在汉代这种"视死如生"的风气下催生的产物：不断强化对地面建筑的模拟，中轴线、立柱及门窗的形象表达，便房与梓宫则明显模仿"前堂后寝"式的地上建筑空间。但木椁墓本身作为一种先秦流行的古老葬具形式实际上并不适合用作这种"地下居室"的尝试，同时地下环境条件严重制约木材及木作技术在模仿建造地上建筑格局的空间与规模，扰动、火灾及木材本身受环境影响的不稳定性易致木椁墓室坍塌全毁，从晚期山东定陶县灵圣湖汉墓将所有的木结构墙体全部制成题凑墙，以及河北定县北庄中山简王墓易黄肠木为"黄肠石"以替用来看，设立"黄肠题凑"这种框体结构最大的实际功能即是作为木椁墓室的承重墙体。《汉书音义》中也有"题，头也。头凑，以头内向，所以为固"的记载，所以虽然"黄肠题凑"贵为汉代高等级木结构葬制的独特象征，但其实是大型木椁墓发展末期解决结构稳固的无奈之举，加之彼时木材资源又急剧减少，因此"黄肠题凑"葬制作为西汉木椁墓发展最后的高潮渐成绝响，至东汉时期多室砖、石室墓开始流行并取代木椁墓成为墓葬建筑新的形态，并一直延续至明清。

序号	器号	器名	质料	数量	现状	出土位置	备注
1	M1BT：1	豆	瓷	1	残	表土内	
2	M1BT：2	豆	瓷	1	残	表土内	
3	M1BT：3	豆	瓷	1	残	表土内	
4	M1FT：1	瓦当	陶	1	残	M1 封土内	
5	M1FT：2	瓦当	陶	1	残	M1 封土内	
6	M1FT：3	舌	铁	1	残	M1 封土内	
7	M1FT：4	斧	铁	1	残	M1 封土内	
8	M1DK③：1	罐	瓷	1	残	墓室西壁偏北处③层青灰淤泥内	
9	M1DK③：2	碗	瓷	1	残	墓室西壁偏北处③层青灰淤泥内	
10	M1DK③：3	碗	铜	1	残	墓室西侧偏北处③层青灰泥内	
11	M1DK③：4	碗	铜	1	残	墓室西侧中部偏北处③层青灰泥内	
12	M1DK③：5	碗	瓷	1	残	墓室中部偏北处③层青灰泥内	
13	M1DK③：6	盅	瓷	1	残	墓室中部偏北处③层青灰泥内	
14	M1DK③：7	碗	瓷	1	残	墓室西侧中部③层青灰淤泥内	
15	M1DK③：8	造像	石	1	残	墓室西侧中部③层青灰淤泥内	
16	M1DK③：9	构件	陶	1	残	墓室西侧中部③层青灰淤泥内	
17	M1DK③：10	铲	铁	1	残	墓室东南部③层青灰淤泥内	
18	M1DK③：11	镢	铁	1	残	墓室东北部③层青灰淤泥内	
19	M1DK③：12	造像	陶	1	残	墓室中部③层青灰淤泥内	
20	M1DK③：13	豆	瓷	1	残	墓室中部③层青灰淤泥内	
21	M1DK③：14	镢	铁	1	残	墓室中部③层青灰淤泥内	
22	M1DK③：15	盏	瓷	1	残	墓室中部偏西③层青灰淤泥内	
23	M1DK③：16	碗	瓷	1	残	墓室西侧北端③层青灰淤泥内	
24	M1DK③：17	镢	铁	1	残	墓室西侧北端③层青灰淤泥内	
25	M1DK③：18	构件	陶	1	残	墓室西侧北端③层青灰淤泥内	
26	M1DK③：19	碗	瓷	1	残	墓室西侧北端③层青灰淤泥内	
27	M1DK③：20	钱	铜	1	残	墓室西侧北端③层青灰淤泥内	
28	M1DK③：21	碗	瓷	1	残	墓室西侧北端③层青灰淤泥内	
29	M1DK③：22	砚	石	1	残	墓室西侧北端③层青灰淤泥内	
30	M1DK③：23	镰	铁	1	残	墓室西侧北端③层青灰淤泥内	
31	M1DK③：24	镢	铁	1	残	墓室西侧北端③层青灰淤泥内	
32	M1DK③：25	盏	瓷	1	残	墓室西侧北端③层青灰淤泥内	

续附表一

序号	器号	器名	质料	数量	现状	出土位置	备注
33	M1DK③:26	碗	瓷	1	残	墓室西侧北端③层青灰淤泥内	
34	M1DK③:27	碗	瓷	1	残	墓室西侧北端③层青灰淤泥内	
35	M1DK③:28	碗	瓷	1	残	墓室西侧北端③层青灰淤泥内	
36	M1DK③:29	钱	瓷	1	残	墓室西侧北端③层青灰淤泥内	
37	M1DK③:30	豆	瓷	1	残	墓室西侧北端③层青灰淤泥内	
38	M1DK③:31	钵	瓷	1	残	墓室西侧北端③层青灰淤泥内	
39	M1DK③:32	罐	瓷	1	残	墓室西侧北端③层青灰淤泥内	
40	M1DK③:33	豆	瓷	1	残	墓室西侧北端③层青灰淤泥内	
41	M1DK③:34	碗	瓷	1	残	墓室西侧北端③层青灰淤泥内	

1 号墓盗坑下层出土遗物登记表*

序号	器号	器名	质料	数量	现状	出土位置	备注
	M1DK⑥：1	镶玉漆棺	漆木			盗洞中部	
1	M1DK⑥：1（YG）–1（YGPS）–1	玉棺片饰	玉	1			
2	M1DK⑥：1（YG）–1（YGPS）–2	玉棺片饰	玉	1			
3	M1DK⑥：1（YG）–1（YGPS）–3	玉棺片饰	玉	1			
4	M1DK⑥：1（YG）–1（YGPS）–R4	玉棺片饰	玉	1			
5	M1DK⑥：1（YG）–1（YGPS）–R5	玉棺片饰	玉	1			
6	M1DK⑥：1（YG）–1（YGPS）–R6	玉棺片饰	玉	1			
7	M1DK⑥：1（YG）–1（YGPS）–R7	玉棺片饰	玉	1			
8	M1DK⑥：1（YG）–1（YGPS）–8	玉棺片饰	玉	1			
9	M1DK⑥：1（YG）–1（YGPS）–9	玉棺片饰	玉	1			
10	M1DK⑥：1（YG）–1（YGPS）–10	玉棺片饰	玉	1			
11	M1DK⑥：1（YG）–1（YGPS）–11	玉棺片饰	玉	1			
12	M1DK⑥：1（YG）–1（YGPS）–12	玉棺片饰	玉	1			
13	M1DK⑥：1（YG）–1（YGPS）–13	玉棺片饰	玉	1			
14	M1DK⑥：1（YG）–1（YGPS）–14	玉棺片饰	玉	1			
15	M1DK⑥：1（YG）–1（YGPS）–15	玉棺片饰	玉	1			
16	M1DK⑥：1（YG）–1（YGPS）–16	玉棺片饰	玉	1			
17	M1DK⑥：1（YG）–1（YGPS）–17	玉棺片饰	玉	1			
18	M1DK⑥：1（YG）–1（YGPS）–18	玉棺片饰	玉	1			
19	M1DK⑥：1（YG）–1（YGPS）–19	玉棺片饰	玉	1			
20	M1DK⑥：1（YG）–1（YGPS）–20	玉棺片饰	玉	1			
21	M1DK⑥：1（YG）–1（YGPS）–21	玉棺片饰	玉	1			
22	M1DK⑥：1（YG）–1（YGPS）–22	玉棺片饰	玉	1			
23	M1DK⑥：1（YG）–1（YGPS）–23	玉棺片饰	玉	1			
24	M1DK⑥：1（YG）–1（YGPS）–24	玉棺片饰	玉	1			
25	M1DK⑥：1（YG）–1（YGPS）–25	玉棺片饰	玉	1			
26	M1DK⑥：1（YG）–1（YGPS）–26	玉棺片饰	玉	1			
27	M1DK⑥：1（YG）–1（YGPS）–27	玉棺片饰	玉	1			
28	M1DK⑥：1（YG）–1（YGPS）–28	玉棺片饰	玉	1			
29	M1DK⑥：1（YG）–1（YGPS）–29	玉棺片饰	玉	1			
30	M1DK⑥：1（YG）–1（YGPS）–30	玉棺片饰	玉	1			
31	M1DK⑥：1（YG）–1（YGPS）–31	玉棺片饰	玉	1			

续附表二

序号	器号	器名	质料	数量	现状	出土位置	备注
32	M1DK⑥:1（YG）-1（YGPS）-32	玉棺片饰	玉	1			
33	M1DK⑥:1（YG）-1（YGPS）-33	玉棺片饰	玉	1			
34	M1DK⑥:1（YG）-1（YGPS）-34	玉棺片饰	玉	1			
35	M1DK⑥:1（YG）-1（YGPS）-35	玉棺片饰	玉	1			
36	M1DK⑥:1（YG）-1（YGPS）-36	玉棺片饰	玉	1			
37	M1DK⑥:1（YG）-1（YGPS）-37	玉棺片饰	玉	1			
38	M1DK⑥:1（YG）-1（YGPS）-38	玉棺片饰	玉	1			
39	M1DK⑥:1（YG）-1（YGPS）-39	玉棺片饰	玉	1			
40	M1DK⑥:1（YG）-2（YGBS）-1	玉棺璧饰	玉	1			
41	M1DK⑥:1（YG）-2（YGBS）-2	玉棺璧饰	玉	1			
42	M1DK⑥:1（YG）-2（YGBS）-3	玉棺璧饰	玉	1			
43	M1DK⑥:1（YG）-2（YGBS）-4	玉棺璧饰	玉	1			
44	M1DK⑥:1（YG）-2（YGBS）-5	玉棺璧饰	玉	1			
45	M1DK⑥:1（YG）-2（YGBS）-6	玉棺璧饰	玉	1			
46	M1DK⑥:1（YG）-2（YGBS）-7	玉棺璧饰	玉	1			
47	M1DK⑥:1（YG）-2（YGBS）-8	玉棺璧饰	玉	1			
48	M1DK⑥:1（YG）-2（YGBS）-9	玉棺璧饰	玉	1			
49	M1DK⑥:1（YG）-2（YGBS）-10	玉棺璧饰	玉	1			
50	M1DK⑥:1（YG）-2（YGBS）-11	玉棺璧饰	玉	1			
51	M1DK⑥:1（YG）-2（YGBS）-12	玉棺璧饰	玉	1			
52	M1DK⑥:1（YG）-2（YGBS）-13	玉棺璧饰	玉	1			
53	M1DK⑥:1（YG）-2（YGBS）-14	玉棺璧饰	玉	1			
54	M1DK⑥:1（YG）-3（YGJS）-1	玉棺箔饰	金	1			
55	M1DK⑥:1（YG）-3（YGJS）-2	玉棺箔饰	金	1			
56	M1DK⑥:1（YG）-3（YGJS）-3	玉棺箔饰	金	1			
57	M1DK⑥:1（YG）-3（YGJS）-4	玉棺箔饰	金	1			
58	M1DK⑥:1（YG）-3（YGJS）-5	玉棺箔饰	金	1			
59	M1DK⑥:1（YG）-3（YGJS）-6	玉棺箔饰	金	1			
60	M1DK⑥:1（YG）-3（YGJS）-7	玉棺箔饰	金	1			
61	M1DK⑥:1（YG）-4（YGYS）-1	玉棺箔饰	银	1			
62	M1DK⑥:1（YG）-4（YGYS）-2	玉棺箔饰	银	1			
63	M1DK⑥:1（YG）-4（YGYS）-3	玉棺箔饰	银	1			
64	M1DK⑥:1（YG）-4（YGYS）-4	玉棺箔饰	银	1			
65	M1DK⑥:1（YG）-4（YGYS）-5	玉棺箔饰	银	1			

续附表二

序号	器号	器名	质料	数量	现状	出土位置	备注
66	M1DK⑥:1（YG）-4（YGYS）-6	玉棺箔饰	银	1			
	M1DK⑥:2	玉衣	玉			盗洞中部	
67	M1DK⑥:2（YY）-1	玉衣片	玉	1			
68	M1DK⑥:2（YY）-2	玉衣片	玉	1			
69	M1DK⑥:2（YY）-3	玉衣片	玉	1			
70	M1DK⑥:2（YY）-4	玉衣片	玉	1			
71	M1DK⑥:2（YY）-5	玉衣片	玉	1			
72	M1DK⑥:2（YY）-6	玉衣片	玉	1			
73	M1DK⑥:2（YY）-7	玉衣片	玉	1			
74	M1DK⑥:2（YY）-8	玉衣片	玉	1			
75	M1DK⑥:2（YY）-9	玉衣片	玉	1			
76	M1DK⑥:2（YY）-10	玉衣片	玉	1			
77	M1DK⑥:2（YY）-11	玉衣片	玉	1			
78	M1DK⑥:2（YY）-12	玉衣片	玉	1			
79	M1DK⑥:2（YY）-13	玉衣片	玉	1			
80	M1DK⑥:2（YY）-14	玉衣片	玉	1			
81	M1DK⑥:2（YY）-15	玉衣片	玉	1			
82	M1DK⑥:2（YY）-16	玉衣片	玉	1			
83	M1DK⑥:2（YY）-17	玉衣片	玉	1			
84	M1DK⑥:2（YY）-18	玉衣片	玉	1			
85	M1DK⑥:2（YY）-19	玉衣片	玉	1			
86	M1DK⑥:2（YY）-20	玉衣片	玉	1			
87	M1DK⑥:2（YY）-21	玉衣片	玉	1			
88	M1DK⑥:2（YY）-22	玉衣片	玉	1			
89	M1DK⑥:2（YY）-23	玉衣片	玉	1			
90	M1DK⑥:2（YY）-24	玉衣片	玉	1			
91	M1DK⑥:2（YY）-25	玉衣片	玉	1			
92	M1DK⑥:2（YY）-26	玉衣片	玉	1			
93	M1DK⑥:2（YY）-27	玉衣片	玉	1			
94	M1DK⑥:2（YY）-28	玉衣片	玉	1			
95	M1DK⑥:2（YY）-29	玉衣片	玉	1			
96	M1DK⑥:2（YY）-30	玉衣片	玉	1			
97	M1DK⑥:2（YY）-31	玉衣片	玉	1			
98	M1DK⑥:2（YY）-32	玉衣片	玉	1			

续附表二

序号	器号	器名	质料	数量	现状	出土位置	备注
99	M1DK⑥:2（YY）-33	玉衣片	玉	1			
100	M1DK⑥:2（YY）-34	玉衣片	玉	1			
101	M1DK⑥:2（YY）-35	玉衣片	玉	1			
102	M1DK⑥:2（YY）-36	玉衣片	玉	1			
103	M1DK⑥:2（YY）-37	玉衣片	玉	1			
104	M1DK⑥:2（YY）-38	玉衣片	玉	1			
105	M1DK⑥:2（YY）-39	玉衣片	玉	1			
106	M1DK⑥:2（YY）-40	玉衣片	玉	1			
107	M1DK⑥:2（YY）-41	玉衣片	玉	1			
108	M1DK⑥:2（YY）-42	玉衣片	玉	1			
109	M1DK⑥:2（YY）-43	玉衣片	玉	1			
110	M1DK⑥:2（YY）-44	玉衣片	玉	1			
111	M1DK⑥:2（YY）-45	玉衣片	玉	1			
112	M1DK⑥:2（YY）-46	玉衣片	玉	1			
113	M1DK⑥:2（YY）-47	玉衣片	玉	1			
114	M1DK⑥:2（YY）-48	玉衣片	玉	1			
115	M1DK⑥:2（YY）-49	玉衣片	玉	1			
116	M1DK⑥:2（YY）-50	玉衣片	玉	1			
117	M1DK⑥:2（YY）-51	玉衣片	玉	1			
118	M1DK⑥:2（YY）-52	玉衣片	玉	1			
119	M1DK⑥:2（YY）-53	玉衣片	玉	1			
120	M1DK⑥:2（YY）-54	玉衣片	玉	1			
121	M1DK⑥:2（YY）-55	玉衣片	玉	1			
122	M1DK⑥:2（YY）-56	玉衣片	玉	1			
123	M1DK⑥:2（YY）-57	玉衣片	玉	1			
124	M1DK⑥:2（YY）-58	玉衣片	玉	1			
125	M1DK⑥:2（YY）-59	玉衣片	玉	1			
126	M1DK⑥:2（YY）-60	玉衣片	玉	1			
127	M1DK⑥:2（YY）-61	玉衣片	玉	1			
128	M1DK⑥:2（YY）-62	玉衣片	玉	1			
129	M1DK⑥:2（YY）-63	玉衣片	玉	1			
130	M1DK⑥:2（YY）-64	玉衣片	玉	1			
131	M1DK⑥:2（YY）-65	玉衣片	玉	1			
132	M1DK⑥:2（YY）-66	玉衣片	玉	1			

续附表二

序号	器号	器名	质料	数量	现状	出土位置	备注
133	M1DK⑥:2（YY）-67	玉衣片	玉	1			
134	M1DK⑥:2（YY）-68	玉衣片	玉	1			
135	M1DK⑥:2（YY）-69	玉衣片	玉	1			
136	M1DK⑥:2（YY）-70	玉衣片	玉	1			
137	M1DK⑥:2（YY）-71	玉衣片	玉	1			
138	M1DK⑥:2（YY）-72	玉衣片	玉	1			
139	M1DK⑥:2（YY）-73	玉衣片	玉	1			
140	M1DK⑥:2（YY）-74	玉衣片	玉	1			
141	M1DK⑥:2（YY）-75	玉衣片	玉	1			
142	M1DK⑥:2（YY）-76	玉衣片	玉	1			
143	M1DK⑥:2（YY）-77	玉衣片	玉	1			
144	M1DK⑥:2（YY）-78	玉衣片	玉	1			
145	M1DK⑥:2（YY）-79	玉衣片	玉	1			
146	M1DK⑥:2（YY）-80	玉衣片	玉	1			
147	M1DK⑥:2（YY）-81	玉衣片	玉	1		盗洞南部	
148	M1DK⑥:2（YY）-82	玉衣片	玉	1			
149	M1DK⑥:2（YY）-83	玉衣片	玉	1			
150	M1DK⑥:2（YY）-84	玉衣片	玉	1			
151	M1DK⑥:2（YY）-85	玉衣片	玉	1			
152	M1DK⑥:2（YY）-86	玉衣片	玉	1			
153	M1DK⑥:2（YY）-87	玉衣片	玉	1			
154	M1DK⑥:2（YY）-88	玉衣片	玉	1			
155	M1DK⑥:2（YY）-89	玉衣片	玉	1			
156	M1DK⑥:2（YY）-90	玉衣片	玉	1			
157	M1DK⑥:2（YY）-91	玉衣片	玉	1			
158	M1DK⑥:2（YY）-92	玉衣片	玉	1			
159	M1DK⑥:2（YY）-93	玉衣片	玉	1			
160	M1DK⑥:2（YY）-94	玉衣片	玉	1			
161	M1DK⑥:2（YY）-95	玉衣片	玉	1			
162	M1DK⑥:2（YY）-96	玉衣片	玉	1			
163	M1DK⑥:2（YY）-97	玉衣片	玉	1			
164	M1DK⑥:2（YY）-98	玉衣片	玉	1			
165	M1DK⑥:2（YY）-99	玉衣片	玉	1			
166	M1DK⑥:2（YY）-100	玉衣片	玉	1			

续附表二

序号	器号	器名	质料	数量	现状	出土位置	备注
167	M1DK⑥：2（YY）-101	玉衣片	玉	1			
168	M1DK⑥：2（YY）-102	玉衣片	玉	1			
169	M1DK⑥：2（YY）-103	玉衣片	玉	1			
170	M1DK⑥：2（YY）-104	玉衣片	玉	1			
171	M1DK⑥：2（YY）-105	玉衣片	玉	1			
172	M1DK⑥：2（YY）-106	玉衣片	玉	1			
173	M1DK⑥：2（YY）-107	玉衣片	玉	1			
174	M1DK⑥：2（YY）-108	玉衣片	玉	1			
175	M1DK⑥：2（YY）-109	玉衣片	玉	1			
176	M1DK⑥：2（YY）-110	玉衣片	玉	1			
177	M1DK⑥：2（YY）-111	玉衣片	玉	1			
178	M1DK⑥：2（YY）-112	玉衣片	玉	1			
179	M1DK⑥：2（YY）-113	玉衣片	玉	1			
180	M1DK⑥：2（YY）-114	玉衣片	玉	1			
181	M1DK⑥：2（YY）-115	玉衣片	玉	1			
182	M1DK⑥：2（YY）-116	玉衣片	玉	1			
183	M1DK⑥：2（YY）-117	玉衣片	玉	1			
184	M1DK⑥：2（YY）-118	玉衣片	玉	1			
185	M1DK⑥：2（YY）-119	玉衣片	玉	1			
186	M1DK⑥：2（YY）-120	玉衣片	玉	1			
187	M1DK⑥：3	舀	木	1	柄残	盗洞北部	
188	M1DK⑥：4	舀	木	1	头残	盗洞东部偏南	
189	M1DK⑥：5	舀	木	1	残	盗洞东部偏南	
190	M1DK⑥：6	舀	木	1	完好	盗洞东南部	
191	M1DK⑥：7	钵	灰陶	1	口残	盗洞西南部	
192	M1DK⑥：8	舀	木	1	完好	盗洞南部	
193	M1DK⑥：9	舀	木	1	完好	盗洞南部	
194	M1DK⑥：10	舀	木	1	头残	盗洞中部	
195	M1DK⑥：11	舀	木	1	完好	盗洞中部	
196	M1DK⑥：12	舀	木	1	完好	盗洞中部	
197	M1DK⑥：13	舀	木	1	完好	盗洞中部	
198	M1DK⑥：14	舀	木	1	完好	盗洞中部	
199	M1DK⑥：15	璜	玉	1	残	盗洞北部	
200	M1DK⑥：17	钵	灰陶	1	残	盗洞北部	

续附表二

序号	器号	器名	质料	数量	现状	出土位置	备注
201	M1DK⑥:19	泡饰	铜	1	残	盗洞中部	
202	M1DK⑥:20	戟	铁	1	残	盗洞东南部	
203	M1DK⑥:21	铺首	铜	1	残	盗洞中部	
204	M1DK⑥:23	合页	银	1	完好	盗洞中部	
205	M1DK⑥:26	戟	铁	1	完好	盗洞西北部	
206	M1DK⑥:27	带扣	铜	1	完好	盗洞西北部	
207	M1DK⑥:29	残器	玉	1	残	盗洞北部	
208	M1DK⑥:34	镞	铜	1	残	盗洞北部	
209	M1DK⑥:35	镞	铜	1	残	盗洞北部	
210	M1DK⑥:40	卮	玉	1	残	盗洞北部	
211	M1DK⑥:41	卮	玉	1	残	盗洞北部	
212	M1DK⑥:42	镞	铜	1	残	盗洞北部	
213	M1DK⑥:43	残器	玉	1	残	盗洞北部	
214	M1DK⑥:44	碗	玉	1	残	盗洞北部	
215	M1DK⑥:48	耳杯	玉	1	残	盗洞北部	
216	M1DK⑥:50	碗	玉	1	残	盗洞北部	
217	M1DK⑥:57	环	玉	1	残	盗洞北部	
218	M1DK⑥:61	残器	玉	1	残	盗洞北部	
219	M1DK⑥:63	佩饰	玉	1	残	盗洞北部	
220	M1DK⑥:64	璧	玉	1	残	盗洞北部	
221	M1DK⑥:69	镦	铜	1	完好	盗洞东北部	
222	M1DK⑥:71	环	玉	1	残	盗洞东北部	
223	M1DK⑥:76	环	铜	1	完好	盗洞东北部	
224	M1DK⑥:78	璧	玉	1	残	盗洞东北部	
225	M1DK⑥:88	剑	铁	1	残	盗洞东北部	
226	M1DK⑥:91	佩饰	玉	1	残	盗洞东北部	
227	M1DK⑥:92	璧	玉	1	残	盗洞东北部	
228	M1DK⑥:93	舌	铁	1	残	盗洞东北部	
229	M1DK⑥:94	环	玉	1	残	盗洞东北部	
230	M1DK⑥:95	戟	铁	1	残	盗洞东北部	
231	M1DK⑥:96	饰件	铜	1	残	盗洞东北部	
232	M1DK⑥:116	佩饰	玉	1	残	盗洞中部偏北	
233	M1DK⑥:118	耳杯	玉	1	残	盗洞中部偏北	
234	M1DK⑥:132	泡饰	铜	1	残	盗洞中部偏北	

续附表二

序号	器号	器名	质料	数量	现状	出土位置	备注
235	M1DK⑥：133	镞	铜	1	残	盗洞中部偏北	
236	M1DK⑥：135	算珠形饰	铜	1	残	盗洞中部偏北	
237	M1DK⑥：138	铺首	铜	1	残	盗洞中部偏北	
238	M1DK⑥：139	算珠形饰	铜	1	完好	盗洞中部偏北	
239	M1DK⑥：140	亚腰形构件	铜	1	残	盗洞中部	
240	M1DK⑥：153	璜	玉	1	残	盗洞中部偏北	
241	M1DK⑥：156	璧	玉	1	残	盗洞东部偏北	
242	M1DK⑥：157	镦	铜	1	完整	盗洞东部偏北	
243	M1DK⑥：161	镦	银	1	完整	盗洞中部	
244	M1DK⑥：164	璧	玉	1	残	盗洞中部	
245	M1DK⑥：167	佩饰	玉	1	残	盗洞中部	
246	M1DK⑥：169	铺首	铜	1套2件	完整	盗洞东部偏北	
247	M1DK⑥：170	铺首	铜	1套2件	完整	盗洞东部偏南	
248	M1DK⑥：173	钉	铁	1	完整	盗洞中部	
249	M1DK⑥：174	泡饰	铜	1	残	盗洞中部	
250	M1DK⑥：175	泡饰	铜	1	残	盗洞中部	
251	M1DK⑥：200	环	玉	1	残	盗洞中部	
252	M1DK⑥：207	佩饰	玉	1	残	盗洞中部	
253	M1DK⑥：208	铺首	铜	1	残	盗洞中部	
254	M1DK⑥：212	尺	木	1	残	盗洞西南部	
255	M1DK⑥：213	舌	木	1	残	盗洞南部	
256	M1DK⑥：214	舌	木	1	残	盗洞南部	
257	M1DK⑥：215	舌	木	1	残	盗洞南部	
258	M1DK⑥：216	舌	木	1	残	盗洞南部	
259	M1DK⑥：217	锤	木	1	残	盗洞西南部	
260	M1DK⑥：218	舌	木	1	残	盗洞西南部	
261	M1DK⑥：219	舌	木	1	残	盗洞西南部	
262	M1DK⑥：220	舌	铁	1	残	盗洞北部	
263	M1DK⑥：221	剑	铁	1	残	盗洞西南部	
264	M1DK⑥：222	锛	木	1	残	盗洞西南部	
265	M1DK⑥：223	橛	木	1	残	盗洞西南部	
266	M1DK⑥：224	舌	木	1	残	盗洞西北部	
267	M1DK⑥：225	镞	铜	1	残	盗洞西北部	
268	M1DK⑥：226	镞	铜	1	残	盗洞西北部	

续附表二

序号	器号	器名	质料	数量	现状	出土位置	备注
269	M1DK⑥：227	镞	铜	1	残	盗洞西北部	
270	M1DK⑥：228	镞	铜	1	残	盗洞西北部	
271	M1DK⑥：229	镞	铜	1	残	盗洞西北部	
272	M1DK⑥：232	镞	铜	1	残	盗洞西北部	
273	M1DK⑥：233	泡饰	银	1	完整	盗洞西北部	
274	M1DK⑥：234	算珠形饰	铜	1	完整	盗洞西北部	
275	M1DK⑥：235	算珠形饰	铜	1	残	盗洞西北部	
276	M1DK⑥：236	盖弓帽	铜	1	完整	盗洞西北部	
277	M1DK⑥：239	节约	铜	1	完整	盗洞东部偏北	
278	M1DK⑥：242	剑	铁	1	残	盗洞东部偏北	
279	M1DK⑥：243	剑	铁	1	残	盗洞东部偏北	
280	M1DK⑥：244	剑	铁	1	残	盗洞东部偏北	
281	M1DK⑥：245	节约	铜	1	残	盗洞东部偏北	
282	M1DK⑥：247	剑	铁	1	残	盗洞东部偏北	
283	M1DK⑥：248	车轮	木	1	残	盗洞东北部	
284	M1DK⑥：249	戟	铁	1	残	盗洞西北部	
285	M1DK⑥：252	镞	铜	1	残	盗洞北部	
286	M1DK⑥：254	剑	铁	1	残	盗洞北部	
287	M1DK⑥：263	卮	玉	1	残	盗洞北部	
288	M1DK⑥：279	残器	玉	1	残	盗洞东北部	
289	M1DK⑥：281	盂	木	1	残	盗洞北部	
290	M1DK⑥：282	盂	木	1	残	盗洞北部	
291	M1DK⑥：283	盂	木	1	残	盗洞东北部	
292	M1DK⑥：284	戟	铁	1	残	盗洞北部	
293	M1DK⑥：285	杯	玛瑙	1	残	盗洞北部	
294	M1DK⑥：286	剑	铁	1	残	盗洞北部	
295	M1DK⑥：287	戟	铁	1	残	盗洞北部	
296	M1DK⑥：288	戟	铁	1	残	盗洞北部	
297	M1DK⑥：289	戟	铁	1	残	盗洞东北部	
298	M1DK⑥：290	戟	铁	1	残	盗洞东北部	
299	M1DK⑥：296	环	玉	1	残	盗洞东北部	
300	M1DK⑥：298	戟	铁	1	锈残	盗洞西北部	
301	M1DK⑥：299	剑	铁	1	锈残	盗洞北部	
302	M1DK⑥：300	戟	铁	1	锈残	盗洞北部	

续附表二

序号	器号	器名	质料	数量	现状	出土位置	备注
303	M1DK⑥：303	节约	铜	1	完整	盗洞东部偏北	
304	M1DK⑥：305	带钩	铜	1	锈残	盗洞东部偏北	
305	M1DK⑥：306	残器	漆	1	残	盗洞东南部	残损
306	M1DK⑥：310	节约	铜	1	残	盗洞西南部	
307	M1DK⑥：311	马衔镳	铜	1	残	盗洞西南部	与 M1DK⑥：339 为一套
308	M1DK⑥：312	马衔镳	铜	1 套 3 件	残	盗洞西南部	
309	M1DK⑥：314	马衔镳	铜	1	残	盗洞西南部	与 M1DK⑥：336 为一套
310	M1DK⑥：316	节约	铜	1	残	盗洞西南部	
311	M1DK⑥：317	剑	铁	1	残	盗洞西南部	
312	M1DK⑥：318	剑	铁	1	残	盗洞西南部	
313	M1DK⑥：320	镦	铜	1	残	盗洞西南部	
314	M1DK⑥：321	镦	铜	1	残	盗洞西南部	
315	M1DK⑥：322	戟	铁	1	残	盗洞西南部	
316	M1DK⑥：323	戟	铁	1	残	盗洞西南部	
317	M1DK⑥：324	马衔镳	铜	1 套 3 件	残	盗洞西南部	
318	M1DK⑥：325	环	铜	1	残	盗洞西南部	
	M1DK⑥：327	漆纱冠与金饰片	金	1		盗洞东南部	
319	M1DK⑥：327－1	饰件	金	1	残		
320	M1DK⑥：327－2	饰件	金	1	残		
321	M1DK⑥：327－3	饰件	金	1	残		
322	M1DK⑥：327－4	饰件	金	1	残		
323	M1DK⑥：327－5	饰件	金	1	残		
324	M1DK⑥：327－6	饰件	金	1	残		
325	M1DK⑥：327－7	饰件	金	1	残		
326	M1DK⑥：327－8	饰件	金	1	残		
327	M1DK⑥：327－9	饰件	金	1	残		
328	M1DK⑥：327－10	饰件	金	1	残		
329	M1DK⑥：327－11	饰件	金	1	残		
330	M1DK⑥：327－12	饰件	金	1	残		
331	M1DK⑥：327－13	饰件	金	1	残		
332	M1DK⑥：327－14	饰件	金	1	残		
333	M1DK⑥：327－15	饰件	金	1	残		

续附表二

序号	器号	器名	质料	数量	现状	出土位置	备注
334	M1DK⑥：327 – 16	饰件	金				
335	M1DK⑥：327 – 17	饰件	金				
336	M1DK⑥：327 – 18	饰件	金				
337	M1DK⑥：327 – 19	饰件	金				
338	M1DK⑥：327 – 20	饰件	金				
339	M1DK⑥：327 – 21	饰件	金				
340	M1DK⑥：327 – 22	饰件	金				
341	M1DK⑥：328	罐	釉陶	1	残	盗洞东南部	
342	M1DK⑥：329	残器	漆	1	残	盗洞东部偏南	
343	M1DK⑥：330	笥	漆	1	残	盗洞东部偏北	
344	M1DK⑥：330 – 1	剑	铁				
345	M1DK⑥：330 – 2	剑	铁				
346	M1DK⑥：330 – 3	剑	铁				
347	M1DK⑥：330 – 4	剑	铁				
348	M1DK⑥：330 – 5	剑	铁				
349	M1DK⑥：330 – 6	剑	铁				
350	M1DK⑥：330 – 7	剑	铁				
351	M1DK⑥：330 – 8	剑	铁				
352	M1DK⑥：330 – 9	剑	铁				
353	M1DK⑥：330 – 10	剑	铁				
354	M1DK⑥：330 – 11	剑	铁				
355	M1DK⑥：330 – 12	剑	铁				
356	M1DK⑥：330 – 13	剑	铁				
357	M1DK⑥：330 – 14	剑	铁				
358	M1DK⑥：330 – 15	剑	铁				
359	M1DK⑥：330 – 16	剑	铁				
360	M1DK⑥：330 – 17	剑	铁				
361	M1DK⑥：330 – 18	剑	铁				
362	M1DK⑥：330 – 19	剑	铁				
363	M1DK⑥：330 – 20	剑	铁				
364	M1DK⑥：330 – 21	剑	铁				
365	M1DK⑥：330 – 22	剑	铁				
366	M1DK⑥：330 – 23	剑	铁				
367	M1DK⑥：330 – 24	剑	铁				

续附表二

序号	器号	器名	质料	数量	现状	出土位置	备注
368	M1DK⑥：330 – 25	剑	铁				
369	M1DK⑥：330 – 26	剑	铁				
370	M1DK⑥：330 – 27	剑	铁				
371	M1DK⑥：330 – 28	剑	铁				
372	M1DK⑥：330 – 29	剑	铁				
373	M1DK⑥：330 – 30	剑	铁				
374	M1DK⑥：330 – 31	剑	铁				
375	M1DK⑥：330 – 32	剑	铁				
376	M1DK⑥：330 – 33	剑	铁				
377	M1DK⑥：330 – 34	剑	铁				
378	M1DK⑥：330 – 35	剑	铁				
379	M1DK⑥：330 – 36	剑	铁				
380	M1DK⑥：330 – 37	剑	铁				
381	M1DK⑥：330 – 38	剑	铁				
382	M1DK⑥：330 – 39	剑	铁				
383	M1DK⑥：330 – 40	剑	铁				
384	M1DK⑥：331	剑	铁	1	锈残	盗洞西南部	
385	M1DK⑥：332	剑	铁	1	锈残	盗洞西南部	
386	M1DK⑥：333	带钩	铜	1	锈残	盗洞西南部	
387	M1DK⑥：336	马衔镳	铜	1	锈残	盗洞西南部	与M1DK⑥：314为一套
388	M1DK⑥：337	节约	铜	1	锈残	盗洞西南部	
389	M1DK⑥：338	剑	铁	1	锈残	盗洞西南部	
390	M1DK⑥：339	马衔镳	铜	1	锈残	盗洞西南部	与M1DK⑥：311为一套
391	M1DK⑥：340	剑	铁	1	锈残	盗洞西南部	
392	M1DK⑥：341	剑	铁	1	锈残	盗洞西南部	
393	M1DK⑥：342	马衔镳	铜	1套2件	锈残	盗洞西南部	与M1DK⑥：347为一套
394	M1DK⑥：345	带扣	铜	1	锈残	盗洞西南部	
395	M1DK⑥：346	镦	铜	1	残	盗洞西南部	
396	M1DK⑥：347	马衔镳	铜	1套2件	残	盗洞西南部	与M1DK⑥：342为一套
397	M1DK⑥：348	节约	铜	1	残	盗洞西南部	

续附表二

序号	器号	器名	质料	数量	现状	出土位置	备注
398	M1DK⑥：349	节约	铜	1	残	盗洞西南部	
399	M1DK⑥：350	节约	铜	1	残	盗洞西南部	
400	M1DK⑥：351	马衔镳	铜	1套3件	残	盗洞西南部	
401	M1DK⑥：353	铺首	铜	1套2件	残	盗洞北部	
	M1DK⑥：354	贝带	铜、玉、玛瑙	1套46件		盗洞南部	
402	M1DK⑥：354－1	带板	铜、玉	1	残		
403	M1DK⑥：354－2	带板	铜、玉	1	残		
404	M1DK⑥：354－3	贝形饰	玛瑙	1	完整		
405	M1DK⑥：354－4	贝形饰	玛瑙	1	完整		
406	M1DK⑥：354－5	贝形饰	玛瑙	1	完整		
407	M1DK⑥：354－6	贝形饰	玛瑙	1	完整		
408	M1DK⑥：354－7	贝形饰	玛瑙	1	完整		
409	M1DK⑥：354－8	贝形饰	玛瑙	1	完整		
410	M1DK⑥：354－9	贝形饰	玛瑙	1	完整		
411	M1DK⑥：354－10	贝形饰	玛瑙	1	完整		
412	M1DK⑥：354－11	贝形饰	玛瑙	1	完整		
413	M1DK⑥：354－12	贝形饰	玛瑙	1	完整		
414	M1DK⑥：354－13	贝形饰	玛瑙	1	完整		
415	M1DK⑥：354－14	贝形饰	玛瑙	1	完整		
416	M1DK⑥：354－15	贝形饰	玛瑙	1	完整		
417	M1DK⑥：354－16	贝形饰	玛瑙	1	完整		
418	M1DK⑥：354－17	贝形饰	玛瑙	1	完整		
419	M1DK⑥：354－18	贝形饰	玛瑙	1	完整		
420	M1DK⑥：354－19	贝形饰	玛瑙	1	完整		
421	M1DK⑥：354－20	贝形饰	玛瑙	1	完整		
422	M1DK⑥：354－21	贝形饰	玛瑙	1	残		
423	M1DK⑥：354－22	贝形饰	玛瑙	1	完整		
424	M1DK⑥：354－23	贝形饰	玛瑙	1	完整		
425	M1DK⑥：354－24	贝形饰	玛瑙	1	完整		
426	M1DK⑥：354－25	贝形饰	玛瑙	1	完整		
427	M1DK⑥：354－26	贝形饰	玛瑙	1	完整		
428	M1DK⑥：354－27	贝形饰	玛瑙	1	完整		
429	M1DK⑥：354－28	贝形饰	玛瑙	1	完整		
430	M1DK⑥：354－29	贝形饰	玛瑙	1	完整		

续附表二

序号	器号	器名	质料	数量	现状	出土位置	备注
431	M1DK⑥：354－30	贝形饰	玛瑙	1	完整		
432	M1DK⑥：354－31	贝形饰	玛瑙	1	完整		
433	M1DK⑥：354－32	贝形饰	玛瑙	1	完整		
434	M1DK⑥：354－33	贝形饰	玛瑙	1	完整		
435	M1DK⑥：354－34	贝形饰	玛瑙	1	完整		
436	M1DK⑥：354－35	贝形饰	玛瑙	1	完整		
437	M1DK⑥：354－36	贝形饰	玛瑙	1	完整		
438	M1DK⑥：354－37	贝形饰	玛瑙	1	完整		
439	M1DK⑥：354－38	贝形饰	玛瑙	1	完整		
440	M1DK⑥：354－39	贝形饰	玛瑙	1	完整		
441	M1DK⑥：354－40	贝形饰	玛瑙	1	完整		
442	M1DK⑥：354－41	贝形饰	玛瑙	1	完整		
443	M1DK⑥：354－42	贝形饰	玛瑙	1	完整		
444	M1DK⑥：354－43	贝形饰	玛瑙	1	完整		
445	M1DK⑥：354－44	贝形饰	玛瑙	1	完整		
446	M1DK⑥：354－45	贝形饰	玛瑙	1	完整		
447	M1DK⑥：354－46	贝形饰	玛瑙	1	完整		
	M1DK⑥：355	贝带	铜、玉、玛瑙	1套60件		盗洞南部	
448	M1DK⑥：355－1	带板	铜、玉	1	完整		
449	M1DK⑥：355－2	带板	铜、玉	1	完整		
450	M1DK⑥：355－3	扣舌	玉	1	完整		
451	M1DK⑥：355－4	贝形饰	玉	1	完整		
452	M1DK⑥：355－5	贝形饰	玉	1	完整		
453	M1DK⑥：355－6	贝形饰	玉	1	完整		
454	M1DK⑥：355－7	贝形饰	玉	1	完整		
455	M1DK⑥：355－8	贝形饰	玉	1	完整		
456	M1DK⑥：355－9	贝形饰	玉	1	完整		
457	M1DK⑥：355－10	贝形饰	玉	1	完整		
458	M1DK⑥：355－11	贝形饰	玉	1	完整		
459	M1DK⑥：355－12	贝形饰	玉	1	完整		
460	M1DK⑥：355－13	贝形饰	玉	1	完整		
461	M1DK⑥：355－14	贝形饰	玉	1	完整		
462	M1DK⑥：355－15	贝形饰	玉	1	完整		
463	M1DK⑥：355－16	贝形饰	玉	1	完整		

续附表二

序号	器号	器名	质料	数量	现状	出土位置	备注
464	M1DK⑥：355－17	贝形饰	玉	1	完整		
465	M1DK⑥：355－18	贝形饰	玉	1	完整		
466	M1DK⑥：355－19	贝形饰	玉	1	完整		
467	M1DK⑥：355－20	贝形饰	玉	1	完整		
468	M1DK⑥：355－21	贝形饰	玉	1	残		
469	M1DK⑥：355－22	贝形饰	玉	1	完整		
470	M1DK⑥：355－23	贝形饰	玉	1	完整		
471	M1DK⑥：355－24	贝形饰	玉	1	完整		
472	M1DK⑥：355－25	贝形饰	玉	1	完整		
473	M1DK⑥：355－26	贝形饰	玉	1	完整		
474	M1DK⑥：355－27	贝形饰	玉	1	完整		
475	M1DK⑥：355－28	贝形饰	玉	1	完整		
476	M1DK⑥：355－29	贝形饰	玉	1	完整		
477	M1DK⑥：355－30	贝形饰	玉	1	完整		
478	M1DK⑥：355－31	贝形饰	玉	1	完整		
479	M1DK⑥：355－32	贝形饰	玉	1	完整		
480	M1DK⑥：355－33	贝形饰	玉	1	完整		
481	M1DK⑥：355－34	贝形饰	玉	1	完整		
482	M1DK⑥：355－35	贝形饰	玉	1	完整		
483	M1DK⑥：355－36	贝形饰	玉	1	完整		
484	M1DK⑥：355－37	贝形饰	玉	1	完整		
485	M1DK⑥：355－38	贝形饰	玉	1	完整		
486	M1DK⑥：355－39	贝形饰	玉	1	完整		
487	M1DK⑥：355－40	贝形饰	玉	1	完整		
488	M1DK⑥：355－41	贝形饰	玉	1	完整		
489	M1DK⑥：355－42	贝形饰	玉	1	完整		
490	M1DK⑥：355－43	贝形饰	玉	1	残		
491	M1DK⑥：355－44	贝形饰	玉	1	完整		
492	M1DK⑥：355－45	贝形饰	玉	1	残		
493	M1DK⑥：355－46	贝形饰	玉	1	残		
494	M1DK⑥：355－47	贝形饰	玉	1	完整		
495	M1DK⑥：355－48	贝形饰	玉	1	完整		
496	M1DK⑥：355－49	贝形饰	玉	1	完整		
497	M1DK⑥：355－50	贝形饰	玉	1	完整		

续附表二

序号	器号	器名	质料	数量	现状	出土位置	备注
498	M1DK⑥:355－51	贝形饰	玉	1	完整		
499	M1DK⑥:355－52	贝形饰	玉	1	完整		
500	M1DK⑥:355－53	贝形饰	玉	1	完整		
501	M1DK⑥:355－54	贝形饰	玉	1	残		
502	M1DK⑥:355－55	贝形饰	玉	1	残		
503	M1DK⑥:355－56	贝形饰	玉	1	完整		
504	M1DK⑥:355－57	贝形饰	玉	1	完整		
505	M1DK⑥:355－58	贝形饰	玉	1	完整		
506	M1DK⑥:355－59	贝形饰	玉	1	完整		
507	M1DK⑥:355－60	贝形饰	玉	1			
508	M1DK⑥:356	卮	漆	1	残	盗洞南部	
509	M1DK⑥:358	耳杯	玉	1	残	盗洞中部	
510	M1DK⑥:360	泡饰	铜	1	完整	盗洞中部	
511	M1DK⑥:362	佩	玉	1	残	盗洞中部	
512	M1DK⑥:366	镦	铜	1	残	盗洞西南部	
513	M1DK⑥:367	镦	铜	1	残	盗洞中部偏南	
514	M1DK⑥:369	铍	铁	1	残	盗洞南部	
515	M1DK⑥:370	戟	铁	1	残	盗洞中部偏南	
516	M1DK⑥:371	钉	铁	1	残	盗洞南部	
517	M1DK⑥:372	钉	铁	1	残	盗洞南部	
518	M1DK⑥:373	钉	铁	1	残	盗洞南部	
519	M1DK⑥:375	铺首	铜	1	残	盗洞西部偏南	
520	M1DK⑥:376	环	铜	1	残	盗洞西部偏南	
521	M1DK⑥:377	弩机	铜	1	残	盗洞西部偏南	
522	M1DK⑥:379	漏斗形器	银	1	残	盗洞西部偏南	
523	M1DK⑥:381	合页	银	1	残	盗洞西部偏南	
524	M1DK⑥:382	钉	铁	1	残	盗洞中部	
525	M1DK⑥:383	钉	铁	1	残	盗洞中部	
526	M1DK⑥:384	盉	木	1	残	盗洞中部	
527	M1DK⑥:385	构件	木	1	残	盗洞中部	
	M1DK⑥:388	扣饰	铜	1组6件		盗洞中部偏南	
528	M1DK⑥:388－1	扣饰	铜	1			
529	M1DK⑥:388－2	扣饰	铜	1			
530	M1DK⑥:388－3	扣饰	铜	1			

续附表二

序号	器号	器名	质料	数量	现状	出土位置	备注
531	M1DK⑥：388－4	扣饰	铜	1			
532	M1DK⑥：388－5	扣饰	铜	1			
533	M1DK⑥：388－6	扣饰	铜	1			
534	M1DK⑥：389	盖弓帽	铜	1	完整	盗洞北部	
535	M1DK⑥：393	钉	铁	1	完整	盗洞北部	
536	M1DK⑥：395	錞于	铜	1	残	盗洞北部	
537	M1DK⑥：396	钉	铁	1	完整	盗洞北部	
538	M1DK⑥：397	盖弓帽	铜	1	完整	盗洞北部	
539	M1DK⑥：398	戟	铁	1	残	盗洞北部	
540	M1DK⑥：399	戟	铁	1	残	盗洞北部	
541	M1DK⑥：400	戟	铁	1	残	盗洞北部	
542	M1DK⑥：401	戟	铁	1	残	盗洞北部	
543	M1DK⑥：402	戟	铁	1	残	盗洞北部	
544	M1DK⑥：403	戟	铁	1	残	盗洞北部	
545	M1DK⑥：404	戟	铁	1	残	盗洞北部	
546	M1DK⑥：405	镦	铜	1	残	盗洞北部	
547	M1DK⑥：406－1	弹丸	泥	1	残	盗洞北部	
548	M1DK⑥：406－2	弹丸	泥	1			
549	M1DK⑥：406－3	弹丸	泥	1			
550	M1DK⑥：409	戟	铁	1	残	盗洞北部	
551	M1DK⑥：410	剑	铁	1	残	盗洞北部	
552	M1DK⑥：411	镦	铜	1	残	盗洞北部	
553	M1DK⑥：412	剑	铁	1	残	盗洞北部	
554	M1DK⑥：413	镦	铜	1	残	盗洞北部	
555	M1DK⑥：414	镦	铜	1	完整	盗洞北部	
556	M1DK⑥：415	镦	铜	1	残	盗洞北部	
557	M1DK⑥：416	剑	铁	1	残	盗洞北部	
558	M1DK⑥：417	剑	铁	1	残	盗洞北部	
559	M1DK⑥：418	弩机	铜	1	残	盗洞北部	
560	M1DK⑥：419	弩机	铜	1	残	盗洞北部	
561	M1DK⑥：420	剑	铁	1	残	盗洞北部	
562	M1DK⑥：421	剑	铁	1	残	盗洞北部	
563	M1DK⑥：422	剑	铁	1	残	盗洞北部	
564	M1DK⑥：423	剑	铁	1	残	盗洞北部	

续附表二

序号	器号	器名	质料	数量	现状	出土位置	备注
565	M1DK⑥:426	楔	木	1	残	盗洞北部	
566	M1DK⑥:427	环首器	铁	1	残	盗洞东北部	
567	M1DK⑥:428	弩机	铜	1	残	盗洞东北部	
568	M1DK⑥:429	戟	铁	1	残	盗洞东北部	
569	M1DK⑥:431	佩	玉	1	残	盗洞中部	
570	M1DK⑥:433	亚腰形构件	铜	1	完整	盗洞中部	
571	M1DK⑥:434-1	镶玉漆棺残片	漆木	1	残	盗洞中部	
572	M1DK⑥:434-2	镶玉漆棺残片	漆木	1		盗洞中部	
573	M1DK⑥:435	璜	玉	1	残	盗洞中部	
574	M1DK⑥:437	戟	铁	1	残	盗洞南部	
575	M1DK⑥:438	镦	铜	1	残	盗洞南部	
576	M1DK⑥:439	泡饰	铜	1	残	盗洞南部	
577	M1DK⑥:440	戟	铁	1	残	盗洞东南部	
578	M1DK⑥:441	钉	铁	1	残	盗洞中部偏南	
579	M1DK⑥:445	残器	石	1	残	盗洞中部偏南	
580	M1DK⑥:450	泡饰	铜	1	残	盗洞中部偏南	
581	M1DK⑥:451	泡饰	铜	1	完整	盗洞中部偏南	
582	M1DK⑥:452	泡饰	铜	1	残	盗洞中部偏南	
583	M1DK⑥:454	壶	釉陶	1	残	盗洞东南部	
584	M1DK⑥:455	泡饰	铜	1	残	盗洞中部偏南	
585	M1DK⑥:456	泡饰	铜	1	完整	盗洞中部偏南	
586	M1DK⑥:457	扣饰	铜	1	残	盗洞东南部	
587	M1DK⑥:459	剑	铁	1	残	盗洞中部偏南	
588	M1DK⑥:460	削	铁	1	残	盗洞中部偏南	
589	M1DK⑥:464	环	铜	1	完整	盗洞东南部	
590	M1DK⑥:467（1~4）	扣饰	铜	1组4件	残	盗洞中部偏南	
591	M1DK⑥:469	钉	铁	1	残	盗洞中部	
592	M1DK⑥:470	镦	铜	1	残	盗洞中部	
593	M1DK⑥:471	锥形器	铜	1	完整	盗洞中部	
594	M1DK⑥:473	扣饰	银	1	残	盗洞东南部	
595	M1DK⑥:474	卮持	铜	1	残	盗洞东部偏南	
596	M1DK⑥:475	笥	漆	1	残	盗洞东部偏南	
597	M1DK⑥:475-1	锥形器	铜	1		笥中	
598	M1DK⑥:475-2	算筹	漆	1组60根		笥中	

续附表二

序号	器号	器名	质料	数量	现状	出土位置	备注
599	M1DK⑥:476	笥	漆	1	残	盗洞东部偏南	
600	M1DK⑥:476-1	算筹	漆	1组50根		笥中	
601	M1DK⑥:477	戈	玉	1	残	盗洞西部偏南	
602	M1DK⑥:478	铍	铁	1	残	盗洞西部偏南	
603	M1DK⑥:479	铍	铁	1	残	盗洞中部偏南	
604	M1DK⑥:480	饰件	铜	1	残	盗洞西部偏南	
605	M1DK⑥:482	扣饰	银	1	残	盗洞中部	
606	M1DK⑥:483	铺首	铜	1	残	盗洞西部偏北	
607	M1DK⑥:506	铺首	铜	1	残	盗洞中部	
608	M1DK⑥:512	璧	玉	1	残	盗洞中部	
609	M1DK⑥:514	璧	玉	1	残	盗洞中部	
610	M1DK⑥:526	璜	玉	1	残	盗洞中部	
611	M1DK⑥:535	璧	玉	1	残	盗洞中部	
612	M1DK⑥:539	环	铜	1	完整	盗洞中部	
613	M1DK⑥:547	镦	铜	1	残	盗洞中部偏南	
614	M1DK⑥:548	镦	铜	1	残	盗洞中部偏南	
615	M1DK⑥:551	剑	铁	1	残	盗洞东部偏南	
616	M1DK⑥:552	戟	铁	1	残	盗洞东部偏南	
617	M1DK⑥:553	镇	铜	1	完整	盗洞中部	
618	M1DK⑥:556	泡饰	铜	1	完整	盗洞中部偏南	
619	M1DK⑥:557	泡饰	铜	1	残	盗洞中部偏南	
620	M1DK⑥:558	泡饰	铜	1	残	盗洞中部偏南	
621	M1DK⑥:560	尺	铜	1	完整	盗洞中部偏南	
622	M1DK⑥:562	剑	铁	1	残	盗洞中部偏南	
623	M1DK⑥:565	泡饰	铜	1	残	盗洞中部偏南	
624	M1DK⑥:566	泡饰	铜	1	残	盗洞中部偏南	
625	M1DK⑥:571	带钩	铜	1	残	盗洞中部偏南	
626	M1DK⑥:572	剑	铁	1	残	盗洞中部偏南	
627	M1DK⑥:573	矛	铁	1	残	盗洞中部偏南	
628	M1DK⑥:574	剑	铁	1	残	盗洞中部偏南	
629	M1DK⑥:575	带钩	铜	1	残	盗洞中部	
630	M1DK⑥:576	纽钟	铜	1	残	盗洞中部偏南	
631	M1DK⑥:577	泡饰	铜	1	残	盗洞东部偏南	
632	M1DK⑥:578	剑	铁	1	残	盗洞中部	

续附表二

序号	器号	器名	质料	数量	现状	出土位置	备注
633	M1DK⑥：579	戈	铜	1	完整	盗洞中部	
634	M1DK⑥：580	镦	银	1	残	盗洞中部	
635	M1DK⑥：581	剑	铁	1	残	盗洞中部	
636	M1DK⑥：582	戈	铜	1	完整	盗洞中部	
637	M1DK⑥：583	剑	铁	1	残	盗洞中部	
638	M1DK⑥：584	镦	银	1	残	盗洞中部	
639	M1DK⑥：585	矛	铁	1	残	盗洞中部	
640	M1DK⑥：586	镦	银	1	残	盗洞中部	
641	M1DK⑥：588	镦	铜	1	残	盗洞中部	
642	M1DK⑥：589	铺首	铜	1	完整	盗洞中部偏南	
643	M1DK⑥：590	铺首	铜	1	残	盗洞西南部	
644	M1DK⑥：591	镦	铜	1	残	盗洞南部	
645	M1DK⑥：592	泡饰	铜	1	完整	盗洞中部偏南	
646	M1DK⑥：595	耳杯	漆	1	残	盗洞中部	
647	M1DK⑥：596	泡饰	铜	1	残	盗洞中部	
648	M1DK⑥：597	扣饰	银	1	残	盗洞中部	
649	M1DK⑥：598	环	铜	1	完整	盗洞中部	
650	M1DK⑥：599	环	铜	1	残	盗洞中部	
651	M1DK⑥：601	泡饰	铜	1	残	盗洞中部	
652	M1DK⑥：602	泡饰	铜	1	残	盗洞中部	
653	M1DK⑥：603	泡饰	铜	1	残	盗洞中部	
654	M1DK⑥：604	构件	铜	1	残	盗洞西部偏南	
655	M1DK⑥：605	铍	铁	1	残	盗洞中部偏南	
656	M1DK⑥：606	镦	铜	1	残	盗洞中部	
657	M1DK⑥：607	铺首	铜	1	残	盗洞西南部	
658	M1DK⑥：608	盉	铁	1	残	盗洞南部	
659	M1DK⑥：609	剑	铁	1	残	盗洞南部	
660	M1DK⑥：610	戟	铁	1	残	盗洞南部	
661	M1DK⑥：611	戟	铁	1	残	盗洞南部	
662	M1DK⑥：612	合页	银	1	完整	盗洞西部偏南	
663	M1DK⑥：613	圭	玉	1	完整	盗洞南部	
664	M1DK⑥：614	圭	玉	1	残	盗洞南部	
665	M1DK⑥：615	圭	玉	1	残	盗洞南部	
666	M1DK⑥：616	圭	玉	1	残	盗洞南部	

续附表二

序号	器号	器名	质料	数量	现状	出土位置	备注
667	M1DK⑥:617	圭	玉	1	残	盗洞南部	
668	M1DK⑥:618	臼杯	铜	1	残	盗洞南部	
669	M1DK⑥:619	臼杯	铜	1	残	盗洞南部	
670	M1DK⑥:620	犀牛	铜	1	完整	盗洞南部	
671	M1DK⑥:621	象	铜	1	完整	盗洞南部	
672	M1DK⑥:622	戈	铜	1	残	盗洞南部	
673	M1DK⑥:623	矛	铜	1	残	盗洞南部	
674	M1DK⑥:624	矛	铜	1	完整	盗洞南部	
675	M1DK⑥:625	矛	铜	1	完整	盗洞南部	
676	M1DK⑥:626	矛	铜	1	完整	盗洞南部	
677	M1DK⑥:627	矛	铜	1	完整	盗洞南部	
678	M1DK⑥:628	戈	玉	1	完整	盗洞南部	
679	M1DK⑥:629	錞于	铜	1	完整	盗洞西南部	
680	M1DK⑥:630	镦	铜	1	残	盗洞西南部	
681	M1DK⑥:631	剑	铁	1	残	盗洞西南部	
682	M1DK⑥:632	剑	铁	1	残	盗洞西南部	
683	M1DK⑥:633	戟	铁	1	残	盗洞西南部	
684	M1DK⑥:635	戟	铁	1	残	盗洞西南部	
685	M1DK⑥:636	戟	铁	1	残	盗洞西南部	
686	M1DK⑥:637	戟	铁	1	残	盗洞西南部	
687	M1DK⑥:638	剑	铁	1	残	盗洞西南部	
688	M1DK⑥:639	剑	铁	1	残	盗洞西南部	
689	M1DK⑥:640	戟	铁	1	残	盗洞西南部	
690	M1DK⑥:641	弩机	铜	1	残	盗洞西南部	
691	M1DK⑥:642	戟	铁	1	残	盗洞西南部	
692	M1DK⑥:643	戟	铁	1	残	盗洞西南部	
693	M1DK⑥:644	剑	铁	1	残	盗洞西南部	
694	M1DK⑥:645	戟	铁	1	残	盗洞西南部	
695	M1DK⑥:646	剑	铁	1	残	盗洞西南部	
696	M1DK⑥:647	臼杯	铜	1	残	盗洞南部	
697	M1DK⑥:648	臼杯	铜	1	残	盗洞南部	
698	M1DK⑥:649	臼杯	铜	1	残	盗洞南部	
699	M1DK⑥:650	牙角饰	骨	1	残	盗洞南部	
700	M1DK⑥:651	牙角饰	骨	1	残	盗洞南部	

续附表二

序号	器号	器名	质料	数量	现状	出土位置	备注
701	M1DK⑥：652	牙角饰	骨	1	残	盗洞南部	
702	M1DK⑥：653	牙角饰	骨	1	残	盗洞南部	
703	M1DK⑥：654	牙角饰	骨	1	残	盗洞南部	
704	M1DK⑥：655	牙角饰	骨	1	残	盗洞南部	
705	M1DK⑥：656	钫	铜	1	完整	盗洞南部	
706	M1DK⑥：657	钫	铜	1	残	盗洞南部	
707	M1DK⑥：658	钫	铜	1	残	盗洞南部	
708	M1DK⑥：659	钫	铜	1	残	盗洞南部	
709	M1DK⑥：660	钫	铜	1	残	盗洞南部	
710	M1DK⑥：661	盒	银	1	残	盗洞南部	
711	M1DK⑥：662	锺	铜	1	完整	盗洞南部	
712	M1DK⑥：663	锺	铜	1	残	盗洞南部	
713	M1DK⑥：664	锺	铜	1	残	盗洞南部	
714	M1DK⑥：665	鼎	铜	1	完整	盗洞南部	
715	M1DK⑥：666	鼎	铜	1	残	盗洞南部	
716	M1DK⑥：667	鼎	铜	1	残	盗洞南部	
717	M1DK⑥：668	鼎	铜	1	完整	盗洞南部	
718	M1DK⑥：669	罐	铜	1	残	盗洞南部	
719	M1DK⑥：670	罐	铜	1	残	盗洞南部	
720	M1DK⑥：671	罐	铜	1	残	盗洞南部	
721	M1DK⑥：672	杵	铜	1	完整	盗洞南部	
722	M1DK⑥：673	杵	铜	1	残	盗洞南部	
723	M1DK⑥：674	杵	铜	1	残	盗洞南部	
724	M1DK⑥：675	杵	铜	1	残	盗洞南部	
725	M1DK⑥：676	杵	铜	1	残	盗洞南部	
726	M1DK⑥：677	匜	铜	1	残	盗洞南部	
727	M1DK⑥：678	砚	石	1套2件	残	盗洞南部	
728	M1DK⑥：679	牙角饰	骨	1	残	盗洞南部	
729	M1DK⑥：680	牙角饰	骨	1	残	盗洞南部	
730	M1DK⑥：681	牙角饰	骨	1	残	盗洞南部	
731	M1DK⑥：682	牙角饰	骨	1	残	盗洞南部	
732	M1DK⑥：683	牙角饰	骨	1	残	盗洞南部	
733	M1DK⑥：684	牙角饰	骨	1	残	盗洞南部	
734	M1DK⑥：685	牙角饰	骨	1	残	盗洞南部	

续附表二

序号	器号	器名	质料	数量	现状	出土位置	备注
735	M1DK⑥：686	驯犀俑	铜	1	完整	盗洞南部	
736	M1DK⑥：687	驯象俑	铜	1	略残	盗洞南部	
737	M1DK⑥：688	匜	铜	1	完整	盗洞南部	
738	M1DK⑥：689	匜	铜	1	残	盗洞南部	
739	M1DK⑥：690	勺	铜	1	残	盗洞南部	
740	M1DK⑥：691	勺	铜	1	残	盗洞南部	
741	M1DK⑥：692	勺	铜	1	完整	盗洞南部	
742	M1DK⑥：693	勺	铜	1	残	盗洞南部	
743	M1DK⑥：694	勺	铜	1	残	盗洞南部	
744	M1DK⑥：695	匜	铜	1	完整	盗洞南部	
745	M1DK⑥：696	匜	铜	1	残	盗洞南部	
746	M1DK⑥：699	罐	铜	1	残	盗洞南部	
747	M1DK⑥：700	罐	铜	1	残	盗洞南部	
748	M1DK⑥：701	环	玉	1	残	盗洞中部	
749	M1DK⑥：702	璧	玉	1	残	盗洞中部	
750	M1DK⑥：703	璧	玉	1	残	盗洞中部	
751	M1DK⑥：706	佩	玉	1	残	盗洞中部	
752	M1DK⑥：726	璧	玉	1	残	盗洞中部	
753	M1DK⑥：727	璧	玉	1	残	盗洞中部	
754	M1DK⑥：728	璧	玉	1	残	盗洞中部	
755	M1DK⑥：729	泡饰	铜	1	残	盗洞中部	
756	M1DK⑥：730	节约	铜	1	残	盗洞中部	
757	M1DK⑥：731	泡饰	铜	1	残	盗洞中部	
758	M1DK⑥：732	泡饰	铜	1	残	盗洞中部	
759	M1DK⑥：733	碗	玉	1	残	盗洞中部	
760	M1DK⑥：734	泡饰	铜	1	残	盗洞中部	
761	M1DK⑥：747	璧	玉	1	残	盗洞中部	
762	M1DK⑥：752	佩	玉	1	残	盗洞中部	
763	M1DK⑥：754	璧	玉	1	残	盗洞中部	
764	M1DK⑥：755	佩	玉	1	残	盗洞中部	
765	M1DK⑥：756	璧	玉	1	残	盗洞中部	
766	M1DK⑥：763	璧	玉	1	残	盗洞中部	
767	M1DK⑥：767	璧	玉	1	残	盗洞中部	
768	M1DK⑥：778	龙首形饰	铜	1	残	盗洞中部	

续附表二

序号	器号	器名	质料	数量	现状	出土位置	备注
769	M1DK⑥：789	绞轮	木	1	残	盗洞中部	
770	M1DK⑥：790	节约	铜	1	残	盗洞中部	
771	M1DK⑥：796	剑珌	玉	1	残	盗洞中部	
772	M1DK⑥：797	镞	铜	1	残	盗洞中部偏北	
773	M1DK⑥：798	镞	铜	1	残	盗洞中部偏北	
774	M1DK⑥：799	镞	铜	1	残	盗洞中部偏北	
775	M1DK⑥：800	镞	铜	1	残	盗洞中部偏北	
776	M1DK⑥：801	镞	铜	1	残	盗洞中部偏北	
777	M1DK⑥：802	镞	铜	1	残	盗洞中部偏北	
778	M1DK⑥：803	镞	铜	1	残	盗洞中部偏北	
779	M1DK⑥：804	镞	铜	1	残	盗洞中部偏北	
780	M1DK⑥：805	镞	铜	1	残	盗洞中部偏北	
781	M1DK⑥：807	环	铜	1	残	盗洞中部偏北	
782	M1DK⑥：808	镞	铜	1	残	盗洞西部偏北	
783	M1DK⑥：809	镞	铜	1	残	盗洞西部偏北	
784	M1DK⑥：810	镞	铜	1	完整	盗洞西部偏北	
785	M1DK⑥：811	镞	铜	1	残	盗洞西部偏北	
786	M1DK⑥：812	镞	铜	1	残	盗洞西部偏北	
787	M1DK⑥：813	镞	铜	1	残	盗洞西部偏北	
788	M1DK⑥：814	镞	铜	1	残	盗洞西部偏北	
789	M1DK⑥：815	镞	铜	1	残	盗洞西部偏北	
790	M1DK⑥：816	镞	铜	1	残	盗洞西部偏北	
791	M1DK⑥：817	镞	铜	1	残	盗洞西部偏北	
792	M1DK⑥：818	镞	铜	1	残	盗洞西部偏北	
793	M1DK⑥：819	镞	铜	1	残	盗洞西部偏北	
794	M1DK⑥：820	镞	铜	1	残	盗洞西部偏北	
795	M1DK⑥：822	镞	铜	1	残	盗洞西部偏北	
796	M1DK⑥：823	镞	铜	1	残	盗洞西部偏北	
797	M1DK⑥：824	镞	铜	1	残	盗洞西部偏北	
798	M1DK⑥：825	镞	铜	1	残	盗洞西部偏北	
799	M1DK⑥：826	镦	铜	1	残	盗洞西部偏南	
800	M1DK⑥：827	弩机	铜	1	残	盗洞西部偏南	
801	M1DK⑥：828	镞	铜	1	残	盗洞西部偏南	
802	M1DK⑥：829 - 1	镶玉漆棺残片	漆木	1	残	盗洞中部	

续附表二

序号	器号	器名	质料	数量	现状	出土位置	备注
803	M1DK⑥：829－2	镶玉漆棺残片	漆木	1			
804	M1DK⑥：829－3	镶玉漆棺残片	漆木	1			
805	M1DK⑥：830	璧	玉	1	残	盗洞中部	
806	M1DK⑥：831	璧	玉	1	残	盗洞中部	
807	M1DK⑥：832	璜	玉	1	残	盗洞中部	
808	M1DK⑥：836	泡饰	铜	1	残	盗洞中部	
809	M1DK⑥：839	璧	玉	1	残	盗洞中部	
810	M1DK⑥：851	锥形器	铜	1	残	盗洞中部	
811	M1DK⑥：852	节约	铜	1	残	盗洞中部	
812	M1DK⑥：853	龙首形饰	铜	1	残	盗洞中部	
813	M1DK⑥：858	铍	铁	1	残	盗洞中部	
814	M1DK⑥：859	钉	铁	1	残	盗洞中部	
815	M1DK⑥：860	泡饰	铜	1	残	盗洞中部	
816	M1DK⑥：861	龙首形饰	铜	1	残	盗洞中部	
817	M1DK⑥：862	佩	玉	1	残	盗洞中部	
818	M1DK⑥：863	塞	玉	1	完整	盗洞中部	
819	M1DK⑥：864	串饰	玛瑙	1	完整	盗洞中部	
820	M1DK⑥：865	塞	玉	1	完整	盗洞中部	
821	M1DK⑥：866	佩	玉	1	残	盗洞中部	
822	M1DK⑥：868	剑首	玉	1	残	盗洞中部	
823	M1DK⑥：869	塞	玉	1	完整	盗洞中部	
824	M1DK⑥：870	塞	玉	1	残	盗洞中部	
825	M1DK⑥：871	残器	玉	1	残	盗洞中部	
826	M1DK⑥：874	璧	玉	1	残	盗洞中部	
827	M1DK⑥：877	璧	玉	1	残	盗洞中部	
828	M1DK⑥：879	璧	玉	1	残	盗洞中部	
829	M1DK⑥：884	泡饰	铜	1	完整	盗洞中部	
830	M1DK⑥：885	泡饰	铜	1	残	盗洞中部	
831	M1DK⑥：886	泡饰	铜	1	残	盗洞中部	
832	M1DK⑥：888	镞	铜	1	残	盗洞中部偏北	
833	M1DK⑥：889	弩机	铜	1	残	盗洞西部偏南	
834	M1DK⑥：890	弩机	铜	1	残	盗洞西部偏南	
835	M1DK⑥：891	镦	铜	1	完整	盗洞中部	
836	M1DK⑥：893	弩机	铜	1	残	盗洞东南部	

续附表二

序号	器号	器名	质料	数量	现状	出土位置	备注
837	M1DK⑥:894	镦	铜	1	残	盗洞东部偏南	
838	M1DK⑥:896	剑	铁	1	残	盗洞中部	
839	M1DK⑥:897	镦	铜	1	残	盗洞西部偏北	
840	M1DK⑥:898	镦	铜	1	完整	盗洞西部偏北	
841	M1DK⑥:899	镞	铜	1	残	盗洞东北部	
842	M1DK⑥:900	戟	铁	1	残	盗洞东部偏北	
843	M1DK⑥:901	机	铜	1	残	盗洞西南部	
844	M1DK⑥:902	镞	铜	1	残	盗洞西南部	
845	M1DK⑥:903	戟	铁	1	残	盗洞西南部	
846	M1DK⑥:904	戟	铁	1	残	盗洞西南部	
847	M1DK⑥:905	戟	铁	1	残	盗洞西南部	
848	M1DK⑥:906	戟	铁	1	残	盗洞西南部	
849	M1DK⑥:907	弩机	铜	1	残	盗洞西南部	
850	M1DK⑥:908	镦	铜	1	残	盗洞西南部	
851	M1DK⑥:909	剑	铁	1	残	盗洞西南部	
852	M1DK⑥:910	镦	铜	1	残	盗洞西南部	
853	M1DK⑥:911	剑	铁	1	残	盗洞西南部	
854	M1DK⑥:912	剑	铁	1	残	盗洞西南部	
855	M1DK⑥:913	剑	铁	1	残	盗洞西南部	
856	M1DK⑥:914	戟	铁	1	残	盗洞西南部	
857	M1DK⑥:915	镦	铜	1	完整	盗洞西南部	
858	M1DK⑥:916	镦	铜	1	残	盗洞西南部	
859	M1DK⑥:917	镦	铜	1	残	盗洞西南部	
860	M1DK⑥:919	錞于	铜	1	完整	盗洞西南部	
861	M1DK⑥:922	镦	铜	1	完整	盗洞西南部	
862	M1DK⑥:923	剑	铁	1	残	盗洞西南部	
863	M1DK⑥:924	镦	铜	1	完整	盗洞南部	
864	M1DK⑥:925	镦	铜	1	残	盗洞南部	
865	M1DK⑥:926	剑	铁	1	残	盗洞西南部	
866	M1DK⑥:927	镞	铜	1	残	盗洞西南部	
867	M1DK⑥:928	钺	铜	1	完整	盗洞北部	
868	M1DK⑥:929	铺首	铜	1	残	盗洞北部	
869	M1DK⑥:930	钉	铁	1	残	盗洞北部	
870	M1DK⑥:933	铺首	铜	1	残	盗洞北部	

续附表二

序号	器号	器名	质料	数量	现状	出土位置	备注
871	M1DK⑥:934	铺首	铜	1	残	盗洞北部	
872	M1DK⑥:935	镦	铜	1	残	盗洞北部	
873	M1DK⑥:936	绞轮	木	1	残	盗洞北部	
874	M1DK⑥:937	镞	铜	1	残	盗洞北部	
875	M1DK⑥:939	铺首	铜	1	残	盗洞西北部	
876	M1DK⑥:940	镦	铜	1	残	盗洞北部	
877	M1DK⑥:941	镦	铜	1	完整	盗洞北部	
878	M1DK⑥:942	剑	铁	1	残	盗洞西北部	
879	M1DK⑥:943	剑	铁	1	残	盗洞西北部	
880	M1DK⑥:944	剑	铁	1	残	盗洞西北部	
881	M1DK⑥:945	剑	铁	1	残	盗洞西北部	
882	M1DK⑥:946	剑	铁	1	残	盗洞西北部	
883	M1DK⑥:947	剑	铁	1	残	盗洞西北部	
884	M1DK⑥:948	剑	铁	1	残	盗洞西北部	
885	M1DK⑥:949	剑	铁	1	残	盗洞西北部	
886	M1DK⑥:950	剑	铁	1	残	盗洞西北部	
887	M1DK⑥:951	剑	铁	1	残	盗洞西北部	
888	M1DK⑥:952	剑	铁	1	残	盗洞西北部	
889	M1DK⑥:953	剑	铁	1	残	盗洞西北部	
890	M1DK⑥:954	剑	铁	1	残	盗洞西北部	
891	M1DK⑥:955	剑	铁	1	残	盗洞西北部	
892	M1DK⑥:956	剑	铁	1	残	盗洞西北部	
893	M1DK⑥:957	镦	铜	1	残	盗洞北部	
894	M1DK⑥:958	镦	铜	1	残	盗洞北部	
895	M1DK⑥:959	弩机	铜	1	残	盗洞北部	
896	M1DK⑥:960	镞	铜	1	残	盗洞北部	
897	M1DK⑥:961	剑	铁	1	残	盗洞西北部	
898	M1DK⑥:962	镞	铜	1	残	盗洞北部	
899	M1DK⑥:963	弩机	铜	1	残	盗洞北部	
900	M1DK⑥:964	剑	铁	1	残	盗洞西北部	
901	M1DK⑥:965	镦	铜	1	残	盗洞北部	
902	M1DK⑥:966	弩机	铜	1	残	盗洞北部	
903	M1DK⑥:967	弩机	铜	1	残	盗洞北部	
904	M1DK⑥:968	剑	铁	1	残	盗洞西北部	

续附表二

序号	器号	器名	质料	数量	现状	出土位置	备注
905	M1DK⑥：969	镞	铜	1	残	盗洞北部	
906	M1DK⑥：970	镞	铜	1	残	盗洞北部	
907	M1DK⑥：971	剑	铁	1	残	盗洞西北部	
908	M1DK⑥：972	弩机	铜	1	残	盗洞北部	
909	M1DK⑥：973	弩机	铜	1	残	盗洞北部	
910	M1DK⑥：974	剑	铁	1	残	盗洞西北部	
911	M1DK⑥：975	剑	铁	1	残	盗洞西北部	
912	M1DK⑥：976	剑	铁	1	残	盗洞西北部	
913	M1DK⑥：977	剑	铁	1	残	盗洞西北部	
914	M1DK⑥：978	镦	铜	1	残	盗洞北部	
915	M1DK⑥：979	镦	铜	1	残	盗洞北部	
916	M1DK⑥：980	镞	铜	1	残	盗洞北部	
917	M1DK⑥：981	戟	铁	1	残	盗洞西北部	
918	M1DK⑥：982	剑	铁	1	残	盗洞西北部	
919	M1DK⑥：983	戟	铁	1	残	盗洞西北部	
920	M1DK⑥：984	弩机	铜	1	残	盗洞北部	
921	M1DK⑥：985	镞	铜	1	残	盗洞北部	
922	M1DK⑥：986	镦	铜	1	残	盗洞北部	
923	M1DK⑥：987	镞	铜	1	残	盗洞北部	
924	M1DK⑥：988	弩机	铜	1	残	盗洞北部	
925	M1DK⑥：989	剑	铁	1	残	盗洞西北部	
926	M1DK⑥：990	剑	铁	1	残	盗洞西北部	
927	M1DK⑥：991	剑	铁	1	残	盗洞西北部	
928	M1DK⑥：992	剑	铁	1	残	盗洞西北部	
929	M1DK⑥：993	镦	铜	1	残	盗洞西北部	
930	M1DK⑥：994	镦	铜	1	残	盗洞西北部	
931	M1DK⑥：995	剑	铁	1	残	盗洞西北部	
932	M1DK⑥：996	镞	铜	1	残	盗洞北部	
933	M1DK⑥：997	戟	铁	1	残	盗洞西北部	
934	M1DK⑥：998	弩机	铜	1	残	盗洞西北部	
935	M1DK⑥：999	镞	铜	1	残	盗洞西北部	
936	M1DK⑥：1000	剑	铁	1	残	盗洞西北部	
937	M1DK⑥：1001	剑	铁	1	残	盗洞西北部	
938	M1DK⑥：1002	戟	铁	1	残	盗洞西北部	

续附表二

序号	器号	器名	质料	数量	现状	出土位置	备注
939	M1DK⑥：1003	镦	铜	1	残	盗洞西北部	
940	M1DK⑥：1004	镦	铜	1	残	盗洞西北部	
941	M1DK⑥：1005	镦	铜	1	完整	盗洞西北部	
942	M1DK⑥：1006	剑	铁	1	残	盗洞北部	
943	M1DK⑥：1007	剑	铁	1	残	盗洞北部	
944	M1DK⑥：1008	剑	铁	1	残	盗洞北部	
945	M1DK⑥：1009	剑	铁	1	残	盗洞北部	
946	M1DK⑥：1010	剑	铁	1	残	盗洞北部	
947	M1DK⑥：1011	镦	铜	1	残	盗洞西北部	
948	M1DK⑥：1012	剑	铁	1	残	盗洞北部	
949	M1DK⑥：1013	剑	铁	1	残	盗洞北部	
950	M1DK⑥：1014	剑	铁	1	残	盗洞北部	
951	M1DK⑥：1015	剑	铁	1	残	盗洞北部	
952	M1DK⑥：1016	剑	铁	1	残	盗洞北部	
953	M1DK⑥：1017	弩机	铜	1	残	盗洞西北部	
954	M1DK⑥：1018	镞	铜	1	残	盗洞西北部	
955	M1DK⑥：1019	镞	铜	1	残	盗洞西北部	
956	M1DK⑥：1020	弩机	铜	1	残	盗洞西北部	
957	M1DK⑥：1021	弩机	铜	1	残	盗洞西北部	
958	M1DK⑥：1022	剑	铁	1	残	盗洞北部	
959	M1DK⑥：1023	戟	铁	1	残	盗洞北部	
960	M1DK⑥：1024	剑	铁	1	残	盗洞北部	
961	M1DK⑥：1025	剑	铁	1	残	盗洞北部	
962	M1DK⑥：1026	剑	铁	1	残	盗洞北部	
963	M1DK⑥：1027	镦	铜	1	残	盗洞西北部	
964	M1DK⑥：1028	剑	铁	1	残	盗洞北部	
965	M1DK⑥：1029	剑	铁	1	残	盗洞北部	
966	M1DK⑥：1030	剑	铁	1	残	盗洞北部	
967	M1DK⑥：1031	剑	铁	1	残	盗洞北部	
968	M1DK⑥：1032	剑	铁	1	残	盗洞北部	
969	M1DK⑥：1033	镦	铜	1	完整	盗洞西北部	
970	M1DK⑥：1034	剑	铁	1	残	盗洞西北部	
971	M1DK⑥：1035	剑	铁	1	残	盗洞西北部	
972	M1DK⑥：1036	剑	铁	1	残	盗洞西北部	

续附表二

序号	器号	器名	质料	数量	现状	出土位置	备注
973	M1DK⑥：1037	剑	铁	1	残	盗洞西北部	
974	M1DK⑥：1038	剑	铁	1	残	盗洞西北部	
975	M1DK⑥：1039	剑	铁	1	残	盗洞西北部	
976	M1DK⑥：1040	剑	铁	1	残	盗洞西北部	
977	M1DK⑥：1041	镞	铜	1	残	盗洞西北部	
978	M1DK⑥：1042	镦	铜	1	残	盗洞北部	
979	M1DK⑥：1043	剑	铁	1	残	盗洞西北部	
980	M1DK⑥：1044	剑	铁	1	残	盗洞西北部	
981	M1DK⑥：1045	镦	铜	1	残	盗洞西北部	
982	M1DK⑥：1046	剑	铁	1	残	盗洞西北部	
983	M1DK⑥：1047	弩机	铜	1	残	盗洞西北部	
984	M1DK⑥：1048	镞	铜	1	残	盗洞西北部	
985	M1DK⑥：1049	剑	铁	1	残	盗洞西北部	
986	M1DK⑥：1050	剑	铁	1	残	盗洞西北部	
987	M1DK⑥：1051	剑	铁	1	残	盗洞西北部	
988	M1DK⑥：1052	戟	铁	1	残	盗洞西北部	
989	M1DK⑥：1053	剑	铁	1	残	盗洞西北部	
990	M1DK⑥：1054	镦	铜	1	完整	盗洞西北部	
991	M1DK⑥：1055	镦	铜	1	残	盗洞西北部	
992	M1DK⑥：1056	剑	铁	1	残	盗洞西北部	
993	M1DK⑥：1057	镦	铜	1	残	盗洞西北部	
994	M1DK⑥：1058	戟	铁	1	残	盗洞西北部	
995	M1DK⑥：1059	戟	铁	1	残	盗洞西北部	
996	M1DK⑥：1060	剑	铁	1	残	盗洞西北部	
997	M1DK⑥：1061	剑	铁	1	残	盗洞西北部	
998	M1DK⑥：1062	剑	铁	1	残	盗洞西北部	
999	M1DK⑥：1063	剑	铁	1	残	盗洞西北部	
1000	M1DK⑥：1064	镦	铜	1	残	盗洞西北部	
1001	M1DK⑥：1065	剑	铁	1	残	盗洞西北部	
1002	M1DK⑥：1066	镦	铜	1	完整	盗洞西北部	
1003	M1DK⑥：1067	剑	铁	1	残	盗洞西北部	
1004	M1DK⑥：1068	剑	铁	1	残	盗洞西北部	
1005	M1DK⑥：1069	剑	铁	1	残	盗洞西北部	
1006	M1DK⑥：1070	剑	铁	1	残	盗洞西北部	

续附表二

序号	器号	器名	质料	数量	现状	出土位置	备注
1007	M1DK⑥：1071	剑	铁	1	残	盗洞西北部	
1008	M1DK⑥：1072	剑	铁	1	残	盗洞西北部	
1009	M1DK⑥：1073	剑	铁	1	残	盗洞西北部	
1010	M1DK⑥：1074	剑	铁	1	残	盗洞西北部	
1011	M1DK⑥：1075	弩机	铜	1	残	盗洞西北部	
1012	M1DK⑥：1076	镦	铜	1	残	盗洞西北部	
1013	M1DK⑥：1077	剑	铁	1	残	盗洞北部	
1014	M1DK⑥：1078	戟	铁	1	残	盗洞北部	
1015	M1DK⑥：1079	剑	铁	1	残	盗洞北部	
1016	M1DK⑥：1080	镦	铜	1	残	盗洞西北部	
1017	M1DK⑥：1081	弩机	铜	1	残	盗洞西北部	
1018	M1DK⑥：1082	镞	铜	1	残	盗洞西北部	
1019	M1DK⑥：1083	剑	铁	1	残	盗洞北部	
1020	M1DK⑥：1084	剑	铁	1	残	盗洞北部	
1021	M1DK⑥：1085	镦	铜	1	残	盗洞西北部	
1022	M1DK⑥：1086	剑	铁	1	残	盗洞北部	
1023	M1DK⑥：1087	剑	铁	1	残	盗洞北部	
1024	M1DK⑥：1088	剑	铁	1	残	盗洞北部	
1025	M1DK⑥：1089	镞	铜	1	残	盗洞西北部	
1026	M1DK⑥：1090	戟	铁	1	残	盗洞北部	
1027	M1DK⑥：1091	戟	铁	1	残	盗洞北部	
1028	M1DK⑥：1092	剑	铁	1	残	盗洞北部	
1029	M1DK⑥：1093	剑	铁	1	残	盗洞北部	
1030	M1DK⑥：1094	剑	铁	1	残	盗洞北部	
1031	M1DK⑥：1095	剑	铁	1	残	盗洞北部	
1032	M1DK⑥：1096	弩机	铜	1	残	盗洞西北部	
1033	M1DK⑥：1097	剑	铁	1	残	盗洞西北部	
1034	M1DK⑥：1098	剑	铁	1	残	盗洞西北部	
1035	M1DK⑥：1099	剑	铁	1	残	盗洞西北部	
1036	M1DK⑥：1100	剑	铁	1	残	盗洞西北部	
1037	M1DK⑥：1101	剑	铁	1	残	盗洞西北部	
1038	M1DK⑥：1102	镦	铜	1	残	盗洞西北部	
1039	M1DK⑥：1103	剑	铁	1	残	盗洞西北部	
1040	M1DK⑥：1104	剑	铁	1	残	盗洞西北部	

续附表二

序号	器号	器名	质料	数量	现状	出土位置	备注
1041	M1DK⑥:1105	镞	铜	1	残	盗洞西北部	
1042	M1DK⑥:1106	剑	铁	1	残	盗洞西北部	
1043	M1DK⑥:1107	剑	铁	1	残	盗洞西北部	
1044	M1DK⑥:1108	剑	铁	1	残	盗洞西北部	
1045	M1DK⑥:1109	剑	铁	1	残	盗洞西北部	
1046	M1DK⑥:1110	剑	铁	1	残	盗洞西北部	
1047	M1DK⑥:1111	剑	铁	1	残	盗洞西北部	
1048	M1DK⑥:1112	剑	铁	1	残	盗洞西北部	
1049	M1DK⑥:1113	剑	铁	1	残	盗洞西北部	
1050	M1DK⑥:1114	剑	铁	1	残	盗洞西北部	
1051	M1DK⑥:1115	剑	铁	1	残	盗洞西北部	
1052	M1DK⑥:1116	剑	铁	1	残	盗洞西北部	
1053	M1DK⑥:1117	镦	铜	1	残	盗洞西北部	
1054	M1DK⑥:1118	剑	铁	1	残	盗洞西北部	
1055	M1DK⑥:1119	戟	铁	1	残	盗洞西北部	
1056	M1DK⑥:1120	剑	铁	1	残	盗洞西北部	
1057	M1DK⑥:1121	剑	铁	1	残	盗洞西北部	
1058	M1DK⑥:1122	剑	铁	1	残	盗洞西北部	
1059	M1DK⑥:1123	镦	铜	1	完整	盗洞西北部	
1060	M1DK⑥:1124	镦	铜	1	残	盗洞西北部	
1061	M1DK⑥:1125	剑	铁	1	残	盗洞西北部	
1062	M1DK⑥:1126	镦	铜	1	完整	盗洞西北部	
1063	M1DK⑥:1127	弩机	铜	1	残	盗洞西北部	
1064	M1DK⑥:1128	戟	铁	1	残	盗洞西北部	
1065	M1DK⑥:1129	镦	铜	1	完整	盗洞西北部	
1066	M1DK⑥:1130	剑	铁	1	残	盗洞西北部	
1067	M1DK⑥:1131	剑	铁	1	残	盗洞西北部	
1068	M1DK⑥:1132	戟	铁	1	残	盗洞西北部	
1069	M1DK⑥:1133	戟	铁	1	残	盗洞西北部	
1070	M1DK⑥:1134	剑	铁	1	残	盗洞西北部	
1071	M1DK⑥:1135	镞	铜	1	残	盗洞西北部	
1072	M1DK⑥:1136	戟	铁	1	残	盗洞西北部	
1073	M1DK⑥:1137	剑	铁	1	残	盗洞西北部	
1074	M1DK⑥:1138	镦	铜	1	完整	盗洞西北部	

续附表二

序号	器号	器名	质料	数量	现状	出土位置	备注
1075	M1DK⑥：1139	剑	铁	1	残	盗洞北部	
1076	M1DK⑥：1140	戟	铁	1	残	盗洞北部	
1077	M1DK⑥：1141	剑	铁	1	残	盗洞北部	
1078	M1DK⑥：1142	剑	铁	1	残	盗洞北部	
1079	M1DK⑥：1143	剑	铁	1	残	盗洞北部	
1080	M1DK⑥：1144	戟	铁	1	残	盗洞北部	
1081	M1DK⑥：1145	剑	铁	1	残	盗洞北部	
1082	M1DK⑥：1146	戟	铁	1	残	盗洞北部	
1083	M1DK⑥：1147	镦	铜	1	残	盗洞西北部	
1084	M1DK⑥：1148	剑	铁	1	残	盗洞北部	
1085	M1DK⑥：1149	剑	铁	1	残	盗洞北部	
1086	M1DK⑥：1150	镦	铜	1	残	盗洞北部	
1087	M1DK⑥：1151	剑	铁	1	残	盗洞北部	
1088	M1DK⑥：1152	镞	铜	1	残	盗洞北部	
1089	M1DK⑥：1153	剑	铁	1	残	盗洞北部	
1090	M1DK⑥：1154	剑	铁	1	残	盗洞北部	
1091	M1DK⑥：1155	镦	铜	1	完整	盗洞北部	
1092	M1DK⑥：1156	剑	铁	1	残	盗洞北部	
1093	M1DK⑥：1157	剑	铁	1	残	盗洞北部	
1094	M1DK⑥：1158	剑	铁	1	残	盗洞北部	
1095	M1DK⑥：1159	剑	铁	1	残	盗洞北部	
1096	M1DK⑥：1160	剑	铁	1	残	盗洞北部	
1097	M1DK⑥：1161	剑	铁	1	残	盗洞北部	
1098	M1DK⑥：1162	剑	铁	1	残	盗洞北部	
1099	M1DK⑥：1163	镦	铜	1	完整	盗洞北部	
1100	M1DK⑥：1164	剑	铁	1	残	盗洞北部	
1101	M1DK⑥：1165	剑	铁	1	残	盗洞北部	
1102	M1DK⑥：1166	剑	铁	1	残	盗洞北部	
1103	M1DK⑥：1167	剑	铁	1	残	盗洞北部	
1104	M1DK⑥：1168	镦	铜	1	残	盗洞北部	
1105	M1DK⑥：1169	剑	铁	1	残	盗洞东北部	
1106	M1DK⑥：1170	剑	铁	1	残	盗洞东北部	
1107	M1DK⑥：1171	剑	铁	1	残	盗洞东北部	
1108	M1DK⑥：1172	弩机	铜	1	残	盗洞北部	

续附表二

序号	器号	器名	质料	数量	现状	出土位置	备注
1109	M1DK⑥:1173	镦	铜	1	残	盗洞北部	
1110	M1DK⑥:1174	剑	铁	1	残	盗洞东北部	
1111	M1DK⑥:1175	剑	铁	1	残	盗洞东北部	
1112	M1DK⑥:1176	弩机	铜	1	残	盗洞北部	
1113	M1DK⑥:1177	剑	铁	1	残	盗洞东北部	
1114	M1DK⑥:1178	剑	铁	1	残	盗洞东北部	
1115	M1DK⑥:1179	镞	铜	1	残	盗洞北部	
1116	M1DK⑥:1180	剑	铁	1	残	盗洞东北部	
1117	M1DK⑥:1181	镦	铜	1	残	盗洞北部	
1118	M1DK⑥:1182	剑	铁	1	残	盗洞东北部	
1119	M1DK⑥:1183	剑	铁	1	残	盗洞东北部	
1120	M1DK⑥:1184	剑	铁	1	残	盗洞东北部	
1121	M1DK⑥:1185	镦	铜	1	完整	盗洞北部	
1122	M1DK⑥:1186	剑	铁	1	残	盗洞北部	
1123	M1DK⑥:1187	剑	铁	1	残	盗洞北部	
1124	M1DK⑥:1188	镦	铜	1	完整	盗洞北部	
1125	M1DK⑥:1189	镦	铜	1	残	盗洞北部	
1126	M1DK⑥:1190	剑	铁	1	残	盗洞北部	
1127	M1DK⑥:1191	剑	铁	1	残	盗洞北部	
1128	M1DK⑥:1192	剑	铁	1	残	盗洞北部	
1129	M1DK⑥:1193	剑	铁	1	残	盗洞北部	
1130	M1DK⑥:1194	剑	铁	1	残	盗洞北部	
1131	M1DK⑥:1195	镞	铜	1	残	盗洞北部	
1132	M1DK⑥:1196	弩机	铜	1	残	盗洞北部	
1133	M1DK⑥:1197	剑	铁	1	残	盗洞北部	
1134	M1DK⑥:1198	剑	铁	1	残	盗洞北部	
1135	M1DK⑥:1199	剑	铁	1	残	盗洞北部	
1136	M1DK⑥:1200	剑	铁	1	残	盗洞北部	
1137	M1DK⑥:1201	剑	铁	1	残	盗洞北部	
1138	M1DK⑥:1202	戟	铁	1	残	盗洞北部	
1139	M1DK⑥:1203	剑	铁	1	残	盗洞北部	
1140	M1DK⑥:1204	剑	铁	1	残	盗洞北部	
1141	M1DK⑥:1205	剑	铁	1	残	盗洞北部	
1142	M1DK⑥:1206	剑	铁	1	残	盗洞北部	

续附表二

序号	器号	器名	质料	数量	现状	出土位置	备注
1143	M1DK⑥：1207	剑	铁	1	残	盗洞北部	
1144	M1DK⑥：1208	剑	铁	1	残	盗洞北部	
1145	M1DK⑥：1209	镦	铜	1	完整	盗洞东北部	
1146	M1DK⑥：1210	剑	铁	1	残	盗洞东北部	
1147	M1DK⑥：1211	剑	铁	1	残	盗洞东北部	
1148	M1DK⑥：1212	剑	铁	1	残	盗洞东北部	
1149	M1DK⑥：1213	剑	铁	1	残	盗洞东北部	
1150	M1DK⑥：1214	戟	铁	1	残	盗洞东北部	
1151	M1DK⑥：1215	戟	铁	1	残	盗洞东北部	
1152	M1DK⑥：1216	剑	铁	1	残	盗洞东北部	
1153	M1DK⑥：1217	剑	铁	1	残	盗洞东北部	
1154	M1DK⑥：1218	剑	铁	1	残	盗洞东北部	
1155	M1DK⑥：1219	镦	铜	1	残	盗洞东北部	
1156	M1DK⑥：1220	镦	铜	1	残	盗洞东北部	
1157	M1DK⑥：1221	弩机	铜	1	残	盗洞北部	
1158	M1DK⑥：1222	剑	铁	1	残	盗洞东北部	
1159	M1DK⑥：1223	镦	铜	1	完整	盗洞北部	
1160	M1DK⑥：1224	剑	铁	1	残	盗洞东北部	
1161	M1DK⑥：1225	弩机	铜	1	残	盗洞东北部	
1162	M1DK⑥：1226	弩机	铜	1	残	盗洞东北部	
1163	M1DK⑥：1227	剑	铁	1	残	盗洞东北部	
1164	M1DK⑥：1228	剑	铁	1	残	盗洞东北部	
1165	M1DK⑥：1229	剑	铁	1	残	盗洞东北部	
1166	M1DK⑥：1230	剑	铁	1	残	盗洞东北部	
1167	M1DK⑥：1231	镞	铜	1	残	盗洞东北部	
1168	M1DK⑥：1232	剑	铁	1	残	盗洞东北部	
1169	M1DK⑥：1233	剑	铁	1	残	盗洞东北部	
1170	M1DK⑥：1234	剑	铁	1	残	盗洞东北部	
1171	M1DK⑥：1235	剑	铁	1	残	盗洞东北部	
1172	M1DK⑥：1236	剑	铁	1	残	盗洞东北部	
1173	M1DK⑥：1237	剑	铁	1	残	盗洞东北部	
1174	M1DK⑥：1238	戟	铁	1	残	盗洞东北部	
1175	M1DK⑥：1239	戟	铁	1	残	盗洞东北部	
1176	M1DK⑥：1240	剑	铁	1	残	盗洞东北部	

续附表二

序号	器号	器名	质料	数量	现状	出土位置	备注
1177	M1DK⑥:1241	剑	铁	1	残	盗洞东北部	
1178	M1DK⑥:1242	剑	铁	1	残	盗洞东北部	
1179	M1DK⑥:1243	剑	铁	1	残	盗洞东北部	
1180	M1DK⑥:1244	剑	铁	1	残	盗洞东北部	
1181	M1DK⑥:1245	剑	铁	1	残	盗洞东北部	
1182	M1DK⑥:1246	镦	铜	1	完整	盗洞东北部	
1183	M1DK⑥:1247	戟	铁	1	残	盗洞北部	
1184	M1DK⑥:1248	剑	铁	1	残	盗洞北部	
1185	M1DK⑥:1249	剑	铁	1	残	盗洞北部	
1186	M1DK⑥:1250	镦	铜	1	残	盗洞东北部	
1187	M1DK⑥:1251	戟	铁	1	残	盗洞北部	
1188	M1DK⑥:1252	剑	铁	1	残	盗洞北部	
1189	M1DK⑥:1253	剑	铁	1	残	盗洞北部	
1190	M1DK⑥:1254	剑	铁	1	残	盗洞北部	
1191	M1DK⑥:1255	剑	铁	1	残	盗洞北部	
1192	M1DK⑥:1256	剑	铁	1	残	盗洞北部	
1193	M1DK⑥:1257	剑	铁	1	残	盗洞北部	
1194	M1DK⑥:1258	剑	铁	1	残	盗洞北部	
1195	M1DK⑥:1259	剑	铁	1	残	盗洞北部	
1196	M1DK⑥:1260	戟	铁	1	残	盗洞北部	
1197	M1DK⑥:1261	剑	铁	1	残	盗洞北部	
1198	M1DK⑥:1262	戟	铁	1	残	盗洞北部	
1199	M1DK⑥:1263	剑	铁	1	残	盗洞北部	
1200	M1DK⑥:1264	戟	铁	1	残	盗洞北部	
1201	M1DK⑥:1265	剑	铁	1	残	盗洞北部	
1202	M1DK⑥:1266	镦	铜	1	完整	盗洞东北部	
1203	M1DK⑥:1267	镦	铜	1	残	盗洞东北部	
1204	M1DK⑥:1268	剑	铁	1	残	盗洞北部	
1205	M1DK⑥:1269	戟	铁	1	残	盗洞北部	
1206	M1DK⑥:1270	剑	铁	1	残	盗洞北部	
1207	M1DK⑥:1271	剑	铁	1	残	盗洞北部	
1208	M1DK⑥:1272	剑	铁	1	残	盗洞北部	
1209	M1DK⑥:1273	镦	铜	1	残	盗洞东北部	
1210	M1DK⑥:1274	戟	铁	1	残	盗洞东北部	

续附表二

序号	器号	器名	质料	数量	现状	出土位置	备注
1211	M1DK⑥:1275	戟	铁	1	残	盗洞东北部	
1212	M1DK⑥:1276	镦	铜	1	残	盗洞东北部	
1213	M1DK⑥:1277	镦	铜	1	残	盗洞东北部	
1214	M1DK⑥:1278	镦	铜	1	残	盗洞东北部	
1215	M1DK⑥:1279	戟	铁	1	残	盗洞东北部	
1216	M1DK⑥:1280	镦	铜	1	残	盗洞北部	
1217	M1DK⑥:1281	弩机	铜	1	残	盗洞北部	
1218	M1DK⑥:1282	剑	铁	1	残	盗洞东北部	
1219	M1DK⑥:1283	剑	铁	1	残	盗洞北部	
1220	M1DK⑥:1284	戟	铁	1	残	盗洞北部	
1221	M1DK⑥:1286	构件	铜	1	残	盗洞南部	
1222	M1DK⑥:1287	鼎	铜	1	残	盗洞南部	
1223	M1DK⑥:1288	锤	铜	1	残	盗洞南部	
1224	M1DK⑥:1289	锤	铜	1	残	盗洞南部	
1225	M1DK⑥:1290	构件	铜	1	残	盗洞南部	
1226	M1DK⑥:1291	镇	铜	1	残	盗洞南部	
1227	M1DK⑥:1292	削	铁	1	残	盗洞南部	
1228	M1DK⑥:1293	带钩	铜	1	残	盗洞南部	
1229	M1DK⑥:1294	带钩	铜	1	残	盗洞南部	
1230	M1DK⑥:1295	带钩	铜	1	残	盗洞南部	
1231	M1DK⑥:1296	带钩	铜	1	残	盗洞南部	
1232	M1DK⑥:1297	带钩	铜	1	残	盗洞南部	
1233	M1DK⑥:1298	带钩	铜	1	残	盗洞南部	
1234	M1DK⑥:1299	带钩	铜	1	残	盗洞南部	
1235	M1DK⑥:1300	带钩	铜	1	残	盗洞南部	
1236	M1DK⑥:1301	带钩	铜	1	残	盗洞南部	
1237	M1DK⑥:1302	带钩	铜	1	残	盗洞南部	
1238	M1DK⑥:1303	带钩	铜	1	残	盗洞南部	
1239	M1DK⑥:1304	带钩	铜	1	残	盗洞南部	
1240	M1DK⑥:1305	带钩	铜	1	残	盗洞南部	
1241	M1DK⑥:1306	带钩	铜	1	残	盗洞南部	
1242	M1DK⑥:1307	带钩	铜	1	残	盗洞南部	
1243	M1DK⑥:1308	带钩	铜	1	残	盗洞南部	
1244	M1DK⑥:1309	带钩	铜	1	残	盗洞南部	

续附表二

序号	器号	器名	质料	数量	现状	出土位置	备注
1245	M1DK⑥:1310	带钩	铜	1	残	盗洞南部	
1246	M1DK⑥:1311	带钩	铜	1	残	盗洞南部	
1247	M1DK⑥:1312	带钩	铜	1	残	盗洞南部	
1248	M1DK⑥:1313	带钩	铜	1	残	盗洞南部	
1249	M1DK⑥:1314	带钩	铜	1	残	盗洞南部	
1250	M1DK⑥:1315	带钩	铜	1	残	盗洞南部	
1251	M1DK⑥:1316	带钩	铜	1	残	盗洞南部	
1252	M1DK⑥:1317	带钩	铜	1	残	盗洞南部	
1253	M1DK⑥:1318	带钩	铜	1	残	盗洞南部	
1254	M1DK⑥:1319	带钩	铜	1	残	盗洞南部	
1255	M1DK⑥:1320	带钩	铜	1	残	盗洞南部	
1256	M1DK⑥:1321	带钩	铜	1	残	盗洞南部	
1257	M1DK⑥:1322	带钩	铜	1	残	盗洞南部	
1258	M1DK⑥:1323	带钩	铜	1	残	盗洞南部	
1259	M1DK⑥:1324	带钩	铜	1	残	盗洞南部	
1260	M1DK⑥:1325	带钩	铜	1	残	盗洞南部	
1261	M1DK⑥:1326	带钩	铜	1	残	盗洞南部	
1262	M1DK⑥:1327	带钩	铜	1	残	盗洞南部	
1263	M1DK⑥:1328	带钩	铜	1	残	盗洞南部	
1264	M1DK⑥:1329	带钩	铜	1	残	盗洞南部	
1265	M1DK⑥:1330	带钩	铜	1	残	盗洞南部	
1266	M1DK⑥:1331	带钩	铜	1	残	盗洞南部	
1267	M1DK⑥:1332	带钩	铜	1	残	盗洞南部	
1268	M1DK⑥:1333	带钩	铜	1	残	盗洞南部	
1269	M1DK⑥:1334	带钩	铜	1	残	盗洞南部	
1270	M1DK⑥:1335	带钩	铜	1	残	盗洞南部	
1271	M1DK⑥:1336	带钩	铜	1	残	盗洞南部	
1272	M1DK⑥:1337	带钩	铜	1	残	盗洞南部	
1273	M1DK⑥:1338	带钩	铜	1	残	盗洞南部	
1274	M1DK⑥:1339	带钩	铜	1	残	盗洞南部	
1275	M1DK⑥:1340	带钩	铜	1	残	盗洞南部	
1276	M1DK⑥:1341	带钩	铜	1	残	盗洞南部	
1277	M1DK⑥:1342	带钩	铜	1	残	盗洞南部	
1278	M1DK⑥:1343	带钩	铜	1	残	盗洞南部	

续附表二

序号	器号	器名	质料	数量	现状	出土位置	备注
1279	M1DK⑥：1344	带钩	铜	1	残	盗洞南部	
1280	M1DK⑥：1345	带钩	铜	1	残	盗洞南部	
1281	M1DK⑥：1346	带钩	铜	1	残	盗洞南部	
1282	M1DK⑥：1347	带钩	铜	1	残	盗洞南部	
1283	M1DK⑥：1348	带钩	铜	1	残	盗洞南部	
1284	M1DK⑥：1349	带钩	铜	1	残	盗洞南部	
1285	M1DK⑥：1350	带钩	铜	1	残	盗洞南部	
1286	M1DK⑥：1351	带钩	铜	1	残	盗洞南部	
1287	M1DK⑥：1352	带钩	铜	1	残	盗洞南部	
1288	M1DK⑥：1353	带钩	铜	1	残	盗洞南部	
1289	M1DK⑥：1354	带钩	铜	1	残	盗洞南部	
1290	M1DK⑥：1355	带钩	铜	1	残	盗洞南部	
1291	M1DK⑥：1356	带钩	铜	1	残	盗洞南部	
1292	M1DK⑥：1357	带钩	铜	1	残	盗洞南部	
1293	M1DK⑥：1358	带钩	铜	1	残	盗洞南部	
1294	M1DK⑥：1359	带钩	铜	1	残	盗洞南部	
1295	M1DK⑥：1360	带钩	铜	1	残	盗洞南部	
1296	M1DK⑥：1361	带钩	铜	1	残	盗洞南部	
1297	M1DK⑥：1362	带钩	铜	1	残	盗洞南部	
1298	M1DK⑥：1363	带钩	铜	1	残	盗洞南部	
1299	M1DK⑥：1364	带钩	铜	1	残	盗洞南部	
1300	M1DK⑥：1365	带钩	铜	1	残	盗洞南部	
1301	M1DK⑥：1366	带钩	铜	1	残	盗洞南部	
1302	M1DK⑥：1367	带钩	铜	1	残	盗洞南部	
1303	M1DK⑥：1368	带钩	铜	1	残	盗洞南部	
1304	M1DK⑥：1369	带钩	铜	1	残	盗洞南部	
1305	M1DK⑥：1370	带钩	铜	1	残	盗洞南部	
1306	M1DK⑥：1371	带钩	铜	1	残	盗洞南部	
1307	M1DK⑥：1372	带钩	铜	1	残	盗洞南部	
1308	M1DK⑥：1373	带钩	铜	1	残	盗洞南部	
1309	M1DK⑥：1374	带钩	铜	1	残	盗洞南部	
1310	M1DK⑥：1375	带钩	铜	1	残	盗洞南部	
1311	M1DK⑥：1376	带钩	铜	1	残	盗洞南部	
1312	M1DK⑥：1377	带钩	铜	1	残	盗洞南部	

续附表二

序号	器号	器名	质料	数量	现状	出土位置	备注
1313	M1DK⑥:1378	带钩	铜	1	残	盗洞南部	
1314	M1DK⑥:1379	带钩	铜	1	残	盗洞南部	
1315	M1DK⑥:1380	带钩	铜	1	残	盗洞南部	
1316	M1DK⑥:1381	带钩	铜	1	残	盗洞南部	
1317	M1DK⑥:1382	带钩	铜	1	残	盗洞南部	
1318	M1DK⑥:1383	带钩	铜	1	残	盗洞南部	
1319	M1DK⑥:1384	带钩	铜	1	残	盗洞南部	
1320	M1DK⑥:1385	带钩	铜	1	残	盗洞南部	
1321	M1DK⑥:1386	带钩	铜	1	残	盗洞南部	
1322	M1DK⑥:1387	带钩	铜	1	残	盗洞南部	
1323	M1DK⑥:1388	带钩	铜	1	残	盗洞南部	
1324	M1DK⑥:1389	带钩	铜	1	残	盗洞南部	
1325	M1DK⑥:1390	带钩	铜	1	残	盗洞南部	
1326	M1DK⑥:1391	带钩	铜	1	残	盗洞南部	
1327	M1DK⑥:1392	带钩	铜	1	残	盗洞南部	
1328	M1DK⑥:1393	器盖	铜	1	残	盗洞南部	
1329	M1DK⑥:1394	刷	铜	1	完整	盗洞南部	
1330	M1DK⑥:1395	砚	石	1	完整	盗洞南部	
1331	M1DK⑥:1397	刷	铜	1	完整	盗洞南部	
1332	M1DK⑥:1398	刷	铜	1	完整	盗洞南部	
1333	M1DK⑥:1399	刷柄	铜	1	1件残	盗洞南部	
1334	M1DK⑥:1400	弹丸	泥	1	完整	盗洞南部	
1335	M1DK⑥:1402	奁	漆	1	残	盗洞南部	
1336	M1DK⑥:1402-1	小椭圆形子奁	漆	1			
1337	M1DK⑥:1402-2	大圆形子奁	漆	1			
1338	M1DK⑥:1402-3	大椭圆形子奁	漆	1			
1339	M1DK⑥:1402-4	小长方形子奁	漆	1			
1340	M1DK⑥:1402-5	小圆形子奁	漆	1			
1341	M1DK⑥:1402-6	大长方形子奁	漆	1			
1342	M1DK⑥:1402-7	马蹄形子奁	漆	1			
1343	M1DK⑥:1402-8	镜	铜	1			
1344	M1DK⑥:1402-9	刷	铜	1			
1345	M1DK⑥:1402-10	刷	铜	1			
1346	M1DK⑥:1404	奁	漆	1	残	盗洞南部	

续附表二

序号	器号	器名	质料	数量	现状	出土位置	备注
1347	M1DK⑥：1404－1	大长方形子奁	漆	1			
1348	M1DK⑥：1404－2	椭圆形子奁	漆	1			
1349	M1DK⑥：1404－3	小长方形子奁	漆	1			
1350	M1DK⑥：1404－4	正方形子奁	漆	1			
1351	M1DK⑥：1404－5	小圆形子奁	漆	1			
1352	M1DK⑥：1404－6	马蹄形子奁	漆	1			
1353	M1DK⑥：1404－7	大圆形子奁	漆	1			
1354	M1DK⑥：1404－8	镜	铜	1			
1355	M1DK⑥：1404－9	篦	木	1			
1356	M1DK⑥：1404－10	篦	木	1			
1357	M1DK⑥：1404－11	篦	木	1			
1358	M1DK⑥：1405	构件	铜	1	残	盗洞南部	
1359	M1DK⑥：1406	镜	铜	1		盗洞南部	
1360	M1DK⑥：1408	鱼	玉	1	残	盗洞南部	
1361	M1DK⑥：1410	奁	漆	1	残	盗洞南部	
1362	M1DK⑥：1410－1	长方形奁	漆	1			
1363	M1DK⑥：1410－2	椭圆形奁	漆	1			
1364	M1DK⑥：1410－3	长方形奁	漆	1			
1365	M1DK⑥：1410－4	正方形奁	漆	1			
1366	M1DK⑥：1410－5	圆形奁	漆	1			
1367	M1DK⑥：1410－6	马蹄形奁	漆	1			
1368	M1DK⑥：1410－7	马蹄形奁	漆	1			
1369	M1DK⑥：1410－8	圆形奁	漆	1			
1370	M1DK⑥：1412	锤	铁	1	残	盗洞东南部	
1371	M1DK⑥：1413	斧	铁	1	残	盗洞南部	
1372	M1DK⑥：1414－1	镜	铜	1		盗洞南部	
1373	M1DK⑥：1417	刀	铁	1	残	盗洞南部	
1374	M1DK⑥：1418	刀	铁	1	残	盗洞南部	
1375	M1DK⑥：1419	刀	铁	1	残	盗洞南部	
1376	M1DK⑥：1420	刀	铁	1	残	盗洞南部	
1377	M1DK⑥：1421	刀	漆	1	残	盗洞南部	
1378	M1DK⑥：1422	锤	铁	1	锈残	盗洞南部	
1379	M1DK⑥：1423	锤	铁	1	锈残	盗洞南部	
1380	M1DK⑥：1425	凿	铁	1	锈残	盗洞东北部	
1381	M1DK⑥：1429	胄	铁	1套	锈残	盗洞南部	

续附表二

序号	器号	器名	质料	数量	现状	出土位置	备注
1382	M1DK⑥:1430	胄	铁	1套	锈残	盗洞南部	
1383	M1DK⑥:1431	镦	铜	1	残	盗洞东南部	
1384	M1DK⑥:1433	剑	铁	1	锈残	盗洞东南部	
1385	M1DK⑥:1434	剑	铁	1	锈残	盗洞东南部	
1386	M1DK⑥:1435	剑	铁	1	锈残	盗洞东南部	
1387	M1DK⑥:1436	剑	铁	1	锈残	盗洞东南部	
1388	M1DK⑥:1437	剑	铁	1	残	盗洞东南部	
1389	M1DK⑥:1438-1	戟	铁	1	残	盗洞东南部	
1390	M1DK⑥:1438-2	镦	铜	1	残	盗洞东南部	
1391	M1DK⑥:1439	剑	铁	1	残	盗洞东南部	
1392	M1DK⑥:1440	剑	铁	1	残	盗洞东南部	
1393	M1DK⑥:1441	剑	铁	1	残	盗洞东南部	
1394	M1DK⑥:1442	剑	铁	1	残	盗洞东南部	
1395	M1DK⑥:1443	戟	铁	1	残	盗洞东南部	
1396	M1DK⑥:1444	剑	铁	1	残	盗洞东南部	
1397	M1DK⑥:1445	剑	铁	1	残	盗洞东南部	
1398	M1DK⑥:1446	剑	铁	1	残	盗洞东南部	
1399	M1DK⑥:1447	剑	铁	1	残	盗洞东南部	
1400	M1DK⑥:1448	剑	铁	1	残	盗洞东南部	
1401	M1DK⑥:1449	剑	铁	1	残	盗洞东南部	
1402	M1DK⑥:1450	剑	铁	1	残	盗洞东南部	
1403	M1DK⑥:1451	剑	铁	1	残	盗洞东南部	
1404	M1DK⑥:1452	戟	铁	1	残	盗洞东南部	
1405	M1DK⑥:1453	剑	铁	1	残	盗洞东南部	
1406	M1DK⑥:1454	剑	铁	1	残	盗洞东南部	
1407	M1DK⑥:1455	剑	铁	1	残	盗洞东南部	
1408	M1DK⑥:1456	剑	铁	1	残	盗洞东南部	
1409	M1DK⑥:1457	剑	铁	1	残	盗洞东南部	
1410	M1DK⑥:1458	剑	铁	1	残	盗洞东南部	
1411	M1DK⑥:1459	剑	铁	1	残	盗洞东南部	
1412	M1DK⑥:1460	剑	铁	1	残	盗洞东南部	
1413	M1DK⑥:1461	剑	铁	1	残	盗洞东南部	
1414	M1DK⑥:1462	戟	铁	1	残	盗洞东南部	
1415	M1DK⑥:1463	戟	铁	1	残	盗洞东南部	

续附表二

序号	器号	器名	质料	数量	现状	出土位置	备注
1416	M1DK⑥：1464	剑	铁	1	残	盗洞东南部	
1417	M1DK⑥：1465	剑	铁	1	残	盗洞东南部	
1418	M1DK⑥：1466	戟	铁	1	残	盗洞东南部	
1419	M1DK⑥：1467	剑	铁	1	残	盗洞东南部	
1420	M1DK⑥：1468	剑	铁	1	残	盗洞东南部	
1421	M1DK⑥：1469	剑	铁	1	残	盗洞东南部	
1422	M1DK⑥：1470	剑	铁	1	残	盗洞东南部	
1423	M1DK⑥：1471	剑	铁	1	残	盗洞东南部	
1424	M1DK⑥：1472	剑	铁	1	残	盗洞东南部	
1425	M1DK⑥：1473	镦	铜	1	完整	盗洞东南部	
1426	M1DK⑥：1474	剑	铁	1	残	盗洞东南部	
1427	M1DK⑥：1475	剑	铁	1	残	盗洞东南部	
1428	M1DK⑥：1476	剑	铁	1	残	盗洞东南部	
1429	M1DK⑥：1477	剑	铁	1	残	盗洞东南部	
1430	M1DK⑥：1478	镦	铜	1	完整	盗洞东南部	
1431	M1DK⑥：1479	剑	铁	1	残	盗洞东南部	
1432	M1DK⑥：1480	剑	铁	1	残	盗洞东南部	
1433	M1DK⑥：1481	凿	铁	1	残	盗洞东北部	
1434	M1DK⑥：1482	剑	铁	1	残	盗洞东南部	
1435	M1DK⑥：1483	戟	铁	1	残	盗洞东南部	
1436	M1DK⑥：1484	戟	铁	1	残	盗洞东南部	
1437	M1DK⑥：1485	剑	铁	1	残	盗洞东南部	
1438	M1DK⑥：1486	剑	铁	1	残	盗洞东南部	
1439	M1DK⑥：1487	剑	铁	1	残	盗洞东南部	
1440	M1DK⑥：1488	镦	铜	1	残	盗洞东南部	
1441	M1DK⑥：1489	戟	铁	1	残	盗洞东南部	
1442	M1DK⑥：1490	剑	铁	1	残	盗洞东南部	
1443	M1DK⑥：1491	剑	铁	1	残	盗洞东南部	
1444	M1DK⑥：1492	弩机	铜	1	残	盗洞东南部	
1445	M1DK⑥：1493	剑	铁	1	残	盗洞东南部	
1446	M1DK⑥：1494	镞	铜	1	残	盗洞东南部	
1447	M1DK⑥：1495	剑	铁	1	残	盗洞东南部	
1448	M1DK⑥：1496	剑	铁	1	残	盗洞东南部	
1449	M1DK⑥：1497	剑	铁	1	残	盗洞东南部	

续附表二

序号	器号	器名	质料	数量	现状	出土位置	备注
1450	M1DK⑥:1498	剑	铁	1	残	盗洞东南部	
1451	M1DK⑥:1499	剑	铁	1	残	盗洞东南部	
1452	M1DK⑥:1500	剑	铁	1	残	盗洞东南部	
1453	M1DK⑥:1501	剑	铁	1	残	盗洞东南部	
1454	M1DK⑥:1502	剑	铁	1	残	盗洞东南部	
1455	M1DK⑥:1503	镦	铜	1	完整	盗洞东南部	
1456	M1DK⑥:1504	剑	铁	1	残	盗洞东南部	
1457	M1DK⑥:1505	镦	铜	1	完整	盗洞东南部	
1458	M1DK⑥:1506	剑	铁	1	残	盗洞东南部	
1459	M1DK⑥:1507	剑	铁	1	残	盗洞东南部	
1460	M1DK⑥:1508	镦	铜	1	完整	盗洞东南部	
1461	M1DK⑥:1509	镦	铜	1	残	盗洞东南部	
1462	M1DK⑥:1510	剑	铁	1	残	盗洞东南部	
1463	M1DK⑥:1511	剑	铁	1	残	盗洞东南部	
1464	M1DK⑥:1512	镞	铜	1	残	盗洞东南部	
1465	M1DK⑥:1513	剑	铁	1	残	盗洞东南部	
1466	M1DK⑥:1514	镦	铜	1	完整	盗洞东南部	
1467	M1DK⑥:1515	镦	铜	1	残	盗洞东南部	
1468	M1DK⑥:1516	镦	铜	1	残	盗洞东南部	
1469	M1DK⑥:1517	弩机	铜	1	残	盗洞东南部	
1470	M1DK⑥:1518	剑	铁	1	残	盗洞东南部	
1471	M1DK⑥:1519	剑	铁	1	残	盗洞东南部	
1472	M1DK⑥:1520	剑	铁	1	残	盗洞东南部	
1473	M1DK⑥:1521	剑	铁	1	残	盗洞东南部	
1474	M1DK⑥:1522	剑	铁	1	残	盗洞东南部	
1475	M1DK⑥:1523	剑	铁	1	残	盗洞东南部	
1476	M1DK⑥:1524	剑	铁	1	残	盗洞东南部	
1477	M1DK⑥:1525	剑	铁	1	残	盗洞东南部	
1478	M1DK⑥:1526	剑	铁	1	残	盗洞东南部	
1479	M1DK⑥:1527	剑	铁	1	残	盗洞东南部	
1480	M1DK⑥:1528	剑	铁	1	残	盗洞东南部	
1481	M1DK⑥:1529	剑	铁	1	残	盗洞东南部	
1482	M1DK⑥:1530	剑	铁	1	残	盗洞东南部	
1483	M1DK⑥:1531	镦	铜	1	完整	盗洞东南部	

续附表二

序号	器号	器名	质料	数量	现状	出土位置	备注
1484	M1DK⑥：1532	剑	铁	1	残	盗洞东南部	
1485	M1DK⑥：1533	剑	铁	1	残	盗洞东南部	
1486	M1DK⑥：1534	剑	铁	1	残	盗洞东南部	
1487	M1DK⑥：1535	镦	铜	1	完整	盗洞东南部	
1488	M1DK⑥：1536	剑	铁	1	残	盗洞东南部	
1489	M1DK⑥：1537	剑	铁	1	残	盗洞东南部	
1490	M1DK⑥：1538	剑	铁	1	残	盗洞东南部	
1491	M1DK⑥：1539	镦	铜	1	残	盗洞东南部	
1492	M1DK⑥：1540	镦	铜	1	残	盗洞东南部	
1493	M1DK⑥：1541	剑	铁	1	残	盗洞东南部	
1494	M1DK⑥：1542	剑	铁	1	残	盗洞东南部	
1495	M1DK⑥：1543	剑	铁	1	残	盗洞东南部	
1496	M1DK⑥：1544	弩机	铜	1	残	盗洞东南部	
1497	M1DK⑥：1545	镦	铜	1	残	盗洞东南部	
1498	M1DK⑥：1546	镦	铜	1	残	盗洞东南部	
1499	M1DK⑥：1547	弩机	铜	1	残	盗洞东南部	
1500	M1DK⑥：1548	镦	铜	1	完整	盗洞东南部	
1501	M1DK⑥：1549	镦	铜	1	残	盗洞东南部	
1502	M1DK⑥：1550	镞	铜	1	残	盗洞东南部	
1503	M1DK⑥：1551	剑	铁	1	残	盗洞东南部	
1504	M1DK⑥：1552	剑	铁	1	残	盗洞东南部	
1505	M1DK⑥：1553	弩机	铜	1	残	盗洞南部	
1506	M1DK⑥：1554	剑	铁	1	残	盗洞东南部	
1507	M1DK⑥：1555	剑	铁	1	残	盗洞东南部	
1508	M1DK⑥：1556	镦	铜	1	完整	盗洞南部	
1509	M1DK⑥：1557	剑	铁	1	残	盗洞东南部	
1510	M1DK⑥：1558	剑	铁	1	残	盗洞东南部	
1511	M1DK⑥：1559	剑	铁	1	残	盗洞东南部	
1512	M1DK⑥：1560	剑	铁	1	残	盗洞东南部	
1513	M1DK⑥：1561	剑	铁	1	残	盗洞东南部	
1514	M1DK⑥：1562	剑	铁	1	残	盗洞东南部	
1515	M1DK⑥：1563	剑	铁	1	残	盗洞东南部	
1516	M1DK⑥：1564	剑	铁	1	残	盗洞东南部	
1517	M1DK⑥：1565	剑	铁	1	残	盗洞东南部	

续附表二

序号	器号	器名	质料	数量	现状	出土位置	备注
1518	M1DK⑥∶1566	剑	铁	1	残	盗洞东南部	
1519	M1DK⑥∶1567	剑	铁	1	残	盗洞东南部	
1520	M1DK⑥∶1568	剑	铁	1	残	盗洞东南部	
1521	M1DK⑥∶1569	剑	铁	1	残	盗洞东南部	
1522	M1DK⑥∶1570	镞	铜	1	残	盗洞南部	
1523	M1DK⑥∶1571	剑	铁	1	残	盗洞东南部	
1524	M1DK⑥∶1572	镞	铜	1	完整	盗洞南部	
1525	M1DK⑥∶1573	镞	铜	1	残	盗洞南部	
1526	M1DK⑥∶1574	剑	铁	1	残	盗洞东南部	
1527	M1DK⑥∶1575	剑	铁	1	残	盗洞东南部	
1528	M1DK⑥∶1576	剑	铁	1	残	盗洞东南部	
1529	M1DK⑥∶1577	剑	铁	1	残	盗洞东南部	
1530	M1DK⑥∶1578	镞	铜	1	残	盗洞南部	
1531	M1DK⑥∶1579	镞	铜	1	残	盗洞南部	
1532	M1DK⑥∶1580	剑	铁	1	残	盗洞东南部	
1533	M1DK⑥∶1581	镞	铜	1	完整	盗洞南部	
1534	M1DK⑥∶1582	镞	铜	1	残	盗洞南部	
1535	M1DK⑥∶1583	剑	铁	1	残	盗洞东南部	
1536	M1DK⑥∶1584	弩机	铜	1	残	盗洞东南部	
1537	M1DK⑥∶1585	镞	铜	1	完整	盗洞东南部	
1538	M1DK⑥∶1586	牌饰	玉	1	残	盗洞东南部	
1539	M1DK⑥∶1587	马衔镳	铜	1	残	盗洞东南部	
1540	M1DK⑥∶1588	剑	铁	1	锈残	盗洞东南部	
1541	M1DK⑥∶1589	剑	铁	1	锈残	盗洞东南部	
1542	M1DK⑥∶1590	剑	铁	1	锈残	盗洞东南部	
1543	M1DK⑥∶1591	剑	铁	1	锈残	盗洞东南部	
1544	M1DK⑥∶1592	剑	铁	1	锈残	盗洞东南部	
1545	M1DK⑥∶1593	剑	铁	1	锈残	盗洞东南部	
1546	M1DK⑥∶1594	镞	铜	1	完整	盗洞东南部	
1547	M1DK⑥∶1595	镞	铜	1	完整	盗洞东南部	
1548	M1DK⑥∶1596	剑	铁	1	锈残	盗洞东南部	
1549	M1DK⑥∶1597	剑	铁	1	锈残	盗洞东南部	
1550	M1DK⑥∶1598	镞	铜	1	完整	盗洞东南部	
1551	M1DK⑥∶1599	镞	铜	1	完整	盗洞东南部	

续附表二

序号	器号	器名	质料	数量	现状	出土位置	备注
1552	M1DK⑥:1600	铺首	铜	1	残	盗洞南部	
1553	M1DK⑥:1601	铺首	铜	1	残	盗洞南部	
1554	M1DK⑥:1602	铺首	铜	1	残	盗洞南部	
1555	M1DK⑥:1603	钉	铁	1	残	盗洞中部	
1556	M1DK⑥:1604	弩机	铜	1	残	盗洞北部	
1557	M1DK⑥:1605	镞	铜	1	残	盗洞北部	
1558	M1DK⑥:1607	饰	铜	1	完整	盗洞中部	
1559	M1DK⑥:1608	剑	铁	1	锈残	盗洞北部	
1560	M1DK⑥:1609	剑	铁	1	锈残	盗洞东北部	
1561	M1DK⑥:1610	剑	铁	1	锈残	盗洞东北部	
1562	M1DK⑥:1611	剑	铁	1	锈残	盗洞东北部	
1563	M1DK⑥:1612	剑	铁	1	锈残	盗洞东北部	
1564	M1DK⑥:1613	戟	铁	1	锈残	盗洞北部	
1565	M1DK⑥:1614	镦	铜	1	残	盗洞北部	
1566	M1DK⑥:1615	镦	铜	1	残	盗洞北部	
1567	M1DK⑥:1616	镦	铜	1	残	盗洞北部	
1568	M1DK⑥:1617	戟	铁	1	锈残	盗洞东部偏北	
1569	M1DK⑥:1618	剑	铁	1	锈残	盗洞东南部	
1570	M1DK⑥:1619	剑	铁	1	锈残	盗洞东南部	
1571	M1DK⑥:1620	剑	铁	1	锈残	盗洞东南部	
1572	M1DK⑥:1621	剑	铁	1	锈残	盗洞东南部	
1573	M1DK⑥:1622	剑	铁	1	锈残	盗洞东南部	
1574	M1DK⑥:1623	剑	铁	1	锈残	盗洞东南部	
1575	M1DK⑥:1624	剑	铁	1	锈残	盗洞东南部	
1576	M1DK⑥:1625	剑	铁	1	锈残	盗洞东南部	
1577	M1DK⑥:1626	弩机	铜	1	残	盗洞东南部	
1578	M1DK⑥:1627	弩机	铜	1	残	盗洞东南部	
1579	M1DK⑥:1628	弩机	铜	1	残	盗洞东南部	
1580	M1DK⑥:1629	戟	铁	1	残	盗洞东南部	
1581	M1DK⑥:1630	镞	铜	1	残	盗洞东南部	
1582	M1DK⑥:1631	镞	铜	1	残	盗洞东南部	
1583	M1DK⑥:1632	镦	铜	1	残	盗洞东南部	
1584	M1DK⑥:1633	镦	铜	1	残	盗洞东南部	
1585	M1DK⑥:1634	戟	铁	1	残	盗洞东南部	

续附表二

序号	器号	器名	质料	数量	现状	出土位置	备注
1586	M1DK⑥:1635	镦	铜	1	残	盗洞东南部	
1587	M1DK⑥:1636	弩机	铜	1	残	盗洞东部偏南	
1588	M1DK⑥:1637	弩机	铜	1	残	盗洞东部偏南	
1589	M1DK⑥:1638	弩机	铜	1	残	盗洞东部偏南	
1590	M1DK⑥:1639	戟	铁	1	锈残	盗洞西北部	
1591	M1DK⑥:1640	镞	铜	1	残	盗洞西南部	
1592	M1DK⑥:1641	镦	铜	1	残	盗洞西南部	
1593	M1DK⑥:1642	弩机	铜	1	残	盗洞西南部	
1594	M1DK⑥:1643	弩机	铜	1	残	盗洞西南部	
1595	M1DK⑥:1644	弩机	铜	1	残	盗洞西南部	
1596	M1DK⑥:1645	弩机	铜	1	残	盗洞西部偏南	
1597	M1DK⑥:1646	弩机	铜	1	残	盗洞西部偏南	
1598	M1DK⑥:1647	镞	铜	1	残	盗洞西部偏南	
1599	M1DK⑥:1648	戟	铁	1	锈残	盗洞西部偏南	
1600	M1DK⑥:1649	弩机	铜	1	残	盗洞西部偏南	
1601	M1DK⑥:1650	弩机	铜	1	残	盗洞西部偏北	
1602	M1DK⑥:1651	弩机	铜	1	残	盗洞西部偏北	
1603	M1DK⑥:1652	弩机	铜	1	残	盗洞西部偏北	
1604	M1DK⑥:1653	弩机	铜	1	残	盗洞西部偏北	
1605	M1DK⑥:1654	戟	铁	1	锈残	盗洞西部偏南	
1606	M1DK⑥:1655	戟	铁	1	残	盗洞西部偏北	
1607	M1DK⑥:1656	镞	铜	1	残	盗洞西部偏南	
1608	M1DK⑥:1657	镞	铜	1	残	盗洞西部偏北	
1609	M1DK⑥:1658	镞	铜	1	残	盗洞西部偏南	
1610	M1DK⑥:1659	弩机	铜	1	残	盗洞西部偏南	
1611	M1DK⑥:1660	弩机	铜	1	残	盗洞西部偏北	
1612	M1DK⑥:1661	弩机	铜	1	残	盗洞西部偏北	
1613	M1DK⑥:1662	弩机	铜	1	残	盗洞西部偏北	
1614	M1DK⑥:1663	弩机	铜	1	残	盗洞西部偏北	
1615	M1DK⑥:1664	弩机	铜	1	残	盗洞西部偏北	
1616	M1DK⑥:1665	镦	铜	1	残	盗洞西部偏北	
1617	M1DK⑥:1666	镦	铜	1	残	盗洞西部偏北	
1618	M1DK⑥:1667	戟	铁	1	残	盗洞西北部	
1619	M1DK⑥:1668	戟	铁	1	残	盗洞西北部	

续附表二

序号	器号	器名	质料	数量	现状	出土位置	备注
1620	M1DK⑥:1669	剑	铁	1	残	盗洞西北部	
1621	M1DK⑥:1670	镦	铜	1	残	盗洞西北部	
1622	M1DK⑥:1671	镞	铜	1	残	盗洞西部偏北	
1623	M1DK⑥:1672	镞	铜	1	残	盗洞西部偏北	
1624	M1DK⑥:1673	镞	铜	1	残	盗洞西部偏北	
1625	M1DK⑥:1674	弩机	铜	1	残	盗洞西部偏北	
1626	M1DK⑥:1675	剑	铁	1	锈残	盗洞西北部	
1627	M1DK⑥:1676	剑	铁	1	锈残	盗洞西北部	
1628	M1DK⑥:1677	戟	铁	1	锈残	盗洞西北部	
1629	M1DK⑥:1678	剑	铁	1	锈残	盗洞西北部	
1630	M1DK⑥:1679	剑	铁	1	锈残	盗洞西北部	
1631	M1DK⑥:1680	剑	铁	1	锈残	盗洞西北部	
1632	M1DK⑥:1681	剑	铁	1	锈残	盗洞西北部	
1633	M1DK⑥:1682	剑	铁	1	锈残	盗洞西北部	
1634	M1DK⑥:1683	剑	铁	1	锈残	盗洞西北部	
1635	M1DK⑥:1684	剑	铁	1	锈残	盗洞西北部	
1636	M1DK⑥:1685	剑	铁	1	锈残	盗洞西部偏北	
1637	M1DK⑥:1686	弩机	铜	1	残	盗洞西部偏北	
1638	M1DK⑥:1687	镞	铜	1	残	盗洞西部偏北	
1639	M1DK⑥:1688	戟	铁	1	残	盗洞东南部	
1640	M1DK⑥:1689	镞	铜	1	残	盗洞西部偏北	
1641	M1DK⑥:1690	戟	铁	1	残	盗洞西部偏北	
1642	M1DK⑥:1691	戟	铁	1	残	盗洞西部偏北	
1643	M1DK⑥:1692	剑	铁	1	残	盗洞西北部	
1644	M1DK⑥:1693	戟	铁	1	锈残	盗洞西北部	
1645	M1DK⑥:1694	戟	铁	1	锈残	盗洞西北部	
1646	M1DK⑥:1695	弩机	铜	1	残	盗洞西部偏南	
1647	M1DK⑥:1696	戟	铁	1	锈残	盗洞西部偏南	
1648	M1DK⑥:1697	弩机	铜	1	残	盗洞东部偏北	
1649	M1DK⑥:1698	剑	铁	1	残	盗洞东南部	
1650	M1DK⑥:1699	戟	铁	1	残	盗洞东南部	
1651	M1DK⑥:1700	弩机	铜	1	残	盗洞西南部	
1652	M1DK⑥:1701	镞	铜	1	残	盗洞西部偏北	
1653	M1DK⑥:1702	戟	铁	1	残	盗洞西部偏北	

续附表二

序号	器号	器名	质料	数量	现状	出土位置	备注
1654	M1DK⑥:1703	镞	铜	1	残	盗洞西南部	
1655	M1DK⑥:1704	镞	铜	1	残	盗洞西南部	
1656	M1DK⑥:1705	镦	铜	1	残	盗洞西南部	
1657	M1DK⑥:1706	剑	铁	1	残	盗洞西南部	
1658	M1DK⑥:1707	镞	铜	1	残	盗洞西部偏南	
1659	M1DK⑥:1708	弩机	铜	1	残	盗洞西南部	
1660	M1DK⑥:1709	镞	铜	1	残	盗洞西部偏北	
1661	M1DK⑥:1710	镦	铜	1	残	盗洞西部偏北	
1662	M1DK⑥:1711	剑	铁	1	锈残	盗洞西北部	
1663	M1DK⑥:1714	楔	木	1	残	盗洞中部	
1664	M1DK⑥:1735	戟	铁	1	锈残	盗洞南部	
1665	M1DK⑥:1736	戟	铁	1	锈残	盗洞南部	
1666	M1DK⑥:1737	戟	铁	1	锈残	盗洞南部	
1667	M1DK⑥:1738	戟	铁	1	锈残	盗洞南部	
1668	M1DK⑥:1739	剑	铁	1	锈残	盗洞南部	
1669	M1DK⑥:1740	剑	铁	1	锈残	盗洞南部	
1670	M1DK⑥:1741	镦	铜	1	残	盗洞南部	
1671	M1DK⑥:1742	镦	铜	1	残	盗洞南部	
1672	M1DK⑥:1743	镦	铜	1	残	盗洞南部	
1673	M1DK⑥:1744	镦	铜	1	残	盗洞南部	
1674	M1DK⑥:1745	戟	铁	1	锈残	盗洞南部	
1675	M1DK⑥:1747	戟	铁	1	锈残	盗洞西南部	
1676	M1DK⑥:1748	戟	铁	1	锈残	盗洞西南部	
1677	M1DK⑥:1749	钉	铁	1	锈残	盗洞中部	
1678	M1DK⑥:1750	剑	铁	1	锈残	盗洞东北部	
1679	M1DK⑥:1751	戟	铁	1	锈残	盗洞东北部	
1680	M1DK⑥:1752	戟	铁	1	残	盗洞东北部	
1681	M1DK⑥:1753	剑	铁	1	残	盗洞东北部	
1682	M1DK⑥:1754	镦	铜	1	残	盗洞东北部	
1683	M1DK⑥:1755	剑	铁	1	残	盗洞东北部	
1684	M1DK⑥:1756	镦	铜	1	残	盗洞东北部	
1685	M1DK⑥:1757	戟	铁	1	残	盗洞西南部	
1686	M1DK⑥:1758	剑	铁	1	残	盗洞南部	
1687	M1DK⑥:1759	剑	铁	1	残	盗洞东北部	

续附表二

序号	器号	器名	质料	数量	现状	出土位置	备注
1688	M1DK⑥：1760	剑	铁	1	残	盗洞北部	
1689	M1DK⑥：1761	剑	铁	1	残	盗洞北部	
1690	M1DK⑥：1762	剑	铁	1	残	盗洞北部	
1691	M1DK⑥：1763	镦	铜	1	残	盗洞西北部	
1692	M1DK⑥：1764	镦	铜	1	残	盗洞西北部	
1693	M1DK⑥：1765	镦	铜	1	残	盗洞西北部	
1694	M1DK⑥：1766	镞	铜	1	残	盗洞西北部	
1695	M1DK⑥：1768	耳杯	漆	1	残	盗洞中部	
1696	M1DK⑥：1769	耳杯	漆	1	残	盗洞中部	
1697	M1DK⑥：1770	璜	玉	1	残	盗洞中部	
1698	M1DK⑥：1771	残器	玉	1	残	盗洞中部	
1699	M1DK⑥：1772	残器	玉	1	残	盗洞中部	
1700	M1DK⑥：1773	残器	玉	1	残	盗洞中部	
1701	M1DK⑥：1774	残器	玉	1	残	盗洞中部	
1702	M1DK⑥：1775	残器	玉	1	残	盗洞中部	
1703	M1DK⑥：1776	残器	玉	1	残	盗洞中部	
1704	M1DK⑥：1777	残器	玉	1	残	盗洞中部	
1705	M1DK⑥：1778	璧	玉	1	残	盗洞中部	
1706	M1DK⑥：1780	削	铁	1	残	盗洞南部	
1707	M1DK⑥：1781	削	铁	1	残	盗洞南部	
1708	M1DK⑥：1782	削	铁	1	残	盗洞南部	
1709	M1DK⑥：1783	削	铁	1	残	盗洞南部	
1710	M1DK⑥：1784	削	铁	1	残	盗洞南部	
1711	M1DK⑥：1785	削	铁	1	残	盗洞南部	
1712	M1DK⑥：1786	削	铁	1	残	盗洞南部	
1713	M1DK⑥：1787	削	铁	1	残	盗洞南部	
1714	M1DK⑥：1788	削	铁	1	残	盗洞南部	
1715	M1DK⑥：1789	削	铁	1	残	盗洞南部	
1716	M1DK⑥：1790	镞	铜	1	残	盗洞东南部	
1717	M1DK⑥：1791	镞	铜	1	残	盗洞东南部	
1718	M1DK⑥：1792	镞	铜	1	残	盗洞东南部	
1719	M1DK⑥：1793	镞	铜	1	残	盗洞东南部	
1720	M1DK⑥：1794	镞	铜	1	残	盗洞东南部	
1721	M1DK⑥：1795	镞	铜	1	残	盗洞东南部	

续附表二

序号	器号	器名	质料	数量	现状	出土位置	备注
1722	M1DK⑥：1796	镞	铜	1	残	盗洞东南部	
1723	M1DK⑥：1797	镞	铜	1	残	盗洞东南部	
1724	M1DK⑥：1798	镞	铜	1	残	盗洞东南部	
1725	M1DK⑥：1799	镞	铜	1	残	盗洞东南部	
1726	M1DK⑥：1800	镞	铜	1	残	盗洞东南部	
1727	M1DK⑥：1801	镞	铜	1	残	盗洞东南部	
1728	M1DK⑥：1802	镞	铜	1	残	盗洞东南部	
1729	M1DK⑥：1803	镞	铜	1	残	盗洞东南部	
1730	M1DK⑥：1804	镞	铜	1	残	盗洞东南部	
1731	M1DK⑥：1805	镞	铜	1	残	盗洞东南部	
1732	M1DK⑥：1806	镞	铜	1	残	盗洞东南部	
1733	M1DK⑥：1807	镞	铜	1	残	盗洞东南部	
1734	M1DK⑥：1808	镞	铜	1	残	盗洞东南部	
1735	M1DK⑥：1809	镞	铜	1	残	盗洞东南部	
1736	M1DK⑥：1810	镞	铜	1	残	盗洞西北部	
1737	M1DK⑥：1811	镞	铜	1	残	盗洞西北部	
1738	M1DK⑥：1812	镞	铜	1	残	盗洞西北部	
1739	M1DK⑥：1813	镞	铜	1	残	盗洞西北部	
1740	M1DK⑥：1814	镞	铜	1	残	盗洞西北部	
1741	M1DK⑥：1815	镞	铜	1	残	盗洞西北部	
1742	M1DK⑥：1816	镞	铜	1	残	盗洞西北部	
1743	M1DK⑥：1817	镞	铜	1	残	盗洞西北部	
1744	M1DK⑥：1818	镞	铜	1	残	盗洞东南部	
1745	M1DK⑥：1819	镞	铜	1	残	盗洞东南部	
1746	M1DK⑥：1820	镞	铜	1	残	盗洞东南部	
1747	M1DK⑥：1821	镞	铜	1	残	盗洞东南部	
1748	M1DK⑥：1822	镞	铜	1	残	盗洞东南部	
1749	M1DK⑥：1823	镞	铜	1	残	盗洞东南部	
1750	M1DK⑥：1824	镞	铜	1	残	盗洞东南部	
1751	M1DK⑥：1825	镞	铜	1	残	盗洞西部偏北	
1752	M1DK⑥：1826	镞	铜	1	残	盗洞西部偏北	
1753	M1DK⑥：1827	镞	铜	1	残	盗洞西部偏北	
1754	M1DK⑥：1828	镞	铜	1	残	盗洞西部偏北	
1755	M1DK⑥：1829	镞	铜	1	残	盗洞西部偏北	

续附表二

序号	器号	器名	质料	数量	现状	出土位置	备注
1756	M1DK⑥：1830	镞	铜	1	残	盗洞西部偏北	
1757	M1DK⑥：1831	镞	铜	1	残	盗洞西部偏北	
1758	M1DK⑥：1832	镞	铜	1	残	盗洞西北部	
1759	M1DK⑥：1833	镞	铜	1	残	盗洞西北部	
1760	M1DK⑥：1834	镞	铜	1	残	盗洞西北部	
1761	M1DK⑥：1835	镞	铜	1	残	盗洞西北部	
1762	M1DK⑥：1836	镞	铜	1	残	盗洞西北部	
1763	M1DK⑥：1837	镞	铜	1	残	盗洞西北部	
1764	M1DK⑥：1838	镞	铜	1	残	盗洞西北部	
1765	M1DK⑥：1839	镞	铜	1	残	盗洞西北部	
1766	M1DK⑥：1840	镞	铜	1	残	盗洞西北部	
1767	M1DK⑥：1841	镞	铜	1	残	盗洞西北部	
1768	M1DK⑥：1842	镞	铜	1	残	盗洞西北部	
1769	M1DK⑥：1843	镞	铜	1	残	盗洞西北部	
1770	M1DK⑥：1844	镞	铜	1	残	盗洞西北部	
1771	M1DK⑥：1845	镞	铜	1	残	盗洞西北部	
1772	M1DK⑥：1846	镞	铜	1	残	盗洞北部	
1773	M1DK⑥：1847	镞	铜	1	残	盗洞北部	
1774	M1DK⑥：1848	镞	铜	1	残	盗洞北部	
1775	M1DK⑥：1849	镞	铜	1	残	盗洞北部	
1776	M1DK⑥：1850	镞	铜	1	残	盗洞北部	
1777	M1DK⑥：1851	镞	铜	1	残	盗洞北部	
1778	M1DK⑥：1852	镞	铜	1	残	盗洞北部	
1779	M1DK⑥：1853	镞	铜	1	残	盗洞北部	
1780	M1DK⑥：1854	镞	铜	1	残	盗洞北部	
1781	M1DK⑥：1855	镞	铜	1	残	盗洞北部	
1782	M1DK⑥：1856	镞	铜	1	残	盗洞北部	
1783	M1DK⑥：1857	镞	铜	1	残	盗洞北部	
1784	M1DK⑥：1858	镞	铜	1	残	盗洞北部	
1785	M1DK⑥：1859	镞	铜	1	残	盗洞北部	
1786	M1DK⑥：1860	镞	铜	1	残	盗洞北部	
1787	M1DK⑥：1861	镞	铜	1	残	盗洞东北部	
1788	M1DK⑥：1862	镞	铜	1	残	盗洞东北部	
1789	M1DK⑥：1863	镞	铜	1	残	盗洞东北部	

续附表二

序号	器号	器名	质料	数量	现状	出土位置	备注
1790	M1DK⑥:1864	镞	铜	1	残	盗洞东北部	
1791	M1DK⑥:1865	镞	铜	1	残	盗洞东北部	
1792	M1DK⑥:1866	镞	铜	1	残	盗洞东北部	
1793	M1DK⑥:1867	镞	铜	1	残	盗洞东北部	
1794	M1DK⑥:1868	镞	铜	1	残	盗洞东北部	
1795	M1DK⑥:1869	镞	铜	1	残	盗洞东北部	
1796	M1DK⑥:1870	镞	铜	1	残	盗洞西南部	
1797	M1DK⑥:1871	镞	铜	1	残	盗洞西南部	
1798	M1DK⑥:1872	镞	铜	1	残	盗洞西南部	
1799	M1DK⑥:1873	镞	铜	1	残	盗洞西南部	
1800	M1DK⑥:1874	镞	铜	1	残	盗洞西南部	
1801	M1DK⑥:1875	镞	铜	1	残	盗洞西南部	
1802	M1DK⑥:1876	镞	铜	1	残	盗洞西南部	
1803	M1DK⑥:1877	镞	铜	1	残	盗洞西南部	
1804	M1DK⑥:1878	镞	铜	1	残	盗洞西南部	
1805	M1DK⑥:1879	镞	铜	1	残	盗洞西南部	
1806	M1DK⑥:1880	镞	铜	1	残	盗洞西南部	
1807	M1DK⑥:1881	镞	铜	1	残	盗洞北部	
1808	M1DK⑥:1882	镞	铜	1	残	盗洞北部	
1809	M1DK⑥:1883	镞	铜	1	残	盗洞北部	
1810	M1DK⑥:1884	镞	铜	1	残	盗洞北部	
1811	M1DK⑥:1885	镞	铜	1	残	盗洞北部	
1812	M1DK⑥:1886	镞	铜	1	残	盗洞北部	
1813	M1DK⑥:1887	镞	铜	1	残	盗洞北部	
1814	M1DK⑥:1888	镞	铜	1	残	盗洞北部	
1815	M1DK⑥:1889	镞	铜	1	残	盗洞北部	
1816	M1DK⑥:1890	镞	铜	1	残	盗洞北部	
1817	M1DK⑥:1891	镞	铜	1	残	盗洞北部	
1818	M1DK⑥:1892	镞	铜	1	残	盗洞北部	
1819	M1DK⑥:1893	镞	铜	1	残	盗洞北部	
1820	M1DK⑥:1894	镞	铜	1	残	盗洞北部	
1821	M1DK⑥:1895	镞	铜	1	残	盗洞北部	
1822	M1DK⑥:1896	镞	铜	1	残	盗洞北部	
1823	M1DK⑥:1897	镞	铜	1	残	盗洞北部	

续附表二

序号	器号	器名	质料	数量	现状	出土位置	备注
1824	M1DK⑥：1898	镞	铜	1	残	盗洞北部	
1825	M1DK⑥：1899	镞	铜	1	残	盗洞北部	
1826	M1DK⑥：1900	镞	铜	1	残	盗洞北部	
1827	M1DK⑥：1901	镞	铜	1	残	盗洞北部	
1828	M1DK⑥：1902	镞	铜	1	残	盗洞西南部	
1829	M1DK⑥：1903	镞	铜	1	残	盗洞西南部	
1830	M1DK⑥：1904	镞	铜	1	残	盗洞西南部	
1831	M1DK⑥：1905	镞	铜	1	残	盗洞西南部	
1832	M1DK⑥：1906	镞	铜	1	残	盗洞西南部	
1833	M1DK⑥：1907	镞	铜	1	残	盗洞西南部	
1834	M1DK⑥：1908	镞	铜	1	残	盗洞西南部	
1835	M1DK⑥：1909	镞	铜	1	残	盗洞西南部	
1836	M1DK⑥：1910	镞	铜	1	残	盗洞西南部	
1837	M1DK⑥：1911	镞	铜	1	残	盗洞西南部	
1838	M1DK⑥：1912	镞	铜	1	残	盗洞西南部	
1839	M1DK⑥：1913	镞	铜	1	残	盗洞北部	
1840	M1DK⑥：1914	镞	铜	1	残	盗洞北部	
1841	M1DK⑥：1915	镞	铜	1	残	盗洞北部	
1842	M1DK⑥：1916	镞	铜	1	残	盗洞北部	
1843	M1DK⑥：1917	镞	铜	1	残	盗洞北部	
1844	M1DK⑥：1918	镞	铜	1	残	盗洞北部	
1845	M1DK⑥：1919	镞	铜	1	残	盗洞北部	
1846	M1DK⑥：1920	镞	铜	1	残	盗洞北部	
1847	M1DK⑥：1921	镞	铜	1	残	盗洞北部	
1848	M1DK⑥：1922	镞	铜	1	残	盗洞东北部	
1849	M1DK⑥：1923	镞	铜	1	残	盗洞东北部	
1850	M1DK⑥：1924	镞	铜	1	残	盗洞东北部	
1851	M1DK⑥：1925	镞	铜	1	残	盗洞东北部	
1852	M1DK⑥：1926	镞	铜	1	残	盗洞东北部	
1853	M1DK⑥：1927	镞	铜	1	残	盗洞东北部	
1854	M1DK⑥：1928	镞	铜	1	残	盗洞东北部	
1855	M1DK⑥：1929	镞	铜	1	残	盗洞东北部	
1856	M1DK⑥：1930	镞	铜	1	残	盗洞西北部	
1857	M1DK⑥：1931	镞	铜	1	残	盗洞西北部	

续附表二

序号	器号	器名	质料	数量	现状	出土位置	备注
1858	M1DK⑥：1932	镞	铜	1	残	盗洞西北部	
1859	M1DK⑥：1933	镞	铜	1	残	盗洞西北部	
1860	M1DK⑥：1934	镞	铜	1	残	盗洞西北部	
1861	M1DK⑥：1935	镞	铜	1	残	盗洞西北部	
1862	M1DK⑥：1936	镞	铜	1	残	盗洞西北部	
1863	M1DK⑥：1937	镞	铜	1	残	盗洞西北部	
1864	M1DK⑥：1938	镞	铜	1	残	盗洞西北部	
1865	M1DK⑥：1939	镞	铜	1	残	盗洞西北部	
1866	M1DK⑥：1940	镞	铜	1	残	盗洞西北部	
1867	M1DK⑥：1941	镞	铜	1	残	盗洞西北部	
1868	M1DK⑥：1942	镞	铜	1	残	盗洞西北部	
1869	M1DK⑥：1943	镞	铜	1	残	盗洞西北部	
1870	M1DK⑥：1944	镞	铜	1	残	盗洞北部	
1871	M1DK⑥：1945	镞	铜	1	残	盗洞北部	
1872	M1DK⑥：1946	镞	铜	1	残	盗洞北部	
1873	M1DK⑥：1947	镞	铜	1	残	盗洞北部	
1874	M1DK⑥：1948	镞	铜	1	残	盗洞北部	
1875	M1DK⑥：1949	镞	铜	1	残	盗洞北部	
1876	M1DK⑥：1950	镞	铜	1	残	盗洞北部	
1877	M1DK⑥：1951	镞	铜	1	残	盗洞北部	
1878	M1DK⑥：1952	镞	铜	1	残	盗洞北部	
1879	M1DK⑥：1953	镞	铜	1	残	盗洞北部	
1880	M1DK⑥：1954	镞	铜	1	残	盗洞北部	
1881	M1DK⑥：1955	镞	铜	1	残	盗洞北部	
1882	M1DK⑥：1956	镞	铜	1	残	盗洞北部	
1883	M1DK⑥：1957	镞	铜	1	残	盗洞北部	
1884	M1DK⑥：1958	镞	铜	1	残	盗洞北部	
1885	M1DK⑥：1959	镞	铜	1	残	盗洞北部	
1886	M1DK⑥：1960	镞	铜	1	残	盗洞北部	
1887	M1DK⑥：1961	镞	铜	1	残	盗洞西北部	
1888	M1DK⑥：1962	镞	铜	1	残	盗洞西北部	
1889	M1DK⑥：1963	镞	铜	1	残	盗洞西北部	
1890	M1DK⑥：1964	镞	铜	1	残	盗洞西北部	
1891	M1DK⑥：1965	镞	铜	1	残	盗洞西北部	

续附表二

序号	器号	器名	质料	数量	现状	出土位置	备注
1892	M1DK⑥:1966	镞	铜	1	残	盗洞西北部	
1893	M1DK⑥:1967	镞	铜	1	残	盗洞西北部	
1894	M1DK⑥:1968	镞	铜	1	残	盗洞西北部	
1895	M1DK⑥:1969	镞	铜	1	残	盗洞西北部	
1896	M1DK⑥:1970	镞	铜	1	残	盗洞西北部	
1897	M1DK⑥:1971	镞	铜	1	残	盗洞北部	
1898	M1DK⑥:1972	镞	铜	1	残	盗洞北部	
1899	M1DK⑥:1973	镞	铜	1	残	盗洞北部	
1900	M1DK⑥:1974	镞	铜	1	残	盗洞北部	
1901	M1DK⑥:1975	镞	铜	1	残	盗洞北部	
1902	M1DK⑥:1976	镞	铜	1	残	盗洞北部	
1903	M1DK⑥:1977	镞	铜	1	残	盗洞北部	
1904	M1DK⑥:1978	镞	铜	1	残	盗洞北部	
1905	M1DK⑥:1979	镞	铜	1	残	盗洞北部	
1906	M1DK⑥:1980	镞	铜	1	残	盗洞北部	
1907	M1DK⑥:1981	镞	铜	1	残	盗洞北部	
1908	M1DK⑥:1982	镞	铜	1	残	盗洞北部	
1909	M1DK⑥:1983	镞	铜	1	残	盗洞北部	
1910	M1DK⑥:1984	镞	铜	1	残	盗洞北部	
1911	M1DK⑥:1985	镞	铜	1	残	盗洞北部	
1912	M1DK⑥:1986	镞	铜	1	残	盗洞北部	
1913	M1DK⑥:1987	镞	铜	1	残	盗洞北部	
1914	M1DK⑥:1988	镞	铜	1	残	盗洞北部	
1915	M1DK⑥:1989	镞	铜	1	残	盗洞北部	
1916	M1DK⑥:1990	镞	铜	1	残	盗洞北部	
1917	M1DK⑥:1991	镞	铜	1	残	盗洞北部	
1918	M1DK⑥:1992	镞	铜	1	残	盗洞北部	
1919	M1DK⑥:1993	镞	铜	1	残	盗洞北部	
1920	M1DK⑥:1994	镞	铜	1	残	盗洞西部偏北	
1921	M1DK⑥:1995	镞	铜	1	残	盗洞西部偏北	
1922	M1DK⑥:1996	镞	铜	1	残	盗洞西部偏北	
1923	M1DK⑥:1997	镞	铜	1	残	盗洞西部偏北	
1924	M1DK⑥:1998	镞	铜	1	残	盗洞西部偏北	
1925	M1DK⑥:1999	镞	铜	1	残	盗洞西部偏北	

续附表二

序号	器号	器名	质料	数量	现状	出土位置	备注
1926	M1DK⑥：2000	镞	铜	1	残	盗洞西部偏北	
1927	M1DK⑥：2001	镞	铜	1	残	盗洞西部偏北	
1928	M1DK⑥：2002	镞	铜	1	残	盗洞北部	
1929	M1DK⑥：2003	镞	铜	1	残	盗洞北部	
1930	M1DK⑥：2004	镞	铜	1	残	盗洞北部	
1931	M1DK⑥：2005	镞	铜	1	残	盗洞北部	
1932	M1DK⑥：2006	镞	铜	1	残	盗洞北部	
1933	M1DK⑥：2007	镞	铜	1	残	盗洞北部	
1934	M1DK⑥：2008	镞	铜	1	残	盗洞北部	
1935	M1DK⑥：2009	镞	铜	1	残	盗洞北部	
1936	M1DK⑥：2010	镞	铜	1	残	盗洞北部	
1937	M1DK⑥：2011	镞	铜	1	残	盗洞北部	
1938	M1DK⑥：2012	镞	铜	1	残	盗洞北部	
1939	M1DK⑥：2013	镞	铜	1	残	盗洞西北部	
1940	M1DK⑥：2014	镞	铜	1	残	盗洞西北部	
1941	M1DK⑥：2015	镞	铜	1	残	盗洞西北部	
1942	M1DK⑥：2016	镞	铜	1	残	盗洞东南部	
1943	M1DK⑥：2017	镞	铜	1	残	盗洞东南部	
1944	M1DK⑥：2018	镞	铜	1	残	盗洞东南部	
1945	M1DK⑥：2019	镞	铜	1	残	盗洞东南部	
1946	M1DK⑥：2020	镞	铜	1	残	盗洞东南部	
1947	M1DK⑥：2021	镞	铜	1	残	盗洞东南部	
1948	M1DK⑥：2022	镞	铜	1	残	盗洞东南部	
1949	M1DK⑥：2023	镞	铜	1	残	盗洞东南部	
1950	M1DK⑥：2024	镞	铜	1	残	盗洞东南部	
1951	M1DK⑥：2025	镞	铜	1	残	盗洞西南部	
1952	M1DK⑥：2026	镞	铜	1	残	盗洞东南部	
1953	M1DK⑥：2027	镞	铜	1	残	盗洞东南部	
1954	M1DK⑥：2028	镞	铜	1	残	盗洞东南部	
1955	M1DK⑥：2029	镞	铜	1	残	盗洞东南部	
1956	M1DK⑥：2030	镞	铜	1	残	盗洞东南部	
1957	M1DK⑥：2031	镞	铜	1	残	盗洞东南部	
1958	M1DK⑥：2032	镞	铜	1	残	盗洞东南部	
1959	M1DK⑥：2033	镞	铜	1	残	盗洞东南部	

续附表二

序号	器号	器名	质料	数量	现状	出土位置	备注
1960	M1DK⑥:2034	镞	铜	1	残	盗洞东南部	
1961	M1DK⑥:2035	镞	铜	1	残	盗洞东南部	
1962	M1DK⑥:2036	镞	铜	1	残	盗洞西部偏南	
1963	M1DK⑥:2037	镞	铜	1	残	盗洞西部偏南	
1964	M1DK⑥:2038	镞	铜	1	残	盗洞西部偏南	
1965	M1DK⑥:2039	镞	铜	1	残	盗洞西部偏南	
1966	M1DK⑥:2040	镞	铜	1	残	盗洞西部偏南	
1967	M1DK⑥:2041	镞	铜	1	残	盗洞西部偏南	
1968	M1DK⑥:2042	镞	铜	1	残	盗洞西部偏南	
1969	M1DK⑥:2043	镞	铜	1	残	盗洞西部偏南	
1970	M1DK⑥:2044	镞	铜	1	残	盗洞北部	
1971	M1DK⑥:2045	镞	铜	1	残	盗洞北部	
1972	M1DK⑥:2046	镞	铜	1	残	盗洞北部	
1973	M1DK⑥:2047	镞	铜	1	残	盗洞北部	
1974	M1DK⑥:2048	镞	铜	1	残	盗洞北部	
1975	M1DK⑥:2049	镞	铜	1	残	盗洞北部	
1976	M1DK⑥:2050	镞	铜	1	残	盗洞北部	
1977	M1DK⑥:2051	镞	铜	1	残	盗洞北部	
1978	M1DK⑥:2052	镞	铜	1	残	盗洞西部偏南	
1979	M1DK⑥:2053	镞	铜	1	残	盗洞西部偏南	
1980	M1DK⑥:2054	镞	铜	1	残	盗洞西部偏南	
1981	M1DK⑥:2055	镞	铜	1	残	盗洞西部偏南	
1982	M1DK⑥:2056	镞	铜	1	残	盗洞西部偏南	
1983	M1DK⑥:2057	镞	铜	1	残	盗洞西部偏南	
1984	M1DK⑥:2058	镞	铜	1	残	盗洞西部偏南	
1985	M1DK⑥:2059	镞	铜	1	残	盗洞北部	
1986	M1DK⑥:2060	镞	铜	1	残	盗洞北部	
1987	M1DK⑥:2061	镞	铜	1	残	盗洞北部	
1988	M1DK⑥:2062	镞	铜	1	残	盗洞北部	
1989	M1DK⑥:2063	镞	铜	1	残	盗洞北部	
1990	M1DK⑥:2064	镞	铜	1	残	盗洞北部	
1991	M1DK⑥:2065	镞	铜	1	残	盗洞北部	
1992	M1DK⑥:2066	镞	铜	1	残	盗洞北部	
1993	M1DK⑥:2067	镞	铜	1	残	盗洞北部	

续附表二

序号	器号	器名	质料	数量	现状	出土位置	备注
1994	M1DK⑥：2068	镞	铜	1	残	盗洞北部	
1995	M1DK⑥：2069	镞	铜	1	残	盗洞北部	
1996	M1DK⑥：2070	镞	铜	1	残	盗洞西北部	
1997	M1DK⑥：2071	镞	铜	1	残	盗洞西北部	
1998	M1DK⑥：2072	镞	铜	1	残	盗洞西北部	
1999	M1DK⑥：2073	镞	铜	1	残	盗洞西北部	
2000	M1DK⑥：2074	镞	铜	1	残	盗洞西北部	
2001	M1DK⑥：2075	镞	铜	1	残	盗洞西北部	
2002	M1DK⑥：2076	镞	铜	1	残	盗洞西北部	
2003	M1DK⑥：2077	镞	铜	1	残	盗洞西北部	
2004	M1DK⑥：2078	镞	铜	1	残	盗洞西北部	
2005	M1DK⑥：2079	镞	铜	1	残	盗洞西北部	
2006	M1DK⑥：2080	镞	铜	1	残	盗洞西北部	
2007	M1DK⑥：2081	镞	铜	1	残	盗洞西北部	
2008	M1DK⑥：2082	镞	铜	1	残	盗洞西北部	
2009	M1DK⑥：2083	镞	铜	1	残	盗洞西北部	
2010	M1DK⑥：2084	镞	铜	1	残	盗洞西北部	
2011	M1DK⑥：2085	镞	铜	1	残	盗洞西北部	
2012	M1DK⑥：2086	镞	铜	1	残	盗洞西北部	
2013	M1DK⑥：2087	镞	铜	1	残	盗洞西北部	
2014	M1DK⑥：2088	镞	铜	1	残	盗洞西部偏北	
2015	M1DK⑥：2089	镞	铜	1	残	盗洞西部偏北	
2016	M1DK⑥：2090	镞	铜	1	残	盗洞西部偏北	
2017	M1DK⑥：2091	镞	铜	1	残	盗洞西部偏北	
2018	M1DK⑥：2092	镞	铜	1	残	盗洞西部偏北	
2019	M1DK⑥：2093	镞	铜	1	残	盗洞西部偏北	
2020	M1DK⑥：2094	镞	铜	1	残	盗洞西部偏北	
2021	M1DK⑥：2095	镞	铜	1	残	盗洞西部偏北	
2022	M1DK⑥：2096	镞	铜	1	残	盗洞西部偏北	
2023	M1DK⑥：2097	镞	铜	1	残	盗洞西部偏北	
2024	M1DK⑥：2098	镞	铜	1	残	盗洞西部偏北	
2025	M1DK⑥：2099	镞	铜	1	残	盗洞西部偏北	
2026	M1DK⑥：2100	镞	铜	1	残	盗洞西部偏北	
2027	M1DK⑥：2101	镞	铜	1	残	盗洞西部偏北	

续附表二

序号	器号	器名	质料	数量	现状	出土位置	备注
2028	M1DK⑥：2102	镞	铜	1	残	盗洞西部偏北	
2029	M1DK⑥：2103	镞	铜	1	残	盗洞西部偏北	
2030	M1DK⑥：2104	镞	铜	1	残	盗洞西部偏北	
2031	M1DK⑥：2105	镞	铜	1	残	盗洞西部偏北	
2032	M1DK⑥：2106	镞	铜	1	残	盗洞西部偏北	
2033	M1DK⑥：2107	镞	铜	1	残	盗洞西部偏北	
2034	M1DK⑥：2108	镞	铜	1	残	盗洞西部偏北	
2035	M1DK⑥：2109	镞	铜	1	残	盗洞西部偏北	
2036	M1DK⑥：2110	镞	铜	1	残	盗洞西部偏北	
2037	M1DK⑥：2111	镞	铜	1	残	盗洞西部偏北	
2038	M1DK⑥：2112	镞	铜	1	残	盗洞西部偏北	
2039	M1DK⑥：2113	镞	铜	1	残	盗洞西部偏北	
2040	M1DK⑥：2114	镞	铜	1	残	盗洞西部偏北	
2041	M1DK⑥：2115	镞	铜	1	残	盗洞西部偏北	
2042	M1DK⑥：2116	镞	铜	1	残	盗洞西部偏北	
2043	M1DK⑥：2117	镞	铜	1	残	盗洞西部偏北	
2044	M1DK⑥：2118	镞	铜	1	残	盗洞西部偏北	
2045	M1DK⑥：2119	镞	铜	1	残	盗洞西部偏北	
2046	M1DK⑥：2120	镞	铜	1	残	盗洞西部偏北	
2047	M1DK⑥：2121	镞	铜	1	残	盗洞西南部	
2048	M1DK⑥：2122	镞	铜	1	残	盗洞西南部	
2049	M1DK⑥：2123	镞	铜	1	残	盗洞西南部	
2050	M1DK⑥：2124	镞	铜	1	残	盗洞西南部	
2051	M1DK⑥：2125	镞	铜	1	残	盗洞西南部	
2052	M1DK⑥：2126	镞	铜	1	残	盗洞西南部	
2053	M1DK⑥：2127	镞	铜	1	残	盗洞西部偏南	
2054	M1DK⑥：2128	镞	铜	1	残	盗洞西部偏南	
2055	M1DK⑥：2129	镞	铜	1	残	盗洞西部偏南	
2056	M1DK⑥：2130	镞	铜	1	残	盗洞西部偏南	
2057	M1DK⑥：2131	镞	铜	1	残	盗洞西部偏南	
2058	M1DK⑥：2132	镞	铜	1	残	盗洞西部偏南	
2059	M1DK⑥：2133	镞	铜	1	残	盗洞西部偏南	
2060	M1DK⑥：2134	镞	铜	1	残	盗洞西部偏南	
2061	M1DK⑥：2135	镞	铜	1	残	盗洞西部偏南	

续附表二

序号	器号	器名	质料	数量	现状	出土位置	备注
2062	M1DK⑥:2136	镞	铜	1	残	盗洞西部偏北	
2063	M1DK⑥:2137	镞	铜	1	残	盗洞西部偏南	
2064	M1DK⑥:2138	镞	铜	1	残	盗洞西部偏南	
2065	M1DK⑥:2139	镞	铜	1	残	盗洞西部偏南	
2066	M1DK⑥:2140	镞	铜	1	残	盗洞西部偏南	
2067	M1DK⑥:2141	镞	铜	1	残	盗洞西部偏南	
2068	M1DK⑥:2142	镞	铜	1	残	盗洞西部偏南	
2069	M1DK⑥:2143	镞	铜	1	残	盗洞西部偏北	
2070	M1DK⑥:2144	镞	铜	1	残	盗洞西部偏北	
2071	M1DK⑥:2145	镞	铜	1	残	盗洞西部偏北	
2072	M1DK⑥:2146	镞	铜	1	残	盗洞西部偏北	
2073	M1DK⑥:2147	镞	铜	1	残	盗洞西部偏北	
2074	M1DK⑥:2148	镞	铜	1	残	盗洞西部偏北	
2075	M1DK⑥:2149	镞	铜	1	残	盗洞西部偏北	
2076	M1DK⑥:2150	镞	铜	1	残	盗洞西部偏北	
2077	M1DK⑥:2151	镞	铜	1	残	盗洞西部偏北	
2078	M1DK⑥:2152	镞	铜	1	残	盗洞西部偏北	
2079	M1DK⑥:2153	镞	铜	1	残	盗洞西部偏北	
2080	M1DK⑥:2154	镞	铜	1	残	盗洞西部偏北	
2081	M1DK⑥:2155	镞	铜	1	残	盗洞西北部	
2082	M1DK⑥:2156	镞	铜	1	残	盗洞西北部	
2083	M1DK⑥:2157	镞	铜	1	残	盗洞西北部	
2084	M1DK⑥:2158	镞	铜	1	残	盗洞西北部	
2085	M1DK⑥:2159	镞	铜	1	残	盗洞西北部	
2086	M1DK⑥:2160	镞	铜	1	残	盗洞西北部	
2087	M1DK⑥:2161	镞	铜	1	残	盗洞西北部	
2088	M1DK⑥:2162	镞	铜	1	残	盗洞西北部	
2089	M1DK⑥:2163	镞	铜	1	残	盗洞西北部	
2090	M1DK⑥:2164	镞	铜	1	残	盗洞西北部	
2091	M1DK⑥:2165	镞	铜	1	残	盗洞西北部	
2092	M1DK⑥:2166	镞	铜	1	残	盗洞西南部	
2093	M1DK⑥:2167	镞	铜	1	残	盗洞西南部	
2094	M1DK⑥:2168	镞	铜	1	残	盗洞西南部	
2095	M1DK⑥:2169	镞	铜	1	残	盗洞西南部	

续附表二

序号	器号	器名	质料	数量	现状	出土位置	备注
2096	M1DK⑥:2170	镞	铜	1	残	盗洞西南部	
2097	M1DK⑥:2171	镞	铜	1	残	盗洞西南部	
2098	M1DK⑥:2172	镞	铜	1	残	盗洞西南部	
2099	M1DK⑥:2173	镞	铜	1	残	盗洞西南部	
2100	M1DK⑥:2174	刷	铜	1	残	盗洞南部	
2101	M1DK⑥:2175	刷	铜	1	残	盗洞南部	
2102	M1DK⑥:2176	刷	铜	1	残	盗洞南部	
2103	M1DK⑥:2177	刷	铜	1	残	盗洞南部	
2104	M1DK⑥:2178	刷	铜	1	残	盗洞南部	
2105	M1DK⑥:2179	刷	铜	1	残	盗洞南部	
2106	M1DK⑥:2180	刷	铜	1	残	盗洞南部	
2107	M1DK⑥:2181	刷	铜	1	残	盗洞南部	
2108	M1DK⑥:2182	刷	铜	1	残	盗洞南部	
2109	M1DK⑥:2183	刷	铜	1	残	盗洞南部	
2110	M1DK⑥:2184	刷	铜	1	残	盗洞南部	
2111	M1DK⑥:2185	刷	铜	1	残	盗洞南部	
2112	M1DK⑥:2186	刷	铜	1	残	盗洞南部	
2113	M1DK⑥:2187	刷	铜	1	残	盗洞南部	
2114	M1DK⑥:2188	刷	铜	1	残	盗洞南部	
2115	M1DK⑥:2189	刷	铜	1	残	盗洞南部	
2116	M1DK⑥:2190	刷	铜	1	残	盗洞南部	
2117	M1DK⑥:2191	刷	铜	1	残	盗洞南部	
2118	M1DK⑥:2192	刷	铜	1	残	盗洞南部	
2119	M1DK⑥:2193	刷	铜	1	残	盗洞南部	
2120	M1DK⑥:2194	刷	铜	1	残	盗洞南部	
2121	M1DK⑥:2195	刷	铜	1	残	盗洞南部	
2122	M1DK⑥:2196	刷	铜	1	残	盗洞南部	
2123	M1DK⑥:2197	刷	铜	1	残	盗洞南部	
2124	M1DK⑥:2198	刷	铜	1	残	盗洞南部	
2125	M1DK⑥:2199	刷	铜	1	残	盗洞南部	
2126	M1DK⑥:2200	刷	铜	1	残	盗洞南部	
2127	M1DK⑥:2201	刷	铜	1	残	盗洞南部	
2128	M1DK⑥:2202	刷	铜	1	残	盗洞南部	
2129	M1DK⑥:2203	刷	铜	1	残	盗洞南部	

续附表二

序号	器号	器名	质料	数量	现状	出土位置	备注
2130	M1DK⑥:2204	刷	铜	1	残	盗洞南部	
2131	M1DK⑥:2205	刷	铜	1	残	盗洞南部	
2132	M1DK⑥:2206	刷	铜	1	残	盗洞南部	
2133	M1DK⑥:2207	刷	铜	1	残	盗洞南部	
2134	M1DK⑥:2208	刷	铜	1	残	盗洞南部	
2135	M1DK⑥:2209	刷	铜	1	残	盗洞南部	
2136	M1DK⑥:2210	刷	铜	1	残	盗洞南部	
2137	M1DK⑥:2211	刷	铜	1	残	盗洞南部	
2138	M1DK⑥:2212	刷	铜	1	残	盗洞南部	
2139	M1DK⑥:2213	刷	铜	1	残	盗洞南部	
2140	M1DK⑥:2214	刷	铜	1	残	盗洞南部	
2141	M1DK⑥:2215	刷	铜	1	残	盗洞南部	
2142	M1DK⑥:2216	刷	铜	1	残	盗洞南部	
2143	M1DK⑥:2217	刷	铜	1	残	盗洞南部	
2144	M1DK⑥:2218	刷	铜	1	残	盗洞南部	
2145	M1DK⑥:2219	刷	铜	1	残	盗洞南部	
2146	M1DK⑥:2220	刷	铜	1	残	盗洞南部	
2147	M1DK⑥:2221	刷	铜	1	残	盗洞南部	
2148	M1DK⑥:2222	刷	铜	1	残	盗洞南部	
2149	M1DK⑥:2223	刷	铜	1	残	盗洞南部	
2150	M1DK⑥:2224	刷	铜	1	残	盗洞南部	
2151	M1DK⑥:2225	刷	铜	1	残	盗洞南部	
2152	M1DK⑥:2226	刷	铜	1	残	盗洞南部	
2153	M1DK⑥:2227	刷	铜	1	残	盗洞南部	
2154	M1DK⑥:2228	刷	铜	1	残	盗洞南部	
2155	M1DK⑥:2229	刷	铜	1	残	盗洞南部	
2156	M1DK⑥:2230	刷	铜	1	残	盗洞南部	
2157	M1DK⑥:2231	刷	铜	1	残	盗洞南部	
2158	M1DK⑥:2232	刷	铜	1	残	盗洞南部	
2159	M1DK⑥:2233	刷	铜	1	残	盗洞南部	
2160	M1DK⑥:2234	刷	铜	1	残	盗洞南部	
2161	M1DK⑥:2235	刷	铜	1	残	盗洞南部	
2162	M1DK⑥:2236	刷	铜	1	残	盗洞南部	
2163	M1DK⑥:2237	刷	铜	1	残	盗洞南部	

续附表二

序号	器号	器名	质料	数量	现状	出土位置	备注
2164	M1DK⑥:2238	刷	铜	1	残	盗洞南部	
2165	M1DK⑥:2239	刷	铜	1	残	盗洞南部	
2166	M1DK⑥:2240	刷	铜	1	残	盗洞南部	
2167	M1DK⑥:2241	刷	铜	1	残	盗洞南部	
2168	M1DK⑥:2242	刷	铜	1	残	盗洞南部	
2169	M1DK⑥:2243	刷	铜	1	残	盗洞南部	
2170	M1DK⑥:2244	刷	铜	1	残	盗洞南部	
2171	M1DK⑥:2245	刷	铜	1	残	盗洞南部	
2172	M1DK⑥:2246	刷	铜	1	残	盗洞南部	
2173	M1DK⑥:2247	刷	铜	1	残	盗洞南部	
2174	M1DK⑥:2248	刷	铜	1	残	盗洞南部	
2175	M1DK⑥:2249	刷	铜	1	残	盗洞南部	
2176	M1DK⑥:2250	刷	铜	1	残	盗洞南部	
2177	M1DK⑥:2251	刷	铜	1	残	盗洞南部	
2178	M1DK⑥:2252	刷	铜	1	残	盗洞南部	
2179	M1DK⑥:2253	刷	铜	1	残	盗洞南部	
2180	M1DK⑥:2254	刷	铜	1	残	盗洞南部	
2181	M1DK⑥:2255	刷	铜	1	残	盗洞南部	
2182	M1DK⑥:2256	刷	铜	1	残	盗洞南部	
2183	M1DK⑥:2257	刷	铜	1	残	盗洞南部	
2184	M1DK⑥:2258	刷	铜	1	残	盗洞南部	
2185	M1DK⑥:2259	刷	铜	1	残	盗洞南部	
2186	M1DK⑥:2260	刷	铜	1	残	盗洞南部	
2187	M1DK⑥:2261	刷	铜	1	残	盗洞南部	
2188	M1DK⑥:2262	刷	铜	1	残	盗洞南部	
2189	M1DK⑥:2263	刷	铜	1	残	盗洞南部	
2190	M1DK⑥:2264	刷	铜	1	残	盗洞南部	
2191	M1DK⑥:2265	刷	铜	1	残	盗洞南部	
2192	M1DK⑥:2266	刷	铜	1	残	盗洞南部	
2193	M1DK⑥:2267	刷	铜	1	残	盗洞南部	
2194	M1DK⑥:2268	刷	铜	1	残	盗洞南部	
2195	M1DK⑥:2269	刷	铜	1	残	盗洞南部	
2196	M1DK⑥:2270	刷	铜	1	残	盗洞南部	
2197	M1DK⑥:2271	刷	铜	1	残	盗洞南部	

续附表二

序号	器号	器名	质料	数量	现状	出土位置	备注
2198	M1DK⑥:2272	刷柄	铜	1	残	盗洞南部	
2199	M1DK⑥:2273	刷柄	铜	1	残	盗洞南部	
2200	M1DK⑥:2274	刷柄	铜	1	残	盗洞南部	
2201	M1DK⑥:2275	刷柄	铜	1	残	盗洞南部	
2202	M1DK⑥:2276	刷柄	铜	1	残	盗洞南部	
2203	M1DK⑥:2277	刷柄	铜	1	残	盗洞南部	
2204	M1DK⑥:2278	刷	铜	1	残	盗洞南部	
2205	M1DK⑥:2279	刷	铜	1	残	盗洞南部	
2206	M1DK⑥:2280	刷	铜	1	残	盗洞南部	
2207	M1DK⑥:2281	刷	铜	1	残	盗洞南部	
2208	M1DK⑥:2282	刷	铜	1	残	盗洞南部	
2209	M1DK⑥:2283	刷	铜	1	残	盗洞南部	
2210	M1DK⑥:2284	刷	铜	1	残	盗洞南部	
2211	M1DK⑥:2285	刷	铜	1	残	盗洞南部	
2212	M1DK⑥:2286	刷	铜	1	残	盗洞南部	
2213	M1DK⑥:2287	刷	铜	1	残	盗洞南部	
2214	M1DK⑥:2288	刷	铜	1	残	盗洞南部	
2215	M1DK⑥:2289	饰件	铜	1	残	盗洞西部偏南	
2216	M1DK⑥:2290	扣饰	铜	1	残	盗洞中部偏南	

* "YG" 为玉棺缩写, "YGPS" 为玉棺镶玉片饰缩写, "YGBS" 为玉棺壁饰缩写, "YGJS" 为玉棺金饰缩写, "YGYS" 为玉棺银饰缩写, "YY" 为玉衣缩写。

1 号墓回廊出土遗物登记表

序号	器号	器名	质料	数量	现状	位置	备注
1	M1Ⅸ：1	虎帐座	铜	1件	完整	东回廊北部九区上层	
2	M1Ⅸ：2	虎帐座	铜	1件	完整	东回廊北部九区上层	
3	M1Ⅸ：3	虎帐座	铜	1件	完整	东回廊北部九区上层	
4	M1Ⅸ：4	虎帐座	铜	1件	完整	东回廊北部九区上层	
5	M1Ⅸ：5	虎帐座	铜	1件	完整	东回廊北部九区上层	
6	M1Ⅸ：6	虎帐座	铜	1件	残	东回廊北部九区上层	
7	M1Ⅸ：7	明器乐器架包首	铜鎏金	1件	完整	东回廊北部九区上层	
8	M1Ⅸ：8	明器乐器架包首	铜鎏金	1件	完整	东回廊北部九区上层	
9	M1Ⅷ：9	剑	铁	1件	锈残	东回廊中部八区上层	
10	M1Ⅷ：10	节约	铜	1件	完整	东回廊中部八区上层	
11	M1Ⅷ：11	节约	铜	1件	完整	东回廊中部八区上层	
12	M1Ⅷ：12	镦	铜	1件	残	东回廊中部八区上层	
13	M1Ⅷ：13	戟	铁	1件	锈残	东回廊中部八区上层	
14	M1Ⅷ：14	剑	铁	1件	锈残	东回廊中部八区上层	
15	M1Ⅷ：15	剑	铁	1件	锈残	东回廊中部八区上层	
16	M1Ⅷ：18	节约	铜	1件	残	东回廊中部八区上层	
17	M1Ⅷ：19	节约	铜	1件	残	东回廊中部八区上层	
18	M1Ⅷ：20	节约	铜	1件	完整	东回廊中部八区上层	
19	M1Ⅷ：21	镦	铜	1件	残	东回廊中部八区上层	
20	M1Ⅷ：22	戟	铁	1件	锈残	东回廊中部八区上层	
21	M1Ⅷ：23	戟	铁	1件	锈残	东回廊中部八区上层	
22	M1Ⅷ：24	剑	铁	1件	锈残	东回廊中部八区上层	
23	M1Ⅷ：25	当卢	铜	1件	残	东回廊中部八区上层	
24	M1Ⅷ：26	轭足饰	铜	1件	残	东回廊中部八区上层	
25	M1Ⅷ：27	轭足饰	铜	1件	残	东回廊中部八区上层	
26	M1Ⅷ：28	轭足饰	铜	1件	残	东回廊中部八区上层	
27	M1Ⅷ：29	剑	铁	1件	锈残	东回廊中部八区上层	
28	M1Ⅷ：30	马衔镳	铜	1套3件	残	东回廊中部八区上层	
29	M1Ⅷ：31	马衔镳	铜	1套3件	残	东回廊中部八区上层	
30	M1Ⅷ：32	当卢	铜	1件	完整	东回廊中部八区上层	
31	M1Ⅷ：33	轭足饰	铜	1件	残	东回廊中部八区上层	
32	M1Ⅷ：34	环	铜	1件	残	东回廊中部八区上层	

续附表三

序号	器号	器名	质料	数量	现状	位置	备注
33	M1Ⅷ:35	环	铜	1件	残	东回廊中部八区上层	
34	M1Ⅷ:37	环	铜	1件	残	东回廊中部八区上层	
35	M1Ⅷ:38	环	铜	1件	残	东回廊中部八区上层	
36	M1Ⅷ:39	辖	铜	1件	完整	东回廊中部八区上层	
37	M1Ⅷ:40	辖	铜	1件	完整	东回廊中部八区上层	
38	M1Ⅷ:42	剑	铁	1件	锈残	东回廊中部八区上层	
39	M1Ⅷ:43	节约	铜	1件	完整	东回廊中部八区上层	
40	M1Ⅷ:44	当卢	铜	1件	完整	东回廊中部八区上层	
41	M1Ⅷ:45	虎帐座	铜	1件	残	东回廊中部八区上层	
42	M1Ⅵ:46	铍	铁	1件	锈残	东回廊南端六区上层	
43	M1Ⅵ:47	铍	铁	1件	锈残	东回廊南端六区上层	
44	M1Ⅵ:48	铍	铁	1件	锈残	东回廊南端六区上层	
45	M1Ⅵ:49	铍	铁	1件	锈残	东回廊南端六区上层	
46	M1Ⅵ:50	盖弓帽	铜	1件	残	东回廊南端六区上层	
47	M1Ⅵ:51	盖弓帽	铜	1件	残	东回廊南端六区上层	
48	M1Ⅵ:52	盖弓帽	银	1件	残	东回廊南端六区上层	
49	M1Ⅵ:53	盖弓帽	银	1件	残	东回廊南端六区上层	
50	M1Ⅵ:54	盖弓帽	银	1件	残	东回廊南端六区上层	
51	M1Ⅵ:55	盖弓帽	银	1件	残	东回廊南端六区上层	
52	M1Ⅵ:56	盖弓帽	银	1件	残	东回廊南端六区上层	
53	M1Ⅵ:57	剑	铁	1件	锈残	东回廊南端六区上层	
54	M1Ⅵ:58	铍	铁	1件	锈残	东回廊南端六区上层	
55	M1Ⅵ:59	剑	铁	1件	锈残	东回廊南端六区上层	
56	M1Ⅵ:60	剑	铁	1件	锈残	东回廊南端六区上层	
57	M1Ⅵ:61	剑	铁	1件	锈残	东回廊南端六区上层	
58	M1Ⅵ:62	矛	铁	1件	锈残	东回廊南端六区上层	
59	M1Ⅵ:63	剑	铁	1件	锈残	东回廊南端六区上层	
60	M1Ⅵ:64	镦	铜	1件	残	东回廊南端六区上层	
61	M1Ⅵ:65	镞	铁	1件	锈残	东回廊南端六区上层	
62	M1ⅦA:66	祖	铜	1件	残	东回廊南部七A区上层	
63	M1ⅦA:67	漏斗形器	银	1件	完整	东回廊南部七A区上层	
64	M1ⅦA:68	漏斗形器	银	1件	残	东回廊南部七A区上层	
65	M1Ⅰ:71	镦	铜	1件	残	西回廊南端一区上层	
66	M1Ⅰ:72	车軎	铜	1件	完整	西回廊南端一区上层	

续附表三

序号	器号	器名	质料	数量	现状	位置	备注
67	M1Ⅰ：73	戟	铁	1件	锈残	西回廊南端一区上层	
68	M1Ⅰ：74	戟	铁	1件	锈残	西回廊南端一区上层	
69	M1Ⅰ：75	辖	铜	1件	完整	西回廊南端一区上层	
70	M1Ⅰ：76	环	铜	1件	残	西回廊南端一区上层	
71	M1Ⅰ：77	剑	铁	1件	锈残	西回廊南端一区上层	
72	M1Ⅰ：78	马衔镳	铜	1件	残	西回廊南端一区上层	
73	M1Ⅰ：80	镦	铜	1件	残	西回廊南端一区上层	
74	M1Ⅰ：81	弩机	铜	1件	完整	西回廊南端一区上层	
75	M1Ⅰ：82	车軎	铜	1件	完整	西回廊南端一区上层	
76	M1Ⅰ：83	马衔镳	铜	1件	残	西回廊南端一区上层	
77	M1Ⅰ：84	节约	铜	1件	完整	西回廊南端一区上层	
78	M1Ⅰ：85	节约	铜	1件	完整	西回廊南端一区上层	
79	M1Ⅰ：86	节约	铜	1件	完整	西回廊南端一区上层	
80	M1Ⅰ：87	环	铜	1件	残	西回廊南端一区上层	
81	M1Ⅰ：88	镦	铜	1件	残	西回廊南端一区上层	
82	M1Ⅰ：89	节约	铜	1件	残	西回廊南端一区上层	
83	M1Ⅱ：92	弩机	铜	1件	完整	西回廊南部二区上层	
84	M1Ⅱ：94	盖弓帽	铜	1件	残	西回廊南部二区上层	
85	M1Ⅱ：95	盖弓帽	铜	1件	完整	西回廊南部二区上层	
86	M1Ⅱ：96	盖弓帽	铜	1件	残损严重	西回廊南部二区上层	
87	M1Ⅱ：97	盖弓帽	铜	1件	完整	西回廊南部二区上层	
88	M1Ⅱ：98	盖弓帽	铜	1件	残	西回廊南部二区上层	
89	M1Ⅱ：99	盖弓帽	铜	1件	完整	西回廊南部二区上层	
90	M1Ⅱ：100	盖弓帽	铜	1件	残	西回廊南部二区上层	
91	M1Ⅱ：101	盖弓帽	铜	1件	残损严重	西回廊南部二区上层	
92	M1Ⅱ：102	盖弓帽	铜	1件	残	西回廊南部二区上层	
93	M1Ⅱ：103	盖弓帽	铜	1件	残损严重	西回廊南部二区上层	
94	M1Ⅱ：104	盖弓帽	铜	1件	残	西回廊南部二区上层	
95	M1Ⅱ：105	盖弓帽	铜	1件	完整	西回廊南部二区上层	
96	M1Ⅱ：106	盖弓帽	铜	1件	完整	西回廊南部二区上层	
97	M1Ⅱ：107	盖弓帽	铜	1件	完整	西回廊南部二区上层	
98	M1Ⅱ：108	钩	铜	1件	完整	西回廊南部二区上层	
99	M1Ⅱ：109	钩	铜	1件	残	西回廊南部二区上层	
100	M1Ⅱ：110	镦	铜	1件	完整	西回廊南部二区上层	

续附表三

序号	器号	器名	质料	数量	现状	位置	备注
101	M1Ⅱ:111	镦	铜	1件	完整	西回廊南部二区上层	
102	M1Ⅱ:112	盖弓帽	铜	1件	残	西回廊南部二区上层	
103	M1Ⅱ:113	盖弓帽	铜	1件	完整	西回廊南部二区上层	
104	M1Ⅱ:114	盖弓帽	铜	1件	残	西回廊南部二区上层	
105	M1Ⅱ:115	盖弓帽	铜	1件	残	西回廊南部二区上层	
106	M1Ⅱ:116	盖弓帽	铜	1件	残	西回廊南部二区上层	
107	M1Ⅱ:117	盖弓帽	铜	1件	残	西回廊南部二区上层	
108	M1Ⅱ:118	盖弓帽	铜	1件	完整	西回廊南部二区上层	
109	M1Ⅱ:119	盖弓帽	铜	1件	残	西回廊南部二区上层	
110	M1Ⅱ:120	盖弓帽	铜	1件	完整	西回廊南部二区上层	
111	M1Ⅱ:121	盖弓帽	铜	1件	完整	西回廊南部二区上层	
112	M1Ⅱ:122	盖弓帽	铜	1件	完整	西回廊南部二区上层	
113	M1Ⅱ:123	节约	铜	1件	完整	西回廊南部二区上层	
114	M1Ⅱ:124	节约	铜	1件	残	西回廊南部二区上层	
115	M1Ⅱ:125	节约	铜	1件	完整	西回廊南部二区上层	
116	M1Ⅱ:126	戟	铁	1件	锈残	西回廊南部二区上层	
117	M1Ⅱ:127	环	铜	1件	完整	西回廊南部二区上层	
118	M1Ⅱ:128	衡末	铜	1件	完整	西回廊南部二区上层	
119	M1Ⅱ:129	辖	铜	1件	完整	西回廊南部二区上层	
120	M1Ⅱ:130	衡末	铜	1件	完整	西回廊南部二区上层	
121	M1Ⅱ:131	盖弓帽	铜	1件	残	西回廊南部二区上层	
122	M1Ⅱ:133	马衔镳	铜	1套3件	残	西回廊南部二区上层	与 M1Ⅱ:3921 为一套
123	M1Ⅱ:134	环	铜	1件	完整	西回廊南部二区上层	
124	M1Ⅰ:135	饰件	银	1件	残	西回廊南端一区上层	
125	M1Ⅱ:136	辖	铜	1件	残	西回廊南部二区上层	
126	M1Ⅱ:137	环	铜	1件	完整	西回廊南部二区上层	
127	M1Ⅱ:138	辖	铜	1件	完整	西回廊南部二区上层	
128	M1Ⅱ:139	马衔镳	铜	1套3件	残	西回廊南部二区上层	
129	M1Ⅱ:140	戟	铁	1件	锈残	西回廊南部二区上层	
130	M1Ⅱ:141	节约	铜	1件	完整	西回廊南部二区上层	
131	M1Ⅱ:142	节约	铜	1件	完整	西回廊南部二区上层	
132	M1Ⅱ:143	戟	铁	1件	锈残	西回廊南部二区上层	
133	M1Ⅱ:145	带扣	铜	1件	完整	西回廊南部二区上层	

续附表三

序号	器号	器名	质料	数量	现状	位置	备注
134	M1Ⅱ:147	马衔镳	铜	1套3件	残	西回廊南部二区上层	与M1Ⅱ:158为一套
135	M1Ⅱ:148	节约	铜	1件	完整	西回廊南部二区上层	
136	M1Ⅱ:149	节约	铜	1件	完整	西回廊南部二区上层	
137	M1Ⅱ:150	泡饰	铜	1件	完整	西回廊南部二区上层	
138	M1Ⅱ:151	泡饰	铜	1件	完整	西回廊南部二区上层	
139	M1Ⅱ:152	泡饰	铜	1件	完整	西回廊南部二区上层	
140	M1Ⅱ:153	泡饰	铜	1件	完整	西回廊南部二区上层	
141	M1Ⅱ:154	泡饰	铜	1件	完整	西回廊南部二区上层	
142	M1Ⅱ:155	节约	铜	1件	完整	西回廊南部二区上层	
143	M1Ⅱ:156-1	弹丸	泥	1件	完整	西回廊南部二区上层	
144	M1Ⅱ:156-2	弹丸	泥	1件	完整	西回廊南部二区上层	
145	M1Ⅱ:156-3	弹丸	泥	1件	完整	西回廊南部二区上层	
146	M1Ⅱ:156-4	弹丸	泥	1件	完整	西回廊南部二区上层	
147	M1Ⅱ:156-5	弹丸	泥	1件	完整	西回廊南部二区上层	
148	M1Ⅱ:156-6	弹丸	泥	1件	完整	西回廊南部二区上层	
149	M1Ⅱ:156-7	弹丸	泥	1件	完整	西回廊南部二区上层	
150	M1Ⅱ:156-8	弹丸	泥	1件	完整	西回廊南部二区上层	
151	M1Ⅱ:156-9	弹丸	泥	1件	完整	西回廊南部二区上层	
152	M1Ⅱ:156-10	弹丸	泥	1件	完整	西回廊南部二区上层	
153	M1Ⅱ:156-11	弹丸	泥	1件	完整	西回廊南部二区上层	
154	M1Ⅱ:156-12	弹丸	泥	1件	完整	西回廊南部二区上层	
155	M1Ⅱ:156-13	弹丸	泥	1件	完整	西回廊南部二区上层	
156	M1Ⅱ:156-14	弹丸	泥	1件	完整	西回廊南部二区上层	
157	M1Ⅱ:156-15	弹丸	泥	1件	完整	西回廊南部二区上层	
158	M1Ⅱ:156-16	弹丸	泥	1件	完整	西回廊南部二区上层	
159	M1Ⅱ:156-17	弹丸	泥	1件	完整	西回廊南部二区上层	
160	M1Ⅱ:156-18	弹丸	泥	1件	完整	西回廊南部二区上层	
161	M1Ⅱ:156-19	弹丸	泥	1件	完整	西回廊南部二区上层	
162	M1Ⅱ:156-20	弹丸	泥	1件	完整	西回廊南部二区上层	
163	M1Ⅱ:156-21	弹丸	泥	1件	完整	西回廊南部二区上层	
164	M1Ⅱ:156-22	弹丸	泥	1件	完整	西回廊南部二区上层	
165	M1Ⅱ:156-23	弹丸	泥	1件	完整	西回廊南部二区上层	
166	M1Ⅱ:156-24	弹丸	泥	1件	完整	西回廊南部二区上层	

续附表三

序号	器号	器名	质料	数量	现状	位置	备注
167	M1Ⅱ:156-25	弹丸	泥	1件	完整	西回廊南部二区上层	
168	M1Ⅱ:156-26	弹丸	泥	1件	完整	西回廊南部二区上层	
169	M1Ⅱ:156-27	弹丸	泥	1件	完整	西回廊南部二区上层	
170	M1Ⅱ:156-28	弹丸	泥	1件	完整	西回廊南部二区上层	
171	M1Ⅱ:156-29	弹丸	泥	1件	完整	西回廊南部二区上层	
172	M1Ⅱ:156-30	弹丸	泥	1件	完整	西回廊南部二区上层	
173	M1Ⅱ:157	轙	铜	1件	完整	西回廊南部二区上层	
174	M1Ⅱ:158	马衔镳	铜	1套3件	残	西回廊南部二区上层	与M1Ⅱ:147为一套
175	M1Ⅱ:159	节约	铜	1件	完整	西回廊南部二区上层	
176	M1Ⅱ:160	节约	铜	1件	完整	西回廊南部二区上层	
177	M1Ⅱ:161	节约	铜	1件	完整	西回廊南部二区上层	
178	M1Ⅱ:162	节约	铜	1件	完整	西回廊南部二区上层	
179	M1Ⅱ:163	节约	铜	1件	残	西回廊南部二区上层	
180	M1Ⅱ:164	节约	铜	1件	完整	西回廊南部二区上层	
181	M1Ⅱ:165	马衔镳	铜	1套3件	残	西回廊南部二区上层	
182	M1Ⅱ:166	节约	铜	1件	完整	西回廊南部二区上层	
183	M1Ⅱ:167	节约	铜	1件	完整	西回廊南部二区上层	
184	M1Ⅱ:168	节约	铜	1件	完整	西回廊南部二区上层	
185	M1Ⅱ:169	环	铜	1件	残	西回廊南部二区上层	
186	M1Ⅱ:170	衡末	铜	1件	残	西回廊南部二区上层	
187	M1Ⅱ:171	轙	铜	1件	完整	西回廊南部二区上层	
188	M1Ⅱ:172	衡末	铜	1件	完整	西回廊南部二区上层	
189	M1Ⅱ:173	环	铜	1件	残	西回廊南部二区上层	
190	M1Ⅱ:174	马衔镳	铜	1套3件	残	西回廊南部二区上层	与M1Ⅱ:489为一套
191	M1Ⅱ:175	节约	铜	1件	完整	西回廊南部二区上层	
192	M1Ⅱ:176	轙	铜	1件	完整	西回廊南部二区上层	
193	M1Ⅱ:177	轙	铜	1件	完整	西回廊南部二区上层	
194	M1Ⅱ:178	环	铜	1件	完整	西回廊南部二区上层	
195	M1Ⅱ:179	环	铜	1件	完整	西回廊南部二区上层	
196	M1ⅢA:180	马衔镳	铜	1套3件	残	西回廊中部偏南三A区上层	
197	M1ⅢA:181	剑	铁	1件	锈残	西回廊中部偏南三A区上层	
198	M1ⅢA:182	节约	铜	1件	残	西回廊中部偏南三A区上层	

续附表三

序号	器号	器名	质料	数量	现状	位置	备注
199	M1ⅢA：183	节约	铜	1件	残	西回廊中部偏南三A区上层	
200	M1ⅢA：184	节约	铜	1件	完整	西回廊中部偏南三A区上层	
201	M1ⅢA：185	节约	铜	1件	残	西回廊中部偏南三A区上层	
202	M1ⅢA：186	节约	铜	1件	残	西回廊中部偏南三A区上层	
203	M1ⅢA：187	节约	铜	1件	残	西回廊中部偏南三A区上层	
204	M1ⅢA：188	剑	铁	1件	锈残	西回廊中部偏南三A区上层	
205	M1ⅢA：189	戟	铁	1件	锈残	西回廊中部偏南三A区上层	
206	M1ⅢA：190	剑	铁	1件	锈残	西回廊中部偏南三A区上层	
207	M1ⅢB：191	盖弓帽	铜	1件	残	西回廊中部三B区上层	
208	M1ⅢB：192	盖弓帽	铜	1件	完整	西回廊中部三B区上层	
209	M1ⅢB：193	盖弓帽	铜	1件	残	西回廊中部三B区上层	
210	M1ⅢB：194	盖弓帽	铜	1件	残	西回廊中部三B区上层	
211	M1ⅢB：195	盖弓帽	铜	1件	残	西回廊中部三B区上层	
212	M1ⅢB：196	盖弓帽	铜	1件	完整	西回廊中部三B区上层	
213	M1ⅢB：197	盖弓帽	铜	1件	完整	西回廊中部三B区上层	
214	M1ⅢB：198	盖弓帽	铜	1件	残	西回廊中部三B区上层	
215	M1ⅢB：199	盖弓帽	铜	1件	完整	西回廊中部三B区上层	
216	M1ⅢB：200	盖弓帽	铜	1件	完整	西回廊中部三B区上层	
217	M1ⅢB：201	盖弓帽	铜	1件	残	西回廊中部三B区上层	
218	M1ⅢB：202	盖弓帽	铜	1件	完整	西回廊中部三B区上层	
219	M1ⅢB：203	盖弓帽	铜	1件	完整	西回廊中部三B区上层	
220	M1ⅢB：204	盖弓帽	铜	1件	残	西回廊中部三B区上层	
221	M1ⅢB：205	盖弓帽	铜	1件	完整	西回廊中部三B区上层	
222	M1ⅢB：206	环	铜	1件	完整	西回廊中部三B区上层	
223	M1ⅢB：207	弩机	铜	1件	完整	西回廊中部三B区上层	
224	M1ⅢB：208	弩机	铜	1件	完整	西回廊中部三B区上层	
225	M1ⅢB：209－1	弹丸	泥	1件	完整	西回廊中部三B区上层	
226	M1ⅢB：209－2	弹丸	泥	1件	完整	西回廊中部三B区上层	
227	M1ⅢB：209－3	弹丸	泥	1件	完整	西回廊中部三B区上层	
228	M1ⅢB：209－4	弹丸	泥	1件	完整	西回廊中部三B区上层	
229	M1ⅢB：209－5	弹丸	泥	1件	完整	西回廊中部三B区上层	
230	M1ⅢB：209－6	弹丸	泥	1件	完整	西回廊中部三B区上层	
231	M1ⅢB：209－7	弹丸	泥	1件	完整	西回廊中部三B区上层	
232	M1ⅢB：209－8	弹丸	泥	1件	完整	西回廊中部三B区上层	

续附表三

序号	器号	器名	质料	数量	现状	位置	备注
233	M1ⅢB：209－9	弹丸	泥	1件	完整	西回廊中部三B区上层	
234	M1ⅢB：209－10	弹丸	泥	1件	完整	西回廊中部三B区上层	
235	M1ⅢB：209－11	弹丸	泥	1件	完整	西回廊中部三B区上层	
236	M1ⅢB：209－12	弹丸	泥	1件	完整	西回廊中部三B区上层	
237	M1ⅢB：209－13	弹丸	泥	1件	完整	西回廊中部三B区上层	
238	M1ⅢB：209－14	弹丸	泥	1件	完整	西回廊中部三B区上层	
239	M1ⅢB：209－15	弹丸	泥	1件	完整	西回廊中部三B区上层	
240	M1ⅢB：209－16	弹丸	泥	1件	完整	西回廊中部三B区上层	
241	M1ⅢB：209－17	弹丸	泥	1件	完整	西回廊中部三B区上层	
242	M1ⅢB：209－18	弹丸	泥	1件	完整	西回廊中部三B区上层	
243	M1ⅢB：209－19	弹丸	泥	1件	完整	西回廊中部三B区上层	
244	M1ⅢB：209－20	弹丸	泥	1件	完整	西回廊中部三B区上层	
245	M1ⅢB：209－21	弹丸	泥	1件	完整	西回廊中部三B区上层	
246	M1ⅢB：209－22	弹丸	泥	1件	完整	西回廊中部三B区上层	
247	M1ⅢB：209－23	弹丸	泥	1件	完整	西回廊中部三B区上层	
248	M1ⅢB：209－24	弹丸	泥	1件	完整	西回廊中部三B区上层	
249	M1ⅢB：209－25	弹丸	泥	1件	完整	西回廊中部三B区上层	
250	M1ⅢB：209－26	弹丸	泥	1件	完整	西回廊中部三B区上层	
251	M1ⅢB：209－27	弹丸	泥	1件	完整	西回廊中部三B区上层	
252	M1ⅢB：209－28	弹丸	泥	1件	完整	西回廊中部三B区上层	
253	M1ⅢB：209－29	弹丸	泥	1件	完整	西回廊中部三B区上层	
254	M1ⅢB：209－30	弹丸	泥	1件	完整	西回廊中部三B区上层	
255	M1ⅢB：209－31	弹丸	泥	1件	完整	西回廊中部三B区上层	
256	M1ⅢB：209－32	弹丸	泥	1件	完整	西回廊中部三B区上层	
257	M1ⅢB：209－33	弹丸	泥	1件	完整	西回廊中部三B区上层	
258	M1ⅢB：209－34	弹丸	泥	1件	完整	西回廊中部三B区上层	
259	M1ⅢB：209－35	弹丸	泥	1件	完整	西回廊中部三B区上层	
260	M1ⅢB：209－36	弹丸	泥	1件	完整	西回廊中部三B区上层	
261	M1ⅢB：209－37	弹丸	泥	1件	完整	西回廊中部三B区上层	
262	M1ⅢB：209－38	弹丸	泥	1件	完整	西回廊中部三B区上层	
263	M1ⅢB：209－39	弹丸	泥	1件	完整	西回廊中部三B区上层	
264	M1ⅢB：209－40	弹丸	泥	1件	完整	西回廊中部三B区上层	
265	M1ⅢB：209－41	弹丸	泥	1件	完整	西回廊中部三B区上层	
266	M1ⅢB：209－42	弹丸	泥	1件	完整	西回廊中部三B区上层	

续附表三

序号	器号	器名	质料	数量	现状	位置	备注
267	M1ⅢB：209－43	弹丸	泥	1件	完整	西回廊中部三B区上层	
268	M1ⅢB：209－44	弹丸	泥	1件	完整	西回廊中部三B区上层	
269	M1ⅢB：209－45	弹丸	泥	1件	完整	西回廊中部三B区上层	
270	M1ⅢB：209－46	弹丸	泥	1件	完整	西回廊中部三B区上层	
271	M1ⅢB：209－47	弹丸	泥	1件	完整	西回廊中部三B区上层	
272	M1ⅢB：209－48	弹丸	泥	1件	完整	西回廊中部三B区上层	
273	M1ⅢB：209－49	弹丸	泥	1件	完整	西回廊中部三B区上层	
274	M1ⅢB：209－50	弹丸	泥	1件	完整	西回廊中部三B区上层	
275	M1ⅢB：210	盖弓帽	铜	1件	完整	西回廊中部三B区上层	
276	M1ⅢB：211	盖弓帽	铜	1件	完整	西回廊中部三B区上层	
277	M1ⅢB：212	盖弓帽	铜	1件	残	西回廊中部三B区上层	
278	M1ⅢB：213	盖弓帽	铜	1件	残	西回廊中部三B区上层	
279	M1ⅢB：214	盖弓帽	铜	1件	完整	西回廊中部三B区上层	
280	M1ⅢB：215	盖弓帽	铜	1件	残	西回廊中部三B区上层	
281	M1ⅢB：216	盖弓帽	铜	1件	残	西回廊中部三B区上层	
282	M1ⅢB：217	盖弓帽	铜	1件	残	西回廊中部三B区上层	
283	M1ⅢB：218	盖弓帽	铜	1件	完整	西回廊中部三B区上层	
284	M1ⅢB：219	盖弓帽	铜	1件	完整	西回廊中部三B区上层	
285	M1ⅢB：220	盖弓帽	铜	1件	完整	西回廊中部三B区上层	
286	M1ⅢB：221	盖弓帽	铜	1件	完整	西回廊中部三B区上层	
287	M1ⅢB：222	伞柄箍饰	铜	1套4件	完整	西回廊中部三B区上层	
288	M1ⅢB：223	环	铜	1件	完整	西回廊中部三B区上层	
289	M1ⅢB：224	环	铜	1件	完整	西回廊中部三B区上层	
290	M1ⅢB：226	节约	铜	1件	完整	西回廊中部三B区上层	
291	M1ⅢB：227	节约	铜	1件	残	西回廊中部三B区上层	
292	M1ⅢB：228	节约	铜	1件	完整	西回廊中部三B区上层	
293	M1ⅢB：229	节约	铜	1件	完整	西回廊中部三B区上层	
294	M1ⅢB：230	带扣	铜	1件	残	西回廊中部三B区上层	
295	M1ⅢB：231	带扣	铜	1件	残	西回廊中部三B区上层	
296	M1ⅢB：232	节约	铜	1件	完整	西回廊中部三B区上层	
297	M1ⅢB：233	马衔镳	铜	1套3件	残	西回廊中部三B区上层	
298	M1ⅢB：234	马蹄形管饰	铜	1件	完整	西回廊中部三B区上层	
299	M1ⅣB：235	盖弓帽	铜	1件	残	西回廊北部四B区上层	
300	M1ⅣB：236	盖弓帽	铜	1件	完整	西回廊北部四B区上层	

续附表三

序号	器号	器名	质料	数量	现状	位置	备注
301	M1ⅣB：237	盖弓帽	铜	1件	完整	西回廊北部四B区上层	
302	M1ⅣB：238	盖弓帽	铜	1件	完整	西回廊北部四B区上层	
303	M1ⅣB：239	盖弓帽	铜	1件	完整	西回廊北部四B区上层	
304	M1ⅣB：240	盖弓帽	铜	1件	完整	西回廊北部四B区上层	
305	M1ⅣB：241	盖弓帽	铜	1件	残	西回廊北部四B区上层	
306	M1ⅣB：242	节约	铜	1件	完整	西回廊北部四B区上层	
307	M1ⅣB：243	节约	铜	1件	完整	西回廊北部四B区上层	
308	M1ⅣB：244	节约	铜	1件	完整	西回廊北部四B区上层	
309	M1ⅣB：245	马衔镳	铜	1套3件	残	西回廊北部四B区上层	
310	M1ⅣB：246	马衔镳	铜	1套3件	残	西回廊北部四B区上层	
311	M1ⅣB：247	剑	铁	1件	锈残	西回廊北部四B区上层	
312	M1ⅣB：248	带扣	铜	1件	残	西回廊北部四B区上层	
313	M1ⅣB：249	镞	铁	1件	锈残	西回廊北部四B区上层	
314	M1ⅣB：250	马衔镳	铜	1套3件	残	西回廊北部四B区上层	
315	M1ⅣB：251	马衔镳	铜	1套3件	残	西回廊北部四B区上层	
316	M1ⅣB：252	节约	铜	1件	完整	西回廊北部四B区上层	
317	M1ⅣB：253	节约	铜	1件	完整	西回廊北部四B区上层	
318	M1ⅣB：254	节约	铜	1件	残	西回廊北部四B区上层	
319	M1ⅣB：255	节约	铜	1件	完整	西回廊北部四B区上层	
320	M1ⅣB：256	节约	铜	1件	完整	西回廊北部四B区上层	
321	M1ⅣB：257	节约	铜	1件	残	西回廊北部四B区上层	
322	M1ⅣB：258	节约	铜	1件	完整	西回廊北部四B区上层	
323	M1ⅣB：259	带钩	铜	1件	残	西回廊北部四B区上层	
324	M1ⅣB：260	剑	铁	1件	锈残	西回廊北部四B区上层	
325	M1ⅣB：261	弩机	铜	1件	完整	西回廊北部四B区上层	
326	M1ⅣB：262	盖弓帽	铜	1件	残	西回廊北部四B区上层	
327	M1ⅣB：263	盖弓帽	铜	1件	残	西回廊北部四B区上层	
328	M1ⅣB：264	盖弓帽	铜	1件	完整	西回廊北部四B区上层	
329	M1ⅣB：265	盖弓帽	铜	1件	残	西回廊北部四B区上层	
330	M1ⅣB：266	盖弓帽	铜	1件	完整	西回廊北部四B区上层	
331	M1ⅣB：267	盖弓帽	铜	1件	完整	西回廊北部四B区上层	
332	M1ⅣB：268	盖弓帽	铜	1件	完整	西回廊北部四B区上层	
333	M1ⅣB：269	盖弓帽	铜	1件	完整	西回廊北部四B区上层	
334	M1ⅣB：270	盖弓帽	铜	1件	残	西回廊北部四B区上层	

续附表三

序号	器号	器名	质料	数量	现状	位置	备注
335	M1ⅣB：271	盖弓帽	铜	1件	残	西回廊北部四B区上层	
336	M1ⅣB：272	盖弓帽	铜	1件	完整	西回廊北部四B区上层	
337	M1ⅣB：273	盖弓帽	铜	1件	完整	西回廊北部四B区上层	
338	M1ⅣB：274	盖弓帽	铜	1件	残	西回廊北部四B区上层	
339	M1ⅣB：275	盖弓帽	铜	1件	完整	西回廊北部四B区上层	
340	M1ⅣB：276	盖弓帽	铜	1件	残	西回廊北部四B区上层	
341	M1ⅣB：277	盖弓帽	铜	1件	残	西回廊北部四B区上层	
342	M1ⅣB：278	盖弓帽	铜	1件	完整	西回廊北部四B区上层	
343	M1ⅣB：279	伞柄箍饰	铜	1套4件	完整	西回廊北部四B区上层	与M1ⅣB：578为一套
344	M1Ⅰ：280	辕首	铜	1件	完整	西回廊南端一区上层	
345	M1ⅣB：281	节约	铜	1件	完整	西回廊北部四B区上层	
346	M1ⅣB：282	节约	铜	1件	完整	西回廊北部四B区上层	
347	M1ⅣB：283	节约	铜	1件	完整	西回廊北部四B区上层	
348	M1ⅣB：284	节约	铜	1件	完整	西回廊北部四B区上层	
349	M1ⅣB：285	节约	铜	1件	完整	西回廊北部四B区上层	
350	M1ⅣB：286	节约	铜	1件	完整	西回廊北部四B区上层	
351	M1ⅣB：287	节约	铜	1件	完整	西回廊北部四B区上层	
352	M1ⅣB：288	节约	铜	1件	完整	西回廊北部四B区上层	
353	M1ⅣB：289	节约	铜	1件	完整	西回廊北部四B区上层	
354	M1ⅣB：290	节约	铜	1件	完整	西回廊北部四B区上层	
355	M1ⅣB：291	节约	铜	1件	完整	西回廊北部四B区上层	
356	M1ⅣB：292	环	铜	1件	残	西回廊北部四B区上层	
357	M1ⅣB：293	马衔镳	铜	1套3件	残	西回廊北部四B区上层	
358	M1ⅣB：296	马衔镳	铜	1套3件	残	西回廊北部四B区上层	
359	M1ⅣB：297	环	铜	1件	完整	西回廊北部四B区上层	
360	M1ⅣB：298	节约	铜	1件	完整	西回廊北部四B区上层	
361	M1ⅣB：299	节约	铜	1件	完整	西回廊北部四B区上层	
362	M1ⅣB：300	戟	铁	1件	锈残	西回廊北部四B区上层	
363	M1ⅣB：301	马衔镳	铜	1套3件	残	西回廊北部四B区上层	
364	M1ⅣB：302	车害	铜	1件	完整	西回廊北部四B区上层	
365	M1ⅣB：303	带扣	铜	1件	完整	西回廊北部四B区上层	
366	M1ⅣB：304	环	铜	1件	完整	西回廊北部四B区上层	
367	M1ⅣB：305	衡末	铜	1件	完整	西回廊北部四B区上层	

续附表三

序号	器号	器名	质料	数量	现状	位置	备注
368	M1ⅣB：306	轙	铜	1 件	完整	西回廊北部四 B 区上层	
369	M1ⅣB：307	轙	铜	1 件	完整	西回廊北部四 B 区上层	
370	M1ⅣB：308	轙	铜	1 件	完整	西回廊北部四 B 区上层	
371	M1ⅣB：309	剑	铁	1 件	锈残	西回廊北部四 B 区上层	
372	M1ⅣB：310	节约	铜	1 件	残	西回廊北部四 B 区上层	
373	M1ⅣB：311	剑	铁	1 件	锈残	西回廊北部四 B 区上层	
374	M1ⅣB：312	镦	铜	1 件	完整	西回廊北部四 B 区上层	
375	M1ⅣB：313	节约	铜	1 件	完整	西回廊北部四 B 区上层	
376	M1Ⅴ：314	盖弓帽	铜	1 件	完整	西回廊北端五区上层	
377	M1Ⅴ：315	盖弓帽	铜	1 件	残	西回廊北端五区上层	
378	M1Ⅴ：316	盖弓帽	铜	1 件	残	西回廊北端五区上层	
379	M1Ⅴ：317	盖弓帽	铜	1 件	残	西回廊北端五区上层	
380	M1Ⅴ：318	盖弓帽	铜	1 件	完整	西回廊北端五区上层	
381	M1Ⅴ：319	盖弓帽	铜	1 件	残	西回廊北端五区上层	
382	M1Ⅴ：320	盖弓帽	铜	1 件	残	西回廊北端五区上层	
383	M1Ⅴ：321	盖弓帽	铜	1 件	残	西回廊北端五区上层	
384	M1Ⅴ：322	盖弓帽	铜	1 件	残	西回廊北端五区上层	
385	M1Ⅴ：323	盖弓帽	铜	1 件	残	西回廊北端五区上层	
386	M1Ⅴ：324	盖弓帽	铜	1 件	残	西回廊北端五区上层	
387	M1Ⅴ：325	盖弓帽	铜	1 件	残	西回廊北端五区上层	
388	M1Ⅴ：326	盖弓帽	铜	1 件	完整	西回廊北端五区上层	
389	M1Ⅴ：327	盖弓帽	铜	1 件	完整	西回廊北端五区上层	
390	M1Ⅴ：328	盖弓帽	铜	1 件	完整	西回廊北端五区上层	
391	M1Ⅴ：329	盖弓帽	铜	1 件	残	西回廊北端五区上层	
392	M1Ⅴ：330	盖弓帽	铜	1 件	残	西回廊北端五区上层	
393	M1Ⅴ：331	盖弓帽	铜	1 件	残	西回廊北端五区上层	
394	M1Ⅴ：332	车軎	铜	1 件	完整	西回廊北端五区上层	
395	M1Ⅴ：333	马衔镳	铜	1 套 3 件	残	西回廊北端五区上层	
396	M1Ⅴ：334	剑	铁	1 件	锈残	西回廊北端五区上层	
397	M1Ⅴ：335	戟	铁	1 件	锈残	西回廊北端五区上层	
398	M1Ⅴ：336	三叉形器	铁	1 件	锈残	西回廊北端五区上层	
399	M1Ⅴ：337	马衔镳	铜	1 套 3 件	残	西回廊北端五区上层	
400	M1Ⅴ：338	环	铜	1 件	残	西回廊北端五区上层	
401	M1Ⅴ：343	节约	铜	1 件	残	西回廊北端五区上层	

续附表三

序号	器号	器名	质料	数量	现状	位置	备注
402	M1 Ⅴ：344	节约	铜	1件	完整	西回廊北端五区上层	
403	M1 Ⅴ：345	节约	铜	1件	完整	西回廊北端五区上层	
404	M1 Ⅴ：346	衡末	铜	1件	完整	西回廊北端五区上层	
405	M1 Ⅴ：347	环	铜	1件	残	西回廊北端五区上层	
406	M1 Ⅴ：348	辖	铜	1件	残	西回廊北端五区上层	
407	M1 Ⅴ：349	环	铜	1件	残	西回廊北端五区上层	
408	M1 Ⅴ：350	伞柄箍饰	铜	1套4件	完整	西回廊北端五区上层	
409	M1 Ⅴ：351	衡末	铜	1件	完整	西回廊北端五区上层	
410	M1 Ⅴ：352	盖弓帽	铜	1件	残损严重	西回廊北端五区上层	
411	M1 Ⅴ：353	剑	铁	1件	锈残	西回廊北端五区上层	
412	M1 Ⅴ：354	节约	铜	1件	完整	西回廊北端五区上层	
413	M1 Ⅴ：355	节约	铜	1件	完整	西回廊北端五区上层	
414	M1 Ⅴ：356	节约	铜	1件	完整	西回廊北端五区上层	
415	M1 Ⅴ：357	节约	铜	1件	完整	西回廊北端五区上层	
416	M1 Ⅴ：358	节约	铜	1件	完整	西回廊北端五区上层	
417	M1 Ⅴ：359	节约	铜	1件	完整	西回廊北端五区上层	
418	M1 Ⅴ：360	环	铜	1件	完整	西回廊北端五区上层	
419	M1 Ⅴ：361	盖弓帽	铜	1件	完整	西回廊北端五区上层	
420	M1 Ⅴ：362	戟	铁	1件	锈残	西回廊北端五区上层	
421	M1 Ⅴ：363	剑	铁	1件	锈残	西回廊北端五区上层	
422	M1 Ⅴ：364	帽饰	铜	1件	完整	西回廊北端五区上层	
423	M1 Ⅴ：365	盖弓帽	铜	1件	残	西回廊北端五区上层	
424	M1 Ⅴ：366	节约	铜	1件	完整	西回廊北端五区上层	
425	M1 Ⅴ：367	节约	铜	1件	完整	西回廊北端五区上层	
426	M1 Ⅴ：368	盖弓帽	铜	1件	完整	西回廊北端五区上层	
427	M1 Ⅴ：369	盖弓帽	铜	1件	残	西回廊北端五区上层	
428	M1 Ⅴ：370	剑	铁	1件	锈残	西回廊北端五区上层	
429	M1 Ⅴ：371	戟	铁	1件	锈残	西回廊北端五区上层	
430	M1 Ⅴ：372	辖	铁	1件	锈残	西回廊北端五区上层	
431	M1 Ⅴ：373	马衔镳	铜	1套3件	残	西回廊北端五区上层	
432	M1 Ⅴ：374	节约	铜	1件	完整	西回廊北端五区上层	
433	M1 Ⅴ：376	盖弓帽	铜	1件	残	西回廊北端五区上层	
434	M1 Ⅴ：377	盖弓帽	铜	1件	残	西回廊北端五区上层	
435	M1 Ⅴ：378	盖弓帽	铜	1件	残	西回廊北端五区上层	

续附表三

序号	器号	器名	质料	数量	现状	位置	备注
436	M1XI:379	马衔镳	铜	4段	残	北回廊西部十一区下层	
437	M1XI:380	节约	铜	1件	完整	北回廊西部十一区下层	
438	M1XI:381	节约	铜	1件	完整	北回廊西部十一区下层	
439	M1XI:382	节约	铜	1件	完整	北回廊西部十一区下层	
440	M1XI:383	节约	铜	1件	完整	北回廊西部十一区下层	
441	M1XI:384	节约	铜	1件	残	北回廊西部十一区下层	
442	M1XI:385	节约	铜	1件	残	北回廊西部十一区下层	
443	M1XI:386	节约	铜	1件	残	北回廊西部十一区下层	
444	M1XI:387	节约	铜	1件	完整	北回廊西部十一区下层	
445	M1XI:388	节约	铜	1件	残	北回廊西部十一区下层	
446	M1XI:389	节约	铜	1件	完整	北回廊西部十一区下层	
447	M1XI:390	节约	铜	1件	残	北回廊西部十一区下层	
448	M1XI:391	节约	铜	1件	完整	北回廊西部十一区下层	
449	M1XI:392	马衔镳	铜	1套3件	残	北回廊西部十一区下层	与M1XI:412为一套
450	M1XI:393	马衔镳	铜	1套3件	残	北回廊西部十一区下层	
451	M1XI:394	环	铜	1件	残	北回廊西部十一区下层	
452	M1XI:395	"T"形器	铁	1件	锈残	北回廊西部十一区下层	
453	M1XI:396	环	铜	1件	残	北回廊西部十一区下层	
454	M1XI:397	环	铜	1件	残	北回廊西部十一区下层	
455	M1XI:398	弩机	铜	1件	残	北回廊西部十一区下层	
456	M1XI:399	环	铜	1件	残	北回廊西部十一区下层	
457	M1XI:400	环	铜	1件	完整	北回廊西部十一区下层	
458	M1XI:401	承弓器	铜	1件	残	北回廊西部十一区下层	
459	M1XI:402	承弓器	铜	1件	完整	北回廊西部十一区下层	
460	M1XI:403	盖弓帽	铜	1件	残损严重	北回廊西部十一区下层	
461	M1XI:404	盖弓帽	铜	1件	残	北回廊西部十一区下层	
462	M1XI:405	盖弓帽	铜	1件	残	北回廊西部十一区下层	
463	M1XI:406	盖弓帽	铜	1件	残	北回廊西部十一区下层	
464	M1XI:407	盖弓帽	铜	1件	残	北回廊西部十一区下层	
465	M1XI:408	节约	铜	1件	完整	北回廊西部十一区下层	
466	M1XI:409	节约	铜	1件	残	北回廊西部十一区下层	
467	M1XI:410	节约	铜	1件	残	北回廊西部十一区下层	
468	M1XI:411	节约	铜	1件	完整	北回廊西部十一区下层	

续附表三

序号	器号	器名	质料	数量	现状	位置	备注
469	M1 XI：412	马衔镳	铜	1套3件	残	北回廊西部十一区下层	与 M1 XI：392 为一套
470	M1 XI：413	马衔镳	铜	1套3件	残	北回廊西部十一区下层	
471	M1 XI：414	节约	铜	1件	残	北回廊西部十一区下层	
472	M1 XI：415	节约	铜	1件	残	北回廊西部十一区下层	
473	M1 XI：416	节约	铜	1件	完整	北回廊西部十一区下层	
474	M1 XI：417	伞柄箍饰	铜	1套4件	完整	北回廊西部十一区下层	与 M1 IVB：2816 为一套
475	M1 XI：418	剑	铁	1件	锈残	北回廊西部十一区下层	
476	M1 XI：419	节约	铜	1件	残	北回廊西部十一区下层	
477	M1 I：420	镦	铜	1件	完整	西回廊南端一区上层	
478	M1 IVB：421	车軎	铜	1件	完整	西回廊北部四B区上层	
479	M1 IVB：422	节约	铜	1件	残	西回廊北部四B区上层	
480	M1 IVB：423	带扣	铜	1件	完整	西回廊北部四B区上层	
481	M1 IVB：424	盖弓帽	铜	1件	完整	西回廊北部四B区上层	
482	M1 IIIB：425	环	铜	1件	完整	西回廊中部三B区上层	
483	M1 IIIB：426	环	铜	1件	完整	西回廊中部三B区上层	
484	M1 IIIB：427	盖弓帽	铜	1件	残	西回廊中部三B区上层	
485	M1 IIIB：428	盖弓帽	铜	1件	完整	西回廊中部三B区上层	
486	M1 IIIB：429	钩	铜	1件	完整	西回廊中部三B区上层	
487	M1 IIIB：430	镦	铜	1件	完整	西回廊中部三B区上层	
488	M1 IIIB：431	釭	铁	1件	锈残	西回廊中部三B区上层	
489	M1 IIIA：432	节约	铜	1件	完整	西回廊中部偏南三A区上层	
490	M1 IIIA：433	节约	铜	1件	完整	西回廊中部偏南三A区上层	
491	M1 IIIA：434	釭	铁	1件	锈残	西回廊中部偏南三A区上层	
492	M1 IIIA：435	带扣	铜	1件	残	西回廊中部偏南三A区上层	
493	M1 IIIA：436	车軎	铜	1件	完整	西回廊中部偏南三A区上层	
494	M1 IIIA：437	弩机	铜	1件	完整	西回廊中部偏南三A区上层	
495	M1 IIIA：438	弩机	铜	1件	完整	西回廊中部偏南三A区上层	
496	M1 IIIA：439	弩机	铜	1件	完整	西回廊中部偏南三A区上层	
497	M1 IIIA：440	兽首构件	铜	1件	完整	西回廊中部偏南三A区上层	
498	M1 IIIA：443	节约	铜	1件	完整	西回廊中部偏南三A区上层	
499	M1 IIIA：444	节约	铜	1件	完整	西回廊中部偏南三A区上层	
500	M1 IIIA：445	盖弓帽	铜	1件	完整	西回廊中部偏南三A区上层	

续附表三

序号	器号	器名	质料	数量	现状	位置	备注
501	M1ⅢA:446	盖弓帽	铜	1件	残	西回廊中部偏南三A区上层	
502	M1ⅢA:447	盖弓帽	铜	1件	残	西回廊中部偏南三A区上层	
503	M1ⅢA:448	盖弓帽	铜	1件	残	西回廊中部偏南三A区上层	
504	M1ⅢA:449	盖弓帽	铜	1件	残	西回廊中部偏南三A区上层	
505	M1ⅢA:450	盖弓帽	铜	1件	残	西回廊中部偏南三A区上层	
506	M1ⅢA:451	盖弓帽	铜	1件	完整	西回廊中部偏南三A区上层	
507	M1ⅢA:452	盖弓帽	铜	1件	完整	西回廊中部偏南三A区上层	
508	M1ⅢA:453	盖弓帽	铜	1件	残	西回廊中部偏南三A区上层	
509	M1ⅢA:454	盖弓帽	铜	1件	完整	西回廊中部偏南三A区上层	
510	M1ⅢA:455	盖弓帽	铜	1件	残	西回廊中部偏南三A区上层	
511	M1ⅢA:456	戟	铁	1件	锈残	西回廊中部偏南三A区上层	
512	M1ⅢA:457	伞柄箍饰	铜	1套4件	完整	西回廊中部偏南三A区上层	
513	M1ⅢA:458	镦	铜	1件	完整	西回廊中部偏南三A区上层	
514	M1ⅢA:459	镦	铜	1件	残	西回廊中部偏南三A区上层	
515	M1ⅢA:460	马衔镳	铜	1套3件	残	西回廊中部偏南三A区上层	与M1ⅢA:4011为一套
516	M1ⅢA:461	节约	铜	1件	残	西回廊中部偏南三A区上层	
517	M1ⅢA:462	节约	铜	1件	残	西回廊中部偏南三A区上层	
518	M1Ⅱ:463	马衔镳	铜	1套3件	残	西回廊南部二区上层	
519	M1Ⅱ:464	带扣	铜	1件	残	西回廊南部二区上层	
520	M1Ⅱ:465	节约	铜	1件	残	西回廊南部二区上层	
521	M1Ⅱ:466	节约	铜	1件	残	西回廊南部二区上层	
522	M1Ⅱ:467	衡末	铜	1件	完整	西回廊南部二区上层	
523	M1Ⅱ:468	节约	铜	1件	残	西回廊南部二区上层	
524	M1Ⅱ:469	节约	铜	1件	残	西回廊南部二区上层	
525	M1Ⅱ:470	剑	铁	1件	锈残	西回廊南部二区上层	
526	M1Ⅱ:471	镦	铜	1件	残	西回廊南部二区上层	
527	M1Ⅱ:472	戟	铁	1件	锈残	西回廊南部二区上层	
528	M1Ⅱ:473	戟	铁	1件	锈残	西回廊南部二区上层	
529	M1Ⅱ:474	环	铜	1件	残	西回廊南部二区上层	
530	M1ⅢA:475	盖弓帽	铜	1件	残	西回廊中部偏南三A区上层	
531	M1ⅢA:476	盖弓帽	铜	1件	残	西回廊中部偏南三A区上层	
532	M1ⅢA:477	盖弓帽	铜	1件	残	西回廊中部偏南三A区上层	
533	M1ⅢA:478	盖弓帽	铜	1件	残	西回廊中部偏南三A区上层	

续附表三

序号	器号	器名	质料	数量	现状	位置	备注
534	M1ⅢA：479	盖弓帽	铜	1件	残	西回廊中部偏南三A区上层	
535	M1ⅢA：480	盖弓帽	铜	1件	残	西回廊中部偏南三A区上层	
536	M1ⅢA：481	盖弓帽	铜	1件	完整	西回廊中部偏南三A区上层	
537	M1ⅢA：482	盖弓帽	铜	1件	残	西回廊中部偏南三A区上层	
538	M1ⅢA：483	戟	铁	1件	锈残	西回廊中部偏南三A区上层	
539	M1ⅢA：484	戟	铁	1件	锈残	西回廊中部偏南三A区上层	
540	M1ⅢA：485	盖弓帽	铜	1件	完整	西回廊中部偏南三A区上层	
541	M1ⅢB：486	盖弓帽	铜	1件	残	西回廊中部三B区上层	
542	M1ⅢB：487	盖弓帽	铜	1件	残	西回廊中部三B区上层	
543	M1ⅢB：488	车軎	铜	1件	残	西回廊中部三B区上层	
544	M1Ⅱ：489	马衔镳	铜	1套3件	残	西回廊南部二区上层	与M1Ⅱ：174为一套
545	M1Ⅱ：490	环	铜	1件	残	西回廊南部二区上层	
546	M1Ⅱ：491	镦	铜	1件	完整	西回廊南部二区上层	
547	M1Ⅱ：492	环	铜	1件	完整	西回廊南部二区上层	
548	M1Ⅱ：493	盖弓帽	铜	1件	完整	西回廊南部二区上层	
549	M1Ⅱ：494	盖弓帽	铜	1件	残	西回廊南部二区上层	
550	M1Ⅱ：495	盖弓帽	铜	1件	残	西回廊南部二区上层	
551	M1Ⅱ：496	车軎	铜	1件	完整	西回廊南部二区上层	
552	M1Ⅱ：497	环	铜	1件	完整	西回廊南部二区上层	
553	M1Ⅱ：498	兽首构件	铜	1件	完整	西回廊南部二区上层	
554	M1Ⅱ：499－1	弹丸	泥	1件	完整	西回廊南部二区上层	
555	M1Ⅱ：499－2	弹丸	泥	1件	完整	西回廊南部二区上层	
556	M1Ⅱ：499－3	弹丸	泥	1件	完整	西回廊南部二区上层	
557	M1Ⅱ：499－4	弹丸	泥	1件	完整	西回廊南部二区上层	
558	M1Ⅱ：500	盖弓帽	铜	1件	残	西回廊南部二区上层	
559	M1Ⅱ：501	盖弓帽	铜	1件	残	西回廊南部二区上层	
560	M1Ⅱ：502	盖弓帽	铜	1件	完整	西回廊南部二区上层	
561	M1Ⅱ：503	盖弓帽	铜	1件	残	西回廊南部二区上层	
562	M1Ⅱ：504	盖弓帽	铜	1件	完整	西回廊南部二区上层	
563	M1Ⅱ：505	盖弓帽	铜	1件	残	西回廊南部二区上层	
564	M1Ⅱ：506	盖弓帽	铜	1件	残	西回廊南部二区上层	
565	M1Ⅱ：507	盖弓帽	铜	1件	残	西回廊南部二区上层	
566	M1Ⅱ：508	盖弓帽	铜	1件	完整	西回廊南部二区上层	

续附表三

序号	器号	器名	质料	数量	现状	位置	备注
567	M1Ⅱ:509	盖弓帽	铜	1件	残	西回廊南部二区上层	
568	M1Ⅱ:510	盖弓帽	铜	1件	残	西回廊南部二区上层	
569	M1Ⅱ:511	盖弓帽	铜	1件	残	西回廊南部二区上层	
570	M1Ⅱ:512	盖弓帽	铜	1件	完整	西回廊南部二区上层	
571	M1Ⅱ:513	盖弓帽	铜	1件	残	西回廊南部二区上层	
572	M1Ⅱ:514	盖弓帽	铜	1件	残	西回廊南部二区上层	
573	M1Ⅱ:515	盖弓帽	铜	1件	残损严重	西回廊南部二区上层	
574	M1Ⅱ:516	盖弓帽	铜	1件	完整	西回廊南部二区上层	
575	M1Ⅱ:517	盖弓帽	铜	1件	残	西回廊南部二区上层	
576	M1Ⅱ:518	盖弓帽	铜	1件	完整	西回廊南部二区上层	
577	M1Ⅱ:519	盖弓帽	铜	1件	残损严重	西回廊南部二区上层	
578	M1Ⅱ:520	盖弓帽	铜	1件	残	西回廊南部二区上层	
579	M1Ⅱ:521	盖弓帽	铜	1件	残	西回廊南部二区上层	
580	M1Ⅱ:522	盖弓帽	铜	1件	残	西回廊南部二区上层	
581	M1Ⅱ:523	盖弓帽	铜	1件	完整	西回廊南部二区上层	
582	M1Ⅱ:524	盖弓帽	铜	1件	残	西回廊南部二区上层	
583	M1Ⅱ:525	盖弓帽	铜	1件	残损严重	西回廊南部二区上层	
584	M1Ⅱ:526	盖弓帽	铜	1件	完整	西回廊南部二区上层	
585	M1Ⅱ:527	盖弓帽	铜	1件	残	西回廊南部二区上层	
586	M1Ⅱ:528	盖弓帽	铜	1件	残	西回廊南部二区上层	
587	M1Ⅱ:529	盖弓帽	铜	1件	残	西回廊南部二区上层	
588	M1Ⅱ:530	盖弓帽	铜	1件	残损严重	西回廊南部二区上层	
589	M1Ⅱ:531	盖弓帽	铜	1件	残损严重	西回廊南部二区上层	
590	M1Ⅱ:532	盖弓帽	铜	1件	完整	西回廊南部二区上层	
591	M1Ⅱ:533	盖弓帽	铜	1件	残	西回廊南部二区上层	
592	M1Ⅱ:534	盖弓帽	铜	1件	残	西回廊南部二区上层	
593	M1Ⅱ:535	盖弓帽	铜	1件	残	西回廊南部二区上层	
594	M1Ⅱ:536	盖弓帽	铜	1件	残	西回廊南部二区上层	
595	M1Ⅱ:537	盖弓帽	铜	1件	残	西回廊南部二区上层	
596	M1Ⅱ:538	盖弓帽	铜	1件	残	西回廊南部二区上层	
597	M1Ⅱ:539	盖弓帽	铜	1件	残	西回廊南部二区上层	
598	M1Ⅱ:540	盖弓帽	铜	1件	残	西回廊南部二区上层	
599	M1Ⅱ:541	盖弓帽	铜	1件	残	西回廊南部二区上层	
600	M1Ⅱ:542	戟	铁	1件	锈残	西回廊南部二区上层	

续附表三

序号	器号	器名	质料	数量	现状	位置	备注
601	M1Ⅱ:543	盖弓帽	铜	1件	残	西回廊南部二区上层	
602	M1Ⅱ:544	盖弓帽	铜	1件	残	西回廊南部二区上层	
603	M1Ⅱ:545	盖弓帽	铜	1件	残	西回廊南部二区上层	
604	M1Ⅱ:546	盖弓帽	铜	1件	完整	西回廊南部二区上层	
605	M1Ⅱ:547	盖弓帽	铜	1件	残损严重	西回廊南部二区上层	
606	M1Ⅱ:548	盖弓帽	铜	1件	完整	西回廊南部二区上层	
607	M1ⅣB:549	盖弓帽	铜	1件	残	西回廊北部四B区上层	
608	M1ⅣB:550	盖弓帽	铜	1件	残	西回廊北部四B区上层	
609	M1ⅣB:551	盖弓帽	铜	1件	残	西回廊北部四B区上层	
610	M1ⅣB:552	盖弓帽	铜	1件	残	西回廊北部四B区上层	
611	M1ⅣB:553	盖弓帽	铜	1件	完整	西回廊北部四B区上层	
612	M1ⅣB:554	盖弓帽	铜	1件	残	西回廊北部四B区上层	
613	M1ⅣB:555	盖弓帽	铜	1件	完整	西回廊北部四B区上层	
614	M1ⅣB:556	盖弓帽	铜	1件	残	西回廊北部四B区上层	
615	M1ⅣB:557	剑	铁	1件	锈残	西回廊北部四B区上层	
616	M1ⅣB:558	节约	铜	1件	残	西回廊北部四B区上层	
617	M1ⅣB:559	节约	铜	1件	完整	西回廊北部四B区上层	
618	M1ⅣB:560	节约	铜	1件	完整	西回廊北部四B区上层	
619	M1ⅣB:561	节约	铜	1件	完整	西回廊北部四B区上层	
620	M1ⅣB:562	节约	铜	1件	完整	西回廊北部四B区上层	
621	M1ⅣB:563	节约	铜	1件	完整	西回廊北部四B区上层	
622	M1ⅣB:564	盖弓帽	铜	1件	残	西回廊北部四B区上层	
623	M1ⅣB:565	盖弓帽	铜	1件	残	西回廊北部四B区上层	
624	M1ⅣB:566	盖弓帽	铜	1件	残	西回廊北部四B区上层	
625	M1ⅣB:567	盖弓帽	铜	1件	完整	西回廊北部四B区上层	
626	M1ⅣB:568	盖弓帽	铜	1件	残	西回廊北部四B区上层	
627	M1ⅣB:569	盖弓帽	铜	1件	完整	西回廊北部四B区上层	
628	M1ⅣB:570	戟	铁	1件	锈残	西回廊北部四B区上层	
629	M1ⅣB:571	衡末	铜	1件	完整	西回廊北部四B区上层	
630	M1ⅣB:572	弩机	铜	1件	残	西回廊北部四B区上层	
631	M1ⅣB:573	盖弓帽	铜	1件	完整	西回廊北部四B区上层	
632	M1ⅣB:574	盖弓帽	铜	1件	残	西回廊北部四B区上层	
633	M1ⅣB:575	马衔镳	铜	1套3件	残	西回廊北部四B区上层	
634	M1ⅣB:576	节约	铜	1件	残	西回廊北部四B区上层	

续附表三

序号	器号	器名	质料	数量	现状	位置	备注
635	M1ⅣB：577	节约	铜	1件	完整	西回廊北部四B区上层	
636	M1ⅣB：578	伞柄箍饰	铜	1套4件	完整	西回廊北部四B区上层	与M1ⅣB：279为一套
637	M1ⅣB：579	剑	铁	1件	锈残	西回廊北部四B区上层	
638	M1ⅣB：580	带扣	铜	1件	残	西回廊北部四B区上层	
639	M1ⅣB：581	节约	铜	1件	完整	西回廊北部四B区上层	
640	M1Ⅴ：582－1	弹丸	泥	1件	完整	西回廊北端五区上层	
641	M1Ⅴ：582－2	弹丸	泥	1件	完整	西回廊北端五区上层	
642	M1Ⅴ：582－3	弹丸	泥	1件	完整	西回廊北端五区上层	
643	M1Ⅴ：582－4	弹丸	泥	1件	完整	西回廊北端五区上层	
644	M1Ⅴ：582－5	弹丸	泥	1件	完整	西回廊北端五区上层	
645	M1Ⅴ：582－6	弹丸	泥	1件	完整	西回廊北端五区上层	
646	M1Ⅴ：582－7	弹丸	泥	1件	完整	西回廊北端五区上层	
647	M1Ⅴ：582－8	弹丸	泥	1件	完整	西回廊北端五区上层	
648	M1Ⅴ：582－9	弹丸	泥	1件	完整	西回廊北端五区上层	
649	M1Ⅴ：582－10	弹丸	泥	1件	完整	西回廊北端五区上层	
650	M1Ⅴ：582－11	弹丸	泥	1件	完整	西回廊北端五区上层	
651	M1Ⅴ：582－12	弹丸	泥	1件	完整	西回廊北端五区上层	
652	M1Ⅴ：582－13	弹丸	泥	1件	完整	西回廊北端五区上层	
653	M1Ⅴ：582－14	弹丸	泥	1件	完整	西回廊北端五区上层	
654	M1Ⅴ：582－15	弹丸	泥	1件	完整	西回廊北端五区上层	
655	M1Ⅴ：582－16	弹丸	泥	1件	完整	西回廊北端五区上层	
656	M1Ⅴ：582－17	弹丸	泥	1件	完整	西回廊北端五区上层	
657	M1Ⅴ：582－18	弹丸	泥	1件	完整	西回廊北端五区上层	
658	M1Ⅴ：582－19	弹丸	泥	1件	完整	西回廊北端五区上层	
659	M1Ⅴ：582－20	弹丸	泥	1件	完整	西回廊北端五区上层	
660	M1Ⅴ：582－21	弹丸	泥	1件	完整	西回廊北端五区上层	
661	M1Ⅴ：582－22	弹丸	泥	1件	完整	西回廊北端五区上层	
662	M1Ⅴ：582－23	弹丸	泥	1件	完整	西回廊北端五区上层	
663	M1Ⅴ：582－24	弹丸	泥	1件	完整	西回廊北端五区上层	
664	M1Ⅴ：582－25	弹丸	泥	1件	完整	西回廊北端五区上层	
665	M1Ⅴ：582－26	弹丸	泥	1件	完整	西回廊北端五区上层	
666	M1Ⅴ：582－27	弹丸	泥	1件	完整	西回廊北端五区上层	
667	M1Ⅴ：582－28	弹丸	泥	1件	完整	西回廊北端五区上层	

续附表三

序号	器号	器名	质料	数量	现状	位置	备注
668	M1Ⅴ:582-29	弹丸	泥	1件	完整	西回廊北端五区上层	
669	M1Ⅴ:582-30	弹丸	泥	1件	完整	西回廊北端五区上层	
670	M1Ⅴ:583	盖弓帽	铜	1件	完整	西回廊北端五区上层	
671	M1Ⅴ:584	盖弓帽	铜	1件	完整	西回廊北端五区上层	
672	M1Ⅴ:585	盖弓帽	铜	1件	残	西回廊北端五区上层	
673	M1Ⅴ:586	盖弓帽	铜	1件	残	西回廊北端五区上层	
674	M1Ⅴ:587	带钩	铜	1件	完整	西回廊北端五区上层	
675	M1Ⅴ:588	盖弓帽	铜	1件	残	西回廊北端五区上层	
676	M1Ⅴ:589	镦	铜	1件	完整	西回廊北端五区上层	
677	M1Ⅴ:590	盖弓帽	铜	1件	残	西回廊北端五区上层	
678	M1Ⅴ:591	节约	铜	1件	完整	西回廊北端五区上层	
679	M1Ⅱ:592	节约	铜	1件	完整	西回廊南部二区上层	
680	M1Ⅱ:593	节约	铜	1件	残	西回廊南部二区上层	
681	M1Ⅱ:594	节约	铜	1件	残	西回廊南部二区上层	
682	M1Ⅱ:595	节约	铜	1件	完整	西回廊南部二区上层	
683	M1Ⅱ:596	节约	铜	1件	完整	西回廊南部二区上层	
684	M1Ⅱ:597	盖弓帽	铜	1件	残	西回廊南部二区上层	
685	M1Ⅱ:598	盖弓帽	铜	1件	完整	西回廊南部二区上层	
686	M1Ⅱ:599	盖弓帽	铜	1件	残	西回廊南部二区上层	
687	M1Ⅱ:600	盖弓帽	铜	1件	完整	西回廊南部二区上层	
688	M1Ⅱ:601	马衔镳	铜	1套3件	残	西回廊南部二区上层	
689	M1Ⅱ:602	环	铜	1件	完整	西回廊南部二区上层	
690	M1Ⅱ:604	盖弓帽	铜	1件	残	西回廊南部二区上层	
691	M1Ⅱ:605	节约	铜	1件	残	西回廊南部二区上层	
692	M1Ⅱ:606	节约	铜	1件	完整	西回廊南部二区上层	
693	M1Ⅱ:607	节约	铜	1件	完整	西回廊南部二区上层	
694	M1Ⅱ:608	节约	铜	1件	完整	西回廊南部二区上层	
695	M1Ⅱ:609	环	铜	1件	完整	西回廊南部二区上层	
696	M1Ⅺ:612	节约	铜	1件	完整	北回廊西部十一区下层	
697	M1Ⅺ:613	衡末	铜	1件	完整	北回廊西部十一区下层	
698	M1Ⅺ:614	轙	铜	1件	残	北回廊西部十一区下层	
699	M1Ⅺ:615	衡末	铜	1件	完整	北回廊西部十一区下层	
700	M1Ⅺ:616	环	铜	1件	完整	北回廊西部十一区下层	
701	M1Ⅺ:617	环	铜	1件	完整	北回廊西部十一区下层	

续附表三

序号	器号	器名	质料	数量	现状	位置	备注
702	M1ⅩⅠ：618	环	铜	1件	残	北回廊西部十一区下层	
703	M1ⅩⅠ：619	锏	铁	1件	锈残	北回廊西部十一区下层	
704	M1ⅩⅠ：620	车軎	铜	1件	完整	北回廊西部十一区下层	
705	M1ⅩⅠ：621	节约	铜	1件	残	北回廊西部十一区下层	
706	M1ⅣB：622	带扣	铜	1件	残	西回廊北部四 B 区上层	
707	M1ⅣB：623	节约	铜	1件	完整	西回廊北部四 B 区上层	
708	M1ⅣB：624	盖弓帽	铜	1件	残	西回廊北部四 B 区上层	
709	M1ⅣB：625	衡末	铜	1件	完整	西回廊北部四 B 区上层	
710	M1ⅣB：626	轙	铜	1件	完整	西回廊北部四 B 区上层	
711	M1ⅣB：627	环	铜	1件	完整	西回廊北部四 B 区上层	
712	M1ⅣB：628	车軎	铜	1件	完整	西回廊北部四 B 区上层	
713	M1ⅣB：628 - 1	锏	铁	1件	锈残	西回廊北部四 B 区上层	
714	M1ⅣB：629	节约	铜	1件	残	西回廊北部四 B 区上层	
715	M1Ⅴ：631	镦	铜	1件	完整	西回廊北端五区上层	
716	M1Ⅴ：633	环	铜	1件	完整	西回廊北端五区上层	
717	M1Ⅴ：634	马衔镳	铜	1套3件	残	西回廊北端五区下层	与 M1Ⅴ：4552 为一套
718	M1Ⅴ：635	马衔镳	铜	1套3件	残	西回廊北端五区上层	
719	M1Ⅴ：636	盖弓帽	铜	1件	残	西回廊北端五区上层	
720	M1Ⅴ：637	节约	铜	1件	残	西回廊北端五区上层	
721	M1Ⅴ：638	节约	铜	1件	残	西回廊北端五区上层	
722	M1Ⅴ：639	衡末	铜	1件	完整	西回廊北端五区上层	
723	M1Ⅴ：640	轙	铜	1件	完整	西回廊北端五区上层	
724	M1Ⅴ：641	节约	铜	1件	残	西回廊北端五区上层	
725	M1Ⅴ：642	盖弓帽	铜	1件	残	西回廊北端五区上层	
726	M1Ⅴ：643	盖弓帽	铜	1件	残	西回廊北端五区上层	
727	M1Ⅴ：645	节约	铜	1件	残	西回廊北端五区上层	
728	M1Ⅴ：646	节约	铜	1件	残	西回廊北端五区上层	
729	M1Ⅴ：647	盖弓帽	铜	1件	残	西回廊北端五区上层	
730	M1Ⅴ：648	盖弓帽	铜	1件	残	西回廊北端五区上层	
731	M1Ⅴ：649	盖弓帽	铜	1件	完整	西回廊北端五区上层	
732	M1Ⅴ：650	盖弓帽	铜	1件	完整	西回廊北端五区上层	
733	M1Ⅴ：651	镦	铜	1件	完整	西回廊北端五区上层	
734	M1Ⅴ：652	节约	铜	1件	完整	西回廊北端五区上层	

续附表三

序号	器号	器名	质料	数量	现状	位置	备注
735	M1 V：653	节约	铜	1件	完整	西回廊北端五区上层	
736	M1 V：654	节约	铜	1件	完整	西回廊北端五区上层	
737	M1 V：655	节约	铜	1件	完整	西回廊北端五区上层	
738	M1 V：656	兽首构件	铜	1件	完整	西回廊北端五区上层	
739	M1 V：657	钩	铜	1件	完整	西回廊北端五区上层	
740	M1 V：658	钩	铜	1件	完整	西回廊北端五区上层	
741	M1 V：659	釭	铁	1件	锈残	西回廊北端五区上层	
742	M1 V：660	马衔镳	铜	1套3件	残	西回廊北端五区上层	
743	M1 V：661	马蹄形管饰	铜	1件	完整	西回廊北端五区上层	
744	M1 V：662	镞	铜	1件	完整	西回廊北端五区上层	
745	M1 V：663	盖弓帽	铜	1件	残	西回廊北端五区上层	
746	M1 V：664	节约	铜	1件	残	西回廊北端五区上层	
747	M1 V：665	盖弓帽	铜	1件	残	西回廊北端五区上层	
748	M1 V：666	剑	铁	1件	锈残	西回廊北端五区上层	
749	M1 I：667	节约	铜	1件	残	西回廊南端一区上层	
750	M1 I：668	环	铜	1件	残	西回廊南端一区上层	
751	M1 I：669	环	铜	1件	完整	西回廊南端一区上层	
752	M1 I：670	戟	铁	1件	锈残	西回廊南端一区上层	
753	M1 I：671	节约	铜	1件	残	西回廊南端一区上层	
754	M1 I：672	戟	铁	1件	锈残	西回廊南端一区上层	
755	M1 I：674	环	铜	1件	完整	西回廊南端一区上层	
756	M1 I：675	节约	铜	1件	完整	西回廊南端一区上层	
757	M1 I：676	盖弓帽	铜	1件	残	西回廊南端一区上层	
758	M1 I：677	节约	铜	1件	残	西回廊南端一区上层	
759	M1 I：678	盖弓帽	铜	1件	残	西回廊南端一区上层	
760	M1 I：679	盖弓帽	铜	1件	残	西回廊南端一区上层	
761	M1 I：680	盖弓帽	铜	1件	残	西回廊南端一区上层	
762	M1 I：681	节约	铜	1件	完整	西回廊南端一区上层	
763	M1 I：682	环	铜	1件	残	西回廊南端一区上层	
764	M1 I：684	节约	铜	1件	残损严重	西回廊南端一区上层	
765	M1 I：685	盖弓帽	铜	1件	残损严重	西回廊南端一区上层	
766	M1 I：686	剑	铁	1件	锈残	西回廊南端一区上层	
767	M1 I：687	节约	铜	1件	残	西回廊南端一区上层	
768	M1 I：688	节约	铜	1件	残	西回廊南端一区上层	

续附表三

序号	器号	器名	质料	数量	现状	位置	备注
769	M1Ⅰ:689	镦	铜	1件	完整	西回廊南端一区上层	
770	M1Ⅰ:690	盖弓帽	铜	1件	残	西回廊南端一区上层	
771	M1Ⅰ:691	盖弓帽	铜	1件	完整	西回廊南端一区上层	
772	M1Ⅰ:692	镦	铜	1件	完整	西回廊南端一区上层	
773	M1Ⅰ:693	衔环	铜	1件	残	西回廊南端一区上层	
774	M1Ⅰ:694	镦	铜	1件	完整	西回廊南端一区上层	
775	M1Ⅰ:695	衡末	铜	1件	完整	西回廊南端一区上层	
776	M1Ⅰ:696	环	铜	1件	完整	西回廊南端一区上层	
777	M1Ⅰ:697	镦	铜	1件	完整	西回廊南端一区上层	
778	M1ⅣA:698	钩饰	玉	1件	完整	西回廊中部偏北四A区上层	
779	M1ⅣA:699	钩饰	玉	1件	完整	西回廊中部偏北四A区上层	
780	M1Ⅱ:700	弩机	铜	1件	完整	西回廊南部二区上层	
781	M1Ⅱ:701	弩机	铜	1件	残	西回廊南部二区上层	
782	M1Ⅱ:702	弩机	铜	1件	残	西回廊南部二区上层	
783	M1Ⅱ:703	弩机	铜	1件	完整	西回廊南部二区上层	
784	M1Ⅱ:704	弩机	铜	1件	完整	西回廊南部二区上层	
785	M1Ⅱ:705	弩机	铜	1件	残	西回廊南部二区上层	
786	M1Ⅱ:706	弩机	铜	1件	完整	西回廊南部二区上层	
787	M1Ⅱ:707	弩机	铜	1件	残	西回廊南部二区上层	
788	M1Ⅱ:708	弩机	铜	1件	残	西回廊南部二区上层	
789	M1Ⅱ:709	弩机	铜	1件	残	西回廊南部二区上层	
790	M1Ⅱ:710	弩机	铜	1件	完整	西回廊南部二区上层	
791	M1Ⅱ:711	弩机	铜	1件	完整	西回廊南部二区上层	
792	M1Ⅱ:712	弩机	铜	1件	残	西回廊南部二区上层	
793	M1Ⅱ:713	弩机	铜	1件	残	西回廊南部二区上层	
794	M1Ⅱ:714	弩机	铜	1件	完整	西回廊南部二区上层	
795	M1Ⅱ:715	弩机	铜	1件	残	西回廊南部二区上层	
796	M1Ⅱ:716	弩机	铜	1件	完整	西回廊南部二区上层	
797	M1Ⅱ:717	弩机	铜	1件	完整	西回廊南部二区上层	
798	M1Ⅱ:718	弩机	铜	1件	残	西回廊南部二区上层	
799	M1Ⅱ:719	弩机	铜	1件	完整	西回廊南部二区上层	
800	M1Ⅱ:720	弩机	铜	1件	残	西回廊南部二区上层	
801	M1Ⅱ:721	弩机	铜	1件	残	西回廊南部二区上层	
802	M1Ⅱ:722	弩机	铜	1件	完整	西回廊南部二区上层	

续附表三

序号	器号	器名	质料	数量	现状	位置	备注
803	M1Ⅱ：723	弩机	铜	1件	完整	西回廊南部二区上层	
804	M1Ⅱ：724	弩机	铜	1件	残	西回廊南部二区上层	
805	M1Ⅱ：725	镞	铁	1件	锈残	西回廊南部二区上层	
806	M1Ⅱ：726－1	弹丸	泥	1件	完整	西回廊南部二区上层	
807	M1Ⅱ：726－2	弹丸	泥	1件	完整	西回廊南部二区上层	
808	M1Ⅱ：726－3	弹丸	泥	1件	完整	西回廊南部二区上层	
809	M1Ⅱ：726－4	弹丸	泥	1件	完整	西回廊南部二区上层	
810	M1Ⅱ：726－5	弹丸	泥	1件	完整	西回廊南部二区上层	
811	M1Ⅱ：727	镞	铁	1件	锈残	西回廊南部二区上层	
812	M1Ⅱ：728	镞	铜	1件	残	西回廊南部二区上层	
813	M1Ⅱ：729	镞	铁	1件	锈残	西回廊南部二区上层	
814	M1Ⅱ：730	镞	铁	1件	锈残	西回廊南部二区上层	
815	M1Ⅱ：731－1	弹丸	泥	1件	完整	西回廊南部二区上层	
816	M1Ⅱ：731－2	弹丸	泥	1件	完整	西回廊南部二区上层	
817	M1Ⅱ：731－3	弹丸	泥	1件	完整	西回廊南部二区上层	
818	M1Ⅱ：731－4	弹丸	泥	1件	完整	西回廊南部二区上层	
819	M1Ⅱ：731－5	弹丸	泥	1件	完整	西回廊南部二区上层	
820	M1Ⅱ：731－6	弹丸	泥	1件	完整	西回廊南部二区上层	
821	M1Ⅱ：731－7	弹丸	泥	1件	完整	西回廊南部二区上层	
822	M1Ⅱ：731－8	弹丸	泥	1件	完整	西回廊南部二区上层	
823	M1Ⅱ：731－9	弹丸	泥	1件	完整	西回廊南部二区上层	
824	M1Ⅱ：731－10	弹丸	泥	1件	完整	西回廊南部二区上层	
825	M1Ⅱ：731－11	弹丸	泥	1件	完整	西回廊南部二区上层	
826	M1Ⅱ：731－12	弹丸	泥	1件	完整	西回廊南部二区上层	
827	M1Ⅱ：731－13	弹丸	泥	1件	完整	西回廊南部二区上层	
828	M1Ⅱ：731－14	弹丸	泥	1件	完整	西回廊南部二区上层	
829	M1Ⅱ：731－15	弹丸	泥	1件	完整	西回廊南部二区上层	
830	M1Ⅱ：731－16	弹丸	泥	1件	完整	西回廊南部二区上层	
831	M1Ⅱ：731－17	弹丸	泥	1件	完整	西回廊南部二区上层	
832	M1Ⅱ：731－18	弹丸	泥	1件	完整	西回廊南部二区上层	
833	M1Ⅱ：731－19	弹丸	泥	1件	完整	西回廊南部二区上层	
834	M1Ⅱ：731－20	弹丸	泥	1件	完整	西回廊南部二区上层	
835	M1Ⅱ：731－21	弹丸	泥	1件	完整	西回廊南部二区上层	
836	M1Ⅱ：731－22	弹丸	泥	1件	完整	西回廊南部二区上层	

续附表三

序号	器号	器名	质料	数量	现状	位置	备注
837	M1Ⅱ:731-23	弹丸	泥	1件	完整	西回廊南部二区上层	
838	M1Ⅱ:731-24	弹丸	泥	1件	完整	西回廊南部二区上层	
839	M1Ⅱ:731-25	弹丸	泥	1件	完整	西回廊南部二区上层	
840	M1Ⅱ:731-26	弹丸	泥	1件	完整	西回廊南部二区上层	
841	M1Ⅱ:731-27	弹丸	泥	1件	完整	西回廊南部二区上层	
842	M1Ⅱ:731-28	弹丸	泥	1件	完整	西回廊南部二区上层	
843	M1Ⅱ:731-29	弹丸	泥	1件	完整	西回廊南部二区上层	
844	M1Ⅱ:731-30	弹丸	泥	1件	完整	西回廊南部二区上层	
845	M1Ⅱ:731-31	弹丸	泥	1件	完整	西回廊南部二区上层	
846	M1Ⅱ:731-32	弹丸	泥	1件	完整	西回廊南部二区上层	
847	M1Ⅱ:731-33	弹丸	泥	1件	完整	西回廊南部二区上层	
848	M1Ⅱ:731-34	弹丸	泥	1件	完整	西回廊南部二区上层	
849	M1Ⅱ:731-35	弹丸	泥	1件	完整	西回廊南部二区上层	
850	M1Ⅱ:731-36	弹丸	泥	1件	完整	西回廊南部二区上层	
851	M1Ⅱ:731-37	弹丸	泥	1件	完整	西回廊南部二区上层	
852	M1Ⅱ:731-38	弹丸	泥	1件	完整	西回廊南部二区上层	
853	M1Ⅱ:732	镞	铁	1件	锈残	西回廊南部二区上层	
854	M1Ⅱ:733	盖弓帽	铜	1件	残	西回廊南部二区上层	
855	M1Ⅱ:734	盖弓帽	铜	1件	残	西回廊南部二区上层	
856	M1Ⅱ:735	盖弓帽	铜	1件	残损严重	西回廊南部二区上层	
857	M1Ⅱ:736	盖弓帽	铜	1件	残损严重	西回廊南部二区上层	
858	M1Ⅱ:737	盖弓帽	铜	1件	完整	西回廊南部二区上层	
859	M1Ⅱ:738	盖弓帽	铜	1件	完整	西回廊南部二区上层	
860	M1Ⅱ:739	盖弓帽	铜	1件	完整	西回廊南部二区上层	
861	M1Ⅱ:740	盖弓帽	铜	1件	残	西回廊南部二区上层	
862	M1Ⅱ:741	盖弓帽	铜	1件	残	西回廊南部二区上层	
863	M1Ⅱ:742	盖弓帽	铜	1件	完整	西回廊南部二区上层	
864	M1Ⅱ:743	盖弓帽	铜	1件	残	西回廊南部二区上层	
865	M1Ⅱ:744	盖弓帽	铜	1件	完整	西回廊南部二区上层	
866	M1Ⅱ:745	盖弓帽	铜	1件	残	西回廊南部二区上层	
867	M1Ⅱ:746	盖弓帽	铜	1件	残损严重	西回廊南部二区上层	
868	M1Ⅱ:747	盖弓帽	铜	1件	完整	西回廊南部二区上层	
869	M1Ⅱ:748	环	铜	1件	完整	西回廊南部二区上层	
870	M1Ⅱ:749	弩机	铜	1件	残	西回廊南部二区上层	

续附表三

序号	器号	器名	质料	数量	现状	位置	备注
871	M1Ⅱ:750	马衔镳	铜	1套3件	残	西回廊南部二区上层	与M1Ⅱ:4028为一套
872	M1ⅣA:751	戟	铁	1件	锈残	西回廊中部偏北四A区上层	
873	M1ⅣA:752	戟	铁	1件	锈残	西回廊中部偏北四A区上层	
874	M1ⅣA:753	弩机	铜	1件	残	西回廊中部偏北四A区上层	
875	M1ⅣA:754	马衔镳	铜	1套3件	残	西回廊中部偏北四A区上层	
876	M1ⅣA:755	带钩	铜	1件	完整	西回廊中部偏北四A区上层	
877	M1ⅣA:756	节约	铜	1件	完整	西回廊中部偏北四A区上层	
878	M1ⅣA:757	节约	铜	1件	完整	西回廊中部偏北四A区上层	
879	M1ⅣA:758	节约	铜	1件	完整	西回廊中部偏北四A区上层	
880	M1ⅣA:759	节约	铜	1件	完整	西回廊中部偏北四A区上层	
881	M1ⅣA:760	节约	铜	1件	残	西回廊中部偏北四A区上层	
882	M1ⅣA:761	镦	铜	1件	完整	西回廊中部偏北四A区上层	
883	M1ⅣA:762	剑	铁	1件	锈残	西回廊中部偏北四A区上层	
884	M1ⅣA:763	盖弓帽	铜	1件	完整	西回廊中部偏北四A区上层	
885	M1ⅣA:764	盖弓帽	铜	1件	残	西回廊中部偏北四A区上层	
886	M1ⅣA:765	盖弓帽	铜	1件	完整	西回廊中部偏北四A区上层	
887	M1ⅣA:766	盖弓帽	铜	1件	完整	西回廊中部偏北四A区上层	
888	M1ⅣA:767	盖弓帽	铜	1件	完整	西回廊中部偏北四A区上层	
889	M1ⅣA:768	盖弓帽	铜	1件	完整	西回廊中部偏北四A区上层	
890	M1ⅣA:769	盖弓帽	铜	1件	完整	西回廊中部偏北四A区上层	
891	M1ⅣA:770	盖弓帽	铜	1件	残	西回廊中部偏北四A区上层	
892	M1ⅣA:771	盖弓帽	铜	1件	残	西回廊中部偏北四A区上层	
893	M1ⅣA:772	盖弓帽	铜	1件	完整	西回廊中部偏北四A区上层	
894	M1ⅣA:773	盖弓帽	铜	1件	残	西回廊中部偏北四A区上层	
895	M1ⅣA:774	盖弓帽	铜	1件	残	西回廊中部偏北四A区上层	
896	M1ⅣA:775	盖弓帽	铜	1件	残	西回廊中部偏北四A区上层	
897	M1ⅣA:776	盖弓帽	铜	1件	完整	西回廊中部偏北四A区上层	
898	M1ⅣA:777	盖弓帽	铜	1件	完整	西回廊中部偏北四A区上层	
899	M1ⅣA:778	盖弓帽	铜	1件	残	西回廊中部偏北四A区上层	
900	M1ⅣA:779	盖弓帽	铜	1件	完整	西回廊中部偏北四A区上层	
901	M1ⅣA:780	盖弓帽	铜	1件	完整	西回廊中部偏北四A区上层	
902	M1ⅣA:781	盖弓帽	铜	1件	残	西回廊中部偏北四A区上层	
903	M1ⅣA:782	盖弓帽	铜	1件	残	西回廊中部偏北四A区上层	

续附表三

序号	器号	器名	质料	数量	现状	位置	备注
904	M1ⅣA：783	盖弓帽	铜	1件	残	西回廊中部偏北四A区上层	
905	M1ⅣA：784	盖弓帽	铜	1件	残	西回廊中部偏北四A区上层	
906	M1ⅣA：785	盖弓帽	铜	1件	残损严重	西回廊中部偏北四A区上层	
907	M1ⅣA：786	盖弓帽	铜	1件	残	西回廊中部偏北四A区上层	
908	M1ⅣA：787	盖弓帽	铜	1件	残	西回廊中部偏北四A区上层	
909	M1ⅣA：788	盖弓帽	铜	1件	完整	西回廊中部偏北四A区上层	
910	M1ⅣA：789	节约	铜	1件	完整	西回廊中部偏北四A区上层	
911	M1ⅣA：790	节约	铜	1件	完整	西回廊中部偏北四A区上层	
912	M1ⅣA：791	节约	铜	1件	完整	西回廊中部偏北四A区上层	
913	M1ⅣA：792	马衔镳	铜	1套3件	残	西回廊中部偏北四A区上层	
914	M1ⅣA：794	节约	铜	1件	完整	西回廊中部偏北四A区上层	
915	M1ⅣA：795	马蹄形管饰	铜	1件	残	西回廊中部偏北四A区上层	
916	M1ⅣA：796	节约	铜	1件	完整	西回廊中部偏北四A区上层	
917	M1ⅣA：797	节约	铜	1件	完整	西回廊中部偏北四A区上层	
918	M1ⅣA：798	节约	铜	1件	完整	西回廊中部偏北四A区上层	
919	M1ⅣA：799	节约	铜	1件	完整	西回廊中部偏北四A区上层	
920	M1ⅣA：800	带扣	铜	1件	残	西回廊中部偏北四A区上层	
921	M1ⅣA：801	剑	铁	1件	锈残	西回廊中部偏北四A区上层	
922	M1ⅣA：802	节约	铜	1件	残	西回廊中部偏北四A区上层	
923	M1ⅣA：803	马衔镳	铜	1套3件	残	西回廊中部偏北四A区上层	
924	M1ⅣA：804	衡末	铜	1件	完整	西回廊中部偏北四A区上层	
925	M1ⅣA：805	镞	铁	1件	锈残	西回廊中部偏北四A区上层	
926	M1ⅣA：806	节约	铜	1件	完整	西回廊中部偏北四A区上层	
927	M1ⅣA：807	节约	铜	1件	完整	西回廊中部偏北四A区上层	
928	M1ⅣA：808	马衔镳	铜	1套3件	残	西回廊中部偏北四A区上层	
929	M1ⅣA：809	节约	铜	1件	完整	西回廊中部偏北四A区上层	
930	M1ⅣA：810	镞	铁	1件	锈残	西回廊中部偏北四A区上层	
931	M1ⅣA：811	盖弓帽	铜	1件	残	西回廊中部偏北四A区上层	
932	M1ⅣA：812	镦	铜	1件	残	西回廊中部偏北四A区上层	
933	M1ⅣA：813	节约	铜	1件	残	西回廊中部偏北四A区上层	
934	M1ⅣA：814	马衔镳	铜	1套3件	残	西回廊中部偏北四A区上层	
935	M1ⅣA：815	马衔镳	铜	1套3件	残	西回廊中部偏北四A区上层	
936	M1ⅣA：816	镦	铜	1件	残	西回廊中部偏北四A区上层	
937	M1ⅣA：817	戟	铁	1件	锈残	西回廊中部偏北四A区上层	

续附表三

序号	器号	器名	质料	数量	现状	位置	备注
938	M1ⅣA：818	弩机	铜	1件	完整	西回廊中部偏北四A区上层	
939	M1ⅣA：819	戟	铁	1件	锈残	西回廊中部偏北四A区上层	
940	M1ⅣA：820	镦	铜	1件	完整	西回廊中部偏北四A区上层	
941	M1ⅣA：821	戟	铁	1件	锈残	西回廊中部偏北四A区上层	
942	M1ⅣA：822	节约	铜	1件	完整	西回廊中部偏北四A区上层	
943	M1ⅣA：823	剑	铁	1件	锈残	西回廊中部偏北四A区上层	
944	M1ⅣA：824	带钩	铜	1件	完整	西回廊中部偏北四A区上层	
945	M1ⅣA：825	节约	铜	1件	完整	西回廊中部偏北四A区上层	
946	M1ⅣA：826	节约	铜	1件	完整	西回廊中部偏北四A区上层	
947	M1ⅣA：827	节约	铜	1件	残	西回廊中部偏北四A区上层	
948	M1ⅣA：828	节约	铜	1件	残	西回廊中部偏北四A区上层	
949	M1ⅣA：829	节约	铜	1件	完整	西回廊中部偏北四A区上层	
950	M1ⅣA：830	节约	铜	1件	完整	西回廊中部偏北四A区上层	
951	M1ⅣA：831	环	铜	1件	残	西回廊中部偏北四A区上层	
952	M1ⅣA：832	环	铜	1件	完整	西回廊中部偏北四A区上层	
953	M1ⅣA：833	镞	铜	1件	完整	西回廊中部偏北四A区上层	
954	M1ⅣA：834	兽首构件	铜	1件	完整	西回廊中部偏北四A区上层	
955	M1ⅣA：835	軎	铜	1件	残	西回廊中部偏北四A区上层	
956	M1ⅣA：836	节约	铜	1件	残	西回廊中部偏北四A区上层	
957	M1ⅣA：837	伞柄箍饰	铜	1套4件	完整	西回廊中部偏北四A区上层	与M1ⅣA：850、M1ⅣA：3115 为一套
958	M1ⅣA：838	马衔镳	铜	1套3件	残	西回廊中部偏北四A区上层	
959	M1ⅣA：839	节约	铜	1件	完整	西回廊中部偏北四A区上层	
960	M1ⅣA：840	节约	铜	1件	完整	西回廊中部偏北四A区上层	
961	M1ⅣA：841	环	铜	1件	完整	西回廊中部偏北四A区上层	
962	M1ⅣA：842	盖弓帽	铜	1件	完整	西回廊中部偏北四A区上层	
963	M1ⅣA：843	镞	铁	1件	锈残	西回廊中部偏北四A区上层	
964	M1ⅣA：844	镞	铁	1件	锈残	西回廊中部偏北四A区上层	
965	M1ⅣA：845	镦	铜	1件	完整	西回廊中部偏北四A区上层	
966	M1ⅣA：846	马衔镳	铜	1套3件	残	西回廊中部偏北四A区上层	与M1ⅣA：3250 为一套
967	M1ⅣA：847	节约	铜	1件	完整	西回廊中部偏北四A区上层	
968	M1ⅣA：848	节约	铜	1件	完整	西回廊中部偏北四A区上层	
969	M1ⅣA：849	镦	铜	1件	残	西回廊中部偏北四A区上层	

续附表三

序号	器号	器名	质料	数量	现状	位置	备注
970	M1ⅣA：850	伞柄箍饰	铜	1套4件	完整	西回廊中部偏北四A区上层	与M1ⅣA：837、M1Ⅳ：3115为一套
971	M1ⅣA：852	戟	铁	1件	锈残	西回廊中部偏北四A区上层	
972	M1ⅣB：853	节约	铜	1件	完整	西回廊北部四B区上层	
973	M1ⅣB：854	节约	铜	1件	残	西回廊北部四B区上层	
974	M1ⅣB：855	节约	铜	1件	残	西回廊北部四B区上层	
975	M1ⅣB：856	节约	铜	1件	残	西回廊北部四B区上层	
976	M1ⅣB：857	节约	铜	1件	完整	西回廊北部四B区上层	
977	M1ⅣB：858	马衔镳	铜	1套3件	残	西回廊北部四B区上层	
978	M1ⅣB：859	环	铜	1件	完整	西回廊北部四B区上层	
979	M1ⅣB：860	环	铜	1件	残	西回廊北部四B区上层	
980	M1ⅣB：861	环	铜	1件	残	西回廊北部四B区上层	
981	M1ⅣB：862	带扣	铜	1件	完整	西回廊北部四B区上层	
982	M1ⅣB：863	戟	铁	1件	锈残	西回廊北部四B区上层	
983	M1ⅣB：864	戟	铁	1件	锈残	西回廊北部四B区上层	
984	M1ⅣB：865	钩	铜	1件	残	西回廊北部四B区上层	
985	M1ⅣB：866	戟	铁	1件	锈残	西回廊北部四B区上层	
986	M1ⅣB：867	剑	铁	1件	锈残	西回廊北部四B区上层	
987	M1ⅣB：868	镦	铜	1件	完整	西回廊北部四B区上层	
988	M1ⅣB：869	盖弓帽	铜	1件	残	西回廊北部四B区上层	
989	M1ⅣB：870	钩	铜	1件	残	西回廊北部四B区上层	
990	M1ⅣB：871	镞	铜	1件	完整	西回廊北部四B区上层	
991	M1ⅣB：872	环	铜	1件	完整	西回廊北部四B区上层	
992	M1ⅣB：873	环	铜	1件	完整	西回廊北部四B区上层	
993	M1ⅣB：874	环	铜	1件	残	西回廊北部四B区上层	
994	M1ⅣB：875	镦	铜	1件	完整	西回廊北部四B区上层	
995	M1Ⅱ：876	剑	铁	1件	锈残	西回廊南部二区上层	
996	M1Ⅱ：877	车䡇	铜	1件	完整	西回廊南部二区上层	
997	M1Ⅴ：878	节约	铜	1件	残	西回廊北端五区上层	
998	M1Ⅴ：879	节约	铜	1件	完整	西回廊北端五区上层	
999	M1Ⅴ：880	节约	铜	1件	残	西回廊北端五区上层	
1000	M1Ⅴ：881	节约	铜	1件	完整	西回廊北端五区上层	
1001	M1Ⅴ：882	节约	铜	1件	完整	西回廊北端五区上层	
1002	M1Ⅴ：883	节约	铜	1件	残	西回廊北端五区上层	

续附表三

序号	器号	器名	质料	数量	现状	位置	备注
1003	M1Ⅴ:884	承弓器	铜	1件	残	西回廊北端五区上层	
1004	M1Ⅴ:885	盖弓帽	铜	1件	残	西回廊北端五区上层	
1005	M1Ⅴ:886	马衔镳	铜	1套3件	残	西回廊北端五区上层	
1006	M1Ⅴ:887	节约	铜	1件	完整	西回廊北端五区上层	
1007	M1Ⅴ:888	镦	铜	1件	完整	西回廊北端五区上层	
1008	M1Ⅴ:889	戟	铁	1件	锈残	西回廊北端五区上层	
1009	M1Ⅴ:890	马衔镳	铜	1套3件	残	西回廊北端五区上层	
1010	M1Ⅴ:891	节约	铜	1件	残	西回廊北端五区上层	
1011	M1Ⅴ:892	节约	铜	1件	残	西回廊北端五区上层	
1012	M1Ⅴ:893	戟	铁	1件	锈残	西回廊北端五区上层	
1013	M1Ⅴ:894	戟	铁	1件	锈残	西回廊北端五区上层	
1014	M1Ⅴ:895	剑	铁	1件	锈残	西回廊北端五区上层	
1015	M1Ⅴ:896	戟	铁	1件	锈残	西回廊北端五区上层	
1016	M1Ⅴ:897	戟	铁	1件	锈残	西回廊北端五区上层	
1017	M1Ⅴ:898	戟	铁	1件	锈残	西回廊北端五区上层	
1018	M1Ⅴ:899	环	铜	1件	残	西回廊北端五区上层	
1019	M1Ⅴ:900	剑	铁	1件	锈残	西回廊北端五区上层	
1020	M1Ⅴ:901	节约	铜	1件	残	西回廊北端五区上层	
1021	M1Ⅴ:902	盖弓帽	铜	1件	完整	西回廊北端五区上层	
1022	M1Ⅴ:903	节约	铜	1件	残	西回廊北端五区上层	
1023	M1ⅣB:904	节约	铜	1件	完整	西回廊北部四B区上层	
1024	M1Ⅴ:905	钩形器	铁	1件	锈残	西回廊北端五区上层	
1025	M1Ⅴ:906	节约	铜	1件	残	西回廊北端五区上层	
1026	M1Ⅴ:907	节约	铜	1件	残	西回廊北端五区上层	
1027	M1Ⅴ:908	马衔镳	铜	1套3件	残	西回廊北端五区上层	
1028	M1Ⅴ:909	节约	铜	1件	完整	西回廊北端五区上层	
1029	M1Ⅴ:910	节约	铜	1件	残	西回廊北端五区上层	
1030	M1Ⅴ:911	节约	铜	1件	完整	西回廊北端五区上层	
1031	M1Ⅴ:912	节约	铜	1件	完整	西回廊北端五区上层	
1032	M1Ⅴ:913	节约	铜	1件	完整	西回廊北端五区上层	
1033	M1ⅣB:914	节约	铜	1件	完整	西回廊北部四B区上层	
1034	M1ⅣB:915	节约	铜	1件	完整	西回廊北部四B区上层	
1035	M1ⅣB:916	节约	铜	1件	完整	西回廊北部四B区上层	
1036	M1ⅣB:917	节约	铜	1件	完整	西回廊北部四B区上层	

续附表三

序号	器号	器名	质料	数量	现状	位置	备注
1037	M1ⅣB∶918	节约	铜	1 件	残	西回廊北部四 B 区上层	
1038	M1ⅣB∶919	衡末	铜	1 件	完整	西回廊北部四 B 区上层	
1039	M1ⅣB∶920	衡末	铜	1 件	完整	西回廊北部四 B 区上层	
1040	M1ⅣB∶921	节约	铜	1 件	完整	西回廊北部四 B 区上层	
1041	M1ⅣB∶922	节约	铜	1 件	残	西回廊北部四 B 区上层	
1042	M1ⅣB∶923	钩	铜	1 件	完整	西回廊北部四 B 区上层	
1043	M1ⅣB∶924	环	铜	1 件	残	西回廊北部四 B 区上层	
1044	M1ⅣB∶925	环	铜	1 件	完整	西回廊北部四 B 区上层	
1045	M1ⅣB∶926	钩	铜	1 件	残	西回廊北部四 B 区上层	
1046	M1ⅣB∶927	钩	铜	1 件	残	西回廊北部四 B 区上层	
1047	M1ⅣB∶928	节约	铜	1 件	完整	西回廊北部四 B 区上层	
1048	M1ⅣB∶929	节约	铜	1 件	完整	西回廊北部四 B 区上层	
1049	M1ⅣB∶930	带钩	铜	1 件	残	西回廊北部四 B 区上层	
1050	M1ⅣB∶931	马衔镳	铜	1 套 3 件	残	西回廊北部四 B 区上层	
1051	M1Ⅺ∶932	节约	铜	1 件	完整	北回廊西部十一区下层	
1052	M1Ⅺ∶933	节约	铜	1 件	残	北回廊西部十一区下层	
1053	M1Ⅺ∶934	节约	铜	1 件	完整	北回廊西部十一区下层	
1054	M1Ⅺ∶935	节约	铜	1 件	完整	北回廊西部十一区下层	
1055	M1Ⅺ∶936	马衔镳	铜	1 套 3 件	残	北回廊西部十一区下层	
1056	M1Ⅺ∶937	环	铜	1 件	残	北回廊西部十一区下层	
1057	M1Ⅺ∶938	带扣	铜	1 件	残	北回廊西部十一区下层	
1058	M1ⅦA∶939	带钩	玉	1 件	完整	东回廊南部七 A 区上层	
1059	M1Ⅵ∶940	带钩	玉	1 件	完整	东回廊南端六区上层	
1060	M1Ⅵ∶941	印章	铜	1 件	完整	东回廊南端六区上层	
1061	M1Ⅵ∶942	嵌宝石盖弓帽	银	1 件	残	东回廊南端六区上层	
1062	M1Ⅵ∶943	嵌宝石盖弓帽	银	1 件	残	东回廊南端六区上层	
1063	M1Ⅵ∶944	嵌宝石盖弓帽	银	1 件	残	东回廊南端六区上层	
1064	M1Ⅵ∶945	伞柄箍饰	银	1 件	完整	东回廊南端六区上层	
1065	M1ⅣA∶946	弩机	铜	1 件	残	西回廊中部偏北四 A 区上层	
1066	M1ⅣA∶947	镦	铜	1 件	完整	西回廊中部偏北四 A 区上层	
1067	M1ⅣB∶948	马衔镳	铜	1 套 3 件	残	西回廊北部四 B 区上层	
1068	M1ⅣB∶949	节约	铜	1 件	完整	西回廊北部四 B 区上层	
1069	M1ⅣB∶950	节约	铜	1 件	完整	西回廊北部四 B 区上层	
1070	M1ⅣB∶951	节约	铜	1 件	残	西回廊北部四 B 区上层	

续附表三

序号	器号	器名	质料	数量	现状	位置	备注
1071	M1ⅢA：952	弩机	铜	1件	残	西回廊中部偏南三A区上层	
1072	M1ⅢA：953	盖弓帽	铜	1件	完整	西回廊中部偏南三A区上层	
1073	M1ⅢA：954	盖弓帽	铜	1件	完整	西回廊中部偏南三A区上层	
1074	M1ⅢA：955	环	铜	1件	完整	西回廊中部偏南三A区上层	
1075	M1ⅢA：956	剑	铁	1件	锈残	西回廊中部偏南三A区上层	
1076	M1ⅢA：957	节约	铜	1件	完整	西回廊中部偏南三A区上层	
1077	M1ⅢA：958	节约	铜	1件	完整	西回廊中部偏南三A区上层	
1078	M1ⅢA：959	镦	铜	1件	完整	西回廊中部偏南三A区上层	
1079	M1Ⅱ：960	节约	铜	1件	完整	西回廊南部二区上层	
1080	M1ⅢB：961	节约	铜	1件	完整	西回廊中部三B区上层	
1081	M1ⅢB：962	节约	铜	1件	残	西回廊中部三B区上层	
1082	M1Ⅴ：963	车䡇	铜	1件	完整	西回廊北端五区上层	
1083	M1Ⅺ：964	车䡇	铜	1件	完整	北回廊西部十一区下层	
1084	M1Ⅺ：965	帽饰	铜	1件	残	北回廊西部十一区下层	
1085	M1Ⅵ：966	镦	铜	1件	完整	东回廊南端六区上层	
1086	M1Ⅵ：967	镦	铜	1件	完整	东回廊南端六区上层	
1087	M1Ⅵ：968	节约	铜	1件	残	东回廊南端六区上层	
1088	M1Ⅵ：970	节约	铜	1件	残	东回廊南端六区上层	
1089	M1Ⅵ：971	马衔镳	铜	1套3件	残	东回廊南端六区上层	
1090	M1Ⅵ：972	带扣	铜	1件	完整	东回廊南端六区上层	
1091	M1Ⅵ：973	剑	铁	1件	锈残	东回廊南端六区上层	
1092	M1Ⅵ：974	环	铜	1件	残	东回廊南端六区上层	
1093	M1Ⅵ：975	镦	银	1件	完整	东回廊南端六区上层	
1094	M1Ⅵ：976	矛	铁	1件	锈残	东回廊南端六区上层	
1095	M1Ⅵ：977	铍	铁	1件	锈残	东回廊南端六区上层	
1096	M1Ⅵ：978	车䡇	铜	1件	完整	东回廊南端六区上层	与M1Ⅵ：5152、M1Ⅳ：5217为一套
1097	M1Ⅵ：979	车䡇	铜	1件	完整	东回廊南端六区上层	
1098	M1Ⅵ：980	环首器	铁	1件	锈残	东回廊南端六区上层	
1099	M1Ⅵ：981	盖弓帽	铜	1件	残	东回廊南端六区上层	
1100	M1Ⅵ：982	盖弓帽	铜	1件	残	东回廊南端六区上层	
1101	M1Ⅵ：983	盖弓帽	铜	1件	残	东回廊南端六区上层	
1102	M1Ⅵ：984	节约	铜	1件	完整	东回廊南端六区上层	
1103	M1Ⅵ：985	剑	铁	1件	锈残	东回廊南端六区上层	

续附表三

序号	器号	器名	质料	数量	现状	位置	备注
1104	M1Ⅵ：986	盖弓帽	铜	1件	残	东回廊南端六区上层	
1105	M1Ⅵ：987	盖弓帽	铜	1件	残	东回廊南端六区上层	
1106	M1Ⅵ：988	盖弓帽	铜	1件	完整	东回廊南端六区上层	
1107	M1Ⅵ：989	环	铜	1件	残	东回廊南端六区上层	
1108	M1Ⅵ：991	带扣	铜	1件	残	东回廊南端六区上层	
1109	M1Ⅵ：992	剑	铁	1件	锈残	东回廊南端六区上层	
1110	M1Ⅵ：993	剑	铁	1件	锈残	东回廊南端六区上层	
1111	M1Ⅵ：994	环	铜	1件	残	东回廊南端六区上层	
1112	M1Ⅵ：995	节约	铜	1件	残	东回廊南端六区上层	
1113	M1Ⅵ：997	盖弓帽	铜	1件	残	东回廊南端六区上层	
1114	M1Ⅵ：998	盖弓帽	铜	1件	完整	东回廊南端六区上层	
1115	M1Ⅵ：999	盖弓帽	铜	1件	残	东回廊南端六区上层	
1116	M1Ⅵ：1000	盖弓帽	铜	1件	残	东回廊南端六区上层	
1117	M1Ⅵ：1001	伞柄箍饰	铜	1套4件	完整	东回廊南端六区上层	与M1Ⅵ：3612、M1Ⅵ：5143、M1Ⅵ：5219 为一套
1118	M1Ⅵ：1002	带钩	玉	1件	完整	东回廊南端六区上层	
1119	M1Ⅵ：1003	节约	铜	1件	残	东回廊南端六区上层	
1120	M1Ⅵ：1004	节约	铜	1件	完整	东回廊南端六区上层	
1121	M1Ⅵ：1005	盖弓帽	铜	1件	完整	东回廊南端六区上层	
1122	M1Ⅵ：1006	泡饰	铜	1件	完整	东回廊南端六区上层	
1123	M1Ⅵ：1007	泡饰	铜	1件	残	东回廊南端六区上层	
1124	M1Ⅵ：1008	削	铁	1件	锈残	东回廊南端六区上层	
1125	M1Ⅵ：1009	削	铁	1件	锈残	东回廊南端六区上层	
1126	M1Ⅵ：1010	削	铁	1件	锈残	东回廊南端六区上层	
1127	M1Ⅵ：1011	带钩	水晶	1件	完整	东回廊南端六区上层	
1128	M1ⅣA：1012	马衔镳	铜	1套3件	残	西回廊中部偏北四A区上层	
1129	M1ⅣA：1013	节约	铜	1件	完整	西回廊中部偏北四A区上层	
1130	M1ⅣA：1014	节约	铜	1件	残	西回廊中部偏北四A区上层	
1131	M1ⅣA：1015	节约	铜	1件	残	西回廊中部偏北四A区上层	
1132	M1ⅣA：1016	带扣	铜	1件	残	西回廊中部偏北四A区上层	
1133	M1ⅣA：1017	带扣	铜	1件	残	西回廊中部偏北四A区上层	
1134	M1ⅣA：1018	剑	铁	1件	锈残	西回廊中部偏北四A区上层	
1135	M1ⅣA：1019	带钩	铜	1件	残	西回廊中部偏北四A区上层	
1136	M1ⅣA：1020	马衔镳	铜	1套3件	残	西回廊中部偏北四A区上层	

续附表三

序号	器号	器名	质料	数量	现状	位置	备注
1137	M1ⅣA：1021	节约	铜	1件	完整	西回廊中部偏北四A区上层	
1138	M1ⅣA：1022	节约	铜	1件	完整	西回廊中部偏北四A区上层	
1139	M1ⅣA：1023	节约	铜	1件	残	西回廊中部偏北四A区上层	
1140	M1ⅣB：1024	盖弓帽	铜	1件	残损严重	西回廊北部四B区上层	
1141	M1ⅣB：1025	盖弓帽	铜	1件	残损严重	西回廊北部四B区上层	
1142	M1ⅣB：1026	盖弓帽	铜	1件	残	西回廊北部四B区上层	
1143	M1ⅣB：1027	盖弓帽	铜	1件	残	西回廊北部四B区上层	
1144	M1ⅣB：1028	盖弓帽	铜	1件	完整	西回廊北部四B区上层	
1145	M1ⅣB：1029	盖弓帽	铜	1件	残	西回廊北部四B区上层	
1146	M1ⅣB：1030	盖弓帽	铜	1件	残	西回廊北部四B区上层	
1147	M1ⅣB：1031	弩机	铜	1件	完整	西回廊北部四B区上层	
1148	M1ⅣB：1032	镦	铜	1件	完整	西回廊北部四B区上层	
1149	M1Ⅴ：1033	伞柄箍饰	铜	1套3件	完整	西回廊北端五区上层	
1150	M1Ⅴ：1034	盖弓帽	铜	1件	残	西回廊北端五区上层	
1151	M1Ⅴ：1035	盖弓帽	铜	1件	残	西回廊北端五区上层	
1152	M1Ⅴ：1036	带扣	铜	1件	残	西回廊北端五区上层	
1153	M1Ⅴ：1037	节约	铜	1件	残	西回廊北端五区上层	
1154	M1Ⅴ：1038	衡末	铜	1件	完整	西回廊北端五区上层	
1155	M1Ⅴ：1039	剑	铁	1件	锈残	西回廊北端五区上层	
1156	M1Ⅵ：1040	削	铁	1件	锈残	东回廊南端六区上层	
1157	M1Ⅵ：1041	削	铁	1件	锈残	东回廊南端六区上层	
1158	M1Ⅵ：1042	带钩	玉	1件	完整	东回廊南端六区上层	
1159	M1Ⅵ：1043	削	铁	1件	锈残	东回廊南端六区上层	
1160	M1Ⅵ：1044	削	铁	1件	锈残	东回廊南端六区上层	
1161	M1Ⅵ：1045	剑	铁	1件	锈残	东回廊南端六区上层	
1162	M1Ⅵ：1046	剑	铁	1件	锈残	东回廊南端六区上层	
1163	M1Ⅵ：1047	削	铁	1件	锈残	东回廊南端六区上层	
1164	M1Ⅵ：1048	削	铁	1件	锈残	东回廊南端六区上层	
1165	M1ⅦA：1049	环	铜	1件	残	东回廊南部七A区上层	
1166	M1ⅦA：1051	插销	铜	1件	完整	东回廊南部七A区上层	
1167	M1ⅦA：1052	构件	铜	1件	残	东回廊南部七A区上层	
1168	M1ⅦA：1053	祖	铜	1件	残	东回廊南部七A区上层	
1169	M1ⅦA：1054	节约	铜	1件	完整	东回廊南部七A区上层	
1170	M1ⅦA：1055	戟	铁	1件	锈残	东回廊南部七A区上层	

续附表三

序号	器号	器名	质料	数量	现状	位置	备注
1171	M1ⅦA：1056	戟	铁	1件	锈残	东回廊南部七A区上层	
1172	M1ⅦA：1057	剑	铁	1件	锈残	东回廊南部七A区上层	
1173	M1ⅦA：1058	剑	铁	1件	锈残	东回廊南部七A区上层	
1174	M1ⅦA：1059	剑	铁	1件	锈残	东回廊南部七A区上层	
1175	M1ⅦA：1060	节约	铜	1件	完整	东回廊南部七A区上层	
1176	M1ⅦA：1061	节约	铜	1件	完整	东回廊南部七A区上层	
1177	M1ⅦA：1062	节约	铜	1件	完整	东回廊南部七A区上层	
1178	M1ⅦA：1063	节约	铜	1件	完整	东回廊南部七A区上层	
1179	M1ⅦA：1064	觿	角	1件	完整	东回廊南部七A区上层	
1180	M1ⅦA：1065	镦	铜	1件	完整	东回廊南部七A区上层	
1181	M1ⅦA：1066	镦	铜	1件	残	东回廊南部七A区上层	
1182	M1ⅦA：1067	盖弓帽	铜	1件	残	东回廊南部七A区上层	
1183	M1ⅦA：1068	节约	铜	1件	残损严重	东回廊南部七A区上层	
1184	M1ⅦA：1069	节约	铜	1件	残	东回廊南部七A区上层	
1185	M1ⅦA：1070	节约	铜	1件	残	东回廊南部七A区上层	
1186	M1ⅦA：1071	节约	铜	1件	残	东回廊南部七A区上层	
1187	M1ⅦA：1072	节约	铜	1件	残	东回廊南部七A区上层	
1188	M1ⅦA：1073	环	铜	1件	残	东回廊南部七A区上层	
1189	M1ⅦA：1075	盖弓帽	铜	1件	残	东回廊南部七A区上层	
1190	M1ⅦA：1076	盖弓帽	铜	1件	残	东回廊南部七A区上层	
1191	M1ⅦA：1077	盖弓帽	铜	1件	残	东回廊南部七A区上层	
1192	M1ⅦA：1078	盖弓帽	铜	1件	残	东回廊南部七A区上层	
1193	M1ⅦA：1080	剑	铁	1件	锈残	东回廊南部七A区上层	
1194	M1ⅦA：1081	剑	铁	1件	锈残	东回廊南部七A区上层	
1195	M1ⅦA：1082	剑	铁	1件	锈残	东回廊南部七A区上层	
1196	M1ⅦA：1083	剑	铁	1件	锈残	东回廊南部七A区上层	
1197	M1ⅦA：1084	剑	铁	1件	锈残	东回廊南部七A区上层	
1198	M1ⅦA：1085	剑	铁	1件	锈残	东回廊南部七A区上层	
1199	M1ⅦA：1086	剑	铁	1件	锈残	东回廊南部七A区上层	
1200	M1ⅦA：1087	节约	铜	1件	残	东回廊南部七A区上层	
1201	M1ⅦA：1088	节约	铜	1件	残	东回廊南部七A区上层	
1202	M1ⅦA：1089	节约	铜	1件	残	东回廊南部七A区上层	
1203	M1ⅦA：1090	镦	铜	1件	完整	东回廊南部七A区上层	
1204	M1ⅦA：1091	镦	铜	1件	残	东回廊南部七A区上层	

续附表三

序号	器号	器名	质料	数量	现状	位置	备注
1205	M1ⅦB：1092	剑	铁	1件	锈残	东回廊中部偏南七B区上层	
1206	M1ⅦB：1093	剑	铁	1件	锈残	东回廊中部偏南七B区上层	
1207	M1ⅦB：1094	铍	铁	1件	锈残	东回廊中部偏南七B区上层	
1208	M1ⅦB：1095	剑	铁	1件	锈残	东回廊中部偏南七B区上层	
1209	M1ⅦB：1096	剑	铁	1件	锈残	东回廊中部偏南七B区上层	
1210	M1ⅦB：1097	剑	铁	1件	锈残	东回廊中部偏南七B区上层	
1211	M1ⅦB：1098	剑	铁	1件	锈残	东回廊中部偏南七B区上层	
1212	M1ⅦB：1099	剑	铁	1件	锈残	东回廊中部偏南七B区上层	
1213	M1ⅦB：1100	剑	铁	1件	锈残	东回廊中部偏南七B区上层	
1214	M1ⅦB：1101	剑	铁	1件	锈残	东回廊中部偏南七B区上层	
1215	M1ⅦB：1102	剑	铁	1件	锈残	东回廊中部偏南七B区上层	
1216	M1ⅦB：1103	剑	铁	1件	锈残	东回廊中部偏南七B区上层	
1217	M1ⅦB：1104	剑	铁	1件	锈残	东回廊中部偏南七B区上层	
1218	M1ⅦB：1105	衡末	铜	1件	残	东回廊中部偏南七B区上层	
1219	M1ⅦB：1106	辖	铜	1件	完整	东回廊中部偏南七B区上层	
1220	M1ⅦB：1107	帽饰	铜	1件	残	东回廊中部偏南七B区上层	
1221	M1ⅦB：1108	盖弓帽	铜	1件	残	东回廊中部偏南七B区上层	
1222	M1ⅦB：1109	镦	铜	1件	残	东回廊中部偏南七B区上层	
	M1ⅦB：1110	马络	铜	1套27件		东回廊中部偏南七B区上层	
1223	M1ⅦB：1110－1	管饰	铜	1件	完整	东回廊中部偏南七B区上层	
1224	M1ⅦB：1110－2	管饰	铜	1件	完整	东回廊中部偏南七B区上层	
1225	M1ⅦB：1110－3	节约	铜	1件	残	东回廊中部偏南七B区上层	
1226	M1ⅦB：1110－4	管饰	铜	1件	完整	东回廊中部偏南七B区上层	
1227	M1ⅦB：1110－5	环	铜	1件	残	东回廊中部偏南七B区上层	
1228	M1ⅦB：1110－6	管饰	铜	1件	完整	东回廊中部偏南七B区上层	
1229	M1ⅦB：1110－7	管饰	铜	1件	完整	东回廊中部偏南七B区上层	
1230	M1ⅦB：1110－8	管饰	铜	1件	残	东回廊中部偏南七B区上层	
1231	M1ⅦB：1110－9	管饰	铜	1件	完整	东回廊中部偏南七B区上层	
1232	M1ⅦB：1110－10	管饰	铜	1件	完整	东回廊中部偏南七B区上层	
1233	M1ⅦB：1110－11	管饰	铜	1件	完整	东回廊中部偏南七B区上层	
1234	M1ⅦB：1110－12	管饰	铜	1件	完整	东回廊中部偏南七B区上层	
1235	M1ⅦB：1110－13	管饰	铜	1件	完整	东回廊中部偏南七B区上层	
1236	M1ⅦB：1110－14	管饰	铜	1件	完整	东回廊中部偏南七B区上层	
1237	M1ⅦB：1110－15	管饰	铜	1件	完整	东回廊中部偏南七B区上层	

续附表三

序号	器号	器名	质料	数量	现状	位置	备注
1238	M1ⅦB：1110－16	管饰	铜	1件	残	东回廊中部偏南七 B 区上层	
1239	M1ⅦB：1110－17	管饰	铜	1件	残	东回廊中部偏南七 B 区上层	
1240	M1ⅦB：1110－18	管饰	铜	1件	完整	东回廊中部偏南七 B 区上层	
1241	M1ⅦB：1110－19	节约	铜	1件	完整	东回廊中部偏南七 B 区上层	
1242	M1ⅦB：1110－20	管饰	铜	1件	完整	东回廊中部偏南七 B 区上层	
1243	M1ⅦB：1110－21	管饰	铜	1件	残	东回廊中部偏南七 B 区上层	
1244	M1ⅦB：1110－22	管饰	铜	1件	完整	东回廊中部偏南七 B 区上层	
1245	M1ⅦB：1110－23	管饰	铜	1件	完整	东回廊中部偏南七 B 区上层	
1246	M1ⅦB：1110－24	节约	铜	1件	残	东回廊中部偏南七 B 区上层	
1247	M1ⅦB：1110－25	管饰	铜	1件	残	东回廊中部偏南七 B 区上层	
1248	M1ⅦB：1110－26	管饰	铜	1件	完整	东回廊中部偏南七 B 区上层	
1249	M1ⅦB：1110－27	马衔镳	铜	1套3件	残损严重	东回廊中部偏南七 B 区上层	
	M1ⅦB：1111	马络	铜	1套83件		东回廊中部偏南七 B 区上层	
1250	M1ⅦB：1111－1	马衔镳	铜	1套3件	完整	东回廊中部偏南七 B 区上层	
1251	M1ⅦB：1111－2	管饰	铜	1件	完整	东回廊中部偏南七 B 区上层	
1252	M1ⅦB：1111－3	管饰	铜	1件	完整	东回廊中部偏南七 B 区上层	
1253	M1ⅦB：1111－4	节约	铜	1件	完整	东回廊中部偏南七 B 区上层	
1254	M1ⅦB：1111－5	管饰	铜	1件	完整	东回廊中部偏南七 B 区上层	
1255	M1ⅦB：1111－6	管饰	铜	1件	完整	东回廊中部偏南七 B 区上层	
1256	M1ⅦB：1111－7	管饰	铜	1件	完整	东回廊中部偏南七 B 区上层	
1257	M1ⅦB：1111－8	管饰	铜	1件	残	东回廊中部偏南七 B 区上层	
1258	M1ⅦB：1111－9	节约	铜	1件	残	东回廊中部偏南七 B 区上层	
1259	M1ⅦB：1111－10	管饰	铜	1件	完整	东回廊中部偏南七 B 区上层	
1260	M1ⅦB：1111－11	管饰	铜	1件	残损严重	东回廊中部偏南七 B 区上层	
1261	M1ⅦB：1111－12	管饰	铜	1件	完整	东回廊中部偏南七 B 区上层	
1262	M1ⅦB：1111－13	管饰	铜	1件	完整	东回廊中部偏南七 B 区上层	
1263	M1ⅦB：1111－14	马衔镳	铜	1套3件	残损严重	东回廊中部偏南七 B 区上层	
1264	M1ⅦB：1111－15	环	铜	1件	残	东回廊中部偏南七 B 区上层	
1265	M1ⅦB：1111－16	节约	铜	1件	完整	东回廊中部偏南七 B 区上层	
1266	M1ⅦB：1111－17	管饰	铜	1件	完整	东回廊中部偏南七 B 区上层	
1267	M1ⅦB：1111－18	管饰	铜	1件	完整	东回廊中部偏南七 B 区上层	
1668	M1ⅦB：1111－19	管饰	铜	1件	完整	东回廊中部偏南七 B 区上层	
1269	M1ⅦB：1111－20	管饰	铜	1件	完整	东回廊中部偏南七 B 区上层	
1270	M1ⅦB：1111－21	管饰	铜	1件	完整	东回廊中部偏南七 B 区上层	

续附表三

序号	器号	器名	质料	数量	现状	位置	备注
1271	M1ⅦB：1111 - 22	管饰	铜	1件	完整	东回廊中部偏南七B区上层	
1272	M1ⅦB：1111 - 23	管饰	铜	1件	完整	东回廊中部偏南七B区上层	
1273	M1ⅦB：1111 - 24	管饰	铜	1件	完整	东回廊中部偏南七B区上层	
1274	M1ⅦB：1111 - 25	管饰	铜	1件	完整	东回廊中部偏南七B区上层	
1275	M1ⅦB：1111 - 26	管饰	铜	1件	完整	东回廊中部偏南七B区上层	
1276	M1ⅦB：1111 - 27	管饰	铜	1件	完整	东回廊中部偏南七B区上层	
1277	M1ⅦB：1111 - 28	管饰	铜	1件	完整	东回廊中部偏南七B区上层	
1278	M1ⅦB：1111 - 29	管饰	铜	1件	完整	东回廊中部偏南七B区上层	
1279	M1ⅦB：1111 - 30	管饰	铜	1件	完整	东回廊中部偏南七B区上层	
1280	M1ⅦB：1111 - 31	节约	铜	1件	完整	东回廊中部偏南七B区上层	
1281	M1ⅦB：1111 - 32	管饰	铜	1件	完整	东回廊中部偏南七B区上层	
1282	M1ⅦB：1111 - 33	管饰	铜	1件	残	东回廊中部偏南七B区上层	
1283	M1ⅦB：1111 - 34	管饰	铜	1件	完整	东回廊中部偏南七B区上层	
1284	M1ⅦB：1111 - 35	管饰	铜	1件	残	东回廊中部偏南七B区上层	
1285	M1ⅦB：1111 - 36	管饰	铜	1件	残	东回廊中部偏南七B区上层	
1286	M1ⅦB：1111 - 37	管饰	铜	1件	残损严重	东回廊中部偏南七B区上层	
1287	M1ⅦB：1111 - 38	管饰	铜	1件	完整	东回廊中部偏南七B区上层	
1288	M1ⅦB：1111 - 39	管饰	铜	1件	完整	东回廊中部偏南七B区上层	
1289	M1ⅦB：1111 - 40	管饰	铜	1件	完整	东回廊中部偏南七B区上层	
1290	M1ⅦB：1111 - 41	管饰	铜	1件	完整	东回廊中部偏南七B区上层	
1291	M1ⅦB：1111 - 42	管饰	铜	1件	完整	东回廊中部偏南七B区上层	
1292	M1ⅦB：1111 - 43	管饰	铜	1件	完整	东回廊中部偏南七B区上层	
1293	M1ⅦB：1111 - 44	管饰	铜	1件	完整	东回廊中部偏南七B区上层	
1294	M1ⅦB：1111 - 45	管饰	铜	1件	完整	东回廊中部偏南七B区上层	
1295	M1ⅦB：1111 - 46	管饰	铜	1件	完整	东回廊中部偏南七B区上层	
1296	M1ⅦB：1111 - 47	管饰	铜	1件	完整	东回廊中部偏南七B区上层	
1297	M1ⅦB：1111 - 48	管饰	铜	1件	完整	东回廊中部偏南七B区上层	
1298	M1ⅦB：1111 - 49	管饰	铜	1件	残损严重	东回廊中部偏南七B区上层	
1299	M1ⅦB：1111 - 50	管饰	铜	1件	完整	东回廊中部偏南七B区上层	
1300	M1ⅦB：1111 - 51	管饰	铜	1件	完整	东回廊中部偏南七B区上层	
1301	M1ⅦB：1111 - 52	管饰	铜	1件	完整	东回廊中部偏南七B区上层	
1302	M1ⅦB：1111 - 53	管饰	铜	1件	完整	东回廊中部偏南七B区上层	
1303	M1ⅦB：1111 - 54	管饰	铜	1件	完整	东回廊中部偏南七B区上层	
1304	M1ⅦB：1111 - 55	管饰	铜	1件	完整	东回廊中部偏南七B区上层	

续附表三

序号	器号	器名	质料	数量	现状	位置	备注
1305	M1ⅦB：1111－56	管饰	铜	1件	完整	东回廊中部偏南七 B 区上层	
1306	M1ⅦB：1111－57	管饰	铜	1件	残	东回廊中部偏南七 B 区上层	
1307	M1ⅦB：1111－58	节约	铜	1件	残	东回廊中部偏南七 B 区上层	
1308	M1ⅦB：1111－59	管饰	铜	1件	残损严重	东回廊中部偏南七 B 区上层	
1309	M1ⅦB：1111－60	管饰	铜	1件	完整	东回廊中部偏南七 B 区上层	
1310	M1ⅦB：1111－61	管饰	铜	1件	完整	东回廊中部偏南七 B 区上层	
1311	M1ⅦB：1111－62	管饰	铜	1件	完整	东回廊中部偏南七 B 区上层	
1312	M1ⅦB：1111－63	节约	铜	1件	残	东回廊中部偏南七 B 区上层	
1313	M1ⅦB：1111－64	管饰	铜	1件	完整	东回廊中部偏南七 B 区上层	
1314	M1ⅦB：1111－65	管饰	铜	1件	完整	东回廊中部偏南七 B 区上层	
1315	M1ⅦB：1111－66	泡饰	铜	1件	完整	东回廊中部偏南七 B 区上层	
1316	M1ⅦB：1111－67	泡饰	铜	1件	完整	东回廊中部偏南七 B 区上层	
1317	M1ⅦB：1111－68	泡饰	铜	1件	完整	东回廊中部偏南七 B 区上层	
1318	M1ⅦB：1111－69	节约	铜	1件	残损严重	东回廊中部偏南七 B 区上层	
1319	M1ⅦB：1111－70	泡饰	铜	1件	完整	东回廊中部偏南七 B 区上层	
1320	M1ⅦB：1111－71	泡饰	铜	1件	完整	东回廊中部偏南七 B 区上层	
1321	M1ⅦB：1111－72	泡饰	铜	1件	完整	东回廊中部偏南七 B 区上层	
1322	M1ⅦB：1111－73	管饰	铜	1件	残损严重	东回廊中部偏南七 B 区上层	
1323	M1ⅦB：1111－74	泡饰	铜	1件	完整	东回廊中部偏南七 B 区上层	
1324	M1ⅦB：1111－75	泡饰	铜	1件	残损严重	东回廊中部偏南七 B 区上层	
1325	M1ⅦB：1111－76	泡饰	铜	1件	残损严重	东回廊中部偏南七 B 区上层	
1326	M1ⅦB：1111－77	泡饰	铜	1件	残损严重	东回廊中部偏南七 B 区上层	
1327	M1ⅦB：1111－78	管饰	铜	1件	残损严重	东回廊中部偏南七 B 区上层	
1328	M1ⅦB：1111－79	管饰	铜	1件	完整	东回廊中部偏南七 B 区上层	
1329	M1ⅦB：1111－80	管饰	铜	1件	完整	东回廊中部偏南七 B 区上层	
1330	M1ⅦB：1111－81	管饰	铜	1件	完整	东回廊中部偏南七 B 区上层	
1331	M1ⅦB：1111－82	环	铜	1件	完整	东回廊中部偏南七 B 区上层	
1332	M1ⅦB：1111－83	管饰	铜	1件	完整	东回廊中部偏南七 B 区上层	
1333	M1Ⅵ：1112	带钩	玉	1件	完整	东回廊南端六区上层	
1334	M1Ⅵ：1113	带钩	玉	1件	完整	东回廊南端六区上层	
1335	M1Ⅵ：1114	带钩	玉	1件	完整	东回廊南端六区上层	
1336	M1Ⅵ：1115	带钩	玉	1件	完整	东回廊南端六区上层	
1337	M1Ⅵ：1116	削	铁	1件	锈残	东回廊南端六区上层	
1338	M1Ⅵ：1117	削	铁	1件	锈残	东回廊南端六区上层	

续附表三

序号	器号	器名	质料	数量	现状	位置	备注
1339	M1Ⅵ:1118	削	铁	1件	锈残	东回廊南端六区上层	
1340	M1Ⅵ:1119	带钩	铜	1件	完整	东回廊南端六区上层	
1341	M1Ⅵ:1120	削	铁	1件	锈残	东回廊南端六区上层	
1342	M1Ⅷ:1121	兽首构件	铜	1件	完整	东回廊中部八区上层	
1343	M1Ⅷ:1123	虎帐座	铜	1件	完整	东回廊中部八区上层	
1344	M1Ⅷ:1124	镦	铜	1件	完整	东回廊中部八区上层	
1345	M1Ⅷ:1125	戟	铁	1件	锈残	东回廊中部八区上层	
1346	M1Ⅷ:1126	当卢	铜	1件	残	东回廊中部八区上层	
1347	M1Ⅷ:1128	节约	铜	1件	完整	东回廊中部八区上层	
1348	M1Ⅷ:1129	衡末	铜	1件	完整	东回廊中部八区上层	
1349	M1Ⅷ:1130	虎帐座	铜	1件	完整	东回廊中部八区上层	
1350	M1Ⅷ:1131	当卢	铜	1件	残	东回廊中部八区上层	
1351	M1Ⅷ:1132	节约	铜	1件	残	东回廊中部八区上层	
1352	M1Ⅷ:1133	节约	铜	1件	残	东回廊中部八区上层	
1353	M1Ⅷ:1134	节约	铜	1件	残	东回廊中部八区上层	
1354	M1Ⅷ:1135	节约	铜	1件	完整	东回廊中部八区上层	
1355	M1Ⅷ:1136	节约	铜	1件	残	东回廊中部八区上层	
1356	M1Ⅷ:1137	轙	铜	1件	完整	东回廊中部八区上层	
1357	M1Ⅷ:1139	带扣	铜	1件	残	东回廊中部八区上层	
1358	M1Ⅷ:1140	节约	铜	1件	残	东回廊中部八区上层	
1359	M1Ⅷ:1141	节约	铜	1件	残	东回廊中部八区上层	
1360	M1Ⅷ:1142	軏足饰	铜	1件	完整	东回廊中部八区上层	
1361	M1Ⅷ:1143	衡末	铜	1件	完整	东回廊中部八区上层	
1362	M1Ⅷ:1144	剑	铁	1件	锈残	东回廊中部八区上层	
1363	M1Ⅷ:1145	剑	铁	1件	锈残	东回廊中部八区上层	
1364	M1Ⅷ:1146	剑	铁	1件	锈残	东回廊中部八区上层	
1365	M1Ⅷ:1147	剑	铁	1件	锈残	东回廊中部八区上层	
1366	M1Ⅷ:1148	剑	铁	1件	锈残	东回廊中部八区上层	
1367	M1Ⅷ:1149	镦	铜	1件	完整	东回廊中部八区上层	
1368	M1Ⅷ:1150	承弓器	铜	1件	残	东回廊中部八区上层	
1369	M1Ⅷ:1151	承弓器	铜	1件	残	东回廊中部八区上层	
1370	M1Ⅷ:1152	伞柄箍饰	铜	1套4件	完整	东回廊中部八区上层	
1371	M1Ⅷ:1153	承弓器	铜	1件	完整	东回廊中部八区上层	
1372	M1Ⅷ:1154	承弓器	铜	1件	完整	东回廊中部八区上层	

续附表三

序号	器号	器名	质料	数量	现状	位置	备注
1373	M1Ⅷ:1155	弩机	铜	1件	残	东回廊中部八区上层	
1374	M1Ⅷ:1156	盖弓帽	铜	1件	残	东回廊中部八区上层	
1375	M1Ⅷ:1157	盖弓帽	铜	1件	残	东回廊中部八区上层	
1376	M1Ⅷ:1158	盖弓帽	铜	1件	残	东回廊中部八区上层	
1377	M1Ⅷ:1159	盖弓帽	铜	1件	残	东回廊中部八区上层	
1378	M1Ⅷ:1160	节约	铜	1件	残	东回廊中部八区上层	
1379	M1Ⅷ:1161	马衔镳	铜	1套3件	残	东回廊中部八区上层	
1380	M1Ⅷ:1162	盖弓帽	铜	1件	残	东回廊中部八区上层	
1381	M1Ⅷ:1163	盖弓帽	铜	1件	残	东回廊中部八区上层	
1382	M1Ⅷ:1164	盖弓帽	铜	1件	残	东回廊中部八区上层	
1383	M1Ⅷ:1165	盖弓帽	铜	1件	残	东回廊中部八区上层	
1384	M1Ⅷ:1166	车軎	铜	1件	完整	东回廊中部八区上层	
1385	M1Ⅷ:1167	帽饰	铜	1件	锈残	东回廊中部八区上层	
1386	M1Ⅷ:1169	马蹄形管饰	铜	1件	残	东回廊中部八区上层	
1387	M1Ⅷ:1170	盖弓帽	铜	1件	残	东回廊中部八区上层	
1388	M1Ⅷ:1171	节约	铜	1件	残	东回廊中部八区上层	
1389	M1Ⅷ:1172	铜	铜	1件	残	东回廊中部八区上层	
1390	M1Ⅷ:1173	镦	铜	1件	残	东回廊中部八区上层	
1391	M1Ⅷ:1174	马衔镳	铜	1套3件	残	东回廊中部八区上层	
1392	M1Ⅷ:1175	节约	铜	1件	残损严重	东回廊中部八区上层	
1393	M1Ⅷ:1176	节约	铜	1件	完整	东回廊中部八区上层	
1394	M1Ⅷ:1177	节约	铜	1件	完整	东回廊中部八区上层	
1395	M1Ⅷ:1178	戟	铁	1件	锈残	东回廊中部八区上层	
1396	M1Ⅷ:1179	剑	铁	1件	锈残	东回廊中部八区上层	
1397	M1Ⅷ:1180	剑	铁	1件	锈残	东回廊中部八区上层	
1398	M1Ⅷ:1181	剑	铁	1件	锈残	东回廊中部八区上层	
1399	M1Ⅷ:1182	剑	铁	1件	锈残	东回廊中部八区上层	
1400	M1Ⅷ:1183	节约	铜	1件	残	东回廊中部八区上层	
1401	M1Ⅷ:1184	节约	铜	1件	完整	东回廊中部八区上层	
1402	M1Ⅷ:1185	剑	铁	1件	锈残	东回廊中部八区上层	
1403	M1Ⅷ:1186	箭箙包首饰	铜	1件	残	东回廊中部八区上层	
1404	M1Ⅷ:1187	盖弓帽	铜	1件	残	东回廊中部八区上层	
1405	M1Ⅷ:1188	节约	铜	1件	完整	东回廊中部八区上层	
1406	M1Ⅷ:1189	承弓器	铜	1件	完整	东回廊中部八区上层	

续附表三

序号	器号	器名	质料	数量	现状	位置	备注
1407	M1Ⅷ：1190	承弓器	铜	1件	完整	东回廊中部八区上层	
1408	M1Ⅷ：1191	节约	铜	1件	残	东回廊中部八区上层	
1409	M1Ⅷ：1192	衡末	铜	1件	完整	东回廊中部八区上层	
1410	M1Ⅷ：1193	轙	铜	1件	残	东回廊中部八区上层	
1411	M1Ⅷ：1194	当卢	铜	1件	完整	东回廊中部八区上层	
1412	M1Ⅷ：1195	剑	铁	1件	锈残	东回廊中部八区上层	
1413	M1Ⅷ：1196	剑	铁	1件	锈残	东回廊中部八区上层	
1414	M1Ⅷ：1197	环	铜	1件	完整	东回廊中部八区上层	
1415	M1Ⅷ：1198	环	铜	1件	残	东回廊中部八区上层	
1416	M1Ⅷ：1199	环	铜	1件	残	东回廊中部八区上层	
1417	M1Ⅷ：1200	节约	铜	1件	残	东回廊中部八区上层	
1418	M1Ⅷ：1201	节约	铜	1件	残	东回廊中部八区上层	
1419	M1Ⅷ：1202	马衔镳	铜	1套3件	残	东回廊中部八区上层	
1420	M1Ⅷ：1203	衡末	铜	1件	完整	东回廊中部八区上层	
1421	M1Ⅷ：1204	当卢	铜	1件	完整	东回廊中部八区上层	
1422	M1Ⅷ：1205	剑	铁	1件	锈残	东回廊中部八区上层	
1423	M1Ⅸ：1206	当卢	铜	1件	残	东回廊北部九区上层	
1424	M1Ⅸ：1207	节约	铜	1件	残	东回廊北部九区上层	
1425	M1Ⅸ：1208	节约	铜	1件	完整	东回廊北部九区上层	
1426	M1Ⅸ：1209	轭足饰	铜	1件	完整	东回廊北部九区上层	
1427	M1Ⅸ：1210	轭足饰	铜	1件	完整	东回廊北部九区上层	
1428	M1Ⅸ：1211	环	铜	1件	残	东回廊北部九区上层	
1429	M1Ⅸ：1213	节约	铜	1件	完整	东回廊北部九区上层	
1430	M1Ⅸ：1214	节约	铜	1件	完整	东回廊北部九区上层	
1431	M1Ⅸ：1216	马衔镳	铜	1套3件	残	东回廊北部九区上层	
1432	M1Ⅸ：1218	节约	铜	1件	残	东回廊北部九区上层	
1433	M1Ⅷ：1221	镦	铜	1件	完整	东回廊中部八区上层	
1434	M1Ⅷ：1222	环	铜	1件	残损严重	东回廊中部八区上层	
1435	M1Ⅷ：1223	环	铜	1件	残	东回廊中部八区上层	
1436	M1Ⅷ：1224	承弓器	铜	1件	完整	东回廊中部八区上层	
1437	M1Ⅷ：1225	节约	铜	1件	完整	东回廊中部八区上层	
1438	M1Ⅷ：1226	节约	铜	1件	残	东回廊中部八区上层	
1439	M1Ⅸ：1227	虎帐座	铜	1件	完整	东回廊北部九区上层	
1440	M1Ⅸ：1228	弹丸	泥	1件	完整	东回廊北部九区上层	

续附表三

序号	器号	器名	质料	数量	现状	位置	备注
1441	M1Ⅸ：1229	剑	铁	1件	锈残	东回廊北部九区上层	
1442	M1Ⅸ：1231	剑	铁	1件	锈残	东回廊北部九区上层	
1443	M1Ⅸ：1232	环	铜	1件	完整	东回廊北部九区上层	
1444	M1Ⅸ：1233	环	铜	1件	完整	东回廊北部九区上层	
1445	M1Ⅸ：1234	节约	铜	1件	完整	东回廊北部九区上层	
1446	M1Ⅸ：1235	马衔镳	铜	1套3件	残	东回廊北部九区上层	
1447	M1Ⅸ：1236	当卢	铜	1件	残损严重	东回廊北部九区上层	
1448	M1Ⅸ：1237	节约	铜	1件	完整	东回廊北部九区上层	
1449	M1Ⅸ：1238	剑	铁	1件	锈残	东回廊北部九区上层	
1450	M1Ⅸ：1239	马衔镳	铜	1套3件	残	东回廊北部九区上层	
1451	M1Ⅸ：1240	戟	铁	1件	锈残	东回廊北部九区上层	
1452	M1Ⅸ：1241	戟	铁	1件	锈残	东回廊北部九区上层	
1453	M1Ⅸ：1242	剑	铁	1件	锈残	东回廊北部九区上层	
1454	M1Ⅸ：1243	剑	铁	1件	锈残	东回廊北部九区上层	
1455	M1Ⅸ：1244	剑	铁	1件	锈残	东回廊北部九区上层	
1456	M1Ⅸ：1245	剑	铁	1件	锈残	东回廊北部九区上层	
1457	M1Ⅸ：1246	戟	铁	1件	锈残	东回廊北部九区上层	
1458	M1Ⅸ：1247	衡末	铜	1件	完整	东回廊北部九区上层	
1459	M1Ⅸ：1248	当卢	铜	1件	完整	东回廊北部九区上层	
1460	M1Ⅸ：1249	軏足饰	铜	1件	完整	东回廊北部九区上层	
1461	M1Ⅸ：1250	軏足饰	铜	1件	完整	东回廊北部九区上层	
1462	M1Ⅸ：1251	环	铜	1件	完整	东回廊北部九区上层	
1463	M1Ⅸ：1252	环	铜	1件	完整	东回廊北部九区上层	
1464	M1Ⅸ：1253	节约	铜	1件	残	东回廊北部九区上层	
1465	M1Ⅸ：1254	节约	铜	1件	残损严重	东回廊北部九区上层	
1466	M1Ⅸ：1255	节约	铜	1件	残	东回廊北部九区上层	
1467	M1Ⅸ：1256	节约	铜	1件	完整	东回廊北部九区上层	
1468	M1Ⅸ：1257	节约	铜	1件	完整	东回廊北部九区上层	
1469	M1Ⅸ：1258	节约	铜	1件	完整	东回廊北部九区上层	
1470	M1Ⅸ：1259	马衔镳	铜	1套3件	残	东回廊北部九区上层	
1471	M1Ⅸ：1260	马衔镳	铜	1套3件	残	东回廊北部九区上层	
1472	M1Ⅸ：1261	衡末	铜	1件	完整	东回廊北部九区上层	
1473	M1Ⅸ：1262	盖弓帽	铜	1件	残	东回廊北部九区上层	
1474	M1Ⅸ：1263	盖弓帽	铜	1件	残	东回廊北部九区上层	

续附表三

序号	器号	器名	质料	数量	现状	位置	备注
1475	M1Ⅸ：1264	环	铜	1件	残	东回廊北部九区上层	
1476	M1Ⅸ：1265	镦	铜	1件	残	东回廊北部九区上层	
1477	M1Ⅸ：1266	盖弓帽	铜	1件	残	东回廊北部九区上层	
1478	M1Ⅸ：1267	环	铜	1件	残	东回廊北部九区上层	
1479	M1Ⅸ：1268	帽饰	铜	1件	完整	东回廊北部九区上层	
1480	M1Ⅸ：1269	车軎	铜	1件	完整	东回廊北部九区上层	
1481	M1Ⅸ：1270	剑	铁	1件	锈残	东回廊北部九区上层	
1482	M1Ⅸ：1271	剑	铁	1件	锈残	东回廊北部九区上层	
1483	M1Ⅸ：1272	剑	铁	1件	锈残	东回廊北部九区上层	
1484	M1Ⅸ：1273	马衔镳	铜	1套3件	残	东回廊北部九区上层	
1485	M1Ⅸ：1274	盖弓帽	铜	1件	残	东回廊北部九区上层	
1486	M1Ⅸ：1275	车軎	铜	1件	完整	东回廊北部九区上层	
1487	M1Ⅸ：1277	节约	铜	1件	残	东回廊北部九区上层	
1488	M1Ⅸ：1278	节约	铜	1件	完整	东回廊北部九区上层	
1489	M1Ⅸ：1279	剑	铁	1件	锈残	东回廊北部九区上层	
1490	M1Ⅸ：1280	节约	铜	1件	完整	东回廊北部九区上层	
1491	M1Ⅸ：1281	盖弓帽	铜	1件	残损严重	东回廊北部九区上层	
1492	M1Ⅸ：1282	盖弓帽	铜	1件	残	东回廊北部九区上层	
1493	M1Ⅸ：1283	当卢	铜	1件	残	东回廊北部九区上层	
1494	M1Ⅸ：1284	环	铜	1件	完整	东回廊北部九区上层	
1495	M1Ⅸ：1285	节约	铜	1件	完整	东回廊北部九区上层	
1496	M1Ⅸ：1286	节约	铜	1件	完整	东回廊北部九区上层	
1497	M1Ⅸ：1287	马衔镳	铜	1套3件	残	东回廊北部九区上层	与M1Ⅸ：2136为一套
1498	M1Ⅸ：1288	戟	铁	1件	锈残	东回廊北部九区上层	
1499	M1Ⅸ：1289	镦	铜	1件	完整	东回廊北部九区上层	
1500	M1Ⅸ：1290	镦	铜	1件	完整	东回廊北部九区上层	
1501	M1Ⅸ：1291	镦	铜	1件	完整	东回廊北部九区上层	
1502	M1Ⅸ：1292	节约	铜	1件	完整	东回廊北部九区上层	
1503	M1Ⅸ：1293	伞柄箍饰	铜	1套4件	完整	东回廊北部九区上层	与M1Ⅸ：1439、M1Ⅸ：1594为一套
1504	M1Ⅸ：1294	盖弓帽	铜	1件	残	东回廊北部九区上层	
1505	M1Ⅸ：1295	盖弓帽	铜	1件	残	东回廊北部九区上层	
1506	M1Ⅸ：1296	盖弓帽	铜	1件	残	东回廊北部九区上层	

续附表三

序号	器号	器名	质料	数量	现状	位置	备注
1507	M1Ⅸ:1297	盖弓帽	铜	1件	残	东回廊北部九区上层	
1508	M1Ⅸ:1298	环	铜	1件	完整	东回廊北部九区上层	
1509	M1Ⅸ:1299	盖弓帽	铜	1件	残	东回廊北部九区上层	
1510	M1Ⅸ:1300	盖弓帽	铜	1件	残	东回廊北部九区上层	
1511	M1Ⅸ:1301	剑	铁	1件	锈残	东回廊北部九区上层	
1512	M1Ⅹ:1303	戟	铁	1件	锈残	东回廊北端十区上层	
1513	M1Ⅹ:1304	环	铜	1件	完整	东回廊北端十区上层	
1514	M1Ⅹ:1305	环	铜	1件	完整	东回廊北端十区上层	
1515	M1Ⅹ:1306	环	铜	1件	完整	东回廊北端十区上层	
1516	M1Ⅹ:1307	环	铜	1件	完整	东回廊北端十区上层	
1517	M1Ⅹ:1308	节约	铜	1件	完整	东回廊北端十区上层	
1518	M1Ⅹ:1309	节约	铜	1件	完整	东回廊北端十区上层	
1519	M1Ⅹ:1310	马衔镳	铜	1套3件	残	东回廊北端十区上层	
1520	M1Ⅹ:1311	当卢	铜	1件	完整	东回廊北端十区上层	
1521	M1Ⅹ:1312	节约	铜	1件	完整	东回廊北端十区上层	
1522	M1Ⅹ:1313	环	铜	1件	完整	东回廊北端十区上层	
1523	M1Ⅹ:1314	环	铜	1件	完整	东回廊北端十区上层	
1524	M1Ⅹ:1315	节约	铜	1件	完整	东回廊北端十区上层	
1525	M1Ⅹ:1316	节约	铜	1件	完整	东回廊北端十区上层	
1526	M1Ⅹ:1317	镦	铜	1件	完整	东回廊北端十区上层	
1527	M1Ⅹ:1318	节约	铜	1件	完整	东回廊北端十区上层	
1528	M1Ⅹ:1319	车軎	铜	1件	完整	东回廊北端十区上层	
1529	M1Ⅵ:1320	环	玉	1件	残	东回廊南端六区上层	
1530	M1Ⅵ:1321	嵌宝石盖弓帽	银	1件	残	东回廊南端六区上层	
1531	M1Ⅵ:1322	嵌宝石盖弓帽	银	1件	残	东回廊南端六区上层	
1532	M1Ⅵ:1323	盖弓帽	铜	1件	完整	东回廊南端六区上层	
1533	M1Ⅹ:1324	戟	铁	1件	锈残	东回廊北端十区上层	
1534	M1Ⅹ:1325	马衔镳	铜	1套3件	残	东回廊北端十区上层	
1535	M1Ⅹ:1326	节约	铜	1件	残	东回廊北端十区上层	
1536	M1Ⅹ:1327	衡末	铜	1件	完整	东回廊北端十区上层	
1537	M1Ⅹ:1328	衡末	铜	1件	残损严重	东回廊北端十区上层	
1538	M1Ⅹ:1329	轙	铜	1件	残	东回廊北端十区上层	
1539	M1Ⅹ:1330	节约	铜	1件	残	东回廊北端十区上层	
1540	M1Ⅹ:1331	戟	铁	1件	锈残	东回廊北端十区上层	

续附表三

序号	器号	器名	质料	数量	现状	位置	备注
	M1Ⅹ：1332	马络	铜	1套20件		东回廊北端十区上层	
1541	M1Ⅹ：1332-1	泡饰	铜	1件	完整	东回廊北端十区上层	
1542	M1Ⅹ：1332-2	泡饰	铜	1件	完整	东回廊北端十区上层	
1543	M1Ⅹ：1332-3	泡饰	铜	1件	完整	东回廊北端十区上层	
1544	M1Ⅹ：1332-4	泡饰	铜	1件	残损严重	东回廊北端十区上层	
1545	M1Ⅹ：1332-5	泡饰	铜	1件	残损严重	东回廊北端十区上层	
1546	M1Ⅹ：1332-6	泡饰	铜	1件	残	东回廊北端十区上层	
1547	M1Ⅹ：1332-7	泡饰	铜	1件	完整	东回廊北端十区上层	
1548	M1Ⅹ：1332-8	泡饰	铜	1件	残	东回廊北端十区上层	
1549	M1Ⅹ：1332-9	泡饰	铜	1件	残损严重	东回廊北端十区上层	
1550	M1Ⅹ：1332-10	泡饰	铜	1件	完整	东回廊北端十区上层	
1551	M1Ⅹ：1332-11	泡饰	铜	1件	完整	东回廊北端十区上层	
1552	M1Ⅹ：1332-12	泡饰	铜	1件	残	东回廊北端十区上层	
1553	M1Ⅹ：1332-13	泡饰	铜	1件	残损严重	东回廊北端十区上层	
1554	M1Ⅹ：1332-14	泡饰	铜	1件	完整	东回廊北端十区上层	
1555	M1Ⅹ：1332-15	泡饰	铜	1件	完整	东回廊北端十区上层	
1556	M1Ⅹ：1332-16	泡饰	铜	1件	完整	东回廊北端十区上层	
1557	M1Ⅹ：1332-17	泡饰	铜	1件	完整	东回廊北端十区上层	
1558	M1Ⅹ：1332-18	泡饰	铜	1件	残	东回廊北端十区上层	
1559	M1Ⅹ：1332-19	泡饰	铜	1件	残	东回廊北端十区上层	
1560	M1Ⅹ：1332-20	泡饰	铜	1件	残损严重	东回廊北端十区上层	
1561	M1Ⅹ：1333	节约	铜	1件	残	东回廊北端十区上层	
	M1Ⅹ：1334	马络	铜	1套4件		东回廊北端十区上层	
1562	M1Ⅹ：1334-1	管饰	铜	1件	残	东回廊北端十区上层	
1563	M1Ⅹ：1334-2	管饰	铜	1件	完整	东回廊北端十区上层	
1564	M1Ⅹ：1334-3	管饰	铜	1件	残损严重	东回廊北端十区上层	
1565	M1Ⅹ：1334-4	管饰	铜	1件	残	东回廊北端十区上层	
	M1Ⅹ：1335	马络	铜	1套12件		东回廊北端十区上层	
1566	M1Ⅹ：1335-1	管饰	铜	1件	完整	东回廊北端十区上层	
1567	M1Ⅹ：1335-2	管饰	铜	1件	完整	东回廊北端十区上层	
1568	M1Ⅹ：1335-3	节约	铜	1件	残	东回廊北端十区上层	
1569	M1Ⅹ：1335-4	管饰	铜	1件	残	东回廊北端十区上层	
1570	M1Ⅹ：1335-5	管饰	铜	1件	完整	东回廊北端十区上层	
1571	M1Ⅹ：1335-6	管饰	铜	1件	残	东回廊北端十区上层	

续附表三

序号	器号	器名	质料	数量	现状	位置	备注
1572	M1Ⅹ:1335 – 7	管饰	铜	1 件	残损严重	东回廊北端十区上层	
1573	M1Ⅹ:1335 – 8	管饰	铜	1 件	完整	东回廊北端十区上层	
1574	M1Ⅹ:1335 – 9	管饰	铜	1 件	完整	东回廊北端十区上层	
1575	M1Ⅹ:1335 – 10	节约	铜	1 件	完整	东回廊北端十区上层	
1576	M1Ⅹ:1335 – 11	管饰	铜	1 件	完整	东回廊北端十区上层	
1577	M1Ⅹ:1335 – 12	管饰	铜	1 件	完整	东回廊北端十区上层	
1578	M1Ⅹ:1336	盖弓帽	铜	1 件	残	东回廊北端十区上层	
1579	M1Ⅹ:1337	车軎	铜	1 件	完整	东回廊北端十区上层	
1580	M1Ⅹ:1338 – 1	管饰	铜	1 件	完整	东回廊北端十区上层	
1581	M1Ⅹ:1338 – 2	管饰	铜	1 件	完整	东回廊北端十区上层	
	M1Ⅹ:1339	马络	铜	1 套 42 件		东回廊北端十区上层	
1582	M1Ⅹ:1339 – 1	管饰	铜	1 件	完整	东回廊北端十区上层	
1583	M1Ⅹ:1339 – 2	管饰	铜	1 件	完整	东回廊北端十区上层	
1584	M1Ⅹ:1339 – 3	管饰	铜	1 件	完整	东回廊北端十区上层	
1585	M1Ⅹ:1339 – 4	管饰	铜	1 件	完整	东回廊北端十区上层	
1586	M1Ⅹ:1339 – 5	管饰	铜	1 件	完整	东回廊北端十区上层	
1587	M1Ⅹ:1339 – 6	管饰	铜	1 件	完整	东回廊北端十区上层	
1588	M1Ⅹ:1339 – 7	管饰	铜	1 件	完整	东回廊北端十区上层	
1589	M1Ⅹ:1339 – 8	管饰	铜	1 件	完整	东回廊北端十区上层	
1590	M1Ⅹ:1339 – 9	管饰	铜	1 件	完整	东回廊北端十区上层	
1591	M1Ⅹ:1339 – 10	泡饰	铜	1 件	完整	东回廊北端十区上层	
1592	M1Ⅹ:1339 – 11	泡饰	铜	1 件	完整	东回廊北端十区上层	
1593	M1Ⅹ:1339 – 12	泡饰	铜	1 件	完整	东回廊北端十区上层	
1594	M1Ⅹ:1339 – 13	泡饰	铜	1 件	完整	东回廊北端十区上层	
1595	M1Ⅹ:1339 – 14	泡饰	铜	1 件	完整	东回廊北端十区上层	
1596	M1Ⅹ:1339 – 15	泡饰	铜	1 件	完整	东回廊北端十区上层	
1597	M1Ⅹ:1339 – 16	泡饰	铜	1 件	完整	东回廊北端十区上层	
1598	M1Ⅹ:1339 – 17	泡饰	铜	1 件	残	东回廊北端十区上层	
1599	M1Ⅹ:1339 – 18	泡饰	铜	1 件	完整	东回廊北端十区上层	
1600	M1Ⅹ:1339 – 19	泡饰	铜	1 件	完整	东回廊北端十区上层	
1601	M1Ⅹ:1339 – 20	泡饰	铜	1 件	完整	东回廊北端十区上层	
1602	M1Ⅹ:1339 – 21	泡饰	铜	1 件	完整	东回廊北端十区上层	
1603	M1Ⅹ:1339 – 22	泡饰	铜	1 件	完整	东回廊北端十区上层	
1604	M1Ⅹ:1339 – 23	泡饰	铜	1 件	残	东回廊北端十区上层	

续附表三

序号	器号	器名	质料	数量	现状	位置	备注
1605	M1 X：1339－24	泡饰	铜	1件	残损严重	东回廊北端十区上层	
1606	M1 X：1339－25	泡饰	铜	1件	完整	东回廊北端十区上层	
1607	M1 X：1339－26	泡饰	铜	1件	完整	东回廊北端十区上层	
1608	M1 X：1339－27	泡饰	铜	1件	完整	东回廊北端十区上层	
1609	M1 X：1339－28	泡饰	铜	1件	完整	东回廊北端十区上层	
1610	M1 X：1339－29	泡饰	铜	1件	完整	东回廊北端十区上层	
1611	M1 X：1339－30	泡饰	铜	1件	完整	东回廊北端十区上层	
1612	M1 X：1339－31	泡饰	铜	1件	完整	东回廊北端十区上层	
1613	M1 X：1339－32	泡饰	铜	1件	完整	东回廊北端十区上层	
1614	M1 X：1339－33	泡饰	铜	1件	完整	东回廊北端十区上层	
1615	M1 X：1339－34	泡饰	铜	1件	完整	东回廊北端十区上层	
1616	M1 X：1339－35	带扣	铜	1件	完整	东回廊北端十区上层	
1617	M1 X：1339－36	管饰	铜	1件	完整	东回廊北端十区上层	
1618	M1 X：1339－37	管饰	铜	1件	完整	东回廊北端十区上层	
1619	M1 X：1339－38	管饰	铜	1件	完整	东回廊北端十区上层	
1620	M1 X：1339－39	管饰	铜	1件	残	东回廊北端十区上层	
1621	M1 X：1339－40	管饰	铜	1件	完整	东回廊北端十区上层	
1622	M1 X：1339－41	管饰	铜	1件	完整	东回廊北端十区上层	
1623	M1 X：1339－42	管饰	铜	1件	残	东回廊北端十区上层	
1624	M1 X：1340	盖弓帽	铜	1件	残	东回廊北端十区上层	
1625	M1 X：1342	钉	铁	1件	锈残	东回廊北端十区下层	
1626	M1 X：1343	马衔镳	铁	1套3件	锈残	东回廊北端十区下层	
1627	M1 X：1344	剑	铁	1件	锈残	东回廊北端十区上层	
1628	M1 X：1345	盖弓帽	铜	1件	残	东回廊北端十区上层	
1629	M1 X：1346	节约	铜	1件	完整	东回廊北端十区上层	
1630	M1 X：1347	节约	铜	1件	完整	东回廊北端十区上层	
1631	M1 X：1348	伞柄箍饰	铜	1套4件	完整	东回廊北端十区上层	与M1 X：1392为一套
1632	M1 X：1349	盖弓帽	铜	1件	残	东回廊北端十区上层	
1633	M1 X：1350	盖弓帽	铜	1件	残	东回廊北端十区上层	
1634	M1 X：1351	盖弓帽	铜	1件	完整	东回廊北端十区上层	
1635	M1 X：1352	戟	铁	1件	锈残	东回廊北端十区上层	
1636	M1 X：1353	镦	铜	1件	完整	东回廊北端十区上层	
1637	M1 X：1354	盖弓帽	铜	1件	残	东回廊北端十区上层	

续附表三

序号	器号	器名	质料	数量	现状	位置	备注
1638	M1Ⅹ:1355	帽饰	铜	1件	完整	东回廊北端十区上层	
1639	M1Ⅹ:1356	盖弓帽	铜	1件	残	东回廊北端十区上层	
1640	M1Ⅹ:1357	盖弓帽	铜	1件	残	东回廊北端十区上层	
1641	M1Ⅹ:1358	盖弓帽	铜	1件	残	东回廊北端十区上层	
1642	M1Ⅹ:1359	盖弓帽	铜	1件	残	东回廊北端十区上层	
1643	M1Ⅹ:1360	盖弓帽	铜	1件	残	东回廊北端十区上层	
1644	M1Ⅹ:1361	环	铜	1件	完整	东回廊北端十区上层	
1645	M1Ⅹ:1362	环	铜	1件	完整	东回廊北端十区上层	
1646	M1Ⅹ:1363	车軎	铜	1件	完整	东回廊北端十区上层	
	M1Ⅹ:1364	马络	铜	1套15件		东回廊北端十区上层	
1647	M1Ⅹ:1364-1	管饰	铜	1件	残	东回廊北端十区上层	
1648	M1Ⅹ:1364-2	管饰	铜	1件	完整	东回廊北端十区上层	
1649	M1Ⅹ:1364-3	管饰	铜	1件	残	东回廊北端十区上层	
1650	M1Ⅹ:1364-4	管饰	铜	1件	完整	东回廊北端十区上层	
1651	M1Ⅹ:1364-5	管饰	铜	1件	完整	东回廊北端十区上层	
1652	M1Ⅹ:1364-6	管饰	铜	1件	完整	东回廊北端十区上层	
1653	M1Ⅹ:1364-7	管饰	铜	1件	完整	东回廊北端十区上层	
1654	M1Ⅹ:1364-8	管饰	铜	1件	完整	东回廊北端十区上层	
1655	M1Ⅹ:1364-9	管饰	铜	1件	完整	东回廊北端十区上层	
1656	M1Ⅹ:1364-10	管饰	铜	1件	完整	东回廊北端十区上层	
1657	M1Ⅹ:1364-11	管饰	铜	1件	完整	东回廊北端十区上层	
1658	M1Ⅹ:1364-12	管饰	铜	1件	残	东回廊北端十区上层	
1659	M1Ⅹ:1364-13	管饰	铜	1件	完整	东回廊北端十区上层	
1660	M1Ⅹ:1364-14	管饰	铜	1件	完整	东回廊北端十区上层	
1661	M1Ⅹ:1364-15	管饰	铜	1件	完整	东回廊北端十区上层	
1662	M1Ⅰ:1365	弩机	铜	1件	完整	西回廊南端一区上层	
1663	M1Ⅰ:1366	剑	铁	1件	锈残	西回廊南端一区上层	
1664	M1Ⅰ:1367	剑	铁	1件	锈残	西回廊南端一区上层	
1665	M1Ⅰ:1368	饰件	银	1件	残	西回廊南端一区上层	
1666	M1Ⅰ:1369	饰件	银	1件	残	西回廊南端一区上层	
1667	M1Ⅰ:1370	带扣	铜	1件	残	西回廊南端一区上层	
1668	M1Ⅰ:1371	带扣	铜	1件	残	西回廊南端一区上层	
1669	M1Ⅰ:1372	马衔镳	铜	1套3件	残	西回廊南端一区上层	
1670	M1Ⅸ:1373	带扣	铜	1件	残	东回廊北部九区上层	

续附表三

序号	器号	器名	质料	数量	现状	位置	备注
1671	M1Ⅸ:1374	剑	铁	1件	锈残	东回廊北部九区上层	
1672	M1Ⅸ:1375	剑	铁	1件	锈残	东回廊北部九区上层	
1673	M1Ⅸ:1376	盖弓帽	铜	1件	残	东回廊北部九区上层	
1674	M1Ⅸ:1377	盖弓帽	铜	1件	残	东回廊北部九区上层	
1675	M1Ⅸ:1378	节约	铜	1件	完整	东回廊北部九区上层	
1676	M1Ⅸ:1379	节约	铜	1件	完整	东回廊北部九区上层	
1677	M1Ⅸ:1380	马衔镳	铜	1件	残	东回廊北部九区上层	与M1Ⅸ:1478为一套
1678	M1Ⅸ:1381	节约	铜	1件	完整	东回廊北部九区上层	
1679	M1Ⅸ:1382	节约	铜	1件	完整	东回廊北部九区上层	
1680	M1Ⅸ:1383	镦	铜	1件	完整	东回廊北部九区上层	
1681	M1Ⅸ:1384	盖弓帽	铜	1件	残	东回廊北部九区上层	
1682	M1Ⅸ:1385	镦	铜	1件	完整	东回廊北部九区上层	
1683	M1Ⅸ:1386	节约	铜	1件	残	东回廊北部九区上层	
1684	M1Ⅸ:1387	盖弓帽	铜	1件	残损严重	东回廊北部九区上层	
1685	M1Ⅸ:1388	节约	铜	1件	完整	东回廊北部九区上层	
1686	M1Ⅸ:1389	马衔镳	铜	1套3件	残	东回廊北部九区上层	
1687	M1Ⅹ:1390	剑	铁	1件	锈残	东回廊北端十区上层	
1688	M1Ⅹ:1391	剑	铁	1件	锈残	东回廊北端十区上层	
1689	M1Ⅹ:1392	伞柄箍饰	铜	1套4件	完整	东回廊北端十区上层	与M1Ⅹ:1348为一套
1690	M1Ⅹ:1393	帽饰	铜	1件	完整	东回廊北端十区上层	
1691	M1Ⅹ:1394	车軎	铜	1件	完整	东回廊北端十区上层	
1692	M1ⅢA:1395	盖弓帽	铜	1件	残	西回廊中部偏南三A区上层	
1693	M1ⅢA:1396	盖弓帽	铜	1件	残	西回廊中部偏南三A区上层	
1694	M1ⅢA:1397	盖弓帽	铜	1件	残	西回廊中部偏南三A区上层	
1695	M1ⅢA:1398	盖弓帽	铜	1件	残	西回廊中部偏南三A区上层	
1696	M1ⅢA:1399	盖弓帽	铜	1件	残	西回廊中部偏南三A区上层	
1697	M1ⅢA:1400	盖弓帽	铜	1件	完整	西回廊中部偏南三A区上层	
1698	M1ⅢA:1401	盖弓帽	铜	1件	残	西回廊中部偏南三A区上层	
1699	M1ⅢA:1402	节约	铜	1件	完整	西回廊中部偏南三A区上层	
1700	M1ⅢA:1403	弩机	铜	1件	完整	西回廊中部偏南三A区上层	
1701	M1ⅢA:1404	盖弓帽	铜	1件	完整	西回廊中部偏南三A区上层	
1702	M1ⅢB:1407	马衔镳	铜	1件	残	西回廊中部三B区上层	

续附表三

序号	器号	器名	质料	数量	现状	位置	备注
1703	M1ⅢB：1408	节约	铜	1件	残	西回廊中部三B区上层	
1704	M1ⅢB：1409	节约	铜	1件	完整	西回廊中部三B区上层	
1705	M1ⅢB：1410	节约	铜	1件	残	西回廊中部三B区上层	
1706	M1ⅢB：1411	衡末	铜	1件	完整	西回廊中部三B区上层	
1707	M1ⅢB：1412	马蹄形管饰	铜	1件	残	西回廊中部三B区上层	
1708	M1ⅢB：1413	节约	铜	1件	残	西回廊中部三B区上层	
1709	M1ⅢB：1414	节约	铜	1件	完整	西回廊中部三B区上层	
1710	M1ⅢB：1415	节约	铜	1件	残	西回廊中部三B区上层	
1711	M1ⅢB：1416	节约	铜	1件	完整	西回廊中部三B区上层	
1712	M1ⅢB：1417	节约	铜	1件	残	西回廊中部三B区上层	
1713	M1ⅢB：1418	节约	铜	1件	残	西回廊中部三B区上层	
1714	M1ⅢA：1419	盖弓帽	铜	1件	残	西回廊中部偏南三A区上层	
1715	M1ⅢA：1420	盖弓帽	铜	1件	完整	西回廊中部偏南三A区上层	
1716	M1ⅢA：1421	衔环	铜	1件	残	西回廊中部偏南三A区上层	
1717	M1ⅢA：1423	盖弓帽	铜	1件	残	西回廊中部偏南三A区上层	
1718	M1Ⅸ：1424	盖弓帽	铜	1件	残	东回廊北部九区上层	
1719	M1Ⅸ：1425	带扣	铜	1件	残	东回廊北部九区上层	
1720	M1Ⅸ：1426	节约	铜	1件	完整	东回廊北部九区上层	
1721	M1Ⅸ：1427	节约	铜	1件	完整	东回廊北部九区上层	
1722	M1Ⅸ：1428	节约	铜	1件	完整	东回廊北部九区上层	
1723	M1Ⅸ：1429	节约	铜	1件	残	东回廊北部九区上层	
1724	M1Ⅸ：1430	节约	铜	1件	残	东回廊北部九区上层	
1725	M1Ⅸ：1431	剑	铁	1件	锈残	东回廊北部九区上层	
1726	M1Ⅸ：1432	剑	铁	1件	锈残	东回廊北部九区上层	
1727	M1Ⅸ：1433	帽饰	铜	1件	完整	东回廊北部九区上层	
1728	M1Ⅸ：1434	帽饰	铜	1件	完整	东回廊北部九区上层	
1729	M1Ⅸ：1435	盖弓帽	铜	1件	残	东回廊北部九区上层	
1730	M1Ⅸ：1436	盖弓帽	铜	1件	残	东回廊北部九区上层	
1731	M1Ⅸ：1437	盖弓帽	铜	1件	残	东回廊北部九区上层	
1732	M1Ⅸ：1438	盖弓帽	铜	1件	残	东回廊北部九区上层	
1733	M1Ⅸ：1439	伞柄箍饰	铜	1套4件	完整	东回廊北部九区上层	与M1Ⅸ：1293、M1Ⅸ 1594 为一套
1734	M1Ⅸ：1440	剑	铁	1件	锈残	东回廊北部九区上层	
1735	M1Ⅸ：1441	节约	铜	1件	完整	东回廊北部九区上层	

续附表三

序号	器号	器名	质料	数量	现状	位置	备注
1736	M1Ⅸ：1442	环	铜	1件	完整	东回廊北部九区上层	
1737	M1Ⅸ：1443	节约	铜	1件	完整	东回廊北部九区上层	
1738	M1Ⅸ：1444	剑	铁	1件	锈残	东回廊北部九区上层	
1739	M1Ⅸ：1445	剑	铁	1件	锈残	东回廊北部九区上层	
1740	M1Ⅸ：1446	剑	铁	1件	锈残	东回廊北部九区上层	
1741	M1Ⅸ：1447	剑	铁	1件	锈残	东回廊北部九区上层	
1742	M1Ⅸ：1448	剑	铁	1件	锈残	东回廊北部九区上层	
1743	M1Ⅸ：1449	剑	铁	1件	锈残	东回廊北部九区上层	
1744	M1Ⅸ：1450	剑	铁	1件	锈残	东回廊北部九区上层	
1745	M1Ⅸ：1451	车軎	铜	1件	完整	东回廊北部九区上层	
1746	M1Ⅸ：1452	帽饰	铜	1件	完整	东回廊北部九区上层	
1747	M1Ⅸ：1453	节约	铜	1件	残	东回廊北部九区上层	
1748	M1Ⅸ：1454	伞柄箍饰	铜	1套4件	完整	东回廊北部九区上层	与 M1Ⅸ：1581 为一套
1749	M1Ⅸ：1455	承弓器	铜	1件	完整	东回廊北部九区上层	
1750	M1Ⅸ：1456	戟	铁	1件	锈残	东回廊北部九区上层	
1751	M1Ⅸ：1457	盖弓帽	铜	1件	完整	东回廊北部九区上层	
1752	M1Ⅸ：1458	盖弓帽	铜	1件	残	东回廊北部九区上层	
1753	M1Ⅸ：1459	盖弓帽	铜	1件	完整	东回廊北部九区上层	
1754	M1Ⅸ：1460	盖弓帽	铜	1件	完整	东回廊北部九区上层	
1755	M1Ⅸ：1461	戟	铁	1件	锈残	东回廊北部九区上层	
1756	M1Ⅸ：1462	带扣	铜	1件	残	东回廊北部九区上层	
1757	M1Ⅸ：1463	节约	铜	1件	残	东回廊北部九区上层	
1758	M1Ⅸ：1464	节约	铜	1件	完整	东回廊北部九区上层	
1759	M1Ⅸ：1465	节约	铜	1件	完整	东回廊北部九区上层	
1760	M1Ⅸ：1466	节约	铜	1件	完整	东回廊北部九区上层	
1761	M1Ⅸ：1467	节约	铜	1件	完整	东回廊北部九区上层	
1762	M1Ⅸ：1468	节约	铜	1件	残	东回廊北部九区上层	
1763	M1Ⅸ：1469	节约	铜	1件	残	东回廊北部九区上层	
1764	M1Ⅸ：1470	衡末	铜	1件	完整	东回廊北部九区上层	
1765	M1Ⅸ：1471	𰀁	铜	1件	完整	东回廊北部九区上层	
1766	M1Ⅸ：1472	轭足饰	铜	1件	完整	东回廊北部九区上层	
1767	M1Ⅸ：1473	衡末	铜	1件	完整	东回廊北部九区上层	
1768	M1Ⅸ：1474	带钩	铜	1件	残	东回廊北部九区上层	

续附表三

序号	器号	器名	质料	数量	现状	位置	备注
1769	M1Ⅸ：1475	剑	铁	1件	锈残	东回廊北部九区上层	
1770	M1Ⅸ：1476	剑	铁	1件	锈残	东回廊北部九区上层	
1771	M1Ⅸ：1477	剑	铁	1件	锈残	东回廊北部九区上层	
1772	M1Ⅸ：1478	剑	铁	1件	锈残	东回廊北部九区上层	
1773	M1Ⅸ：1479-1	弹丸	泥	1件	完整	东回廊北部九区上层	
1774	M1Ⅸ：1479-2	弹丸	泥	1件	完整	东回廊北部九区上层	
1775	M1Ⅸ：1480	兽首构件	铜	1件	完整	东回廊北部九区上层	
1776	M1Ⅸ：1481	弩机	铜	1件	残	东回廊北部九区上层	
1777	M1Ⅸ：1482	马衔镳	铜	1件	残	东回廊北部九区上层	
1778	M1Ⅸ：1483	马衔镳	铜	1套3件	残	东回廊北部九区上层	
1779	M1Ⅸ：1484	马衔镳	铜	1套3件	残	东回廊北部九区上层	
1780	M1Ⅸ：1485	盖弓帽	铜	1件	残	东回廊北部九区上层	
1781	M1Ⅸ：1486	盖弓帽	铜	1件	残	东回廊北部九区上层	
1782	M1Ⅸ：1487	盖弓帽	铜	1件	残	东回廊北部九区上层	
1783	M1Ⅸ：1489	盖弓帽	铜	1件	残	东回廊北部九区上层	
1784	M1Ⅸ：1490	盖弓帽	铜	1件	残损严重	东回廊北部九区上层	
1785	M1Ⅸ：1491	盖弓帽	铜	1件	残	东回廊北部九区上层	
1786	M1Ⅸ：1492	节约	铜	1件	残	东回廊北部九区上层	
1787	M1Ⅸ：1493	马衔镳	铜	1套3件	残	东回廊北部九区上层	与M1Ⅸ：1388为一套
1788	M1Ⅸ：1494	盖弓帽	铜	1件	残	东回廊北部九区上层	
1789	M1Ⅸ：1495	当卢	铜	1件	残	东回廊北部九区上层	
1790	M1Ⅸ：1496	当卢	铜	1件	完整	东回廊北部九区上层	
1791	M1Ⅸ：1497	节约	铜	1件	残	东回廊北部九区上层	
1792	M1Ⅸ：1498	节约	铜	1件	残	东回廊北部九区上层	
1793	M1Ⅸ：1499	盖弓帽	铜	1件	残	东回廊北部九区上层	
1794	M1Ⅸ：1500	盖弓帽	铜	1件	残	东回廊北部九区上层	
1795	M1Ⅸ：1501	节约	铜	1件	完整	东回廊北部九区上层	
1796	M1Ⅰ：1502	环	铜	1件	完整	西回廊南端一区上层	
1797	M1Ⅰ：1503	镦	铜	1件	完整	西回廊南端一区上层	
1798	M1Ⅰ：1504	戟	铁	1件	锈残	西回廊南端一区上层	
1799	M1Ⅰ：1505	钩	铜	1件	残	西回廊南端一区上层	
1800	M1Ⅰ：1506	兽首构件	铜	1件	完整	西回廊南端一区上层	
1801	M1Ⅰ：1507	节约	铜	1件	完整	西回廊南端一区上层	

续附表三

序号	器号	器名	质料	数量	现状	位置	备注
1802	M1Ⅰ:1508	戟	铁	1件	锈残	西回廊南端一区上层	
1803	M1Ⅰ:1509	戟	铁	1件	锈残	西回廊南端一区上层	
1804	M1Ⅰ:1510	马衔镳	铜	1套3件	残	西回廊南端一区上层	
1805	M1Ⅰ:1511	节约	铜	1件	残	西回廊南端一区上层	
1806	M1Ⅰ:1512	环	铜	1件	残	西回廊南端一区上层	
1807	M1Ⅰ:1513	环	铜	1件	残	西回廊南端一区上层	
1808	M1Ⅰ:1514	衡末	铜	1件	残	西回廊南端一区上层	
1809	M1Ⅰ:1515	轙	铜	1件	残	西回廊南端一区上层	
1810	M1Ⅰ:1516	节约	铜	1件	残	西回廊南端一区上层	
1811	M1Ⅰ:1517	衡末	铜	1件	残	西回廊南端一区上层	
1812	M1Ⅰ:1518	节约	铜	1件	残	西回廊南端一区上层	
1813	M1Ⅰ:1519	节约	铜	1件	残	西回廊南端一区上层	
1814	M1Ⅰ:1520	环	铜	1件	完整	西回廊南端一区上层	
1815	M1Ⅰ:1521	环	铜	1件	完整	西回廊南端一区上层	
1816	M1Ⅰ:1522	马衔镳	铜	1套3件	残	西回廊南端一区上层	
1817	M1Ⅰ:1523	衡末	铜	1件	完整	西回廊南端一区上层	
1818	M1Ⅰ:1524	衡末	铜	1件	完整	西回廊南端一区上层	
1819	M1Ⅰ:1525	轙	铜	1件	完整	西回廊南端一区上层	
1820	M1Ⅰ:1526	剑	铁	1件	锈残	西回廊南端一区上层	
1821	M1Ⅰ:1527	节约	铜	1件	残	西回廊南端一区上层	
1822	M1Ⅰ:1528	节约	铜	1件	残	西回廊南端一区上层	
1823	M1Ⅰ:1529	节约	铜	1件	残	西回廊南端一区上层	
1824	M1Ⅰ:1531	马衔镳	铜	1套3件	完整	西回廊南端一区上层	
1825	M1Ⅰ:1532	镦	铜	1件	完整	西回廊南端一区上层	
1826	M1Ⅰ:1533	节约	铜	1件	残	西回廊南端一区上层	
1827	M1Ⅰ:1534	戟	铁	1件	锈残	西回廊南端一区上层	
1828	M1Ⅰ:1535	弩机	铜	1件	完整	西回廊南端一区上层	
1829	M1Ⅰ:1536	节约	铜	1件	残	西回廊南端一区上层	
1830	M1Ⅰ:1537	马衔镳	铜	1套3件	残	西回廊南端一区上层	
1831	M1Ⅰ:1538	剑	铁	1件	锈残	西回廊南端一区上层	
1832	M1Ⅰ:1539	戟	铁	1件	锈残	西回廊南端一区上层	
1833	M1Ⅰ:1540	镦	铜	1件	残	西回廊南端一区上层	
1834	M1Ⅰ:1541	戟	铁	1件	锈残	西回廊南端一区上层	
1835	M1Ⅱ:1542	马衔镳	铜	1套3件	残	西回廊南部二区上层	

续附表三

序号	器号	器名	质料	数量	现状	位置	备注
1836	M1Ⅰ:1543	节约	铜	1件	完整	西回廊南端一区上层	
1837	M1Ⅰ:1544	节约	铜	1件	残	西回廊南端一区上层	
1838	M1Ⅱ:1545	节约	铜	1件	残	西回廊南部二区上层	
1839	M1Ⅱ:1546	节约	铜	1件	残	西回廊南部二区上层	
1840	M1Ⅱ:1547	马衔镳	铜	1套3件	残	西回廊南部二区上层	
1841	M1Ⅱ:1548	戟	铁	1件	锈残	西回廊南部二区上层	
1842	M1Ⅱ:1549	戟	铁	1件	锈残	西回廊南部二区上层	
1843	M1Ⅰ:1550	衡末	铜	1件	完整	西回廊南端一区上层	
1844	M1Ⅰ:1551	轙	铜	1件	完整	西回廊南端一区上层	
1845	M1Ⅱ:1552	马衔镳	铜	1套3件	残	西回廊南部二区上层	
1846	M1Ⅰ:1553	节约	铜	1件	残	西回廊南端一区上层	
1847	M1Ⅰ:1555	辕首	铜	1件	残	西回廊南端一区上层	
1848	M1Ⅰ:1556	轙	铜	1件	完整	西回廊南端一区上层	
1849	M1Ⅰ:1557	车軎	铜	1件	完整	西回廊南端一区上层	
1850	M1Ⅰ:1558	衡末	铜	1件	残	西回廊南端一区上层	
1851	M1Ⅰ:1559	衡末	铜	1件	残	西回廊南端一区上层	
1852	M1Ⅰ:1560	轙	铜	1件	残	西回廊南端一区上层	
1853	M1Ⅵ:1561	伞柄箍饰	银	1件	完整	东回廊南端六区上层	与M1Ⅵ:1812为一组
1854	M1Ⅵ:1562	环	铜	1件	残	东回廊南端六区上层	
1855	M1ⅦA:1563-1	笄	玳瑁	1件	残	东回廊南部七A区上层	
1856	M1ⅦA:1563-2	笄	玳瑁	2件	残	东回廊南部七A区上层	
1857	M1Ⅱ:1564	镦	铜	1件	完整	西回廊南部二区上层	
1858	M1Ⅱ:1565	镦	铜	1件	完整	西回廊南部二区上层	
1859	M1Ⅱ:1566	戟	铁	1件	锈残	西回廊南部二区上层	
1860	M1Ⅱ:1567	带扣	铜	1件	残	西回廊南部二区上层	
1861	M1ⅢA:1568	节约	铜	1件	残	西回廊中部偏南三A区上层	
1862	M1ⅢA:1569	盖弓帽	铜	1件	完整	西回廊中部偏南三A区上层	
1863	M1ⅢA:1570-1	弹丸	泥	1件	完整	西回廊中部偏南三A区上层	
1864	M1ⅢA:1570-2	弹丸	泥	1件	完整	西回廊中部偏南三A区上层	
1865	M1ⅢA:1570-3	弹丸	泥	1件	完整	西回廊中部偏南三A区上层	
1866	M1ⅢA:1570-4	弹丸	泥	1件	完整	西回廊中部偏南三A区上层	
1867	M1ⅢA:1570-5	弹丸	泥	1件	完整	西回廊中部偏南三A区上层	
1868	M1ⅢA:1570-6	弹丸	泥	1件	完整	西回廊中部偏南三A区上层	

续附表三

序号	器号	器名	质料	数量	现状	位置	备注
1869	M1ⅢA：1570－7	弹丸	泥	1件	完整	西回廊中部偏南三A区上层	
1870	M1ⅢA：1570－8	弹丸	泥	1件	完整	西回廊中部偏南三A区上层	
1871	M1ⅢA：1570－9	弹丸	泥	1件	完整	西回廊中部偏南三A区上层	
1872	M1ⅢA：1570－10	弹丸	泥	1件	完整	西回廊中部偏南三A区上层	
1873	M1ⅢA：1570－11	弹丸	泥	1件	完整	西回廊中部偏南三A区上层	
1874	M1ⅢA：1570－12	弹丸	泥	1件	完整	西回廊中部偏南三A区上层	
1875	M1ⅢA：1570－13	弹丸	泥	1件	完整	西回廊中部偏南三A区上层	
1876	M1ⅢA：1570－14	弹丸	泥	1件	完整	西回廊中部偏南三A区上层	
1877	M1ⅢA：1570－15	弹丸	泥	1件	完整	西回廊中部偏南三A区上层	
1878	M1ⅢA：1570－16	弹丸	泥	1件	完整	西回廊中部偏南三A区上层	
1879	M1ⅢA：1570－17	弹丸	泥	1件	完整	西回廊中部偏南三A区上层	
1880	M1ⅢA：1570－18	弹丸	泥	1件	完整	西回廊中部偏南三A区上层	
1881	M1ⅢA：1570－19	弹丸	泥	1件	完整	西回廊中部偏南三A区上层	
1882	M1ⅢA：1570－20	弹丸	泥	1件	完整	西回廊中部偏南三A区上层	
1883	M1ⅦB：1571	剑	铁	1件	锈残	东回廊中部偏南七B区上层	
1884	M1ⅦA：1572	剑	铁	1件	锈残	东回廊南部七A区上层	
1885	M1ⅦA：1574	剑	铁	1件	锈残	东回廊南部七A区上层	
1886	M1ⅦA：1575	盖弓帽	铜	1件	残	东回廊南部七A区上层	
1887	M1ⅦA：1576	泡饰	铜	1件	完整	东回廊南部七A区上层	
1888	M1ⅦB：1577	销钉	铜	1件	残	东回廊中部偏南七B区上层	
1889	M1Ⅸ：1579	盖弓帽	铜	1件	残	东回廊北部九区上层	
1890	M1Ⅸ：1580	盖弓帽	铜	1件	残	东回廊北部九区上层	
1891	M1Ⅸ：1581	伞柄箍饰	铜	1套4件	完整	东回廊北部九区上层	与M1Ⅸ：1454为一套
1892	M1Ⅸ：1582	节约	铜	1件	残	东回廊北部九区上层	
1893	M1Ⅸ：1583	节约	铜	1件	完整	东回廊北部九区上层	
1894	M1Ⅸ：1584	镦	铜	1件	完整	东回廊北部九区上层	
1895	M1Ⅸ：1585	剑	铁	1件	锈残	东回廊北部九区上层	
1896	M1Ⅸ：1586	釭	铁	1件	锈残	东回廊北部九区上层	
1897	M1Ⅸ：1587	承弓器	铜	1件	完整	东回廊北部九区上层	
1898	M1Ⅸ：1588	剑	铁	1件	锈残	东回廊北部九区上层	
1899	M1Ⅸ：1590	环	铜	1件	残	东回廊北部九区上层	
1900	M1Ⅸ：1591	环	铜	1件	完整	东回廊北部九区上层	
1901	M1Ⅸ：1592	戟	铁	1件	锈残	东回廊北部九区上层	

续附表三

序号	器号	器名	质料	数量	现状	位置	备注
1902	M1Ⅸ:1593	带钩	铜	1 件	残	东回廊北部九区上层	
1903	M1Ⅸ:1594	伞柄箍饰	铜	1 套 4 件	完整	东回廊北部九区上层	与 M1Ⅸ:1293、M1Ⅸ:1439 为一套
1904	M1Ⅸ:1595	帽饰	铜	1 件	完整	东回廊北部九区上层	
1905	M1Ⅱ:1596	镦	铜	1 件	完整	西回廊南部二区上层	
1906	M1Ⅱ:1597	环	铜	1 件	残	西回廊南部二区上层	
1907	M1Ⅱ:1598	镦	铜	1 件	完整	西回廊南部二区上层	
1908	M1Ⅱ:1599	节约	铜	1 件	残	西回廊南部二区上层	
1909	M1Ⅰ:1600	镦	铜	1 件	完整	西回廊南端一区上层	
1910	M1Ⅰ:1601	镦	铜	1 件	完整	西回廊南端一区上层	
1911	M1Ⅰ:1602	戟	铁	1 件	锈残	西回廊南端一区上层	
1912	M1Ⅰ:1603	弩机	铜	1 件	完整	西回廊南端一区上层	
1913	M1Ⅸ:1604	马衔镳	铜	1 套 3 件	残	东回廊北部九区上层	
1914	M1Ⅸ:1605	当卢	铜	1 件	残	东回廊北部九区上层	
1915	M1Ⅸ:1606	戟	铁	1 件	锈残	东回廊北部九区上层	
1916	M1Ⅸ:1607	马衔镳	铜	1 套 3 件	残	东回廊北部九区上层	
1917	M1Ⅸ:1608	节约	铜	1 件	完整	东回廊北部九区上层	
1918	M1Ⅸ:1609	节约	铜	1 件	残	东回廊北部九区上层	
1919	M1Ⅸ:1610	环	铜	1 件	残	东回廊北部九区上层	
1920	M1Ⅸ:1611	环	铜	1 件	完整	东回廊北部九区上层	
1921	M1Ⅸ:1612	盖弓帽	铜	1 件	残	东回廊北部九区上层	
1922	M1Ⅸ:1613	盖弓帽	铜	1 件	残	东回廊北部九区上层	
1923	M1Ⅸ:1614	节约	铜	1 件	残	东回廊北部九区上层	
1924	M1Ⅸ:1615	节约	铜	1 件	残	东回廊北部九区上层	
1925	M1Ⅸ:1616	剑	铁	1 件	锈残	东回廊北部九区上层	
1926	M1Ⅸ:1617	剑	铁	1 件	锈残	东回廊北部九区上层	
1927	M1Ⅸ:1618	剑	铁	1 件	锈残	东回廊北部九区上层	
1928	M1Ⅸ:1619	剑	铁	1 件	锈残	东回廊北部九区上层	
1929	M1Ⅸ:1620	剑	铁	1 件	锈残	东回廊北部九区上层	
1930	M1Ⅸ:1621	剑	铁	1 件	锈残	东回廊北部九区上层	
1931	M1Ⅸ:1622	剑	铁	1 件	锈残	东回廊北部九区上层	
1932	M1Ⅸ:1623	衡末	铜	1 件	残损严重	东回廊北部九区上层	
1933	M1Ⅸ:1624	辖	铜	1 件	残	东回廊北部九区上层	
1934	M1Ⅸ:1625	节约	铜	1 件	完整	东回廊北部九区上层	

续附表三

序号	器号	器名	质料	数量	现状	位置	备注
1935	M1Ⅸ:1626	节约	铜	1件	完整	东回廊北部九区上层	
1936	M1Ⅸ:1627	节约	铜	1件	完整	东回廊北部九区上层	
1937	M1Ⅸ:1628	环	铜	1件	完整	东回廊北部九区上层	
1938	M1Ⅸ:1629	盖弓帽	铜	1件	残	东回廊北部九区上层	
1939	M1Ⅸ:1631	带钩	铜	1件	残	东回廊北部九区上层	
1940	M1Ⅸ:1632	节约	铜	1件	残	东回廊北部九区上层	
1941	M1Ⅸ:1633	节约	铜	1件	残	东回廊北部九区上层	
1942	M1Ⅸ:1634	节约	铜	1件	完整	东回廊北部九区上层	
1943	M1Ⅸ:1635	节约	铜	1件	完整	东回廊北部九区上层	
1944	M1Ⅸ:1636	轭足饰	铜	1件	残	东回廊北部九区上层	
1945	M1Ⅸ:1637-1	弹丸	泥	1件	完整	东回廊北部九区上层	
1946	M1Ⅸ:1637-2	弹丸	泥	1件	完整	东回廊北部九区上层	
1947	M1Ⅸ:1637-3	弹丸	泥	1件	完整	东回廊北部九区上层	
1948	M1Ⅸ:1637-4	弹丸	泥	1件	完整	东回廊北部九区上层	
1949	M1Ⅸ:1637-5	弹丸	泥	1件	完整	东回廊北部九区上层	
1950	M1Ⅸ:1637-6	弹丸	泥	1件	完整	东回廊北部九区上层	
1951	M1Ⅸ:1637-7	弹丸	泥	1件	完整	东回廊北部九区上层	
1952	M1Ⅸ:1637-8	弹丸	泥	1件	完整	东回廊北部九区上层	
1953	M1Ⅸ:1637-9	弹丸	泥	1件	完整	东回廊北部九区上层	
1954	M1Ⅸ:1637-10	弹丸	泥	1件	完整	东回廊北部九区上层	
1955	M1Ⅸ:1637-11	弹丸	泥	1件	完整	东回廊北部九区上层	
1956	M1Ⅸ:1637-12	弹丸	泥	1件	完整	东回廊北部九区上层	
1957	M1Ⅸ:1637-13	弹丸	泥	1件	完整	东回廊北部九区上层	
1958	M1Ⅸ:1637-14	弹丸	泥	1件	完整	东回廊北部九区上层	
1959	M1Ⅸ:1637-15	弹丸	泥	1件	完整	东回廊北部九区上层	
1960	M1Ⅸ:1637-16	弹丸	泥	1件	完整	东回廊北部九区上层	
1961	M1Ⅸ:1637-17	弹丸	泥	1件	完整	东回廊北部九区上层	
1962	M1Ⅸ:1637-18	弹丸	泥	1件	完整	东回廊北部九区上层	
1963	M1Ⅸ:1638	节约	铜	1件	完整	东回廊北部九区上层	
1964	M1Ⅸ:1639	节约	铜	1件	残	东回廊北部九区上层	
1965	M1Ⅸ:1640	节约	铜	1件	完整	东回廊北部九区上层	
1966	M1Ⅸ:1641	节约	铜	1件	残	东回廊北部九区上层	
1967	M1Ⅸ:1642	剑	铁	1件	锈残	东回廊北部九区上层	
1968	M1Ⅸ:1643	剑	铁	1件	锈残	东回廊北部九区上层	

续附表三

序号	器号	器名	质料	数量	现状	位置	备注
1969	M1Ⅸ：1644	盖弓帽	铜	1件	残	东回廊北部九区上层	
1970	M1Ⅸ：1645	帽饰	铜	1件	完整	东回廊北部九区上层	
1971	M1Ⅸ：1646	钩	铜	1件	残	东回廊北部九区上层	
1972	M1Ⅸ：1647	钩	铜	1件	完整	东回廊北部九区上层	
1973	M1Ⅸ：1648	节约	铜	1件	完整	东回廊北部九区上层	
1974	M1Ⅸ：1649	带扣	铜	1件	残	东回廊北部九区上层	
1975	M1Ⅸ：1650	虎帐座	铜	1件	完整	东回廊北部九区上层	
1976	M1Ⅸ：1651	盖弓帽	铜	1件	残	东回廊北部九区上层	
1977	M1Ⅸ：1652	马衔镳	铜	1套3件	残	东回廊北部九区上层	
1978	M1Ⅸ：1653	盖弓帽	铜	1件	残	东回廊北部九区上层	
1979	M1Ⅸ：1654	盖弓帽	铜	1件	残	东回廊北部九区上层	
1980	M1Ⅸ：1655	盖弓帽	铜	1件	残	东回廊北部九区上层	
1981	M1Ⅸ：1656	盖弓帽	铜	1件	残	东回廊北部九区上层	
1982	M1Ⅸ：1657	盖弓帽	铜	1件	残	东回廊北部九区上层	
1983	M1Ⅸ：1658	节约	铜	1件	残	东回廊北部九区上层	
1984	M1Ⅷ：1659	承弓器	铜	1件	完整	东回廊中部八区上层	
1985	M1Ⅸ：1660	马衔镳	铜	1套3件	残	东回廊北部九区上层	
1986	M1Ⅰ：1661	笥	漆	1件	残	西回廊南端一区上层	
1987	M1Ⅰ：1663	环	铜	1件	完整	西回廊南端一区下层	
1988	M1Ⅰ：1664	铺首	铜	1件	残	西回廊南端一区下层	
1989	M1Ⅰ：1665	环	铜	1件	完整	西回廊南端一区下层	
1990	M1Ⅰ：1666	环	铜	1件	完整	西回廊南端一区上层	
1991	M1Ⅰ：1667	车軎	铜	1件	残	西回廊南端一区上层	与M1Ⅰ：2157、M1Ⅰ：2159为一套
1992	M1Ⅰ：1668	承弓器	铜	1件	完整	西回廊南端一区上层	
1993	M1Ⅰ：1669	铺首	铜	1件	残	西回廊南端一区下层	
1994	M1Ⅰ：1670	衔环	铜	1件	完整	西回廊南端一区上层	
1995	M1Ⅰ：1671	衔环	铜	1件	完整	西回廊南端一区上层	
1996	M1Ⅰ：1672	镦	铜	1件	残	西回廊南端一区上层	
1997	M1Ⅰ：1675	剑	铁	1件	锈残	西回廊南端一区上层	
1998	M1Ⅰ：1676	镦	铜	1件	完整	西回廊南端一区上层	
1999	M1Ⅰ：1677	节约	铜	1件	残	西回廊南端一区上层	
2000	M1Ⅰ：1678	环	铜	1件	完整	西回廊南端一区上层	
2001	M1Ⅰ：1679	钩	铜	1件	完整	西回廊南端一区上层	

续附表三

序号	器号	器名	质料	数量	现状	位置	备注
2002	M1Ⅰ:1680	钩	铜	1件	完整	西回廊南端一区上层	
2003	M1Ⅰ:1681	马衔镳	铜	1套3件	残	西回廊南端一区上层	
2004	M1Ⅰ:1682	戟	铁	1件	锈残	西回廊南端一区上层	
2005	M1Ⅰ:1683	环	铜	1件	完整	西回廊南端一区上层	
2006	M1Ⅷ:1684	盖弓帽	铜	1件	残	东回廊中部八区上层	
2007	M1Ⅷ:1685	承弓器	铜	1件	残	东回廊中部八区上层	
2008	M1Ⅷ:1686	承弓器	铜	1件	完整	东回廊中部八区上层	
2009	M1Ⅷ:1687	剑	铁	1件	锈残	东回廊中部八区上层	
2010	M1Ⅷ:1688	剑	铁	1件	锈残	东回廊中部八区上层	
2011	M1Ⅷ:1689	节约	铜	1件	完整	东回廊中部八区上层	
2012	M1Ⅷ:1690	节约	铜	1件	残	东回廊中部八区上层	
2013	M1Ⅷ:1691	弩机	铜	1件	残	东回廊中部八区上层	
2014	M1Ⅷ:1692	节约	铜	1件	残	东回廊中部八区上层	
2015	M1Ⅷ:1694	盖弓帽	铜	1件	残	东回廊中部八区上层	
2016	M1Ⅷ:1695	盖弓帽	铜	1件	残	东回廊中部八区上层	
2017	M1Ⅷ:1696	剑	铁	1件	锈残	东回廊中部八区上层	
2018	M1Ⅷ:1697	弩机	铜	1件	残	东回廊中部八区上层	
2019	M1Ⅷ:1698	铜	铜	1件	残	东回廊中部八区上层	
2020	M1Ⅷ:1699	铜	铜	1件	残	东回廊中部八区上层	
2021	M1Ⅷ:1700	节约	铜	1件	残	东回廊中部八区上层	
2022	M1Ⅷ:1701	节约	铜	1件	完整	东回廊中部八区上层	
2023	M1Ⅷ:1702	节约	铜	1件	完整	东回廊中部八区上层	
2024	M1Ⅷ:1703	节约	铜	1件	完整	东回廊中部八区上层	
2025	M1Ⅷ:1704	节约	铜	1件	完整	东回廊中部八区上层	
2026	M1Ⅷ:1705	剑	铁	1件	锈残	东回廊中部八区上层	
2027	M1Ⅷ:1706	剑	铁	1件	锈残	东回廊中部八区上层	
2028	M1Ⅷ:1707	剑	铁	1件	锈残	东回廊中部八区上层	
2029	M1Ⅷ:1708	剑	铁	1件	锈残	东回廊中部八区上层	
2030	M1Ⅷ:1709	剑	铁	1件	锈残	东回廊中部八区上层	
2031	M1Ⅷ:1710	带钩	铜	1件	残	东回廊中部八区上层	
2032	M1Ⅷ:1711	盖弓帽	铜	1件	残	东回廊中部八区上层	
2033	M1Ⅷ:1713	铜	铜	1件	残	东回廊中部八区上层	
2034	M1Ⅷ:1714	帽饰	铜	1件	完整	东回廊中部八区上层	
2035	M1Ⅷ:1715	戟	铁	1件	锈残	东回廊中部八区上层	

续附表三

序号	器号	器名	质料	数量	现状	位置	备注
2036	M1Ⅷ：1716	镦	铜	1件	残	东回廊中部八区上层	
2037	M1Ⅷ：1717	虎帐座	铜	1件	完整	东回廊中部八区上层	
2038	M1Ⅷ：1718	带钩	铜	1件	残	东回廊中部八区上层	
2039	M1Ⅷ：1719	轭足饰	铜	1件	完整	东回廊中部八区上层	
2040	M1Ⅷ：1720	轭足饰	铜	1件	完整	东回廊中部八区上层	
2041	M1Ⅷ：1721	剑	铁	1件	锈残	东回廊中部八区上层	
2042	M1Ⅷ：1722	剑	铁	1件	锈残	东回廊中部八区上层	
2043	M1Ⅷ：1723	节约	铜	1件	残	东回廊中部八区上层	
2044	M1Ⅷ：1724	盖弓帽	铜	1件	残	东回廊中部八区上层	
2045	M1Ⅷ：1725	盖弓帽	铜	1件	残	东回廊中部八区上层	
2046	M1Ⅷ：1726	盖弓帽	铜	1件	残	东回廊中部八区上层	
2047	M1Ⅷ：1727	剑	铁	1件	锈残	东回廊中部八区上层	
2048	M1Ⅷ：1728	弩机	铜	1件	残	东回廊中部八区上层	
2049	M1Ⅷ：1729	伞柄箍饰	铜	1套4件	完整	东回廊中部八区上层	
2050	M1Ⅷ：1730	马蹄形管饰	铜	1件	残	东回廊中部八区上层	
2051	M1Ⅷ：1731	兽首构件	铜	1件	完整	东回廊中部八区上层	
2052	M1Ⅷ：1732	弩机	铜	1件	残	东回廊中部八区上层	
2053	M1Ⅷ：1733	帽饰	铜	1件	残	东回廊中部八区上层	
2054	M1Ⅸ：1734	戟	铁	1件	锈残	东回廊北部九区上层	
2055	M1Ⅸ：1735	车軎	铜	1件	完整	东回廊北部九区上层	
2056	M1Ⅸ：1737	节约	铜	1件	完整	东回廊北部九区上层	
2057	M1Ⅸ：1738	环	铜	1件	完整	东回廊北部九区上层	
2058	M1Ⅸ：1739	盖弓帽	铜	1件	残	东回廊北部九区上层	
2059	M1Ⅸ：1740	剑	铁	1件	锈残	东回廊北部九区上层	
2060	M1Ⅸ：1741	带扣	铜	1件	残	东回廊北部九区上层	
2061	M1Ⅸ：1742	盖弓帽	铜	1件	残	东回廊北部九区上层	
2062	M1Ⅸ：1743	轭足饰	铜	1件	残	东回廊北部九区上层	
2063	M1Ⅸ：1744	轭足饰	铜	1件	残	东回廊北部九区上层	
2064	M1Ⅸ：1745	衡末	铜	1件	残	东回廊北部九区上层	
2065	M1Ⅸ：1746	铁剑	铁	1件	锈残	东回廊北部九区上层	
2066	M1Ⅸ：1747	轭足饰	铜	1件	残	东回廊北部九区上层	
2067	M1Ⅸ：1748	马衔镳	铜	1套3件	残	东回廊北部九区上层	
2068	M1Ⅸ：1749	带扣	铜	1件	完整	东回廊北部九区上层	
2069	M1Ⅸ：1750	节约	铜	1件	残	东回廊北部九区上层	

续附表三

序号	器号	器名	质料	数量	现状	位置	备注
2070	M1Ⅸ：1751	节约	铜	1件	残	东回廊北部九区上层	
2071	M1Ⅵ：1752	带钩	玉	1件	完整	东回廊南端六区上层	
2072	M1ⅦB：1759	镦	铜	1件	完整	东回廊中部偏南七B区上层	
2073	M1Ⅵ：1761	带扣	铜	1件	残	东回廊南端六区上层	
2074	M1Ⅵ：1762	带扣	铜	1件	完整	东回廊南端六区上层	
2075	M1ⅦA：1763	带扣	铜	1件	完整	东回廊南部七A区上层	
	M1ⅦB：1764	乐器架	木、铜	1套8件		东回廊中部偏南七B区上层	
2076	M1ⅦB：1764-1	明器乐器架包首	铜	1件	残	东回廊中部偏南七B区上层	
2077	M1ⅦB：1764-2	明器乐器架包首	铜	1件	残	东回廊中部偏南七B区上层	
2078	M1ⅦB：1764-3	明器乐器架包首	铜	1件	残	东回廊中部偏南七B区上层	
2079	M1ⅦB：1764-4	明器乐器架包首	铜	1件	残	东回廊中部偏南七B区上层	
2080	M1ⅦB：1764-5	明器乐器架包首	铜	1件	残	东回廊中部偏南七B区上层	
2081	M1ⅦB：1764-6	明器乐器架包首	铜	1件	残	东回廊中部偏南七B区上层	
2082	M1ⅦB：1764-7	明器乐器架包首	铜	1件	残	东回廊中部偏南七B区上层	
2083	M1ⅦB：1764-8	明器乐器架包首	铜	1件	残	东回廊中部偏南七B区上层	
2084	M1ⅦB：1765-1	明器乐器架包首	铜	1件	残	东回廊中部偏南七B区上层	
2085	M1ⅦB：1765-2	明器乐器架包首	铜	1件	残	东回廊中部偏南七B区上层	
2086	M1Ⅰ：1766	沐盘	银	1件	残	西回廊南端一区下层	
2087	M1ⅦA：1767	剑	铁	1件	锈残	东回廊南部七A区上层	
2088	M1ⅦA：1768	节约	铜	1件	残	东回廊南部七A区上层	
2089	M1ⅦA：1769	车軎	铜	1件	残	东回廊南部七A区上层	
2090	M1ⅦA：1770	盖弓帽	铜	1件	残	东回廊南部七A区上层	
2091	M1ⅦA：1771	带钩	铜	1件	残	东回廊南部七A区上层	
2092	M1ⅦA：1773	剑	铁	1件	锈残	东回廊南部七A区上层	
2093	M1ⅦA：1775	盖弓帽	铜	1件	残	东回廊南部七A区上层	
2094	M1ⅦA：1776	剑	铁	1件	锈残	东回廊南部七A区上层	
2095	M1ⅦA：1777	剑	铁	1件	锈残	东回廊南部七A区上层	
2096	M1ⅦA：1778-1	管饰	铜	1件	完整	东回廊南部七A区上层	
2097	M1ⅦA：1778-2	管饰	铜	1件	完整	东回廊南部七A区上层	
2098	M1ⅦA：1778-3	管饰	铜	1件	完整	东回廊南部七A区上层	
2099	M1ⅦA：1779-1	管饰	铜	1件	残	东回廊南部七A区上层	
2100	M1ⅦA：1779-2	管饰	铜	1件	残	东回廊南部七A区上层	
2101	M1ⅦA：1779-3	管饰	铜	1件	残	东回廊南部七A区上层	
2102	M1ⅦA：1781	节约	铜	1件	残	东回廊南部七A区上层	

续附表三

序号	器号	器名	质料	数量	现状	位置	备注
2103	M1ⅦA：1782	节约	铜	1件	残	东回廊南部七A区上层	
2104	M1ⅦA：1783	剑	铁	1件	锈残	东回廊南部七A区上层	
2105	M1ⅦA：1784	盖弓帽	铜	1件	残	东回廊南部七A区上层	
2106	M1ⅦA：1785	盖弓帽	铜	1件	残	东回廊南部七A区上层	
2107	M1ⅦA：1786	节约	铜	1件	完整	东回廊南部七A区上层	
2108	M1ⅦA：1787	节约	铜	1件	完整	东回廊南部七A区上层	
2109	M1ⅦA：1788	削	铁	1件	锈残	东回廊南部七A区上层	
2110	M1ⅦA：1789	残器	漆	1件	残损严重	东回廊南部七A区上层	
2111	M1ⅦA：1790	环	铜	1件	完整	东回廊南部七A区上层	
2112	M1ⅦA：1791	马衔镳	铜	1套3件	残	东回廊南部七A区上层	与M1ⅦA：4335 为一套
2113	M1ⅦA：1792	马衔镳	铜	1套3件	残	东回廊南部七A区上层	
2114	M1ⅦA：1793	戟	铁	1件	锈残	东回廊南部七A区上层	
2115	M1ⅦA：1794	节约	铜	1件	残	东回廊南部七A区上层	
2116	M1ⅦA：1795	节约	铜	1件	完整	东回廊南部七A区上层	
2117	M1ⅦA：1796	节约	铜	1件	完整	东回廊南部七A区上层	
2118	M1ⅦA：1797	戟	铁	1件	锈残	东回廊南部七A区上层	
2119	M1ⅦA：1798	剑	铁	1件	锈残	东回廊南部七A区上层	
2120	M1ⅦA：1799	戟	铁	1件	锈残	东回廊南部七A区上层	
2121	M1ⅦA：1800	马衔镳	铜	1套3件	残	东回廊南部七A区上层	
2122	M1ⅦA：1801	剑	铁	1件	锈残	东回廊南部七A区上层	
2123	M1ⅦA：1802	节约	铜	1件	残	东回廊南部七A区上层	
2124	M1ⅦA：1803	戟	铁	1件	锈残	东回廊南部七A区上层	
2125	M1ⅦA：1804	剑	铁	1件	锈残	东回廊南部七A区上层	
2126	M1ⅦA：1805	剑	铁	1件	锈残	东回廊南部七A区上层	
2127	M1Ⅵ：1806	轭足饰	铜	1件	完整	东回廊南端六区上层	
2128	M1Ⅵ：1807	盖弓帽	铜	1件	完整	东回廊南端六区上层	
2129	M1Ⅵ：1808	剑	铁	1件	锈残	东回廊南端六区上层	
2130	M1Ⅵ：1809	轭足饰	铜	1件	残	东回廊南端六区上层	
2131	M1Ⅵ：1810	厄持	铜	1件	完整	东回廊南端六区上层	
2132	M1Ⅵ：1811	厄持	铜	1件	残	东回廊南端六区上层	
2133	M1Ⅵ：1812	伞柄箍饰	银	1件	完整	东回廊南端六区上层	与M1Ⅵ：1561 为一组
2134	M1Ⅵ：1813	衡末	铜	1件	残	东回廊南端六区上层	

续附表三

序号	器号	器名	质料	数量	现状	位置	备注
2135	M1Ⅵ:1814	削	铁	1件	锈残	东回廊南端六区上层	
2136	M1Ⅵ:1815	削	铁	1件	锈残	东回廊南端六区上层	
2137	M1Ⅵ:1816	削	铁	1件	锈残	东回廊南端六区上层	
2138	M1Ⅵ:1817	削	铁	1件	锈残	东回廊南端六区上层	
2139	M1Ⅵ:1818	削	铁	1件	锈残	东回廊南端六区上层	
2140	M1Ⅵ:1819	削	铁	1件	锈残	东回廊南端六区上层	
2141	M1Ⅵ:1820	嵌宝石盖弓帽	银	1件	残	东回廊南端六区上层	
2142	M1Ⅵ:1821	铍	铁	1件	锈残	东回廊南端六区上层	
2143	M1Ⅵ:1822	剑	铁	1件	锈残	东回廊南端六区上层	
2144	M1Ⅵ:1825	伏兔	铜	1件	完整	东回廊南端六区上层	
2145	M1Ⅵ:1826	剑	铁	1件	锈残	东回廊南端六区上层	
2146	M1Ⅵ:1827	盖弓帽	铜	1件	残	东回廊南端六区上层	
2147	M1Ⅵ:1828	嵌宝石盖弓帽	银	1件	残	东回廊南端六区上层	
2148	M1Ⅵ:1829	盖弓帽	铜	1件	残	东回廊南端六区上层	
2149	M1Ⅵ:1830	镞	铜	1件	完整	东回廊南端六区上层	
2150	M1Ⅵ:1831	节约	铜	1件	完整	东回廊南端六区上层	
2151	M1Ⅵ:1832	盖弓帽	铜	1件	残	东回廊南端六区上层	
2152	M1Ⅵ:1833	剑	铁	1件	锈残	东回廊南端六区上层	
2153	M1Ⅵ:1834	节约	铜	1件	残	东回廊南端六区上层	
2154	M1Ⅵ:1835	节约	铜	1件	残	东回廊南端六区上层	
2155	M1Ⅵ:1837	剑	铁	1件	锈残	东回廊南端六区上层	
2156	M1Ⅵ:1838	节约	铜	1件	完整	东回廊南端六区上层	
2157	M1Ⅵ:1839	剑	铁	1件	锈残	东回廊南端六区上层	
2158	M1Ⅵ:1840	剑	铁	1件	锈残	东回廊南端六区上层	
2159	M1Ⅵ:1841	剑	铁	1件	锈残	东回廊南端六区上层	
2160	M1Ⅵ:1843	剑	铁	1件	锈残	东回廊南端六区上层	
2161	M1Ⅵ:1844	镦	铜	1件	完整	东回廊南端六区上层	
2162	M1Ⅵ:1845	节约	铜	1件	完整	东回廊南端六区上层	
2163	M1Ⅵ:1846	节约	铜	1件	完整	东回廊南端六区上层	
	M1Ⅵ:1847	马络	铜	1套14件		东回廊南端六区上层	
2164	M1Ⅵ:1847-1	管饰	铜	1件	完整	东回廊南端六区上层	
2165	M1Ⅵ:1847-2	管饰	铜	1件	完整	东回廊南端六区上层	
2166	M1Ⅵ:1847-3	管饰	铜	1件	完整	东回廊南端六区上层	
2167	M1Ⅵ:1847-4	管饰	铜	1件	完整	东回廊南端六区上层	

续附表三

序号	器号	器名	质料	数量	现状	位置	备注
2168	M1Ⅵ:1847－5	管饰	铜	1件	完整	东回廊南端六区上层	
2169	M1Ⅵ:1847－6	管饰	铜	1件	完整	东回廊南端六区上层	
2170	M1Ⅵ:1847－7	管饰	铜	1件	完整	东回廊南端六区上层	
2171	M1Ⅵ:1847－8	管饰	铜	1件	完整	东回廊南端六区上层	
2172	M1Ⅵ:1847－9	管饰	铜	1件	完整	东回廊南端六区上层	
2173	M1Ⅵ:1847－10	管饰	铜	1件	完整	东回廊南端六区上层	
2174	M1Ⅵ:1847－11	管饰	铜	1件	完整	东回廊南端六区上层	
2175	M1Ⅵ:1847－12	管饰	铜	1件	完整	东回廊南端六区上层	
2176	M1Ⅵ:1847－13	节约	铜	1件	完整	东回廊南端六区上层	
2177	M1Ⅵ:1847－14	节约	铜	1件	完整	东回廊南端六区上层	
	M1Ⅵ:1848	马络	铜	1套35件		东回廊南端六区上层	
2178	M1Ⅵ:1848－1	节约	铜	1件	完整	东回廊南端六区上层	
2179	M1Ⅵ:1848－2	管饰	铜	1件	完整	东回廊南端六区上层	
2180	M1Ⅵ:1848－3	节约	铜	1件	完整	东回廊南端六区上层	
2181	M1Ⅵ:1848－4	管饰	铜	1件	完整	东回廊南端六区上层	
2182	M1Ⅵ:1848－5	管饰	铜	1件	完整	东回廊南端六区上层	
2183	M1Ⅵ:1848－6	管饰	铜	1件	完整	东回廊南端六区上层	
2184	M1Ⅵ:1848－7	管饰	铜	1件	完整	东回廊南端六区上层	
2185	M1Ⅵ:1848－8	管饰	铜	1件	完整	东回廊南端六区上层	
2186	M1Ⅵ:1848－9	管饰	铜	1件	完整	东回廊南端六区上层	
2187	M1Ⅵ:1848－10	管饰	铜	1件	完整	东回廊南端六区上层	
2188	M1Ⅵ:1848－11	管饰	铜	1件	完整	东回廊南端六区上层	
2189	M1Ⅵ:1848－12	管饰	铜	1件	完整	东回廊南端六区上层	
2190	M1Ⅵ:1848－13	管饰	铜	1件	残	东回廊南端六区上层	
2191	M1Ⅵ:1848－14	管饰	铜	1件	完整	东回廊南端六区上层	
2192	M1Ⅵ:1848－15	管饰	铜	1件	完整	东回廊南端六区上层	
2193	M1Ⅵ:1848－16	管饰	铜	1件	完整	东回廊南端六区上层	
2194	M1Ⅵ:1848－17	管饰	铜	1件	完整	东回廊南端六区上层	
2195	M1Ⅵ:1848－18	管饰	铜	1件	完整	东回廊南端六区上层	
2196	M1Ⅵ:1848－19	管饰	铜	1件	残	东回廊南端六区上层	
2197	M1Ⅵ:1848－20	管饰	铜	1件	完整	东回廊南端六区上层	
2198	M1Ⅵ:1848－21	管饰	铜	1件	完整	东回廊南端六区上层	
2199	M1Ⅵ:1848－22	管饰	铜	1件	完整	东回廊南端六区上层	
2200	M1Ⅵ:1848－23	管饰	铜	1件	完整	东回廊南端六区上层	

续附表三

序号	器号	器名	质料	数量	现状	位置	备注
2201	M1Ⅵ：1848-24	管饰	铜	1件	完整	东回廊南端六区上层	
2202	M1Ⅵ：1848-25	管饰	铜	1件	完整	东回廊南端六区上层	
2203	M1Ⅵ：1848-26	管饰	铜	1件	完整	东回廊南端六区上层	
2204	M1Ⅵ：1848-27	管饰	铜	1件	完整	东回廊南端六区上层	
2205	M1Ⅵ：1848-28	管饰	铜	1件	完整	东回廊南端六区上层	
2206	M1Ⅵ：1848-29	泡饰	铜	1件	完整	东回廊南端六区上层	
2207	M1Ⅵ：1848-30	泡饰	铜	1件	残	东回廊南端六区上层	
2208	M1Ⅵ：1848-31	泡饰	铜	1件	完整	东回廊南端六区上层	
2209	M1Ⅵ：1848-32	泡饰	铜	1件	完整	东回廊南端六区上层	
2210	M1Ⅵ：1848-33	节约	铜	1件	完整	东回廊南端六区上层	
2211	M1Ⅵ：1848-34	环	铜	1件	完整	东回廊南端六区上层	
2212	M1Ⅵ：1848-35	环	铜	1件	完整	东回廊南端六区上层	
2213	M1Ⅵ：1849	节约	铜	1件	完整	东回廊南端六区上层	
2214	M1Ⅵ：1850	马衔镳	铜	1套3件	残	东回廊南端六区上层	
2215	M1Ⅵ：1851	带扣	铜	1件	完整	东回廊南端六区上层	
2216	M1Ⅵ：1852	节约	铜	1件	残	东回廊南端六区上层	
2217	M1Ⅵ：1853	节约	铜	1件	完整	东回廊南端六区上层	
2218	M1Ⅵ：1854	节约	铜	1件	完整	东回廊南端六区上层	
2219	M1Ⅵ：1855	盖弓帽	铜	1件	残	东回廊南端六区上层	
2220	M1Ⅵ：1856	剑	铁	1件	锈残	东回廊南端六区上层	
2221	M1Ⅵ：1857	铜	铜	1件	完整	东回廊南端六区上层	
2222	M1Ⅵ：1858	剑	铁	1件	锈残	东回廊南端六区上层	
2223	M1Ⅵ：1859	辖	铜	1件	完整	东回廊南端六区上层	
2224	M1Ⅵ：1860	辖	铜	1件	完整	东回廊南端六区上层	
	M1Ⅵ：1861	马络	铜	1套16件		东回廊南端六区上层	
2225	M1Ⅵ：1861-1	泡饰	铜	1件	完整	东回廊南端六区上层	
2226	M1Ⅵ：1861-2	泡饰	铜	1件	完整	东回廊南端六区上层	
2227	M1Ⅵ：1861-3	泡饰	铜	1件	完整	东回廊南端六区上层	
2228	M1Ⅵ：1861-4	泡饰	铜	1件	完整	东回廊南端六区上层	
2229	M1Ⅵ：1861-5	泡饰	铜	1件	残损严重	东回廊南端六区上层	
2230	M1Ⅵ：1861-6	泡饰	铜	1件	残损严重	东回廊南端六区上层	
2231	M1Ⅵ：1861-7	环	铜	1件	残	东回廊南端六区上层	
2232	M1Ⅵ：1861-8	泡饰	铜	1件	完整	东回廊南端六区上层	
2233	M1Ⅵ：1861-9	节约	铜	1件	残	东回廊南端六区上层	

续附表三

序号	器号	器名	质料	数量	现状	位置	备注
2234	M1Ⅵ:1861－10	环	铜	1件	残	东回廊南端六区上层	
2235	M1Ⅵ:1861－11	管饰	铜	1件	完整	东回廊南端六区上层	
2236	M1Ⅵ:1861－12	管饰	铜	1件	残	东回廊南端六区上层	
2237	M1Ⅵ:1861－13	泡饰	铜	1件	完整	东回廊南端六区上层	
2238	M1Ⅵ:1861－14	带扣	铜	1件	残	东回廊南端六区上层	
2239	M1Ⅵ:1861－15	泡饰	铜	1件	完整	东回廊南端六区上层	
2240	M1Ⅵ:1861－16	泡饰	铜	1件	残	东回廊南端六区上层	
2241	M1Ⅵ:1862	镦	银	1件	完整	东回廊南端六区上层	
2242	M1Ⅵ:1863	镦	铜	1件	完整	东回廊南端六区上层	
	M1Ⅵ:1864	马络	铜	1套18件		东回廊南端六区上层	
2243	M1Ⅵ:1864－1	环	铜	1件	残	东回廊南端六区上层	
2244	M1Ⅵ:1864－2	算珠形饰	铜	1件	残	东回廊南端六区上层	
2245	M1Ⅵ:1864－3	管饰	铜	1件	残	东回廊南端六区上层	
2246	M1Ⅵ:1864－4	管饰	铜	1件	完整	东回廊南端六区上层	
2247	M1Ⅵ:1864－5	管饰	铜	1件	残	东回廊南端六区上层	
2248	M1Ⅵ:1864－6	管饰	铜	1件	完整	东回廊南端六区上层	
2249	M1Ⅵ:1864－7	管饰	铜	1件	残	东回廊南端六区上层	
2250	M1Ⅵ:1864－8	管饰	铜	1件	完整	东回廊南端六区上层	
2251	M1Ⅵ:1864－9	管饰	铜	1件	完整	东回廊南端六区上层	
2252	M1Ⅵ:1864－10	管饰	铜	1件	完整	东回廊南端六区上层	
2253	M1Ⅵ:1864－11	管饰	铜	1件	残	东回廊南端六区上层	
2254	M1Ⅵ:1864－12	管饰	铜	1件	残	东回廊南端六区上层	
2255	M1Ⅵ:1864－13	管饰	铜	1件	残损严重	东回廊南端六区上层	
2256	M1Ⅵ:1864－14	管饰	铜	1件	完整	东回廊南端六区上层	
2257	M1Ⅵ:1864－15	管饰	铜	1件	完整	东回廊南端六区上层	
2258	M1Ⅵ:1864－16	管饰	铜	1件	完整	东回廊南端六区上层	
2259	M1Ⅵ:1864－17	管饰	铜	1件	完整	东回廊南端六区上层	
2260	M1Ⅵ:1864－18	环	铜	1件	残	东回廊南端六区上层	
	M1Ⅵ:1865	马络	铜	1套81件		东回廊南端六区上层	
2261	M1Ⅵ:1865－1	管饰	铜	1件	残损严重	东回廊南端六区上层	
2262	M1Ⅵ:1865－2	管饰	铜	1件	完整	东回廊南端六区上层	
2263	M1Ⅵ:1865－3	节约	铜	1件	完整	东回廊南端六区上层	
2264	M1Ⅵ:1865－4	管饰	铜	1件	完整	东回廊南端六区上层	
2265	M1Ⅵ:1865－5	管饰	铜	1件	完整	东回廊南端六区上层	

续附表三

序号	器号	器名	质料	数量	现状	位置	备注
2266	M1Ⅵ：1865－6	管饰	铜	1件	完整	东回廊南端六区上层	
2267	M1Ⅵ：1865－7	管饰	铜	1件	完整	东回廊南端六区上层	
2268	M1Ⅵ：1865－8	管饰	铜	1件	完整	东回廊南端六区上层	
2269	M1Ⅵ：1865－9	管饰	铜	1件	完整	东回廊南端六区上层	
2270	M1Ⅵ：1865－10	管饰	铜	1件	完整	东回廊南端六区上层	
2271	M1Ⅵ：1865－11	管饰	铜	1件	残损严重	东回廊南端六区上层	
2272	M1Ⅵ：1865－12	管饰	铜	1件	完整	东回廊南端六区上层	
2273	M1Ⅵ：1865－13	管饰	铜	1件	完整	东回廊南端六区上层	
2274	M1Ⅵ：1865－14	管饰	铜	1件	残损严重	东回廊南端六区上层	
2275	M1Ⅵ：1865－15	管饰	铜	1件	完整	东回廊南端六区上层	
2276	M1Ⅵ：1865－16	管饰	铜	1件	完整	东回廊南端六区上层	
2277	M1Ⅵ：1865－17	管饰	铜	1件	残	东回廊南端六区上层	
2278	M1Ⅵ：1865－18	管饰	铜	1件	完整	东回廊南端六区上层	
2279	M1Ⅵ：1865－19	管饰	铜	1件	完整	东回廊南端六区上层	
2280	M1Ⅵ：1865－20	管饰	铜	1件	完整	东回廊南端六区上层	
2281	M1Ⅵ：1865－21	节约	铜	1件	完整	东回廊南端六区上层	
2282	M1Ⅵ：1865－22	管饰	铜	1件	完整	东回廊南端六区上层	
2283	M1Ⅵ：1865－23	管饰	铜	1件	完整	东回廊南端六区上层	
2284	M1Ⅵ：1865－24	管饰	铜	1件	残损	东回廊南端六区上层	
2285	M1Ⅵ：1865－25	管饰	铜	1件	完整	东回廊南端六区上层	
2286	M1Ⅵ：1865－26	管饰	鎏金铜	1件	残	东回廊南端六区上层	
2287	M1Ⅵ：1865－27	环	铜	1件	完整	东回廊南端六区上层	
2288	M1Ⅵ：1865－28	管饰	铜	1件	完整	东回廊南端六区上层	
2289	M1Ⅵ：1865－29	管饰	铜	1件	残	东回廊南端六区上层	
2290	M1Ⅵ：1865－30	节约	铜	1件	完整	东回廊南端六区上层	
2291	M1Ⅵ：1865－31	节约	铜	1件	完整	东回廊南端六区上层	
2292	M1Ⅵ：1865－32	管饰	铜	1件	完整	东回廊南端六区上层	
2293	M1Ⅵ：1865－33	管饰	铜	1件	完整	东回廊南端六区上层	
2294	M1Ⅵ：1865－34	管饰	铜	1件	残损严重	东回廊南端六区上层	
2295	M1Ⅵ：1865－35	环	铜	1件	完整	东回廊南端六区上层	
2296	M1Ⅵ：1865－36	节约	铜	1件	残	东回廊南端六区上层	
2297	M1Ⅵ：1865－37	节约	铜	1件	残	东回廊南端六区上层	
2298	M1Ⅵ：1865－38	算珠形饰	铜	1件	完整	东回廊南端六区上层	
2299	M1Ⅵ：1865－39	节约	铜	1件	完整	东回廊南端六区上层	

续附表三

序号	器号	器名	质料	数量	现状	位置	备注
2300	M1Ⅵ:1865－40	马衔镳	铜	1件	残	东回廊南端六区上层	
2301	M1Ⅵ:1865－41	节约	铜	1件	完整	东回廊南端六区上层	
2302	M1Ⅵ:1865－42	节约	铜	1件	残	东回廊南端六区上层	
2303	M1Ⅵ:1865－43	节约	铜	1件	残损严重	东回廊南端六区上层	
2304	M1Ⅵ:1865－44	节约	铜	1件	残损严重	东回廊南端六区上层	
2305	M1Ⅵ:1865－45	泡饰	铜	1件	完整	东回廊南端六区上层	
2306	M1Ⅵ:1865－46	节约	铜	1件	完整	东回廊南端六区上层	
2307	M1Ⅵ:1865－47	节约	铜	1件	残损严重	东回廊南端六区上层	
2308	M1Ⅵ:1865－48	当卢	铜	1件	残	东回廊南端六区上层	
2309	M1Ⅵ:1865－49	管饰	铜	1件	完整	东回廊南端六区上层	
2310	M1Ⅵ:1865－50	管饰	铜	1件	完整	东回廊南端六区上层	
2311	M1Ⅵ:1865－51	管饰	铜	1件	残	东回廊南端六区上层	
2312	M1Ⅵ:1865－52	管饰	铜	1件	完整	东回廊南端六区上层	
2313	M1Ⅵ:1865－53	管饰	铜	1件	完整	东回廊南端六区上层	
2314	M1Ⅵ:1865－54	管饰	铜	1件	完整	东回廊南端六区上层	
2315	M1Ⅵ:1865－55	管饰	铜	1件	完整	东回廊南端六区上层	
2316	M1Ⅵ:1865－56	管饰	铜	1件	完整	东回廊南端六区上层	
2317	M1Ⅵ:1865－57	管饰	铜	1件	完整	东回廊南端六区上层	
2318	M1Ⅵ:1865－58	管饰	铜	1件	完整	东回廊南端六区上层	
2319	M1Ⅵ:1865－59	管饰	铜	1件	完整	东回廊南端六区上层	
2320	M1Ⅵ:1865－60	管饰	铜	1件	完整	东回廊南端六区上层	
2321	M1Ⅵ:1865－61	节约	铜	1件	完整	东回廊南端六区上层	
2322	M1Ⅵ:1865－62	环	铜	1件	完整	东回廊南端六区上层	
2323	M1Ⅵ:1865－63	环	铜	1件	完整	东回廊南端六区上层	
2324	M1Ⅵ:1865－64	泡饰	铜	1件	完整	东回廊南端六区上层	
2325	M1Ⅵ:1865－65	泡饰	铜	1件	完整	东回廊南端六区上层	
2326	M1Ⅵ:1865－66	管饰	铜	1件	完整	东回廊南端六区上层	
2327	M1Ⅵ:1865－67	管饰	铜	1件	完整	东回廊南端六区上层	
2328	M1Ⅵ:1865－68	泡饰	铜	1件	完整	东回廊南端六区上层	
2329	M1Ⅵ:1865－69	管饰	铜	1件	完整	东回廊南端六区上层	
2330	M1Ⅵ:1865－70	管饰	铜	1件	完整	东回廊南端六区上层	
2331	M1Ⅵ:1865－71	管饰	铜	1件	完整	东回廊南端六区上层	
2332	M1Ⅵ:1865－72	节约	铜	1件	残	东回廊南端六区上层	
2333	M1Ⅵ:1865－73	管饰	铜	1件	完整	东回廊南端六区上层	

续附表三

序号	器号	器名	质料	数量	现状	位置	备注
2334	M1 Ⅵ：1865－74	管饰	铜	1件	完整	东回廊南端六区上层	
2335	M1 Ⅵ：1865－75	管饰	铜	1件	完整	东回廊南端六区上层	
2336	M1 Ⅵ：1865－76	管饰	铜	1件	完整	东回廊南端六区上层	
2337	M1 Ⅵ：1865－77	管饰	铜	1件	完整	东回廊南端六区上层	
2338	M1 Ⅵ：1865－78	管饰	铜	1件	完整	东回廊南端六区上层	
2339	M1 Ⅵ：1865－79	管饰	铜	1件	完整	东回廊南端六区上层	
2340	M1 Ⅵ：1865－80	管饰	铜	1件	残	东回廊南端六区上层	
2341	M1 Ⅵ：1865－81	泡饰	铜	1件	完整	东回廊南端六区上层	
	M1 Ⅵ：1866	马络	铜	1套87件		东回廊南端六区上层	
2342	M1 Ⅵ：1866－1	管饰	铜	1件	完整	东回廊南端六区上层	
2343	M1 Ⅵ：1866－2	管饰	铜	1件	完整	东回廊南端六区上层	
2344	M1 Ⅵ：1866－3	管饰	铜	1件	残损严重	东回廊南端六区上层	
2345	M1 Ⅵ：1866－4	管饰	铜	1件	完整	东回廊南端六区上层	
2346	M1 Ⅵ：1866－5	马衔镳	铜	1件	残	东回廊南端六区上层	
2347	M1 Ⅵ：1866－6	泡饰	铜	1件	残	东回廊南端六区上层	
2348	M1 Ⅵ：1866－7	管饰	铜	1件	残	东回廊南端六区上层	
2349	M1 Ⅵ：1866－8	管饰	铜	1件	残	东回廊南端六区上层	
2350	M1 Ⅵ：1866－9	管饰	铜	1件	完整	东回廊南端六区上层	
2351	M1 Ⅵ：1866－10	管饰	铜	1件	完整	东回廊南端六区上层	
2352	M1 Ⅵ：1866－11	管饰	铜	1件	完整	东回廊南端六区上层	
2353	M1 Ⅵ：1866－12	管饰	铜	1件	完整	东回廊南端六区上层	
2354	M1 Ⅵ：1866－13	管饰	铜	1件	完整	东回廊南端六区上层	
2355	M1 Ⅵ：1866－14	管饰	铜	1件	完整	东回廊南端六区上层	
2356	M1 Ⅵ：1866－15	管饰	铜	1件	完整	东回廊南端六区上层	
2357	M1 Ⅵ：1866－16	管饰	铜	1件	完整	东回廊南端六区上层	
2358	M1 Ⅵ：1866－17	管饰	铜	1件	完整	东回廊南端六区上层	
2359	M1 Ⅵ：1866－18	环	铜	1件	完整	东回廊南端六区上层	
2360	M1 Ⅵ：1866－19	管饰	铜	1件	完整	东回廊南端六区上层	
2361	M1 Ⅵ：1866－20	管饰	铜	1件	完整	东回廊南端六区上层	
2362	M1 Ⅵ：1866－21	管饰	铜	1件	完整	东回廊南端六区上层	
2363	M1 Ⅵ：1866－22	节约	铜	1件	完整	东回廊南端六区上层	
2364	M1 Ⅵ：1866－23	管饰	铜	1件	完整	东回廊南端六区上层	
2365	M1 Ⅵ：1866－24	管饰	铜	1件	完整	东回廊南端六区上层	
2366	M1 Ⅵ：1866－25	管饰	铜	1件	完整	东回廊南端六区上层	

续附表三

序号	器号	器名	质料	数量	现状	位置	备注
2367	M1Ⅵ：1866－26	管饰	铜	1件	完整	东回廊南端六区上层	
2368	M1Ⅵ：1866－27	管饰	铜	1件	完整	东回廊南端六区上层	
2369	M1Ⅵ：1866－28	管饰	铜	1件	完整	东回廊南端六区上层	
2370	M1Ⅵ：1866－29	管饰	铜	1件	残损严重	东回廊南端六区上层	
2371	M1Ⅵ：1866－30	环	铜	1件	完整	东回廊南端六区上层	
2372	M1Ⅵ：1866－31	管饰	铜	1件	完整	东回廊南端六区上层	
2373	M1Ⅵ：1866－32	马衔镳	铜	1件	残	东回廊南端六区上层	
2374	M1Ⅵ：1866－33	节约	铜	1件	完整	东回廊南端六区上层	
2375	M1Ⅵ：1866－34	管饰	铜	1件	完整	东回廊南端六区上层	
2376	M1Ⅵ：1866－35	管饰	铜	1件	完整	东回廊南端六区上层	
2377	M1Ⅵ：1866－36	管饰	铜	1件	完整	东回廊南端六区上层	
2378	M1Ⅵ：1866－37	管饰	铜	1件	残	东回廊南端六区上层	
2379	M1Ⅵ：1866－38	管饰	铜	1件	完整	东回廊南端六区上层	
2380	M1Ⅵ：1866－39	管饰	铜	1件	完整	东回廊南端六区上层	
2381	M1Ⅵ：1866－40	管饰	铜	1件	完整	东回廊南端六区上层	
2382	M1Ⅵ：1866－41	管饰	铜	1件	完整	东回廊南端六区上层	
2383	M1Ⅵ：1866－42	管饰	铜	1件	完整	东回廊南端六区上层	
2384	M1Ⅵ：1866－43	节约	铜	1件	完整	东回廊南端六区上层	
2385	M1Ⅵ：1866－44	节约	铜	1件	残	东回廊南端六区上层	
2386	M1Ⅵ：1866－45	管饰	铜	1件	完整	东回廊南端六区上层	
2387	M1Ⅵ：1866－46	管饰	铜	1件	完整	东回廊南端六区上层	
2388	M1Ⅵ：1866－47	管饰	铜	1件	完整	东回廊南端六区上层	
2389	M1Ⅵ：1866－48	环	铜	1件	完整	东回廊南端六区上层	
2390	M1Ⅵ：1866－49	环	铜	1件	完整	东回廊南端六区上层	
2391	M1Ⅵ：1866－50	管饰	铜	1件	完整	东回廊南端六区上层	
2392	M1Ⅵ：1866－51	管饰	铜	1件	完整	东回廊南端六区上层	
2393	M1Ⅵ：1866－52	管饰	铜	1件	完整	东回廊南端六区上层	
2394	M1Ⅵ：1866－53	管饰	铜	1件	完整	东回廊南端六区上层	
2395	M1Ⅵ：1866－54	节约	铜	1件	完整	东回廊南端六区上层	
2396	M1Ⅵ：1866－55	管饰	铜	1件	完整	东回廊南端六区上层	
2397	M1Ⅵ：1866－56	管饰	铜	1件	完整	东回廊南端六区上层	
2398	M1Ⅵ：1866－57	管饰	铜	1件	完整	东回廊南端六区上层	
2399	M1Ⅵ：1866－58	管饰	铜	1件	完整	东回廊南端六区上层	
2400	M1Ⅵ：1866－59	管饰	铜	1件	完整	东回廊南端六区上层	

续附表三

序号	器号	器名	质料	数量	现状	位置	备注
2401	M1Ⅵ:1866－60	管饰	铜	1件	完整	东回廊南端六区上层	
2402	M1Ⅵ:1866－61	管饰	铜	1件	完整	东回廊南端六区上层	
2403	M1Ⅵ:1866－62	管饰	铜	1件	完整	东回廊南端六区上层	
2404	M1Ⅵ:1866－63	节约	铜	1件	完整	东回廊南端六区上层	
2405	M1Ⅵ:1866－64	管饰	铜	1件	完整	东回廊南端六区上层	
2406	M1Ⅵ:1866－65	管饰	铜	1件	完整	东回廊南端六区上层	
2407	M1Ⅵ:1866－66	管饰	铜	1件	残	东回廊南端六区上层	
2408	M1Ⅵ:1866－67	管饰	铜	1件	完整	东回廊南端六区上层	
2409	M1Ⅵ:1866－68	管饰	铜	1件	完整	东回廊南端六区上层	
2410	M1Ⅵ:1866－69	管饰	铜	1件	完整	东回廊南端六区上层	
2411	M1Ⅵ:1866－70	管饰	铜	1件	完整	东回廊南端六区上层	
2412	M1Ⅵ:1866－71	节约	铜	1件	完整	东回廊南端六区上层	
2413	M1Ⅵ:1866－72	管饰	铜	1件	完整	东回廊南端六区上层	
2414	M1Ⅵ:1866－73	管饰	铜	1件	完整	东回廊南端六区上层	
2415	M1Ⅵ:1866－74	管饰	铜	1件	完整	东回廊南端六区上层	
2416	M1Ⅵ:1866－75	管饰	铜	1件	完整	东回廊南端六区上层	
2417	M1Ⅵ:1866－76	管饰	铜	1件	完整	东回廊南端六区上层	
2418	M1Ⅵ:1866－77	管饰	铜	1件	完整	东回廊南端六区上层	
2419	M1Ⅵ:1866－78	管饰	铜	1件	完整	东回廊南端六区上层	
2420	M1Ⅵ:1866－79	管饰	铜	1件	完整	东回廊南端六区上层	
2421	M1Ⅵ:1866－80	管饰	铜	1件	完整	东回廊南端六区上层	
2422	M1Ⅵ:1866－81	管饰	铜	1件	完整	东回廊南端六区上层	
2423	M1Ⅵ:1866－82	节约	铜	1件	完整	东回廊南端六区上层	
2424	M1Ⅵ:1866－83	管饰	铜	1件	完整	东回廊南端六区上层	
2425	M1Ⅵ:1866－84	管饰	铜	1件	完整	东回廊南端六区上层	
2426	M1Ⅵ:1866－85	管饰	铜	1件	完整	东回廊南端六区上层	
2427	M1Ⅵ:1866－86	管饰	铜	1件	完整	东回廊南端六区上层	
2428	M1Ⅵ:1866－87	管饰	铜	1件	残损严重	东回廊南端六区上层	
2429	M1Ⅵ:1867	当卢	铜	1件	完整	东回廊南端六区上层	
2430	M1Ⅵ:1868	轭足饰	铜	1件	完整	东回廊南端六区上层	
2431	M1Ⅵ:1869	算珠形饰	铜	1件	完整	东回廊南端六区上层	
2432	M1Ⅵ:1870	马衔镳	铜	1套3件	残	东回廊南端六区上层	
2433	M1Ⅵ:1872	盖弓帽	铜	1件	残	东回廊南端六区上层	
2434	M1Ⅵ:1873	节约	铜	1件	残	东回廊南端六区上层	

续附表三

序号	器号	器名	质料	数量	现状	位置	备注
2435	M1Ⅵ:1874	节约	铜	1 件	完整	东回廊南端六区上层	
2436	M1Ⅹ:1875	戟	铁	1 件	锈残	东回廊北端十区上层	
2437	M1Ⅹ:1876	节约	铜	1 件	完整	东回廊北端十区上层	
2438	M1Ⅹ:1877	节约	铜	1 件	残	东回廊北端十区上层	
2439	M1Ⅹ:1878	节约	铜	1 件	完整	东回廊北端十区上层	
2440	M1Ⅹ:1879	环	铜	1 件	完整	东回廊北端十区上层	
2441	M1Ⅹ:1880	剑	铁	1 件	锈残	东回廊北端十区上层	
2442	M1Ⅹ:1881	带钩	铜	1 件	完整	东回廊北端十区上层	
2443	M1Ⅹ:1882	环	铜	1 件	完整	东回廊北端十区上层	
2444	M1Ⅹ:1883	泡饰	铜	1 件	完整	东回廊北端十区上层	
2445	M1Ⅹ:1884	衡末	铜	1 件	残	东回廊北端十区上层	
2446	M1Ⅹ:1885	节约	铜	1 件	残	东回廊北端十区上层	
2447	M1Ⅹ:1886	镦	铜	1 件	完整	东回廊北端十区上层	
2448	M1Ⅹ:1887	剑	铁	1 件	锈残	东回廊北端十区上层	
2449	M1Ⅹ:1888	铜	铜	1 件	残	东回廊北端十区上层	
2450	M1Ⅹ:1889	镦	铜	1 件	残	东回廊北端十区上层	
2451	M1Ⅹ:1890	辖	铁	1 件	锈残	东回廊北端十区上层	
2452	M1Ⅹ:1891	节约	铜	1 件	残	东回廊北端十区上层	
2453	M1Ⅹ:1892	车軎	铜	1 件	完整	东回廊北端十区上层	
2454	M1Ⅹ:1892-1	铜	铁	1 件	锈残	东回廊北端十区上层	
2455	M1Ⅹ:1894	节约	铜	1 件	完整	东回廊北端十区上层	
2456	M1Ⅹ:1895	剑	铁	1 件	锈残	东回廊北端十区上层	
2457	M1Ⅹ:1896	戟	铁	1 件	锈残	东回廊北端十区上层	
2458	M1Ⅹ:1897	箭箙包首饰	铜	1 件	完整	东回廊北端十区上层	
2459	M1Ⅹ:1898	节约	铜	1 件	残	东回廊北端十区上层	
2460	M1Ⅹ:1899	节约	铜	1 件	完整	东回廊北端十区上层	
2461	M1Ⅹ:1900	节约	铜	1 件	残	东回廊北端十区上层	
2462	M1Ⅹ:1901	节约	铜	1 件	残	东回廊北端十区上层	
2463	M1Ⅹ:1902	节约	铜	1 件	残	东回廊北端十区上层	
2464	M1Ⅹ:1903	马衔镳	铜	1套3件	残	东回廊北端十区上层	
2465	M1Ⅹ:1904	节约	铜	1 件	完整	东回廊北端十区上层	
2466	M1Ⅹ:1905-1	铜	铜	1 件	完整	东回廊北端十区上层	
2467	M1Ⅹ:1905-2	镦	铜	1 件	完整	东回廊北端十区上层	
2468	M1Ⅹ:1907	弩机	铜	1 件	残	东回廊北端十区上层	

续附表三

序号	器号	器名	质料	数量	现状	位置	备注
2469	M1 X∶1908	剑	铁	1件	锈残	东回廊北端十区上层	
2470	M1 X∶1909	衡末	铜	1件	完整	东回廊北端十区上层	
2471	M1 X∶1910	节约	铜	1件	完整	东回廊北端十区上层	
2472	M1 X∶1911	节约	铜	1件	完整	东回廊北端十区上层	
2473	M1 X∶1912	当卢	铜	1件	残	东回廊北端十区上层	
2474	M1 X∶1913	戟	铁	1件	锈残	东回廊北端十区上层	
2475	M1 X∶1914	马衔镳	铜	1套3件	残	东回廊北端十区上层	
2476	M1 X∶1915	衡末	铜	1件	完整	东回廊北端十区上层	
2477	M1 X∶1916	衡末	铜	1件	完整	东回廊北端十区上层	
2478	M1 X∶1917	轭足饰	铜	1件	残	东回廊北端十区上层	
2479	M1 X∶1918	轭足饰	铜	1件	残	东回廊北端十区上层	
2480	M1 X∶1919	轭足饰	铜	1件	完整	东回廊北端十区上层	
	M1 X∶1920	马络	铜	1套103件		东回廊北端十区上层	
2481	M1 X∶1920 – 1	泡饰	铜	1件	残	东回廊北端十区上层	
2482	M1 X∶1920 – 2	泡饰	铜	1件	完整	东回廊北端十区上层	
2483	M1 X∶1920 – 3	泡饰	铜	1件	完整	东回廊北端十区上层	
2484	M1 X∶1920 – 4	环	铜	1件	残	东回廊北端十区上层	
2485	M1 X∶1920 – 5	节约	铜	1件	完整	东回廊北端十区上层	
2486	M1 X∶1920 – 6	节约	铜	1件	完整	东回廊北端十区上层	
2487	M1 X∶1920 – 7	环	铜	1件	完整	东回廊北端十区上层	
2488	M1 X∶1920 – 8	环	铜	1件	残	东回廊北端十区上层	
2489	M1 X∶1920 – 9	节约	铜	1件	完整	东回廊北端十区上层	
2490	M1 X∶1920 – 10	泡饰	铜	1件	完整	东回廊北端十区上层	
2491	M1 X∶1920 – 11	泡饰	铜	1件	完整	东回廊北端十区上层	
2492	M1 X∶1920 – 12	泡饰	铜	1件	完整	东回廊北端十区上层	
2493	M1 X∶1920 – 13	管饰	铜	1件	完整	东回廊北端十区上层	
2494	M1 X∶1920 – 14	管饰	铜	1件	完整	东回廊北端十区上层	
2495	M1 X∶1920 – 15	管饰	铜	1件	完整	东回廊北端十区上层	
2496	M1 X∶1920 – 16	管饰	铜	1件	残	东回廊北端十区上层	
2497	M1 X∶1920 – 17	管饰	铜	1件	残	东回廊北端十区上层	
2498	M1 X∶1920 – 18	管饰	铜	1件	完整	东回廊北端十区上层	
2499	M1 X∶1920 – 19	管饰	铜	1件	完整	东回廊北端十区上层	
2500	M1 X∶1920 – 20	马衔镳	铜	1套3件	残损严重	东回廊北端十区上层	
2501	M1 X∶1920 – 21	节约	铜	1件	完整	东回廊北端十区上层	

续附表三

序号	器号	器名	质料	数量	现状	位置	备注
2502	M1X：1920-22	管饰	铜	1件	完整	东回廊北端十区上层	
2503	M1X：1920-23	管饰	铜	1件	完整	东回廊北端十区上层	
2504	M1X：1920-24	管饰	铜	1件	完整	东回廊北端十区上层	
2505	M1X：1920-25	管饰	铜	1件	完整	东回廊北端十区上层	
2506	M1X：1920-26	泡饰	铜	1件	完整	东回廊北端十区上层	
2507	M1X：1920-27	泡饰	铜	1件	完整	东回廊北端十区上层	
2508	M1X：1920-28	泡饰	铜	1件	完整	东回廊北端十区上层	
2509	M1X：1920-29	泡饰	铜	1件	完整	东回廊北端十区上层	
2510	M1X：1920-30	环	铜	1件	完整	东回廊北端十区上层	
2511	M1X：1920-31	节约	铜	1件	完整	东回廊北端十区上层	
2512	M1X：1920-32	管饰	铜	1件	完整	东回廊北端十区上层	
2513	M1X：1920-33	管饰	铜	1件	完整	东回廊北端十区上层	
2514	M1X：1920-34	管饰	铜	1件	完整	东回廊北端十区上层	
2515	M1X：1920-35	管饰	铜	1件	完整	东回廊北端十区上层	
2516	M1X：1920-36	管饰	铜	1件	完整	东回廊北端十区上层	
2517	M1X：1920-37	管饰	铜	1件	完整	东回廊北端十区上层	
2518	M1X：1920-38	管饰	铜	1件	完整	东回廊北端十区上层	
2519	M1X：1920-39	管饰	铜	1件	完整	东回廊北端十区上层	
2520	M1X：1920-40	管饰	铜	1件	完整	东回廊北端十区上层	
2521	M1X：1920-41	管饰	铜	1件	完整	东回廊北端十区上层	
2522	M1X：1920-42	环	铜	1件	完整	东回廊北端十区上层	
2523	M1X：1920-43	泡饰	铜	1件	完整	东回廊北端十区上层	
2524	M1X：1920-44	管饰	铜	1件	完整	东回廊北端十区上层	
2525	M1X：1920-45	管饰	铜	1件	完整	东回廊北端十区上层	
2526	M1X：1920-46	环	铜	1件	完整	东回廊北端十区上层	
2527	M1X：1920-47	节约	铜	1件	完整	东回廊北端十区上层	
2528	M1X：1920-48	节约	铜	1件	完整	东回廊北端十区上层	
2529	M1X：1920-49	当卢	铜	1件	完整	东回廊北端十区上层	
2530	M1X：1920-50	泡饰	铜	1件	完整	东回廊北端十区上层	
2531	M1X：1920-51	马衔镳	铜	1套3件	残	东回廊北端十区上层	
2532	M1X：1920-52	马衔镳	铜	1件	残	东回廊北端十区上层	
2533	M1X：1920-53	管饰	铜	1件	残	东回廊北端十区上层	
2534	M1X：1920-54	泡饰	铜	1件	完整	东回廊北端十区上层	
2535	M1X：1920-55	泡饰	铜	1件	完整	东回廊北端十区上层	

续附表三

序号	器号	器名	质料	数量	现状	位置	备注
2536	M1Ⅹ：1920－56	泡饰	铜	1件	完整	东回廊北端十区上层	
2537	M1Ⅹ：1920－57	管饰	铜	1件	完整	东回廊北端十区上层	
2538	M1Ⅹ：1920－58	管饰	铜	1件	完整	东回廊北端十区上层	
2539	M1Ⅹ：1920－59	管饰	铜	1件	完整	东回廊北端十区上层	
2540	M1Ⅹ：1920－60	管饰	铜	1件	完整	东回廊北端十区上层	
2541	M1Ⅹ：1920－61	管饰	铜	1件	完整	东回廊北端十区上层	
2542	M1Ⅹ：1920－62	管饰	铜	1件	残	东回廊北端十区上层	
2543	M1Ⅹ：1920－63	管饰	铜	1件	完整	东回廊北端十区上层	
2544	M1Ⅹ：1920－64	管饰	铜	1件	完整	东回廊北端十区上层	
2545	M1Ⅹ：1920－65	泡饰	铜	1件	完整	东回廊北端十区上层	
2546	M1Ⅹ：1920－66	泡饰	铜	1件	完整	东回廊北端十区上层	
2547	M1Ⅹ：1920－67	管饰	铜	1件	完整	东回廊北端十区上层	
2548	M1Ⅹ：1920－68	管饰	铜	1件	完整	东回廊北端十区上层	
2549	M1Ⅹ：1920－69	管饰	铜	1件	完整	东回廊北端十区上层	
2550	M1Ⅹ：1920－70	管饰	铜	1件	完整	东回廊北端十区上层	
2551	M1Ⅹ：1920－71	管饰	铜	1件	完整	东回廊北端十区上层	
2552	M1Ⅹ：1920－72	泡饰	铜	1件	完整	东回廊北端十区上层	
2553	M1Ⅹ：1920－73	节约	铜	1件	完整	东回廊北端十区上层	
2554	M1Ⅹ：1920－74	带扣	铜	1件	完整	东回廊北端十区上层	
2555	M1Ⅹ：1920－75	节约	铜	1件	残	东回廊北端十区上层	
2556	M1Ⅹ：1920－76	泡饰	铜	1件	完整	东回廊北端十区上层	
2557	M1Ⅹ：1920－77	泡饰	铜	1件	完整	东回廊北端十区上层	
2558	M1Ⅹ：1920－78	泡饰	铜	1件	完整	东回廊北端十区上层	
2559	M1Ⅹ：1920－79	泡饰	铜	1件	完整	东回廊北端十区上层	
2560	M1Ⅹ：1920－80	泡饰	铜	1件	完整	东回廊北端十区上层	
2561	M1Ⅹ：1920－81	泡饰	铜	1件	完整	东回廊北端十区上层	
2562	M1Ⅹ：1920－82	泡饰	铜	1件	完整	东回廊北端十区上层	
2563	M1Ⅹ：1920－83	泡饰	铜	1件	完整	东回廊北端十区上层	
2564	M1Ⅹ：1920－84	泡饰	铜	1件	完整	东回廊北端十区上层	
2565	M1Ⅹ：1920－85	泡饰	铜	1件	完整	东回廊北端十区上层	
2566	M1Ⅹ：1920－86	泡饰	铜	1件	完整	东回廊北端十区上层	
2567	M1Ⅹ：1920－87	泡饰	铜	1件	完整	东回廊北端十区上层	
2568	M1Ⅹ：1920－88	泡饰	铜	1件	完整	东回廊北端十区上层	
2569	M1Ⅹ：1920－89	管饰	铜	1件	完整	东回廊北端十区上层	

续附表三

序号	器号	器名	质料	数量	现状	位置	备注
2570	M1Ⅹ:1920-90	管饰	铜	1件	完整	东回廊北端十区上层	
2571	M1Ⅹ:1920-91	管饰	铜	1件	残	东回廊北端十区上层	
2572	M1Ⅹ:1920-92	管饰	铜	1件	残	东回廊北端十区上层	
2573	M1Ⅹ:1920-93	管饰	铜	1件	完整	东回廊北端十区上层	
2574	M1Ⅹ:1920-94	管饰	铜	1件	完整	东回廊北端十区上层	
2575	M1Ⅹ:1920-95	管饰	铜	1件	完整	东回廊北端十区上层	
2576	M1Ⅹ:1920-96	管饰	铜	1件	完整	东回廊北端十区上层	
2577	M1Ⅹ:1920-97	泡饰	铜	1件	完整	东回廊北端十区上层	
2578	M1Ⅹ:1920-98	泡饰	铜	1件	完整	东回廊北端十区上层	
2579	M1Ⅹ:1920-99	泡饰	铜	1件	完整	东回廊北端十区上层	
2580	M1Ⅹ:1920-100	泡饰	铜	1件	完整	东回廊北端十区上层	
2581	M1Ⅹ:1920-101	泡饰	铜	1件	完整	东回廊北端十区上层	
2582	M1Ⅹ:1920-102	泡饰	铜	1件	完整	东回廊北端十区上层	
2583	M1Ⅹ:1920-103	环	铜	1件	完整	东回廊北端十区上层	
2584	M1Ⅹ:1922-1	铜	铜	1件	完整	东回廊北端十区上层	
2585	M1Ⅹ:1922-2	镦	铜	1件	完整	东回廊北端十区上层	
2586	M1Ⅹ:1923	镦	铜	1件	完整	东回廊北端十区上层	
2587	M1Ⅹ:1924	镦	铜	1件	残	东回廊北端十区上层	
2588	M1Ⅹ:1925	马蹄形管饰	铜	1件	完整	东回廊北端十区上层	
2589	M1Ⅹ:1926	承弓器	铜	1件	完整	东回廊北端十区上层	
2590	M1Ⅹ:1927	带钩	铜	1件	完整	东回廊北端十区上层	
2591	M1Ⅹ:1928	节约	铜	1件	完整	东回廊北端十区上层	
2592	M1Ⅹ:1929	兽首构件	铜	1件	完整	东回廊北端十区上层	
2593	M1Ⅹ:1930-1	马蹄形管饰	铜	1件	完整	东回廊北端十区上层	
2594	M1Ⅹ:1930-2	镦	铜	1件	完整	东回廊北端十区上层	
2595	M1Ⅹ:1932	釭	铁	1件	锈残	东回廊北端十区上层	
2596	M1Ⅹ:1933	轭足饰	铜	1件	残	东回廊北端十区上层	
2597	M1ⅦB:1934	剑	铁	1件	锈残	东回廊中部偏南七B区上层	
2598	M1ⅦB:1935	剑	铁	1件	锈残	东回廊中部偏南七B区上层	
2599	M1ⅦB:1936	镦	铜	1件	残	东回廊中部偏南七B区上层	
2600	M1ⅦB:1938	马衔镳	铜	1套3件	残	东回廊中部偏南七B区上层	
2601	M1ⅦB:1939	节约	铜	1件	残	东回廊中部偏南七B区上层	
2602	M1ⅦB:1940	镦	铜	1件	残	东回廊中部偏南七B区上层	
2603	M1ⅦB:1941	剑	铁	1件	锈残	东回廊中部偏南七B区上层	

续附表三

序号	器号	器名	质料	数量	现状	位置	备注
2604	M1ⅦB：1942	剑	铁	1件	锈残	东回廊中部偏南七B区上层	
2605	M1ⅦB：1943	帽饰	铜	1件	完整	东回廊中部偏南七B区上层	
2606	M1ⅦB：1944	剑	铁	1件	锈残	东回廊中部偏南七B区上层	
2607	M1ⅦB：1945	剑	铁	1件	锈残	东回廊中部偏南七B区上层	
2608	M1ⅦB：1946	剑	铁	1件	锈残	东回廊中部偏南七B区上层	
2609	M1ⅦB：1947	伞柄箍饰	铜	1套4件	完整	东回廊中部偏南七B区上层	
2610	M1ⅦB：1948	剑	铁	1件	锈残	东回廊中部偏南七B区上层	
2611	M1ⅦB：1949	剑	铁	1件	锈残	东回廊中部偏南七B区上层	
2612	M1ⅦB：1950	剑	铁	1件	锈残	东回廊中部偏南七B区上层	
2613	M1ⅦB：1952	泡饰	铜	1件	完整	东回廊中部偏南七B区上层	
2614	M1ⅦB：1953	盖弓帽	铜	1件	残	东回廊中部偏南七B区上层	
2615	M1ⅦB：1954	盖弓帽	铜	1件	残	东回廊中部偏南七B区上层	
2616	M1ⅦB：1955	盖弓帽	铜	1件	残损严重	东回廊中部偏南七B区上层	
2617	M1ⅦB：1956	剑	铁	1件	锈残	东回廊中部偏南七B区上层	
2618	M1ⅦB：1957	剑	铁	1件	锈残	东回廊中部偏南七B区上层	
2619	M1ⅦB：1958	剑	铁	1件	锈残	东回廊中部偏南七B区上层	
2620	M1ⅦB：1959	节约	铜	1件	残	东回廊中部偏南七B区上层	
2621	M1ⅦB：1960	戟	铁	1件	锈残	东回廊中部偏南七B区上层	
2622	M1ⅦB：1961	剑	铁	1件	锈残	东回廊中部偏南七B区上层	
2623	M1ⅦB：1962	剑	铁	1件	锈残	东回廊中部偏南七B区上层	
2624	M1ⅦB：1963	戟	铁	1件	锈残	东回廊中部偏南七B区上层	
2625	M1ⅦB：1964	剑	铁	1件	锈残	东回廊中部偏南七B区上层	
2626	M1ⅦB：1965	剑	铁	1件	锈残	东回廊中部偏南七B区上层	
2627	M1ⅦB：1966	剑	铁	1件	锈残	东回廊中部偏南七B区上层	
2628	M1ⅦB：1967	剑	铁	1件	锈残	东回廊中部偏南七B区上层	
2629	M1ⅦB：1968	剑	铁	1件	锈残	东回廊中部偏南七B区上层	
2630	M1ⅦB：1969	车軎	铜	1件	完整	东回廊中部偏南七B区上层	
2631	M1ⅦB：1970	剑	铁	1件	锈残	东回廊中部偏南七B区上层	
	M1ⅦB：1971	马络	铜	1套10件		东回廊中部偏南七B区上层	
2632	M1ⅦB：1971-1	管饰	铜	1件	完整	东回廊中部偏南七B区上层	
2633	M1ⅦB：1971-2	管饰	铜	1件	完整	东回廊中部偏南七B区上层	
2634	M1ⅦB：1971-3	管饰	铜	1件	完整	东回廊中部偏南七B区上层	
2635	M1ⅦB：1971-4	管饰	铜	1件	完整	东回廊中部偏南七B区上层	
2636	M1ⅦB：1971-5	管饰	铜	1件	完整	东回廊中部偏南七B区上层	

续附表三

序号	器号	器名	质料	数量	现状	位置	备注
2637	M1ⅦB：1971－6	管饰	铜	1件	完整	东回廊中部偏南七B区上层	
2638	M1ⅦB：1971－7	管饰	铜	1件	完整	东回廊中部偏南七B区上层	
2639	M1ⅦB：1971－8	管饰	铜	1件	残	东回廊中部偏南七B区上层	
2640	M1ⅦB：1971－9	管饰	铜	1件	完整	东回廊中部偏南七B区上层	
2641	M1ⅦB：1971－10	环	铜	1件	残	东回廊中部偏南七B区上层	
2642	M1Ⅷ：1972	盖弓帽	铜	1件	残	东回廊中部八区上层	
2643	M1Ⅷ：1973	节约	铜	1件	残	东回廊中部八区上层	
2644	M1Ⅷ：1974	剑	铁	1件	锈残	东回廊中部八区上层	
2645	M1Ⅷ：1975	剑	铁	1件	锈残	东回廊中部八区上层	
2646	M1Ⅷ：1976	剑	铁	1件	锈残	东回廊中部八区上层	
	M1Ⅵ：1977	马络	铜	1套12件		东回廊南端六区上层	
2647	M1Ⅵ：1977－1	节约	铜	1件	完整	东回廊南端六区上层	
2648	M1Ⅵ：1977－2	管饰	铜	1件	完整	东回廊南端六区上层	
2649	M1Ⅵ：1977－3	管饰	铜	1件	完整	东回廊南端六区上层	
2650	M1Ⅵ：1977－4	管饰	铜	1件	完整	东回廊南端六区上层	
2651	M1Ⅵ：1977－5	环	铜	1件	完整	东回廊南端六区上层	
2652	M1Ⅵ：1977－6	管饰	铜	1件	完整	东回廊南端六区上层	
2653	M1Ⅵ：1977－7	管饰	铜	1件	完整	东回廊南端六区上层	
2654	M1Ⅵ：1977－8	管饰	铜	1件	残损严重	东回廊南端六区上层	
2655	M1Ⅵ：1977－9	泡饰	铜	1件	完整	东回廊南端六区上层	
2656	M1Ⅵ：1977－10	管饰	铜	1件	残	东回廊南端六区上层	
2657	M1Ⅵ：1977－11	管饰	铜	1件	完整	东回廊南端六区上层	
2658	M1Ⅵ：1977－12	管饰	铜	1件	完整	东回廊南端六区上层	
2659	M1Ⅵ：1978	马蹄形管饰	铜	1件	完整	东回廊南端六区上层	
2660	M1Ⅵ：1979	辕首	铜	1件	完整	东回廊南端六区上层	
2661	M1Ⅵ：1980	辖	铜	1件	残	东回廊南端六区上层	
2662	M1Ⅵ：1981	盖弓帽	铜	1件	残	东回廊南端六区上层	
2663	M1Ⅵ：1982	盖弓帽	铜	1件	残	东回廊南端六区上层	
2664	M1Ⅵ：1983	盖弓帽	铜	1件	残	东回廊南端六区上层	
2665	M1Ⅵ：1984	盖弓帽	铜	1件	残	东回廊南端六区上层	
2666	M1Ⅵ：1985	盖弓帽	铜	1件	残	东回廊南端六区上层	
2667	M1Ⅵ：1986	盖弓帽	铜	1件	残	东回廊南端六区上层	
2668	M1Ⅵ：1987	盖弓帽	铜	1件	残	东回廊南端六区上层	
2669	M1Ⅵ：1988	盖弓帽	铜	1件	残	东回廊南端六区上层	

续附表三

序号	器号	器名	质料	数量	现状	位置	备注
2670	M1Ⅵ：1989	环	铜	1件	完整	东回廊南端六区上层	
2671	M1Ⅵ：1990	衔环	铜	1件	残	东回廊南端六区上层	
2672	M1Ⅵ：1991	节约	铜	1件	残	东回廊南端六区上层	
2673	M1Ⅵ：1992	嵌宝石盖弓帽	银	1件	残	东回廊南端六区上层	
2674	M1Ⅵ：1993	嵌宝石盖弓帽	银	1件	残	东回廊南端六区上层	
2675	M1Ⅵ：1994	盖弓帽	铜	1件	残	东回廊南端六区上层	
2676	M1Ⅵ：1995	盖弓帽	铜	1件	残	东回廊南端六区上层	
2677	M1Ⅵ：1996	节约	铜	1件	残	东回廊南端六区上层	
2678	M1Ⅵ：1997	节约	铜	1件	残	东回廊南端六区上层	
2679	M1Ⅵ：1998	节约	铜	1件	完整	东回廊南端六区上层	
2680	M1Ⅵ：1999	算珠形饰	铜	1件	完整	东回廊南端六区上层	
2681	M1Ⅵ：2000	环	铜	1件	完整	东回廊南端六区上层	
2682	M1Ⅵ：2001	马衔镳	铜	1套3件	残	东回廊南端六区上层	与M1Ⅵ：3966为一套
2683	M1Ⅵ：2004	马衔镳	铜	1套3件	残	东回廊南端六区上层	
2684	M1Ⅵ：2005	剑	铁	1件	锈残	东回廊南端六区上层	
2685	M1Ⅵ：2006	节约	铜	1件	完整	东回廊南端六区上层	
2686	M1Ⅵ：2007	节约	铜	1件	完整	东回廊南端六区上层	
	M1Ⅵ：2008	马络	铜	1套223件		东回廊南端六区上层	
2687	M1Ⅵ：2008-1	管饰	铜	1件	完整	东回廊南端六区上层	
2688	M1Ⅵ：2008-2	管饰	铜	1件	完整	东回廊南端六区上层	
2689	M1Ⅵ：2008-3	管饰	铜	1件	完整	东回廊南端六区上层	
2690	M1Ⅵ：2008-4	管饰	铜	1件	完整	东回廊南端六区上层	
2691	M1Ⅵ：2008-5	泡饰	铜	1件	残	东回廊南端六区上层	
2692	M1Ⅵ：2008-6	泡饰	铜	1件	完整	东回廊南端六区上层	
2693	M1Ⅵ：2008-7	泡饰	铜	1件	完整	东回廊南端六区上层	
2694	M1Ⅵ：2008-8	泡饰	铜	1件	完整	东回廊南端六区上层	
2695	M1Ⅵ：2008-9	管饰	铜	1件	完整	东回廊南端六区上层	
2696	M1Ⅵ：2008-10	管饰	铜	1件	完整	东回廊南端六区上层	
2697	M1Ⅵ：2008-11	管饰	铜	1件	完整	东回廊南端六区上层	
2698	M1Ⅵ：2008-12	管饰	铜	1件	完整	东回廊南端六区上层	
2699	M1Ⅵ：2008-13	管饰	铜	1件	完整	东回廊南端六区上层	
2700	M1Ⅵ：2008-14	管饰	铜	1件	残	东回廊南端六区上层	
2701	M1Ⅵ：2008-15	管饰	铜	1件	残损严重	东回廊南端六区上层	

续附表三

序号	器号	器名	质料	数量	现状	位置	备注
2702	M1Ⅵ：2008－16	管饰	铜	1件	完整	东回廊南端六区上层	
2703	M1Ⅵ：2008－17	管饰	铜	1件	完整	东回廊南端六区上层	
2704	M1Ⅵ：2008－18	管饰	铜	1件	完整	东回廊南端六区上层	
2705	M1Ⅵ：2008－19	管饰	铜	1件	完整	东回廊南端六区上层	
2706	M1Ⅵ：2008－20	管饰	铜	1件	完整	东回廊南端六区上层	
2707	M1Ⅵ：2008－21	管饰	铜	1件	完整	东回廊南端六区上层	
2708	M1Ⅵ：2008－22	管饰	铜	1件	完整	东回廊南端六区上层	
2709	M1Ⅵ：2008－23	泡饰	铜	1件	完整	东回廊南端六区上层	
2710	M1Ⅵ：2008－24	泡饰	铜	1件	完整	东回廊南端六区上层	
2711	M1Ⅵ：2008－25	泡饰	铜	1件	残	东回廊南端六区上层	
2712	M1Ⅵ：2008－26	泡饰	铜	1件	完整	东回廊南端六区上层	
2713	M1Ⅵ：2008－27	泡饰	铜	1件	残	东回廊南端六区上层	
2714	M1Ⅵ：2008－28	泡饰	铜	1件	完整	东回廊南端六区上层	
2715	M1Ⅵ：2008－29	管饰	铜	1件	完整	东回廊南端六区上层	
2716	M1Ⅵ：2008－30	环	铜	1件	完整	东回廊南端六区上层	
2717	M1Ⅵ：2008－31	环	铜	1件	残	东回廊南端六区上层	
2718	M1Ⅵ：2008－32	环	铜	1件	完整	东回廊南端六区上层	
2719	M1Ⅵ：2008－33	马衔镳	铜	1件	残	东回廊南端六区上层	
2720	M1Ⅵ：2008－34	环	铜	1件	完整	东回廊南端六区上层	
2721	M1Ⅵ：2008－35	管饰	铜	1件	完整	东回廊南端六区上层	
2722	M1Ⅵ：2008－36	管饰	铜	1件	完整	东回廊南端六区上层	
2723	M1Ⅵ：2008－37	管饰	铜	1件	完整	东回廊南端六区上层	
2724	M1Ⅵ：2008－38	管饰	铜	1件	完整	东回廊南端六区上层	
2725	M1Ⅵ：2008－39	带扣	铜	1件	完整	东回廊南端六区上层	
2726	M1Ⅵ：2008－40	管饰	铜	1件	完整	东回廊南端六区上层	
2727	M1Ⅵ：2008－41	管饰	铜	1件	完整	东回廊南端六区上层	
2728	M1Ⅵ：2008－42	管饰	铜	1件	完整	东回廊南端六区上层	
2729	M1Ⅵ：2008－43	管饰	铜	1件	完整	东回廊南端六区上层	
2730	M1Ⅵ：2008－44	管饰	铜	1件	完整	东回廊南端六区上层	
2731	M1Ⅵ：2008－45	管饰	铜	1件	完整	东回廊南端六区上层	
2732	M1Ⅵ：2008－46	管饰	铜	1件	完整	东回廊南端六区上层	
2733	M1Ⅵ：2008－47	管饰	铜	1件	完整	东回廊南端六区上层	
2734	M1Ⅵ：2008－48	节约	铜	1件	完整	东回廊南端六区上层	
2735	M1Ⅵ：2008－49	管饰	铜	1件	完整	东回廊南端六区上层	

续附表三

序号	器号	器名	质料	数量	现状	位置	备注
2736	M1 Ⅵ : 2008 - 50	管饰	铜	1 件	完整	东回廊南端六区上层	
2737	M1 Ⅵ : 2008 - 51	管饰	铜	1 件	残	东回廊南端六区上层	
2738	M1 Ⅵ : 2008 - 52	管饰	铜	1 件	残	东回廊南端六区上层	
2739	M1 Ⅵ : 2008 - 53	管饰	铜	1 件	完整	东回廊南端六区上层	
2740	M1 Ⅵ : 2008 - 54	管饰	铜	1 件	完整	东回廊南端六区上层	
2741	M1 Ⅵ : 2008 - 55	管饰	铜	1 件	残损严重	东回廊南端六区上层	
2742	M1 Ⅵ : 2008 - 56	管饰	铜	1 件	完整	东回廊南端六区上层	
2743	M1 Ⅵ : 2008 - 57	管饰	铜	1 件	完整	东回廊南端六区上层	
2744	M1 Ⅵ : 2008 - 58	管饰	铜	1 件	完整	东回廊南端六区上层	
2745	M1 Ⅵ : 2008 - 59	管饰	铜	1 件	残	东回廊南端六区上层	
2746	M1 Ⅵ : 2008 - 60	环	铜	1 件	完整	东回廊南端六区上层	
2747	M1 Ⅵ : 2008 - 61	节约	铜	1 件	完整	东回廊南端六区上层	
2748	M1 Ⅵ : 2008 - 62	泡饰	铜	1 件	完整	东回廊南端六区上层	
2749	M1 Ⅵ : 2008 - 63	泡饰	铜	1 件	残损严重	东回廊南端六区上层	
2750	M1 Ⅵ : 2008 - 64	泡饰	铜	1 件	完整	东回廊南端六区上层	
2751	M1 Ⅵ : 2008 - 65	泡饰	铜	1 件	完整	东回廊南端六区上层	
2752	M1 Ⅵ : 2008 - 66	泡饰	铜	1 件	完整	东回廊南端六区上层	
2753	M1 Ⅵ : 2008 - 67	泡饰	铜	1 件	完整	东回廊南端六区上层	
2754	M1 Ⅵ : 2008 - 68	泡饰	铜	1 件	完整	东回廊南端六区上层	
2755	M1 Ⅵ : 2008 - 69	泡饰	铜	1 件	完整	东回廊南端六区上层	
2756	M1 Ⅵ : 2008 - 70	泡饰	铜	1 件	残	东回廊南端六区上层	
2757	M1 Ⅵ : 2008 - 71	泡饰	铜	1 件	残损严重	东回廊南端六区上层	
2758	M1 Ⅵ : 2008 - 72	泡饰	铜	1 件	完整	东回廊南端六区上层	
2759	M1 Ⅵ : 2008 - 73	泡饰	铜	1 件	完整	东回廊南端六区上层	
2760	M1 Ⅵ : 2008 - 74	泡饰	铜	1 件	完整	东回廊南端六区上层	
2761	M1 Ⅵ : 2008 - 75	泡饰	铜	1 件	残	东回廊南端六区上层	
2762	M1 Ⅵ : 2008 - 76	泡饰	铜	1 件	残损严重	东回廊南端六区上层	
2763	M1 Ⅵ : 2008 - 77	泡饰	铜	1 件	完整	东回廊南端六区上层	
2764	M1 Ⅵ : 2008 - 78	泡饰	铜	1 件	完整	东回廊南端六区上层	
2765	M1 Ⅵ : 2008 - 79	泡饰	铜	1 件	完整	东回廊南端六区上层	
2766	M1 Ⅵ : 2008 - 80	泡饰	铜	1 件	完整	东回廊南端六区上层	
2767	M1 Ⅵ : 2008 - 81	泡饰	铜	1 件	完整	东回廊南端六区上层	
2768	M1 Ⅵ : 2008 - 82	泡饰	铜	1 件	完整	东回廊南端六区上层	
2769	M1 Ⅵ : 2008 - 83	泡饰	铜	1 件	残	东回廊南端六区上层	

续附表三

序号	器号	器名	质料	数量	现状	位置	备注
2770	M1Ⅵ:2008-84	泡饰	铜	1件	完整	东回廊南端六区上层	
2771	M1Ⅵ:2008-85	泡饰	铜	1件	残	东回廊南端六区上层	
2772	M1Ⅵ:2008-86	泡饰	铜	1件	完整	东回廊南端六区上层	
2773	M1Ⅵ:2008-87	泡饰	铜	1件	完整	东回廊南端六区上层	
2774	M1Ⅵ:2008-88	泡饰	铜	1件	完整	东回廊南端六区上层	
2775	M1Ⅵ:2008-89	泡饰	铜	1件	残损严重	东回廊南端六区上层	
2776	M1Ⅵ:2008-90	泡饰	铜	1件	完整	东回廊南端六区上层	
2777	M1Ⅵ:2008-91	泡饰	铜	1件	残	东回廊南端六区上层	
2778	M1Ⅵ:2008-92	泡饰	铜	1件	完整	东回廊南端六区上层	
2779	M1Ⅵ:2008-93	泡饰	铜	1件	完整	东回廊南端六区上层	
2780	M1Ⅵ:2008-94	泡饰	铜	1件	完整	东回廊南端六区上层	
2781	M1Ⅵ:2008-95	环	铜	1件	完整	东回廊南端六区上层	
2782	M1Ⅵ:2008-96	环	铜	1件	完整	东回廊南端六区上层	
2783	M1Ⅵ:2008-97	环	铜	1件	完整	东回廊南端六区上层	
2784	M1Ⅵ:2008-98	管饰	铜	1件	完整	东回廊南端六区上层	
2785	M1Ⅵ:2008-99	管饰	铜	1件	完整	东回廊南端六区上层	
2786	M1Ⅵ:2008-100	管饰	铜	1件	残	东回廊南端六区上层	
2787	M1Ⅵ:2008-101	管饰	铜	1件	残	东回廊南端六区上层	
2788	M1Ⅵ:2008-102	节约	铜	1件	完整	东回廊南端六区上层	
2789	M1Ⅵ:2008-103	管饰	铜	1件	完整	东回廊南端六区上层	
2790	M1Ⅵ:2008-104	管饰	铜	1件	残	东回廊南端六区上层	
2791	M1Ⅵ:2008-105	管饰	铜	1件	完整	东回廊南端六区上层	
2792	M1Ⅵ:2008-106	管饰	铜	1件	完整	东回廊南端六区上层	
2793	M1Ⅵ:2008-107	管饰	铜	1件	完整	东回廊南端六区上层	
2794	M1Ⅵ:2008-108	管饰	铜	1件	完整	东回廊南端六区上层	
2795	M1Ⅵ:2008-109	管饰	铜	1件	完整	东回廊南端六区上层	
2796	M1Ⅵ:2008-110	管饰	铜	1件	完整	东回廊南端六区上层	
2797	M1Ⅵ:2008-111	节约	铜	1件	完整	东回廊南端六区上层	
2798	M1Ⅵ:2008-112	泡饰	铜	1件	完整	东回廊南端六区上层	
2799	M1Ⅵ:2008-113	泡饰	铜	1件	完整	东回廊南端六区上层	
2800	M1Ⅵ:2008-114	泡饰	铜	1件	完整	东回廊南端六区上层	
2801	M1Ⅵ:2008-115	泡饰	铜	1件	残	东回廊南端六区上层	
2802	M1Ⅵ:2008-116	泡饰	铜	1件	完整	东回廊南端六区上层	
2803	M1Ⅵ:2008-117	泡饰	铜	1件	完整	东回廊南端六区上层	

续附表三

序号	器号	器名	质料	数量	现状	位置	备注
2804	M1 Ⅵ : 2008 – 118	泡饰	铜	1件	完整	东回廊南端六区上层	
2805	M1 Ⅵ : 2008 – 119	泡饰	铜	1件	残	东回廊南端六区上层	
2806	M1 Ⅵ : 2008 – 120	泡饰	铜	1件	完整	东回廊南端六区上层	
2807	M1 Ⅵ : 2008 – 121	带扣	铜	1件	残	东回廊南端六区上层	
2808	M1 Ⅵ : 2008 – 122	环	铜	1件	残	东回廊南端六区上层	
2809	M1 Ⅵ : 2008 – 123	环	铜	1件	完整	东回廊南端六区上层	
2810	M1 Ⅵ : 2008 – 124	管饰	铜	1件	完整	东回廊南端六区上层	
2811	M1 Ⅵ : 2008 – 125	管饰	铜	1件	残损严重	东回廊南端六区上层	
2812	M1 Ⅵ : 2008 – 126	管饰	铜	1件	完整	东回廊南端六区上层	
2813	M1 Ⅵ : 2008 – 127	管饰	铜	1件	完整	东回廊南端六区上层	
2814	M1 Ⅵ : 2008 – 128	管饰	铜	1件	残	东回廊南端六区上层	
2815	M1 Ⅵ : 2008 – 129	管饰	铜	1件	完整	东回廊南端六区上层	
2816	M1 Ⅵ : 2008 – 130	管饰	铜	1件	残	东回廊南端六区上层	
2817	M1 Ⅵ : 2008 – 131	管饰	铜	1件	完整	东回廊南端六区上层	
2818	M1 Ⅵ : 2008 – 132	管饰	铜	1件	完整	东回廊南端六区上层	
2819	M1 Ⅵ : 2008 – 133	管饰	铜	1件	完整	东回廊南端六区上层	
2820	M1 Ⅵ : 2008 – 134	管饰	铜	1件	完整	东回廊南端六区上层	
2821	M1 Ⅵ : 2008 – 135	管饰	铜	1件	完整	东回廊南端六区上层	
2822	M1 Ⅵ : 2008 – 136	管饰	铜	1件	完整	东回廊南端六区上层	
2823	M1 Ⅵ : 2008 – 137	管饰	铜	1件	完整	东回廊南端六区上层	
2824	M1 Ⅵ : 2008 – 138	管饰	铜	1件	残	东回廊南端六区上层	
2825	M1 Ⅵ : 2008 – 139	管饰	铜	1件	完整	东回廊南端六区上层	
2826	M1 Ⅵ : 2008 – 140	管饰	铜	1件	完整	东回廊南端六区上层	
2827	M1 Ⅵ : 2008 – 141	管饰	铜	1件	完整	东回廊南端六区上层	
2828	M1 Ⅵ : 2008 – 142	管饰	铜	1件	残	东回廊南端六区上层	
2829	M1 Ⅵ : 2008 – 143	节约	铜	1件	完整	东回廊南端六区上层	
2830	M1 Ⅵ : 2008 – 144	泡饰	铜	1件	完整	东回廊南端六区上层	
2831	M1 Ⅵ : 2008 – 145	管饰	铜	1件	完整	东回廊南端六区上层	
2832	M1 Ⅵ : 2008 – 146	管饰	铜	1件	完整	东回廊南端六区上层	
2833	M1 Ⅵ : 2008 – 147	管饰	铜	1件	完整	东回廊南端六区上层	
2834	M1 Ⅵ : 2008 – 148	管饰	铜	1件	完整	东回廊南端六区上层	
2835	M1 Ⅵ : 2008 – 149	管饰	铜	1件	完整	东回廊南端六区上层	
2836	M1 Ⅵ : 2008 – 150	管饰	铜	1件	完整	东回廊南端六区上层	
2837	M1 Ⅵ : 2008 – 151	管饰	铜	1件	完整	东回廊南端六区上层	

续附表三

序号	器号	器名	质料	数量	现状	位置	备注
2838	M1Ⅵ：2008－152	管饰	铜	1件	完整	东回廊南端六区上层	
2839	M1Ⅵ：2008－153	节约	铜	1件	完整	东回廊南端六区上层	
2840	M1Ⅵ：2008－154	管饰	铜	1件	完整	东回廊南端六区上层	
2841	M1Ⅵ：2008－155	泡饰	铜	1件	完整	东回廊南端六区上层	
2842	M1Ⅵ：2008－156	节约	铜	1件	残	东回廊南端六区上层	
2843	M1Ⅵ：2008－157	泡饰	铜	1件	完整	东回廊南端六区上层	
2844	M1Ⅵ：2008－158	泡饰	铜	1件	完整	东回廊南端六区上层	
2845	M1Ⅵ：2008－159	管饰	铜	1件	完整	东回廊南端六区上层	
2846	M1Ⅵ：2008－160	管饰	铜	1件	完整	东回廊南端六区上层	
2847	M1Ⅵ：2008－161	管饰	铜	1件	残	东回廊南端六区上层	
2848	M1Ⅵ：2008－162	管饰	铜	1件	完整	东回廊南端六区上层	
2849	M1Ⅵ：2008－163	管饰	铜	1件	完整	东回廊南端六区上层	
2850	M1Ⅵ：2008－164	管饰	铜	1件	完整	东回廊南端六区上层	
2851	M1Ⅵ：2008－165	管饰	铜	1件	残	东回廊南端六区上层	
2852	M1Ⅵ：2008－166	管饰	铜	1件	残	东回廊南端六区上层	
2853	M1Ⅵ：2008－167	管饰	铜	1件	完整	东回廊南端六区上层	
2854	M1Ⅵ：2008－168	管饰	铜	1件	完整	东回廊南端六区上层	
2855	M1Ⅵ：2008－169	节约	铜	1件	完整	东回廊南端六区上层	
2856	M1Ⅵ：2008－170	泡饰	铜	1件	完整	东回廊南端六区上层	
2857	M1Ⅵ：2008－171	泡饰	铜	1件	完整	东回廊南端六区上层	
2858	M1Ⅵ：2008－172	管饰	铜	1件	完整	东回廊南端六区上层	
2859	M1Ⅵ：2008－173	管饰	铜	1件	残	东回廊南端六区上层	
2860	M1Ⅵ：2008－174	管饰	铜	1件	完整	东回廊南端六区上层	
2861	M1Ⅵ：2008－175	管饰	铜	1件	完整	东回廊南端六区上层	
2862	M1Ⅵ：2008－176	管饰	铜	1件	完整	东回廊南端六区上层	
2863	M1Ⅵ：2008－177	管饰	铜	1件	完整	东回廊南端六区上层	
2864	M1Ⅵ：2008－178	管饰	铜	1件	完整	东回廊南端六区上层	
2865	M1Ⅵ：2008－179	管饰	铜	1件	完整	东回廊南端六区上层	
2866	M1Ⅵ：2008－180	环	铜	1件	完整	东回廊南端六区上层	
2867	M1Ⅵ：2008－181	环	铜	1件	残	东回廊南端六区上层	
2868	M1Ⅵ：2008－182	管饰	铜	1件	完整	东回廊南端六区上层	
2869	M1Ⅵ：2008－183	管饰	铜	1件	完整	东回廊南端六区上层	
2870	M1Ⅵ：2008－184	管饰	铜	1件	完整	东回廊南端六区上层	
2871	M1Ⅵ：2008－185	管饰	铜	1件	完整	东回廊南端六区上层	

续附表三

序号	器号	器名	质料	数量	现状	位置	备注
2872	M1Ⅵ：2008－186	管饰	铜	1件	完整	东回廊南端六区上层	
2873	M1Ⅵ：2008－187	管饰	铜	1件	完整	东回廊南端六区上层	
2874	M1Ⅵ：2008－188	管饰	铜	1件	完整	东回廊南端六区上层	
2875	M1Ⅵ：2008－189	管饰	铜	1件	完整	东回廊南端六区上层	
2876	M1Ⅵ：2008－190	管饰	铜	1件	完整	东回廊南端六区上层	
2877	M1Ⅵ：2008－191	管饰	铜	1件	完整	东回廊南端六区上层	
2878	M1Ⅵ：2008－192	管饰	铜	1件	残	东回廊南端六区上层	
2879	M1Ⅵ：2008－193	管饰	铜	1件	完整	东回廊南端六区上层	
2880	M1Ⅵ：2008－194	管饰	铜	1件	完整	东回廊南端六区上层	
2881	M1Ⅵ：2008－195	管饰	铜	1件	残	东回廊南端六区上层	
2882	M1Ⅵ：2008－196	管饰	铜	1件	完整	东回廊南端六区上层	
2883	M1Ⅵ：2008－197	管饰	铜	1件	完整	东回廊南端六区上层	
2884	M1Ⅵ：2008－198	管饰	铜	1件	完整	东回廊南端六区上层	
2885	M1Ⅵ：2008－199	管饰	铜	1件	完整	东回廊南端六区上层	
2886	M1Ⅵ：2008－200	管饰	铜	1件	残	东回廊南端六区上层	
2887	M1Ⅵ：2008－201	管饰	铜	1件	完整	东回廊南端六区上层	
2888	M1Ⅵ：2008－202	管饰	铜	1件	完整	东回廊南端六区上层	
2889	M1Ⅵ：2008－203	管饰	铜	1件	完整	东回廊南端六区上层	
2890	M1Ⅵ：2008－204	管饰	铜	1件	完整	东回廊南端六区上层	
2891	M1Ⅵ：2008－205	管饰	铜	1件	完整	东回廊南端六区上层	
2892	M1Ⅵ：2008－206	管饰	铜	1件	完整	东回廊南端六区上层	
2893	M1Ⅵ：2008－207	管饰	铜	1件	完整	东回廊南端六区上层	
2894	M1Ⅵ：2008－208	管饰	铜	1件	完整	东回廊南端六区上层	
2895	M1Ⅵ：2008－209	管饰	铜	1件	完整	东回廊南端六区上层	
2896	M1Ⅵ：2008－210	管饰	铜	1件	完整	东回廊南端六区上层	
2897	M1Ⅵ：2008－211	管饰	铜	1件	完整	东回廊南端六区上层	
2898	M1Ⅵ：2008－212	管饰	铜	1件	完整	东回廊南端六区上层	
2899	M1Ⅵ：2008－213	管饰	铜	1件	完整	东回廊南端六区上层	
2900	M1Ⅵ：2008－214	管饰	铜	1件	完整	东回廊南端六区上层	
2901	M1Ⅵ：2008－215	管饰	铜	1件	完整	东回廊南端六区上层	
2902	M1Ⅵ：2008－216	管饰	铜	1件	完整	东回廊南端六区上层	
2903	M1Ⅵ：2008－217	管饰	铜	1件	完整	东回廊南端六区上层	
2904	M1Ⅵ：2008－218	管饰	铜	1件	残	东回廊南端六区上层	
2905	M1Ⅵ：2008－219	管饰	铜	1件	残	东回廊南端六区上层	

续附表三

序号	器号	器名	质料	数量	现状	位置	备注
2906	M1 Ⅵ∶2008－220	管饰	铜	1件	残	东回廊南端六区上层	
2907	M1 Ⅵ∶2008－221	节约	铜	1件	完整	东回廊南端六区上层	
2908	M1 Ⅵ∶2008－222	节约	铜	1件	完整	东回廊南端六区上层	
2909	M1 Ⅵ∶2008－223	节约	铜	1件	完整	东回廊南端六区上层	
2910	M1 Ⅵ∶2009	轭足饰	铜	1件	残	东回廊南端六区上层	
2911	M1 Ⅵ∶2010	镞	铜	1件	完整	东回廊南端六区上层	
2912	M1 Ⅵ∶2011	钩	铜	1件	完整	东回廊南端六区上层	
2913	M1 Ⅵ∶2012	盖弓帽	铜	1件	残	东回廊南端六区上层	
2914	M1 Ⅵ∶2013	釭	铁	1件	锈残	东回廊南端六区上层	
2915	M1 Ⅵ∶2014	兽首构件	铜	1件	残	东回廊南端六区上层	
2916	M1 Ⅵ∶2015	盖弓帽	铜	1件	残	东回廊南端六区上层	
2917	M1 Ⅵ∶2016	环	铜	1件	残	东回廊南端六区上层	
2918	M1 Ⅵ∶2017	弩机	铜	1件	完整	东回廊南端六区上层	
2919	M1 Ⅵ∶2018	钩镶	铁	1件	锈残	东回廊南端六区上层	
2920	M1 ⅦA∶2019	带钩	铜	1件	残	东回廊南部七 A 区上层	
2921	M1 ⅦA∶2020	带钩	铜	1件	残	东回廊南部七 A 区上层	
2922	M1 ⅦA∶2022	戟	铁	1件	锈残	东回廊南部七 A 区上层	
2923	M1 ⅦA∶2023	衡末	铜	1件	完整	东回廊南部七 A 区上层	
2924	M1 ⅦA∶2024	镦	铜	1件	锈残	东回廊南部七 A 区上层	
2925	M1 ⅦA∶2025	戟	铁	1件	锈残	东回廊南部七 A 区上层	
2926	M1 ⅦA∶2026	削	铁	1件	锈残	东回廊南部七 A 区上层	
2927	M1 ⅦA∶2027	剑	铁	1件	锈残	东回廊南部七 A 区上层	
2928	M1 ⅦA∶2028	剑	铁	1件	锈残	东回廊南部七 A 区上层	
2929	M1 ⅦA∶2029	马衔镳	铜	1套3件	残	东回廊南部七 A 区上层	
2930	M1 ⅦA∶2030	节约	铜	1件	残	东回廊南部七 A 区上层	
2931	M1 ⅦA∶2031	衡末	铜	1件	完整	东回廊南部七 A 区上层	
2932	M1 ⅦA∶2032	轙	铜	1件	残	东回廊南部七 A 区上层	
2933	M1 ⅦA∶2033	剑	铁	1件	锈残	东回廊南部七 A 区上层	
2934	M1 ⅦA∶2034	削	铁	1件	锈残	东回廊南部七 A 区上层	
2935	M1 ⅦA∶2035	漏斗形器	银	1件	残	东回廊南部七 A 区上层	
2936	M1 ⅦA∶2036	削	铁	1件	锈残	东回廊南部七 A 区上层	
2937	M1 ⅦA∶2037	削	铁	1件	锈残	东回廊南部七 A 区上层	
2938	M1 ⅦA∶2038	马衔镳	铜	1套3件	锈残	东回廊南部七 A 区上层	
2939	M1 ⅦA∶2040	节约	铜	1件	残	东回廊南部七 A 区上层	

续附表三

序号	器号	器名	质料	数量	现状	位置	备注
2940	M1ⅦA：2041	削	铁	1件	锈残	东回廊南部七A区上层	
2941	M1ⅦA：2042	剑	铁	1件	锈残	东回廊南部七A区上层	
2942	M1ⅦA：2043	盖弓帽	铜	1件	残	东回廊南部七A区上层	
2943	M1ⅦA：2044	盖弓帽	铜	1件	残	东回廊南部七A区上层	
2944	M1ⅦA：2045	漏斗形器	银	1件	残	东回廊南部七A区上层	
	M1ⅦA：2046	马络	铜	1套8件		东回廊南部七A区上层	
2945	M1ⅦA：2046－1	马衔镳	铜	1套3件	残	东回廊南部七A区上层	
2946	M1ⅦA：2046－2	节约	铜	1件	残	东回廊南部七A区上层	
2947	M1ⅦA：2046－3	管饰	铜	1件	完整	东回廊南部七A区上层	
2948	M1ⅦA：2046－4	管饰	铜	1件	完整	东回廊南部七A区上层	
2949	M1ⅦA：2046－5	管饰	铜	1件	完整	东回廊南部七A区上层	
2950	M1ⅦA：2046－6	管饰	铜	1件	完整	东回廊南部七A区上层	
2951	M1ⅦA：2046－7	管饰	铜	1件	完整	东回廊南部七A区上层	
2952	M1ⅦA：2046－8	管饰	铜	1件	完整	东回廊南部七A区上层	
	M1ⅦB：2047	马络	铜	1套92件		东回廊中部偏南七B区上层	
2953	M1ⅦB：2047－1	节约	铜	1件	残	东回廊中部偏南七B区上层	
2954	M1ⅦB：2047－2	管饰	铜	1件	完整	东回廊中部偏南七B区上层	
2955	M1ⅦB：2047－3	管饰	铜	1件	残	东回廊中部偏南七B区上层	
2956	M1ⅦB：2047－4	管饰	铜	1件	完整	东回廊中部偏南七B区上层	
2957	M1ⅦB：2047－5	管饰	铜	1件	完整	东回廊中部偏南七B区上层	
2958	M1ⅦB：2047－6	管饰	铜	1件	完整	东回廊中部偏南七B区上层	
2959	M1ⅦB：2047－7	管饰	铜	1件	完整	东回廊中部偏南七B区上层	
2960	M1ⅦB：2047－8	节约	铜	1件	完整	东回廊中部偏南七B区上层	
2961	M1ⅦB：2047－9	节约	铜	1件	完整	东回廊中部偏南七B区上层	
2962	M1ⅦB：2047－10	环	铜	1件	完整	东回廊中部偏南七B区上层	
2963	M1ⅦB：2047－11	管饰	铜	1件	完整	东回廊中部偏南七B区上层	
2964	M1ⅦB：2047－12	管饰	铜	1件	完整	东回廊中部偏南七B区上层	
2965	M1ⅦB：2047－13	管饰	铜	1件	完整	东回廊中部偏南七B区上层	
2966	M1ⅦB：2047－14	管饰	铜	1件	完整	东回廊中部偏南七B区上层	
2967	M1ⅦB：2047－15	管饰	铜	1件	完整	东回廊中部偏南七B区上层	
2968	M1ⅦB：2047－16	管饰	铜	1件	完整	东回廊中部偏南七B区上层	
2969	M1ⅦB：2047－17	管饰	铜	1件	完整	东回廊中部偏南七B区上层	
2970	M1ⅦB：2047－18	管饰	铜	1件	完整	东回廊中部偏南七B区上层	
2971	M1ⅦB：2047－19	管饰	铜	1件	完整	东回廊中部偏南七B区上层	

续附表三

序号	器号	器名	质料	数量	现状	位置	备注
2972	M1ⅦB：2047－20	管饰	铜	1 件	残	东回廊中部偏南七 B 区上层	
2973	M1ⅦB：2047－21	管饰	铜	1 件	完整	东回廊中部偏南七 B 区上层	
2974	M1ⅦB：2047－22	管饰	铜	1 件	完整	东回廊中部偏南七 B 区上层	
2975	M1ⅦB：2047－23	节约	铜	1 件	残	东回廊中部偏南七 B 区上层	
2976	M1ⅦB：2047－24	管饰	铜	1 件	完整	东回廊中部偏南七 B 区上层	
2977	M1ⅦB：2047－25	管饰	铜	1 件	完整	东回廊中部偏南七 B 区上层	
2978	M1ⅦB：2047－26	管饰	铜	1 件	完整	东回廊中部偏南七 B 区上层	
2979	M1ⅦB：2047－27	管饰	铜	1 件	残	东回廊中部偏南七 B 区上层	
2980	M1ⅦB：2047－28	管饰	铜	1 件	完整	东回廊中部偏南七 B 区上层	
2981	M1ⅦB：2047－29	管饰	铜	1 件	完整	东回廊中部偏南七 B 区上层	
2982	M1ⅦB：2047－30	环	铜	1 件	残	东回廊中部偏南七 B 区上层	
2983	M1ⅦB：2047－31	管饰	铜	1 件	完整	东回廊中部偏南七 B 区上层	
2984	M1ⅦB：2047－32	管饰	铜	1 件	完整	东回廊中部偏南七 B 区上层	
2985	M1ⅦB：2047－33	管饰	铜	1 件	残损严重	东回廊中部偏南七 B 区上层	
2986	M1ⅦB：2047－34	管饰	铜	1 件	完整	东回廊中部偏南七 B 区上层	
2987	M1ⅦB：2047－35	节约	铜	1 件	完整	东回廊中部偏南七 B 区上层	
2988	M1ⅦB：2047－36	管饰	铜	1 件	完整	东回廊中部偏南七 B 区上层	
2989	M1ⅦB：2047－37	管饰	铜	1 件	完整	东回廊中部偏南七 B 区上层	
2990	M1ⅦB：2047－38	管饰	铜	1 件	完整	东回廊中部偏南七 B 区上层	
2991	M1ⅦB：2047－39	管饰	铜	1 件	完整	东回廊中部偏南七 B 区上层	
2992	M1ⅦB：2047－40	管饰	铜	1 件	完整	东回廊中部偏南七 B 区上层	
2993	M1ⅦB：2047－41	管饰	铜	1 件	残	东回廊中部偏南七 B 区上层	
2994	M1ⅦB：2047－42	管饰	铜	1 件	完整	东回廊中部偏南七 B 区上层	
2995	M1ⅦB：2047－43	管饰	铜	1 件	完整	东回廊中部偏南七 B 区上层	
2996	M1ⅦB：2047－44	管饰	铜	1 件	完整	东回廊中部偏南七 B 区上层	
2997	M1ⅦB：2047－45	管饰	铜	1 件	完整	东回廊中部偏南七 B 区上层	
2998	M1ⅦB：2047－46	管饰	铜	1 件	残	东回廊中部偏南七 B 区上层	
2999	M1ⅦB：2047－47	管饰	铜	1 件	残损严重	东回廊中部偏南七 B 区上层	
3000	M1ⅦB：2047－48	管饰	铜	1 件	残	东回廊中部偏南七 B 区上层	
3001	M1ⅦB：2047－49	管饰	铜	1 件	残	东回廊中部偏南七 B 区上层	
3002	M1ⅦB：2047－50	管饰	铜	1 件	残	东回廊中部偏南七 B 区上层	
3003	M1ⅦB：2047－51	节约	铜	1 件	完整	东回廊中部偏南七 B 区上层	
3004	M1ⅦB：2047－52	管饰	铜	1 件	完整	东回廊中部偏南七 B 区上层	
3005	M1ⅦB：2047－53	管饰	铜	1 件	完整	东回廊中部偏南七 B 区上层	

续附表三

序号	器号	器名	质料	数量	现状	位置	备注
3006	M1ⅦB：2047－54	管饰	铜	1件	残	东回廊中部偏南七B区上层	
3007	M1ⅦB：2047－55	管饰	铜	1件	残	东回廊中部偏南七B区上层	
3008	M1ⅦB：2047－56	管饰	铜	1件	残	东回廊中部偏南七B区上层	
3009	M1ⅦB：2047－57	管饰	铜	1件	完整	东回廊中部偏南七B区上层	
3010	M1ⅦB：2047－58	管饰	铜	1件	完整	东回廊中部偏南七B区上层	
3011	M1ⅦB：2047－59	管饰	铜	1件	完整	东回廊中部偏南七B区上层	
3012	M1ⅦB：2047－60	管饰	铜	1件	残	东回廊中部偏南七B区上层	
3013	M1ⅦB：2047－61	管饰	铜	1件	完整	东回廊中部偏南七B区上层	
3014	M1ⅦB：2047－62	管饰	铜	1件	完整	东回廊中部偏南七B区上层	
3015	M1ⅦB：2047－63	管饰	铜	1件	完整	东回廊中部偏南七B区上层	
3016	M1ⅦB：2047－64	管饰	铜	1件	残	东回廊中部偏南七B区上层	
3017	M1ⅦB：2047－65	管饰	铜	1件	残	东回廊中部偏南七B区上层	
3018	M1ⅦB：2047－66	节约	铜	1件	残	东回廊中部偏南七B区上层	
3019	M1ⅦB：2047－67	管饰	铜	1件	完整	东回廊中部偏南七B区上层	
3020	M1ⅦB：2047－68	管饰	铜	1件	完整	东回廊中部偏南七B区上层	
3021	M1ⅦB：2047－69	管饰	铜	1件	完整	东回廊中部偏南七B区上层	
3022	M1ⅦB：2047－70	管饰	铜	1件	残	东回廊中部偏南七B区上层	
3023	M1ⅦB：2047－71	管饰	铜	1件	残	东回廊中部偏南七B区上层	
3024	M1ⅦB：2047－72	管饰	铜	1件	残	东回廊中部偏南七B区上层	
3025	M1ⅦB：2047－73	马衔镳	铜	1套3件	残	东回廊中部偏南七B区上层	
3026	M1ⅦB：2047－74	马衔镳	铜	1套3件	残	东回廊中部偏南七B区上层	
3027	M1ⅦB：2047－75	管饰	铜	1件	完整	东回廊中部偏南七B区上层	
3028	M1ⅦB：2047－76	管饰	铜	1件	残	东回廊中部偏南七B区上层	
3029	M1ⅦB：2047－77	管饰	铜	1件	完整	东回廊中部偏南七B区上层	
3030	M1ⅦB：2047－78	管饰	铜	1件	完整	东回廊中部偏南七B区上层	
3031	M1ⅦB：2047－79	管饰	铜	1件	完整	东回廊中部偏南七B区上层	
3032	M1ⅦB：2047－80	管饰	铜	1件	完整	东回廊中部偏南七B区上层	
3033	M1ⅦB：2047－81	节约	铜	1件	残	东回廊中部偏南七B区上层	
3034	M1ⅦB：2047－82	节约	铜	1件	完整	东回廊中部偏南七B区上层	
3035	M1ⅦB：2047－83	管饰	铜	1件	完整	东回廊中部偏南七B区上层	
3036	M1ⅦB：2047－84	管饰	铜	1件	完整	东回廊中部偏南七B区上层	
3037	M1ⅦB：2047－85	管饰	铜	1件	残	东回廊中部偏南七B区上层	
3038	M1ⅦB：2047－86	节约	铜	1件	完整	东回廊中部偏南七B区上层	
3039	M1ⅦB：2047－87	管饰	铜	1件	残	东回廊中部偏南七B区上层	

续附表三

序号	器号	器名	质料	数量	现状	位置	备注
3040	M1ⅦB：2047－88	管饰	铜	1件	完整	东回廊中部偏南七 B 区上层	
3041	M1ⅦB：2047－89	管饰	铜	1件	完整	东回廊中部偏南七 B 区上层	
3042	M1ⅦB：2047－90	管饰	铜	1件	完整	东回廊中部偏南七 B 区上层	
3043	M1ⅦB：2047－91	管饰	铜	1件	完整	东回廊中部偏南七 B 区上层	
3044	M1ⅦB：2047－92	管饰	铜	1件	残	东回廊中部偏南七 B 区上层	
3045	M1ⅦB：2048	钩	铜	1件	残	东回廊中部偏南七 B 区上层	
3046	M1ⅦB：2049	钩	铜	1件	残	东回廊中部偏南七 B 区上层	
3047	M1ⅦB：2050	节约	铜	1件	完整	东回廊中部偏南七 B 区上层	
3048	M1ⅦB：2051	衡末	铜	1件	完整	东回廊中部偏南七 B 区上层	
3049	M1ⅦB：2052	辖	铜	1件	完整	东回廊中部偏南七 B 区上层	
3050	M1ⅦB：2053	环	铜	1件	完整	东回廊中部偏南七 B 区上层	
3051	M1ⅦB：2054	剑	铁	1件	锈残	东回廊中部偏南七 B 区上层	
3052	M1ⅦB：2055	剑	铁	1件	锈残	东回廊中部偏南七 B 区上层	
3053	M1ⅦB：2057	帽饰	铜	1件	残	东回廊中部偏南七 B 区上层	
3054	M1ⅦB：2058	盖弓帽	铜	1件	残	东回廊中部偏南七 B 区上层	
3055	M1ⅦB：2059	戟	铁	1件	锈残	东回廊中部偏南七 B 区上层	
3056	M1ⅦB：2060	马衔镳	铜	1套3件	残	东回廊中部偏南七 B 区上层	
3057	M1ⅦB：2061	马衔镳	铜	1套3件	残	东回廊中部偏南七 B 区上层	
3058	M1ⅦB：2062	带扣	铜	1件	完整	东回廊中部偏南七 B 区上层	
3059	M1ⅦB：2063	削	铁	1件	锈残	东回廊中部偏南七 B 区上层	
3060	M1ⅦB：2064	剑	铁	1件	锈残	东回廊中部偏南七 B 区上层	
3061	M1ⅦB：2065	剑	铁	1件	锈残	东回廊中部偏南七 B 区上层	
3062	M1ⅦB：2066	剑	铁	1件	锈残	东回廊中部偏南七 B 区上层	
3063	M1ⅦB：2067	剑	铁	1件	锈残	东回廊中部偏南七 B 区上层	
3064	M1ⅦB：2068	剑	铁	1件	锈残	东回廊中部偏南七 B 区上层	
3065	M1ⅦB：2069	戟	铁	1件	锈残	东回廊中部偏南七 B 区上层	
3066	M1ⅦB：2071	剑	铁	1件	锈残	东回廊中部偏南七 B 区上层	
3067	M1ⅦB：2072	剑	铁	1件	锈残	东回廊中部偏南七 B 区上层	
3068	M1ⅦB：2073	镦	铜	1件	残	东回廊中部偏南七 B 区上层	
3069	M1ⅦB：2074	戟	铁	1件	锈残	东回廊中部偏南七 B 区上层	
3070	M1ⅦB：2075	剑	铁	1件	锈残	东回廊中部偏南七 B 区上层	
3071	M1Ⅷ：2076	弩机	铜	1件	完整	东回廊中部八区上层	
3072	M1Ⅷ：2077	戟	铁	1件	锈残	东回廊中部八区上层	
3073	M1Ⅷ：2078	剑	铁	1件	锈残	东回廊中部八区上层	

续附表三

序号	器号	器名	质料	数量	现状	位置	备注
3074	M1Ⅷ：2079	铜	铜	1件	残	东回廊中部八区上层	
3075	M1Ⅷ：2080	铜	铜	1件	残	东回廊中部八区上层	
3076	M1Ⅷ：2083	带钩	铜	1件	完整	东回廊中部八区上层	
3077	M1Ⅷ：2084	节约	铜	1件	残	东回廊中部八区上层	
3078	M1Ⅷ：2085	车𫐉	铜	1件	完整	东回廊中部八区上层	
3079	M1Ⅷ：2086	伞柄箍饰	铜	1套4件	完整	东回廊中部八区上层	与M1Ⅷ：3662为一套
3080	M1Ⅷ：2087	剑	铁	1件	锈残	东回廊中部八区上层	
3081	M1Ⅷ：2088	剑	铁	1件	锈残	东回廊中部八区上层	
3082	M1Ⅷ：2089	帽饰	铜	1件	残	东回廊中部八区上层	
3083	M1Ⅷ：2090	马蹄形管饰	铜	1件	残	东回廊中部八区上层	
3084	M1Ⅷ：2091	帽饰	铜	1件	完整	东回廊中部八区上层	
3085	M1Ⅷ：2092	盖弓帽	铜	1件	残	东回廊中部八区上层	
3086	M1Ⅷ：2093	铜	铜	1件	残	东回廊中部八区上层	
3087	M1Ⅷ：2094	盖弓帽	铜	1件	残	东回廊中部八区上层	
3088	M1Ⅷ：2095	盖弓帽	铜	1件	残	东回廊中部八区上层	
3089	M1Ⅷ：2096	剑	铁	1件	锈残	东回廊中部八区上层	
3090	M1Ⅷ：2097	剑	铁	1件	锈残	东回廊中部八区上层	
3091	M1Ⅷ：2099	"T"形管饰	铜	1件	残	东回廊中部八区上层	
3092	M1Ⅷ：2100	马蹄形管饰	铜	1件	残	东回廊中部八区上层	
3093	M1Ⅷ：2101	帽饰	铜	1件	残	东回廊中部八区上层	
3094	M1Ⅷ：2103	铜	铜	1件	残	东回廊中部八区上层	
3095	M1Ⅷ：2104	节约	铜	1件	残	东回廊中部八区上层	
3096	M1Ⅷ：2105	节约	铜	1件	残	东回廊中部八区上层	
3097	M1Ⅷ：2106	节约	铜	1件	残	东回廊中部八区上层	
3098	M1Ⅷ：2107	节约	铜	1件	残	东回廊中部八区上层	
3099	M1Ⅷ：2108	带扣	铜	1件	残	东回廊中部八区上层	
3100	M1Ⅷ：2109	剑	铁	1件	锈残	东回廊中部八区上层	
3101	M1Ⅷ：2110	剑	铁	1件	锈残	东回廊中部八区上层	
3102	M1Ⅷ：2111	节约	铜	1件	残	东回廊中部八区上层	
3103	M1Ⅷ：2112	节约	铜	1件	完整	东回廊中部八区上层	
3104	M1Ⅷ：2113	节约	铜	1件	残	东回廊中部八区上层	
3105	M1Ⅷ：2115	马蹄形管饰	铜	1件	残	东回廊中部八区上层	
3106	M1Ⅷ：2116	铜	铜	1件	残	东回廊中部八区上层	

续附表三

序号	器号	器名	质料	数量	现状	位置	备注
3107	M1Ⅷ：2118	剑	铁	1件	锈残	东回廊中部八区上层	
3108	M1Ⅷ：2119	节约	铜	1件	残	东回廊中部八区上层	
3109	M1Ⅷ：2120	铜	铜	1件	残	东回廊中部八区上层	
3110	M1Ⅷ：2121	镦	铜	1件	残	东回廊中部八区上层	
3111	M1Ⅷ：2122	剑	铁	1件	锈残	东回廊中部八区上层	
3112	M1Ⅷ：2123	盖弓帽	铜	1件	残	东回廊中部八区上层	
3113	M1Ⅷ：2124	当卢	铜	1件	残	东回廊中部八区上层	
3114	M1Ⅷ：2126	节约	铜	1件	残	东回廊中部八区上层	
3115	M1Ⅷ：2127	盖弓帽	铜	1件	残	东回廊中部八区上层	
3116	M1Ⅷ：2128	軎	铜	1件	残	东回廊中部八区上层	
3117	M1Ⅷ：2129	盖弓帽	铜	1件	残	东回廊中部八区上层	
3118	M1Ⅷ：2130	环	铜	1件	残	东回廊中部八区上层	
3119	M1Ⅷ：2131	剑	铁	1件	锈残	东回廊中部八区上层	
3120	M1Ⅷ：2133	轭足饰	铜	1件	残	东回廊中部八区上层	
3121	M1Ⅸ：2134	盖弓帽	铜	1件	残	东回廊北部九区上层	
3122	M1Ⅸ：2135	盖弓帽	铜	1件	残	东回廊北部九区上层	
3123	M1Ⅸ：2136	马衔镳	铜	1套3件	残	东回廊北部九区上层	与M1Ⅸ：1287为一套
3124	M1Ⅵ：2137	剑	铁	1件	锈残	东回廊南端六区上层	
3125	M1Ⅵ：2138	马衔镳	铜	1套3件	残	东回廊南端六区上层	
3126	M1Ⅵ：2139	节约	铜	1件	完整	东回廊南端六区上层	
3127	M1Ⅵ：2140	节约	铜	1件	完整	东回廊南端六区上层	
3128	M1ⅦA：2142	衡末	铜	1件	完整	东回廊南部七A区上层	
3129	M1ⅦA：2143	軎	铜	1件	残	东回廊南部七A区上层	
3130	M1ⅦA：2144	盖弓帽	铜	1件	残	东回廊南部七A区上层	
3131	M1ⅦA：2145	削	铁	1件	锈残	东回廊南部七A区上层	
3132	M1ⅦA：2146	戟	铁	1件	锈残	东回廊南部七A区上层	
3133	M1ⅦA：2147	带扣	铜	1件	残	东回廊南部七A区上层	
3134	M1ⅦA：2149	镦	铜	1件	残	东回廊南部七A区上层	
3135	M1ⅦA：2150	盖弓帽	铜	1件	残	东回廊南部七A区上层	
3136	M1ⅦA：2151	盖弓帽	铜	1件	残	东回廊南部七A区上层	
3137	M1ⅦA：2152	管饰	铜	1件	残	东回廊南部七A区上层	
3138	M1Ⅰ：2153	帽饰	铜	1件	完整	西回廊南端一区上层	
3139	M1Ⅰ：2154	节约	铜	1件	完整	西回廊南端一区上层	

续附表三

序号	器号	器名	质料	数量	现状	位置	备注
3140	M1 I : 2155	剑	铁	1 件	锈残	西回廊南端一区上层	
3141	M1 I : 2156	环	铜	1 件	完整	西回廊南端一区上层	
3142	M1 I : 2157	铜	铜	1 件	完整	西回廊南端一区上层	与 M1 I : 1667、M1I: 2159 为一套
3143	M1 I : 2158	伏兔	铜	1 件	完整	西回廊南端一区上层	
3144	M1 I : 2159	釭	铜	1 件	完整	西回廊南端一区上层	与 M1 I : 1667、M1I: 2157 为一套
3145	M1 I : 2160	节约	铜	1 件	残	西回廊南端一区上层	
3146	M1 I : 2161	环	铜	1 件	完整	西回廊南端一区上层	
3147	M1 I : 2162	泡饰	铜	1 件	残	西回廊南端一区上层	
3148	M1 I : 2163	环	铜	1 件	完整	西回廊南端一区上层	
3149	M1 I : 2164	辖	铜	1 件	完整	西回廊南端一区上层	
3150	M1 I : 2165	承弓器	铜	1 件	完整	西回廊南端一区上层	
3151	M1 I : 2166	泡饰	铜	1 件	完整	西回廊南端一区上层	
3152	M1 I : 2167	节约	铜	1 件	残	西回廊南端一区上层	
3153	M1 I : 2168	节约	铜	1 件	完整	西回廊南端一区上层	
3154	M1 I : 2169	节约	铜	1 件	完整	西回廊南端一区上层	
3155	M1 I : 2170	节约	铜	1 件	完整	西回廊南端一区上层	
3156	M1 I : 2171	马衔镳	铜	1 套 3 件	残	西回廊南端一区上层	
3157	M1 I : 2172	节约	铜	1 件	完整	西回廊南端一区上层	
3158	M1 I : 2173	帽饰	铜	1 件	完整	西回廊南端一区上层	
3159	M1 I : 2174	弩机	铜	1 件	完整	西回廊南端一区上层	
3160	M1 I : 2175 – 1	车軎	铜	1 件	完整	西回廊南端一区上层	
3161	M1 I : 2175 – 2	釭	铜	1 件	完整	西回廊南端一区上层	
3162	M1 I : 2175 – 3	铜	铜	1 件	完整	西回廊南端一区上层	
3163	M1 I : 2176	釭	铁	1 件	锈残	西回廊南端一区上层	
3164	M1 I : 2177	饰件	银	1 件	残	西回廊南端一区上层	
3165	M1 II : 2178	钩	铜	1 件	完整	西回廊南部二区上层	
3166	M1 II : 2179	兽首构件	铜	1 件	完整	西回廊南部二区上层	
3167	M1 XIII : 2180	剑	铁	1 件	锈残	北回廊东部十三区下层	
3168	M1 XIII : 2181	马衔镳	铜	1 套 3 件	残	北回廊东部十三区下层	
3169	M1 XIII : 2182	环	铜	1 件	残	北回廊东部十三区下层	
3170	M1 XIII : 2183	剑	铁	1 件	锈残	北回廊东部十三区下层	
3171	M1 XIII : 2184	剑	铁	1 件	锈残	北回廊东部十三区下层	

续附表三

序号	器号	器名	质料	数量	现状	位置	备注
3172	M1 X Ⅲ：2185	节约	铜	1 件	残	北回廊东部十三区下层	
3173	M1 X Ⅲ：2186	环	铜	1 件	完整	北回廊东部十三区下层	
3174	M1 X Ⅲ：2187	带钩	铜	1 件	完整	北回廊东部十三区下层	
3175	M1 X Ⅲ：2188	带钩	铜	1 件	完整	北回廊东部十三区下层	
3176	M1 X Ⅲ：2189	戟	铁	1 件	锈残	北回廊东部十三区下层	
3177	M1 X Ⅲ：2190	构件	铜	1 件	残	北回廊东部十三区下层	铜构件在原 M1 X Ⅲ：2291 内
3178	M1 X Ⅲ：2191	节约	铜	1 件	完整	北回廊东部十三区下层	
3179	M1 X Ⅲ：2192	环	铜	1 件	完整	北回廊东部十三区下层	
3180	M1 X Ⅲ：2193	带扣	铜	1 件	完整	北回廊东部十三区下层	
3181	M1 X Ⅲ：2194	镦	铜	1 件	完整	北回廊东部十三区下层	
3182	M1 X Ⅲ：2195	镦	铜	1 件	完整	北回廊东部十三区下层	
3183	M1 X Ⅲ：2196	戟	铁	1 件	锈残	北回廊东部十三区下层	
3184	M1 X Ⅲ：2197	伞柄箍饰	铜	1 套 2 件	完整	北回廊东部十三区下层	与 M1 XⅣ：2248 为一套
3185	M1 X Ⅲ：2198	剑	铁	1 件	锈残	北回廊东部十三区下层	
3186	M1 X Ⅲ：2199	剑	铁	1 件	锈残	北回廊东部十三区下层	
3187	M1 X Ⅲ：2200	镦	铜	1 件	完整	北回廊东部十三区下层	
3188	M1 X Ⅲ：2201	剑	铁	1 件	锈残	北回廊东部十三区下层	
3189	M1 X Ⅲ：2202	戟	铁	1 件	锈残	北回廊东部十三区下层	
3190	M1 X Ⅲ：2203	节约	铜	1 件	残	北回廊东部十三区下层	
3191	M1 X Ⅲ：2204	马衔镳	铜	1 套 3 件	残	北回廊东部十三区下层	
3192	M1 X Ⅲ：2205	镦	铜	1 件	完整	北回廊东部十三区下层	
3193	M1 X Ⅲ：2206	戟	铁	1 件	锈残	北回廊东部十三区下层	
3194	M1 X Ⅲ：2207	环	铜	1 件	完整	北回廊东部十三区下层	
3195	M1 X Ⅲ：2208	戟	铁	1 件	残	北回廊东部十三区下层	
3196	M1 X Ⅲ：2209	马衔镳	铜	1 件	残	北回廊东部十三区下层	与 M1 X Ⅲ：3197 为一套
3197	M1 X Ⅲ：2210	镦	铜	1 件	完整	北回廊东部十三区下层	
3198	M1 X Ⅲ：2211	镦	铜	1 件	完整	北回廊东部十三区下层	
3199	M1 X Ⅲ：2212	带钩	铜	1 件	完整	北回廊东部十三区下层	
3200	M1 X Ⅲ：2213	镦	铜	1 件	完整	北回廊东部十三区下层	
3201	M1 X Ⅲ：2214	轙	铜	1 件	完整	北回廊东部十三区下层	
3202	M1 X Ⅲ：2215	马衔镳	铜	1 套 3 件	残	北回廊东部十三区下层	

续附表三

序号	器号	器名	质料	数量	现状	位置	备注
3203	M1ⅩⅢ:2216	节约	铜	1件	完整	北回廊东部十三区下层	
3204	M1ⅩⅢ:2217	节约	铜	1件	完整	北回廊东部十三区下层	
3205	M1ⅩⅢ:2218	节约	铜	1件	完整	北回廊东部十三区下层	
3206	M1ⅩⅢ:2219	泡饰	铜	1件	完整	北回廊东部十三区下层	
3207	M1ⅩⅢ:2220	环	铜	1件	完整	北回廊东部十三区下层	
3208	M1ⅩⅢ:2221	节约	铜	1件	完整	北回廊东部十三区下层	
3209	M1ⅩⅢ:2222	带扣	铜	1件	残	北回廊东部十三区下层	
3210	M1ⅩⅢ:2223	马衔镳	铜	1套3件	残	北回廊东部十三区下层	
3211	M1ⅩⅢ:2224	泡饰	铜	1件	完整	北回廊东部十三区下层	
3212	M1ⅩⅢ:2225	泡饰	铜	1件	完整	北回廊东部十三区下层	
3213	M1ⅩⅢ:2226	泡饰	铜	1件	完整	北回廊东部十三区下层	
3214	M1ⅩⅢ:2227	泡饰	铜	1件	完整	北回廊东部十三区下层	
3215	M1ⅩⅢ:2228	泡饰	铜	1件	完整	北回廊东部十三区下层	
3216	M1ⅩⅢ:2229	节约	铜	1件	残	北回廊东部十三区下层	
3217	M1ⅩⅢ:2230	节约	铜	1件	完整	北回廊东部十三区下层	
3218	M1ⅩⅢ:2231	戟	铁	1件	锈残	北回廊东部十三区下层	
3219	M1ⅩⅣ:2232	戟	铁	1件	锈残	北回廊东部十四区下层	
3220	M1ⅩⅣ:2233	戟	铁	1件	锈残	北回廊东部十四区下层	
3221	M1ⅩⅣ:2234	剑	铁	1件	锈残	北回廊东部十四区下层	
3222	M1ⅩⅣ:2235	剑	铁	1件	锈残	北回廊东部十四区下层	
3223	M1ⅩⅣ:2236	剑	铁	1件	锈残	北回廊东部十四区下层	
3224	M1ⅩⅣ:2237	带扣	铜	1件	完整	北回廊东部十四区下层	
3225	M1ⅩⅣ:2238	盖弓帽	铜	1件	残	北回廊东部十四区下层	
3226	M1ⅩⅣ:2239	盖弓帽	铜	1件	残	北回廊东部十四区下层	
3227	M1ⅩⅣ:2240	盖弓帽	铜	1件	残	北回廊东部十四区下层	
3228	M1ⅩⅣ:2241	盖弓帽	铜	1件	残	北回廊东部十四区下层	
3229	M1ⅩⅣ:2242	盖弓帽	铜	1件	残	北回廊东部十四区下层	
3230	M1ⅩⅣ:2243	盖弓帽	铜	1件	残	北回廊东部十四区下层	
3231	M1ⅩⅣ:2244	盖弓帽	铜	1件	残	北回廊东部十四区下层	
3232	M1ⅩⅣ:2245	盖弓帽	铜	1件	残损严重	北回廊东部十四区下层	
3233	M1ⅩⅣ:2246	盖弓帽	铜	1件	残	北回廊东部十四区下层	
3234	M1ⅩⅣ:2247	镦	铜	1件	完整	北回廊东部十四区下层	
3235	M1ⅩⅣ:2248	伞柄箍饰	铜	1套4件	完整	北回廊东部十四区下层	与M1ⅩⅢ:2197为一套

续附表三

序号	器号	器名	质料	数量	现状	位置	备注
3236	M1ⅩⅣ:2249	马衔镳	铜	1套3件	残	北回廊东部十四区下层	
3237	M1ⅩⅣ:2250	节约	铜	1件	完整	北回廊东部十四区下层	
3238	M1ⅩⅣ:2251	节约	铜	1件	残	北回廊东部十四区下层	
3239	M1ⅩⅣ:2252	釭	铁	1件	锈残	北回廊东部十四区下层	
3240	M1ⅩⅣ:2253	戟	铁	1件	锈残	北回廊东部十四区下层	
3241	M1ⅩⅣ:2254	马衔镳	铜	1套3件	残	北回廊东部十四区下层	与M1ⅩⅣ:2369为一套
3242	M1ⅩⅣ:2255	軛足饰	铜	1件	完整	北回廊东部十四区下层	
3243	M1ⅩⅣ:2256	剑	铁	1件	锈残	北回廊东部十四区下层	
3244	M1ⅩⅣ:2257	剑	铁	1件	锈残	北回廊东部十四区下层	
3245	M1ⅩⅣ:2258	节约	铜	1件	完整	北回廊东部十四区下层	
3246	M1ⅩⅣ:2259	戟	铁	1件	锈残	北回廊东部十四区下层	
3247	M1ⅩⅣ:2260	戟	铁	1件	锈残	北回廊东部十四区下层	
3248	M1ⅩⅢ:2261	节约	铜	1件	残	北回廊东部十三区下层	
3249	M1ⅩⅢ:2262	节约	铜	1件	残	北回廊东部十三区下层	
3250	M1ⅩⅢ:2263	剑	铁	1件	锈残	北回廊东部十三区下层	
3251	M1ⅩⅢ:2264	剑	铁	1件	锈残	北回廊东部十三区下层	
3252	M1ⅩⅢ:2265	镦	铜	1件	残	北回廊东部十三区下层	
3253	M1ⅩⅢ:2266	节约	铜	1件	完整	北回廊东部十三区下层	
3254	M1ⅩⅢ:2267	节约	铜	1件	完整	北回廊东部十三区下层	
3255	M1ⅩⅢ:2268	节约	铜	1件	完整	北回廊东部十三区下层	
3256	M1ⅩⅢ:2269	剑	铁	1件	锈残	北回廊东部十三区下层	
3257	M1ⅩⅢ:2270	剑	铁	1件	锈残	北回廊东部十三区下层	
3258	M1ⅩⅢ:2271	镦	铜	1件	完整	北回廊东部十三区下层	
3259	M1ⅩⅢ:2272	节约	铜	1件	完整	北回廊东部十三区下层	
3260	M1ⅩⅢ:2273	带扣	铜	1件	完整	北回廊东部十三区下层	
3261	M1ⅩⅢ:2274	剑	铁	1件	锈残	北回廊东部十三区下层	
3262	M1ⅩⅢ:2275	剑	铁	1件	锈残	北回廊东部十三区下层	
3263	M1ⅩⅢ:2276	节约	铜	1件	残	北回廊东部十三区下层	
3264	M1ⅩⅢ:2277	戟	铁	1件	锈残	北回廊东部十三区下层	
3265	M1ⅩⅢ:2278	马衔镳	铜	1套3件	残	北回廊东部十三区下层	
3266	M1ⅩⅢ:2279	节约	铜	1件	完整	北回廊东部十三区下层	
3267	M1ⅩⅢ:2280	戟	铁	1件	锈残	北回廊东部十三区下层	
3268	M1ⅩⅢ:2281	镦	铜	1件	完整	北回廊东部十三区下层	

续附表三

序号	器号	器名	质料	数量	现状	位置	备注
3269	M1ⅩⅢ:2282	镦	铜	1件	完整	北回廊东部十三区下层	
3270	M1ⅩⅢ:2283	节约	铜	1件	残	北回廊东部十三区下层	
3271	M1ⅩⅢ:2284	节约	铜	1件	残	北回廊东部十三区下层	
3272	M1ⅩⅢ:2285	节约	铜	1件	完整	北回廊东部十三区下层	
3273	M1ⅩⅢ:2286	节约	铜	1件	完整	北回廊东部十三区下层	
3274	M1ⅩⅢ:2287	节约	铜	1件	完整	北回廊东部十三区下层	
3275	M1ⅩⅢ:2288	节约	铜	1件	完整	北回廊东部十三区下层	
3276	M1ⅩⅢ:2289	剑	铁	1件	锈残	北回廊东部十三区下层	
3277	M1ⅩⅢ:2290	车軎	铜	1件	完整	北回廊东部十三区下层	
3278	M1ⅩⅢ:2291	构件	铜	1件	完整	北回廊东部十三区下层	
3279	M1ⅩⅢ:2292	带钩	铜	1件	完整	北回廊东部十三区下层	
3280	M1ⅩⅢ:2293	剑	铁	1件	锈残	北回廊东部十三区下层	
3281	M1ⅩⅢ:2294	车軎	铜	1件	完整	北回廊东部十三区下层	
3282	M1ⅩⅢ:2295	构件	铜	1件	残	北回廊东部十三区下层	
3283	M1ⅩⅢ:2296	戟	铁	1件	锈残	北回廊东部十三区下层	
3284	M1ⅩⅢ:2297	节约	铜	1件	完整	北回廊东部十三区下层	
3285	M1ⅩⅢ:2298	节约	铜	1件	完整	北回廊东部十三区下层	
3286	M1ⅩⅢ:2299	盖弓帽	铜	1件	残	北回廊东部十三区下层	
3287	M1ⅩⅢ:2300	盖弓帽	铜	1件	残	北回廊东部十三区下层	
3288	M1ⅩⅢ:2301	轙	铜	1件	残	北回廊东部十三区下层	
3289	M1ⅩⅢ:2302	节约	铜	1件	残	北回廊东部十三区下层	
3290	M1ⅩⅣ:2303	帽饰	铜	1件	完整	北回廊东部十四区下层	
3291	M1ⅩⅢ:2304	节约	铜	1件	残	北回廊东部十三区下层	
3292	M1ⅩⅢ:2305	环	铜	1件	完整	北回廊东部十三区下层	
3293	M1ⅩⅢ:2306	盖弓帽	铜	1件	残	北回廊东部十三区下层	
3294	M1ⅩⅢ:2307	马衔镳	铜	1套3件	残	北回廊东部十三区下层	
3295	M1ⅩⅢ:2308	节约	铜	1件	残	北回廊东部十三区下层	
3296	M1ⅩⅢ:2309	环	铜	1件	完整	北回廊东部十三区下层	
3297	M1ⅩⅢ:2310	节约	铜	1件	完整	北回廊东部十三区下层	
3298	M1ⅩⅢ:2311	节约	铜	1件	完整	北回廊东部十三区下层	
3299	M1ⅩⅢ:2312	剑	铁	1件	锈残	北回廊东部十三区下层	
3300	M1ⅩⅢ:2313	环	铜	1件	完整	北回廊东部十三区下层	
3301	M1ⅩⅢ:2314	环	铜	1件	完整	北回廊东部十三区下层	
3302	M1ⅩⅢ:2315	环	铜	1件	完整	北回廊东部十三区下层	

续附表三

序号	器号	器名	质料	数量	现状	位置	备注
3303	M1XⅢ：2316	节约	铜	1件	完整	北回廊东部十三区下层	
3304	M1XⅢ：2317	节约	铜	1件	完整	北回廊东部十三区下层	
3305	M1XⅢ：2318	马衔镳	铜	1套3件	完整	北回廊东部十三区下层	
3306	M1XⅢ：2319	剑	铁	1件	锈残	北回廊东部十三区下层	
3307	M1XⅢ：2320	带扣	铜	1件	完整	北回廊东部十三区下层	
3308	M1XⅢ：2321	节约	铜	1件	完整	北回廊东部十三区下层	
3309	M1XⅢ：2322	马衔镳	铜	1套3件	完整	北回廊东部十三区下层	与M1XⅢ：2209为一套
3310	M1XⅢ：2323	戟	铁	1件	锈残	北回廊东部十三区下层	
3311	M1XⅢ：2324	戟	铁	1件	锈残	北回廊东部十三区下层	
3312	M1XⅢ：2325	环	铜	1件	完整	北回廊东部十三区下层	
3313	M1XⅢ：2326	环	铜	1件	完整	北回廊东部十三区下层	
3314	M1XⅢ：2327	节约	铜	1件	完整	北回廊东部十三区下层	
3315	M1XⅢ：2328	节约	铜	1件	完整	北回廊东部十三区下层	
3316	M1XⅢ：2329	盖弓帽	铜	1件	残	北回廊东部十三区下层	
3317	M1XⅢ：2330	节约	铜	1件	完整	北回廊东部十三区下层	
3318	M1XⅢ：2331	节约	铜	1件	完整	北回廊东部十三区下层	
3319	M1XⅢ：2332	节约	铜	1件	完整	北回廊东部十三区下层	
3320	M1XⅢ：2333	环	铜	1件	完整	北回廊东部十三区下层	
3321	M1XⅢ：2334	环	铜	1件	完整	北回廊东部十三区下层	
3322	M1XⅢ：2335	盖弓帽	铜	1件	残	北回廊东部十三区下层	
3323	M1XⅢ：2336	节约	铜	1件	完整	北回廊东部十三区下层	
3324	M1XⅢ：2337	戟	铁	1件	锈残	北回廊东部十三区下层	
3325	M1XⅢ：2338	镦	铜	1件	完整	北回廊东部十三区下层	
3326	M1XⅣ：2339	戟	铁	1件	锈残	北回廊东部十四区下层	
3327	M1XⅣ：2340	盖弓帽	铜	1件	完整	北回廊东部十四区下层	
3328	M1XⅣ：2341	盖弓帽	铜	1件	残	北回廊东部十四区下层	
3329	M1XⅣ：2342	盖弓帽	铜	1件	残	北回廊东部十四区下层	
3330	M1XⅣ：2343	盖弓帽	铜	1件	残	北回廊东部十四区下层	
3331	M1XⅣ：2344	节约	铜	1件	完整	北回廊东部十四区下层	
3332	M1XⅣ：2345	节约	铜	1件	完整	北回廊东部十四区下层	
3333	M1XⅣ：2346	节约	铜	1件	完整	北回廊东部十四区下层	
3334	M1XⅣ：2347	环	铜	1件	残	北回廊东部十四区下层	
3335	M1XⅣ：2348	车軎	铜	1件	完整	北回廊东部十四区下层	

续附表三

序号	器号	器名	质料	数量	现状	位置	备注
3336	M1ⅩⅣ:2349	带扣	铜	1件	完整	北回廊东部十四区下层	
3337	M1ⅩⅣ:2350	盖弓帽	铜	1件	残	北回廊东部十四区下层	
3338	M1ⅩⅣ:2351	节约	铜	1件	完整	北回廊东部十四区下层	
3339	M1ⅩⅣ:2352	节约	铜	1件	完整	北回廊东部十四区下层	
3340	M1ⅩⅣ:2353	节约	铜	1件	完整	北回廊东部十四区下层	
3341	M1ⅩⅣ:2354	马衔镳	铁	1套3件	锈残	北回廊东部十四区下层	
3342	M1ⅩⅣ:2355	戟	铁	1件	锈残	北回廊东部十四区下层	
3343	M1ⅩⅣ:2356	盖弓帽	铜	1件	残	北回廊东部十四区下层	
3344	M1ⅩⅣ:2357	盖弓帽	铜	1件	残	北回廊东部十四区下层	
3345	M1ⅩⅣ:2358	节约	铜	1件	完整	北回廊东部十四区下层	
3346	M1ⅩⅣ:2359	节约	铜	1件	完整	北回廊东部十四区下层	
3347	M1ⅩⅣ:2360	节约	铜	1件	完整	北回廊东部十四区下层	
3348	M1ⅩⅣ:2361	环	铜	1件	完整	北回廊东部十四区下层	
3349	M1ⅩⅣ:2362	带钩	铜	1件	完整	北回廊东部十四区下层	
3350	M1ⅩⅣ:2363	马衔镳	铜	1套3件	完整	北回廊东部十四区下层	
3351	M1ⅩⅣ:2364	帽饰	铜	1件	完整	北回廊东部十四区下层	
3352	M1ⅩⅣ:2365	盖弓帽	铜	1件	残	北回廊东部十四区下层	
3353	M1ⅩⅣ:2366	盖弓帽	铜	1件	残	北回廊东部十四区下层	
3354	M1ⅩⅣ:2367	盖弓帽	铜	1件	残	北回廊东部十四区下层	
3355	M1ⅩⅣ:2368	盖弓帽	铜	1件	完整	北回廊东部十四区下层	
3356	M1ⅩⅣ:2369	马衔镳	铜	1套3件	完整	北回廊东部十四区下层	与M1ⅩⅣ:2254为一套
3357	M1ⅩⅣ:2370	环	铜	1件	完整	北回廊东部十四区下层	
3358	M1ⅩⅣ:2371	节约	铜	1件	完整	北回廊东部十四区下层	
3359	M1ⅩⅣ:2372	节约	铜	1件	完整	北回廊东部十四区下层	
3360	M1ⅩⅣ:2373	节约	铜	1件	残	北回廊东部十四区下层	
3361	M1ⅩⅣ:2374	节约	铜	1件	完整	北回廊东部十四区下层	
3362	M1ⅩⅣ:2375	节约	铜	1件	残	北回廊东部十四区下层	
3363	M1ⅩⅣ:2376	节约	铜	1件	残	北回廊东部十四区下层	
3364	M1ⅩⅣ:2377	节约	铜	1件	完整	北回廊东部十四区下层	
3365	M1ⅩⅣ:2378	节约	铜	1件	完整	北回廊东部十四区下层	
3366	M1ⅩⅣ:2379	节约	铜	1件	完整	北回廊东部十四区下层	
3367	M1ⅩⅣ:2380	节约	铜	1件	完整	北回廊东部十四区下层	
3368	M1ⅩⅣ:2381	节约	铜	1件	完整	北回廊东部十四区下层	

续附表三

序号	器号	器名	质料	数量	现状	位置	备注
3369	M1ⅩⅣ:2382	节约	铜	1件	完整	北回廊东部十四区下层	
3370	M1ⅩⅣ:2383	环	铜	1件	残	北回廊东部十四区下层	
3371	M1ⅩⅣ:2384	环	铜	1件	完整	北回廊东部十四区下层	
3372	M1ⅩⅣ:2385	环	铜	1件	残	北回廊东部十四区下层	
3373	M1ⅩⅣ:2386	环	铜	1件	残	北回廊东部十四区下层	
3374	M1ⅩⅣ:2387	马衔镳	铜	1套3件	残	北回廊东部十四区下层	
3375	M1ⅩⅣ:2388	马衔镳	铜	1套3件	残	北回廊东部十四区下层	
3376	M1ⅩⅣ:2389	马衔镳	铜	1套3件	残	北回廊东部十四区下层	
3377	M1ⅩⅣ:2390	带扣	铜	1件	完整	北回廊东部十四区下层	
3378	M1ⅩⅣ:2391	镦	铜	1件	完整	北回廊东部十四区下层	
3379	M1ⅩⅣ:2392	钉	铁	1件	锈残	北回廊东部十四区下层	
3380	M1ⅩⅣ:2393	钉	铁	1件	锈残	北回廊东部十四区下层	
3381	M1ⅩⅣ:2394	剑	铁	1件	锈残	北回廊东部十四区下层	
3382	M1ⅩⅣ:2396	管饰	铜	1件	完整	北回廊东部十四区下层	
3383	M1ⅩⅣ:2397	管饰	铜	1件	残	北回廊东部十四区下层	
3384	M1ⅩⅣ:2398	管饰	铜	1件	完整	北回廊东部十四区下层	
3385	M1ⅩⅣ:2399	管饰	铜	1件	残	北回廊东部十四区下层	
3386	M1ⅩⅣ:2400	管饰	铜	1件	残损严重	北回廊东部十四区下层	
3387	M1ⅩⅣ:2401	管饰	铜	1件	残	北回廊东部十四区下层	
3388	M1ⅩⅣ:2402	管饰	铜	1件	完整	北回廊东部十四区下层	
3389	M1ⅩⅣ:2403	管饰	铜	1件	残	北回廊东部十四区下层	
	M1ⅩⅣ:2404	马络	铜	1套57件		北回廊东部十四区下层	
3390	M1ⅩⅣ:2404-1	管饰	铜	1件	残	北回廊东部十四区下层	
3391	M1ⅩⅣ:2404-2	管饰	铜	1件	完整	北回廊东部十四区下层	
3392	M1ⅩⅣ:2404-3	管饰	铜	1件	完整	北回廊东部十四区下层	
3393	M1ⅩⅣ:2404-4	管饰	铜	1件	完整	北回廊东部十四区下层	
3394	M1ⅩⅣ:2404-5	管饰	铜	1件	残	北回廊东部十四区下层	
3395	M1ⅩⅣ:2404-6	管饰	铜	1件	完整	北回廊东部十四区下层	
3396	M1ⅩⅣ:2404-7	管饰	铜	1件	完整	北回廊东部十四区下层	
3397	M1ⅩⅣ:2404-8	管饰	铜	1件	完整	北回廊东部十四区下层	
3398	M1ⅩⅣ:2404-9	管饰	铜	1件	完整	北回廊东部十四区下层	
3399	M1ⅩⅣ:2404-10	管饰	铜	1件	完整	北回廊东部十四区下层	
3400	M1ⅩⅣ:2404-11	管饰	铜	1件	残损严重	北回廊东部十四区下层	
3401	M1ⅩⅣ:2404-12	管饰	铜	1件	完整	北回廊东部十四区下层	

续附表三

序号	器号	器名	质料	数量	现状	位置	备注
3402	M1ⅩⅣ:2404-13	管饰	铜	1件	完整	北回廊东部十四区下层	
3403	M1ⅩⅣ:2404-14	管饰	铜	1件	残	北回廊东部十四区下层	
3404	M1ⅩⅣ:2404-15	管饰	铜	1件	完整	北回廊东部十四区下层	
3405	M1ⅩⅣ:2404-16	管饰	铜	1件	残	北回廊东部十四区下层	
3406	M1ⅩⅣ:2404-17	管饰	铜	1件	完整	北回廊东部十四区下层	
3407	M1ⅩⅣ:2404-18	管饰	铜	1件	残	北回廊东部十四区下层	
3408	M1ⅩⅣ:2404-19	管饰	铜	1件	完整	北回廊东部十四区下层	
3409	M1ⅩⅣ:2404-20	管饰	铜	1件	完整	北回廊东部十四区下层	
3410	M1ⅩⅣ:2404-21	管饰	铜	1件	完整	北回廊东部十四区下层	
3411	M1ⅩⅣ:2404-22	管饰	铜	1件	完整	北回廊东部十四区下层	
3412	M1ⅩⅣ:2404-23	管饰	铜	1件	完整	北回廊东部十四区下层	
3413	M1ⅩⅣ:2404-24	管饰	铜	1件	完整	北回廊东部十四区下层	
3414	M1ⅩⅣ:2404-25	管饰	铜	1件	完整	北回廊东部十四区下层	
3415	M1ⅩⅣ:2404-26	管饰	铜	1件	残	北回廊东部十四区下层	
3416	M1ⅩⅣ:2404-27	管饰	铜	1件	残	北回廊东部十四区下层	
3417	M1ⅩⅣ:2404-28	管饰	铜	1件	完整	北回廊东部十四区下层	
3418	M1ⅩⅣ:2404-29	管饰	铜	1件	完整	北回廊东部十四区下层	
3419	M1ⅩⅣ:2404-30	管饰	铜	1件	完整	北回廊东部十四区下层	
3420	M1ⅩⅣ:2404-31	管饰	铜	1件	残	北回廊东部十四区下层	
3421	M1ⅩⅣ:2404-32	管饰	铜	1件	完整	北回廊东部十四区下层	
3422	M1ⅩⅣ:2404-33	管饰	铜	1件	完整	北回廊东部十四区下层	
3423	M1ⅩⅣ:2404-34	管饰	铜	1件	完整	北回廊东部十四区下层	
3424	M1ⅩⅣ:2404-35	管饰	铜	1件	完整	北回廊东部十四区下层	
3425	M1ⅩⅣ:2404-36	管饰	铜	1件	残	北回廊东部十四区下层	
3426	M1ⅩⅣ:2404-37	管饰	铜	1件	完整	北回廊东部十四区下层	
3427	M1ⅩⅣ:2404-38	管饰	铜	1件	完整	北回廊东部十四区下层	
3428	M1ⅩⅣ:2404-39	管饰	铜	1件	残	北回廊东部十四区下层	
3429	M1ⅩⅣ:2404-40	管饰	铜	1件	完整	北回廊东部十四区下层	
3430	M1ⅩⅣ:2404-41	管饰	铜	1件	残	北回廊东部十四区下层	
3431	M1ⅩⅣ:2404-42	管饰	铜	1件	残	北回廊东部十四区下层	
3432	M1ⅩⅣ:2404-43	管饰	铜	1件	完整	北回廊东部十四区下层	
3433	M1ⅩⅣ:2404-44	管饰	铜	1件	完整	北回廊东部十四区下层	
3434	M1ⅩⅣ:2404-45	管饰	铜	1件	完整	北回廊东部十四区下层	
3435	M1ⅩⅣ:2404-46	管饰	铜	1件	完整	北回廊东部十四区下层	

续附表三

序号	器号	器名	质料	数量	现状	位置	备注
3436	M1 X IV : 2404 – 47	管饰	铜	1件	完整	北回廊东部十四区下层	
3437	M1 X IV : 2404 – 48	管饰	铜	1件	完整	北回廊东部十四区下层	
3438	M1 X IV : 2404 – 49	管饰	铜	1件	完整	北回廊东部十四区下层	
3439	M1 X IV : 2404 – 50	管饰	铜	1件	完整	北回廊东部十四区下层	
3440	M1 X IV : 2404 – 51	管饰	铜	1件	完整	北回廊东部十四区下层	
3441	M1 X IV : 2404 – 52	管饰	铜	1件	残	北回廊东部十四区下层	
3442	M1 X IV : 2404 – 53	管饰	铜	1件	残	北回廊东部十四区下层	
3443	M1 X IV : 2404 – 54	管饰	铜	1件	完整	北回廊东部十四区下层	
3444	M1 X IV : 2404 – 55	管饰	铜	1件	完整	北回廊东部十四区下层	
3445	M1 X IV : 2404 – 56	管饰	铜	1件	完整	北回廊东部十四区下层	
3446	M1 X IV : 2404 – 57	管饰	铜	1件	完整	北回廊东部十四区下层	
3447	M1 X : 2405	剑	铁	1件	锈残	东回廊北端十区下层	
3448	M1 X IV : 2406	剑	铁	1件	锈残	北回廊东部十四区下层	
3449	M1 X IV : 2407	剑	铁	1件	锈残	北回廊东部十四区下层	
3450	M1 X : 2408	戟	铁	1件	锈残	东回廊北端十区下层	
3451	M1 X : 2409	镦	铜	1件	残损严重	东回廊北端十区下层	
3452	M1 X IV : 2410	镦	铜	1件	完整	北回廊东部十四区下层	
3453	M1 X IV : 2411	马衔镳	铜	1套3件	残	北回廊东部十四区下层	
3454	M1 X IV : 2413	马衔镳	铜	1套3件	残	北回廊东部十四区下层	
3455	M1 X IV : 2414	节约	铜	1件	完整	北回廊东部十四区下层	
3456	M1 X IV : 2415	节约	铜	1件	完整	北回廊东部十四区下层	
3457	M1 X IV : 2416	节约	铜	1件	完整	北回廊东部十四区下层	
3458	M1 X IV : 2417	节约	铜	1件	完整	北回廊东部十四区下层	
3459	M1 X IV : 2418	节约	铜	1件	完整	北回廊东部十四区下层	
3460	M1 X IV : 2419	节约	铜	1件	完整	北回廊东部十四区下层	
3461	M1 X IV : 2420	节约	铜	1件	完整	北回廊东部十四区下层	
3462	M1 X IV : 2421	节约	铜	1件	残	北回廊东部十四区下层	
3463	M1 X IV : 2422	节约	铜	1件	完整	北回廊东部十四区下层	
3464	M1 X IV : 2423	节约	铜	1件	完整	北回廊东部十四区下层	
3465	M1 X IV : 2424	轭足饰	铜	1件	完整	北回廊东部十四区下层	
3466	M1 X IV : 2425	环	铜	1件	完整	北回廊东部十四区下层	
3467	M1 X IV : 2426	带钩	铜	1件	残	北回廊东部十四区下层	
3468	M1 X IV : 2427	泡饰	铜	1件	残	北回廊东部十四区下层	
3469	M1 X IV : 2428	钉	铁	1件	锈残	北回廊东部十四区下层	

续附表三

序号	器号	器名	质料	数量	现状	位置	备注
3470	M1ⅩⅣ:2429	带扣	铜	1件	残	北回廊东部十四区下层	
3471	M1ⅩⅣ:2430	节约	铜	1件	残	北回廊东部十四区下层	
3472	M1ⅩⅣ:2431	节约	铜	1件	完整	北回廊东部十四区下层	
3473	M1ⅩⅣ:2432	节约	铜	1件	完整	北回廊东部十四区下层	
3474	M1ⅩⅣ:2433	泡饰	铜	1件	完整	北回廊东部十四区下层	
3475	M1ⅩⅣ:2434	衡末	铜	1件	完整	北回廊东部十四区下层	
3476	M1ⅩⅣ:2435	轙	铜	1件	残	北回廊东部十四区下层	
3477	M1ⅩⅣ:2436	环	铜	1件	完整	北回廊东部十四区下层	
3478	M1ⅩⅣ:2437	衡末	铜	1件	完整	北回廊东部十四区下层	
3479	M1ⅩⅣ:2438	节约	铜	1件	完整	北回廊东部十四区下层	
3480	M1Ⅹ:2439	节约	铜	1件	完整	东回廊北端十区下层	
3481	M1Ⅹ:2440	环	铜	1件	完整	东回廊北端十区下层	
3482	M1Ⅹ:2441	环	铜	1件	完整	东回廊北端十区下层	
3483	M1Ⅹ:2442	环	铜	1件	完整	东回廊北端十区下层	
	M1ⅩⅣ:2443	马络	铜	1套21件		北回廊东部十四区下层	
3484	M1ⅩⅣ:2443-1	管饰	铜	1件	完整	北回廊东部十四区下层	
3485	M1ⅩⅣ:2443-2	管饰	铜	1件	完整	北回廊东部十四区下层	
3486	M1ⅩⅣ:2443-3	管饰	铜	1件	残	北回廊东部十四区下层	
3487	M1ⅩⅣ:2443-4	管饰	铜	1件	完整	北回廊东部十四区下层	
3488	M1ⅩⅣ:2443-5	管饰	铜	1件	残	北回廊东部十四区下层	
3489	M1ⅩⅣ:2443-6	管饰	铜	1件	完整	北回廊东部十四区下层	
3490	M1ⅩⅣ:2443-7	管饰	铜	1件	完整	北回廊东部十四区下层	
3491	M1ⅩⅣ:2443-8	管饰	铜	1件	完整	北回廊东部十四区下层	
3492	M1ⅩⅣ:2443-9	管饰	铜	1件	完整	北回廊东部十四区下层	
3493	M1ⅩⅣ:2443-10	管饰	铜	1件	完整	北回廊东部十四区下层	
3494	M1ⅩⅣ:2443-11	管饰	铜	1件	完整	北回廊东部十四区下层	
3495	M1ⅩⅣ:2443-12	管饰	铜	1件	完整	北回廊东部十四区下层	
3496	M1ⅩⅣ:2443-13	管饰	铜	1件	完整	北回廊东部十四区下层	
3497	M1ⅩⅣ:2443-14	管饰	铜	1件	残	北回廊东部十四区下层	
3498	M1ⅩⅣ:2443-15	管饰	铜	1件	完整	北回廊东部十四区下层	
3499	M1ⅩⅣ:2443-16	管饰	铜	1件	完整	北回廊东部十四区下层	
3500	M1ⅩⅣ:2443-17	管饰	铜	1件	完整	北回廊东部十四区下层	
3501	M1ⅩⅣ:2443-18	管饰	铜	1件	残	北回廊东部十四区下层	
3502	M1ⅩⅣ:2443-19	管饰	铜	1件	残	北回廊东部十四区下层	

续附表三

序号	器号	器名	质料	数量	现状	位置	备注
3503	M1ⅩⅣ：2443－20	管饰	铜	1件	完整	北回廊东部十四区下层	
3504	M1ⅩⅣ：2443－21	管饰	铜	1件	完整	北回廊东部十四区下层	
	M1Ⅹ：2444	马络	铜	1套14件		东回廊北端十区下层	
3505	M1Ⅹ：2444－1	管饰	铜	1件	完整	东回廊北端十区下层	
3506	M1Ⅹ：2444－2	管饰	铜	1件	完整	东回廊北端十区下层	
3507	M1Ⅹ：2444－3	管饰	铜	1件	完整	东回廊北端十区下层	
3508	M1Ⅹ：2444－4	管饰	铜	1件	完整	东回廊北端十区下层	
3509	M1Ⅹ：2444－5	管饰	铜	1件	完整	东回廊北端十区下层	
3510	M1Ⅹ：2444－6	管饰	铜	1件	完整	东回廊北端十区下层	
3511	M1Ⅹ：2444－7	管饰	铜	1件	完整	东回廊北端十区下层	
3512	M1Ⅹ：2444－8	管饰	铜	1件	完整	东回廊北端十区下层	
3513	M1Ⅹ：2444－9	管饰	铜	1件	完整	东回廊北端十区下层	
3514	M1Ⅹ：2444－10	管饰	铜	1件	完整	东回廊北端十区下层	
3515	M1Ⅹ：2444－11	管饰	铜	1件	完整	东回廊北端十区下层	
3516	M1Ⅹ：2444－12	管饰	铜	1件	完整	东回廊北端十区下层	
3517	M1Ⅹ：2444－13	管饰	铜	1件	完整	东回廊北端十区下层	
3518	M1Ⅹ：2444－14	管饰	铜	1件	完整	东回廊北端十区下层	
3519	M1Ⅹ：2445	戟	铁	1件	锈残	东回廊北端十区下层	
3520	M1ⅩⅣ：2446	节约	铜	1件	残	北回廊东部十四区下层	
3521	M1ⅩⅣ：2447	戟	铁	1件	锈残	北回廊东部十四区下层	
3522	M1ⅩⅣ：2448	轙	铜	1件	完整	北回廊东部十四区下层	
3523	M1ⅦB：2449	甬钟	铜	1件	完整	东回廊中部偏南七B区上层	
3524	M1ⅦB：2450	编磬	陶	1件	残	东回廊中部偏南七B区上层	
3525	M1ⅦB：2451	编磬	陶	1件	残	东回廊中部偏南七B区上层	
3526	M1ⅦB：2452	编磬	陶	1件	残	东回廊中部偏南七B区上层	
3527	M1ⅦB：2453	编磬	陶	1件	残	东回廊中部偏南七B区上层	
3528	M1ⅦB：2454	钮钟	铜	1件	完整	东回廊中部偏南七B区上层	
3529	M1ⅦB：2455	钲	铜	1件	残	东回廊中部偏南七B区上层	
3530	M1ⅦB：2456	甬钟	铜	1件	完整	东回廊中部偏南七B区上层	
3531	M1ⅦB：2457	甬钟	铜	1件	残	东回廊中部偏南七B区上层	
3532	M1ⅦB：2458	甬钟	铜	1件	残	东回廊中部偏南七B区上层	
3533	M1ⅦB：2459	甬钟	铜	1件	完整	东回廊中部偏南七B区上层	
3534	M1ⅦB：2460	甬钟	铜	1件	残	东回廊中部偏南七B区上层	
3535	M1ⅦB：2461	编磬	陶	1件	残	东回廊中部偏南七B区上层	

续附表三

序号	器号	器名	质料	数量	现状	位置	备注
3536	M1 ⅦB：2462	编磬	陶	1件	残	东回廊中部偏南七B区上层	
3537	M1 ⅦB：2463	甬钟	铜	1件	残	东回廊中部偏南七B区上层	
3538	M1 ⅦB：2464	编磬	陶	1件	残	东回廊中部偏南七B区上层	
3539	M1 ⅦB：2465	编磬	陶	1件	残	东回廊中部偏南七B区上层	
3540	M1 ⅦB：2466	编磬	陶	1件	残	东回廊中部偏南七B区上层	
3541	M1 ⅦB：2467	编磬	陶	1件	残	东回廊中部偏南七B区上层	
3542	M1 ⅦB：2468	编磬	陶	1件	残	东回廊中部偏南七B区上层	
3543	M1 ⅦB：2469	编磬	陶	1件	残	东回廊中部偏南七B区上层	
3544	M1 ⅦB：2470	编磬	陶	1件	残	东回廊中部偏南七B区上层	
3545	M1 ⅦB：2471	纽钟	铜	1件	残	东回廊中部偏南七B区上层	
3546	M1 ⅦB：2472	钲	铜	1件	完整	东回廊中部偏南七B区上层	
3547	M1 ⅦB：2473	纽钟	铜	1件	残	东回廊中部偏南七B区上层	
3548	M1 ⅦB：2474	纽钟	铜	1件	残	东回廊中部偏南七B区上层	
3549	M1 ⅦB：2475	甬钟	铜	1件	残	东回廊中部偏南七B区上层	
3550	M1 ⅦB：2476	甬钟	铜	1件	完整	东回廊中部偏南七B区上层	
3551	M1 ⅦB：2477	纽钟	铜	1件	完整	东回廊中部偏南七B区上层	
3552	M1 ⅦB：2478	纽钟	铜	1件	完整	东回廊中部偏南七B区上层	
3553	M1 ⅦB：2479	纽钟	铜	1件	完整	东回廊中部偏南七B区上层	
3554	M1 ⅦB：2480	甬钟	铜	1件	残	东回廊中部偏南七B区上层	
3555	M1 ⅦB：2481	编磬	陶	1件	残	东回廊中部偏南七B区上层	
3556	M1 ⅦB：2482	编磬	陶	1件	残	东回廊中部偏南七B区上层	
3557	M1 ⅦB：2483	编磬	陶	1件	残	东回廊中部偏南七B区上层	
3558	M1 ⅦB：2484	纽钟	铜	1件	完整	东回廊中部偏南七B区上层	
3559	M1 ⅦB：2485	纽钟	铜	1件	完整	东回廊中部偏南七B区上层	
3560	M1 ⅦB：2486	纽钟	铜	1件	完整	东回廊中部偏南七B区上层	
3561	M1 ⅦB：2487	纽钟	铜	1件	完整	东回廊中部偏南七B区上层	
3562	M1 ⅦB：2488	纽钟	铜	1件	完整	东回廊中部偏南七B区上层	
3563	M1 ⅦB：2489	纽钟	铜	1件	完整	东回廊中部偏南七B区上层	
3564	M1 ⅦB：2490	纽钟	铜	1件	完整	东回廊中部偏南七B区上层	
3565	M1 ⅦB：2491	销钉	铜	1件	完整	东回廊中部偏南七B区上层	
3566	M1 ⅦB：2492	销钉	铜	1件	残	东回廊中部偏南七B区上层	
3567	M1 ⅦB：2493	销钉	铜	1件	残	东回廊中部偏南七B区上层	
3568	M1 ⅦB：2494	销钉	铜	1件	残	东回廊中部偏南七B区上层	
3569	M1 ⅦB：2495	销钉	铜	1件	残	东回廊中部偏南七B区上层	

续附表三

序号	器号	器名	质料	数量	现状	位置	备注
3570	M1ⅦB∶2496	销钉	铜	1件	残	东回廊中部偏南七 B 区上层	
3571	M1ⅦB∶2497	甬钟	铜	1件	残	东回廊中部偏南七 B 区上层	
3572	M1ⅦB∶2498	纽钟	铜	1件	残	东回廊中部偏南七 B 区上层	
3573	M1ⅦB∶2499	销钉	铜	1件	完整	东回廊中部偏南七 B 区上层	
3574	M1ⅦB∶2500	销钉	铜	1件	残	东回廊中部偏南七 B 区上层	
3575	M1ⅦB∶2501	销钉	铜	1件	残	东回廊中部偏南七 B 区上层	
3576	M1ⅦB∶2502	销钉	铜	1件	残	东回廊中部偏南七 B 区上层	
3577	M1ⅦB∶2503	销钉	铜	1件	残	东回廊中部偏南七 B 区上层	
3578	M1ⅦB∶2504	销钉	铜	1件	残	东回廊中部偏南七 B 区上层	
3579	M1ⅦB∶2505	销钉	铜	1件	残	东回廊中部偏南七 B 区上层	
3580	M1ⅦB∶2506	纽钟	铜	1件	残	东回廊中部偏南七 B 区上层	
3581	M1ⅦB∶2507	纽钟	铜	1件	完整	东回廊中部偏南七 B 区上层	
3582	M1ⅦB∶2508	纽钟	铜	1件	残	东回廊中部偏南七 B 区上层	
3583	M1ⅦB∶2509	纽钟	铜	1件	残	东回廊中部偏南七 B 区上层	
3584	M1ⅦB∶2510	编磬	陶	1件	残	东回廊中部偏南七 B 区上层	
3585	M1ⅦB∶2511	编磬	陶	1件	残	东回廊中部偏南七 B 区上层	
3586	M1ⅦB∶2512	编磬	陶	1件	残	东回廊中部偏南七 B 区上层	
3587	M1ⅦB∶2513	编磬	陶	1件	残	东回廊中部偏南七 B 区上层	
3588	M1ⅦB∶2514	编磬	陶	1件	残	东回廊中部偏南七 B 区上层	
3589	M1ⅦB∶2515	编磬	陶	1件	残	东回廊中部偏南七 B 区上层	
3590	M1ⅦB∶2516	编磬	陶	1件	残	东回廊中部偏南七 B 区上层	
3591	M1ⅦB∶2517	纽钟	铜	1件	完整	东回廊中部偏南七 B 区上层	
3592	M1ⅦB∶2518	甬钟	铜	1件	残	东回廊中部偏南七 B 区上层	
3593	M1ⅦB∶2519	甬钟	铜	1件	残	东回廊中部偏南七 B 区上层	
3594	M1ⅦB∶2520	纽钟	铜	1件	残	东回廊中部偏南七 B 区上层	
3595	M1ⅦB∶2521	纽钟	铜	1件	残	东回廊中部偏南七 B 区上层	
3596	M1ⅦB∶2522	纽钟	铜	1件	完整	东回廊中部偏南七 B 区上层	
3597	M1ⅦB∶2523	纽钟	铜	1件	完整	东回廊中部偏南七 B 区上层	
3598	M1ⅦB∶2524	纽钟	铜	1件	完整	东回廊中部偏南七 B 区上层	
3599	M1Ⅷ∶2525	纽钟	铜	1件	完整	东回廊中部八区上层	
3600	M1ⅦB∶2526	纽钟	铜	1件	完整	东回廊中部偏南七 B 区上层	
3601	M1ⅦB∶2527	销钉	铜	1件	残	东回廊中部偏南七 B 区上层	
3602	M1ⅦB∶2528	销钉	铜	1件	残	东回廊中部偏南七 B 区上层	
3603	M1Ⅻ∶2529	镦	铜	1件	残	北回廊西部十二区下层	

续附表三

序号	器号	器名	质料	数量	现状	位置	备注
3604	M1 XⅡ : 2530	节约	铜	1 件	残	北回廊西部十二区下层	
3605	M1 XⅡ : 2531	镦	铜	1 件	残	北回廊西部十二区下层	
3606	M1 XⅡ : 2532	盖弓帽	铜	1 件	残	北回廊西部十二区下层	
3607	M1 XⅡ : 2533	盖弓帽	铜	1 件	残	北回廊西部十二区下层	
3608	M1 XⅡ : 2534	盖弓帽	铜	1 件	残	北回廊西部十二区下层	
3609	M1 XⅡ : 2535	盖弓帽	铜	1 件	残	北回廊西部十二区下层	
3610	M1 XⅡ : 2536	盖弓帽	铜	1 件	残	北回廊西部十二区下层	
3611	M1 XⅡ : 2537	剑	铁	1 件	锈残	北回廊西部十二区下层	
3612	M1 XⅡ : 2538	剑	铁	1 件	锈残	北回廊西部十二区下层	
3613	M1 XⅡ : 2539	戟	铁	1 件	锈残	北回廊西部十二区下层	
3614	M1 XⅡ : 2540	盖弓帽	铜	1 件	完整	北回廊西部十二区下层	
3615	M1 XⅡ : 2541	马衔镳	铜	1 套 3 件	残	北回廊西部十二区下层	
3616	M1 XⅡ : 2542	马衔镳	铜	1 套 3 件	残	北回廊西部十二区下层	
3617	M1 XⅡ : 2543	节约	铜	1 件	完整	北回廊西部十二区下层	
3618	M1 XⅡ : 2544	节约	铜	1 件	残	北回廊西部十二区下层	
3619	M1 XⅡ : 2545	节约	铜	1 件	残	北回廊西部十二区下层	
3620	M1 XⅡ : 2546	节约	铜	1 件	残	北回廊西部十二区下层	
3621	M1 XⅡ : 2547	环	铜	1 件	残	北回廊西部十二区下层	
3622	M1 XⅡ : 2548	盖弓帽	铜	1 件	残	北回廊西部十二区下层	
3623	M1 XⅡ : 2549	戟	铁	1 件	锈残	北回廊西部十二区下层	
3624	M1 XⅡ : 2550	伞柄箍饰	铜	1 套 4 件	完整	北回廊西部十二区下层	
3625	M1 XⅡ : 2551	盖弓帽	铜	1 件	完整	北回廊西部十二区下层	
3626	M1 XⅡ : 2552	盖弓帽	铜	1 件	残	北回廊西部十二区下层	
3627	M1 XⅡ : 2553	盖弓帽	铜	1 件	残	北回廊西部十二区下层	
3628	M1 XⅡ : 2554	兽首构件	铜	1 件	完整	北回廊西部十二区下层	
3629	M1 XⅡ : 2555	弩机	铜	1 件	残	北回廊西部十二区下层	
3630	M1 XⅡ : 2556	马衔镳	铜	1 套 3 件	残	北回廊西部十二区下层	
3631	M1 XⅡ : 2557	节约	铜	1 件	残	北回廊西部十二区下层	
3632	M1 XⅡ : 2558	节约	铜	1 件	残	北回廊西部十二区下层	
3633	M1 XⅡ : 2559	盖弓帽	铜	1 件	完整	北回廊西部十二区下层	
3634	M1 XⅡ : 2560	盖弓帽	铜	1 件	残	北回廊西部十二区下层	
3635	M1 XⅡ : 2561	镦	铜	1 件	完整	北回廊西部十二区下层	
3636	M1 XⅡ : 2562	戟	铁	1 件	锈残	北回廊西部十二区下层	
3637	M1 XⅡ : 2563	戟	铁	1 件	锈残	北回廊西部十二区下层	

续附表三

序号	器号	器名	质料	数量	现状	位置	备注
3638	M1 XII : 2564	戟	铁	1 件	锈残	北回廊西部十二区下层	
3639	M1 XII : 2565	剑	铁	1 件	锈残	北回廊西部十二区下层	
3640	M1 XII : 2566	戟	铁	1 件	锈残	北回廊西部十二区下层	
3641	M1 XII : 2567	盖弓帽	铜	1 件	完整	北回廊西部十二区下层	
3642	M1 XII : 2568	盖弓帽	铜	1 件	残	北回廊西部十二区下层	
3643	M1 XII : 2569	盖弓帽	铜	1 件	完整	北回廊西部十二区下层	
3644	M1 XII : 2570	盖弓帽	铜	1 件	残	北回廊西部十二区下层	
3645	M1 XII : 2571	盖弓帽	铜	1 件	完整	北回廊西部十二区下层	
3646	M1 XII : 2572	盖弓帽	铜	1 件	完整	北回廊西部十二区下层	
3647	M1 XII : 2573	车軎	铜	1 件	完整	北回廊西部十二区下层	
3648	M1 XII : 2574	环	铜	1 件	完整	北回廊西部十二区下层	
3649	M1 XII : 2575	镦	铜	1 件	完整	北回廊西部十二区下层	
3650	M1 XII : 2576	镦	铜	1 件	完整	北回廊西部十二区下层	
3651	M1 XII : 2577	车軎	铜	1 件	残	北回廊西部十二区下层	
3652	M1 XII : 2578	构件	铜	1 件	残	北回廊西部十二区下层	
3653	M1 XI : 2580	衡末	铜	1 件	完整	北回廊西部十一区下层	
3654	M1 XI : 2581	衡末	铜	1 件	完整	北回廊西部十一区下层	
3655	M1 XI : 2582	轙	铜	1 件	残	北回廊西部十一区下层	
3656	M1 XII : 2583	节约	铜	1 件	残	北回廊西部十二区下层	
3657	M1 XII : 2584	节约	铜	1 件	残	北回廊西部十二区下层	
3658	M1 XII : 2585	节约	铜	1 件	残	北回廊西部十二区下层	
3689	M1 XII : 2586	戟	铁	1 件	锈残	北回廊西部十二区下层	
3660	M1 XII : 2587	戟	铁	1 件	锈残	北回廊西部十二区下层	
3661	M1 XII : 2588	节约	铜	1 件	残	北回廊西部十二区下层	
3662	M1 XII : 2589	节约	铜	1 件	残	北回廊西部十二区下层	
3663	M1 XII : 2590	带扣	铜	1 件	残	北回廊西部十二区下层	
3664	M1 XII : 2591	盖弓帽	铜	1 件	残	北回廊西部十二区下层	
3665	M1 XII : 2592	带扣	铜	1 件	残	北回廊西部十二区下层	
3666	M1 XII : 2593	镦	铜	1 件	残	北回廊西部十二区下层	
3667	M1 XII : 2594	节约	铜	1 件	残	北回廊西部十二区下层	
3668	M1 XII : 2595	车軎	铜	1 件	完整	北回廊西部十二区下层	
3669	M1 XII : 2596	节约	铜	1 件	残	北回廊西部十二区下层	
3670	M1 XII : 2597	节约	铜	1 件	残	北回廊西部十二区下层	
3671	M1 XII : 2598	节约	铜	1 件	残	北回廊西部十二区下层	

续附表三

序号	器号	器名	质料	数量	现状	位置	备注
3672	M1 XII：2599	弩机	铜	1件	残	北回廊西部十二区下层	
3673	M1 XII：2600	盖弓帽	铜	1件	残	北回廊西部十二区下层	
3674	M1 XII：2601	钩	铜	1件	残	北回廊西部十二区下层	
3675	M1 XI：2602	环	铜	1件	残	北回廊西部十一区下层	
3676	M1 XI：2603	环	铜	1件	残	北回廊西部十一区下层	
3677	M1 XI：2604	环	铜	1件	残	北回廊西部十一区下层	
3678	M1 XI：2605	环	铜	1件	残	北回廊西部十一区下层	
3679	M1 XI：2606	衡末	铜	1件	残	北回廊西部十一区下层	
3680	M1 XI：2607	衡末	铜	1件	残	北回廊西部十一区下层	
3681	M1 XI：2608	节约	铜	1件	残	北回廊西部十一区下层	
3682	M1 XI：2609	辖	铜	1件	完整	北回廊西部十一区下层	
3683	M1 XI：2610	节约	铜	1件	残	北回廊西部十一区下层	
3684	M1 XI：2611	马衔镳	铜	1套3件	残	北回廊西部十一区下层	
3685	M1 XI：2612	节约	铜	1件	残	北回廊西部十一区下层	
3686	M1 XI：2615	节约	铜	1件	残	北回廊西部十一区下层	
3687	M1 XI：2616	马衔镳	铜	1套3件	残	北回廊西部十一区下层	
3688	M1 XI：2617	节约	铜	1件	残	北回廊西部十一区下层	
3689	M1 XI：2618	节约	铜	1件	残	北回廊西部十一区下层	
3690	M1 XI：2619	节约	铜	1件	完整	北回廊西部十一区下层	
3691	M1 XI：2620	笥	漆	1件	残	北回廊西部十一区下层	
3692	M1 XI：2621	节约	铜	1件	完整	北回廊西部十一区下层	
3693	M1 XI：2622	马衔镳	铜	1套3件	残	北回廊西部十一区下层	
3694	M1 XI：2623	节约	铜	1件	完整	北回廊西部十一区下层	
3695	M1 V：2624	剑	铁	1件	残	西回廊北端五区上层	
3696	M1 V：2625	节约	铜	1件	残	西回廊北端五区下层	
3697	M1 V：2626	马衔镳	铜	1套3件	残	西回廊北端五区下层	
3698	M1 V：2627	弩机	铜	1件	完整	西回廊北端五区下层	
3699	M1 V：2628	镦	铜	1件	完整	西回廊北端五区下层	
3700	M1 V：2629	剑	铁	1件	锈残	西回廊北端五区下层	
3701	M1 V：2630	戟	铁	1件	锈残	西回廊北端五区下层	
3702	M1 V：2631	节约	铜	1件	完整	西回廊北端五区下层	
3703	M1 V：2632	镦	铜	1件	完整	西回廊北端五区下层	
3704	M1 V：2633	剑	铁	1件	锈残	西回廊北端五区下层	
3705	M1 V：2634	带扣	铜	1件	残	西回廊北端五区下层	

续附表三

序号	器号	器名	质料	数量	现状	位置	备注
3706	M1Ⅴ:2635	节约	铜	1件	残	西回廊北端五区下层	
3707	M1Ⅴ:2636	镦	铜	1件	残	西回廊北端五区下层	
3708	M1Ⅴ:2637	镦	铜	1件	完整	西回廊北端五区下层	
3709	M1Ⅴ:2638	承弓器	铜	1件	残	西回廊北端五区下层	
3710	M1Ⅴ:2639	节约	铜	1件	完整	西回廊北端五区下层	
3711	M1Ⅴ:2640	镦	铜	1件	完整	西回廊北端五区下层	
3712	M1Ⅴ:2641	节约	铜	1件	残	西回廊北端五区下层	
3713	M1Ⅴ:2642	戟	铁	1件	锈残	西回廊北端五区下层	
3714	M1Ⅴ:2643	剑	铁	1件	锈残	西回廊北端五区下层	
3715	M1Ⅴ:2644	节约	铜	1件	残	西回廊北端五区下层	
3716	M1Ⅴ:2645	镦	铜	1件	完整	西回廊北端五区下层	
3717	M1Ⅴ:2646	节约	铜	1件	残	西回廊北端五区下层	
3718	M1Ⅴ:2647	节约	铜	1件	残	西回廊北端五区下层	
3719	M1Ⅴ:2648	镦	铜	1件	完整	西回廊北端五区下层	
3720	M1Ⅴ:2649	剑	铁	1件	锈残	西回廊北端五区下层	
3721	M1Ⅴ:2650	节约	铜	1件	残	西回廊北端五区下层	
3722	M1Ⅴ:2651	节约	铜	1件	残	西回廊北端五区下层	
3723	M1Ⅴ:2652	马衔镳	铜	1套3件	残	西回廊北端五区下层	
3724	M1Ⅴ:2653	盖弓帽	铜	1件	完整	西回廊北端五区下层	
3725	M1Ⅴ:2654	节约	铜	1件	残	西回廊北端五区下层	
3726	M1Ⅴ:2655	带钩	铜	1件	残	西回廊北端五区下层	
3727	M1Ⅴ:2656	盖弓帽	铜	1件	完整	西回廊北端五区下层	
3728	M1Ⅴ:2657	带扣	铜	1件	残	西回廊北端五区下层	
3729	M1Ⅴ:2658	镦	铜	1件	残	西回廊北端五区下层	
3730	M1Ⅴ:2659	带扣	铜	1件	残	西回廊北端五区下层	
3731	M1Ⅴ:2660	节约	铜	1件	残	西回廊北端五区下层	
3732	M1Ⅴ:2661	节约	铜	1件	残	西回廊北端五区下层	
3733	M1Ⅴ:2662	节约	铜	1件	完整	西回廊北端五区下层	
3734	M1Ⅴ:2663	节约	铜	1件	残	西回廊北端五区下层	
3735	M1Ⅴ:2664	镦	铜	1件	完整	西回廊北端五区下层	
3736	M1Ⅴ:2665	剑	铁	1件	锈残	西回廊北端五区下层	
3737	M1Ⅴ:2666	剑	铁	1件	锈残	西回廊北端五区下层	
3738	M1Ⅴ:2667	车軎	铜	1件	完整	西回廊北端五区下层	
3739	M1Ⅴ:2668	镦	铜	1件	完整	西回廊北端五区下层	

续附表三

序号	器号	器名	质料	数量	现状	位置	备注
3740	M1 V : 2669	节约	铜	1 件	完整	西回廊北端五区下层	
3741	M1 V : 2670	节约	铜	1 件	完整	西回廊北端五区下层	
3742	M1 V : 2671	剑	铁	1 件	锈残	西回廊北端五区下层	
3743	M1 V : 2672	节约	铜	1 件	残	西回廊北端五区下层	
3744	M1 V : 2673	节约	铜	1 件	残	西回廊北端五区下层	
3745	M1 V : 2674	节约	铜	1 件	完整	西回廊北端五区下层	
3746	M1 V : 2675	节约	铜	1 件	残	西回廊北端五区下层	
3747	M1 V : 2676	马衔镳	铜	1 套 3 件	残	西回廊北端五区下层	与 M1 V : 2721 为一套
3748	M1 V : 2677	节约	铜	1 件	完整	西回廊北端五区下层	
3749	M1 V : 2678	戟	铁	1 件	锈残	西回廊北端五区下层	
3750	M1 V : 2680	节约	铜	1 件	残	西回廊北端五区下层	
3751	M1 V : 2681	镦	铜	1 件	完整	西回廊北端五区下层	
3752	M1 V : 2682	节约	铜	1 件	残	西回廊北端五区下层	
3753	M1 V : 2683	节约	铜	1 件	完整	西回廊北端五区下层	
3754	M1 V : 2684	马衔镳	铜	1 套 3 件	残	西回廊北端五区下层	与 M1 V : 2808 为一套
3755	M1 V : 2685	带钩	铜	1 件	残	西回廊北端五区下层	
3756	M1 V : 2686	节约	铜	1 件	完整	西回廊北端五区下层	
3757	M1 V : 2687	节约	铜	1 件	残	西回廊北端五区下层	
3758	M1 V : 2688	节约	铜	1 件	残	西回廊北端五区下层	
3759	M1 V : 2689	镦	铜	1 件	完整	西回廊北端五区下层	
3760	M1 V : 2690	节约	铜	1 件	残	西回廊北端五区下层	
3761	M1 V : 2691	节约	铜	1 件	残	西回廊北端五区下层	
3762	M1 V : 2692	节约	铜	1 件	残	西回廊北端五区下层	
3763	M1 V : 2693	节约	铜	1 件	残	西回廊北端五区下层	
3764	M1 V : 2694	剑	铁	1 件	锈残	西回廊北端五区下层	
3765	M1 V : 2695	节约	铜	1 件	残	西回廊北端五区下层	
3766	M1 V : 2697	节约	铜	1 件	残	西回廊北端五区下层	
3767	M1 V : 2698	节约	铜	1 件	残	西回廊北端五区下层	
3768	M1 V : 2700	戟	铁	1 件	锈残	西回廊北端五区下层	
3769	M1 V : 2701	镦	铜	1 件	残	西回廊北端五区下层	
3770	M1 V : 2702	剑	铁	1 件	锈残	西回廊北端五区下层	
3771	M1 V : 2703	帽饰	铜	1 件	完整	西回廊北端五区下层	

续附表三

序号	器号	器名	质料	数量	现状	位置	备注
3772	M1Ⅴ:2704	节约	铜	1 件	残	西回廊北端五区下层	
3773	M1Ⅴ:2705	节约	铜	1 件	残	西回廊北端五区下层	
3774	M1Ⅴ:2706	马衔镳	铜	1 套 3 件	残	西回廊北端五区下层	
3775	M1Ⅴ:2707	节约	铜	1 件	完整	西回廊北端五区下层	
3776	M1Ⅴ:2708	带扣	铜	1 件	残	西回廊北端五区下层	
3777	M1Ⅴ:2709	戟	铁	1 件	锈残	西回廊北端五区下层	
3778	M1Ⅴ:2710	剑	铁	1 件	锈残	西回廊北端五区下层	
3779	M1Ⅴ:2711	节约	铜	1 件	残	西回廊北端五区下层	
3780	M1Ⅴ:2712	盖弓帽	铜	1 件	残	西回廊北端五区下层	
3781	M1Ⅴ:2713	节约	铜	1 件	残	西回廊北端五区下层	
3782	M1Ⅴ:2714	剑	铁	1 件	锈残	西回廊北端五区下层	
3783	M1Ⅴ:2715	剑	铁	1 件	锈残	西回廊北端五区下层	
3784	M1Ⅴ:2716	剑	铁	1 件	锈残	西回廊北端五区下层	
3785	M1Ⅴ:2717	节约	铜	1 件	残	西回廊北端五区下层	
3786	M1Ⅴ:2718	节约	铜	1 件	完整	西回廊北端五区下层	
3787	M1Ⅴ:2719	带扣	铜	1 件	残	西回廊北端五区下层	
3788	M1Ⅴ:2720	盖弓帽	铜	1 件	残	西回廊北端五区下层	
3789	M1Ⅴ:2721	马衔镳	铜	1 套 3 件	残	西回廊北端五区下层	与 M1Ⅴ:2676 为一套
3790	M1Ⅴ:2723	马衔镳	铜	1 套 3 件	残	西回廊北端五区下层	
3791	M1Ⅴ:2724	节约	铜	1 件	残	西回廊北端五区下层	
3792	M1Ⅴ:2726	节约	铜	1 件	残	西回廊北端五区下层	
3793	M1Ⅴ:2727	盖弓帽	铜	1 件	残	西回廊北端五区下层	
3794	M1Ⅴ:2728	戟	铁	1 件	锈残	西回廊北端五区下层	
3795	M1Ⅴ:2729	戟	铁	1 件	锈残	西回廊北端五区下层	
3796	M1Ⅴ:2730	剑	铁	1 件	锈残	西回廊北端五区下层	
3797	M1Ⅴ:2731	马衔镳	铜	1 套 3 件	残	西回廊北端五区下层	
3798	M1Ⅴ:2732	节约	铜	1 件	残	西回廊北端五区下层	
3799	M1Ⅴ:2733	镦	铜	1 件	完整	西回廊北端五区下层	
3800	M1Ⅴ:2734	节约	铜	1 件	残	西回廊北端五区下层	
3801	M1Ⅴ:2735	剑	铁	1 件	锈残	西回廊北端五区下层	
3802	M1Ⅴ:2736	节约	铜	1 件	残	西回廊北端五区下层	
3803	M1Ⅴ:2737	节约	铜	1 件	完整	西回廊北端五区下层	
3804	M1Ⅴ:2738	节约	铜	1 件	残	西回廊北端五区下层	

续附表三

序号	器号	器名	质料	数量	现状	位置	备注
3805	M1 V:2739	节约	铜	1件	残	西回廊北端五区下层	
3806	M1 V:2740	节约	铜	1件	完整	西回廊北端五区下层	
3807	M1 V:2741	马衔镳	铜	1套3件	残	西回廊北端五区下层	
3808	M1 V:2743	节约	铜	1件	残	西回廊北端五区下层	
3809	M1 V:2744	节约	铜	1件	残	西回廊北端五区下层	
3810	M1 V:2745	节约	铜	1件	残	西回廊北端五区下层	
3811	M1 V:2746	节约	铜	1件	残	西回廊北端五区下层	
3812	M1 V:2747	节约	铜	1件	残	西回廊北端五区下层	
3813	M1 V:2748	带钩	铜	1件	残	西回廊北端五区下层	
3814	M1 V:2749	节约	铜	1件	残	西回廊北端五区下层	
3815	M1 V:2750	节约	铜	1件	完整	西回廊北端五区下层	
3816	M1 V:2751	节约	铜	1件	残	西回廊北端五区下层	
3817	M1 V:2752	镦	铜	1件	完整	西回廊北端五区下层	
3818	M1 V:2753	剑	铁	1件	锈残	西回廊北端五区下层	
3819	M1 V:2754	节约	铜	1件	残	西回廊北端五区下层	
3820	M1 V:2755	节约	铜	1件	残	西回廊北端五区下层	
3821	M1 V:2756	马衔镳	铜	1套3件	残	西回廊北端五区下层	
3822	M1 V:2757	节约	铜	1件	残	西回廊北端五区下层	
3823	M1 V:2758	节约	铜	1件	残	西回廊北端五区下层	
3824	M1 V:2759	剑	铁	1件	锈残	西回廊北端五区下层	
3825	M1 V:2760	戟	铁	1件	锈残	西回廊北端五区下层	
3826	M1 V:2761	带扣	铜	1件	残	西回廊北端五区下层	
3827	M1 V:2762	带钩	铜	1件	残	西回廊北端五区下层	
3828	M1 V:2763	马衔镳	铜	1套3件	残	西回廊北端五区下层	
3829	M1 V:2764	节约	铜	1件	残	西回廊北端五区下层	
3830	M1 V:2765	节约	铜	1件	完整	西回廊北端五区下层	
3831	M1 V:2766	带钩	铜	1件	完整	西回廊北端五区下层	
3832	M1 V:2767	马衔镳	铜	1套3件	残	西回廊北端五区下层	
3833	M1 V:2768	节约	铜	1件	完整	西回廊北端五区下层	
3834	M1 V:2769	戟	铁	1件	锈残	西回廊北端五区下层	
3835	M1 V:2770	节约	铜	1件	残	西回廊北端五区下层	
3836	M1 V:2771	节约	铜	1件	残	西回廊北端五区下层	
3837	M1 V:2772	剑	铁	1件	锈残	西回廊北端五区下层	
3838	M1 V:2773	节约	铜	1件	残	西回廊北端五区下层	

续附表三

序号	器号	器名	质料	数量	现状	位置	备注
3839	M1Ⅴ：2775	带扣	铜	1件	残	西回廊北端五区下层	
3840	M1Ⅴ：2776	节约	铜	1件	完整	西回廊北端五区下层	
3841	M1Ⅴ：2777	节约	铜	1件	完整	西回廊北端五区下层	
3842	M1Ⅴ：2778	节约	铜	1件	完整	西回廊北端五区下层	
3843	M1Ⅴ：2779	节约	铜	1件	残	西回廊北端五区下层	
3844	M1Ⅴ：2780	节约	铜	1件	完整	西回廊北端五区下层	
3845	M1Ⅴ：2781	节约	铜	1件	残	西回廊北端五区下层	
3846	M1Ⅴ：2782	车軎	铜	1件	完整	西回廊北端五区下层	
3847	M1Ⅴ：2783	戟	铁	1件	锈残	西回廊北端五区下层	
3848	M1Ⅴ：2784	镦	铜	1件	完整	西回廊北端五区下层	
3849	M1Ⅴ：2785	环	铜	1件	完整	西回廊北端五区下层	
3850	M1Ⅴ：2786	节约	铜	1件	残	西回廊北端五区下层	
3851	M1Ⅴ：2787	带扣	铜	1件	残	西回廊北端五区下层	
3852	M1Ⅴ：2788	剑	铁	1件	锈残	西回廊北端五区下层	
3853	M1Ⅴ：2789	盖弓帽	铜	1件	完整	西回廊北端五区下层	
3854	M1Ⅴ：2790	戟	铁	1件	锈残	西回廊北端五区下层	
3855	M1Ⅴ：2791	剑	铁	1件	锈残	西回廊北端五区下层	
3856	M1Ⅴ：2792	盖弓帽	铜	1件	完整	西回廊北端五区下层	
3857	M1Ⅴ：2793	马衔镳	铜	1套3件	残	西回廊北端五区下层	
3858	M1Ⅴ：2794	马衔镳	铜	1套3件	残	西回廊北端五区下层	
3859	M1Ⅴ：2795	戟	铁	1件	锈残	西回廊北端五区下层	
3860	M1Ⅴ：2796	弩机	铜	1件	完整	西回廊北端五区下层	
3861	M1Ⅴ：2797	节约	铜	1件	残	西回廊北端五区下层	
3862	M1Ⅴ：2798	带扣	铜	1件	残	西回廊北端五区下层	
3863	M1Ⅴ：2799	镦	铜	1件	完整	西回廊北端五区下层	
3864	M1Ⅴ：2800	节约	铜	1件	完整	西回廊北端五区下层	
3865	M1Ⅴ：2801	节约	铜	1件	残	西回廊北端五区下层	
3866	M1Ⅴ：2802	剑	铁	1件	锈残	西回廊北端五区下层	
3867	M1Ⅴ：2803	马衔镳	铜	1套3件	残	西回廊北端五区下层	
3868	M1Ⅴ：2804	镦	铜	1件	残	西回廊北端五区下层	
3869	M1Ⅴ：2805	节约	铜	1件	完整	西回廊北端五区下层	
3870	M1Ⅴ：2806	节约	铜	1件	残	西回廊北端五区下层	
3871	M1Ⅴ：2807	节约	铜	1件	残	西回廊北端五区下层	
3872	M1Ⅴ：2808	马衔镳	铜	1套3件	残	西回廊北端五区下层	与 M1Ⅴ：2684 为一套

续附表三

序号	器号	器名	质料	数量	现状	位置	备注
3873	M1Ⅴ:2809	节约	铜	1件	残	西回廊北端五区下层	
3874	M1Ⅴ:2810	带扣	铜	1件	残	西回廊北端五区下层	
3875	M1Ⅴ:2811	节约	铜	1件	残	西回廊北端五区下层	
3876	M1Ⅴ:2812	节约	铜	1件	残	西回廊北端五区下层	
3877	M1Ⅴ:2813	节约	铜	1件	残	西回廊北端五区下层	
3878	M1Ⅴ:2814	节约	铜	1件	残	西回廊北端五区下层	
3879	M1ⅣB:2815	盖弓帽	铜	1件	残	西回廊北部四B区下层	
3880	M1ⅣB:2816	伞柄箍饰	铜	1套4件	完整	西回廊北部四B区下层	与M1Ⅺ:417为一套
3881	M1ⅣB:2817	镦	铜	1件	完整	西回廊北部四B区下层	
3882	M1ⅣB:2818	镦	铜	1件	残	西回廊北部四B区下层	
3883	M1ⅣB:2819	镦	铜	1件	残	西回廊北部四B区下层	
3884	M1ⅣB:2820	镦	铜	1件	残	西回廊北部四B区下层	
3885	M1ⅣB:2821	节约	铜	1件	残	西回廊北部四B区下层	
3886	M1ⅣB:2822	节约	铜	1件	残	西回廊北部四B区下层	
3887	M1ⅣB:2823	节约	铜	1件	完整	西回廊北部四B区下层	
3888	M1ⅣB:2824	节约	铜	1件	完整	西回廊北部四B区下层	
3889	M1ⅣB:2825	节约	铜	1件	残	西回廊北部四B区下层	
3890	M1ⅣB:2826	节约	铜	1件	残	西回廊北部四B区下层	
3891	M1ⅣB:2827	节约	铜	1件	完整	西回廊北部四B区下层	
3892	M1ⅣB:2828	节约	铜	1件	残	西回廊北部四B区下层	
3893	M1ⅣB:2829	带钩	铜	1件	完整	西回廊北部四B区下层	
3894	M1ⅣB:2830	带扣	铜	1件	残	西回廊北部四B区下层	
3895	M1ⅣB:2831	节约	铜	1件	残	西回廊北部四B区下层	
3896	M1ⅣB:2832	马衔镳	铜	1套3件	残	西回廊北部四B区下层	
3897	M1ⅣB:2833	节约	铜	1件	残	西回廊北部四B区下层	
3898	M1ⅣB:2834	节约	铜	1件	残	西回廊北部四B区下层	
3899	M1ⅣB:2835	节约	铜	1件	残	西回廊北部四B区下层	
3900	M1ⅣB:2836	带钩	铜	1件	完整	西回廊北部四B区下层	
3901	M1ⅣB:2837	节约	铜	1件	残	西回廊北部四B区下层	
3902	M1ⅣB:2838	节约	铜	1件	完整	西回廊北部四B区下层	
3903	M1ⅣB:2839	节约	铜	1件	残	西回廊北部四B区下层	
3904	M1ⅣB:2840	节约	铜	1件	残	西回廊北部四B区下层	
3905	M1ⅣB:2841	镦	铜	1件	完整	西回廊北部四B区下层	

续附表三

序号	器号	器名	质料	数量	现状	位置	备注
3906	M1ⅣB：2843	马衔镳	铜	1 套 3 件	残	西回廊北部四 B 区下层	
3907	M1ⅣB：2844	马衔镳	铜	1 套 3 件	残	西回廊北部四 B 区下层	
3908	M1ⅣB：2845	剑	铁	1 件	锈残	西回廊北部四 B 区下层	
3909	M1ⅣB：2846	戟	铁	1 件	锈残	西回廊北部四 B 区下层	
3910	M1ⅣB：2847	镦	铜	1 件	完整	西回廊北部四 B 区下层	
3911	M1ⅣB：2848	节约	铜	1 件	残	西回廊北部四 B 区下层	
3912	M1ⅣB：2849	节约	铜	1 件	残	西回廊北部四 B 区下层	
3913	M1ⅣB：2850	剑	铁	1 件	锈残	西回廊北部四 B 区下层	
3914	M1ⅣB：2851	戟	铁	1 件	锈残	西回廊北部四 B 区下层	
3915	M1ⅣB：2852	镦	铜	1 件	完整	西回廊北部四 B 区下层	
3916	M1ⅣB：2853	带钩	铜	1 件	残	西回廊北部四 B 区下层	
3917	M1ⅣB：2854	节约	铜	1 件	残	西回廊北部四 B 区下层	
3918	M1ⅣB：2855	剑	铁	1 件	锈残	西回廊北部四 B 区下层	
3919	M1ⅣB：2856	节约	铜	1 件	残	西回廊北部四 B 区下层	
3920	M1ⅣB：2857	戟	铁	1 件	锈残	西回廊北部四 B 区下层	
3921	M1ⅣB：2858	节约	铜	1 件	残	西回廊北部四 B 区下层	
3922	M1ⅣB：2859	节约	铜	1 件	残	西回廊北部四 B 区下层	
3923	M1ⅣB：2861	镦	铜	1 件	完整	西回廊北部四 B 区下层	
3924	M1ⅣB：2862	节约	铜	1 件	残	西回廊北部四 B 区下层	
3925	M1ⅣB：2863	戟	铁	1 件	锈残	西回廊北部四 B 区下层	
3926	M1ⅣB：2864	剑	铁	1 件	锈残	西回廊北部四 B 区下层	
3927	M1ⅣB：2865	剑	铁	1 件	锈残	西回廊北部四 B 区下层	
3928	M1ⅣB：2866	剑	铁	1 件	锈残	西回廊北部四 B 区下层	
3929	M1ⅣB：2867	节约	铜	1 件	残	西回廊北部四 B 区下层	
3930	M1ⅣB：2868	带扣	铜	1 件	残	西回廊北部四 B 区下层	
3931	M1ⅣB：2869	镦	铜	1 件	完整	西回廊北部四 B 区下层	
3932	M1ⅣB：2870	节约	铜	1 件	残	西回廊北部四 B 区下层	
3933	M1ⅣB：2871	节约	铜	1 件	完整	西回廊北部四 B 区下层	
3934	M1ⅣB：2872	剑	铁	1 件	锈残	西回廊北部四 B 区下层	
3935	M1ⅣB：2873	节约	铜	1 件	残	西回廊北部四 B 区下层	
3936	M1ⅣB：2874	马衔镳	铜	1 套 3 件	残	西回廊北部四 B 区下层	
3937	M1ⅣB：2875	节约	铜	1 件	残	西回廊北部四 B 区下层	
3938	M1ⅣB：2876	剑	铁	1 件	锈残	西回廊北部四 B 区下层	
3939	M1ⅣB：2877	马衔镳	铜	1 套 3 件	残	西回廊北部四 B 区下层	

续附表三

序号	器号	器名	质料	数量	现状	位置	备注
3940	M1ⅣB：2878	节约	铜	1件	残	西回廊北部四B区下层	
3941	M1ⅣB：2879	节约	铜	1件	残	西回廊北部四B区下层	
3942	M1ⅣB：2880	节约	铜	1件	残	西回廊北部四B区下层	
3943	M1ⅣB：2881	节约	铜	1件	完整	西回廊北部四B区下层	
3944	M1ⅣB：2882	镞	铜	1件	完整	西回廊北部四B区下层	
3945	M1ⅣB：2883	节约	铜	1件	残	西回廊北部四B区下层	
3946	M1ⅣB：2884	马衔镳	铜	1套3件	残	西回廊北部四B区下层	与M1ⅣB：4055为一套
3947	M1ⅣB：2885	节约	铜	1件	残	西回廊北部四B区下层	
3948	M1ⅣB：2886	镦	铜	1件	完整	西回廊北部四B区下层	
3949	M1ⅣB：2887	节约	铜	1件	残	西回廊北部四B区下层	
3950	M1ⅣB：2888	节约	铜	1件	残	西回廊北部四B区下层	
3951	M1ⅣB：2889	剑	铁	1件	锈残	西回廊北部四B区下层	
3952	M1ⅣB：2890	节约	铜	1件	残	西回廊北部四B区下层	
3953	M1ⅣB：2891	节约	铜	1件	残	西回廊北部四B区下层	
3954	M1ⅣB：2892	戟	铁	1件	锈残	西回廊北部四B区下层	
3955	M1ⅣB：2893	带钩	铜	1件	完整	西回廊北部四B区下层	
3956	M1ⅣB：2894	戟	铁	1件	锈残	西回廊北部四B区下层	
3957	M1ⅣB：2895	戟	铁	1件	锈残	西回廊北部四B区下层	
3958	M1ⅣB：2896	剑	铁	1件	锈残	西回廊北部四B区下层	
3959	M1ⅣB：2898	节约	铜	1件	残	西回廊北部四B区下层	
3960	M1ⅣB：2899	节约	铜	1件	完整	西回廊北部四B区下层	
3961	M1ⅣB：2900	镦	铜	1件	完整	西回廊北部四B区下层	
3962	M1ⅣB：2901	戟	铁	1件	锈残	西回廊北部四B区下层	
3963	M1ⅣB：2902	剑	铁	1件	锈残	西回廊北部四B区下层	
3964	M1ⅣB：2903	马衔镳	铜	1套3件	残	西回廊北部四B区下层	
3965	M1ⅣB：2904	马衔镳	铜	1件套	残	西回廊北部四B区下层	
3966	M1ⅣB：2905	戟	铁	1件	锈残	西回廊北部四B区下层	
3967	M1ⅣB：2906	节约	铜	1件	残	西回廊北部四B区下层	
3968	M1ⅣB：2908	马衔镳	铜	1套3件	残	西回廊北部四B区下层	
3969	M1ⅣB：2909	镦	铜	1件	完整	西回廊北部四B区下层	
3970	M1ⅣB：2910	节约	铜	1件	完整	西回廊北部四B区下层	
3971	M1ⅣB：2911	戟	铁	1件	锈残	西回廊北部四B区下层	
3972	M1ⅣB：2912	节约	铜	1件	残	西回廊北部四B区下层	

续附表三

序号	器号	器名	质料	数量	现状	位置	备注
3973	M1ⅣB：2913	节约	铜	1件	残	西回廊北部四B区下层	
3974	M1ⅣB：2914	剑	铁	1件	锈残	西回廊北部四B区下层	
3975	M1ⅣB：2915	镦	铜	1件	完整	西回廊北部四B区下层	
3976	M1ⅣB：2916	剑	铁	1件	锈残	西回廊北部四B区下层	
3977	M1ⅣB：2917	节约	铜	1件	残	西回廊北部四B区下层	
3978	M1ⅣB：2918	节约	铜	1件	残	西回廊北部四B区下层	
3979	M1ⅣB：2919	节约	铜	1件	完整	西回廊北部四B区下层	
3980	M1ⅣB：2920	节约	铜	1件	残	西回廊北部四B区下层	
3981	M1ⅣB：2921	马衔镳	铜	1套3件	残	西回廊北部四B区下层	
3982	M1ⅣB：2922	节约	铜	1件	残	西回廊北部四B区下层	
3983	M1ⅣB：2923	带扣	铜	1件	残	西回廊北部四B区下层	
3984	M1ⅣB：2924	马衔镳	铜	1套3件	残	西回廊北部四B区下层	
3985	M1ⅣB：2925	节约	铜	1件	残	西回廊北部四B区下层	
3986	M1ⅣB：2926	节约	铜	1件	残	西回廊北部四B区下层	
3987	M1ⅣB：2927	节约	铜	1件	残	西回廊北部四B区下层	
3988	M1ⅣB：2928	节约	铜	1件	残	西回廊北部四B区下层	
3989	M1ⅣB：2929	节约	铜	1件	残	西回廊北部四B区下层	
3990	M1ⅣB：2930	节约	铜	1件	残	西回廊北部四B区下层	
3991	M1ⅣB：2931	节约	铜	1件	残	西回廊北部四B区下层	
3992	M1ⅣB：2932	节约	铜	1件	残	西回廊北部四B区下层	
3993	M1ⅣB：2933	节约	铜	1件	残	西回廊北部四B区下层	
3994	M1ⅣB：2934	带扣	铜	1件	残	西回廊北部四B区下层	
3995	M1ⅣB：2936	节约	铜	1件	残	西回廊北部四B区下层	
3996	M1ⅣB：2937	戟	铁	1件	锈残	西回廊北部四B区下层	
3997	M1ⅣB：2939	镦	铜	1件	残	西回廊北部四B区下层	
3998	M1ⅣB：2940	带扣	铜	1件	残	西回廊北部四B区下层	
3999	M1ⅣB：2941	戟	铁	1件	锈残	西回廊北部四B区下层	
4000	M1ⅣB：2942	带扣	铜	1件	残	西回廊北部四B区下层	
4001	M1ⅣB：2943	节约	铜	1件	残	西回廊北部四B区下层	
4002	M1ⅣA：2944	马衔镳	铜	1件	残	西回廊中部偏北四A区上层	
4003	M1ⅣB：2945	节约	铜	1件	残	西回廊北部四B区下层	
4004	M1ⅣB：2946	戟	铁	1件	锈残	西回廊北部四B区下层	
4005	M1ⅣB：2947	剑	铁	1件	锈残	西回廊北部四B区下层	
4006	M1ⅣB：2948	节约	铜	1件	完整	西回廊北部四B区下层	

续附表三

序号	器号	器名	质料	数量	现状	位置	备注
4007	M1ⅣB：2949	戟	铁	1 件	锈残	西回廊北部四 B 区下层	
4008	M1ⅣA：2950	带扣	铜	1 件	残	西回廊中部偏北四 A 区上层	
4009	M1ⅣB：2951	镦	铜	1 件	完整	西回廊北部四 B 区下层	
4010	M1ⅣB：2952	戟	铁	1 件	锈残	西回廊北部四 B 区下层	
4011	M1ⅣA：2953	戟	铁	1 件	锈残	西回廊中部偏北四 A 区下层	
4012	M1ⅣA：2954	戟	铁	1 件	锈残	西回廊中部偏北四 A 区下层	
4013	M1ⅣA：2955	钉	铁	1 件	残	西回廊中部偏北四 A 区上层	
4014	M1ⅣB：2957	节约	铜	1 件	完整	西回廊北部四 B 区下层	
4015	M1ⅣA：2958	节约	铜	1 件	完整	西回廊中部偏北四 A 区下层	
4016	M1ⅣA：2959	带扣	铜	1 件	残	西回廊中部偏北四 A 区下层	
4017	M1ⅣB：2960	带扣	铜	1 件	残	西回廊北部四 B 区下层	
4018	M1ⅣB：2961	弩机	铜	1 件	残	西回廊北部四 B 区下层	
4019	M1ⅣB：2963	环	铜	1 件	残	西回廊北部四 B 区下层	
4020	M1ⅣB：2964	节约	铜	1 件	残	西回廊北部四 B 区下层	
4021	M1ⅣB：2965	节约	铜	1 件	残	西回廊北部四 B 区下层	
4022	M1ⅣB：2966	环	铜	1 件	完整	西回廊北部四 B 区下层	
4023	M1ⅣB：2967	节约	铜	1 件	完整	西回廊北部四 B 区下层	
4024	M1ⅣB：2968	节约	铜	1 件	完整	西回廊北部四 B 区下层	
4025	M1ⅣB：2969	镦	铜	1 件	完整	西回廊北部四 B 区下层	
4026	M1ⅣB：2970	剑	铁	1 件	锈残	西回廊北部四 B 区下层	
4027	M1ⅣB：2971	剑	铁	1 件	锈残	西回廊北部四 B 区下层	
4028	M1ⅣB：2972	戟	铁	1 件	锈残	西回廊北部四 B 区下层	
4029	M1ⅣB：2973	剑	铁	1 件	锈残	西回廊北部四 B 区下层	
4030	M1ⅣB：2974	节约	铜	1 件	残	西回廊北部四 B 区下层	
4031	M1ⅣB：2975	节约	铜	1 件	完整	西回廊北部四 B 区下层	
4032	M1ⅣB：2976	节约	铜	1 件	完整	西回廊北部四 B 区下层	
4033	M1ⅣB：2977	节约	铜	1 件	完整	西回廊北部四 B 区下层	
4034	M1ⅣA：2979	弩机	铜	1 件	完整	西回廊中部偏北四 A 区下层	
4035	M1ⅣA：2982	盖弓帽	铜	1 件	残	西回廊中部偏北四 A 区下层	
4036	M1ⅣA：2983	盖弓帽	铜	1 件	残	西回廊中部偏北四 A 区下层	
4037	M1ⅣA：2984	衡末	铜	1 件	残	西回廊中部偏北四 A 区下层	
4038	M1ⅣA：2985	辖	铜	1 件	完整	西回廊中部偏北四 A 区下层	
4039	M1ⅣB：2986	剑	铁	1 件	锈残	西回廊北部四 B 区下层	
4040	M1ⅣB：2987	节约	铜	1 件	完整	西回廊北部四 B 区下层	

续附表三

序号	器号	器名	质料	数量	现状	位置	备注
4041	M1ⅣB:2988	节约	铜	1件	残	西回廊北部四 B 区下层	
4042	M1ⅣB:2989	节约	铜	1件	残	西回廊北部四 B 区下层	
4043	M1ⅣB:2990	节约	铜	1件	残	西回廊北部四 B 区下层	
4044	M1ⅣB:2991	镦	铜	1件	完整	西回廊北部四 B 区下层	
4045	M1ⅣB:2993	节约	铜	1件	完整	西回廊北部四 B 区下层	
4046	M1ⅣB:2994	节约	铜	1件	残	西回廊北部四 B 区下层	
4047	M1ⅣB:2995	节约	铜	1件	残	西回廊北部四 B 区下层	
4048	M1ⅣB:2996	节约	铜	1件	残	西回廊北部四 B 区下层	
4049	M1ⅣB:2997	节约	铜	1件	完整	西回廊北部四 B 区下层	
4050	M1ⅣB:2998	节约	铜	1件	残	西回廊北部四 B 区下层	
4051	M1ⅣB:2999	节约	铜	1件	残	西回廊北部四 B 区下层	
4052	M1ⅣB:3000	节约	铜	1件	残	西回廊北部四 B 区下层	
4053	M1ⅣB:3001	节约	铜	1件	残	西回廊北部四 B 区下层	
4054	M1ⅣB:3002	节约	铜	1件	完整	西回廊北部四 B 区下层	
4055	M1ⅣB:3003	节约	铜	1件	完整	西回廊北部四 B 区下层	
4056	M1ⅣB:3004	节约	铜	1件	残	西回廊北部四 B 区下层	
4057	M1ⅣB:3005	节约	铜	1件	完整	西回廊北部四 B 区下层	
4058	M1ⅣB:3006	带钩	铜	1件	完整	西回廊北部四 B 区下层	
4059	M1ⅣB:3007	剑	铁	1件	锈残	西回廊北部四 B 区下层	
4060	M1ⅣB:3008	戟	铁	1件	锈残	西回廊北部四 B 区下层	
4061	M1ⅣB:3009	节约	铜	1件	完整	西回廊北部四 B 区下层	
4062	M1ⅣA:3010	马衔镳	铜	1套3件	残	西回廊中部偏北四 A 区下层	与 M1ⅣA:3080 为一套
4063	M1ⅣB:3011	镦	铜	1件	残	西回廊北部四 B 区下层	
4064	M1ⅣB:3012	剑	铁	1件	锈残	西回廊北部四 B 区下层	
4065	M1ⅣA:3013	剑	铁	1件	锈残	西回廊中部偏北四 A 区下层	
4066	M1ⅣB:3014	镦	铜	1件	完整	西回廊北部四 B 区下层	
4067	M1ⅣB:3015	节约	铜	1件	残	西回廊北部四 B 区下层	
4068	M1ⅣB:3016	马衔镳	铜	1套3件	残	西回廊北部四 B 区下层	
4069	M1ⅣB:3017	节约	铜	1件	残	西回廊北部四 B 区下层	
4070	M1ⅣB:3018	戟	铁	1件	锈残	西回廊北部四 B 区下层	
4071	M1ⅣB:3019	节约	铜	1件	残	西回廊北部四 B 区下层	
4072	M1ⅣB:3020	带扣	铜	1件	残	西回廊北部四 B 区下层	
4073	M1ⅣA:3021	剑	铁	1件	锈残	西回廊中部偏北四 A 区下层	

续附表三

序号	器号	器名	质料	数量	现状	位置	备注
4074	M1ⅣA：3022	盖弓帽	铜	1件	残	西回廊中部偏北四A区下层	
4075	M1ⅣB：3023	节约	铜	1件	残	西回廊北部四B区下层	
4076	M1ⅣA：3024	节约	铜	1件	残	西回廊中部偏北四A区下层	
4077	M1ⅣA：3025	节约	铜	1件	残	西回廊中部偏北四A区下层	
4078	M1ⅣA：3026	节约	铜	1件	残	西回廊中部偏北四A区下层	
4079	M1ⅣA：3027	节约	铜	1件	残	西回廊中部偏北四A区下层	
4080	M1ⅣA：3028	节约	铜	1件	残	西回廊中部偏北四A区下层	
4081	M1ⅣA：3029	戟	铁	1件	锈残	西回廊中部偏北四A区下层	
4082	M1ⅣA：3030	节约	铜	1件	残	西回廊中部偏北四A区下层	
4083	M1ⅣA：3031	节约	铜	1件	残	西回廊中部偏北四A区下层	
4084	M1ⅣA：3032	节约	铜	1件	残	西回廊中部偏北四A区下层	
4085	M1ⅣB：3033	马衔镳	铜	1套3件	残	西回廊北部四B区下层	
4086	M1ⅣA：3034	节约	铜	1件	残	西回廊中部偏北四A区下层	
4087	M1ⅣA：3035	节约	铜	1件	残	西回廊中部偏北四A区下层	
4088	M1ⅣA：3036	节约	铜	1件	残	西回廊中部偏北四A区下层	
4089	M1ⅣA：3038	剑	铁	1件	锈残	西回廊中部偏北四A区下层	
4090	M1ⅣA：3039	戟	铁	1件	锈残	西回廊中部偏北四A区下层	
4091	M1ⅣA：3040	节约	铜	1件	残	西回廊中部偏北四A区下层	
4092	M1ⅣA：3041	环	铜	1件	完整	西回廊中部偏北四A区下层	
4093	M1ⅣA：3042	马衔镳	铜	1套3件	残	西回廊中部偏北四A区下层	与M1ⅣA：3234为一套
4094	M1ⅣA：3043	节约	铜	1件	残	西回廊中部偏北四A区下层	
4095	M1ⅣA：3044	节约	铜	1件	残	西回廊中部偏北四A区下层	
4096	M1ⅣA：3045	节约	铜	1件	残	西回廊中部偏北四A区下层	
4097	M1ⅣA：3046	戟	铁	1件	锈残	西回廊中部偏北四A区下层	
4098	M1ⅣA：3047	剑	铁	1件	锈残	西回廊中部偏北四A区下层	
4099	M1ⅣA：3048	镦	铜	1件	完整	西回廊中部偏北四A区下层	
4100	M1ⅣA：3049	剑	铁	1件	锈残	西回廊中部偏北四A区下层	
4101	M1ⅣA：3050	节约	铜	1件	残	西回廊中部偏北四A区下层	
4102	M1ⅣA：3051	节约	铜	1件	完整	西回廊中部偏北四A区下层	
4103	M1ⅣA：3052	节约	铜	1件	完整	西回廊中部偏北四A区下层	
4104	M1ⅣA：3053	节约	铜	1件	残	西回廊中部偏北四A区下层	
4105	M1ⅢA：3054	瑟柱	玉	1件	残	西回廊中部偏南三A区下层	
4106	M1ⅣA：3055	戟	铁	1件	锈残	西回廊中部偏北四A区下层	

续附表三

序号	器号	器名	质料	数量	现状	位置	备注
4107	M1ⅣA∶3056	剑	铁	1件	锈残	西回廊中部偏北四A区下层	
4108	M1ⅣA∶3057	节约	铜	1件	残	西回廊中部偏北四A区下层	
4109	M1ⅣA∶3058	节约	铜	1件	完整	西回廊中部偏北四A区下层	
4110	M1ⅣA∶3059	节约	铜	1件	残	西回廊中部偏北四A区下层	
4111	M1ⅣA∶3060	节约	铜	1件	残	西回廊中部偏北四A区下层	
4112	M1ⅣA∶3061	节约	铜	1件	残	西回廊中部偏北四A区下层	
4113	M1ⅣA∶3062	节约	铜	1件	残	西回廊中部偏北四A区下层	
4114	M1ⅣA∶3063	节约	铜	1件	残	西回廊中部偏北四A区下层	
4115	M1ⅣA∶3064	节约	铜	1件	残	西回廊中部偏北四A区下层	
4116	M1ⅣA∶3065	节约	铜	1件	完整	西回廊中部偏北四A区下层	
4117	M1ⅣA∶3066	节约	铜	1件	残	西回廊中部偏北四A区下层	
4118	M1ⅣA∶3067	节约	铜	1件	残	西回廊中部偏北四A区下层	
4119	M1ⅣA∶3068	节约	铜	1件	完整	西回廊中部偏北四A区下层	
4120	M1ⅣA∶3069	带扣	铜	1件	残	西回廊中部偏北四A区下层	
4121	M1ⅣA∶3070	镞	铜	1件	残	西回廊中部偏北四A区下层	
4122	M1ⅣA∶3071	盖弓帽	铜	1件	完整	西回廊中部偏北四A区下层	
4123	M1ⅣA∶3072	镦	铜	1件	残	西回廊中部偏北四A区下层	
4124	M1ⅣA∶3073	马衔镳	铜	1套3件	残	西回廊中部偏北四A区下层	
4125	M1ⅣA∶3074	剑	铁	1件	锈残	西回廊中部偏北四A区下层	
4126	M1ⅣA∶3075	车軎	铜	1件	完整	西回廊中部偏北四A区下层	
4127	M1ⅣA∶3076	衡末	铜	1件	完整	西回廊中部偏北四A区下层	
4128	M1ⅣA∶3077	节约	铜	1件	完整	西回廊中部偏北四A区下层	
4129	M1ⅣA∶3078	镞	铁	1件	锈残	西回廊中部偏北四A区下层	
4130	M1ⅣA∶3079	镞	铁	1件	锈残	西回廊中部偏北四A区下层	
4131	M1ⅣA∶3080	马衔镳	铜	1套3件	残	西回廊中部偏北四A区下层	与M1ⅣA∶3010为一套
4132	M1ⅣA∶3081	节约	铜	1件	残	西回廊中部偏北四A区下层	
4133	M1ⅣA∶3082	镞	铁	1件	锈残	西回廊中部偏北四A区下层	
4134	M1ⅣA∶3083	节约	铜	1件	残	西回廊中部偏北四A区下层	
4135	M1ⅣA∶3084	节约	铜	1件	完整	西回廊中部偏北四A区下层	
4136	M1ⅣA∶3085	马衔镳	铜	1套3件	残	西回廊中部偏北四A区下层	
4137	M1ⅣA∶3086	节约	铜	1件	残	西回廊中部偏北四A区下层	
4138	M1ⅣA∶3087	剑	铁	1件	锈残	西回廊中部偏北四A区下层	
4139	M1ⅣA∶3089	节约	铜	1件	残	西回廊中部偏北四A区下层	

续附表三

序号	器号	器名	质料	数量	现状	位置	备注
4140	M1ⅣA：3090	节约	铜	1件	完整	西回廊中部偏北四A区下层	
4141	M1ⅣA：3091	车軎	铜	1件	完整	西回廊中部偏北四A区下层	
4142	M1ⅣA：3092	戟	铁	1件	锈残	西回廊中部偏北四A区下层	
4143	M1ⅣA：3093	衔环	铜	1件	残	西回廊中部偏北四A区下层	
4144	M1ⅣA：3094	剑	铁	1件	锈残	西回廊中部偏北四A区下层	
4145	M1ⅣA：3095	辖	铜	1件	完整	西回廊中部偏北四A区下层	
4146	M1ⅣA：3096	弩机	铜	1件	完整	西回廊中部偏北四A区下层	
4147	M1ⅣA：3097	戟	铁	1件	锈残	西回廊中部偏北四A区下层	
4148	M1ⅣA：3098	带扣	铜	1件	残	西回廊中部偏北四A区下层	
4149	M1ⅣA：3099	节约	铜	1件	残	西回廊中部偏北四A区下层	
4150	M1ⅣA：3100	节约	铜	1件	完整	西回廊中部偏北四A区下层	
4151	M1ⅣA：3101	带扣	铜	1件	残	西回廊中部偏北四A区下层	
4152	M1ⅣA：3102	节约	铜	1件	残	西回廊中部偏北四A区下层	
4153	M1ⅣA：3103	节约	铜	1件	残	西回廊中部偏北四A区下层	
4154	M1ⅣA：3104	节约	铜	1件	残	西回廊中部偏北四A区下层	
4155	M1ⅣA：3105	节约	铜	1件	完整	西回廊中部偏北四A区下层	
4156	M1ⅣA：3106	节约	铜	1件	完整	西回廊中部偏北四A区下层	
4157	M1ⅣA：3107	节约	铜	1件	完整	西回廊中部偏北四A区下层	
4158	M1ⅣA：3108	节约	铜	1件	完整	西回廊中部偏北四A区下层	
4159	M1ⅣA：3109	节约	铜	1件	残	西回廊中部偏北四A区下层	
4160	M1ⅣA：3110	节约	铜	1件	完整	西回廊中部偏北四A区下层	
4161	M1ⅣA：3111	节约	铜	1件	残	西回廊中部偏北四A区下层	
4162	M1ⅣA：3112	节约	铜	1件	残	西回廊中部偏北四A区下层	
4163	M1ⅣA：3113	节约	铜	1件	残	西回廊中部偏北四A区下层	
4164	M1ⅣA：3114	节约	铜	1件	完整	西回廊中部偏北四A区下层	
4165	M1ⅣA：3115	伞柄箍饰	铜	1套4件	完整	西回廊中部偏北四A区上层	与M1ⅣA：837、M1NA：850为一套
4166	M1ⅣA：3116	戟	铁	1件	锈残	西回廊中部偏北四A区下层	
4167	M1ⅣA：3117	马衔镳	铜	1套3件	残	西回廊中部偏北四A区下层	
4168	M1ⅣA：3118	盖弓帽	铜	1件	残	西回廊中部偏北四A区下层	
4169	M1ⅣA：3119	节约	铜	1件	完整	西回廊中部偏北四A区下层	
4170	M1ⅣA：3120	带扣	铜	1件	残	西回廊中部偏北四A区下层	
4171	M1ⅣA：3121	剑	铁	1件	锈残	西回廊中部偏北四A区下层	
4172	M1ⅣA：3122	盖弓帽	铜	1件	残损严重	西回廊中部偏北四A区下层	

续附表三

序号	器号	器名	质料	数量	现状	位置	备注
4173	M1ⅣA：3123	马衔镳	铜	1 套 3 件	残	西回廊中部偏北四 A 区下层	
4174	M1ⅣA：3124	马衔镳	铜	1 套 3 件	残	西回廊中部偏北四 A 区下层	
4175	M1ⅣA：3125	镦	铜	1 件	完整	西回廊中部偏北四 A 区下层	
4176	M1ⅣA：3126	镦	铜	1 件	完整	西回廊中部偏北四 A 区下层	
4177	M1ⅣA：3127	节约	铜	1 件	残	西回廊中部偏北四 A 区下层	
4178	M1ⅣA：3128	节约	铜	1 件	残	西回廊中部偏北四 A 区下层	
4179	M1ⅣA：3129	节约	铜	1 件	残	西回廊中部偏北四 A 区下层	
4180	M1ⅣA：3130	盖弓帽	铜	1 件	完整	西回廊中部偏北四 A 区下层	
4181	M1ⅣA：3131	盖弓帽	铜	1 件	完整	西回廊中部偏北四 A 区下层	
4182	M1ⅣA：3132	带钩	铜	1 件	残	西回廊中部偏北四 A 区下层	
4183	M1ⅣA：3133	镞	铜	1 件	残	西回廊中部偏北四 A 区下层	
4184	M1ⅣA：3134	戟	铁	1 件	锈残	西回廊中部偏北四 A 区下层	
4185	M1ⅣA：3135	剑	铁	1 件	锈残	西回廊中部偏北四 A 区下层	
4186	M1ⅣA：3136	弩机	铜	1 件	完整	西回廊中部偏北四 A 区下层	
4187	M1ⅣA：3137	盖弓帽	铜	1 件	残	西回廊中部偏北四 A 区下层	
4188	M1ⅣA：3138	盖弓帽	铜	1 件	完整	西回廊中部偏北四 A 区下层	
4189	M1ⅣA：3139	马衔镳	铜	1 套 3 件	残	西回廊中部偏北四 A 区下层	
4190	M1ⅣA：3140	马衔镳	铜	1 套 3 件	残	西回廊中部偏北四 A 区下层	
4191	M1ⅣA：3141	镦	铜	1 件	完整	西回廊中部偏北四 A 区下层	
4192	M1ⅣA：3142	节约	铜	1 件	残	西回廊中部偏北四 A 区下层	
4193	M1ⅣA：3143	节约	铜	1 件	完整	西回廊中部偏北四 A 区下层	
4194	M1ⅣA：3144	节约	铜	1 件	完整	西回廊中部偏北四 A 区下层	
4195	M1ⅣA：3145	节约	铜	1 件	完整	西回廊中部偏北四 A 区下层	
4196	M1ⅣA：3146 - 1	弹丸	泥	1 件	完整	西回廊中部偏北四 A 区下层	
4197	M1ⅣA：3146 - 2	弹丸	泥	1 件	完整	西回廊中部偏北四 A 区下层	
4198	M1ⅣA：3146 - 3	弹丸	泥	1 件	完整	西回廊中部偏北四 A 区下层	
4199	M1ⅣA：3146 - 4	弹丸	泥	1 件	完整	西回廊中部偏北四 A 区下层	
4200	M1ⅣA：3146 - 5	弹丸	泥	1 件	完整	西回廊中部偏北四 A 区下层	
4201	M1ⅣA：3146 - 6	弹丸	泥	1 件	完整	西回廊中部偏北四 A 区下层	
4202	M1ⅣA：3146 - 7	弹丸	泥	1 件	完整	西回廊中部偏北四 A 区下层	
4203	M1ⅣA：3146 - 8	弹丸	泥	1 件	完整	西回廊中部偏北四 A 区下层	
4204	M1ⅣA：3146 - 9	弹丸	泥	1 件	完整	西回廊中部偏北四 A 区下层	
4205	M1ⅣA：3146 - 10	弹丸	泥	1 件	完整	西回廊中部偏北四 A 区下层	
4206	M1ⅣA：3146 - 11	弹丸	泥	1 件	完整	西回廊中部偏北四 A 区下层	

续附表三

序号	器号	器名	质料	数量	现状	位置	备注
4207	M1ⅣA：3146－12	弹丸	泥	1件	完整	西回廊中部偏北四A区下层	
4208	M1ⅣA：3146－13	弹丸	泥	1件	完整	西回廊中部偏北四A区下层	
4209	M1ⅣA：3146－14	弹丸	泥	1件	完整	西回廊中部偏北四A区下层	
4210	M1ⅣA：3146－15	弹丸	泥	1件	完整	西回廊中部偏北四A区下层	
4211	M1ⅣA：3146－16	弹丸	泥	1件	完整	西回廊中部偏北四A区下层	
4212	M1ⅣA：3146－17	弹丸	泥	1件	完整	西回廊中部偏北四A区下层	
4213	M1ⅣA：3146－18	弹丸	泥	1件	完整	西回廊中部偏北四A区下层	
4214	M1ⅣA：3146－19	弹丸	泥	1件	完整	西回廊中部偏北四A区下层	
4215	M1ⅣA：3146－20	弹丸	泥	1件	完整	西回廊中部偏北四A区下层	
4216	M1ⅣA：3146－21	弹丸	泥	1件	完整	西回廊中部偏北四A区下层	
4217	M1ⅣA：3146－22	弹丸	泥	1件	完整	西回廊中部偏北四A区下层	
4218	M1ⅣA：3146－23	弹丸	泥	1件	完整	西回廊中部偏北四A区下层	
4219	M1ⅣA：3146－24	弹丸	泥	1件	完整	西回廊中部偏北四A区下层	
4220	M1ⅣA：3147	盖弓帽	铜	1件	残	西回廊中部偏北四A区下层	
4221	M1ⅣA：3148	节约	铜	1件	残	西回廊中部偏北四A区下层	
4222	M1ⅣA：3149	节约	铜	1件	残	西回廊中部偏北四A区下层	
4223	M1ⅣA：3150	带扣	铜	1件	残	西回廊中部偏北四A区下层	
4224	M1ⅣA：3151	盖弓帽	铜	1件	残	西回廊中部偏北四A区下层	
4225	M1ⅣA：3152	节约	铜	1件	完整	西回廊中部偏北四A区下层	
4226	M1ⅣA：3153	节约	铜	1件	残	西回廊中部偏北四A区下层	
4227	M1ⅣA：3154	节约	铜	1件	残	西回廊中部偏北四A区下层	
4228	M1ⅣA：3155	节约	铜	1件	完整	西回廊中部偏北四A区下层	
4229	M1ⅣA：3156	节约	铜	1件	残	西回廊中部偏北四A区下层	
4230	M1ⅣA：3157	节约	铜	1件	残	西回廊中部偏北四A区下层	
4231	M1ⅣA：3158	节约	铜	1件	残	西回廊中部偏北四A区下层	
4232	M1ⅣA：3159	节约	铜	1件	残	西回廊中部偏北四A区下层	
4233	M1ⅣA：3160	节约	铜	1件	残	西回廊中部偏北四A区下层	
4234	M1ⅣA：3161	节约	铜	1件	残	西回廊中部偏北四A区下层	
4235	M1ⅣA：3162	节约	铜	1件	残	西回廊中部偏北四A区下层	
4236	M1ⅣA：3163	节约	铜	1件	残	西回廊中部偏北四A区下层	
4237	M1ⅣA：3164	节约	铜	1件	残	西回廊中部偏北四A区下层	
4238	M1ⅣA：3165	节约	铜	1件	残	西回廊中部偏北四A区下层	
4239	M1ⅣA：3166	节约	铜	1件	残	西回廊中部偏北四A区下层	
4240	M1ⅣA：3167	节约	铜	1件	残	西回廊中部偏北四A区下层	

续附表三

序号	器号	器名	质料	数量	现状	位置	备注
4241	M1ⅣA：3168	节约	铜	1件	完整	西回廊中部偏北四 A 区下层	
4242	M1ⅣA：3169	节约	铜	1件	残	西回廊中部偏北四 A 区下层	
4243	M1ⅣA：3170	节约	铜	1件	残	西回廊中部偏北四 A 区下层	
4244	M1ⅣA：3171	节约	铜	1件	残	西回廊中部偏北四 A 区下层	
4245	M1ⅣA：3172	节约	铜	1件	完整	西回廊中部偏北四 A 区下层	
4246	M1ⅣA：3173	节约	铜	1件	完整	西回廊中部偏北四 A 区下层	
4247	M1ⅣA：3174	节约	铜	1件	完整	西回廊中部偏北四 A 区下层	
4248	M1ⅣA：3175	节约	铜	1件	完整	西回廊中部偏北四 A 区下层	
4249	M1ⅣA：3176	节约	铜	1件	完整	西回廊中部偏北四 A 区下层	
4250	M1ⅣA：3177	节约	铜	1件	完整	西回廊中部偏北四 A 区下层	
4251	M1ⅣA：3178	节约	铜	1件	残	西回廊中部偏北四 A 区下层	
4252	M1ⅣA：3179	节约	铜	1件	残	西回廊中部偏北四 A 区下层	
4253	M1ⅣA：3180	节约	铜	1件	残	西回廊中部偏北四 A 区下层	
4254	M1ⅣA：3181	钩	铜	1件	完整	西回廊中部偏北四 A 区下层	
4255	M1ⅣA：3182	带钩	铜	1件	残	西回廊中部偏北四 A 区下层	
4256	M1ⅣA：3183	戟	铁	1件	锈残	西回廊中部偏北四 A 区下层	
4257	M1ⅣA：3184	戟	铁	1件	锈残	西回廊中部偏北四 A 区下层	
4258	M1ⅣA：3185	剑	铁	1件	锈残	西回廊中部偏北四 A 区下层	
4259	M1ⅣA：3186	节约	铜	1件	完整	西回廊中部偏北四 A 区下层	
4260	M1ⅣA：3187	镦	铜	1件	完整	西回廊中部偏北四 A 区下层	
4261	M1ⅣA：3188	马衔镳	铜	1套3件	残	西回廊中部偏北四 A 区下层	
4262	M1ⅣA：3189	马衔镳	铜	1套3件	残	西回廊中部偏北四 A 区下层	
4263	M1ⅣA：3190	马衔镳	铜	1套3件	残	西回廊中部偏北四 A 区下层	
4264	M1ⅣA：3191	镞	铜	1件	完整	西回廊中部偏北四 A 区下层	
4265	M1ⅣA：3192	带钩	铜	1件	完整	西回廊中部偏北四 A 区下层	
4266	M1ⅣA：3193	釭	铁	1件	锈残	西回廊中部偏北四 A 区下层	
4267	M1ⅣA：3194	兽首构件	铜	1件	完整	西回廊中部偏北四 A 区下层	
4268	M1ⅣA：3195	盖弓帽	铜	1件	残	西回廊中部偏北四 A 区下层	
4269	M1ⅣA：3196	盖弓帽	铜	1件	残损严重	西回廊中部偏北四 A 区下层	
4270	M1ⅣA：3197	盖弓帽	铜	1件	残	西回廊中部偏北四 A 区下层	
4271	M1ⅣA：3198	盖弓帽	铜	1件	残	西回廊中部偏北四 A 区下层	
4272	M1ⅣA：3199	盖弓帽	铜	1件	完整	西回廊中部偏北四 A 区下层	
4273	M1ⅣA：3200	盖弓帽	铜	1件	残	西回廊中部偏北四 A 区下层	
4274	M1ⅣA：3201	盖弓帽	铜	1件	残	西回廊中部偏北四 A 区下层	

续附表三

序号	器号	器名	质料	数量	现状	位置	备注
4275	M1ⅣA：3202	盖弓帽	铜	1件	残	西回廊中部偏北四A区下层	
4276	M1ⅣA：3203	盖弓帽	铜	1件	完整	西回廊中部偏北四A区下层	
4277	M1ⅣA：3204	盖弓帽	铜	1件	残	西回廊中部偏北四A区下层	
4278	M1ⅣA：3205	盖弓帽	铜	1件	完整	西回廊中部偏北四A区下层	
4279	M1ⅣA：3206	盖弓帽	铜	1件	残	西回廊中部偏北四A区下层	
4280	M1ⅣA：3207	盖弓帽	铜	1件	完整	西回廊中部偏北四A区下层	
4281	M1ⅣA：3208	盖弓帽	铜	1件	残	西回廊中部偏北四A区下层	
4282	M1ⅣA：3209	盖弓帽	铜	1件	残	西回廊中部偏北四A区下层	
4283	M1ⅣA：3210	盖弓帽	铜	1件	残	西回廊中部偏北四A区下层	
4284	M1ⅣA：3211	盖弓帽	铜	1件	残	西回廊中部偏北四A区下层	
4285	M1ⅣA：3212	盖弓帽	铜	1件	残	西回廊中部偏北四A区下层	
4286	M1ⅣA：3213	盖弓帽	铜	1件	残	西回廊中部偏北四A区下层	
4287	M1ⅣA：3214	盖弓帽	铜	1件	完整	西回廊中部偏北四A区下层	
4288	M1ⅣA：3215	盖弓帽	铜	1件	完整	西回廊中部偏北四A区下层	
4289	M1ⅣA：3216	盖弓帽	铜	1件	完整	西回廊中部偏北四A区下层	
4290	M1ⅣA：3217	盖弓帽	铜	1件	残	西回廊中部偏北四A区下层	
4291	M1ⅣA：3218	盖弓帽	铜	1件	残	西回廊中部偏北四A区下层	
4292	M1ⅣA：3219	盖弓帽	铜	1件	残	西回廊中部偏北四A区下层	
4293	M1ⅣA：3220	盖弓帽	铜	1件	残	西回廊中部偏北四A区下层	
4294	M1ⅣA：3221	盖弓帽	铜	1件	残	西回廊中部偏北四A区下层	
4295	M1ⅣA：3222	盖弓帽	铜	1件	完整	西回廊中部偏北四A区下层	
4296	M1ⅣA：3223	盖弓帽	铜	1件	残	西回廊中部偏北四A区下层	
4297	M1ⅣA：3224	盖弓帽	铜	1件	完整	西回廊中部偏北四A区下层	
4298	M1ⅣA：3225	盖弓帽	铜	1件	残	西回廊中部偏北四A区下层	
4299	M1ⅣA：3226	镞	铁	1件	锈残	西回廊中部偏北四A区下层	
4300	M1ⅣA：3227	镞	铁	1件	锈残	西回廊中部偏北四A区下层	
4301	M1ⅣA：3228	镞	铁	1件	锈残	西回廊中部偏北四A区下层	
4302	M1ⅣA：3229	镞	铁	1件	锈残	西回廊中部偏北四A区下层	
4303	M1ⅣA：3230	镞	铁	1件	锈残	西回廊中部偏北四A区下层	
4304	M1ⅣA：3231	镞	铁	1件	锈残	西回廊中部偏北四A区下层	
4305	M1ⅣA：3232	钉	铁	1件	锈残	西回廊中部偏北四A区下层	
4306	M1ⅣA：3233	镞	铁	1件	锈残	西回廊中部偏北四A区下层	
4307	M1ⅣA：3234	马衔镳	铜	1套3件	残	西回廊中部偏北四A区下层	与M1ⅣA：4309为一套

续附表三

序号	器号	器名	质料	数量	现状	位置	备注
4308	M1ⅣA：3235	节约	铜	1件	残	西回廊中部偏北四A区下层	
4309	M1ⅣA：3236	带扣	铜	1件	残	西回廊中部偏北四A区下层	
4310	M1ⅣA：3237	戟	铁	1件	锈残	西回廊中部偏北四A区下层	
4311	M1ⅣA：3238	戟	铁	1件	锈残	西回廊中部偏北四A区下层	
4312	M1ⅣA：3239	环	铜	1件	残	西回廊中部偏北四A区下层	
4313	M1ⅣA：3240	车軎	铜	1件	完整	西回廊中部偏北四A区下层	
4314	M1ⅣA：3241	戟	铁	1件	锈残	西回廊中部偏北四A区下层	
4315	M1ⅣA：3242	剑	铁	1件	锈残	西回廊中部偏北四A区下层	
4316	M1ⅣA：3243	马衔镳	铜	1套3件	残	西回廊中部偏北四A区下层	
4317	M1ⅣA：3244	戟	铁	1件	锈残	西回廊中部偏北四A区下层	
4318	M1ⅣA：3245	剑	铁	1件	锈残	西回廊中部偏北四A区下层	
4319	M1ⅣA：3246	环	铜	1件	残	西回廊中部偏北四A区下层	
4320	M1ⅣA：3247	釭	铁	1件	完整	西回廊中部偏北四A区下层	
4321	M1ⅣA：3248	环	铜	1件	残	西回廊中部偏北四A区下层	
4322	M1ⅣA：3249	带扣	铜	1件	完整	西回廊中部偏北四A区下层	
4323	M1ⅣA：3250	马衔镳	铜	1套	残	西回廊中部偏北四A区上层	与M1ⅣA：846为一套
4324	M1ⅣA：3251	马衔镳	铜	1套3件	残	西回廊中部偏北四A区下层	
4325	M1ⅣA：3252	马衔镳	铜	1套3件	残	西回廊中部偏北四A区下层	
4326	M1ⅣA：3253	伞柄箍饰	铜	1套4件	完整	西回廊中部偏北四A区下层	
4327	M1ⅣA：3254	剑	铁	1件	锈残	西回廊中部偏北四A区下层	
4328	M1ⅣA：3255	盖弓帽	铜	1件	残	西回廊中部偏北四A区下层	
4329	M1ⅣA：3257	节约	铜	1件	残	西回廊中部偏北四A区下层	
4330	M1ⅣA：3258	镞	铁	1件	锈残	西回廊中部偏北四A区下层	
4331	M1ⅣB：3259	节约	铜	1件	完整	西回廊北部四B区下层	
4332	M1ⅣB：3260	节约	铜	1件	残	西回廊北部四B区下层	
4333	M1ⅣB：3261	节约	铜	1件	残	西回廊北部四B区下层	
4334	M1ⅣB：3262	节约	铜	1件	残	西回廊北部四B区下层	
4335	M1ⅣB：3263	带扣	铜	1件	残	西回廊北部四B区下层	
4336	M1ⅣB：3264	节约	铜	1件	残	西回廊北部四B区下层	
4337	M1ⅣB：3265	节约	铜	1件	残	西回廊北部四B区下层	
4338	M1ⅣB：3266	节约	铜	1件	残	西回廊北部四B区下层	
4339	M1ⅣB：3267	节约	铜	1件	完整	西回廊北部四B区下层	
4340	M1ⅣB：3268	节约	铜	1件	残	西回廊北部四B区下层	

续附表三

序号	器号	器名	质料	数量	现状	位置	备注
4341	M1ⅣB：3269	节约	铜	1 件	残	西回廊北部四 B 区下层	
4342	M1ⅣB：3270	节约	铜	1 件	残	西回廊北部四 B 区下层	
4343	M1ⅣB：3271	节约	铜	1 件	残	西回廊北部四 B 区下层	
4344	M1ⅣB：3272	节约	铜	1 件	残	西回廊北部四 B 区下层	
4345	M1ⅣB：3273	节约	铜	1 件	残	西回廊北部四 B 区下层	
4346	M1ⅣB：3274	节约	铜	1 件	残	西回廊北部四 B 区下层	
4347	M1ⅣB：3275	节约	铜	1 件	残	西回廊北部四 B 区下层	
4348	M1ⅣB：3276	节约	铜	1 件	残	西回廊北部四 B 区下层	
4349	M1ⅣB：3277	节约	铜	1 件	残	西回廊北部四 B 区下层	
4350	M1ⅣB：3278	节约	铜	1 件	残	西回廊北部四 B 区下层	
4351	M1ⅣA：3279	节约	铜	1 件	残	西回廊中部偏北四 A 区下层	
4352	M1ⅣA：3280	节约	铜	1 件	残	西回廊中部偏北四 A 区下层	
4353	M1ⅣA：3281	节约	铜	1 件	残	西回廊中部偏北四 A 区下层	
4354	M1ⅣA：3282	节约	铜	1 件	残	西回廊中部偏北四 A 区下层	
4355	M1ⅣA：3283	节约	铜	1 件	残	西回廊中部偏北四 A 区下层	
4356	M1ⅣA：3284	节约	铜	1 件	残	西回廊中部偏北四 A 区下层	
4357	M1ⅣA：3285	节约	铜	1 件	残	西回廊中部偏北四 A 区下层	
4358	M1ⅣA：3286	节约	铜	1 件	残	西回廊中部偏北四 A 区下层	
4359	M1ⅣA：3287	节约	铜	1 件	完整	西回廊中部偏北四 A 区下层	
4360	M1ⅣA：3288	节约	铜	1 件	完整	西回廊中部偏北四 A 区下层	
4361	M1ⅣA：3289	节约	铜	1 件	残	西回廊中部偏北四 A 区下层	
4362	M1ⅣA：3290	节约	铜	1 件	残	西回廊中部偏北四 A 区下层	
4363	M1ⅣA：3291	节约	铜	1 件	残	西回廊中部偏北四 A 区下层	
4364	M1ⅣA：3292	节约	铜	1 件	残	西回廊中部偏北四 A 区下层	
4365	M1ⅣA：3293	节约	铜	1 件	完整	西回廊中部偏北四 A 区下层	
4366	M1ⅣA：3294	节约	铜	1 件	残	西回廊中部偏北四 A 区下层	
4367	M1ⅣA：3295	节约	铜	1 件	残	西回廊中部偏北四 A 区下层	
4368	M1ⅣA：3296	节约	铜	1 件	残	西回廊中部偏北四 A 区下层	
4369	M1ⅣA：3297	节约	铜	1 件	残	西回廊中部偏北四 A 区下层	
4370	M1ⅣA：3298	带扣	铜	1 件	残	西回廊中部偏北四 A 区下层	
4371	M1ⅣA：3299	带扣	铜	1 件	完整	西回廊中部偏北四 A 区下层	
4372	M1ⅣA：3300	戟	铁	1 件	锈残	西回廊中部偏北四 A 区下层	
4373	M1ⅣB：3301	马衔镳	铜	1 套 3 件	残	西回廊北部四 B 区下层	
4374	M1ⅣA：3302	带扣	铜	1 件	完整	西回廊中部偏北四 A 区下层	

续附表三

序号	器号	器名	质料	数量	现状	位置	备注
4375	M1ⅣA:3303	带钩	铜	1件	完整	西回廊中部偏北四 A 区下层	
4376	M1ⅣA:3304	带钩	铜	1件	完整	西回廊中部偏北四 A 区下层	
4377	M1ⅣA:3305	剑	铁	1件	锈残	西回廊中部偏北四 A 区下层	
4378	M1ⅣA:3306	马衔镳	铜	1套3件	残	西回廊中部偏北四 A 区下层	
4379	M1ⅣB:3307	镦	铜	1件	完整	西回廊北部四 B 区下层	
4380	M1ⅣA:3308	镦	铜	1件	残	西回廊中部偏北四 A 区下层	
4381	M1ⅣA:3309	节约	铜	1件	残	西回廊中部偏北四 A 区下层	
4382	M1ⅣA:3310	节约	铜	1件	残	西回廊中部偏北四 A 区下层	
4383	M1ⅣA:3311	节约	铜	1件	残	西回廊中部偏北四 A 区下层	
4384	M1ⅣA:3312	节约	铜	1件	残	西回廊中部偏北四 A 区下层	
4385	M1ⅣA:3313	节约	铜	1件	残	西回廊中部偏北四 A 区下层	
4386	M1ⅣA:3314	衡末	铜	1件	完整	西回廊中部偏北四 A 区下层	
4387	M1ⅣA:3315	盖弓帽	铜	1件	残	西回廊中部偏北四 A 区下层	
4388	M1ⅣA:3316	带扣	铜	1件	残	西回廊中部偏北四 A 区下层	
4389	M1ⅣA:3317	辖	铜	1件	残	西回廊中部偏北四 A 区下层	
4390	M1ⅣA:3318	环	铜	1件	完整	西回廊中部偏北四 A 区下层	
4391	M1ⅣA:3319	盖弓帽	铜	1件	残	西回廊中部偏北四 A 区下层	
4392	M1ⅣA:3320	节约	铜	1件	残	西回廊中部偏北四 A 区下层	
4393	M1ⅣA:3321-1	弹丸	泥	1件	完整	西回廊中部偏北四 A 区下层	
4394	M1ⅣA:3321-2	弹丸	泥	1件	完整	西回廊中部偏北四 A 区下层	
4395	M1ⅣA:3321-3	弹丸	泥	1件	完整	西回廊中部偏北四 A 区下层	
4396	M1ⅣA:3321-4	弹丸	泥	1件	完整	西回廊中部偏北四 A 区下层	
4397	M1ⅣA:3321-5	弹丸	泥	1件	完整	西回廊中部偏北四 A 区下层	
4398	M1ⅣA:3321-6	弹丸	泥	1件	完整	西回廊中部偏北四 A 区下层	
4399	M1ⅣA:3321-7	弹丸	泥	1件	完整	西回廊中部偏北四 A 区下层	
4400	M1ⅣA:3321-8	弹丸	泥	1件	完整	西回廊中部偏北四 A 区下层	
4401	M1ⅣA:3321-9	弹丸	泥	1件	完整	西回廊中部偏北四 A 区下层	
4402	M1ⅣA:3321-10	弹丸	泥	1件	完整	西回廊中部偏北四 A 区下层	
4403	M1ⅣA:3321-11	弹丸	泥	1件	完整	西回廊中部偏北四 A 区下层	
4404	M1ⅣA:3321-12	弹丸	泥	1件	完整	西回廊中部偏北四 A 区下层	
4405	M1ⅣA:3322	节约	铜	1件	残	西回廊中部偏北四 A 区下层	
4406	M1ⅣA:3323	节约	铜	1件	残	西回廊中部偏北四 A 区下层	
4407	M1ⅣA:3324	节约	铜	1件	完整	西回廊中部偏北四 A 区下层	
4408	M1ⅣA:3325	节约	铜	1件	残	西回廊中部偏北四 A 区下层	

续附表三

序号	器号	器名	质料	数量	现状	位置	备注
4409	M1ⅣA：3326	节约	铜	1件	残	西回廊中部偏北四A区下层	
4410	M1ⅣA：3327	节约	铜	1件	完整	西回廊中部偏北四A区下层	
4411	M1ⅣA：3328	节约	铜	1件	残	西回廊中部偏北四A区下层	
4412	M1ⅣA：3329	节约	铜	1件	残	西回廊中部偏北四A区下层	
4413	M1ⅣA：3330	节约	铜	1件	完整	西回廊中部偏北四A区下层	
4414	M1ⅣA：3331	节约	铜	1件	残	西回廊中部偏北四A区下层	
4415	M1ⅣA：3332	节约	铜	1件	残	西回廊中部偏北四A区下层	
4416	M1ⅣA：3333	节约	铜	1件	完整	西回廊中部偏北四A区下层	
4417	M1ⅣA：3334	带扣	铜	1件	残	西回廊中部偏北四A区下层	
4418	M1ⅣA：3335	环	铜	1件	完整	西回廊中部偏北四A区下层	
4419	M1ⅣA：3336	剑	铁	1件	锈残	西回廊中部偏北四A区下层	
4420	M1ⅣA：3337	盖弓帽	铜	1件	残	西回廊中部偏北四A区下层	
4421	M1ⅣA：3338	带扣	铜	1件	完整	西回廊中部偏北四A区下层	
4422	M1ⅣA：3340	剑	铁	1件	锈残	西回廊中部偏北四A区下层	
4423	M1ⅣA：3341	带钩	铜	1件	完整	西回廊中部偏北四A区下层	
4424	M1ⅣA：3342	钩	铜	1件	完整	西回廊中部偏北四A区下层	
4425	M1ⅣA：3343	带扣	铜	1件	残	西回廊中部偏北四A区下层	
4426	M1ⅣA：3346	节约	铜	1件	完整	西回廊中部偏北四A区下层	
4427	M1ⅣA：3347	节约	铜	1件	完整	西回廊中部偏北四A区下层	
4428	M1ⅣA：3348	带扣	铜	1件	残	西回廊中部偏北四A区下层	
4429	M1ⅣA：3349	镦	铜	1件	完整	西回廊中部偏北四A区下层	
4430	M1ⅣA：3350	环	铜	1件	完整	西回廊中部偏北四A区下层	
4431	M1ⅣA：3351	珠	琉璃	1件	残	西回廊中部偏北四A区下层	
4432	M1ⅣA：3352	盖弓帽	铜	1件	残	西回廊中部偏北四A区下层	
4433	M1ⅣA：3353	节约	铜	1件	残	西回廊中部偏北四A区下层	
4434	M1ⅣA：3354	节约	铜	1件	残	西回廊中部偏北四A区下层	
4435	M1ⅣA：3355	戟	铁	1件	锈残	西回廊中部偏北四A区下层	
4436	M1ⅣA：3356	戟	铁	1件	锈残	西回廊中部偏北四A区下层	
4437	M1ⅣA：3357	节约	铜	1件	残	西回廊中部偏北四A区下层	
4438	M1ⅣA：3358	盖弓帽	铜	1件	完整	西回廊中部偏北四A区下层	
4439	M1ⅣA：3359	衡末	铜	1件	完整	西回廊中部偏北四A区下层	
4440	M1ⅣA：3361	铃铛	铜	1件	完整	西回廊中部偏北四A区下层	
4441	M1ⅣA：3362	铃铛	铜	1件	完整	西回廊中部偏北四A区下层	
4442	M1ⅣA：3363	铃铛	铜	1件	完整	西回廊中部偏北四A区下层	

续附表三

序号	器号	器名	质料	数量	现状	位置	备注
4443	M1ⅣA：3364	铃铛	铜	1件	残	西回廊中部偏北四A区下层	
4444	M1ⅣA：3365	铃铛	铜	1件	完整	西回廊中部偏北四A区下层	
4445	M1ⅣA：3366	钵	灰陶	1件	残	西回廊中部偏北四A区下层	
4446	M1ⅣA：3367	钵	灰陶	1件	残	西回廊中部偏北四A区下层	
4447	M1ⅣA：3368	钵	灰陶	1件	残	西回廊中部偏北四A区下层	
4448	M1ⅣA：3369	钵	灰陶	1件	残	西回廊中部偏北四A区下层	
4449	M1ⅣA：3370	珠	琉璃	1件	残	西回廊中部偏北四A区下层	
4450	M1ⅣA：3371	节约	铜	1件	残	西回廊中部偏北四A区下层	
4451	M1ⅣA：3372	节约	铜	1件	残	西回廊中部偏北四A区下层	
4452	M1ⅣA：3373	节约	铜	1件	完整	西回廊中部偏北四A区下层	
4453	M1ⅣA：3374	节约	铜	1件	完整	西回廊中部偏北四A区下层	
4454	M1ⅣA：3375	节约	铜	1件	残	西回廊中部偏北四A区下层	
4455	M1ⅣA：3376	环	铜	1件	完整	西回廊中部偏北四A区下层	
4456	M1ⅣA：3377	带扣	铜	1件	完整	西回廊中部偏北四A区下层	
4457	M1ⅣA：3378	环	铜	1件	完整	西回廊中部偏北四A区下层	
4458	M1ⅣA：3379	削	铁	1件	锈残	西回廊中部偏北四A区下层	
4459	M1ⅣA：3380	节约	铜	1件	残	西回廊中部偏北四A区下层	
4460	M1ⅣA：3381	节约	铜	1件	完整	西回廊中部偏北四A区下层	
4461	M1ⅣA：3382	节约	铜	1件	残	西回廊中部偏北四A区下层	
4462	M1ⅣA：3383	节约	铜	1件	残	西回廊中部偏北四A区下层	
4463	M1ⅣA：3384	节约	铜	1件	残	西回廊中部偏北四A区下层	
4464	M1ⅣA：3385	镞	铁	1件	锈残	西回廊中部偏北四A区下层	
4465	M1ⅣA：3386	镞	铁	1件	锈残	西回廊中部偏北四A区下层	
4466	M1ⅣA：3387	戟	铁	1件	锈残	西回廊中部偏北四A区下层	
4467	M1ⅣA：3388	马衔镳	铜	1套3件	残	西回廊中部偏北四A区下层	
4468	M1ⅣB：3389	戟	铁	1件	锈残	西回廊北部四B区下层	
4469	M1ⅣB：3390	节约	铜	1件	完整	西回廊北部四B区下层	
4470	M1ⅣB：3391	节约	铜	1件	残	西回廊北部四B区下层	
4471	M1ⅣB：3392	马衔镳	铜	1套3件	残	西回廊北部四B区下层	
4472	M1ⅣB：3393	带扣	铜	1件	残	西回廊北部四B区下层	
4473	M1ⅣA：3394	节约	铜	1件	残	西回廊中部偏北四A区下层	
4474	M1ⅣA：3395	节约	铜	1件	残	西回廊中部偏北四A区下层	
4475	M1ⅣA：3396	镞	铁	1件	锈残	西回廊中部偏北四A区下层	
4476	M1ⅣA：3397	镞	铁	1件	锈残	西回廊中部偏北四A区下层	

续附表三

序号	器号	器名	质料	数量	现状	位置	备注
4477	M1ⅣA∶3398	镞	铁	1 件	锈残	西回廊中部偏北四 A 区下层	
4478	M1ⅣA∶3399	镞	铁	1 件	锈残	西回廊中部偏北四 A 区下层	
4479	M1ⅣA∶3400	镞	铁	1 件	锈残	西回廊中部偏北四 A 区下层	
4480	M1ⅣA∶3401	珠	琉璃	1 件	残	西回廊中部偏北四 A 区下层	
4481	M1ⅣA∶3402	节约	铜	1 件	残	西回廊中部偏北四 A 区下层	
4482	M1ⅣA∶3403	节约	铜	1 件	残	西回廊中部偏北四 A 区下层	
4483	M1ⅣA∶3404	节约	铜	1 件	残	西回廊中部偏北四 A 区下层	
4484	M1Ⅹ∶3405	盖弓帽	铜	1 件	残	东回廊北端十区上层	
4485	M1Ⅹ∶3406	环	铜	1 件	完整	东回廊北端十区上层	
4486	M1Ⅹ∶3407	盖弓帽	铜	1 件	残	东回廊北端十区上层	
4487	M1Ⅹ∶3408	剑	铁	1 件	锈残	东回廊北端十区上层	
4488	M1Ⅹ∶3409	衡末	铜	1 件	完整	东回廊北端十区上层	
4489	M1Ⅹ∶3410	铜环	铜	1 件	残	东回廊北端十区上层	
4490	M1Ⅹ∶3411	盖弓帽	铜	1 件	残	东回廊北端十区上层	
4491	M1Ⅹ∶3412	盖弓帽	铜	1 件	残	东回廊北端十区上层	
4492	M1Ⅹ∶3413	节约	铜	1 件	残	东回廊北端十区上层	
4493	M1Ⅹ∶3414	钉	铁	1 件	锈残	东回廊北端十区上层	
4494	M1Ⅹ∶3415	盖弓帽	铜	1 件	残	东回廊北端十区上层	
4495	M1Ⅹ∶3416	盖弓帽	铜	1 件	残	东回廊北端十区上层	
4496	M1Ⅹ∶3417	轭足饰	铜	1 件	残	东回廊北端十区上层	
4497	M1Ⅹ∶3418	轭足饰	铜	1 件	残	东回廊北端十区上层	
4498	M1Ⅹ∶3419	环	铜	1 件	残	东回廊北端十区上层	
4499	M1Ⅹ∶3420	环	铜	1 件	残	东回廊北端十区上层	
	M1Ⅹ∶3421	马络	铜	1 套 6 件		东回廊北端十区上层	
4500	M1Ⅹ∶3421－1	管饰	铜	1 件	完整	东回廊北端十区上层	
4501	M1Ⅹ∶3421－2	管饰	铜	1 件	残	东回廊北端十区上层	
4502	M1Ⅹ∶3421－3	管饰	铜	1 件	完整	东回廊北端十区上层	
4503	M1Ⅹ∶3421－4	管饰	铜	1 件	完整	东回廊北端十区上层	
4504	M1Ⅹ∶3421－5	管饰	铜	1 件	残	东回廊北端十区上层	
4505	M1Ⅹ∶3421－6	管饰	铜	1 件	完整	东回廊北端十区上层	
	M1Ⅹ∶3422	马络	铜	1 套 8 件		东回廊北端十区上层	
4506	M1Ⅹ∶3422－1	管饰	铜	1 件	完整	东回廊北端十区上层	
4507	M1Ⅹ∶3422－2	管饰	铜	1 件	完整	东回廊北端十区上层	
4508	M1Ⅹ∶3422－3	管饰	铜	1 件	残	东回廊北端十区上层	

续附表三

序号	器号	器名	质料	数量	现状	位置	备注
4509	M1 X : 3422 – 4	管饰	铜	1件	完整	东回廊北端十区上层	
4510	M1 X : 3422 – 5	管饰	铜	1件	完整	东回廊北端十区上层	
4511	M1 X : 3422 – 6	管饰	铜	1件	完整	东回廊北端十区上层	
4512	M1 X : 3422 – 7	管饰	铜	1件	残	东回廊北端十区上层	
4513	M1 X : 3422 – 8	管饰	铜	1件	完整	东回廊北端十区上层	
	M1 X : 3423	马络	铜	1套14件		东回廊北端十区上层	
4514	M1 X : 3423 – 1	管饰	铜	1件	完整	东回廊北端十区上层	
4515	M1 X : 3423 – 2	管饰	铜	1件	残	东回廊北端十区上层	
4516	M1 X : 3423 – 3	管饰	铜	1件	完整	东回廊北端十区上层	
4517	M1 X : 3423 – 4	管饰	铜	1件	完整	东回廊北端十区上层	
4518	M1 X : 3423 – 5	管饰	铜	1件	完整	东回廊北端十区上层	
4519	M1 X : 3423 – 6	管饰	铜	1件	残	东回廊北端十区上层	
4520	M1 X : 3423 – 7	管饰	铜	1件	残	东回廊北端十区上层	
4521	M1 X : 3423 – 8	管饰	铜	1件	完整	东回廊北端十区上层	
4522	M1 X : 3423 – 9	管饰	铜	1件	残	东回廊北端十区上层	
4523	M1 X : 3423 – 10	管饰	铜	1件	完整	东回廊北端十区上层	
4524	M1 X : 3423 – 11	管饰	铜	1件	残	东回廊北端十区上层	
4525	M1 X : 3423 – 12	管饰	铜	1件	完整	东回廊北端十区上层	
4526	M1 X : 3423 – 13	管饰	铜	1件	完整	东回廊北端十区上层	
4527	M1 X : 3423 – 14	管饰	铜	1件	残	东回廊北端十区上层	
	M1 X : 3424	马络	铜	1套27件		东回廊北端十区上层	
4528	M1 X : 3424 – 1	管饰	铜	1件	完整	东回廊北端十区上层	
4529	M1 X : 3424 – 2	管饰	铜	1件	完整	东回廊北端十区上层	
4530	M1 X : 3424 – 3	管饰	铜	1件	完整	东回廊北端十区上层	
4531	M1 X : 3424 – 4	管饰	铜	1件	残	东回廊北端十区上层	
4532	M1 X : 3424 – 5	管饰	铜	1件	完整	东回廊北端十区上层	
4533	M1 X : 3424 – 6	管饰	铜	1件	完整	东回廊北端十区上层	
4534	M1 X : 3424 – 7	管饰	铜	1件	完整	东回廊北端十区上层	
4535	M1 X : 3424 – 8	管饰	铜	1件	残	东回廊北端十区上层	
4536	M1 X : 3424 – 9	管饰	铜	1件	完整	东回廊北端十区上层	
4537	M1 X : 3424 – 10	管饰	铜	1件	残损严重	东回廊北端十区上层	
4538	M1 X : 3424 – 11	管饰	铜	1件	残	东回廊北端十区上层	
4539	M1 X : 3424 – 12	管饰	铜	1件	完整	东回廊北端十区上层	
4540	M1 X : 3424 – 13	管饰	铜	1件	完整	东回廊北端十区上层	

续附表三

序号	器号	器名	质料	数量	现状	位置	备注
4541	M1Ⅹ:3424－14	管饰	铜	1件	完整	东回廊北端十区上层	
4542	M1Ⅹ:3424－15	管饰	铜	1件	完整	东回廊北端十区上层	
4543	M1Ⅹ:3424－16	管饰	铜	1件	完整	东回廊北端十区上层	
4544	M1Ⅹ:3424－17	管饰	铜	1件	残	东回廊北端十区上层	
4545	M1Ⅹ:3424－18	管饰	铜	1件	完整	东回廊北端十区上层	
4546	M1Ⅹ:3424－19	管饰	铜	1件	残损严重	东回廊北端十区上层	
4547	M1Ⅹ:3424－20	管饰	铜	1件	残	东回廊北端十区上层	
4548	M1Ⅹ:3424－21	管饰	铜	1件	完整	东回廊北端十区上层	
4549	M1Ⅹ:3424－22	管饰	铜	1件	完整	东回廊北端十区上层	
4550	M1Ⅹ:3424－23	管饰	铜	1件	完整	东回廊北端十区上层	
4551	M1Ⅹ:3424－24	管饰	铜	1件	完整	东回廊北端十区上层	
4552	M1Ⅹ:3424－25	管饰	铜	1件	完整	东回廊北端十区上层	
4553	M1Ⅹ:3424－26	管饰	铜	1件	残	东回廊北端十区上层	
4554	M1Ⅹ:3424－27	管饰	铜	1件	残损严重	东回廊北端十区上层	
4555	M1Ⅹ:3425	环	铜	1件	完整	东回廊北端十区上层	
4556	M1Ⅹ:3426	环	铜	1件	残损严重	东回廊北端十区上层	
4557	M1Ⅹ:3427	车軎	铜	1件	完整	东回廊北端十区下层	
4558	M1Ⅹ:3428	帽饰	铜	1件	残	东回廊北端十区下层	
4559	M1Ⅹ:3429	节约	铜	1件	残	东回廊北端十区下层	
4560	M1Ⅹ:3430	节约	铜	1件	完整	东回廊北端十区下层	
4561	M1Ⅹ:3431	节约	铜	1件	残	东回廊北端十区下层	
4562	M1Ⅹ:3432	节约	铜	1件	完整	东回廊北端十区下层	
4563	M1Ⅹ:3433	节约	铜	1件	残	东回廊北端十区下层	
4564	M1Ⅹ:3434	盖弓帽	铜	1件	残	东回廊北端十区下层	
4565	M1Ⅹ:3435	盖弓帽	铜	1件	残	东回廊北端十区下层	
4566	M1Ⅹ:3436－1	管饰	铜	1件	残	东回廊北端十区下层	
4567	M1Ⅹ:3436－2	管饰	铜	1件	残	东回廊北端十区下层	
4568	M1Ⅹ:3436－3	管饰	铜	1件	残	东回廊北端十区下层	
4569	M1Ⅹ:3436－4	管饰	铜	1件	残	东回廊北端十区下层	
4570	M1Ⅹ:3437	镦	铜	1件	完整	东回廊北端十区下层	
4571	M1Ⅹ:3438	节约	铜	1件	完整	东回廊北端十区下层	
4572	M1Ⅹ:3439	节约	铜	1件	完整	东回廊北端十区下层	
4573	M1Ⅹ:3440	节约	铜	1件	完整	东回廊北端十区下层	
4574	M1Ⅹ:3441	环	铜	1件	残	东回廊北端十区下层	

续附表三

序号	器号	器名	质料	数量	现状	位置	备注
	M1X:3442	马络	铜	1套24件		东回廊北端十区下层	
4575	M1X:3442-1	泡饰	铜	1件	完整	东回廊北端十区下层	
4576	M1X:3442-2	泡饰	铜	1件	完整	东回廊北端十区下层	
4577	M1X:3442-3	泡饰	铜	1件	残	东回廊北端十区下层	
4578	M1X:3442-4	管饰	铜	1件	残	东回廊北端十区下层	
4579	M1X:3442-5	管饰	铜	1件	残	东回廊北端十区下层	
4580	M1X:3442-6	管饰	铜	1件	完整	东回廊北端十区下层	
4581	M1X:3442-7	管饰	铜	1件	完整	东回廊北端十区下层	
4582	M1X:3442-8	管饰	铜	1件	完整	东回廊北端十区下层	
4583	M1X:3442-9	管饰	铜	1件	完整	东回廊北端十区下层	
4584	M1X:3442-10	管饰	铜	1件	完整	东回廊北端十区下层	
4585	M1X:3442-11	管饰	铜	1件	完整	东回廊北端十区下层	
4586	M1X:3442-12	管饰	铜	1件	完整	东回廊北端十区下层	
4587	M1X:3442-13	管饰	铜	1件	完整	东回廊北端十区下层	
4588	M1X:3442-14	管饰	铜	1件	完整	东回廊北端十区下层	
4589	M1X:3442-15	管饰	铜	1件	完整	东回廊北端十区下层	
4590	M1X:3442-16	管饰	铜	1件	完整	东回廊北端十区下层	
4591	M1X:3442-17	管饰	铜	1件	完整	东回廊北端十区下层	
4592	M1X:3442-18	管饰	铜	1件	完整	东回廊北端十区下层	
4593	M1X:3442-19	管饰	铜	1件	完整	东回廊北端十区下层	
4594	M1X:3442-20	管饰	铜	1件	完整	东回廊北端十区下层	
4595	M1X:3442-21	管饰	铜	1件	完整	东回廊北端十区下层	
4596	M1X:3442-22	管饰	铜	1件	完整	东回廊北端十区下层	
4597	M1X:3442-23	管饰	铜	1件	完整	东回廊北端十区下层	
4598	M1X:3442-24	管饰	铜	1件	残	东回廊北端十区下层	
4599	M1X:3443	軏足饰	铜	1件	残	东回廊北端十区下层	
4600	M1X:3444	戟	铁	1件	锈残	东回廊北端十区下层	
4601	M1X:3445	盖弓帽	铜	1件	残	东回廊北端十区下层	
4602	M1X:3446	剑	铁	1件	锈残	东回廊北端十区下层	
4603	M1X:3447	镦	铜	1件	完整	东回廊北端十区下层	
4604	M1X:3448	軏足饰	铜	1件	残	东回廊北端十区下层	
4605	M1X:3449	盖弓帽	铜	1件	残损严重	东回廊北端十区下层	
4606	M1X:3450	马衔镳	铜	1件	残	东回廊北端十区下层	
4607	M1X:3451	节约	铜	1件	完整	东回廊北端十区下层	

续附表三

序号	器号	器名	质料	数量	现状	位置	备注
4608	M1 X：3452	节约	铜	1件	残	东回廊北端十区下层	
4609	M1 X：3453	管饰	铜	1件	残	东回廊北端十区下层	
4610	M1 X：3454	带钩	铜	1件	完整	东回廊北端十区下层	
4611	M1 X：3455	节约	铜	1件	残	东回廊北端十区下层	
4612	M1 X：3456	节约	铜	1件	完整	东回廊北端十区下层	
4613	M1 X：3457	环	铜	1件	残	东回廊北端十区下层	
4614	M1 X：3458	盖弓帽	铜	1件	残	东回廊北端十区下层	
4615	M1 X：3459	环	铜	1件	残	东回廊北端十区下层	
4616	M1 X：3460	盖弓帽	铜	1件	残损严重	东回廊北端十区下层	
4617	M1 X：3461	盖弓帽	铜	1件	残	东回廊北端十区下层	
4618	M1 X：3462	环	铜	1件	残	东回廊北端十区下层	
4619	M1 X：3463	节约	铜	1件	完整	东回廊北端十区下层	
4620	M1 X：3464	盖弓帽	铜	1件	残	东回廊北端十区下层	
4621	M1 X：3465	管饰	铜	1件	残	东回廊北端十区下层	
4622	M1 X：3466	带扣	铜	1件	残	东回廊北端十区下层	
4623	M1 X：3467	马衔镳	铜	1套3件	残	东回廊北端十区下层	
4624	M1 X：3468	环	铜	1件	完整	东回廊北端十区下层	
4625	M1 X：3469 – 1	管饰	铜	1件	完整	东回廊北端十区下层	
4626	M1 X：3469 – 2	管饰	铜	1件	完整	东回廊北端十区下层	
4627	M1 X：3469 – 3	管饰	铜	1件	完整	东回廊北端十区下层	
4628	M1 X：3470	盖弓帽	铜	1件	完整	东回廊北端十区下层	
4629	M1 X：3471	环	铜	1件	完整	东回廊北端十区下层	
4630	M1 X：3472	盖弓帽	铜	1件	残	东回廊北端十区下层	
4631	M1 X：3473	盖弓帽	铜	1件	残	东回廊北端十区下层	
4632	M1 X：3474	盖弓帽	铜	1件	残	东回廊北端十区下层	
4633	M1 X：3475	剑	铁	1件	锈残	东回廊北端十区下层	
4634	M1 X：3476 – 1	管饰	铜	1件	残	东回廊北端十区下层	
4635	M1 X：3476 – 2	管饰	铜	1件	残	东回廊北端十区下层	
4636	M1 X：3476 – 3	管饰	铜	1件	残	东回廊北端十区下层	
4637	M1 X：3477	节约	铜	1件	完整	东回廊北端十区下层	
4638	M1 X：3478	节约	铜	1件	完整	东回廊北端十区下层	
4639	M1 X：3479 – 1	管饰	铜	1件	残	东回廊北端十区下层	
4640	M1 X：3479 – 2	管饰	铜	1件	残	东回廊北端十区下层	
4641	M1 X：3480	盖弓帽	铜	1件	残	东回廊北端十区下层	

续附表三

序号	器号	器名	质料	数量	现状	位置	备注
4642	M1 X：3481	马衔镳	铜	1套3件	残	东回廊北端十区下层	
	M1 X：3482	马络	铜	1套25件		东回廊北端十区下层	
4643	M1 X：3482－1	节约	铜	1件	残	东回廊北端十区下层	
4644	M1 X：3482－2	管饰	铜	1件	残	东回廊北端十区下层	
4645	M1 X：3482－3	管饰	铜	1件	残	东回廊北端十区下层	
4646	M1 X：3482－4	管饰	铜	1件	残	东回廊北端十区下层	
4647	M1 X：3482－5	节约	铜	1件	完整	东回廊北端十区下层	
4648	M1 X：3482－6	管饰	铜	1件	完整	东回廊北端十区下层	
4649	M1 X：3482－7	管饰	铜	1件	完整	东回廊北端十区下层	
4650	M1 X：3482－8	管饰	铜	1件	完整	东回廊北端十区下层	
4651	M1 X：3482－9	管饰	铜	1件	完整	东回廊北端十区下层	
4652	M1 X：3482－10	管饰	铜	1件	完整	东回廊北端十区下层	
4653	M1 X：3482－11	管饰	铜	1件	完整	东回廊北端十区下层	
4654	M1 X：3482－12	管饰	铜	1件	完整	东回廊北端十区下层	
4655	M1 X：3482－13	管饰	铜	1件	完整	东回廊北端十区下层	
4656	M1 X：3482－14	管饰	铜	1件	残	东回廊北端十区下层	
4657	M1 X：3482－15	管饰	铜	1件	残	东回廊北端十区下层	
4658	M1 X：3482－16	节约	铜	1件	完整	东回廊北端十区下层	
4659	M1 X：3482－17	管饰	铜	1件	残	东回廊北端十区下层	
4660	M1 X：3482－18	管饰	铜	1件	残	东回廊北端十区下层	
4661	M1 X：3482－19	管饰	铜	1件	完整	东回廊北端十区下层	
4662	M1 X：3482－20	管饰	铜	1件	完整	东回廊北端十区下层	
4663	M1 X：3482－21	管饰	铜	1件	完整	东回廊北端十区下层	
4664	M1 X：3482－22	管饰	铜	1件	完整	东回廊北端十区下层	
4665	M1 X：3482－23	管饰	铜	1件	残	东回廊北端十区下层	
4666	M1 X：3482－24	管饰	铜	1件	残	东回廊北端十区下层	
4667	M1 X：3482－25	管饰	铜	1件	残	东回廊北端十区下层	
4668	M1 X：3483	环	铜	1件	完整	东回廊北端十区下层	
4669	M1 X：3484	马衔镳	铜	1套3件	残	东回廊北端十区下层	
4670	M1 X：3485	剑	铁	1件	锈残	东回廊北端十区下层	
4671	M1 X：3486	剑	铁	1件	锈残	东回廊北端十区下层	
4672	M1 X：3487	剑	铁	1件	锈残	东回廊北端十区下层	
4673	M1 X：3489	节约	铜	1件	完整	东回廊北端十区下层	
4674	M1 X：3490	节约	铜	1件	完整	东回廊北端十区下层	

续附表三

序号	器号	器名	质料	数量	现状	位置	备注
4675	M1 X：3491	节约	铜	1件	完整	东回廊北端十区下层	
4676	M1 X：3492	节约	铜	1件	残	东回廊北端十区下层	
4677	M1 X：3493	节约	铜	1件	完整	东回廊北端十区下层	
4678	M1 X：3494	节约	铜	1件	完整	东回廊北端十区下层	
4679	M1 X：3495	节约	铜	1件	完整	东回廊北端十区下层	
4680	M1 X：3496	节约	铜	1件	完整	东回廊北端十区下层	
4681	M1 X：3497	节约	铜	1件	完整	东回廊北端十区下层	
4682	M1 X：3498	节约	铜	1件	完整	东回廊北端十区下层	
4683	M1 X：3499	节约	铜	1件	完整	东回廊北端十区下层	
4684	M1 X：3500	节约	铜	1件	完整	东回廊北端十区下层	
4685	M1 X：3501	节约	铜	1件	完整	东回廊北端十区下层	
4686	M1 X：3502	节约	铜	1件	完整	东回廊北端十区下层	
4687	M1 X：3503	节约	铜	1件	完整	东回廊北端十区下层	
4688	M1 X：3504	节约	铜	1件	完整	东回廊北端十区下层	
4689	M1 X：3505	节约	铜	1件	残	东回廊北端十区下层	
4690	M1 X：3506	节约	铜	1件	残	东回廊北端十区下层	
4691	M1 X：3507	节约	铜	1件	残	东回廊北端十区下层	
4692	M1 X：3508	环	铜	1件	完整	东回廊北端十区下层	
4693	M1 X：3509 - 1	管饰	铜	1套5件	残	东回廊北端十区下层	
4694	M1 X：3509 - 2	管饰	铜	1件	残	东回廊北端十区下层	
4695	M1 X：3509 - 3	管饰	铜	1件	完整	东回廊北端十区下层	
4696	M1 X：3509 - 4	管饰	铜	1件	完整	东回廊北端十区下层	
4697	M1 X：3509 - 5	管饰	铜	1件	残	东回廊北端十区下层	
4698	M1 X：3510	环	铜	1件	完整	东回廊北端十区下层	
	M1 X：3511	马络	铜	1套3件		东回廊北端十区下层	
4699	M1 X：3511 - 1	管饰	铜	1件	残	东回廊北端十区下层	
4700	M1 X：3511 - 2	泡饰	铜	1件	残	东回廊北端十区下层	
4701	M1 X：3511 - 3	泡饰	铜	1件	完整	东回廊北端十区下层	
4702	M1 X：3512	节约	铜	1件	完整	东回廊北端十区下层	
4703	M1 X：3513	节约	铜	1件	完整	东回廊北端十区下层	
4704	M1 X：3514	节约	铜	1件	完整	东回廊北端十区下层	
4705	M1 X：3515	节约	铜	1件	完整	东回廊北端十区下层	
4706	M1 X：3516	节约	铜	1件	完整	东回廊北端十区下层	
4707	M1 X：3517	节约	铜	1件	残	东回廊北端十区下层	

续附表三

序号	器号	器名	质料	数量	现状	位置	备注
4708	M1X：3518	剑	铁	1件	锈残	东回廊北端十区下层	
4709	M1X：3519	马衔镳	铜	1套3件	残	东回廊北端十区下层	
4710	M1X：3520	剑	铁	1件	锈残	东回廊北端十区下层	
4711	M1X：3521	带扣	铜	1件	完整	东回廊北端十区下层	
4712	M1X：3522	马衔镳	铜	1套3件	残	东回廊北端十区下层	
4713	M1X：3523	马衔镳	铜	1件	残	东回廊北端十区下层	
4714	M1X：3524－1	管饰	铜	1件	完整	东回廊北端十区下层	
4715	M1X：3524－2	管饰	铜	1件	完整	东回廊北端十区下层	
4716	M1X：3524－3	管饰	铜	1件	完整	东回廊北端十区下层	
4717	M1X：3524－4	管饰	铜	1件	完整	东回廊北端十区下层	
4718	M1X：3524－5	管饰	铜	1件	完整	东回廊北端十区下层	
4719	M1X：3524－6	管饰	铜	1件	完整	东回廊北端十区下层	
4720	M1X：3524－7	管饰	铜	1件	完整	东回廊北端十区下层	
4721	M1X：3524－8	管饰	铜	1件	完整	东回廊北端十区下层	
4722	M1X：3524－9	管饰	铜	1件	完整	东回廊北端十区下层	
4723	M1X：3525	构件	铜	1件	残	东回廊北端十区下层	
4724	M1X：3526	弩机	铜	1件	完整	东回廊北端十区下层	
4725	M1X：3527	弩机	铜	1件	完整	东回廊北端十区下层	
4726	M1X：3528	镦	铜	1件	完整	东回廊北端十区下层	
4727	M1X：3529	承弓器	铜	1件	完整	东回廊北端十区下层	
	M1X：3531	马络	铜	1套6件		东回廊北端十区下层	
4728	M1X：3531－1	管饰	铜	1件	完整	东回廊北端十区下层	
4729	M1X：3531－2	管饰	铜	1件	残	东回廊北端十区下层	
4730	M1X：3531－3	管饰	铜	1件	残	东回廊北端十区下层	
4731	M1X：3531－4	节约	铜	1件	残	东回廊北端十区下层	
4732	M1X：3531－5	管饰	铜	1件	完整	东回廊北端十区下层	
4733	M1X：3531－6	管饰	铜	1件	残	东回廊北端十区下层	
4734	M1X：3532	环	铜	1件	完整	东回廊北端十区下层	
4735	M1X：3533	带扣	铜	1件	完整	东回廊北端十区下层	
	M1X：3534	马络	铜	1套59件		东回廊北端十区下层	
4736	M1X：3534－1	泡饰	铜	1件	完整	东回廊北端十区下层	
4737	M1X：3534－2	泡饰	铜	1件	完整	东回廊北端十区下层	
4738	M1X：3534－3	管饰	铜	1件	完整	东回廊北端十区下层	
4739	M1X：3534－4	管饰	铜	1件	完整	东回廊北端十区下层	

续附表三

序号	器号	器名	质料	数量	现状	位置	备注
4740	M1 X：3534－5	管饰	铜	1件	完整	东回廊北端十区下层	
4741	M1 X：3534－6	管饰	铜	1件	完整	东回廊北端十区下层	
4742	M1 X：3534－7	管饰	铜	1件	完整	东回廊北端十区下层	
4743	M1 X：3534－8	管饰	铜	1件	完整	东回廊北端十区下层	
4744	M1 X：3534－9	管饰	铜	1件	完整	东回廊北端十区下层	
4745	M1 X：3534－10	管饰	铜	1件	完整	东回廊北端十区下层	
4746	M1 X：3534－11	管饰	铜	1件	完整	东回廊北端十区下层	
4747	M1 X：3534－12	管饰	铜	1件	完整	东回廊北端十区下层	
4748	M1 X：3534－13	管饰	铜	1件	完整	东回廊北端十区下层	
4749	M1 X：3534－14	管饰	铜	1件	完整	东回廊北端十区下层	
4750	M1 X：3534－15	管饰	铜	1件	完整	东回廊北端十区下层	
4751	M1 X：3534－16	管饰	铜	1件	完整	东回廊北端十区下层	
4752	M1 X：3534－17	管饰	铜	1件	完整	东回廊北端十区下层	
4753	M1 X：3534－18	节约	铜	1件	残	东回廊北端十区下层	
4754	M1 X：3534－19	管饰	铜	1件	完整	东回廊北端十区下层	
4755	M1 X：3534－20	管饰	铜	1件	残	东回廊北端十区下层	
4756	M1 X：3534－21	管饰	铜	1件	完整	东回廊北端十区下层	
4757	M1 X：3534－22	管饰	铜	1件	完整	东回廊北端十区下层	
4758	M1 X：3534－23	管饰	铜	1件	完整	东回廊北端十区下层	
4759	M1 X：3534－24	管饰	铜	1件	完整	东回廊北端十区下层	
4760	M1 X：3534－25	管饰	铜	1件	完整	东回廊北端十区下层	
4761	M1 X：3534－26	管饰	铜	1件	完整	东回廊北端十区下层	
4762	M1 X：3534－27	管饰	铜	1件	完整	东回廊北端十区下层	
4763	M1 X：3534－28	管饰	铜	1件	完整	东回廊北端十区下层	
4764	M1 X：3534－29	管饰	铜	1件	完整	东回廊北端十区下层	
4765	M1 X：3534－30	管饰	铜	1件	完整	东回廊北端十区下层	
4766	M1 X：3534－31	管饰	铜	1件	完整	东回廊北端十区下层	
4767	M1 X：3534－32	管饰	铜	1件	残	东回廊北端十区下层	
4768	M1 X：3534－33	节约	铜	1件	完整	东回廊北端十区下层	
4769	M1 X：3534－34	管饰	铜	1件	残	东回廊北端十区下层	
4770	M1 X：3534－35	管饰	铜	1件	完整	东回廊北端十区下层	
4771	M1 X：3534－36	管饰	铜	1件	完整	东回廊北端十区下层	
4772	M1 X：3534－37	管饰	铜	1件	完整	东回廊北端十区下层	
4773	M1 X：3534－38	管饰	铜	1件	完整	东回廊北端十区下层	

续附表三

序号	器号	器名	质料	数量	现状	位置	备注
4774	M1 X：3534 – 39	管饰	铜	1 件	完整	东回廊北端十区下层	
4775	M1 X：3534 – 40	管饰	铜	1 件	完整	东回廊北端十区下层	
4776	M1 X：3534 – 41	管饰	铜	1 件	完整	东回廊北端十区下层	
4777	M1 X：3534 – 42	管饰	铜	1 件	完整	东回廊北端十区下层	
4778	M1 X：3534 – 43	管饰	铜	1 件	完整	东回廊北端十区下层	
4779	M1 X：3534 – 44	管饰	铜	1 件	完整	东回廊北端十区下层	
4780	M1 X：3534 – 45	管饰	铜	1 件	完整	东回廊北端十区下层	
4781	M1 X：3534 – 46	管饰	铜	1 件	完整	东回廊北端十区下层	
4782	M1 X：3534 – 47	管饰	铜	1 件	完整	东回廊北端十区下层	
4783	M1 X：3534 – 48	管饰	铜	1 件	完整	东回廊北端十区下层	
4784	M1 X：3534 – 49	管饰	铜	1 件	完整	东回廊北端十区下层	
4785	M1 X：3534 – 50	管饰	铜	1 件	完整	东回廊北端十区下层	
4786	M1 X：3534 – 51	管饰	铜	1 件	完整	东回廊北端十区下层	
4787	M1 X：3534 – 52	管饰	铜	1 件	完整	东回廊北端十区下层	
4788	M1 X：3534 – 53	管饰	铜	1 件	完整	东回廊北端十区下层	
4789	M1 X：3534 – 54	管饰	铜	1 件	完整	东回廊北端十区下层	
4790	M1 X：3534 – 55	管饰	铜	1 件	完整	东回廊北端十区下层	
4791	M1 X：3534 – 56	管饰	铜	1 件	完整	东回廊北端十区下层	
4792	M1 X：3534 – 57	管饰	铜	1 件	完整	东回廊北端十区下层	
4793	M1 X：3534 – 58	管饰	铜	1 件	完整	东回廊北端十区下层	
4794	M1 X：3534 – 59	管饰	铜	1 件	残	东回廊北端十区下层	
4795	M1 X：3535	箭箙包首饰	铜	1 件	残	东回廊北端十区下层	
4796	M1 X：3536	环	铜	1 件	残	东回廊北端十区下层	
4797	M1 X：3537	环	铜	1 件	残	东回廊北端十区下层	
4798	M1 X：3538	环	铜	1 件	残	东回廊北端十区下层	
4799	M1 X：3539	戟	铁	1 件	锈残	东回廊北端十区下层	
4800	M1 X：3540	戟	铁	1 件	锈残	东回廊北端十区下层	
4801	M1 X：3541	环	铜	1 件	残	东回廊北端十区下层	
4802	M1 X：3542	环	铜	1 件	残	东回廊北端十区下层	
4803	M1 X：3543	环	铜	1 件	残	东回廊北端十区下层	
4804	M1 X：3544	环	铜	1 件	残	东回廊北端十区下层	
4805	M1 X：3545	带钩	铜	1 件	完整	东回廊北端十区下层	
4806	M1 X：3546	节约	铜	1 件	残	东回廊北端十区下层	
4807	M1 X：3547	节约	铜	1 件	残	东回廊北端十区下层	

续附表三

序号	器号	器名	质料	数量	现状	位置	备注
4808	M1 X：3548	节约	铜	1件	残	东回廊北端十区下层	
4809	M1 X：3549	节约	铜	1件	残	东回廊北端十区下层	
4810	M1 X：3550	节约	铜	1件	残	东回廊北端十区下层	
4811	M1 X：3551	衡末	铜	1件	残	东回廊北端十区下层	
4812	M1 X：3552	轙	铜	1件	残	东回廊北端十区下层	
4813	M1 X：3553	构件	铜	1件	残	东回廊北端十区下层	
	M1 X：3554	马络	铜	1套23件		东回廊北端十区下层	
4814	M1 X：3554 - 1	泡饰	铜	1件	残	东回廊北端十区下层	
4815	M1 X：3554 - 2	泡饰	铜	1件	完整	东回廊北端十区下层	
4816	M1 X：3554 - 3	泡饰	铜	1件	完整	东回廊北端十区下层	
4817	M1 X：3554 - 4	泡饰	铜	1件	完整	东回廊北端十区下层	
4818	M1 X：3554 - 5	泡饰	铜	1件	完整	东回廊北端十区下层	
4819	M1 X：3554 - 6	节约	铜	1件	完整	东回廊北端十区下层	
4820	M1 X：3554 - 7	管饰	铜	1件	完整	东回廊北端十区下层	
4821	M1 X：3554 - 8	管饰	铜	1件	完整	东回廊北端十区下层	
4822	M1 X：3554 - 9	管饰	铜	1件	完整	东回廊北端十区下层	
4823	M1 X：3554 - 10	管饰	铜	1件	完整	东回廊北端十区下层	
4824	M1 X：3554 - 11	管饰	铜	1件	完整	东回廊北端十区下层	
4825	M1 X：3554 - 12	管饰	铜	1件	完整	东回廊北端十区下层	
4826	M1 X：3554 - 13	管饰	铜	1件	完整	东回廊北端十区下层	
4827	M1 X：3554 - 14	管饰	铜	1件	完整	东回廊北端十区下层	
4828	M1 X：3554 - 15	管饰	铜	1件	完整	东回廊北端十区下层	
4829	M1 X：3554 - 16	管饰	铜	1件	完整	东回廊北端十区下层	
4830	M1 X：3554 - 17	管饰	铜	1件	完整	东回廊北端十区下层	
4831	M1 X：3554 - 18	管饰	铜	1件	完整	东回廊北端十区下层	
4832	M1 X：3554 - 19	管饰	铜	1件	完整	东回廊北端十区下层	
4833	M1 X：3554 - 20	管饰	铜	1件	完整	东回廊北端十区下层	
4834	M1 X：3554 - 21	管饰	铜	1件	完整	东回廊北端十区下层	
4835	M1 X：3554 - 22	管饰	铜	1件	完整	东回廊北端十区下层	
4836	M1 X：3554 - 23	管饰	铜	1件	残	东回廊北端十区下层	
4837	M1 X：3555	环	铜	1件	完整	东回廊北端十区下层	
4838	M1 X：3556	马衔镳	铜	1套3件	残	东回廊北端十区下层	
4839	M1 X：3557	节约	铜	1件	残	东回廊北端十区下层	
4840	M1 X：3558	节约	铜	1件	残	东回廊北端十区下层	

续附表三

序号	器号	器名	质料	数量	现状	位置	备注
4841	M1Ⅹ：3559－1	管饰	铜	1件	残	东回廊北端十区下层	
4842	M1Ⅹ：3559－2	管饰	铜	1件	残	东回廊北端十区下层	
4843	M1Ⅸ：3560	盖弓帽	铜	1件	残	东回廊北部九区上层	
4844	M1Ⅸ：3561	厄持	铜	1件	完整	东回廊北部九区下层	
4845	M1Ⅸ：3562	车害	铜	1件	完整	东回廊北部九区上层	
4846	M1Ⅸ：3563	盘	漆	1件	残	东回廊北部九区下层	
4847	M1Ⅸ：3565	盘	漆	1件	残	东回廊北部九区下层	
4848	M1Ⅸ：3567	盘	漆	1件	残	东回廊北部九区下层	
4849	M1Ⅸ：3568	盘	漆	1件	残	东回廊北部九区下层	
4850	M1Ⅸ：3569	盘	漆	1件	残	东回廊北部九区下层	
4851	M1Ⅹ：3572	盘	漆	1件	残	东回廊北端十区下层	
4852	M1Ⅹ：3573	盘	漆	1件	残	东回廊北端十区下层	
4853	M1Ⅹ：3574	耳杯	漆	1件	残	东回廊北端十区下层	
4854	M1Ⅹ：3575	厄	漆	1件	残	东回廊北端十区下层	
4855	M1Ⅹ：3576	盘	漆	1件	残	东回廊北端十区下层	
4856	M1Ⅹ：3577	盘	漆	1件	残	东回廊北端十区下层	
4857	M1Ⅹ：3578	厄	漆	1件	残	东回廊北端十区下层	
	M1ⅩⅢ：3584	马络	铜	1套172件		北回廊东部十三区下层	
4858	M1ⅩⅢ：3584－1	管饰	铜	1件	完整	北回廊东部十三区下层	
4859	M1ⅩⅢ：3584－2	管饰	铜	1件	完整	北回廊东部十三区下层	
4860	M1ⅩⅢ：3584－3	管饰	铜	1件	完整	北回廊东部十三区下层	
4861	M1ⅩⅢ：3584－4	管饰	铜	1件	完整	北回廊东部十三区下层	
4862	M1ⅩⅢ：3584－5	管饰	铜	1件	完整	北回廊东部十三区下层	
4863	M1ⅩⅢ：3584－6	管饰	铜	1件	完整	北回廊东部十三区下层	
4864	M1ⅩⅢ：3584－7	管饰	铜	1件	完整	北回廊东部十三区下层	
4865	M1ⅩⅢ：3584－8	管饰	铜	1件	完整	北回廊东部十三区下层	
4866	M1ⅩⅢ：3584－9	管饰	铜	1件	完整	北回廊东部十三区下层	
4867	M1ⅩⅢ：3584－10	管饰	铜	1件	完整	北回廊东部十三区下层	
4868	M1ⅩⅢ：3584－11	管饰	铜	1件	完整	北回廊东部十三区下层	
4869	M1ⅩⅢ：3584－12	管饰	铜	1件	完整	北回廊东部十三区下层	
4870	M1ⅩⅢ：3584－13	管饰	铜	1件	完整	北回廊东部十三区下层	
4871	M1ⅩⅢ：3584－14	管饰	铜	1件	完整	北回廊东部十三区下层	
4872	M1ⅩⅢ：3584－15	管饰	铜	1件	完整	北回廊东部十三区下层	
4873	M1ⅩⅢ：3584－16	"T"形管饰	铜	1件	完整	北回廊东部十三区下层	

续附表三

序号	器号	器名	质料	数量	现状	位置	备注
4874	M1ⅩⅢ：3584－17	管饰	铜	1件	完整	北回廊东部十三区下层	
4875	M1ⅩⅢ：3584－18	管饰	铜	1件	完整	北回廊东部十三区下层	
4876	M1ⅩⅢ：3584－19	管饰	铜	1件	完整	北回廊东部十三区下层	
4877	M1ⅩⅢ：3584－20	管饰	铜	1件	完整	北回廊东部十三区下层	
4878	M1ⅩⅢ：3584－21	管饰	铜	1件	完整	北回廊东部十三区下层	
4879	M1ⅩⅢ：3584－22	管饰	铜	1件	完整	北回廊东部十三区下层	
4880	M1ⅩⅢ：3584－23	管饰	铜	1件	完整	北回廊东部十三区下层	
4881	M1ⅩⅢ：3584－24	管饰	铜	1件	完整	北回廊东部十三区下层	
4882	M1ⅩⅢ：3584－25	管饰	铜	1件	完整	北回廊东部十三区下层	
4883	M1ⅩⅢ：3584－26	管饰	铜	1件	完整	北回廊东部十三区下层	
4884	M1ⅩⅢ：3584－27	管饰	铜	1件	完整	北回廊东部十三区下层	
4885	M1ⅩⅢ：3584－28	管饰	铜	1件	完整	北回廊东部十三区下层	
4886	M1ⅩⅢ：3584－29	管饰	铜	1件	完整	北回廊东部十三区下层	
4887	M1ⅩⅢ：3584－30	管饰	铜	1件	完整	北回廊东部十三区下层	
4888	M1ⅩⅢ：3584－31	管饰	铜	1件	完整	北回廊东部十三区下层	
4889	M1ⅩⅢ：3584－32	管饰	铜	1件	完整	北回廊东部十三区下层	
4890	M1ⅩⅢ：3584－33	管饰	铜	1件	完整	北回廊东部十三区下层	
4891	M1ⅩⅢ：3584－34	管饰	铜	1件	完整	北回廊东部十三区下层	
4892	M1ⅩⅢ：3584－35	管饰	铜	1件	完整	北回廊东部十三区下层	
4893	M1ⅩⅢ：3584－36	管饰	铜	1件	完整	北回廊东部十三区下层	
4894	M1ⅩⅢ：3584－37	管饰	铜	1件	完整	北回廊东部十三区下层	
4895	M1ⅩⅢ：3584－38	管饰	铜	1件	完整	北回廊东部十三区下层	
4896	M1ⅩⅢ：3584－39	管饰	铜	1件	完整	北回廊东部十三区下层	
4897	M1ⅩⅢ：3584－40	管饰	铜	1件	完整	北回廊东部十三区下层	
4898	M1ⅩⅢ：3584－41	管饰	铜	1件	完整	北回廊东部十三区下层	
4899	M1ⅩⅢ：3584－42	管饰	铜	1件	完整	北回廊东部十三区下层	
4900	M1ⅩⅢ：3584－43	管饰	铜	1件	完整	北回廊东部十三区下层	
4901	M1ⅩⅢ：3584－44	管饰	铜	1件	完整	北回廊东部十三区下层	
4902	M1ⅩⅢ：3584－45	管饰	铜	1件	完整	北回廊东部十三区下层	
4903	M1ⅩⅢ：3584－46	管饰	铜	1件	完整	北回廊东部十三区下层	
4904	M1ⅩⅢ：3584－47	管饰	铜	1件	完整	北回廊东部十三区下层	
4905	M1ⅩⅢ：3584－48	管饰	铜	1件	完整	北回廊东部十三区下层	
4906	M1ⅩⅢ：3584－49	管饰	铜	1件	完整	北回廊东部十三区下层	
4907	M1ⅩⅢ：3584－50	管饰	铜	1件	完整	北回廊东部十三区下层	

续附表三

序号	器号	器名	质料	数量	现状	位置	备注
4908	M1ⅩⅢ：3584－51	管饰	铜	1件	完整	北回廊东部十三区下层	
4909	M1ⅩⅢ：3584－52	管饰	铜	1件	完整	北回廊东部十三区下层	
4910	M1ⅩⅢ：3584－53	管饰	铜	1件	完整	北回廊东部十三区下层	
4911	M1ⅩⅢ：3584－54	管饰	铜	1件	完整	北回廊东部十三区下层	
4912	M1ⅩⅢ：3584－55	管饰	铜	1件	完整	北回廊东部十三区下层	
4913	M1ⅩⅢ：3584－56	管饰	铜	1件	完整	北回廊东部十三区下层	
4914	M1ⅩⅢ：3584－57	管饰	铜	1件	完整	北回廊东部十三区下层	
4915	M1ⅩⅢ：3584－58	管饰	铜	1件	完整	北回廊东部十三区下层	
4916	M1ⅩⅢ：3584－59	管饰	铜	1件	完整	北回廊东部十三区下层	
4917	M1ⅩⅢ：3584－60	管饰	铜	1件	完整	北回廊东部十三区下层	
4918	M1ⅩⅢ：3584－61	管饰	铜	1件	完整	北回廊东部十三区下层	
4919	M1ⅩⅢ：3584－62	管饰	铜	1件	完整	北回廊东部十三区下层	
4920	M1ⅩⅢ：3584－63	管饰	铜	1件	完整	北回廊东部十三区下层	
4921	M1ⅩⅢ：3584－64	管饰	铜	1件	完整	北回廊东部十三区下层	
4922	M1ⅩⅢ：3584－65	管饰	铜	1件	完整	北回廊东部十三区下层	
4923	M1ⅩⅢ：3584－66	管饰	铜	1件	完整	北回廊东部十三区下层	
4924	M1ⅩⅢ：3584－67	管饰	铜	1件	完整	北回廊东部十三区下层	
4925	M1ⅩⅢ：3584－68	管饰	铜	1件	完整	北回廊东部十三区下层	
4926	M1ⅩⅢ：3584－69	管饰	铜	1件	完整	北回廊东部十三区下层	
4927	M1ⅩⅢ：3584－70	管饰	铜	1件	完整	北回廊东部十三区下层	
4928	M1ⅩⅢ：3584－71	管饰	铜	1件	完整	北回廊东部十三区下层	
4929	M1ⅩⅢ：3584－72	管饰	铜	1件	完整	北回廊东部十三区下层	
4930	M1ⅩⅢ：3584－73	管饰	铜	1件	完整	北回廊东部十三区下层	
4931	M1ⅩⅢ：3584－74	管饰	铜	1件	完整	北回廊东部十三区下层	
4932	M1ⅩⅢ：3584－75	管饰	铜	1件	完整	北回廊东部十三区下层	
4933	M1ⅩⅢ：3584－76	管饰	铜	1件	完整	北回廊东部十三区下层	
4934	M1ⅩⅢ：3584－77	管饰	铜	1件	完整	北回廊东部十三区下层	
4935	M1ⅩⅢ：3584－78	管饰	铜	1件	完整	北回廊东部十三区下层	
4936	M1ⅩⅢ：3584－79	管饰	铜	1件	完整	北回廊东部十三区下层	
4937	M1ⅩⅢ：3584－80	管饰	铜	1件	完整	北回廊东部十三区下层	
4938	M1ⅩⅢ：3584－81	管饰	铜	1件	完整	北回廊东部十三区下层	
4939	M1ⅩⅢ：3584－82	管饰	铜	1件	完整	北回廊东部十三区下层	
4940	M1ⅩⅢ：3584－83	管饰	铜	1件	完整	北回廊东部十三区下层	
4941	M1ⅩⅢ：3584－84	管饰	铜	1件	完整	北回廊东部十三区下层	

续附表三

序号	器号	器名	质料	数量	现状	位置	备注
4942	M1ⅩⅢ：3584－85	管饰	铜	1件	完整	北回廊东部十三区下层	
4943	M1ⅩⅢ：3584－86	管饰	铜	1件	完整	北回廊东部十三区下层	
4944	M1ⅩⅢ：3584－87	管饰	铜	1件	完整	北回廊东部十三区下层	
4945	M1ⅩⅢ：3584－88	管饰	铜	1件	完整	北回廊东部十三区下层	
4946	M1ⅩⅢ：3584－89	管饰	铜	1件	完整	北回廊东部十三区下层	
4947	M1ⅩⅢ：3584－90	管饰	铜	1件	完整	北回廊东部十三区下层	
4948	M1ⅩⅢ：3584－91	管饰	铜	1件	完整	北回廊东部十三区下层	
4949	M1ⅩⅢ：3584－92	管饰	铜	1件	完整	北回廊东部十三区下层	
4950	M1ⅩⅢ：3584－93	管饰	铜	1件	完整	北回廊东部十三区下层	
4951	M1ⅩⅢ：3584－94	管饰	铜	1件	完整	北回廊东部十三区下层	
4952	M1ⅩⅢ：3584－95	管饰	铜	1件	完整	北回廊东部十三区下层	
4953	M1ⅩⅢ：3584－96	管饰	铜	1件	完整	北回廊东部十三区下层	
4954	M1ⅩⅢ：3584－97	管饰	铜	1件	完整	北回廊东部十三区下层	
4955	M1ⅩⅢ：3584－98	管饰	铜	1件	完整	北回廊东部十三区下层	
4956	M1ⅩⅢ：3584－99	管饰	铜	1件	完整	北回廊东部十三区下层	
4957	M1ⅩⅢ：3584－100	管饰	铜	1件	完整	北回廊东部十三区下层	
4958	M1ⅩⅢ：3584－101	管饰	铜	1件	完整	北回廊东部十三区下层	
4959	M1ⅩⅢ：3584－102	管饰	铜	1件	完整	北回廊东部十三区下层	
4960	M1ⅩⅢ：3584－103	管饰	铜	1件	完整	北回廊东部十三区下层	
4961	M1ⅩⅢ：3584－104	管饰	铜	1件	完整	北回廊东部十三区下层	
4962	M1ⅩⅢ：3584－105	管饰	铜	1件	完整	北回廊东部十三区下层	
4963	M1ⅩⅢ：3584－106	管饰	铜	1件	完整	北回廊东部十三区下层	
4964	M1ⅩⅢ：3584－107	管饰	铜	1件	完整	北回廊东部十三区下层	
4965	M1ⅩⅢ：3584－108	管饰	铜	1件	完整	北回廊东部十三区下层	
4966	M1ⅩⅢ：3584－109	管饰	铜	1件	完整	北回廊东部十三区下层	
4967	M1ⅩⅢ：3584－110	管饰	铜	1件	完整	北回廊东部十三区下层	
4968	M1ⅩⅢ：3584－111	管饰	铜	1件	完整	北回廊东部十三区下层	
4969	M1ⅩⅢ：3584－112	管饰	铜	1件	完整	北回廊东部十三区下层	
4970	M1ⅩⅢ：3584－113	管饰	铜	1件	完整	北回廊东部十三区下层	
4971	M1ⅩⅢ：3584－114	管饰	铜	1件	完整	北回廊东部十三区下层	
4972	M1ⅩⅢ：3584－115	管饰	铜	1件	完整	北回廊东部十三区下层	
4973	M1ⅩⅢ：3584－116	管饰	铜	1件	完整	北回廊东部十三区下层	
4974	M1ⅩⅢ：3584－117	管饰	铜	1件	完整	北回廊东部十三区下层	
4975	M1ⅩⅢ：3584－118	管饰	铜	1件	完整	北回廊东部十三区下层	

续附表三

序号	器号	器名	质料	数量	现状	位置	备注
4976	M1ⅩⅢ：3584－119	管饰	铜	1件	完整	北回廊东部十三区下层	
4977	M1ⅩⅢ：3584－120	管饰	铜	1件	完整	北回廊东部十三区下层	
4978	M1ⅩⅢ：3584－121	管饰	铜	1件	完整	北回廊东部十三区下层	
4979	M1ⅩⅢ：3584－122	管饰	铜	1件	完整	北回廊东部十三区下层	
4980	M1ⅩⅢ：3584－123	管饰	铜	1件	完整	北回廊东部十三区下层	
4981	M1ⅩⅢ：3584－124	管饰	铜	1件	完整	北回廊东部十三区下层	
4982	M1ⅩⅢ：3584－125	管饰	铜	1件	完整	北回廊东部十三区下层	
4983	M1ⅩⅢ：3584－126	管饰	铜	1件	完整	北回廊东部十三区下层	
4984	M1ⅩⅢ：3584－127	管饰	铜	1件	完整	北回廊东部十三区下层	
4985	M1ⅩⅢ：3584－128	管饰	铜	1件	完整	北回廊东部十三区下层	
4986	M1ⅩⅢ：3584－129	管饰	铜	1件	完整	北回廊东部十三区下层	
4987	M1ⅩⅢ：3584－130	管饰	铜	1件	完整	北回廊东部十三区下层	
4988	M1ⅩⅢ：3584－131	管饰	铜	1件	完整	北回廊东部十三区下层	
4989	M1ⅩⅢ：3584－132	管饰	铜	1件	完整	北回廊东部十三区下层	
4990	M1ⅩⅢ：3584－133	管饰	铜	1件	完整	北回廊东部十三区下层	
4991	M1ⅩⅢ：3584－134	管饰	铜	1件	完整	北回廊东部十三区下层	
4992	M1ⅩⅢ：3584－135	管饰	铜	1件	完整	北回廊东部十三区下层	
4993	M1ⅩⅢ：3584－136	管饰	铜	1件	完整	北回廊东部十三区下层	
4994	M1ⅩⅢ：3584－137	管饰	铜	1件	完整	北回廊东部十三区下层	
4995	M1ⅩⅢ：3584－138	管饰	铜	1件	完整	北回廊东部十三区下层	
4996	M1ⅩⅢ：3584－139	管饰	铜	1件	完整	北回廊东部十三区下层	
4997	M1ⅩⅢ：3584－140	管饰	铜	1件	完整	北回廊东部十三区下层	
4998	M1ⅩⅢ：3584－141	管饰	铜	1件	完整	北回廊东部十三区下层	
4999	M1ⅩⅢ：3584－142	管饰	铜	1件	完整	北回廊东部十三区下层	
5000	M1ⅩⅢ：3584－143	管饰	铜	1件	完整	北回廊东部十三区下层	
5001	M1ⅩⅢ：3584－144	管饰	铜	1件	完整	北回廊东部十三区下层	
5002	M1ⅩⅢ：3584－145	管饰	铜	1件	完整	北回廊东部十三区下层	
5003	M1ⅩⅢ：3584－146	管饰	铜	1件	完整	北回廊东部十三区下层	
5004	M1ⅩⅢ：3584－147	管饰	铜	1件	完整	北回廊东部十三区下层	
5005	M1ⅩⅢ：3584－148	管饰	铜	1件	完整	北回廊东部十三区下层	
5006	M1ⅩⅢ：3584－149	管饰	铜	1件	完整	北回廊东部十三区下层	
5007	M1ⅩⅢ：3584－150	管饰	铜	1件	完整	北回廊东部十三区下层	
5008	M1ⅩⅢ：3584－151	管饰	铜	1件	完整	北回廊东部十三区下层	
5009	M1ⅩⅢ：3584－152	管饰	铜	1件	完整	北回廊东部十三区下层	

续附表三

序号	器号	器名	质料	数量	现状	位置	备注
5010	M1XⅢ: 3584 – 153	马蹄形管饰	铜	1件	完整	北回廊东部十三区下层	
5011	M1XⅢ: 3584 – 154	管饰	铜	1件	完整	北回廊东部十三区下层	
5012	M1XⅢ: 3584 – 155	管饰	铜	1件	完整	北回廊东部十三区下层	
5013	M1XⅢ: 3584 – 156	泡饰	铜	1件	完整	北回廊东部十三区下层	
5014	M1XⅢ: 3584 – 157	泡饰	铜	1件	完整	北回廊东部十三区下层	
5015	M1XⅢ: 3584 – 158	泡饰	铜	1件	完整	北回廊东部十三区下层	
5016	M1XⅢ: 3584 – 159	泡饰	铜	1件	完整	北回廊东部十三区下层	
5017	M1XⅢ: 3584 – 160	泡饰	铜	1件	完整	北回廊东部十三区下层	
5018	M1XⅢ: 3584 – 161	泡饰	铜	1件	完整	北回廊东部十三区下层	
5019	M1XⅢ: 3584 – 162	泡饰	铜	1件	完整	北回廊东部十三区下层	
5020	M1XⅢ: 3584 – 163	泡饰	铜	1件	完整	北回廊东部十三区下层	
5021	M1XⅢ: 3584 – 164	泡饰	铜	1件	完整	北回廊东部十三区下层	
5022	M1XⅢ: 3584 – 165	泡饰	铜	1件	完整	北回廊东部十三区下层	
5023	M1XⅢ: 3584 – 166	泡饰	铜	1件	完整	北回廊东部十三区下层	
5024	M1XⅢ: 3584 – 167	泡饰	铜	1件	完整	北回廊东部十三区下层	
5025	M1XⅢ: 3584 – 168	泡饰	铜	1件	完整	北回廊东部十三区下层	
5026	M1XⅢ: 3584 – 169	泡饰	铜	1件	完整	北回廊东部十三区下层	
5027	M1XⅢ: 3584 – 170	泡饰	铜	1件	完整	北回廊东部十三区下层	
5028	M1XⅢ: 3584 – 171	泡饰	铜	1件	完整	北回廊东部十三区下层	
5029	M1XⅢ: 3584 – 172	泡饰	铜	1件	完整	北回廊东部十三区下层	
5030	M1X: 3585	节约	铜	1件	完整	东回廊北端十区下层	
5031	M1X: 3586	节约	铜	1件	残	东回廊北端十区下层	
5032	M1X: 3587	盖弓帽	铜	1件	残	东回廊北端十区下层	
5033	M1X: 3588 – 1	管饰	铜	1件	残	东回廊北端十区下层	
5034	M1X: 3588 – 2	管饰	铜	1件	残	东回廊北端十区下层	
5035	M1XⅣ: 3589 – 1	管饰	铜	1件	残	北回廊东部十四区下层	
5036	M1XⅣ: 3589 – 2	管饰	铜	1件	残	北回廊东部十四区下层	
5037	M1XⅣ: 3589 – 3	管饰	铜	1件	残	北回廊东部十四区下层	
5038	M1XⅣ: 3590	环	铜	1件	残	北回廊东部十四区下层	
5039	M1ⅢB: 3591	环	铜	1件	残	北回廊东部十四区下层	
5040	M1ⅢA: 3593	辖	铜	1件	残	西回廊中部偏南三A区上层	
5041	M1ⅢA: 3594	镦	铜	1件	残	西回廊中部偏南三A区上层	
5042	M1ⅢA: 3596	车害	铜	1件	完整	西回廊中部偏南三A区上层	
5043	M1ⅢA: 3597	剑	铁	1件	锈残	西回廊中部偏南三A区上层	

续附表三

序号	器号	器名	质料	数量	现状	位置	备注
5044	M1ⅢA：3598	节约	铜	1件	完整	西回廊中部偏南三A区上层	
5045	M1ⅢA：3599	马衔镳	铜	1套3件	残	西回廊中部偏南三A区上层	
5046	M1ⅢA：3600	环	铜	1件	残	西回廊中部偏南三A区上层	
5047	M1Ⅰ：3601	搓	石	1件	残	西回廊南端一区下层	
5048	M1Ⅰ：3602	搓	石	1件	残	西回廊南端一区下层	
5049	M1Ⅰ：3603	搓	石	1件	残	西回廊南端一区下层	
5050	M1Ⅰ：3604	搓	灰陶	1件	残	西回廊南端一区下层	
5051	M1Ⅰ：3605	釭灯	铜	1件	残	西回廊南端一区下层	
5052	M1Ⅰ：3607	鼎	铜	1件	残	西回廊南端一区下层	
5053	M1Ⅰ：3608	豆形灯	铜	1件	完整	西回廊南端一区下层	
5054	M1Ⅰ：3609	鹿灯	铜	1件	残	西回廊南端一区下层	
5055	M1Ⅵ：3610	节约	铜	1件	残	东回廊南端六区上层	
5056	M1Ⅵ：3611	算珠形饰	铜	1件	完整	东回廊南端六区上层	
5057	M1Ⅵ：3612	伞柄箍饰	铜	1套4件	完整	东回廊南端六区上层	与M1Ⅵ：1001、M1Ⅵ：5143、M1Ⅵ：5219 为一套
5058	M1Ⅵ：3613	剑	铁	1件	锈残	东回廊南端六区上层	
5059	M1Ⅵ：3614	伞柄箍饰	铜	1套4件	完整	东回廊南端六区上层	与M1Ⅵ：3722 为一套
5060	M1Ⅵ：3615	承弓器	铜	1件	残	东回廊南端六区上层	
5061	M1Ⅵ：3616	承弓器	铜	1件	完整	东回廊南端六区上层	
5062	M1Ⅵ：3617	盖弓帽	铜	1件	残	东回廊南端六区上层	
5063	M1Ⅵ：3618	钩	铜	1件	完整	东回廊南端六区上层	
5064	M1Ⅵ：3619	钩	铜	1件	残	东回廊南端六区上层	
5065	M1Ⅵ：3620	承弓器	铜	1件	完整	东回廊南端六区上层	
5066	M1Ⅵ：3621	承弓器	铜	1件	完整	东回廊南端六区上层	
5067	M1Ⅵ：3622	镞	铜	1件	完整	东回廊南端六区上层	
	M1Ⅵ：3623	马络	铜	1套70件		东回廊南端六区上层	
5068	M1Ⅵ：3623-1	管饰	铜	1件	完整	东回廊南端六区上层	
5069	M1Ⅵ：3623-2	管饰	铜	1件	完整	东回廊南端六区上层	
5070	M1Ⅵ：3623-3	管饰	铜	1件	完整	东回廊南端六区上层	
5071	M1Ⅵ：3623-4	管饰	铜	1件	完整	东回廊南端六区上层	
5072	M1Ⅵ：3623-5	管饰	铜	1件	完整	东回廊南端六区上层	
5073	M1Ⅵ：3623-6	管饰	铜	1件	完整	东回廊南端六区上层	
5074	M1Ⅵ：3623-7	管饰	铜	1件	完整	东回廊南端六区上层	

续附表三

序号	器号	器名	质料	数量	现状	位置	备注
5075	M1Ⅵ:3623-8	管饰	铜	1件	完整	东回廊南端六区上层	
5076	M1Ⅵ:3623-9	管饰	铜	1件	完整	东回廊南端六区上层	
5077	M1Ⅵ:3623-10	管饰	铜	1件	完整	东回廊南端六区上层	
5078	M1Ⅵ:3623-11	管饰	铜	1件	完整	东回廊南端六区上层	
5079	M1Ⅵ:3623-12	管饰	铜	1件	完整	东回廊南端六区上层	
5080	M1Ⅵ:3623-13	管饰	铜	1件	完整	东回廊南端六区上层	
5081	M1Ⅵ:3623-14	管饰	铜	1件	完整	东回廊南端六区上层	
5082	M1Ⅵ:3623-15	管饰	铜	1件	完整	东回廊南端六区上层	
5083	M1Ⅵ:3623-16	管饰	铜	1件	完整	东回廊南端六区上层	
5084	M1Ⅵ:3623-17	管饰	铜	1件	完整	东回廊南端六区上层	
5085	M1Ⅵ:3623-18	管饰	铜	1件	完整	东回廊南端六区上层	
5086	M1Ⅵ:3623-19	管饰	铜	1件	完整	东回廊南端六区上层	
5087	M1Ⅵ:3623-20	管饰	铜	1件	完整	东回廊南端六区上层	
5088	M1Ⅵ:3623-21	管饰	铜	1件	完整	东回廊南端六区上层	
5089	M1Ⅵ:3623-22	管饰	铜	1件	完整	东回廊南端六区上层	
5090	M1Ⅵ:3623-23	管饰	铜	1件	完整	东回廊南端六区上层	
5091	M1Ⅵ:3623-24	管饰	铜	1件	完整	东回廊南端六区上层	
5092	M1Ⅵ:3623-25	管饰	铜	1件	完整	东回廊南端六区上层	
5093	M1Ⅵ:3623-26	管饰	铜	1件	完整	东回廊南端六区上层	
5094	M1Ⅵ:3623-27	管饰	铜	1件	完整	东回廊南端六区上层	
5095	M1Ⅵ:3623-28	管饰	铜	1件	完整	东回廊南端六区上层	
5096	M1Ⅵ:3623-29	管饰	铜	1件	完整	东回廊南端六区上层	
5097	M1Ⅵ:3623-30	管饰	铜	1件	完整	东回廊南端六区上层	
5098	M1Ⅵ:3623-31	管饰	铜	1件	完整	东回廊南端六区上层	
5099	M1Ⅵ:3623-32	管饰	铜	1件	完整	东回廊南端六区上层	
5100	M1Ⅵ:3623-33	管饰	铜	1件	完整	东回廊南端六区上层	
5101	M1Ⅵ:3623-34	管饰	铜	1件	完整	东回廊南端六区上层	
5102	M1Ⅵ:3623-35	管饰	铜	1件	完整	东回廊南端六区上层	
5103	M1Ⅵ:3623-36	管饰	铜	1件	完整	东回廊南端六区上层	
5104	M1Ⅵ:3623-37	管饰	铜	1件	完整	东回廊南端六区上层	
5105	M1Ⅵ:3623-38	管饰	铜	1件	完整	东回廊南端六区上层	
5106	M1Ⅵ:3623-39	管饰	铜	1件	完整	东回廊南端六区上层	
5107	M1Ⅵ:3623-40	管饰	铜	1件	完整	东回廊南端六区上层	
5108	M1Ⅵ:3623-41	管饰	铜	1件	完整	东回廊南端六区上层	

续附表三

序号	器号	器名	质料	数量	现状	位置	备注
5109	M1Ⅵ：3623－42	管饰	铜	1件	完整	东回廊南端六区上层	
5110	M1Ⅵ：3623－43	管饰	铜	1件	完整	东回廊南端六区上层	
5111	M1Ⅵ：3623－44	管饰	铜	1件	完整	东回廊南端六区上层	
5112	M1Ⅵ：3623－45	管饰	铜	1件	完整	东回廊南端六区上层	
5113	M1Ⅵ：3623－46	管饰	铜	1件	完整	东回廊南端六区上层	
5114	M1Ⅵ：3623－47	管饰	铜	1件	完整	东回廊南端六区上层	
5115	M1Ⅵ：3623－48	管饰	铜	1件	完整	东回廊南端六区上层	
5116	M1Ⅵ：3623－49	管饰	铜	1件	完整	东回廊南端六区上层	
5117	M1Ⅵ：3623－50	管饰	铜	1件	完整	东回廊南端六区上层	
5118	M1Ⅵ：3623－51	管饰	铜	1件	完整	东回廊南端六区上层	
5119	M1Ⅵ：3623－52	管饰	铜	1件	完整	东回廊南端六区上层	
5120	M1Ⅵ：3623－53	管饰	铜	1件	完整	东回廊南端六区上层	
5121	M1Ⅵ：3623－54	管饰	铜	1件	完整	东回廊南端六区上层	
5122	M1Ⅵ：3623－55	管饰	铜	1件	完整	东回廊南端六区上层	
5123	M1Ⅵ：3623－56	管饰	铜	1件	完整	东回廊南端六区上层	
5124	M1Ⅵ：3623－57	管饰	铜	1件	完整	东回廊南端六区上层	
5125	M1Ⅵ：3623－58	管饰	铜	1件	完整	东回廊南端六区上层	
5126	M1Ⅵ：3623－59	管饰	铜	1件	完整	东回廊南端六区上层	
5127	M1Ⅵ：3623－60	管饰	铜	1件	完整	东回廊南端六区上层	
5128	M1Ⅵ：3623－61	管饰	铜	1件	完整	东回廊南端六区上层	
5129	M1Ⅵ：3623－62	管饰	铜	1件	完整	东回廊南端六区上层	
5130	M1Ⅵ：3623－63	管饰	铜	1件	完整	东回廊南端六区上层	
5131	M1Ⅵ：3623－64	管饰	铜	1件	完整	东回廊南端六区上层	
5132	M1Ⅵ：3623－65	泡饰	铜	1件	完整	东回廊南端六区上层	
5133	M1Ⅵ：3623－66	泡饰	铜	1件	完整	东回廊南端六区上层	
5134	M1Ⅵ：3623－67	泡饰	铜	1件	完整	东回廊南端六区上层	
5135	M1Ⅵ：3623－68	泡饰	铜	1件	完整	东回廊南端六区上层	
5136	M1Ⅵ：3623－69	泡饰	铜	1件	完整	东回廊南端六区上层	
5137	M1Ⅵ：3623－70	泡饰	铜	1件	完整	东回廊南端六区上层	
5138	M1Ⅵ：3624	节约	铜	1件	完整	东回廊南端六区上层	
5139	M1Ⅵ：3625	钩	铜	1件	残	东回廊南端六区上层	
5140	M1Ⅵ：3626	帽饰	铜	1件	完整	东回廊南端六区上层	
5141	M1Ⅵ：3629	节约	铜	1件	残	东回廊南端六区上层	
5142	M1Ⅵ：3630	节约	铜	1件	完整	东回廊南端六区上层	

续附表三

序号	器号	器名	质料	数量	现状	位置	备注
5143	M1Ⅵ：3631	节约	铜	1件	完整	东回廊南端六区上层	
5144	M1Ⅵ：3632	节约	铜	1件	残	东回廊南端六区上层	
5145	M1Ⅵ：3633	节约	铜	1件	残	东回廊南端六区上层	
5146	M1Ⅵ：3634	节约	铜	1件	残	东回廊南端六区上层	
5147	M1Ⅵ：3635	马衔镳	铜	1套3件	残	东回廊南端六区上层	
5148	M1Ⅵ：3636	弩机	铜	1件	残	东回廊南端六区上层	
5149	M1Ⅵ：3637	钩	铜	1件	残	东回廊南端六区上层	
5150	M1Ⅵ：3638	环	铜	1件	完整	东回廊南端六区上层	
5151	M1Ⅵ：3639	环	铜	1件	完整	东回廊南端六区上层	
5152	M1Ⅵ：3640	环	铜	1件	完整	东回廊南端六区上层	
5153	M1Ⅵ：3641	衔环	铜	1件	完整	东回廊南端六区上层	
5154	M1Ⅵ：3642	车軎	铜	1件	完整	东回廊南端六区上层	
5155	M1Ⅰ：3643	扣饰	铜	1件	完整	西回廊南端一区下层	
5156	M1Ⅰ：3645	鹿灯	铜	1件	残	西回廊南端一区下层	
5157	M1Ⅰ：3646	虎	铜	1件	残	西回廊南端一区下层	
5158	M1Ⅰ：3647	虎	铜	1件	残	西回廊南端一区下层	
5159	M1Ⅰ：3648	雁足灯	铜	1件	完整	西回廊南端一区下层	
5160	M1Ⅰ：3649	雁足灯	铜	1件	完整	西回廊南端一区下层	
5161	M1Ⅰ：3650	钳	铁	1件	锈残	西回廊南端一区下层	
5162	M1Ⅰ：3651	钳	铁	1件	锈残	西回廊南端一区下层	
5163	M1Ⅰ：3652	炉	铁	1套3件	锈残	西回廊南端一区下层	
5164	M1Ⅰ：3652-1	钩	铁	1件	锈残	西回廊南端一区下层	
5165	M1Ⅰ：3652-2	钩	铁	1件	锈残	西回廊南端一区下层	
5166	M1Ⅰ：3653	行灯	铜	1件	残	西回廊南端一区下层	
5167	M1Ⅰ：3654	豆形灯	铜	1件	残	西回廊南端一区下层	
5168	M1Ⅰ：3655	豆形灯	铜	1件	残	西回廊南端一区下层	
5169	M1Ⅰ：3656	行灯	铜	1件	完整	西回廊南端一区下层	
5170	M1Ⅰ：3657	豆形灯	铜	1件	残	西回廊南端一区下层	
5171	M1Ⅰ：3658	釭灯	铜	1套3件	残	西回廊南端一区下层	
5172	M1Ⅰ：3659	豆形灯	铜	1件	残	西回廊南端一区下层	
5173	M1Ⅰ：3660	豆形灯	铜	1件	残	西回廊南端一区下层	
5174	M1Ⅰ：3661	蜡油	脂	1袋	残	西回廊南端一区下层	
5175	M1Ⅷ：3662	伞柄箍饰	铜	1套4件	完整	东回廊中部八区上层	与M1Ⅷ：2086 为一套

续附表三

序号	器号	器名	质料	数量	现状	位置	备注
5176	M1Ⅷ：3663	剑	铁	1件	锈残	东回廊中部八区上层	
5177	M1ⅦB：3664	剑	铁	1件	锈残	东回廊中部偏南七B区上层	
5178	M1ⅦB：3665	帽饰	铜	1件	完整	东回廊中部偏南七B区上层	
5179	M1ⅦB：3666	节约	铜	1件	残	东回廊中部偏南七B区上层	
5180	M1ⅦB：3667	剑	铁	1件	锈残	东回廊中部偏南七B区上层	
5181	M1ⅦB：3668	剑	铁	1件	锈残	东回廊中部偏南七B区上层	
5182	M1ⅦB：3669	剑	铁	1件	锈残	东回廊中部偏南七B区上层	
5183	M1ⅦB：3670	盖弓帽	铜	1件	残	东回廊中部偏南七B区上层	
5184	M1ⅦB：3671	盖弓帽	铜	1件	残	东回廊中部偏南七B区上层	
5185	M1ⅦB：3672	盖弓帽	铜	1件	残	东回廊中部偏南七B区上层	
5186	M1ⅦB：3673	节约	铜	1件	完整	东回廊中部偏南七B区上层	
5187	M1ⅦB：3674	盖弓帽	铜	1件	残	东回廊中部偏南七B区上层	
5188	M1ⅦB：3675	车軎	铜	1件	残	东回廊中部偏南七B区上层	
5189	M1ⅦB：3676	节约	铜	1件	完整	东回廊中部偏南七B区上层	
5190	M1ⅦB：3677	节约	铜	1件	残	东回廊中部偏南七B区上层	
5191	M1ⅦB：3678	剑	铁	1件	锈残	东回廊中部偏南七B区上层	
5192	M1ⅦB：3679	节约	铜	1件	残	东回廊中部偏南七B区上层	
5193	M1ⅦB：3680	节约	铜	1件	完整	东回廊中部偏南七B区上层	
5194	M1ⅦB：3681	节约	铜	1件	完整	东回廊中部偏南七B区上层	
5195	M1ⅦB：3682	盖弓帽	铜	1件	残	东回廊中部偏南七B区上层	
5196	M1ⅦB：3683	盖弓帽	铜	1件	残	东回廊中部偏南七B区上层	
5197	M1ⅦB：3684	戟	铁	1件	锈残	东回廊中部偏南七B区上层	
5198	M1ⅦB：3685	镦	铜	1件	完整	东回廊中部偏南七B区上层	
5199	M1ⅦB：3686	马衔镳	铜	1套3件	残	东回廊中部偏南七B区上层	与M1ⅦB：4447为一套
5200	M1Ⅰ：3687	辕首	铜	1件	残	西回廊南端一区上层	
5201	M1ⅢA：3688	衡末	铜	1件	残	西回廊中部偏南三A区上层	
5202	M1ⅢA：3690	盖弓帽	铜	1件	残	西回廊中部偏南三A区上层	
5203	M1ⅢA：3691	节约	铜	1件	残损严重	西回廊中部偏南三A区上层	
5204	M1ⅢA：3692	节约	铜	1件	残	西回廊中部偏南三A区上层	
5205	M1ⅢA：3693	节约	铜	1件	残	西回廊中部偏南三A区上层	
5206	M1ⅢA：3694	节约	铜	1件	残	西回廊中部偏南三A区上层	
5207	M1ⅢA：3695	节约	铜	1件	完整	西回廊中部偏南三A区上层	
5208	M1ⅢA：3696	节约	铜	1件	残	西回廊中部偏南三A区上层	

续附表三

序号	器号	器名	质料	数量	现状	位置	备注
5209	M1ⅢA∶3697	节约	铜	1件	残	西回廊中部偏南三A区上层	
5210	M1ⅢA∶3698	节约	铜	1件	残	西回廊中部偏南三A区上层	
5211	M1ⅢA∶3699	马衔镳	铜	1套3件	残	西回廊中部偏南三A区上层	
5212	M1ⅢA∶3700	弩机	铜	1件	残	西回廊中部偏南三A区上层	
5213	M1ⅢA∶3701	剑	铁	1件	锈残	西回廊中部偏南三A区上层	
5214	M1ⅢA∶3702	环	铜	1件	完整	西回廊中部偏南三A区上层	
5215	M1ⅢA∶3703	釭	铁	1件	锈残	西回廊中部偏南三A区上层	
5216	M1ⅢA∶3704	车軎	铜	1件	残	西回廊中部偏南三A区上层	
5217	M1ⅢB∶3705	凤鸟瑟饰	错金银铜	1件	残	西回廊中部三B区下层	
5218	M1ⅢA∶3706	瑟柱	玉	1件	完整	西回廊中部偏南三A区下层	
	M1Ⅰ∶3707	五枝灯	铜	1套7件		西回廊南端一区下层	
5219	M1Ⅰ∶3707-1	灯盘	铜	1件	完整	西回廊南端一区下层	
5220	M1Ⅰ∶3707-2	灯盘	铜	1件	完整	西回廊南端一区下层	
5221	M1Ⅰ∶3707-3	灯盘	铜	1件	残	西回廊南端一区下层	
5222	M1Ⅰ∶3707-4	灯盘	铜	1件	残	西回廊南端一区下层	
5223	M1Ⅰ∶3707-5	灯盘	铜	1件	残	西回廊南端一区下层	
5224	M1Ⅰ∶3707-6	灯支	铜	1件	残	西回廊南端一区下层	
5225	M1Ⅰ∶3707-7	蟾蜍座	铜	1件	完整	西回廊南端一区下层	
	M1Ⅰ∶3708	五枝灯	铜	1套7件		西回廊南端一区下层	
5226	M1Ⅰ∶3708-1	灯盘	铜	1件	残	西回廊南端一区下层	
5227	M1Ⅰ∶3708-2	灯盘	铜	1件	残	西回廊南端一区下层	
5228	M1Ⅰ∶3708-3	灯盘	铜	1件	完整	西回廊南端一区下层	
5229	M1Ⅰ∶3708-4	灯盘	铜	1件	残	西回廊南端一区下层	
5230	M1Ⅰ∶3708-5	灯盘	铜	1件	残	西回廊南端一区下层	
5231	M1Ⅰ∶3708-6	灯支	铜	1件	完整	西回廊南端一区下层	
5232	M1Ⅰ∶3708-7	蟾蜍座	铜	1件	残	西回廊南端一区下层	
5233	M1Ⅰ∶3709	铺首	铜	1件		西回廊南端一区下层	
5234	M1Ⅰ∶3711	环	铜	1件		西回廊南端一区下层	
5235	M1Ⅰ∶3712	钉	铁	1件	锈残	西回廊南端一区下层	
5236	M1Ⅰ∶3713	钉	铁	1件	锈残	西回廊南端一区下层	
5237	M1Ⅰ∶3714	环	铜	1件	完整	西回廊南端一区下层	
5238	M1Ⅰ∶3715	缶	铜	1件	残	西回廊南端一区下层	
5239	M1Ⅰ∶3716	缶	铜	1件	残	西回廊南端一区下层	
5240	M1Ⅰ∶3717	伏兔	铜	1件	完整	西回廊南端一区上层	

续附表三

序号	器号	器名	质料	数量	现状	位置	备注
5241	M1 I : 3718	镞	铜	1 件	完整	西回廊南端一区上层	
5242	M1 I : 3719	车軎	铜	1 件	完整	西回廊南端一区上层	
5243	M1 I : 3720	构件	铜	1 件	残	西回廊南端一区上层	
5244	M1 VI : 3721	承弓器	铜	1 件	完整	东回廊南端六区上层	
5245	M1 VI : 3722	伞柄箍饰	铜	1 套 4 件	完整	东回廊南端六区上层	与 M1 VI : 3614 为一套
5246	M1 VI : 3723	承弓器	铜	1 件	完整	东回廊南端六区上层	
5247	M1 VI : 3724	盖弓帽	铜	1 件	残	东回廊南端六区上层	
5248	M1 VI : 3725	盖弓帽	铜	1 件	残	东回廊南端六区上层	
5249	M1 VI : 3726	盖弓帽	铜	1 件	残	东回廊南端六区上层	
5250	M1 VI : 3727	盖弓帽	铜	1 件	完整	东回廊南端六区上层	
5251	M1 VI : 3728	钩	铜	1 件	完整	东回廊南端六区上层	
5252	M1 VI : 3729	铜	铜	1 件	完整	东回廊南端六区上层	
5253	M1 VI : 3730	管饰	铜	1 件	残	东回廊南端六区上层	
5254	M1 VI : 3731	车軎	铜	1 件	完整	东回廊南端六区上层	
5255	M1 VI : 3732	节约	铜	1 件	完整	东回廊南端六区上层	
5256	M1 VI : 3733	镦	铜	1 件	完整	东回廊南端六区上层	
5257	M1 VI : 3734	构件	铜	1 件	残	东回廊南端六区上层	
	M1 VI : 3735	马络	铜	1 件		东回廊南端六区上层	
5258	M1 VI : 3735 – 1	管饰	铜	1 件	完整	东回廊南端六区上层	
5259	M1 VI : 3735 – 2	管饰	铜	1 件	完整	东回廊南端六区上层	
5260	M1 VI : 3735 – 3	管饰	铜	1 件	完整	东回廊南端六区上层	
5261	M1 VI : 3735 – 4	管饰	铜	1 件	完整	东回廊南端六区上层	
5262	M1 VI : 3736	兽首构件	铜	1 件	完整	东回廊南端六区上层	
5263	M1 VI : 3737	环	铜	1 件	残	东回廊南端六区上层	
5264	M1 VI : 3738	铜	铜	1 件	完整	东回廊南端六区上层	
5265	M1 VI : 3739	封泥	泥	1 件	残	东回廊南端六区下层	
5266	M1 VI : 3740	染炉	铜	1 件	残	东回廊南端六区下层	
5267	M1 VI : 3741	染炉	铜	1 件	残	东回廊南端六区下层	
5268	M1 I : 3742	弩机	铜	1 件	完整	西回廊南端一区上层	
5269	M1 I : 3743	车軎	铜	1 件	完整	西回廊南端一区上层	
5270	M1 I : 3744	沐盘	漆	1 件	残	西回廊南端一区下层	
5271	M1 I : 3745	沐盘	铜	1 件	残	西回廊南端一区下层	
5272	M1 I : 3746	沐盘	铜	1 件	残	西回廊南端一区下层	

续附表三

序号	器号	器名	质料	数量	现状	位置	备注
5273	M1Ⅰ:3747	沐盘	铜	1件	残	西回廊南端一区下层	
5274	M1Ⅰ:3748	盆	铜	1件	残损严重	西回廊南端一区下层	
5275	M1Ⅰ:3749-1	珠	琉璃	1件	残	西回廊南端一区下层	
5276	M1Ⅰ:3749-2	珠	琉璃	1件	残	西回廊南端一区下层	
5277	M1Ⅰ:3749-3	珠	琉璃	1件	完整	西回廊南端一区下层	
5278	M1Ⅰ:3749-4	珠	琉璃	1件	完整	西回廊南端一区下层	
5279	M1Ⅰ:3750	马衔镳	铜	1件	残	西回廊南端一区上层	
5280	M1Ⅵ:3751	剑	铁	1件	锈残	东回廊南端六区上层	
5281	M1Ⅵ:3752	弩机	铜	1件	完整	东回廊南端六区上层	
5282	M1Ⅵ:3753	饰件	铜	1件	完整	东回廊南端六区上层	
5283	M1ⅢA:3754-1	瑟柱	玉	1件	完整	西回廊中部偏南三A区下层	
5284	M1ⅢA:3754-2	瑟柱	玉	1件	残	西回廊中部偏南三A区下层	
5285	M1ⅢA:3755	瑟柱	玉	1件	完整	西回廊中部偏南三A区下层	
5286	M1ⅢA:3756	瑟柱	玉	1件	完整	西回廊中部偏南三A区下层	
5287	M1ⅢA:3757	瑟柱	玉	1件	完整	西回廊中部偏南三A区下层	
5288	M1ⅢA:3758	瑟柱	玉	1件	完整	西回廊中部偏南三A区下层	
5289	M1ⅢA:3759	瑟柱	玉	1件	完整	西回廊中部偏南三A区下层	
5290	M1Ⅵ:3760	构件	金	1件	完整	东回廊南端六区上层	
5291	M1Ⅵ:3761	车軎	铜	1件	完整	东回廊南端六区上层	
5292	M1Ⅵ:3762	盖弓帽	铜	1件	完整	东回廊南端六区上层	
5293	M1Ⅵ:3763	盖弓帽	铜	1件	残	东回廊南端六区上层	
5294	M1Ⅵ:3764	盖弓帽	铜	1件	完整	东回廊南端六区上层	
5295	M1Ⅵ:3765	盖弓帽	铜	1件	残	东回廊南端六区上层	
5296	M1Ⅵ:3766	盖弓帽	铜	1件	残	东回廊南端六区上层	
5297	M1Ⅵ:3767	盖弓帽	铜	1件	残	东回廊南端六区上层	
5298	M1Ⅵ:3768	盖弓帽	铜	1件	残	东回廊南端六区上层	
5299	M1Ⅵ:3769	剑	铁	1件	锈残	东回廊南端六区上层	
5300	M1Ⅵ:3770	剑	铁	1件	锈残	东回廊南端六区上层	
5301	M1Ⅵ:3771	剑	铁	1件	锈残	东回廊南端六区上层	
5302	M1Ⅵ:3773	剑	铁	1件	锈残	东回廊南端六区上层	
5303	M1Ⅵ:3774	盖弓帽	铜	1件	残	东回廊南端六区上层	
5304	M1Ⅵ:3775	门轴饰	铜	1件	残	东回廊南端六区上层	
5305	M1Ⅵ:3776	盖弓帽	铜	1件	残	东回廊南端六区上层	
5306	M1Ⅵ:3777	盖弓帽	铜	1件	残	东回廊南端六区上层	

续附表三

序号	器号	器名	质料	数量	现状	位置	备注
5307	M1Ⅵ:3778	盖弓帽	铜	1件	残	东回廊南端六区上层	
5308	M1Ⅵ:3779	盖弓帽	铜	1件	残	东回廊南端六区上层	
5309	M1Ⅵ:3780	盖弓帽	铜	1件	残	东回廊南端六区上层	
5310	M1Ⅵ:3781	盖弓帽	铜	1件	残	东回廊南端六区上层	
5311	M1Ⅵ:3782	盖弓帽	铜	1件	残	东回廊南端六区上层	
5312	M1Ⅵ:3783	盖弓帽	铜	1件	残	东回廊南端六区上层	
5313	M1Ⅵ:3784	轭足饰	铜	1件	残	东回廊南端六区上层	
5314	M1Ⅵ:3785	环	铜	1件	完整	东回廊南端六区上层	
5315	M1Ⅵ:3786	封泥	泥	1件	残	东回廊南端六区下层	
5316	M1Ⅵ:3787	封泥	泥	1件	残	东回廊南端六区下层	
5317	M1Ⅵ:3788	帽饰	铜	1件	完整	东回廊南端六区上层	
5318	M1Ⅵ:3789	削	铜	1件	残	东回廊南端六区上层	
5319	M1Ⅵ:3790	削	铜	1件	残	东回廊南端六区上层	
5320	M1Ⅵ:3791	削	铜	1件	残	东回廊南端六区上层	
5321	M1Ⅵ:3792	削	铜	1件	残	东回廊南端六区上层	
5322	M1Ⅵ:3793	削	铜	1件	残	东回廊南端六区上层	
5323	M1Ⅵ:3794	匕	铜	1件	完整	东回廊南端六区上层	
5324	M1Ⅵ:3795	匕	铜	1件	完整	东回廊南端六区上层	
5325	M1Ⅵ:3796	匕	铜	1件	完整	东回廊南端六区上层	
5326	M1Ⅵ:3797	饰件	铜	1件	完整	东回廊南端六区上层	
5327	M1Ⅵ:3798	环	铜	1件	完整	东回廊南端六区上层	
5328	M1Ⅵ:3799	铜	铜	1件	残	东回廊南端六区上层	
	M1Ⅵ:3801	马络	铜	1套17件		东回廊南端六区上层	
5329	M1Ⅵ:3801-1	节约	铜	1件	完整	东回廊南端六区上层	
5330	M1Ⅵ:3801-2	管饰	铜	1件	完整	东回廊南端六区上层	
5331	M1Ⅵ:3801-3	管饰	铜	1件	完整	东回廊南端六区上层	
5332	M1Ⅵ:3801-4	管饰	铜	1件	完整	东回廊南端六区上层	
5333	M1Ⅵ:3801-5	管饰	铜	1件	完整	东回廊南端六区上层	
5334	M1Ⅵ:3801-6	管饰	铜	1件	完整	东回廊南端六区上层	
5335	M1Ⅵ:3801-7	管饰	铜	1件	完整	东回廊南端六区上层	
5336	M1Ⅵ:3801-8	管饰	铜	1件	完整	东回廊南端六区上层	
5337	M1Ⅵ:3801-9	管饰	铜	1件	完整	东回廊南端六区上层	
5338	M1Ⅵ:3801-10	管饰	铜	1件	完整	东回廊南端六区上层	
5339	M1Ⅵ:3801-11	节约	铜	1件	完整	东回廊南端六区上层	

续附表三

序号	器号	器名	质料	数量	现状	位置	备注
5340	M1 Ⅵ：3801 – 12	管饰	铜	1件	完整	东回廊南端六区上层	
5341	M1 Ⅵ：3801 – 13	管饰	铜	1件	完整	东回廊南端六区上层	
5342	M1 Ⅵ：3801 – 14	管饰	铜	1件	完整	东回廊南端六区上层	
5343	M1 Ⅵ：3801 – 15	管饰	铜	1件	完整	东回廊南端六区上层	
5344	M1 Ⅵ：3801 – 16	管饰	铜	1件	完整	东回廊南端六区上层	
5345	M1 Ⅵ：3801 – 17	节约	铜	1件	完整	东回廊南端六区上层	
5346	M1 Ⅵ：3802	封泥	泥	1件	残	东回廊南端六区下层	
5347	M1 Ⅵ：3803	嵌宝石盖弓帽	银	1件	残	东回廊南端六区上层	
5348	M1 Ⅵ：3804	环	铜	1件	残	东回廊南端六区上层	
5349	M1 Ⅵ：3805	饰件	铜	1件	残	东回廊南端六区上层	
5350	M1 Ⅵ：3806	剑	铁	1件	锈残	东回廊南端六区上层	
5351	M1 ⅦA：3807	匜	漆	1件	残	东回廊南部七 A 区下层	
5352	M1 ⅦA：3809	匜	漆	1件	残	东回廊南部七 A 区下层	
5353	M1 Ⅵ：3810	残器	漆	1件	残	东回廊南端六区下层	
5354	M1 ⅦA：3811	匜	漆	1件	残	东回廊南部七 A 区下层	
5355	M1 ⅦA：3812	匜	银	1件	完整	东回廊南部七 A 区下层	
5356	M1 ⅦA：3813	匜	银	1件	完整	东回廊南部七 A 区下层	
5357	M1 ⅦA：3814	匜	银	1件	完整	东回廊南部七 A 区下层	
5358	M1 ⅦA：3815	匜	银	1件	完整	东回廊南部七 A 区下层	
5359	M1 ⅦA：3816	匜	银	1件	完整	东回廊南部七 A 区下层	
5360	M1 ⅦA：3817	器	漆	1件	残	东回廊南部七 A 区下层	
5361	M1 ⅦA：3818	勺	铜	1件	残	东回廊南部七 A 区下层	
5362	M1 Ⅵ：3819	衡末	铜	1件	残	东回廊南端六区上层	
5363	M1 Ⅵ：3820	轙	铜	1件	完整	东回廊南端六区上层	
5364	M1 Ⅵ：3821	镇	铜	1件	残	东回廊南端六区上层	
5365	M1 Ⅵ：3822	镇	铜	1件	残	东回廊南端六区上层	
5366	M1 Ⅵ：3823	镇	铜	1件	残	东回廊南端六区上层	
5367	M1 Ⅵ：3824	耳杯	漆	1件	残	东回廊南端六区下层	
5368	M1 Ⅵ：3825	耳杯	漆	1件	残	东回廊南端六区下层	
5369	M1 Ⅵ：3826	卮	漆	1件	残	东回廊南端六区下层	
5370	M1 Ⅵ：3827	耳杯	漆	1件	残	东回廊南端六区下层	
5371	M1 Ⅵ：3829	卮持	铜	1件	完整	东回廊南端六区下层	
5372	M1 Ⅵ：3832	卮持	铜	1件	完整	东回廊南端六区下层	
5373	M1 Ⅵ：3833	卮持	铜	1件	完整	东回廊南端六区下层	

续附表三

序号	器号	器名	质料	数量	现状	位置	备注
5374	M1Ⅵ：3834	卮持	铜	1件	完整	东回廊南端六区下层	
5375	M1Ⅵ：3835	卮持	铜	1件	完整	东回廊南端六区下层	
5376	M1Ⅵ：3836	卮持	铜	1件	完整	东回廊南端六区下层	
5377	M1Ⅵ：3837	卮持	铜	1件	完整	东回廊南端六区下层	
5378	M1Ⅵ：3838	卮持	铜	1件	残	东回廊南端六区下层	
5379	M1Ⅵ：3839	笥	漆	1件	残	东回廊南端六区下层	
5380	M1Ⅵ：3840	器盖	漆	1件	残	东回廊南端六区下层	
5381	M1Ⅵ：3841	器盖	漆	1件	残	东回廊南端六区下层	
5382	M1Ⅵ：3842	环	铜	1件	残	东回廊南端六区下层	
5383	M1Ⅵ：3844	盘	漆	1件	残	东回廊南端六区下层	
5384	M1Ⅵ：3845	樽	漆	1件	残损严重	东回廊南端六区下层	
5385	M1Ⅵ：3846	洗	铜	1件	残	东回廊南端六区下层	
5386	M1Ⅵ：3847	洗	银	1件	完整	东回廊南端六区下层	
5387	M1Ⅵ：3848	洗	银	1件	完整	东回廊南端六区下层	
5388	M1Ⅵ：3849	洗	银	1件	完整	东回廊南端六区下层	
5389	M1Ⅵ：3850	耳杯	漆	1件	残	东回廊南端六区下层	
5390	M1Ⅵ：3851	耳杯	漆	1件	残	东回廊南端六区下层	
5391	M1Ⅵ：3852	耳杯	漆	1件	残	东回廊南端六区下层	
5392	M1Ⅵ：3853	耳杯	漆	1件	残	东回廊南端六区下层	
5393	M1Ⅵ：3854	耳杯	漆	1件	残	东回廊南端六区下层	
5394	M1Ⅵ：3855	耳杯	漆	1件	残	东回廊南端六区下层	
5395	M1Ⅵ：3856	耳杯	漆	1件	残	东回廊南端六区下层	
5396	M1Ⅵ：3857	卮持	铜	1件	完整	东回廊南端六区下层	
5397	M1ⅦA：3858	卮持	铜	1件	完整	东回廊南部七A区下层	
5398	M1ⅦA：3859	卮持	铜	1件	完整	东回廊南部七A区下层	
5399	M1ⅦA：3860	卮持	铜	1件	完整	东回廊南部七A区下层	
5400	M1ⅦA：3861	卮持	铜	1件	完整	东回廊南部七A区下层	
5401	M1Ⅵ：3862	鼎	铜	1套2件	残	东回廊南端六区下层	
5402	M1Ⅵ：3863	锺	铜	1件	完整	东回廊南端六区下层	
5403	M1Ⅵ：3864	锺	铜	1件	完整	东回廊南端六区下层	
5404	M1Ⅵ：3865	钫	铜	1套2件	完整	东回廊南端六区下层	
5405	M1Ⅵ：3866	钫	铜	1套2件	完整	东回廊南端六区下层	
5406	M1Ⅵ：3867	卮	铜	1件	完整	东回廊南端六区下层	
5407	M1Ⅵ：3868	锺	铜	1件	完整	东回廊南端六区下层	

续附表三

序号	器号	器名	质料	数量	现状	位置	备注
5408	M1Ⅵ：3869	盆	铜	1 件	残损严重	东回廊南端六区下层	
5409	M1Ⅵ：3870	盆	铜	1 件	残损严重	东回廊南端六区下层	
5410	M1Ⅵ：3871	匜	铜	1 件	完整	东回廊南端六区下层	
5411	M1Ⅵ：3872	匜	铜	1 件	完整	东回廊南端六区下层	
5412	M1Ⅵ：3874	钫	铜	1 套 2 件	残	东回廊南端六区下层	
5413	M1Ⅵ：3875	瓢	铜	1 件	残	东回廊南端六区下层	
5414	M1Ⅵ：3877	耳杯	石	1 件	残	东回廊南端六区下层	
5415	M1Ⅵ：3878	耳杯	石	1 件	残	东回廊南端六区下层	
5416	M1Ⅵ：3879	耳杯	石	1 件	残	东回廊南端六区下层	
5417	M1Ⅵ：3880	耳杯	铜	1 件	完整	东回廊南端六区下层	
5418	M1Ⅵ：3881	耳杯	铜	1 件	完整	东回廊南端六区下层	
5419	M1Ⅵ：3882	卮	铜	1 件	完整	东回廊南端六区下层	
5420	M1Ⅵ：3883	封泥	泥	1 件	残	东回廊南端六区下层	
5421	M1Ⅵ：3884	锺	铜	1 件	残	东回廊南端六区下层	
5422	M1Ⅵ：3885	匕	铜	1 件	完整	东回廊南端六区上层	
5423	M1Ⅵ：3886	匕	铜	1 件	完整	东回廊南端六区上层	
5424	M1Ⅵ：3887	匕	铜	1 件	残	东回廊南端六区上层	
5425	M1Ⅵ：3888	镦	铜	1 件	残	东回廊南端六区上层	
5426	M1Ⅵ：3889	勺	铜	1 件	完整	东回廊南端六区下层	
5427	M1Ⅵ：3890	勺	铜	1 件	完整	东回廊南端六区下层	
5428	M1Ⅵ：3891	器盖	漆	1 件	残	东回廊南端六区下层	
5429	M1Ⅵ：3892	器盖	漆	1 件	残	东回廊南端六区下层	
5430	M1Ⅵ：3893	器盖	漆	1 件	残	东回廊南端六区下层	
5431	M1Ⅵ：3894	奁	漆	1 套 2 件	残	东回廊南端六区下层	
5432	M1Ⅵ：3895	构件	铜	1 件	残	东回廊南端六区下层	
5433	M1Ⅵ：3897	扣饰	铜	1 件	残	东回廊南端六区下层	
5434	M1Ⅵ：3898	盘	漆	1 件	残	东回廊南端六区下层	
5435	M1Ⅵ：3899	洗	铜	1 件	残	东回廊南端六区下层	
5436	M1Ⅵ：3900	洗	铜	1 件	残	东回廊南端六区下层	
5437	M1Ⅵ：3901	盂	漆	1 件	残	东回廊南端六区下层	
5438	M1Ⅵ：3902	樽	漆	1 件	残	东回廊南端六区下层	
5439	M1ⅦA：3903	奁	漆	1 件	残	东回廊南部七 A 区下层	
5440	M1ⅦA：3904	耳杯	漆	1 件	残	东回廊南部七 A 区下层	
5441	M1ⅦA：3905	樽	漆	1 件	残损严重	东回廊南部七 A 区下层	

续附表三

序号	器号	器名	质料	数量	现状	位置	备注
5442	M1ⅦA：3906	卮持	铜	1件	残	东回廊南部七A区下层	
5443	M1Ⅵ：3908	卮	漆	1件	残	东回廊南端六区下层	
5444	M1ⅦA：3909	炉	铁	1件	锈残	东回廊南部七A区下层	
	M1Ⅵ：3910	卮	漆	1套11件		东回廊南端六区下层	
5445	M1Ⅵ：3910－1	卮	漆	1件	残	东回廊南端六区下层	
5446	M1Ⅵ：3910－2	卮	漆	1件	残	东回廊南端六区下层	
5447	M1Ⅵ：3910－3	卮	漆	1件	残	东回廊南端六区下层	
5448	M1Ⅵ：3910－4	卮	漆	1件	残	东回廊南端六区下层	
5449	M1Ⅵ：3910－5	卮	漆	1件	残	东回廊南端六区下层	
5450	M1Ⅵ：3910－6	卮	漆	1件	残	东回廊南端六区下层	
5451	M1Ⅵ：3910－7	卮	漆	1件	残	东回廊南端六区下层	
5452	M1Ⅵ：3910－8	卮	漆	1件	残	东回廊南端六区下层	
5453	M1Ⅵ：3910－9	卮	漆	1件	残	东回廊南端六区下层	
5454	M1Ⅵ：3910－10	卮	漆	1件	残	东回廊南端六区下层	
5455	M1Ⅵ：3910－11	卮	漆	1件	残	东回廊南端六区下层	
5456	M1ⅦA：3911	樽	漆	1件	残	东回廊南部七A区下层	
	M1Ⅵ：3912	卮	漆	1套11件		东回廊南端六区下层	
5457	M1Ⅵ：3912－1	卮	漆	1件	残	东回廊南端六区下层	
5458	M1Ⅵ：3912－2	卮	漆	1件	残	东回廊南端六区下层	
5459	M1Ⅵ：3912－3	卮	漆	1件	残	东回廊南端六区下层	
5460	M1Ⅵ：3912－4	卮	漆	1件	残	东回廊南端六区下层	
5461	M1Ⅵ：3912－5	卮	漆	1件	残	东回廊南端六区下层	
5462	M1Ⅵ：3912－6	卮	漆	1件	残	东回廊南端六区下层	
5463	M1Ⅵ：3912－7	卮	漆	1件	残	东回廊南端六区下层	
5464	M1Ⅵ：3912－8	卮	漆	1件	残	东回廊南端六区下层	
5465	M1Ⅵ：3912－9	卮	漆	1件	残	东回廊南端六区下层	
5466	M1Ⅵ：3912－10	卮	漆	1件	残	东回廊南端六区下层	
5467	M1Ⅵ：3912－11	卮	漆	1件	残	东回廊南端六区下层	
5468	M1Ⅵ：3913	马衔镳	铜	1件	残	东回廊南端六区上层	
5469	M1ⅦA：3914	轭足饰	铜	1件	残	东回廊南部七A区上层	
5470	M1ⅦA：3915	帽饰	铜	1件	完整	东回廊南部七A区上层	
5471	M1ⅦA：3916	构件	铜	1件	残	东回廊南部七A区上层	
	M1Ⅱ：3917	编钟	铜	1套31件		西回廊南部二区下层	
5472	M1Ⅱ：3917－1	钮钟	铜	1件	完整	西回廊南部二区下层	

续附表三

序号	器号	器名	质料	数量	现状	位置	备注
5473	M1Ⅱ：3917－2	纽钟	铜	1件	完整	西回廊南部二区下层	
5474	M1Ⅱ：3917－3	纽钟	铜	1件	完整	西回廊南部二区下层	
5475	M1Ⅱ：3917－4	纽钟	铜	1件	完整	西回廊南部二区下层	
5476	M1Ⅱ：3917－5	纽钟	铜	1件	完整	西回廊南部二区下层	
5477	M1Ⅱ：3917－6	纽钟	铜	1件	完整	西回廊南部二区下层	
5478	M1Ⅱ：3917－7	纽钟	铜	1件	完整	西回廊南部二区下层	
5479	M1Ⅱ：3917－8	纽钟	铜	1件	完整	西回廊南部二区下层	
5480	M1Ⅱ：3917－9	纽钟	铜	1件	完整	西回廊南部二区下层	
5481	M1Ⅱ：3917－10	纽钟	铜	1件	残	西回廊南部二区下层	
5482	M1Ⅱ：3917－11	纽钟	铜	1件	完整	西回廊南部二区下层	
5483	M1Ⅱ：3917－12	纽钟	铜	1件	完整	西回廊南部二区下层	
5484	M1Ⅱ：3917－13	纽钟	铜	1件	残	西回廊南部二区下层	
5485	M1Ⅱ：3917－14	纽钟	铜	1件	完整	西回廊南部二区下层	
5486	M1Ⅱ：3917－15	甬钟	铜	1件	残	西回廊南部二区下层	
5487	M1Ⅱ：3917－16	甬钟	铜	1件	残	西回廊南部二区下层	
5488	M1Ⅱ：3917－17	甬钟	铜	1件	残	西回廊南部二区下层	
5489	M1Ⅱ：3917－18	甬钟	铜	1件	残	西回廊南部二区下层	
5490	M1Ⅱ：3917－19	甬钟	铜	1件	残	西回廊南部二区下层	
5491	M1Ⅱ：3917－20	编钟架底座（南头）	铜	1件	残	西回廊南部二区下层	
5492	M1Ⅱ：3917－21	编钟架底座（北头）	铜	1件	完整	西回廊南部二区下层	
5493	M1Ⅱ：3917－22	编钟包首	铜	1件	完整	西回廊南部二区下层	
5494	M1Ⅱ：3917－23	编钟包首	铜	1件	完整	西回廊南部二区下层	
5495	M1Ⅱ：3917－24	编钟包首	铜	1件	完整	西回廊南部二区下层	
5496	M1Ⅱ：3917－25	编钟包首	铜	1件	残	西回廊南部二区下层	
5497	M1Ⅱ：3917－26	编钟托架	铜	1件	残	西回廊南部二区下层	
5498	M1Ⅱ：3917－27	编钟托架	铜	1件	残	西回廊南部二区下层	
5499	M1Ⅱ：3917－28	编钟云龙插饰	铜	1套9件	残	西回廊南部二区下层	
5500	M1Ⅱ：3917－29	璧	银	1件	完整	西回廊南部二区下层	
5501	M1Ⅱ：3917－30	璧	银	1件	完整	西回廊南部二区下层	
5502	M1Ⅱ：3917－31	璧	银	1件	完整	西回廊南部二区下层	
	M1ⅢA：3918	编磬	琉璃	1套28件		西回廊中部偏南三A区下层	
5503	M1ⅢA：3918－1	编磬	琉璃	1件	残	西回廊中部偏南三A区下层	

续附表三

序号	器号	器名	质料	数量	现状	位置	备注
5504	M1ⅢA：3918－2	编磬	琉璃	1件	残	西回廊中部偏南三A区下层	
5505	M1ⅢA：3918－3	编磬	琉璃	1件	残	西回廊中部偏南三A区下层	
5506	M1ⅢA：3918－4	编磬	琉璃	1件	残	西回廊中部偏南三A区下层	
5507	M1ⅢA：3918－5	编磬	琉璃	1件	残	西回廊中部偏南三A区下层	
5508	M1ⅢA：3918－6	编磬	琉璃	1件	残	西回廊中部偏南三A区下层	
5509	M1ⅢA：3918－7	编磬	琉璃	1件	残	西回廊中部偏南三A区下层	
5510	M1ⅢA：3918－8	编磬	琉璃	1件	残	西回廊中部偏南三A区下层	
5511	M1ⅢA：3918－9	编磬	琉璃	1件	残	西回廊中部偏南三A区下层	
5512	M1Ⅲ：3918－10	编磬	琉璃	1件	残	西回廊中部偏南三A区下层	
5513	M1ⅢA：3918－11	编磬	琉璃	1件	残	西回廊中部偏南三A区下层	
5514	M1ⅢA：3918－12	编磬	琉璃	1件	残	西回廊中部偏南三A区下层	
5515	M1ⅢA：3918－13	编磬	琉璃	1件	残	西回廊中部偏南三A区下层	
5516	M1ⅢA：3918－14	编磬	琉璃	1件	残	西回廊中部偏南三A区下层	
5517	M1ⅢA：3918－15	编磬	琉璃	1件	残	西回廊中部偏南三A区下层	
5518	M1ⅢA：3918－16	编磬	琉璃	1件	残	西回廊中部偏南三A区下层	
5519	M1ⅢA：3918－17	编磬	琉璃	1件	残	西回廊中部偏南三A区下层	
5520	M1ⅢA：3918－18	编磬	琉璃	1件	残	西回廊中部偏南三A区下层	
5521	M1ⅢA：3918－19	编磬	琉璃	1件	残	西回廊中部偏南三A区下层	
5522	M1ⅢA：3918－20	编磬	琉璃	1件	残	西回廊中部偏南三A区下层	
5523	M1ⅢA：3918－21	磬架底座	铜	1件	残	西回廊中部偏南三A区下层	
5524	M1ⅢA：3918－22	磬架底座	铜	1件	残	西回廊中部偏南三A区下层	
5525	M1ⅢA：3918－23	编磬架包首	铜	1件	残	西回廊中部偏南三A区下层	
5526	M1ⅢA：3918－24	编磬架包首	铜	1件	残	西回廊中部偏南三A区下层	
5527	M1ⅢA：3918－25	编磬云龙插饰	铜	1套9件	残	西回廊中部偏南三A区下层	
5528	M1ⅢA：3918－26	璧	银	1件	完整	西回廊中部偏南三A区下层	
5529	M1ⅢA：3918－27	璧	银	1件	完整	西回廊中部偏南三A区下层	
5530	M1ⅢA：3918－28	璧	银	1件	完整	西回廊中部偏南三A区下层	
5531	M1Ⅱ：3919－1	珠	琉璃	1件	残	西回廊南部二区下层	
5532	M1Ⅱ：3919－2	珠	琉璃	1件	残	西回廊南部二区下层	
5533	M1Ⅱ：3919－3	珠	琉璃	1件	残	西回廊南部二区下层	
5534	M1Ⅱ：3920	镞	铁	1件	锈残	西回廊南部二区上层	
5535	M1Ⅱ：3921	马衔镳	铜	1套3件	残	西回廊南部二区上层	与M1Ⅱ：133为一套
5536	M1Ⅱ：3922	节约	铜	1件	残	西回廊南部二区上层	

续附表三

序号	器号	器名	质料	数量	现状	位置	备注
5537	M1Ⅱ:3923	泡饰	铜	1件	完整	西回廊南部二区上层	
5538	M1Ⅱ:3924	带扣	铜	1件	残	西回廊南部二区上层	
5539	M1Ⅱ:3925	盖弓帽	铜	1件	残	西回廊南部二区上层	
5540	M1Ⅱ:3926	盖弓帽	铜	1件	残	西回廊南部二区上层	
5541	M1Ⅱ:3927	盖弓帽	铜	1件	完整	西回廊南部二区上层	
5542	M1Ⅱ:3928	衡末	铜	1件	残	西回廊南部二区上层	
5543	M1Ⅱ:3929	环	铜	1件	残	西回廊南部二区上层	
5544	M1ⅢA:3930	盖弓帽	铜	1件	完整	西回廊中部偏南三A区上层	
5545	M1ⅢA:3931	带扣	铜	1件	残	西回廊中部偏南三A区上层	
5546	M1ⅢA:3932	辖	铜	1件	残	西回廊中部偏南三A区上层	
5547	M1ⅢA:3933	钩	铜	1件	残	西回廊中部偏南三A区上层	
5548	M1Ⅵ:3934	奁	漆	1套11件	残	东回廊南端六区下层	
5549	M1ⅦA:3935	卮持	铜	1件	完整	东回廊南部七A区下层	
5550	M1ⅢA:3936	镦	铜	1件	残	西回廊中部偏南三A区上层	
5551	M1ⅢA:3937	马衔镳	铜	1套3件	残	西回廊中部偏南三A区上层	
5552	M1ⅢA:3938	节约	铜	1件	残	西回廊中部偏南三A区上层	
5553	M1ⅢA:3939	马衔镳	铜	1套3件	残	西回廊中部偏南三A区上层	
5554	M1ⅢA:3940	盖弓帽	铜	1件	完整	西回廊中部偏南三A区上层	
5555	M1ⅢA:3941	盖弓帽	铜	1件	残	西回廊中部偏南三A区上层	
5556	M1ⅢA:3942	节约	铜	1件	残	西回廊中部偏南三A区上层	
5557	M1ⅢA:3943	环	铜	1件	完整	西回廊中部偏南三A区上层	
5558	M1ⅢA:3944	盖弓帽	铜	1件	残	西回廊中部偏南三A区上层	
5559	M1ⅢA:3945	节约	铜	1件	残	西回廊中部偏南三A区上层	
5560	M1ⅢA:3946	衡末	铜	1件	完整	西回廊中部偏南三A区上层	
5561	M1ⅢA:3947	盖弓帽	铜	1件	残	西回廊中部偏南三A区上层	
5562	M1ⅢA:3948-1	弹丸	泥	1件	完整	西回廊中部偏南三A区上层	
5563	M1ⅢA:3948-2	弹丸	泥	1件	完整	西回廊中部偏南三A区上层	
5564	M1ⅢA:3948-3	弹丸	泥	1件	完整	西回廊中部偏南三A区上层	
5565	M1ⅢA:3948-4	弹丸	泥	1件	完整	西回廊中部偏南三A区上层	
5566	M1ⅢA:3948-5	弹丸	泥	1件	完整	西回廊中部偏南三A区上层	
5567	M1ⅢA:3948-6	弹丸	泥	1件	完整	西回廊中部偏南三A区上层	
5568	M1ⅢA:3948-7	弹丸	泥	1件	完整	西回廊中部偏南三A区上层	
5569	M1ⅢA:3948-8	弹丸	泥	1件	完整	西回廊中部偏南三A区上层	
5570	M1ⅢA:3948-9	弹丸	泥	1件	完整	西回廊中部偏南三A区上层	

续附表三

序号	器号	器名	质料	数量	现状	位置	备注
5571	M1ⅢA：3948－10	弹丸	泥	1件	完整	西回廊中部偏南三A区上层	
5572	M1ⅢA：3948－11	弹丸	泥	1件	完整	西回廊中部偏南三A区上层	
5573	M1ⅢA：3948－12	弹丸	泥	1件	完整	西回廊中部偏南三A区上层	
5574	M1ⅢA：3948－13	弹丸	泥	1件	完整	西回廊中部偏南三A区上层	
5575	M1ⅢA：3948－14	弹丸	泥	1件	完整	西回廊中部偏南三A区上层	
5576	M1ⅢA：3948－15	弹丸	泥	1件	完整	西回廊中部偏南三A区上层	
5577	M1ⅢA：3948－16	弹丸	泥	1件	完整	西回廊中部偏南三A区上层	
5578	M1ⅢA：3948－17	弹丸	泥	1件	完整	西回廊中部偏南三A区上层	
5579	M1ⅢA：3948－18	弹丸	泥	1件	完整	西回廊中部偏南三A区上层	
5580	M1ⅢA：3948－19	弹丸	泥	1件	完整	西回廊中部偏南三A区上层	
5581	M1ⅢA：3948－20	弹丸	泥	1件	完整	西回廊中部偏南三A区上层	
5582	M1Ⅰ：3949	器盖	铜	1件	残	西回廊南端一区下层	
	M1Ⅵ：3951	铺首	铜	1套8件		东回廊南端六区下层	
5583	M1Ⅵ：3951－1	铺首	铜	1件	残	东回廊南端六区下层	
5584	M1Ⅵ：3951－2	铺首	铜	1件	残	东回廊南端六区下层	
5585	M1Ⅵ：3951－3	铺首	铜	1件	完整	东回廊南端六区下层	
5586	M1Ⅵ：3951－4	铺首	铜	1件	残	东回廊南端六区下层	
5587	M1Ⅵ：3951－5	铺首	铜	1件	残	东回廊南端六区下层	
5588	M1Ⅵ：3951－6	铺首	铜	1件	完整	东回廊南端六区下层	
5589	M1Ⅵ：3951－7	铺首	铜	1件	残	东回廊南端六区下层	
5590	M1Ⅵ：3951－8	铺首	铜	1件	残	东回廊南端六区下层	
5591	M1Ⅵ：3954	盘	漆	1件	残	东回廊南端六区下层	
5592	M1Ⅵ：3955	器座	铜	1件	完整	东回廊南端六区下层	
5593	M1Ⅵ：3956	器座	铜	1件	完整	东回廊南端六区下层	
5594	M1Ⅵ：3957	器座	铜	1件	完整	东回廊南端六区下层	
5595	M1Ⅵ：3958	器座	铜	1件	完整	东回廊南端六区下层	
5596	M1Ⅵ：3959	器座	铜	1件	完整	东回廊南端六区下层	
5597	M1Ⅵ：3960	器座	铜	1件	完整	东回廊南端六区下层	
5598	M1Ⅵ：3961	器座	铜	1件	残	东回廊南端六区下层	
5599	M1Ⅵ：3962	封泥	泥	1件	残	东回廊南端六区下层	
5600	M1Ⅵ：3963	盖弓帽	铜	1件	残	东回廊南端六区上层	
5601	M1Ⅵ：3964	盖弓帽	铜	1件	残	东回廊南端六区上层	
5602	M1Ⅵ：3965	节约	铜	1件	残	东回廊南端六区上层	
5603	M1Ⅵ：3966	马衔镳	铜	1套3件	残	东回廊南端六区上层	与M1Ⅵ：2001为一套

续附表三

序号	器号	器名	质料	数量	现状	位置	备注
5604	M1Ⅵ：3967	鸠首柱形器	铜	1 件	残	东回廊南端六区下层	
5605	M1Ⅵ：3968	鸠首柱形器	铜	1 件	残	东回廊南端六区下层	
5606	M1Ⅵ：3969	鼎	釉陶	1 套 2 件	残	东回廊南端六区下层	
5607	M1Ⅵ：3970	鼎	釉陶	1 套 2 件	残	东回廊南端六区下层	
5608	M1Ⅵ：3971	鼎	釉陶	1 套 2 件	残	东回廊南端六区下层	
5609	M1Ⅵ：3972	鼎	釉陶	1 套 2 件	残	东回廊南端六区下层	
5610	M1Ⅵ：3973	鼎	釉陶	1 套 2 件	残	东回廊南端六区下层	
5611	M1Ⅵ：3974	鼎	釉陶	1 套 2 件	残	东回廊南端六区下层	
5612	M1Ⅵ：3975	鼎	釉陶	1 套 2 件	残	东回廊南端六区下层	
5613	M1Ⅵ：3976	鼎	釉陶	1 套 2 件	残	东回廊南端六区下层	
5614	M1Ⅵ：3977	鼎	釉陶	1 套 2 件	残	东回廊南端六区下层	
5615	M1Ⅵ：3978	鼎	釉陶	1 套 2 件	残	东回廊南端六区下层	
5616	M1Ⅵ：3979	鼎	釉陶	1 套 2 件	残	东回廊南端六区下层	
5617	M1Ⅵ：3980	盘	银	1 件	完整	东回廊南端六区下层	
5618	M1Ⅵ：3981	盘	银	1 件	完整	东回廊南端六区下层	
5619	M1Ⅵ：3983	鼎	釉陶	1 套 2 件	残	东回廊南端六区下层	
5620	M1Ⅵ：3984	鼎	釉陶	1 套 2 件	残	东回廊南端六区下层	
5621	M1Ⅵ：3985	鼎	釉陶	1 套 2 件	残	东回廊南端六区下层	
5622	M1Ⅵ：3986	鼎	釉陶	1 套 2 件	残	东回廊南端六区下层	
5623	M1Ⅵ：3987	鼎	釉陶	1 套 2 件	残	东回廊南端六区下层	
5624	M1Ⅵ：3989	剑	铁	1 件	锈残	东回廊南端六区上层	
5625	M1ⅦA：3992	环	铜	1 件	完整	东回廊南部七 A 区上层	
5626	M1ⅦA：3993	节约	铜	1 件	完整	东回廊南部七 A 区上层	
5627	M1ⅦA：3994	镦	铜	1 件	完整	东回廊南部七 A 区上层	
5628	M1ⅦA：3995	镦	铜	1 件	残	东回廊南部七 A 区上层	
5629	M1ⅦA：3996	节约	铜	1 件	残	东回廊南部七 A 区上层	
5630	M1ⅦA：3997	盖弓帽	铜	1 件	残	东回廊南部七 A 区上层	
5631	M1ⅦA：3998	盖弓帽	铜	1 件	残	东回廊南部七 A 区上层	
5632	M1ⅦA：3999	盖弓帽	铜	1 件	残	东回廊南部七 A 区上层	
5633	M1Ⅱ：4000	环	铜	1 件	完整	西回廊南部二区上层	
5634	M1Ⅱ：4001	盖弓帽	铜	1 件	残	西回廊南部二区上层	
5635	M1ⅢA：4002	盖弓帽	铜	1 件	残	西回廊中部偏南三 A 区上层	
5636	M1ⅢA：4004	盖弓帽	铜	1 件	残	西回廊中部偏南三 A 区上层	
5637	M1ⅢA：4005	盖弓帽	铜	1 件	完整	西回廊中部偏南三 A 区上层	

续附表三

序号	器号	器名	质料	数量	现状	位置	备注
5638	M1ⅢA：4006	盖弓帽	铜	1件	残	西回廊中部偏南三A区上层	
5639	M1ⅢA：4007	环	铜	1件	完整	西回廊中部偏南三A区上层	
5640	M1ⅢA：4008	戟	铁	1件	锈残	西回廊中部偏南三A区上层	
5641	M1ⅢA：4009	弹丸	泥	1件	完整	西回廊中部偏南三A区上层	
5642	M1ⅢA：4010	镦	铜	1件	完整	西回廊中部偏南三A区上层	
5643	M1ⅢA：4011	马衔镳	铜	1套3件	残	西回廊中部偏南三A区上层	与M1ⅢA：460为一套
5644	M1ⅢA：4012	节约	铜	1件	残	西回廊中部偏南三A区上层	
5645	M1ⅢA：4013	节约	铜	1件	完整	西回廊中部偏南三A区上层	
5646	M1ⅢA：4014	节约	铜	1件	残	西回廊中部偏南三A区上层	
5647	M1ⅢA：4015	节约	铜	1件	残	西回廊中部偏南三A区上层	
5648	M1ⅢA：4016	环	铜	1件	完整	西回廊中部偏南三A区上层	
5649	M1ⅢA：4017	环	铜	1件	残	西回廊中部偏南三A区上层	
5650	M1ⅢA：4018	环	铜	1件	残	西回廊中部偏南三A区上层	
5651	M1Ⅱ：4019	带扣	铜	1件	残	西回廊南部二区上层	
5652	M1Ⅱ：4020	节约	铜	1件	残	西回廊南部二区上层	
5653	M1Ⅱ：4021	节约	铜	1件	完整	西回廊南部二区上层	
5654	M1Ⅱ：4022	节约	铜	1件	完整	西回廊南部二区上层	
5655	M1Ⅱ：4023	节约	铜	1件	完整	西回廊南部二区上层	
5656	M1Ⅱ：4024	环	铜	1件	完整	西回廊南部二区上层	
5657	M1Ⅱ：4025	环	铜	1件	完整	西回廊南部二区上层	
5658	M1Ⅱ：4026	环	铜	1件	残	西回廊南部二区上层	
5659	M1Ⅱ：4027	环	铜	1件	残	西回廊南部二区上层	
5660	M1Ⅱ：4028	马衔镳	铜	1套3件	残	西回廊南部二区上层	与M1Ⅱ：750为一套
5661	M1ⅢA：4030	衡末	铜	1件	完整	西回廊中部偏南三A区上层	
5662	M1ⅢA：4031	带扣	铜	1件	残	西回廊中部偏南三A区上层	
5663	M1ⅢA：4032	盖弓帽	铜	1件	完整	西回廊中部偏南三A区上层	
5664	M1ⅢA：4033	节约	铜	1件	完整	西回廊中部偏南三A区上层	
5665	M1ⅢA：4034	节约	铜	1件	完整	西回廊中部偏南三A区上层	
5666	M1ⅢA：4035	节约	铜	1件	完整	西回廊中部偏南三A区上层	
5667	M1ⅢA：4036	节约	铜	1件	完整	西回廊中部偏南三A区上层	
5668	M1ⅢA：4037	环	铜	1件	完整	西回廊中部偏南三A区上层	
5669	M1ⅢA：4038	环	铜	1件	完整	西回廊中部偏南三A区上层	

续附表三

序号	器号	器名	质料	数量	现状	位置	备注
5670	M1ⅢA：4039	镞	铜	1件	完整	西回廊中部偏南三A区上层	
5671	M1ⅢA：4040	盖弓帽	铜	1件	残	西回廊中部偏南三A区上层	
5672	M1ⅢA：4041	环	铜	1件	完整	西回廊中部偏南三A区上层	
5673	M1ⅢA：4042	环	铜	1件	完整	西回廊中部偏南三A区上层	
5674	M1ⅢA：4043	环	铜	1件	残	西回廊中部偏南三A区上层	
5675	M1ⅢA：4044	轙	铜	1件	完整	西回廊中部偏南三A区上层	
5676	M1ⅢA：4045	衡末	铜	1件	完整	西回廊中部偏南三A区上层	
5677	M1ⅢA：4046	节约	铜	1件	完整	西回廊中部偏南三A区上层	
5678	M1ⅣB：4047	节约	铜	1件	完整	西回廊北部四B区下层	
5679	M1ⅣB：4048	节约	铜	1件	完整	西回廊北部四B区下层	
5680	M1ⅣB：4049	节约	铜	1件	完整	西回廊北部四B区下层	
5681	M1ⅣB：4050	节约	铜	1件	完整	西回廊北部四B区下层	
5682	M1ⅣB：4051	节约	铜	1件	完整	西回廊北部四B区下层	
5683	M1ⅣB：4052	节约	铜	1件	完整	西回廊北部四B区下层	
5684	M1ⅣB：4053	节约	铜	1件	完整	西回廊北部四B区下层	
5685	M1ⅣB：4054	节约	铜	1件	完整	西回廊北部四B区下层	
5686	M1ⅣB：4055	马衔镳	铜	1件	残	西回廊北部四B区下层	与M1ⅣB：2884为一套
5687	M1ⅣB：4057	带扣	铜	1件	完整	西回廊北部四B区下层	
5688	M1ⅣB：4058	衡末	铜	1件	完整	西回廊北部四B区下层	
5689	M1ⅣB：4059	节约	铜	1件	残	西回廊北部四B区下层	
5690	M1ⅢB：4060－1	珠	琉璃	1件	残	西回廊中部三B区下层	
5691	M1ⅢB：4060－2	珠	琉璃	1件	残	西回廊中部三B区下层	
5692	M1ⅢB：4060－3	珠	琉璃	1件	残	西回廊中部三B区下层	
5693	M1ⅢB：4060－4	珠	琉璃	1件	残	西回廊中部三B区下层	
5694	M1ⅢB：4060－5	珠	琉璃	1件	残	西回廊中部三B区下层	
5695	M1ⅢB：4060－6	珠	琉璃	1件	残损严重	西回廊中部三B区下层	
5696	M1ⅢB：4060－7	珠	琉璃	1件	残	西回廊中部三B区下层	
5697	M1ⅢB：4060－8	珠	琉璃	1件	残	西回廊中部三B区下层	
5698	M1ⅢB：4061－1	珠	琉璃	1件	残	西回廊中部三B区下层	
5699	M1ⅢB：4061－2	珠	琉璃	1件	残	西回廊中部三B区下层	
5700	M1ⅢB：4061－3	珠	琉璃	1件	残	西回廊中部三B区下层	
5701	M1ⅢB：4061－4	珠	琉璃	1件	残	西回廊中部三B区下层	
5702	M1ⅢB：4061－5	珠	琉璃	1件	残	西回廊中部三B区下层	

续附表三

序号	器号	器名	质料	数量	现状	位置	备注
5703	M1ⅢB∶4061 – 6	珠	琉璃	1 件	残	西回廊中部三 B 区下层	
5704	M1ⅢB∶4061 – 7	珠	琉璃	1 件	残	西回廊中部三 B 区下层	
5705	M1ⅢB∶4061 – 8	珠	琉璃	1 件	残	西回廊中部三 B 区下层	
5706	M1ⅢB∶4061 – 9	珠	琉璃	1 件	残	西回廊中部三 B 区下层	
5707	M1ⅢB∶4061 – 10	珠	琉璃	1 件	残	西回廊中部三 B 区下层	
5708	M1ⅢB∶4061 – 11	珠	琉璃	1 件	残	西回廊中部三 B 区下层	
5709	M1ⅢB∶4061 – 12	珠	琉璃	1 件	残	西回廊中部三 B 区下层	
5710	M1ⅢB∶4061 – 13	珠	琉璃	1 件	残	西回廊中部三 B 区下层	
5711	M1ⅢB∶4061 – 14	珠	琉璃	1 件	残	西回廊中部三 B 区下层	
5712	M1ⅢB∶4061 – 15	珠	琉璃	1 件	残	西回廊中部三 B 区下层	
5713	M1ⅢB∶4061 – 16	珠	琉璃	1 件	残	西回廊中部三 B 区下层	
5714	M1ⅢB∶4061 – 17	珠	琉璃	1 件	残	西回廊中部三 B 区下层	
5715	M1ⅢB∶4061 – 18	珠	琉璃	1 件	残	西回廊中部三 B 区下层	
5716	M1ⅢB∶4061 – 19	珠	琉璃	1 件	残	西回廊中部三 B 区下层	
5717	M1ⅢB∶4061 – 20	珠	琉璃	1 件	残	西回廊中部三 B 区下层	
5718	M1ⅢB∶4061 – 21	珠	琉璃	1 件	残	西回廊中部三 B 区下层	
5719	M1ⅢB∶4062	瑟枘	铜	1 件	残	西回廊中部三 B 区下层	
5720	M1ⅢB∶4063	瑟枘	铜	1 件	完整	西回廊中部三 B 区下层	
5721	M1ⅢB∶4064	瑟枘	铜	1 件	残	西回廊中部三 B 区下层	
5722	M1ⅢA∶4065	瑟枘	铜	1 件	残	西回廊中部偏南三 A 区下层	
5723	M1ⅢA∶4066	瑟枘	铜	1 件	残	西回廊中部偏南三 A 区下层	
5724	M1ⅢA∶4067	瑟枘	铜	1 件	残	西回廊中部偏南三 A 区下层	
5725	M1ⅢA∶4068	瑟柱	玉	1 件	完整	西回廊中部偏南三 A 区下层	
5726	M1ⅢA∶4069	瑟柱	玉	1 件	完整	西回廊中部偏南三 A 区下层	
5727	M1ⅢA∶4070	瑟柱	玉	1 件	完整	西回廊中部偏南三 A 区下层	
5728	M1ⅢA∶4071	瑟柱	玉	1 件	完整	西回廊中部偏南三 A 区下层	
5729	M1ⅢA∶4072 – 1	珠	琉璃	1 件	残损严重	西回廊中部偏南三 A 区下层	
5730	M1ⅢA∶4072 – 2	珠	琉璃	1 件	残	西回廊中部偏南三 A 区下层	
5731	M1ⅢA∶4072 – 3	珠	琉璃	1 件	残	西回廊中部偏南三 A 区下层	
5732	M1ⅢA∶4072 – 4	珠	琉璃	1 件	残	西回廊中部偏南三 A 区下层	
5733	M1ⅢA∶4072 – 5	珠	琉璃	1 件	残	西回廊中部偏南三 A 区下层	
5734	M1ⅢA∶4072 – 6	珠	琉璃	1 件	残	西回廊中部偏南三 A 区下层	
5735	M1ⅢA∶4072 – 7	珠	琉璃	1 件	残	西回廊中部偏南三 A 区下层	
5736	M1ⅢA∶4072 – 8	珠	琉璃	1 件	残	西回廊中部偏南三 A 区下层	

续附表三

序号	器号	器名	质料	数量	现状	位置	备注
5737	M1ⅢA：4072－9	珠	琉璃	1件	残	西回廊中部偏南三A区下层	
5738	M1ⅢA：4072－10	珠	琉璃	1件	残	西回廊中部偏南三A区下层	
5739	M1ⅢA：4072－11	珠	琉璃	1件	残	西回廊中部偏南三A区下层	
5740	M1ⅢA：4072－12	珠	琉璃	1件	残	西回廊中部偏南三A区下层	
5741	M1ⅢA：4072－13	珠	琉璃	1件	残	西回廊中部偏南三A区下层	
5742	M1ⅢA：4072－14	珠	琉璃	1件	残	西回廊中部偏南三A区下层	
5743	M1ⅢA：4072－15	珠	琉璃	1件	残	西回廊中部偏南三A区下层	
5744	M1ⅢA：4072－16	珠	琉璃	1件	残	西回廊中部偏南三A区下层	
5745	M1ⅢA：4072－17	珠	琉璃	1件	残	西回廊中部偏南三A区下层	
5746	M1ⅢA：4072－18	珠	琉璃	1件	残	西回廊中部偏南三A区下层	
5747	M1ⅢA：4073	瑟枘	玉	1件	残	西回廊中部偏南三A区下层	
5748	M1ⅢA：4074	瑟枘	玉	1件	残	西回廊中部偏南三A区下层	
5749	M1ⅢA：4075	瑟枘	玉	1件	残	西回廊中部偏南三A区下层	
5750	M1ⅢA：4076	瑟枘	玉	1件	残	西回廊中部偏南三A区下层	
5751	M1ⅢA：4077－1	珠	琉璃	1件	残	西回廊中部偏南三A区下层	
5752	M1ⅢA：4077－2	珠	琉璃	1件	残	西回廊中部偏南三A区下层	
5753	M1ⅢA：4078	箔饰	金	1件	残	西回廊中部偏南三A区下层	
5754	M1ⅢA：4079	残器	漆	1件	残损严重	西回廊中部偏南三A区下层	
5755	M1ⅢA：4080－1	珠	琉璃	1件	残	西回廊中部偏南三A区下层	
5756	M1ⅢA：4080－2	珠	琉璃	1件	残损严重	西回廊中部偏南三A区下层	
5757	M1ⅢA：4080－3	珠	琉璃	1件	残	西回廊中部偏南三A区下层	
5758	M1ⅢA：4080－4	珠	琉璃	1件	残	西回廊中部偏南三A区下层	
5759	M1ⅢA：4080－5	珠	琉璃	1件	残	西回廊中部偏南三A区下层	
5760	M1ⅢA：4080－6	珠	琉璃	1件	残	西回廊中部偏南三A区下层	
5761	M1ⅢA：4080－7	珠	琉璃	1件	残	西回廊中部偏南三A区下层	
5762	M1ⅢA：4080－8	珠	琉璃	1件	残损严重	西回廊中部偏南三A区下层	
5763	M1ⅢA：4082－1	珠	琉璃	1件	残	西回廊中部偏南三A区下层	
5764	M1ⅢA：4082－2	珠	琉璃	1件	残	西回廊中部偏南三A区下层	
5765	M1ⅢA：4082－3	珠	琉璃	1件	残	西回廊中部偏南三A区下层	
5766	M1ⅢA：4082－4	珠	琉璃	1件	残	西回廊中部偏南三A区下层	
5767	M1ⅢA：4082－5	珠	琉璃	1件	残	西回廊中部偏南三A区下层	
5768	M1ⅢA：4082－6	珠	琉璃	1件	残	西回廊中部偏南三A区下层	
5769	M1ⅢA：4082－7	珠	琉璃	1件	残	西回廊中部偏南三A区下层	
5770	M1ⅢA：4082－8	珠	琉璃	1件	残	西回廊中部偏南三A区下层	

续附表三

序号	器号	器名	质料	数量	现状	位置	备注
5771	M1ⅢA：4082-9	珠	琉璃	1件	残	西回廊中部偏南三A区下层	
5772	M1ⅢA：4082-10	珠	琉璃	1件	残损严重	西回廊中部偏南三A区下层	
5773	M1ⅢA：4083	编磬	琉璃	1件	残	西回廊中部偏南三A区下层	
5774	M1ⅢA：4084	编磬	琉璃	1件	残	西回廊中部偏南三A区下层	
5775	M1Ⅱ：4085-1	珠	琉璃	1件	残损严重	西回廊南部二区下层	
5776	M1Ⅱ：4085-2	珠	琉璃	1件	残	西回廊南部二区下层	
5777	M1Ⅱ：4085-3	珠	琉璃	1件	残损严重	西回廊南部二区下层	
5778	M1Ⅱ：4085-4	珠	琉璃	1件	残	西回廊南部二区下层	
5779	M1Ⅱ：4085-5	珠	琉璃	1件	残	西回廊南部二区下层	
5780	M1Ⅱ：4085-6	珠	琉璃	1件	残损严重	西回廊南部二区下层	
5781	M1Ⅱ：4085-7	珠	琉璃	1件	残	西回廊南部二区下层	
5782	M1Ⅱ：4085-8	珠	琉璃	1件	残损严重	西回廊南部二区下层	
5783	M1Ⅱ：4085-9	珠	琉璃	1件	残	西回廊南部二区下层	
5784	M1Ⅱ：4085-10	珠	琉璃	1件	残	西回廊南部二区下层	
5785	M1Ⅰ：4086	编磬	琉璃	1件	残	西回廊南端一区下层	
5786	M1Ⅰ：4087	钉	铁	1件	锈残	西回廊南端一区下层	
5787	M1ⅢA：4090	车軎	铜	1件	完整	西回廊中部偏南三A区上层	
5788	M1ⅢA：4091	带扣	铜	1件	残	西回廊中部偏南三A区上层	
5789	M1ⅢA：4093	节约	铜	1件	残	西回廊中部偏南三A区上层	
5790	M1ⅢA：4094	衡末	铜	1件	残	西回廊中部偏南三A区上层	
5791	M1ⅢA：4095	盖弓帽	铜	1件	残	西回廊中部偏南三A区上层	
5792	M1ⅢA：4096	盖弓帽	铜	1件	残	西回廊中部偏南三A区上层	
5793	M1ⅢA：4097	盖弓帽	铜	1件	残	西回廊中部偏南三A区上层	
5794	M1ⅢA：4098	盖弓帽	铜	1件	完整	西回廊中部偏南三A区上层	
5795	M1ⅢA：4099	镦	铜	1件	完整	西回廊中部偏南三A区上层	
5796	M1Ⅵ：4100	鼎	釉陶	1套2件	残	东回廊南端六区下层	
5797	M1Ⅵ：4101	鼎	釉陶	1套2件	残	东回廊南端六区下层	
5798	M1Ⅵ：4102	卮持	铜	1件	残	东回廊南端六区下层	
5799	M1Ⅵ：4103	卮持	铜	1件	完整	东回廊南端六区下层	
5800	M1Ⅵ：4104	鼎	釉陶	1套2件	残	东回廊南端六区下层	
5801	M1Ⅵ：4105	鼎	釉陶	1套2件	残	东回廊南端六区下层	
5802	M1Ⅵ：4106	鼎	釉陶	1套2件	残	东回廊南端六区下层	
5803	M1ⅦA：4107	鼎	釉陶	1套2件	残	东回廊南部七A区下层	
5804	M1ⅦA：4108	罐	釉陶	1套2件	残	东回廊南部七A区下层	

续附表三

序号	器号	器名	质料	数量	现状	位置	备注
5805	M1ⅦA：4109	罐	釉陶	1套2件	残	东回廊南部七A区下层	
5806	M1ⅦA：4110	鼎	釉陶	1套2件	残	东回廊南部七A区下层	
5807	M1ⅦA：4111	鼎	釉陶	1套2件	残	东回廊南部七A区下层	
5808	M1ⅦA：4112	罐	釉陶	1件	残	东回廊南部七A区下层	
5809	M1ⅦA：4113	罐	釉陶	1件	残	东回廊南部七A区下层	
5810	M1ⅦA：4114	罐	釉陶	1套2件	残	东回廊南部七A区下层	
5811	M1ⅦA：4115	罐	釉陶	1套2件	残	东回廊南部七A区下层	
5812	M1ⅦA：4116	罐	釉陶	1套2件	残	东回廊南部七A区下层	
5813	M1ⅦA：4117	罐	釉陶	1套2件	残	东回廊南部七A区下层	
5814	M1ⅦA：4118	鼎	釉陶	1套2件	残	东回廊南部七A区下层	
5815	M1ⅦA：4119	鼎	釉陶	1套2件	残	东回廊南部七A区下层	
5816	M1ⅦA：4120	鼎	釉陶	1套2件	残	东回廊南部七A区下层	
5817	M1ⅦA：4122	鼎	釉陶	1套2件	残	东回廊南部七A区下层	
5818	M1ⅦB：4123	罐	釉陶	1套2件	残	东回廊中部偏南七B区下层	
5819	M1ⅦB：4124	罐	釉陶	1套2件	残	东回廊中部偏南七B区下层	
5820	M1ⅦB：4125	罐	釉陶	1套2件	残	东回廊中部偏南七B区下层	
5821	M1ⅦB：4126	罐	釉陶	1套2件	残	东回廊中部偏南七B区下层	
5822	M1ⅦB：4127	罐	釉陶	1套2件	残	东回廊中部偏南七B区下层	
5823	M1ⅦB：4128	罐	釉陶	1套2件	残	东回廊中部偏南七B区下层	
5824	M1ⅦB：4129	罐	釉陶	1套2件	残	东回廊中部偏南七B区下层	
5825	M1ⅦB：4130	罐	釉陶	1套2件	残	东回廊中部偏南七B区下层	
5826	M1ⅦB：4131	罐	釉陶	1套2件	残	东回廊中部偏南七B区下层	
5827	M1ⅦB：4132	罐	釉陶	1套2件	残	东回廊中部偏南七B区下层	
5828	M1ⅦB：4133	罐	釉陶	1套2件	残	东回廊中部偏南七B区下层	
5829	M1ⅦB：4134	罐	釉陶	1套2件	残	东回廊中部偏南七B区下层	
5830	M1ⅦA：4135	罐	釉陶	1套2件	残	东回廊南部七A区下层	
5831	M1ⅦB：4136	罐	釉陶	1套2件	残	东回廊中部偏南七B区下层	
5832	M1ⅦA：4137	罐	釉陶	1套2件	残	东回廊南部七A区下层	
5833	M1ⅦB：4138	罐	釉陶	1套2件	残	东回廊中部偏南七B区下层	
5834	M1ⅦB：4139	罐	釉陶	1套2件	残	东回廊中部偏南七B区下层	
5835	M1ⅦB：4140	罐	釉陶	1件	残	东回廊中部偏南七B区下层	
5836	M1ⅦB：4141	罐	釉陶	1套2件	残	东回廊中部偏南七B区下层	
5837	M1ⅦB：4142	罐	釉陶	1套2件	残	东回廊中部偏南七B区下层	
5838	M1ⅦB：4143	罐	灰陶	1件	残	东回廊中部偏南七B区下层	

续附表三

序号	器号	器名	质料	数量	现状	位置	备注
5839	M1ⅦB：4144	鼎	釉陶	1套2件	残	东回廊中部偏南七B区下层	
5840	M1ⅦB：4145	罐	釉陶	1套2件	残	东回廊中部偏南七B区下层	
5841	M1ⅦB：4146	罐	釉陶	1套2件	残	东回廊中部偏南七B区下层	
5842	M1ⅦB：4147	罐	釉陶	1套2件	残	东回廊中部偏南七B区下层	
5843	M1ⅦB：4148	罐	釉陶	1套2件	残	东回廊中部偏南七B区下层	
5844	M1ⅦB：4149	罐	釉陶	1套2件	残	东回廊中部偏南七B区下层	
5845	M1ⅦB：4150	罐	釉陶	1套2件	残	东回廊中部偏南七B区下层	
5846	M1ⅦB：4151	罐	釉陶	1套2件	残	东回廊中部偏南七B区下层	
5847	M1ⅦB：4152	罐	釉陶	1套2件	残	东回廊中部偏南七B区下层	
5848	M1ⅦB：4153	罐	釉陶	1套2件	完整	东回廊中部偏南七B区下层	
5849	M1ⅦB：4154	罐	釉陶	1套2件	残	东回廊中部偏南七B区下层	
5850	M1ⅦB：4155	罐	釉陶	1套2件	残	东回廊中部偏南七B区下层	
5851	M1ⅦB：4156	罐	釉陶	1套2件	残	东回廊中部偏南七B区下层	
5852	M1ⅦB：4157	罐	釉陶	1套2件	残	东回廊中部偏南七B区下层	
5853	M1ⅦB：4158	罐	釉陶	1套2件	残	东回廊中部偏南七B区下层	
5854	M1ⅦB：4159	罐	釉陶	1套2件	残	东回廊中部偏南七B区下层	
5855	M1ⅦB：4160	罐	釉陶	1件	残	东回廊中部偏南七B区下层	
5856	M1ⅦB：4161	罐	釉陶	1套2件	残	东回廊中部偏南七B区下层	
5857	M1ⅦB：4162	罐	釉陶	1套2件	残	东回廊中部偏南七B区下层	
5858	M1ⅦB：4163	罐	釉陶	1套2件	残	东回廊中部偏南七B区下层	
5859	M1ⅦB：4164	罐	釉陶	1套2件	残	东回廊中部偏南七B区下层	
5860	M1ⅦB：4165	罐	釉陶	1套2件	残	东回廊中部偏南七B区下层	
5861	M1ⅦB：4166	罐	釉陶	1套2件	残	东回廊中部偏南七B区下层	
5862	M1ⅦB：4167	罐	釉陶	1套2件	残	东回廊中部偏南七B区下层	
5863	M1ⅦB：4168	罐	釉陶	1套2件	残	东回廊中部偏南七B区下层	
5864	M1ⅦB：4169	罐	釉陶	1套2件	残	东回廊中部偏南七B区下层	
5865	M1ⅦB：4170	罐	釉陶	1套2件	残	东回廊中部偏南七B区下层	
5866	M1ⅦB：4171	罐	釉陶	1套2件	残	东回廊中部偏南七B区下层	
5867	M1ⅦB：4172	罐	釉陶	1套2件	残	东回廊中部偏南七B区下层	
5868	M1ⅦB：4173	罐	釉陶	1套2件	残	东回廊中部偏南七B区下层	
5869	M1ⅦB：4174	罐	灰陶	1件	残	东回廊中部偏南七B区下层	
5870	M1ⅦB：4175	罐	釉陶	1套2件	残	东回廊中部偏南七B区下层	
5871	M1ⅦB：4176	罐	釉陶	1套2件	残	东回廊中部偏南七B区下层	
5872	M1ⅦB：4177	罐	釉陶	1套2件	残	东回廊中部偏南七B区下层	

续附表三

序号	器号	器名	质料	数量	现状	位置	备注
5873	M1ⅦB：4178	罐	釉陶	1套2件	残	东回廊中部偏南七B区下层	
5874	M1ⅦB：4179	罐	釉陶	1套2件	残	东回廊中部偏南七B区下层	
5875	M1ⅦB：4180	罐	釉陶	1套2件	残	东回廊中部偏南七B区下层	
5876	M1ⅦB：4181	罐	釉陶	1套2件	残	东回廊中部偏南七B区下层	
5877	M1ⅦB：4182	耳杯	漆	1件	残	东回廊中部偏南七B区下层	
5878	M1ⅦB：4183	盘	漆	1件	残	东回廊中部偏南七B区下层	
5879	M1ⅦB：4185	鼎	铜	1件	残	东回廊中部偏南七B区下层	
5880	M1ⅦB：4186	锺	铜	1件	残	东回廊中部偏南七B区下层	
5881	M1ⅦB：4187	销钉	铜	1件	残	东回廊中部偏南七B区上层	
5882	M1ⅦB：4188	纽钟	铜	1件	完整	东回廊中部偏南七B区上层	
5883	M1ⅦB：4189	纽钟	铜	1件	残	东回廊中部偏南七B区上层	
5884	M1ⅦB：4190	销钉	铜	1件	残	东回廊中部偏南七B区上层	
5885	M1ⅦB：4191	销钉	铜	1件	完整	东回廊中部偏南七B区上层	
5886	M1ⅦB：4192	纽钟	铜	1件	残	东回廊中部偏南七B区上层	
5887	M1ⅦB：4193	纽钟	铜	1件	残	东回廊中部偏南七B区上层	
5888	M1ⅦB：4194	甬钟	铜	1件	残	东回廊中部偏南七B区上层	
5889	M1ⅦB：4195	纽钟	铜	1件	完整	东回廊中部偏南七B区上层	
5890	M1ⅦB：4196	纽钟	铜	1件	完整	东回廊中部偏南七B区上层	
5891	M1ⅦB：4197	甬钟	铜	1件	残	东回廊中部偏南七B区上层	
5892	M1ⅦB：4198	纽钟	铜	1件	残	东回廊中部偏南七B区上层	
5893	M1ⅦB：4199	纽钟	铜	1件	残	东回廊中部偏南七B区上层	
5894	M1Ⅸ：4200	瓿	釉陶	1件	残	东回廊北部九区下层	
5895	M1Ⅷ：4201	壶	釉陶	1件	残	东回廊中部八区下层	
5896	M1Ⅷ：4202	瓿	釉陶	1件	残	东回廊中部八区下层	
5897	M1Ⅸ：4203	瓿	釉陶	1件	残	东回廊北部九区下层	
5898	M1Ⅷ：4204	瓿	釉陶	1件	残	东回廊中部八区下层	
5899	M1Ⅸ：4205	壶	釉陶	1件	残	东回廊北部九区下层	
5900	M1Ⅸ：4206	罐	釉陶	1件	残	东回廊北部九区下层	
5901	M1Ⅷ：4207	罐	釉陶	1件	残	东回廊中部八区下层	
5902	M1Ⅷ：4208	瓿	釉陶	1件	残	东回廊中部八区下层	
5903	M1Ⅷ：4209	瓿	釉陶	1件	残	东回廊中部八区下层	
5904	M1Ⅷ：4210	壶	釉陶	1件	残	东回廊中部八区下层	肩部有铭文
5905	M1Ⅷ：4211	盒	铜	1件	完整	东回廊中部八区下层	
5906	M1Ⅷ：4212	奁	漆	1套2件	残	东回廊中部八区下层	

续附表三

序号	器号	器名	质料	数量	现状	位置	备注
5907	M1Ⅷ：4213	瓮	釉陶	1件	残	东回廊中部八区下层	
5908	M1Ⅷ：4214	瓮	釉陶	1件	残	东回廊中部八区下层	
5909	M1Ⅷ：4215	壶	釉陶	1件	残	东回廊中部八区下层	
5910	M1Ⅷ：4216	瓮	釉陶	1件	残	东回廊中部八区下层	
5911	M1Ⅷ：4217	罐	釉陶	1件	残	东回廊中部八区下层	
5912	M1Ⅷ：4218	瓮	釉陶	1件	残	东回廊中部八区下层	
5913	M1Ⅷ：4219	釜	铜	1件	残	东回廊中部八区下层	
5914	M1Ⅷ：4220	甑	铜	1件	残	东回廊中部八区下层	
5915	M1Ⅷ：4221	甑	铜	1件	残	东回廊中部八区下层	
5916	M1Ⅷ：4222	炉	铁	1件	锈残	东回廊中部八区下层	
5917	M1Ⅷ：4223	炉	铁	1件	残损严重	东回廊中部八区下层	
5918	M1Ⅷ：4224	壶	铜	1件	残	东回廊中部八区下层	
5919	M1Ⅷ：4225	鼎	铜	1套2件	残	东回廊中部八区下层	
5920	M1Ⅷ：4226	鼎	铜	1套2件	残	东回廊中部八区下层	
5921	M1Ⅷ：4227	鋗	铜	1件	残	东回廊中部八区下层	
5922	M1Ⅷ：4228	釜	铜	1件	残	东回廊中部八区下层	
5923	M1Ⅷ：4229	鋗	铜	1件	残	东回廊中部八区下层	
5924	M1Ⅷ：4230	釜	铜	1件	残	东回廊中部八区下层	
5925	M1Ⅷ：4231	盘	漆	1件	残	东回廊中部八区下层	
5926	M1Ⅷ：4232	盘	漆	1件	残	东回廊中部八区下层	
5927	M1Ⅸ：4233	釜	铜	1件	残	东回廊北部九区下层	
5928	M1Ⅸ：4234	釜	铜	1件	残	东回廊北部九区下层	
5929	M1Ⅸ：4235	罐	釉陶	1件	残	东回廊北部九区下层	
5930	M1Ⅸ：4236	壶	釉陶	1件	残	东回廊北部九区下层	
5931	M1Ⅸ：4237	壶	釉陶	1件	残	东回廊北部九区下层	
5932	M1Ⅸ：4238	瓮	釉陶	1件	残	东回廊北部九区下层	
5933	M1Ⅸ：4239	壶	釉陶	1件	残	东回廊北部九区下层	
5934	M1Ⅸ：4240	釜	铜	1件	残	东回廊北部九区下层	
5935	M1Ⅸ：4241	釜	铜	1件	残	东回廊北部九区下层	
5936	M1Ⅷ：4242	甑	铜	1件	残	东回廊中部八区下层	
5937	M1Ⅷ：4243	锺	铜	1件	残	东回廊中部八区下层	
5938	M1Ⅷ：4244	勺	铜	1件	完整	东回廊中部八区下层	
5939	M1Ⅷ：4245	勺	铜	1件	完整	东回廊中部八区下层	
5940	M1Ⅷ：4246	壶	铜	1件	残	东回廊中部八区下层	

续附表三

序号	器号	器名	质料	数量	现状	位置	备注
5941	M1Ⅷ：4247	盛	漆	1件	残	东回廊中部八区下层	
5942	M1Ⅷ：4248	耳杯	漆	1件	残	东回廊中部八区下层	
5943	M1Ⅸ：4249	钱	铜	若干	残	东回廊北部九区下层	
5944	M1Ⅷ：4250	勺	铜	1件	完整	东回廊中部八区下层	
5945	M1Ⅷ：4251	勺	铜	1件	完整	东回廊中部八区下层	
5946	M1Ⅷ：4252	勺	铜	1件	完整	东回廊中部八区下层	
5947	M1Ⅷ：4253	扣饰	铜	1件	残	东回廊中部八区下层	
5948	M1Ⅷ：4254	扣饰	铜	1件	残	东回廊中部八区下层	
5949	M1Ⅷ：4255	扣饰	铜	1件	残	东回廊中部八区下层	
5950	M1Ⅷ：4256	壶	铜	1件	残	东回廊中部八区下层	
5951	M1Ⅷ：4257	壶	铜	1件	残	东回廊中部八区下层	
5952	M1Ⅷ：4258	勺	铜	1件	完整	东回廊中部八区下层	
5953	M1Ⅷ：4259	锺	铜	1件	残	东回廊中部八区下层	
5954	M1Ⅷ：4260	锺	铜	1件	残	东回廊中部八区下层	
5955	M1Ⅸ：4261	釜	铜	1件	残	东回廊北部九区下层	
5956	M1Ⅷ：4262	洗	铜	1件	残	东回廊中部八区下层	
5957	M1Ⅷ：4263	洗	铜	1件	残	东回廊中部八区下层	
5958	M1Ⅷ：4264	剑	铁	1件	锈残	东回廊中部八区上层	
5959	M1Ⅷ：4265	剑	铁	1件	锈残	东回廊中部八区上层	
5960	M1Ⅷ：4266	剑	铁	1件	锈残	东回廊中部八区上层	
5961	M1Ⅷ：4267	剑	铁	1件	锈残	东回廊中部八区上层	
5962	M1Ⅷ：4268	剑	铁	1件	锈残	东回廊中部八区上层	
5963	M1Ⅷ：4269	剑	铁	1件	锈残	东回廊中部八区上层	
5964	M1Ⅷ：4270	剑	铁	1件	锈残	东回廊中部八区上层	
5965	M1Ⅷ：4271	车軎	铜	1件	完整	东回廊中部八区上层	
5966	M1Ⅷ：4272	衡末	铜	1件	残	东回廊中部八区上层	
5967	M1Ⅷ：4273	马衔镳	铜	1套3件	残	东回廊中部八区上层	
5968	M1Ⅷ：4274	节约	铜	1件	完整	东回廊中部八区上层	
5969	M1Ⅷ：4275	节约	铜	1件	完整	东回廊中部八区上层	
5970	M1Ⅷ：4276	盖弓帽	铜	1件	残损严重	东回廊中部八区上层	
5971	M1Ⅷ：4277	节约	铜	1件	残	东回廊中部八区上层	
5972	M1Ⅷ：4278	节约	铜	1件	残	东回廊中部八区上层	
5973	M1Ⅷ：4279	节约	铜	1件	残	东回廊中部八区上层	
5974	M1Ⅷ：4280	节约	铜	1件	残	东回廊中部八区上层	

续附表三

序号	器号	器名	质料	数量	现状	位置	备注
5975	M1Ⅷ：4281	节约	铜	1件	残	东回廊中部八区上层	
5976	M1Ⅷ：4282	节约	铜	1件	残	东回廊中部八区上层	
5977	M1Ⅷ：4283	马衔镳	铜	1套3件	残	东回廊中部八区上层	
5978	M1Ⅷ：4284	镦	铜	1件	残	东回廊中部八区上层	
5979	M1Ⅷ：4285	镦	铜	1件	残	东回廊中部八区上层	
5980	M1Ⅷ：4286	盖弓帽	铜	1件	残	东回廊中部八区上层	
5981	M1Ⅷ：4287	盖弓帽	铜	1件	残	东回廊中部八区上层	
5982	M1Ⅷ：4288	盖弓帽	铜	1件	残	东回廊中部八区上层	
5983	M1Ⅷ：4289-1	管饰	铜	1件	残	东回廊中部八区上层	
5984	M1Ⅷ：4289-2	管饰	铜	1件	残	东回廊中部八区上层	
5985	M1Ⅷ：4290	车軎	铜	1件	完整	东回廊中部八区上层	
5986	M1Ⅷ：4291	当卢	铜	1件	完整	东回廊中部八区上层	
5987	M1Ⅷ：4292	轭足饰	铜	1件	残	东回廊中部八区上层	
5988	M1Ⅷ：4293	衡末	铜	1件	残	东回廊中部八区上层	
5989	M1Ⅷ：4294	镦	铜	1件	残	东回廊中部八区上层	
5990	M1Ⅷ：4295	节约	铜	1件	残	东回廊中部八区上层	
5991	M1Ⅷ：4296	泡饰	铜	1件	完整	东回廊中部八区上层	
	M1Ⅷ：4297	马络	铜	1套6件		东回廊中部八区上层	
5992	M1Ⅷ：4297-1	管饰	铜	1件	残	东回廊中部八区上层	
5993	M1Ⅷ：4297-2	管饰	铜	1件	完整	东回廊中部八区上层	
5994	M1Ⅷ：4297-3	管饰	铜	1件	完整	东回廊中部八区上层	
5995	M1Ⅷ：4297-4	管饰	铜	1件	完整	东回廊中部八区上层	
6996	M1Ⅷ：4297-5	管饰	铜	1件	残	东回廊中部八区上层	
6997	M1Ⅷ：4297-6	管饰	铜	1件	残	东回廊中部八区上层	
6998	M1Ⅷ：4298	弹丸	泥	1件	完整	东回廊中部八区上层	
6999	M1Ⅷ：4299	当卢	铜	1件	残	东回廊中部八区上层	
6000	M1Ⅷ：4300	当卢	铜	1件	残	东回廊中部八区上层	
6001	M1Ⅷ：4302	铿	铜	1件	残	东回廊中部八区下层	
6002	M1Ⅷ：4303	带钩	铜	1件	残	东回廊中部八区上层	
6003	M1Ⅷ：4304	鍪	铜	1件	残	东回廊中部八区下层	
6004	M1Ⅷ：4305	锤	铜	1套2件	残	东回廊中部八区下层	
6005	M1Ⅷ：4306	当卢	铜	1件	残	东回廊中部八区上层	
6006	M1Ⅷ：4307	锤	铜	1套2件	残	东回廊中部八区下层	
6007	M1ⅦB：4308	扣饰	铜	1件	残	东回廊中部偏南七B区下层	

续附表三

序号	器号	器名	质料	数量	现状	位置	备注
6008	M1ⅦB：4309	锺	铜	1套2件	残	东回廊中部偏南七B区下层	
6009	M1ⅦB：4310	罐	铜	1件	残	东回廊中部偏南七B区下层	
6010	M1ⅦB：4311	盉	铜	1件	残	东回廊中部偏南七B区下层	
6011	M1ⅦB：4312	盉	铜	1件	残	东回廊中部偏南七B区下层	
6012	M1ⅦB：4313	罐	铜	1件	残	东回廊中部偏南七B区下层	
6013	M1ⅦB：4314	扣饰	铜	1件	残	东回廊中部偏南七B区下层	
6014	M1ⅦB：4315	鋬	铜	1件	残	东回廊中部偏南七B区下层	
6015	M1ⅦB：4316	扣饰	铜	1件	残	东回廊中部偏南七B区下层	
6016	M1ⅦB：4318	壶	铜	1件	残损严重	东回廊中部偏南七B区下层	
6017	M1ⅦB：4319	锺	铜	1套2件	残损严重	东回廊中部偏南七B区下层	
6018	M1ⅦB：4320	壶	铜	1件	残损严重	东回廊中部偏南七B区下层	
6019	M1ⅦB：4321	壶	铜	1件	残	东回廊中部偏南七B区下层	
6020	M1ⅦB：4322	锺	铜	1套2件	残	东回廊中部偏南七B区下层	
6021	M1ⅦB：4323	锺	铜	1套2件	残	东回廊中部偏南七B区下层	
6022	M1ⅦA：4324	剑	铁	1件	锈残	东回廊南部七A区上层	
6023	M1ⅦA：4325	剑	铁	1件	锈残	东回廊南部七A区上层	
6024	M1ⅦA：4326	环	铜	1件	残	东回廊南部七A区上层	
6025	M1ⅦA：4327	节约	铜	1件	残	东回廊南部七A区上层	
6026	M1ⅦA：4328	盖弓帽	铜	1件	残	东回廊南部七A区上层	
6027	M1ⅦA：4329	盖弓帽	铜	1件	残	东回廊南部七A区上层	
6028	M1ⅦA：4330	马衔镳	铜	1套3件	残	东回廊南部七A区上层	
6029	M1ⅦA：4332	节约	铜	1件	残	东回廊南部七A区上层	
6030	M1ⅦA：4333	节约	铜	1件	残	东回廊南部七A区上层	
	M1ⅦA：4334	马络	铜	1件		东回廊南部七A区上层	
6031	M1ⅦA：4334－1	管饰	铜	1件	残	东回廊南部七A区上层	
6032	M1ⅦA：4334－2	管饰	铜	1件	残	东回廊南部七A区上层	
6033	M1ⅦA：4334－3	管饰	铜	1件	残	东回廊南部七A区上层	
6034	M1ⅦA：4334－4	管饰	铜	1件	残	东回廊南部七A区上层	
6035	M1ⅦA：4335	马衔镳	铜	1套3件	残	东回廊南部七A区上层	与M1ⅦA：1791为一套
6036	M1ⅦB：4336	锺	铜	1套2件	残	东回廊中部偏南七B区下层	
6037	M1ⅦB：4337	锺	铜	1套2件	残	东回廊中部偏南七B区下层	
6038	M1ⅦB：4338	耳杯	漆	1件	残	东回廊中部偏南七B区下层	
6039	M1ⅦB：4339	钫	铜	1件	残	东回廊中部偏南七B区下层	

续附表三

序号	器号	器名	质料	数量	现状	位置	备注
6040	M1ⅦB：4340	罐	釉陶	1套2件	残	东回廊中部偏南七B区下层	
6041	M1ⅦB：4341	锺	铜	1套2件	残	东回廊中部偏南七B区下层	
6042	M1ⅦB：4342	鼎	铜	1套2件	残	东回廊中部偏南七B区下层	
6043	M1ⅦB：4343	锺	铜	1套2件	残	东回廊中部偏南七B区下层	
6044	M1ⅦB：4344	锺	铜	1套2件	残	东回廊中部偏南七B区下层	
6045	M1ⅦB：4345	锺	铜	1套2件	残	东回廊中部偏南七B区下层	
6046	M1ⅦB：4346	鼎	铜	1件	残	东回廊中部偏南七B区下层	原鼎盖为MIVⅡB：4352盖
6047	M1ⅦB：4347	罐	釉陶	1套2件	残	东回廊中部偏南七B区下层	
6048	M1ⅦB：4348	鼎	铜	1套2件	残	东回廊中部偏南七B区下层	
6049	M1ⅦB：4349	盆	铜	1件	残	东回廊中部偏南七B区下层	
6050	M1ⅦB：4350	鼎	铜	1件	残	东回廊中部偏南七B区下层	
6051	M1ⅦB：4351	鼎	铜	1套2件	残	东回廊中部偏南七B区下层	
6052	M1ⅦB：4352	鼎	铜	1套2件	残	东回廊中部偏南七B区下层	
6053	M1ⅦB：4353	鼎	铜	1套2件	残	东回廊中部偏南七B区下层	
6054	M1ⅦB：4354	鼎	铜	1套2件	残	东回廊中部偏南七B区下层	
6055	M1ⅦB：4355	鼎	铜	1套2件	残	东回廊中部偏南七B区下层	
6056	M1ⅦB：4356	鼎	铜	1套2件	残	东回廊中部偏南七B区下层	
6057	M1ⅦB：4357	鼎	铜	1套2件	残	东回廊中部偏南七B区下层	
6058	M1ⅦB：4359	鼎	铜	1套2件	残	东回廊中部偏南七B区下层	
6059	M1ⅦB：4360	钫	铜	1件	残	东回廊中部偏南七B区下层	
6060	M1ⅦB：4361	罐	釉陶	1套2件	残	东回廊中部偏南七B区下层	
6061	M1ⅦB：4362	鼎	铜	1套2件	残	东回廊中部偏南七B区下层	
6062	M1ⅦB：4363	鼎	铜	1件	残	东回廊中部偏南七B区下层	
6063	M1ⅦB：4364	钮钟	铜	1件	残	东回廊中部偏南七B区上层	
6064	M1ⅦB：4365	销钉	铜	1件	残	东回廊中部偏南七B区上层	
6065	M1ⅦB：4366	销钉	铜	1件	残	东回廊中部偏南七B区上层	
6066	M1ⅦB：4367	销钉	铜	1件	残	东回廊中部偏南七B区上层	
6067	M1ⅦB：4368	销钉	铜	1件	残	东回廊中部偏南七B区上层	
6068	M1ⅦB：4369	销钉	铜	1件	残	东回廊中部偏南七B区上层	
6069	M1ⅦB：4370	钮钟	铜	1件	完整	东回廊中部偏南七B区上层	
6070	M1ⅦB：4371	钮钟	铜	1件	完整	东回廊中部偏南七B区上层	
6071	M1ⅦB：4372	罐	釉陶	1件	残	东回廊中部偏南七B区下层	
6072	M1ⅦB：4373	罐	釉陶	1套2件	残	东回廊中部偏南七B区下层	

续附表三

序号	器号	器名	质料	数量	现状	位置	备注
6073	M1 ⅦB：4374	罐	釉陶	1套2件	残	东回廊中部偏南七B区下层	
6074	M1 ⅦB：4375	罐	釉陶	1套2件	残	东回廊中部偏南七B区下层	
6075	M1 ⅦB：4376	罐	釉陶	1件	残	东回廊中部偏南七B区下层	
6076	M1 ⅦB：4377	罐	釉陶	1套2件	残	东回廊中部偏南七B区下层	
6077	M1 ⅦB：4378	罐	釉陶	1套2件	残	东回廊中部偏南七B区下层	
6078	M1 ⅦB：4379	罐	釉陶	1套2件	残	东回廊中部偏南七B区下层	
6079	M1 ⅦB：4380	罐	釉陶	1套2件	残	东回廊中部偏南七B区下层	
6080	M1 ⅦB：4381	罐	釉陶	1套2件	残	东回廊中部偏南七B区下层	
6081	M1 ⅦB：4382	罐	釉陶	1件	残	东回廊中部偏南七B区下层	
6082	M1 ⅦB：4383	鼎	铜	1件	残	东回廊中部偏南七B区下层	
6083	M1 ⅦB：4384	罐	釉陶	1套2件	残	东回廊中部偏南七B区下层	
6084	M1 ⅦB：4385	罐	釉陶	1套2件	残	东回廊中部偏南七B区下层	
6085	M1 ⅦB：4386	罐	釉陶	1套2件	残	东回廊中部偏南七B区下层	
6086	M1 ⅦB：4387	罐	釉陶	1件	残	东回廊中部偏南七B区下层	
6087	M1 ⅦB：4388	锺	铜	1套2件	残	东回廊中部偏南七B区下层	
6088	M1 ⅦB：4389	锺	铜	1套2件	残	东回廊中部偏南七B区下层	
6089	M1 ⅦB：4390	钮钟	铜	1件	残	东回廊中部偏南七B区上层	
6090	M1 ⅦB：4391	钮钟	铜	1件	残	东回廊中部偏南七B区上层	
6091	M1 ⅦB：4392	销钉	铜	1件	残	东回廊中部偏南七B区上层	
6092	M1 ⅦB：4393	钮钟	铜	1件	残	东回廊中部偏南七B区上层	
6093	M1 Ⅵ：4394	器座	铜	1件	残	东回廊南端六区下层	
6094	M1 Ⅵ：4395	器座	铜	1件	完整	东回廊南端六区下层	
6095	M1 Ⅵ：4396	器座	铜	1件	残	东回廊南端六区下层	
6096	M1 Ⅵ：4397	器座	铜	1件	完整	东回廊南端六区下层	
6097	M1 Ⅵ：4398	器座	铜	1件	残	东回廊南端六区下层	
6098	M1 Ⅵ：4399	器座	铜	1件	残	东回廊南端六区下层	
6099	M1 Ⅵ：4400	器座	铜	1件	残	东回廊南端六区下层	
6100	M1 Ⅵ：4401	鼎	釉陶	1套2件	残	东回廊南端六区下层	
6101	M1 Ⅵ：4402	器座	铜	1件	完整	东回廊南端六区下层	
6102	M1 Ⅵ：4403	器座	铜	1件	残	东回廊南端六区下层	
6103	M1 Ⅵ：4404	器座	铜	1件	残	东回廊南端六区下层	
6104	M1 Ⅵ：4405	器座	铜	1件	残	东回廊南端六区下层	
6105	M1 Ⅵ：4406	器座	铜	1件	残	东回廊南端六区下层	
6106	M1 Ⅵ：4407	器座	铜	1件	残	东回廊南端六区下层	

续附表三

序号	器号	器名	质料	数量	现状	位置	备注
6107	M1 Ⅵ：4408	器座	铜	1件	残	东回廊南端六区下层	
6108	M1 Ⅵ：4409	器座	铜	1件	残	东回廊南端六区下层	
6109	M1 Ⅵ：4410	器座	铜	1件	残	东回廊南端六区下层	
6110	M1 Ⅵ：4411	器座	铜	1件	残	东回廊南端六区下层	
6111	M1 Ⅵ：4412	器座	铜	1件	残	东回廊南端六区下层	
6112	M1 Ⅵ：4413	盘	漆	1件	完整	东回廊南端六区下层	
6113	M1 Ⅵ：4414	案	漆	1件	残	东回廊南端六区下层	
6114	M1 Ⅵ：4415	鼎	釉陶	1套2件	残	东回廊南端六区下层	
6115	M1 Ⅵ：4416	鼎	釉陶	1套2件	残	东回廊南端六区下层	
6116	M1 ⅢA：4417	管饰	铜	1件	残	西回廊中部偏南三A区上层	
6117	M1 ⅢA：4418	节约	铜	1件	完整	西回廊中部偏南三A区上层	
6118	M1 ⅢA：4419	节约	铜	1件	完整	西回廊中部偏南三A区上层	
6119	M1 ⅦB：4420	剑	铁	1件	锈残	东回廊中部偏南七B区上层	
6120	M1 ⅦB：4421	剑	铁	1件	锈残	东回廊中部偏南七B区上层	
6121	M1 ⅦB：4422	剑	铁	1件	锈残	东回廊中部偏南七B区上层	
6122	M1 ⅦB：4423	剑	铁	1件	锈残	东回廊中部偏南七B区上层	
6123	M1 ⅦB：4424	剑	铁	1件	锈残	东回廊中部偏南七B区上层	
6124	M1 ⅦB：4425	剑	铁	1件	锈残	东回廊中部偏南七B区上层	
6125	M1 ⅦB：4426	戟	铁	1件	锈残	东回廊中部偏南七B区上层	
6126	M1 ⅦB：4427	环	铜	1件	残	东回廊中部偏南七B区上层	
6127	M1 ⅦB：4428	带扣	铜	1件	完整	东回廊中部偏南七B区上层	
6128	M1 ⅦB：4431	剑	铁	1件	锈残	东回廊中部偏南七B区上层	
6129	M1 ⅦB：4432	镦	铜	1件	完整	东回廊中部偏南七B区上层	
6130	M1 ⅦB：4433	镦	铜	1件	残	东回廊中部偏南七B区上层	
6131	M1 ⅦB：4434	镦	铜	1件	残	东回廊中部偏南七B区上层	
6132	M1 ⅦB：4435	镦	铜	1件	残	东回廊中部偏南七B区上层	
6133	M1 ⅦB：4436	节约	铜	1件	残	东回廊中部偏南七B区上层	
6134	M1 ⅦB：4437	节约	铜	1件	残	东回廊中部偏南七B区上层	
6135	M1 ⅦB：4438	盖弓帽	铜	1件	完整	东回廊中部偏南七B区上层	
6136	M1 ⅦB：4439	盖弓帽	铜	1件	残	东回廊中部偏南七B区上层	
6137	M1 ⅦB：4440	镦	铜	1件	残	东回廊中部偏南七B区上层	
6138	M1 ⅦB：4441	车𫐄	铜	1件	完整	东回廊中部偏南七B区上层	
6139	M1 ⅦB：4442	当卢	铜	1件	残	东回廊中部偏南七B区上层	
6140	M1 ⅦB：4443	剑	铁	1件	锈残	东回廊中部偏南七B区上层	

续附表三

序号	器号	器名	质料	数量	现状	位置	备注
6141	M1ⅦB：4444	节约	铜	1件	残	东回廊中部偏南七B区上层	
6142	M1ⅦB：4445	盖弓帽	铜	1件	残	东回廊中部偏南七B区上层	
6143	M1ⅦB：4446	管饰	铜	1件	完整	东回廊中部偏南七B区上层	
6144	M1ⅦB：4447	马衔镳	铜	1件	残	东回廊中部偏南七B区上层	与M1ⅦB：3686为一套
6145	M1ⅦB：4448	弩机	铜	1件	残	东回廊中部偏南七B区上层	
6146	M1ⅦB：4450	剑	铁	1件	锈残	东回廊中部偏南七B区上层	
6147	M1ⅦB：4451	剑	铁	1件	锈残	东回廊中部偏南七B区上层	
6148	M1ⅦB：4452	剑	铁	1件	锈残	东回廊中部偏南七B区上层	
6149	M1ⅦB：4453	盖弓帽	铜	1件	完整	东回廊中部偏南七B区上层	
6150	M1ⅦB：4454	盖弓帽	铜	1件	残	东回廊中部偏南七B区上层	
6151	M1ⅦB：4455	盖弓帽	铜	1件	残	东回廊中部偏南七B区上层	
6152	M1ⅦB：4456	带钩	铜	1件	残	东回廊中部偏南七B区上层	
6153	M1ⅦB：4457	节约	铜	1件	完整	东回廊中部偏南七B区上层	
6154	M1ⅦB：4458	节约	铜	1件	完整	东回廊中部偏南七B区上层	
6155	M1ⅦB：4459	节约	铜	1件	完整	东回廊中部偏南七B区上层	
6156	M1ⅦB：4460	衔环	铜	1件	完整	东回廊中部偏南七B区下层	
6157	M1ⅢB：4461	瑟柱	玉	1件	完整	东回廊中部偏南七B区下层	
6158	M1ⅢB：4462	瑟柱	玉	1件	完整	东回廊中部偏南七B区下层	
6159	M1ⅦA：4463	当卢	铜	1件	残	东回廊南部七A区上层	
6160	M1ⅦA：4464	车軎	铜	1件	完整	东回廊南部七A区上层	
6161	M1ⅦA：4465	剑	铁	1件	锈残	东回廊南部七A区上层	
6162	M1ⅦA：4466	节约	铜	1件	残	东回廊南部七A区上层	
6163	M1ⅦA：4467	戟	铁	1件	锈残	东回廊南部七A区上层	
6164	M1ⅦA：4468	马衔镳	铜	1套3件	残	东回廊南部七A区上层	
6165	M1ⅦA：4469	环	铜	1件	完整	东回廊南部七A区上层	
6166	M1ⅦA：4470	弩机	铜	1件	完整	东回廊南部七A区上层	
6167	M1ⅦA：4471	镦	铜	1件	残	东回廊南部七A区上层	
6168	M1ⅦA：4472	带扣	铜	1件	残	东回廊南部七A区上层	
6169	M1ⅦA：4474	节约	铜	1件	残	东回廊南部七A区上层	
6170	M1ⅦA：4475	节约	铜	1件	残	东回廊南部七A区上层	
6171	M1ⅦA：4476	节约	铜	1件	残	东回廊南部七A区上层	
6172	M1ⅦA：4477	节约	铜	1件	残	东回廊南部七A区上层	
6173	M1ⅦA：4478	镦	铜	1件	残	东回廊南部七A区上层	

续附表三

序号	器号	器名	质料	数量	现状	位置	备注
6174	M1ⅦA：4479	镦	铜	1件	残	东回廊南部七A区上层	
6175	M1ⅦA：4480	车軎	铜	1件	完整	东回廊南部七A区上层	
6176	M1ⅦA：4481	带钩	铜	1件	残	东回廊南部七A区上层	
6177	M1ⅦA：4482	剑	铁	1件	锈残	东回廊南部七A区上层	
6178	M1ⅦA：4483	剑	铁	1件	锈残	东回廊南部七A区上层	
6179	M1ⅦA：4485	马衔镳	铜	1套3件	残	东回廊南部七A区上层	
6180	M1ⅦB：4486	钮钟	铜	1件	残	东回廊中部偏南七B区上层	
6181	M1ⅦB：4487	销钉	铜	1件	残	东回廊中部偏南七B区上层	
6182	M1Ⅷ：4488	勺	铜	1件	完整	东回廊中部八区下层	
6183	M1Ⅵ：4489	构件	金	1件	完整	东回廊南端六区上层	
6184	M1Ⅴ：4490	戟	铁	1件	锈残	西回廊北端五区下层	
6185	M1Ⅴ：4491	戟	铁	1件	锈残	西回廊北端五区下层	
6186	M1Ⅴ：4492	戟	铁	1件	锈残	西回廊北端五区下层	
6187	M1Ⅴ：4493	戟	铁	1件	锈残	西回廊北端五区下层	
6188	M1Ⅴ：4494	剑	铁	1件	锈残	西回廊北端五区下层	
6189	M1Ⅴ：4495	剑	铁	1件	锈残	西回廊北端五区下层	
6190	M1Ⅴ：4496	剑	铁	1件	锈残	西回廊北端五区下层	
6191	M1Ⅴ：4497	剑	铁	1件	锈残	西回廊北端五区下层	
6192	M1Ⅴ：4498	剑	铁	1件	锈残	西回廊北端五区下层	
6193	M1Ⅴ：4499	剑	铁	1件	锈残	西回廊北端五区下层	
6194	M1Ⅴ：4500	镦	铜	1件	残	西回廊北端五区下层	
6195	M1Ⅴ：4501	弩机	铜	1件	残	西回廊北端五区下层	
6196	M1Ⅴ：4502	节约	铜	1件	残	西回廊北端五区下层	
6197	M1Ⅹ：4503	当卢	铜	1件	残	东回廊北端十区下层	
6198	M1Ⅹ：4504	镦	铜	1件	残	东回廊北端十区下层	
6199	M1Ⅹ：4505	镦	铜	1件	残	东回廊北端十区下层	
6200	M1Ⅹ：4506	环	铜	1件	残	东回廊北端十区下层	
6201	M1Ⅹ：4507	环	铜	1件	残	东回廊北端十区下层	
	M1Ⅹ：4509	马络	铜	1套13件		东回廊北端十区下层	
6202	M1Ⅹ：4509－1	节约	铜	1件	残	东回廊北端十区下层	
6203	M1Ⅹ：4509－2	节约	铜	1件	残	东回廊北端十区下层	
6204	M1Ⅹ：4509－3	泡饰	铜	1件	完整	东回廊北端十区下层	
6205	M1Ⅹ：4509－4	泡饰	铜	1件	完整	东回廊北端十区下层	
6206	M1Ⅹ：4509－5	管饰	铜	1件	残	东回廊北端十区下层	

续附表三

序号	器号	器名	质料	数量	现状	位置	备注
6207	M1Ⅹ∶4509－6	管饰	铜	1件	完整	东回廊北端十区下层	
6208	M1Ⅹ∶4509－7	管饰	铜	1件	完整	东回廊北端十区下层	
6209	M1Ⅹ∶4509－8	管饰	铜	1件	完整	东回廊北端十区下层	
6210	M1Ⅹ∶4509－9	管饰	铜	1件	完整	东回廊北端十区下层	
6211	M1Ⅹ∶4509－10	管饰	铜	1件	完整	东回廊北端十区下层	
6212	M1Ⅹ∶4509－11	管饰	铜	1件	完整	东回廊北端十区下层	
6213	M1Ⅹ∶4509－12	管饰	铜	1件	残	东回廊北端十区下层	
6214	M1Ⅹ∶4509－13	管饰	铜	1件	完整	东回廊北端十区下层	
6215	M1ⅩⅣ∶4510	戟	铁	1件	锈残	北回廊东部十四区下层	
6216	M1ⅩⅣ∶4511	剑	铁	1件	锈残	北回廊东部十四区下层	
6217	M1ⅩⅣ∶4512	剑	铁	1件	锈残	北回廊东部十四区下层	
6218	M1ⅩⅣ∶4513	马衔镳	铜	1套3件	残	北回廊东部十四区下层	
6219	M1ⅩⅣ∶4514	节约	铜	1件	残	北回廊东部十四区下层	
6220	M1ⅩⅣ∶4515	节约	铜	1件	残	北回廊东部十四区下层	
6221	M1ⅩⅣ∶4516	节约	铜	1件	残	北回廊东部十四区下层	
6222	M1ⅩⅣ∶4517	节约	铜	1件	残	北回廊东部十四区下层	
6223	M1ⅩⅣ∶4518	节约	铜	1件	残	北回廊东部十四区下层	
6224	M1ⅩⅣ∶4519	节约	铜	1件	残	北回廊东部十四区下层	
6225	M1ⅩⅣ∶4520	盖弓帽	铜	1件	残	北回廊东部十四区下层	
6226	M1ⅩⅣ∶4521	盖弓帽	铜	1件	完整	北回廊东部十四区下层	
6227	M1ⅩⅣ∶4522	镦	铜	1件	残	北回廊东部十四区下层	
6228	M1ⅩⅣ∶4523	环	铜	1件	残	北回廊东部十四区下层	
6229	M1ⅢA∶4524	节约	铜	1件	残	西回廊中部偏南三A区上层	
6230	M1ⅢA∶4525	节约	铜	1件	残	西回廊中部偏南三A区上层	
6231	M1ⅢA∶4527	轸钥	铁	1件	锈残	西回廊中部偏南三A区下层	
6232	M1ⅢA∶4528	瑟柱	玉	1件	完整	西回廊中部偏南三A区下层	
6233	M1ⅢA∶4529	瑟柱	玉	1件	完整	西回廊中部偏南三A区下层	
6234	M1ⅢA∶4530	瑟柱	玉	1件	完整	西回廊中部偏南三A区下层	
6235	M1ⅢA∶4531	瑟柱	玉	1件	残	西回廊中部偏南三A区下层	
6236	M1ⅢA∶4532	琴轸	玉	1件	完整	西回廊中部偏南三A区下层	
6237	M1Ⅴ∶4533	马衔镳	铜	1套3件	残	西回廊北端五区下层	
6238	M1Ⅴ∶4534	节约	铜	1件	残	西回廊北端五区下层	
6239	M1Ⅴ∶4535	节约	铜	1件	残	西回廊北端五区下层	
6240	M1Ⅴ∶4536	节约	铜	1件	完整	西回廊北端五区下层	

续附表三

序号	器号	器名	质料	数量	现状	位置	备注
6241	M1Ⅴ:4537	镦	铜	1件	残	西回廊北端五区下层	
6242	M1Ⅴ:4538	剑	铁	1件	锈残	西回廊北端五区下层	
6243	M1Ⅴ:4541	带扣	铜	1件	残	西回廊北端五区下层	
6244	M1ⅣA:4542	马衔镳	铜	1套3件	残	西回廊中部偏北四A区下层	
6245	M1ⅣA:4543	车軎	铜	1件	完整	西回廊中部偏北四A区下层	
6246	M1ⅣA:4544	盖弓帽	铜	1件	残	西回廊中部偏北四A区下层	
6247	M1Ⅴ:4545	节约	铜	1件	残	西回廊北端五区下层	
6248	M1ⅢA:4547	镦	铜	1件	完整	西回廊中部偏南三A区上层	
6249	M1ⅢA:4548	镦	铜	1件	完整	西回廊中部偏南三A区上层	
6250	M1ⅢA:4549	环	铜	1件	完整	西回廊中部偏南三A区上层	
6251	M1Ⅴ:4550	节约	铜	1件	完整	西回廊北端五区下层	
6252	M1Ⅵ:4551	构件	金	1件	完整	东回廊南端六区上层	
6253	M1Ⅴ:4552	马衔镳	铜	1套3件	残	西回廊北端五区下层	与M1Ⅴ:634为一套
6254	M1Ⅴ:4553	弩机	铜	1件	残	西回廊北端五区下层	
6255	M1Ⅴ:4554	盖弓帽	铜	1件	残	西回廊北端五区下层	
6256	M1Ⅹ:4555	盘	漆	1件	残	东回廊北端十区下层	
6257	M1Ⅹ:4556	盘	漆	1件	残	东回廊北端十区下层	
6258	M1Ⅹ:4557	盘	漆	1件	残	东回廊北端十区下层	
6259	M1Ⅹ:4558	盘	漆	1件	残	东回廊北端十区下层	
6260	M1Ⅹ:4559	盘	漆	1件	残	东回廊北端十区下层	
6261	M1Ⅹ:4560	盘	漆	1件	残	东回廊北端十区下层	
6262	M1Ⅹ:4561	盘	漆	1件	残	东回廊北端十区下层	
6263	M1Ⅹ:4562	盘	漆	1件	残	东回廊北端十区下层	
6264	M1Ⅹ:4563	盘	漆	1件	残	东回廊北端十区下层	
6265	M1Ⅹ:4564	盘	漆	1件	残	东回廊北端十区下层	
6266	M1Ⅹ:4565	盘	漆	1件	残	东回廊北端十区下层	
6267	M1Ⅹ:4566	盘	漆	1件	残	东回廊北端十区下层	
6268	M1Ⅹ:4567	盘	漆	1件	残	东回廊北端十区下层	
6269	M1Ⅹ:4568	盘	漆	1件	残	东回廊北端十区下层	
6270	M1Ⅹ:4569	盘	漆	1件	残	东回廊北端十区下层	
6271	M1Ⅹ:4570	盘	漆	1件	残	东回廊北端十区下层	
6272	M1Ⅹ:4571	盘	漆	1件	残	东回廊北端十区下层	
6273	M1Ⅹ:4572	耳杯	漆	1件	残	东回廊北端十区下层	

续附表三

序号	器号	器名	质料	数量	现状	位置	备注
6274	M1 X：4573	耳杯	漆	1件	残	东回廊北端十区下层	
6275	M1 X：4574	耳杯	漆	1件	残	东回廊北端十区下层	
6276	M1 X：4575	耳杯	漆	1件	残	东回廊北端十区下层	
6277	M1 X：4576	耳杯	漆	1件	残	东回廊北端十区下层	
6278	M1 X：4577	耳杯	漆	1件	残	东回廊北端十区下层	
6279	M1 X：4578	耳杯	漆	1件	残	东回廊北端十区下层	
6280	M1 X：4579	耳杯	漆	1件	残	东回廊北端十区下层	
6281	M1 X：4580	耳杯	漆	1件	残	东回廊北端十区下层	
6282	M1 X：4581	耳杯	漆	1件	残	东回廊北端十区下层	
6283	M1 X：4582	耳杯	漆	1件	残	东回廊北端十区下层	
6284	M1 X：4583	耳杯	漆	1件	残	东回廊北端十区下层	
6285	M1 X：4584	耳杯	漆	1件	残	东回廊北端十区下层	
6286	M1 X：4585	耳杯	漆	1件	残	东回廊北端十区下层	
6287	M1 X：4586	耳杯	漆	1件	残	东回廊北端十区下层	
6288	M1 X：4587	耳杯	漆	1件	残	东回廊北端十区下层	
6289	M1 X：4588	耳杯	漆	1件	残	东回廊北端十区下层	
6290	M1 X：4589	耳杯	漆	1件	残	东回廊北端十区下层	
6291	M1 X：4590	耳杯	漆	1件	残	东回廊北端十区下层	
6292	M1 X：4591	耳杯	漆	1件	残	东回廊北端十区下层	
6293	M1 X：4592	耳杯	漆	1件	残	东回廊北端十区下层	
6294	M1 X：4593	盘	漆	1件	残	东回廊北端十区下层	
6295	M1 X：4594	盘	漆	1件	残	东回廊北端十区下层	
6296	M1 X：4595	盘	漆	1件	残	东回廊北端十区下层	
6297	M1 X：4596	盘	漆	1件	残	东回廊北端十区下层	
6298	M1 X：4597	盘	漆	1件	残	东回廊北端十区下层	
6299	M1 X：4598	耳杯	漆	1件	残	东回廊北端十区下层	
6300	M1 X：4599	耳杯	漆	1件	残	东回廊北端十区下层	
6301	M1 X：4600	耳杯	漆	1件	残	东回廊北端十区下层	
6302	M1 X：4601	耳杯	漆	1件	残	东回廊北端十区下层	
6303	M1 X：4602	耳杯	漆	1件	残	东回廊北端十区下层	
6304	M1 X：4603	耳杯	漆	1件	残	东回廊北端十区下层	
6305	M1 X：4604	耳杯	漆	1件	残	东回廊北端十区下层	
6306	M1 X：4605	耳杯	漆	1件	残	东回廊北端十区下层	
6307	M1 X：4606	耳杯	漆	1件	残	东回廊北端十区下层	

续附表三

序号	器号	器名	质料	数量	现状	位置	备注
6308	M1 Ⅹ：4607	耳杯	漆	1 件	残	东回廊北端十区下层	
6309	M1 ⅦB：4608	耳杯	漆	1 件	残	东回廊中部偏南七 B 区下层	
6310	M1 ⅦB：4609	耳杯	漆	1 件	残	东回廊中部偏南七 B 区下层	
6311	M1 ⅦB：4610	耳杯	漆	1 件	残	东回廊中部偏南七 B 区下层	
6312	M1 ⅦB：4611	耳杯	漆	1 件	残	东回廊中部偏南七 B 区下层	
6313	M1 ⅦB：4612	耳杯	漆	1 件	残	东回廊中部偏南七 B 区下层	
6314	M1 ⅦB：4613	耳杯	漆	1 件	残	东回廊中部偏南七 B 区下层	
6315	M1 ⅦB：4614	耳杯	漆	1 件	残	东回廊中部偏南七 B 区下层	
6316	M1 ⅦB：4615	耳杯	漆	1 件	残	东回廊中部偏南七 B 区下层	
6317	M1 ⅦB：4616	耳杯	漆	1 件	残	东回廊中部偏南七 B 区下层	
6318	M1 Ⅸ：4617	盘	漆	1 件	残	东回廊北部九区下层	
6319	M1 Ⅸ：4618	盘	漆	1 件	残	东回廊北部九区下层	
6320	M1 Ⅸ：4619	盘	漆	1 件	残	东回廊北部九区下层	
6321	M1 Ⅸ：4620	盘	漆	1 件	残	东回廊北部九区下层	
6322	M1 Ⅸ：4621	盘	漆	1 件	残	东回廊北部九区下层	
6323	M1 Ⅸ：4622	盘	漆	1 件	残	东回廊北部九区下层	
6324	M1 Ⅸ：4623	盘	漆	1 件	残	东回廊北部九区下层	
6325	M1 Ⅵ：4624	盘	漆	1 件	残	东回廊南端六区下层	
6326	M1 Ⅵ：4625	盘	漆	1 件	残	东回廊南端六区下层	
6327	M1 Ⅵ：4626	耳杯	漆	1 件	残	东回廊南端六区下层	
6328	M1 Ⅵ：4627	耳杯	漆	1 件	残	东回廊南端六区下层	
6329	M1 Ⅵ：4628	耳杯	漆	1 件	残	东回廊南端六区下层	
6330	M1 Ⅵ：4629	耳杯	漆	1 件	残	东回廊南端六区下层	
6331	M1 Ⅵ：4630	耳杯	漆	1 件	残	东回廊南端六区下层	
6332	M1 Ⅵ：4631	耳杯	漆	1 件	残	东回廊南端六区下层	
6333	M1 Ⅵ：4632	耳杯	漆	1 件	残	东回廊南端六区下层	
6334	M1 Ⅵ：4633	耳杯	漆	1 件	残	东回廊南端六区下层	
6335	M1 Ⅵ：4634	耳杯	漆	1 件	残	东回廊南端六区下层	
6336	M1 Ⅵ：4635	耳杯	漆	1 件	残	东回廊南端六区下层	
6337	M1 Ⅵ：4636	耳杯	漆	1 件	残	东回廊南端六区下层	
6338	M1 Ⅵ：4637	耳杯	漆	1 件	残	东回廊南端六区下层	
6339	M1 Ⅵ：4638	耳杯	漆	1 件	残	东回廊南端六区下层	
6340	M1 Ⅵ：4639	耳杯	漆	1 件	残	东回廊南端六区下层	
6341	M1 Ⅵ：4640	耳杯	漆	1 件	残	东回廊南端六区下层	

续附表三

序号	器号	器名	质料	数量	现状	位置	备注
6342	M1Ⅵ∶4641	耳杯	漆	1件	残	东回廊南端六区下层	
6343	M1Ⅵ∶4642	耳杯	漆	1件	残	东回廊南端六区下层	
6344	M1Ⅵ∶4643	耳杯	漆	1件	残	东回廊南端六区下层	
6345	M1Ⅵ∶4644	耳杯	漆	1件	残	东回廊南端六区下层	
6346	M1Ⅵ∶4645	耳杯	漆	1件	残	东回廊南端六区下层	
6347	M1Ⅵ∶4646	耳杯	漆	1件	残	东回廊南端六区下层	
6348	M1Ⅵ∶4647	耳杯	漆	1件	残	东回廊南端六区下层	
6349	M1Ⅵ∶4648	耳杯	漆	1件	残	东回廊南端六区下层	
6350	M1Ⅵ∶4649	耳杯	漆	1件	残	东回廊南端六区下层	
6351	M1Ⅵ∶4650	耳杯	漆	1件	残	东回廊南端六区下层	
6352	M1Ⅵ∶4651	耳杯	漆	1件	残	东回廊南端六区下层	
6353	M1Ⅵ∶4652	耳杯	漆	1件	残	东回廊南端六区下层	
6354	M1Ⅵ∶4653	耳杯	漆	1件	残	东回廊南端六区下层	
6355	M1Ⅵ∶4654	耳杯	漆	1件	残	东回廊南端六区下层	
6356	M1Ⅵ∶4655	耳杯	漆	1件	残	东回廊南端六区下层	
6357	M1Ⅵ∶4656	耳杯	漆	1件	残	东回廊南端六区下层	
6358	M1Ⅵ∶4657	耳杯	漆	1件	残	东回廊南端六区下层	
6359	M1Ⅵ∶4658	耳杯	漆	1件	残	东回廊南端六区下层	
6360	M1Ⅵ∶4659	耳杯	漆	1件	残	东回廊南端六区下层	
6361	M1Ⅵ∶4660	耳杯	漆	1件	残	东回廊南端六区下层	
6362	M1Ⅵ∶4661	耳杯	漆	1件	残	东回廊南端六区下层	
6363	M1Ⅵ∶4662	耳杯	漆	1件	残	东回廊南端六区下层	
6364	M1Ⅵ∶4663	耳杯	漆	1件	残	东回廊南端六区下层	
6365	M1Ⅵ∶4664	耳杯	漆	1件	残	东回廊南端六区下层	
6366	M1Ⅵ∶4665	耳杯	漆	1件	残	东回廊南端六区下层	
6367	M1Ⅵ∶4666	耳杯	漆	1件	残	东回廊南端六区下层	
6368	M1Ⅵ∶4667	耳杯	漆	1件	残	东回廊南端六区下层	
6369	M1Ⅵ∶4668	耳杯	漆	1件	残	东回廊南端六区下层	
6370	M1Ⅵ∶4669	耳杯	漆	1件	残	东回廊南端六区下层	
6371	M1Ⅵ∶4670	耳杯	漆	1件	残	东回廊南端六区下层	
6372	M1Ⅵ∶4671	耳杯	漆	1件	残	东回廊南端六区下层	
6373	M1Ⅵ∶4672	耳杯	漆	1件	残	东回廊南端六区下层	
6374	M1Ⅵ∶4673	耳杯	漆	1件	残	东回廊南端六区下层	
6375	M1Ⅵ∶4674	耳杯	漆	1件	残	东回廊南端六区下层	

续附表三

序号	器号	器名	质料	数量	现状	位置	备注
6376	M1 Ⅵ : 4675	耳杯	漆	1件	残	东回廊南端六区下层	
6377	M1 Ⅵ : 4676	耳杯	漆	1件	残	东回廊南端六区下层	
6378	M1 Ⅵ : 4677	耳杯	漆	1件	残	东回廊南端六区下层	
6379	M1 Ⅵ : 4678	耳杯	漆	1件	残	东回廊南端六区下层	
6380	M1 Ⅵ : 4679	耳杯	漆	1件	残	东回廊南端六区下层	
6381	M1 Ⅵ : 4680	耳杯	漆	1件	残	东回廊南端六区下层	
6382	M1 Ⅵ : 4681	耳杯	漆	1件	残	东回廊南端六区下层	
6383	M1 Ⅵ : 4682	耳杯	漆	1件	残	东回廊南端六区下层	
6384	M1 Ⅵ : 4683	耳杯	漆	1件	残	东回廊南端六区下层	
6385	M1 Ⅵ : 4684	耳杯	漆	1件	残	东回廊南端六区下层	
6386	M1 Ⅵ : 4685	耳杯	漆	1件	残	东回廊南端六区下层	
6387	M1 Ⅵ : 4686	耳杯	漆	1件	残	东回廊南端六区下层	
6388	M1 Ⅵ : 4687	耳杯	漆	1件	残	东回廊南端六区下层	
6389	M1 Ⅵ : 4688	耳杯	漆	1件	残	东回廊南端六区下层	
6390	M1 Ⅵ : 4689	耳杯	漆	1件	残	东回廊南端六区下层	
6391	M1 Ⅵ : 4690	耳杯	漆	1件	残	东回廊南端六区下层	
6392	M1 Ⅵ : 4691	耳杯	漆	1件	残	东回廊南端六区下层	
6393	M1 Ⅵ : 4692	耳杯	漆	1件	残	东回廊南端六区下层	
6394	M1 Ⅵ : 4693	耳杯	漆	1件	残	东回廊南端六区下层	
6395	M1 Ⅵ : 4694	耳杯	漆	1件	残	东回廊南端六区下层	
6396	M1 Ⅵ : 4695	耳杯	漆	1件	残	东回廊南端六区下层	
6397	M1 Ⅵ : 4696	耳杯	漆	1件	残	东回廊南端六区下层	
6398	M1 Ⅵ : 4697	耳杯	漆	1件	残	东回廊南端六区下层	
6399	M1 Ⅵ : 4698	耳杯	漆	1件	残	东回廊南端六区下层	
6400	M1 Ⅵ : 4699	耳杯	漆	1件	残	东回廊南端六区下层	
6401	M1 Ⅵ : 4700	耳杯	漆	1件	残	东回廊南端六区下层	
6402	M1 Ⅵ : 4701	耳杯	漆	1件	残	东回廊南端六区下层	
6403	M1 Ⅵ : 4702	耳杯	漆	1件	残	东回廊南端六区下层	
6404	M1 Ⅵ : 4703	耳杯	漆	1件	残	东回廊南端六区下层	
6405	M1 Ⅵ : 4704	耳杯	漆	1件	残	东回廊南端六区下层	
6406	M1 Ⅵ : 4705	耳杯	漆	1件	残	东回廊南端六区下层	
6407	M1 Ⅵ : 4706	耳杯	漆	1件	残	东回廊南端六区下层	
6408	M1 Ⅵ : 4707	耳杯	漆	1件	残	东回廊南端六区下层	
6409	M1 Ⅵ : 4708	耳杯	漆	1件	残	东回廊南端六区下层	

续附表三

序号	器号	器名	质料	数量	现状	位置	备注
6410	M1Ⅵ:4709	耳杯	漆	1件	残	东回廊南端六区下层	
6411	M1Ⅵ:4710	耳杯	漆	1件	残	东回廊南端六区下层	
6412	M1Ⅵ:4711	耳杯	漆	1件	残	东回廊南端六区下层	
6413	M1Ⅵ:4712	耳杯	漆	1件	残	东回廊南端六区下层	
6414	M1Ⅵ:4713	耳杯	漆	1件	残	东回廊南端六区下层	
6415	M1Ⅵ:4714	耳杯	漆	1件	残	东回廊南端六区下层	
6416	M1Ⅵ:4715	耳杯	漆	1件	残	东回廊南端六区下层	
6417	M1Ⅵ:4716	耳杯	漆	1件	残	东回廊南端六区下层	
6418	M1Ⅵ:4720	盘	漆	1件	残	东回廊南端六区下层	
6419	M1Ⅵ:4721	盘	漆	1件	残	东回廊南端六区下层	
6420	M1Ⅵ:4722	盘	漆	1件	残	东回廊南端六区下层	
6421	M1Ⅵ:4723	盘	漆	1件	残	东回廊南端六区下层	
6422	M1Ⅵ:4724	盘	漆	1件	残	东回廊南端六区下层	
6423	M1Ⅵ:4725	盘	漆	1件	残	东回廊南端六区下层	
6424	M1Ⅵ:4726	盘	漆	1件	残	东回廊南端六区下层	
6425	M1Ⅵ:4727	盘	漆	1件	残	东回廊南端六区下层	
6426	M1Ⅵ:4728	盘	漆	1件	残	东回廊南端六区下层	
6427	M1Ⅵ:4729	盘	漆	1件	残	东回廊南端六区下层	
6428	M1Ⅵ:4730	盘	漆	1件	残	东回廊南端六区下层	
6429	M1Ⅵ:4731	盘	漆	1件	残	东回廊南端六区下层	
6430	M1Ⅵ:4732	盘	漆	1件	残	东回廊南端六区下层	
6431	M1Ⅵ:4733	盘	漆	1件	残	东回廊南端六区下层	
6432	M1Ⅵ:4734	盘	漆	1件	残	东回廊南端六区下层	
6433	M1Ⅵ:4735	盘	漆	1件	残	东回廊南端六区下层	
6434	M1Ⅵ:4736	盘	漆	1件	残	东回廊南端六区下层	
6435	M1Ⅵ:4737	盘	漆	1件	残	东回廊南端六区下层	
6436	M1Ⅵ:4738	奁	漆	1件	残	东回廊南端六区下层	
6437	M1Ⅸ:4739	盘	漆	1件	残	东回廊北部九区下层	
6438	M1Ⅸ:4740	盘	漆	1件	残	东回廊北部九区下层	
6439	M1Ⅸ:4741	盘	漆	1件	残	东回廊北部九区下层	
6440	M1Ⅸ:4742	盘	漆	1件	残	东回廊北部九区下层	
6441	M1Ⅸ:4743	盘	漆	1件	残	东回廊北部九区下层	
6442	M1Ⅸ:4744	盘	漆	1件	残	东回廊北部九区下层	
6443	M1Ⅸ:4745	盘	漆	1件	残	东回廊北部九区下层	

续附表三

序号	器号	器名	质料	数量	现状	位置	备注
6444	M1Ⅸ：4746	盘	漆	1件	残	东回廊北部九区下层	
6445	M1Ⅸ：4747	盘	漆	1件	残	东回廊北部九区下层	
6446	M1Ⅸ：4748	盘	漆	1件	残	东回廊北部九区下层	
6447	M1Ⅸ：4749	盘	漆	1件	残	东回廊北部九区下层	
6448	M1Ⅸ：4750	盘	漆	1件	残	东回廊北部九区下层	
6449	M1Ⅸ：4751	盘	漆	1件	残	东回廊北部九区下层	
6450	M1Ⅸ：4752	盘	漆	1件	残	东回廊北部九区下层	
6451	M1Ⅸ：4753	盘	漆	1件	残	东回廊北部九区下层	
6452	M1Ⅸ：4754	盘	漆	1件	残	东回廊北部九区下层	
6453	M1Ⅸ：4755	盘	漆	1件	残	东回廊北部九区下层	
6454	M1Ⅸ：4756	盘	漆	1件	残	东回廊北部九区下层	
6455	M1Ⅸ：4757	盘	漆	1件	残	东回廊北部九区下层	
6456	M1Ⅸ：4758	盘	漆	1件	残	东回廊北部九区下层	
6457	M1Ⅸ：4759	盘	漆	1件	残	东回廊北部九区下层	
6458	M1Ⅸ：4760	盘	漆	1件	残	东回廊北部九区下层	
6459	M1Ⅸ：4761	盘	漆	1件	残	东回廊北部九区下层	
6460	M1Ⅸ：4762	盘	漆	1件	残	东回廊北部九区下层	
6461	M1Ⅸ：4763	盘	漆	1件	残	东回廊北部九区下层	
6462	M1Ⅸ：4764	盘	漆	1件	残	东回廊北部九区下层	
6463	M1Ⅸ：4765	盘	漆	1件	残	东回廊北部九区下层	
6464	M1Ⅸ：4766	盘	漆	1件	残	东回廊北部九区下层	
6465	M1Ⅸ：4767	盘	漆	1件	残	东回廊北部九区下层	
6466	M1Ⅸ：4768	盘	漆	1件	残	东回廊北部九区下层	
6467	M1Ⅸ：4769	盘	漆	1件	残	东回廊北部九区下层	
6468	M1Ⅸ：4770	盘	漆	1件	残	东回廊北部九区下层	
6469	M1Ⅹ：4771	盘	漆	1件	残	东回廊北端十区下层	
6470	M1Ⅹ：4772	盘	漆	1件	残	东回廊北端十区下层	
6471	M1Ⅹ：4773	盘	漆	1件	残	东回廊北端十区下层	
6472	M1Ⅹ：4774	盘	漆	1件	残	东回廊北端十区下层	
6473	M1Ⅹ：4775	盘	漆	1件	残	东回廊北端十区下层	
6474	M1Ⅹ：4776	盘	漆	1件	残	东回廊北端十区下层	
6475	M1Ⅹ：4777	盘	漆	1件	残	东回廊北端十区下层	
6476	M1Ⅹ：4778	盘	漆	1件	残	东回廊北端十区下层	
6477	M1Ⅹ：4779	盘	漆	1件	残	东回廊北端十区下层	

续附表三

序号	器号	器名	质料	数量	现状	位置	备注
6478	M1 X：4780	盘	漆	1件	残	东回廊北端十区下层	
6479	M1 X：4781	盘	漆	1件	残	东回廊北端十区下层	
6480	M1 X：4782	盘	漆	1件	残	东回廊北端十区下层	
6481	M1 X：4783	盘	漆	1件	残	东回廊北端十区下层	
6482	M1 X：4784	盘	漆	1件	残	东回廊北端十区下层	
6483	M1 X：4785	盘	漆	1件	残	东回廊北端十区下层	
6484	M1 X：4786	盘	漆	1件	残	东回廊北端十区下层	
6485	M1 X：4787	盘	漆	1件	残	东回廊北端十区下层	
6486	M1 X：4788	盘	漆	1件	残	东回廊北端十区下层	
6487	M1 X：4789	卮	漆	1件	残	东回廊北端十区下层	
6488	M1 X：4790	卮	漆	1件	残	东回廊北端十区下层	
6489	M1 X：4791	盘	漆	1件	残	东回廊北端十区下层	
6490	M1 X：4792	盘	漆	1件	残	东回廊北端十区下层	
6491	M1 X：4793	盘	漆	1件	残	东回廊北端十区下层	
6492	M1 X：4794	盘	漆	1件	残	东回廊北端十区下层	
6493	M1 X：4795	盘	漆	1件	残	东回廊北端十区下层	
6494	M1 X：4796	盘	漆	1件	残	东回廊北端十区下层	
6495	M1 X：4797	盘	漆	1件	残	东回廊北端十区下层	
6496	M1 X：4798	耳杯	漆	1件	残	东回廊北端十区下层	
6497	M1 X：4799	耳杯	漆	1件	残	东回廊北端十区下层	
6498	M1 X：4800	耳杯	漆	1件	残	东回廊北端十区下层	
6499	M1 X：4801	耳杯	漆	1件	残	东回廊北端十区下层	
6500	M1 X：4802	耳杯	漆	1件	残	东回廊北端十区下层	
6501	M1 X：4803	耳杯	漆	1件	残	东回廊北端十区下层	
6502	M1 X：4804	耳杯	漆	1件	残	东回廊北端十区下层	
6503	M1 X：4805	耳杯	漆	1件	残	东回廊北端十区下层	
6504	M1 X：4806	耳杯	漆	1件	残	东回廊北端十区下层	
6505	M1 X：4807	耳杯	漆	1件	残	东回廊北端十区下层	
6506	M1 X：4808	耳杯	漆	1件	残	东回廊北端十区下层	
6507	M1 X：4809	耳杯	漆	1件	残	东回廊北端十区下层	
6508	M1 X：4810	盘	漆	1件	残	东回廊北端十区下层	
6509	M1 X：4811	盘	漆	1件	残	东回廊北端十区下层	
6510	M1 X：4812	盘	漆	1件	残	东回廊北端十区下层	
6511	M1 X：4813	盘	漆	1件	残	东回廊北端十区下层	

续附表三

序号	器号	器名	质料	数量	现状	位置	备注
6512	M1Ⅹ:4814	盘	漆	1件	残	东回廊北端十区下层	
6513	M1Ⅹ:4815	盘	漆	1件	残	东回廊北端十区下层	
6514	M1Ⅹ:4816	盘	漆	1件	残	东回廊北端十区下层	
6515	M1Ⅹ:4817	盘	漆	1件	残	东回廊北端十区下层	
6516	M1Ⅹ:4818	盘	漆	1件	残	东回廊北端十区下层	
6517	M1Ⅹ:4819	盘	漆	1件	残	东回廊北端十区下层	
6518	M1Ⅵ:4820	泡饰	铜	1件	完整	东回廊南端六区上层	
6519	M1Ⅵ:4821	封泥	泥	1件	残	东回廊南端六区上层	
6520	M1Ⅵ:4822	封泥	泥	1件	残损严重	东回廊南端六区上层	
6521	M1Ⅵ:4823	盘	漆	1件	残	东回廊南端六区下层	
6522	M1Ⅵ:4824	盘	漆	1件	残	东回廊南端六区下层	
6523	M1Ⅵ:4825	盘	漆	1件	残	东回廊南端六区下层	
6524	M1Ⅵ:4826	盘	漆	1件	残	东回廊南端六区下层	
6525	M1Ⅵ:4827	盘	漆	1件	残	东回廊南端六区下层	
6526	M1Ⅵ:4828	盘	漆	1件	残	东回廊南端六区下层	
6527	M1Ⅵ:4829	盘	漆	1件	残	东回廊南端六区下层	
6528	M1Ⅵ:4830	盘	漆	1件	残	东回廊南端六区下层	
6529	M1Ⅵ:4831	盘	漆	1件	残	东回廊南端六区下层	
6530	M1Ⅵ:4832	盘	漆	1件	残	东回廊南端六区下层	
6531	M1Ⅵ:4833	盘	漆	1件	残	东回廊南端六区下层	
6532	M1Ⅵ:4834	盘	漆	1件	残	东回廊南端六区下层	
6533	M1Ⅵ:4835	盘	漆	1件	残	东回廊南端六区下层	
6534	M1Ⅵ:4836	盘	漆	1件	残	东回廊南端六区下层	
6535	M1Ⅵ:4837	盘	漆	1件	残	东回廊南端六区下层	
6536	M1Ⅵ:4838	环	铜	1件	完整	东回廊南端六区下层	
6537	M1Ⅹ:4839	耳杯	漆	1件	残	东回廊北端十区下层	
6538	M1Ⅹ:4840	耳杯	漆	1件	残	东回廊北端十区下层	
6539	M1Ⅹ:4841	耳杯	漆	1件	残	东回廊北端十区下层	
6540	M1Ⅹ:4842	耳杯	漆	1件	残	东回廊北端十区下层	
6541	M1Ⅹ:4843	耳杯	漆	1件	残	东回廊北端十区下层	
6542	M1Ⅹ:4844	耳杯	漆	1件	残	东回廊北端十区下层	
6543	M1Ⅹ:4845	耳杯	漆	1件	残	东回廊北端十区下层	
6544	M1Ⅹ:4846	耳杯	漆	1件	残	东回廊北端十区下层	
6545	M1Ⅹ:4847	耳杯	漆	1件	残	东回廊北端十区下层	

续附表三

序号	器号	器名	质料	数量	现状	位置	备注
6546	M1Ⅹ:4848	耳杯	漆	1件	残	东回廊北端十区下层	
6547	M1Ⅹ:4849	耳杯	漆	1件	残	东回廊北端十区下层	
6548	M1Ⅹ:4850	耳杯	漆	1件	残	东回廊北端十区下层	
6549	M1Ⅹ:4851	耳杯	漆	1件	残	东回廊北端十区下层	
6550	M1Ⅹ:4852	耳杯	漆	1件	残	东回廊北端十区下层	
6551	M1Ⅹ:4853	耳杯	漆	1件	残	东回廊北端十区下层	
6552	M1Ⅹ:4854	耳杯	漆	1件	残	东回廊北端十区下层	
6553	M1Ⅹ:4855	卮	漆	1件	残	东回廊北端十区下层	
6554	M1Ⅹ:4856	卮	漆	1件	残	东回廊北端十区下层	
6555	M1Ⅸ:4857	耳杯	漆	1件	残	东回廊北部九区下层	
6556	M1Ⅸ:4858	耳杯	漆	1件	残	东回廊北部九区下层	
6557	M1Ⅸ:4859	耳杯	漆	1件	残	东回廊北部九区下层	
6558	M1Ⅸ:4860	耳杯	漆	1件	残	东回廊北部九区下层	
6559	M1Ⅸ:4861	耳杯	漆	1件	残	东回廊北部九区下层	
6560	M1Ⅸ:4862	耳杯	漆	1件	残	东回廊北部九区下层	
6561	M1Ⅸ:4863	耳杯	漆	1件	残	东回廊北部九区下层	
6562	M1Ⅸ:4864	耳杯	漆	1件	残	东回廊北部九区下层	
6563	M1Ⅸ:4865	耳杯	漆	1件	残	东回廊北部九区下层	
6564	M1Ⅸ:4866	耳杯	漆	1件	残	东回廊北部九区下层	
6565	M1Ⅸ:4867	耳杯	漆	1件	残	东回廊北部九区下层	
6566	M1Ⅸ:4868	耳杯	漆	1件	残	东回廊北部九区下层	
6567	M1Ⅸ:4869	耳杯	漆	1件	残	东回廊北部九区下层	
6568	M1Ⅹ:4870	耳杯	漆	1件	残	东回廊北端十区下层	
6569	M1Ⅹ:4871	耳杯	漆	1件	残	东回廊北端十区下层	
6570	M1Ⅹ:4872	耳杯	漆	1件	残	东回廊北端十区下层	
6571	M1Ⅹ:4873	耳杯	漆	1件	残	东回廊北端十区下层	
6572	M1Ⅹ:4874	耳杯	漆	1件	残	东回廊北端十区下层	
6573	M1Ⅹ:4875	卮	漆	1件	残	东回廊北端十区下层	
6574	M1Ⅹ:4876	卮	漆	1件	残	东回廊北端十区下层	
6575	M1Ⅹ:4877	卮	漆	1件	残	东回廊北端十区下层	
6576	M1Ⅵ:4878	耳杯	漆	1件	残	东回廊南端六区下层	
6577	M1Ⅵ:4879	耳杯	漆	1件	残	东回廊南端六区下层	
6578	M1Ⅵ:4880	耳杯	漆	1件	残	东回廊南端六区下层	
6579	M1Ⅵ:4881	耳杯	漆	1件	残	东回廊南端六区下层	

续附表三

序号	器号	器名	质料	数量	现状	位置	备注
6580	M1Ⅵ:4882	耳杯	漆	1件	残	东回廊南端六区下层	
6581	M1Ⅵ:4883	耳杯	漆	1件	残	东回廊南端六区下层	
6582	M1Ⅵ:4884	耳杯	漆	1件	残	东回廊南端六区下层	
6583	M1Ⅹ:4885	耳杯	漆	1件	残	东回廊北端十区下层	
6584	M1Ⅹ:4886	耳杯	漆	1件	残	东回廊北端十区下层	
6585	M1Ⅹ:4887	耳杯	漆	1件	残	东回廊北端十区下层	
6586	M1Ⅹ:4888	耳杯	漆	1件	残	东回廊北端十区下层	
6587	M1Ⅹ:4889	耳杯	漆	1件	残	东回廊北端十区下层	
6588	M1Ⅵ:4890	耳杯	漆	1件	残	东回廊南端六区下层	
6589	M1Ⅵ:4891	耳杯	漆	1件	残	东回廊南端六区下层	
6590	M1Ⅵ:4892	耳杯	漆	1件	残	东回廊南端六区下层	
6591	M1Ⅵ:4893	耳杯	漆	1件	残	东回廊南端六区下层	
6592	M1Ⅵ:4894	耳杯	漆	1件	残	东回廊南端六区下层	
6593	M1Ⅵ:4895	耳杯	漆	1件	残	东回廊南端六区下层	
6594	M1Ⅵ:4896	耳杯	漆	1件	残	东回廊南端六区下层	
6595	M1Ⅵ:4897	耳杯	漆	1件	残	东回廊南端六区下层	
6596	M1Ⅵ:4898	耳杯	漆	1件	残	东回廊南端六区下层	
6597	M1Ⅵ:4899	耳杯	漆	1件	残	东回廊南端六区下层	
6598	M1Ⅵ:4900	耳杯	漆	1件	残	东回廊南端六区下层	
6599	M1Ⅵ:4901	耳杯	漆	1件	残	东回廊南端六区下层	
6600	M1Ⅵ:4902	耳杯	漆	1件	残	东回廊南端六区下层	
6601	M1Ⅵ:4903	耳杯	漆	1件	残	东回廊南端六区下层	
6602	M1Ⅵ:4904	耳杯	漆	1件	残	东回廊南端六区下层	
6603	M1Ⅵ:4905	耳杯	漆	1件	残	东回廊南端六区下层	
6604	M1Ⅵ:4906	耳杯	漆	1件	残	东回廊南端六区下层	
6605	M1Ⅵ:4907	耳杯	漆	1件	残	东回廊南端六区下层	
6606	M1Ⅵ:4908	耳杯	漆	1件	残	东回廊南端六区下层	
6607	M1Ⅵ:4909	耳杯	漆	1件	残	东回廊南端六区下层	
6608	M1Ⅵ:4910	耳杯	漆	1件	残	东回廊南端六区下层	
6609	M1Ⅵ:4911	耳杯	漆	1件	残	东回廊南端六区下层	
6610	M1Ⅵ:4912	耳杯	漆	1件	残	东回廊南端六区下层	
6611	M1Ⅵ:4913	耳杯	漆	1件	残	东回廊南端六区下层	
6612	M1Ⅵ:4914	耳杯	漆	1件	残	东回廊南端六区下层	
6613	M1Ⅵ:4915	耳杯	漆	1件	残	东回廊南端六区下层	

续附表三

序号	器号	器名	质料	数量	现状	位置	备注
6614	M1Ⅵ：4916	耳杯	漆	1件	残	东回廊南端六区下层	
6615	M1Ⅵ：4917	耳杯	漆	1件	残	东回廊南端六区下层	
6616	M1Ⅸ：4918	盘	漆	1件	残	东回廊北部九区下层	
6617	M1Ⅸ：4919	盘	漆	1件	残	东回廊北部九区下层	
6618	M1Ⅸ：4920	盘	漆	1件	残	东回廊北部九区下层	
6619	M1Ⅸ：4921	盘	漆	1件	残	东回廊北部九区下层	
6620	M1Ⅸ：4922	盘	漆	1件	残	东回廊北部九区下层	
6621	M1Ⅸ：4923	盘	漆	1件	残	东回廊北部九区下层	
6622	M1Ⅸ：4924	盘	漆	1件	残	东回廊北部九区下层	
6623	M1Ⅸ：4925	盘	漆	1件	残	东回廊北部九区下层	
6624	M1Ⅹ：4926	耳杯	漆	1件	残	东回廊北端十区下层	
6625	M1Ⅹ：4927	耳杯	漆	1件	残	东回廊北端十区下层	
6626	M1Ⅹ：4928	耳杯	漆	1件	残	东回廊北端十区下层	
6627	M1Ⅹ：4929	耳杯	漆	1件	残	东回廊北端十区下层	
6628	M1Ⅹ：4930	耳杯	漆	1件	残	东回廊北端十区下层	
6629	M1Ⅹ：4931	耳杯	漆	1件	残	东回廊北端十区下层	
6630	M1Ⅹ：4932	耳杯	漆	1件	残	东回廊北端十区下层	
6631	M1Ⅹ：4933	耳杯	漆	1件	残	东回廊北端十区下层	
6632	M1Ⅹ：4934	耳杯	漆	1件	残	东回廊北端十区下层	
6633	M1Ⅹ：4935	耳杯	漆	1件	残	东回廊北端十区下层	
6634	M1Ⅹ：4936	耳杯	漆	1件	残	东回廊北端十区下层	
6635	M1Ⅹ：4937	耳杯	漆	1件	残	东回廊北端十区下层	
6636	M1Ⅹ：4938	耳杯	漆	1件	残	东回廊北端十区下层	
6637	M1Ⅹ：4939	耳杯	漆	1件	残	东回廊北端十区下层	
6638	M1Ⅹ：4940	耳杯	漆	1件	残	东回廊北端十区下层	
6639	M1Ⅹ：4941	耳杯	漆	1件	残	东回廊北端十区下层	
6640	M1Ⅹ：4942	耳杯	漆	1件	残	东回廊北端十区下层	
6641	M1Ⅹ：4943	耳杯	漆	1件	残	东回廊北端十区下层	
6642	M1Ⅹ：4944	耳杯	漆	1件	残	东回廊北端十区下层	
6643	M1Ⅹ：4945	耳杯	漆	1件	残	东回廊北端十区下层	
6644	M1Ⅹ：4946	耳杯	漆	1件	残	东回廊北端十区下层	
6645	M1Ⅹ：4947	耳杯	漆	1件	残	东回廊北端十区下层	
6646	M1Ⅹ：4948	耳杯	漆	1件	残	东回廊北端十区下层	
6647	M1Ⅹ：4949	耳杯	漆	1件	残	东回廊北端十区下层	

续附表三

序号	器号	器名	质料	数量	现状	位置	备注
6648	M1 X：4950	耳杯	漆	1 件	残	东回廊北端十区下层	
6649	M1 X：4951	耳杯	漆	1 件	残	东回廊北端十区下层	
6650	M1 X：4952	耳杯	漆	1 件	残	东回廊北端十区下层	
6651	M1 X：4953	耳杯	漆	1 件	残	东回廊北端十区下层	
6652	M1 X：4954	耳杯	漆	1 件	残	东回廊北端十区下层	
6653	M1 X：4955	耳杯	漆	1 件	残	东回廊北端十区下层	
6654	M1 X：4956	耳杯	漆	1 件	残	东回廊北端十区下层	
6655	M1 X：4957	耳杯	漆	1 件	残	东回廊北端十区下层	
6656	M1 X：4958	耳杯	漆	1 件	残	东回廊北端十区下层	
6657	M1 IX：4959	耳杯	漆	1 件	残	东回廊北部九区下层	
6658	M1 IX：4960	耳杯	漆	1 件	残	东回廊北部九区下层	
6659	M1 IX：4961	耳杯	漆	1 件	残	东回廊北部九区下层	
6660	M1 IX：4962	耳杯	漆	1 件	残	东回廊北部九区下层	
6661	M1 IX：4963	耳杯	漆	1 件	残	东回廊北部九区下层	
6662	M1 VIII：4964	盘	漆	1 件	残	东回廊中部八区下层	
6663	M1 VIIA：4965	卮	漆	1 件	残	东回廊南部七 A 区下层	
6664	M1 VIIA：4966	盂	漆	1 件	残损严重	东回廊南部七 A 区下层	
6665	M1 VIIA：4967	盂	漆	1 件	残	东回廊南部七 A 区下层	
6666	M1 VIIA：4968	盂	漆	1 件	残损严重	东回廊南部七 A 区下层	
6667	M1 VI：4969	耳杯	漆	1 件	残	东回廊南端六区下层	
6668	M1 VI：4970	耳杯	漆	1 件	残	东回廊南端六区下层	
6669	M1 VI：4971	耳杯	漆	1 件	残	东回廊南端六区下层	
6670	M1 I：4972	筒	漆	1 件	残	西回廊南端一区上层	
6671	M1 VIIA：4973	卮	漆	1 件	残	东回廊南部七 A 区下层	
6672	M1 VI：4974	盘	漆	1 件	残	东回廊南端六区下层	
6673	M1 VI：4975	盘	漆	1 件	残	东回廊南端六区下层	
6674	M1 VI：4976	盘	漆	1 件	残	东回廊南端六区下层	
6675	M1 VI：4977	盘	漆	1 件	残	东回廊南端六区下层	
6676	M1 VI：4978	筒	漆	1 件	残	东回廊南端六区下层	上有铭文
6677	M1 VIIA：4979	耳杯	漆	1 件	残	东回廊南部七 A 区下层	
6678	M1 VIIA：4980	耳杯	漆	1 件	残	东回廊南部七 A 区下层	
6679	M1 VIIA：4981	耳杯	漆	1 件	残	东回廊南部七 A 区下层	
6680	M1 VIIA：4982	耳杯	漆	1 件	残	东回廊南部七 A 区下层	
6681	M1 VIIA：4983	卮	漆	1 件	残	东回廊南部七 A 区下层	

续附表三

序号	器号	器名	质料	数量	现状	位置	备注
6682	M1ⅦA：4984	卮	漆	1件	残	东回廊南部七A区下层	
6683	M1ⅦA：4985	卮	漆	1件	残	东回廊南部七A区下层	
6684	M1ⅦA：4986	耳杯	漆	1件	残	东回廊南部七A区下层	
6685	M1ⅦA：4987	耳杯	漆	1件	残	东回廊南部七A区下层	
6686	M1ⅦA：4988	残器	漆	1件	残	东回廊南部七A区下层	
6687	M1ⅦA：4989	勺	铜	1件	残	东回廊南部七A区下层	
6688	M1ⅦA：4990	勺	铜	1件	残	东回廊南部七A区下层	
6689	M1Ⅸ：4991	耳杯	漆	1件	残	东回廊北部九区下层	
6690	M1Ⅸ：4992	耳杯	漆	1件	残	东回廊北部九区下层	
6691	M1Ⅸ：4993	耳杯	漆	1件	残	东回廊北部九区下层	
6692	M1Ⅸ：4994	耳杯	漆	1件	残	东回廊北部九区下层	
6693	M1Ⅸ：4995	耳杯	漆	1件	残	东回廊北部九区下层	
6694	M1Ⅸ：4996	耳杯	漆	1件	残	东回廊北部九区下层	
6695	M1Ⅸ：4997	耳杯	漆	1件	残	东回廊北部九区下层	
6696	M1Ⅸ：4998	耳杯	漆	1件	残	东回廊北部九区下层	
6697	M1Ⅸ：4999	耳杯	漆	1件	残	东回廊北部九区下层	
6698	M1Ⅸ：5000	耳杯	漆	1件	残	东回廊北部九区下层	
6699	M1Ⅸ：5001	耳杯	漆	1件	残	东回廊北部九区下层	
6700	M1Ⅸ：5002	耳杯	漆	1件	残	东回廊北部九区下层	
6701	M1Ⅸ：5003	耳杯	漆	1件	残	东回廊北部九区下层	
6702	M1Ⅸ：5004	耳杯	漆	1件	残	东回廊北部九区下层	
6703	M1Ⅸ：5005	耳杯	漆	1件	残	东回廊北部九区下层	
6704	M1Ⅸ：5006	耳杯	漆	1件	残	东回廊北部九区下层	
6705	M1Ⅸ：5007	耳杯	漆	1件	残	东回廊北部九区下层	
6706	M1Ⅸ：5008	耳杯	漆	1件	残	东回廊北部九区下层	
6707	M1Ⅸ：5009	耳杯	漆	1件	残	东回廊北部九区下层	
6708	M1Ⅸ：5010	耳杯	漆	1件	残	东回廊北部九区下层	
6709	M1Ⅸ：5011	耳杯	漆	1件	残	东回廊北部九区下层	
6710	M1Ⅸ：5012	耳杯	漆	1件	残	东回廊北部九区下层	
6711	M1Ⅸ：5013	耳杯	漆	1件	残	东回廊北部九区下层	
6712	M1Ⅸ：5014	耳杯	漆	1件	残	东回廊北部九区下层	
6713	M1Ⅸ：5015	耳杯	漆	1件	残	东回廊北部九区下层	
6714	M1Ⅵ：5016	残器	漆	1件	残	东回廊南端六区下层	
6715	M1ⅦA：5017	耳杯	漆	1件	残	东回廊南部七A区下层	

续附表三

序号	器号	器名	质料	数量	现状	位置	备注
6716	M1ⅦA：5018	耳杯	漆	1件	残	东回廊南部七A区下层	
6717	M1ⅦA：5019	耳杯	漆	1件	残	东回廊南部七A区下层	
6718	M1ⅦA：5020	耳杯	漆	1件	残	东回廊南部七A区下层	
6719	M1ⅦA：5021	耳杯	漆	1件	残	东回廊南部七A区下层	
6720	M1Ⅵ：5022	耳杯	漆	1件	残	东回廊南端六区下层	
6721	M1Ⅵ：5023	耳杯	漆	1件	残	东回廊南端六区下层	
6722	M1Ⅵ：5024	耳杯	漆	1件	残	东回廊南端六区下层	
6723	M1Ⅵ：5025	耳杯	漆	1件	残	东回廊南端六区下层	
6724	M1Ⅵ：5026	耳杯	漆	1件	残	东回廊南端六区下层	
6725	M1Ⅵ：5027	耳杯	漆	1件	残	东回廊南端六区下层	
6726	M1Ⅵ：5028	耳杯	漆	1件	残	东回廊南端六区下层	
6727	M1Ⅵ：5029	耳杯	漆	1件	残	东回廊南端六区下层	
6728	M1Ⅵ：5030	耳杯	漆	1件	残	东回廊南端六区下层	
6729	M1Ⅵ：5031	耳杯	漆	1件	残	东回廊南端六区下层	
6730	M1Ⅵ：5032	耳杯	漆	1件	残	东回廊南端六区下层	
6731	M1Ⅵ：5033	耳杯	漆	1件	残	东回廊南端六区下层	
6732	M1Ⅵ：5034	耳杯	漆	1件	残	东回廊南端六区下层	
6733	M1Ⅵ：5035	耳杯	漆	1件	残	东回廊南端六区下层	
6734	M1Ⅵ：5036	耳杯	漆	1件	残	东回廊南端六区下层	
6735	M1Ⅵ：5037	耳杯	漆	1件	残	东回廊南端六区下层	
6736	M1Ⅵ：5038	耳杯	漆	1件	残	东回廊南端六区下层	
6737	M1Ⅵ：5039	耳杯	漆	1件	残	东回廊南端六区下层	
6738	M1Ⅵ：5040	耳杯	漆	1件	残	东回廊南端六区下层	
6739	M1Ⅵ：5041	耳杯	漆	1件	残	东回廊南端六区下层	
6740	M1Ⅵ：5042	耳杯	漆	1件	残	东回廊南端六区下层	
6741	M1Ⅶ：5043	耳杯	漆	1件	残	东回廊南端六区下层	
6742	M1Ⅵ：5044	耳杯	漆	1件	残	东回廊南端六区下层	
6743	M1Ⅵ：5045	耳杯	漆	1件	残	东回廊南端六区下层	
6744	M1Ⅵ：5046	耳杯	漆	1件	残	东回廊南端六区下层	
6745	M1ⅦA：5047	匜	漆	1件	残	东回廊南部七A区下层	
6746	M1Ⅵ：5048	镞	铜	1件	残	东回廊南端六区上层	
6747	M1Ⅵ：5049	矛	铁	1件	锈残	东回廊南端六区上层	
6748	M1Ⅸ：5050	盘	漆	1件	残	东回廊北部九区下层	
6749	M1Ⅸ：5051	盘	漆	1件	残	东回廊北部九区下层	

续附表三

序号	器号	器名	质料	数量	现状	位置	备注
6750	M1Ⅸ:5052	盘	漆	1件	残	东回廊北部九区下层	
6751	M1ⅦB:5053	耳杯	漆	1件	残	东回廊中部偏南七B区下层	
6752	M1ⅦB:5054	盘	漆	1件	残	东回廊中部偏南七B区下层	
6753	M1ⅦB:5055	盘	漆	1件	残	东回廊中部偏南七B区下层	
6754	M1ⅦB:5056	盘	漆	1件	残	东回廊中部偏南七B区下层	
6755	M1Ⅵ:5057	耳杯	漆	1件	残	东回廊南端六区下层	
6756	M1Ⅵ:5058	残器	漆	1件	残	东回廊南端六区下层	
6757	M1Ⅵ:5059	耳杯	漆	1件	残	东回廊南端六区下层	
6758	M1Ⅵ:5060	耳杯	漆	1件	残	东回廊南端六区下层	
6759	M1Ⅵ:5061	耳杯	漆	1件	残	东回廊南端六区下层	
6760	M1Ⅵ:5062	耳杯	漆	1件	残	东回廊南端六区下层	
6761	M1Ⅵ:5063	盘	漆	1件	残	东回廊南端六区下层	
6762	M1Ⅵ:5064	盘	漆	1件	残	东回廊南端六区下层	
6763	M1Ⅵ:5065	盘	漆	1件	残	东回廊南端六区下层	
6764	M1Ⅵ:5066	盘	漆	1件	残	东回廊南端六区下层	
6765	M1Ⅵ:5067	盘	漆	1件	残	东回廊南端六区下层	
6766	M1Ⅵ:5068	盘	漆	1件	残	东回廊南端六区下层	
6767	M1ⅦA:5069	匜	漆	1件	残	东回廊南部七A区下层	
6768	M1Ⅵ:5070	匜	漆	1件	残	东回廊南端六区下层	
6769	M1ⅦA:5071	匜	漆	1件	残	东回廊南部七A区下层	
6770	M1ⅦA:5072	匜	漆	1件	残	东回廊南部七A区下层	
6771	M1Ⅵ:5073	案	漆	1件	残损严重	东回廊南端六区下层	
6772	M1Ⅵ:5074	案	漆	1件	残损严重	东回廊南端六区下层	
6773	M1Ⅵ:5075	轭足饰	铜	1件	残	东回廊南端六区下层	
6774	M1ⅢA:5076	琴轸	玉	1件	残	西回廊中部偏南三A区下层	
6775	M1ⅢA:5077	琴轸	玉	1件	残	西回廊中部偏南三A区下层	
6776	M1ⅢA:5078	琴轸	玉	1件	残	西回廊中部偏南三A区下层	
6777	M1:5079	凿	铁	1件	锈残	墓室东北角坑壁岩缝中	
6778	M1:5080	凿	铁	1件	锈残	墓室东北角坑壁岩缝中	
6779	M1Ⅵ:5081	矛	铁	1件	锈残	东回廊南端六区上层	
6780	M1Ⅵ:5082	矛	铜	1件	完整	东回廊南端六区上层	
6781	M1Ⅵ:5083	矛	铁	1件	锈残	东回廊南端六区上层	
6782	M1Ⅵ:5084	矛	铁	1件	锈残	东回廊南端六区上层	
6783	M1Ⅵ:5085	矛	铜	1件	完整	东回廊南端六区上层	

续附表三

序号	器号	器名	质料	数量	现状	位置	备注
6784	M1Ⅵ:5086	剑	铁	1件	锈残	东回廊南端六区上层	
6785	M1Ⅵ:5087	矛	铜	1件	完整	东回廊南端六区上层	
6786	M1Ⅵ:5088	珠饰	玛瑙	1件	完整	东回廊南端六区上层	
6787	M1:5089	凿	铁	1件	锈残	墓室东北角墓壁岩缝中	
6788	M1:5090	凿	铁	1件	锈残	墓室东北角墓壁岩缝中	
6789	M1:5091	凿	铁	1件	锈残	墓室东北角墓壁岩缝中	
6790	M1:5092	臿	铁	1件	锈残	北墓道南端填土中	
6791	M1:5093	夯锤	铁	1件	锈残	南墓道东壁四层台下填土中	
6792	M1:5094	凿	铁	1件	锈残	北墓道南端填土中	
6793	M1Ⅵ:5095	环	铁	1件	锈残	东回廊南端六区上层	
6794	M1:5096	凿	铁	1件	锈残	墓室东北角墓壁岩缝中	
6795	M1:5097	凿	铁	1件	锈残	墓室东北角墓壁岩缝中	
6796	M1:5098	凿	铁	1件	锈残	墓室北端道东侧土坯下	
6797	M1:5099	凿	铁	1件	锈残	墓室北端道东侧土坯下	
6798	M1:5100	凿	铁	1件	锈残	墓室北端道东侧土坯下	
6799	M1:5101	凿	铁	1件	锈残	墓室北端道东侧土坯下	
6800	M1Ⅵ:5102	镞	铁	1件	锈残	东回廊南端六区上层	
6801	M1:5103	凿	铁	1件	锈残	墓室东南角青膏泥中	
6802	M1Ⅵ:5104	镞	铁	1件	锈残	东回廊南端六区上层	
6803	M1Ⅵ:5105	镞	铜	1件	完整	东回廊南端六区上层	
6804	M1Ⅵ:5106	箕形器	铜	1件	残	东回廊南端六区上层	
6805	M1Ⅵ:5107	盾饰	铜	1件	完整	东回廊南端六区上层	
6806	M1Ⅵ:5108	戟	铁	1件	锈残	东回廊南端六区上层	
6807	M1Ⅵ:5109	盾饰	铜	1件	完整	东回廊南端六区上层	
6808	M1Ⅵ:5111	镦	铜（错金银）	1件	残	东回廊南端六区上层	
6809	M1Ⅵ:5112	镦	铜（错金银）	1件	残	东回廊南端六区上层	
6810	M1Ⅵ:5113	镦	铜	1件	残	东回廊南端六区上层	
6811	M1Ⅵ:5114	镦	银	1件	完整	东回廊南端六区上层	
6812	M1Ⅵ:5115	镞	铜	1件	残	东回廊南端六区上层	
6813	M1Ⅵ:5116	车軎	铜	1件	残	东回廊南端六区上层	
6814	M1Ⅵ:5117	辕首	铜	1件	完整	东回廊南端六区上层	
6815	M1:5118	凿	铁	1件	锈残	东回廊北端东壁岩缝间	

续附表三

序号	器号	器名	质料	数量	现状	位置	备注
6816	M1:5119	凿	铁	1件	锈残	墓室北端东侧坍塌填土中	
6817	M1Ⅵ:5120	镦	铜（鎏金银）	1件	残	东回廊南端六区上层	
6818	M1Ⅵ:5121	戟	铜	1件	残	东回廊南端六区上层	
6819	M1Ⅵ:5122	矛	铁	1件	锈残	东回廊南端六区上层	
6820	M1Ⅵ:5123	镞	铜	1件	完整	东回廊南端六区上层	
6821	M1Ⅵ:5124	兵器	铁	1件	锈残	东回廊南端六区上层	
6822	M1Ⅵ:5125	算珠形饰	铜	1件	残	东回廊南端六区上层	
6823	M1Ⅵ:5126	算珠形饰	铜	1件	完整	东回廊南端六区上层	
6824	M1Ⅵ:5127	算珠形饰	铜	1件	完整	东回廊南端六区上层	
6825	M1Ⅵ:5128	戟	铁	1件	锈残	东回廊南端六区上层	
6826	M1Ⅵ:5129	兵器	铁	1件	锈残	东回廊南端六区上层	
6827	M1Ⅵ:5130	环	铜	1件	残	东回廊南端六区上层	
6828	M1Ⅵ:5131	环	铜	1件	残	东回廊南端六区上层	
6829	M1Ⅵ:5132	伏兔	铜	1件	完整	东回廊南端六区上层	
6830	M1Ⅵ:5133	车伞盖	漆皮	1件	残损严重	东回廊南端六区上层	
6831	M1Ⅵ:5134	钩镶	铁	1件	锈残	东回廊南端六区上层	
6832	M1Ⅵ:5135	盖弓帽	铜	1件	完整	东回廊南端六区上层	
6833	M1Ⅵ:5136	箔饰	金	3片	残	东回廊南端六区上层	
6834	M1Ⅵ:5137	镦	铜	1件	残	东回廊南端六区上层	
6835	M1Ⅵ:5138	镦	铜（鎏金银）	1件	残	东回廊南端六区上层	
6836	M1Ⅵ:5139	镦	铜（鎏金银）	1件	残	东回廊南端六区上层	
6837	M1Ⅵ:5140	辖	铜	1件	完整	东回廊南端六区上层	
6838	M1Ⅵ:5141	环	铜	1件	残	东回廊南端六区上层	
6839	M1Ⅵ:5142	钩	铜	1件	残	东回廊南端六区上层	
6840	M1Ⅵ:5143	伞柄箍饰	铜	1套4件	完整	东回廊南端六区上层	
	M1Ⅵ:5144	镇	铜	1套4件		东回廊南端六区上层	与M1Ⅵ:1001、MI1Ⅵ:3612、M1Ⅵ:5219为一套
6841	M1Ⅵ:5144-1	镇	铜	1件		东回廊南端六区上层	
6842	M1Ⅵ:5144-2	镇	铜	1件	完整	东回廊南端六区上层	
6843	M1Ⅵ:5144-3	镇	铜	1件	完整	东回廊南端六区上层	
6844	M1Ⅵ:5144-4	镇	铜	1件	完整	东回廊南端六区上层	
6845	M1Ⅵ:5145	镞	铜	1件	完整	东回廊南端六区上层	

续附表三

序号	器号	器名	质料	数量	现状	位置	备注
6846	M1 Ⅵ : 5146	辕首	铜	1 件	完整	东回廊南端六区上层	
6847	M1 Ⅵ : 5147	戟	铁	1 件	锈残	东回廊南端六区上层	
6848	M1 Ⅵ : 5148	戟	铜	1 件	残	东回廊南端六区上层	
6849	M1 Ⅵ : 5149	戟	铁	1 件	锈残	东回廊南端六区上层	
6850	M1 Ⅵ : 5150	轙	铜	1 件	完整	东回廊南端六区上层	
6851	M1 Ⅵ : 5151	铩	铁	1 件	锈残	东回廊南端六区上层	
6852	M1 Ⅵ : 5152	铜	铜	1 件	残	东回廊南端六区上层	
6853	M1 Ⅵ : 5153	箭箙	漆	1 件	残损严重	东回廊南端六区上层	
6854	M1 Ⅵ : 5153 - 1	环	铜	1 件	完整	东回廊南端六区上层	
6855	M1 Ⅵ : 5153 - 2	环	铜	1 件	完整	东回廊南端六区上层	
6856	M1 Ⅵ : 5153 - 3	环	铜	1 件	完整	东回廊南端六区上层	
6857	M1 Ⅵ : 5153 - 4	环	铜	1 件	完整	东回廊南端六区上层	
6858	M1 Ⅵ : 5153 - 5	环	铜	1 件	完整	东回廊南端六区上层	
6859	M1 Ⅵ : 5153 - 6	环	铜	1 件	完整	东回廊南端六区上层	
6860	M1 Ⅵ : 5153 - 7	环	铜	1 件	完整	东回廊南端六区上层	
6861	M1 Ⅵ : 5153 - 8	环	铜	1 件	完整	东回廊南端六区上层	
6862	M1 Ⅵ : 5153 - 9	环	铜	1 件	完整	东回廊南端六区上层	
6863	M1 Ⅵ : 5153 - 10	环	铜	1 件	完整	东回廊南端六区上层	
6864	M1 Ⅵ : 5153 - 11	环	铜	1 件	完整	东回廊南端六区上层	
6865	M1 Ⅵ : 5154	镞	铜	1 件	完整	东回廊南端六区上层	
6866	M1 Ⅵ : 5155	镞	铜	1 件	完整	东回廊南端六区上层	
6867	M1 Ⅵ : 5156	镞	铜	1 件	完整	东回廊南端六区上层	
6868	M1 Ⅵ : 5157	镞	铜	1 件	完整	东回廊南端六区上层	
6869	M1 Ⅵ : 5158	镞	铜	1 件	完整	东回廊南端六区上层	
6870	M1 Ⅵ : 5159	镞	铜	1 件	完整	东回廊南端六区上层	
6871	M1 Ⅵ : 5160	镞	铜	1 件	完整	东回廊南端六区上层	
6872	M1 Ⅵ : 5161	镞	铜	1 件	完整	东回廊南端六区上层	
6873	M1 Ⅵ : 5162	镞	铜	1 件	残	东回廊南端六区上层	
6874	M1 Ⅵ : 5163	镞	铜	1 件	完整	东回廊南端六区上层	
6875	M1 Ⅵ : 5164	镞	铜	1 件	完整	东回廊南端六区上层	
6876	M1 Ⅵ : 5165	镞	铜	1 件	完整	东回廊南端六区上层	
6877	M1 Ⅵ : 5166	镞	铜	1 件	完整	东回廊南端六区上层	
6878	M1 Ⅵ : 5167	圈饰	金	1 件	完整	东回廊南端六区上层	
6879	M1 Ⅵ : 5168	算珠形饰	铜	1 件	完整	东回廊南端六区上层	

续附表三

序号	器号	器名	质料	数量	现状	位置	备注
6880	M1Ⅵ:5169	环	铜	1件	残	东回廊南端六区上层	
6881	M1Ⅵ:5170	算珠形饰	铜	1件	完整	东回廊南端六区上层	
6882	M1Ⅵ:5171	圈饰	金	1件	完整	东回廊南端六区上层	
6883	M1Ⅵ:5172	圈饰	金	1件	完整	东回廊南端六区上层	
6884	M1Ⅵ:5173	环	铜	1件	残	东回廊南端六区上层	
6885	M1Ⅵ:5174	扣饰	金	1件	残	东回廊南端六区上层	
6886	M1Ⅵ:5175	盾饰	铜	1件	残	东回廊南端六区上层	
6887	M1Ⅵ:5176	管饰	铜	1件	完整	东回廊南端六区上层	
6888	M1Ⅵ:5177	环	铜	1件	残	东回廊南端六区上层	
6889	M1Ⅵ:5178	环	铜	1件	残	东回廊南端六区上层	
6890	M1Ⅵ:5179	环	铜	1件	残	东回廊南端六区上层	
6891	M1Ⅵ:5180	承弓器	铜	1件	完整	东回廊南端六区上层	
6892	M1Ⅵ:5181	钩	铜	1件	完整	东回廊南端六区上层	
6893	M1Ⅵ:5182	铺首	铜	1件	残	东回廊南端六区上层	
6894	M1Ⅵ:5183	盖弓帽	铜	1件	残	东回廊南端六区上层	
6895	M1Ⅵ:5184	承弓器	铜	1件	完整	东回廊南端六区上层	
6896	M1Ⅵ:5185	弩机	铜	1件	完整	东回廊南端六区上层	
6897	M1Ⅵ:5186	兵器	铁	1件	锈残	东回廊南端六区上层	
6898	M1:5187	夯锤	铁	1件	锈残	南墓道东侧底部填土中	
6899	M1Ⅵ:5188	镞	铜	1件	完整	东回廊南端六区上层	
6900	M1Ⅵ:5189	镞	铜	1件	完整	东回廊南端六区上层	
6901	M1Ⅵ:5190	镞	铜	1件	完整	东回廊南端六区上层	
6902	M1Ⅵ:5191	镞	铜	1件	完整	东回廊南端六区上层	
6903	M1Ⅵ:5192	铺首	铜	1件	残	东回廊南端六区上层	
6904	M1Ⅵ:5193	弩机	铜	1件	完整	东回廊南端六区上层	
6905	M1Ⅵ:5194	钩	铜	1件	完整	东回廊南端六区上层	
6906	M1Ⅵ:5195	盖弓帽	铜	1件	残	东回廊南端六区上层	
6907	M1Ⅵ:5196	钩	铜	1件	残	东回廊南端六区上层	
6908	M1Ⅵ:5197	盾饰	铁	1件	残	东回廊南端六区上层	
6909	M1Ⅵ:5198	辕首	铜	1件	完整	东回廊南端六区上层	
6910	M1Ⅵ:5199	环	铜	1件	完整	东回廊南端六区上层	
6911	M1Ⅵ:5200	镞	铜	1件	完整	东回廊南端六区上层	
6912	M1Ⅵ:5201	算珠形饰	铜	1件	完整	东回廊南端六区上层	
6913	M1Ⅵ:5202	算珠形饰	铜	1件	完整	东回廊南端六区上层	

续附表三

序号	器号	器名	质料	数量	现状	位置	备注
6914	M1Ⅵ：5203	算珠形饰	铜	1件	完整	东回廊南端六区上层	
6915	M1Ⅵ：5204	算珠形饰	铜	1件	完整	东回廊南端六区上层	
6916	M1Ⅵ：5205	算珠形饰	铜	1件	完整	东回廊南端六区上层	
6917	M1Ⅵ：5207	盾饰	铜	1件	完整	东回廊南端六区上层	
6918	M1Ⅵ：5208	戟	铁	1件	锈残	东回廊南端六区上层	
6919	M1Ⅵ：5209	镞	铜	1件	完整	东回廊南端六区上层	
6920	M1Ⅵ：5210	盾饰	铜	1件	完整	东回廊南端六区上层	
6921	M1Ⅵ：5211	泡饰	铜	1件	完整	东回廊南端六区上层	
6922	M1Ⅵ：5212	环	铜	1件	完整	东回廊南端六区上层	
6923	M1Ⅵ：5213	镞	铜	1件	完整	东回廊南端六区上层	
6924	M1Ⅵ：5214	带扣	铜	1件	残	东回廊南端六区上层	
6925	M1Ⅵ：5215	带扣	铜	1件	残	东回廊南端六区上层	
6926	M1Ⅵ：5216	构件	铜	1件	残	东回廊南端六区上层	
6927	M1Ⅵ：5217	釭	铁	1件	完整	东回廊南端六区上层	
6928	M1Ⅵ：5218	箭箙包首饰	铜	1件	残	东回廊南端六区上层	
6929	M1Ⅵ：5219	伞柄箍饰	铜	1套4件	完整	东回廊南端六区上层	与 M1Ⅵ：1001、M1Ⅵ：3612、M1Ⅵ：5143 为一套
6930	M1Ⅵ：5220	镦	铜	1件	完整	东回廊南端六区上层	
6931	M1Ⅵ：5221	兽首构件	金	1件	完整	东回廊南端六区上层	
6932	M1Ⅵ：5222	镞	铜	1件	完整	东回廊南端六区上层	
6933	M1Ⅵ：5223	牌饰	石	1件	完整	东回廊南端六区上层	
6934	M1Ⅵ：5224	环	铁	1件	锈残	东回廊南端六区上层	
6935	M1Ⅵ：5225	算珠形饰	铜	1件	完整	东回廊南端六区上层	
6936	M1Ⅵ：5226	算珠形饰	铜	1件	完整	东回廊南端六区上层	
6937	M1Ⅵ：5227	链饰	铜	1件	残	东回廊南端六区上层	
6938	M1Ⅵ：5228	盾饰	铜	1件	完整	东回廊南端六区上层	
6939	M1Ⅵ：5229	帽饰	铜	1件	残	东回廊南端六区上层	
6940	M1Ⅵ：5230	箭箙包首饰	铜	1件	残	东回廊南端六区上层	
6941	M1Ⅵ：5231	钩	铜	1件	残	东回廊南端六区上层	
6942	M1Ⅵ：5232	镞	铁	1件	锈残	东回廊南端六区上层	
6943	M1Ⅵ：5233	镞	铁	1件	锈残	东回廊南端六区上层	
6944	M1Ⅵ：5234	镞	铁	1件	锈残	东回廊南端六区上层	
6945	M1Ⅵ：5235	镞	铁	1件	锈残	东回廊南端六区上层	
6946	M1Ⅵ：5236	镞	铁	1件	锈残	东回廊南端六区上层	
6947	M1Ⅵ：5237	镞	铁	1件	锈残	东回廊南端六区上层	

续附表三

序号	器号	器名	质料	数量	现状	位置	备注
6948	M1Ⅵ：5238	镞	铜	1件	完整	东回廊南端六区上层	
6949	M1Ⅵ：5239	镞	铜	1件	完整	东回廊南端六区上层	
6950	M1Ⅵ：5240	镞	铜	1件	完整	东回廊南端六区上层	
6951	M1Ⅵ：5241	镞	铜	1件	完整	东回廊南端六区上层	
6952	M1Ⅵ：5242	镞	铜	1件	完整	东回廊南端六区上层	
6953	M1Ⅵ：5243	镞	铜	1件	完整	东回廊南端六区上层	
6954	M1Ⅵ：5244	镞	铜	1件	完整	东回廊南端六区上层	
6955	M1Ⅵ：5245	镞	铜	1件	完整	东回廊南端六区上层	
6956	M1Ⅵ：5246	镞	铜	1件	完整	东回廊南端六区上层	
6957	M1Ⅵ：5247	镞	铜	1件	完整	东回廊南端六区上层	
6958	M1Ⅵ：5248	镞	铜	1件	完整	东回廊南端六区上层	
6959	M1Ⅵ：5249	镞	铜	1件	完整	东回廊南端六区上层	
6960	M1Ⅵ：5250	镞	铜	1件	完整	东回廊南端六区上层	
6961	M1Ⅵ：5251	镞	铜	1件	完整	东回廊南端六区上层	
6962	M1Ⅵ：5252	镞	铜	1件	完整	东回廊南端六区上层	
6963	M1Ⅵ：5253	镞	铜	1件	完整	东回廊南端六区上层	
6964	M1Ⅵ：5254	镞	铜	1件	完整	东回廊南端六区上层	
6965	M1Ⅵ：5255	镞	铜	1件	完整	东回廊南端六区上层	
6966	M1Ⅵ：5256	镞	铜	1件	完整	东回廊南端六区上层	
6967	M1Ⅵ：5257	镞	铜	1件	完整	东回廊南端六区上层	
6968	M1Ⅵ：5258	镞	铜	1件	完整	东回廊南端六区上层	
6969	M1Ⅵ：5259	镞	铜	1件	完整	东回廊南端六区上层	
6970	M1Ⅵ：5260	镞	铜	1件	完整	东回廊南端六区上层	
6971	M1Ⅵ：5261	镞	铜	1件	完整	东回廊南端六区上层	
6972	M1Ⅵ：5262	镞	铜	1件	完整	东回廊南端六区上层	
6973	M1Ⅵ：5263	镞	铜	1件	完整	东回廊南端六区上层	
6974	M1Ⅵ：5264	镞	铜	1件	完整	东回廊南端六区上层	
6975	M1Ⅵ：5265	镞	铜	1件	完整	东回廊南端六区上层	
6976	M1Ⅵ：5266	镞	铜	1件	完整	东回廊南端六区上层	
6977	M1Ⅵ：5267	镞	铜	1件	完整	东回廊南端六区上层	
6978	M1Ⅵ：5268	镞	铜	1件	完整	东回廊南端六区上层	
6979	M1Ⅵ：5269	镞	铜	1件	完整	东回廊南端六区上层	
6980	M1Ⅵ：5270	镞	铜	1件	完整	东回廊南端六区上层	
6981	M1Ⅵ：5271	镞	铜	1件	完整	东回廊南端六区上层	

续附表三

序号	器号	器名	质料	数量	现状	位置	备注
6982	M1Ⅵ：5272	镞	铜	1件	完整	东回廊南端六区上层	
6983	M1Ⅵ：5273	镞	铜	1件	完整	东回廊南端六区上层	
6984	M1Ⅵ：5274	镞	铜	1件	完整	东回廊南端六区上层	
6985	M1Ⅵ：5275	镞	铜	1件	完整	东回廊南端六区上层	
6986	M1Ⅵ：5276	镞	铜	1件	完整	东回廊南端六区上层	
6987	M1Ⅵ：5277	镞	铜	1件	完整	东回廊南端六区上层	
6988	M1Ⅵ：5278	镞	铜	1件	完整	东回廊南端六区上层	
6989	M1Ⅵ：5279	镞	铜	1件	完整	东回廊南端六区上层	
6990	M1Ⅵ：5280	镞	铜	1件	完整	东回廊南端六区上层	
6991	M1Ⅵ：5281	镞	铜	1件	完整	东回廊南端六区上层	
6992	M1Ⅵ：5282	镞	铜	1件	完整	东回廊南端六区上层	
6993	M1Ⅵ：5283	镞	铜	1件	完整	东回廊南端六区上层	
6994	M1Ⅵ：5284	镞	铜	1件	完整	东回廊南端六区上层	
6995	M1Ⅵ：5285	镞	铜	1件	完整	东回廊南端六区上层	
6996	M1Ⅵ：5286	镞	铜	1件	完整	东回廊南端六区上层	
6997	M1Ⅵ：5287	镞	铜	1件	完整	东回廊南端六区上层	
6998	M1Ⅵ：5288	镞	铜	1件	完整	东回廊南端六区上层	
6999	M1Ⅵ：5289	镞	铜	1件	完整	东回廊南端六区上层	
7000	M1Ⅵ：5290	镞	铜	1件	完整	东回廊南端六区上层	
7001	M1Ⅵ：5291	镞	铜	1件	完整	东回廊南端六区上层	
7002	M1Ⅵ：5292	镞	铜	1件	完整	东回廊南端六区上层	
7003	M1Ⅵ：5293	镞	铜	1件	完整	东回廊南端六区上层	
7004	M1Ⅵ：5294	镞	铜	1件	完整	东回廊南端六区上层	
7005	M1Ⅵ：5295	镞	铜	1件	完整	东回廊南端六区上层	
7006	M1Ⅵ：5296	镞	铜	1件	完整	东回廊南端六区上层	
7007	M1Ⅵ：5297	镞	铜	1件	完整	东回廊南端六区上层	
7008	M1Ⅵ：5298	镞	铜	1件	完整	东回廊南端六区上层	
7009	M1Ⅵ：5299	镞	铜	1件	完整	东回廊南端六区上层	
7010	M1Ⅵ：5300	镞	铜	1件	完整	东回廊南端六区上层	
7011	M1Ⅵ：5301	镞	铜	1件	完整	东回廊南端六区上层	
7012	M1Ⅵ：5302	镞	铜	1件	完整	东回廊南端六区上层	
7013	M1Ⅵ：5303	镞	铜	1件	完整	东回廊南端六区上层	
7014	M1Ⅵ：5304	镞	铜	1件	完整	东回廊南端六区上层	
7015	M1Ⅵ：5305	镞	铜	1件	完整	东回廊南端六区上层	

续附表三

序号	器号	器名	质料	数量	现状	位置	备注
7016	M1Ⅵ：5306	镞	铜	1件	完整	东回廊南端六区上层	
7017	M1Ⅵ：5307	镞	铜	1件	完整	东回廊南端六区上层	
7018	M1Ⅵ：5308	镞	铜	1件	完整	东回廊南端六区上层	
7019	M1Ⅵ：5309	镞	铜	1件	完整	东回廊南端六区上层	
7020	M1Ⅵ：5310	镞	铜	1件	完整	东回廊南端六区上层	
7021	M1Ⅵ：5311	镞	铜	1件	完整	东回廊南端六区上层	
7022	M1Ⅵ：5312	镞	铜	1件	完整	东回廊南端六区上层	
7023	M1Ⅵ：5313	镞	铜	1件	完整	东回廊南端六区上层	
7024	M1Ⅵ：5314	镞	铜	1件	完整	东回廊南端六区上层	
7025	M1Ⅵ：5315	镞	铜	1件	完整	东回廊南端六区上层	
7026	M1Ⅵ：5316	镞	铜	1件	完整	东回廊南端六区上层	
7027	M1Ⅵ：5317	镞	铜	1件	完整	东回廊南端六区上层	
7028	M1Ⅵ：5318	镞	铜	1件	完整	东回廊南端六区上层	
7029	M1Ⅵ：5319	镞	铜	1件	完整	东回廊南端六区上层	
7030	M1Ⅵ：5320	镞	铜	1件	完整	东回廊南端六区上层	
7031	M1Ⅵ：5321	镞	铜	1件	完整	东回廊南端六区上层	
7032	M1Ⅵ：5322	镞	铜	1件	完整	东回廊南端六区上层	
7033	M1Ⅵ：5323	镞	铜	1件	完整	东回廊南端六区上层	
7034	M1Ⅵ：5324	镞	铜	1件	完整	东回廊南端六区上层	
7035	M1Ⅵ：5325	镞	铜	1件	完整	东回廊南端六区上层	
7036	M1Ⅵ：5326	镞	铜	1件	完整	东回廊南端六区上层	
7037	M1Ⅵ：5327	镞	铜	1件	完整	东回廊南端六区上层	
7038	M1Ⅵ：5328	镞	铜	1件	完整	东回廊南端六区上层	
7039	M1Ⅵ：5329	镞	铜	1件	完整	东回廊南端六区上层	
7040	M1Ⅵ：5330	镞	铜	1件	完整	东回廊南端六区上层	
7041	M1Ⅵ：5331	镞	铜	1件	完整	东回廊南端六区上层	
7042	M1Ⅵ：5332	镞	铜	1件	完整	东回廊南端六区上层	
7043	M1Ⅵ：5333	镞	铜	1件	完整	东回廊南端六区上层	
7044	M1Ⅵ：5334	镞	铜	1件	完整	东回廊南端六区上层	
7045	M1Ⅵ：5335	镞	铜	1件	完整	东回廊南端六区上层	
7046	M1Ⅵ：5336	镞	铜	1件	完整	东回廊南端六区上层	
7047	M1Ⅵ：5337	镞	铜	1件	完整	东回廊南端六区上层	
7048	M1Ⅵ：5338	镞	铜	1件	完整	东回廊南端六区上层	
7049	M1Ⅵ：5339	镞	铜	1件	完整	东回廊南端六区上层	

续附表三

序号	器号	器名	质料	数量	现状	位置	备注
7050	M1Ⅵ:5340	镞	铜	1件	完整	东回廊南端六区上层	
7051	M1Ⅵ:5341	镞	铜	1件	完整	东回廊南端六区上层	
7052	M1Ⅵ:5342	镞	铜	1件	完整	东回廊南端六区上层	
7053	M1Ⅵ:5343	镞	铜	1件	完整	东回廊南端六区上层	
7054	M1Ⅵ:5344	镞	铜	1件	完整	东回廊南端六区上层	
7055	M1Ⅵ:5345	镞	铜	1件	完整	东回廊南端六区上层	
7056	M1Ⅵ:5346	镞	铜	1件	完整	东回廊南端六区上层	
7057	M1Ⅵ:5347	镞	铜	1件	完整	东回廊南端六区上层	
7058	M1Ⅵ:5348	镞	铜	1件	完整	东回廊南端六区上层	
7059	M1Ⅵ:5349	镞	铜	1件	完整	东回廊南端六区上层	
7060	M1Ⅵ:5350	镞	铜	1件	完整	东回廊南端六区上层	
7061	M1Ⅵ:5351	镞	铜	1件	完整	东回廊南端六区上层	
7062	M1Ⅵ:5352	镞	铜	1件	完整	东回廊南端六区上层	
7063	M1Ⅵ:5353	镞	铜	1件	完整	东回廊南端六区上层	
7064	M1Ⅵ:5354	镞	铜	1件	完整	东回廊南端六区上层	
7065	M1Ⅵ:5355	镞	铜	1件	完整	东回廊南端六区上层	
7066	M1Ⅵ:5356	镞	铜	1件	完整	东回廊南端六区上层	
7067	M1Ⅵ:5357	镞	铜	1件	完整	东回廊南端六区上层	
7068	M1Ⅵ:5358	镞	铜	1件	完整	东回廊南端六区上层	
7069	M1Ⅵ:5359	镞	铜	1件	完整	东回廊南端六区上层	
7070	M1Ⅵ:5360	镞	铜	1件	完整	东回廊南端六区上层	
7071	M1Ⅵ:5361	镞	铜	1件	完整	东回廊南端六区上层	
7072	M1Ⅵ:5362	镞	铜	1件	完整	东回廊南端六区上层	
7073	M1Ⅵ:5363	镞	铜	1件	完整	东回廊南端六区上层	
7074	M1Ⅵ:5364	镞	铜	1件	完整	东回廊南端六区上层	
7075	M1Ⅵ:5365	镞	铜	1件	完整	东回廊南端六区上层	
7076	M1Ⅵ:5366	镞	铜	1件	完整	东回廊南端六区上层	
7077	M1Ⅵ:5367	镞	铜	1件	完整	东回廊南端六区上层	
7078	M1Ⅵ:5368	镞	铜	1件	完整	东回廊南端六区上层	
7079	M1Ⅵ:5369	镞	铜	1件	完整	东回廊南端六区上层	
7080	M1Ⅵ:5370	镞	铜	1件	完整	东回廊南端六区上层	
7081	M1Ⅵ:5371	镞	铜	1件	完整	东回廊南端六区上层	
7082	M1Ⅵ:5372	镞	铜	1件	完整	东回廊南端六区上层	
7083	M1Ⅵ:5373	镞	铜	1件	完整	东回廊南端六区上层	

续附表三

序号	器号	器名	质料	数量	现状	位置	备注
7084	M1Ⅵ：5374	镞	铜	1件	完整	东回廊南端六区上层	
7085	M1Ⅵ：5375	镞	铜	1件	完整	东回廊南端六区上层	
7086	M1Ⅵ：5376	镞	铜	1件	完整	东回廊南端六区上层	
7087	M1Ⅵ：5377	镞	铜	1件	完整	东回廊南端六区上层	
7088	M1Ⅵ：5378	镞	铜	1件	完整	东回廊南端六区上层	
7089	M1Ⅵ：5379	镞	铜	1件	完整	东回廊南端六区上层	
7090	M1Ⅵ：5380	镞	铜	1件	完整	东回廊南端六区上层	
7091	M1Ⅵ：5381	镞	铜	1件	完整	东回廊南端六区上层	
7092	M1Ⅵ：5382	镞	铜	1件	完整	东回廊南端六区上层	
7093	M1Ⅵ：5383	镞	铜	1件	完整	东回廊南端六区上层	
7094	M1Ⅵ：5384	镞	铜	1件	完整	东回廊南端六区上层	
7095	M1Ⅵ：5385	镞	铜	1件	完整	东回廊南端六区上层	
7096	M1Ⅵ：5386	镞	铜	1件	完整	东回廊南端六区上层	
7097	M1Ⅵ：5387	镞	铜	1件	完整	东回廊南端六区上层	
7098	M1Ⅵ：5388	镞	铜	1件	完整	东回廊南端六区上层	
7099	M1Ⅵ：5389	镞	铜	1件	完整	东回廊南端六区上层	
7100	M1Ⅵ：5390	镞	铜	1件	完整	东回廊南端六区上层	
7101	M1Ⅵ：5391	镞	铜	1件	完整	东回廊南端六区上层	
7102	M1Ⅵ：5392	镞	铜	1件	完整	东回廊南端六区上层	
7103	M1Ⅵ：5393	镞	铜	1件	完整	东回廊南端六区上层	
7104	M1Ⅵ：5394	镞	铜	1件	完整	东回廊南端六区上层	
7105	M1Ⅵ：5395	镞	铜	1件	完整	东回廊南端六区上层	
7106	M1Ⅵ：5396	镞	铜	1件	完整	东回廊南端六区上层	
7107	M1Ⅵ：5397	镞	铜	1件	完整	东回廊南端六区上层	
7108	M1Ⅵ：5398	镞	铜	1件	完整	东回廊南端六区上层	
7109	M1Ⅵ：5399	镞	铜	1件	完整	东回廊南端六区上层	
7110	M1Ⅵ：5400	镞	铜	1件	完整	东回廊南端六区上层	
7111	M1Ⅵ：5401	镞	铜	1件	完整	东回廊南端六区上层	
7112	M1Ⅵ：5402	镞	铜	1件	完整	东回廊南端六区上层	
7113	M1Ⅵ：5403	镞	铜	1件	完整	东回廊南端六区上层	
7114	M1Ⅵ：5404	镞	铜	1件	完整	东回廊南端六区上层	
7115	M1Ⅵ：5405	镞	铜	1件	完整	东回廊南端六区上层	
7116	M1Ⅵ：5406	镞	铜	1件	完整	东回廊南端六区上层	
7117	M1Ⅵ：5407	镞	铜	1件	完整	东回廊南端六区上层	

续附表三

序号	器号	器名	质料	数量	现状	位置	备注
7118	M1 Ⅵ：5408	镞	铜	1件	完整	东回廊南端六区上层	
7119	M1 Ⅵ：5409	镞	铜	1件	完整	东回廊南端六区上层	
7120	M1 Ⅵ：5410	镞	铜	1件	完整	东回廊南端六区上层	
7121	M1 Ⅵ：5411	镞	铜	1件	完整	东回廊南端六区上层	
7122	M1 Ⅵ：5412	镞	铜	1件	完整	东回廊南端六区上层	
7123	M1 Ⅵ：5413	镞	铜	1件	完整	东回廊南端六区上层	
7124	M1 Ⅵ：5414	镞	铜	1件	完整	东回廊南端六区上层	
7125	M1 Ⅵ：5415	镞	铜	1件	完整	东回廊南端六区上层	
7126	M1 Ⅵ：5416	镞	铜	1件	完整	东回廊南端六区上层	
7127	M1 Ⅵ：5417	镞	铜	1件	完整	东回廊南端六区上层	
7128	M1 Ⅵ：5418	镞	铜	1件	完整	东回廊南端六区上层	
7129	M1 Ⅵ：5419	镞	铜	1件	完整	东回廊南端六区上层	
7130	M1 Ⅵ：5420	镞	铜	1件	完整	东回廊南端六区上层	
7131	M1 Ⅵ：5421	镞	铜	1件	完整	东回廊南端六区上层	
7132	M1 Ⅵ：5422	镞	铜	1件	完整	东回廊南端六区上层	
7133	M1 Ⅵ：5423	镞	铜	1件	完整	东回廊南端六区上层	
7134	M1 Ⅵ：5424	镞	铜	1件	完整	东回廊南端六区上层	
7135	M1 Ⅵ：5425	镞	铜	1件	完整	东回廊南端六区上层	
7136	M1 Ⅵ：5426	镞	铜	1件	完整	东回廊南端六区上层	
7137	M1 Ⅵ：5427	镞	铜	1件	完整	东回廊南端六区上层	
7138	M1 Ⅵ：5428	镞	铜	1件	完整	东回廊南端六区上层	
7139	M1 Ⅵ：5429	镞	铜	1件	完整	东回廊南端六区上层	
7140	M1 Ⅵ：5430	镞	铜	1件	完整	东回廊南端六区上层	
7141	M1 Ⅵ：5431	镞	铜	1件	完整	东回廊南端六区上层	
7142	M1 Ⅵ：5432	镞	铜	1件	完整	东回廊南端六区上层	
7143	M1 Ⅵ：5433	镞	铜	1件	完整	东回廊南端六区上层	
7144	M1 Ⅵ：5434	镞	铜	1件	完整	东回廊南端六区上层	
7145	M1 Ⅵ：5435	镞	铜	1件	完整	东回廊南端六区上层	
7146	M1 Ⅵ：5436	镞	铜	1件	完整	东回廊南端六区上层	
7147	M1 Ⅵ：5437	镞	铜	1件	完整	东回廊南端六区上层	
7148	M1 Ⅵ：5438	镞	铜	1件	完整	东回廊南端六区上层	
7149	M1 Ⅵ：5439	镞	铜	1件	完整	东回廊南端六区上层	

续附表三

序号	器号	器名	质料	数量	现状	位置	备注
7150	M1Ⅵ:5440	镞	铜	1件	完整	东回廊南端六区上层	
7151	M1Ⅵ:5441	镞	铜	1件	完整	东回廊南端六区上层	
7152	M1Ⅵ:5442	镞	铜	1件	完整	东回廊南端六区上层	
7153	M1Ⅵ:5443	镞	铜	1件	完整	东回廊南端六区上层	
7154	M1Ⅵ:5444	镞	铜	1件	完整	东回廊南端六区上层	
7155	M1Ⅵ:5445	镞	铜	1件	完整	东回廊南端六区上层	
7156	M1Ⅵ:5446	镞	铜	1件	完整	东回廊南端六区上层	
7157	M1Ⅵ:5447	镞	铜	1件	完整	东回廊南端六区上层	
7158	M1Ⅵ:5448	镞	铜	1件	完整	东回廊南端六区上层	
7159	M1Ⅵ:5449	镞	铜	1件	完整	东回廊南端六区上层	
7160	M1Ⅵ:5450	镞	铜	1件	完整	东回廊南端六区上层	
7161	M1Ⅵ:5451	镞	铜	1件	完整	东回廊南端六区上层	
7162	M1Ⅵ:5452	镞	铜	1件	完整	东回廊南端六区上层	
7163	M1Ⅵ:5453	镞	铜	1件	完整	东回廊南端六区上层	
7164	M1Ⅵ:5454	镞	铜	1件	完整	东回廊南端六区上层	
7165	M1Ⅵ:5455	镞	铜	1件	完整	东回廊南端六区上层	
7166	M1Ⅵ:5456	镞	铜	1件	完整	东回廊南端六区上层	
7167	M1Ⅵ:5457	镞	铜	1件	完整	东回廊南端六区上层	
7168	M1Ⅵ:5458	镞	铜	1件	完整	东回廊南端六区上层	
7169	M1Ⅵ:5459	镞	铜	1件	完整	东回廊南端六区上层	
7170	M1Ⅵ:5460	镞	铜	1件	完整	东回廊南端六区上层	
7171	M1Ⅵ:5461	镞	铜	1件	完整	东回廊南端六区上层	
7172	M1Ⅵ:5462	镞	铜	1件	完整	东回廊南端六区上层	
7173	M1Ⅵ:5463	镞	铜	1件	完整	东回廊南端六区上层	
7174	M1Ⅵ:5464	镞	铜	1件	完整	东回廊南端六区上层	
7175	M1Ⅵ:5465	镞	铜	1件	完整	东回廊南端六区上层	
7176	M1Ⅵ:5466	镞	铜	1件	完整	东回廊南端六区上层	
7177	M1Ⅵ:5467	镞	铜	1件	完整	东回廊南端六区上层	
7178	M1Ⅵ:5468	镞	铜	1件	完整	东回廊南端六区上层	
7179	M1Ⅵ:5469	镞	铜	1件	完整	东回廊南端六区上层	
7180	M1Ⅵ:5470	镞	铜	1件	完整	东回廊南端六区上层	
7181	M1Ⅵ:5471	镞	铜	1件	完整	东回廊南端六区上层	
7182	M1Ⅵ:5472	镞	铜	1件	完整	东回廊南端六区上层	
7183	M1Ⅵ:5473	镞	铜	1件	完整	东回廊南端六区上层	

续附表三

序号	器号	器名	质料	数量	现状	位置	备注
7184	M1 Ⅵ：5474	镞	铜	1件	完整	东回廊南端六区上层	
7185	M1 Ⅵ：5475	镞	铜	1件	完整	东回廊南端六区上层	
7186	M1 Ⅵ：5476	镞	铜	1件	完整	东回廊南端六区上层	
7187	M1 Ⅵ：5477	镞	铜	1件	完整	东回廊南端六区上层	
7188	M1 Ⅵ：5478	镞	铜	1件	完整	东回廊南端六区上层	
7189	M1 Ⅵ：5479	镞	铜	1件	完整	东回廊南端六区上层	
7190	M1 Ⅵ：5480	镞	铜	1件	完整	东回廊南端六区上层	
7191	M1 Ⅵ：5481	镞	铜	1件	完整	东回廊南端六区上层	
7192	M1 Ⅵ：5482	镞	铜	1件	完整	东回廊南端六区上层	
7193	M1 Ⅵ：5483	镞	铜	1件	完整	东回廊南端六区上层	
7194	M1 Ⅵ：5484	镞	铜	1件	完整	东回廊南端六区上层	
7195	M1 Ⅵ：5485	镞	铜	1件	完整	东回廊南端六区上层	
7196	M1 Ⅵ：5486	镞	铜	1件	完整	东回廊南端六区上层	
7197	M1 Ⅵ：5487	镞	铜	1件	完整	东回廊南端六区上层	
7198	M1 Ⅵ：5488	镞	铜	1件	完整	东回廊南端六区上层	
7199	M1 Ⅵ：5489	镞	铜	1件	完整	东回廊南端六区上层	
7200	M1 Ⅵ：5490	镞	铜	1件	完整	东回廊南端六区上层	
7201	M1 Ⅵ：5491	镞	铜	1件	完整	东回廊南端六区上层	
7202	M1 Ⅵ：5492	镞	铜	1件	完整	东回廊南端六区上层	
7203	M1 Ⅵ：5493	镞	铜	1件	完整	东回廊南端六区上层	
7204	M1 Ⅵ：5494	镞	铜	1件	完整	东回廊南端六区上层	
7205	M1 Ⅵ：5495	镞	铜	1件	完整	东回廊南端六区上层	
7206	M1 Ⅵ：5496	镞	铜	1件	完整	东回廊南端六区上层	
7207	M1 Ⅵ：5497	镞	铜	1件	完整	东回廊南端六区上层	
7208	M1 Ⅵ：5498	镞	铜	1件	完整	东回廊南端六区上层	
7209	M1 Ⅵ：5499	镞	铜	1件	完整	东回廊南端六区上层	
7210	M1 Ⅵ：5500	镞	铜	1件	完整	东回廊南端六区上层	
7211	M1 Ⅵ：5501	镞	铜	1件	完整	东回廊南端六区上层	
7212	M1 Ⅵ：5502	镞	铜	1件	完整	东回廊南端六区上层	
7213	M1 Ⅵ：5503	镞	铜	1件	完整	东回廊南端六区上层	
7214	M1 Ⅵ：5504	镞	铜	1件	完整	东回廊南端六区上层	
7215	M1 Ⅵ：5505	镞	铜	1件	完整	东回廊南端六区上层	
7216	M1 Ⅵ：5506	镞	铜	1件	完整	东回廊南端六区上层	
7217	M1 Ⅵ：5507	镞	铜	1件	完整	东回廊南端六区上层	

续附表三

序号	器号	器名	质料	数量	现状	位置	备注
7218	M1Ⅵ：5508	镞	铜	1件	完整	东回廊南端六区上层	
7219	M1Ⅵ：5509	镞	铜	1件	完整	东回廊南端六区上层	
7220	M1Ⅵ：5510	镞	铜	1件	完整	东回廊南端六区上层	
7221	M1Ⅵ：5511	镞	铜	1件	完整	东回廊南端六区上层	
7222	M1Ⅵ：5512	镞	铜	1件	完整	东回廊南端六区上层	
7223	M1Ⅵ：5513	镞	铜	1件	完整	东回廊南端六区上层	
7224	M1Ⅵ：5514	镞	铜	1件	完整	东回廊南端六区上层	
7225	M1Ⅵ：5515	镞	铜	1件	完整	东回廊南端六区上层	
7226	M1Ⅵ：5516	镞	铜	1件	完整	东回廊南端六区上层	
7227	M1Ⅵ：5517	镞	铜	1件	完整	东回廊南端六区上层	
7228	M1Ⅵ：5518	镞	铜	1件	完整	东回廊南端六区上层	
7229	M1Ⅵ：5519	镞	铜	1件	完整	东回廊南端六区上层	
7230	M1Ⅵ：5520	镞	铜	1件	完整	东回廊南端六区上层	
7231	M1Ⅵ：5521	镞	铜	1件	完整	东回廊南端六区上层	
7232	M1Ⅵ：5522	镞	铜	1件	完整	东回廊南端六区上层	
7233	M1Ⅵ：5523	镞	铜	1件	完整	东回廊南端六区上层	
7234	M1Ⅵ：5524	镞	铜	1件	完整	东回廊南端六区上层	
7235	M1Ⅵ：5525	镞	铜	1件	完整	东回廊南端六区上层	
7236	M1Ⅵ：5526	镞	铜	1件	完整	东回廊南端六区上层	
7237	M1Ⅵ：5527	镞	铜	1件	完整	东回廊南端六区上层	
7238	M1Ⅵ：5528	镞	铜	1件	完整	东回廊南端六区上层	
7239	M1Ⅵ：5529	镞	铜	1件	完整	东回廊南端六区上层	
7240	M1Ⅵ：5530	镞	铜	1件	完整	东回廊南端六区上层	
7241	M1Ⅵ：5531	镞	铜	1件	完整	东回廊南端六区上层	
7242	M1Ⅵ：5532	镞	铜	1件	完整	东回廊南端六区上层	
7243	M1Ⅵ：5533	镞	铜	1件	完整	东回廊南端六区上层	
7244	M1Ⅵ：5534	镞	铜	1件	完整	东回廊南端六区上层	
7245	M1Ⅵ：5535	镞	铜	1件	完整	东回廊南端六区上层	
7246	M1Ⅵ：5536	镞	铜	1件	完整	东回廊南端六区上层	
7247	M1Ⅵ：5537	镞	铜	1件	完整	东回廊南端六区上层	
7248	M1Ⅵ：5538	镞	铜	1件	完整	东回廊南端六区上层	
7249	M1Ⅵ：5539	镞	铜	1件	完整	东回廊南端六区上层	
7250	M1Ⅵ：5540	镞	铜	1件	完整	东回廊南端六区上层	
7251	M1Ⅵ：5541	镞	铜	1件	完整	东回廊南端六区上层	

续附表三

序号	器号	器名	质料	数量	现状	位置	备注
7252	M1Ⅳ：5542	镞	铜	1件	完整	东回廊南端六区上层	
7253	M1Ⅳ：5543	镞	铜	1件	完整	东回廊南端六区上层	
7254	M1ⅣB：5544	镞	铜	1件	完整	西回廊北部四B区下层	
7255	M1ⅣA：5545	镞	铜	1件	完整	西回廊中部偏北四A区上层	
7256	M1Ⅴ：5546	镞	铜	1件	完整	西回廊北端五区下层	
7257	M1Ⅴ：5547	镞	铜	1件	完整	西回廊北端五区下层	
7258	M1Ⅴ：5548	镞	铜	1件	完整	西回廊北端五区下层	
7259	M1Ⅴ：5549	镞	铜	1件	完整	西回廊北端五区下层	
7260	M1Ⅴ：5550	镞	铜	1件	完整	西回廊北端五区下层	
7261	M1Ⅴ：5551	镞	铜	1件	完整	西回廊北端五区下层	
7262	M1Ⅴ：5552	镞	铜	1件	完整	西回廊北端五区下层	
7263	M1Ⅴ：5553	镞	铜	1件	完整	西回廊北端五区下层	
7264	M1Ⅴ：5554	镞	铜	1件	完整	西回廊北端五区下层	
7265	M1Ⅴ：5555	镞	铜	1件	完整	西回廊北端五区下层	
7266	M1Ⅴ：5556	镞	铜	1件	完整	西回廊北端五区下层	
7267	M1Ⅴ：5557	镞	铜	1件	完整	西回廊北端五区下层	
7268	M1Ⅴ：5558	镞	铜	1件	完整	西回廊北端五区下层	
7269	M1Ⅴ：5559	镞	铜	1件	完整	西回廊北端五区下层	
7270	M1ⅢA：5560	镞	铜	1件	完整	西回廊中部偏南三A区上层	
7271	M1ⅢA：5561	镞	铜	1件	完整	西回廊中部偏南三A区上层	
7272	M1ⅢA：5562	镞	铜	1件	完整	西回廊中部偏南三A区上层	
7273	M1ⅢA：5563	镞	铜	1件	完整	西回廊中部偏南三A区上层	
7274	M1ⅢA：5564	镞	铜	1件	完整	西回廊中部偏南三A区上层	
7275	M1ⅢA：5565	镞	铜	1件	完整	西回廊中部偏南三A区上层	
7276	M1ⅢA：5566	镞	铜	1件	完整	西回廊中部偏南三A区上层	
7277	M1ⅢA：5567	镞	铜	1件	完整	西回廊中部偏南三A区上层	
7278	M1ⅢA：5568	镞	铜	1件	完整	西回廊中部偏南三A区上层	
7279	M1ⅢA：5569	镞	铜	1件	完整	西回廊中部偏南三A区上层	
7280	M1ⅢB：5570	镞	铜	1件	完整	西回廊中部三B区上层	
7281	M1ⅢB：5571	镞	铜	1件	完整	西回廊中部三B区上层	
7282	M1ⅢB：5572	镞	铜	1件	完整	西回廊中部三B区上层	
7283	M1ⅢB：5573	镞	铜	1件	完整	西回廊中部三B区上层	
7284	M1ⅢB：5574	镞	铜	1件	完整	西回廊中部三B区上层	
7285	M1ⅢB：5575	镞	铜	1件	完整	西回廊中部三B区上层	

续附表三

序号	器号	器名	质料	数量	现状	位置	备注
7286	M1ⅢB：5576	镞	铜	1件	完整	西回廊中部三B区上层	
7287	M1ⅢB：5577	镞	铜	1件	完整	西回廊中部三B区上层	
7288	M1ⅢB：5578	镞	铜	1件	完整	西回廊中部三B区上层	
7289	M1ⅢB：5579	镞	铜	1件	完整	西回廊中部三B区上层	
7290	M1ⅢB：5580	镞	铜	1件	完整	西回廊中部三B区上层	
7291	M1ⅢB：5581	镞	铜	1件	完整	西回廊中部三B区上层	
7292	M1ⅣA：5582	镞	铜	1件	完整	西回廊中部偏北四A区下层	
7293	M1ⅣA：5583	镞	铜	1件	完整	西回廊中部偏北四A区下层	
7294	M1ⅣA：5584	镞	铜	1件	完整	西回廊中部偏北四A区下层	
7295	M1ⅢA：5585	镞	铜	1件	完整	西回廊中部偏南三A区上层	
7296	M1ⅢA：5586	镞	铜	1件	完整	西回廊中部偏南三A区上层	
7297	M1ⅢA：5587	镞	铜	1件	完整	西回廊中部偏南三A区上层	
7298	M1ⅢA：5588	镞	铜	1件	完整	西回廊中部偏南三A区上层	
7299	M1ⅢA：5589	镞	铜	1件	完整	西回廊中部偏南三A区上层	
7300	M1ⅢA：5590	镞	铜	1件	完整	西回廊中部偏南三A区上层	
7301	M1ⅢA：5591	镞	铜	1件	完整	西回廊中部偏南三A区上层	
7302	M1ⅢA：5592	镞	铜	1件	完整	西回廊中部偏南三A区上层	
7303	M1Ⅵ：5593	镞	铜	1件	完整	东回廊南端六区上层	
7304	M1Ⅵ：5594	镞	铜	1件	完整	东回廊南端六区上层	
7305	M1ⅣA：5595	镞	铜	1件	完整	西回廊中部偏北四A区下层	
7306	M1ⅣA：5596	镞	铜	1件	完整	西回廊中部偏北四A区下层	
7307	M1ⅣA：5597	镞	铜	1件	完整	西回廊中部偏北四A区下层	
7308	M1ⅣA：5598	镞	铜	1件	完整	西回廊中部偏北四A区下层	
7309	M1ⅣA：5599	镞	铜	1件	完整	西回廊中部偏北四A区下层	
7310	M1Ⅴ：5600	镞	铜	1件	完整	西回廊北端五区上层	
7311	M1Ⅴ：5601	镞	铜	1件	完整	西回廊北端五区上层	
7312	M1Ⅴ：5602	镞	铜	1件	完整	西回廊北端五区上层	
7313	M1Ⅴ：5603	镞	铜	1件	完整	西回廊北端五区上层	
7314	M1Ⅴ：5604	镞	铜	1件	完整	西回廊北端五区上层	
7315	M1Ⅴ：5605	镞	铜	1件	完整	西回廊北端五区上层	
7316	M1Ⅴ：5606	镞	铜	1件	完整	西回廊北端五区上层	
7317	M1Ⅴ：5607	镞	铜	1件	完整	西回廊北端五区上层	
7318	M1ⅣB：5608	镞	铜	1件	完整	西回廊北部四B区上层	
7319	M1ⅣB：5609	镞	铜	1件	完整	西回廊北部四B区上层	

续附表三

序号	器号	器名	质料	数量	现状	位置	备注
7320	M1ⅣB：5610	镞	铜	1件	完整	西回廊北部四B区上层	
7321	M1ⅣB：5611	镞	铜	1件	完整	西回廊北部四B区上层	
7322	M1ⅣB：5612	镞	铜	1件	完整	西回廊北部四B区上层	
7323	M1ⅣB：5613	镞	铜	1件	完整	西回廊北部四B区上层	
7324	M1ⅣB：5614	镞	铜	1件	完整	西回廊北部四B区上层	
7325	M1ⅣB：5615	镞	铜	1件	完整	西回廊北部四B区上层	
7326	M1ⅣB：5616	镞	铜	1件	完整	西回廊北部四B区上层	
7327	M1ⅣB：5617	镞	铜	1件	完整	西回廊北部四B区上层	
7328	M1ⅣB：5618	镞	铜	1件	完整	西回廊北部四B区上层	
7329	M1ⅣB：5619	镞	铜	1件	完整	西回廊北部四B区上层	
7330	M1ⅣB：5620	镞	铜	1件	完整	西回廊北部四B区上层	
7331	M1ⅣB：5621	镞	铜	1件	完整	西回廊北部四B区上层	
7332	M1ⅣB：5622	镞	铜	1件	完整	西回廊北部四B区上层	
7333	M1ⅣB：5623	镞	铜	1件	完整	西回廊北部四B区上层	
7334	M1ⅣB：5624	镞	铜	1件	完整	西回廊北部四B区上层	
7335	M1ⅣB：5625	镞	铜	1件	完整	西回廊北部四B区上层	
7336	M1Ⅴ：5626	镞	铜	1件	完整	西回廊北端五区上层	
7337	M1ⅣB：5627	镞	铜	1件	完整	西回廊北部四B区上层	
7338	M1ⅦB：5628	销钉	铜	1件	残	东回廊中部偏南七B区上层	
7339	M1Ⅸ：5629	釜	铜	1件	残	东回廊北部九区下层	
7340	M1Ⅵ：5630	封泥	泥	1件	残	东回廊南端六区上层	
7341	M1Ⅵ：5631	封泥	泥	1件	残	东回廊南端六区上层	
7342	M1Ⅵ：5632	封泥	泥	1件	残	东回廊南端六区上层	
7343	M1Ⅵ：5633	封泥	泥	1件	残	东回廊南端六区上层	
7344	M1Ⅵ：5634	封泥	泥	1件	残	东回廊南端六区上层	
7345	M1Ⅵ：5635	封泥	泥	1件	残	东回廊南端六区上层	
7346	M1Ⅵ：5636	封泥	泥	1件	残	东回廊南端六区上层	
7347	M1Ⅵ：5637	封泥	泥	1件	残	东回廊南端六区上层	
7348	M1Ⅵ：5638	封泥	泥	1件	残	东回廊南端六区上层	
7349	M1Ⅵ：5639	盘	漆	1件	残	东回廊南端六区下层	
7350	M1Ⅵ：5640	盘	漆	1件	残	东回廊南端六区下层	
7351	M1Ⅵ：5641	盘	漆	1件	残	东回廊南端六区下层	
7352	M1ⅦB：5642	罐	灰陶	1件	残	东回廊中部偏南七B区下层	
7353	M1Ⅵ：5643	洗	银	1件	残	东回廊南端六区下层	

续附表三

序号	器号	器名	质料	数量	现状	位置	备注
7354	M1Ⅵ：5644	洗	铜	1件	残	东回廊南端六区下层	
7355	M1Ⅷ：5645	扣饰	铜	1套2件	残	东回廊中部八区下层	
7356	M1Ⅷ：5646	扣饰	铜	1套2件	残	东回廊中部八区下层	
7357	M1Ⅷ：5647	扣饰	铜	1套2件	残	东回廊中部八区下层	
7358	M1ⅣB：5648	镞	铁	1件	锈残	西回廊北部四B区上层	
7359	M1ⅣB：5649	镞	铁	1件	锈残	西回廊北部四B区上层	
7360	M1ⅣB：5650	镞	铁	1件	锈残	西回廊北部四B区上层	
7361	M1ⅣB：5651	镞	铁	1件	锈残	西回廊北部四B区上层	
7362	M1ⅣB：5652	镞	铁	1件	锈残	西回廊北部四B区上层	
7363	M1ⅣB：5653	镞	铁	1件	锈残	西回廊北部四B区上层	
7364	M1ⅣB：5654	镞	铁	1件	锈残	西回廊北部四B区上层	
7365	M1ⅣB：5655	镞	铁	1件	锈残	西回廊北部四B区上层	
7366	M1ⅣB：5656	镞	铁	1件	锈残	西回廊北部四B区上层	
7367	M1ⅣB：5657	镞	铁	1件	锈残	西回廊北部四B区上层	
7368	M1ⅣB：5658	镞	铁	1件	锈残	西回廊北部四B区上层	
7369	M1ⅣB：5659	镞	铁	1件	锈残	西回廊北部四B区上层	
7370	M1ⅣB：5660	镞	铁	1件	锈残	西回廊北部四B区上层	
7371	M1ⅣB：5661	镞	铁	1件	锈残	西回廊北部四B区上层	
7372	M1ⅣB：5662	镞	铁	1件	锈残	西回廊北部四B区上层	
7373	M1ⅣB：5663	镞	铁	1件	锈残	西回廊北部四B区上层	
7374	M1ⅣB：5664	镞	铁	1件	锈残	西回廊北部四B区上层	
7375	M1ⅣB：5665	镞	铁	1件	锈残	西回廊北部四B区上层	
7376	M1ⅣB：5666	镞	铁	1件	锈残	西回廊北部四B区上层	
7377	M1ⅣB：5667	镞	铁	1件	锈残	西回廊北部四B区上层	
7378	M1ⅣB：5668	镞	铁	1件	锈残	西回廊北部四B区上层	
7379	M1ⅣB：5669	镞	铁	1件	锈残	西回廊北部四B区上层	
7380	M1ⅣB：5670	镞	铁	1件	锈残	西回廊北部四B区上层	
7381	M1ⅣB：5671	镞	铁	1件	锈残	西回廊北部四B区上层	
7382	M1ⅣB：5672	镞	铁	1件	锈残	西回廊北部四B区上层	
7383	M1ⅣB：5673	镞	铁	1件	锈残	西回廊北部四B区上层	
7384	M1ⅣB：5674	镞	铁	1件	锈残	西回廊北部四B区上层	
7385	M1ⅣB：5675	镞	铁	1件	锈残	西回廊北部四B区上层	
7386	M1ⅣB：5676	镞	铁	1件	锈残	西回廊北部四B区上层	
7387	M1ⅣB：5677	镞	铁	1件	锈残	西回廊北部四B区上层	

续附表三

序号	器号	器名	质料	数量	现状	位置	备注
7388	M1ⅣB：5678	镞	铁	1件	锈残	西回廊北部四B区上层	
7389	M1ⅣB：5679	镞	铁	1件	锈残	西回廊北部四B区上层	
7390	M1ⅣB：5680	镞	铁	1件	锈残	西回廊北部四B区上层	
7391	M1ⅣB：5681	镞	铁	1件	锈残	西回廊北部四B区上层	
7392	M1ⅣB：5682	镞	铁	1件	锈残	西回廊北部四B区上层	
7393	M1ⅣB：5683	镞	铁	1件	锈残	西回廊北部四B区上层	
7394	M1ⅣB：5684	镞	铁	1件	锈残	西回廊北部四B区上层	
7395	M1ⅣB：5685	镞	铁	1件	锈残	西回廊北部四B区上层	
7396	M1ⅣB：5686	镞	铁	1件	锈残	西回廊北部四B区上层	
7397	M1ⅣB：5687	镞	铁	1件	锈残	西回廊北部四B区上层	
7398	M1ⅣB：5688	镞	铁	1件	锈残	西回廊北部四B区上层	
7399	M1ⅣB：5689	镞	铁	1件	锈残	西回廊北部四B区上层	
7400	M1ⅣB：5690	镞	铁	1件	锈残	西回廊北部四B区上层	
7401	M1ⅣB：5691	镞	铁	1件	锈残	西回廊北部四B区上层	
7402	M1ⅣB：5692	镞	铁	1件	锈残	西回廊北部四B区上层	
7403	M1ⅣB：5693	镞	铁	1件	锈残	西回廊北部四B区上层	
7404	M1ⅣB：5694	镞	铁	1件	锈残	西回廊北部四B区上层	
7405	M1ⅣB：5695	镞	铁	1件	锈残	西回廊北部四B区上层	
7406	M1ⅣB：5696	镞	铁	1件	锈残	西回廊北部四B区上层	
7407	M1Ⅱ：5697	镞	铁	1件	锈残	西回廊南部二区上层	
7408	M1Ⅱ：5698	镞	铁	1件	锈残	西回廊南部二区上层	
7409	M1Ⅱ：5699	镞	铁	1件	锈残	西回廊南部二区上层	
7410	M1Ⅱ：5700	镞	铁	1件	锈残	西回廊南部二区上层	
7411	M1Ⅱ：5701	镞	铁	1件	锈残	西回廊南部二区上层	
7412	M1Ⅱ：5702	镞	铁	1件	锈残	西回廊南部二区上层	
7413	M1Ⅱ：5703	镞	铁	1件	锈残	西回廊南部二区上层	
7414	M1Ⅱ：5704	镞	铁	1件	锈残	西回廊南部二区上层	
7415	M1Ⅱ：5705	镞	铁	1件	锈残	西回廊南部二区上层	
7416	M1Ⅱ：5706	镞	铁	1件	锈残	西回廊南部二区上层	
7417	M1Ⅱ：5707	镞	铁	1件	锈残	西回廊南部二区上层	
7418	M1Ⅱ：5708	镞	铁	1件	锈残	西回廊南部二区上层	
7419	M1Ⅱ：5709	镞	铁	1件	锈残	西回廊南部二区上层	
7420	M1Ⅱ：5710	镞	铁	1件	锈残	西回廊南部二区上层	
7421	M1Ⅱ：5711	镞	铁	1件	锈残	西回廊南部二区上层	

续附表三

序号	器号	器名	质料	数量	现状	位置	备注
7422	M1Ⅱ:5712	镞	铁	1件	锈残	西回廊南部二区上层	
7423	M1Ⅱ:5713	镞	铁	1件	锈残	西回廊南部二区上层	
7424	M1Ⅱ:5714	镞	铁	1件	锈残	西回廊南部二区上层	
7425	M1Ⅱ:5715	镞	铁	1件	锈残	西回廊南部二区上层	
7426	M1Ⅱ:5716	镞	铁	1件	锈残	西回廊南部二区上层	
7427	M1Ⅱ:5717	镞	铁	1件	锈残	西回廊南部二区上层	
7428	M1Ⅱ:5718	镞	铁	1件	锈残	西回廊南部二区上层	
7429	M1Ⅱ:5719	镞	铁	1件	锈残	西回廊南部二区上层	
7430	M1Ⅱ:5720	镞	铁	1件	锈残	西回廊南部二区上层	
7431	M1Ⅱ:5721	镞	铁	1件	锈残	西回廊南部二区上层	
7432	M1Ⅱ:5722	镞	铁	1件	锈残	西回廊南部二区上层	
7433	M1Ⅱ:5723	镞	铁	1件	锈残	西回廊南部二区上层	
7434	M1Ⅱ:5724	镞	铁	1件	锈残	西回廊南部二区上层	
7435	M1Ⅱ:5725	镞	铁	1件	锈残	西回廊南部二区上层	
7436	M1Ⅱ:5726	镞	铁	1件	锈残	西回廊南部二区上层	
7437	M1Ⅱ:5727	镞	铁	1件	锈残	西回廊南部二区上层	
7438	M1Ⅱ:5728	镞	铁	1件	锈残	西回廊南部二区上层	
7439	M1Ⅱ:5729	镞	铁	1件	锈残	西回廊南部二区上层	
7440	M1Ⅱ:5730	镞	铁	1件	锈残	西回廊南部二区上层	
7441	M1Ⅱ:5731	镞	铁	1件	锈残	西回廊南部二区上层	
7442	M1Ⅱ:5732	镞	铁	1件	锈残	西回廊南部二区上层	
7443	M1Ⅱ:5733	镞	铁	1件	锈残	西回廊南部二区上层	
7444	M1Ⅱ:5734	镞	铁	1件	锈残	西回廊南部二区上层	
7445	M1Ⅱ:5735	镞	铁	1件	锈残	西回廊南部二区上层	
7446	M1Ⅱ:5736	镞	铁	1件	锈残	西回廊南部二区上层	
7447	M1Ⅱ:5737	镞	铁	1件	锈残	西回廊南部二区上层	
7448	M1Ⅱ:5738	镞	铁	1件	锈残	西回廊南部二区上层	
7449	M1Ⅱ:5739	镞	铁	1件	锈残	西回廊南部二区上层	
7450	M1Ⅱ:5740	镞	铁	1件	锈残	西回廊南部二区上层	
7451	M1Ⅱ:5741	镞	铁	1件	锈残	西回廊南部二区上层	
7452	M1Ⅱ:5742	镞	铁	1件	锈残	西回廊南部二区上层	
7453	M1Ⅱ:5743	镞	铁	1件	锈残	西回廊南部二区上层	
7454	M1Ⅱ:5744	镞	铁	1件	锈残	西回廊南部二区上层	
7455	M1Ⅱ:5745	镞	铁	1件	锈残	西回廊南部二区上层	

续附表三

序号	器号	器名	质料	数量	现状	位置	备注
7456	M1Ⅱ:5746	镞	铁	1件	锈残	西回廊南部二区上层	
7457	M1Ⅱ:5747	镞	铁	1件	锈残	西回廊南部二区上层	
7458	M1Ⅱ:5748	镞	铁	1件	锈残	西回廊南部二区上层	
7459	M1Ⅱ:5749	镞	铁	1件	锈残	西回廊南部二区上层	
7460	M1Ⅱ:5750	镞	铁	1件	锈残	西回廊南部二区上层	
7461	M1Ⅱ:5751	镞	铁	1件	锈残	西回廊南部二区上层	
7462	M1Ⅱ:5752	镞	铁	1件	锈残	西回廊南部二区上层	
7463	M1Ⅱ:5753	镞	铁	1件	锈残	西回廊南部二区上层	
7464	M1Ⅱ:5754	镞	铁	1件	锈残	西回廊南部二区上层	
7465	M1Ⅱ:5755	镞	铁	1件	锈残	西回廊南部二区上层	
7466	M1Ⅱ:5756	镞	铁	1件	锈残	西回廊南部二区上层	
7467	M1Ⅱ:5757	镞	铁	1件	锈残	西回廊南部二区上层	
7468	M1Ⅱ:5758	镞	铁	1件	锈残	西回廊南部二区上层	
7469	M1Ⅱ:5759	镞	铁	1件	锈残	西回廊南部二区上层	
7470	M1Ⅱ:5760	镞	铁	1件	锈残	西回廊南部二区上层	
7471	M1Ⅱ:5761	镞	铁	1件	锈残	西回廊南部二区上层	
7472	M1Ⅱ:5762	镞	铁	1件	锈残	西回廊南部二区上层	
7473	M1Ⅱ:5763	镞	铁	1件	锈残	西回廊南部二区上层	
7474	M1Ⅱ:5764	镞	铁	1件	锈残	西回廊南部二区上层	
7475	M1Ⅱ:5765	镞	铁	1件	锈残	西回廊南部二区上层	
7476	M1Ⅱ:5766	镞	铁	1件	锈残	西回廊南部二区上层	
7477	M1Ⅱ:5767	镞	铁	1件	锈残	西回廊南部二区上层	
7478	M1Ⅱ:5768	镞	铁	1件	锈残	西回廊南部二区上层	
7479	M1Ⅱ:5769	镞	铁	1件	锈残	西回廊南部二区上层	
7480	M1Ⅱ:5770	镞	铁	1件	锈残	西回廊南部二区上层	
7481	M1Ⅱ:5771	镞	铁	1件	锈残	西回廊南部二区上层	
7482	M1Ⅱ:5772	镞	铁	1件	锈残	西回廊南部二区上层	
7483	M1Ⅱ:5773	镞	铁	1件	锈残	西回廊南部二区上层	
7484	M1Ⅱ:5774	镞	铁	1件	锈残	西回廊南部二区上层	
7485	M1Ⅱ:5775	镞	铁	1件	锈残	西回廊南部二区上层	
7486	M1Ⅱ:5776	镞	铁	1件	锈残	西回廊南部二区上层	
7487	M1Ⅱ:5777	镞	铁	1件	锈残	西回廊南部二区上层	
7488	M1Ⅱ:5778	镞	铁	1件	锈残	西回廊南部二区上层	
7489	M1Ⅱ:5779	镞	铁	1件	锈残	西回廊南部二区上层	

续附表三

序号	器号	器名	质料	数量	现状	位置	备注
7490	M1Ⅱ:5780	镞	铁	1件	锈残	西回廊南部二区上层	
7491	M1Ⅱ:5781	镞	铁	1件	锈残	西回廊南部二区上层	
7492	M1Ⅱ:5782	镞	铁	1件	锈残	西回廊南部二区上层	
7493	M1Ⅱ:5783	镞	铁	1件	锈残	西回廊南部二区上层	
7494	M1Ⅱ:5784	镞	铁	1件	锈残	西回廊南部二区上层	
7495	M1Ⅱ:5785	镞	铁	1件	锈残	西回廊南部二区上层	
7496	M1Ⅱ:5786	镞	铁	1件	锈残	西回廊南部二区上层	
7497	M1Ⅱ:5787	镞	铁	1件	锈残	西回廊南部二区上层	
7498	M1Ⅱ:5788	镞	铁	1件	锈残	西回廊南部二区上层	
7499	M1Ⅱ:5789	镞	铁	1件	锈残	西回廊南部二区上层	
7500	M1Ⅱ:5790	镞	铁	1件	锈残	西回廊南部二区上层	
7501	M1Ⅱ:5791	镞	铁	1件	锈残	西回廊南部二区上层	
7502	M1Ⅱ:5792	镞	铁	1件	锈残	西回廊南部二区上层	
7503	M1Ⅱ:5793	镞	铁	1件	锈残	西回廊南部二区上层	
7504	M1Ⅱ:5794	镞	铁	1件	锈残	西回廊南部二区上层	
7505	M1Ⅱ:5795	镞	铁	1件	锈残	西回廊南部二区上层	
7506	M1Ⅱ:5796	镞	铁	1件	锈残	西回廊南部二区上层	
7507	M1Ⅱ:5797	镞	铁	1件	锈残	西回廊南部二区上层	
7508	M1Ⅱ:5798	镞	铁	1件	锈残	西回廊南部二区上层	
7509	M1Ⅱ:5799	镞	铁	1件	锈残	西回廊南部二区上层	
7510	M1Ⅱ:5800	镞	铁	1件	锈残	西回廊南部二区上层	
7511	M1Ⅱ:5801	镞	铁	1件	锈残	西回廊南部二区上层	
7512	M1Ⅱ:5802	镞	铁	1件	锈残	西回廊南部二区上层	
7513	M1Ⅱ:5803	镞	铁	1件	锈残	西回廊南部二区上层	
7514	M1ⅣA:5804	镞	铁	1件	锈残	西回廊中部偏北四A区上层	
7515	M1ⅣA:5805	镞	铁	1件	锈残	西回廊中部偏北四A区上层	
7516	M1ⅣA:5806	镞	铁	1件	锈残	西回廊中部偏北四A区上层	
7517	M1ⅣA:5807	镞	铁	1件	锈残	西回廊中部偏北四A区上层	
7518	M1ⅣA:5808	镞	铁	1件	锈残	西回廊中部偏北四A区上层	
7519	M1ⅣA:5809	镞	铁	1件	锈残	西回廊中部偏北四A区上层	
7520	M1ⅣA:5810	镞	铁	1件	锈残	西回廊中部偏北四A区上层	
7521	M1ⅣA:5811	镞	铁	1件	锈残	西回廊中部偏北四A区上层	
7522	M1ⅣA:5812	镞	铁	1件	锈残	西回廊中部偏北四A区上层	
7523	M1ⅣA:5813	镞	铁	1件	锈残	西回廊中部偏北四A区上层	

续附表三

序号	器号	器名	质料	数量	现状	位置	备注
7524	M1ⅣA：5814	镞	铁	1件	锈残	西回廊中部偏北四A区上层	
7525	M1ⅣA：5815	镞	铁	1件	锈残	西回廊中部偏北四A区上层	
7526	M1ⅣA：5816	镞	铁	1件	锈残	西回廊中部偏北四A区上层	
7527	M1ⅣA：5817	镞	铁	1件	锈残	西回廊中部偏北四A区上层	
7528	M1ⅣA：5818	镞	铁	1件	锈残	西回廊中部偏北四A区上层	
7529	M1ⅣA：5819	镞	铁	1件	锈残	西回廊中部偏北四A区上层	
7530	M1ⅣA：5820	镞	铁	1件	锈残	西回廊中部偏北四A区上层	
7531	M1ⅣA：5821	镞	铁	1件	锈残	西回廊中部偏北四A区上层	
7532	M1ⅣA：5822	镞	铁	1件	锈残	西回廊中部偏北四A区上层	
7533	M1ⅣA：5823	镞	铁	1件	锈残	西回廊中部偏北四A区下层	
7534	M1ⅣA：5824	镞	铁	1件	锈残	西回廊中部偏北四A区下层	
7535	M1ⅣA：5825	镞	铁	1件	锈残	西回廊中部偏北四A区下层	
7536	M1Ⅱ：5826	镞	铁	1件	锈残	西回廊南部二区上层	
7537	M1Ⅱ：5827	镞	铁	1件	锈残	西回廊南部二区上层	
7538	M1Ⅱ：5828	镞	铁	1件	锈残	西回廊南部二区上层	
7539	M1Ⅱ：5829	镞	铁	1件	锈残	西回廊南部二区上层	
7540	M1Ⅵ：5830	镞	铁	1件	锈残	东回廊南端六区上层	
7541	M1Ⅵ：5831	镞	铁	1件	锈残	东回廊南端六区上层	
7542	M1Ⅵ：5832	镞	铁	1件	锈残	东回廊南端六区上层	
7543	M1Ⅵ：5833	镞	铁	1件	锈残	东回廊南端六区上层	
7544	M1Ⅵ：5834	镞	铁	1件	锈残	东回廊南端六区上层	
7545	M1Ⅵ：5835	镞	铁	1件	锈残	东回廊南端六区上层	
7546	M1Ⅵ：5836	镞	铁	1件	锈残	东回廊南端六区上层	
7547	M1Ⅵ：5837	镞	铁	1件	锈残	东回廊南端六区上层	
7548	M1ⅣA：5838	镞	铁	1件	锈残	西回廊中部偏北四A区上层	
7549	M1ⅣA：5839	镞	铁	1件	锈残	西回廊中部偏北四A区上层	
7550	M1Ⅷ：5840	勺	铜	1件	残	东回廊中部八区下层	
7551	M1Ⅷ：5841	勺	铜	1件	残	东回廊中部八区下层	
7552	M1Ⅵ：5842	镦	铜	1件	残	东回廊南端六区上层	
7553	M1Ⅵ：5843	镦	铜	1件	残	东回廊南端六区上层	
7554	M1Ⅷ：5844	扣饰	铜	1件	残	东回廊中部八区下层	
7555	M1Ⅵ：5845	盂	漆	1件	残	东回廊南端六区下层	
7556	M1ⅩⅢ：5846	构件	铜	1件	残	北回廊东部十三区下层	
7557	M1Ⅵ：5847	算珠形饰	铜	1件	完整	东回廊南端六区上层	

续附表三

序号	器号	器名	质料	数量	现状	位置	备注
7558	M1Ⅵ:5848	算珠形饰	铜	1件	完整	东回廊南端六区上层	
7559	M1Ⅸ:5849	盘	漆	1件	残	东回廊北部九区下层	
7560	M1Ⅸ:5850	盘	漆	1件	残	东回廊北部九区下层	
7561	M1Ⅸ:5851	盘	漆	1件	残	东回廊北部九区下层	
7562	M1Ⅸ:5852	盘	漆	1件	残	东回廊北部九区下层	
7563	M1Ⅸ:5853	盘	漆	1件	残	东回廊北部九区下层	
7564	M1Ⅸ:5854	盘	漆	1件	残	东回廊北部九区下层	
7565	M1Ⅸ:5855	盘	漆	1件	残	东回廊北部九区下层	
7566	M1Ⅸ:5856	盘	漆	1件	残	东回廊北部九区下层	
7567	M1Ⅸ:5857	盘	漆	1件	残	东回廊北部九区下层	
7568	M1Ⅸ:5858	盘	漆	1件	残	东回廊北部九区下层	
7569	M1Ⅸ:5859	盘	漆	1件	残	东回廊北部九区下层	
7570	M1Ⅸ:5860	盘	漆	1件	残	东回廊北部九区下层	
7571	M1Ⅸ:5861	盘	漆	1件	残	东回廊北部九区下层	
7572	M1Ⅸ:5862	盘	漆	1件	残	东回廊北部九区下层	
7573	M1Ⅸ:5863	盘	漆	1件	残	东回廊北部九区下层	
7574	M1Ⅸ:5864	盘	漆	1件	残	东回廊北部九区下层	
7575	M1Ⅸ:5865	盘	漆	1件	残	东回廊北部九区下层	
7576	M1Ⅸ:5866	盘	漆	1件	残	东回廊北部九区下层	
7577	M1Ⅸ:5867	盘	漆	1件	残	东回廊北部九区下层	
7578	M1Ⅱ:5868	镞	铁	1件	锈残	西回廊南部二区上层	
7579	M1Ⅱ:5869	镞	铁	1件	锈残	西回廊南部二区上层	
7580	M1Ⅱ:5870	镞	铁	1件	锈残	西回廊南部二区上层	
7581	M1Ⅱ:5871	镞	铁	1件	锈残	西回廊南部二区上层	
7582	M1Ⅱ:5872	镞	铁	1件	锈残	西回廊南部二区上层	
7583	M1Ⅱ:5873	镞	铁	1件	锈残	西回廊南部二区上层	
7584	M1Ⅱ:5874	镞	铁	1件	锈残	西回廊南部二区上层	
7585	M1Ⅱ:5875	镞	铁	1件	锈残	西回廊南部二区上层	
7586	M1Ⅱ:5876	镞	铁	1件	锈残	西回廊南部二区上层	
7587	M1Ⅱ:5877	镞	铁	1件	锈残	西回廊南部二区上层	
7588	M1Ⅱ:5878	镞	铁	1件	锈残	西回廊南部二区上层	
7589	M1Ⅱ:5879	镞	铁	1件	锈残	西回廊南部二区上层	
7590	M1Ⅱ:5880	镞	铁	1件	锈残	西回廊南部二区上层	
7591	M1Ⅱ:5881	镞	铁	1件	锈残	西回廊南部二区上层	

续附表三

序号	器号	器名	质料	数量	现状	位置	备注
7592	M1Ⅱ:5882	镞	铁	1件	锈残	西回廊南部二区上层	
7593	M1Ⅱ:5883	镞	铁	1件	锈残	西回廊南部二区上层	
7594	M1Ⅱ:5884	镞	铁	1件	锈残	西回廊南部二区上层	
7595	M1Ⅱ:5885	镞	铁	1件	锈残	西回廊南部二区上层	
7596	M1Ⅱ:5886	镞	铁	1件	锈残	西回廊南部二区上层	
7597	M1Ⅱ:5887	镞	铁	1件	锈残	西回廊南部二区上层	
7598	M1Ⅱ:5888	镞	铁	1件	锈残	西回廊南部二区上层	
7599	M1Ⅱ:5889	镞	铁	1件	锈残	西回廊南部二区上层	
7600	M1Ⅱ:5890	镞	铁	1件	锈残	西回廊南部二区上层	
7601	M1Ⅱ:5891	镞	铁	1件	锈残	西回廊南部二区上层	
7602	M1Ⅱ:5892	镞	铁	1件	锈残	西回廊南部二区上层	
7603	M1Ⅱ:5893	镞	铁	1件	锈残	西回廊南部二区上层	
7604	M1Ⅱ:5894	镞	铁	1件	锈残	西回廊南部二区上层	
7605	M1Ⅱ:5895	镞	铁	1件	锈残	西回廊南部二区上层	
7606	M1Ⅱ:5896	镞	铁	1件	锈残	西回廊南部二区上层	
7607	M1Ⅱ:5897	镞	铁	1件	锈残	西回廊南部二区上层	
7608	M1Ⅱ:5898	镞	铁	1件	锈残	西回廊南部二区上层	
7609	M1Ⅱ:5899	镞	铁	1件	锈残	西回廊南部二区上层	
7610	M1Ⅱ:5900	镞	铁	1件	锈残	西回廊南部二区上层	
7611	M1Ⅱ:5901	镞	铁	1件	锈残	西回廊南部二区上层	
7612	M1Ⅱ:5902	镞	铁	1件	锈残	西回廊南部二区上层	
7613	M1Ⅱ:5903	镞	铁	1件	锈残	西回廊南部二区上层	
7614	M1Ⅱ:5904	镞	铁	1件	锈残	西回廊南部二区上层	
7615	M1Ⅱ:5905	镞	铁	1件	锈残	西回廊南部二区上层	
7616	M1Ⅱ:5906	镞	铁	1件	锈残	西回廊南部二区上层	
7617	M1Ⅱ:5907	镞	铁	1件	锈残	西回廊南部二区上层	
7618	M1Ⅱ:5908	镞	铁	1件	锈残	西回廊南部二区上层	
7619	M1Ⅱ:5909	镞	铁	1件	锈残	西回廊南部二区上层	
7620	M1Ⅱ:5910	镞	铁	1件	锈残	西回廊南部二区上层	
7621	M1Ⅱ:5911	镞	铁	1件	锈残	西回廊南部二区上层	
7622	M1Ⅱ:5912	镞	铁	1件	锈残	西回廊南部二区上层	
7623	M1Ⅱ:5913	镞	铁	1件	锈残	西回廊南部二区上层	
7624	M1Ⅱ:5914	镞	铁	1件	锈残	西回廊南部二区上层	
7625	M1Ⅱ:5915	镞	铁	1件	锈残	西回廊南部二区上层	

续附表三

序号	器号	器名	质料	数量	现状	位置	备注
7626	M1Ⅱ:5916	镞	铁	1件	锈残	西回廊南部二区上层	
7627	M1Ⅱ:5917	镞	铁	1件	锈残	西回廊南部二区上层	
7628	M1Ⅱ:5918	镞	铁	1件	锈残	西回廊南部二区上层	
7629	M1Ⅱ:5919	镞	铁	1件	锈残	西回廊南部二区上层	
7630	M1Ⅱ:5920	镞	铁	1件	锈残	西回廊南部二区上层	
7631	M1Ⅱ:5921	镞	铁	1件	锈残	西回廊南部二区上层	
7632	M1Ⅱ:5922	镞	铁	1件	锈残	西回廊南部二区上层	
7633	M1Ⅱ:5923	镞	铁	1件	锈残	西回廊南部二区上层	
7634	M1Ⅱ:5924	镞	铁	1件	锈残	西回廊南部二区上层	
7635	M1Ⅱ:5925	镞	铁	1件	锈残	西回廊南部二区上层	
7636	M1Ⅱ:5926	镞	铁	1件	锈残	西回廊南部二区上层	
7637	M1Ⅱ:5927	镞	铁	1件	锈残	西回廊南部二区上层	
7638	M1Ⅱ:5928	镞	铁	1件	锈残	西回廊南部二区上层	
7639	M1Ⅱ:5929	镞	铁	1件	锈残	西回廊南部二区上层	
7640	M1Ⅱ:5930	镞	铁	1件	锈残	西回廊南部二区上层	
7641	M1Ⅱ:5931	镞	铁	1件	锈残	西回廊南部二区上层	
7642	M1Ⅱ:5932	镞	铁	1件	锈残	西回廊南部二区上层	
7643	M1Ⅱ:5933	镞	铁	1件	锈残	西回廊南部二区上层	
7644	M1Ⅱ:5934	镞	铁	1件	锈残	西回廊南部二区上层	
7645	M1Ⅱ:5935	镞	铁	1件	锈残	西回廊南部二区上层	
7646	M1Ⅱ:5936	镞	铁	1件	锈残	西回廊南部二区上层	
7647	M1Ⅱ:5937	镞	铁	1件	锈残	西回廊南部二区上层	
7648	M1Ⅱ:5938	镞	铁	1件	锈残	西回廊南部二区上层	
7649	M1Ⅱ:5939	镞	铁	1件	锈残	西回廊南部二区上层	
7650	M1Ⅱ:5940	镞	铁	1件	锈残	西回廊南部二区上层	
7651	M1Ⅱ:5941	镞	铁	1件	锈残	西回廊南部二区上层	
7652	M1Ⅱ:5942	镞	铁	1件	锈残	西回廊南部二区上层	
7653	M1Ⅱ:5943	镞	铁	1件	锈残	西回廊南部二区上层	
7654	M1Ⅱ:5944	镞	铁	1件	锈残	西回廊南部二区上层	
7655	M1Ⅱ:5945	镞	铁	1件	锈残	西回廊南部二区上层	
7656	M1Ⅱ:5946	镞	铁	1件	锈残	西回廊南部二区上层	
7657	M1Ⅱ:5947	镞	铁	1件	锈残	西回廊南部二区上层	
7658	M1Ⅱ:5948	镞	铁	1件	锈残	西回廊南部二区上层	
7659	M1Ⅱ:5949	镞	铁	1件	锈残	西回廊南部二区上层	

续附表三

序号	器号	器名	质料	数量	现状	位置	备注
7660	M1Ⅱ:5950	镞	铁	1件	锈残	西回廊南部二区上层	
7661	M1Ⅱ:5951	镞	铁	1件	锈残	西回廊南部二区上层	
7662	M1Ⅱ:5952	镞	铁	1件	锈残	西回廊南部二区上层	
7663	M1Ⅱ:5953	镞	铁	1件	锈残	西回廊南部二区上层	
7664	M1Ⅱ:5954	镞	铁	1件	锈残	西回廊南部二区上层	
7665	M1Ⅱ:5955	镞	铁	1件	锈残	西回廊南部二区上层	
7666	M1Ⅱ:5956	镞	铁	1件	锈残	西回廊南部二区上层	
7667	M1Ⅱ:5957	镞	铁	1件	锈残	西回廊南部二区上层	
7668	M1Ⅱ:5958	镞	铁	1件	锈残	西回廊南部二区上层	
7669	M1Ⅱ:5959	镞	铁	1件	锈残	西回廊南部二区上层	
7670	M1Ⅱ:5960	镞	铁	1件	锈残	西回廊南部二区上层	
7671	M1Ⅱ:5961	镞	铁	1件	锈残	西回廊南部二区上层	
7672	M1Ⅱ:5962	镞	铁	1件	锈残	西回廊南部二区上层	
7673	M1Ⅱ:5963	镞	铁	1件	锈残	西回廊南部二区上层	
7674	M1Ⅱ:5964	镞	铁	1件	锈残	西回廊南部二区上层	
7675	M1Ⅱ:5965	镞	铁	1件	锈残	西回廊南部二区上层	
7676	M1Ⅱ:5966	镞	铁	1件	锈残	西回廊南部二区上层	
7677	M1Ⅱ:5967	镞	铁	1件	锈残	西回廊南部二区上层	
7678	M1Ⅱ:5968	镞	铁	1件	锈残	西回廊南部二区上层	
7679	M1Ⅱ:5969	镞	铁	1件	锈残	西回廊南部二区上层	
7680	M1Ⅱ:5970	镞	铁	1件	锈残	西回廊南部二区上层	
7681	M1Ⅱ:5971	镞	铁	1件	锈残	西回廊南部二区上层	
7682	M1Ⅱ:5972	镞	铁	1件	锈残	西回廊南部二区上层	
7683	M1Ⅱ:5973	镞	铁	1件	锈残	西回廊南部二区上层	
7684	M1Ⅱ:5974	镞	铁	1件	锈残	西回廊南部二区上层	
7685	M1Ⅱ:5975	镞	铁	1件	锈残	西回廊南部二区上层	
7686	M1Ⅱ:5976	镞	铁	1件	锈残	西回廊南部二区上层	
7687	M1Ⅱ:5977	镞	铁	1件	锈残	西回廊南部二区上层	
7688	M1Ⅱ:5978	镞	铁	1件	锈残	西回廊南部二区上层	
7689	M1Ⅱ:5979	镞	铁	1件	锈残	西回廊南部二区上层	
7690	M1Ⅱ:5980	镞	铁	1件	锈残	西回廊南部二区上层	
7691	M1Ⅱ:5981	镞	铁	1件	锈残	西回廊南部二区上层	
7692	M1Ⅱ:5982	镞	铁	1件	锈残	西回廊南部二区上层	
7693	M1Ⅱ:5983	镞	铁	1件	锈残	西回廊南部二区上层	

续附表三

序号	器号	器名	质料	数量	现状	位置	备注
7694	M1Ⅱ:5984	镞	铁	1件	锈残	西回廊南部二区上层	
7695	M1Ⅱ:5985	镞	铁	1件	锈残	西回廊南部二区上层	
7696	M1Ⅱ:5986	镞	铁	1件	锈残	西回廊南部二区上层	
7697	M1Ⅱ:5987	镞	铁	1件	锈残	西回廊南部二区上层	
7698	M1Ⅱ:5988	镞	铁	1件	锈残	西回廊南部二区上层	
7699	M1Ⅱ:5989	镞	铁	1件	锈残	西回廊南部二区上层	
7700	M1Ⅱ:5990	镞	铁	1件	锈残	西回廊南部二区上层	
7701	M1Ⅱ:5991	镞	铁	1件	锈残	西回廊南部二区上层	
7702	M1Ⅱ:5992	镞	铁	1件	锈残	西回廊南部二区上层	
7703	M1Ⅱ:5993	镞	铁	1件	锈残	西回廊南部二区上层	
7704	M1Ⅱ:5994	镞	铁	1件	锈残	西回廊南部二区上层	
7705	M1Ⅱ:5995	镞	铁	1件	锈残	西回廊南部二区上层	
7706	M1Ⅱ:5996	镞	铁	1件	锈残	西回廊南部二区上层	
7707	M1Ⅱ:5997	镞	铁	1件	锈残	西回廊南部二区上层	
7708	M1Ⅱ:5998	镞	铁	1件	锈残	西回廊南部二区上层	
7709	M1Ⅱ:5999	镞	铁	1件	锈残	西回廊南部二区上层	
7710	M1Ⅱ:6000	镞	铁	1件	锈残	西回廊南部二区上层	
7711	M1Ⅱ:6001	镞	铁	1件	锈残	西回廊南部二区上层	
7712	M1Ⅱ:6002	镞	铁	1件	锈残	西回廊南部二区上层	
7713	M1Ⅱ:6003	镞	铁	1件	锈残	西回廊南部二区上层	
7714	M1Ⅱ:6004	镞	铁	1件	锈残	西回廊南部二区上层	
7715	M1Ⅱ:6005	镞	铁	1件	锈残	西回廊南部二区上层	
7716	M1Ⅱ:6006	镞	铁	1件	锈残	西回廊南部二区上层	
7717	M1Ⅱ:6007	镞	铁	1件	锈残	西回廊南部二区上层	
7718	M1Ⅱ:6008	镞	铁	1件	锈残	西回廊南部二区上层	
7719	M1Ⅱ:6009	镞	铁	1件	锈残	西回廊南部二区上层	
7720	M1Ⅱ:6010	镞	铁	1件	锈残	西回廊南部二区上层	
7721	M1Ⅱ:6011	镞	铁	1件	锈残	西回廊南部二区上层	
7722	M1Ⅱ:6012	镞	铁	1件	锈残	西回廊南部二区上层	
7723	M1Ⅱ:6013	镞	铁	1件	锈残	西回廊南部二区上层	
7724	M1Ⅱ:6014	镞	铁	1件	锈残	西回廊南部二区上层	
7725	M1Ⅱ:6015	镞	铁	1件	锈残	西回廊南部二区上层	
7726	M1Ⅱ:6016	镞	铁	1件	锈残	西回廊南部二区上层	
7727	M1Ⅱ:6017	镞	铁	1件	锈残	西回廊南部二区上层	

续附表三

序号	器号	器名	质料	数量	现状	位置	备注
7728	M1Ⅱ:6018	镞	铁	1件	锈残	西回廊南部二区上层	
7729	M1Ⅱ:6019	镞	铁	1件	锈残	西回廊南部二区上层	
7730	M1Ⅱ:6020	镞	铁	1件	锈残	西回廊南部二区上层	
7731	M1Ⅱ:6021	镞	铁	1件	锈残	西回廊南部二区上层	
7732	M1Ⅱ:6022	镞	铁	1件	锈残	西回廊南部二区上层	
7733	M1Ⅱ:6023	镞	铁	1件	锈残	西回廊南部二区上层	
7734	M1Ⅱ:6024	镞	铁	1件	锈残	西回廊南部二区上层	
7735	M1Ⅱ:6025	镞	铁	1件	锈残	西回廊南部二区上层	
7736	M1ⅢA:6026	编磬	琉璃	1件	残	西回廊中部偏南三A区下层	
7737	M1ⅣA:6027	编磬	琉璃	1件	残	西回廊中部偏北四A区下层	

注：表中不连续编号空缺的在整理过程中已与其他编号合并。

1 号墓出土遗物铭文统计表

序号	器物编号	名称	质地	刻铭位置	刻铭类型	铭文内容
1	M1Ⅰ:3656	行灯	铜	灯盘外侧面	錾刻	江都宦者。重三斤，容一升半升。六年，陈陵造。
2	M1Ⅰ:3653	行灯	铜	灯盘外侧面	錾刻	江都宦者。容二升，重三斤二两。
3	M1Ⅰ:3608	豆形灯	铜	灯盘外侧面	錾刻	江都宦者。容半升，重一斤四两。
4	M1Ⅰ:3654	豆形灯	铜	灯盘外侧面	錾刻	江 都 宦者。容二升，重三斤四两。
5	M1Ⅰ:3657	豆形灯	铜	灯盘外侧面	錾刻	江都宦者。容三升半升，重十斤。
6	M1Ⅰ:3660	豆形灯	铜	灯盘外侧面	錾刻	江都宦者。容半升，重一斤四两。
7	M1Ⅰ:3655	豆形灯	铜	灯盘外侧面	錾刻	江 都 宦者。容二升，重二斤十二两。
8	M1Ⅰ:3659	豆形灯	铜	灯盘外侧面	錾刻	江都宦者。容三升半升，重六斤八两。
9	M1Ⅰ:3648	雁足灯	铜	左灯盘外侧面	錾刻	江都宦者。容□升半升，重十斤十二两。
10	M1Ⅰ:3605	釭灯	铜	肩部（自右向左横刻）	錾刻	江都宦者。并重一钧三斤，容三斗三升。
11	M1Ⅵ:3846	洗	铜	颈部	錾刻	御府
12	M1Ⅵ:3875	瓢	铜	柄正面五列（自上而下）及背面、瓢底	錾刻	①容三升半升，重一斤十三两。第七下＝（下，下）□，（柄右侧）②今食，容三升半升，一斤十二两。（柄中部）③重一斤十三两六朱。（柄左侧）④十二（瓢底）⑤三升（柄正面）
13	M1Ⅸ:4261	釜	铜	口沿沿面	錾刻	……石二斗，重廿斤。
14	M1Ⅸ:4233	釜	铜	口沿沿面	錾刻	……十斤
15	M1Ⅸ:5629	釜	铜	口沿沿面	錾刻	江都宦者。盂，容石二斗，重廿三斤。
16	M1Ⅸ:4240	釜	铜	口沿沿面	錾刻	江都宦者。盂，容石二斗，重廿四斤。
17	M1Ⅰ:3715	缶	铜	肩部自上而下	錾刻	江都宦者。容□石一升，重
18	M1Ⅰ:3716	缶	铜	肩部	錾刻	江都〔宦者〕。〔重〕十斤
19	M1Ⅷ:4229	銷	铜	口沿沿面	錾刻	重二钧廿三斤，容三石六斗。名（？）十八。
20	M1Ⅰ:3607	鼎	铜	鼎耳、上腹部（依据内容、刻法可分为四部分）	錾刻	①鼎耳部铭文难以释读，有磨损痕迹。②二石一斗五升，共一钧十六斤六两。第三。③容石。④容一石一斗二升，重一钧十五斤五两。第五百卅五。
21	M1DK⑥:560	尺	铜	背面上端	錾刻	九十
22	M1Ⅰ:3745	沐盘	铜	口沿正面	錾刻	江都宦者。容一石七斗，重廿斤八两。
23	M1Ⅰ:3746	沐盘	铜	口沿正面	錾刻	江〔都宦者。容〕……一斗。重七……。
24	M1Ⅱ:700	弩机	铜		錾刻	七十一
25	M1ⅣA:818	弩机	铜		錾刻	△
26	M1Ⅰ:1365	弩机	铜		錾刻	廿二

续附表四

序号	器物编号	名称	质地	刻铭位置	刻铭类型	铭文内容
27	M1ⅢA：1403	弩机	铜		錾刻	十三
28	M1Ⅵ：2017	弩机	铜		錾刻	五
29	M1Ⅴ：2796	弩机	铜		錾刻	卅三
30	M1ⅣA：2979	弩机	铜		錾刻	五
31	M1ⅣA：3096	弩机	铜		錾刻	廿五
32	M1Ⅰ：3742	弩机	铜		錾刻	廿四
33	M1Ⅵ：5185	弩机	铜		錾刻	二
34	M1Ⅵ：5113	镦	铜	柄上	錾刻	八
35	M1ⅦB：4316	扣饰	铜	上腹	錾刻	今食
36	M1Ⅷ：5647	扣饰	铜	外底	錾刻	王
37	M1Ⅵ：941	印章	铜	正面、反面	錾刻	誠信，信印
38	M1DK⑥：1404－8	镜	铜	背面	模印	見日之光，天下大陽，長樂未央，所言必當。
39	M1DK⑥：1414－1	镜	铜	背面	模印	見日之光，天下大陽，服者聖王，千秋萬歲，長毋相忘。
40	M1Ⅵ：3980	盘	银	外底	錾刻	外底中心与边缘均刻有铭文，中心铭文共有三处，第一处为"卅一年，左工名曰牛。十一。五斤十四两十三朱"。第二处为"五斤十五两，一斗九升"。外底边缘刻有一处铭文，内容为"北私。今五斤十四两三朱"。
41	M1Ⅵ：3981	盘	银	外底	錾刻	外底铭文刻有两处，均位于外底边缘。第一处铭文为"北私。今六斤十两"。第二处铭文为"北私。今五斤十四两十二朱"。口沿下铭文刻有一处，内容为"五斤十五两□朱，名田□。"
42	M1Ⅰ：1766	沐盘	银	口沿背面	錾刻	江都宦者。沐鎜（盤），容一石八斗，重廿八斤。十七年，受邸。
43	M1Ⅵ：3847	洗	银	口沿背面、上腹	錾刻	①食官。容五升，重十五两十五朱。②廿（上腹）
44	M1Ⅵ：3848	洗	银	口沿背面	錾刻	①常食。容一斗，重一斤五两十二朱。②甲□
45	M1Ⅵ：5643	洗	银	上腹	錾刻	常食
46	M1K1⑥：435	璜	玉	一侧边缘	錾刻	二千七十四
47	M1K1⑥：431	佩	玉	一侧边缘	錾刻	甲三
48	M1Ⅵ：3908	卮	漆	外底	针刻	廿二年四……监臣延……造，容……
49	M1ⅦA：5018	耳杯	漆	一侧耳背面	朱漆隶书	常食
50	M1ⅦA：5019	耳杯	漆	一侧耳背面	朱漆隶书	常食
51	M1Ⅵ：4626	耳杯	漆	一侧耳背面	朱漆隶书	常食
52	M1ⅦA：4982	耳杯	漆	一侧耳正面	朱漆隶书	江都食官器府。苐□。

续附表四

序号	器物编号	名称	质地	刻铭位置	刻铭类型	铭文内容
53	M1ⅦA：4986	耳杯	漆	外底	针刻	常食
54	M1ⅦA：4987	耳杯	漆	外底	针刻	常食
55	M1ⅦA：5020	耳杯	漆	外底	针刻	常食
56	M1Ⅵ：4628	耳杯	漆	外底	针刻	绪杯。容一籥。廿七年二月，南工官监延年、大奴德造。
57	M1Ⅵ：4629	耳杯	漆	外底	针刻	绪杯。容一籥。廿七年二月，南工官监延年、大奴固造。
58	M1Ⅵ：4630	耳杯	漆	外底	针刻	绪杯。容一籥。廿七年二月，南工官监延年、大奴元造。
59	M1Ⅵ：4631	耳杯	漆	外底	针刻	绪杯。容一籥。廿七年二月，南工官监延年、大奴元造。
60	M1Ⅵ：4632	耳杯	漆	外底	针刻	绪杯。容一籥。廿七年二月，南工官监延年、大奴固造。
61	M1Ⅵ：4633	耳杯	漆	外底	针刻	绪杯。容一籥。廿七年二月，南工官监延年、大奴元造。
62	M1Ⅵ：4634	耳杯	漆	外底	针刻	绪杯。容一籥。廿七年二月，南工官监延年、大奴元造。
63	M1Ⅵ：4635	耳杯	漆	外底	针刻	绪杯。容一籥。廿七年二月，南工官监延年、大奴德造。
64	M1Ⅵ：4636	耳杯	漆	外底	针刻	绪杯。容一籥。廿七年二月，南工官监延年、大奴固造。
65	M1Ⅵ：4637	耳杯	漆	外底	针刻	绪杯。容一籥。廿七年二月，南工官监延年、大奴德造。
66	M1Ⅵ：4638	耳杯	漆	外底	针刻	绪杯。容一籥。廿七年二月，南工官监延年、大奴德造。
67	M1Ⅵ：4639	耳杯	漆	外底	针刻	绪杯。容一籥。廿七年二月，南工官监延年、大奴元造。
68	M1Ⅵ：4640	耳杯	漆	外底	针刻	绪杯。容一籥。廿七年二月，南工官监延年、大奴德造。
69	M1Ⅵ：4641	耳杯	漆	外底	针刻	绪杯。容一籥。廿七年二月，南工官监延年、大奴元造。
70	M1Ⅵ：4642	耳杯	漆	外底	针刻	绪杯。容一籥。廿七年二月，南工官监延年、大奴固造。

续附表四

序号	器物编号	名称	质地	刻铭位置	刻铭类型	铭文内容
71	M1Ⅵ:4643	耳杯	漆	外底	针刻	緒杯。容一籥。廿七年二月，南工官監延年、大奴固造。
72	M1Ⅵ:4644	耳杯	漆	外底	针刻	緒杯。容一籥。廿七年二月，南工官監延年、大奴元造。
73	M1Ⅵ:4645	耳杯	漆	外底	针刻	緒杯。容一籥。廿七年二月，南工官監延年、大奴固造。
74	M1Ⅵ:4646	耳杯	漆	外底	针刻	緒杯。容一籥。廿七年二月，南工官監延年、大奴固造。
75	M1Ⅵ:4647	耳杯	漆	外底	针刻	緒杯。容一籥。廿七年二月，南工官監延年、大奴固造。
76	M1Ⅵ:4648	耳杯	漆	外底	针刻	緒杯。容一籥。廿七年二月，南工官監延年、大奴德造。
77	M1Ⅵ:4649	耳杯	漆	外底	针刻	緒杯。容一籥。廿七年二月，南工官監延年、大奴元造。
78	M1Ⅵ:4650	耳杯	漆	外底	针刻	緒杯。容一籥。廿七年二月，南工官監延年、大奴元造。
79	M1Ⅵ:4651	耳杯	漆	外底	针刻	緒杯。容一籥。廿七年二月，南工官監延年、大奴德造。
80	M1Ⅵ:4652	耳杯	漆	外底	针刻	緒杯。容一籥。廿七年二月，南工官監延年、大奴元造。
81	M1Ⅵ:4653	耳杯	漆	外底	针刻	緒杯。容一籥。廿七年二月，南工官監延年、大奴固造。
82	M1Ⅵ:4654	耳杯	漆	外底	针刻	緒杯。容一籥。廿七年二月，南工官監延年、大奴固造。
83	M1Ⅵ:4655	耳杯	漆	外底	针刻	緒杯。容一籥。廿七年二月，南工官監延年、大奴固造。
84	M1Ⅵ:4656	耳杯	漆	外底	针刻	緒杯。容一籥。廿七年二月，南工官監延年、大奴造。
85	M1Ⅵ:4657	耳杯	漆	外底	针刻	緒杯。容一籥。廿七年二月，南工官監延年、大奴固造。
86	M1Ⅵ:4658	耳杯	漆	外底	针刻	緒杯。容一籥。廿七年二月，南工官監延年、大奴固造。
87	M1Ⅵ:4659	耳杯	漆	外底	针刻	緒杯。容一籥。廿七年二月，南工官監延年、大奴固造。

续附表四

序号	器物编号	名称	质地	刻铭位置	刻铭类型	铭文内容
88	M1Ⅵ:4660	耳杯	漆	外底	针刻	绪杯。容一籥。廿七年二月，南工官监延年、大奴固造。
89	M1Ⅵ:4661	耳杯	漆	外底	针刻	绪杯。容一籥。廿七年二月，南工官监延年、大奴固造。
90	M1Ⅵ:4662	耳杯	漆	外底	针刻	绪杯。容一籥。廿七年二月，南工官监延年、大奴元造。
91	M1Ⅵ:4663	耳杯	漆	外底	针刻	绪杯。容一籥。廿七年二月，南工官监延年、大奴固造。
92	M1Ⅵ:4664	耳杯	漆	外底	针刻	绪杯。容一籥。廿七年二月，南工官监延年、大奴元造。
93	M1Ⅵ:4665	耳杯	漆	外底	针刻	绪杯。容一籥。廿七年二月，南工官监延年、大奴德造。
94	M1Ⅵ:4666	耳杯	漆	外底	针刻	绪杯。容一籥。廿七年二月，南工官监延年、大奴固造。
95	M1Ⅵ:4667	耳杯	漆	外底	针刻	绪杯。容一籥。廿七年二月，南工官监延年、大奴德造。
96	M1Ⅵ:4668	耳杯	漆	外底	针刻	绪杯。容一籥。廿七年二月，南工官监延年、大奴元造。
97	M1Ⅵ:4669	耳杯	漆	外底	针刻	绪杯。容一籥。廿七年二月，南工官监延年、大奴固造。
98	M1Ⅵ:4670	耳杯	漆	外底	针刻	绪杯。容一籥。廿七年二月，南工官监延年、大奴德造。
99	M1Ⅵ:4671	耳杯	漆	外底	针刻	绪杯。容一籥。廿七年二月，南工官监延年、大奴固造。
100	M1Ⅵ:4672	耳杯	漆	外底	针刻	绪杯。容一籥。廿七年二月，南工官监延年、大奴元造。
101	M1Ⅵ:4673	耳杯	漆	外底	针刻	绪杯。容一籥。廿七年二月，南工官监延年、大奴固造。
102	M1Ⅵ:4674	耳杯	漆	外底	针刻	绪杯。容一籥。廿七年二月，南工官监延年、大奴固造。
103	M1Ⅵ:4679	耳杯	漆	外底	针刻	绪杯。容一籥。廿七年二月，南工官监延年、大奴固造。
104	M1Ⅵ:4680	耳杯	漆	外底	针刻	绪杯。容一籥。廿七年二月，南工官监延年、大奴元造。

续附表四

序号	器物编号	名称	质地	刻铭位置	刻铭类型	铭文内容
105	M1Ⅵ:4681	耳杯	漆	外底	针刻	绪杯。容一籥。廿七年二月，南工官监延年、大奴元造。
106	M1Ⅵ:4682	耳杯	漆	外底	针刻	绪杯。容一籥。廿七年二月，南工官监延年、大奴元造。
107	M1Ⅵ:4683	耳杯	漆	外底	针刻	绪杯。容一籥。廿七年二月，南工官监延年、大奴固造。
108	M1Ⅵ:4684	耳杯	漆	外底	针刻	绪杯。容一籥。廿七年二月，南工官监延年、大奴德造。
109	M1Ⅵ:4685	耳杯	漆	外底	针刻	绪杯。容一籥。廿七年二月，南工官监延年、大奴德造。
110	M1Ⅵ:4686	耳杯	漆	外底	针刻	绪杯。容一籥。廿七年二月，南工官监延年、大奴德造。
111	M1Ⅵ:4687	耳杯	漆	外底	针刻	绪杯。容一籥。廿七年二月，南工官监延年、大奴德造。
112	M1Ⅵ:4688	耳杯	漆	外底	针刻	绪杯。容一籥。廿七年二月，南工官监延年、大奴元造。
113	M1Ⅵ:4689	耳杯	漆	外底	针刻	绪杯。容一籥。廿七年二月，南工官监延年、大奴固造。
114	M1Ⅵ:4690	耳杯	漆	外底	针刻	绪杯。容一籥。廿七年二月，南工官监延年、大奴固造。
115	M1Ⅵ:4691	耳杯	漆	外底	针刻	绪杯。容一籥。廿七年二月，南工官监延年、大奴元造。
116	M1Ⅵ:4692	耳杯	漆	外底	针刻	绪杯。容一籥。廿七年二月，南工官监延年、大奴德造。
117	M1Ⅵ:4693	耳杯	漆	外底	针刻	绪杯。容一籥。廿七年二月，南工官监延年、大奴固造。
118	M1Ⅵ:4694	耳杯	漆	外底	针刻	绪杯。容一籥。廿七年二月，南工官监延年、大奴固造。
119	M1Ⅵ:4695	耳杯	漆	外底	针刻	绪杯。容一籥。廿七年二月，南工官监延年、大奴固造。
120	M1Ⅵ:4696	耳杯	漆	外底	针刻	绪杯。容一籥。廿七年二月，南工官监延年、大奴固造。
121	M1Ⅵ:4697	耳杯	漆	外底	针刻	绪杯。容一籥。廿七年二月，南工官监延年、大奴固造。

续附表四

序号	器物编号	名称	质地	刻铭位置	刻铭类型	铭文内容
122	M1Ⅵ:4698	耳杯	漆	外底	针刻	緒杯。容一篇。廿七年二月，南工官监延年、大奴固造。
123	M1Ⅵ:4699	耳杯	漆	外底	针刻	緒杯。容一篇。廿七年二月，南工官监延年、大奴固造。
124	M1Ⅵ:4700	耳杯	漆	外底	针刻	緒杯。容一篇。廿七年二月，南工官监延年、大奴固造。
125	M1Ⅵ:4701	耳杯	漆	外底	针刻	緒杯。容一篇。廿七年二月，南工官监延年、大奴固造。
126	M1Ⅵ:4702	耳杯	漆	外底	针刻	緒杯。容一篇。廿七年二月，南工官监延年、大奴德造。
127	M1Ⅵ:4703	耳杯	漆	外底	针刻	出土时保存状况不佳，未做进一步揭取。
128	M1Ⅵ:4704	耳杯	漆	外底	针刻	出土时保存状况不佳，未做进一步揭取。
129	M1Ⅵ:4705	耳杯	漆	外底	针刻	出土时保存状况不佳，未做进一步揭取。
130	M1Ⅵ:4706	耳杯	漆	外底	针刻	出土时保存状况不佳，未做进一步揭取。
131	M1Ⅵ:4707	耳杯	漆	外底	针刻	出土时保存状况不佳，未做进一步揭取。
132	M1Ⅵ:4708	耳杯	漆	外底	针刻	出土时保存状况不佳，未做进一步揭取。
133	M1Ⅵ:4878	耳杯	漆	外底	针刻	緒杯。容一篇。廿七年二月，南工官监延年、大奴固造。
134	M1Ⅵ:4879	耳杯	漆	外底	针刻	緒杯。容一篇。廿七年二月，南工官监延年、大奴造。
135	M1Ⅵ:4880	耳杯	漆	外底	针刻	緒杯。容一篇。廿七年二月，南工官监延年、大奴固造。
136	M1Ⅵ:4881	耳杯	漆	外底	针刻	緒杯。容一篇。廿七年二月，南工官监延年、大奴固造。
137	M1Ⅵ:4882	耳杯	漆	外底	针刻	緒杯。容一篇。廿七年二月，南工官监延年、大奴德造。
138	M1Ⅵ:4883	耳杯	漆	外底	针刻	緒杯。容一篇。廿七年二月，南工官监延年、大奴德造。
139	M1Ⅵ:4884	耳杯	漆	外底	针刻	□杯。容一篇。廿七年二月，南⊠……⊠大奴元造。
140	M1Ⅵ:5057	耳杯	漆	外底	针刻	緒杯。容一篇。廿七年二月，南工官监延年、工隸诸造。
141	M1Ⅵ:3894	奁	漆	盖身内侧壁及外底	朱漆隶书	常食

续附表四

序号	器物编号	名称	质地	刻铭位置	刻铭类型	铭文内容
142	M1Ⅰ：3744	沐盘	漆	口沿沿面	朱漆隶书	……九月中□官监臣□、工多造。容二石。食宦者。
143	M1Ⅵ：4723	盘	漆	外底	针刻	廿四年三月，南工官监臣……
144	M1Ⅵ：4724	盘	漆	外底	针刻	廿四年三月，南工官监臣延年、工臣縣诸造。
145	M1Ⅵ：4728	盘	漆	上腹外侧	朱漆隶书	常食
146	M1Ⅸ：5849	盘	漆	上腹外侧	朱漆隶书	常食
147	M1Ⅸ：5850	盘	漆	上腹外侧	朱漆隶书	常食
148	M1Ⅸ：5851	盘	漆	上腹外侧	朱漆隶书	常食
149	M1Ⅸ：5852	盘	漆	上腹外侧	朱漆隶书	常食
150	M1Ⅸ：5853	盘	漆	上腹外侧	朱漆隶书	常食
151	M1Ⅸ：5854	盘	漆	上腹外侧	朱漆隶书	常食
152	M1Ⅸ：5855	盘	漆	上腹外侧	朱漆隶书	常食
153	M1Ⅸ：5856	盘	漆	上腹外侧	朱漆隶书	常食
154	M1Ⅸ：5857	盘	漆	上腹外侧	朱漆隶书	常食
155	M1Ⅸ：5858	盘	漆	上腹外侧	朱漆隶书	常食
156	M1Ⅸ：5859	盘	漆	上腹外侧	朱漆隶书	常食
157	M1Ⅸ：5860	盘	漆	上腹外侧	朱漆隶书	常食
158	M1Ⅸ：5861	盘	漆	上腹外侧	朱漆隶书	常食
159	M1Ⅸ：5862	盘	漆	上腹外侧	朱漆隶书	常食
160	M1Ⅸ：5863	盘	漆	上腹外侧	朱漆隶书	常食
161	M1Ⅸ：5864	盘	漆	上腹外侧	朱漆隶书	常食
162	M1Ⅸ：5865	盘	漆	上腹外侧	朱漆隶书	常食
163	M1Ⅸ：5866	盘	漆	上腹外侧	朱漆隶书	常食
164	M1Ⅸ：5867	盘	漆	上腹外侧	朱漆隶书	常食
165	M1Ⅵ：4413	盘	漆	口沿背面	朱漆隶书	食官、常食
166	M1Ⅵ：5639	盘	漆	口沿背面	朱漆隶书	常食
167	M1Ⅵ：5640	盘	漆	外底边缘	针刻	绪员（圆）平□（盘），径尺六寸。廿七年三月，南工官监延年、大奴固造。
168	M1Ⅵ：5641	盘	漆	外底中心	针刻	中常食
169	M1ⅦA：3817	残器	漆	背面	针刻	……丙戌，南工……年、工臣果成……升……
170	M1ⅦA：4988	残器	漆	正面	朱漆隶书	常食
171	M1Ⅵ：4978	筥	漆	外底中心	朱漆隶书	饭鎜（盘）
172	M1ⅦA：5047	匜	漆	内底	朱漆隶书	酒
173	M1ⅦA：4966	盂	漆	腹部	朱漆隶书	常食

续附表四

序号	器物编号	名称	质地	刻铭位置	刻铭类型	铭文内容
174	M1ⅦA：4984	卮	漆	盖顶中心	朱漆隶书	常食
175	M1Ⅵ：3910-2	卮	漆	外底	针刻	十一襲卮。廿二年，南工官監臣延年、嗇夫臣不識、工臣絲諸造。
176	M1Ⅵ：3910-3	卮	漆	外底	针刻	十一襲卮。廿二年，南工官監臣延年、嗇夫臣不識、工臣絲諸造。
177	M1Ⅵ：3910-4	卮	漆	外底	针刻	十一襲卮。廿二年，南工官監臣延年、嗇夫臣不識、工臣絲諸造。
178	M1Ⅵ：3912-1	卮	漆	外底	针刻	十一襲卮。廿三年，南工官監臣延年、嗇夫不識、工臣絲諸造，容斗八升。
179	M1Ⅵ：3912-2	卮	漆	外底	针刻	十一襲卮。廿三年，南工官監臣延年、嗇夫臣勝、工臣絲諸造，容斗四升半升。
180	M1Ⅵ：3912-3	卮	漆	外底	针刻	十一襲卮。廿三年，南工官監臣延年、嗇夫臣勝、工臣絲諸造，容斗一升。
181	M1Ⅵ：3912-4	卮	漆	外底	针刻	十一襲卮。廿三年，南工官監臣延年、嗇夫臣勝、工臣絲諸造，容八升半升。
182	M1Ⅵ：3912-5	卮	漆	外底	针刻	十一襲卮。廿三年，南工官監臣延年、嗇夫臣勝、工臣絲諸造，容七升。
183	M1Ⅵ：3912-6	卮	漆	外底	针刻	十一襲卮。廿三年，南工官監臣延年、嗇夫臣勝、工臣絲諸造，容五升一籥。
184	M1Ⅵ：3912-7	卮	漆	外底	针刻	十一襲卮。廿三年，南工官監臣延年、嗇夫臣勝、工臣絲諸造，容四升二籥。
185	M1Ⅵ：3912-8	卮	漆	外底	针刻	十一襲卮。廿三年，南工官監臣延年、嗇夫臣勝、工臣絲諸造，容二升半升。
186	M1Ⅵ：3912-9	卮	漆	外底	针刻	十一襲卮。廿三年，南工官監臣延年、嗇夫臣勝、工臣絲諸造，容一升半籥。
187	M1Ⅵ：3912-10	卮	漆	外底	针刻	十一襲卮。廿三年，南工官監臣延年、嗇夫臣勝、工臣絲諸造，容一升一籥。
188	M1Ⅵ：3912-11	卮	漆	外底	针刻	十一襲卮。廿三年，南工官監臣延年、嗇夫臣勝、工臣絲諸造，容六籥。
189	M1Ⅵ：3826	卮	漆	外底	朱漆隶书	……卮。第……食。
190	M1ⅦA：4973	卮	漆	外底	朱漆隶书	容三升。廿一年，南工官造。
191	M1Ⅷ：4210	壶	釉陶	肩部		微化弟五
192	M1Ⅵ：3739	封泥	泥	正面		江都飤（食）長
193	M1Ⅵ：3787	封泥	泥	正面		江都飤（食）長

续附表四

序号	器物编号	名称	质地	刻铭位置	刻铭类型	铭文内容
194	M1Ⅵ：3802	封泥	泥	正面		江都飤（食）長
195	M1Ⅵ：3883	封泥	泥	正面		江都飤（食）長
196	M1Ⅵ：3962	封泥	泥	正面		江都飤（食）長
197	M1Ⅵ：4821	封泥	泥	正面		陳觸
198	M1Ⅵ：5630	封泥	泥	正面		江都飤（食）長
199	M1Ⅵ：5631	封泥	泥	正面		江都飤（食）長
200	M1Ⅵ：5632	封泥	泥	正面		江都飤（食）長
201	M1Ⅵ：5633	封泥	泥	正面		江都飤（食）長
202	M1Ⅵ：5634	封泥	泥	正面		江都飤（食）長
203	M1Ⅵ：5635	封泥	泥	正面		江都飤（食）長
204	M1Ⅵ：5636	封泥	泥	正面		江都飤（食）長
205	M1Ⅵ：5638	封泥	泥	正面		江都飤（食）長
206	M1ⅦA：1563－1	笄	角	首部	镂空	□弋（哉）田□壺來
207	M1ⅦA：1563－2	笄	角	首部	镂空	久不相見分長相思